四庫存目

三式匯刊②

大六壬集應鈐（上）

［明］黄宾廷◎撰　肖岱宗◎校　郑同◎校阅

华龄出版社
HUALING PRESS

责任编辑：薛　治

责任印制：李未圻

图书在版编目（CIP）数据

四库存目三式汇刊. 2／（明）黄宾廷撰；肖岱宗点
校. —— 北京：华龄出版社，2019. 12
ISBN 978－7－5169－1537－0

Ⅰ．①四… Ⅱ．①黄… ②肖… Ⅲ．①《四库全书》
－图书目录 Ⅳ．①Z833

中国版本图书馆 CIP 数据核字（2020）第 004565 号

书　　　名：四库存目三式汇刊（二）：大六壬集应钤

作　　　者：（明）黄宾廷撰　肖岱宗点校　郑同重校

出 版 人：胡福君

出版发行：华龄出版社

地　　　址：北京市东城区安定门外大街甲 57 号　　邮　　编：100011

电　　　话：(010) 58122246　　　　　　传　　真：(010) 84049572

网　　　址：http://www.hualingpress.com

印　　　刷：九洲财鑫印刷有限公司

版　　　次：2020 年 5 月第 1 版　2020 年 5 月第 1 次印刷

开　　　本：710×1020　1/16　　　　印　　张：93

字　　　数：1518 千字　　　　　　　印　　数：1～6000

定　　　价：198.00 元(全三册)

《大六壬集应钤》序

余尝闻术家有六壬课，其精于是者往往逆知来物，克应如神，而莫知其为何说也。及随牒三晋于吾友檗菴先生处，得宋邵彦和《六壬口鉴》三卷，读之一过，乃知是术由所值岁月日时支干而求阴阳五行之旺相生克，而得失万物之吉凶悔吝。虽其取用与易异，而其理亦未尝或异于《易》也。理不异于《易》而谈《易》者或鲜称之，是不深考之过耳。先生又以六壬为书多至一百四十二种，余所有者二十七种，每得一课，遍阅为艰，因以《口鉴》为主，以六十日为次，以七百二十课系之，凡《口鉴》、《毕法》、《心镜》等书有及是课者，则条列于后，又附虚纸以候续得而第录之，通名之曰《大六壬集应钤》。其为己为人之心，可谓勤且厚矣！方今边隅多警，军旅岁用入幕之宾，诚得是书而通之，其于运筹决胜之略，裨益将无多乎！

大明弘治十五年，岁在大火，月在鹑首，日在析木之津，龙台逸史序。

国图藏《口鉴集应钤》凡例

一、钤例起用。

一日有十二时，一时有一课，一课大凡占用专视日上神为主，自伏吟为第一课，次第用之。伏吟者，阴阳之神，各居本位，月将与正时相同者是者。假如五月甲子日占事，甲课在寅，五月用未将，若未时占，即是伏吟，则寅上见寅，系第一课。申时占，则寅上见丑，系第二课。酉时占则寅上见子孙，第三课。戌时占则寅上见亥，系第四课。亥时占则寅上见戌，系第五课。子时占则寅上见酉，系第六课。丑时占则寅上见申，系第七课。寅时占则寅上见未，系第八课。卯时占则寅上见午，系第九课。辰时占则寅上见巳，系第十课。巳时占则寅上见辰，系第十一课。午时占则寅上见卯，系第十二课。此一日十二时之课也。其六十日皆准此。大抵占用俱以月将加正时，起成四课三传，就于此钤寻见本日，从伏吟时顺序排起，至本时课止，较对日上神相同，则传课不差。然后参详生克，穷究祸福。

一、标题课名。

凡一上克下，为元首课。一下贼上，为重审课。比用为知一课，涉害为见机课。神遥克日，为蒿失课；日遥克神，为弹射课。昴星为虎视课，（刚日为虎视转蓬，柔日为冬蛇掩目。）刚日伏吟为自任课，柔日伏吟为自信课。反吟为无依课，四课不备，又无克贼，以干支合处起传，为别责课。八专之日，止有两课，以阳顺阴逆起传，为八专课。此各课标题之名也。其余玄胎、曲直等卦，不在标题之例，故不详录。

一、引集辨证。

此钤专以邵彦和先生《口鉴》为主，其未经先生占录之课，乃外引诸家钤书，集辏补完，故《口鉴》占处，止称此课，余者则称某经某钤占云，庶不混淆。

《壬课纂义》序

六壬之书，虽遍天下有之，理趣之微，卷帙之多，欲获全书，未之闻也。若徐道符、邵彦和、凌福之三先生可谓明斯道者，予恨生之晚，无由登其门，虽有《心镜》、《口鉴》、《毕法》传世，其间心领神会之妙微乎微乎！是道肇自轩辕皇帝神授之文，非有德者不遇不传。君子得之，上可利于国家，下可泽于生民。盖日用弗能无之，可以立身荣名，趋吉避凶，辨疑释惑，欲阴德方便垂荫后贤者，莫甚此为最。小人慎不可假之欺妄，恣意嗜利，亦未善其后也。矧天道昭然，神明格焉，非诚敬，焉可轻谭？夫天即理，理即天，不诚则无物，何吉凶昭报之有？且是书之理，斯课之验，明如日星，惟福忠孝，否则不之验也。原其所自，不过一理而已矣。《易》谓天一生水，壬水建禄于亥，乃乾天之位，数六，属金，金生水，故名之"六壬"。此天向一中分造化，犹易象日月而名。尊乎天者，法天象地，参列三才也。用正时、干支、五行、月将、贵神、太岁、月建，以藉其阴阳流行之气，气化神，神化妙，妙化无穷之理，理见无穷之事，即天地生生化化之道。形者形，色者色，亦自然之道也。加临日辰阴阳，取用三传四课，分昼夜逆顺而行贵神。察旺相休囚以证得失，详生克制化断其吉凶，观刑冲破害验乎成败，法五行而推类事物，明一理而贯通异同。妙在人心，贵乎权变。学者诚能留心于此，熟读玩味，以求至乎其极，则一笑谈之间，虽百年穷达，万事吉凶，诚如目击耳闻，毫发不爽。殆理趣幽邃，变化多端，非有超越才华，弗能臻乎蕴奥。夫课有七百二十，得其名六十四，总其约为宗首九课而已。考之占法，分门择例，则又千绪万端无所不该载也。大而天地、山川，小而昆虫、草木，惟兹九课，大概穷夫天下之理，巨细之事不亦难乎？盖引而伸之，触类而长之，或谓术数之学无取，固往往视为轻易。噫！非不知也，未之见也！是道有未可胜记者，且以《六壬金华宝鉴》一书三百八十卷之多，又况其他者乎？课文多近性理，非精儒业者，岂能明是道，达是理耶？世有颜闵才，不亲炙者莫能入其妙也，又岂能轻易乎？予家世隐居业儒，以道谊得无伪子先生之传，惜未获全书，固心不能无歉然也。耕读之余，留心岁月，辨疑释惑间，历历神验，若嗜醇醪、玩美物，醉而不舍，喜而忘寐。况愚性不乐奇怪，斯课理之可尚者，固阅课书例，撮其要于日用者数事，去繁从简，舍怪存常，以便私览。庶得趋避，俾进退之间适当，则乐天知命，行法俟之，俯仰而少愧怍矣。予不敏万分之一，粗嗜糟粕，敢不愧无学妄意，拾成名之曰《壬课纂义》。若夫精微之奥，辞理之优，以俟将来之笔，亦幸后贤而教益之美，庶全其书，则于治道枝裔之余庆有补焉。

成化三年，岁在丁亥，孟春元日，夷山老叟书。

大六壬集应钤目录

甲子日

甲子日第一课

伏吟　玄胎　拱贵格

后	后	蛇	蛇		白	白	青	青
子	子	寅	寅		子	子	寅	寅
子	子	寅	甲		子	子	寅	甲

兄	丙寅	蛇		兄	丙寅	青
子	己巳	勾		子	己巳	朱
官	壬申	白		官	壬申	后

勾	青	空	白		朱	蛇	贵	后
巳	午	未	申		巳	午	未	申
六辰			酉常		六辰			酉阴
朱卯			戌玄		勾卯			戌玄
寅	丑	子	亥		寅	丑	子	亥
蛇	贵	后	阴		青	空	白	常

《金匮经》云：天地伏吟，阴阳各归其家，故无所择，如浮萍无根，自任自信也。此课初传将得兄弟为螣蛇，主兄弟惊恐。中传将得子孙为勾陈，因子孙争财斗争。末传将得官鬼为白虎，又乘休气，主有疾病。又云：占行人即至，逃盗必获，出入不利。

《玉历钤》云：昼贵，凡事不如意，阻滞难行。夜贵，可，亦不为善。

《毕法》云：甲子日昼贵在丑，干上寅、支上子拱之，是为拱贵格。凡占此课，宜见贵、干谒，必得上人引荐。

《通神集》曰：伏吟止有两课，用刑以起传，主事屈而不伸，静中鬼动，藏伏而呻吟。刚中自任，天地居家，伏而未发之萌，主占事藏匿不动。占行人暂出，即当至门。

上神德，辰上生日上，末克初。

课名伏吟、抬土、玄胎。诸神不动，利静不利动。德禄为用，虽中传为害，末为冲克，传见三刑，然彼此相制，不以刑论。占云：一德扶身，诸凶可散。宅上见子水生日上寅木，兼末冲克初，以解其刑，凡事成吉。

《正疑钤》：此课见贵，不利。求财，无。婚姻，阻。占出入，不如意。病者，有鬼，冬春稍吉。官司不妨，秋凶。胎欲生，无凶。行人，吉，夜贵，双来。日德、支德、日禄、支马俱入传，可谓吉课。巳申相制，似若战动，然六爻安静，诸神归方，况甲德在寅，神煞藏伏，忧喜不成。昼贵占之，凡事不利。夜贵，出入、更改稍吉。若求官职，城吏煞虽入传，而德神为金煞所伤，谓之伤德，未甚遂意。

《义》曰：新月未圆，渐增光采。阴阳独彰，天德将泰。禄马并临，此是好音。君子迁改，小人陆沉。

《象》曰：养晦还须且待时，坚持中正莫相违。善人终是蒙天祐，动定兢兢福自奇。

此自任之卦。一曰富贵，又曰玄胎。天地伏吟，阴阳各归本家。静则宜，动则滞，事主藏匿，静中求劳，屈而不伸之象。《经》曰：任信伏吟神，行人立至门。失物家内盗，逃亡隐近邻。病则难言语，占胎生哑人。访人藏不出，行者却回轮。况玄胎如婴儿隐伏，利上不利下，事主迟而多伏，暗昧不通，触则成祸，惟君子守正修德则亨。《经》曰：占遇玄胎，产孕婴孩。不利占老人、小儿病，乃再次换胎也，久病不宜。故云：久病人身怕见马，名"驮尸归地"，有大阴德可解。占者遇之，潜龙养晦，待时勿速可也。此卦求官迁转，荣名摇动，宜君子，不宜小人。身宅动迁，婚姻不利，疾病惊危。亦曰"存阳舍阴，存阴舍阳"，故天地不备，阴阳独彰，实为不足之体。失物不出其家，盗者不出邑里。远行回轮，近行将至。病主难言语，占胎聋哑人。访人多不出，伏吟泪淋淋。占者遇之此卦，求官见贵，先难后易。占家宅，吉。投谒人者，主宾际会两殷勤，暮宴朝欢会无极。又畏夫不欲见人也。婚姻不宜，逃者懒归，占讼宜和。凡占畏暗中鬼贼相害，事见摇动，占财轻。

占出兵行师，青龙发用，得宝货与图书，主客相和，又是伏吟，疑有伏兵。传见刑破，亦吉中隐凶。用兵者，宜虑及杜渐防危，审理密察可也。

真一山人云：隐而不发自家知，富贵功名准有期。只恐贵人不着力，春花秋月在当时。

《无惑钤》云：两贵差跌，六虎成列。病讼皆畏，仕官怡悦。

《钤解》曰：昼贵临于夜地，夜贵临于昼方，是贵人蹉跎。干贵，事主参差，多不归一，俗云"尖担两头脱"。干支拱昼贵，只宜干求一处贵人。四课上，两寅属虎，二子乘虎，初寅虎，末申虎，共六虎也。二子乘虎临宅，申虎官鬼，常人则病讼深畏。德禄驿马临日发用，末传官鬼乘虎为催官使者，主赴任急速，故仕宦怡悦也。又曰：初传尊长发用，宜占尊长之事。《集议》：干支拱定昼贵，只宜干求一处贵人，出《毕法》"前后引从升迁吉"。"宾主不投刑在上"，内谓三传皆无恩之刑，凡占必施恩反怨也。五甲日伏吟，虽曰三刑，有禄马、官星，却宜求官，惟甲申日干支被破不可。

甲子日第二课

比用　知一卦　逆连茹　六仪　折腰　无结果不行传
魁度天门关隔定
本日是四立，癸加甲是天祸卦，凶甚。

```
玄 阴 后 贵          玄 常 白 空
戌 亥 子 丑          戌 亥 子 丑
亥 子 丑 甲          亥 子 丑 甲


父 甲子 后          父 甲子 白
父    亥 阴 ◎       父    亥 常 ◎
财    戌 玄 ◎⊙      财    戌 玄 ◎⊙


六 勾 青 空          六 朱 蛇 贵
辰 巳 午 未          辰 巳 午 未
朱卯        申白     勾卯        申后
蛇寅        酉常     青寅        酉阴
丑 子 亥 戌          丑 子 亥 戌
贵 后 阴 玄          空 白 常 玄
```

《玉历钤》云：此课三传皆退，又是空亡，所占忧喜俱不成。

《毕法》云：亥加子作太常（夜占也），甲日之长生，主有婚姻之喜，或赐赉钱帛之物。常人占之，宜开彩帛铺及酒食店肆，必增利益。又交车相合，凡占皆主交关、交易、交代、交加，换而成合也，不利占解散事。

《通神集》云：知一卦，舍近就远，舍亲就疏之象，事贵和同。又云：丑加寅上，谓之鬼墓，凶灾怪异。若值夜贵，鬼必兴，依草附木，以为人患，只待有破墓、子孙之神方息也（丑中有辛金，乃甲日之鬼，鬼墓加干，鬼暗兴）。

日上克辰上，用生日，日上克用，日上合用，末克初。

课名知一，退气利退不利进，有始无终。贵加日，与用合，守静获福，出旬方吉。中末空亡，见生不生，凡事不利。又人去克宅，凡事忌。

此课守静获福，出旬方吉。无初有终忧自散，官司无凶病自安。婚不成，行人失约，财不遂，凡百不利。子与丑合，三传生干，宜与众合谋事。逆茹，主隔三隔四，欲合不合。末生鬼贼，乃戌为武在末也。干上丑，支上亥，谓交车合。龙加生气吉迟迟，可惜中末空。

《义》曰：拔茅连茹，欲止不止。前实后虚，先忧后喜。事宜重审，动宜本分。到底何如，浑然似梦。

《象》曰：覆虎无伤事若何，虚声惊险自消磨。捕风捉影空劳力，忧尽还看喜气多。

此比用之卦，一曰知一。夫知一者，知一而不能知两，知者以为自知、自见，不知者为寇仇，故言知一也。以此为用，舍远就近，舍疏就亲，恩中生害，事多起于同类，凡事狐疑，事贵和同乃吉。况连茹，事主欲行不行，欲止不止，节外生枝，先进后退。阴小在下者，有悖逆之义，臣未忠，子失孝，事不可遂意而行，必当审察，循乎义理，庶免后患也。占者遇之此课，当有官贵求谋之理，合而未合之象。此课初有生助之意，惜乎入于无用之乡。苗而不秀，秀而不实也。占忧疑灾祸，自然释散。家宅门户，虑有失脱虚耗。所谓空神抵宅，门户虚赚。婚姻再议，成则无益。求财得而复失。病者渐安。占父母及久病者凶。失物难寻，逃亡不获，患难得脱。其他占求，不惟无益，抑且有始而无终也。

占出兵行师，游都临日，其敌虽声言来，终难相接，彼此俱不凶不吉。尤当整肃军兵以防之，诚为万全之计，其有阴谋者又何畏焉！此课虽曰无用，惟能解散忧疑患难，此又为之奇特。《易》谓"履虎尾而不咥人，亨"也。

四时占之，吉凶不成。

真一山人云：谋望无成少用心，路逢险处遇知音。事当更改难拘一，才见升迁又泊沉。

《无惑钤》云：见生不生，互换无形。尊上占病，魂赴幽冥。

《钤解》曰：亥乃长生，作旬空，子亦贪合，皆不能为生也，虽曰子丑寅亥互合，亦何益也？父母爻空，尊上占病必死。夜占为帘幕临日，占赴试则宜，余占为鬼墓加干。《经》云：鬼墓加干鬼暗兴。此透关格，凡事失时，或心力不逮，致使已成之事被人所破。三传自干透出支外，乃长生并财俱出关矣，反为不吉。交车相合交关利，为交车六合，宜交关而成，不宜占解散事。夜常加亥临支宅，有婚礼之事，宜开彩帛铺或酒食店。又交合，占婚尤的。此昼贵临身，被朱雀乘卯克之，欲告贵求文书事，必贵人忌惮而不允。

甲子日第三课

元首　斩关　孤神　不备　励德　悖戾　六阳数足
避难逃生须弃旧　彼求我事支传干

<pre>
白 玄 玄 后   后 玄 玄 白
申 戌 戌 子   申 戌 戌 子
戌 子 子 甲   戌 子 子 甲

财　戌 玄 ◎   财　戌 玄 ◎
官　壬 申 白 ⊙   官　壬 申 后 ⊙
子　庚 午 青   子　庚 午 蛇

朱 六 勾 青   勾 六 朱 蛇
卯 辰 巳 午   卯 辰 巳 午
蛇寅   未空   青寅   未贵
贵丑   申白   空丑   申后
子 亥 戌 酉   子 亥 戌 酉
后 阴 玄 常   白 常 玄 阴
</pre>

《玉连环》占曰：来意缘失陷官钱，勾入官而得惊恐脾虚下脏之疾，其病鬼祟持刀相惊，可移病人于南方午位上，设一绯幕，至九日有南方医巫属马，以撒火为姓名，亦不吃药，灸艾、丹符，其鬼祟自除也。何以知之？甲日用

神天魁为财，昼夜皆见玄武，失财之象。时为日禄、日德，主动官。天上正
时为直事门，上见螣蛇主惊恐也。发用天魁，为脾胃土无气，又为甲木所克，
故主脾胃虚弱。上得玄武水与天魁内战，故主下脏病。其言有祟者，《经》云
"传中见魁，病必有祟"。又传中申金为鬼，上得白虎，主刀兵，故言鬼祟持
刀相惊。可移病人于南方午位者，盖午与绯幕俱为火象，可治申金襄厌也。
第九日有南方医巫，以撒火为姓名，不吃药，灸艾、丹符，其祟自除者，盖
以末传得胜光，九数，南方，属马，又为火，故第九日南方属马火为姓巫医
来救也。午为救神，故用火灸。《经》云"木为丸，土为散，水为汤，金为
针，火为灸"，盖金为鬼，惟丹符可以治之有效。春甲木自旺，金鬼无气，救
神午火相，能治无气申金之鬼，故祟除病瘥也。①

《玉连环》又占曰：此课据来意，事因西北方追捕一盗，坠马折伤右足，
感风七日而殒。何以知之？曰：申时，直事门为日刑，又为鬼，发用天魁为
日之财，上得玄武为盗贼，故知西北上追盗紧速也。直事门为中传，传送为
日马，上带白虎克日，又与刑煞并，甲木秋死而被旺金之白虎、又是鬼马所
克，申为七数，主七日，至庚午日而殒也。末传胜光，不论救神者，盖秋火
死，故不论也。②

《通神集》：甲子日子将寅时，亦同此课。占主人脾病，及下脏脉息短少
沉重，久而自安。何以知之？曰：发用得戌土，故言脾病。将得玄武，故主
水脏及下脏也。四课不足，故主脉息短少。白虎作日干之鬼来克日，法主沉
重。末传午火作青龙，吉而克白虎申鬼，所以久而自安也。又子加干而生干，
名自在格，吉课也。③

《中黄经》占曰：五十一岁，午将申时占行人。行年辰加午，初戌、中
申、末午。天乙逆行，天上甲还地下甲，无克战，又行年神与门上神丑亦不
相克，虽天上辰还地下辰，逆行，不过门，亦虚取门上有无相克。此课门上
神是丑，行年是辰，其遁建干支与门上神不克战，此占行人必然来矣。又看
二马及游神、戏神临处为到家之日。寅为驿马，临辰则辰日到。此占行人之
课，不论吉凶。动曰：门上丑，遁干乙，克行年辰土，如何不论？

《中黄经》又占曰：五十岁男子行年卯，占望其妻二十八岁行年巳远去，
主九月内丙日必然到家也。盖男子行年卯立巳，遁得丁卯，与妻行年巳相生，

---

① 《一字诀玉连环》作：正月甲子日子将寅时，占来意。
② 《一字诀玉连环》作：七月甲子日午将申时，占来意。
③ 《通神集》作：六月甲子日午将申时，占病。

更与初传卯戌相合，是发动与行年相合，行人必来。又妻年巳遁得巳己，甲以己为妻，夫年加妻上，己与甲相合，天乙顺行，酉为门，酉上得未，妻行年巳与门上未俱不相克，主行人必然归家。又妻行年巳为四孟神，中路阻隔，即女人行年上下不克，必然中路有亲人留住。九月建戌，戌为发用，戌中有辛，与丙合，主九月丙日必到家也。

《毕法》云：此课戌加子作初传，虽曰日财，乃是旬中空亡，中传申金又是日鬼，末传午火作日之脱气，且三传既无益，不免只就干上子水而生，故曰"避难逃生须弃旧"。又云：支神临干而生干，名自在格。凡百谋事，人必相从，宅上生辉。

《毕法》又曰：甲子日，戌加子为初传，乃本旬之空；申加戌为中传，乃后旬之空；午加申为末传，更后旬之空。凡占指空话空，全无实象。又云：中传申加戌，昼将上乘白虎，诚为可畏，殊不知申坐戌空，又赖虎之阴神上乘午火而制虎鬼。《经》云：虎之阴神还制虎，生者安宁病者愈。此虎鬼谕如小人，稍得势即为祸患，倘受制伏，便如灰飞烟灭，不能为也。

《玉历钤》云：此课初传空亡，玄武发用，主动不宁，出入不利，闻忧不忧，闻喜不喜。

上神来生日，辰上克日上，日克用，用克日上。

课名元首、励德。初传戌空亡，克支加支作玄武，宅内惊动。课名励德，贵人不安，又名悖戾、简傲，凡事不顺。虽见玄武克宅主凶，然日上见子，为生甲干，戌是空亡，不能克子，又是甲日属木，可以制戌土，宅之子水有所恃而无恐，终于有吉无咎。专利占长远事，不利占目下事，盖戌为空亡也。

此课天魁昼夜乘玄武，临宅克宅，最不利占宅，动摇、失脱极凶，移门更户方应，幸戌空稍解。占盗失脱不获，求财并婚不成，病重不死，久病凶，见贵人成事，出入不利。初日财空，中日鬼，末又作日脱气，三者无一益于我，不免只就干上子水能生，可以避难逃生。

《义》曰：事起虚声，拿云捉雾，徒尔精神，有何少补？闻忧不忧，闻喜不喜。要知端的，如斯而已。

《象》曰：仰箭射空徒着力，任君百计事难成。争如抱道安心守，否极还知泰自亨。

此比用之卦，一曰知一，夫知一者，而不能知两。知者以为自知、自见，不知为寇仇。以此为用，恩中生害，事多起于同类，凡事狐疑不定，事贵和同乃吉。况戌申午为退间传，进而后退，退而有隔之象，事主转手托人。又谓之虚一待用，传中有戌午而无寅，凡占事以寅字为应期。且初中课体不实，末又无用，占者遇之，必有虚耗失脱之义。有声无形，不能着力，徒生企仰之私，未必遂其所志。虽有上门助我、成我之意，未尝见其实惠，尤防变诈多端也。所占多是外事也。占忧疑自散，灾害不成，祸乱不作，家宅虚耗，人财散失，门户未宁。求婚难成，若勉强成之，将来夫妇必见睽离，否则有虚声之议。求财虽得而复失，惟利夫空门白手九流，无意而反有所获也。占逃亡难获，虽闻其声，终不能见其形也。功名事业，总是虚华。谋望更求，徒尔心力。暴病者修德即瘥，久病者祷神亦凶，尤贵乎素积阴功，庶几转祸为福也。若出行，多见阻滞，纵是行之，亦无所益。

占出兵行师得此，失众望而无功。倘敌使之来，所言事情虚诈不实，亦不可托人干事。为将者审其人，察其微，勿为奸人所欺也。大抵此课无益于占者之人，惟当守正以待时，庶几无悔吝生焉。

四时得此无益。

真一山人云：不备由来事有私，婚姻夫妇虑睽违。其中幸得逢三解，又恐虚声致丑词。

《无惑钤》云：不待启齿，慨然而惠。昼卜如言，夜占仔细。

《钤解》曰：支来生干，慨然上门惠我，何待启齿也？昼乘天后，又益其生，所以如其言"上门惠我"，但夜则乘白虎，主有惊危，财却宜仔细，若贪初传之财物，遂引入鬼乡，反受末传午火之脱，况戌财旬中空亡，昼夜玄武夹之，得不偿费。《集议》曰：避难逃生。甲投三传无益，却就干上子水就生，乃应避难逃生之语。三旬空亡，戌乃本旬空亡，申乃甲戌旬空亡，午乃甲申旬空亡。占求财事，到底无成，不可以先空后实许之。日财作空，乘玄临支，主先失脱，午虽助初财，反克支上长生。中传虎鬼最凶，喜阴神制之。《经》云：虎之阴神能制虎，行者安宁病者愈。三传退间，若倒拔蛇之难，但六阳数足，犹不免公用。悖戾，诗断曰："勉强前来勉强之，戌申午上不堪期。徒然欲壮培根本，凶咎从前定不遗。"四课俱在贵人后，为微服卦，凡事利于阴私干贵。观心曰：君子赐衣冠进秩，小人退位有灾忧。

甲子日第四课

高盖乘轩　元首　三交　三奇　闭口

```
青 常 白 阴          蛇 阴 后 常
午 酉 申 亥          午 酉 申 亥
酉 子 亥 甲          酉 子 亥 甲


子 庚 午 青          子 庚 午 蛇
兄 丁 卯 朱          兄 丁 卯 勾
父 甲 子 后          父 甲 子 白


蛇 朱 六 勾          青 勾 六 朱
寅 卯 辰 巳          寅 卯 辰 巳
贵丑      午青      空丑      午蛇
后子      未空      白子      未贵
亥 戌 酉 申          亥 戌 酉 申
阴 玄 常 白          常 玄 阴 后
```

《预见经》占曰：来意妇人宴会有争斗口舌，从丝绵上起。问：何以知之？曰：午为仲神，为发用，将得青龙。胜光主和会，青龙主酒食，午为妇女，末传天后又为妇女，故曰妇人宴会。卯为阴神，上见朱雀，主口舌争竞。子为丝绵，故曰争斗口舌因丝绵上起。询之，果然。

《玉历钤》云：此课日上有寅申巳亥，辰上有子午卯酉，皆喜合。惟昼夜贵人临辰戌为入狱，不宜干贵。

《毕法》云：此课亥在寅上，为日之长生，又酉在子上生支。此例只宜静守，凡事尽有增益，若有动作，恐支干别临克脱之乡，不为益也。又长生居干，干身立学堂，亦可占进用之象。但支为宅舍，酉金临之，子水虽生于申而败于酉，以此占宅，倾坏不周备也。

《观月经》云：胜光本是马，太冲本来车。神后为华盖，三传定不虚。终末传神后，华盖下铺舒。明君加宠禄，圣主赐丹书。官职自时别，皇恩亲不疏。从前圣天子，目下见相如。

《灵辖经》云：六仪者，六甲之旬首也。此课末传见子，为甲子旬仪神；

子日，仪神在午。午与子，终始皆是仪神。

上神生合日，辰上克日，日上又克用，末克初。

课名元首、三交、三奇、六仪。凡事不顺，交加难解。午加酉为用，亥生甲木，亥乃空亡，退传日支，午为救神，只宜守静，不利求谋。虽末来克初，有终始，亦无大利，日上空亡，休举意也。

此课求财有青龙，为文字、印信损失不明。不然，官报死丧之故也。有官上加官事。占产子不安。病反复进退难安，春夏不死，秋冬必死。盗逃不获。避病逃难，东方吉。官事难解，夜贵人刑责。占门户，昼贵平稳，夜贵坐灾，有虚惊也。午加酉为死交，凡事不能成合。初支仪在午，终旬仪在子，一时之内，三传始终仪神，主喜事吉庆，主产孕。

《义》曰：始曰不实，中又劳力。占人不来，访人难觅。六月将逢，惊险吓吓。期约未准，济善方吉。

《象》曰：有心实惠翻为假，谁解中成未足成。白昼占之还赐福，夜来得此致虚惊。

此元首之卦，以尊制卑，以贵制贱。占事多顺，起于男子，忧喜多实。为臣忠，为子孝。诉讼利于先举，为客者胜。传见三交，家不容隐，象欲逃避免祸。又况事起蓦然，不期而至，凡事防人阻破，侵损动摇，始无宁息，所喜主客相生，由难而致易也。虽见上门助我、成我，然未获其实惠，亦可以待其终末，而庶几有成之理。占者遇之，如初月未圆之象。求官见贵，顺中无益。谋望干事，勤苦方成。婚姻虽有可成之理，始终未亨。病者不伤，生产多惊。走失逃亡，多在道路中得获。出行必见阻隔。争讼亦见相合。家宅多有生意，门户开酒馆、食店，或见酒食筵会之理，必能发福发财。

占出兵行师，先举利为客。发用青龙，有大胜之兆，得宝货图书。虽有哄哄战斗之声，亦见两军有和解之义。若敌有使来，或传报声息，必须研审至虑，恐所言之不实也，主将不可不知。须听其言，观其行，察其机，见其微，贵乎将者之明也。大抵此课生我者空，传见三交，吉凶相半，守旧者胜乎动谋。惟君子修德惕励，庶获利贞也。

春吉、夏忌、秋违、冬吉。

真一山人云：遥见天边半月新，婵娟生意倍精神。晴空万里无多翳，福祉惟知及善人。

《无惑钤》云：生空鬼存，破败家门。临难闭口，贵不施恩。

《钤解》曰：午上亥，乃旬空长生；支上酉，乃实鬼也。酉破子，水又败于酉，故主门户破败。两贵入狱，自不能安，何有恩惠施哉？《集议》曰：酉乃旬尾，加子旬首，为真闭口。若正月十三日至十六日，此四日内遇甲子日占，为地烦卦，乃月宿躔于柳星张午宫也，加仲发用是也。夜占，太常加长生临干，来人必占婚姻之喜，或有锡赐物帛之事。苦去甜来乐里悲，亥生甲与寅，酉生亥，又生子，皆幸也，但酉克甲，又败亥子，又酉子相破。午加酉上吉相扶，进取求迁事可图。逢凶恐怕忧疑有，先见疑难福后甦。

午者，火也，心也，在酉上，火死之地，君子疑怕之兆。终吉者，高盖乘轩，滞中通也，主后利。驱马乘轩高盖，必膺公卿之位。高盖乘轩，进士登科及第。

高车驷马始朝天，龙德高盖宜问官。

甲子日第五课

重审　炎上　斩关　狡童　寡宿　火局
脱上逢脱防虚诈　夫妇芜淫各有私

```
玄青白六        玄蛇后六
辰申午戌        辰申午戌
申子戌甲        申子戌甲

财　戌六◎       财　戌六◎
子庚午白☉       子庚午后☉
兄丙寅后        兄丙寅白

贵后阴玄        空白常玄
丑寅卯辰        丑寅卯辰
蛇子　　巳常    青子　　巳阴
朱亥　　午白    勾亥　　午后
戌酉申未        戌酉申未
六勾青空        六朱蛇贵
```

《预见经》曰：占逃亡，日上见天魁，为斩关卦。难追。若追逃女，责玄武阴神，天罡临申为玄武，女必往西南去了；若追逃男，责玄武阴神逆数四神，大吉临巳为阴神，其男必往东南去了。更看生旺刑害何如。

《玉历钤》云：此课初传空亡，上下夹克，主柱图，百凡有声无实。

《心镜歌》云：阴阳不备是芜淫，夫妇奸邪有外心。二女争男阳不足，两男共女有单阴。上之克下言夫过，反此诚为妇不仁。阳即不将阴处合，阴来阳处畏刑临。要知其例看正月，甲子时加卯课寻。甲上天魁子传送，甲夫阳也子妻阴。甲将就子忧申克，子近甲时魁必侵。支干上神交互克，是乖和睦失调琴。妻怀内喜私情有，甲子相生水合金。子上见金相生，主妻与南方人有情。

《毕法》云：干被支上神克，支被干上神克，卦名芜淫。缘既无夫妇好合之情，必有奸邪淫泆之意。《心镜》所言是也。又白虎加午，遁鬼临戌，为祸不小。戌为初传，昼夜天将皆乘六合木神夹克戌财，凡占主财不由己费用，又受人驱。木为同类，必朋友、兄弟而为忧也。

日上生辰上，日克上神，日克用，日生三传，末克初。

课名重审、斩关、炎上。自墓传生，事了再发，宜占奏对。然戌既空亡，凡事宜从空散。

此课占，当有喜庆和合之事。孕吉。妇人有小灾，不足忧。财吉。官不吉。婚不成，虽吉难遂。病困重不死。官司了绝再发，有刑名。干为支上神所克，名芜淫卦，占夫妇不宜。用神空亡，为孤辰卦，凡事不成。

《义》曰：课逢空脱，党类未合。动以思礼，不容暗约。虚耗多端，时逢寒薄。进德修业，后必裕乐。

《象》曰：养成附凤攀龙志，动潜飞腾各有时。待得风雷相起蛰，坐看变化跃天池。

此乃重审之卦。传见炎上，事主虚多实少。以未墓临亥生，所占明事，反为暗昧，又主枉图。且重审以下贼上，卑犯尊，贱役贵，事多不顺，起于女人，多是内事。阴小在下者，有悖逆之事。臣未忠，子失孝，事不可遂意而行，必当审察，循乎义理，以免后祸。《经》云：重审者，重而审之也。合后互传，有阴私厌翳不明之义。占者遇之，当见有影无形，多虚少实之象。求谋失意，干用难成，甚不可托人，亦不投谒，官非解散，灾祸不成，有欲脱不脱之义。暴病逢之即瘥，久病遇之必凶。行人未至，失物难寻。远行未利，胎孕俱空。音信不实，逃者无踪。占婚不宜，防有私暗不明。占科第徒劳用力，问身宅破耗致穷。

占出兵行师，所报事情言辞不的，大宜酌斟研审密察，未可遽以所言为听。亦见众心不一，彼我俱未成功。虽被围绕惊险，终无所害。为将者不可不知其微妙也。大抵此课始终空脱，乃劳而无功之喻。百事不成，惟宜解散忧疑患难。吉不成吉，凶不成凶，守旧则亨利。若九流技艺僧道公门得此，白手求财，无心干事者，庶几或有成也。

四时占之无益。

真一山人云：行止由来本在天，功名何必苦劳牵。劝君临事休勉强，观象随时动少愆。

《无惑钤》云：支干互克，彼各相逐。昼畏中传，亡财失仆。

《钤解》曰：干上戌克子，支上申克甲，乃互克而相触也。午脱遁庚，昼虎可畏。初戌，财也，仆也，既为旬空，又被二木夹克，仆亡财失，所不免也。此真芜淫体也。凡占值此，不可执为芜淫卦，非专言夫妇而已，未免引此为例。如先有人相允许，后各不相顾接，似乎无情也，犹彼此各怀恶意。午遁旬内之庚，乘虎入传，至凶，纵入空乡，或系旬中空亡，亦不能解，故曰"虎乘遁鬼殃非浅"。财遭夹克，财不由己费用。

甲子日第六课

知一　长幼

彼此全伤防两损　贵害讼直遭曲断

后	空	玄	勾
寅	未	辰	酉
未	子	酉	甲

白	贵	玄	朱
寅	未	辰	酉
未	子	酉	甲

兄	丙	寅	后
官	癸	酉	勾
财	戌	辰	玄

兄	丙	寅	白
官	癸	酉	朱
财	戌	辰	玄

蛇	贵	后	阴
子	丑	寅	卯

朱 亥　　　　辰 玄
六 戌　　　　巳 常
　　酉 申 未 午
　　勾 青 空 白

青	空	白	常
子	丑	寅	卯

勾 亥　　　　辰 玄
六 戌　　　　巳 阴
　　酉 申 未 午
　　朱 蛇 贵 后

此课先生曰：病人往妻家有私情，因暗中违约失信，遂得阴病，久而不治，必成劳疾。日上见酉作勾陈。①

《毕法》云：此课支上未生起干上酉，作日鬼，大不利求谒、求财，不然必有祸生。

《观月经》歌云：三上来克下，根源长幼推。子孙先发动，小者必低萎。父母相临用，凶神入墓悲。甲日用水神，主父母忧，又怕入墓。

《通神集》占曰：此课天罡加酉为玄武，逆四午上得大吉，是贼所在，宜往午地捉之，其贼在贵人家，相生难得。阴自去本家为人数，登明去亥六辰，是贼之同伴共六人也。末传玄武自相克战，辰上未及天乙能制盗神，捕之必得。

《中黄经》占曰：此课初传寅临未，入墓无气；中传酉临寅，亦无气；末传辰临酉，亦沐浴无气。甲子生人，本命见天空，未中先有辛，后有丁，辛死、丁不旺，主有头白女人相害。盖以日上见克，三传无气，酉即阴人，妇人、妾类故也。

上神克日，辰上生日上，日上神克用，初克末。

课名知一、长幼、度厄、抬土。德禄发用，酉为官星，中末自刑，此先喜后忧之象，利初不利终也。然宅之子为未克，得寅而救之，尚可以解凶。酉为官，传利问名。此课占见贵有喜，求官如意。秋冬春最吉，夏占迟如意。占婚反复再成，求财得病凶，天上神皆临绝墓，必死。占出入、求望，重重喜。占官事不了，目下决了也。德禄用坐墓神，干为金神所克，凡事有始无终，况天将皆吉。

《义》曰：自招其侮，谗妄妒起。闭口不言，狐疑暗昧。神合道和，可以交易。欲识消息，无终有始。

《象》曰：好携琴剑上皇州，富贵功名自有由。不遇申宫来扰害，任君谈笑觅封侯。

此课乃知一之卦，一曰比用，又曰长幼。传见禄马，君子占之，当有动迁之象，但发用坐于墓上，凡事自招暗昧，心肯意肯，皆是自招其悔。况此占，同类相妒，朋友谗佞，事从外来，利主不利客，主幼小卑微暗昧。若占者遇之，凡事转手托人，隔七隔八之象。又为闭口卦，夫闭口，凡事多不肯言，若闭其口。病者不语，或不进食。占孕生哑。凡百占者，皆含冤而不伸。况知一而不能知两，知者谓之自知、自见，不知为寇仇，故言知其一也。恩中有害，凡事狐疑。幸见合，为神和道合之意，主交易交加而成。凡事和顺，

但不利于占散解。占婚姻成。占产不吉。求官见贵吉，为始终有未纯全也。占财得，访人见，投人干求，必见和合，终得全美。《经》所谓"主兵际会两殷勤，暮夜朝欢会无极"，正此谓也。昼占，新病即瘥，宜作福修德；久病为极，老人、小儿病尤凶；夜占，新久病俱凶，修禳庶几可解。逃盗遇此，必难获也。

占出兵，有恩命之喜，但所用之兵威力不强，宜振作之，战胜未获全功。大抵此课易中有难，难中有易，大利成合而不利于解散。公私之事，惟有德者亨利，守正而无失也。

春吉、夏利、秋凶、冬平。

真一山人云：难中隐易易中难，蓦约工夫指掌间。守正动时勿急遽，广资辅助力如山。

《无惑钤》云：彼己遭孽，无德可说。惟宜交关，家道歇灭。

《钤解》曰：酉克干，未克支，彼见遭孽也。寅乃日德，被克则无益矣。若论交关，则未墓干而酉败于子，不惟家道歇灭，而人亦昏晦。夜占朱雀作日鬼加干，在朝官防遭劾，若上书陈言，反受责黜。支上未生干上酉作日鬼，不利干谒求财，即有祸出。旬尾加旬首，闭口尤甚。酉虽胎神，非甲木妻财，十月为生气，主婢妾有孕。虎临贵人本家，占干官贵事，招贵人嗔怒。占讼尤忌，彼此全伤。占讼两家皆被罪责。诸占各有所亏。占身被伤，占宅崩损。寅夜乘虎，俯仰丘仇，两贵相协。酉克干，未克支，彼己遭孽。寅乃日德，被克则无矣。干上酉却与辰合，未为全伤。芜淫凡占先相许允，后不相顾接，各怀恶意。内叛外逆，皆有金兴谋结连，以致课传交互战克，陷子水于无之地，则木之生气渐丧，良可惜哉！

甲子日第七课

反吟　玄胎　无依　六阳数足

蛇	白	后	青			青	后	白	蛇
子	午	寅	申			子	午	寅	申
午	子	申	甲			午	子	申	甲

兄	丙寅	后			兄	丙寅	白
官	壬申	青			官	壬申	蛇
兄	丙寅	后			兄	丙寅	白

朱	蛇	贵	后			勾	青	空	白
亥	子	丑	寅			亥	子	丑	寅
六戊			卯阴			六戊			卯常
勾酉			辰玄			朱酉			辰玄
申	未	午	巳			申	未	午	巳
青	空	白	常			蛇	贵	后	阴

此课庚戌年徐学正充解赴省及第，其子治《春秋》亦及第，落在第五甲。先生曰：本身及第。果中，唱名在三甲。及其子，只曰亦沾恩。及其在第五甲，铨试不中。六月受潭州司户，七月病死。盖甲日上见申，读书人见之为官星、无后，申又是太岁来克身，当年使合不宁，何在庚戌年及第，子死合耶？盖是岁行年上子水生甲木，宅上午火能制金，且作催官使者，须见官了却。用得甲寅木，绝于申，申又来克甲寅。至庚戌年，行年覆临申上，随寅而绝。初末二寅作天后，两重雨露恩神在官星之上，甲与寅皆承雨露之恩。甲乃尊也，父也；寅乃卑也，子也。故重见之。庚戌年七月，其子果死。甲寅年本身死。乃申寅刑冲之故也。当年又克第四子，盖年神克第四课，死神乘白虎入宅，为魄化，为水所克。又甲干以午为子息，故受殃也。①

《玉历钤》云：此课昼贵天后、青龙，其凶尚轻。夜贵日干白虎两重，鬼乘腾蛇，大凶。

---

① 《壬占汇选》作：建炎戊申年二月甲子日亥将巳时，徐学士戊辰生四十一岁占前程。

上神克日，辰上克日上，日上克用。

课名反吟、玄胎、无依。利静不利动。日上受克，支上用财宜退。虽为德禄、驿马，毕竟受伤于申而无可取也，终不为吉。灾稍轻，求名不利，又有灾。

此课占病、占道路出入、见贵求名求财，皆不可用。占婚，旦暮贵人皆不可用。日占青龙作鬼来制日，凡百皆凶。虎临支上，遁为庚午，乃虎乘遁鬼殃非浅。

《义》曰：禄马败绝，春冬福德。课体虽凶，积善者悦。下民无知，君子维持。反祸为福，其在于斯。

《象》曰：危桥履处心多恐，过却危桥莫少忘。行事但从天理去，前程何必论兴亡。

此卦乃反吟之卦，无依之象。刑冲破害，事主迟疑，远近系心，更相仇怨，且反复而呻吟，是无予夺而难息也。复而更往，欲动疑而不决。事从下起，臣慢其君，子逆其父，夫妻离背，兄弟无情，朋友失义。凡动无德，何以依之？天地反吟，十二神各异其位，居无所因，祸生于外，将及其身。

出兵行师，多致奔败。安营聚众，必见离散。将有异谋，事多阻滞。凡事失其和气，内外有忧。占者遇之，求官见贵，反复而后成。病者不一，得此最凶，修德乃吉。若秋占，夜将乃魂赴幽冥之象，为善庶解。占宅舍，喜中不宁，破耗不足。婚姻难成，成而离背。诉讼反复，官事刑责。占财不获。行人反复。逃亡远遁，急寻方宜。

占出兵行军，得此课者，宜再为选卜，乃免其凶。敌有使来，其言难实，亦有变诈之理。大抵此课，求谋百事，必须历遍艰辛，庶有成之理，但不利几于久远。所幸神将相生，凶中而有隐吉之义。凡占得此，惟利守旧，静正以处之，则利有攸往也。传课者宜致思而变通焉，庶几而不诬也。

春吉、夏利、秋凶、冬平。

真一山人云：事多反复理宜然，好炷明香谢上天。静正存诚勿妄动，竚看恩锡玉楼前。

《无惑钤》云：禄绝德废，以贵干贵。君子姑宜，常人深畏。

《钤解》曰：寅乃日之德禄，被克临申，则德禄废而绝矣。丑未昼夜贵相加，可以干谒两处贵人。往来官动，君子宜占，在常人则官中事扰。夜占病讼尤凶，谓反吟望事难成、反复。访人差迭。午遁旬庚，乘虎加支。夜贵加昼，宜暗求关节。

甲子日第八课

知一　天狱　度厄　六仪　无结果
帘幕贵人高甲第

```
六 常 蛇 空          六 阴 青 贵
戌 巳 子 未          戌 巳 子 未
巳 子 未 甲          巳 子 未 甲


父 甲 子 蛇          父 甲 子 青
子 己 巳 常          子 己 巳 阴
财   戌 六 ◎        财   戌 六 ◎


六 朱 蛇 贵          六 勾 青 空
戌 亥 子 丑          戌 亥 子 丑
勾 酉     寅 后      朱 酉     寅 白
青 申     卯 阴      蛇 申     卯 常
  未 午 巳 辰          未 午 巳 辰
  空 白 常 玄          贵 后 阴 玄
```

　　此课岁内主眷属入来大挠，遂成大狱。天罡加日本，名天狱课，又名铸印。破碎作太常入宅，有丧服人归来分挠。既被他挠，又被他分产业。行年与身作一处，只是今年事。末后须添一口，又见分灶。[①]

　　何七秀才兄弟五人，其最小者与姐为子。父在日，家产作四分分了。当年四月，其姐夫死，姐已先死了，势已退。本人童时，自续生两子。姐夫既死，六月小弟归家，兄弟皆不容，遂兴讼。州县断理量给财物与之，令依旧归姐夫家。他乃不服，直至台部下大理寺约法，遂有归条。自戊申六月兴讼，至十一月方止，[②] 果作五分分之。盖未加甲，乃墓神，为眷属。末传天空，为平地起堆之象。初传子为父母，未为眷属，子未作其六害。六害，害人也。螣蛇，远人也。传归入宅，却是两重破碎。巳为厨灶，破碎主分也。太常是有服之人，入宅作破碎，主分灶。甲木以巳为子息、幼小之类。末传戌，戌

又刑未，所以不冲不发，又不刑不动。六合卯与戌合也，是进人口，便是此子归来之兆。当年六月兴讼，行年与日干相合，不出今年也。六月，未月也。未加甲，腾蛇远来，子未相害，初传子，又破碎在子，主十一月子，壬子年分灶了，方宁贴也。

日克上神，辰上生日，末克初。

课名知一、长幼、度厄。墓覆日上，子未相害，皆不利。所幸子属六仪，戌是空亡，可以解忧，而不可以言吉也。最不宜尊长，只宜安静。

此课见贵人不喜，求事有阻，占无成，占官司有刑禁难，乃夜贵人占事可用，秋冬用之稍吉，其他皆凶。墓神覆日，子未六害，末凶空之兆也。但遇腾蛇事有怨，求名求利不周全。病宜作福讼宜解，捕盗难追行未迁。夜逢龙合及太阴，利名婚姻说好音。春夏占之多吉庆，秋冬得此意沉吟。

《义》曰：人情虽美，虑有生变。忧疑惊惕，不成大患。好事天成，贵在和平。随时处宜，自保清宁。

《象》曰：密云不雨翼晴明，历遍崎岖见坦平。第看泽雷随震动，非时便有不安宁。

此见机之课。《经》曰：察其微，见其机。涉害浅深，欲用不用，欲言不言，事有两而取一也。更主迟疑，进退不定，难于先而易于后。况发用又见六害，虽见生我、助我，亦为无益。阴阳未通，如水壅滞，如血未行，事多阻隔而无始终，官非口舌之兆。且墓神加干，如人处云雾之中，凡事皆暗昧而未明也。愚谓此课，腾蛇坠水，犹疑不宁，虚惊虚怪，自然消释而不成也。且凡事吉凶之来，亦不足为喜，亦不足为忧也。

此课求官见贵不顺，先难而后易。占宅利益于人。婚姻虽成，夫妇俱受制而未宁也。远行不宜。占财乃旧财，暗昧之财。占病惊惕不宁。逃亡未归，亦难得也。官讼先凶后吉。谋望有始无终，必见有人阻滞。

占出军，将士忧心，众情相畏，遇有惊恐。为将者宜自安心，号令三军，相机权变，乃为上策。若未出军，得此宜当改图。大抵此课，如珠走盘，事固得成，终未全美。所占百事，未免忧疑不宁，纵使险难而终无大咎也。

春夏小吉，秋冬大吉。

真一山人云：九重雨露恩光溥，千里声名指日来。只恐美中还未足，要将德行作梯媒。

《无惑钤》云：夜来初害，事小凶大。行人未归，彼此龃龉。

《钤解》曰：初子害干上未，夜贵占讼直遭屈，事虽小而凶大也。《毕法》云"害贵讼直遭屈断"者是矣。墓神覆日，占身则昏暗，占讼则沉滞，占行人则未归也。干欲脱支,反被支上巳火脱之,是彼此欺诳,若市井驵侩牙行之相与也。三传俱无和气,干支交互六害,必我先意立害于他人,殊不知他已辩其意而相害我也,彼此猜疑害相随。未虽夜贵,纵夜占亦作墓覆,主被贵人脱赚,法见"鬼乘天乙"内列此日。昼占虽帘幕加干,系墓无用。凡占遇帘幕官,不喜空、墓、克,为空亡尤甚,使试官略不视其文卷,徒劳一次。占试,朱雀所乘神克帘幕官,其文不合主文意。

甲子日第九课

元首　润下　斩关　励德（夜贵才是励德）　　解离
三传递生人举荐　贵人差迭事参商

```
青 玄 六 白              蛇 玄 六 后
申 辰 戌 午              申 辰 戌 午
辰 子 午 甲              辰 子 午 甲


财 戌 辰 玄              财 戌 辰 玄
官 壬 申 青              官 壬 申 蛇
父 甲 子 蛇              父 甲 子 青


勾 六 朱 蛇              朱 六 勾 青
酉 戌 亥 子              酉 戌 亥 子
青 申      丑 贵         蛇 申      丑 空
空 未      寅 后         贵 未      寅 白
午 巳 辰 卯              午 巳 辰 卯
白 常 玄 阴              后 阴 玄 常
```

　　《预见经》占曰:此课来意,主盗贼恶人侵害父母,惊恐破财不利之兆。何以言之?曰:初传辰,昼夜皆乘玄武,辰为罡星,乃恶人,玄武为贼。子为甲之父母,土旺九月,故主侵害父母。甲木克辰土为财,上见玄武贼神,主破财。中传夜占螣蛇,主惊恐,又为官鬼。末子夜乘青龙,子为甲之父母,昼见螣蛇,其惊恐可知。螣蛇主怪异,其家当见怪,阴人不利。

　　《观月经》歌云:天乙立二八,卯酉日月门。贵神当其上,励德卦基根。六月甲子日,寅时德此门。辰午阳在后,申戌阴前存。小民犯剥退,官人转更尊。忽然申酉后，微微别样寻。阴阳俱在后，君子送朱缨。

《毕法》云：此课干克支上神，支克干上神，名曰解离卦，又曰芜淫卦。夫妇居室，全无好合之情，各怀奸私之意。不但夫妇之间，如作事，先有人许允，后却不相顾，不但无情，犹彼此俱怀恶意。又云：丑为旦贵坐在酉上，未为夜贵坐卯上，贵人蹉跌，不吉之课。

《玉历钤》云：此课占事无成，天罡临宅见玄武，不宜占宅，主门户动摇。

上神盗日，日上生辰上，日克用，日上生用，初克末。

课名元首、润下、斩关、芜淫。三传生日，宜托人求事，只不利占文书。

此课见贵人，反复。见玄武乘辰加宅克宅，不宜占宅，主门户动摇不安，盗贼失脱。求财、求婚不成。不宜动中失脱。占官事难了。占病不死。盗逃不获。三传递生日，万事宜利。支墓为日财，商贩主折本。所谓"支坟财并旅程稽"者是也。

《诗》曰：昼夜龙蛇武在传，逃亡不获事宜先。婚姻名遂讼当息，有始无终客在传。

《义》曰：初来耗我，中来助我。百事有情，无可不可。水将水神，福禄坚真。合中带煞，惟防小人。

《象》曰：雪里花香晚节奇，阳春喜事又愆期。夏秋须待三冬景，福禄滔滔百事宜。

此元首之卦，一曰励德。夫元首者，尊制卑，贵役贱之象。占者多顺，事多起于男子。况润下主淹留屈伏，流而必清，滞则不竭，动而不息之象。事主和合，然干事求谋，转来转去而不快意。主事关众人，亲朋相识之类。克应多过月牵连，疑三传见天罡加子，为天关，所为之事必因天时所隔。且干上乘脱盗之神，有虚费不足之叹。所幸润下，传将俱水，而复生我、助我，此损中之益也。励德，大吏迁、小吏退，庶人忧疑，宜谢土神。占求官见贵，见助方成。占宅不利，门户摇动，人眷未宁。求财难得。婚姻不成。举动失脱，先困后亨。若占官事，必见迟滞。占病困重，服汤剂取效。生产者难。逃捕不获，终见来归。

占出兵行师，失物忧惊之义，先难而后易，有和允之理。大抵此课，始见脱耗，中间关隔，复见三合，神将生干，又为难里生恩。《经》曰：螣蛇玄武共青龙，三传俱见不为凶。玄武象龟螣蛇龙，龙蛇成类喜重重。但畏夫神将相战，难中有易，易中有难，更详旺相休囚，占人年命，有无生克制化，及考当时神煞，并而论之，万无一失矣。传课君子不可不知斯。

冬春大吉，夏秋待时。

先迷而后醒也。

真一山人云：水里淘沙喜见金，无缘何事遇知音。维持己造将成地，犹恐终心负始心。

《无惑钤》云：昼虎遁鬼，传将俱水。既罹灾危，然后为美。

《钤解》曰：日干午虎遁庚为干鬼也，灾殃甚危。幸而传将皆水，可以制鬼，而日干未免先历灾危，然后美利也。《集议》："三传递生人荐举"内列此日。支坟财并旅程稽，合中犯杀，自刑于支上。贵人差迭，告贵事不归一，尖担两头脱。玄武乘辰临旬首，为闭口卦。此旬内不拘阳神、阴神，作玄武临子，皆闭口。解离，夫妇行年值此尤的。《苗公引证》主失婢，断妙，亥将加未时占，载古鉴。

甲子日第十课

重审卦　不行传　玄胎　闭口

脱上逢脱防虚诈

```
白 阴 青 常              后 常 蛇 阴
午 卯 申 巳              午 卯 申 巳
卯 子 巳 甲              卯 子 巳 甲


官 壬 申 青              官 壬 申 蛇
父   亥 朱 ◎            父   亥 勾 ◎
兄 丙 寅 后 ⊙           兄 丙 寅 白 ⊙


青 勾 六 朱              蛇 朱 六 勾
申 酉 戌 亥              申 酉 戌 亥
空 未      子 蛇        贵 未      子 青
白 午      丑 贵        后 午      丑 空
巳 辰 卯 寅              巳 辰 卯 寅
常 玄 阴 后              阴 玄 常 白
```

《中黄经》占曰：此课主一阳人带破从西南来，要害财帛，待经官司。何以知之？日干甲被初传申克，日上神巳中有戊，又去生申，申坐在巳上坐生，夺己之财，兼是青龙，故云争财欲起官词。巳中有丙，辛未时时遁又得丙，此申鬼却被丙克。申生于巳，丙旺于巳，生金旺火互相交战，申属手足，合主其人手足带破损。夺财物，更见官司，谓立于六害，又更相刑故也。

《毕法》云：此课甲干木生巳火，巳火又生太常土，脱上生脱，重重盗气。凡占尽被人驵赚脱耗，虚诈不实之象。又云：寅刑干上巳，子刑支上卯，无恩无礼，各相刑害。凡占所谋交涉，各怀异心，欲相刑害。又云：申初传为日之鬼，亥中传为日之长生，寅末传为日之德禄。然长生空亡，则德禄不能任，日鬼反坐实地。凡占必初生凶恶之事，幸日上有巳，庶为减轻。

《玉历钤》云：此课初克末，昼贵破吉，夜贵有刑不刑。

上神盗日，辰上生日上，日上克用，用克日，初克末。

课名重审，生玄胎。鬼冲克用，中末生合德禄，先难后易，传中空亡，凡占凶皆不全。

此课占妇人，应有胎产。占官有合。见贵人不喜。占病有鬼，不须祈祷，逢火自有灭瘥。求财无。占官司，昼贵虽凶不妨，夜贵灾重，有刑责，凶。凡求望成，不宜占宅。甲日申金为鬼，虽是青龙，毕竟申为日鬼，日上有巳火，反制鬼为财，凶变为吉。但初末克为吉，又况中末值空，凡百不利。

《义》曰：宾主不投，动摇不定。财喜露彰，言而无信。履霜坚冰，知微则顺。过虑营营，徒施侥幸。

《象》曰：亲不亲兮可奈何，倘逢患难亦消磨。循循规矩安真吉，竚看他年擢美科。

此课乃重审之卦，卑犯尊，贱役贵，以下犯上。阴小在下者有悖逆之意，臣未忠，子未孝，《经》所谓"重审者，重而审之也"。事不可遂意而行，必当审察，由乎义理，以免后患也。传见玄胎，如婴儿隐伏之状，利上不利下，事主远而多伏，暗昧不通，触则成祸，惟君子守正修德则亨。将见青龙伤鳞折角，不但损财，抑恐因财而致讼也。干支相刑，门户不利。破碎相仍，尊卑不睦。大小越理，水陆不通。子息不律，举动艰阻。官事灾害，生事事生。长幼不顺。占者遇之，求官见贵，未足为美。病因财喜而得，况始往克终，忧心及己知。占久病不宜，又恐安而复作。占婚占财，两事未顺。擒奸捕盗，恐得而复失。投谒远人，却见喜合，但始终未称。远行多见止息，去则无益。

占出兵行师，虽有胜兆，必见耗财失众，终难全其成功。大抵此课，凡事占之，有始而无终也。吉不成吉，凶不成凶，变诈不一。忧疑患难，是非公讼，传报音信，俱为诚实，惟利乎解释百事，此又特奇。仍考日辰主客之旺相何如，占人年命生克何如，当时神煞何如，宜消息之可也。

春冬中吉，夏秋不准。

真一山人云：凤阁龙楼宠渥新，锦衣富贵拜朝恩。虽然目下多艰阻，到底应为廊庙人。

《无惑钤》云：止宜散虑，两贵皆怒。支干俱刑，家庭难住。

《钤解》曰：干支俱脱，中末空陷，止宜散忧释虑而已，占事则无气也。两贵入狱，主干谒不喜。支干各自相刑，主门户不利，所以难住也。《集议》："不行传者考初传"。中末长生、德禄既空，独存申金乃日之鬼，若以初传用事，必好事无而凶事有也。脱上逢脱，以干论病吐泻。青龙乘申，乃吉神受克制，喜必虚声，甲日为同类临绝。占病最忌父母爻空，若六月占，生气死，夜乘勾陈，坐长生之上，主父母后没有益。余"人宅受脱俱招盗"义见戊辰日第九课内。凡占病必吐泻。寅刑干上巳，子刑支上卯，得道者多助。

甲子日第十一课

重审　六阳数足　登三天
我求彼事干传支　权摄不正禄临支　避难逃生须弃旧　罡塞鬼户任谋为

六	蛇	青	六
辰	寅	午	辰
寅	子	辰	甲

财	戊辰	六
子	庚午	青
官	壬申	白

空	白	常	玄
未	申	酉	戌

青午			亥阴
勾巳			子后
	辰	卯	寅	丑
	六	朱	蛇	贵

六	青	蛇	六
辰	寅	午	辰
寅	子	辰	甲

财	戊辰	六
子	庚午	蛇
官	壬申	后

贵	后	阴	玄
未	申	酉	戌

蛇午			亥常
朱巳			子白
	辰	卯	寅	丑
	六	勾	青	空

《玉历钤》云：此课上下交克，中传与辰冲，末传与日冲，又为日鬼，日为人，主身位动摇不宁，出入不利。

《毕法》云：此课辰加寅为初传，虽是日财，奈昼夜天将皆是六合，其财受上下夹克而终不可得。中传午火乃日之脱气，末传申金又是日鬼，三传既无所益，不免甲干往就子之支上而受生，是谓之避难而就生也。

《通神集》云：干临支神受生，名俯就格。以尊从卑，以上从下，初虽艰难而终逸乐，凡百运用，皆勉强成之而后遂，不至于不成矣。先生云："坚冰积雪，木之幸也；困苦忧患，人之幸也。木困坚冰积雪，敛脂腴以养根本；人因困苦忧患，益悔厉以成休德。"此勉强后成之谓也。

日克上神，辰上克日上，日克用。

课名斩关、阴阳不备、重审、狡童、登三天。天罡到处物无光，上下夹合，此合中破财，十分凶课。病死，远行忌，讼须部省陈，正此课也。

此课秋得，主婚姻之喜。天后并白虎，主妇人病。占出入不利。见贵人不喜。求神有鬼不成。占事有始无终。日禄临支，日财为用，昼夜六合夹克，支上神木克干上财，化鬼似乎不吉，但罡塞鬼户，亦可图之。昼治青龙吉，末传虎见金。婚才、拜谒、请宜，早晚难成。夜蛇忧疑动，连绵不遂情。

《义》曰：间传发用，凡事未进。顺中有隔，隔而后进。势若登天，君子宜占。小人得此，反致灾愆。

《象》曰：远行得此最相宜，逃者逢之福更奇。百事也知难遂己，求财又见受人亏。

此知一之卦，一曰比用，事多起于同类。夫知一者，知一而不能知两，知者为自知、自见，不知为寇仇，故言知一也。恩中有害，凡事狐疑。传见登三天为间传也，势如登天，大人君子占之，有远大进望之象。病者死，而远行利，又见斩关，六合、青龙，此卦大利，逃者之福，亦有避难逃生奔亡之义。夜占有阴私暗昧之理。占者遇之此卦，求官位大者愈吉，利乎干谒天庭之事，小人得此不利。见贵喜中不喜。远行者大吉。谋事未得和合。占财有。婚姻不宜。逃亡不获。凡百干用，心意反复，惟病者凶，非大阴德难愈。宅舍不宁，迁移不定，阴小灾危，心不自免由，暗昧不和，口舌离散。惟宜守制以正，行之以理，则吉。

出兵行师，获金宝、子女、币帛，但未免阻隔之难，吉凶相半，未见全美。为将者知其所难，慎其所动，相其机，察其微，严其令，一其志，明其赏罚，识其离间，然后举兵，庶几保其万全也。大抵此课，传见辰午申，号曰登三天，故举作百事，如登天之象，惟大人君子占之大利，逃亡、远行亦获吉利，余占皆隔手之事，此又不可不知。

四季同。

真一山人云：九重阙下承恩宠，万个人中见俊豪。行远登高皆有自，无私气象枉徒劳。

《无惑钤》云：至危至惊，避难逃生。勿恃火午，为鬼为朋。

《钤解》曰：权摄、避难。日上、三传不好，而逃于支。初财夹克，中午脱气，末乃虎鬼，惊危至矣。申加午，子孙与鬼为朋，不可恃以为救。甲投支之子水以就生，亦可以避难逃生也。《集议》："福禄临支，避难逃生。"此谓鬼坐鬼方，无畏。虎克干，支坟财并旅程稽。辰乃日财，支之墓也，发用主商贩折本，在路阻程。登三天："辰午申为课，三天不可登。病死遭刑极，讼须省部陈。"申乘白虎，冲宅上寅，为对邻兽头冲其本家，以致家道衰替。罡塞为举错亨利，无所阻障。若闪灾避难、阴谋私祷、吊丧问病、和药书符，最宜。又贵登天门，为神藏杀没，若孟神作月将，方可用。

甲子日第十二课

```
蛇 贵 六 朱          青 空 六 勾
寅 丑 辰 卯          寅 丑 辰 卯
丑 子 卯 甲          丑 子 卯 甲


财 戊 辰 六          财 戊 辰 六
子 己 巳 勾          子 己 巳 朱
子 庚 午 青          子 庚 午 蛇


青 空 白 常          蛇 贵 后 阴
午 未 申 酉          午 未 申 酉
勾巳      戌玄      朱巳      戌玄
六辰      亥阴      六辰      亥常
卯 寅 丑 子          卯 寅 丑 子
朱 蛇 贵 后          勾 青 空 白
```

此课先生曰：① 谢省元三次到场屋，今次定又不得，更五次不遂，不免受文学中心病而死。此言不敢面说，烦董兄说与他，令自知之，异日亦要课验。甲日迤逦生去，更不回顾，以此言之，即无文学尚可，有则不利。盖缘行年上亥为甲日长生学堂，甲子旬亥戌空亡，学堂加空，是虚名之文学耳。中末传巳午脱干，不如意。午主心病，见螣蛇，病必死。谢果不中省，后为文学不遂，遂纳贿，又是五甲，得文学甚不如意，归来遂成疾而卒。②

先生云：甲木去生巳午蛇雀诸火，木又随火上炎，又甲去南奔，本主便死，缘背后有行年见亥加戌，只有虚名而无实学耳。造化前定，所以不由也。

《玉历钤》云：天罡加卯为用，谓之关隔，凡占有阻，家宅动摇不宁。又卯加甲，谓之天罗自裹，日前一辰为天罗，凶祸必多，冲破可解。

《中黄经》曰：占此课，夫行年三十一岁在申，妻行年二十六岁在未。主夫在外淫荡不来，妻独在家亦淫。何以言之？盖夫行年遁得壬申，甲日上得丁卯，壬以丁为合，是夫在外别有其妻也。妻行年遁得辛未，未上申冲寅，寅在丑上得丙寅，甲干在寅，丙与辛合，是妻别有其夫也。夫妻各有淫乱之事，所以知其必不归家。

《玉历钤》云：此课天罡加卯，课谓之关隔，出入有隔，行人不来。

日上克辰上，日克用。

课名知一、连茹。屡占得此，不问旬日，皆可进用，干众共谋，可以言吉，盖甲日见此为旺相也。课又名重审、抬土、杜塞。

此课奴仆作盗，终偷不得。占见贵人相喜。只不利占出入，有阻。占行人未来。占婚不成。占病，转进退不安，难愈不死。占官事难了。占家宅，门户动摇不宁，更改则吉，不宜动。辰加卯，课谓之关隔，亦谓之辱课，言其劳苦不成，自耻辱也。又遇六合夹克，虎后干鬼，其凶可知。夜忧蛇省梦难安，病讼相缠贵不欢。若是子孙终有救，如逢月将自开颜。

《义》曰：彼此未协，人情乖劣。财觅于人，屈抑难得。旺刃加干，妻病唏嘘。求官见贵，未免迟疑。

《象》曰：红日光生气象新，寒威消尽见阳春。丈夫有志终期用，莫道儒冠久误身。

此重审之卦，卑犯尊，贱役贵，以下凌上。阴小在下者，主有悖逆之意，臣未忠，子失孝。重审者，重而审之也。事不可遂意而行，必当审察，由乎

① 《壬占汇选》作：建炎己酉年九月甲子日卯将寅时，谢省元乙丑生四十五岁占赴省试。

② 此段文理不通，据《壬占汇选》润改之，不失原意。

义理，以免后患也。况传连茹，事主欲行不行，欲止不止，牵连疑二，节外生枝，先进而后退，急而顺溜。又见夹克，凡占必不由己。如求财，必受驱策，故不由乎己也。占者遇之此课，求官难成，见贵不顺，亦不宜投托干用。凡事不快，忧疑解散。病者先重后轻，官事得脱，因系得出。占宅有贵气，或官长贵人之舍第。婚姻再议，成而未和。占者不有文书临门，必有何类口舌，亦当谨慎火烛。逃亡得获，出行者必因天时所隔，或交易和合之事隔之。

　　若占出师行军，当获玉帛金宝之美，亦未免为天时之阻隔，虽无凶咎，亦不全其大功也。占敌使来，所言事情多不的实，宜当熟察而审处之，慎之庶几而无失也。大抵此课，始见天时阻隔，中见勾留，未免脱耗，然课体喜吉，但事多有不顺，或费力而后成。占课者宜致思焉，故不可执一而言。欲造其微，当以旺相休囚神煞并而论之，尤见圣贤心法之妙也。

　　真一山人云：九五阳刚无咎时，欲知无咎在公私。防危履正知为吉，占者还须君子宜。

　　《无惑钤》云：解释忧厄，值此偏宜。求谋进取，寸步难移。

　　《钤解》曰：初乃夹克之财，不由自己用。中末脱气，偏解释忧疑也。干支俱乘天罗，妄动必遭刃网，所以寸步难行也。《集议》："末助初财"。进连茹，宜退步。卯乘朱雀临干，主文书口舌事，进凶退吉。日阳克辰阳、辰阴克日阴，此名杂乱课，主内外干心不足。

　　《毕法》谓：卯乃丁神，十一月占，寅为天马，此丁临天马，主非细之动。若丑为本命，名本命恋宅，乃无动意，此法极验。丑加子上，丑为本命，是以天上丑论也，须以所乘、所临俱论为是。辰作六合，加卯六害上发用，主事连年病死。两贵不协，变成妒忌，丑加子，未加午，互换作六害，此言阴阳二贵人在子午二宫。

乙丑日

乙丑日第一课

伏吟　重审　稼穑　斩关　自信　无结果

传财太旺反财亏

```
蛇 蛇 勾 勾        白 白 勾 勾
丑 丑 辰 辰        丑 丑 辰 辰
丑 丑 辰 乙        丑 丑 辰 乙


财 戊 辰 勾        财 戊 辰 勾
财 乙 丑 蛇        财 乙 丑 白
财   戊 阴 ◎⊙      财   戊 阴 ◎⊙


青 空 白 常        六 朱 蛇 贵
巳 午 未 申        巳 午 未 申
勾辰      酉玄     勾辰      酉后
六卯      戌阴     青卯      戌阴
寅 丑 子 亥        寅 丑 子 亥
朱 蛇 贵 后        空 白 常 玄
```

《玉历钤》云：此伏吟有克之课，诸事费力难成。

《毕法》云：此课亥元丁乘驿马不入传，若占者虽年命值之，主身必动急，行人主至。但末传空亡，若年命或不逢亥行年，中途阻隔，必有失脱、暗昧之事。

日克上神，日克用，日克三传。

课名伏吟、稼穑。财多不美。辰乃自刑，又为羊刃，为破刑。事多不成，所幸戌为空亡，在末传，凡事从空而散。贵人克日，贵人不喜。产主动未生。行人已动未回。占逃盗不获。求财辛苦遂。官司有刑狱。出入吉。家宅不安。病不安。

此课求谋极劳力，见贵阻隔病留连。论讼冤滥难伸雪，捕贼擒逃难向前。家宅不宁多事扰，求财虽滞利仍全。孕妇动胎分娩未，行人起离渐回辕。

《义》曰：课体厚重，迟疑难进。不可妄求，由则理顺。屈而未伸，退步成人。兢兢积德，天地皆春。

《象》曰：芬芳红紫竞春光，莫向名园惜海棠。镇日看花嫌日短，东风何是太生忙。

此课乃自信之卦，一曰稼穑，又曰斩关。天地伏吟，诸神各归本家，天地如一、四伏未发之象。占者静则宜，动则滞，主事藏匿不动，静中求劳，有屈而不伸之象。况稼穑乃重土，艰难之象，常占得此，名曰鲸鲵归涧，凡事迫逼，不由自己，出若遇雷神，方能变化。《要》曰：稼穑者，五坟也。不宜占病。况斩关非安居之象，占者多不自由，事多暗昧不和、离散口舌，欲隐身避难者，却利于奔逃。又主人情暗中不顺，多见更改，事多中止，坟墓破坏，占婚亦强成，难于久远。凡事历遍艰辛，然后可遂。占者遇之，当见财多而身弱，力不任其财，亦恐因财而起祸也，否则家强梁之妻，或专以妇持门户，多而有事多非。凡占百事，举动疑难，未得遂意。

占出兵行师，昼将青龙财喜，有大胜之兆，得宝货与图书。为自高自大、自逞自恃。三传冲击，传归空乡，大功未尽其美，吉不吉而凶不凶也。夜将尤为不宜。大抵此课，求官见贵、求财问婚、占病占讼，急于前而缓于后，徒劳而无功，难成而不久，惟忧疑患难却能解散也。

四时占，有始无终，事虑更变。

真一山人云：运未全亨且待时，好还天道福无亏。事将成合人难会，有始无终忧自除。

《无惑钤》云：木克九土，生阴鬼虎。伤食之病，贪财祸祖。

《钤解》曰：一木而课传九土，身极弱而财极重也，贪则有祸。谓土多也，食多则伤，且生太阴、生白虎克干，病讼之祸不能免矣。《集议》："任信丁马须言动"有此。法如占人年命值亥，乃丁马交加，身动尤速。

乙丑日第二课

重审　逆连茹　六仪　励德　不行传

魁度天门关隔定　旺禄临身休妄动

```
后 贵 朱 六          玄 常 空 青
亥 子 寅 卯          亥 子 寅 卯
子 丑 卯 乙          子 丑 卯 乙


父 甲 子 贵          父 甲 子 常
父   亥 后 ◎        父   亥 玄 ◎
财   戌 阴 ◎⊙       财   戌 阴 ◎⊙


勾 青 空 白          勾 六 朱 蛇
辰 巳 午 未          辰 巳 午 未
六 卯       申 常    青 卯       申 贵
朱 寅       酉 玄    空 寅       酉 后
  丑 子 亥 戌          丑 子 亥 戌
  蛇 贵 后 阴          白 常 玄 阴
```

　　《玉连环》占曰：此课据来意，事在西南方，承继姓王人财产，却得一属鼠官人，九月内就成。又目下西南上虚望外财，道路有所阻隔而不敢往也。何以知之？曰：末传为日下之财，天魁加亥为王姓，发用神后，为日下六合，上见天乙为贵人。九月成就者，末传为归结门，戌为九月建是也。又言西南上虚望外财者，为末传日下之财上见天空，主虚诈，直事门上见白虎，主道路，为日下之鬼，畏之故不敢往也。①

　　《袁天罡射覆掌诀》：五月乙丑日申时射物，神后临丑为用。天乙子临丑，此必贵人尊长之衣物，其色黄白，上有水纹之形。《连珠经》曰：天乙临日辰，为尊长人衣物。神后主妇人，又天后主丝帛裁制之事。子为神后临癸，上下皆水，故云其物有水纹之象也。

　　《玉历钤》云：此课三传皆退，又中末空亡，凡占百事无成。

---

① 《一字诀玉连环》作：六月乙丑日午将未时，占来意。

《毕法》云：此课神后加丑发用，乃牛女乘常，占婚大宜。中传遁丁，作事尤速，余无所利。

辰上生日上，用生日上，末克初。

课名重审、连茹。日上见卯为禄，支上见子为合，虽子卯为刑，终是各自得用。但亥戌皆旬空亡，凡事从空而散，亦无足取。

此课占凶，其凶自散，官讼忧事解，病瘥灾除，此外不吉。日辰上神子卯相刑，勾虎乘之，未为吉。况中末空亡，凡事不利。诗曰：日辰相退末空亡，用望求谋事不长。惟利散忧并脱讼，其他用事不荣昌。

《义》曰：本分之分，不加毛发。守旧福蒙，妄动遗阙。移孝为忠，化私为公。居高听卑，震雷轰轰。

《象》曰：君臣父子正纲常，一理能令万事昌。莫把些儿差错了，吉凶祸福自家当。

此重审之卦。夫重审者，重而审之也。以下犯上，卑犯尊，贱役贵，事多不顺，起于女人。阴小在下者，有悖逆之事。臣未忠，子失孝，凡事不可遂意而行，必当审察，循乎义理，庶几以免后患也。传见退连茹，虽云退而后进，然此课进不可往，退不可入，凡事惟宜守吉，自有财禄之美。若夫妄动妄作，皆自取其不足也。况刑者，强也，伤残也。上下不和，刚柔相变，死败相刑，门户不利，尊卑不睦，越理犯分，水路不通，子息不律。占者遇之此课，求官见贵不宜，占财问婚、问病问行、出入更求再议，投人托事不的。凡所干用，惟宜守旧，动则变为网罗，当正静以处之。故曰：不出厅户，乃是良谋。

占出兵行师，虽云开地千里，乃大胜之兆，又惜乎传入空乡，更见相刑，未免有始而无终，欲全其功业，未有能也。大抵此课，始如有影，终似无形，始虽获吉，而终却无凶。行来行去无些实，到底原来总是空。若夫忧疑患难、官灾惊恐得此者，如汤之沃雪而自化也。

百事防变更，四季同之。

真一山人云：久病沉疴遇杏林，涸鱼得水幸渊深。从今了脱忧疑事，流水高山听好音。

《无惑钤》云：彼此无礼，禄丁难倚。凡占皆凶，婚姻却美。

《钤解》曰：子卯相刑而无礼，卯禄乘丁而被刑。焉足恃也？中末空亡，解释忧疑则可，凡占凶甚。子乘太常而合丑，谓之牛女，宜婚也。《集议》："旺禄临身"。夜占帝幕临支，自己熬煎他人逸。干乃卯辰相害，支乃子丑相合。牛女乘太常，宜婚姻。子加丑用为六合，夜太常喜丑贵人府也。子乃乙之贵人，带职用，合天府贵人前也，士人及第。中传亥马加子，在贵人位，生日干上卯作青龙，乙禄贵人并马，水木旺，财见天子府，三日后当得京职。

乙丑日第三课

时遁　还魂格　重审　孤辰

```
玄 后 贵 朱          后 玄 常 空
酉 亥 子 寅          酉 亥 子 寅
亥 丑 寅 乙          亥 丑 寅 乙


父　　 亥 后 ◎      父　　 亥 玄 ◎
官 癸 酉 玄 ⊙      官 癸 酉 后 ⊙
财 辛 未 白          财 辛 未 蛇


六 勾 青 空          青 勾 六 朱
卯 辰 巳 午          卯 辰 巳 午
朱寅　　 未白        空寅　　 未蛇
蛇丑　　 申常        白丑　　 申贵
子 亥 戌 酉          子 亥 戌 酉
贵 后 阴 玄          常 玄 阴 后
```

《玉历钤》云：此课初传空亡为无用，三传隔位又是退象，凡事皆不成。大抵课见空亡发用，将虽吉亦不可用，所事成虚，惟占忧可消散也。

《毕法》云：此课未加酉为末传，生其中传酉金，中传酉金生其初传亥水，亥水上生日干乙木，三传次序生干，必主隔三隔四有人于上位举荐。凡众干办，僧道注疏，士人请举，官员望升，皆宜占此，故曰"三传递生人举荐"，又曰"传神生序多人荐"。但嫌发用空亡，虽有举荐之名，终无成就之实，变成一段闲话也。又云：初传亥为干木长生，末传未为干木墓库，乃自生传墓，凡占初则如春花画锦，后则似霜叶风蓬，终无成就，故曰有始无终。

《灵辖经》曰：寡宿传干，必主孤单。此课初传亥上见玄武，亥即寡宿也，玄武为盗贼之神，皆于发用见之，以此占人，因盗贼之事，干连妇女，而致惊恐，后必孤独。

辰上生日上，用生日上，末克初。

课名重审、间传。空亡为用传，利散忧。课传皆衰，夜无气，宜退不宜进，强则无益。

此课是空亡发用，虽吉将不用，但只虚喜中不遂，只可占忧自散，除此空费力。占此课，当断不可矣。用空谓无实，何况隔传墓，凡百无成。墓武后腾退又空，婚姻出入两相中。产生行至忧相散，日将有虎不为凶。

《义》曰：助我失助，害我不害。谋者无功，动者何赖。吉凶两途，似有如无。何如安分，守旧良图。

《象》曰：欲向东流玩落花，竹篱茅舍几人家。闲来坐对青山笑，一炷清香一盏茶。

此重审之卦。夫重审者，重而审之也。以下犯上，卑犯尊，贱役贵，事多不顺，起于女人。阴小在下者，有悖逆之事，臣未忠，子失孝，凡事不可遂意而行，必当审察，循乎义理，庶几以免后患也。传见寡宿孤辰，值此尤防骨肉分离。若占身得此，主见孤独，别离乡井，自立门户。财物虚耗，僧道宜之，俗不宜也。此十干不到之地，五行空脱之乡，能灭凶神，能散奇祸，能消大惊，能解仇怨。官位逢之，须当改任。出行宜防损失，所闻言语多是不实。若占宅，必是虚耗不足。占者遇之，生空而虎墓，多主忧郁。此五行潜伏湮没之地，四时气绝衰败之乡，闭塞不通，暗昧不振之象。占求官见贵、婚姻财帛、走失逃亡、公讼口舌，凡百之事皆曰有形无影，吉不成吉，而凶不成凶也。新病作福禳解，久病得此者凶。

占出兵行师，非特无威，亦见失众，或止而不行、行而无益。所传闻事，百无一实，甚勿为欺诳所惑；假使是实，必见更变。盗贼遁迹而难获。大抵无益于干谋进用，惟利解释忧疑患难。占者以礼自闲，退而守正，庶几保乎亨利也。

四季占之同义。

真一山人云：富贵无心各有由，人生何必苦刚求。九重阙下恩光溥，待得时来福自优。

《无惑钤》云：虎墓辛随，行人病归。格名还魂，迤逦生之。

《钤解》曰：传墓行人必至，虎墓所以带病归也。亥乃空亡作用，得中传酉迤逦生干，故曰还魂。空亡终是无力，生犹不生也。末传辛未，乘虎为财，取必有祸。《集议》："三传递生人荐举"，奈中末传空陷，徒有荐举之名。初生空、末墓，谋事有始无终。初空玄，夜占主失脱。三旬空亡，末传未加酉乘虎，占物主茶、药。时遁诗云："时不利兮遁闭之，亥酉未兮报君知。君子待时方可吉，小人病患且防危。"用空夜玄，定主失脱。未乃日墓，加酉，昼虎、夜蛇，为墓门开，又外丧入内，宜迁葬以禳之。丑为坟墓，今日宅也。天后临丑，家女为主，及少妇灾。言宅多水，墓有改动。

乙丑日第四课

重审　不行传　赘婿　不备　稼穑　三奇　斩关

传财太旺反财亏　彼求我事干传支

```
白 阴 阴 蛇          后 朱 朱 青
未 戌 戌 丑          未 戌 戌 丑
戌 丑 丑 乙          戌 丑 丑 乙


财 乙丑 蛇          财 乙丑 青
财 　戌 阴 ◎        财 　戌 朱 ◎
财 辛未 白 ⊙        财 辛未 后 ⊙


朱 六 勾 青          空 白 常 玄
寅 卯 辰 巳          寅 卯 辰 巳
蛇丑       午空      青丑       午阴
贵子       未白      勾子       未后
亥 戌 酉 申          亥 戌 酉 申
后 阴 玄 常          六 朱 蛇 贵
```

《通神集》占曰：此课占奴走，主自归也；此时占婢，即不获也。何以言之？日辰四课之内不见酉，酉又不入三传，当难获，主隐于奴之家，亦终不获。盖中传戌加丑，见太阴，太阴即酉，为婢，戌为奴，是隐于奴家也。终不获者，谓不见正酉，而见天上太阴，是去远也，因空不获。

又占曰：正月乙丑日寅时上官。其人行年立巳，上得功曹，拜官之日乙丑，纳音属金，谓之金曹，正谓官克行年上神，金曹到秋方旺，当忧七月八月有凶也。

《玉历钤》云：此课天地盘日辰相刑，主客不喜之象。

《通神集》云：辰来加日被克，谓之赘婿。上凌其下，上下紊乱，男女混杂之象。

日克上神，日克用，日克三传。

课名重审、三奇、稼穑、阴阳不备。辰来加日，受克赘婿，进退不自由。日辰上相刑，主客不喜。中末空亡，用财不见财，逢喜不成喜，却无凶。鬼墓覆干，不利阴小。

此课见贵不喜。官事有刑禁。占病死。旦贵男家不肯，暮贵女家不肯。凡百一切事皆凶。谓财中有刑，刑中有财，故多障阻。余平平。末助初财，传入墓乡，末亦为刑。

日辰上下总相刑，病讼勾连谩劳神。占产忧惊逃不获，墓神如此总关情。春冬占得财旺相，出入经求要小心。

《义》曰：以敌败敌，以凶制凶。未见君子，忧心忡忡。云开月出，万里光明。先迷后醒，困而后亨。

《象》曰：履尽危桥到坦途，修身积德是良图。莫言德失全由命，忠孝无惭是丈夫。

此重审之卦，一曰稼穑，又曰斩关。夫重审者，以下犯上，卑犯尊，贱役贵，事多不顺，起于女人。阴小在下者，有悖逆之事，臣未忠，子失孝，事不可遂意而行，必当审察，循乎义理，庶几以免后患也。况鬼墓加干鬼暗兴。墓者，五行潜伏湮没之地，四时气绝衰败之乡，闭塞不通，暗昧不振之象。《经》曰：鬼住墓，身危疑者甚。占者必有人暗中侵谋作扰，若占病占讼大忌。幸传见空解散，犹可释其难也。虽见斩关，亦不可执一而论。占者遇之，当见阻滞疑难、阴谋鬼贼。正如龙德方隐，韬光以待其时，未可遽进，坚守乃吉，若潜龙之勿用耳。求官见贵，遇而不遇。婚姻财帛，何必劳心？千里投人，总是空虚。惊恐不宁，何足为虑？百事占之，凶吉无所准，有声而无实也。

占出兵行师，防有暗中克贼，忧心众畏，始凶终吉，难于前而易于后，但终不能成其大功，不可妄图妄进，当静守为吉。如传报事情，及来使所言，不可听之。大抵此课，如苗而不秀，秀而不实也。传课者不可不知。

真一山人云：瓜瓞绵绵尚未黄，谁知滋味不堪尝。也须苦尽甜还至，甜里犹生扑鼻香。

《无惑钤》云：循环周布，昼虎辛墓。处此危疑，自来相顾。

《钤解》曰：三传不出四课，格号循环，事主萦纡。辛虎为墓居末，危疑甚矣，但未虽为干墓，而辰又临于未，是乙又克未，而辰又墓未。所谓相顾，支乃上门利干，最宜坐守，若贪而多取，必有祸矣。《集议》"人宅坐墓甘招晦，鬼墓加干鬼暗兴"。财多病体不能担，占病有制财者可救，无制财者必死。辰阴刑辰罡处季，定招卑幼惊惶横。九天夜占，戌作朱雀加支，宅中解斗堆垛。未遁辛虎在传。

《毕法》云："虎乘遁鬼殃非浅"。

乙丑日第五课

元首　从革　察奸　金局

众鬼虽彰全不畏

```
青 玄 常 贵          玄 蛇 贵 勾
巳 酉 申 子          巳 酉 申 子
酉 丑 子 乙          酉 丑 子 乙


子 己 巳 青          子 己 巳 玄
财 乙 丑 蛇          财 乙 丑 青
官 癸 酉 玄          官 癸 酉 蛇


蛇 朱 六 勾          青 空 白 常
丑 寅 卯 辰          丑 寅 卯 辰
贵子      巳青      勾子      巳玄
后亥      午空      六亥      午阴
戌 酉 申 未          戌 酉 申 未
阴 玄 常 白          朱 蛇 贵 后
```

《玉历钤》云：此课三传皆作日鬼，占问百事皆凶，所谓鬼多为害也。

《毕法》云：此课胎神临支，酉为婢妾，若遇十月，必是偏室婢妾有身孕也。又云：干支互为六合，又上下三合，凡占作用谋为，齐心协力，道契神合。又云：乙日以酉为鬼而来克我，其酉之本位上有巳火，身临于生地丑土，盖受巳火之生，而恋丑土之生，必然不来克我，而无凶害，故曰"见克不克"。又三传金局皆作官鬼，虽忧己身及兄弟有灾，却有初传巳火为能制之，本身又得子水之养，不能为灾。

《集灵经》曰：从革巳酉丑，金之位三传俱见，以此占人，将有兵革之事。可以改更。

上神生日，辰上生日上，日上克用，日生用，三传克日，初克末。

课名元首、从革。玄龙蛇并见，无凶。凡近公进望、图谋更改，秋为佳。

须屈己从人，方能引援乃吉。常人占，有凶鬼，因在内，进退不果。

此课占见贵求财、问病占婚、并出入营运，皆凶。求官，秋可用，乃官鬼矣。日克支为财，三传又为日鬼，传入支墓，其鬼不为祸。三传皆作日之鬼，问病占婚总祸危。出入求财多阻隔，见贵求官秋稍宜。

《义》曰：三奇六仪，祸去福来。难中生易，终不成乖。集党为患，见怪不怪。忧疑得喜，否极生泰。

《象》曰：从而复革革而成，多少功夫见世情。君子定应沾雨露，小人得此有声名。

此元首之卦，一曰从革。夫元首者，尊制卑，贵役贱之象。占者多顺，利于先举，事多起于男子。为臣忠，为子孝，正大光明而无暗昧邪僻之行，德业已著而乾乾进修，常怀危惧，惕励而无咎也。传见从革，从革之义者，先从而后革也。凡事多阻隔，有气则隔而增进，无气则隔而退失。一曰兵隔，一曰金铁。大抵五行正气入十干杂糅之乡，异方三合乃生旺墓之神，事主丛杂不一，主关众人共谋，不然两三处干事，委曲托人，与人相合之类。又如推磨之象，转去转来非一遍也。幸三传天将俱是水族之神，并奇神水子化气相生，正谓化难生恩，以难变易，先怒而后喜也。占者遇之，有蓊然之象。求官见贵，先阻而后顺。投谒人者，见主宾际会两殷勤，暮宴朝欢会无极。凡百占谋，先见不足，后见亨利。

占出兵行师，有大胜之兆，必得宝贝与图书。《经》云：腾蛇玄武共青龙，三传俱见不为凶。玄武象龟腾蛇龙，龙蛇乘类喜重重。夫兴兵动众，未免兵刃相接，终见捷胜。若初谋得此，亦未免多难，惟忠于国者，由难而致易也。况为将之道，贵乎相机，用得其人，出其不意，攻其不备，知己知彼，勿为间谍奸之蔽，则无所不胜也。

真一山人云：万事喜逢三六合，崎岖过却见平夷。无心好事天成就，积德人家福有余。

《无惑钤》云：外勾里连，虽被熬煎。众金生水，昼贵周全。

《钤解》曰：干上子为旬首，支上酉为旬尾。帝幕子，旬首，昼贵作。丑往加巳，巳遂加酉，惹成金局伤干，是家中之人外勾里连以酿祸也。全金生其干上子水昼贵，并三传天将俱来育身，虽被熬煎，尚赖昼贵人窃其金气生干以解祸也。《集议》："首尾相见始终宜"，名周而复始格，亦名周遍格。凡值此者，占事不脱，所谋成，占赴试宜代工，占讼换司易局，占交加用事，去而复来，惟不宜占释散事，如有忧疑，其事尽在不能决断。夜占帝幕临日，三传俱日鬼，反生干上之神而育干，乃引鬼为生。干克支辰为财，支上乘日鬼，不免自惊危中取也。酉自刑于支上，尤可畏金鬼变为财。"万事喜忻三六合"内有此例。《经》云："三六相呼宜见喜，纵然带怒不成嗔"。交车三合，又作三传，名交合格。凡值此者，家和人义，外有相助而内有成合。

乙丑日第六课

知一　斫轮　察奸

不行传者考初时

<pre>
玄 勾 空 蛇   白 贵 阴 六
卯 申 午 亥   卯 申 午 亥
申 丑 亥 乙   申 丑 亥 乙

兄 丁 卯 玄   兄 丁 卯 白
财   戌 朱 ◎   财   戌 朱 ◎
子 己 巳 白 ⊙   子 己 巳 玄 ⊙

贵 后 阴 玄   勾 青 空 白
子 丑 寅 卯   子 丑 寅 卯
蛇亥   辰常   六亥   辰常
朱戌   巳白   朱戌   巳玄
酉 申 未 午   酉 申 未 午
六 勾 青 空   蛇 贵 后 阴
</pre>

《玉历钤》云：此课虽名斫轮，其实不中。玄武隔害，卯临申上，见白虎夹克，冬春尚可，夏秋卯木无气，凡占费力无成。

《毕法》云：干上亥，支上申，互作六害，主客不和，各相猜忌。凡占我欲害人，人先害我，故曰"彼此猜忌害相随"。

上神生日，辰上生日上，日上生用。

课名知一、四绝，又名斫轮。四课用，凡事迟滞，有二宜弃一就一。最利结绝旧事，若图新，费力须宛转托人。申酉月不利，中末空亡，凶吉自散。

此课占见贵人，费力不成事。求财、求婚俱不成。出入凶。求官稍吉，春占有成。病不死。卯加申斫轮，禄神为用，中传空而坐禄，纵卯戌合亦无用。玄隔六害虎夹克，不论昼暮总为殃。夏秋卯木全无气，经求出入不荣昌。

白虎有德病不死，占婚阻隔有乖张。惟有求官稍可用，乙用庚官春占强。

《义》曰：生我不生，禄我不禄。处此犹豫，徒劳汨汨。久病占之，以防不虞。非大阴德，终未能回。

《象》曰：车轮出自良工手，费尽心机未得成。朽木如何成大用，早宜改作别营生。

此课乃知一之卦，一曰斫轮。知一即比用也。况比者，同类相妒，朋友谗侫，事从外来，利主不利客。且夫知一而不能知两，知者乃自知、自见，不知为寇仇，故言知一也。恩中有害，凡事狐疑。传见斫轮，《经》曰"欲知斫轮，车临斧斤"，有斫削之象。得此卦者，有官贵之美，惜乎吉将不成，传入空乡，乃朽木难雕，如车失轮，宜改作生意可也。况生我助我者不得其所，我何倚赖焉？且闭口发传，凡事皆欲闭口而不言也。屈者即不能伸，枉者又奚能直焉？占者遇之，滞泥方多。欲求官而事未平，中心思奋而前路未见光亨也。凡事求谋皆密雨不密之象，徒劳工夫，不成其功，亦不能遂其意也。知机者，当退而守正，以待其时，自有不期然而然者之美矣，目下宜耐之。

占出兵行师，必见失物忧疑，不如不动之为妙，别改图，立诚再占，方可进用。大抵此课，吉事逢之，不足为喜，凶事占之，不足为忧，惟能改释忧惊、散除祸患，又非他课之可比也。

四时占此，成中有变。

真一山人云：楚水巫山道路难，行来渐渐觉平安。浮云散尽青天阔，万里扶摇一鹤闲。

《无惑钤》云：生虚鬼实，仕宦占宜。夜因神愿，禄动危失。

《钤解》曰：亥空申实，是隆虚名而受实害也。卦得斫轮，仕宦最吉，若武乘禄，尤有威权、文书之美。夜贵临宅，病宜禳神，若禄神被克者危。《集议》："昼占帘幕临支，禄神闭口"。夜虎昼玄，两贵相协。"避难逃生"内列此日。为舍益就损上，自惊危中取之。夜贵作鬼入宅，占病乃家堂神像不肃所致，宜修功德安慰免咎。卯加申绝，名曰四绝格。

乙丑日第七课

反吟　重审　稼穑　斩关

```
后 青 常 朱          青 后 常 朱
丑 未 辰 戌          丑 未 辰 戌
未 丑 戌 乙          未 丑 戌 乙


财 　 戌 朱 ◎        财 　 戌 朱 ◎
财 戌 辰 常 ⊙        财 戌 辰 常 ⊙
财 　 戌 朱 ◎        财 　 戌 朱 ◎


蛇 贵 后 阴          六 勾 青 空
亥 子 丑 寅          亥 子 丑 寅
朱 戌 　 　 卯 玄     朱 戌 　 　 卯 白
六 酉 　 　 辰 常     蛇 酉 　 　 辰 常
申 未 午 巳          申 未 午 巳
勾 青 空 白          贵 后 阴 玄
```

《中黄经》云：此课主有一僧人起意相害。何以言之？盖初传戌临辰上见朱雀，中传辰临戌上见太常，末传又是朱雀。辰戌俱主恶意，朱雀主口舌，又本命行年皆立在辰临戌，故主一僧人相害也。

《玉历钤》云：此课魁罡入传，颇有卫护，虽旺鬼不能为祸也。

日克上神，日克用，日克三传。

课名反吟、斩关格。未墓加支，空亡终始，事难病重。然既空亡，祸福无成，昼不宜，暮无事。

此课占出行动，望人来，产主动，求名如意。占病，辰丑反复不安。占宅，动摇。求财，动中得财，吉。不利占文字，朱雀乘墓神无气也。木轻土重，兼雀入墓，一切皆凶，不可用。初中传上坐魁罡，出入求谋大吉昌。行者归家胎主动，功名如意获加祥。病人淹滞却无鬼，占家摇动不宁康。如问文书遇阻隔，朱禽乘墓气消亡。

《义》曰：穴下施工，几人能会。从有智者，难超关捩。东西南北，无可凭测。我欲言之，谁人可说。

《象》曰：东风未久又西风，四顾荒凉又转蓬。伏虎降龙谁是手，叹他徒逞此英雄。

此无依之卦，一曰稼穑，一曰斩关，又曰孤辰。无依者，即反吟也。《经》云："无依是反吟，逃者远追寻。合者应分散，安巢别改林。守官须易位，结友也分襟。所为多反复，占病数般侵。"《书》云：反吟刑冲，事主迟滞，远近系心，更相仇怨，且反复而呻吟，是无予夺而难息也。来而更往，欲动不动，疑而不决。事从下起，臣慢其君，子逆其父之象也。彼此情疏，主客心异。占夫妻离散，朋友失义。凡动无得，何以依之？况三传俱土，为日之财，财多反为劳力而不能胜任，亦有因财而起争端之祸，或强梁之妻，或专以妇持门户。斩关有逃亡避难之象，而不利于安居。传见孤虚，乃万事无踪，如捕风捉影，一无可得。既不能施工，又安能着力？虽有智者，何所用焉？课体虽凶，如履虎尾而终不致伤也。宜志林泉，以待时之至耳。若占身，主孤独，别离乡井，财物亦虚多而实少，惟宜僧道。大抵此课，所占百事俱不成也，纵使勉强成之，终见无益，于事不如不成之为妙。《毕法》云"空空如也事休追"，正此谓也。若戌年、戌月、戌日、戌时将占之，又不同此，终见反复不宁。

占出兵行师，得此宜别为改图，或另为选择，庶可进用矣。不然则众心有失，敌贼多诈，隐遁难觅，难成大功。若敌使之来，其言多是间谍欺诈阴谋之意。亦不足畏，亦难成事。至于使令托人干事，皆如此论。为将者勿忽斯言。

真一山人云：十事依知九不成，谋求自是惹虚名。肩头愁担从今释，久病逢之畏恸声。

《无惑钤》云：日墓临支，宅有伏尸。三传俱空，妻丧财遗。

《钤解》曰：《毕法》云"支乘墓虎有伏尸"，日墓临宅亦同论也。未为鬼宿，其他作墓未必如此论也。三传俱妻财之爻，往来空陷，所以言妻丧财遗。《集议》：丑加未，夜将青龙，主有雨。克处回归，又受上克也。空空如也事休追。

乙丑日第八课

重审　天狱　励德

首尾相见始终宜　初遭夹克不由己

```
蛇 空 阴 六          六 阴 空 蛇
亥 午 寅 酉          亥 午 寅 酉
午 丑 酉 乙          午 丑 酉 乙


兄 丙寅 阴          兄 丙寅 空
财 辛未 青          财 辛未 后
父 甲子 贵          父 甲子 勾


朱 蛇 贵 后         朱 六 勾 青
戌 亥 子 丑         戌 亥 子 丑
六酉      寅阴      蛇酉      寅空
勾申      卯玄      贵申      卯白
未 午 巳 辰         未 午 巳 辰
青 空 白 常         后 阴 玄 常
```

　　此课先生曰：此保正不可脱手，于理合当做此役。酉加乙，作螣蛇官鬼自缠身也。初传功曹，其身已在公了。若认了保正之役，无些事；你若不认此役，须是监禁囚系，必待认了方止。宅上又见行年午丑作害，又作太阴，有一人与你打关节，又探你口气，却去报他人，此是内鬼也。乙上见酉金，为官所制，上乘螣蛇，又被监禁勒认。夜传天空，若不认了，必然入狱。中传是认了，却无虑事。末传子作勾陈，保正脱而复被。沈二公之争保正，皆如其言。自后九年再做一次也。①

　　《玉历钤》云：昼贵夹克，凡事不可用。夜贵空亡，庶几求财少得。日上有鬼，辰上有害，不可作吉课也。　、

　　《毕法》云：此课干上酉克初传寅，迤逦克之至末传，凡占必有人递互相害，不可不提防也。又云：干上脱支，支上脱干，纵有财星，东手得来西手

---

① 《壬占汇选》作：建炎己酉年九月乙丑日卯将戌时，沈保正壬戌生四十八岁占脱役事。

去，不能成事也。

上神克日，辰上克日上，日上克用。

课名重审。中见墓为脱体，首尾不相应。金神在门，事多犹豫。三传与日，全无相干。所恃末传，见子为贵，与支丑合。久久稍见有此，亦非吉课。事无成。

此课惟求财一事，可少许。春占可以求名，其他事皆不利。占产必生。行人至。不可作吉课。用酉加乙，乃日鬼，犹赖支上午火制酉，反凶为吉。乙上六合乘酉，是二木被金隔断，主人宅离散。辰上六害日上鬼，昼阴夹克夜天空。占产即生行者至，其他谋用不亨通。

《义》曰：不由自己，人情无理。防备欺凌，忍之则美。事多阻抑，谦退则吉。更能迁善，神默助益。

《象》曰：遥见天恩下九重，居官须是莫忘忠。虽然目下多艰阻，翌日垂成却有功。

此重审之卦。夫重审者，重而审之也。以下犯上，卑犯尊，贱役贵，事多不顺，起于女人。阴小在下者，有悖逆之事，臣未忠，子失孝，凡事不可遂意而行，必当审察，循乎义理，庶几以免后患也。况干上见酉，乃阻滞不顺之神，凡所求望进用，必见外侮，有不顺之象。且见同类受夹克，凡百被人驱使，盖不由乎自己。常占为人所欺负，或口舌不宁。日占乃人相侵损，夜占乃鬼为殃。欲躁率轻进，未快于心。此卦求官见贵不顺，论主客不和，凡事投托于人。不利先讼，有气方吉。正、五、九月不利远行，亦不利访谒干求。先难而后易之象。求财乃在人手下，不自由之财。走失、盗贼易获。占病宜作福，夜占乃应闭口事，多闭口不言，占病不进饮食或不语。

占出兵行师，多在中途止息。所到之处，宜慎防守，恐有侵袭之害。夜占亦不宜也。大抵此课，干见鬼克为不足，传见夹克乃事不由己，中见夹财，财不由己而用，末见仪神相生于我，然又作六害，此亦"见生不生"之谓。所占之事，皆不足为美，惟宜守正则利有攸往，渐见出晦入明，君子利亨，小人不吉，能悔过迁善，则凶化吉、祸化福矣。

真一山人云：拨开云雾见青天，晦日重明亦自然。君子固穷惟顺理，小人妄动必招愆。

《无惑钤》云：凶里藏利，迤逦而至。昼传夹克，财全无气。

《钤解》曰：酉来克乙，可谓凶矣。得支上午火制之，遂迤逦递克至末，皆为财也。但三传昼占皆系夹克，财全无气也，纵得之，亦不由己用，或生争竞而窝里自犯也。《集议》：三传递相克，内有奇说，为求财不获。干酉支午四胜煞，凡占自逞其能，邀功逞俊之意。支干互脱，即"天网恢恢"、"东手得来西手去"之喻。三传全受夹克，酉虽乙木胎神，非是妻财，十月为生气在酉，主婢妾有孕。"治鬼之位"内谓酉鬼赖支上午制便是良医，或本家亲人能医，或家神保护，值危难得人解纷。占人年命上遇救神者，宜雪理辨明乃解其祸也。

乙丑日第九课

重审　从革　金局

众鬼虽彰全不畏

```
六 白 贵 勾              蛇 玄 勾 贵
酉 巳 子 申              酉 巳 子 申
巳 丑 申 乙              巳 丑 申 乙


官 癸 酉 六              官 癸 酉 蛇
财 乙 丑 后              财 乙 丑 青
子 己 巳 白              子 己 巳 玄


六 朱 蛇 贵              蛇 朱 六 勾
酉 戌 亥 子              酉 戌 亥 子
勾 申     丑 后          贵 申     丑 青
青 未     寅 阴          后 未     寅 空
  午 巳 辰 卯              午 巳 辰 卯
  空 白 常 玄              阴 玄 常 白
```

《玉历钤》云：此课昼贵六合内战，夜贵螣蛇夹克，二将皆凶。日上见申，辰上见巳，下犯上，人情不顺，凡事费力难成。

《毕法》云：此课申加乙干，夜贵天乙，是乃贵人临身，非贵人入狱。凡占宜干投贵人，可以成事。又申为官鬼而位天乙，占病必是触犯香火之神致灾，宜修建功德禳谢，病必安康。又云：乙日以申为官，申长生在巳，今巳临丑，是官之长生入官星之墓，有官者大为不宜，常人占之，却喜初传酉鬼入墓化为财也。

上神克日，辰上克日上，用克日，末克初。

课名重审、从革。凡占近贵，重重和合，旦子丑合，暮巳申合，求名趋势，惟秋占更十分吉。

此课不可见贵求财、占病求名，一切事俱不遂。占产生，盗外获，行人回，此三事可。日鬼为用，又纯是金局，人情不和。昼贵六合战于凶，暮治螣蛇夹克刑。日上乘申辰上巳，下凌于上巳刑申。人情不顺难谋用，百事不成慢役神。占产易生逃盗获，行人即见返回程。

《义》曰：事起蓦然，冷灰炮豆。莫讶俗语，理则不谬。滞此一方，畏前恐后。作党结朋，在此时候。

《象》曰：事到危疑着力难，纷纷前后见无端。心中惊恐何如快，尽在平生善恶间。

此重审之卦，一曰天网，又曰从革。夫从革者，乃金局，时之曰秋金肃杀之气，曰兵刃，曰金铁，先从而后革，革故而鼎新也。占者欲有更变，此五行正气入十干杂糅之乡，异方三合乃生旺墓之神，事主丛杂不一，主关众人共谋，不然两三处干事，委曲托人，与人相合之类。又如推磨，转来转去，非止一遍。况支干相刑，主动摇不定，宾主不相投也。忧在长男，刑中有合，长幼不顺，动而后成，先犯后合，彼刑我解，仇执恩报。用与干上神克日，为天网四张，万物被伤。占家宅，有阴私暗昧，合而不合，子女虑奔亡之象，当以礼自防可也。病者凶，秋占庶吉。官讼且牵连众人。惟利官守，占官大吉，亦迟。占者遇之，昼占稍轻，若夜占，必惊恐不宁，亦不足中生喜美之事。不利求财，求财则生祸。凡事迟疑，卒难了结。

占出兵行师，虽云六合，尤宜获金帛之美丽，然而六合不合，又美中未美。为将者谨于用兵，若临敌对垒，利后举，利为主，必见兵刃交接，大宜斟酌，相机而动。闻消息，多见的实。严令防守，勿轻易而举动也，尤虑敌兵之多。

真一山人云：履险登高心未宁，迁官进禄播声名。披衣待旦恒点检，不愧于中福倍生。

《无惑钤》云：俗庶难胜，病讼俱凶。官守宜卜，俸进职升。

《钤解》曰：纯金克身，末又乘虎，俗庶遇之，病讼难免。夜占乃贵德临身，能消除万祸。官爻重叠，而催符者在末，仕宦得此，则秩增俸倍，迁擢无疑。《集议》：昼占虽帘幕，临日克不喜也。鬼入墓。"众鬼虽彰全不畏"内有此日例，反凶为吉，其说甚详。日鬼传墓入墓，助桀为虐，递生日鬼。夜贵作鬼临身，占病乃神祇为害，不是鬼祟。助桀为虐，递生日鬼，更详所在。在日，灾在己身，紧也；在支，灾在家人，灾缓也；在传，灾不虞而缓。他皆准此。

乙丑日第十课

重审　励德　不备

干支乘墓各昏迷　不行传者考初时

```
青 常 朱 青          蛇 勾 阴 蛇
未 辰 戌 未          未 辰 戌 未
辰 丑 未 乙          辰 丑 未 乙


财 辛 未 青          财 辛 未 蛇
财   戌 朱 ◎        财   戌 阴 ◎
财 乙 丑 后 ⊙       财 乙 丑 白 ⊙


勾 六 朱 蛇          贵 后 阴 玄
申 酉 戌 亥          申 酉 戌 亥
青未      子贵       蛇未      子常
空午      丑后       朱午      丑白
巳 辰 卯 寅          巳 辰 卯 寅
白 常 玄 阴          六 勾 青 空
```

《玉历钤》云：此课墓神加日，虽是日财，奈青龙夹克，凶讼之课。

《毕法》云：此课日上未虽作财星，上乘旬干辛鬼，凡占必因财致祸，因食成病，因妻兴讼。又云：日干上乘墓神，如人处阴雾中昏暗不明。又日干之墓为四季关神发用，在日上，主人衰病患难，一年不顺，秋季尤甚。

日克上神，日克用，日克三传。

课名重审。干支不备。用起干墓加日，辰墓加辰，主进退凡百须见阴谋昏昧，所幸戌为空亡，未为截路空亡，一切吉凶从空而散。

此课占公事，有刑禁。占门户、田宅，有争讼。行人不来。产未生。逃盗未获。求官不遂。秋季丑日占，日乃墓作关神为用，主人宅灾。虽是日财，龙夹克，多争反不利求财。墓神如此为凶甚，论讼须遭杖责来。行者未归胎未产，占田不遂娶和谐。逃亡盗贼终难获，功名徒尔奔尘埃。

《义》曰：彼此昏蒙，人宅难任。否极将泰，穷极将丰。始则未凶，终又虑凶。幸逢冲解，免此忧怍。

《象》曰：虎伏崖前见者惊，魂飞魄散不安宁。看来却是斑斓石，放下忧心自在行。

此重审之卦，一曰稼穑。干乘其墓，如处云雾中，昏蒙而无所见，家宅亦不光明。况墓者，五行潜伏湮没之地，四时衰败气绝之乡，闭塞不通，暗昧不振。传见重审，利主利后动，长有厄，事从内起，以下犯上，卑犯尊，贱役贵，事多不顺，起于女人。阴小在下者，有悖逆之事，臣未忠，子失孝，事不可遂意而行，必当审察，循乎义理，庶几以免后患也。事防再举，病防再发。况稼穑乃纯土杂气之义也，又曰五坟，忌占病，有开田开地之象。此课三传俱财，财多反不如意，只好大求小得。亦动摇不定，中见间阻，却喜相冲，冲散凶事。中末传空，百事逢之，到底归于漫散，吉不成吉，凶不成凶，大利解释忧疑患难。遇有惊恐凶恶，宜高枕豁乐、大敞胸襟以待之，勿足为虑耳。

占出兵行师，功绩不成，徒劳而已，无益于事也。占安营下寨，虽不宜，亦无害也。百事占之，惟当止息，纵使枉图，无可施其力，尤防事成还见不足。

大抵此课，始见墓神，中末入空，有花无果，焉足羡欤？占防有变易。

四季同。

真一山人云：羽扇纶巾小浪仙，林泉清趣乐无边。而今说与劳劳客，万事由来贵自然。

《无惑钤》云：支干乘墓，如处云雾。狼狈而归，妻财共聚。

《钤解》曰：墓覆干支，人宅昏滞，占病气冲而食不化也。夜占末虎，破碎更凶。乙，辰也，旬遁为戊，而丑中有癸，辰来加丑，妻财共聚也。《集议》：未虽日财，遁辛作鬼，必因财致祸，因食丧身，因妻致讼。

乙丑日第十一课

重审　涉三渊

不行传者考初时　　脱上逢脱防虚诈　　权摄不正禄临支　　两贵受克难干贵

```
白 玄 勾 空            六 青 贵 朱
巳 卯 申 午            巳 卯 申 午
卯 丑 午 乙            卯 丑 午 乙


官 壬 申 勾            官 壬 申 贵
财    戌 朱 ◎         财    戌 阴 ◎
父 甲 子 贵 ⊙         父 甲 子 常 ⊙


青 勾 六 朱            蛇 贵 后 阴
未 申 酉 戌            未 申 酉 戌
空 午      亥 蛇      朱 午      亥 玄
白 巳      子 贵      六 巳      子 常
辰 卯 寅 丑            辰 卯 寅 丑
常 玄 阴 后            勾 青 空 白
```

《中黄经》占曰：此课初传申临午，作贵神，名为悬针。中传戌加申，名曰戌加四孟。其人行年三十一岁在申，亦是戌加四孟。乙日夜贵在申，申建庚，庚食戌，名为行年食贵神，以戌加孟，初传悬针，是合有纹面军人相害。故歌云："戌加四孟是为军"。

《玉历钤》云：此课德神发用，见贵有喜，但嫌午与辰上卯相破，阻滞，事或托人了绝。

《毕法》云：此课干之禄加于支上，凡占不自尊大，受屈折于人，如占差遣，主权摄不正，或遥授职禄，或止宜食本家之禄，或将职替与子孙。又云：日干乙生午火，午又生天空，脱上生脱，兼又逢空，凡占指空话空，脱耗虚诈，全无实处。

上神盗日，辰上生日上，用克日，日上克用。

课名重审、间传。德神加午为用，日上有午为伤德用，拜贵人荐引，但中末空亡，凡得此者，初焉甚好，及其终也，不能为吉。凡事亦主再三方见头面，亦无终。故曰："不行传者考初时"。

此课求名遂，病不死，望信至，胎产生，盗逃获，讼不凶。此课固可用，然日辰上卯午相破，凡事亦难成，托人或再成，占婚不利。德神用日喜非常，见贵求官事事昌。家宅安宁财禄盛，占人望信到吾乡。胎孕将生逃盗获，争讼无凶事允强。日上太冲午卯破，独有婚姻主损伤。

《义》曰：屈而未伸，勾留疑二。事多隔手，物亦如是。羝触篱藩，进退多艰。先难后易，忧里生欢。

《象》曰：谋望未成饶阻滞，劝君且莫生奇计。存心守正待时来，天教富贵随春至。

此重审之卦，一曰天网。夫重审者，重而审之也。利为主，利后动，长有厄，事从内起，起于女人。以下犯上，卑犯尊，贱役贵，事多不顺。阴小在下者，有悖逆之事，臣未忠，子失孝，事不可遂意而行，必当审察，循乎义理，庶几以免后患也。神脱干神，虚费百出，谋望不遂，盗失损财，人口衰残。若休囚尤重，旺相庶轻。亦为子孙脱漏之事，凡事虚诈而不可信也。况申戌子乃进间传，事主进而后隔，名之涉三渊也。间传者，有间隔之意，亦如羝羊触藩，进无所往，退无所依。事防再举，病防再发。天网四张，万物被伤。此时不可远行，然而传入空乡，又不足畏也。此课占求官见贵，求谋百事，一无可成之理。暴病者醮神即安，久病者逢之难痊。

占出兵行师，徒劳跋涉，枉然动众，战士未利，不伸其志。假使孙吴遇此，亦不能成其大功。尤当谨烽堠，慎探听，防其谲诈。敌使之言，切不可信，诡计之来，须先识之，庶不为彼之所欺也。为将者，洞察其情，深究其理，信赏必罚，故曰"知彼知己，每战必胜"，任将权者不可不知斯。

花开无果之象，四时略同。

真一山人云：欲望天边好事来，知音未遇且开怀。有人问我真消息，回首归山是福胎。

《无惑钤》云：脱空昼迎，禄在玄丁。干官贵怒，凶吉无成。

《钤解》曰：权摄不正禄临支，午乘空脱干，能制初鬼，中末又值空陷，而吉凶不成也。夜贵坐克，昼贵入狱，干官贵不喜而怒也。卯禄乘玄遁丁，必因禄动而耗费多也。《集议》："脱上逢脱防虚诈，权摄不正禄临支"。申鬼坐克，干支俱乘死神，止宜休息万事，不宜动谋。涉三渊《邵彦和小课》："欲动不动涉三渊，申戌子兮在目前。进退艰难还万状，对面占之是隔年。""两贵受克难干贵，空上逢空事莫追"内列此日。以午为脱空神，"罡塞鬼户"内列此说最详。

乙丑日第十二课

元首　顺连茹　天网

所谋多拙遭罗网

```
六 朱 空 青          青 空 朱 六
卯 寅 午 巳          卯 寅 午 巳
寅 丑 巳 乙          寅 丑 巳 乙


兄 丙 寅 朱          兄 丙 寅 空
兄 丁 卯 六          兄 丁 卯 青
财 戊 辰 勾          财 戊 辰 勾


空 白 常 玄          朱 蛇 贵 后
午 未 申 酉          午 未 申 酉
青巳        戌阴     六巳        戌阴
勾辰        亥后     勾辰        亥玄
卯 寅 丑 子          卯 寅 丑 子
六 朱 蛇 贵          青 空 白 常
```

《玉历钤》云：此课三传皆克辰，主家宅不宁，卑幼有灾。

《通神集》云：此课寅加辰为用，占病寅卯为棺椁，加在丑土支上，其病大凶。死神传在辰，至戊辰日死矣。死神子日起在卯，顺行十二辰。

《玉门经》曰：三光并立，三阳各存。此课春占，功曹旺临丑为用。日干乙旺，为一阳；神后为天乙，临于亥上，日辰在天乙前，为二阳；天乙顺行，为三阳。用起功曹，终于天罡，故旺相之气，始终皆吉。病者无忧，所求必成。春占为应。

上神盗日，辰上生日上，初克末。

课名元首、连茹。三传皆木，为日同类，在支为鬼。起日离辰，不出家窟。虽寅卯辰煞重亦不为凶，此平平之课也。

此课产生子损母。占家宅，卑下人有灾，宅不安、损坏。行人未至。盗逃不获。求名遂意。病难痊。求财平。春冬占事有力，秋夏无力。乙日得木局，谓之旺。日克支为财，而传为辰鬼，财不甚多。谓之三阳卦，病者无忧乙丙丁。三传皆是木克辰，问胎子稳恐伤亲。占宅卑下人多疾，兼之门户不安宁。病者淹滞财力薄，行人未至盗难擒。惟有求名却称遂，贵人接引力相成。

《义》曰：三阳交泰，万物咸亨。当此之时，显达功名。犹豫未决，切莫疑惑。顺理而行，所谋则获。

《象》曰：夏雨滂沱秋未晴，户庭少出自安宁。隆冬莫道无生意，瘦岭梅香气象亨。

此元首之卦，又曰连茹。且日生上神，事见虚费百出，谋望难遂，盗失损财，人口衰残之象。若休囚尤重，旺相庶轻，亦为子孙脱漏之事。又见刑破，宾主不和，举动艰阻，官事灾害。丑上寅刑乙上巳，是彼刑我，争斗相生，事事皆难中生易之象。且进连茹，进而后退，退而复进，主欲行不行，欲止不止，节外生枝也。元首课，作事多顺，事多起于男子，利上不利下，利先举利客。在下者有和顺之理，为臣忠，为子孝，夫妇和而朋友信。惜乎刑之阻也。占者遇之，求官见贵，且宜止息。大忌占病，最凶，以其见棺椁煞也，须得吉神、德神解之方可，不然则凶危之甚也。求财恐为人所破。投谒人不喜。正、五、九月不宜占远行。捕盗恐有被伤。占逃亡有欺害之意，不如舍之为妙。占婚不宜，强成无益。

占出兵行师，得此课者，宜奖励将士，以申严令，慎其防守，以避其锋。临敌对垒之时，还宜仔细，亦见言词不一，军戎见耻。敌使之来，所言多诈，未足全信，其人必善于言词，当防其间。为将者，洞察其情，密探其奸，庶不为彼之所误也。此课春占，大有益于占者之人，以其旺之吉也。

春大吉，夏秋逆，冬利。

真一山人云：人生善恶自家知，天在檐头不可欺。静里也须勤点检，影刑祸福暗相随。

《无惑钤》云：支干拱传，惟喜春占。疑凶凶有，向后灾愆。

《钤解》曰：干乙支丑，拱夹寅卯辰在内，会而为木，克身克宅凶也。春占贪其生旺，不为祸矣。若疑有凶，凶诚有也，但潜伏而向后乃发。歌云"旺相相生灾未发，死囚刑克便灾临"，此之谓也。

丙寅日

丙寅日第一课

伏吟　玄胎　励德　自任　闭口

我求彼事干传支　彼此猜忌害相随

六 六 空 空
寅 寅 巳 巳
寅 寅 巳 丙

兄 己 巳 空
财 壬 申 玄
父 丙 寅 六

白 白 勾 勾
寅 寅 巳 巳
寅 寅 巳 丙

兄 己 巳 勾
财 壬 申 蛇
父 丙 寅 白

空 白 常 玄
巳 午 未 申
青 辰　　酉 阴
勾 卯　　戌 后
寅 丑 子 亥
六 朱 蛇 贵

勾 六 朱 蛇
巳 午 未 申
青 辰　　酉 贵
空 卯　　戌 后
寅 丑 子 亥
白 常 玄 阴

《玉历钤》云：此课旦暮贵人皆不可用，文字迟阻，见贵徒劳，出入辛勤不遂，门户动摇不宁，凡占诸事不顺。

《毕法》云：此课伏吟，地盘旬首上加玄武，谓之闭口卦，止宜捕盗贼、追逃亡，余无用也。又曰伏吟之课，六丙日颇吉，缘初传为德神，中传为财，末传为长生，所以吉也。

上神德日，辰上生日上。

课名伏吟、玄胎。诸神各归本方所在，日德禄用，三刑递制支，驿马在中刑不妨，末传加在支上，事主向后可十全。

此课占人，望信不至，产未生，婚不成，见贵人徒劳无成，文字迟无决，出行罔辛苦，门户动摇不安，一切皆同。日辰入传，又且恃势相刑，气象不合不可用，皆凶。昼暮贵人皆不吉，占财罔遂利名轻。

《义》曰：禄马长生，求官大利。富贵荣华，无不称遂。课体刑冲，善保始终。如临深渊，如履薄冰。

《象》曰：春日雍和夏日长，时当春夏自荣昌。立身伟矣存忠孝，拜舞恩光姓字香。

此自任之卦，一曰玄胎，又曰励德。夫自任者，乃伏吟之卦，天地伏吟，十二神各归本身，天地如一，四伏未发之象。占事静则宜，动则滞，主事藏匿不动，静中求劳，有屈而不伸之象。况玄胎如婴儿隐伏之状，利上不利下，事主远而多伏，暗昧不明，触则成祸，惟君子守正修德则亨。凡占得此，皆是彼来求我之象。求官见贵，喜见禄马为吉，但见刑害，乃美中未美，事虽有成，必有动摇侵损。投谒人虽得喜美，尤见未合。婚姻未利。占孕易产。占胎聋哑。远行回轮，近行将至。求财未称。交易不顺。盗者不出其家，逃者不出邑里。二六十月占，不利远行。访人虽有相助之理，但有隐避不欲见人之义。论讼相和则吉，不然则有刑祸之扰。春占凡事解散。占宅，人财兴旺。占逃亡，动中得获。占病不进饮食，或多不语，亦见凶危，作福庶解。

占出兵行师，防欺诈非毁，传见刑冲，虽有战斗，又有各守不动之象，宜另为选卜，故曰"反吟伏吟，涕泣淋淋"，此之谓也。大抵此课，有德有禄有马，惟利仕宦占之，惜其刑冲，仍未免否泰相淆，能以己之心推之于物，恒思致君泽民之意，又何患乎否也？

春夏吉，秋平，冬忌。

真一山人云：无心过恶可消禳，事到凶终也吉昌。若是有心行过恶，前程只恐有余殃。

《无惑钤》云：干传入支，行人速归。禄财生聚，所卜皆宜。

《钤解》曰：初从干上，末归支上，乃我托人干事。若占行人，虽远必至也。禄马财生并众，可以坐得，凡卜宜矣。《集议》：伏吟惟六丙日吉，初德禄，中财马，末得长生，各忌空亡。此三刑在传，未免无恩之意，凡占恩反怨也。上下俱作六害，此等戾害尤甚。

丙寅日第二课

知一　退茹　斩关　六仪

不行传者考初时　众鬼虽彰全不畏　魁度天门关隔定

```
蛇朱勾青          玄常空青
子丑卯辰          子丑卯辰
丑寅辰丙          丑寅辰丙


官 甲子 蛇        官 甲子 玄
官    亥 贵 ◎     官    亥 阴 ◎
子    戌 后 ◎·    子    戌 后 ◎·


青空白常          青勾六朱
辰巳午未          辰巳午未
勾卯    申玄       空卯    申蛇
六寅    酉阴       白寅    酉贵
丑子亥戌          丑子亥戌
朱蛇贵后          常玄阴后
```

《玉连环》占曰：此课据来意，事因北面近水酒筵间，与一额尖眼小之人相争，又有一官人与彼扶助，自心恶怒欲经官，得一姓王人和劝无事。何以知之？曰：天上直事门小吉，上得太常，主酒筵。发用子为北面，子上见亥为近水，神后为日下之鬼，上见腾蛇，主额尖眼小之人。中传登明，为日贵人，亦为助腾蛇之鬼爻，故知与彼相助。缘日上得天罡，能制亥子，天罡主怒恶，故知自心怒恶而欲经官。卦体比用主和合，末传天魁为等辈，天魁亦能制亥，天魁临亥主姓王，故言姓王人劝合无事也。①

《玉历钤》云：此课子丑初传相合，中末传空亡，三传又退，凡事有上稍无下稍，久远成合。

《毕法》云：此课初中子亥皆是日鬼，诚为凶也。殊不知干上先有辰土，可以敌其子亥之鬼，而鬼贼不能为害，亥又空亡，一鬼无力。凡占先有惊危，

———————————

① 《一字诀玉连环》作：六月丙寅日午将未时，占来意。

后却平稳，虽有人谋害，亦不能为祸也。末虽临墓乡，亦是空亡之地，无畏。又云：初中二传生支，却去克干，凡占宅盛人衰，居不安稳，宜别迁其居，斯为无害。何也？盖干为人，支为宅，今传中之神俱去生支，则宅气旺盛，必房屋众多、地基宽广也。若俱去克支，是宅被鬼贼，乃至衰败，若强居生妖。

上神盗日，日上辰克用，用克日，末克初。

课名知一、连茹、斩关。夜占事干众，进退疑惑暗昧，却幸中末空亡，凶吉无成，宜守静，凡事易合易散。

此课占婚不吉。官讼不成。病有鬼为祸，自然安。见贵不可，求百无所成。产生。逃盗获。日鬼用，中末空，难以成事。初虽子丑天地合，中末空亡又脱冲。见贵无成婚不利，结交有始定有终。论讼无凶了绝早，病虽有鬼不为凶。胎产易生逃盗败，求财出入总无功。

《义》曰：欲问何如，事多蓦地。拔茅连茹，先难后易。始见萌芽，中见奇葩。东风声里，遍地残花。

《象》曰：宾主相逢有异心，向人犹说是知音。静中抚掌微微笑，梦里荣枯识者矜。

此知一之卦，又曰连茹。夫知一者，知一而不能知两，知者以为自知、自见，不知为寇仇，故言知一也。以此为用，舍远就近，舍疏就亲，恩中生害，事多起于同类，凡事狐疑，事贵和同乃吉。况连茹，事主欲行不行，欲止不止，节外生枝，退而后进。以下犯上，阴小在下者，有悖逆之事，臣未忠，子失孝，事不可遂意而行，必当审察，循乎义理，以免后患也。日生上神，有虚费不足之叹。谋望不遂，盗失损财，人口衰残，旺相可，休囚尤重，又为子孙脱漏之事，凡百虚诈而无实也。传见螣蛇坠水，虚惊而怪皆消。占者遇之，求官见贵，何必劳心？问利问婚，徒然费力。暴病醮神即愈，久病医药无功。其他占求，宜为改图。

占出兵行师，忧心众畏，无益于成功，慎防损失。然此大要，吉不成吉，凶不成凶。若敌有使来，凡有言词，皆谲诈奸细，甚不可信。投人干事，亦不可为己干求。以此观之，不过有影无形，到底归于无用矣。此卦大祸危疑患难解散诸凶，却有益于占者之人也。

四时无用。

真一山人云：渭水当年一钩丝，飞熊吉兆有其时。困心横虑临前泰，笑对南山任酒诗。

《无惑钤》云：空畏鬼地，病防再至。子丑夜常，牛女合位。

《钤解》曰：鬼实官空，士俗皆畏。干生末墓，旧病防再发。凡已往之事，恐又复举。子丑合而乘太常，是为牛女，宜婚者也。《集议》：自支阴传成众鬼，如"家鬼取家人"。三传生支克干，宜脱宅屋以备灾患之事。《毕法》云："屋宅宽广"内；"两贵皆空虚喜期"。

丙寅日第三课

重审　三奇　极阴　折腰　无结果　不行传者
二贵皆空虚喜期

```
后 蛇 朱 勾              蛇 六 勾 空
戊 子 丑 卯              戊 子 丑 卯
子 寅 卯 丙              子 寅 卯 丙


子 乙 丑 朱              子 乙 丑 勾
官 　 亥 贵 ◎           官 　 亥 朱 ◎
财 癸 酉 阴 ⊙           财 癸 酉 贵 ⊙


勾 青 空 白              空 白 常 玄
卯 辰 巳 午              卯 辰 巳 午
六 寅 　　 未 常        青 寅 　　 未 阴
朱 丑 　　 申 玄        勾 丑 　　 申 后
子 亥 戌 酉              子 亥 戌 酉
蛇 贵 后 阴              六 朱 蛇 贵
```

《玉历钤》云：此课日辰子卯为无礼之刑，占讼杖责。只宜见贵，必有荐引之喜，贵虽空亡，再托必遂。

《毕法》云：此课木生于亥而败于子，火生于寅而败于卯，支干之上皆逢败气。占身血气衰败，占宅屋舍崩摧，凡事不振，尤不宜告诘词讼，必牵连己之旧事一时败露，不可不慎也。又云：干上卯，支上子，子卯相刑，主彼此猜忌，皆欲为无礼之事也。又云：干上卯木生丙火而败火，支上子水生寅木而败木，是生意中有害，欢乐中有悲，凡占喜内藏悲，故云"乐里生悲"。

上神生日，辰上生日上，日上克用，日生用。

课名重审、间传、极阴、杜塞。得此本为凶课，丑为用，先缺后圆，所喜中末皆贵，然中末亦空亡。凡事宜静，动用亦有始无终，却亦无凶也。出句方可图。

此课占病，主有心腹之疾，必死。见贵，主有贵人相荐相成之喜。求财不多，婚不吉，人情不美，讼有杖责之灾。三传间隔，中恋末，丙丁死于酉，虽金局不成财。子鬼加辰，乃外贼入内，讼用防。病者淹滞心腹疾，却宜求贵立功名。求财总有不丰厚，婚姻非偶别寻亲。日辰子卯相刑克，若问人情主怒嗔。论讼棒杖难逃免，大凡用事总劳神。

《义》曰：人来助我，无不曰可。课体冥蒙，合中有破。病忌再兴，有吉有凶。惟利积德，百事空空。

《象》曰：外边事理人几知，进退何如各有期。莫道前程多阻隔，到头终未得便宜。

此重审之卦，一曰龙战。夫重审者，重而审之也。以下犯上，阴小在下有悖逆之事。占臣未忠，子失孝，事不可遂意而行，必当审察，循乎义理，庶几以免后患也。且龙战主身心疑惑，进寸退尺，动有乖离之象。所幸干神来生，亦见助我、生我之意。凡所谋为，皆他人用力于我，何其传入空脱之乡，又谓之有名无实，不过指空话空，终无所得。此卦求官见贵，最不为佳。占财求婚，且宜止息，设使有成，终见丧失。若见宾主彼此相和，子卯刑之，又主无礼不足。凡占得此，宜坚心固守，不宜有所施设，亦不退缩，恐陷空脱之乡。

占出兵行师，未足为奇，昼占多词，夜尤不利，况丑亥酉退间传为极阴，亦名暝蒙格，事有阴谋之象。且凡百事昏迷，未得显明也。大抵惟宜暗昧，设暗计，未免多见言词唇吻，虑军戎之见耻。若不得已而用兵，宜进则吉。若势孤弱疲困，坐守亦吉。刑之相辇，当见战障。为将者，须严明号令，相机防守审察，庶不中彼之暗计。诸占皆为不足之象也。

四时所占，有始无终。

真一山人云：鹏程万里好飞腾，争奈而今未足亨。必欲养成翀翮羽，时来方可播沧溟。

《无惑钤》云：虽生难恃，子卯刑忌。反为败神，切休干贵。

《钤解》曰：卯虽生丙，而丙火败于卯，何足恃也？卯来刑子，子息不律，无尊卑之礼。两贵皆虚，不宜干求，《赋》云"二贵皆空虚喜期"是也。
《集议》：干上与支上皆逢败气，占身气血衰败，占宅屋舍崩颓，日渐狼狈，全无长进，不宜捕捉奸私、讦告他人阴事，倘若到官，必牵连我之旧过，同时败露，各获罪也。其余占用，彼此皆值衰败也。乃应谚云"杀人一万，自损三千"之意。乐里生悲，酉乃闭口财。丑亥酉为极阴之处，虽无不测之忧，毕竟暗中消耗财物。极阴《邵彦和小课》：极阴之课丑亥酉，百事逢之悉皆丑。占讼省部方端的，病死定为不长久。

丙寅日第四课

蒿矢　玄胎　不备　天网　寡宿　闭口
避难逃生须弃旧　彼求我事支传干

```
玄 贵 贵 六          后 朱 朱 青
申 亥 亥 寅          申 亥 亥 寅
亥 寅 寅 丙          亥 寅 寅 丙


官     亥 贵 ◎       官     亥 朱 ◎
财 壬 申 玄 ⊙       财 壬 申 后 ⊙
兄 己 巳 空          兄 己 巳 常


六 勾 青 空          青 空 白 常
寅 卯 辰 巳          寅 卯 辰 巳
朱丑       午白      勾丑       午玄
蛇子       未常      六子       未阴
亥 戌 酉 申          亥 戌 酉 申
贵 后 阴 玄          朱 蛇 贵 后
```

《道神集》占曰：凡求官，发用上见青龙、太常、贵人、天马、驿马在行年、日辰上者，主得科名。或在日辰见贵人、龙、常克战，行年不遇，纵见不得其中也。今此课行年二十五岁在寅，上见亥水为发用，贵人乘之，更带旺气，不言空亡，中传有驿马生初，此荫庇之下，因恩泽得名，或因贵人荐举得名，盖非及第之格也。

《中黄经》占曰：此课主占官事起于合会，出外可解。何以言之？盖课名蒿矢，初传贵神克日，中传申金乘玄武生亥水鬼，末传巳火临申为日干失地。又取时至物类，随时变迁。本命甲午，午上见卯，卯本位有癸水，日干上得寅六害，寅本位有亥水，其课三处有鬼，皆自立无制，故来克日，主官事起于和合。如要免得官事，出外可解。谓天上日临申，申中有戊土，长生在申，三水不敢相害，丙日得天解，是可出外免其官灾也（官事起于合会，未说明白，或干上神六合是也）。

《玉历钤》云：此课不备，初传日之冲，夜贵朱雀，所乘皆空亡，占事不成，见贵无力，父子无气，出入动用无功。

《毕法》云：此课干上寅与支上亥作六合，干与支却作六害，《经》云"外好内槎芽"，谚云"面是心非"。喜得丙火、寅木各得长生之神，却为善也。

上神生日，辰上生日上，用克日，初克末。

课名蒿矢、玄胎。鬼爻为用，中末作合，亥乃空亡，凡事难入头，亦无终，所谓吉凶无成。虽雀加寅有生气，巳加申为日就合，亦徒然耳，但可解忧。

此课求财不遂，出入动用劳而无功，宜占一切忧事。既蒿矢天空，占病自然安，讼自散，产生，忧疑不成事。水克火，火生在寅，况亥水空不能作鬼，贵雀俱空，不能成事。辰对中冲初对日，贵人朱雀总成空。百计劳求俱不利，见贵求名谩费功。如问忧疑忧自散，病者将安讼脱凶。胎产未生无恐怖，昼暮灾祥总不同。

《义》曰：指空话空，无中望有。勉强而行，岂云行攸？久行得实，使机受饥。虽有镃基，不如待时。

《象》曰：怜君空作上天梯，纵使登云未足奇。窗下工夫频着意，到头终未得便宜。

此蒿矢之卦，一曰玄胎，亦曰寡宿，又曰天网。夫蒿矢者，神遥克日之谓也。《经》云：神遥克日名蒿矢，射我虽端当不畏。事主摇动，人情倒置，求事难成。此时有容不可容纳，法忧口舌官事西南而至，君臣父子之间多有不信，传见空脱当有欺诈虚诞之事应之。况见玄胎如婴儿隐伏之状，利上不利下，事主远而多伏，暗昧不通，触则成祸，惟君子守正修德则亨。且天网四张，万物被伤，以斯论之，奚有益于占者之人？幸而传见寡宿，如网之无网也，又岂可以获其鳞羽乎？此课占人孤茕，别离桑梓。占主客虽和，有侵损之意。婚姻财利，逢之者未足为佳。失走逃亡占之者，遇而不遇。占病得此，暴病者求医即效，久病者祈禳无灵，最忌老人、小儿得此，尤为不吉也。

占出兵行师，正九月大为不宜，余月占之，虽云开地千里，战胜之兆，何其传入空乡，又见失众之象，不然，则有阻隔更变，设使勉强而进，亦徒劳而无功。若敌有使来，言其事情多虚而少实，宜相机审察，庶不为其所诬也。大抵此课，惟宜解散忧疑患难而已，惟亥年月日占事或可望，余未准。

真一山人云：一点如桃李未齐，军离车上便相宜。长江久旱无些水，此个机关说向谁？

《无惑钤》云：执弓忘矢，事声迤逦。舍此危疑，彼来生己。

《钤解》曰：避难误出例。遥克用空，执矢亡弓须遗失。末传迤逦生起空亥，乃声势危疑而已，不足畏也。中传之财，切不可取。喜支来就干，上门惠我，宜守而不可动也。《集议》："自己熬煎，他人逸乐"。寅与巳作六害，亥与寅却作六合，外合里差，干支作害，干支上神作合。"避难逃生"内列此日。用空皆生。空亡起用事难成，要用须当待别寻。他人虚诈非实情，忧疑纵有不为迍。空上逢空。空亡克日事多端，走失人物有欺瞒。安闲守分免凶残，干事求财难又难。支干相会，上神相合，亦可共谋成事。昼贵作鬼入宅，占病家堂神像不肃所致，宜修功德安慰免咎。

丙寅日第五课

重审 斩关 泆女 励德 孤辰 火局
合中犯煞蜜中砒（干上丑与中传午作六害）

```
白后阴朱            玄蛇贵勾
午戌酉丑            午戌酉丑
戌寅丑丙            戌寅丑丙


子  戌 后◎         子  戌 蛇◎
兄 庚 午 白⊙        兄 庚 午 玄⊙
父 丙 寅 六         父 丙 寅 青


朱六勾青            勾青空白
丑寅卯辰            丑寅卯辰
蛇子    巳空        六子    巳常
贵亥    午白        朱亥    午玄
戌酉申未            戌酉申未
后阴玄常            蛇贵后阴
```

《玉历钤》云：此课日墓发用，凡事不能振举。且占旧事，二三次未成，再求可遂，自墓传生故也。此系炎上卦，多主枉图。

《通神集》云：天后在三传，阴作白虎者，非感鼓盆之歌，必占炊旧之梦，其法甚善。此课戌加寅为用，昼占天后阴神上见午作白虎，必主半月期必克妻也。若占妻病，全看救神，若无救神，必死无疑。

《毕法》云：此课初传戌为干之墓，末传寅为干之长生，是为背阴投明，去危就安。凡占百事，先难后易，故曰难变易。又曰：三传皆是日之同类而夺其财，得干上丑土生起财神，则钱财不致损耗，所可忧者妻妾背耳。歌云：干之同类在传中，财帛妻宫两见凶。若得子孙干上见，妻宫无恙反财丰。

上神盗日，末克初。

课名重审、炎上。墓神加支上为用，凡事主再发。春夏占，大有气力。问文书，卯缦和合，只防火烛灾，余皆可用，但空亡发用，吉凶终不十全。

此课求事遂意再成。占病不死。文字再用。成事求人再见成。求财无财。公讼了绝后再发。占见在刑禁者，目下出狱也。用神作墓空亡，亦谓之刑得卦。此课传临日干墓，作事弥漫枉用心。文书再用方成就，病者安痊利禄轻。见禁狱中不日出，讼经结断再追寻。旧事重谋将遂就，枉图初举必无成。

《义》曰：焰焰燎原，人莫近前。旺之大过，反招厥愆。君子利贞，固穷守制。小人险倖，徒逞人势。

《象》曰：兴味萧然似野僧，茕茕孑立视如亭。丈夫志气非流辈，要使翱翔展大鹏。

此重审之卦，一曰炎上，又曰泆女，一名斩关，又名孤辰。夫重审者，重而审之也。利为主，利后动，长有厄，利女子，事从内起，起于女人。以下犯上，贱役贵，卑犯尊，事多不顺。阴小在下者，有悖逆之事。占臣未忠，子失孝，凡事不可遂意而行，必当审察，循乎义理，庶几以免后患也。事防再举，病防再发。传见泆女，主厌翳蔽匿不明之象。且戌午寅炎上为日，象君，事主多虚少实。戌加于寅，以墓临生，谓火以明为主，虚则生明，实则生暗，是反其体也。占明事，反为暗昧，亦主枉图不遂。况丙日见火为同类，难为妻财之论。占人性刚，宜容忍而无所伤也。传见孤辰，有茕茕孑立之象，占人离别梓桑。凡所谋占，多虚实少，功名难遂，事主虚华，投托干用非特失于和气，抑且失盗而损财也。然而事体丛杂，主关众人共谋，不然两三处干事，委曲托人，与人相合之类，又如推磨之象，转去转来非一遍也。

占出兵行师，不特无威，反有失众之理。敌有来使，所告言词皆诡诞谲诈之语。其他事情百无一实，惟利解忧释难。新病得之，作福作禳；久病占之凶危，看积德何如。此心肺有伤，热多寒少之象，调理者不可不知。其他诸占，难遂初意，否则有更改变易之理。事起虚声，成则何益。

真一山人云：闺门自立正纲常，诗首关雎不可忘。诚意感神神自格，虚虚实实谩消详。

《无惑钤》云：自墓传生，先迷后醒。全无和气，上利下刑。

《钤解》曰：初墓末生，先昏而后醒也。事防再举，病防再发。寅刑巳，丑刑戌，日辰支干上下相刑，何如和气之有哉？《集议》："元遁三奇，尊崇传内遇三奇。"戌乘天后加寅，主奸丑不明，奴婢逃走。"合中犯煞蜜中砒"内有此例。歌云：三合犯煞少人知，惟防好里定相欺。笑里有刀谁得会，事将成合失便宜。难变易。

丙寅日第六课

知一　长幼　天网　六仪　四绝

三传互克众人欺　众鬼虽彰全不畏　支干坐墓甘招晦

<table>
<tr><td>青 阴 常 蛇</td><td>白 贵 阴 六</td></tr>
<tr><td>辰 酉 未 子</td><td>辰 酉 未 子</td></tr>
<tr><td>酉 寅 子 丙</td><td>酉 寅 子 丙</td></tr>
</table>

<table>
<tr><td>官 甲子 蛇</td><td>官 甲子 六</td></tr>
<tr><td>子 辛未 常</td><td>子 辛未 阴</td></tr>
<tr><td>父 丙寅 六</td><td>父 丙寅 青</td></tr>
</table>

<table>
<tr><td>蛇朱六勾</td><td>六勾青空</td></tr>
<tr><td>子丑寅卯</td><td>子丑寅卯</td></tr>
<tr><td>贵亥　　辰青</td><td>朱亥　　辰白</td></tr>
<tr><td>后戌　　巳空</td><td>蛇戌　　巳常</td></tr>
<tr><td>酉申未午</td><td>酉申未午</td></tr>
<tr><td>阴玄常白</td><td>贵后阴玄</td></tr>
</table>

《玉历钤》云：此课丙以癸为官，不可为鬼，此常术，所以不同。占官望职文字事务，十分如意。秋冬占应，春夏费力难成。

《毕法》云：此课干上子水作初传，乃日之鬼，却生末传寅木作丙火之长生，此是引鬼为福，又得中传未土制鬼，必主人顺神助而获庆也。又云：支上酉金生起干上子水作日鬼，不利谒贵求财，不然有祸至。又云：巳加戌是自至墓，皆由占者心肯意愿受其暗昧，凡事自招其咎，不可悲天由人也。又主家宅假借于人作践损坏，欲兑赁终不能出脱也。

上神克日，辰上生日上，用克日。

课名知一、长幼、度厄、四绝。子为官星，未为支墓，寅为生。此课初凶后吉，皆有暗合在也。干支坐墓，不利尊长。五六月为天网，尤不可动，以之擒捕却吉。此课宜结绝旧事。

此课占求官少文字，百发百中，如意惟秋冬占，应此者夏无气难成。常占主有公讼口舌，不可求财。占产生。行人回。盗逃获。病有鬼，宜求保安。此天盘上神克干，用神又克干，两蛇内战，凡百不利。

丙日癸官癸禄子，惟利求官显职名。秋冬如意十分吉，春夏费力恐难成。常占口舌行人至，贼盗逃亡易捕擒。求财无气胎即产，病虽有鬼保安宁。

《义》曰：事有善恶，内多惊恐。人情失和，以顺为本。人宅昏蒙，致生悔吝。动用谋望，要必以正。

《象》曰：贫穷富贵皆前定，何必劳劳生侥幸。舆论公道岂容私，积善人家多福庆。

此知一之卦，一曰天网，又曰长幼。夫知一者，比用同类之谓。知一而不能知两，知者以为自知、自见，不知者为寇仇，故言知一也。以此为用，舍远就近，舍疏就亲，恩中生怨，凡事狐疑，事贵和同乃吉。且支干坐墓，如处云雾之中，蒙昧忧疑之象。凡事乃心肯意肯，自招其晦。宅家亦曾借与人，反被作践而不能脱也。事皆隔七隔八，彼此昏迷，所幸传见奇神化祸而为成福，化难以生恩。课见长幼，不利于小。占者遇之此卦，求官见贵吉，但惊疑不足。投人者，主宾际会两殷勤，暮宴朝欢会无极。然卒暗昧病有祟，惊惕且危，宜醮之。占逃亡得见。占婚不宜。占财有，恐因财而作恼。失脱宜寻。占讼惊恐，终见和允，正、七月不宜。

占出行或出兵行师，亦不宜也。若强勉而行之，必见忧心畏众，惊惧而不宁，在七、八月占尤甚。大抵此课，以子水乘蛇，名曰坠水，忧惊、惊怪皆消。若七月作死气、八月作死神，又克日干，岂为宜也？非特用兵者忌之，余占七、八月皆当避之，占病尤忌。惟在传课者稍忌，不可一途而论，况四绝惟宜了结旧事而已。

四时占，喜春令，先难后易。

真一山人云：终日乾乾克己私，逢忧准拟解惊疑。幽人终吉终无乱，善恶由来贵自知。

《无惑钤》云：人已灾殄，三传外战。支干坐墓，事终难辨。

《钤解》曰：旬首干子，支酉旬尾。干被子克，支被酉伤，彼已俱灾。三传克下，乃外战不和矣。巳坐戌上，寅临未上，自坐于墓矣。甘招昏晦，曰是曰非，何所辨明也？《集议》："三传互克众人欺"，常人占得此课，平昔所为凶横，遂被邻人同供状诉。见在朝官值此，宜自检束，提防合台上言。两贵相协，支上生干上，作日鬼，不利干谒，求财有祸。引鬼为生，寅加未，将得龙合，乃天神地将入墓，最不宜占病。若不占病，必是占神庙事，不然家近寺观神庙居也。狐假虎威，巳中戊土喻虎，彼此全伤，提防两损。占讼两家皆被罪责，诸占两边各有所亏。占身被伤，占宅崩损。干上旬首，支上旬尾。未加子，夜将太阴，家人口愿未还。戌墓乘蛇临卯，墓门开，又为外丧。子乃丙火胎神，非系妻财，正月为生气，主婢妾有孕。

丙寅日第七课

反吟　玄胎

彼此全伤防两损

玄	六	空	贵
寅	申	巳	亥
申	寅	亥	丙

青	后	常	朱
寅	申	巳	亥
申	寅	亥	丙

父	丙寅	玄
财	壬申	六
父	丙寅	玄

父	丙寅	青
财	壬申	后
父	丙寅	青

贵	后	阴	玄
亥	子	丑	寅

蛇戌　　　卯常
朱酉　　　辰白
申　未　午　巳
六　勾　青　空

朱	六	勾	青
亥	子	丑	寅

蛇戌　　　卯空
贵酉　　　辰白
申　未　午　巳
后　阴　玄　常

《玉历钤》云：此课日上空亡，辰上六害，旦暮贵神皆不吉。凡事虚诞难成，出入动用阻隔，劳而无功，人情皆不实。

《毕法》云：干上支上俱是绝神，而俱受其克，主神灵凶事，解释词讼。

又天乙乘日鬼克干，主神灵触怒，宜禳谢解释。又云：干上支上各被克伐，凡占彼此各有所伤损。占讼两家罹罪，本身病疾，宅舍损毁。又干乘明鬼，支乘遁鬼，凶咎之象。

上神克日，辰上生日上。

课名反吟。干支俱受伤，则为凶。禄德始终、财生互换，则为吉。然亥既空亡，凶吉皆无准也。第四课发用，诸事主迟。占事反复无定，久久方可言吉。且，婚不成。

此课凡百事渺渺无边，求望无，虚诈百无一成，出入阻隔劳力，忧事不凶，人情不足，为日上空亡也。产生、逃盗、行人皆不可用。亥水克日火，金又克寅木，上下相克，俱逢绝位，俱宜隔绝旧事，他事不利。日上空亡辰六害，贵人旦暮总为凶。婚产不宜行者忌，百用无成枉费功。

《义》曰：去而复来，来而复往。乖戾失和，人心皆向。行之以义，动之以礼。久久如斯，祸消福至。

《象》曰：事多更变不寻常，全在斯人大主张。正人正己无不正，婚姻男女是非扬。

此反吟之卦，一曰无依，又曰玄胎。《经》云："无依是反吟，逃者远追寻。合者应分散，安巢别改林。官守须易位，结友也分襟。所为多反复，占病数般侵。"内有刑冲破害，事主迟滞，远近系心，更相仇怨，且反复而呻吟，是无予夺而难息也。复而更往，欲动疑二不决。事从下起，臣慢其君，子逆其父，妻子离背，兄弟无情，朋友失义。凡动无德，何以依之？

天地反吟，十二神各易其位，居无所因。祸起于外，将及其身。出兵行军，多致奔败。安营聚众，必见离散。将有异谋，事多疑阻。凡事失其和气，内外有忧之象。况玄胎如婴儿隐伏之状，利上不利下，事主远而多伏，暗昧不通，触则成祸，惟君子守正修德则亨。传见禄马，虽利求官，然冲刑太甚，吉神不临，不足为奇也。干见空亡，事多欺诈。占者遇之，若三、四、九、十月占，得此纵吉，吉中隐凶。正、五、九月不利占远行，逃亡难获，婚不成，病反复，占父母、妻财大不利。

占出兵行师，且止悉或改图别选卜之，倘不得已而出，当斋诚醮祭，严加防守，审察机微。虑恐敌使之诈，谨之谨之。若非常之将，用非常之人，出非常之计，故孙子曰："神乎神乎！视于无形，听于无声。动之于九天之上，藏之于九地之下。如此方有变凶为吉，克敌制胜之功也。"

四时反复不一，惟有德者当之。

真一山人云：谦谦大易吉凶平，暗使私谋贵自明。身外是天浑不见，醢人霹雳岂虚声。

《无惑钤》云：交互虽密，合之却宜。德禄鬼贼，并无实迹。

《钤解》曰：四课交互六合，相交成事却有益也。德禄鬼贼，往来无迹，吉凶皆不足言也。《集议》：《毕法》"喜惧空亡乃妙机"内云：鬼陷空亡，不能为害。虽鬼作空亡，加日辰，三传、年命无制伏者凶，或失人口，或犯官司。干支值绝，此课宜结绝凶事，解释官讼，占病痊，鬼空故也。若昼占，宜告贵结绝凶事，亦可狐假虎威。克处回归，又受上克，又作献策反受罢黜。支上生干上作日鬼，干谒贵人求财有祸，上下俱作六害，此等戾害尤甚。昼贵作鬼临身，占病乃神祇为害，不可作鬼祟害，虽空亦是神祇挠害，占讼大凶，亦谓之闲贵人。"彼此全伤"说在甲子第六课。

丙寅日第八课

比用　知一　六仪　天网　无结果
两蛇夹墓凶难免　干支乘墓各昏迷

```
    后 勾 常 蛇          六 阴 空 蛇
    子 未 卯 戌          子 未 卯 戌
    未 寅 戌 丙          未 寅 戌 丙


    官 甲 子 后          官 甲 子 六
    兄 己 巳 空          兄 己 巳 常
    子    戌 蛇 ◎       子    戌 蛇 ◎


    蛇 贵 后 阴          蛇 朱 六 勾
    戌 亥 子 丑          戌 亥 子 丑
  朱 酉      寅 玄     贵 酉      寅 青
  六 申      卯 常     后 申      卯 空
    未 午 巳 辰          未 午 巳 辰
    勾 青 空 白          阴 玄 常 白
```

此课支干俱墓，第四课见鬼，鬼又传归日上。六月死神在戌，作蛇，主有冤魂伏尸，带迷惑煞来殃及于人。六月火墓在戌，当先宅中前后皆是尸灵，今则鬼入四课，是内之鬼也。传出日上，渐次侵害于人。不出八年，劳病死者五人。中传虽有生气，乃受死克化为鬼。六十四上戌月未日死矣。果皆应。元造宅基皆是旧坟，掘出了十四个穴，皆无主古冢。七年丧五人。庚戌九月何公不禄。①

《玉历钤》云：此课子为用神，乃为鬼，不可论官。末传日墓，又初传六害，水为土制，占事口舌官司。

《中黄经》占云：此课主女人口话虚诈事，在一月后忧变为喜。盖初传子临未，将得天后，主女人口舌在一月内。中传天空克日，主女人虚诈口舌。末传戌加巳，螣蛇为救神，则凶祸变为平常。一月内忌申酉日口舌，壬日更重，若过二日，至戌日，一定见喜。为戌日伤壬，克天后子水，兼克天空，此所以吉也。

《毕法》云：此课干上戌、支上未，干支上神俱墓，如人在夜深昏暗之中行走，不能了然明快，凡占必主人昏宅弊。《七十二占》云："墓覆日辰，人宅昏沉。"

上神盗日，日上克用，用克日，末克初。

课名知一、铸印、乘轩。后合厌斁，为用为鬼，终戌以墓，加日所喜。子为官，巳乃德禄，三传与日皆合，可以进用，兼戌为空亡，虽不纯吉，亦不成凶。

此课占讼入狱。产动未生。行人动未能。盗逃隐匿不获。求财求官谒贵虽吉，终不如意。病有鬼死。其他所占皆凶。铸印得巳火以助，可谓吉，体俱成空，无印可铸也。初传日鬼末日墓，常问公私口舌来。盗偷藏匿财难获，讼者提防牢狱灾。产当胎动未生育，不宜见贵及求财。行者起程归未到，病人有鬼主悲哀。

《义》曰：宅暗不明，人昏尤可。我莫笑他，他莫笑我。凶而不凶，未免虚惊。冷灰包豆，蓦然有声。

《象》曰：行道摩摩报虎狼，壮夫闻此尚惊惶。谁知暗有神明佑，阴德原来一显彰。

此知一之卦，夫知一者，知一而不能知两也，知者以为自知、自见，不知为寇仇，故言知一也。以此为用，舍远就近，舍疏就亲，恩中生害，事多起于同类，凡百狐疑，事贵和同乃吉。况天网四张，万物被伤，又作两蛇夹墓，其凶有不可言者，所幸传入空乡，不过虚惊而已。占者遇之，如履虎尾而不伤，如履薄冰而不失。此卦求官见贵，动摇不定。交易和合，未见有成。

---

① 《壬占汇选》作：何三公丙午生六十三岁占身位，戊申年六月丙寅日未将寅时。

谒见投人，徒劳跋涉而费其粮裹也。占胎占产，定见虚惊。鞠育辛勤，终知失养。诉讼论官者，其词多诈，谚语所谓"平地风波"，虽利后进，终必解释。逃亡者自归。捕捉者难获。占婚姻不宜，若勉强而成，他日夫妇定见反目失和。求财得，还见始终未足。占病主上逆或呕吐，宜服丸药，亦有虚惊不宁，醮祭可以痊愈，久病者危。

占出兵行师，无威而不宁也，其中多见诡诈不实。敌有使来，言词妄诞，所报之情，十无一实。为将者知此，察其机微，相其行事，识其间谋，严其防守，庶不为敌之所谋。欲其成功，又临时而自决于心。大抵此课，利于解散忧疑，而成事未尽善也。

四时占事，多变诈不一。

真一山人云：天地相和均雨泽，夫妇相合家道成。千江有水千江月，掬月徒教彻底清。

《无惑钤》云：两蛇加墓，家遭咒诅。熟视三传，略无好处。

《钤解》曰：墓来覆干，而两蛇加之，晦而且凶也。天空加巳，主灶口破损，奴婢灶中咒诅家长。三传克贼空脱，何好处之有？邵公占产生男。《集议》：天空乘巳被克，方可言灶口破损，遇戌墓，方可言奴婢咒诅。巳加子，将天空，人家中灶自破惊人。神后加未，夜占乘合，主邪魔祟。干支乘墓各昏昧。

丙寅日第九课

重审　从革　闭口　金局

合中犯煞蜜中砒　　两贵受克难干贵

```
蛇 青 阴 朱            后 六 常 贵
戌 午 丑 酉            戌 午 丑 酉
午 寅 酉 丙            午 寅 酉 丙


财 癸 酉 朱            财 癸 酉 贵
子 乙 丑 阴            子 乙 丑 常
兄 己 巳 空            兄 己 巳 勾


朱 蛇 贵 后            贵 后 阴 玄
酉 戌 亥 子            酉 戌 亥 子
六申    丑阴          蛇申    丑常
勾未    寅玄          朱未    寅白
午 巳 辰 卯            午 巳 辰 卯
青 空 白 常            六 勾 青 空
```

《玉历钤》云：初传日之财，又丙与辛合，日上见财合，求望称遂。

《毕法》曰：此课干上酉，支上午，各乘死气。占者止宜休息存省，不利动谋。占病大凶。又旬尾加干发用，为闭口之卦，止宜捕盗贼而追逃亡，余无所用。又干上重逢自刑，非吉课也。

日克上神，辰上克日上，日克用，末克初。

课名重审、从革。始德终德禄，日克三传为财，尽与日合，此乃吉课。凡事利更革，秋占尤获。只是支上见午，家宅不安，寅生人不利。巳加丑为喜，不利占长上。末克初可成。

此课出入更改如意，止不利占家宅，并阴人、奴婢，且喜有太阴、天空，主奴婢为恼为疑。行人有归，产并逃盗、婚姻不利也。火日金局是财多，兼辰上神克日上神，极费力。

初传日财丙辛合，酉为辛禄福繁昌。占贵利宜文字吉，行人有信渐还乡。不利宅婚产盗贼，且治阴人奴仆阳。更改出入应如意，求财初阻再求良。

《义》曰：合中有破，笑中有刀。财多不任，杜力徒劳。先从后隔，金变成铁。欲得安吉，应多积德。

《象》曰：欲面当从麦里求，磨推来往几周流。知音对语无人会，好把工夫向德修。

此重审之卦，又为从革。夫从革者，先从而后革也。为兵刃，为金铁，为肃杀之气，乃三合金局也。此五行正气入十干杂糅之乡，异方三合乃生旺墓之神，事主丛杂不一，主关众人共谋，不然两三处干事，委曲托人与人相合之类。又如推磨之象，转去转来非一遍也。凡百阻隔，有气则隔而增进，无气则隔而退失。况重审，有卑犯尊，贱役贵之象。阴小在下者，有悖逆之事。占臣未忠，占子失孝，事不可遂意而行，必当审察，循乎义理，庶免后祸也。传见破碎，三传财局，有得失相半之义。其财俯就他人，不得自由，又可笑也。事防再举，病防再发，有伤筋骨肺痨心之谓，主气逆或呕吐恶心。大忌年命上乘水神，乃为自招其祸也。此课求官见贵多不喜悦，婚姻合而见破。凡百占谋，皆于成合之中被人隔破，或先见允而后改变。

占出兵行师，昼占虑多言词，恐军戎之见耻，夜占有开地千里之美，最忌暗中不足，亦见兵之交接也。得此课者，法主口舌、音信、财帛、文字之象，未免革故而鼎新也。

春夏吉，秋冬不宜。

真一山人云：人情险易未前知，大忌防他蜜里砒。要紧一言千两重，神仙今日露天机。

《无惑钤》云：守死陪钱，夜将助焉。所得一贯，实费数千。

《钤解》曰：酉虽丙财，丙火死于酉，况夜将皆土脱干，三传虽日财，难供宅上火午之费，是所得一贯而家费万千也。若推所费之内，必同类兄弟。

《集议》：四胜煞，各逞其能，邀功逞俊之意。又干上重逢之自刑之酉也，人宅皆死，宜休息万事，不利动谋。此人多贪横发，财入墓，旬尾发用为闭口，此闭口财也。"三传递生人荐举"内有此例，谓三传土天将又生其财神，大宜取财。"三传互克"内亦有此例，大宜取财，尤宜成合万事，却不利父母，必营作，占病死，兼此人不义，多贪横发。两贵受克难干贵。

丙寅日第十课

重审　玄胎　闭口　首加尾　不行传　富贵

三传递生人举荐　我求彼事干传支　富贵干支逢禄马　权摄不正禄临支

```
六 空 贵 六          蛇 勾 阴 蛇
申 巳 亥 申          申 巳 亥 申
巳 寅 申 丙          巳 寅 申 丙


财 壬 申 六          财 壬 申 蛇
官   亥 贵 ◎        官   亥 阴 ◎
父 丙 寅 玄 ⊙       父 丙 寅 白 ⊙


六 朱 蛇 贵          蛇 贵 后 阴
申 酉 戌 亥          申 酉 戌 亥
勾 未     子 后      朱 未     子 玄
青 午     丑 阴      六 午     丑 常
巳 辰 卯 寅          巳 辰 卯 寅
空 白 常 玄          勾 青 空 白
```

此课亥月将，不论空亡。本时临日，为日所克，又丙为夫，申为妻，初传又临日上，目下即克妻，空亡又临妻宫，亥四数，主克四妻。中年子息亦克，盖六合上下不得地。又申乘今日之马，四维皆占足，主年高至老不倦。宅上丙火受寅而生，此不可以外入内言之。将后四旬，必遇姓曹人而显身，来坐本命之马，为官至老不倦，终于六曹官。传亥乃月将，凡月将不论空亡，但时下少稽。月将太阳作贵人临于时上，又临身作传，四年之上便显，自绛帐而入绛帐，从此达于内庭。末传寅来生身，十一月天马在寅，寅临在天门，玄武寅天上本家，下临劫煞，中传亥为天门，末传又在天门上，以天见天，必主出疆，先侍诸王，然后入奉天子，处六曹之中，又带刑职，盖功曹临亥带煞之故也。四维加四维，主代天子而守四方，必四任也。徐君当年七月服满从吉，得江州德化县令，次年二月赴任，五月丧妻杨氏，庚戌正月再娶李氏。辛亥年宣副使刘大中保举，得诸王宫教授。李氏又亡，又娶毛氏，此应中传之言，自绛帐而入绛帐，从此达于内庭。果然四年自诸王教授出作饶州通判，丁母忧，再得宣州通判。是时曹泳知州，乃秦太师上客，曹赴京，因荐之，徐随赴召。毛氏死焉，再娶江氏。转知江阴州军，召归为监察御史。三个月除殿中侍御史，七月除吏部侍郎，出作奉使，曹辛罢归。庚辰年八月二十一日再召，又充奉使，回除户部侍郎兼枢密院使都承旨。当时先生云"得曹姓而显"，徐乃因曹泳之荐也。终于六曹，止于吏部侍郎。以天门而见天门，主出疆见王，重见天子。又况六曹中有劫煞气，是兼枢密承旨而带刑职也。四维加四维，必守四土，代天子之治也。其人先知江阴军，带待数文阁待制，知泉州，又知绍兴府，又带狱谳阁直学士，次知平江府，八十六，至老不倦，乃淳熙八年正月一日梦去。①

《玉历钤》云：此课虽玄胎，却不中用。火以金为财，阳火见阳金，不能化也。又日辰上下相刑，殊无和气。

《毕法》云：此课干上申乃支之驿马，巳乃干之禄神，禄马干支并见，真富贵卦也。凡君子占之，加官进禄；常人占之，防病讼兴、宅移。又云：夜乘螣蛇，夹克财星，中末鬼空，亦主惊险，故曰"富贵干支逢禄马"。

日克上神，辰上克日上，初克末。

课名重审、玄胎。日加辰为进退，申加巳为天绊地结，所喜申为财合，寅亥又合，但为吉而不为凶。亥虽为鬼，却又空亡，但为事先合，其中睽耳，吉凶皆成功。

此课见贵不喜，人情不美，求望不成，涩滞而成。婚不吉，公讼有刑责，疾病难安。日辰上下相刑克，阳火阳金不作财。殊无和气人情无，讼论刑克血光灾。贵人不喜婚非偶，求望无成事不谐。病人因重未安愈，夜治螣蛇凶最乖。

《义》曰：婚姻男女，人伦之始。君子好述，谓尔且止。匪媒不得，为之难说。闺门无私，礼奚可越。

《象》曰：万里前程喜色新，得人荐引药无根。事当好处难施力，梅雪相依待早春。

此重审之卦，一曰玄胎。夫重审者，重而审之也。利为主，利后动，长有厄，事从内起，起于女人。以下犯上，贱役贵，卑犯尊，事多不顺。阴小在下者，有悖逆之事。占臣未忠，占子失孝，事不可遂意而行，必当审察，循乎义理，庶免后患也。事防再举，病防再发。况玄胎如婴儿隐伏之状，事

---

① 《壬占汇选》作：徐教授丙子命十一月二十一日丑时生，三十三岁占前程，建炎戊申年二月丙寅日亥将申时。

主远而多伏，暗昧不通，触则成祸，惟君子守正修德则亨。将得合玄，亦有暗昧厌翳之象。日克上神，主妻财美丽，又况递来生我。占者遇之，凡求官贵，公私谋干，皆由以财贿嘱，递相荐引而成就我也。无奈刑冲相击，空脱继之，正"好花开处方结子，却讶春风又动摇"。

此课占财有，先刑而后合，全无和气，亦忧女人不安，或因妻财而刑伤家宅以致不宁，然则固月类起事。占婚未成，占讼宜解，占病先重后轻，气逆呕吐。

若出兵行师，虽曰宜获金宝之美利，但见内战，传入空乡，又有聚而复散之象。假使得之，终必失之。大抵此课行兵，卜此宜当再占，若不得已而用之，严加约束，申明号令，相其机，察其微，亦终难成其大功。若惊疑之事，却能解散也。其他又何有益于我？不过有名无实也。

真一山人云：良田禾黍多莨莠，耘亩耕夫若长昼。秋成硕硕状人观，何事苗而多不秀。

《无惑钤》云：递相荐引，夜无凭准。屈尊卑所，所谋合允。

《钤解》曰：禄临支受生。三传递生，必有荐引之喜，中末空陷，徒有荐举之名而已。夜将凶，多有阻滞之虑，是凭无准也。干就支生，宜少自谦抑，所谋成，所详必允矣。《集议》："用破身心无所归"。此课申财，夜占被蛇夹克。中末鬼空，中遁壬鬼。禄临支，申财遁壬伤干，必因财致祸，因食丧身，因妻成讼。"宾主不投刑在上"，谓巳刑干上申，寅刑支上巳，未免无恩之意，凡占恩反怨也。动静适宜，申加丙为财，且占上见六合又生丙火，当有财合之兆，何故丙火不知足而于寅上求生？所谓本身自有既来之财能运用滋生，若日贵六合是财上之财，却丙火加寅上本望求财，殊不知上见天空反耗丙火，所谓不安分又欲求足，反成不足。夜乃腾蛇加日，是夺其财，丙加寅，见勾陈，是在家有被夺，出外求生意也。

丙寅日第十一课

重审　斩关　励德　登三天

罡塞鬼户任谋为

```
青 白 朱 勾          六 青 贵 朱
午 辰 酉 未          午 辰 酉 未
辰 寅 未 丙          辰 寅 未 丙


子 戊 辰 白          子 戊 辰 青
兄 庚 午 青          兄 庚 午 六
财 壬 申 六          财 壬 申 蛇


勾 六 朱 蛇          朱 蛇 贵 后
未 申 酉 戌          未 申 酉 戌
青午     亥贵       六午     亥阴
空巳     子后       勾巳     子玄
  辰 卯 寅 丑          辰 卯 寅 丑
  白 常 玄 阴          青 空 白 常
```

此课辰午申，登三天课，登高峻，致危险，行人不归，病者必死之课。先生曰：此课经干不必赴任，有去无回。明年行年到寅，正是登三天，尤不可去也。徐经干次年七月离家赴任，八月到京西，至次年五月病故。七月飞廉辰作白虎，自后子孙宅眷不归，飞廉作白虎故也。[①]

《玉历钤》云：此课天罡临宅，主口舌不宁，宜修造更改。又罡塞鬼户，宜阴谋秘密之事。

上神盗日。

课名重审、斩关，又名间传、登三天。此至危至险之卦，得此者宜退守避，若求谋进用，不可望也。末见申为财合，终不济事，且不如暮，盖喜有龙合之助耳。

此课占宅，主动摇不安，只可更改修造。见贵求望，事费力后方成。不

---

① 《壬占汇选》作：徐经干辛酉生三月二十日巳时生，四十八岁占赴任，建炎戊申年六月丙寅日巳时未将。

宜占病。逃盗失脱不获。产动未生。占婚姻不成。支财发用,末马,宜商贾求财。罡临鬼户病无鬼,罡临家宅不安宁。修造更改方免祸,见贵求谋难后成。盗偷失脱终难获,占婚口舌决非姻。病者因厄急修谢,问胎摇动未生娠。

《义》曰:陟彼苍苍,高极难当。小人欲谋,反招祸殃。奏名天庭,君子则宜。大富得此,任听为之。

《象》曰:进中有退理当然,隔手求谋有后先。道在圣传修在己,德由人积鉴由天。

此重审之卦,一曰斩关。夫重审者,重而审之也。利为主,利后动,长有厄,事干女人,皆因内起。以下犯上,贱犯贵,卑犯尊,事多不顺。阴小在下者,有悖逆之事。占臣未忠,子失孝,事不可遂意而行,必当审察,循乎义理,庶几免其后患也。事防再举,病防再发。课得辰午申,乃进间传之课,先儒名之曰登三天。利远行,病者厄,利大人君子而不利小人。凡干谋,如登天之象,事见阻隔,隔年干事。日生上神,虚费不足,盗失损财,谋望难成,人口衰残,旺相可,休囚尤重,又为子孙脱漏之事。罡塞鬼户,利干暗昧、闪灾避难、阴谋私祷、问病合药。占者遇之,求官见贵,迟疑未足。罡乘白虎临宅,必有伏尸,宜更变化,不然则人口未宁。占逃亡自归。婚姻不宜。病则宅神为祟,呕吐上逆。占财物,中有因财生恼。论讼平,口舌不成。

占出兵行师,宜暗设计伏兵。昼占不利,忌之;夜占有大胜之兆,须必隔越。大抵此课,始见脱耗,中见火神为助,末见财。但事多反复,非一气而成就,惟宜举动合宜,敬慎则亨利也。愚谓:登三天,象如登天,非名位高大者不足以当之。

真一山人云:失马须问塞翁公,行藏难掩是非中。私谋暗祷宜逢此,鬼户逢罡可避凶。

《无惑钤》云:壬申乘马,见财难舍。得来何用?添修屋瓦。

《钤解》曰:财马遁壬,财自险危中出矣。既在眼前,曾不肯舍之,虽在危险而必取也。丙得此财,为干上未土及宅上辰土脱之,或因修盖房屋而有所费也,非添修屋瓦而何?《集议》:辰为土,遭丙火则为砖瓦矣。初脱中。白虎临宅。登三天诗在甲子日内。

丙寅日第十二课

重审　连茹

白	常	勾	青
辰	卯	未	午
卯	寅	午	丙

子	戊	辰	白
兄	己	巳	空
兄	庚	午	青

```
青 勾 六 朱
午 未 申 酉
空 巳      戌 蛇
白 辰      亥 贵
   卯 寅 丑 子
   常 玄 阴 后
```

青	空	朱	六
辰	卯	未	午
卯	寅	午	丙

子	戊	辰	青
兄	己	巳	勾
兄	庚	午	六

```
六 朱 蛇 贵
午 未 申 酉
勾 巳      戌 后
青 辰      亥 阴
   卯 寅 丑 子
   空 白 常 玄
```

《玉历钤》云：此课天罡加卯，谓之关。又贵临戌，不宜见贵，求望阻隔。春夏有气，亦用力成；秋冬否塞，出入阻抑。

《毕法》云：此课干支各乘旺神，彼此兴旺，凡占惟宜安静坐待，不宜烦动，则人宅通泰，事务亨嘉，无心中得人照顾，甚为吉也。若合有意外之求，深谋远动，干扰于人，则变为罗网缠身，而作羊刃凶煞，反为灾害。

辰上生日上。

课名重审、进茹。罡加卯为杜塞，凡占有龃龉，所喜丙日见之，旺相有气，末归日上，事主向后十全，此先难后易之课也，宜守静待时。

此课见贵人求望，定有障阻不成。春夏占有气，再用方成；秋冬不可，出入有阻。公讼难了。求财稍吉。产生。盗逃。行人已动未来。婚姻吉。宅上卯木生火，火日生初，辰土脱气，午为刃，亦不宜见。

天罡临卯为关隔，且贵加魁理转乖。不宜占贵并求望，行人虽动未归回。公讼迁延财利薄，占产将生莫妄猜。眷问婚姻夜贵吉，逃亡贼盗捕难来。

《义》曰：在上宜爱，在下宜敬。惟孝惟忠，斯为正顺。事起蓦然，外边干涉。缠绵不绝，旁生枝节。

《象》曰：罡临卯上未亨通，动处还因天用功。不是风云雷雨雹，便知霰雪雾昏朦。

此重审之卦，一曰连茹。事主欲行不行，欲止不止，节外生枝，先进而后退。况重审，以下犯上，卑犯尊，贱役贵，事多不顺。阴小在下者，有悖逆之事。占臣未忠，占子失孝，利为主，利后动，长有厄，利女子，事从内起，多干女人。凡事不可遂意而行，必当审察，循乎义理，庶几免其后患也。事防再举，病防再发，或气逆呕吐。夫重审者，重而审之也。末传归干，占者遇之此课，天罡加卯为天关，凡出入举动之事，多因天气之所隔。若占见贵，多是不喜，假使相允，终难成就。求官此得，亦不奇特。举子占之，得题目之美，此乃得意于文场之兆，但喜中逢破，又一阻也。占婚姻另议。占逃亡自归。投谒人，有主宾宴乐之会，而自招不足。占讼事干人众，卒未清洁。占病有灾，不致凶危，但延绵迟愈。占财轻。

占出兵行师，进中有退，利为主，利后举，亦见有凶否之象，夜占有战胜之兆。

大抵此课，神将相生，课体平吉，虽见美中不足，不为害也。占产生女，望行人来，其他占求，未尽全美。以其主客上下人情未至和协，必见阻滞作难之意，惟宜宽裕以待之，庶几化难为易矣。

四时占，事疾速。昼不宜，夜吉。

真一山人云：人心未协且存心，坐待时来报好音。进退之间宜度忖，事多疾速谩沉吟。

《无惑钤》云：第四课用，末与日共。格号朝元，百发百中。

《钤解》曰：第四课用，末传又归日上，乃朝元格也。事有终始，发无不中。但斗系日本，上乘白虎，且占父母病难愈。凡第四课发用，谓之蓦越课，事出蓦然而成合，为人代占，又过去事。《集议》：干支皆乘旺神，最宜坐谋。末传复归干上，格号朝元，行人至。第四课用，年命空亡，或多代占。《毕法》"空空如也事休追"句内及《袖中金》云：戌乃干墓，昼占乘蛇临酉，为墓门开，有外丧入内，宜合寿木以禳之。辰加卯作虎，主斗打、折手、杀伤。两贵不协，变成妒忌，酉加申，亥加戌。

丁卯日

丁卯日第一课

伏吟　龙战　三交　励德

勾	勾	常	常	空	空	朱	朱
卯	卯	未	未	卯	卯	未	未
卯	卯	未	丁	卯	卯	未	丁

父	丁卯	勾		父	丁卯	空
官	甲子	蛇		官	甲子	玄
兄	庚午	白		兄	庚午	六

空	白	常	玄		勾	六	朱	蛇
巳	午	未	申		巳	午	未	申
青辰			酉阴		青辰			酉贵
勾卯			戌后		空卯			戌后
寅	丑	子	亥		寅	丑	子	亥
六	朱	蛇	贵		白	常	玄	阴

《玉历钤》云：此课占门户不利，因子卯刑日辰故也。卯为日之门户，占行人则信至。

上神盗日，辰上克日上，用克日上神。

课名伏吟。子卯相刑，又名龙战。虽主不动，而中有刑战，是静中有动，凡占止有再动守静。所喜末传归禄，与日干相合也。子为六仪，不纯为鬼，中有瞬间不妨。此课占小儿有灾，占病难安，人情不美，求婚姻不成，出入劳而无功，行人来，产动，见贵不成。昼贵三传凶将，俱无气，勾为木刑，蛇落水，虎烧身，况卯卯重震，事难安静。末虽带禄，但可免灾。夜贵天空，又逢丁辰，谓之斩关，只宜逃匿，不利占事。支刑不利占门户，小口须防有异灾。求名见贵徒劳力，产主虚惊早保胎。若问婚姻非匹配，兼之更不利求财。

《义》曰：自东自西，自南自北。各居其位，无所不得。守静真吉，事多藏匿。进退不能，谦谨乃益。

《象》曰：男儿有志未能伸，事势如斯莫厌嗔。雷动龙奔心不定，退多进少损精神。

此自信之卦，一曰三交，又曰龙战。夫自信者，乃天地伏吟，诸神各归本家，天地如一，四伏未发之象。占事静则宜，动则滞，主事藏匿不动，静中求劳，有屈而不伸之象。逃者不出邑里，盗者不出其家。远行回轮，近行将至。病合难言或不进饮食。占胎聋哑。访谒人不惟无相助之理，但欲隐避而不欲见也。传见三交，前不能进，后不能退，交加其象，家匿阴私，或欲自逃、自避。凡事失节阻碍，谋事被人阻破，不能成合。况龙战乃天之私门，生杀有限，分杜有期，雷动龙奔，示其有战，身心疑惑，进寸退尺，动有乖离之象。占者遇之此课，求官见贵，徒见嗔责，未免勾留迟滞。占婚占财，两俱无益。占病占产，惊恐不宁。占逃亡不远，但懒归家。占讼有刑，罪惊恐。凡所占为，皆勾留不遂，有屈而不伸之象，不然则有两头干事之议。

若占出兵战阵，未免易于失事而难于成功也。《赋》曰：用起勾陈，则战士折伤；中见螣蛇，又为惊恐之神；终见白虎烧身，乃为凶恶之象。幸神藏煞没，少减其凶。大抵此课，无益于占事，不若别为改图之为妙，否则守正则吉。若值九月将，占为天烦卦，男子占大凶；若值月宿，为地烦卦，女子有血光之惊。

春吉，冬平，夏秋忌。

真一山人云：钓鳌手段岂容常？谦退于时莫勉强。否极泰来知大易，竚看老蚌渐生光。

《无惑钤》云：丁卯三重，子水居中。动用非细，鬼贼相逢。

《钤解》曰：丁乃变动之神，此课三丁叠见，而三传刑冲，所动必惊人之事也。况鬼贼中逢，祸亦不小也。

《毕法》：三传卯子午，凶神制伏，闻忧皆虚，若投末传虎禄，亦惊危难守也。

丁卯日第二课

重审　逆连茹　旬三奇　不结果

旺禄临身休旺动　魁度天门关隔定

```
朱 六 空 白          常 白 勾 六
丑 寅 巳 午          丑 寅 巳 午
寅 卯 午 丁          寅 卯 午 丁


子 乙 丑 朱          子 乙 丑 常
官 甲 子 蛇          官 甲 子 玄
官 　 亥 贵 ◎        官 　 亥 阴 ◎


青 空 白 常          青 勾 六 朱
辰 巳 午 未          辰 巳 午 未
勾 卯 　 申 玄       空 卯 　 申 蛇
六 寅 　 酉 阴       白 寅 　 酉 贵
丑 子 亥 戌          丑 子 亥 戌
朱 蛇 贵 后          常 玄 阴 后
```

《玉历钤》云：此课初中二传为刑害，三传日鬼，皆主阻滞，末传又是空亡，凡事不宜。

辰上生日上，初克末。

课名重审、退茹。三传俱合，中末为官为鬼，末传亥为旬空，凶吉皆从空而散。

此课诸事平吉，与丑亥酉同类。日上带禄，末空有始无终，三传俱凶。

此课三传皆日鬼，初中为害更为刑。丑中癸水三传退，况又空亡在末传。凡百所为皆不利，贼盗逃亡自败身。占者只宜尊长利，论讼虽难不为迍。

《义》曰：身临旺禄，畏近虎窟。求官旺财，惕惕惊逐。孝以事亲，忠以事君。齐家正己，福德盈门。

《象》曰：事体延绵何以决，还将道理分明说。十分好事喜相将，犹有一分生疑惑。

此重审之卦，亦曰连茹。夫重审者，重而审之也。利为主，利后动，长有厄,事从内起,起于女人。下犯上,贱犯贵,卑犯尊,事多不顺。阴小在下者,有悖逆之事。占臣未忠,占子未孝。事不可遂意而行,必当审察,循乎义理,以免后患也。事防再举,病防再发。且夫连茹,欲行不行,欲去不去,欲止不止,节外生枝,先退而后进。凡事迟滞,不宜退步,恐陷于鬼贼空脱之乡。若春夏得此,宜守其旺禄,不可别为改图,亦不宜贪取财物。此课求官见贵,宜守旧静正则吉,不可妄为贪取,反为不得意也。占宅为破田煞,未足为美,宅中有孤寡老阴人,或常有是非口舌。占主客虽吉,然彼此猜忌,未见和协。若投人,未得其利,行后徒劳而费其粮裹也。凡百谋望,皆被人阻隔,以其丑午之相害也。占产生女,见虚惊。婚姻不成,勉强成之,则未和悦。病者迟瘥,终见解也。占出行不宜。占讼宜和,先难后易。占逃亡难获。

占出兵行师,多言词,虑军戎之见耻,亦有虚惊。敌有使来,所言多少理,尚宜斟酌。欲全其大功,亦未能之也。大抵此课,主客相和,易于谋事,尤忌有人暗中不足,事多有始无终,却能解散忧疑也。

迟疑未决,亥年月小吉。

真一山人云:无往不复天地道,义理含容真至妙。包荒得尚于中行,大光合人益颜笑。

《无惑钤》云:禄在虎旁,勿恋寅乡。贪一粒粟,失半年粮。

《钤解》曰:午禄乘虎,不可守也。若恋寅木之生,则引入脱乡,则鬼贼相继而起矣,其失耗非小,诚谓"贪一粒粟,失半年粮"也。《集议》:旺禄临身。

丁卯日第三课

涉害　极阴　龙战　三奇

不行传者考初时　六阴相继尽昏迷　二贵皆空虚喜期

```
贵 朱 勾 空          朱 勾 空 常
亥 丑 卯 巳          亥 丑 卯 巳
丑 卯 巳 丁          丑 卯 巳 丁


子 乙 丑 朱          子 乙 丑 勾
官   亥 贵 ◎        官   亥 朱 ◎
财 癸 酉 阴 ⊙        财 癸 酉 贵 ⊙


勾 青 空 白          空 白 常 玄
卯 辰 巳 午          卯 辰 巳 午
六寅      未常       青寅      未阴
朱丑      申玄       勾丑      申后
子 亥 戌 酉          子 亥 戌 酉
蛇 贵 后 阴          六 朱 蛇 贵
```

《通神集》占曰：此课主贵人值盗贼勾连之事，子孙能用力，贼伴四人，戊己日必然捉获。何以言之？盖以初传丑加卯为用，上见勾陈，中传亥，酉及卯俱为贼，亥为日下之鬼，朱雀为口舌之神，末见天乙临于亥上，故主贵人有盗贼相连之事。丑土发用，为丁之子孙，来克鬼贼，亥数四，主贼伴四人，必于戊己土日为贵人之子孙捉获也（此课常占，乃外财入内也，合主得财喜之兆。干外支内，丁之子为土，朱雀又属丁火，彼即生之而临于宅内，丑建辛，又朱雀，主从口舌得财）。

《毕法》云：此支上脱干，干上脱支，浪费财物不成用，实"东手来，西手去"之象也。又云：夜贵加昼贵之上，凡占谒贵不见面，缘贵人往诣别贵，不得见官人也，若同官见官，或恐不在，亥空亡故也。谚云："争似不来还不往，亦无欢笑亦无忧。"

日上生辰上。

课名涉害，又名杜塞、间传。初传丑不为吉，中末两贵，但中末为空亡，凶吉从空而散。

此课主文字交加，不然口舌相争，始不如意，终吉。主腹症不死，见贵不成，文字阻隔，其他皆不吉。中日德，末日财，用支财，但支财又为干冲破，恐财不聚耳。文书阻隔贵人嗔，病人心腹疾相临。凡百求谋俱不利，守旧无求免祸侵（丁课在未，丑未相冲）。

《义》曰：人心贵忠，侥幸何益。彼此如斯，致生戚戚。莫厌艰心，勤而有得。目下未遂，自有时节。

《象》曰：密云四布雾濛濛，百事皆迷未适中。纵使阴谋得其遂，不知自坏至疲癃。

此见机之卦，一曰龙战，又曰涉害。夫见机者，察其微，见其机，谓两比两不比，当以涉害为用。涉害有浅深，欲用不用，欲言不言，事有两而取一，所作稽留，迟疑艰难，进退不定，忧患难消，怀孕伤胎，难于前而利于后。《赋》云："涉害须久历艰辛"。又见龙战，主人心疑惑，进寸退尺，动有乖离之象。卯酉为天之私门，生杀有限，分杜有期，雷动龙奔，示其战也。三传日辰俱系阴神，名曰溟濛格，有阴谋之象，凡百昏迷不明，事多暗昧，利为暗昧之事。此课求官见贵和悦，投谒人"主宾际会两殷勤，暮宴朝欢会无极"，先从而后违也。

占财有不可缓，公讼解散宜相合，占逃亡捕捉难获，占病先重后轻，其他占谋皆是"彼诳我，我诳彼"之意，递互脱赚而无实。大概课体有涉害艰难之象，缘系传入空脱之乡，又能解散其忧疑患难，凶不成凶，吉不成吉，如"苗而不秀，秀而不实"者，假使侥幸而成，到底中归无益，不若不谋之为美。

若出兵行师，跋涉山水，艰辛万状，凡事掣肘而不顺利。宜严加防守，密察敌情，以备之暗计脱赚，我之设计利于暗谋。为将者，宜深察而详审之也。

四时占之，防有变易。

真一山人云：晦迹韬光学圣贤，布袍宽敞乐无边。一朝得遇飞熊兆，渭水丝纶岂枉然。

《无惑钤》云：传课俱阴，事转沉沦。递相脱赚，勿倚贵人。

《钤解》曰：极阴之课，昏迷太甚，沉沦之谓也。巳火脱卯，丑土脱丁，互相脱赚，"天网恢恢"之喻，又"东手得来西手去"。昼贵受克，夜贵被脱，彼自不安，必不为我干事也。且两贵皆虚，亦虚喜而已。《集议》：涉害以所涉害受多者取用。亥加丑，到本家经五重土害；丑加卯，止经两重木害。交居合脱，虽相交涉用事，彼此各相怀脱之意。"极阴"说见丙寅日内。干支互脱，即"天网恢恢"、"东手得来"之喻。"两贵皆空虚喜期"，若干贵，允即已允，但事未决，后换旬始有望。极阴，百事皆丑。

观《课经》涉害课，此一课取亥酉未为三传。

丁卯日第四课

蒿矢　三交　斩关　龙战　六仪　真闭口
避难逃生须弃旧

```
阴 蛇 朱 青          贵 六 勾 白
酉 子 丑 辰          酉 子 丑 辰
子 卯 辰 丁          子 卯 辰 丁


官 甲子 蛇          官 甲子 六
财 癸酉 阴          财 癸酉 贵
兄 庚午 白          兄 庚午 玄


六 勾 青 空          青 空 白 常
寅 卯 辰 巳          寅 卯 辰 巳
朱丑      午白       勾丑      午玄
蛇子      未常       六子      未阴
亥 戌 酉 申          亥 戌 酉 申
贵 后 阴 玄          朱 蛇 贵 后
```

《玉历钤》云：此课初传为日之官，秋冬得之官旺，可以求名，旦贵亦吉，夜贵六合，可以避灾。

《毕法》云：此课旬尾加旬首发用，乃闭口卦。占病即是失音，或禁口痢，或咽喉肿风痰厥等症，占产必生哑儿，占失盗纵有旁人见贼，不肯言之，求人亦不肯言，告贵不允，讼不得言，皆闭口之类也。

上神盗日，日上克辰上，用克日，初克末。

课名蒿矢、斩关、三交。初鬼终禄，子又为干害支刑，又鬼在门户凶，幸而末见日禄。初克末，事终不成。旦贵凶，日上有辰脱干制鬼为救，可变凶而为吉也。

此课求名并文字动用，最吉。六合为用，可以避难。出入行往大吉。宅不利，不安。财婚不吉。产生。行人回。盗逃不获。小儿主支刑为灾也。用神克日，子卯相刑，中为吉课，末虽带禄，又为子克，何以谋事？况子加卯是用刑也。

子是日官宜见贵，求名文字秋利冬。夜贵六合宜避难，华盖藏刑免祸凶。婚姻非偶孕将产，捕盗追逃急往寻。只宜守旧方平稳，且贵占家定有争。

《义》曰：敬以直内，义以方外。如斯存心，何有灾害？括囊无咎，草木日蕃。美在中心，四肢畅然。

《象》曰：前无旅店后无村，心暮穷途欲断魂。到此不容些子错，此心竖起诣蓬门。

此蒿矢之卦，一曰三交，又曰天网，又曰龙战。《经》云：神遥克日名蒿矢，射我虽端当不畏。贵人逆转子无良，天乙顺行臣不义。事主摇动，人情倒置，求事难成。此时有客不可不容纳，更忧口舌官事西南而至也。传见三交，前不能进，后不能退，交加其象，家匿阴私，或欲自逃隐避。凡事失节阻碍，谋事被人阻破，不能成合。况龙战乃天之私门，生杀有限，分杜有期，雷动龙奔，示其有战，心多疑惑，进寸退尺，动有乖离之象。课见日生上神，虚费多端，谋望不遂，盗失损财，人口衰残，休囚尤重，又为子孙脱漏之事。所占多是内事，并无目前之事。子卯相刑，门户不利，尊卑不睦，大小越分，当忧女人病，病惊恐不宁，远行阻滞而难进。正二月占，凡事不利。婚姻交易，占此无益。走失逃亡，急寻可获。百事逢之，大宜仔细，仍须静正修德守旧，庶保亨利。

占出兵行师，忧心众畏，惊恐不宁，所赖干上神土制子鬼乃大幸也。大抵此课，非特无益于用兵，其他所占者，皆不足也。若敌有使来，其人多是诳诞，宜详审密察，甚无为彼之所误也。

冬占利求功名。此课喜六仪为福。

真一山人云：十年力学向灯窗，欲折蟾宫丹桂香。何事梯云难着脚，且随诸子读文章。

《无惑钤》云：乘禄玄虎，重遭困苦。中间闭口，尚忧门户。

《钤解》曰：中财闭口，末禄玄虎，俱无取也。卯上子发用，重遭刑苦，幸得干上土神为救，且蒿矢无力，不足畏也。但卯子相刑，门户不利，尚可忧也。子加卯，夜合，主奸淫事。干上辰乃支卯六害，支上子卯相刑，此例深可畏也。

丁卯日第五课

元首　励德　木局

互生俱生凡事益　三传递生人荐举　彼求我事支传干

```
常 贵 贵 勾          阴 朱 朱 空
未 亥 亥 卯          未 亥 亥 卯
亥 卯 卯 丁          亥 卯 卯 丁


子 辛 未 常 ⊙        子 辛 未 阴 ⊙
父 丁 卯 勾          父 丁 卯 空
官   亥 贵 ◎         官   亥 朱 ◎


朱 六 勾 青          勾 青 空 白
丑 寅 卯 辰          丑 寅 卯 辰
蛇子     巳空        六子     巳常
贵亥     午白        朱亥     午玄
戌 酉 申 未          戌 酉 申 未
后 阴 玄 常          蛇 贵 后 阴
```

《玉历钤》云：此课火日木局，全生日干丁火，春冬占吉。未加亥，丁与壬合，占婚成，求财得，见贵有喜，百事顺遂，行人信至，更改有成，秋夏占费力。

《通神集》占曰：凡占人出外，不知生死荣辱，以去人行年看立在何处，如带囚死之气，又被日克者，死之兆也。若得日之阴阳生其行年，又带旺相之气，主其人得外人相助，成立家业。若行年之神不入三传，或与支上阴阳不和，终不归也。如行年在支上两课，或临支发用，入于三传，必来之象。成败在年上两将衰旺。今此课去人三十一岁，行年在申，上得辰土，日上得卯，木克其土，又为六害，主其人外无成立而死。何以言之？盖以二月辰土死于卯木之故，又申辰二神不入四课三传故也。

《毕法》云：此课干上卯虽生干而亦败干，支上亥虽生支而作旬空，是虽有生旺之名，实为衰败之气。凡占事不能成，反致败也。又云：支加干上生干，名自在格，但所生者带败气，不能成用。

上神生日，辰上生日上，日上克用，三传生日，初克末。

课名元首、曲直。三传生日，自墓传生，末见德神，此乃先难后易之卦。亥为空亡终不旺，又为天中煞，无为凶也，出旬乃应。冬春端可望喜，传日辰可望后。

此课冬春占之大吉，求婚成，求财喜，见贵人喜，凡事皆顺，人情亦美，望信更改出入有成。凡百不利占尊长，定生重灾。火日木局，可谓相生，但亥为空亡，鬼不能为祟。火逢木局兼三合，未加亥上合丁壬。凡事春冬逢大吉，贵人喜合美人情。婚姻非偶求财遂，问病尊上灾不轻。更改夏秋徒费力，行人望信已登程。

《义》曰：先暗后明，迷而复醒。可惜美财，蠹朽无用。只待逢春，根株畅茂。不遇此时，徒令人笑。

《象》曰：天地无私各有春，雷轰势动倍精神。时来变化惊人举，也待从容过此旬。

此元首之卦，一曰曲直。夫元首者，尊制卑，贵役贱之象。占者多顺，利于先举，事多起于男子。为臣忠，为子孝，正大光明而无邪僻之行，德业已著而乾乾进修，常怀危惧，惕励而无咎也。传见曲直，曲直者，象木之谓。先曲而后直，为木局，当以水为根。秋冬擎气敛，则曲直外伐而内实；春夏气敷散，则曲直内伐而外柔。壬癸甲乙准此，丙丁日又为枝枯。大抵五行正气入十干杂糅之乡，三合异方是生旺墓之神，事主丛杂不一，主关众人共谋，不然两三处干事，委曲托人与人相合之类。况上神生日，所为百事皆吉，运用如意，遇灾不凶，乃人相助。如见当季神，则声名显达，若岁命生日尤吉。何其传入空脱之乡？此得不偿费之谓，有名而无实也，春占稍吉。此卦求官见贵虽顺，然贵人乘空难着力者。投谒人者，千里徒劳，托人干事，多见少济。婚姻孕育，到底成空。交易求财，捕风捉影。官讼消散，祸患不成。暴病不安，久病难愈。百事占之，吉不成吉，凶不成凶也。忧疑惊险者，得此高枕无忧。

若出兵行师得之，彼此徒劳设计，当见和好罢兵之象。不然，虽欲谋功，终无战志，由其课体始终而无实也。

聚而复散，得而复失。

真一山人云：浮沉世事水中沤，多少儿童笑白头。行止原来元是命，渭滨凡坐且垂钩。

《无惑钤》云：传课循环，事在隔关。木局休悖，昼将宜看。

《钤解》曰：四课三传，亥卯未三字是循环不离也，终不出关栏之外。木局生干，若可恃也，而昼将皆土，又来脱干，是得失相半而不全美。《集议》：占讼先直后曲。支加干，又名回还格。昼贵作鬼入宅，占病乃家堂神像不肃所致，宜修功德安慰免咎。夜占初落空，中天空，末空亡，亦"空空如也事莫追"之意也。春占可。

丁卯日第六课

重审　斩关　寡宿　四绝
干墓并关人宅废

```
空 后 阴 六          常 蛇 贵 青
巳 戌 酉 寅          巳 戌 酉 寅
戌 卯 寅 丁          戌 卯 寅 丁


子    戌  后 ◎      子    戌  蛇 ◎
兄 己 巳  空 ⊙      兄 己 巳  常 ⊙
官 甲 子  蛇        官 甲 子  六


蛇 朱 六 勾          六 勾 青 空
子 丑 寅 卯          子 丑 寅 卯
贵亥      辰青      朱亥      辰白
后戌      巳空      蛇戌      巳常
酉 申 未 午          酉 申 未 午
阴 玄 常 白          贵 后 阴 玄
```

《玉历钤》云：此课用神乃日之墓，加临在宅卯上，主人宅无气，凡事不能振作。末传将神皆非吉星，发用空亡，尤不可用也。

《毕法》云：此课干上寅，昼乘六合，支上戌乘天后，此乃男女之情先已交通，及嫁娶之时不用媒妁也，故云"合后占婚岂用媒"。又云：戌加卯上，干墓临支，必主宅舍隳废。又云：天后临戌、戌加卯，乃天后内战，发用为初传，凡占必被妻上事吵闹，致生不足，不然，必主妻多病而不得息也。又云：夜占青龙加干上之神，又为干之长生，目下虽未足遂心，徐徐而图，大发福也。

《曾门经》曰：二八之门，与用俱动。欲行不行，欲止不止。人年立之，或分或异。此课卯克戌为用，若更男女行年立此，是谓二八门与用俱动，欲行不得行，欲止不得止，家产分析，兄弟异居。初传天后是其妇人，中传天空必致欺诈，末传腾蛇必遇惊恐，此龙战之卦也。

上神生日，日上克辰上，日上克用，初克末。

课名重审、四绝。墓神发用，晦昧不见，然三传暗合，事多密谋和合事。但用空亡，末鬼害，又日干临子相害，课体虽吉，亦不可以言吉也。且鬼道四通，暮万事宽成，中有寄财，又元遁庚戌，支财入宅而合宅，乃为带财归家。虽是空亡，夏占而乘相气，待辰年月日时自然而来，但不当附墓蛇刑日，恐防口舌。

此课凡事不利，二八之门，与用俱起，欲行不行，欲止不止，家室分离，兄弟异处。将传天后，事起妇女，传见天空，必相欺诒，终见蛇，后遇惊恐。

用神日墓加临宅，占宅多灾不肃宁。昼夜末传蛇入合，占病倾危主惊恐。孕胎不吉宜禳谢，谋望艰难不称情。求贵求财俱不利，空亡发用百无成。

《义》曰：炉冶既成，谋欲铸印。谁料镕铜，损模勿用。思复其功，难当改革。费尽工夫，化金为铁。

《象》曰：铁杵磨针也不难，工夫到处几时闲。欲思目下成其事，枉使身心不奈烦。

此重审之卦，一曰斩关，亦曰孤辰，又曰龙战。夫重审者，重而审之也。以下贼上，贱役贵，卑犯尊之象。事多不顺，起于女人，多是内事。阴小在下者，有悖逆之事。占臣未忠，占子未孝，事不可遂意而行，必当审察，循乎义理，庶免后患也。传见龙战，发用在卯酉。夫卯酉，天之私门，生杀有限，雷动龙奔，示其有战，身心疑惑，进寸退尺，动有乖离之象。加以孤辰，夫孤辰者，十干不到之地，五行空脱之乡，能灭凶危之祸，能解狱讼之殃。占人孤独，背离乡井，虚无财物，皆是空亡。命上见申字，则冲其长生也。此课初中空亡无力，末传鬼贼，惟赖干寅长生以为福耳。凡占得此，不可妄动，惟宜守旧，自有生意，若或妄动，俗所谓"弄巧成拙"。此卦求官见贵、远行投谒、婚姻求财，皆当止息。暴病即愈，久病难瘥。走失逃亡，急寻方可得之。

若出兵，非特无威，抑且有惊忧失众之象，不然则谋猷号令，筹算机微之间，进退举用之际，而未得遂其计也。若敌有使来，必见言词诡诞，奇谋诈计以诳诱我兵。为将者，宜察其密、审其详、听其言、视其事，识其来情，守经行权，庶不为敌之所欺也。用兵者，不可不知斯。

四时占事，有心无力，防更变也。

真一山人云：好事从来不易谋，朝朝暮暮挂心头。古今成败皆由命，诗酒闲情乐自由。

《无惑钤》云：未上长生，守则无穷。动逢鬼墓，命忌丑宫。

《钤解》曰：寅乃丁火长生，能守则终身不尽也；弃而不守，动逢末传鬼、初传墓矣。占人本命在巳，巳中有丁火也，则被戌墓、子克，难保其延生也。《集议》：戌乃干墓临支，冬占作关神发用，应宅舍隳。《毕法》"干墓并关人宅废"，自干两课发用应人，支上两课发用应宅。关神：春丑、夏辰、秋未、冬戌。

天后临戌加卯，乃天后内战，主妻常作乱，或妻多病。为墓门开，又为外丧。两贵相协。

丁卯日第七课

反吟　龙战　励德　三交　解离　六阴

脱上逢脱防虚诈

```
常 朱 勾 阴            空 贵 阴 勾
卯 酉 未 丑            卯 酉 未 丑
酉 卯 丑 丁            酉 卯 丑 丁


父 丁卯 常            父 丁卯 空
财 癸酉 朱            财 癸酉 贵
父 丁卯 常            父 丁卯 空


贵 后 阴 玄            朱 六 勾 青
亥 子 丑 寅            亥 子 丑 寅
蛇戌       卯常        蛇戌       卯空
朱酉       辰白        贵酉       辰白
申 未 午 巳            申 未 午 巳
六 勾 青 空            后 阴 玄 常
```

《玉历钤》云：是阴阳二八门户，日月出没之路，占行人即至，占家宅门户破坏不宁，求望俱不称遂。

《玉门经》曰：天地反吟，十二辰各异其位，阳无所亲，阴无所依，睽而复合，返而复往，欲动不动，疑二不决，事从下起，臣子慢君，父子相慢，朋友无依之卦也。此课卯加酉，下克上为用，将得父爻太常，主父母相离，不然公卿见黜。酉为中传，将得妻财为朱雀，主词讼财帛因妻妾而起。末传仍归于卯，是为阳无所依，阴无所亲。当此之时，内外忧谋，意欲害人，殃及其身。

上神盗日，日上生辰上，用克日上。

课名反吟、龙战。凡占事涉两途，举动不由自己，事了再发。然日上丑为旬奇，初末二卯为三传，二为干奇，一财中传为贵，不免反复，亦可以图成也。

此课占人望信求家庭，主门户不安。求财反复后如意，秋占方吉。求婚不成。见贵不喜。产未生。支神往来受克，卯酉如二八门，占事多不堪论。占人望信卒未到，不利求官不利婚。求财若遇秋冬吉，孕胎无凶未分娩。凡事运为多阻节，且依守旧免奔波。

《义》曰：传见卯酉，和而未和。翻来覆去，事见蹉跎。君子贞吉，固守自益。强勉而成，多损少益。

《象》曰：夫妻朋友弟兄情，好处尤防不足争。惟有田真亲厚爱，能令荆树复全生。

此无依之卦，一曰三交，又曰龙战。夫无依者，即反吟也。《经》云："无依是反吟，逃者远追寻。合者应分散，安巢别改林。守官须易位，结友也分襟。所为多反复，占病数般侵。"反吟刑冲，事主迟滞，远近系心，更相仇怨，且反复而呻吟，是无予夺而难息也。传见三交，前不能进，后不能退，交加其象，家匿阴私，或欲自逃隐避。凡事失节阻碍，谋事被人阻破，不能成合。况龙战乃天之私门，生杀有限，分杜有期，雷动龙奔，是其有战，身心疑惑，进寸退尺，动有乖离之象。以下克上，在下者有悖逆之事，臣失其忠，子失其孝也。课传俱阴，事多暗昧，亦利夫干谋暗昧之事。日生上神，虚耗百出，脱盗损财，人口衰残，凡事被人脱漏。此卦求官见贵，反复难成。谒人求财，疑二不决。婚姻嫁娶，得此非疑。走失逃亡，须知远去。占讼者利后动，占病者不一般，反复未宁。《经》云："反吟复吟，涕泣淋淋。"

若占出兵安营下寨，虽曰稍吉，然未免反复而未宁也。若敌有使来，彼此多见不实，仍见暗昧不明之象。大抵此课，凡百占谋，反来复去而未定，不若守旧待时之为妙，纵使勉强成之，后必更变，惟君子守理顺义可保无虞，小人反是。

真一山人云：哲人善处自无虞，守道衡门乐自如。一日九天开泰运，风云庆会挂金鱼。

《无惑钤》云：满地皆丁，岂容少停？忧昼火厄，贵财夜赢。

《钤解》曰：课传四卯，遍地是丁，其动变非常，岂容少停也？夏占酉为火鬼，乘朱雀克宅，防有火灾。夜占酉为贵人，定得贵人之财也。《集议》：酉乃闭口财。

脱上逢脱。解离，夫妇行年值此尤的。

丁卯日第八课

重审　铸印损模　空空如也

两蛇夹墓凶难免

阴 六 空 后　　　　勾 后 常 六
丑 申 巳 子　　　　丑 申 巳 子
申 卯 子 丁　　　　申 卯 子 丁

兄 己 巳 空　　　　兄 己 巳 常
子 　 戌 蛇 ◎　　子 　 戌 蛇 ◎
父 丁 卯 常 ⊙　　父 丁 卯 空 ⊙

蛇 贵 后 阴　　　　蛇 朱 六 勾
戌 亥 子 丑　　　　戌 亥 子 丑
朱 酉　　　寅 玄　贵 酉　　　寅 青
六 申　　　卯 常　后 申　　　卯 空
　 未 午 巳 辰　　　未 午 巳 辰
　 勾 青 空 白　　　阴 玄 常 白

《玉历钤》云：此课日干上见子为官，宜求官望职，但加未上六害，却有阻隔后成。常占官司口舌，如已经官司，却得了绝。

《毕法》云：此课支上申生起干上子为日之鬼，凡占只宜静止，不利求谒，不然必有祸事。又云：干上神伤干，支上神伤支，彼此全伤，人宅必有患害，故云"彼此全伤防两损"。

上神克日，辰上生日上，日上克用。

课名重审、铸印乘轩。传见皆暗合，但中传为旬空，末卯为落空，事主再求，中末空之故也。

此课只利求财，若求官职，则日上子水为六害，亦有阻障，后乃如意。常占得此，定主公讼口舌，如见有官事者，却得了绝。产不久生。盗逃获。行人来。中传墓又值空亡，虽有火，无印可铸。求官转职利施为，常问公讼口舌厄。婚遇佳音讼了绝，妊娠不久产婴儿。行人身稳自将来，不利求和主失遗。盗贼逃亡容易获，病人日久遇良医。

《义》曰：铸印虽美，难全大体。君子宜占，未保终始。事当再新，水火逢春。巍巍科甲，赡彼枫宸。

《象》曰：出门莫厌多难阻，更使忧疑亦罔然。有志欲随鸾凤伴，无能翀翻上青天。

此重审之卦，一曰铸印。夫重审者，重而审之也。以下贼上，卑犯尊，贱役贵，事不顺，起于女人。阴小在下者，有悖逆之事。占臣未忠，占子失孝，事不可遂意而行，必当审察，循乎义理，庶几以免后患也。传见铸印，《经》云："天魁是印何为铸？临于巳丙冶之名。中有太冲车又载，铸印成轩官禄成。传得太阴并印绶，六合青龙喜庆臻。"此课有官守者，或士君子占之，为加官进禄之美，常人反生灾咎。若夏夜占，名曰损模，为之不吉。然此不见太常、太阴，亦非真体也，且传入空乡，是乃不遇，以待其时可也。此卦求官见贵，宜待时而后动，目下且宜止息。投谒人却有生意，歌云"主宾际会两殷勤，暮晏朝欢会无极"，重求轻得可知也。占婚姻交易，虽曰有成，迟迟方美，勉强成之，终难益己。若占官讼患难忧疑之事，必见和好而解散。占病有重，先重后轻，惟瘰迟，久病者急宜醮谢，庶保无危。走失逃亡，自然来归，目下亦难定准。

若占出兵行师，有和好罢兵之象，主有生客之理。若不得已而攻战，不有战士折伤，必见众心离散。大抵此课，始如有得，终见难成，及至于中，无影无形，功不全而名不就，却能解散。

真一山人云：力学操持在志豪，徒将文字逞虚嚣。正心诚意希贤圣，莫向时人卖宝刀。

《无惑钤》云：人己皆昏，空墓居中。末丁初马，事无定踪。

《钤解》曰：干被子克，支被申伤，彼此皆凶也。戌作空墓为中传，主事体中间蒙蔽不明。传墓不吉，逢墓事止。初马末丁，动摇驰驱，殆无暇时，仕宦得此，荣差必矣。《集议》："彼此全伤"，如占讼，两家皆被罪责，诸占两边有所亏也。支上神生干上神作鬼，若干谒求财有祸。子乃丁火胎神，非系妻财，正月为生气，主婢妾有孕。申乃妻爻，入棺占妻病必死。

丁卯日第九课

涉害　龙战　不备　曲直　六阴　交车脱　不行传
避难逃生须弃旧　我求彼事干传支　两贵受克难干贵

```
贵 勾 常 贵        阴 朱 空 阴
亥 未 卯 亥        亥 未 卯 亥
未 卯 亥 丁        未 卯 亥 丁


子 辛 未 勾        子 辛 未 朱
官    亥 贵◎      官    亥 阴◎
父 丁 卯 常⊙      父 丁 卯 空⊙


朱 蛇 贵 后        贵 后 阴 玄
酉 戌 亥 子        酉 戌 亥 子
六申    丑阴      蛇申    丑常
勾未    寅玄      朱未    寅白
午 巳 辰 卯        午 巳 辰 卯
青 空 白 常        六 勾 青 空
```

《玉历钤》云：此课三传不离四课，三传天地皆合，亥加未，丁壬相合，又是德神，占见贵有喜，人情和美，凡求得遂。

《毕法》云：此课亥加丁上为官，而乘天乙贵人，占宜求官，常人反为狱讼。

上神克日，辰上克日上，用克日上，末克初。

课名重审、曲直。三传生日，不离四课，可以言吉。凡事委曲下人，但中末皆空，事不十全，有始无终。日往加辰被克，虽名乱首，然后亦从空而散。

此课喜见贵人，占人情美，产日下生，盗逃失脱获，忧疑难散，其他皆吉。三传生日，万事俱宜。四课虽不备，三传合天心。丁日亥加丁，又为德合神。求贵人情美，行商即反程。

《义》曰：宅暗人空，勾留不遂。大体溟濛，阴云固蔽。时喜逢春，东风吹物。豁然生明，夜行以烛。

《象》曰：少向人前侧耳听，谆谆泛泛总虚声。祸淫福善从心上，远虑深谋在己成。

此见机之卦，一曰龙战，亦曰曲直。夫见机者，察其微，见其机，谓两比两不比，当以涉害为用。涉害有浅深，欲用不用，欲言不言，事有两而取一。所作稽留，迟疑艰难，进退不定，忧患难消，怀孕伤胎，难于前而易于后。《赋》云："涉害须久历艰辛"。又见龙战，主人心疑惑，进寸退尺，动有乖离之象。卯酉为天之私门，生杀有限，分杜有期，雷动龙奔，示其有战也。三传日辰俱系阴神，名曰溟濛格，有阴谋之象，凡百昏迷不明，事多暗昧，利为暗昧之事。况乎曲直者，先曲而后直也，此乃象木之谓，木局长生以水为根，丙丁日占为枯枝也。大抵五行正气入十干杂糅之乡，三合异方乃生旺墓之神，事主丛杂不一，主关众人共谋，不然两三处干事，委曲托人与人相合之类。占者遇之此卦，求官见贵，目下难成。干谒投人，彼此虚意，人宅两般，空空如也。走失逃亡，必见来归，目前未得如意。春月占之，所失复得，夏秋得此，有失无益。婚姻交易，不必留心。占胎占孕，生而难育。官讼得之，必当解脱。病者迟之，灾消祸散。

占出兵行师，利为主，利后动，但欲求其战胜攻取，当春乃为吉兆，夏秋得之，未足以全其功，尤防损失欺诈。百事占之，益少损多，惟散其祸患忧疑，此又有超越他课者，正谓履虎尾而不伤也，惟久病者畏之。

真一山人云：宰木森森望栋梁，谁怜中朽数寻常。看来徒费良工手，舍此他求福自昌。

《无惑钤》云：昼将脱丁，传却生身。好恶中半，循环贵嗔。

《钤解》曰：避贵空之克，而未加卯逃生。昼将皆土，脱丁之气，三传皆木，却生丁火，一生一脱，可谓好恶中半矣。课传不出亥卯未，是循环不穷。两贵皆受下克，见贵必作嗔，岂可干耶？《集议》："避难逃生回还格"、"两贵受克难干贵"。交居脱，虽交相用事，彼己各怀相脱之意。昼贵作鬼临身，占病神祇为害，不可作鬼祟，贵虽空亦定是神祇挠害，占讼大凶，亦谓之闲贵人。

丁卯日第十课

重审　斩关　三交　闭口
三传递生人举荐　权摄不正禄临支　人宅受脱俱招盗

```
朱 青 阴 蛇          贵 六 常 后
酉 午 丑 戌          酉 午 丑 戌
午 卯 戌 丁          午 卯 戌 丁


财 癸 酉 朱          财 癸 酉 贵
官 甲 子 后          官 甲 子 玄
父 丁 卯 常          父 丁 卯 空


六 朱 蛇 贵          蛇 贵 后 阴
申 酉 戌 亥          申 酉 戌 亥
勾 未     子 后      朱 未     子 玄
青 午     丑 阴      六 午     丑 常
  巳 辰 卯 寅          巳 辰 卯 寅
  空 白 常 玄          勾 青 空 白
```

《玉历钤》云：此课酉金虽是日财，奈加午上为败，天将朱雀又夹克，占财反复，见贵不喜，人情不和。

《观月歌》云：四仲来加仲，发用阿谁先？其中若有克，三交得此篇。男子匿其罪，女子外勾连。占人当六月，丁卯卯时宣。秋仲加夏仲，被克是姻缘。有赦除高盖，非此罪弥天。

《毕法》云：此课初传酉金生子水中传，子水生卯木，卯生日干丁火，次序生干，凡占值此，必连茹有人于上位举荐，进用干谒求利求名一切皆遂。又云：干上戌脱丁火，支上午脱卯木，干支俱脱。脱，人宅耗气，凡占必被盗贼窃夺财物，或被奸狡诬赚钱帛，人防疾病，宅防倾颓，故云"人宅受脱甘招盗"。

上神盗日，辰上生日上，日上生用，初克末。

课名重审、三交、龙战。子卯刑，子酉破，墓加日，凡事阻障，惟求财以无意图之可得。初末克，事不十全。午加支上为禄，静守为佳。

此课求财无，反有损。夜贵见贵不喜，受克故也。人情不美，病不死，婚不成，盗逃不获，出入不利，凡百不喜。墓神覆日，日财为用，末又带刑，求财不成，虽三传递生，亦不济事。酉金虽是日干财，加午为金败地怀。天将朱雀来夹克，占胎损坠病危哉。经求出入徒劳力，求财艰阻未得财。盗贼逃亡难捕获，婚姻非偶不和谐。

《义》曰：三月将占，男子遭愆。卜者勿忽，审彼行年。若是占女，月宿莫遇。行年并据，血光灾致。

《象》曰：世间万物贵当时，财出于人不自如。到此之时元是命，修身积德福之媒。

此重审之卦，一曰三交。夫重审者，重而审之也。以下犯上，卑犯尊，贱役贵，事多不顺，起于女人。阴小在下者，有悖逆之事。占臣未忠，子失孝，事不可遂意而行，必当审察，循乎义理，庶几免于后患。事防再举，病防再发。传见三交，前不能进，后不能退，交加其象。《经》曰："三交家匿阴私客，不尔自将逃避迤。"凡事失节阻碍，谋事被人阻破，不能成合。干生上神，虚费多端，谋望不遂，盗失损财，人口衰残，旺相尤可，休囚尤重，又为子孙脱漏之事。人宅不旺，家道不兴，东手得来西手去，常有不足之叹也。凡事起于蓦然，故曰蓦然卦也。遇酉将，为天烦卦，男子行年遇之大凶。占者遇之此卦，求官见贵，合而未和。占婚求财，必多口舌，又为人之驱役，不由乎己也。占宅多见虚耗惊恐，阴小不宁。凡百所为，皆难于前而易于后，求财多是假财，递相荐举而成，此又一端之美也。

占出兵行师，朱雀多词，虑军戎之见耻，利为主，利后动。敌有使来，及所传闻之事，多见虚而少见实，此又不可不密察详审以防微杜渐也。此课初生中，中生末，末生干，外来生我助我之意，惜其所得不见所赏。大抵三交四平之课，遇旺相吉神相扶，亦能与人为福；遇天地二烦、凶神辏合，亦能令人招祸，履霜坚冰，不可不戒。

始终不一。

真一山人云：晁错袁盎一代臣，谋心只欲遂私嗔。苍苍公道开天眼，报应当知戒后人。

《无惑钤》曰：交关眷恋，递相推荐。自己昏迷，权摄可羡。

《钤解》云：禄临支宅受生。午未卯戌，交相眷恋，自初递生日干，有人荐举。戌墓覆日，自己昏迷，旺禄临支，权摄美也。《集议》："三传递生人荐举，权摄不正禄临支。"正月初五日、初六七，二月初三、初四五，三月初一二三，四月初一日遇此，皆地烦卦。人宅受脱，交车三交，凡因交关用事，必有奸私，或交二三事。

丁卯日第十一课

重审　天狱　励德　凝阴　不行传

```
勾  空  贵  朱          朱  勾  阴  贵
未  巳  亥  酉          未  巳  亥  酉
巳  卯  酉  丁          巳  卯  酉  丁


财  癸  酉  朱          财  癸  酉  贵
官     亥  贵 ◎        官     亥  阴 ◎
子  乙  丑  阴 ⊙        子  乙  丑  常 ⊙


勾  六  朱  蛇          朱  蛇  贵  后
未  申  酉  戌          未  申  酉  戌
青午        亥贵        六午        亥阴
空巳        子后        勾巳        子玄
   辰 卯 寅 丑             辰 卯 寅 丑
   白 常 玄 阴             青 空 白 常
```

《玉历钤》云：此课酉加丁为日之财，夜贵可求如意，旦贵夹克不利。占宅尊卑不和，见贵不喜，失脱不获，酉为太阴家故也。

《毕法》云：此课干上酉虽作日财，酉上却有旬中癸字，却是鬼，人若取财，必被鬼祸。凡占必因财致害，因妻致争。又云：末传丑土助初传酉金，而为日干之财，凡占值此，必暗有人以财相助。

日克上神，辰上克日上，日克用。

课名重审、间传。初中二贵扶持，一财一德，干进何有不利？但中末既空，便不可谓之纯吉，此乃有始无终，亦虚合，乃得一贵力，不得一贵力也。

此课宅主尊卑反目不和，昼贵吉，后不如意。病必死。望信人来，酉为天鸡，主信也。婚成。逃盗不获，酉太阴。贵人受克无气，所作费力无成。两贵相加，难于见贵。丁火克干上酉金，酉金克卯，卯上巳火又克酉金，但火死于酉、绝于亥。酉加丁火日之财，暮贵求财大有哉。家宅尊卑不辑睦，末传日墓病悲哀。见贵无成徒俯仰，酉是天鸡主信来。盗避逃窜难跟捉，婚姻宜利莫疑猜。

《义》曰：极阴极阴，事见溟濛。昏迷不醒，身处雾中。占宅有忌，定见忧惊。积德人家，祸得平宁。

《象》曰：虚一待月且消停，急速徒劳未得亨。世上也无不了事，崎岖渐觉到安平。

此重审之卦，一曰励德。夫重审者，重而审之也。以下犯上，卑犯尊，贱役贵，事多不顺，起于女人。阴小在下者，有悖逆之事。占臣未忠，子失孝，事不可遂意而行，必当审察，循乎义理，庶几可免后患也。事防再举，病防再发。夜占为励德，阴小有灾，此名关隔神，常人占此，身宅不安，宜谢土神，贵吏则主升迁，要当消息而论也。日上见财，妻灾财损，不然则口舌纷纷，而宅内惊恐不安，亦防宅中火烛，及门户官司之扰也。占者遇之此课，求官见贵，先从后违，终始不一。投谒求谋，主客异志。占宅虚耗，出孤寡善人，或欺诳不实之人。婚姻不宜。占财乃不由自己之财。占产生男，终见难育。占病主气逆或呕吐，心肺之病，暴病即愈，久病者危极。占公讼利主，利后进，终见解释。逃亡者自归。忧疑者自散。

占出兵行师，昼得此课，多言词，虑军戎之见耻，夜占得此，有开地千里之功，惜乎传入空脱之乡，始虽有功而终未见其全功，虽有言而终未见其可耻。凶事逢此不足忧，吉事逢之亦难全美，吉不成吉，凶不成凶。此课若占宅，多主惊恐不宁。太岁在午、在亥之年，更在正、五、九月占，不出此年月必见人口损伤，宜预为善，积德以禳之，庶几可也。

虎头鼠尾，其义当之。

真一山人云：旱炎引领望虹电，喜见云迷密密垂。霹雳一声暗日见，不知云雨沛何时。

《无惑钤》云：昼夜贵聚，事无凭据。本身力弱，占病深虑。

《钤解》曰：昼贵临于夜贵，是相聚也。夜贵受克，昼贵空亡，虽入用传，无据而不得力也。况贵多，事不归一。且贵人不救病，丁火死于酉、绝于亥，本身力弱，占病必重，所以深可虑也。《集议》："课传皆贵反无依"，邵先生每嫌此，名"遍地贵人"，以贵多不贵，凡占事不归一，反无依倚，在任多差遣，或权摄托委不一。夜贵为用，名"咄目煞"，如贵人咄目专视，反作罪也，大不利告贵，占讼尤凶。酉乃闭口之财，旬遁癸水，末助初财。"用破身心无所归"，酉财破，雀夹克，中末又值鬼空。凝阴《邵彦和小课》：凝阴酉亥加大吉，幽暗不通理不直。作佑禳灾始可宁，不然财损人又失。酉财遁癸伤干，必因财致祸，因食丧身，因妻致讼。

丁卯日第十二课

涉害　斩关　顺连茹　龙战

```
空 白 朱 六          勾 青 贵 蛇
巳 辰 酉 申          巳 辰 酉 申
辰 卯 申 丁          辰 卯 申 丁


子 戊 辰 白          子 戊 辰 青
兄 己 巳 空          兄 己 巳 勾
兄 庚 午 青          兄 庚 午 六


青 勾 六 朱          六 朱 蛇 贵
午 未 申 酉          午 未 申 酉
空巳     戌蛇        勾巳     戌后
白辰     亥贵        青辰     亥阴
  卯 寅 丑 子          卯 寅 丑 子
  常 玄 阴 后          空 白 常 玄
```

《玉历钤》云：此课天罡加卯为关隔，夜天将青龙木能克土，谓之破关，凶变为吉，求望先阻后通，先难后易之象。

日克上神，辰上生日上。

课名涉害、进茹。事干众，丁火有党，午为日禄、日合，是先难后易之课，夜贵尤吉。

此课先阻后通。贵人喜。出入喜。婚成。财求小遂，先见阻滞后方吉。盗逃不获。望信人至。辰加卯为关隔，言其劳苦无成，盗脱干气。天罡加卯名关隔，尤能克土破关凶。反凶成吉百宜利，仍主先难后易通。夜贵见官虽大获，如问婚姻嗣后隆。求财财厚先有阻，盗逃远窜捕无踪。

《义》曰：欲进未能，天阻前程。欲退未退，必多疑二。君子占之，福禄安绥。何为云此，积德之基。

《象》曰：催官使者赴官期，占宅当知有伏尸。若是庚逢寅午岁，仲春时月可伤悲。

此见机之卦，一曰龙战，亦曰斩关。夫见机者，察其微，见其机，谓两比两不比，当以涉害为用。涉害有浅深，欲用不用，欲言不言，事有两而取一。所作迟疑艰难，进退不定，忧患难消，怀孕伤胎，难于前而易于后也。《赋》云："涉害须久历艰辛"。又见龙战，主人心疑惑，进寸退尺，动有乖离之象。卯酉为天之私门，生杀有限，分杜有期，雷动龙奔，示其有战。传见斩关，大利奔亡逃避，以免其难也。课得辰巳午为进连茹，事主欲行不行，欲止不止，节外生枝，先进而后退，急而顺溜。亦曰天隔，所为之事，必因天时所隔。又为抬土当门，乃滞塞之意也。此卦求官见贵，先难后易，不待选期之象。求财虽有，先见妻灾损财，然后有得。婚姻可成。远行者，初虽未利，后却光亨。投谒人者，主宾际会，暮宴朝欢，但彼为主，惜其白虎魁罡，不有疾病，必见丧孝不宁、刑伤之事。占宅有伏尸，屋窄人多。占讼主和。交易有成。逃亡者自归。占病先重后轻。

占出兵行师，利为主，利后动，当有和好罢兵之象。若不得已而相战，夜占大胜，得宝货与图书；昼占恐有败绩，然终无大咎。用兵者，宜相机密察而审处之，不可执一而论。又见彼此无断，兵势皆联络而行决之义。用兵者于此当用心，乘其隙一举必获奇功，惟在将者何如耳。

真一山人云：无心富贵本天成，交易婚姻福倍生。莫道眼前无好处，也须事向理中行。

《无惑钤》云：夜占财退，必因同类。病者腰疼，昼将勿恃。

《钤解》曰：申，财也，夜占乘蛇，且三传与日同类，主兄弟争分此财，所以主财退也。辰为腰，上带白虎，临卯被其克害，病主腰痛，白虎主痛故也。昼贵入狱，干之必怒，焉能恃哉？《集议》：此拱虚格，三传辰巳午，欠一未字，乃今日之脱。未乃子孙爻，夜朱雀，则主卑下文字口舌不足。且将勾陈，则主子孙旧事牵连未了。辰作虎加卯，主斗打、折手、杀伤。丙丁之日病来占，天罡加卯作初传。若逢白虎传中见，必是腰痛不可言。天罡临卯，乘虎病深。戌乃日墓，乘蛇临酉为墓门开，又为外丧入内，宜合寿器以禳之。两贵不协，变成妒忌，酉加申，亥加戌。

戊辰日

戊辰日第一课

伏吟　玄胎　斩关

不幸中幸　苦去甘来　旺禄临身休妄动

```
六 六 勾 勾          六 六 朱 朱
辰 辰 巳 巳          辰 辰 巳 巳
辰 辰 巳 戊          辰 辰 巳 戊


父 己 巳 勾          父 己 巳 朱
子 壬 申 白          子 壬 申 后
官 丙 寅 蛇          官 丙 寅 青


勾 青 空 白          朱 蛇 贵 后
巳 午 未 申          巳 午 未 申
六辰      酉常      六辰      酉阴
朱卯      戌玄      勾卯      戌玄
寅 丑 子 亥          寅 丑 子 亥
蛇 贵 后 阴          青 空 白 常
```

《玉历铃》云：此课昼将末传螣蛇克干，占病困重有祟，冬春最凶，官讼小人为害，冬占夜将青龙旺相，求望先曲后伸得遂。

《毕法》云：此课初传巳火生日，颇以得成就之力，然却被伊克中传，中又克末传，末又克日，始者虽得巳火生戊土，后却被巳火迤逦克至戊土，谚云"成也萧何，败也萧何"。占者必被人陷害，或工作、或经纪、或巳生人，作两面刀，切须防之。然必赖寅力生巳火而生干，此末传虽克，中传却为救也。又云：此课昼占三重白虎，却作长生，乃不幸中之幸。夜占三重青龙，作日干之鬼，乃幸中之不幸。

上神德日，日上生辰上。

课名伏吟。诸神不动，三传互刑，日上相生，德禄为用，巳申合而见末助，必有文字往来，寅虽为鬼，为申所制，而不为灾也。

此课占病，有祟难安，冬春占凶。官事亦同，幽暗难的，小人为鬼。求婚求官并不利，冬春占，木旺故也。求名冬吉。公讼先忧后吉。求财见贵皆吉。诸神归方，戊在寅病，辰为墓。巳为用，上见勾雀，昼为之雏自营巢，不居祖业。墓则呼为炉冶。带德禄，寅为吏神，不宜年命见之，主有追呼。凡事止而复行，重求轻得。三刑六害同传，且虎蛇夜雀，乃六戊、六丙日伏吟也。

《义》曰：阳盛于阴，勿渐过长。盛于大盛，日惟过当。事贵得中，心奚可妄。守此平夷，可保无恙。

《象》曰：明君治世育贤才，观国光华愉悦来。好把忠贞辅康济，金鱼玉佩谒三台。

此伏吟之卦，一曰自在，又曰玄胎。夫自任者，乃天地伏吟，诸神各归本家，天地如一，四伏未发之象。占事静则宜，动则滞，主事藏匿不动，静中求劳，有屈而不伸之象。况玄胎如婴儿隐伏之状，利上不利下，事主远而多伏，暗昧不通，触则成祸，惟君子守正修德则亨。占者遇之此卦，大利求官，举子有登科甲第之荣，迁官俸印之美。且夫禄在巳，寅为天吏，申为天城，勾陈到巳为俸印，白虎临申有威权，螣蛇临寅为生角，末将生巳，成龙变化。若是君子占之，则不胜其美，最怕占人年命空刑克破其禄马，则又美中未美也。占婚难成。访人不见。逃者不出邑里，盗者不出其家。远行回轮，近行将至。病者懒言，或不进饮食。占胎多是聋哑。官讼有刑罪，惟利和解。占财喜有长生不绝之财，但忌动摇。出行者，利近而不利远。凡百占谋，事兼两意，且有屈而不伸、勾留迟滞之象。

占出兵行师，必见兵刃相接，虑有败绩。若夜占，当有言词鼓舌之忧，军戎犹见耻也。用兵者，洞察其理，深究其微，不可妄为轻举，不然别为选择，庶无悔吝矣。若既出兵得此，必当申明号令，多加哨探，密察间谍，静以待之，出奇正以应之，又此论在将之奇特耳。

春夏大利。

真一山人云：匡时人物岂寻常？耿耿忠心万丈光。君子得之多位显，小人得此致惊惶。

《无惑钤》云：昼虎乘生，夜龙鬼并。萧何在末，能败能成。

《钤解》曰：白虎凶将，昼临长生，不幸中之幸也；青龙吉将，夜乘日鬼，幸中之不幸也。寅若生巳，巳必生干，申若克寅，寅必克日，成败所由，以萧何喻之，不亦宜乎？《集议》："三传互克众人欺"。苦去甘来，变克翻为两面刀，六戊日伏吟凶。又长生乘虎，幸中不幸；日鬼乘龙，不幸中幸。此三刑在传，未免无恩之意，凡占恩反怨也。

戊辰日第二课

元首　斩关　不备　逆连茹

尊崇传内遇三奇　魁度天门关隔定　彼求我事支传干

```
蛇 朱 朱 六            青 勾 勾 六
寅 卯 卯 辰            寅 卯 卯 辰
卯 辰 辰 戌            卯 辰 辰 戌


官 丁 卯 朱            官 丁 卯 勾
官 丙 寅 蛇            官 丙 寅 青
兄 乙 丑 贵            兄 乙 丑 空


六 勾 青 空            六 朱 蛇 贵
辰 巳 午 未            辰 巳 午 未
朱卯      申白        勾卯      申后
蛇寅      酉常        青寅      酉阴
丑 子 亥 戌            丑 子 亥 戌
贵 后 阴 玄            空 白 常 玄
```

《玉历钤》云：此课三传皆退，官鬼虽占亦退，占病讼一切忧事皆自消散，遇庚辛日即解，求望反复不成。大抵三传皆退，可占忧，不可占喜。

《毕法》云：此课丁卯加辰，丙寅加卯，乙丑加寅，三奇乙丙丁，三传备齐，君子占之，禄位尊崇，动止亨泰，常人占之，虽无爵禄之荣，亦消凶否之患。又支临干，干与支同类，是名本培其根，根本自盛也。先生云："土壤培乎根，则畅茂发乎枝；礼义说乎心，则润泽周乎身。"

辰上克日上，用克日，初克末。

课名元首、进茹。用从内起，受害而转退。墓覆日干，初官末贵，始凶终吉。支上卯克去日上之墓，正得其宜，不可以宅上克人论。辰就日见合，以和合求合也。

此课占公讼并病，皆遇庚辛日解。财吉，求望不利，凡百艰难反复。大抵三传皆退，可占忧，不可占求喜也。凡事始凶终吉，三传皆鬼，初又克末，官事可望，他事有阻。三传皆退逢官鬼，病讼庚辛日消散。用望艰难多反复，占忧散祸却逍遥。

《义》曰：课逆连茹，牵连疑二。阴阳不备，灾消祸至。岁在己丑，三七十一。占病遇之，多见哭泣。

《象》曰：姻缘无分莫强成，谋望徒劳不称情。侥幸得来须保守，善人终始有前程。

此元首之卦，一曰天网。夫元首者，尊制卑，贵役贱之象。凡事多顺，利于先举，然多起于男子。为臣忠，为子孝，正大光明而无邪僻之行，德业已著而乾乾进修，常怀危惧，惕励而无咎也。传见卯寅丑，乃退连茹也。事欲行不行，欲止不止，节外生枝，先退而后进，乃迟疑之象。占者遇之，传见六害。且夫害者，阻也、斗也，阴阳不通，如水壅滞，如血未行，事多阻隔。卯加辰，事有虚声，争财难阻，求官见贵，破中望成。求财难成，婚姻不成，假使得成，必见反目。占病发热惊恐，遇凶煞定入泉乡，以其棺椁墓田之叠见也，有阴德者解之。占宅忧火烛，不然有门户官司之挠扰，口舌是非之纷纭。占文书，却有成就之理。占投谒，徒劳跋涉，难见而无益。远行者，进中有退。逃亡者，急于寻捕，迟则难见矣。

占出兵行师，最怕将军年命在辰卯，昼占得此，口舌谣言，惊恐不宁，然后方得美利以取胜也。夜占得此，不宜出兵交战，恐有伤败，后亦见其吉也。大抵此课，利为客，利先举讼者得理，而后举者未尽其善也。用兵者知此，申严号令，密察机微，庶几而无失矣。谨之谨之。

春占利求仕。

真一山人云：何事人灾宅未宁，夜来睡寝梦魂惊。劝君点检心中事，早早回头福自生。

《无惑钤》云：鬼临干墓，宜求门户。冬夜火灾，病讼如数。

《钤解》曰：辰乃戊墓，卯以干鬼临之墓，墓中鬼蹲也。占病极凶。卯辰相害，事多虚声，争竞艰阻，门户宜谨。卯乘朱雀克宅，冬占为火鬼，必主火灾。墓神覆日必病，且鬼临三四讼灾随，焉能免也？《集议》："鬼临三四讼灾随"，谓官司病患继踵而至，惟宜作福修德，返归正道，庶得稍轻，尤未免病讼二事。上神六害，卯加辰，将朱雀，主口舌文书之事。宅内鬼呼。"避难逃生须弃旧"内列此日。"尊崇传内遇三奇"内列此日。君子占之，加官进禄，居一品之尊，贵人庙廊。纵使常人占之，虽无吉泰之兆，亦可消除灾祸。

戊辰日第三课

重审　极阴　三奇

不行传者考初时　彼此全伤防两损

```
后蛇贵朱              白青空勾
子寅丑卯              子寅丑卯
寅辰卯戊              寅辰卯戊


兄 乙丑贵            兄 乙丑空
财   亥阴 ◎         财   亥常 ◎
子 癸酉常 ⊙         子 癸酉阴 ⊙


朱 六 勾 青          勾 六 朱 蛇
卯 辰 巳 午          卯 辰 巳 午
蛇寅      未空       青寅      未贵
贵丑      申白       空丑      申后
子 亥 戊 酉          子 亥 戊 酉
后 阴 玄 常          白 常 玄 阴
```

　　此课先生云：丑亥酉课名极阴，甲子旬中末皆空亡，不是入阴，不至灾危不测，只是门户事多，子孙繁众，下稍自消折财本，晚年不如意而死。不合用土塞东门，东门之外不合叠棺木板。太阴酉加亥，酉作酒，亥败处乘空，母主酒病而死。自死之后，家内便退矣。叶宅东边有门，果有泥。乃戊辰支干皆土，丑为土，加于卯门之上，故门有泥塞之。壁外两具棺木，来克戊辰土，故令去之。先生每怕丑亥酉，名极阴，凡事皆主变生灾至，只要中末空亡可解，遂不入亥地极阴之处，虽不至狂灾不测，毕竟阴消财物。看来传内无子孙，末传虽酉乃空亡，却云为子孙繁多者，何也？戊辰一带皆是东方，丑寅卯未得本方之旺气。甲子旬中乙丑、丙寅、丁卯真三奇，所以无灾。其势不合退归西北，见酉而土败，本于此绝。三奇本于此而应，日月星辰倾归西北，自然消磨也。辛亥年其母酒病而死。男女七人，婚姻所费，道路不行，果消磨其本钱也。[①]

《玉历钤》云：七百二十课，凡丑加卯为用，天将虽不同，大抵皆不为吉。

《毕法》云：此课干上卯克戊，支上寅克辰，干支各被克伐，凡占必人宅各有克伤，占身被人欺害，占宅被人损坏。

上神克日，日上克用。

课名重审、间传，又名杜塞。初传闭塞，日辰受伤，中亥虽财乃空亡，末酉与干三合，然又落空无益，所谓吉凶皆无成也。

此课贵人复位，始凶终吉。若谓六壬七百二十课内，凡课遇丑加卯为用，天将虽不凶，亦不为吉课。占病难瘳，其他求望皆不利，惟丙丁日占之稍吉。其说在丙丁日，丑加卯也。日辰三传俱为吉，昼朱雀值日顺，暮勾得生暮鬼，虽生必死（疑有讹误，以俟高明）。

《义》曰：当门抬土，动用多阻。所幸逢空，以释愠怒。格名间传，阴暗弥漫。

《象》曰：贵吏升迁小吏迟，吉凶何必问于神。但将心事闲评论，善恶分明不诬人。

此重审之卦，一曰励德，一曰龙战。夫重审者，重而审之也。以下犯上，卑犯尊，贱役贵，事多不顺，起于女人。阴小在下者，有悖逆之事。占臣未忠，子失孝，事不可遂意而行，必当审察，循乎义理，庶几以免后患也。况见励德，阴小在下者有灾，一名关隔神，常人占此，身宅不安，宜谢土神，贵吏则主升迁，要当消息而论。夫龙战者，主人心疑惑，进寸退尺，动有乖离之象。卯酉为天之私门，生杀有限，分杜有期，雷动龙奔，示其有战也。占者遇之，身宅俱有动摇之象，求官见贵未足为佳，初虽得意，终见交加相害。占婚者难得谐老，求财者多费咨嗟。千里求人，徒费粮裹。一生占事，到底虚花。欲问远行，不如不动。若问行人，未见还家。占逃亡，有自归之理，目下未准。占交易，须见争，差忍之和好。大抵此课，占之者当有口舌文书之扰。若占疾病，有伤脾胃，不然则气逆吐呕，防其再发，终无大咎，亦见先重后轻之象，久病危。

占出兵行师，昼占有开地千里之功，夜占有口舌诡谲欺诈之象，惟其传入脱空之乡，功绩不能全其美也。愚谓正如"苗而不秀，秀而不实"，却利乎

---

① 《六壬口鉴》作：叶某庚戌生五十九岁占宅，建炎戊申年六月戊辰日未将酉时。

解散忧疑患难，其他诸占，有损有益，惟君子贞吉。

极阴不实，昏暗无成。

真一山人云：积雪成山几仞余，美人瞻望未称奇。云开日暖寒风静，和气融融化坦夷。

《无惑钤》云：人己受克，丁马身宅。夜传皆陷，静躁无益。

《钤解》曰：卯丁克日，寅马克宅，彼己俱伤，虽曰丁马宜动，动何益也？用神乘空，中末俱陷，三传无气，虽曰极阴宜静，静何益也？然守虽无益，犹愈于动之生祸也。《集议》：雀鬼加干，朝官防遭章劾，上书献策反被责黜。又云：宅上寅为内鬼呼。"彼此全伤"见甲子日第六课。"极阴"义见前丙寅日内。不行传。申乘白虎冲支寅，为对邻兽头冲其本家，以致家道衰替。"芜淫"说见甲子日第五课。

戊辰日第四课

元首　玄胎　不行传

```
玄贵阴蛇          玄空常青
戊丑亥寅          戊丑亥寅
丑辰寅戊          丑辰寅戊


官 丙寅 蛇        官 丙寅 青
财    亥 阴 ◎     财    亥 常 ◎
子 壬申 白 ⊙      子 壬申 后 ⊙


蛇朱六勾          青勾六朱
寅卯辰巳          寅卯辰巳
贵丑      午青     空丑      午蛇
后子      未空     白子      未贵
亥戌酉申          亥戌酉申
阴玄常白          常玄阴后
```

《玉历钤》云：此课日鬼发用，又临日干，是为不善，螣蛇固不吉，青龙又添一木，只利占逃盗必获，其余一切不成。

上神克日，日上克辰上，用克日，末克初。

课名元首、病玄胎。天绊地结，万事终辍。寅为鬼加日，中乘空，凡占利公不利私。初入头极难，向后吉凶皆无成，凡事只闪待头限过便得。

此课占人望信来。产生未满十月者，主损堕。余者占之，求事见贵，求财婚凶，官讼即散也。寅为日鬼，用蛇固凶，龙又是鬼，中传日之冲，末日之刑，传俱无和气，占更改者有阻。天将不合干遇鬼，盗贼逃亡难脱身。未至十月将胎损，已全十月即生成。求贵求财俱不利，占婚谋望谩劳神。凡百用为俱费力，散忧脱讼称心怀。

《义》曰：先忧后喜，难中有易。春夜占之，财喜并至。一阳才动，便见亨通。求官得禄，权柄丰隆。

《象》曰：抑塞难通气未伸，心中有事向谁论。动为未遂生灾恼，好把丹忠达紫宸。

此元首之卦，一曰玄胎，又曰天网。夫元首者，尊制卑，贵役贱之象。事多顺利，利于先举，然多起于男子。为臣忠，为子孝，正大光明而无邪僻之行，德业已著而乾乾进修，常怀危惧，惕励而无咎矣。《经》云"天网四张，万物被伤"，幸传见空有救，以消融之也。夫四孟者，乃玄胎之卦也。先儒有言曰："占遇玄胎，育孕婴孩。"所以如婴儿隐伏之状，利上不利下，事主远而多伏，暗昧不通，触则成祸，惟君子守正修德则亨。干见寅木，实可畏也，且为日马，来情欲思动改而动，中末又空，未遂其所志。占者遇之，凡事先见阻滞，昼占为惊忧不足，夜占乃动中有财。求官见贵者，号曰腾蛇生角，将以成龙变化，大利求名问官，当有登科甲第之荣，加官进禄之美，惜其传见空脱，目下未足为奇，须以待其时耳。其他婚姻、财帛、利市、交关、投谒、远行、疾病，皆有始而无终，先难而后易，先重后轻，凡谋望到底无益于己。

占出兵行师，昼占忧心众畏而不宁，夜占得宝货图书，利为客，利先举。大抵此课，始虽有得，终见难成，始虽忧心，终无大咎。其余疾病患难凶祸，却能解散也。四时占此，忧中得喜，谋望少益。

真一山人云：递相勾结欲凌侵，幸得传中遇解临。申亥月年还敬慎，台司弹劾恐留心。

《无惑钤》云：守之见伤，动入空乡。昼虎祛祸，夜龙辅戕。

《钤解》曰：寅来克干，不可守也。弃而则入中末空乡，动不可言也。昼乘虎克寅，虽空亡，亦能祛祸。夜龙助寅，戕伐日干，吉凶祸福，相为倚仗，不可执一言耳。《集议》：病玄胎，天盘地结。助桀为虐，递生日鬼。不行传。

戊辰日第五课

重审　六仪　润下　水局

上下皆合两心齐

```
青 蛇 勾 贵          蛇 青 朱 空
申 子 酉 丑          申 子 酉 丑
子 辰 丑 戊          子 辰 丑 戊


财 甲子 蛇          财 甲子 青
子 壬申 青          子 壬申 蛇
兄 戊辰 玄          兄 戊辰 玄


贵 后 阴 玄          空 白 常 玄
丑 寅 卯 辰          丑 寅 卯 辰
蛇子      巳常      青子      巳阴
朱亥      午白      勾亥      午后
戊 酉 申 未          戊 酉 申 未
六 勾 青 空          六 朱 蛇 贵
```

《玉历钤》云：此课癸禄在子，戊与癸合，润下皆财，夜贵青龙，人情喜美之象。

《毕法》云：干上丑而与支上子作六合，干上丑与干、支上子与支，又自为三合。凡占必得人相助，齐心协力干事可成。

日上克辰上，日克用，末克初。

课名重审、润下。又水将，戊得之重重财喜，且可无凶。日辰上子丑又作合，但子水传自辰上，而不宜出，财防为末传玄武所损也。贵临日，昼贵作大吉加日，真圣降佑。

此课占婚求财必成，凡百皆利。占产夜贵，日下生。占盗逃，难获。土日得水局财旺，不合传入辰墓，墓龙稍吉。若占子孙，则为儿子登门入户格。戊癸合兼癸禄子，润下又是日之财。虽分夜贵十分喜，求利求名喜自来。占孕易生占婚吉，逃亡盗贼获难哉。百种营谋皆进益，如逢日贵反为乖。

《义》曰：满眼钱财，喜事频来。春夏为福，秋冬为乖。事关众人，反复生春。忠孝大节，不可因循。

《象》曰：河江湖海放船行，大水茫茫万里程。幸见青龙财喜遂，吉人自保得全宁。

此重审之卦，一曰润下。夫重审者，重而审之也。以下犯上，卑犯尊，贱役贵，事多不顺，起于女人。阴小在下者，有悖逆之事。占臣未忠，子失孝，事不可遂意而行，必当审察，循乎义理，庶几以免后患也。且润下，事主沟渠、水利、舟楫、渔网之类，动而不息之象。流而必清，清而不浊，宜动而不宜静。事主关众人，亲朋相识之务。克应多是过月，牵连疑二，利占成合，不利占解散。此乃五行正气入十干杂糅之乡，异方三合乃生旺墓之神，事主丛杂不一，主关众人共谋，不然两三处干事，委曲托人与人相合之类。又如推磨之象，转去转来非一遍也。况三传俱财，《经》云"三传俱作日之财，得此须知长上灾"，最不利占父母病，主凶。占求财遂意，还见喜事，但迟缓，或两三处之财。占者遇之此课，求官见贵，昼夜皆吉，必见有成，犹然未免有惊忧之象。

占出兵行师，昼得忧疑，夜得大利，盖难于前而易于后。论兵之要，必有两处委曲之象，牵连岁月，又防暗中之人，留心且密察勿忽。大抵此课，为福祥，为财禄，美中之美，惟忌占人年命冲刑，反生不足，更得辅合或日辰旺相之时，尤为上吉之象也。

真一山人云：当面人情笑里刀，得时便要逞英豪。逢也更着三分教，多少渣滓眼见消。

《无惑钤》云：上和下睦，传财盛极。春夏可取，秋冬难得。

《钤解》曰：上和下睦，巳酉丑、申子辰，干支上下三合，申子辰作传，干支乘丑又作六合，可谓上下和睦矣。秋冬水当旺相，是"传财太旺反财亏"也，求财难得，反有所费。春夏之时，水休囚矣，若于此时求之，反有得矣。《集议》：戊日辰为玄武，为收魂，十一月尤忌，辰为死气故也。六戊日同。大吉真贵临日，乃真圣降佑。交车三合格，凡值此者，家合人义，外有相助，而内有成合。

戊辰日第六课

涉害　见机　缀瑕　度厄　解离　四绝
胎财生气妻怀孕

```
白 朱 空 蛇          后 勾 贵 青
午 亥 未 子          午 亥 未 子
亥 辰 子 戊          亥 辰 子 戊


财 甲 子 蛇          财 甲 子 青
兄 辛 未 空          兄 辛 未 贵
官 丙 寅 后          官 丙 寅 白


蛇 贵 后 阴          青 空 白 常
子 丑 寅 卯          子 丑 寅 卯
朱 亥      辰 玄     勾 亥      辰 玄
六 戊      巳 常     六 戊      巳 阴
酉 申 未 午          酉 申 未 午
勾 青 空 白          朱 蛇 贵 后
```

《玉历钤》云：此课凡事皆凶，占病流血，讼稍吉。神后虽受克，却可以求财，水乘青龙故也。

《毕法》云：此课干上子水虽作日财，而有旬首甲木之鬼，人欲取财，为鬼所窥，凡占者意贪，必因财致祸，因妻招凶，廉介者不畏也。又云：戊干克支上亥水，辰支克干上子水，值此主夫妻有反目之愆。凡与人期会，许允返复食言，彼此各有猜忌之意。慎矣！财不可轻易取也。世有堆钱满室，任人所取，则是梦矣，如其非梦，我亦不可往也，非我所有而取之，不但无是理也，必有大害也。

日克上神，日克用。

课名涉害、见机、四绝。最利结绝旧事，若图新，未易成。子来加巳是极阳，戊癸为合百事昌。亦可为吉，未寅有甲己合，亦不可以寅鬼论也。

此课占病，昼贵主流血而死。占官司，有刑责。夜贵稍吉，可以求财。东方吉。婚凶。盗逃不获。出入通达有财。

《义》曰：结绝旧事，未可图新。事人了来，闻听虚骇。蓦然兴作，终难实着。久病老少，遇此惊愕。

《象》曰：财到门阑喜色新，笑颜动处又虚忻。吉凶至此浑无事，福禄还归谦德人。

此见机之卦。夫见机者，察其微，见其机，谓两比两不比，当以涉害为用。涉害有浅深，欲用不用，欲言不言，事有两而取一，所作事稽留迟疑艰难，进退不定，忧患难消，怀孕伤胎，难于前而易于后。课见三传下贼上，名度厄之卦，利于小而不利于大，利于下而不利于上，讼者利后动，先动者失理。所占百事，动摇不宁。占者遇之此课，求官见贵，终无可成之理。若正二月占此，凡百不利，病者大凶，幸有可解。占宅虚耗，出孤寡之人。占求财，利空手无意之财，或先失而后得。婚姻交易者得此，不足为奇，勉强成之，终见反目。投谒人者，徒劳跋涉之难，多是主人不在，否则无心成就。远行者，虑有耗财，不然则因财争讼。逃亡者自归。捕捉者得获，不宜迟，迟一二日则有变。病者不危，犹防反复，久病老人不吉。

占出兵行师，须久历艰辛，此之谓也，然初举未免有涣散之象。所报所闻多是不实，当密察详审以辨其诈。中末却见开地得胜之兆，尤防变诈多端，不能尽述，将军不可不知之。大抵此课，发用空亡，凡百所占事多起于虚声，或成而反复更变，谋事者遇而不遇，散忧者凶而不凶。

阳焰空花。

真一山人云：金紫荣名富贵奇，浮沤世事机人知。衡门养拙无人会，免使机心气力疲。

《无惑钤》云：夜贵日登，虎鬼未乘。七月损胎，正月妻孕。

《钤解》曰：夜贵日登，未乃夜贵，临子而子登于日上为初传也。末寅为虎鬼，作马乘木，以刑害贵，讼直遭屈，虎鬼乘刑，病讼甚速。且子乃戊土胎财，在正月为生气，故妻怀孕，《毕法》云"胎财生气妻怀孕"。子在七月为死气，故损胎，"胎财死气损胎推"。土之胎神在子，故《土神歌》云"戊己当绝在亥怀，明知子上是胞胎"，或云在午，亦以说也。《集议》：解离，夫妇行年值此尤的。两贵相协。《毕法》以午为用神，子不敢比戊也，有辩在壬申日午加壬课内。初传被下克，复归地盘本宫，又被上神所克，此例乃"克处回归，又受上克"，虽虎贲之勇，不可当，所谓"前后逼迫难进退"者是也。寅加未，夜虎，主恶神庙及祖事。亥加辰，将雀，主小儿哭泣。马载虎鬼，凶祸尤速，占讼必得罪于远方，极妙。亥作朱雀加支，宅中斛斗堆垛。子财遁甲伤干，必因财致祸，因食伤身，因妻成讼。

戊辰日第七课

反吟　玄胎　孤辰　斩关　空空如也　来去俱空
空上乘空事莫追　二贵差跌事参差

```
玄 六 常 朱            玄 六 阴 勾
辰 戌 巳 亥            辰 戌 巳 亥
戊 辰 亥 戊            戊 辰 亥 戊


父 己 巳 常 ⊙          父 己 巳 阴 ⊙
财   亥 朱 ◎          财   亥 勾 ◎
父 己 巳 常 ⊙          父 己 巳 阴 ⊙


朱 蛇 贵 后            勾 青 空 白
亥 子 丑 寅            亥 子 丑 寅
六 戊       卯 阴      六 戊       卯 常
勾 酉       辰 玄      朱 酉       辰 玄
申 未 午 巳            申 未 午 巳
青 空 白 常            蛇 贵 后 阴
```

《玉历钤》云：此课两传俱下克上，空亡在中，凡百俱无可成。

《毕法》云：此课中传亥为空亡，初末俱坐空亡之地，占喜则虚，占忧则散，占病则解。

日克上神，辰上克日上，日上克用。

课名反吟，亥巳往来，宜屈己下人方成。有同类人败事，觉而去之吉。贵人昼夜相聚，日德可用动高尊，但日德就克绝所，亥为旬空，吉凶无成。

此课占见贵、求财、求婚、谋望，一切无成。病必死。官事无灾。产动未生。盗逃不远。望信不来。两传克日上空亡，占讼无凶病者尪。胎动未生逃窜远，求谋更改总乖张。

《义》曰：空里雷鸣，知闻其声。定睛睨觑，无影无形。释家有言，指空话空。不识斯理，枉用其功。

《象》曰：海鹤凌空万里遥，乘风直上九重霄。从今何处寻踪迹，放下身心且莫劳。

此无依之课，一曰玄胎。夫无依者，即反吟也。《经》曰："无依是反吟，逃者远追寻。合者应分散，安巢别改林。守官须易位，结友也分襟。所为多反复，占病数般侵。"反吟刑冲，事主迟滞，远近系心，更相仇怨，且反复而呻吟，是无予夺而难息也。况传见下贼上，利为主，利后动，长有厄，事从内起，起于女人。以下犯上，贱犯贵，卑犯尊，事多不顺。阴小在下者，有悖逆之事。占臣未忠，子失孝，事不可遂意而行，必当审察，循乎义理，庶几以免后患也。事防再举，病防再发。且玄胎如婴儿隐伏之状，事主远而多伏，暗昧不通，触则成祸，惟君子守正修德则亨。传见寡宿，《经》云："寡宿孤辰，值此尤妨骨肉。"占人孤穷失业，别离桑梓，财物多虚，亲者不亲。课传俱阴，所占暗昧不实，事起于虚声。占者遇之此课，求官见贵，反复难成。占婚求财，终始无益。暴病者醮祭即安，久病者凶危难疗。逃亡难获。官讼不成。投谒人者，主客无心。占出行者，徒劳跋涉。

占出兵行师，终难成功，还见失众之象。或转报不实，或虚张声势，此理必然也。大抵此课，惟利解散凶殃，不能成事。《经》云"三传俱空，万事无踪"，此之谓也。

真一山人云：谁识玄机道理深，得君一语重千金。忧惊许久浑无事，说与知音放下心。

《无惑钤》云：传课俱空，行往无踪。我去彼绝，久病须凶。

《钤解》曰：德入天门为用，空了。亥空，巳又落空，戌空，辰又落空，是传课俱空也。巳亥巳，行往无踪又空也。巳亥彼此俱临绝地，久病值空，绝其凶也。《集议》："空空如也事休追"，占事皆指空话空，全无实迹，惟宜解散忧疑，欲成事而不可也。鬼空妙，如占久病者死，新病者安。如望事成合，须待改旬再谋之，方可必，吉神良将乃如此论也。夜贵加昼，宜暗求关节。四课无形，事不出名。纵然出名，也是虚声。四课俱空，年命又乘空亡，但非我事，或替人占事。

戊辰日第八课

重审　斩关

后 勾 阴 六　　　　白 朱 常 六
寅 酉 卯 戌　　　　寅 酉 卯 戌
酉 辰 戌 戊　　　　酉 辰 戌 戊

官 丙寅 后　　　　官 丙寅 白
兄 辛未 空　　　　兄 辛未 贵
财 甲子 蛇　　　　财 甲子 青

六 朱 蛇 贵　　　　六 勾 青 空
戌 亥 子 丑　　　　戌 亥 子 丑
勾 酉　　　寅 后　　朱 酉　　　寅 白
青 申　　　卯 阴　　蛇 申　　　卯 常
　　未 午 巳 辰　　　　未 午 巳 辰
　　空 白 常 玄　　　　贵 后 阴 玄

《玉历钤》云：寅为日鬼临酉，自有所制，不能伤日。占病有鬼，不为祸。见贵求望，先劳后成，艰难后遂。

《毕法》云：此课寅加酉为发用，受酉之克，中传未加寅，末传子加未，俱被下克，初又去为日鬼，递互相伤，全无和气。又云：末助初传而克日干，子即教唆之人，俗谓"两面刀"是也，凡占必被人害，又有主使之人，自北方，或水旁姓名，非良善也。

日上生辰上，用克日，用克日上。

课名重审。六月为天网，四、十一月飞魂、魄化。寅为鬼，中传入未墓，皆凶。只有子为末传吉，又为未制，第四课固迟滞。

此课占病有鬼，不为祸。见贵求谋，先苦后成。求财先难后遂。婚不成。产未生。盗逃不获。行人不来。公讼不凶。日鬼为用，传入墓乡，何以办事？寅为日鬼加临酉，酉金制鬼不能伤。病虽有鬼不为祸，见贵求财难后昌。占产未生婚不利，逃盗难捕远奔藏。行者未来音信杳，论讼得理主祯祥。

《义》曰：三传受制，全无和气。若是秋占，尤谓不济。人宅荒凉，耗失昭彰。出多入少，家事难当。

《象》曰：孤中千古美声扬，至孝由来姓字香。志士果然兼两德，功名富贵不寻常。

此重审之课，一曰龙战，亦曰天网。夫重审者，重而审之也。以下犯上，卑犯尊，贱役贵，事多不顺，起于女人。阴小在下者，有悖逆之事。臣未忠，子失孝，事不可遂意而行，必当审察，循乎义理，庶几以免后患也。传见天网，《经》曰："天网四张，万物被伤"。况龙战，天之私门，生杀有限，分杜有期，雷动龙奔，示其有战，身心疑惑，进寸退尺，动有乖离之象。上见天魁，如人处云雾之中，昏蒙而无所见。幸作孤辰，又得开其云雾也。但所闻见之事，必未的实，宜加详审。占者遇之此课，乃蓦然之卦，事多起于蓦然，俗所谓"冷灰豆爆"是也。求官见贵者，且缓图，主客反复。占婚不宜。占病者主气逆呕吐，犹防再发。逃亡者归来。捕捉者易得。占财者必因财而致祸。

占出兵行师，昼占无威而不宁，夜占败绩而祸起。利为主，利后动，欲知主客何如，彼此皆怀异志，或谋而不成，或成而无功。凡所求人干用，往来言词之间，多见虚而少见实，宜审理密察，慎乎所处，无为他人之所诳惑也。大抵此课，日辰皆乘空亡，是以彼此皆无实也。[①] 无益于求谋，有解于忧患。

真一山人云：生于忧患全安乐，同贵荣华保永长。此去行来多积善，锦衣甲第子孙昌。

《无惑钤》云：鬼虽潜伏，惟嫌官卜。三传窝犯，利害相逐。

《钤解》曰：寅乃日鬼，仰丘俯仇，潜伏不能为祸。若仕官占之，乃官星不显，为所嫌也。三传虽递克之财，俱下贼上，事多窝犯也。利害相逐，祸福倚伏如此哉！《集议》：末助初克日，必有教唆之人也。鬼传墓入墓，却宜寅木递克为财，克干为鬼，亦两面刀也。

---

① 日辰上并非皆乘空亡，此系原文有讹。

戊辰日第九课

弹射　润下　交车合　水局　六仪　人宅受脱

```
蛇 青 贵 勾          青 蛇 空 朱
子 申 丑 酉          子 申 丑 酉
申 辰 酉 戊          申 辰 酉 戊


财 甲 子 蛇          财 甲 子 青
兄 戊 辰 玄          兄 戊 辰 玄
子 壬 申 青          子 壬 申 蛇


勾 六 朱 蛇          朱 六 勾 青
酉 戊 亥 子          酉 戊 亥 子
青申      丑贵      蛇申      丑空
空未      寅后      贵未      寅白
午 巳 辰 卯          午 巳 辰 卯
白 常 玄 阴          后 阴 玄 常
```

《玉历钤》云：此课发用子，癸与日合，主情喜悦，一切成遂，夜贵吉，昼贵惊恐。

《毕法》云：此课干上酉与支相合，支上申与干相合，凡占主客情投，齐心协力，可以有为也。又云：干支俱土，上神俱金，而彼此脱气，占病上下俱脱，必吐泻也。又云：末传申加辰，而助其初传之子，为日干之财，凡占虽有以财暗中相助，然三传则财多生鬼。

上神盗日，日克用，日克三传。

课名弹射遥克，三传皆财，但中见墓，冬为天狱，余脱体，首尾不相应，然始末既吉，中虽间阻，可举可成，末归，事主十全。

此课人情喜美，可以见贵，皆吉。求望有成，出入吉，余事平平。土日水局，兼财不合传墓入墓，其财反亏，盖昼龙折足，墓蛇冲刃故也。访贵求婚皆吉利，求财先阻后相通。病者求痊公讼散，行人发动产安心。盗贼逃亡宜远遁，此课先难后易成。

《义》曰：彼此脱耗，甚莫相笑。失而复得，斯理玄妙。河江水族，昼未和睦。遇夜占之，喜美慎足。

《象》曰：占逢巳午未时月，财喜重重动欢悦。秋冬得此未称奇，蓦地事来向谁说？

此弹射之课，一曰励德，亦曰润下。夫弹射者，日克神之谓。《经》曰："日往克神名弹射，纵饶得中还无力。贵人逆转子无良，天乙顺行臣不义。家有宾来不可容，亦忧口舌西南至。"然事主动摇不定，人情倒置，主蓦然有灾。求事难成，祸福俱轻，祸从内起，忧事立散。利客不利主，利先不利后，不利于我而利于彼。占人不来，访人不见，不利占讼。弹射无力，不可用事，虽凶无畏也。况励德，主阴小有灾，名关格神，常人占宅不安，宜谢土神，贵吏则主升迁，然当分前后而别其消长也。且夫子辰申为润下，主沟渠、水利、舟楫、渔网之利，类动而不息之象，克应多是过月，牵连疑二，利占成合，不利占解散。此乃五行正气入十干杂糅之乡，异方三合乃生旺墓之神，事主丛杂不一，主关众人共谋，不然两三处干事，委曲托人与人相合之类。又如推磨之象，转去转来非一遍也。况日生上神，人宅虚耗，脱盗损财，人口衰残，幸有失而复得之理。凡事虚诈虚惊，忌占长上病。求官见贵中平。婚姻成。占财有。逃亡来。主客彼此不实。

占出兵行师，昼不宁惊恐，凶中有吉，夜占举兵，开地千里，大胜之兆。然三传水神，将亦如之，其贼多是近水联络相聚，彼此俱有不遂之理，虚惊不宁之象，其精微又当于临时斟酌而决矣。

春夏吉，秋冬吉。

真一山人云：喜逢六合利交关，事见迟疑且放宽。只嫌日上来相破，笑里藏刀仔细看。

《无惑钤》云：交互作合，彼此相脱。已往之财，末助可夺。

《钤解》曰：酉与辰合，巳与申合，可以合本作伙，但戊被酉脱，辰被申脱，始虽合而终必相脱也。财临第四课，已往之财也，既作发用，末又助之，亦可以复得也。《集议》：戊日辰为玄武，名为收魂神，占病凶。末助初财。"人宅受脱俱招盗"，占身被人脱赚，占家宅被人盗窃财物，如占病，必因起盖房屋费用，而致心气脱弱，遂成虚羸，宜服补元气药饵获愈。交车合脱又互脱，即"天网恢恢"、"束手得来"之喻。

戊辰日第十课

弹射　玄胎　寡宿

三传递生人举荐

```
六 空 朱 青          六 贵 勾 蛇
戌 未 亥 申          戌 未 亥 申
未 辰 申 戌          未 辰 申 戌


财　亥 朱 ◎         财　亥 勾 ◎
官 丙 寅 后 ⊙        官 丙 寅 白 ⊙
父 己 巳 常          父 己 巳 阴


青 勾 六 朱          蛇 朱 六 勾
申 酉 戌 亥          申 酉 戌 亥
空 未    子 蛇       贵 未    子 青
白 午    丑 贵       后 午    丑 空
巳 辰 卯 寅          巳 辰 卯 寅
常 玄 阴 后          阴 玄 常 白
```

《玉连环》占曰：此课据来意，主往西北上出入干财，一姓李人无髭须也，暗为鬼贼，其人自解其怨，财亦不得而空回也。何以知之？日上冲财为日马，并亥为西北，又卦名弹射，故谓西北干财。中传功曹为木，下临壬水近子，是为李字，白虎主无髭须人，为日下之鬼相害。自解其怨者，《七十二占》云"忧不忧，传自救"，盖寅为日鬼，上得白虎克之，故自解也。其财不得而空回者，以发用登明为空亡，虽为日下之财，而自空亡，故空回也。①

《玉历钤》云：此日课，戊日与亥时冲，吉凶不相喜，虽是日财，在空亡，又兼加申为害，求财必无，一切俱无成就。

《毕法》云：此课中传寅，夜占为白虎，作日干之鬼，马又居住寅上驮虎鬼，其凶甚速，凡占当谨避也。且瞬息之间，能起大祸，人于仓卒，必须念之。

上神盗日，辰上生日上，日克用。

_____

① 《一字诀玉连环》作：十月戊辰日寅将亥时，占来意。

课名弹射。本自遥克无力，又值用为空亡，此为遗弹。日辰三传，末归日上，事益后，然用既空，凶吉皆空。

此课寅申为六合，又是空亡，不可用也。害有合，合有害，忧事自解，出旬无事。见官、求财、占文字、占婚，俱不成矣。用为日财，亥加申为六害，正孤寡宿之卦，主孤独。日与登明冲极凶，加申六害又逢空。见贵求名俱狂妄，占忧问讼总无凶。婚嫁多难非匹配，求财不遂枉西东。病者淹滞逃窜远，囚系逢之脱狱中。

《义》曰：遗丸失弹，如梦泡幻。僧道九流，公门虚干。闻事宜察，焉可遂听。造作是非，小人侥幸。

《象》曰：桑田变海海成田，这话教人信未然。识得这般消息子，前三三与后三三。

此弹射之卦，一曰玄胎，一曰寡宿。夫弹射，乃日克神之谓。《经》曰："日往克神名弹射，纵然得中还无力。贵人逆转子无良，天乙顺行臣不义。家有宾来不可容，亦忧口舌西南至。"然事主摇动，人情倒置，更主蓦然有灾。求事难成，祸福俱轻，忧事立散，祸从内起。利客不利主，利先不利后。占人不来，访人不见，不利占讼。弹射无力，不可用事，虽凶而无畏。传见空亡，又为失弹，不能成事也。况玄胎如婴儿隐伏之状，利上不利下，事主远而多伏，暗昧不通，触则成祸，惟君子守正修德则亨。凡占老人小儿病，忌之，为再投胎也。久病尤忌，惟新病、年壮者，作福禳解。传见寡宿，抑且又日生上神，虚费多端，盗失损财，人口衰残，休囚尤重，又为子孙脱漏之事，凡事虚诈，不足取信。若占人，主孤茕失业，财物多虚，运至旺乡，白手起家致富。占者遇之此卦，求官见贵，劳而无功。占婚不宜，勉强成之，终难偕老。占胎不实，生后难育。失脱难得。逃亡者归来。遂讼宜和解。远行不利。

若占出兵行师，乃无益之象，惟宜止息，或别为选图，如不得已而用之，其间多有虚诈，不足取信。用兵者知此，当相机密察。大抵此课，难于成事，却利乎解散忧疑也。

四时占事，变易不一。

真一山人云：龙楼凤阁重重贵，衣紫腰金名冠世。时未来时奈若何？否极应知泰将至。

《无惑钤》云：财禄官鬼，皆不相干。执弓不弹，坐守惟欢。

《钤解》曰：寅亥乃日之财马官鬼，俱为空陷而不相干也。动而无益，不如坐守干上长生，足以取欢也。《集议》：虽三传递生，奈初中空亡，徒自举荐之名，而无举荐之实也。"空上逢空事莫追"内语。遥克空已，凡占皆虚无也。

戊辰日第十一课

重审　涉三渊　不行传　贵登天门
罡塞鬼户任谋为　　虎乘遁鬼殃非浅

```
白青常空            后蛇阴贵
申午酉未            申午酉未
午辰未戌            午辰未戌


子壬申 白           子壬申 后
兄  戌玄 ◎          兄  戌玄 ◎
财甲子后 ⊙          财甲子白 ⊙


空白常玄            贵后阴玄
未申酉戌            未申酉戌
青午    亥阴        蛇午    亥常
勾巳    子后        朱巳    子白
 辰卯寅丑            辰卯寅丑
 六朱蛇贵            六勾青空
```

　　此课申戌子，先生曰：名涉三渊，跋涉奔波，劳力无成。支干上午与未合，出身甚妙，及至历任三授，两丁上服。子孙居火上，日后以弟之子为己子，妻又因产而死。所受差遣一任远似一任劳苦，终死于外州矣。四十五上难过，虽过此年，后亦不济事也。徐将仕十八岁占，至二十五上铨试中，当年授岳县州尉。二十七上丁父服，二十九上再授潭州湘潭县尉。三十上丁母服，三十三上授复州司户，当年冬赴任。三十四上妻因产亡，有四女，遂以小弟之子为己子。任满再授广西提举司干官，差使万状，几不终任。后得满任，授广州东莞县知县，年四十五岁，遂亡于彼。续子寄居于彼，竟不归矣。先生有云：间传二十四课，撞见定是不好。此课名涉三渊，一生果劳心，一传远似一传，又入空亡上去。况初传子息居羊刃鬼上，故难得子也。中传戌土同类为兄弟，加子息上，故以弟之子为子息也。末传妻在空亡，乘遁甲，子为子息，上见天后为污秽之神，故妻因生子而死，不合乘子息加在空亡上，故于产中而死。况戊辰支干皆东方之神也，本命辛卯，又是东方，一竟流入西方，夫那更又是涉三渊，传归空亡，陷于西者，所以言死于外州，传既不回，知子亦不回也。①

《通神集》云：此课午上见申为白虎，占病必丙丁日自安，盖申金加午为白虎烧身也。且今是干生，其今日上见小吉，亦生其金，止是日生白虎，幸无日下之鬼。丙丁能制白虎，而生日干戊土及日上未土，所以丙丁日病者所以获安也。

《毕法》云：戊日丑为昼贵神，临地盘亥上，名贵人登天门，螣蛇临子名坠水，朱雀临癸名投江，勾陈临卯名受剥，天空临巳名投绝，白虎临午名烧身，玄武临申名见刑，此乃六神藏也。此时辰戌丑未中有五墓之煞，皆陷于四维而没也。盖六神乃凶神，四煞乃凶煞，惟贵人登天门，所以六神藏、四煞没，凡一切谋为运用，有吉无凶。

辰上生日上。

课名重审、间传。一下凌上为不顺，事转迟，况是涉三渊，喜无刑害，及中末空亡，凶吉皆从空散。申加午为来神，利占行人。常人占主改门户。日刑主费力，求事多费。见贵有阻。婚不吉。占财如意。盗逃不获。日刑为用传，入空亡，作事有头无尾。凡申加午为来神，望信行人即回程。门户占之宜禁革，申来刑日恶人情。盗逃难获婚姻阻，诸谋难遂望财成。

《义》曰：斯课之理，如涉重渊。历遍艰辛，事犹未然。泆女昏蒙，闺阁勿客。虚声物议，问婚莫从。

《象》曰：人海求珠运未通，巨舸发处动狂风。其中幸遇人多善，浪息风恬稳过蓬。

此重审之卦，一曰泆女。夫重审者，重而审之也。以下贱上，卑犯尊，贱役贵，事多不顺，起于女人。阴小在下者，有悖逆之事。占臣未忠，子失孝，事不可遂意而行，必当审察，循乎义理，庶几以免后患也。传见泆女，有男女淫讹不明虚声之象。占身宅者，宜谨慎以杜之。且申戌子乃间传之课，间传者，间隔之义，名涉三渊也。此卦求官见贵、占婚求财，虽见阻隔之难，然而终有成就，亦不全美也。若远行投谒人，"主宾际会两殷勤，暮晏朝欢会无极"，见空稍有未足意者。占病主隔气，隔而即通，病防再发，或呕吐气逆而不顺，以火克金，嗽血肺病之类。暴病即愈，久病难料。逃亡者归，目下难获。讼者利后举，利主，事见再发重处之。凡是惊恐虚惊、忧患疑难之事，得此卦为福，以其能解散也。若欲谋成之事，虽成而亦不足为美。

若占出兵行师，本为凶象，有败亡之理，所幸传见空乡为解，凶而不凶又可知矣。大抵此课，举动将士离心，凡事虚诈而无实，最忌敌使之言，诡

谲而不可听，切宜防察而无忽也。

得而复失，聚而复散。

真一山人云：百虑千谋用尽心，不知何日遇知音。观时守分循天理，纵有灾愆也不侵。

《无惑钤》云：初生末财，两事俱乖。子遁虎鬼，金畏火灾。

《钤解》曰：申乃长生，临午被克，为煨烬矣。子乃财星，遁甲乘虎，化为狞恶之鬼。两事俱乖，全无益矣。初申落于火上受制，不能制遁干之鬼。《集议》：昼贵登天门，天罡塞鬼户，凡占无不亨利。申加午，主炉火，天后临之不成，水破火也。涉三渊诗见乙丑日。不行传者。夜子乘虎冲支上午，为对邻兽头冲其本家，以致家道衰替。子遁甲乘虎为传，为殃非浅。

戊辰日第十二课

别责　互生俱生　芜淫　不备

权摄不正禄临支

```
青 勾 空 青        蛇 朱 贵 蛇
午 巳 未 午        午 巳 未 午
巳 辰 午 戊        巳 辰 午 戊


官 丙 寅 蛇        官 丙 寅 青
父 庚 午 青        父 庚 午 蛇
父 庚 午 青        父 庚 午 蛇


青 空 白 常        蛇 贵 后 阴
午 未 申 酉        午 未 申 酉
勾 巳     戊 玄    朱 巳     戊 玄
六 辰     亥 阴    六 辰     亥 常
  卯 寅 丑 子        卯 寅 丑 子
  朱 蛇 贵 后        勾 青 空 白
```

《玉历钤》云：别责本非吉课，又寅为日鬼，午为羊刃，常占不测，血光之灾。

《玉门经》云：四课之中，阴阳不备，阴不与阳亲，阳不与阴合。当此之时，发用阳神终不见阴，发用阴神终不见阳。以此占之，上下不正，人情不顺，奸生于内，淫合于外，不吉之课也。

课名别责，两传三课，事多不吉。然春月占得，极有生意，不可纯谓之凶卦也。盖日往加辰，主有德禄之人入宅相访，昼占胜暮占，以蛇为龙也。

此课常人占得此，主不测，官司流徒之灾。如官讼，定无轻事，必主重罪。产生。信至。盗逃失脱，目下获。其他见贵求望婚财不成。初蛇末龙，凶中之喜；初龙末蛇，吉中反凶。况用神克日，课名别责，不为吉也。午加日上为羊刃，寅为日鬼并为灾。日暮占之俱不利，常问官灾疾病来。问产便生无阻隔，占人将至莫疑猜。盗逃易捕不须虑，见贵求名事不谐。

《义》曰：芜淫芜淫，奸生于中。闺门敬慎，勿令潜通。占婚得此，妇道越理。斯意何如，正家之始。

《象》曰：无心谋运贵人扶，更喜先难后易图。申子命年冲着处，仰天高射费工夫。

此芜淫之课，一曰天网。夫芜淫者，阴阳不备之谓。一阴一阳，奇偶相并，乃为夫妇合道之常，一夫一妇，琴瑟友之而无乖戾。若此课，二阳一阴，是为两男争女，故曰芜淫，如墙有茨，不可扫也，言之丑也，惟能严肃以杜其渐，则真利也。况将神相生，抑且正大而无幸也。喜日上来生，所谋百事俱吉，运用如意，有人上门相助之理。遇灾不凶，逢吉愈吉。若当季神生日，则声名显达，若岁命生日尤吉。辰上谓不足，主宅舍不宁，迁移之兆，阴小有灾，惊恐未安。占者遇之，求官见贵，先阻后成，犹豫疑二，忧喜相半。四课不全，凡事少阻。婚姻不宜，强成招耻。占孕生女难育。求财难得。求相助吉。病因财喜得。产喜。逃亡归。远行者，正月、九月、十月忌之。占讼比和解吉。其他诸占，皆先见惊疑，然后自祸化为吉也。

若出兵行师，昼占先见忧疑畏慎而不宁，然后却得生助，大胜得宝物、金帛、图书；夜占先见大胜，然后忧疑惊惧而不宁。最忌将军年命冲克用神，则凶不能为祸，而吉不能为福耳。用兵者，当以此理斟酌轻重，而审其进退存亡之道，不可不为重也。谨之！谨之！

冬吉。

真一山人云：芬芬红紫占先春，灼灼播花夏有神。只恐运各非所遇，自然富贵岂由人？

《无惑钤》云：用鬼传刃，舍安就险。屈尊于卑，甘受偃蹇。

《钤解》曰：禄临宅受脱。动逢鬼刃，宜守旺生，却乃往投支脱，是舍益就损也，屈尊居卑，甘受偃蹇，而终不得亨快。《集议》："权摄不正禄临支"内谓此禄被支脱，盖因起造宅屋，以禄偿债，不可以"权摄不正"论。互生俱生。两贵不协，变成妒忌，丑加子，未加午。

己巳日

己巳日第一课

伏吟　玄胎

三传互克众人欺

```
青 青 白 白        六 六 蛇 蛇
巳 巳 未 未        巳 巳 未 未
巳 巳 未 己        巳 巳 未 己

父 己 巳 青        父 己 巳 六
子 壬 申 常        子 壬 申 贵
官 丙 寅 朱        官 丙 寅 空
```

```
青 空 白 常        六 朱 蛇 贵
巳 午 未 申        巳 午 未 申
勾辰      酉玄     勾辰      酉后
六卯      戌阴     青卯      戌阴
寅 丑 子 亥        寅 丑 子 亥
朱 蛇 贵 后        空 白 常 玄
```

《预见经》占曰：此课来意，主望远信未至，为阴雨阻隔，亦主遗失文字，及有患病人，头疼、心痛不利。何以言之？盖以伏吟主信，初传巳为雷公煞，故云风雨阻隔。巳与申合，己课，寅上见朱雀，夜见天空，主遗失文字也。末传寅在岁后一辰，为病符，合亥，亥上见天后，主头疼，寅又合午，午为心，故心不利。亥数四，至四日方安。

《通神集》占曰：人年二十八岁，行年巳，巳为用，兼上见青龙乘旺，太常在申，天马在传，此课主将科名及第。

《玉历钤》云：此课末传日德，旦夜将俱吉，春夏得之，求望官职必成，求财如意。但凡伏吟课，多主迟滞。

《毕法》云：此课初克中，中克末，末克日干，值者必致众口一词，攻讦凌侮，常人预防词攻状论，官员提备合台上疏论劾，须宜检束，不可忽也。又云：末助初传，而来生日，却主东方木旁人助，南方火姓人作福佑护，亦是曹官之属。

课名伏吟，阴日见之，惟此一课见寅为德印天官，贵人在中，初又合，可为吉课。兼末德，合一年九个月见月德，凡事主如意，先不足，后有余。

此课春夏得之，求官求财如意，但伏吟而刑，必有小遗之患。占人望信必来。占婚姻成就。病即安。官司自散。三传递克己土，然后能生初传之火，火却生己土也。昼贵占求官吉。末传日德神，昼夜将皆吉。占人望信来，合神婚利益。狱讼将脱身，病人渐安逸。求利并求名，春夏美如意。

《义》曰：暗中鬼贼，善以御之。惟恩惟德，贤希圣希。不欺为本，恒自检私。阴阳独彰，夫妇睽违。

《象》曰：慢携琴剑上皇州，盖世纶才岂遇秋？丹桂槐黄时节好，文章主意莫旁求。

此自信之卦，一曰玄胎。夫自信者，天地伏吟，十二神各归本家，天地如一，四伏未发之象。占事静则渐，主事隐匿不动，静中求劳，有屈而不伸之象。

《经》曰："任信伏吟神，行人立至门。失物家内盗，逃亡隐近邻。病则难言语，占胎生哑人。访人藏不出，伏吟泪淋淋。"况玄胎如婴儿隐伏之状，利上不利下，事主远而多伏，暗昧不通，触则成祸，惟君子守正修德则亨。

《经》曰："占遇玄胎，室产婴孩。"不利占老人小儿病，乃再投胎也，久病不宜，故曰"久病人身怕见马"，名驮尸，太阴可解。又云：日辰只有两课，用刑明起传，主事屈不得伸，静中鬼伏，且藏伏而呻吟，岂得已？外用日则舍阴，用辰则舍阳，故天地不备，阴阳独彰，实为不足之体。

《经》曰：阴日刑害破冲已见，传内皆是刑中有害，破中有合，凶中吉，吉中凶，祸福倚伏，不可一概而论。占病多倦言，或不进饮食，久病并老人小儿凶，后世之胎也。占孕惊恐，其胎聋哑。远行回轮，近行将至。求财动摇。盗者不出其家，逃者不出邑里。远行不利，正五九月尤忌。占谒见有助，亦有隐避不欲见之理。论讼始终必见相合庶志。占宅人才兴旺，冬占主出隐贵。

行军得此，忧心众畏，惊骇不宁，宜申严号令，明示赏罚，以一其志，以备不虞。未出军得此，宜再占之。若临敌对垒，宜坚壁固守，以相其机，出其不意，此义致胜之道，还见有两兵相合解退之意。大抵此课，惟利求名，有迁官食禄之荣，登科甲第之美，最忌占人年命冲刑禄马，则又美中未美。欲访察事情，人多不尽言。其他又在四时月令，并占人年命，而未能具尽其理也。

春吉，夏中，秋逆，冬平。

真一山人云：圣贤梯阶未足遥，两途祸福自相招。人于动处存天理，凶卦翻为吉卦爻。

《无惑钤》云：德寅长生，君子则亨。迤逦克伐，寅为祸萌。

《钤解》曰：干支拱日禄午，午为真朱雀，生日干，年命上见申酉，未免不能生初，则凶。初巳为长生，末寅为日德作官爻，又干支拱禄，主士人求进则亨，宜占食禄事。但初克中，中克末，末寅克干，诚为祸萌也。常人值此，被人欺凌，平日所为凶横，被众攻讦。见在朝官，须防阁台上言，宜自检束为妙。《集议》："末助初生三等论"内谓此末助初生干，须年命上神生末乃吉，若制末，反凶。日上未虎临干，占病腰疼。"前后引从升迁吉"内列此日，为干支拱禄，宜占食禄事。"宾主不投刑在上"内谓此三刑在传，未免无恩之意，凡占恩反怨也。

雍正九年三月初六日，卜家宅吉凶。夜戌时戌将，主明日有信来。舍弟来应。

己巳日第二课

元首　逆连茹　斩关　三奇

众鬼虽彰全不畏　旺禄临身休妄动

<pre>
六 勾 青 空   青 勾 六 朱
卯 辰 巳 午   卯 辰 巳 午
辰 巳 午 己   辰 巳 午 己

官 丁卯 六   官 丁卯 青
官 丙寅 朱   官 丙寅 空
兄 乙丑 蛇   兄 乙丑 白

勾 青 空 白   勾 六 朱 蛇
辰 巳 午 未   辰 巳 午 未
六 卯   申 常   青 卯   申 贵
朱 寅   酉 玄   空 寅   酉 后
  丑 子 亥 戌   丑 子 亥 戌
  蛇 贵 后 阴   白 常 玄 阴
</pre>

《玉历钤》云：此课无变化，不可用，又初中克末，凡事不成，占忧可散。

《毕法》云：此课寅卯虽为日鬼，返生干上火神而生育己土，变凶为吉，故云"众鬼虽彰全不畏"。

上神生日，日上生辰上，用克日，初克末。

课名元首、连茹。日上午来以禄就合，三传虽是日鬼，要克己土，惧午火而不能，反生午火以生合日干。但干墓加支主晦，寅卯木遥制，有惊恐也。此课末见蛇虎，怪梦灾疾，不宜用望，且防人情不足，人事参商，吉反凶，成事败，宅不安，人灾财散。用事日干同类兄弟，有田产不明，主疫疾怪异。旬尾互见后玄，必为截路，换甲中亥为太虚官府（疑有讹误，以俟高明），见凶恶暗昧之事。日贵腾蛇夜白虎，大凡用望总无成。吉事反凶成事败，占家财散病来侵。

《义》曰：寅卯时占，天网四张。素无阴德，妄动罗殃。守旧多福，君子占禄。

《象》曰：三阳开泰运亨通，若也求官禄未终。履遍岩崖到平坦，事当义理便成功。

此元首之卦，一曰天网，又曰连茹。夫元首者，尊制卑，贵役贱之象。占事多顺，利于先举，事多起于男子。为臣忠，为子孝，正大光明而无邪僻之行，德业已著而乾乾进修，常怀危惧，惕励而无咎也。传见连茹，事主欲行不行，欲去不去，欲止不止，节外生枝，先退而后进，迟而不怯。惟用起夫天网，占人不悦。

《经》曰"天网四张，万物被伤"，事见阻滞之义。却见上神生日，所谋百事皆吉，运用如意，有人上门助我、成我，不待求之而自至也。又惜其见破，凡事涣散，多见更改，此又美中又未全美耳。占者遇之此课，求官见贵，有人暗中扶持，亦有可成，还见不足。婚姻有成。若占投谒人者，名之"千里徒劳费粮裹"也。占财须得年命有财方可，又恐因财生祸。占病夏秋凶，以其有棺椁、墓田之煞，急宜作福修德为解。占逃亡难得。占讼凶，宜和解吉。诸占皆美中不足。

占出兵行师，六合尤宜得金宝之美利，春占须见敌之强盛及有王助我之理，利为主。敌有使来，多是益我，可以礼貌以探其言，见彼之情，有虚而实其间，又恐有人相破。凡有委托，皆得其人，纵使少见不足，终不败事。昼占得此，皆有胜兆，未免有言词虚惊也。用兵者不可不知。

真一山人云：野老闲言道寓深，其中理趣胜黄金。三奇遁出凶中吉，善恶由来在迩心。

《无惑钤》云：旺禄临身，妄作遭刑。君子宜卜，遁乙丙丁。

《钤解》曰：真朱雀生干，岁申酉凶。旺禄临干，非己土旺神，乃禄也，亦可守以资生，若弃之，则入初中之鬼，末传乙丑，蛇虎极凶，轻动则遭刑。旬遁三奇，君子利之，小人则难胜也。《集议》："旺禄临身徒妄作"、"引鬼为生"。凡三奇课，君子居官一品，职入庙廊；常人虽无吉泰，亦可消除灾祸。寅加卯得雀，射见果木。占宅必架书册，夜占朱雀。丑遁乙丑入传。

己巳日第三课

重审　极阴　三奇　六阴　不行传

彼求我事支传干　太阳躔丑为杜传卦

```
蛇 六 六 青        白 青 青 六
丑 卯 卯 巳        丑 卯 卯 巳
卯 巳 巳 己        卯 巳 巳 己


兄 乙 丑 蛇        兄 乙 丑 白
财   亥 后 ◎      财   亥 玄 ◎
子 癸 酉 玄 ⊙      子 癸 酉 后 ⊙


六 勾 青 空        青 勾 六 朱
卯 辰 巳 午        卯 辰 巳 午
朱寅      未白     空寅      未蛇
蛇丑      申常     白丑      申贵
  子 亥 戌 酉        子 亥 戌 酉
  贵 后 阴 玄        常 玄 阴 后
```

《玉历钤》云：此课初传白虎、螣蛇为用，主人情不顺，干事偏曲，吉事返凶，成事却败，凡百不成。

《毕法》云：此课干上巳生干，支上卯虽生支而反败支，此乃利己不利人，利身不利宅，故云"互生俱生凡事益"。又云：初传丑遁得乙丑，夜占白虎，而为日鬼，凡占必有重灾深害，难消难解，若得空亡，庶得轻浅，故云"虎乘遁鬼殃非浅"。

上神生日，辰上生日上。

课名重审、间传。极阴课，初为杜塞，中亥虽财而又旬空，末酉又是截空带破碎，三传俱无用，所幸中末空，凶吉无成，但不可有所图谋也。

此课占病、公讼，本有凶挠，幸而传退，不为深灾，凡事费力无成，占人望信即来，日鬼凡百皆退。

幸逢夜合日青龙，紧退三传鬼大重。谋望无成徒费力，问讼占灾总不凶。行人望信书将至，婚产艰难盗计穷。

《义》曰：课体不备，经营未遂。若占家宅，必见狼狈。动则有改，祸消福来。远行出外，未见和谐。

《象》曰：抬土当门未足夸，谋为徒自数年华。一朝运至亨通地，富贵功名定不赊。

此重审之卦，一曰龙战。夫重审者，重而审之也。以下犯上，卑犯尊，贱犯贵，事多不顺，起于女人。阴小在下者，有悖逆之意。占臣未忠，占子未孝，不可遂意而行，必当审察，循乎义理，庶几以免后患。事防再举，病防再发，或气吐呕之疾。况龙战为天之私门，日月由此出入，生杀有限，分杜有期，雷动龙奔，示其有战，身心疑惑，进寸退尺，动有乖离之象。占者遇之此课，求官见贵，始如有得，终反无功。婚姻难成复失，到底无益。凡占百事，合而不合之谓。占财惟利空手而求，托本者反伤其利。逃盗难获。投人者虽有得助，"主宾际会两殷勤，暮宴朝欢会无极"，又畏夫终始不一。占讼宜改散和好。忧疑惊恐患难之事，逢此则吉不成吉，凶不成凶也。昼夜神将皆不宜于占病，暴病即解，久病凶危。

占出兵行师，军出外远行，多是事不果行，若不得已而用之，必有忧疑惊恐不宁，然而终不成祸，又虑夫将士离心离德，虽孙吴用兵者，亦未见其全功。大抵此课，秀而不实，苗而不秀，有花无果，空空如也而已矣。

吉事未成，凶事消散。

真一山人云：凶中隐吉莫焦劳，有德何须论富豪。百事转头浑似梦，庄周赢得蝶飞飘。

《无惑钤》云：支生干焉，往历三传。乙丑夜虎，破败亡钱。

《钤解》曰：朱雀生岁干，申酉岁凶。支来生干，格号自在，谋事人助，家和人羡，守之可也。若弃而妄动，初逢乙丑夜虎，中财乘马空，末破碎，又土之败地，历三传无可者，失财必矣，岂可轻动也哉？《集议》：丑加卯用，妇人腹痛，丑遁乙鬼发用。"极阴"义见丙寅日课内。受恩深，宜先退。此支来生干，号培本壮基，不复载录。巳上有卯木，又是日之阴。

己巳日第四课

蒿矢　玄胎　斩关　闭口

本日四立，戊加己为天祸卦，凶甚。

```
后朱蛇勾            六空青常
亥寅丑辰            亥寅丑辰
寅巳辰己            寅巳辰己


官 丙寅 朱          官 丙寅 空
财    亥 后 ◎      财    亥 六 ◎
子 壬申 常 ⊙       子 壬申 贵 ⊙


朱 六 勾 青         空 白 常 玄
寅 卯 辰 巳         寅 卯 辰 巳
蛇丑      午空      青丑      午阴
贵子      未白      勾子      未后
亥 戌 酉 申         亥 戌 酉 申
后 阴 玄 常         六 朱 蛇 贵
```

《玉历钤》云：此课德神为用，若可有为，奈旦暮神将未善，况遥克之用，中传空亡，忧喜皆不成，不可用也。

《毕法》云：此课夜占，谓之两常夹日上辰墓，主昏晦不明之象，但比两蛇夹墓，其凶颇轻。

辰上克日上，用克日上，末克初。

课名蒿矢，神遥克日，墓覆干，寅为官鬼加宅，又是天绊地结，所幸中末空亡，末能制寅凶，凶吉皆从空散。凡事先成后败，惟忧稍轻。凡事再三方遂，忧喜皆不成，一切用望，必无刑象，凡事忧虑自然散也。墓覆日，传入空乡。亥加寅为六合，申加亥为六害，合中空，先成后阻。虽德临初将不凶，末中传上忌逢空。一应用为俱不利，问讼占灾却悦容。

《义》曰：君子占之，宜其守旧。富贵贫穷，前定命中。当畏勿畏，闻声勿惊。人言是实，我道虚声。

《象》曰：十年窗下苦劳心，终道居官便陆沉。过此渐如时节好，恩光竚看下彤庭。

此蒿矢之卦，一曰玄胎，又曰天网。《经》云："神遥克日名蒿矢，射我虽端当不畏。贵人逆转子无良，天乙顺行臣不义。家有宾来不可容，亦是口舌西南至。"然事主动摇，人情倒置。如蒿矢，射虽中而不入，祸福俱轻，求事难成，利主不利客。占行人不来，访人不见。若带金煞，亦能伤命，主蓦然有灾。若传入空，又名遗镞，不能成事。夜占有虚诈之事，祸从内起。况玄胎，婴儿隐伏之象，故曰："占遇玄胎，室孕婴儿"。不利占老人小儿病，为再投胎也。利上而不利下，事主远而多伏，暗昧不通，触则成祸。身喜心忧。两人共谋，终见乖异。占胎孕，主有病。且天网为阻滞，彼来克我之象。见墓神加日，凡事昏暗。又为斩关，利占逃遁，或欲隐身避难也。占者遇之此课，求官见贵，始荣终辱。投谒干人，主难和合。空手求财利，将本求财难。婚姻虽有可成之理，终不为美。失物难得。逃者未归。官讼不吉，终见和解。病者凶中有救，急宜作福。

占出兵行师，得此宜别为选图，如不得已而用之，必有口舌谣言不实，及虚诈诡谲之事。相交战阵，慎乎密察，防微杜渐，亦见将志不一，欲其成功，难也。大抵此课，能解凶，解释患难忧疑也。

成中虑变。

真一山人云：祸福无门本自招，风波起处致心劳。从兹悔过循天理，福自潜生祸自消。

《无惑钤》云：课真亡空，万事无踪。勿欺蒿矢，委镞有功。

《钤解》曰：用夜天空，中末皆陷，诸事不实也。寅木为矢，末有申金，委带镞矣，亦可成功名，虽蒿矢岂可欺哉？《集议》：寅加巳，旦雀，主口舌文书事，须至官。助桀为坚，遁生日鬼。癸酉日第二课，未加申，乘太阴，亦曰："勿欺蒿矢，委镞坚刚"。

大六壬集应钤

己巳日第五课

元首　曲直　六阴　不行传　木局

催官使者赴官期　交车相合交关利　众鬼虽彰全不畏

```
玄 蛇 后 六          蛇 青 六 白
酉 丑 亥 卯          酉 丑 亥 卯
丑 巳 卯 己          丑 巳 卯 己


官 丁 卯 六          官 丁 卯 白
财   亥 后 ◎        财   亥 六 ◎
兄 辛 未 白 ⊙        兄 辛 未 后 ⊙


蛇 朱 六 勾          青 空 白 常
丑 寅 卯 辰          丑 寅 卯 辰
贵子      巳青       勾子      巳玄
后亥      午空       六亥      午阴
戌 酉 申 未          戌 酉 申 未
阴 玄 常 白          朱 蛇 贵 后
```

《中黄经》占曰：此课主东方一红白、头不完全之人相害。何以知之？盖以初传卯临未，卯中虽有二丁，未中重建二辛，克制日干。土怕卯来克制，卯东方旺木也，上建丁，其驿色，辛又克卯，辛之色白，伤于日上，则当头面带破。合主东方来一红白人，头面不完，恶意伤害。[①]

《玉历钤》云：此课全官全鬼，他事不宜，最喜求官应举，朝天赴选，所求必遂。春夏官鬼有气为宜，秋占费力。

《毕法》云：此课三传生支而克干，是宅旺人衰，人口少而居宽广之屋，致使人口渐衰，患难以生，宜卖其宅，别迁住居，以禳灾祸，故云"屋宅宽广致人衰"。又云：夜占克干之鬼乘白虎临墓，别占尚可，占病大凶，占讼被人冤抑而遭捶楚，故云"干乘墓虎休占病"。

上神克日，日上克辰上，用克日，初克末。

---

① 《中黄经》作：假令己巳日丑将巳时。

课名元首、曲直。三传克日，鬼爻发用，为合是众煞，为虎为恶神，所幸中末空亡，从空散也。

此课君子求官职，并士大夫求望俱如意，秋夏得之，亦无用也。虽有小成，亦必难，其望用皆不成。卯为日鬼，乘木局贼日阴土，不宜得此，用事阻隔。三传皆木伤其土，谋望艰难总费神。只利求官并举选，夏秋占得亦无成。

《义》曰：出暗入明，脱难就易。始虽有惊，终则获利。切莫问婚，物议虚声。虽有实踪，心上未宁。

《象》曰：大比春闱网俊英，文奎天上倍生明。巍巍梁栋中心朽，斧斧停声漫斫成。

此元首之卦，一曰曲直，又曰狡童。夫元首者，尊至卑，贵役贱之象。凡事多顺，利而先举，事多起于男子。为臣忠，为子孝，正大光明而无邪僻之行，德业已著而乾乾进修，常怀危惧，惕励而无咎也。传见曲直，卯亥未木局。曲直者，先曲而后直也。戊己日为根固。大抵五行正气入十干杂糅之乡，异方三合是生旺墓之神，事主丛杂不一，主关众人共谋，不然两三处干事，委曲托人与人相合之类。又为推磨之课，转去转来非一遍也。且狡童，主男女淫讹不明之象，占身宅者宜谨慎以杜之。上神克日，只利先讼，要有气，余皆不利。占病有鬼。占讼者凶。常占为人所欺负，口舌不宁，防人侵害。此课求官见贵，阻隔难成。婚姻不吉。占财难。占胎不成。占人年命上有申酉字为美。讼官有解。暴病吉，久病凶。走失难获。出行不宜。投谒人者宜守旧。交易不成。主客不和。

占出兵行师，得此宜防人侵损。敌有使来，言词不实，多是奇谋诡诈，暗投机关而探听我之消息。此课虽云六合，尤宜得金石之美丽，然而传见空脱，欲全其功，虽有智谋而未之能，却利于解散凶忧患难之事耳。

有花无果。

真一山人云：独乘赢马度危桥，战战兢兢胆欲消。自古吉人天默相，也知从此福偏饶。

《无惑钤》云：卯乘合虎，与贼为伍。仕虽催官，常人被苦。

《钤解》曰：末空陷，吉凶无据。用乘合虎克干，贼成党也。干乘虎鬼，常人病讼，居官君子得此，乃谓"催官使者"，主上任急速。《集议》：干鬼乘虎克干，忌占病。卯又丁神，来克本身，有凶动也。三传生支，却宜兑卖宅屋，以避灾患之费，出《毕法》"屋宅宽广"内占说。先直后曲，曲直作鬼，主枷杻。下传上则直，未加亥也。讼主枷杻。卯加未，先直后曲。

己巳日第六课

涉害　无禄　见机　不结果

```
青 贵 六 阴        后 勾 蛇 空
未 子 酉 寅        未 子 酉 寅
子 巳 寅 己        子 巳 寅 己


子 癸 酉 六        子 癸 酉 蛇
兄 戊 辰 常        兄 戊 辰 常
财   亥 蛇 ◎      财   亥 六 ◎


贵 后 阴 玄        勾 青 空 白
子 丑 寅 卯        子 丑 寅 卯
蛇亥     辰常      六亥     辰常
朱戊     巳白      朱戊     巳玄
酉 申 未 午        酉 申 未 午
六 勾 青 空        蛇 贵 后 阴
```

《玉历钤》云：此课日辰皆克，三传自刑，凡事难阻，所求不遂。

《毕法》云：此课支干各被克伐，如占讼，两家皆被罪责，诸占两边各有所亏，占身被伤，占宅崩损，故云"彼此全伤防两损"。又云：干上寅与地支作六害，支上子与天干作六害，占此彼此各相猜忌，主客不相顾盼，两意谋害之象，故云"两心猜忌害相随"。又云：支上子生起干上寅，而作鬼以克日干，大不利求谒、求财，但动必有祸至。

《曾门经》曰：四上克下，法名无禄。空室无人，至老孤独。此课四上克下，惟从魁加寅涉害深为用，终于登明，此占有人始因财物田宅，终有丧祸惊恐。

上神克日辰，日克辰上，用克日上。

课名四上克下，又名无禄。传皆自刑，酉伤日德，将具凶，中又脱体，冬为天狱，首尾不相应。若结绝旧事，尚有可为。寅虽为德，又克日干，子虽为财，又克支宅，此吉凶之课。所幸末为空亡，初中作合，以之图名，尚可为也，余终是不足。

此课占久病必死，公讼目下绝，望信来，其他皆凶。四上克下无禄卦，法主害臣父害子。室庐无人，老必孤独。末空凶稍解。用神伤克日德神，那更三传三自刑。久病难安讼了绝，望人信至外无成。

《义》曰：日上得寅，福气同春。占人年命，岂可逢申？合而未合，恩情隔角。昏昏暗暗，先忧后落。

《象》曰：有情行事却无情，事欲成时又未成。君子固穷甘守义，小人反道不安宁。

此见机之卦，一曰无禄。夫见机者，察其微，见其机，谓两比两不比，当以涉害为用。涉害有浅深，欲用不用，欲言不言，事有两而取一，所作稽留，迟疑艰难，进退不定，忧患难消，怀孕伤胎，难于前而易于后。传见无禄，上下之分，贵于忠恕，今而四上克下，是不容其下，为不恕矣。得此卦者，主奴婢失散，子孙他之，孤守空室，上不能保其禄位，下不能保其妻子，不友不亲，不弟不义之耻焉。

又曰：无禄主动而必静，空家孤独，病不久退，官事不妨，囚者出，逃者未获，凡事宜先举。日逢德神，德者福也，家吉神也。善莫大于德，恶莫大于刑。怀德可以化凶为吉，转祸为福，无求不成，无吉不遂。

又曰：乾坤匹配，奇偶交并，二人同心，万事喜义，惟不利释凶，事主牢固迟疑也。占者遇之此课，求官见贵，虽和亦见耗财。投谒人者，"主宾际会，暮晏朝欢"，但始终有变。婚姻难成。求财失而复得。讼宜和解。凡占百事，须历遍辛勤而后方好。逃亡问亲得信。

占出兵行师，占吉而未全，夜占惊恐，宜另为选择，若不得已而用之，宜严加密察，慎防谨守之勿忽，事事多见有始而无终也。

合而未合。

真一山人云：勒马江头欲问津，如何不见指迷人。分明有个平安道，满地花香万树春。

《无惑钤》云：课名无禄，干支不睦。破败连墓，空财望逐。

《钤解》曰：寅巳子未，交互六害，初酉破碎，土败于酉，辰乃土墓，而亥乃空财，课戾传凶，无一可者。卦曰无禄，在下者难容矣。《集议》：夜占帘幕临支。交互六害，两贵相协。酉未俱与日比，所涉之害又同，酉乃先见，取以为用。最是彼此全伤，占讼两家皆被罪责，诸占皆有所亏，占身被伤，占宅崩损。

己巳日第七课

反吟　玄胎　六阴相继

空空如也事休追　来去俱空岂动移

```
白蛇青后              玄六后青
巳亥未丑              巳亥未丑
亥巳丑己              亥巳丑己


父 己巳 白 ⊙          父 己巳 玄 ⊙
财   亥 蛇 ◎          财   亥 六 ◎
父 己巳 白 ⊙          父 己巳 玄 ⊙


蛇贵后阴              六勾青空
亥子丑寅              亥子丑寅
朱戌    卯玄          朱戌    卯白
六酉    辰常          蛇酉    辰常
申未午巳              申未午巳
勾青空白              贵后阴玄
```

《玉历钤》云：此课反吟，且夜神蛇虎六玄皆凶，三传皆空，反复稍解，凡事不可用。

日上克辰上，用生日上。

课名反吟，反复两巳，无关于生，亥虽为财，又是空亡，三传皆空也，何可谋成？特散忧危为幸矣，凶吉皆散。

此课宅舍动摇不安，出入吉不妨，关梁上多阻，凶不能凶，凡求事不遂。反吟天将蛇虎武，逢之无有不为凶。幸喜空亡叠用传，祸危虽减用难通。

《义》曰：投东向西，欲南又北。悠哉悠哉，辗转反侧。彼此矛盾，徒劳殷勤。惟正则吉，惟真可益。

《象》曰：世道纷纷无尽期，但存简静事便宜。谋心过望皆无益，静守衡门乐自余。

《无惑钤》云：生乘虎玄，频失财钱。所谋无实，失陷三传。[①]

----

① 原抄本脱漏《无惑钤》文，今补入。

己巳日第八课

知一　铸印　乘轩　损模　不行传

胎财生气妻怀孕　太阳躔巳为杜传卦

```
玄 朱 白 贵          白 朱 玄 勾
卯 戌 巳 子          卯 戌 巳 子
戌 巳 子 己          戌 巳 子 己


父 己 巳 白          父 己 巳 玄
兄   戌 朱 ◎        兄   戌 朱 ◎
官 丁 卯 玄 ⊙       官 丁 卯 白 ⊙


朱 蛇 贵 后          朱 六 勾 青
戌 亥 子 丑          戌 亥 子 丑
六 酉     寅 阴      蛇 酉     寅 空
勾 申     卯 玄      贵 申     卯 白
未 午 巳 辰          未 午 巳 辰
青 空 白 常          后 阴 玄 常
```

《玉历钤》云：此课初传，昼见白虎内战，夜见玄武夹克，虽名铸印，有名无实，君子难阻，小人口舌。

《毕法》云：此课名铸印乘轩，又名龙德，又系甲子旬首加于干上，夜贵为帝幕贵人加于身上，行年本命又乘河魁，占试定中魁甲而无疑也。此例无官人占最应，有官人占则为不仕之官。又云：初传巳火克夜贵申金，中传戌土克昼贵子水，二贵受克，占者切不可干贵为事，缘贵人自受克制，必自怒而不能成就于人，故云"两贵受克难干贵"。

日克上神，辰上克日上，日上克用。

课名知一、铸印乘轩。中末空亡为损模坏印，宜托人再进。大抵此课，皆合中值空亡，好事复失。虽常人值此，忧虑官府，亦从空散。

此课凡事有名无实，君子得之，反成口舌也。铸印固吉体，但日干绝在巳，又昼虎暮武，神将俱凶，不免内战，防有逼迫惊疑。又子未六害临干，墓神覆辰入宅，俱不安，置铸不吉也。

日贵白虎为内战，夜治玄武夹克攻。君子得之尤不利，庶人口舌讼灾凶。

《义》曰：公中官贵，喜见财气。速取可得，迟则变易。利占九流，白手干求。将财耗本，后恐难周。

《象》曰：实实虚虚损有余，功名到此有谁知。君来问我前程事，后易先难预可知。

此知一之卦，一曰铸印，亦曰乘轩。夫知一者，知一而不能知两，知者以为自知、自见，不知为寇仇，故言知一也。以此为用，舍远就近，恩中生害，事多起于同类，凡事狐疑，事贵和同乃吉。传见铸印，《经》云："天魁是印何为铸？临于巳丙冶之名。中有太冲车又载，铸印乘轩官禄成。"惜其不见太阴、天马，即非真体。常人反生灾咎，为事迟钝。况为关格神，主阴小有害。常人身宅不安，宜谢土神。贵吏主升迁，小吏不吉也，然而传见天空，亦能改其不足。占者遇之此课，求官见贵难成。占婚别议。远行无益。投谒人者，其人多是不在，或无心成事。交易不顺。干事难成。占宅虚耗，出孤寡之人。占病上逆气不顺，或呕吐，忌久病不利。占走失难获。行人无信，或虚信。讼官者不成，已经官者有解。忧惊患难者，逢之为福。

若出兵行师得此，昼夜占非吉也，宜再选卜，如不得已而用之，决见败失不利。用兵者，当相机而行，申严号令，密察防守。敌有使来，言乱多虚少实，亦防欺诈诡计，幸见虚解，吉不吉而凶不凶也。

散忧解难，谋望未准。

真一山人云：十年踪迹走红尘，白眼看他世上人。君过午桥回首望，千红万紫总非春。

《无惑钤》云：循环相继，鬼助生气。铸印乘轩，常占深畏。

《钤解》曰：夜占帘幕，子旬首加干，占试得助必中。如有官占，否。四课居于三传之上，三传皆在四课之中，为循环格。转换无已，事必牵连不断，不能解释忧疑。末卯助巳生干，鬼助生也。铸印乘轩，仕宦升擢之兆，常人得此，反主官中事扰，《毕法》云"常问不应逢吉象"是也。《集议》：传墓入墓，初巳乃日之长生，岂宜中传戌墓？末传卯加戌，又入墓乡，大不利占生计及长上之病。夜占帘幕，子临日乃旬首，若占人年命在巳，又乘河魁，必中高甲而无疑也。末助初生，有人暗地相助。惟帘幕贵子乃己土胎财，正月为生气，主有胎喜，亦主妻之姊妹有孕，己以壬为妻，子中有癸乃妻姊妹，五己日准。昼夜贵临身，被朱临支所克，欲见贵求文书事，必贵人忌惮而不用心。

己巳日第九课

涉害　从革　金局

```
后 六 玄 蛇          青 蛇 白 六
丑 酉 卯 亥          丑 酉 卯 亥
酉 巳 亥 己          酉 巳 亥 己


子 癸 酉 六          子 癸 酉 蛇
兄 乙 丑 后          兄 乙 丑 青
父 己 巳 白          父 己 巳 玄


六 朱 蛇 贵          蛇 朱 六 勾
酉 戌 亥 子          酉 戌 亥 子
勾 申     丑 后      贵 申     丑 青
青 未     寅 阴      后 未     寅 空
  午 巳 辰 卯          午 巳 辰 卯
  空 白 常 玄          阴 玄 常 白
```

《袁天罡射覆掌诀》占曰：此课从魁临巳为用，课名从革。天乙在子，用得六合，其物乃刀刃所刻，有盖木器也。课名在其中，主以金石层层经火之象也。盖用得六合是木，发用与辰相并，而酉为刀，故为刀刻，有盖木器也。从革金象，巳为火，丑为石，故云层层金石。用金临巳，巳炉冶，故为经火也。

《玉历钤》云：此课涉害，主用事艰难，求望阻隔。初传昼得六合内战，夜得螣蛇夹克，凡事不可用。

《毕法》云：此课金局，全脱日干之气，却生赴日上财神，为己之用，其例名曰"取还魂债"。况亥又为空亡，尤的验也。又金局作子息爻，虽忧官职，却散官讼，奈干上先有亥水生其官鬼，泄子孙爻之气，但忧己身及兄弟。歌云："官星鬼贼作三传，兄弟身家不可占。父母爻中若透出，一家昆仲总安然。"

日克上神，辰上生日上。

课名涉害、从革。日生三传，秋夏占官，可图更改。己食辛，辛禄在酉，谓之"倒食君禄"。其他图望更不一。

凡涉害卦，艰难费力，用望阻障。占病进退，多便难瘥。惟旦将六合，可以占信来也。从革本体属金，戊己日见之名曰败气，占之勿惮从革。课名涉害不深通，婚嫁难成讼主凶。旦将六合为内战，夜将螣蛇夹克攻。占病变更难得瘥，求名求利总为空。惟有旦占六合至，占人问信即来通。

《义》曰：先失后得，事有阻隔。用而不用，日见耗泄。财穷复富，谨于门户。男女婚姻，私情靡顾。

《象》曰：从而复革革而从，费尽工夫见始终。事要见机宜早察，人情未合且从容。

此课乃见机之卦，一曰从革，又曰狡童。夫见机者，察其微，见其机，谓两比两不比，当以涉害为用。涉害有浅深，欲用不用，欲言不言，事有两而取一，所作稽留，迟疑艰难，进退不定，忧患难消，怀孕伤胎，难于前而易于后。传见从革，从革者，先从而后革也。凡事主阻隔，有气则隔而进益，无气则隔而退失。一曰兵革，一曰金铁。大抵五行正气入十干杂糅之乡，异方三合乃生旺墓之神，事主丛杂不一，主关众人共谋，不然两三处干事，委曲托人与人相合之类。又如推磨之象，转去转来非一遍也。惜其三传盗日，以泄其气，必见耗财失脱，外勾里连，男女越礼，虑有私情奔亡之象。占财得失相半，终难积聚。占者遇之此课，求官见贵难成。占家宅，能成能败。占婚姻不吉，无媒自嫁之理。占病虚弱，宜远女人。交易和合之事难成。出行者，无吉无凶。投谒人者，"主宾际会两殷勤，暮晏朝欢会无极"，但自己恍惚，有心无力。占走失难得。

占出兵行师，利为主，利后动。此课正应用兵之象，虽得金宝之美利，而夜占反凶，必见粮储虚耗，将士无心，当黾勉惕励。仍见传报不实，敌使多诈，终难成功，惟利解散忧疑患难也。

重求轻得。

真一山人云：守理勿差这点心，吉人恶自不来侵。事当难处归乎命，否极应知泰自临。

《无惑钤》云：传生空亥，索还魂债。旦贵宜防，夜贵深怪。

《钤解》曰：己干先被支上酉脱，复自支上传为金局，以生干上亥水为财，先空后实也，是谓"索还魂债"耳。子加申，则昼贵加于夜贵矣。夜贵临辰，入狱不喜，干则深怪也。《集议》：索还魂债。《毕法》云：己巳日，干上亥作空，尤为的验。"昼夜贵加求两贵"，如占告贵求事，必干涉两处贵人而求事。或占谒贵，必不得面其贵人，缘往见别贵，多不在宅，纵在，必排筵以会贵客。贵位同官占之，反宜谒见，乃官人见官人也。虽昼夜贵人相加，宜视其舍用之，贵人空亡，不可如前说。脱神传墓。子息见时官事无，右法流传实不虚。岂知四处财爻现，宦迁讼罪病难苏。

己巳日第十课

重审　玄胎　斩关　不行传　闭口

```
蛇 勾 后 朱          玄 贵 白 阴
亥 申 丑 戌          亥 申 丑 戌
申 巳 戌 己          申 巳 戌 己


子 壬 申 勾          子 壬 申 贵
财   亥 蛇 ◎        财   亥 玄 ◎
官 丙 寅 阴 ⊙       官 丙 寅 空 ⊙


勾 六 朱 蛇          贵 后 阴 玄
申 酉 戌 亥          申 酉 戌 亥
青 未      子 贵     蛇 未      子 常
空 午      丑 后     朱 午      丑 白
巳 辰 卯 寅          巳 辰 卯 寅
白 常 玄 阴          六 勾 青 空
```

《观月经》歌云："六月己巳日，卯时走失看。贤士西北去，亥地少遮拦。奴婢东南窜，巳上恋情欢。此为刑克德，逃人要见难。"凡占逃亡，贤人德下求之，奴婢刑处求之。己日德在甲，甲课在寅，今寅加亥，故知贤人往西北去了。巳刑申，申加巳，故知奴婢往东南去了。申刑而克寅德，必然不获，故云"刑若克其德，逃去有遁门"。

《玉历钤》云：此课本凶，幸得传空，不为深患，凡事费力不可成。

《毕法》云：此课干上戌脱支，支上申脱干，递互相脱，凡占被人脱赚，又却立意赚人，家宅必有窃盗之患。占病必是元气虚弱，吐泻之症。若我欲欺人，人却诳我，互相交涉，各怀脱赚，亦疏而不漏之意。

日上生辰上，日上生用，初克末。

此课举事艰难，举一隅，他皆仿此。中传空亡，末传落空，难以望用。

日辰上下总三刑，谋用艰难事不成。略举一隅须自识，其他效此例皆明。

《义》曰：诚实为本，无位不位。各怀机心，彼此何益？屈而不伸，反复难任。惟忠惟义，天锡福庆。

《象》曰：功亏一篑不成山，信使而今处事难。富贵荣华终有待，且寻诗酒乐清闲。

此重审之课，一曰玄胎。夫重审者，重而审之也。以下贼上，卑犯尊，贱役贵，事多不顺，起于女人。阴小在下者，有悖逆之事。占臣未忠，子失孝，事不可遂意而行，必当审察，循乎义理，庶几以免夫后患也。利为主，利后动，长有厄。事从内起，起于女人。况玄胎如婴儿隐伏之状，事主远而多伏，暗昧不通，触则成祸，惟君子守正修德则亨。《经》云："占遇玄胎，室孕婴孩。"忧女人怀孕，凡事多见虚声而不实也，亦见勾留迟滞，屈而不伸之象。占者遇之此课，求官见贵不成。占婚先成后破。占财宜空手之财，终不足意。占病忌久病及老人小儿，不有呕吐，必见气逆。失脱难得。暴病作福自安。占谋干事，诚所谓"你来哄我我哄你"，彼此相赚之意。投谒人者，徒费粮裹，无所取益。占官讼解散，利后起者。占出行者无益。占逃亡，近水、近林木间。问亲友交易不久。占家宅勾留不宁。

占出兵行师，惟夜占吉，昼占得此，宜止息或另为选择，若不得已而用之，必见不利，虚惊暗昧，彼此各怀诈谋，终难成功，将士俱无战志，或有心无力。若敌有使来，所言不实，宜严加防守。大抵此课，不利成事，惟利解散忧疑患难也。

真一山人云：荣枯莫向人前说，万物元来有时节。强成未必得坚牢，空教水底捞明月。

《无惑钤》云：长生财德，三事无力。昼夜推占，两贵差忒。

《钤解》曰：长生财德，申乃长生，恋生受刑，亥财寅德，俱是空陷，三事无力矣。子加酉，昼贵临于夜地，申加巳，夜贵临于昼方，两贵差忒矣，如占告贵，事不归一，谚云"尖担两头脱"。《集议》：昼占帘幕临支，恩多怨深。申加巳，生中传亥水，亥水生末传寅木，寅木反克日干己土，"乐里悲"内有。若一日内该顺贵，告贵无阻，宜进，复宜催督；若一日逆贵，告贵不允，宜退步勿迫。遇空亡，贵人无用。临戌辰，贵人嗔怪。贵在干前，不宜迫，迫则为贵所怒；贵在干后，事则宜催，不催则彼心怠缓。助桀为云递生日鬼。

己巳日第十一课

弹射　寡宿　虎乘遁鬼　溟濛　六阴

脱上逢脱防虚诈　我求彼事干传支　两贵受克难干贵　太阳躔亥为杜传卦

```
六 青 蛇 六          后 蛇 玄 后
酉 未 亥 酉          酉 未 亥 酉
未 巳 酉 己          未 巳 酉 己


财   亥 蛇 ◎        财   亥 玄 ◎
兄 乙 丑 后 ⊙       兄 乙 丑 白 ⊙
官 丁 卯 玄          官 丁 卯 青


青 勾 六 朱          蛇 贵 后 阴
未 申 酉 戌          未 申 酉 戌
空午      亥蛇       朱午      亥玄
白巳      子贵       六巳      子常
辰 卯 寅 丑          辰 卯 寅 丑
常 玄 阴 后          勾 青 空 白
```

《玉历钤》云：此课日遥克神为用，又是空亡，凡占忧喜皆不成。

《毕法》云：此课支干上皆乘脱气，凡占必被人诓骗，家宅盗窃财物，占病上下俱脱，必吐泻也。又干上乘酉，乃干支败气，又作支之破碎，故总名为破败神。以类推之，昼占必家中有破败之子败坏家之产业，夜占必婢妾淫乱败坏家风。盖以酉为己之子息，又为婢妾故也。又日干生其上神，酉又生天将天后，脱上见脱，凡占尽被脱耗，虚诈不实之象。又亥加酉，虽作日财，却是空亡，末传卯又是日鬼，夜占白虎加丑临亥，以主殃咎不浅也。

上神盗日，辰上生日上，日克用。

课名弹射、间传。空亡发用，凶吉无成，要用须待出旬方可。但此遥克既无力，又是空亡，三传该阴，终于不可也，只宜散忧。

此课亥丑并，日辰又与会支干为暗合，以此占，必同居之人与自家不协之人暗图和合事。夏月得，恐有孕。事为他人占之，尤吉。又是空亡，吉不成吉，占忧自散，他皆仿此。干有败气，又作破碎，占身衰败，屋舍崩颓，渐至狼狈。遥克无形象，空亡事不成。占忧忧自散，他用总无成。

《义》曰：事多无用，徒尔视听。舍之则藏，待时守正。君子固穷，先耗后丰。半明半暗，解散忧忡。

《象》曰：年丰禾稻生周全，才到秋成又未然。舍此他求虚岁月，渐看丽日照冲天。

此弹射之课，一曰寡宿，亦曰龙战。夫弹射，乃日克神之谓。《经》云："日往克神名弹射，纵饶得中还无力。贵人逆转子无良，天乙顺行臣不义。家有宾来不可容，亦忧口舌西南至。"事主动摇，人情倒置，更主蓦然有灾。求事难成，祸福俱轻，忧事立散，祸从内起。利客不利主，利先不利后。占人不来，访人不见，不利占讼。弹射无力，不可用事，虽凶无畏。传见空亡，又为失弹，不能成事也。况是龙战卦，天之私门也，生杀有限，分杜有期，雷动龙奔，示其有战，身心疑惑，进寸退尺，动有乖离之象。且寡宿，占人有孤独之象，事多不实，虚耗不宁，谋望不遂，而盗失损财，人口衰残，休囚尤重，又为子孙脱漏之事。吉不成吉，凶不成凶，凡事虚诈而不足信。占者遇之此课，乃虚无寂灭之象。求官见贵未遂，交易和合、谋望干求、婚姻官讼，皆不能成，有损而无益也。占逃亡难得。问亲友捕捉，虑恐伤人，且幸有解。占病不妨，久病凶，新病去。

若占出兵行师，探报不实，还宜密察，亦见失众，虚惊耗泄之象。昼夜占之，皆无益也。欲求成功，不亦难乎？大抵此课，凡所占求，吉不成吉，凶不成凶，占忧惊患难，得此却能解消也。

望事宜终。

真一山人云：仰天欲弹云中鸟，谁料远丸又放空。智者预知徒用力，身心从此觉从容。

《无惑钤》云：弹射亡丸，勿干贵宦。降志求生，夜武须看。

《钤解》曰：真朱雀生干，岁申酉凶。避酉难、逃巳生。日遥逢空，是亡丸，事无力，求财不遂，尤防失脱。昼贵入狱，夜贵被克，两贵皆不可干矣。己被西脱，遂往就巳以求生，亦可避难矣。丑遁乙鬼，夜占乘虎，又不可不防。《集议》：酉乃干之败地，又支之破碎，总名"破败神"。以类推之，昼占乘合，家中有破败之子，缘酉乃己土之子息故也；夜占乘后，必为妄败。避难逃生。溟濛《邵彦和小课》：暗中逢暗号溟濛，亥丑卯兮更不通。病者重妨保灾厄，小人无事又更工。六阴相继尽昏迷。脱上逢脱。"空上逢空事莫追"内谓遥克空亡，凡占皆虚无也。"人宅受脱"内谓此遥克夜占乘玄，定主失脱。丑遁乙鬼，夜虎入传。本日四立，己戊为天祸卦，凶甚。

己巳日第十二课

昴星　交车

权摄不正禄临支

```
白 空 玄 常        蛇 朱 后 贵
未 午 酉 申        未 午 酉 申
午 巳 申 己        午 巳 申 己


子 壬 申 常        子 壬 申 贵
子 壬 申 常        子 壬 申 贵
父 庚 午 空        父 庚 午 朱


空 白 常 玄        朱 蛇 贵 后
午 未 申 酉        午 未 申 酉
青巳     戌阴      六巳     戌阴
勾辰     亥后      勾辰     亥玄
  卯 寅 丑 子        卯 寅 丑 子
  六 朱 蛇 贵        青 空 白 常
```

《中黄经》占曰：此课若寻贤人，往东北去了，为己德在寅，寅临丑，是东北也。若寻奴婢，往西南去了，为巳刑申，申临未，是西南也。若地里远近，且如申临未，申七数，未八数，是七八五十六里上寻之，或加减依旺相休囚死定之。

《玉历钤》云：此课虽昴星，未为全凶，然末传克初传，而末传又是日禄，二者可以变凶为吉，先忧后喜之象。

《毕法》云：此课干上申，初传申，中传申，又是虎视卦，凡历四重虎穴，纵勇夫至此，亦难施力，岂免至惊至危乎？故云"虎视逢虎力怎施"。凡占至此，宜见险而止。《易》曰："见险而能止，知矣哉！"且狐将济也，濡尾而止，君子将有为也，将有行也，见险在前，其可进乎？

上神脱日，辰上克日上，末克初。

课名昴星。两贵一禄，常空贵雀皆去日辰交合，又无可行者，虽课名不好，而其用却吉，最利求官，申未年暮占大发。凡事主两头。

此课门户不利，出入并进身，虽是昴星，亦不主凶，可以变凶为吉。春夏得之可以吉。凡百小用如意，忧事自解，官司无罪，自瘥。昴星见申，凡事暗昧。初日之生，末日之禄，凡谋也，宜谋财。昴星惟此课无凶，末传日禄克初隆。缘此可回凶作吉，病人自瘥讼欢容。

《义》曰：出多入少，耗盗难禁。正以守己，恕以养心。跋涉山河，徒劳奔波。衡门之不，酌酒浩歌。

《象》曰：布袍轻敝足家常，睡觉东窗日影长。心事不须频计较，婚姻还是觅行藏。

此昴星之卦，一曰冬蛇掩目。夫昴星者，以酉伏视为用。酉为天之私门，肃杀之地，故仰伏取之。《经》云："用起昴星为虎视，秋分在酉知生死。出入关梁日月门，举动稽留难进止。刚日出行身不归，柔日伏匿忧难起。女多淫泆问何因，此地出门难禁止。"柔日访人不出。虎视者，取虎视必俯之义，藏蛰掩目不动，提防暗昧忧惊，伏匿迟留之象。事主隐伏于内，进退犹豫也。歌曰："昴星虎视必灾危。"况日生上神，虚费多端，谋望不遂，盗失损财，人口衰残，休囚尤重，又为子孙脱漏之事。占者遇之此课，求官见贵难成。脱举得禄。婚姻不成。交易不顺。人情不和。投谒人者，徒劳跋涉。访人者不出。出行不利。捕捉逃亡难得。占病忌正、二月，凶中有救。占官讼，宜和解。

若出兵行师得此，初吉之象，夜占有美赋，所谓"开地千里"者也。利为主，利后动，宜隐伏，谨提防，明赏罚，严号令，察其微，见其机。敌使之来，其言当审，不可遽信，恐为彼之所诬也。以斯论之，初有脱耗不足，后有丰余之美，虽惊忧不足，幸得解而散也。

先失后得。

真一山人云：连年事业未如心，人日求谋又陆沉。否极泰来君且待，直边不久到佳音。

《无惑钤》云：辰之阴神，及夫课名。三申并见，五虎纵横。

《钤解》曰：真朱雀生干，岁申酉凶。禄临支宅旺，未乃辰阴乘虎，一虎也；课名虎视，二虎也；三申俱虎本家，五虎也。一课五虎，极凶极恶，惊危何可当哉？《集议》：禄临支，昼常加长生临干，来人必占婚姻之喜，或有锡赐物帛之事。虎视逢虎力难施。

凡昴星，凶课。课若申未年，或夜占官，主大发，二贵一禄故也。昼占帝幕临日。凡昴星卦，说者不一。《观月经》以"昴星"作总名，刚日仰视名"虎视转蓬"，柔日俯视名"冬蛇掩目"。《心镜经》有"虎视"一名。《通神集》、《毕法赋》钤内，此课又俱以柔日为"虎视"，取虎视必俯之义；刚日为"昴星"，取鸡鸣必仰之义，似有理也。愚参众论以为：虽柔日俯视，或发用传送，将有白虎，宜名"虎视转蓬"；虽刚日仰视，或发用太乙，传有螣蛇，宜名"冬蛇掩目"，若在冬占，斯名尤的也。故总名曰昴星卦，刚日遇巳蛇，亦可以言掩目；柔日遇申虎，亦可言虎视转蓬。不知是否存之，以待邃于壬者正之（壬一掩识）。夜贵临身。朱雀巢，克贵。两贵不协，变成妒忌，子加亥，申加未。己土合午火，申任巳之财。

庚午日

庚午日第一课

伏吟　玄胎

旺禄临身休妄作

```
青 青 白 白          蛇 蛇 后 后
午 午 申 申          午 午 申 申
午 午 申 庚          午 午 申 庚


兄 壬 申 白          兄 壬 申 后
财 丙 寅 蛇          财 丙 寅 青
官 己 巳 勾          官 己 巳 朱


勾 青 空 白          朱 蛇 贵 后
巳 午 未 申          巳 午 未 申
六辰     酉常        六辰     酉阴
朱卯     戌玄        勾卯     戌玄
寅 丑 子 亥          寅 丑 子 亥
蛇 贵 后 阴          青 空 白 常
```

《玉历钤》云：此课旦贵，三传皆凶，幸德神不战克，虽凶且缓，凡百动望无成，夜贵颇吉，求望可遂。

《毕法》云：此课夜占，子加子，作白虎，冲支上午，必主外有对邻兽头冲本家正房，以致家道衰替，厌之可以免凶。又昼占，两贵相夹，亦为不吉。

上神德日，辰上克日上，末克初。

此课名伏吟，诸神不动，德禄为用，中财末合，三刑相制，末克初，此是十分吉课。暮占无可嫌者，且占虽得凶，然虎带德不害人，勾朱克日，不过为口舌之累。

此课静中有动，主有印信，天后为印信，凡百用望皆成，占官求财用望皆遂。辰克日，下凌上，卑犯尊。德禄作用神，午火不能克也。昼虎带德不伤人。夜龙雀入传，求官求财，可以用望。末火虽克日，然巳与申合，亦不忧克也。且将虎蛇勾，用俱为不利。夜治后龙朱，利名皆遂喜。

《义》曰：种豆得豆，立功见功。声名洋溢，禄位丰隆。修文演武，勘乱致平。临事尽职，天道照明。

《象》曰：独掌兵权自此忧，文章献上凤池头。莫教误动些儿事，富贵荣华白首休。

此自任之卦，一曰玄胎。夫自任者，乃天地伏吟，十二神各归本家，天地如一体，四伏未发之象。占事静则宜，动则滞，主事藏匿不动，静中求劳，有屈而不伸之象。《经》云："任信伏吟神，行人立至门。失物家内盗，逃者隐乡邻。病合难言语，占胎聋哑人。访人藏不出，行者却回轮。"况玄胎如婴儿隐伏之状，利上不利下，事主远而多伏，暗昧不通，触则成祸，惟君子守正修德则亨。《经》曰："占遇玄胎，室孕婴孩。"不利占老人小儿病，为再投胎也。占久病不宜，故云"久病人身阳见马，煞名驮尸归地下"，有大阴德者能解。占者遇之此卦，求官见贵大利，举子登科甲第之荣，迁官捧印之美，又喜禄，天吏天城，勾陈捧印，白虎生威，螣蛇生角，士君子占之大美，最怕占人年命冲刑克害。不宜占婚。官司有刑，惟利和解。出行者不利，交易不成，主客不合，投托人失利，凡事动摇，占宅不宜。

出兵行师，夜占稍吉，昼占不宁，祸福相侵，凶中有救，利为主，利后动。用兵者洞察机微，不可轻举，不然别为选图可也。利求功名。

真一山人云：德禄临干福自奇，莫令诉讼致刑期。兢兢业业终须吉，君子占之福自随。

《无惑钤》云：初德乘虎，中财休取。献纳尤宜，不利商贾。

《钤解》曰：支干拱夜贵未。申乃德禄，昼占乘虎，不可守也。丙寅乘蛇，若贪此财，必有祸。日鬼在末，又来伤干，使庚守之无益，动之大伤，不如静守惊危之德禄，亦可以聊生也。《集议》：干支拱定夜贵，宜告贵用事。一禄胜十财。"宾主不投刑在上"，谓此三刑入传，未免无恩之意，凡占恩反怨也。

庚午日第二课

神遥　连茹

众鬼虽彰全不畏　　魁度天门关隔定

```
六 勾 青 空          六 朱 蛇 贵
辰 巳 午 未          辰 巳 午 未
巳 午 未 庚          巳 午 未 庚


官 庚 午 青          官 庚 午 蛇
官 己 巳 勾          官 己 巳 朱
父 戊 辰 六          父 戊 辰 六


六 勾 青 空          六 朱 蛇 贵
辰 巳 午 未          辰 巳 午 未
朱卯      申白      勾卯      申后
蛇寅      酉常      青寅      酉阴
丑 子 亥 戌          丑 子 亥 戌
贵 后 阴 玄          空 白 常 玄
```

《玉历钤》云：此课初传午，中传巳加午，第二课又见午，庚午日为子，为妻，为小儿，午被巳用，数外相勾内，伤日干，主在下小人侵犯之象，凡占主气不和，暗中藏祸。

《毕法》云：此课初中巳午为日之鬼，反生起干上未土养育庚金，是君子修德化小人助己，变凶为吉也。

上神生日，辰上生日上，用克日。

课名蒿矢、连茹。午乃支神，就合克干，巳又助虐。然日上有未，午来合未土，以生庚金，午为日官，巳为日合，末辰又生金。此课如可畏，其实内有用旦，暮将失之太燥。凡事宜守静，坐以待之，兼蒿矢体，火亦无甚力。六合，后事可成。

此课下犯上之象，凡所用望，气不合，暗中生心。鬼克日，凡百不利常人，而利君子，虽喜不为福也，求官得之小成。支作用神，为鬼克日，凡百不利。中传巳加午火上，第二课上又午立。夫午小人臣子妻，外相勾连内伤日。主下凌上致灾危，凡百用为俱不吉。暗中不合藏小人，君子逢之不为益。夜将朱贵利功名，初逢虽荣末防失。

《义》曰：谁谓荼苦？其甘如荠。虽有宾客，不若无之。人言灾害，厥忧不大。进退迟疑，未获爽快。

《象》曰：甜中有苦苦中甜，咫尺犹如隔万千。宽者胸襟行好事，贤希于士圣由贤。

此蒿矢之卦，一曰天网。《经》云："神遥克日名蒿矢，射我虽当全不畏。贵人逆转子无良，天乙顺行臣不义。家有宾来不可容，亦忧口舌西南至。"然事主动摇，人情倒置。象如以蒿为矢，射虽中而不入。祸福俱轻，求事难成，利主不利客。占行人来，访人见，主蓁然有灾。又曰：蒿矢其忧不大，况天网四张，万物被伤，此乃阻滞之神。退连茹，事主欲行不行，欲去不去，欲止不止，节外生枝，先退而后进，凡事必见人情不和之象。惟喜上神生日，所为百事皆吉，运用如意，遇灾不凶。凡事有人上门相助，见当委任则声名显达，若岁命生日，尤为吉也。占者遇之此课，求官见贵，退中有进。婚姻不宜。交易成。事和合，先难后易。占病瘥迟，因财喜得。逃亡懒归。占家宅吉。行人有阻。夜占凡事惊恐不宁。宜占讼，惟喜和解。占财难得。

出兵行师得此，故难大胜得宝货与图书，中见掣肘留难，夜忧众畏，口舌惊恐，正谓凶中有吉，吉中有凶，先号后笑也。大忌正月占病，最凶。正月凡占皆不利，遇德神则解之也。牵连带众，拔茅连茹。

真一山人云：铁笔先生问是谁，等闲缄口秘玄机。时人会得真消息，善恶原来贵自知。

《无惑钤》云：交关且耳，可宜蒿矢。蛇雀夜逢，八火焚毁。

《钤解》曰：午未巳申，交互相合，然而未合午，午伤申，申合巳，巳伤庚。疑曰且尔者，亦不足其和也。午矢伤庚，其力虽微，亦不可宜也。三传俱火，而夜逢蛇雀，八火齐发，庚金焉能免焚毁之惨哉？《集议》：引鬼为生，三传皆鬼，却生干上神育干，谓之"鬼阴祐"，反祸为福。助刑伐德，谓六处有神作支之自刑，又作干鬼，结连三传为鬼是也。

庚午日第三课

顾祖　反常　上门乱首

```
蛇 六 六 青        青 六 六 蛇
寅 辰 辰 午        寅 辰 辰 午
辰 午 午 庚        辰 午 午 庚


官 庚 午 青        官 庚 午 蛇
父 戊 辰 六        父 戊 辰 六
财 丙 寅 蛇        财 丙 寅 青


朱 六 勾 青        勾 六 朱 蛇
卯 辰 巳 午        卯 辰 巳 午
蛇寅      未空    青寅      未贵
贵丑      申白    空丑      申后
  子 亥 戌 酉        子 亥 戌 酉
  后 阴 玄 常        白 常 玄 阴
```

《毕法》云：此课末传寅加辰，而生起初传之午火克害庚金，则末传之寅乃教唆词讼之人也，论形品为吏曹，为道士，为胡须人，或属虎人，或姓名从木旁，此等之辈教人害我，切须备之，尤不宜求望取财，必致凶祸也。昼夜皆为闭口卦，止宜捕盗贼而追逃亡，余则不宜。

上神克日，日上生辰上，用克日。

课名涉害。传以支加日克日，最为凶体。午为天官贵人，寅为日财。大抵谋望艰难，涉乎利害然后免，最利求名，不免间隔。午加日上，恐惧不宁。

此课所占，只财帛上吉。龙蛇始终相会合，有婚姻喜庆酒礼事。官神发用，辰上得六合，宜和合，却此课反常，不足谓福也。日鬼用辰克日，可谓下犯上、卑踰尊，此上门乱首也。午加申用为反常，谋望稽迟难道昌。虽有青龙不为福，求名求利总乖张。

《义》曰：水本乎源，人本乎祖。立身修德，以顾尔祖。蒸尝祭祀，正谓报本。若不如斯，寝食安忍？

《象》曰：登山涉水望神京，历遍艰辛福渐生。莫厌前程多阻隔，功名富贵自非轻。

此见机之卦，一曰天网。夫见机者，察其微，见其机，谓两比两不比，当以涉害为用。涉害有浅深，欲用不用，欲言不言，事有两而取其一，所作稽留，迟疑艰难，进退不定，忧患难消，怀孕伤胎，难于前而易于后。《经》云："盗贼不过邻里取，逃亡亲戚室藏之。"又曰："涉害须久历艰辛"。

庚午日第四课

元首　病玄胎

后	朱	蛇	勾	白	勾	青	朱
子	卯	寅	巳	子	卯	寅	巳
卯	午	巳	庚	卯	午	巳	庚

官	己巳	勾	官	己巳	朱
财	丙寅	蛇	财	丙寅	青
子	亥	阴 ◎	子	亥	常 ◎

蛇	朱	六	勾	青	勾	六	朱
寅	卯	辰	巳	寅	卯	辰	巳
贵丑			午青	空丑			午蛇
后子			未空	白子			未贵
亥	戌	酉	申	亥	戌	酉	申
阴	玄	常	白	常	玄	阴	后

《玉历钤》云：此课勾陈、朱雀乘巳火克日，春夏得之，求望尚有，进退阻隔，其他皆不宜也。

《毕法》云：此课干上巳作日之长生，巳火亦能克金；支上卯生午支之火，火乃败于卯。发用天将又来伤日，虽有面前之生，背后却为深害。谚云："贪得一粒粟，失却半年粮"。

上神克日，辰上生日上，用克日，末克初。

课名元首、病玄胎。巳亥初末，必有不足。巳申合，庚上发，乃合也。中末寅亥又合。暮雀克日，虽主事多妇人不合，然化为龙常，终久亦喜，兼末见空亡自败。

此课占产不吉。春夏得之，只宜求官，恐有进退之患，其他用望，皆不可占。官司病患，忧而难解，常占防公私口舌之挠。占人望信即来。孕生有难，血产神受克害也。金生在巳，长生为用，又见勾陈，巳虽为鬼，不能为祸，但申加亥为六害，凡事常怀不足。

勾朱乘巳火克日，谋望艰难多不成。求官春夏稍可用，论讼难解病淹沉。常问防官灾口舌，孕胎即产虑虚惊。惟有行人并望信，即便回家说好音。

《义》曰：君有谋望，不可勉强。祷肃神祈，非礼不享。固穷合义，未济终济。屈而后伸，自然理势。

《象》曰：功名惟喜是天成，富贵荣华任此行。事到尽头勿自慢，诏书飞下九重城。

此元首之卦，一曰玄胎，亦曰天网。夫元首者，尊制卑，贵役贱之象。占事多顺，利于先举，事多起于男子。为臣忠，为子孝，正大光明而无邪僻之行，德业已著而乾乾进修，常怀危惧，惕励而无咎也。况日干为发用所刑，刑也者，发用逢之，祸无不至，所忧男子。"巳刑申"刑也，合长幼不顺而后成，先犯后合，被刑我解，仇将报恩。又曰：刑者，强也，伤残也，动摇也，上下不和，刚柔相变。况玄胎如婴儿隐伏之状，利上不利下，事主远而多伏，暗昧不通，触则成祸，惟君子守正修德则亨。故曰："占遇玄胎，室孕婴儿"，最忌占老人小儿病。又曰："久病人身怕见马"，驮尸归地下，有阴德者庶解。占者遇之此卦，求望官职宜，春夏占亦见进退隔阻，动摇不宁。占讼利先举者。大体凶，婚姻不宜，其他凡百占之皆勾留不足，况所占非一事也。夜占惊恐。

占出兵行师，得此最为不利，士卒有伤，宜另为选择，以待吉兆而行，总不得已而用之，终非吉也。惟在将之才能有异乎人者，还宜动定得势进退，宜知彼知己，出其不意可也。若敌有使来，所言无实，不可信从。大抵此课，战守无功，用兵者谨之。其诸占皆不能成，尤能解散忧疑患难，所谓先难后易，先屈后伸之象也。

虑变于终。

真一山人云：行藏靡不自家知，祸福因由更问谁。一命终须还一命，只争来早与来迟。

《无惑钤》云：昼生夜克，讼凶官吉。亥喻萧何，贵不怜惜。

《钤解》曰：巳临庚上，昼乘勾陈为生，夜乘朱雀为克，常人占讼则凶，士人占官则吉。亥为末传，径克初传，则祸消福至。寅助巳鬼，却义兴灾，成败皆萧何也。两贵入狱，干之则怒，岂有悯恤之义哉？《集议》：两面刀。乐里悲。助桀为虐，递生日鬼。巳加寅，乃丁神临干，亦主凶动。昼将临身不凶，反有所生；夜占雀鬼加干，刑德并破。巳刑德，午上见卯，午自刑，破在卯，刑又受破。朱雀助巳，午蛇克庚，尊人不利，干又受破，亦不利。

庚午日第五课

涉害　炎上　六阳数足

众鬼虽彰全不畏

三传递生，但空亡无用，貌虽相助，力则不能。

```
六 后 蛇 玄          六 白 青 玄
戌 寅 子 辰          戌 寅 子 辰
寅 午 辰 庚          寅 午 辰 庚


父　戌　六 ◎        父　戌　六 ◎
官　庚午　白 ⊙       官　庚午　后 ⊙
财　丙寅　后         财　丙寅　白


贵 后 阴 玄          空 白 常 玄
丑 寅 卯 辰          丑 寅 卯 辰
蛇子    巳常         青子    巳阴
朱亥    午白         勾亥    午后
戌 酉 申 未          戌 酉 申 未
六 勾 青 空          六 朱 蛇 贵
```

《玉历钤》云：此课虽全官鬼，自末次第生身，必不为凶，主有上人隔位举荐，喜庆重重，秋季尤应，但嫌白虎，动中少阻。

《通神集》云：此课末传木生中传火，中传火生初传土，初传土生日干金，主隔三隔四有人于上位举荐，但嫌初传空亡，虽有举荐之心，终无成就之实，变为一场闲话也。

《毕法》云：此课干上辰生干，支上寅生支，是为俱生，干支各有生意，两家和顺，大有益也，故云"互生俱生凡事益"。又曰：白虎乘寅临午而克庚干，此系夜卜，其凶可畏，落空不足畏。

上神生日，辰上克日上，末克初。

课名涉害、炎上。自墓传生，火局克干。狼狗相惊，化为官鬼。用神空亡，始虚终实。除占官事为吉外，其他谋用终有伤损。幸用空不为凶，传归辰，向后十全。日上有辰，传生之。

此课占官极阳体，始虚终实。占产，子孙有气，白虎为产神，难产不为大灾。凡百平安，干支俱生，可惜用神空亡。庚金能克木，亦有财，盖庚金绝于寅故也。

《义》曰：晦迹韬光，谦乃益德。不动厥心，是谓无惑。智者千虑，必有一失。时未亨嘉，动必少济。

《象》曰：白云深处有人家，富贵骄奢未足夸。转眼一场空笑话，虎头鼠尾谩咨嗟。

此见机之卦，一曰炎上，亦曰孤辰，又曰狡童。夫见机者，察其微而见其机，谓两比两不比，当以涉害为用。涉害有浅深，欲用不用，欲言不言，事有两而取一，所作稽留，迟疑艰难，进退不定，忧患难消，怀孕伤胎，难于前而易于后。《经》云："涉害须久历艰辛"。以下克上，主悖逆不顺之事。事防再举，病防再发。传狡童，有阴私蔽匿不明之象。且炎上为日，象君，主事多虚少实。戌加寅，以墓临生，谓火以明为主，虚则生明，实则生暗，是反其体也。占明事反为暗昧，亦主枉图不遂。占人性刚急。卜天晴明。况孤辰有茕茕孑立之象，占人别离桑梓。凡所谋，多虚少实。功名难遂，事业虚花。投托干用，主客不和。外勾里连而谋害，阻滞艰难。然而事体丛杂，主关众人共谋，不然两三处干事，委曲托人与人相合之类。如推磨之象，转去转来非一遍也。占者遇之此课，求官见贵，递相荐举，有心无力而难成。求财则因财生祸。占婚姻无，谋而不明。凡事改图，先难后易。公讼不成。新病祷神，久病老人小儿不吉，夜占凶。走失未归。

占出兵行师得此，事多虚声，将士离散，或无战志，或计虑失宜，吉凶俱不能成，大抵为解散之课也（亦主贼人夜袭）。

望梅止渴。

真一山人云：识破浮沤是幻泡，丈夫由此笑儿曹。纵教声价过王谢，回首青山日已高。

《无惑钤》云：自末生身，未可信凭。若干夜卜，总是幽冥。

《钤解》曰：辰来生干，却遭玄夹，反被脱盗，不足凭信。戌午空蹈，不能会局克庚；寅虽日财，但坐鬼方，亦不敢取。凶吉无成。昼夜占之，总是幽暗冥昧，岂但夜卜为然哉？《集议》：引鬼为生，三传克干，却生干上神育身，是鬼神阴祐，反祸为福。寅夜占遁丙乘虎，谓"虎乘遁鬼殃非浅"。"助刑伐德"见第二课。全鬼变为财，乐里悲。先受上生，后坐脱乡。

庚午日第六课

知一

胎财生气妻怀孕　太阳躔戌为杜传卦

```
青贵六阴          蛇空六常
申丑戌卯          申丑戌卯
丑午卯庚          丑午卯庚


父　戌六◎        父　戌六◎
官己巳常⊙        官己巳阴⊙
子甲子蛇          子甲子青


蛇贵后阴          青空白常
子丑寅卯          子丑寅卯
朱亥    辰玄      勾亥    辰玄
六戌    巳常      六戌    巳阴
酉申未午          酉申未午
勾青空白          朱蛇贵后
```

《玉历钤》云：此课虽吉，但发用空，百事无成。

《毕法》云：此课干上卯乃妻财作胎神，又乘生气，四月占，妻必有孕，故云"胎财生气妻怀孕"。又胎神临本日，若占产，则当日便生。又云：干上卯虽生支，却乃败支；支上丑虽生干，却乃墓干入宅。值此徒有生旺之名，反成衰败之实，用又空亡，事主虚耗矣。又云：干上见卯是丁，主因妻而凶动，或取财而祸起，或先得财而后凶，盖丁为动神，因天将凶吉而动也矣。

日克上神，日上克辰上，日上克用，初克末。

课名知一。用神合日上，又两重六合在门户上，六合主和合，但戌为空亡，事无入头，进退疑虑，凡谋一番不成，须用再进方遂。

此课本是吉课，用遇空万事不成，凡事不可不戒，占忧即散，余者不可用，用空亡何以谋事？此课三传虽遇合，用神不喜值空亡。干用求谋俱有阻，只宜脱讼散忧惶。

《义》曰：求名图利，虚声未济。动必睽违，更多暗昧。闻事不实，托人无力。婚姻无成，非尔匹配。

《象》曰：僧尼道士属天空，知者明斯愚者蒙。只得无心方得就，遇而不遇信难通。

此知一之卦，一曰孤辰，亦曰龙战。夫知一者，知一而不能知两也。知者自以为自知、自见，不知为寇仇，故言知一也。以此为用，舍远就近，舍疏就亲，恩中生害，事多起于同类，凡事狐疑，事贵和同乃吉。课见孤辰，有茕茕孑立之象，占人别离桑梓。凡所占谋，多虚少实，功名难遂，事业虚花。投托干用，有失和气。传见龙战，乃天之私门，生杀有限，分杜有期，雷动龙奔，示其有战，身心疑惑，进寸退尺，动有乖离之象。虽见财爻临干，又为天将所克，不惟暗昧损财，亦见妻灾不利。占者遇之此卦，求官见贵，本为佳兆，传见戌巳乃铸印之象，惜乎不为真体，而传入空陷之乡，虚喜之兆。婚姻难成。交易不合。求财难得，因财生恼。暴病即愈，久病难痊。事防再举，病防再发。逃亡自归，目下留恋。官讼不成。情意不和。行人有阻，去则无意。投托人者，意不相合，徒劳而往。凡所求谋，不但有声无实，抑且被人阻破。占忧惊患难者，高枕无忧。

占出兵行师，此虽曰宜得金宝之美利，然而课体无力，不为失众，抑又难全其功，事多虚诈，当严访密察。若有飞报军情、敌使之来、一应托人干事、探听声息，皆有声无实，不过诳诞诡诈之言，否则用不得人，以致事机不实。为将者，焉可据听而致误事也哉？大抵此课，凡百所占，吉不成吉，而凶不成凶也（主夜有雷雨大作）。

真一山人云：虽把金钩钓巨鳌，空延岁月水中抛。如今始识为难事，明月清风几度消。

《无惑钤》云：长生虽在，全无倚赖。戌为鬼墓，巳作刑害。

《钤解》曰：巳为长生落空，又被戌墓，末子又克之，巳生不足倚赖。丑为干墓临支，卯乃支败加干，交互不美，四课三传无益矣。况初中俱是空陷，吉凶不成，惟不宜占父母病也。《集议》：卯虽生支而却败其支，丑虽生干而却墓其干，虽有生旺之名，反作衰败虚耗矣。余仿此。出"互生"内。两贵相协。卯乃庚金胎财，四月为生气，主有孕喜。卯乃丁神，则因妻妾而凶动，不然取财而起祸，或先得财而后凶也。

庚午日第七课

```
反吟   玄胎   六阳
      白 蛇 青 后          后 青 蛇 白
      午 子 申 寅          午 子 申 寅
      子 午 寅 庚          子 午 寅 庚

      财 丙 寅 后          财 丙 寅 白
      兄 壬 申 青          兄 壬 申 蛇
      财 丙 寅 后          财 丙 寅 白


      朱 蛇 贵 后          勾 青 空 白
      亥 子 丑 寅          亥 子 丑 寅
   六戌      卯阴       六戌      卯常
   勾酉      辰玄       朱酉      辰玄
      申 未 午 巳          申 未 午 巳
      青 空 白 常          蛇 贵 后 阴
```

《玉历钤》云：此课春夏秋冬得之不成凶，然干百事亦不成也。

《毕法》云：此课干上虽作日财，上遁干鬼，必因财致祸伤身，因妻兴讼。若年命有制鬼之神，则少轻也。又云：秋占子加午上，乘火鬼，昼将螣蛇，而又克宅，必主家中火殃，宜以井底泥涂灶禳之。

日克上神，辰上生日上，日克用。

课名反吟，寅申关梁之神，身往出入图财。昼占吉，暮占稍凶。一禄二财，虽不免奔走，亦可为有益之课。迁变更改，图事尤佳。

此课自往就财，只可出入图财，寅申为关梁故也。天后主田宅契券不明。占产生，蛇虎在关梁之上往来。占官，寅上见天后、白虎，夏平，春冬得之不凶，秋得之亦吉。除不利占婚姻外，皆可用望。天地反覆，不免动摇。三传带德，干绝于寅，凡占无凶后散。若有逆变，出在外方，可进不可退。事挂两头，去住无由，多招反复。幸带德，可以解凶。

《义》曰：天地合德，贵乎德位。致乎中和，动用不遂。事当难处，顺命守理。易之则吉，如斯如已。

《象》曰：寒暑灾祥未及时，哲人修德肯羁迟。善行日久终无祸，天地昭昭岂有私？

此无依之卦，一曰玄胎。夫无依者，即反吟也。《经》云："无依是反吟，逃者远追寻。合者应分散，安巢别改林。守官须易位，结友也分襟。所为多反复，占病数般侵。"反吟刑冲，事主迟滞，远近系心，更相仇怨，且反复而呻吟，是无予夺而难息也。况玄胎如婴儿隐伏之状，事主远而多伏，暗昧不通，触则成祸，惟君子守正修德则亨。《经》云：冲者，变动也。初虽有得，终必倾覆。身有所往，人鬼相伤。男女夫妇，俱有异心。宜散凶，事不能成。大抵主人情暗中不顺，纵有吉神喜将，凡百艰难，然后可遂也。以下克上，凡事不顺，尊受卑制，贵作贱役，夫妻不合，朋友不信也。占者遇之此课，求官见贵，反复而后有成。占病凶。投人虽喜，事未保始终。出行不利正、五、九月。逃亡欲归不归。失物虽失复得。官讼利后动，利为主，然当有取合之道，占罪有刑扰。

占出兵行师遇之，所谓无威而不宁，反复而不一，变诈而无常，得失而互见。若占用兵尤凶。凡占得此，宜改图另为选择可也。若不得已而用之，必须谨守密察，相机行事，庶无悔济矣。

真一山人云：肥马轻裘贵莫奢，眼前那个是豪杰。羞看白发垂双鬓，天道分明识正邪。

《无惑钤》云：财虽可绝，六虎成列。切勿取财，必遭焚爇。

《钤解》曰：寅财临申，已投绝地，八虎相持，岂可取乎？秋占子为火鬼，乘蛇克支，恐有火惊。《集议》：财遇丙鬼，乘虎伤干，必因财致祸，因食丧身，因妻成讼，又殃非浅。支干拱定昼贵。夜贵加昼，宜暗求关节。

庚午日第八课

知一　虎乘遁鬼

```
玄 朱 白 贵        玄 勾 后 空
辰 亥 午 丑        辰 亥 午 丑
亥 午 丑 庚        亥 午 丑 庚


父 戊 辰 玄 ⊙      父 戊 辰 玄 ⊙
兄 癸 酉 勾        兄 癸 酉 朱
财 丙 寅 后        财 丙 寅 白


六 朱 蛇 贵        六 勾 青 空
戊 亥 子 丑        戊 亥 子 丑
勾 酉     寅 后    朱 酉     寅 白
青 申     卯 阴    蛇 申     卯 常
  未 午 巳 辰        未 午 巳 辰
  空 白 常 玄        贵 后 阴 玄
```

《玉历钤》云：此课墓神加日，初中自刑，又无和气，且暮俱玄武盗神，主幽暗不明，凡事不和。

上神生日，日上克辰上，末克初。

课名知一。弃一就一。墓临干，鬼临支，初中自刑，本为凶课，所喜辰酉合、乙庚合，重和合，末克初传，且能克丑墓，亦可以图用，庚以辰为喜也，秋占尤佳。

此课墓神覆日，初中自刑，无和气，昼夜将皆是玄武，谓之隔将。值此课者，到处主人情先明后暗，用旺，成中有不成，凡占难为吉利。三传皆刑，天罡作武加亥，最宜捕逃。墓神覆日传三刑，昼暮俱逢玄武神。此课主人情不足，求谋幽暗不分明。

《义》曰：天地交泰，万物始生。两仪未判，昏蒙无见。圣人明易，贵和阴阳。阴阳不和，物物乖张。

《象》曰：乾健惟能理万方，也须律己正纲常。分明说到惺惺耳，多少男儿没主张。

此知一之卦。夫知一者，知一而不能知两，知者以为自知、自见，不知为寇仇，故言知一也。以此为用，舍远就近，舍疏就亲，恩中生害，事多起于同类，凡事狐疑，事贵和同乃吉。逃亡不出邑里，盗失不越乡邻。婚姻失和，讼宜和允。况墓神加干，夫墓者，五行潜伏湮没之地，四时气绝衰败之乡，闭塞不通，暗昧不振，柔缓迟延，如人处云雾之中，昏蒙而无见。凡事有不可向人者，或暗昧不通，盗失之事耳。所占事皆见隔远之象，且踏脚之空其发用，事多起于虚声而终少实也。占者遇之此课，求官见贵不过徒费心力，兼以人情不顺，失于和气。若投人谒见者，彼多有事不在，或无心干事。占家宅者，耗财失脱，多见口舌。婚姻不宜，勉强而成，终见反目。占财得失相半，多是阴人之财。病多虚损盗汗，起于多欲，宜远女子，善于保爱。讼不成，终见解。逃盗目下难获。出行未利。

占出兵行师得此，主客不利，必见失物、失众，传报不实，昼夜占之相同，严防暗昧之事，庶不失其机务。大抵此课干用者，不难成，宜速而不宜缓，缓则虑有变更。托人不实，作事难凭。传闻之言，亦多虚谬。常占防失脱。若忧惊患难者，庶有解矣。

冬吉。

真一山人云：镜里佳人貌若仙，笑看清兴妙中玄。时人欲识真消息，水满长江月满天。

《无惑钤》云：生旺财气，三传皆值。玄武朱雀，末虎衰替。

《钤解》曰：辰生、酉旺、寅财，三传皆值也。夜占三将皆凶。寅虽日财，俯仰丘仇，甚为衰替也。初生玄夹，中旺刃罗，末财两虎，不惟夜凶，昼亦非吉。况墓覆日干，末传虎鬼，占病极凶，申又入棺，死无疑矣。《集议》：干上脱支，支上脱干，东手得来西手去。又天网恢恢，交互六害。天罡加亥乘玄，主走失必归本家，谓亥为玄武本家，又被天罡罩，却旬空，乘玄发用，定主失脱。丑虽昼贵，仍作墓神覆日。寅遁丙鬼，夜虎入传，殃非浅也。

庚午日第九课

水局　润下　斩关

脱上逢脱防虚诈　人宅受脱俱招盗　太阳躔辰为杜传卦

后	六	玄	蛇		白	六	玄	青
寅	戌	辰	子		寅	戌	辰	子
戌	午	子	庚		戌	午	子	庚

父	戌	辰	玄		父	戌	辰	玄
兄	壬	申	青		兄	壬	申	蛇
子	甲	子	蛇		子	甲	子	青

勾	六	朱	蛇		朱	六	勾	青
酉	戌	亥	子		酉	戌	亥	子

青申		丑贵		蛇申		丑空
空未		寅后		贵未		寅白

午	巳	辰	卯		午	巳	辰	卯
白	常	玄	阴		后	阴	玄	常

《玉历钤》云：此课三传水局全脱干气，又两上克下，玄武发用，凡百无一可成。

《毕法》云：干上子脱金之气，支上戌脱火之气，以此人宅俱脱，必主被人诓赚财物，或被偷盗，或占病因起盖房屋费用过当，而致心气脱耗以成虚愈，宜补元气则吉。又云：庚日干子，夜贵青龙，此乃庚干生子水，子水又生青龙，三传又是水局，并来盗日，凡占不遭盗贼，必遭诓骗，故云"脱上逢脱防虚诈"。

上神盗日，辰上克日上，用克日上，初克末。

课名涉害、润下。日生三传，更玄龙蛇水将，三合润下，有屈己就人之意。神将同类，只不利占文书。秋冬佳，春夏悠悠废事。末归日上，事亦可成，只是迟缓耳。润下卦，主有酒食庆贺事。求官冬吉夏凶。行人天空临未，酉日合到门。又况此课有两克下，百事无成。占官事难解。孕难生。忧难散。庚日润下脱气也。午支克干为鬼，未为利。两神克下课幽深，孕者难生必恐惊。冤讼迁延忧未解，其他谋望总无成。

《义》曰：时逢蠹耗，难展斯妙。其中有喜，彼此莫笑。力屈财殚，涉水登山。放下此心，且莫高攀。

《象》曰：江河湖海任纵横，水族鱼龙自在行。鳞甲顺时咸变化，桃花浪暖听雷鸣。

此见机之卦，一曰润下。夫见机者，察其微，见其机，谓两比两不比，当以涉害为用。涉害有浅深，欲用不用，欲言不言，事有两而取一，所作稽留，迟疑艰难，进退不定，忧患难消，怀孕伤胎，难于前而易于后。《经》云："涉害须久历艰辛"。且润下，事主沟渠、水利、舟楫、渔网之类，动而不息之象。流而必清，清则不竭，宜动不宜静。事主关众，亲朋相识之务。克应多是过月，牵连疑二。利占成合，欲合不合，占解散，欲散不散。此乃五行之正气入十干杂糅之乡，异方三合乃生旺墓之神，则主丛杂不一，主关众人同谋共议，不然两三处干事，委曲托人与人相合之类。又如推磨之象，转去转来非一遍也。干支俱脱，人宅俱衰，上下相残，全无和气。况三传脱干而伤支，宅中必有盗失，虚耗不宁之象。失盗损财，人口灾殃，虚费百出，谋望不遂，休囚尤重，又为子孙脱漏之事。此课求官见贵，虚耗难成。婚姻交易，不能成合。所占谋望干运，百般有损而无益也。

占出兵行师，将士少心无力，计谋不成算，传报而无实，托人而不成。钱粮虚耗，正如师老费财，欲求成功，不亦难乎？终能解散患难忧惊也（主夜有贼兵杀袭，亦有风，雷雨大作）。

真一山人云：缺钺破斧不辞劳，击鼓其镗胆气豪。更是金成能誓众，子孙荣显不磨消。

《无惑钤》云：脱干伤支，盗失无疑。人身多病，宅渐倾颓。

《钤解》曰：申子辰水局，脱干克支，所以占人多病，占宅崩颓也。凡脱，不但有病，亦主失遗。《集议》："脱上逢脱防虚诈"，此专言干也。"人宅受脱"内列此日，占人必被虚脱骗赚，占宅必被盗窃财物，占病定然缘起盖宅屋费用，以致心气脱弱而成虚惫，宜补元气药饵愈。

庚午日第十课

重审　三交　闭口

金日逢丁凶祸动

太阳躔酉为天烦，忌弦、望、晦日，尤忌男年在午。

太阴躔酉为地烦，忌子午卯酉日，尤忌女年在午。

```
蛇 勾 后 朱          青 朱 白 勾
子 酉 寅 亥          子 酉 寅 亥
酉 午 亥 庚          酉 午 亥 庚


兄 癸 酉 勾          兄 癸 酉 朱
子 甲 子 蛇          子 甲 子 青
财 丁 卯 阴          财 丁 卯 常


青 勾 六 朱          蛇 朱 六 勾
申 酉 戌 亥          申 酉 戌 亥
空未      子蛇      贵未      子青
白午      丑贵      后午      丑空
巳 辰 卯 寅          巳 辰 卯 寅
常 玄 阴 后          阴 玄 常 白
```

《玉历钤》云：此课三传四仲相加，是名三交，前无孟之可凭，后无季之可倚，交加其象，意欲逃隐。今得太阴、青龙、朱雀，可逃避患难，当于大吉下，丑加戌，酉北方是也。其余事，阻碍难行。

《观月经》歌曰："四仲来加仲，发用阿谁先？其中若有克，三交得此篇。男子匿其罪，女子外勾连。有救除高盖，非此罪弥天。"

《穿杨百章歌》云："酉居午上登堂婢。"又云："酉居午上婢登堂，匪人为正宠偏房。"

上神盗日，辰上生日上，初克末。

课名重审、三交。勾雀在午恃刃，中末为无礼刑，日上空亡，三传为脱，为事不安，贵临辰戌入狱，然与三传互相交合，亦可以救解其凶也，但难免之耳。

此课专可逃难避遁，本是吉课，刑中克破多矣。交克日已不顺，末又助之，亦不为吉，名曰愁课。此课凡用百无成，徒有青龙及太阴。只宜家隐奸私客，不尔自逃将避遁。

《义》曰：子午卯酉，号曰四败。屋内击鼓，声名在外。三月将占，男年莫抵。苟或犯之，狱讼忧起。

《象》曰：好客来时且莫留，安心从此日藏修。闲中自点心头事，善恶原来各有由。

此重审之卦，一日三交。夫重审者，重而审之也。以下犯上，卑犯尊，贱役贵，事多不顺，起于女人。阴小在下者，有悖逆之事。占臣未忠，占子未孝，事不可遂意而行，必当审察，循乎义理，庶几以免后患也。利为主，利后动，长有厄，事从内起，起于女人。病防再发，事防再举。传见三交，前不能进，后不能退，交加其象。《经》云："三交家匿隐私客，不尔自将逃避遁。"凡事失节阻碍，谋事阻破，不能成合。干生上神，虚费多端，谋望不遂，盗失损财，人口衰残，旺相尚可，休囚尤重，又为子孙脱漏之事，多虚少实。勾陈带剑，又见日刃，此乃凶象，会血忌、血支，有血光之凶也。

占者遇之此卦，求官见贵，有心无力。婚姻交易，未足能成。求财宜止，否则因财而致祸也。逃亡者自归。占病遇天罗煞，凶；得吉神，可解。官讼凶，当见和解，宜止息为上。占宅不吉，人眷不宁。凡占勾留迟滞，屈而不伸之象。投谒人者，虽见和允，又恐被人不宁。远行不宜。

占出兵行师得此课，宜收兵谨守，另为选择而行，若不得已而行之，必见士卒伤败，彼此未得两全，昼夜占皆不吉，利后动，利为主，用兵者谨之。

真一山人云：锋芒神剑初离匣，一片清光射斗牛。万里诛妖浑似电，到头未许便封侯。

《无惑钤》云：财内藏丁，无礼相刑。必然凶动，勿倚贵屏。

《钤解》曰：卯乃内藏丁神，子卯又无礼之刑，若取此财，凶难免也。庚亥空脱，而投刃网，复历子脱，而取丁财，自冒祸机，盖由丁神在课，自不能已于动也，纵得此财，终是艰辛费力，恐为丁火所伤矣。《集议》："金日逢丁凶祸动"，如有官人占之，则赴任极速，不欲行年上神克六丁所乘之神，常人占，却要制丁乘神。又庚辛二干，三传日辰逢旬内六丁神者，必主凶动。如乘勾陈，必被官勾追。如乘日之死气，必因亲族逃在外州两报死亡而动往。乘贵人，差往。乘玄武欲逃，或妻有血灾，蛇雀尤的。庚午日，见卯是丁，则因妻妾而凶动，不然则因财而起祸，或先得财而后凶。

庚午日第十一课

涉三渊　自取乱首　斩关
避难逃生须弃旧　彼求我事支传干

```
玄 白 后 玄          玄 后 白 玄
戌 申 子 戌          戌 申 子 戌
申 午 戌 庚          申 午 戌 庚


兄 壬 申 白          兄 壬 申 后
父　　戌 玄 ◎        父　　戌 玄 ◎
子 甲 子 后 ⊙        子 甲 子 白 ⊙


空 白 常 玄          贵 后 阴 玄
未 申 酉 戌          未 申 酉 戌
青午　　　亥阴       蛇午　　　亥常
勾巳　　　子后       朱巳　　　子白
辰 卯 寅 丑          辰 卯 寅 丑
六 朱 蛇 贵          六 勾 青 空
```

《玉历钤》云：此课日往加辰而被辰克，卦名乱首，下欺其上，悖乱无礼，凡事不宜。

《心镜》歌云："日往加辰辰克日，发用当为乱首名。臣背君兮子背父，妻慢夫兮弟逆兄。奴婢不堪吾委任，将军出塞损其兵。日为尊者辰卑幼，犯上之时忌此刑。正月酉时庚午日，传送初传午克庚。略举一隅须自识，余皆仿此例分明。"

《观月歌》云："日为长者父，辰作少年儿。尊者来加子，少年反克之。因名为乱首，老者必低葳。家内应无礼，官中岂有仪？先宗非本姓，上祖别人儿。纵然家和顺，官司必被欺。"

上神生日，日上生辰上。

课名涉害、间传、涉三渊。庚以申为德禄发用，不合加午受伤名乱首。日加辰受克，中末空亡，吉凶无准。此有初无终之课也，最可解忧。

此课日往加辰辰克日，徐道符论六壬七百二十课中最恶也。凡百作用，反覆无成，官司刑名，病患死亡。庚辰日亦有申加午，与此课不同也。四课三传回还格，传入空亡，作事有阻。日往加辰辰克日，谋望无成祸患深。病者困危家祸至，讼论争竞主刑名。

《义》曰：背后阻山，面前阻水。跋涉俱难，欲行又止。傲不可长，欲不可纵。有为丈夫，可冀侥幸。

《象》曰：蜂蝶纷纷过粉墙，东风满座百花香。桃红李白俱零落，空惹余馨到画堂。

此见机之卦，一曰乱首。夫见机者，察其微，见其机，谓两比两不比，当以涉害为用。涉害有浅深，欲用不用，欲言不言，事有两而取一，所作稽留，迟疑艰难，进退不定，忧患难消，怀孕伤胎，难于前而易于后。《经》曰："涉害须久历艰辛。"况乱首者，《经》云："臣逆君兮子害父，妻背夫兮弟克兄。奴婢不堪主使令，将军出外损其兵。"此乃下逆其上，悖逆紊乱之象。又曰："因名为乱首，老者必低蕤。家内应无礼，官中岂有仪？先宗或外姓，上祖别人儿。纵然家和顺，官司必被欺。"宜见更改姓名为吉也。干见鬼墓主蒙昧，又曰"鬼墓加干鬼暗兴"，鬼住墓中，危疑者甚，若明见其刑，犹可制之，病讼占之大凶，提防暗中有人谋害，若占人年命有破墓之神可也。又为进间传，名曰涉三渊，隔涉阻滞之象。占者遇之此课，日禄受克，求官难成。见贵吉。婚姻、交易、求财、干事、出行、失脱，凡百所占，皆有阻滞，求成难而改散之易也。忧惊患难者，高枕安然。

占出兵行师得此，初见凶伤，以致渐觉离散，功绩难成，到底吉不成吉，凶不成凶，大忌暗伏侵袭，用兵不可不知。中末传空，百事散之而无畏也。

有影无形。

真一山人云：莫厌梅关万丈高，崎岖攀陟上青霄。从今履过浑无事，忧险惊疑一笔消。

《无惑钤》云：中末空堕，自招其祸。事绪萦萦，病者难过。

《钤解》曰：干支拱天盘夜贵，初中拱地盘夜贵未。禄临支宅被克，舍就皆不可，成于空。鬼墓脱空，脱犹之可也，却乃往就支上受克，自取祸矣。课格循环，占事则牵连不决，占病则缠绵难脱，欲解释忧亦不易。《集议》：干支初中皆拱地盘夜贵，宜告贵成事。"涉三渊"诗见乙丑日。"避难逃生"内列此日，为舍就不可。

庚午日第十二课

仰观昴星　寡宿

```
白 空 玄 常            后 贵 玄 阴
申 未 戌 酉            申 未 戌 酉
未 午 酉 庚            未 午 酉 庚


父    戌 玄 ◎         父    戌 玄 ◎
父 辛 未 空            父 辛 未 贵
兄 癸 酉 常            兄 癸 酉 阴


青 空 白 常            蛇 贵 后 阴
午 未 申 酉            午 未 申 酉
勾巳    戌玄           朱巳    戌玄
六辰    亥阴           六辰    亥常
卯 寅 丑 子            卯 寅 丑 子
朱 蛇 贵 后            勾 青 空 白
```

《玉历钤》云：此课空亡为用，忧喜俱不成。

《毕法》云：此课初传昴星又是空亡，将乘玄武，凡占定主被人诓赚，或盗贼偷劫，财物虚脱，人宅损伤，占病亦虚脱之症也。

辰上生日上。

课名昴星。多主退缩伏匿，玄用亦阴翳，所幸戌为空亡，未酉在日前后，凶亦不至太甚也。

此课有凶自散，用望百事亦难成。辰来克日，本非吉课，幸而用神，持武空亡。课体虽凶幸遇空，求谋出入亦无功。遇祸不凶仍不吉，无求守旧却难容。

《义》曰：事贵神速，否则反覆。耗失宜防；占宅独孤。日出东方，赫赫大光。吉人天相，诸凶消亡。

《象》曰：惊看人曰写桃符，众口称言已过初。用尽端溪多少墨，劝君从此少强图。

此虎视之卦，一曰孤辰，亦曰龙战。夫虎视者，起用昴星之课。《经》

曰："用起昴星为虎视，秋分在酉知生死。出入关梁日月门，举动稽留难进止。刚日出行身不归，柔日伏匿忧难起。女多淫泆问何因，此地出门难禁止。"睛光不息，转蓬不已，稽留于外，主病患多惊。《经》云："昴星虎视必灾危。"况孤辰有茕茕孑立之象，占人别离乡井，凡有谋事，多虚少实，功名难遂，事业虚花。且龙战乃天之私门，生杀有限，分杜有期，雷动龙奔，示其有战，身心疑惑，进寸退尺，动有乖离之象。占者遇之此课，求官见贵，虽见和好，而应然卦体发用无力，终难成就。凡百占谋，事多欺诈。婚姻成欲不成，交易合而不合。占宅出孤寡，亦不能利人。求财难得，得之不吉。暴病即瘥，久病难痊。谒见人，主宾际会，和好之美，然事亦未全。逃亡目下难得，还见归。远行未宜。占讼和解。忧惊患难，得此课则高枕无忧，大开襟量。

占出兵行师得此，不惟失众以忧愁，抑且多虚而少实。若敌使来，多见言词诡诈，以其戌为奸欺之神。用兵者知此，当严加防守，密察机微，勿为诡计所惑也。大抵欲其成功，亦难矣哉。倘有不虞，亦勿惊畏，然此虽不能成事，却成解散诸凶也。

事起虚声。

真一山人云：原来万事皆前定，富贵谁知亦自然。笑看世间呆汉子，使机终是被机牵。

《无惑钤》云：失系求情，未免虚惊。无中生有，然后安宁。

《钤解》曰：昴星乘玄旬空，来情的系失遗，况鬼墓既空，未免虚惊也。戌不行传，取辰上神为传，得非无中生有而何？庚金得未土之生，然后安宁，宜守其酉旺，不可妄动，以罹刃网之祸也。《集议》：凡遥克、昴星，系空亡，将乘玄武，主占定主失脱，极验，出《毕法》"人宅受脱"内。中末拱定地盘夜贵，宜告贵而成合其事。乘太常，筵会干戈。"太常持刃请佳期，高人饮宴必难归。休道百章无妙诀，将军占者必分尸。"出《犀华百章》。两贵不协，变成妒忌，丑加子，未加午。

辛未日

辛未日第一课

伏吟用辰　斩关　稼穑　不结果

彼求我事干传支

后 后 常 常
未 未 戌 戌
未 未 戌 辛

父 辛 未 后
父 乙 丑 青
父　 戌 常 ◎⊙

青 青 常 常
未 未 戌 戌
未 未 戌 辛

父 辛 未 青
父 乙 丑 后
父　 戌 常 ◎⊙

蛇 贵 后 阴
巳 午 未 申
朱辰　　酉玄
六卯　　戌常
寅 丑 子 亥
勾 青 空 白

六 勾 青 空
巳 午 未 申
朱辰　　酉白
蛇卯　　戌常
寅 丑 子 亥
贵 后 阴 玄

《玉历钤》云：此课三传日辰相刑，本为凶象，幸得六神皆吉，可以消解，求望动用如意，不能大遂。

课名伏吟。诸神不动。土为稼穑，传全生干，凡百求谋，皆有生意，占尤吉，但戌为旬空，虽曰传归日干，终不能十全也，却无凶。大抵宜动不宜静，首末日辰刑冲，本主凶课，天将稍吉，可以少解，用望小易成，大用不遂，望信来，占忧自散矣。辰为用，中传入墓乡，末又空，何以成事？虽龙常入传无用。

此课首尾日辰刑合鬼，人灾鬼墓又来侵。吉将幸临凶稍解，只宜小事大无成。最利散忧并脱讼，如问行人立返程。

《义》曰：传见刑冲，罕得从容。动为多滞，静守亦丰。瞻彼空苍，不远于尔。为善最乐，天赐福祉。

《象》曰：年来心事乱如麻，南北经营道路赊。转过这些关捩子，致身无处不荣华。

此自信之卦，一曰稼穑。夫自信者，天地伏吟，十二神各归本家，天地如一，四伏未发之象。占事静则宜，动则滞，主事藏匿不动，静中求劳，有屈而不伸之象。《经》云："任信伏吟神，行人立至门。失物家内盗，逃者隐乡邻。病合难言语，占胎聋哑人。访人藏不出，行者却回轮。"况稼穑重土，主艰难之象，亦名五坟、邪泣，不宜占病。又曰：伏吟伏吟，泣涕淋淋。况见墓神，夫墓神者，五行潜伏湮没之地，四时气绝衰败之乡，闭塞不通，暗昧不振，昏蒙而无所施为。夫"鬼墓加干鬼暗兴"，幸戌作空，而三传墓神互相刑冲，虽有灾祸不祥，若大风之卷浮云则散矣，不足为之疑虑也。占者遇之此课，求官见贵，虽和允不能成事。婚姻不宜。交易难成。求财难得。占病凶，事宜作善为解。行人不来。访人不出。此课有欲动出入之象，始终未足，逃亡自归，目下未遂，忧惊解散。

占出兵行师得此，昼占无威而不宁，夜占得物大胜，故云得宝货与图书。戌加干，探报敌使不实，半吉半凶之象，亦难全其成功，所幸三传生干，亦有助之理也。大抵占得此课，百事美中不足之象，惟君子体道力行则贞吉。

真一山人云：一团和气霭阳春，曾见风光座里人。点检此心无愧怍，时来应识庙堂臣。

《无惑钤》云：自支传人，被求我身。守为上策，动则遭迍。

《钤解》曰：用自支上传归干上，人来求我干事，他谋可，或课起而应人之求也。伏吟静守乃为上策，况支干三传俱刑局，一动则彼此相刑不息，而迍遭难免矣。《集议》："宾主不投刑在上"内谓此三刑在传，凡占皆恃势凌弱，若干上神生旺不空，乘吉将，乃名能刑于他人。

辛未日第二课

神遥克日

旺禄临身休妄动

```
蛇 贵 阴 玄          六 勾 空 白
巳 午 申 酉          巳 午 申 酉
午 未 酉 辛          午 未 酉 辛


官 己 巳 蛇          官 己 巳 六
父 戊 辰 朱          父 戊 辰 朱
财 丁 卯 六          财 丁 卯 蛇


朱 蛇 贵 后          朱 六 勾 青
辰 巳 午 未          辰 巳 午 未
六卯      申阴      蛇卯      申空
勾寅      酉玄      贵寅      酉白
丑 子 亥 戌          丑 子 亥 戌
青 空 白 常          后 阴 玄 常
```

《玉历钤》云：此课初传太乙为德，奈蒿矢无力，反为虚喜，望信求谋颇遂，凡百事忧，不为灾。

《毕法》云：此课干上酉，夜乘白虎，旺禄不可守，投初传又是日鬼，中传两雀，又归鬼乡，末是旬中丁神，终不复其本禄，但受困而已。又云：丁卯夜乘螣蛇加辰，遥去伤干，凡占至险至惊至怪至动，虽有空亡，不能解散。又玄加子，卦名闭口，止宜捕盗追亡，别无所宜。又云：日干之鬼临于第三、第四课上，又乘勾陈，主官灾病患继踵而至，惟宜修德祈禳可以减轻，若全值空亡，始得获免。又云：干上酉、支上午，是为四胜煞，主逞功逞能而致刑害。岳武穆曰："好逞易穷"，此之谓也。

辰上克日上，用克日，用克日上。

课名蒿矢、连茹。德神发用，初末与日暗合，惟辰在中为冲破。酉加戌，为禄中有害，玄虎当权，防享富贵人相合处为小人谗毁而致失。凡事先难后成，逆茹主已往，惜乎遥克无力，兼三传俱退，凡百忧疑，亦不为灾，求望

175

皆虚喜无实。用神俱当旺之地也，但日辰上神相克，凡百不利。蛇乘太乙皆德神，传退遥克减福力。虚名虚利徒谋望，如有忧疑却散释。

《义》曰：求官迁移，禄位崇高。升阶纳粟，施展英豪。文章出类，要识主意。勿中试官，亦宜点识。

《象》曰：君子逢之利禄奇，小人得此虑官非。连枝带叶何时了，惹得兢兢岁月期。

此蒿矢之卦，一曰天网，又曰励德。《经》云："神遥克日名蒿矢，射我虽端当不畏。贵人逆转子无良，天乙顺行臣不义。家有宾来不可容，亦忧口舌西南至。"然事主动摇，人情倒置。象如以蒿为矢，射虽中而不入。祸福俱轻，求事难成，利主不利客。访人得见，占行人来。传见天罡，乃阻滞之神，占人来意多灾恼。况励德，阴小有灾，此名关隔神，常人占此，身宅不安，宜谢土神，贵吏则主升迁，要当消息而论也。以巳发用，乃乘腾蛇，占者有大惊恐。夫退连茹，退中有进，凡事迟疑，事主欲行不行，欲止不止，节外生枝，凡事占必有两意，干事重求而轻得也。占者遇之此课，求官吉，见贵不惟不协和，抑且有惊恐不安之象。居官者，甚不可非礼取财致祸也。常人亦不可求财，动中有凶。占病发势惊恐沉重。占宅伤人口。投谒人不宜。婚姻不合。逃亡自归，目下有畏而不敢来。占讼凶，内有教唆之人，惟宜止息解和。出行不宜，阻滞惊恐。

占出兵行师得此，另为选择，敌势凶，宜水命或水日方可交兵，大抵有伤损、惊恐、畏惧，夜占稍宜，得金宝美利，利为主，利后动。用兵者，宜察其机微，不可忽也。连茹带众。

真一山人云：一卦何如分两名，人心邪正剖来情。动为事事存忠孝，福寿臻和祸不生。

《无惑钤》云：闭口难言，遂往投传。所畏金火，以致凶延。

《钤解》曰：不守旺禄动亦凶例，禄既闭口，不可守也，三传俱在火乡，化为全火矣，若往投之，遂被火克，凶祸迍遭焉能免哉？卯旬丁，乘蛇加辰，如占人行年本命在辰尤的。《集议》曰：夜占虽帝幕临支克干乃忌，弃就不可。卯遁旬丁乘蛇至凶，以其遥伤日干故也，因妻因财而凶动。末助初鬼，"鬼临三四讼灾随"，官司患难接踵而至，惟宜作福修德，返归正道，庶得稍轻，尤未免其病讼二事也。如或全值空亡者，始能免此，尤未免先见此而后无虑。闭口禄乘虎，占病最凶。四胜煞，邀功逞能之意。昼贵作日鬼临宅，占病必家堂神像不肃，宜修功德安慰免咎。

辛未日第三课

元首　顾祖

鬼乘天乙乃神祇

```
六 蛇 贵 阴          蛇 六 勾 空
卯 巳 午 申          卯 巳 午 申
巳 未 申 辛          巳 未 申 辛


官 庚 午 贵          官 庚 午 勾
父 戊 辰 朱          父 戊 辰 朱
财 丙 寅 勾          财 丙 寅 贵


六 朱 蛇 贵          蛇 朱 六 勾
卯 辰 巳 午          卯 辰 巳 午
勾寅      未后      贵寅      未青
青丑      申阴      后丑      申空
  子 亥 戌 酉          子 亥 戌 酉
  空 白 常 玄          阴 玄 常 白
```

《玉历钤》云：此课旦将贵人乘午为用，官贵有气，宜求官入选，却嫌末助初传克干，三传隔退，主作事反复，进退不常。

辰上克日上，用克日，用克日上。

课名间传。始终见贵勾引援，中有两重朱雀朝天，此为贵人朝进入书之象。初合之支，中合禄，末为财，可以言吉。凡事艰难，言吉可求，官星有气，求官最吉，但不合用神反克日上之神，三传退隔，事多反覆而成，公讼口舌不凶。日鬼用，支上巳火克日并蛇，不是吉课。日贵乘午是官星，不合初神克日辰。更兼入传逢隔退，谋为反复久方成。惟利见官并选职，亦虽先阻后欢情。占讼无凶病不死，忧疑自释莫萦心。

《义》曰：宾主不投，动摇未休。既分彼此，无德可周。求财干事，岂得如意。上火下水，乃曰未济。

《象》曰：虚一待用利求官，君子占谋愈见难。禄位增荣名自显，春风和煦莫辞难。

　　此元首之卦，一曰天网。夫元首者，尊制卑，贵役贱之象。凡事多顺，利于先举，事多起于男子。为臣忠，为子孝，正大光明而无邪僻之行，德业已著而乾乾进修，常怀危惧，惕励而无咎也。传见天网，《经》云"天网四张，万物被伤"，为阻滞，为疑难，不顺阻滞。用克日，人有恼有灾。不宜见贵，贵人不喜。日辰见刑合，夫刑者，强也，欺者，凌也，上下不和，刚柔相变。刑者合，长幼不顺，动而后成，先犯后合，彼刑我解，仇将恩报。且凡占主客、谒贵人、交易之事，彼此皆无好意，所占多是外事，谓夫发用与支及传终重叠见火，并来克金，故谓占人切不可取财，一有贪财则惹火烧身，而灾祸无可免也。占者遇之此课，求官见贵不喜。婚姻不宜。有位者不宜受贿，士庶不宜求财。投谒人者，劳而无功。托人干事者，彼此不合。占病者凶，为喜可解。逃亡者难获。出行阻隔。凡占是隔手之事，退隔则退而有隔。公讼不吉，宜忍，遂宜和解，中有教唆之人。占宅惊恐不宁。

　　占出兵行师，虽曰贵人举兵，开地千里，然不利先举，不利客，又见阻隔不顺，宜水命将，合水日先举方可，若夜占，先举大不利。用兵者，宜致思焉。

　　喜恶相符。

　　真一山人云：水须杖探知深浅，事到跟前贵酌量。莫把斯言徒作话，知音仔细谩消详。

　　《无惑钤》云：巳午丙火，作祸合伙。若取末财，其灾难躲。

　　《钤解》曰：支上巳，发用午，两火并来克干，中辰两雀亦化火，申金难赖其生，冒此危险而往取末传之财，殊不知寅又值丙，其灾实难躲矣。《集议》曰："末助初传"见庚午日内三课。"顾祖"诗见庚午日内。局内子加寅，夜乘太阴，主妇人妊娠。丑乃日墓临卯，俱不乘蛇虎，墓门开，又外丧。

辛未日第四课

别责　闭口

彼求我事支传干　空空如也事休追

```
青 朱 朱 后          蛇 阴 阴 白
丑 辰 辰 未          丑 辰 辰 未
辰 未 未 辛          辰 未 未 辛

子   亥 白 ◎        子   亥 六 ◎
父 辛 未 后 ⊙       父 辛 未 白 ⊙
父 辛 未 后 ⊙       父 辛 未 白 ⊙

勾 六 朱 蛇          贵 后 阴 玄
寅 卯 辰 巳          寅 卯 辰 巳
青丑      午贵       蛇丑      午常
空子      未后       朱子      未白
亥 戌 酉 申          亥 戌 酉 申
白 常 玄 阴          六 勾 青 空
```

《玉历钤》云：此课阴阳不备，卦名别责，主依附别物，借径而行，凡事不可用。

《通神集》云：未支来临辛干，土来生金，名曰自在格。凡百事谋，彼此有相从之意，顺我、惠我，上门敬我，多少好处，但嫌日上第二课与辰上第一课自刑，有不足，心意反复，忧思过度，欲行不行，欲止不止。又云：四课阴阳不足，所望不成，凡事欠遂。

上神生日，末克初。

课名别责。凡事宜守旧得新，别无图谋。此课支来加日生日，最为有益，但亥为空亡发用，凡事初难入头，久久守旧，待时别图可。用神虽在上合，然与日上隔角，所谋多阻，妇人不安，虽不是凶课，亦无吉。辰加日，三传空，作事无成。

此课三传上下刑，营求无望总不成。虽有朱雀文事阻，求利秋冬稍称心。

《义》曰：两男一女，乃曰失礼。问宅问婚，不可得此。除此之外，凡占有在。凶少吉多，事有何害。

《象》曰：无心谋事事将成，急急维持恐变生。富贵荣华天付与，待时自有好声名。

此芜淫之卦，一曰寡宿。《经》曰："阴阳不备是芜淫，夫妇淫邪有外心。二女争男阳不足，两男争女有单阴。上之克下缘夫过，反此诚为妇不仁。阳即不将阴处合，阴来阳反畏刑临。"此之谓也。况支神临干生干，乃自在格也，凡百谋事，自有相从之意，不待再三再四相求，是彼顺从我、拥护我、趋敬我、上门有益于我也。以斯两者论之，美恶相一，见寡宿则事多起于虚声，有名无实，吉也难成，凶也难成。《经》云：占人孤老，空室穷炊，茕茕孑立，别离桑梓，财物虚耗也。且日上课不足，主自身不足，心意反复，欲行不行，欲止不止，忧愁憔悴。占者遇之此课，求官见贵，虽有益，难成。占身宅，家中宜谨闭门。投谒人者，徒比和而已，事亦难就。婚姻不宜，切当忌之。占财利空手求，终难积聚。新病即瘥，久病虽凶有救。失物宜寻。逃亡自归。公讼和解。谋望有人成就，须两遍方可。远行无凶。行人未回。

占出兵行师，昼夜占此，皆非吉兆，防得失众之心，宜犒赏以奖其志，或多见虚而少见实。倘敌使来，所言是实，其中亦有诡诈，利占者而不利敌，以其支生我也。大抵事不能全美耳。

事起虚声。

真一山人云：闺门肃肃正纲常，烈女书中妇道彰。诗首关雎缘有别，此中滋味要评详。

《无惑钤》云：支生我躬，去寻脱空。惭赧而归，快乐无穷。

《钤解》曰：支乃上门生我，宜守而勿失也，却弃而投初传之亥，乃是空脱，遂惭愧而归，遂得两重生意，其快乐为何如哉？《集议》曰：未乘天后加戌，主妇人有疾。

辛未日第五课

曲直　知一　狡童　不行传　交车合　木局

传财化鬼财休觅　交车相合交关利　贵虽坐狱宜临干

```
白 六 勾 贵          六 后 贵 常
亥 卯 寅 午          亥 卯 寅 午
卯 未 午 辛          卯 未 午 辛


财 丁卯 六          财 丁卯 后
子  亥 白 ◎        子  亥 六 ◎
父 辛未 后 ⊙        父 辛未 白 ⊙


青 勾 六 朱          蛇 贵 后 阴
丑 寅 卯 辰          丑 寅 卯 辰
空子      巳蛇      朱子      巳玄
白亥      午贵      六亥      午常
戌 酉 申 未          戌 酉 申 未
常 玄 阴 后          勾 青 空 白
```

《玉历钤》云：此课辛日得木局，财多反不成福，凡事费力难成。

《毕法》云：此课干戌与支上卯合，支未与干上午合，谓之交车合，主家合人义，外人相助，凡事易成合，惟忌空亡。若占交易，后必龃龉，若已龃龉，后却成合。又支干上下俱作三合，凡占主客相顺，神合道合。又云：金日支上逢丁，必主凶动，得吉神合后在上，可以减轻。又云：三传作日之财，而生起干上午火日鬼以伤日干，必因取财而致祸害，及防内室鬼祟作孽。又曰：午加戌昼占虽是日鬼临身，缘上有贵人，勿作鬼祟论断，占病必是神祇为祸，宜修设功德，安慰神灵，自然安妥。

《灵辖经》云：此课干上午，三传卯亥未木局，皆作日之财，虽忧父母，赖干上先有午火生其父母爻而窃其财，虽名传财化鬼，但只顾父母平安而不必言财之化鬼也。如欲占财，仍有灾咎。

上神克日，辰上生日上，日克用，初克末。

课名知一也。日克三传。辛寄戌，戌与卯合，辛未日占，见卯是丁，卯上又为亥，丁壬合木，午未合，日辰又交义合，满盘财喜，十分吉课。若用财委曲托人，春冬占尤吉，但中末空亡减力，亦长久举事费力无成。天后在传，占婚姻不利，占病死，博戏者输，人情先喜后合，合而后参商也。支神三合，一金不足以制三木，但财恐虚故也。辛虽得木为财局，不合财多反费神。博赛败输婚不久，人情先喜后生嗔。病讼淹留终不祸，胎产即生行起程。出入经求徒碌碌，逃亡盗贼费跟寻。

《义》曰：此个玄机，时人未晓。千绪万端，岂可胶固？定志存神，见识须真。梦中说梦，醒后徒嗔。

《象》曰：良工相木欲成材，内主空虚朽渐衰。舍此他求方得意，森森宰树麓中排。

此知一之卦，一曰曲直，一曰狡童。夫知一者，知一而不能知两，知者以为自知、自见，不知为寇仇，故言知一也。以此为用，舍远就近，舍疏就亲，恩中生害，凡事狐疑，事贵和同乃吉。得见曲直者，先曲而后直也。辛日当作成器，乃象木之谓。五行正气入十干杂糅之乡，三合异方是生旺墓之神，事主丛杂不一，主关众人共谋，不然两三处干事，委曲托人与人相合之类。又如推磨之象，推磨者，无休息之谓，一事去，一事来，往来不歇，必得吉将，用事须得人引进方可。此课三传俱财，外勾里连，若欲贪爱其财，而助其恶以克身为灾为祸耳。狡童宜慎闺门。占者遇之此课，求官见贵和允，必须以财贿贵方可。婚姻不宜，媒妁不明，阴私暗昧。占财不可求，求则致祸。占病乃多欲所致，若妻妾多者，宜远之，近之则病愈加矣。失物急寻。逃亡者欲归而有畏。占公讼和解不成。行者不回。远行不宜。交易虽然得合，难成。

占出兵行师得此，虽曰尤宜得金宝之美利，惜乎传入空脱之乡，乃为有始无终。凡事所占，如苗而不秀，秀而不实，功不成，名不就，惟宜解散忧疑惊恐之事，先号而后笑也。

亥卯年月小就，余未准。

真一山人云：德阴久晴天垂报，莫厌而今事未然。云散满空晴雨霁，惟余明月照中天。

《无惑钤》云：午丁双见，先恶后善。携财告贵，庶免灾患。

《钤解》曰：午火临干，丁神临支，并见克辛，既而午未合，卯与戌合，始则相恶，后却相和。昼贵相合，昼贵临身作官，亥卯未合木，辛之财也，若以财告贵，必免其灾也，或以财买官，或用财告贵，皆有成也，彼生而不来为害也。《集议》："万事喜忻三六合"谓四课六合，三传三合。三传俱作日之财，得此须知长上灾。年命日辰乘干鬼，争知此类不为乖。《毕法》"六爻现卦"内即以此日为例。夜占帘幕临干，旬首最得。传财化鬼，占讼先曲后直，人且灾而宅必动摇，宜有官占赴任，宜乎昼将。如占失义，必先见龃龉，后却和合。"彼此全伤"说见己巳第六课。卯乃旬丁，因妻财而凶，不然取财祸起，或先得财而后凶。干鬼支丁，人且凶而宅必动摇。昼贵作鬼，占病不可为祟，必是神祇为害。

辛未日第六课

涉害　无禄　不结果

六 常 空 后　　　　　青 贵 朱 玄
酉 寅 子 巳　　　　　酉 寅 子 巳
寅 未 巳 辛　　　　　寅 未 巳 辛

兄 癸 酉 六　　　　　兄 癸 酉 青
父 戊 辰 阴　　　　　父 戊 辰 阴
子 　 亥 青 ◎　　　　子 　 亥 六 ◎

空 白 常 玄　　　　　朱 蛇 贵 后
子 丑 寅 卯　　　　　子 丑 寅 卯
青亥　　 辰 阴　　　 六亥　　 辰 阴
勾戊　　 巳 后　　　 勾戊　　 巳 玄
酉 申 未 午　　　　　酉 申 未 午
六 朱 蛇 贵　　　　　青 空 白 常

　　《玉连环》占曰：此课据来意，事主酒筵间因姓刘媒人说亲，一席便成其事，妇是属猪。何以知之？盖以亥时上见午为太常，主酒筵相会，天上直事门亥上见六合，为和合，又为日下子孙爻。亥是空亡，百事不结果，何以能成婚姻，又主酒筵间与子孙说亲耶？缘发用从魁为今日等辈，酉为金刀，故主姓刘人，上见青龙吉将，主婚姻礼仪之事，故知因姓刘人说亲也。一席便成者，辛干在戌，亥时为日干之劫煞，主事紧速也，又六月中传天罡为天马，尤主事速。传亥为金日子孙，亥属猪，故知新妇属猪也（六月辛未日午将亥时，占来意）。

《玉历钤》云：此课自刑，上下不知，占事不喜，忧自散。

《毕法》云：此课干上巳克辛，支上寅克未，人宅俱有损伤，占讼必两家皆被刑责，故云"彼此全伤防两损"。又云：酉加寅乃禄坐绝乡，又作闭口，又名无禄卦，占病必死。

上神德日，辰上生日上，日上克用。

课名涉害、无禄。四上克下此最凶，利上不利下，利尊不利卑。亥为空亡少减凶，禄为发用可言吉，终不济事，只宜结绝旧事却得。不宜占望信，喜事无成，忧事自散，讼者目下了绝，行人即来，病即死，其他求望皆不遂。官星临日，传入空，难以成立。

此课占忧忧即解，酉金盖为绝于寅。占讼无凶日下了，求名求利却劳神。行者到来音信至，病者提防哭泣声。课内四辰俱克下，如求喜事定无成。

《义》曰：人情不合，谋事徒然。早宜见机，免费些钱。不忠不恕，悖礼伤义。吉凶不成，成之何济。

《象》曰：金阙银宫富贵奇，蓬莱洞府隐玄机。神仙自有神仙福，无分原来莫强为。

此见机之卦，一曰无禄。夫见机者，察其微，见其机，谓两比两不比，当以涉害为用。涉害有浅深，欲用不用，欲言不言，事有两而取一，所作稽留，迟疑艰难，进退不定，忧患难消，怀孕伤胎，难于前而易于后。传见无禄，上下之分，贵于忠恕，四上克下，是上不容其下，为不恕矣。主奴婢散失，子孙他之，孤守空室，上不能保其禄位，下不能有其妻子。又曰：无禄主动而必静，病不久退，官事不妨，囚者出，逃者获，凡事疑先举。《经》曰："四课上神俱克下，法式严时不可论。臣子受殃从此遭，无禄如何独处尊。占人孤老谁扶持，空室穷炊岂得存？官门有事小当罪，对者应知理不伸。"四上克下，有屈而不伸之象。干支相刑，动摇不宁，人情失和，有情而化无情，凡事起于蓦然。占者遇之此课，求官见贵，合而不和。婚姻不宜。占财轻微，惟利空手。投谒人者，主宾不投。交易难成。公讼有刑，先凶后吉。占病痢泄下虚。逃亡者怕归，宜寻觅。

占出兵行师得此，昼夜所占固宜，然而支干相刑，主客不和，尤忌为敌暗谋克害，且六合不合，美中未美，宜申严号令，密察机微，奖励三军，恩抚士卒，相机而动，方为妙矣。大抵此课，难于前而易于后，又能解散凶事，于成事却又未然也。

真一山人云：彝伦何是未全情，好事方将又不成。从此早修阴骘济，子孙相继受恩荣。

《无惑钤》云：无禄可守，碌碌闭口。君子恶之，彼己殃咎。

《钤解》曰：禄以养君子也，卦名无禄，且闭口为临绝乡，此君失养，所以深恶也。占病必绝饮死，于期近矣。干被巳克，支被寅伤，彼己均有咎也。《集议》：昼占帘幕临支。占病必死，余禄作闭口皆然。未日寅加未，旦得太常，望医，射覆药物。日辰上神六害。"彼此全伤"说见己巳日第六课。两贵相协。凡事上克下名无禄，天动于上为纯阳，阳主动，占病者死，久困在下者遇之而发，居家者遇之是出时。凡事下贼上名绝嗣，地静于下为纯阴，阴主静。出《邵彦和引证亥集》为蔡太师占长庚星见西方。两贵相协，虽互换作合，只缘寅中有丙，午中有庚，却成暗战，徒有虚声，竟无实效。

辛未日第七课

反吟　井栏射　斩关　孤辰　无亲　互墓
干支乘墓各昏迷　两贵受克难干贵

```
蛇白勾阴              白蛇勾阴
未丑戌辰              未丑戌辰
丑未辰辛              丑未辰辛


官 己巳 后 ⊙         官 己巳 玄 ⊙
父 乙丑 白            父 乙丑 蛇
父 戊辰 阴 ⊙         父 戊辰 阴 ⊙


青空白常              六朱蛇贵
亥子丑寅              亥子丑寅
勾戌    卯玄          勾戌    卯后
六酉    辰阴          青酉    辰阴
申未午巳              申未午巳
朱蛇贵后              空白常玄
```

《通神集》云：此课反吟，刑冲破害，事滞两端，睽而复合，返而更往，上下无克，谓之井栏射，盖如井上架木，易欹易斜，不能长久之象。

《观月歌》云："反吟有不克，柔日以辰冲。冲处初传发，临辰却作中。然须看日上，所见乃为终。卦凶贼盗远，去者路难通。父子不和睦，亲情无始终。三传如有救，翻祸见青龙。"

日上生日，用克日。

课名井栏射。反吟体，凶将、凶神皆以为不吉，幸为德神，丑辰皆土，以生辛金，阴虎皆金，不见其鬼，得此只宜守静勿妄动，自可为吉。初传加在空亡上，其凶自散，忧喜无成。用神克日，传入墓乡，何以用望？反吟课得凶将者，遇之无有不成凶。此幸空亡凶自散，谋为任阻不亨通。

《义》曰：思南向北，欲东向西。情未协合，动致忧疑。事势若此，争如守理。静正以待，福自及己。

《象》曰：逼人富贵岂寻常，福薄由来不敢当。莫怨事成成未得，静中默默检行藏。

此无依之卦，一曰天网。夫无依者，即反吟也。《经》云："无依是反吟，逃者远追寻。合者应分散，安巢别改林。守官须易位，结友也分襟。所为多反复，占病数般侵。"反吟刑冲，事主迟滞，远近系心，更相仇怨，且反复而呻吟，是无予夺而难息也。用起天网，《经》云"天网四张，万物被伤"，为阻滞，为疑难，为灾恼，所喜上神生日，所为百事，用运皆吉，遇灾不凶。如见当季神则声名显达，若岁命生日尤吉。又谓之井栏射，如井上架木，易欹易斜，不能长久之象。传空乡，吉凶皆不能成，此又不可不知。占者遇之此课，求官见贵不成，贵人受制而不宁也。婚姻、交易、求财、干事、投谒、参见、占行人，皆反复不定，不能成合。病者反复，非止一证。失物难见，仍看类神。新病易瘥，久病难痊。占讼宜见和解。占忧疑患难惊恐之事，却喜解散。

占出兵行师得此，宜另为选择，若不得已而用之，必见无威不宁，动用反复，不得归一，夜占亦不为美，虑有失众。所闻所见，未得其情，多有诡诈虚诳，当详审密察，非特不能成功，亦无凶也。大抵此课，不能成事，却能解散诸凶，其有勉强成之，后必更变而不遂所谋也。

事多改革。

真一山人云：事临惊恐舒眉笑，祸到头颅且放欢。此个机关人未识，谩携妓酒醉东山。

《无惑钤》云：意欲来去，奈何互墓。甘分登临，两贵俱怒。

《钤解》曰：日上辰墓，辰上日墓，我欲昏迷他，却被他亦昏迷我也，此即"天网恢恢"之喻。干复坐于支墓之上，支又坐于干墓之上，彼此自招昏晦，岂宜往来投奔？即是愚人言蠢人也。且贵午临子，夜贵寅临申，两贵受克，所以皆怒，最不宜干贵也。《集议》："人宅坐墓甘招晦，干支乘墓各昏

186

迷．"互墓之说在此局内。丑加未，主生云，将得蛇，主多风。支乘墓虎，不克支，稍轻。德入天门为用，空了。

辛未日第八课

涉害　铸印破模　度厄　不行传
胎财生气妻怀孕（四月占应）

```
后空朱玄          玄朱空后
巳子申卯          巳子申卯
子未卯辛          子未卯辛


官 己巳 后        官 己巳 玄
父   戌 勾 ◎     父   戌 勾 ◎
财 丁卯 玄 ⊙     财 丁卯 后 ⊙


勾 青 空 白       勾 六 朱 蛇
戌 亥 子 丑       戌 亥 子 丑
六酉     寅常     青酉     寅贵
朱申     卯玄     空申     卯后
 未 午 巳 辰       未 午 巳 辰
 蛇 贵 后 阴       白 常 玄 阴
```

《玉历钤》云：此课初传旦夜得天后、玄武，皆是夹克，凡占百事不成。

《毕法》云：此课初传克日，末传及干上卯助之，必主刁兴讼告而害，而草头木旁之姓其人教唆。又日上见卯作丁，必因妻起祸，或取财致凶，或因食成疾。又干上卯、支上子，无礼相刑，宾主不投，必致兴讼而相犯也。又支上子为干之死气，干上卯为支之死气，干支互乘死气，占者必宜正静修省，不可动作，人病宅衰之兆，不可不慎也。又云：初传巳为日之长生，却被中传之戌来墓，末传又入墓乡，自明入暗，有始无终，凡百不宜，大抵宜静不宜动，动凶而静吉也。处静者如捧盈，惧其动也；处动者如操舟，愿其静也。处动者犹顾其静，处静而顾其动也，可乎？

日克上神，辰上生日上，用克日。

课名涉害、度厄。三传互合，名铸印乘轩，宜籍他人力，中末空亡为损模，谋望宜前进，中末传归日，可以望成，但既空亡，终不十全，只好待出旬别图，却无凶。

初传旦暮天将后玄夹克，凡百所用皆无成，有虚无实矣。日上虽卯与戌合，辰上子未六害，吉凶相伴，事多阻滞不通之兆。昼夜将神皆夹克，用望求谋总不成。病者淹延宜速治，问信行人未有音。狱讼滞留难理直，婚姻非偶莫成亲。胎孕将生加保护，逃亡盗贼自呈身。

《义》曰：幸逢官德，内外战克。既无和气，岂有欢悦？因树为屋，自用庸人。道之不行，落魄守真。

《象》曰：见机而作岂为奸，为人难做做人难。打破这层圈套子，此玄玄外更无玄。

此见机之卦，一曰铸印，亦曰励德，又曰天网。夫见机者，察其微，见其机，谓两比两不比，当以涉害为用。涉害有浅深，欲用不用，欲言不言，事有两而取一，所作稽留，迟疑艰难，进退不定，忧患难消，怀孕伤胎，难于前而易于后。《经》曰："涉害须久历艰辛。"传见铸印，《经》曰："天魁是印何为铸？临于巳丙冶之名。中有太冲车又载，铸印乘轩官禄成。"不见太阴、天马，即非真体，常人反生灾咎，且为事迟钝。兼之励德，阴小有灾，名关隔神，常人占此，身宅不安，宜谢土神，贵吏则主升迁，要当消息而论。况天罡为阻滞，为疑难，为灾恼，先难后易，先凶后吉。然而传入空乡，吉凶由此而散，欲来成事难矣。占者遇之此卦，求官见贵，先见有成，终难得就。投谒人者，宾主未合。婚姻不宜，强成招悔。占财利空手，或暗昧之财。交易不合。占病先重后轻，久病不吉。占宅益人，门户失礼，宜谨慎也。逃亡怕归。失物难得。

若出兵行师得此，无威而不宁，夜占失物而忧惧而有始无终，欲求成功而不可必。用兵者，宜当谨之，庶几变难为易矣。大抵此课，不能成事，惟利夫解散忧惊患难也。

散虑逍遥。

真一山人云：吉凶须向面前决，善恶还从根底求。尔欲干谋宜止息，事当惊险便无忧。

《无惑钤》云：上刑下刑，昼失财婚。更无和气，尤怕旬丁。

《钤解》曰：子卯戌未，上下相刑，全无和气。卯乃辛之妻财，昼占乘玄，财婚两失。况遁旬丁，反有伤于干也。《集议》："宾主不投刑在上"，子卯相刑，两边无礼，戌未恃势。传墓入墓，此长生入墓，不利生计及长上之事。官星入墓，不利官人，常人却喜鬼入墓也。末助初克干，卯财遁丁鬼伤干，必因财致祸，因食丧身，因妻成讼。局内支未乘蛇虎临寅，主妇人狂病见鬼。五辛日俱局内见，独辛酉日，未作初传最得。人宅皆死各衰羸，此干支应乘死气，惟不宜吊丧问病，如乘月内之死气尤的，如占病必死。卯乃辛金胎财，四月为生气，主有孕喜，辛以甲为妻，卯中有乙，甲之姊妹也，亦主妻之姊妹有孕。余五辛日同。

辛未日第九课

知一　曲直　寡宿　木局

```
玄 青 贵 常          后 六 常 贵
卯 亥 午 寅          卯 亥 午 寅
亥 未 寅 辛          亥 未 寅 辛


  子   亥 青 ◎        子   亥 六 ◎
财 丁 卯 玄 ⊙      财 丁 卯 后 ⊙
父 辛 未 蛇        父 辛 未 白


  六 勾 青 空          青 勾 六 朱
  酉 戌 亥 子          酉 戌 亥 子
朱 申       丑 白    空 申       丑 蛇
蛇 未       寅 常    白 未       寅 贵
  午 巳 辰 卯          午 巳 辰 卯
  贵 后 阴 玄          常 玄 阴 后
```

《玉历铃》云：此课三传全财，青龙乘亥，凡事先曲折而后有成，然毕竟财多，不为福也。

《毕法》云：此课干支三传上下俱合，凡占主客情顺，神合道契，不相枘凿也。又寅绝于辛，亥绝于未，亦宜绝旧事。

日克上神，辰上生日上，日克中传，末克初。

课名知一、曲直。皆木为财，致曲后得，春冬占最宜委曲托人恩事，但空亡用，终不十全，出旬别谋为佳，最利散忧。

用神乘青临登明，却为差胜，事主曲折而后小成，然财多，大不为喜也。金日得木局乃财，用空，其财反亏。

辛未课传逢木局，财多反不利求财。昼治龙乘亥稍吉，夜治谋为总不谐。

《义》曰：鳏鳏独居，如鱼在水。忧心忡忡，未见君子。风里燃灯，忽明忽灭。云中望月，忽圆忽缺。

《象》曰：名园红紫绽奇葩，无限游蜂趁逐他。株得百花成名密，这场辛苦落谁家。

此知一之卦，一曰寡宿，一曰曲直。夫知一者，知一而不知两也，知者以为自知、自见，不知为寇仇，故言知一也。以此为用，舍远就近，舍疏就亲，恩中生害，事多起于同类，凡事狐疑，事贵合同乃吉。传见曲直，曲直者，先曲而后直，象木之谓，当作承器。此乃五行正气入十干杂糅之乡，三合异方是生旺墓之神，事主丛杂不一，主关众人共谋，不然两三处干事，委曲托人与人相合之类。又如推磨之象，推磨者，无休歇之象，一事去，一事来，往来不歇，必得吉将，用事须得人引进方可。况见寡宿，《经》云："占人孤老谁扶持，空室穷炊岂得存？"又曰："占人孤独离桑梓，财物虚耗伴不亲。官位遇之须改动，出行防备拟人侵。"所闻百事而无一实，卒病即瘥，久病难痊也。占者遇之此课，求官见贵无成。婚姻、交易、干谋皆不如意。远行无益。公讼和解。忧惊患难之事，得此自散，乃谓福星。逃亡盗贼难获。凡百所谋，俱无可成，惟宜消散凶灾。

占出兵行师得此，昼夜所占，加青龙大胜得宝货与图书，六合尤宜获金宝之美利，然而传见空乡，吉不成吉而凶不成凶，又谓夫有失众之象。用兵者，不可不知斯。岁月逢亥卯吉。

真一山人云：皓魄当空宝镜圆，分明只好照嫦娟。纵然想到非非处，空使身心昼夜悬。

《无惑钤》云：昼财失散，动多灾难。夜贵绝财，外人好看。

《钤解》曰：三传全财，传财大旺，反有伤财。卯财乘玄，昼占失散，动逢空脱。初为罗网，中作丁神，动则许多灾难也。以夜贵言之，似为纯财，但初中空陷，外虽好看，而就里空虚矣。《集议》：金日逢丁凶祸动（说见庚午日内）。干支值绝凡谋决。此课夜占，宜结绝告贵之事。三传会财，除求财外，不利占尊长及生计。"万事喜忻三六合"内有此日。丑乃辛墓，昼虎夜蛇，临酉为墓门开，又外丧入内，宜合寿木以禳之。支干上神六合，传又三合，万事喜忻三六合。

辛未日第十课

支生　寡宿　别责　察奸　不备　空空如也　闭口
干乘墓虎无占病

```
白 勾 阴 白            后 常 朱 后
丑 戌 辰 丑            丑 戌 辰 丑
戌 未 丑 辛            戌 未 丑 辛


子　　亥 青 ◎         子　　亥 玄 ◎
父 乙 丑 白 ⊙         父 乙 丑 后 ⊙
父 乙 丑 白 ⊙         父 乙 丑 后 ⊙


朱 六 勾 青            空 白 常 玄
申 酉 戌 亥            申 酉 戌 亥
蛇 未　　　子 空       青 未　　　子 阴
贵 午　　　丑 白       勾 午　　　丑 后
巳 辰 卯 寅            巳 辰 卯 寅
后 阴 玄 常            六 朱 蛇 贵
```

《观月经》云：四课不全，阴阳不备，芜淫别责之课也。歌云："阴阳为不备，男女举非廉。主有奸淫事，逢时心意嫌。有救应无事，凶神刑狱淹。"

《毕法》云：此课初传亥为旬空，中末二丑皆金之墓，三传皆无所益，不免就支上之戌而受生，亦避难逃生之意也。

上神生日，末克初。

课名别责。凡事宜别为之图。此课日上丑墓，虎后皆厌翳，宅上又空亡，人宅皆不吉，幸而发用空亡，不为大凶，然宜只好退一步行安乐，法初不可图望。

《义》曰：惊忧异怪，聊无灾害。久病占之，乃为败坏。天高听运，心不可欺。善恶由心，神自鉴之。

《象》曰：闺中秘察少人知，动有差池祸福殊。从此自心当改过，莫教些子露玄机。

此芜淫之卦，一曰寡宿。夫芜淫者，乃阴阳不备之谓。《经》云："芜淫奸邪生于中。"又曰:"阴阳不备是芜淫,夫妇奸邪有异心。二女争男阴不备,两男争女有单阴。上之克下缘夫恶,反此诚为妇不仁。阳即不将阴处合,阴来阳反畏刑临。"以此论之,占家宅、夫妇者,各宜敦尚礼义,勿为他道所惑,严谨闺门,幸见空亡有解,若夜占,有阴私暗昧不明之事,惟君子能返恶为善也。况见墓神,如人处云雾之中,昏蒙而无所见也。然家宅亦无光耀,或黑暗之室,彼此俱不亨通。且墓乃五行潜伏湮没之地,四时气绝衰败之乡,闭塞不通,暗昧不振。凡占传墓不吉,逢墓即止,丑未为墓,柔缓迟延之象,幸空,又有可者。亦见寡宿,《经》云:"占人孤独离桑梓,财物虚耗伴不亲。官位遇之须改动,出行防盗拟人侵。所闻传事皆非实,卒病遭官不害身。"占者遇之此课,求官见贵、婚姻交易、求财见用、谒人访友,凡所占,卒无一事可成,假使有成,亦须不利,莫如止息改图方吉。

出兵行师,另为选用,若不得已而用之,不惟失众不吉,抑且昏蒙失利。为将者,宜审其机。凡遇所闻之事,及差遣探报并敌使之来,所言多是虚诈诡谲,不可听之,以致有失其事,谨之慎之!大抵此课,能解诸凶而为福也。亥年月吉。

真一山人云:投却簪缨早挂冠,赤松回首入青山。有人问我功名事,空里寻空总是难。

《无惑钤》云:昼乘鬼墓,夜逢贼伍。留宿仍前,俯就免责。

《钤解》曰:避丑难,逃未生。新弃所乘之墓虎,初逢登明,为玄贼之伍以盗脱干气,遂进而停留中末丑上以为止宿之地,却仍乃前虎墓,凶祸重重,不得已而俯就于支,赖支以刑丑,庶免其苦也。《集议》:避难逃生宜弃旧。干乘墓虎,占病必死,若行年本命在辰宫,上得未乘蛇以冲墓制虎,庶几有救。诸占且昏且迷,又凶且恶,提防无故冤执而遭捶楚。如冬占稍轻,缘丑至冬旺,可作库论。

辛未日第十一课

弹射　出三阳

权摄不正禄临支

```
青 六 常 空          玄 白 贵 阴
亥 酉 寅 子          亥 酉 寅 子
酉 未 子 辛          酉 未 子 辛


财 丙 寅 常          财 丙 寅 贵
父 戊 辰 阴          父 戊 辰 朱
官 庚 午 贵          官 庚 午 勾


蛇 朱 六 勾          青 空 白 常
未 申 酉 戌          未 申 酉 戌
贵午     亥青        勾午     亥玄
后巳     子空        六巳     子阴
辰 卯 寅 丑          辰 卯 寅 丑
阴 玄 常 白          朱 蛇 贵 后
```

《玉历钤》云：此课用神三传皆吉，大抵遥克乏力，所望无成，天将虽吉，或中有否，惟旺相有气可喜。

《毕法》云：此课干上子脱辛，支上酉脱未，交相脱盗，递互侵欺，我将有诳彼之心，彼先存赚我之意，谚云"两意一般般"。凡占必被人诳赚财物，占病必因宅脱泄元气，盗贼走失，件件有之。

上神盗日，辰上生日上，日克用。

课名弹射无力，间传有阻，所喜始终皆贵，可以图望。虽三传不免间隔，幸二贵并寅午戌三合，断有可成。宅来生人，禄加宅皆吉，再进事可成。用神传将皆吉，惜乎弹射，大抵空亡遥克，事多无成，虽天将吉，用神或有或无，春占可用。支土干金，用神为日财，虽末传克日，得支辰与之作合，又得旦夜贵神扶持，可保无事。其曰空亡遥克者，为辛戌为空亡也。

用神传将虽皆吉，遥克空亡总不成。春夏遇之知稍吉，只因无气亦劳神。

《义》曰：辛日见子，不胜之喜。耗散家财，岂分彼此。我去寻他，福禄堪夸。人来寻我，未可空过。

《象》曰：路转崎岖莫厌难，前途平坦更漫漫。这些阻隔休烦恼，渐渐知君日日欢。

此弹射之卦。夫弹射，乃日克神之谓。《经》云："日往克神名弹射，纵饶得中还无力。贵人逆转子无良，天乙顺行臣不义。家有宾来不可容，亦忧口舌西南至。"然事主动摇，人情倒置，更主蓦然有灾。求事难成，祸福俱轻，忧事立散，祸从内起。利客不利主，利先不利后。占人不来，访人不见，不利占讼。弹射无力，不可用事，虽凶无畏也。干支俱脱，人宅俱衰，虚费多端，谋望不遂，盗失损物，人口衰残，休囚尤重，又为子孙脱漏之事。一名进间传，乃间隔之意，凡事进中有退，退而后隔，此出三阳之卦也。此卦求官见贵难成。占家宅虚耗，不得和合。婚姻有成，夫妇终见衰弱。投谒人者，"主宾际会两殷勤，暮晏朝欢会无极"，但彼此俱有不称意者。交易未合。求财被人阻破。捕盗擒奸得获。占行人来，但有小隔。公讼和解。所谋所干之事，亦见力弱，已成之际，又畏人阻破。

若出兵行师得此，昼夜所占，皆有胜兆，但彼此俱有财用、粮草不及之象。大抵利为客，利先举，以其金能生水也。用兵者，宜深究其理，密察其理，洞见其机，通变可也。幸始终相生，事见亨通。

真一山人云：千里长途岂惮遥，逢人相敬福偏饶。眼前未遂男儿志，积雪阳关后日消。

《无惑钤》云：夜禄虎守，却宜闭口。倘居穷乡，释然无丑。

《钤解》曰：首尾，干子首，支酉尾。禄临支宅生，日禄临支，夜占虎守惊疑，却宜闭口，不可贪食其禄也。四课俱脱，若逢苍迫患难，反可解释无咎。初财、中生、末官，夜占虽鬼，而干上子水可以为救也。《集议》：人宅受脱俱招盗（义见前庚午日第九课内），首尾相见始终宜（义见本旬乙丑日第五课内）。旺禄临支，权摄不正。出三阳课寅辰午，阳过昏来灾咎生。日中见斗防忧晦，病讼两般卒未停。空上逢空事莫追，谓干上子为脱空神，凡占皆无中生有，昼是脱空，前无实迹，不足取信。

辛未日第十二课

昴星　折腰

```
玄 阴 空 白          白 空 阴 玄
酉 申 子 亥          酉 申 子 亥
申 未 亥 辛          申 未 亥 辛


兄 壬 申 阴          兄 壬 申 空
子    亥 白 ◎⊙      子    亥 玄 ◎⊙
兄 壬 申 阴          兄 壬 申 空


贵 后 阴 玄          勾 青 空 白
午 未 申 酉          午 未 申 酉
蛇巳      戌常       六巳      戌常
朱辰      亥白       朱辰      亥玄
  卯 寅 丑 子          卯 寅 丑 子
  六 勾 青 空        蛇 贵 后 阴
```

《玉历钤》曰：此课太阴乘传送加小吉为用，主人宅不宁，又灾滞口舌，幸日上得空亡减力，凡事无成，不宜动望。

《毕法》云：此课干上亥，支上申，上下互脱，又作六害。我有害人之心，人存害我之意，互相脱害，递互猜疑，宾主不协，谋为不成。又亥加戌，昼将白虎临戌，亥是空亡，缘临干支，乃白虎临身，兼中传并干上是两重虎，支上乘申及初末亦申，是白虎之本位，乃干支三传乘其五虎。凡值此课，惊天动地而凶难免也，然必自悔，其庶几可免乎？盖天道降祸，不加悔罪之人，惟悔则善心生，故可免。

上神盗日，辰上生日上。

课名昴星。阴私伏匿，藏头缩尾，三传相害。凡戌隔角，日辰相害，此凶之必也。幸而亥为空亡，无可受害，宜静以待之。守静吉，出入关梁有灾。人宅不安，阴小灾恼，忧喜不成。夜虎临酉，发用虎视逢虎，虽有力，亦难施。支土生干金，有意干我，但中传空亡，作事多阻。辛用太阴为传送，本主人灾宅不宁。幸遇空亡入传上，祸凶尽减用无成。

《义》曰：一条担子，力担千斤。中途遇拆，谁是知音。前不能进，后不能退。莫若当初，止息为最。

《象》曰：数尽年时是吉期，事当成处乐怡怡。谁怜又作参差变，笑倒山人谁解之。

此冬蛇掩目之卦。夫冬蛇掩目，昴星之谓，酉中有昴日鸡，故用酉下神为用，酉为天之私门，肃杀之地，故仰俯取之。又为藏蛰，掩目不动，提防暗昧忧惊，宜见空以解之也。又况干支自脱，人宅皆衰，三传又盗，漏泄干支之气，以此占之，可见被人脱赚，以致家道空虚，人财脱失，谋望难成，人口衰残，家宅不振，休囚尤重，又为子孙脱漏之事。干又乘空，夜将又见天空，幸喜空空如也。凡有凶殃祸恶忧惊患难，幸却能解散。占者遇之此课，日上见脱空，凡事有影无形，有声无实，事多起于虚耗，又为折腰，事到中途而止，甚不可托人干事。占财被他使，事被他误，徒劳心力，不能有成。求官见贵、婚姻财帛、交易公讼、远行出外，有所干求者，且守本分，待时而行，庶不有劳心矣。占病必虚弱，暴病易瘥，久病难痊。公讼和解。失物难寻。逃走者终见自归。

若出兵行师得此，或多止息，不然有失众毁辱之象，虽善用其兵者，亦未必全其功也。甚防奸诈诡计，又见彼此粮储财用虚耗不足，士无战志。先动为客者利。大抵此课，能脱难散事，又为美中之美也。

事无凭准。

真一山人云：得好休时便好休，功名何必苦求谋。惊疑疾疫从兹释，醉里吟诗醉后讴。

《无惑钤》云：五虎昼逢，殃祸重重。全作六害，夜稍从容。

《钤解》曰：二亥三申，昼乘白虎，所以殃祸重重也。课传亥申乃六害全作，若夜占，将皆虚玄，不过虚耗而已，似稍从容耳。《集议》：虎视逢虎力难施。此课亥虽空亡，缘临干上，又作白虎，初末两传申，乃白虎本家，辰上申，共又三虎也，课传五虎。占者值此，惊天动地，凶祸难免矣，岂但力难施而已哉？人宅受脱，前课可考。狐假虎威，天上脱气，夜占乘玄，亦如"脱上逢脱"之说。干支三传，俱作六害，此例皆无和气。辛课在戌，戌上见亥，是面前脱气最毒，出《邵先生引证申集》内，为邵内二十一公占。两贵不协，变成妒忌，寅加丑，午加巳，互换作六害。

壬申日

壬申日第一课

伏吟　玄胎　孤辰
空上乘空事莫追

玄 玄 空 空	青 青 常 常
申 申 亥 亥	申 申 亥 亥
申 申 亥 壬	申 申 亥 壬

兄　　亥　空 ◎⊙	兄　　亥　常 ◎⊙
父　壬 申　玄	父　壬 申　青
子　丙 寅　六	子　丙 寅　后

贵 后 阴 玄	朱 六 勾 青
巳 午 未 申	巳 午 未 申
蛇辰　　　酉常	蛇辰　　　酉空
朱卯　　　戌白	贵卯　　　戌白
寅 丑 子 亥	寅 丑 子 亥
六 勾 青 空	后 阴 玄 常

《玉历钤》云：此课伏吟，滞而不振，申亥相害，申寅相刑，凡事不可用。

《毕法》云：此课干上见旬中空亡，又乘天空，凡占指空话空，全无一毫实处。又天盘干支皆作六害，主客各相猜忌，我有意欲去害人，则人举意先来害我，气相不和之课。

上神德日，辰上生日上。

课名伏吟。诸神不动。亥禄用虽空，寄课神不以空论，中害干，此课中虽有害，可举可成，以禄马始终也。日辰虽害，毕竟以辰生日，不妨。逃盗不可追捕，盖欲世之贤者保身，若值盗贼急难之际，可以全身远害不陷，义不为小人设也。

此课与辛未日申亥申课灾福同矣，用神带德作空，谓"空上逢空事莫追"是也，况申亥是用破也。伏吟用事多淹滞，纵逢吉将也无成。夜治太常宜小用，大抵艰难不称情。

《义》曰：杜门晦迹，损中有益。谦恭自卑，庆乃日益。妄必心劳，敬则心迹。得积日久，祸自消释。

《象》曰：亥年亥月亥时占，君子逢之道日昌。岁命所乘无忌克，锦衣富贵倍生光。

此自任之卦，又曰玄胎。夫自任者，乃伏吟之卦，天地伏吟，十二神各归本家，天地如一，四伏未发之象。占事静则宜，动则滞，主事藏匿不动，静中求劳，有屈而不伸之象。况玄胎如婴儿隐伏，利上不利下，事主远而多伏，暗昧不通，触则成祸，惟君子守正修德则亨。《经》云："任信伏吟神，行人立至门。失物家内盗，逃者隐乡邻。病合难言语，占胎聋哑人。访人藏不出，行者却回轮。"传见寡宿，日禄作空，人言日干不为空，予未敢必也。干空用又空，事皆有声无实，或指空话空，架空起事，将无作有，吉事不吉，凶事不凶。凡事只宜待时改图方可，目下所望，百无一事可成，假使见成，终无可用，亦不过虚华而已。占者遇之此课，求官见贵，迟迟方成。婚姻财帛，多见反覆。近行稍宜，远行不利。老人小儿，久病者占此不吉，暴病者用药即瘥。其他忧惊患难，占之如汤沃雪。公讼和解则吉，不则惹刑罪。

若出兵行师得此，防诡计奸谋，言辞诳诞，敌使之来，甚不可听，所托者多非得人，尤见诽毁之词、失众之象，故曰"兵者，国之大事"，不可不察也。大抵此课，利君子仕人迁擢，登科甲第者为美，须得德神岁命扶持可也，若刑冲破害一见，又美中未美也。

水望时吉。

真一山人云：禄马交驰入望中，眼前潇洒自从容。逢人且说三分话，只恐临时又脱空。

《无惑钤》云：昼德禄空，脱马末逢。长生乘武，守动弗容。

《钤解》曰：德入天门为用，空了。亥乃日之德禄，空亡乘空。寅乃辰之驿马，乘合盗干。长生居中乘玄，反多费耗。德禄乘空，长生乘玄，守不容也，马又脱盗，动何益焉？《集议》："空上逢空事莫追"内列此日。昼占上下俱作六害，此等戾害尤甚。

壬申日第二课

元首　孤辰　斩关　连茹

魁度天门关隔定

```
后 阴 常 白          六 勾 空 白
午 未 酉 戌          午 未 酉 戌
未 申 戌 壬          未 申 戌 壬


官 　 戌 白 ◎⊙      官 　 戌 白 ◎⊙
父 癸 酉 常 ⊙        父 癸 酉 空 ⊙
父 壬 申 玄          父 壬 申 青


蛇 贵 后 阴          蛇 朱 六 勾
辰 巳 午 未          辰 巳 午 未
朱卯      申玄        贵卯      申青
六寅      酉常        后寅      酉空
丑 子 亥 戌          丑 子 亥 戌
勾 青 空 白          阴 玄 常 白
```

《玉历钤》云：此课戌加亥克日，间阻不通之象，三传俱退，凶事可消，吉事不可用。

《曾门经》云：魁罡临日辰，传有虎玄申酉，是为斩关之课，此时占逃亡难获。

上神克日，用克日。

课名元首、连茹。空亡发用，中末皆生日，自日传，凡事宜退一步以待之，自然有生意，盖戌虎空亡，克日最凶，此初难后易之课也。欲成事，须出旬。疾病孝服，并官司口舌之恼。凡占克日为用，有祸紧急，幸而三传俱退，不攻而自散矣。其他并不宜占，用初中空何以图事？虽干上生支亦无用。

天魁加亥号阴关，见贵求谋称意难。丧服讼灾并口舌，三传喜退祸围圉（音雨，小门也）栅。

《义》曰：魁度天门，凡事阻隔。病夜占之，必见噎塞。胸中不快，否则积碍。用药虽明，逍遥自瘥。

《象》曰：关格求谋未自然，事当缠惹有因缘。中间失了真和气，动用何如不阻前。

此课元首之卦，一曰天网，一曰斩关，又曰孤辰。夫元首者，尊制卑，贵役贱之象。凡事多顺，利于先举，事多起男子。为忠臣，为子孝，正大光明而无邪僻之行，德业已著而乾乾进修，常怀危惧，惕励而无咎也。利先起，利为客，利上不利下。况天魁，为阻滞，为疑惑，为欺诈。《赋》云：斩关不利于安居，有奔亡之象。此卦传见白虎申酉，斩关得断，逃者难得。干支相刑而失利，凡事人情倒置。戌酉申乃退连茹之卦，退而有进，迟滞之象。其传见孤，吉凶又非常法之论。故云："占人孤独离桑梓，财物虚耗少见亲。官位遇之须改动，出行防盗拟人侵。"所闻传事，事多不实。卒病者即瘥，久病者难痊。讼不成狱者。解忧疑患难得此，宽怀高枕无忧，安然自在。占者遇之此课，求官见贵、婚姻财帛、交易谋望、托人干事，不惟不成，抑且徒劳耗费。逃亡者终见自归。

若出兵行师，得此有失众之象，尤畏夫欺诈诡谲之事。若敌有使来，言词不实，宜密加防守，以审其机焉。用兵者谨之。大抵此课，不成事却能解散凶忧患难也。

真一山人云：欲识连茹自拔茅，哲人从此莫焦劳。收纶自此须回首，莫学当年只钓鳌。

《无惑钤》云：先鬼后空，退则有功。凡谋勉励，间阻须通。

《钤解》曰：戌乃日鬼，旬空无畏，壬干宜退以就生申，庶有功也。必先逢虚惊之鬼，又厌破败之酉，于艰难中再退一步，始得其生。此谓凡谋勉力，可以望其成功，终不免于关格而已，魁杜天门故也。《集议》："魁度天门关格定。"戌加亥为用，凡占谋用，皆被阻隔。此日昼夜乘虎，占病多是隔气，或食积胸胃，药下之为佳。占盗贼不获。访人不见。虎临干鬼，鬼空不妨，其余虎鬼无制不空，占讼必刑，占病必死，所占万事，祸不可逃，惟有官者占得之，却名催官符，赴任尤速，反不宜受制。

壬申日第三课

元首　顾祖　淫泆

蛇	后	阴	常		后	玄	常	空
辰	午	未	酉		辰	午	未	酉
午	申	酉	壬		午	申	酉	壬

财	庚午	后		财	庚午	玄
官	戊辰	蛇		官	戊辰	后
子	丙寅	六		子	丙寅	蛇

朱	蛇	贵	后		贵	后	阴	玄
卯	辰	巳	午		卯	辰	巳	午
六寅		未阴		蛇寅		未常	
勾丑		申玄		朱丑		申白	
子	亥	戌	酉		子	亥	戌	酉
青	空	白	常		六	勾	青	空

《玉历钤》云：此课午中丁与日干壬为合也，却缘克日上神，又天后、玄武夹克（当作外战，其以日视之夹克故尔，存疑。又如壬申日第四课所言之太阴内战同此例，读者勿以点校错讹视之），淹滞不决，凡占进退无成。又云：天后厌翳，六合私门，用天后，终于六合，此时必有逃亡妇女，故名泆女卦。

《毕法》云：此课干支上俱逢败气，占病血气衰败，占宅房舍倾颓，凡占彼此不宁，日渐消亡产业，不能昌盛象。

上神生日，辰上克日上，日克用。

课名元首、间传。自辰上发用，末与日干合，中传是墓，初午有丁与壬合，寅与亥合，此首尾皆吉，中虽有阻，可举可成。亥卯未月为伏殃，夫男有灾伤。惟利求财，附富贵即吉。天后玄武，淹滞不快，用事反复进退，凡事尤凶也。日财用，又克申金，可谓财旺，况又居长生之地，未免带些脱气。

壬用胜光是合神，惜乎克制日乘神。天将后玄亦主滞，营利求名莫称情。

《义》曰：用传见午，格名顾祖。退而有隔，马龙寻虎。七月占妻，胎喜须知。闺门谨情，不容少私。

《象》曰：婚姻男女不相当，到此须教谩酌量。正己正家名亦正，莫令墙茨丑声扬。

此元首之卦，一曰泆女。夫元首者，尊制卑，贵役贱之象。凡事多顺，利于先举，事多起于男子。为臣忠，为子孝，正大光明而无邪僻之行，德业已著而乾乾进修，常怀危惧，惕励而无咎也。宜先举，利为客。传见泆女，《经》云："天后常为厌黩神，须知六合是私门。二将取名称泆女，夫妻失友易情恩。"此乃暗昧不明阴私之象，男女不正之义。占婚无媒，或媒妁不明，占男女不正，多私义。占家宅宜谨慎闺门。上神生日，所为百事吉，运用如意，遇灾不凶，逢吉益吉。如见当季神，则声名显达，若见岁命生日尤吉。如此似我无意求人，却反有上门助益我之理，美中忌阴人作扰。课得退间传，退而后隔，隔而乃进，事见迟滞。占者遇之此课，求官见贵，未尽如心，将神内战，吉凶相伴。问婚姻不明，迟滞阻隔。占病有解。逃亡未归，后必有喜。求财有得，得之不宁。凡有所谋望，托人投谒，皆迟留未遂。

若占出兵行师得此，天后无威而不宁，玄武失物以忧愁，又见惊恐不宁，宜另为改图则吉。若不得已而用之，须振作士卒，以养锐气，重加赏犒，以励精神，庶几临敌对垒，方可以济其事也。

万事亨嘉。

真一山人云：水火那堪一处居，争些和气便差殊。荣华富贵非难得，时运巡来自有余。

《无惑钤》云：宅败人衰，末助初财。阴人先退，七月怀胎。

《钤解》曰：人宅俱乘败神，初财已遭夹克，末助虽盛，但不由己用也。午妇属，夜占乘玄外战，定主妇人逃遁。午又壬水胎财，在七月为生气，《毕法》云"胎财生气妻怀孕"者是也。《集议》：干酉支午，名四胜煞，凡占自逞其能，邀功逞俊之意。人宅皆败势倾颓。旬尾加干，干上酉，总名破败神，酉为婢类，亦缘酒色败家。虽曰末助初传而作日财，缘反克干上之神者也。凡末助初财，来意占婚尤的。顾祖：顾祖迎亲复旧庐，求财谋望始堪图。惟有庚日不宜见，鬼来又向鬼乡居。

壬申日第四课

元首　玄胎　不备　不结果　闭口

```
六 贵 贵 玄          蛇 阴 阴 白
寅 巳 巳 申          寅 巳 巳 申
巳 申 申 壬          巳 申 申 壬


财 己 巳 贵          财 己 巳 阴
子 丙 寅 六          子 丙 寅 蛇
兄　 亥 空 ◎        兄　 亥 勾 ◎


六 朱 蛇 贵          蛇 贵 后 阴
寅 卯 辰 巳          寅 卯 辰 巳
勾丑　　午后         朱丑　　午玄
青子　　未阴         六子　　未常
亥 戌 酉 申          亥 戌 酉 申
空 白 常 玄          勾 青 空 白
```

《玉历铃》云：此课太乙为用，日辰上下三传皆刑害，又太乙为日破，反被日克，虽贵人为用，亦不成吉，太阴乘巳，又为内战，所以凶也。

《毕法》云：此课干上申与干作六害，支上巳与支却作六合，凡占自身忧凶百出，他人反成逸乐。

上神生日，辰上克日上，日克用，末克初。

课名元首。始终皆合，日辰上又合，龙雀贵合皆吉，初财末德，可为吉课。末传空亡，虽克减力，恐人勾引有奸诈，以空亡不妨。终是不备，虽有贵人为用，亦不能成事，何况太阴乘之为内战，此列言之七百二十课中，往往吉者少而凶者多，恐有勾引奸诈求谋之事。申加亥，日上见带六害，巳加申，辰合中带绝，亥末带德禄，未为吉课。日辰上下并三传，刑害为灾不可言。虽德贵人不为福，太阴内战祸尤坚。论讼提防牢狱厄，病人伏枕恐连绵。见贵求财俱阻滞，婚姻岂是好姻缘？

《义》曰：占遇玄胎，室孕婴孩。那堪多病，病去福来。动摇不宁，干支乘刑。两人未和，后方有成。

《象》曰：臣忠子孝正纲常，天理昭然赐吉昌。甲第高登名益显，文章举子莫心忙。

此元首之卦，一曰玄胎。夫元首者，尊制卑，贵役贱之象。凡事多顺，利于先举，事多起于男子。为臣忠，为子孝，正大光明而无邪僻之行，德业已著而乾乾进修，常怀危惧，惕励而无咎也。玄胎如婴儿隐伏之状，利上不利下，事主远而多伏，暗昧不通，触则成祸，惟君子守正修德则亨。不利占老人小儿病，谓再投胎之象。上神生日，所谋百事吉，运用如意，遇灾不凶，逢吉亦吉，人神相助。若见当季神，主有声名显达，岁命生日尤吉。但发用见刑未美。夫刑者，强也，动摇也。占事之中，虑内中有人阻隔难成，主客不和。巳刑申，刑中合，长幼不顺，动而后静，犯于先，后成合，彼刑我解，仇将恩报，上下不和，忧在男子、长上。占者遇之此课，求官见贵吉，但动摇不定。婚姻未宜。占财有。失物者，看类神。逃亡自归。公讼有刑责。投谒干贵求人者，失和气。远行忌二、六、十月。

若出兵行师，贵人举兵，开地千里，有战斗，夜占正中此课刑冲不宁，虽发用之吉，还宜审动静之机，察强弱之理。大抵此课，事虽有成，亦人情反复不宁，未见全美，有德者庶吉矣，犹宜消息之。

未尽善也。

真一山人云：丈夫立志自忘私，暗室原来不一亏。酬德君子报恩事，此心绝错失便宜。

《无惑钤》云：坐谋有益，动用无力。玄虎临人，必有忧惕。

《钤解》曰：长生临日，且系支来生干，格名自在，坐谋乃有益也，但昼玄夜虎，不免稍有忧惕。若动取初传之财，遁己伤干，中末脱空，费力万端也。《集议》：互生皆生凡事益。此课皆生，各有生意，彼此和顺，合本营运尤应，若逢月内之生气尤的。自己熬煎，他人逸乐。东手得来西手去。日上申金，是支生干，岂不有力？殊不明壬水加寅，却又生别人，兼壬亥水作末传，自生起寅木，寅木生巳火，又被巳火克支申金，则壬水复成枵然也。

壬申日第五课

重审　狡童　斩关　润下

合中犯煞，子未相害是也。

```
青 蛇 朱 阴        六 后 贵 常
子 辰 卯 未        子 辰 卯 未
辰 申 未 壬        辰 申 未 壬


兄 甲子 青        兄 甲子 六
父 壬申 玄        父 壬申 白
官 戊辰 蛇        官 戊辰 后


勾 六 朱 蛇        朱 蛇 贵 后
丑 寅 卯 辰        丑 寅 卯 辰
青子      巳贵    六子      巳阴
空亥      午后    勾亥      午玄
戌 酉 申 未        戌 酉 申 未
白 常 玄 阴        青 空 白 常
```

《玉历钤》云：此课日辰上下皆是三合，兼日上未丁为德合，且贵青龙，得此凡占皆吉，求望有成，夜贵减半。

上神克日，日上克用，末克初。

课名重审、润下。与日同类，亲眷和合，又与干神三合，凡占用必谐，秋冬占尤吉。日上未中有丁，又与干合，可谓吉课。自生传墓末克初，归落辰上事有成。未乘太阴、太常，主有酒食馈之，中有丁合，秋冬得之，求官财婚，凡百用皆吉。此课日辰上下皆是三合，兼日上见小吉，乃六壬课内合，其中妙处，学者思之。壬日以水性断，夜合为私门，水性淫泆，遇此多主阴私。申子辰见日上未为六害，不可谓之三合卦，须看日上下以定吉凶。

《义》曰：二土比和，润下悬河。龙蛇成类，喜事众多。夜占婚姻，男女匪真。正家之始，焉可因循？

《象》曰：水归冬旺号归源，百望千谋总自然。莫遣燕寅三处见，事将成处又更迁。

　　此重审之卦，一曰润下。夫重审者，重而审之也。利为主，利后动，长有厄，事从内起，起于女人。以下犯上，贱犯贵，卑犯尊，事多有不顺。阴小在下者，有悖逆之事。占臣未忠，占子失孝，事不可遂意而行，必当审察，循乎义理，庶几以免后祸也。且润下，主沟渠、水利、舟楫、渔网之类，动而不息之象。流而必清，滞而不竭，宜动不宜静。事主关众，亲朋相识之务。克应多是过月，牵连疑二。利占成合，不利占解散。此乃五行正气入十干杂糅之乡，异方三合乃生旺墓之神，事主丛杂不一，主关众人共谋，不然两三处干事，委曲托人与人相合之类。又如推磨之象，转去转来非一遍也。狡童，男诱女，夜占宜慎闺门，不占家宅不论。占者遇之此课，求官见贵，有成合之理。婚姻昼占吉，夜占不宜。交易成。谋未遂。占财难。占病迟瘥，怕妻病。行人留恋难起身。凡百所占，故为此论。又畏夫合中带煞，为蜜中之砒，一名笑里刀，恩中怨也。逃亡自归。

　　若出兵行师得此，青龙大胜得宝货图书，六合尤宜获金宝之美利。大抵此课，占求之事有迟留之象，惟未字、寅字，占人年命冲刑，则美中未美，此谓"蜜中砒、笑里刀"也。

　　防恩中致怨。

　　真一山人云：时节要逢金水旺，名成利遂希人望。眼前未足待时亨，超群富贵公卿相。

　　《无惑钤》云：所谋狙诈，妻财最怕。夜贵在日，昼贵在夜。

　　《钤解》曰：日上神来生支，反被支上辰墓，蒙蔽其干，所谋诈而不以实心相孚也。三传水局，日之同类，有妨妻财，所以最怕，歌云"日干同类入传中，财帛冰消妻妾凶"者是也。两贵差跌，告贵事不归一，云"尖担两头脱"也。《集议》：未乘太常（阴神天乙）加亥，主小儿婚姻。

壬申日第六课

涉害　度厄　察微　孤辰　三传递生
胎财生气妻怀孕

```
白朱勾后              青贵朱玄
戌卯丑午              戌卯丑午
卯申午壬              卯申午壬


财庚午后 ☉           财庚午玄 ☉
官乙丑勾              官乙丑朱
父壬申玄              父壬申白


  青勾六朱              六朱蛇贵
  子丑寅卯              子丑寅卯
空亥      辰蛇       勾亥      辰后
白戌      巳贵       青戌      巳阴
  酉申未午              酉申未午
  常玄阴后              空白常玄
```

《玉历钤》云：此课午加亥为用，丁壬相合，正、七月得此，午为天马，可以避难，天地鬼神皆莫能测，逃盗不可追捕，此外皆忧疑无所成也。

《毕法》云：此课午火生丑土，丑土生申金，申金生壬水，自初至末而生日干，凡占必有人举荐，不拘隔位而为恩泽也，事必赖之成就，忧必赖之解释，惟忌空亡。又云：午加亥，初传为财，玄武、天后水神夹克，况又坐于克财之上，故凡一应财利之事，不能由己费用，未免受人驱策左使也。

日克上神，辰上生日上，日克用，初克末。

课名涉害、度厄、四绝。专利结绝旧事可遂，若求新事则费力。两贵交车合，可以托贵人成就。此课主先见艰难，后亨泰。午加亥，丁壬相会为财，若文字则受害，或因媒保上有是非。午丑申，此皆非得所也，占病五行入墓，大凶。若正、七月得之，可以逃难，天地翳，鬼神莫测，盗逃不可追焉。此书盖欲世之贤者保身，倘值盗贼急难之际，可以全身远害，不为不仁不义小人设也。此课天后、玄武皆是夹克，其占望百无一成。午亥卯申四者，谓丁壬乙庚暗合，况丁合为用，中为末墓，末为快利也。

此课天后、玄武皆是夹克，百事不成。午亥卯申四者，谓丁壬乙庚暗合，况丁壬为用，中为末墓，不为快利。①

此课午畏壬，不敢比，戌则克壬，壬不敢比，将何以为用？凡涉害卦，不以敢比不敢比论，只以涉害深者论为是。

《义》曰：彼此无理，不尊义理。动处迟疑，有乖和气。初遭夹克，财不易得。事不振发，课名四绝。

《象》曰：绝处逢生望利名，拨灰寻火见星星。知机谦退终无悔，道学年来几个明。

此见机之卦，一曰度厄。夫见机者，察其微，见其机，谓两比两不比，当以涉害为用。涉害有浅深，欲用不用，欲言不言，是有两而取一，所作稽留，迟疑艰难，进退不定，忧患难消，怀孕伤胎，难于前而易于后。《经》云："涉害须久历艰辛。"日上见午，妻美财富，利于求财，但此财乃不得自由之财也。占者遇之此卦，求官有成，还畏夫将成之财作难，于和中，小未利，昼占贵人不能作为，坐狱故也。若占婚不宜。交易不合。占家宅，有文书口舌之事。占病困重失脱，看类神。逃亡者自归。投谒人者，"主宾际会两殷勤，暮晏朝欢会无极"。出行宜，惟正、二月占不利。

若出兵行师，昼占无威而不宁，夜占失物以忧愁，须另为选择，以待兆吉而行可也。如不得已而行之，为将者，励精于忠，以报国家，严号令，明赏罚，奖劝三军，与士卒同甘苦，加之以深谋远虑，谨慎关防，询犒下情，相机而动，出其不意，庶几化难为易，亦可成功，贵在为与不为尔。大抵四绝之课，不能成大事，惟宜结绝旧事。久病占之，更遇凶神，为凶之极矣，作生气庶乎有解。

不足之象。

真一山人云：易道昭昭谦益光，哲人应是识行藏。衡门养晦非无用，用舍由来自有方。

《无惑钤》云：众手赍排，夜损妻财。须忧长上，手足生灾。

《钤解》曰：干上发用，两午皆日之妻财，夜玄临绝，所以有损。申乃长生，父母爻也，午克丑墓，夜虎昼玄，防长上之灾。卯手戌足，皆被下贼，手足之灾，焉能免哉？《集议》：财遭夹克，必不由己费用。胎神作妻财，在七月为生气，占妻必孕。三传递生人荐举。辰日墓，昼蛇临酉，为墓门开，

① 此段文字原抄本误缀在壬申日第一课中，今移至当处。

208

又外丧入内，合寿木祷之。人宅坐墓甘招晦。前后逼迫，进取夹克之财，引入宅墓鬼乡，退逢戌克。两贵相协。

壬申日第七课

反吟　玄胎　交车合
两贵受克难干贵

```
六 玄 空 贵          白 蛇 勾 阴
申 寅 亥 巳          申 寅 亥 巳
寅 申 巳 壬          寅 申 巳 壬


子 丙 寅 玄          子 丙 寅 蛇
父 壬 申 六          父 壬 申 白
子 丙 寅 玄          子 丙 寅 蛇


空 白 常 玄          勾 六 朱 蛇
亥 子 丑 寅          亥 子 丑 寅
青戌      卯阴      青戌      卯贵
勾酉      辰后      空酉      辰后
申 未 午 巳          申 未 午 巳
六 朱 蛇 贵          白 常 玄 阴
```

《玉历铃》云：凡反吟课，凶多吉少，以刑冲多故也，若天德、贵人、六合乃吉，此课静则无凶，动则多咎。

《毕法》云：此课支上寅木，乃是日之盗气，上又乘玄武，不离宅上，必是家人作盗，偷窃家财。若用寅为月将，照破玄武，必然败露，故云"太阳照武宜擒盗"，盖太阳月将也，贼人喜夜而可隐形，若被太阳一照，以致形露，必然被擒也。又云：干与支作六害，上神亦作六害，凡值此者，彼此各相猜忌，主客不相顾接，两意怀谋，各有害也。

日克上神，辰上生日上。

课名反吟。事主反复。寅申人鬼相伤，玄蛇皆凶，所幸日上见巳亥，辰上见寅申，为交车合，日辰上皆有财，凡占宜动不宜静，宜远去远求，变常方获吉。占病有祟。君子用之事迁官，常人平平。

此课玄武为用，终始有合和之事。螣蛇为用，必有疾病死丧之事。但凡反吟课，吉少凶多，此课可以相半，而行则无凶，守则无功也。寅将申时占之，支上寅，日盗气，又乘玄武，为月将照破玄武，占盗必破，谓"太阳照武宜擒贼"是也。

《义》曰：课体反复，不可频渎。昼占耗盗，夜占贵禄。上爱乎下，下敬乎上。勿怨勿争，必蒙天相。

《象》曰：三阳交泰物生光，雨霁园林花草香。景色鲜明时节好，此般富贵异寻常。

此无依之卦，亦曰玄胎。夫无依者，即反吟也。《经》云："无依即反吟，逃者远追寻。合者应分散，安巢别改林。守官须异位，结友也分襟。所为多反复，占病数般侵。"反吟刑冲，事主迟滞，远近系心，更加仇怨，反复而呻吟，是无予夺而难息也。况励德，主阴小有灾，亦名关隔神，常人占之，身宅不安，宜谢土神，贵吏则主升迁，要当消息而论。况玄胎如婴儿隐伏之状，利上不利下，事主远而多伏，暗昧不通，触则成祸，惟君子守正修德则亨。况干支相刑而无和气，上见日财，妻财美利，玄合互传，多有私意。若夜占，多螣蛇生角，将有成龙变化。凡春月得之，利以求官名旺，事业增益。占者遇之此课，求官见贵，夜占吉，有变化，喜春令占，若昼占，百事反复。占财先失后得。婚姻不吉。占病反复，非一症也，忌占老人小儿病。公讼宜和合止息，不然有刑责。投谒人者，自己受制，却得相合好。逃亡者欲归不归。

占出兵行师，宜另选择方可，若不得已而用之，未免凡事反复，朝更暮改，昼夜占之，皆不为美，失物犹疑，忧心众畏，下多欺上，颠倒不恭。用兵者，当此之时，宜深虑远谋，防守无虞。大抵终始不一，反复之象也。

利仕宦，春吉，喜夜占。

真一山人云：坎南离北位交差，个里工夫未足夸。识得这些颠倒意，无根树上放奇葩。

《无惑钤》云：交车绝结，陷脱财灭。玄合昼逢，两贵不悦。

《钤解》曰：干支皆值绝神，宜结绝旧事。初末皆寅脱干，巳临空地，财则没矣。申生日干，却临绝地乘合，地又乘玄，昼占俱脱。昼贵人亥，夜贵临酉，二贵俱被下克，干之必不悦。《集议》：此日财作绝神，止宜结绝财物事。占妻病必死，又作月内之死气者，妻死尤速。昼占巳乃贵财，宜告贵结绝财物事。反吟结绝速极，缘绝神投绝乡故也。干支上下各作六害，此等戾害尤甚。交车六合，夜申乘虎，冲支上寅，为对邻兽头冲其本家，以致家道衰替。

壬申日第八课^①

元首

```
蛇 常 勾 后          玄 朱 空 后
午 丑 酉 辰          午 丑 酉 辰
丑 申 辰 壬          丑 申 辰 壬


官 戊 辰 后 ⊙        官 戊 辰 后 ⊙
父 癸 酉 勾          父 癸 酉 空
子 丙 寅 玄          子 丙 寅 蛇


青 空 白 常          青 勾 六 朱
戌 亥 子 丑          戌 亥 子 丑
勾 酉      寅 玄      空 酉      寅 蛇
六 申      卯 阴      白 申      卯 贵
未 午 巳 辰          未 午 巳 辰
朱 蛇 贵 后          常 玄 阴 后
```

《射覆掌诀》云：天罡加日为用，天乙贵人在巳，临子，此课射物，当是鳞甲之属，鱼是也。何以言之？盖壬亥为重水，天罡为鱼，天乙临子，主鳞之类。发用在日辰堪食，故言鱼也。

《玉历钤》云：此课天后乘天罡为用，内外夹克，凡百用望无成。天罡加日辰，多主动摇，又为关隔，凡百不宜动。

《毕法》云：此课支之华盖，作干之墓神，临于干上，又为发用，此占身位，多昏多晦，卒难明白，或遭冤抑，不得申诉。占行人不归，尽在彼处不如意也。

上神克日，用克日，末克初。

课名元首、斩关，日辰上俱见墓神，又克日，天罡为用，用又自刑，大不济，幸得末传寅，稍可救。然辰与酉合，只去得干上辰墓，赖宅上生金，丑墓甲金，终不能捄得宅上之迍晦也。出行不利，家宅不吉。此课公讼印信

---

① 壬申日第八课和第九课，台图抄本只有盘式，并无钤文，今据美国国会图书馆藏明蓝格抄本补。

不明，所以忌见官。占病则妇人留连，墓鬼作祟，合解之。况天后天罡为用，凡百用望无成。天罡所主动摇出人，此课最不宜动也。常占人宅不安，华盖覆日，酉丑虽长生，干支亦无用。

《义》曰：上下错蒙，如云如雾。赖彼同类，聊为些助。动用危疑，将逢内战。顺理君子，方保少憾。

《象》曰：君子知机道自昌，动为还要识行藏。阴功好向人心积，子贵孙荣美誉彰。

此元首之卦，一曰斩关，又曰天网。夫元首者，尊制卑，为臣忠，为子孝，正大光明而无邪僻之行，德业已著而乾乾进修，常怀危惧惕励而无咎也。夫斩关有奔亡之象。《经》云：斩关不利于安居而利逃亡也。然此亦非真体。况日上墓神覆，如人处云雾之中，昏蒙暗昧之象。五行潜伏，湮没之地，四时气绝，衰败之乡，闭塞不通，暗昧不振，传墓不吉，逢墓即正。又见自刑落败而别更改，凡事自高自大，自逞自是，自刑自受，皆非正命。占者遇之，此课求官见贵，有阴人阻破，婚姻不宜，病先重后轻，求财难得，失物有类神，讼宜解散，不然自招其悔，逃亡难获，谒人者无益。若出兵行师得此，昼夜占皆无威而不宁，另为选择。如不得已而行之，宜奖励三军，恩威并进，振扬威武，身先士卒，察机而动，庶成功矣。

真一山人云：好事成时勿自骄，忍将和惠制英豪。些而差处人情失，到此方知理趋高。

《无惑钤》云：墓干墓支，人晦宅衰。三传不美，动即灾危。

《钤解》曰：辰乃干墓，丑乃申墓。《经》云：墓覆日辰，人宅婚沉。三传初鬼中败末脱，俱不美也。欲动灾危，有所不免。

《集义》：干支乘墓各昏昧，华盖覆日人错晦。支之华盖作干，支墓神临干发用是也。主占身位昏晦，卒难明白，或遭冤枉，难以分诉。占行人不归，尽在彼处不如意也。

壬申日第九课

重审

```
后 白 朱 阴          蛇 玄 勾 贵
辰 子 未 卯          辰 子 未 卯
子 申 卯 壬          子 申 卯 壬


官 辛 未 朱          官 辛 未 勾
兄   亥 空 ◎        兄   亥 常 ◎
子 丁 卯 阴 ⊙       子 丁 卯 贵 ⊙


勾 青 空 白          空 白 常 玄
酉 戌 亥 子          酉 戌 亥 子
六申      丑常       青申      丑阴
朱未      寅玄       勾未      寅后
午 巳 辰 卯          午 巳 辰 卯
蛇 贵 后 阴          六 朱 蛇 贵
```

《玉连环》：占曰：此课据来意，因家下不和，其妻姓王，性暴，口舌争斗，以此休弃，因生子，复取还也。何以知之？子时为日支，三合主带鬼，故家中主不和也。天后为妻，乘天罡下临子位，故妻姓王。天罡主虚诈恶躁，故知其妻性暴。卯为门户，临干朱雀主口舌，乃与初传同克于日。传入空亡，故口舌争斗而罢亲也。卦得曲直，属今日子孙爻；时为日支合用，传为今日干合，内外俱合，占用时传，土为鬼，今日子孙制之，是因生子而复合还也。

《玉历钤》云：小吉中，丁为财，勾朱乘之，因财主有口舌勾连之事，其他小用，可以如意。

《毕法》云：此课日上见卯，为丁神在干，卯为子息，丁为财神，是所动因子息而有财也。故曰"水日逢丁财动移"。

上辰盗日，辰上生日上，日上克用，用克日星，三传末克初。

课名重审、曲直，壬日得之，皆子孙爻。未中有丁，丁与壬合，中传亥为禄，末传卯中有乙，与支乙庚合。春冬占十分吉，但未土亦克壬水，亥乃空亡，吉不全也。末克初传，事终可成。传归日上，而后可十分，中有歇灭，只须出旬，用钤上四句，利坐船车。此课大冲加日为传，乃旬中丁也。丁壬相合，避病逃灾，鬼神莫见其机。课载未丁为日干之财，主因财致舌，其他可以如意。日辰上下皆三合，用神又是丁壬合德，人情合协，出入更改如意。

大冲加日为传末，卯是旬丁喜会壬。避病逃灾并贼逃，鬼神莫测妙机深。未中丁财将勾雀，因财必致口舌侵。其他小用稍如意，大望虽知在费神。

《义》曰：欲散不散，欲脱不脱。吉事未成，凶事消烁。君子挂冠，拂袖归山。笑看名利，争侣清闲。

《象》曰：高蹈林泉静养愚，不知富贵又何如。几多碌碌痴心客，不识山人乐有余。

此重审之卦，一曰曲直，亦曰天网，又曰龙战。夫重审者，重而审也。利为主，利后动。长有厄，事从内起。起于女人，以下犯上，贱犯贵，卑犯尊，事多不顺。阴小在下者，有悖逆之事。占臣未忠，占子未孝，事不可遂意，而行必当审察，循乎义理，庶免后患也。传见曲直，曲直者，先曲而后直也。象木之位，当作成器。此乃五行入十干杂揉之乡，三合异方，是生旺墓之神，事主从杂不一，主众人相关共谋，不然两三处干事，委曲托人，与人相合之类。又如推磨之象，推磨者，无休无息也。一事去，一事来，往来不歇，必得吉将用事，虽得人引进方可见。水以为木之有根也，但畏夫全见盗脱，虚耗百出，干谋不成，常被两三处设计，脱赚财物，人口衰残，休囚尤重。人为子孙脱漏，幸宅来生，尚有一二分相为补助。占者遇之，此课干神脱干上之气，三传又脱空，以此主占人百事不遂，财物耗散，谋望不成，盗失财物，或逃走奴婢。若求官见贵，婚姻财帛，交易出行，且宜缓图。新病吉，久病凶。

占出行、行师得此，昼夜占之，皆无功绩。先难后易，宜为改图。若不得已而用之，必有储粮不足，诡诡虚词，不实之事，用兵者谨之。却易散解凶危也。木大心枯。

壬申日第十课

弹射　玄胎　不结果　不备

脱上逢脱防虚诈　避难逃生须弃旧　人宅受脱俱招盗　权摄不正禄临支

外好里槎芽

```
玄 空 贵 玄          后 常 朱 后
寅 亥 巳 寅          寅 亥 巳 寅
亥 申 寅 壬          亥 申 寅 壬


财 己 巳 贵          财 己 巳 朱
父 壬 申 六          父 壬 申 青
兄   亥 空 ◎        兄   亥 常 ◎


六 勾 青 空          青 空 白 常
申 酉 戌 亥          申 酉 戌 亥
朱未      子白       勾未      子玄
蛇午      丑常       六午      丑阴
巳 辰 卯 寅          巳 辰 卯 寅
贵 后 阴 玄          朱 蛇 贵 后
```

《通神集》云：此课壬干，亥身就临支上而受长生，名俯就格。凡占以尊从卑，以上从下，初虽少难，终则逸乐，凡百运用，勉强后成。

《玉历钤》云：此课日干壬水上生寅木，寅既脱日干之气，又乘玄武盗神，愈加脱耗。凡占水火盗贼脱耗财物，运用虚空之象。又干上寅、支上亥，干支上俱乘脱气，凡占人不安乐，宅不昌盛，切防被人诓赚钱财、损坏宅舍，亦慎虚脱之疾。又云：干上有支之驿马，支上有干之禄神，君子占之，加官进禄，富贵光辉，常人占之，病讼俱兴身宅动，故曰"富贵干支逢禄马"。

上神盗日，辰上生日上，日克用，末克初。

课名弹射，无土自是无力，况末传空亡，虽传课作合，末归辰上，亦不过虚喜。凡事有始无终，所得亦不多，纵饶得中还无利。用钤四句。求婚望用不成。病不死。胎生女。盗难获。此课日上有合，出入则吉，却以破为用，又是遥克，凡百用事，有声无形，吉凶两无成矣。日财用，末空费力。

《义》曰：干支耗泄，求无可得。得不偿费，喜愠相折。公中有财，顺取方谐。夜占得此，宅慎火灾。

《象》曰：九仞为山一篑歉，工夫着力莫辞艰。苦还差了分毫子，又恐临时处事难。

此弹射之卦，一曰玄胎。夫弹射，乃日克神之谓。《经》云："日往克神名弹射，纵饶得中还无力。贵人逆转子无良，天乙顺行臣不义。家有宾来不可容，亦忧口舌西南至。"然事主动摇，人情倒置，更主蓦然有灾。求事难成，祸福俱轻，忧事立散，祸从内起。利客不利主，利先不利后。占人不来，访人不见，不利占讼。弹射无力，故不可用事，虽凶无畏。传见空亡，又为失弹，不能成事也。况玄胎如婴儿隐伏之状，利上不利下，事主远而多伏，暗昧不通，触则成祸，惟君子守正修德则亨。不利老人小儿病，谓之再投胎，非有阴德者难矣哉！况干生上神，虚费多端，耗损财物，人口衰残，谋望难成，休囚尤重，又为子孙脱漏之事。占者遇之此课，求官见贵，且宜止息，待时而动。婚姻和合，又见相破。交易投谒，亦皆未尽其美，难称其心。占财失而复得，得而复失。暴病即愈，久病难瘥。占逃亡不归。捕获难捉。公讼有解。忧愁患难，必见消散。占家宅人口不旺。

出兵行师得此，昼占为贵人举兵，开地千里，乃大胜之兆，但彼此主客必见内耗不足，粮储匮乏，夜占言辞口舌，昼占多虚少实，有始无终也。

花开不实。

真一山人云：年丰犹自望亨通，且莫奢豪贵得中。福善祸淫天已鉴，也须谨始慎其中。

《无惑钤》云：昼占必失，家道寂寂。惟宜俯就，两贵无力。

《钤解》曰：禄临支宅生。寅乘玄脱干，昼占必失。亥乘空脱支，家道寂寂。壬取初传贵财，乃遥克之财，且又遁己，反有所伤。壬遂加申，以就支生，格名俯就，以尊从卑，始须艰难，终必逸乐，凡事勉强而后成。昼贵临寅，夜贵临子，俱刑所以无力也。《集议》：避难逃生。外合里差。上神作合，干支相害。此难并脱，但系禄马，其第二课及用皆作财神，稍类"富贵干支逢禄马"内列此日。禄临支。干上脱气，昼占乘玄，亦如脱上逢脱之说。人宅受脱，说见庚午日第九课。外面逐獐里失兔，亥加申求生，不思壬上见寅反脱于我，所谓壬水会求生，却也被寅木脱得好，正是逐獐失兔。此课壬水加申作六害，譬如壬居申上见得其生，却还寅为欢喜债，盖寅与亥合，是合而脱空，岂不为之欢喜债耶？由是第四课再回日上，知过不改，家贼难防也。

壬申日第十一课

重审　向三阳　斩关

白	青	阴	常
子	戌	卯	丑
戌	申	丑	壬

玄	白	贵	阴
子	戌	卯	丑
戌	申	丑	壬

兄　甲子　白　⊙
子　丙寅　玄
官　戊辰　后

兄　甲子　玄　⊙
子　丙寅　后
官　戊辰　蛇

朱　六　勾　青
未　申　酉　戌
蛇午　　　亥空
贵巳　　　子白
辰　卯　寅　丑
后　阴　玄　常

勾　青　空　白
未　申　酉　戌
六午　　　亥常
朱巳　　　子玄
辰　卯　寅　丑
蛇　贵　后　阴

《玉连环》占曰：此课据来意，事因出外东南上干财，一姓崔人成合交易，其人内怀欺诈，终不敢发。又一属狗人姓王，欲相欺害，终是自解。何知出外？盖发用神后，将得白虎，主道路，又天魁临辰，为斩关，故言出外也。知东南干财也。[①] 因姓崔人成合交易者，以末传为天罡，主山字，寅配土为垒土，艮八数，合而为人字，以山字配之重土，故言姓崔也。天罡为日下之鬼，临寅自受其制，又为中传功曹制之，故不能为鬼，反为成合，虽怀欺诈而不敢发也。申上天魁为属狗人，日上大吉为姓王，皆为今日之鬼而欲侵害。然自解者，坐落空亡，又被寅制，不敢逞其奸也（四月壬申日申将午时，占来意）。

《玉历钤》云：此课神后水加戌土为用，主壅滞不快，三传旦夜凶将居多，凡事不可用。

上神克日，日上克用，末克初。

课名重审、间传。子为六仪、羊刃，寅与日合，辰为日墓，初末皆凶，中寅可取，凡占会始终，中虽可图，亦无益也。幸子加戌为漏底空亡，不成凶，可散忧，难望吉。末传自墓，用望无成。子水用加戌土上，壅塞难通又

---

① 《壬占汇选》解曰：午时为日干之财，乘腾蛇，下临辰，故言东南上干财。

遇空。三传昼夜皆凶将，谋望无成又且凶。

《义》曰：宾主宜和，今反不睦。上下之分，礼不可忽。纲纪仁义，守之勿替。事虽临难，终有变易。

《象》曰：出门无路可着脚，退步归来亦自然。待得泰亨君子道，准期荣华有余钱。

此重审之卦。夫重审者，重而审之也。利为主，利后动，长有厄，事从内起，起于女人。以下犯上，贱犯贵，卑犯尊，事多不顺。阴小在下者，有悖逆之事。占臣失忠，占子失孝，事不可遂意而行，必当审察，循乎义理，庶几以免后患也。事防再举，病防再发。《经》云："一下贼上名重审，子逆臣乖弟不恭。事起女人忧稍重，防奴害主起妻纵。万般作事皆难顺，灾病相侵恐复重。论讼对之伸理吉，先讼之人却主凶。"且日上太常乘宅墓支克日干，动为不吉，防官病侵害。然幸发用乘虚，亦能解其危难。所闻不实，谋事不成，守之不吉，进则无益，凡事宜退一步却有妙处。此进间传，进中有退，事主欲行不行，欲去不去，欲止不止，隔三隔四之象。占者遇之此课，求官见贵，未得如意。婚姻不宜。求财轻微。谋干难成。托人不的。投谒人者，宾主不利。逃亡、问亲友，有信。暴病即愈，久病难痊。占宅不吉，亦不能助人，亦不害人。出行及主行人，进中有退。占讼利后举。

出兵行师得此，虽主吾两斗战，幸发用为解，又恐失众不宁，昼夜占俱未利。所闻传事及敌使之来，言辞不实，不可凭信，恐误军机。惟在用兵者，审理密察，相机而行可也。大抵此课，能解散诸凶也。

事防有变。

真一山人云：白虎虽凶未足凶，病人方愈虑重逢。知君素日阴功积，祸里呈祥福自隆。

《无惑钤》云：两贵共处，病笃可愈。以凶制凶，蛇冲虎去。

《钤解》曰：巳加卯，乃旦贵临于夜贵之家也。说解前曰。白虎发用，必主病也，得末传辰克制子虎，以凶制凶，其凶自散，病虽笃，可愈也。《集议》："向三阳"：三阳断至暗句如，惟将空亡又隔停。更若相生无克贼，子寅出暗向阳辰。

壬申日第十二课

元首　三奇　进连茹

```
青 勾 常 白          白 空 阴 玄
戌 酉 丑 子          戌 酉 丑 子
酉 申 子 壬          酉 申 子 壬

官 乙 丑 常          官 乙 丑 阴
子 丙 寅 玄          子 丙 寅 后
子 丁 卯 阴          子 丁 卯 贵

蛇 朱 六 勾          六 勾 青 空
午 未 申 酉          午 未 申 酉
贵巳    戌青        朱巳    戌白
后辰    亥空        蛇辰    亥常
   卯 寅 丑 子          卯 寅 丑 子
   阴 玄 常 白          贵 后 阴 玄
```

《玉连环》占曰：此课据来意，主在外因一姓王人失了水牛一只，其牛为眼病一老男子、一老阴人相逐，牵牛东北去，其牛终不得见也。何以知之？盖干三合在时，不言初合而言失物，缘未为外，又为日破故也。何知姓王人失水牛？缘发用大吉为日下之鬼，下临子，水内一土，故主王字。言失牛者，盖大吉为牛，中传功曹乘玄武克大吉为贼，岂不是失牛乎？牛为水牛者，建得壬子故也。何知患眼？男子并老妇人，盖寅为翁，玄武为眼疾人，卯上见太阴，主老阴人，寅卯相连，故言相随。知东北者，玄武下临于丑也。何知终不见？盖占时、发用、本命上神俱为日鬼，又因落于空亡，故言终不得见也（四月壬申日申将未时，癸酉命人占来意）。

《玉历钤》云：此课初传大吉与日上子神皆合，太常、太阴乘之，又末传克初，主气相逐，动用求望可成。

《毕法》云：此课干支上皆乘旺神，乃彼此主客各有兴旺之意。凡谋自在，不须费力，惟坐待静处为宜。若谋动，有意外之求，必旺变为衰，或为羊刃，或为罗网，反遭殃，故"干临旺气休谋动"。

辰上生日，用克日，末克初。

课名元首、连茹。三传皆合，退交求合，因合而发用，谋望干众，牵连迟缓，终有吉庆，春夏尤吉。三合即此，和合之兆。求官、财婚、动用、出入皆吉。况末克初传，若冬夏得之尤吉，凡百不凶。初鬼，中末似若脱气，然受制不能成事。辰上酉金，又制寅卯木，而生日干，所谓"互克互生"是也。丑与日辰神合，吉利。传昼夜将皆宜婚娶，男女遂意。如问功名任所为。出入经商须厚获，占胎定产俊英儿。又喜末传来克丑，冬春得此愈希奇。

《义》曰：支干旺象，秋冬获利。守旧生福，动变否至。澹然养拙，太胜机巧。巧多偾事，拙多自保。

《象》曰：衡门之下好栖迟，碧水洋洋可乐机。金马玉堂虽有分，暂时相守莫相迟。

此元首之卦，一曰天网。夫元首者，尊制卑，贵役贱之象。凡事多顺，利于先举，事多起于男子。为臣忠，为子孝，正大光明而无邪僻之行，德业已著而乾乾进修，常怀危惧，惕励而无咎也。日上见子水，白虎乘之，六、七月占乘死气，白虎落壬，丑寅卯为墓田、棺椁之煞，若占病大凶，必得造棺木以应之也，不然则凶重矣，惟大有阴德者，庶或解之。况进连茹，进中有退，事主欲行不行，欲止不止，欲去不去，节外生枝。凡占必有人情不和，兄弟朋友失义也。又为天网，《经》曰"天网四张，万物被伤"，为阻滞，为疑难，主占或生灾恼之象。《经》曰"克日人灾恼"，此之谓也。占者遇之此课，求官者为足为佳。谒人者，必主欢悦。问婚求财，可以成就。论讼经官，必见和解。占宅有勾留不宁，却能生助于人。走失者难获。出行，进中有退之象。

若占出兵行师，昼占太常稍吉，知军旅之安荣，主客相有罢兵和好之理，未免进中有退，退中有进也。利先动，利为客。夜占太阴，中路而见止息。传见墓神，五行潜伏湮没之地，四时衰败气绝之乡，闭塞不通，暗昧不振。得墓不吉，逢墓即止，传见墓神，又为脱耗。大抵此课，先难后易，有始无终，为有花而无果也，只可解释官讼忧疑也。

拔茅连茹。

真一山人云：十谒朱门久不开，满头风雪却归来。纵然见得微微笑，谋望迟迟几度谐。

《无惑钤》云：守之则旺，动遭虚诳。牛女宜婚，喜中惆怅。

《钤解》云：首尾，干子首，支酉尾。干支皆乘旺神，坐谋守待，妄动则变为罗网，反伤身宅。丑神太常临子，虽宜婚姻，但子酉相破，干支相害，中末寅卯，并来克丑，卯又刑子，喜中反生惆怅，美中不美也。《集议》：前后逼迫无此。首尾相见。卯乃丁神，则因子息动而有财。"尊崇传内遇三奇"，此旬遁乙丙丁，君子占之，官居一品之尊，贵入廊庙，纵使常人值此，虽无吉泰之兆，亦可消除万祸。干支皆旺者，彼己、主客、父子、夫妇皆获兴旺，凡谋自在，不劳其力，惟宜坐待，不利动谋。若就本身之宅职而欲迁转，或已遭失而复旧事，极妙。倘若意外之求，或远动谋用，变为网罗缠绕身宅，及坐羊刃，反为灾害，或静守坐待，则人固通泰，宅又兴旺，无心中得人照顾兴发。所占无得。辰干墓，夜蛇临卯，墓门开，又为外丧。两贵不协，变成妒忌。

癸酉日

癸酉日第一课

伏吟　稼穑　三奇　折腰　天网

<pre>
常 常 勾 勾   空 空 阴 阴
酉 酉 丑 丑   酉 酉 丑 丑
酉 酉 丑 癸   酉 酉 丑 癸

官 乙 丑 勾   官 乙 丑 阴
官 　 戌 白 ◎⊙   官 　 戌 白 ◎⊙
官 辛 未 阴   官 辛 未 勾

  贵 后 阴 玄   朱 六 勾 青
  巳 午 未 申   巳 午 未 申
蛇 辰   酉 常   蛇 辰   酉 空
朱 卯   戌 白   贵 卯   戌 白
  寅 丑 子 亥   寅 丑 子 亥
  六 勾 青 空   后 阴 玄 常
</pre>

《玉历钤》曰：此课三传俱刑，天将又凶，凡事不宜，动用皆否。

《毕法》云：中传空亡，虽伏吟，占行人必至，然必中途阻隔，以空亡不能刑末传也。余占必先有允，而后无实惠也。

上神克日，日上生辰上，用克日，三传克日。

课名伏吟。三传皆生支克干，勾虎阴必有阴私争斗。但诸神各归方不动，戌为空亡，逢空不成，可以解忧。三传克日，天将勾陈、白虎乃凶将也，必然反忧为喜。癸日伏吟，为鬼旺卦，凡事未利。酉支，墓丑为用，传入空亡，无成。

《义》曰：稼穑重土，灾恼为阻。所喜墓金，来救其忤。上下相生，凡事有情。人旺宅衰，眷属利亨。

《象》曰：精里求劳居未伸，阳微阴著恐相争。善人喜遇吉星解，渐觉峥嵘福禄生。

此自信之卦，一曰稼穑，亦曰天网。夫自信者，天地伏吟，十二神各归本家，天地如一，四伏未发之象。占事静则宜，动则滞，主事藏匿不动，静中求劳，有屈而不伸之象也。又云：日辰只有两课，用刑以起传，主事屈而不得伸，静则鬼动，且藏伏而呻吟，岂得已哉？用日则舍阴，用辰则舍阳，故天地不备，阴阳独彰，实为不足之体。《经》云：阴日刑害破冲也，则伏内皆是刑中有害、破中有合、凶中有吉、吉中有凶，祸福倚伏，不可一概而推之。失物不出其家，盗者不出邑里。远行回轮，近行将至。病主难言语，占胎聋哑人。访人多不见，伏吟泪淋淋。亦名五坟卦，不宜占病。稼穑重土，主艰难之象。夫墓者，五行湮没之地，四时衰败气绝之乡。传墓不吉，逢墓即止，暗昧不明，昏蒙而无所施。且天网为阻滞之神，灾恼之象，幸而折腰空亡，事多半途中止，吉凶皆不成也。占者遇之此卦，求官见贵，问利问婚，俱见中止，凡谋未得遂意，凶中隐吉，吉中藏凶，不为大害也。

若出兵行师得此，乃无益有损，动摇阻隔，人情倒置。用兵者，深察其机微，慎乎慎乎！大抵凡占半吉半凶，美中不美也。

中道而废。

真一山人云：天魁无位事寥寥，课体那堪号折腰。再整系杆重下钩，海门曳出锦鳞鳌。

《无惑钤》云：干支互生，华盖相刑。昼夜占病，先重后轻。

《钤解》曰：干上丑生酉支，支上酉生癸干，课体互生也。丑乃支华盖，与戌未相刑，传体刑伤也。丑为支墓，又华盖覆日，生中覆蔽，而彼此昏迷。戌上白虎为癸水之鬼，占病吉凶，始因中击不安，病固重也，须类支上酉金库叠，以窃败其气，而后乃轻也。《集议》曰：互生支干主事益，此虽墓生，乃是墓败，何益之有？三传生支克干，宜兑卖屋宅，以钱备其灾患之费，出《毕法》"屋宅宽广"句。伏吟中空，占行人路被阻，余占先冗而后无实惠也。余仿此。

癸酉日第二课

蒿矢　退连茹　天网
旺禄临身休妄动

```
阴 玄 空 青        勾 青 常 玄
未 申 亥 子        未 申 亥 子
申 酉 子 癸        申 酉 子 癸


官 辛 未 阴        官 辛 未 勾
财 庚 午 后        财 庚 午 六
财 己 巳 贵        财 己 巳 朱


蛇 贵 后 阴        蛇 朱 六 勾
辰 巳 午 未        辰 巳 午 未
朱卯      申玄     贵卯      申青
六寅      酉常     后寅      酉空
丑 子 亥 戌        丑 子 亥 戌
勾 青 空 白        阴 玄 常 白
```

《玉历钤》曰：此课虽遥克无力，却末传巳为日德，求望如意，他事亦不凶也。

辰上生日上，用克日上，用克日。

课名遥克。初传未为鬼，冲癸害子。中末皆财，日丑、支酉与巳为三合成金局，极有生意。先有冲害，退即遇有贵人之合，有贵人印信之喜。春夏得之，用望如意，其他不凶。日鬼用之，又退传绝地，占病次吉，求官不利。课虽遥克伤无气，末传喜遇德神隆。春夏用之稍如意，秋冬不利亦无凶。

《义》曰：子加于癸，旺禄为美。子未冲破，又生吝悔。观见上国，求名必得。士庶不宜，仕宦怡悦。

《象》曰：辞虽未美好求官，得此须知位可攀。事到易时休作易，如逢难处要心宽。

此蒿矢之卦，一曰天网。《经》云："神遥克日名蒿矢，射我虽端当不畏。贵人逆转子无良，天乙顺行臣不义。家有宾来不可容，亦忧口舌西南至。"然事主动摇，人情倒置。象如以蒿为矢，射虽中而不入。祸福俱轻，求财难成，利主不利客。占行人来，访人见。夫天网者，即"天网四张，万物被伤"，为阻滞，为灾恼，此之谓也。可惜禄在干，又为未所害也。传见退连茹，事主欲行不行，欲止不止，节外生枝，牵连疑二，乃退中有进之象。占者遇之此课，求官见贵，虽见和允，畏夫未子为扰。占婚有成，占财可得，然此两占，犹虑为人阻破，或因财而惹恼，所幸递相生支，而转生干，先难后易，递相举荐之象也。占病不畏。逃亡自归。出行勿忌。投人相助，歌曰"主宾际会两殷勤，暮宴朝欢会无极"，此之谓也。失物宜寻。行人将至。

若占出兵行师，昼占太阴中止，夜占战士折伤，况课体欲行不行，欲止不止，拔茅连茹，迟缓之象。用兵者知此，宜洞察情伪，伸明号令，严加防守，上以忠于国家，下以救其涂炭，自然树立奇功，天人默相，若立心不忠，逆天违理，又非课之所主，必至败亡也。慎之慎之！昼占宜，夜占忌。

真一山人云：宾主相逢尽日欢，漫将诗酒解余烦。事当迟缓缓须吉，理合人情便好看。

《无惑钤》云：守禄为良，动被传伤。勿欺蒿矢，委镞坚刚。

《钤解》曰：旺禄临身，守为良也。若弃之而取中末之财，逢初传未克冲，中末两传生起未土，助鬼有力也。且引至巳之本家，上有天罡两蛇鬼夹住，反有伤，然未矢临申，又乘太阴，矢带金也，其委镞坚刚，岂可以蒿矢例论，欺其无力而不知畏哉？《集议》曰：末助初传克日，巳午夜雀，占人必因造势而佯输诈败，却休追，烂泥中有刺。未为蒿矢，虽遥克无力，须忌发，遂追入午巳之方以寻财，却不知被巳财引入本宫，上乘天罡，与初传未土并来克日，应佯输诈败之理。鬼两头夹住，凡占且不可轻信，俗云"烂泥中有刺"。占讼虽曰下有和允之意，防后翻悔。占病虽愈，防再发。占诸祸已往，亦防再生。己巳日蒿矢，亦云委镞有力。

癸酉日第三课

蒿矢　龙战　天网　廻明

空上逢空事莫追

```
贵 阴 常 空        阴 常 空 勾
巳 未 酉 亥        巳 未 酉 亥
未 酉 亥 癸        未 酉 亥 癸


官 辛 未 阴        官 辛 未 常
财 己 巳 贵        财 己 巳 阴
子 丁 卯 朱        子 丁 卯 贵


朱 蛇 贵 后        贵 后 阴 玄
卯 辰 巳 午        卯 辰 巳 午
六寅    未阴      蛇寅    未常
勾丑    申玄      朱丑    申白
子 亥 戌 酉        子 亥 戌 酉
青 空 白 常        六 勾 青 空
```

《毕法》云：此课中末传上俱有昼夜贵人，如占告贵求事，必干涉两贵人方得成就。占谒贵，必不得见，而其贵人往见别贵，多不在宅，纵然在宅，必会贵客而难见也。以卯加巳，视其当时，与贵合者，亲近何人。

辰上克日，用克日上，用克日，末初克。

课名蒿矢。用临门户，事多犹豫。二贵人，凡占先难后易，盖以鬼爻用而德神续之也。末克初，事可成，凡百转托皆利。遥克发用门户上，事多犹豫。见贵人暗合，然亦以卯贵加巳贵，有两贵不相使意，有相使事，应吉。日鬼又为用，中末贵人，主求官大利，占讼凶，门户不宁。此课不吉亦无凶，若问灾祥总亦同。守旧待时仍获福，枉图费力不成功。正七月占子乘龙（妻妾怀妊），辰加午上床帐惊。又云：天后上见魁罡，家必藏恶疾妇人。勾陈丑戌加卯兮，占病必死。魁罡加支，宅内隐伏尸棺椁。壬子天空加酉，主酒败，子孙作酒家，雇佣妇为婢妾，而与奴之奸淫，若值玄合财，淫邪尤甚。后乘辰，子新妇殴婆之竞。又云：血支、血忌同伤于日官，必见血腥，正月吉。

魁加日本（据盘式乃日本加魁）被人拘，身不由己。癸日见酉作天空者，酉为婢也，天空奴也，酉又为色欲，俱在本身上是死，贪女色，又贪男色，酉遇贵为酒，是又贪酒，癸水败于酉，后以酒色败丧也。

《义》曰：自己灰心，懒于谋干。一着动差，以致耗败。虽失九百，返得一贯。惟宜谨慎，方得无患。

《象》曰：莫厌崎岖道路难，几番履遍觉平宽。看看渐渐前程好，福禄优余迈等闲。

此蒿矢之卦。《经》云："神遥克日名蒿矢，射我虽端当不畏。贵人逆转子无良，天乙顺行臣不义。家有宾来不可容，亦忧口舌西南至。"然事主动摇，人情倒置。象如以蒿为矢，射虽中而不入。祸福俱轻，求事难成，利主不利客。占行人来，访人见。传见退间传，夫间传者，间隔之意，凡有所占，皆隔手之事，不然事有阻隔，主退而后进，进而后隔之谓。日辰相克，主客不和。发用克干，占人来意灾祸，递相有人谋害之象，所幸干上乘空，又见空亡，凡事亦多起于虚声不实之事，抑且少解凶殃，还见破耗不足，乃自惹火烧身之喻。占者遇之此课，求官见贵，干上见空又乘空，心意倦怠。占婚姻，恐媒氏不的。占财难得。占病虚弱耗气，宜服补益之剂。占出行不宜。投谒人难见，虽见亦不称意，或去意不乐，或不能起身。公讼有解，内多虚诈。逃亡不获，终见自归。占人虚耗不实，占宅有生助于我。占惊恐，半虚半实。

若出兵行师得此，昼占太常稍吉，知军旅之安荣，夜占太阴，中途而或止。敌有使来，乃虚诈多端，言词诳诞，甚不可听，或善用兵，因其言而间之，或乘其诈而袭之，可胜。全在用兵者神机之妙耳。

月隐在云。

真一山人云：心上少思终有乐，事当止处不凌空。自是桃花贪结子，错教人恨五更风。

《无惑钤》云：干传勿用，射物难中。昼夜占之，甦宽病讼。

《钤解》曰：亥空临日，于己无用。未矢自败地发来，虽作日鬼，射亦难中也。况癸水死于卯而绝于巳，亦无用。初传官鬼无力，占病则甦，占讼则宽也。《集议》：卯乃丁神，则因子息动而有财。"空上逢空事莫追"内例。昼占助桀为虐，递生日鬼。夜贵加昼，宜暗求关节。廻明："廻明早是未得明，且待明时方可兴。迟进成名有所得，早求反被事来萦。"

癸酉日第四课

涉害　高盖乘轩　三交　见机　龙战　闭口　斩关

太阳躔午为天烦卦，太阴躔午为地烦卦，男女俱忌行年在酉。

```
朱 后 阴 白          贵 玄 常 青
卯 午 未 戌          卯 午 未 戌
午 酉 戌 癸          午 酉 戌 癸


财 庚 午 后          财 庚 午 玄
子 丁 卯 朱          子 丁 卯 贵
兄 甲 子 青          兄 甲 子 六


   六 朱 蛇 贵          蛇 贵 后 阴
   寅 卯 辰 巳          寅 卯 辰 巳
勾丑      午后       朱丑      午玄
青子      未阴       六子      未常
   亥 戌 酉 申          亥 戌 酉 申
   空 白 常 玄          勾 青 空 白
```

《玉历钤》云：此课日辰上下皆刑克，又空亡克日，气象不和，诸事用之，阻隔无成。末传夜贵六合，可以逃避灾难。

《毕法》云：此课干鬼作虎，临干克干，戌又为财墓，凡占必主为仇人陷害，其祸可畏。幸得中传卯临于午，克鬼制虎，稍可解究。切勿与人交财，乃祸之端也，亦不可先举害人之意。人来克害，随即响应，又以日上丑戌相刑故也。

上神克日，辰上生日上，日克用，末克初。

课名涉害、三交。癸禄在子。支干俱伤，上下日辰皆刑，空亡克日，癸又加辰坐墓，皆为不吉。所幸午为日财入宅，末克初传可用，然午亦伤酉，子卯又刑，子孙不安。有交加，占产是当月也，巳亥日必当生女，后必死，其月不足。又是空亡克日，气象不和。凡事不可望用，只宜逃遁也。癸日午用财谋望，然水败酉、火死酉，未为吉。主托人干事，用日传故也。日辰上下皆刑战，又见空亡克日神。气象不和难用望，求名求利总劳心。昼夜天官龙与合，最宜逃难及逃刑。不然家匿奸私客，盗贼潜身难捕寻。

《义》曰：天魁到癸，虚声遍起。午入酉宫，死交可畏。正七月占，高盖乘轩。小人勿用，君子宜迁。

《象》曰：高盖乘轩富贵奇，仕人逢此最相宜。寅中月令方为美，他月占之且待时。

此见机之卦，一曰三交，一曰龙战，又曰高盖。夫见机者，察其微，见其机，谓两比两不比，当以涉害为用。涉害有浅深，欲用不用，欲言不言，事有两而取一。所作稽留，迟疑艰难，进退不定，忧患难消，怀孕伤胎，难于前而易于后。《经》曰："涉害须久历艰辛"。三交者，《经》云："三交家匿阴私客，不尔自将逃避迍。"凡事失节阻碍，谋事被人阻破，不能成合。况龙战乃天之私门，生杀有限，分杜有期，雷动龙奔，示其有战，身心疑惑，进寸退尺，动有乖离之象。传见高盖末神后，天驷房心是太冲。马即胜光正月骑，六阳行处顺申同。盖乘轩，又骑马，更得龙常，禄位丰大，要占人之年命生扶拱合，若见冲刑，则又美中之未美也，占者贵有通变。占者遇之此课，求官望名，先主艰辛，后方得。喜见高盖，若用午字将，占人行年抵犯，乃天烦之卦，男子招愆，又不吉也。见贵人主和悦。婚姻昼占可，夜占不宜。占财有。病者重。失物看类神。占逃亡难寻，终见自归。出行不利正、二、六月。

若出师行军得此，昼占无威而不宁，夜占失物，无以攸宜，宜另选择。用兵者，以审其机焉。兵者，国之大事，焉可忽也？

美恶相仍。

真一山人云：六月将占事可忧，行年抵处更生愁。若非阴德吉星解，恐是官刑作怨由。

《无惑钤》云：全伤身宅，戌空午实。夺财玄后，彼凶此吉。

《钤解》曰：戌克癸伤身，午克酉伤宅，戌空而酉实，所以彼伤而己吉也。玄后与癸同类劫财，财遭夹夺，癸干焉得为己用哉？《集议》：虎临干鬼凶速速。子加卯，夜合主奸淫事。午所涉之害，俱同。戌乃先见者，宜用戌未辰三传。戌、午皆与癸干不敢比，援此亦可质《毕法》"敢比不敢比"之说。卯乃丁神，则因子息而有财。"彼此全伤"见己巳日第六课。交互六害，午加酉上，诗见甲子日第四课。驱马乘轩高盖，必应公卿之位也。高盖乘轩，进士登科及第同征。高车驷马，始朝天阙。龙德高盖宜问官。

癸酉日第五课

元首　龙战　从革　不备　六阴相继

三传递生人举荐　彼求我事支传干

```
    勾 贵 贵 常              朱 阴 阴 空
    丑 巳 巳 酉              丑 巳 巳 酉
    巳 酉 酉 癸              巳 酉 酉 癸


    财 己 巳 贵              财 己 巳 阴
    官 乙 丑 勾              官 乙 丑 朱
    父 癸 酉 常              父 癸 酉 空


    勾 六 朱 蛇              朱 蛇 贵 后
    丑 寅 卯 辰              丑 寅 卯 辰
  青 子       巳 贵       六 子       巳 阴
  空 亥       午 后       勾 亥       午 玄
    戌 酉 申 未              戌 酉 申 未
    白 常 玄 阴              青 空 白 常
```

《玉历钤》云：此课天乙、太阴乘德神为用，春夏占之大吉，更改求望，凡事皆遂意，秋冬忧疑，虽多缓，亦可解。

《毕法》云：此课初传巳由支上起，末传酉归干上止，凡占必主他人委任托我干事，事必成就，行人至，求财得，故云"彼要托吾支历干"。又初传巳火生中传丑土，丑土生末传酉金，酉金生日干癸水，凡占此课，必主有人举荐推重，或照顾庇佑，贵人有升，常人获利，虽僧道亦有人为注疏而助其化缘也。

上神生日，辰上克日上，用克日上，日克用，初克末。

课名元首、从革。三传生日，癸以巳为德，凡占皆和合谋图，先难后易，终有和合。秋夏占吉，旦占尤佳。此课又与支合，最吉。太乙为用，若春夏得之，可以更改、出入、求望，凡百皆吉；秋冬得之，凡百忧恼不成者，即印绶多故也。支加干，主人与己相交牵制，不由己。况四课不备，从革不革，干绝为用，又得金局，正谓绝处逢生，然四课在三传之上，名循环格。贵阴乘巳德神用，春夏逢之百事宜。更改出入皆利益，秋冬谋望定淹滞。

《义》曰：课体纯阴，阴多暗昧。潜窥秘密，以利私干。阴极反阳，渐渐有光。众金生水，百事吉昌。

《象》曰：临前见泰福弥漫，动用谋为道益昌。金马玉堂人物异，锦衣贵贱岂寻常。

此元首之课，一曰龙战，亦曰从革。夫元首者，尊制卑，贵役贱之象。凡事多顺，利于先举，事多起于男子。为臣忠，为子孝，正大光明而无邪僻之行，德业已就而乾乾进修，常怀危惧，惕励而无咎。况龙战，主人心疑惑，进寸退尺，动有乖离之象。卯酉为天之私门，生杀有限，分杜有期，雷动龙奔，示其有战。传见从革，先从而后革也。凡事阻隔，有气则革而进益，无气则革而退失。一曰兵革，一曰金铁。大抵五行正气入十干杂糅之乡，异方三合乃生旺墓之神，事主丛杂不一，主关众人共谋，不然两三处干事，委曲托人与人相合之类。又如推磨之象，转去转来非一遍也。日上、三传全生，所谓凡百事吉，运用如意，遇灾不凶，逢吉愈吉。若当季神生日，则声名显达，岁命生日尤吉。以此见人上门助我、成就我，或亲友两三处来成就我之象，但怕占人年命冲刑，号"蜜中砒、笑里刀"，乃恩中生怨也。占者遇之此课，求官见贵，凡占有益无损，求谋有得，谋望有成，惟不利占解散，亦不利占生产、词讼、患难忧惊、出行之事，以三合合住，须得冲刑月日方可。

若出兵行师得此，昼占开地千里，众兵相助，大胜之兆，夜战中途而止，亦胜之兆。若欲被围者亦不畏，但难辞解也，不可执一而论。

得道者多助。

真一山人云：成事多欢散事难，得时相助重人看。从今干事咸如意，秋月占之亦笑颜。

《无惑钤》云：昼将生金，传金育身。回环曲折，皆类众人。

《钤解》曰：贵勾常昼将皆土，生三传金局，金所以育身。课传俱不离巳酉丑，乃廻环曲折也。三传自递生，必得众合物助。《集议》：彼求我事支传干，行人至，求取约，吉凶皆成。三传递生人举荐。《毕法》为贪粟之喻，故讼刑又乐里生忧。

癸酉日第六课

涉害　斫轮　折腰　不行传

```
空 蛇 朱 玄          勾 后 贵 白
亥 辰 卯 申          亥 辰 卯 申
辰 酉 申 癸          辰 酉 申 癸


子 丁 卯 朱          子 丁 卯 贵
官   戌   白 ◎      官   戌   青 ◎
财 己 巳 贵 ⊙       财 己 巳 阴 ⊙


青 勾 六 朱          六 朱 蛇 贵
子 丑 寅 卯          子 丑 寅 卯
空亥       辰蛇      勾亥       辰后
白戌       巳贵      青戌       巳阴
酉 申 未 午          酉 申 未 午
常 玄 阴 后          空 白 常 玄
```

《玉历钤》云：此课斫轮虽吉，奈中传空亡之地，不免减力，求官求望，反复进退，下稍可成，其他用事不遂。

《毕法》云：此课干上申乘玄武，支上辰乘螣蛇，玄武有财官之喜，螣蛇有惊恐之忧，凡占人虽有喜，宅舍不宁。又云：三传皆有昼夜贵人，贵多不贵，凡占不能归一，反无依倚。又云：夜贵加卯，临申为用，必因贵人而内致乱。

辰上生辰，日上生日，辰上生日上，日上克用。

课名重审、四绝。宜结绝旧事，难以图新。又名斫轮，中传空亡为斫轮不成，宜托他人再进以谋可遂，盖始终有贵人，末又带德合也，出旬尤佳。若以斫轮为吉课，末传空亡不免减力，求官求财，尤复进退而后遂，其他不凶。斫轮末带德贵，凡谋事遂意，但卯绝于申，不免初难。火生于木，癸生于申，先难后易，更于年命决之，惜乎中空。斫轮不喜为神将，作事处谋病者惶。望用求谋利先获，凡事先难后遂昌。

《义》曰：生我助我，到门空过。止旺收成，有花无果。时值惊晦，宽怀勿畏。欲知何如，戌巳无位。

《象》曰：金木相交号斫轮，迁官受禄沐皇恩。谁知传到天空地，徒惹虚声不足论。

此见机之卦，一曰斫轮。夫见机者，察其微，见其机，谓两比两不比，当以涉害为用。涉害有浅深，欲用不用，欲言不言，事有两而取一。所作稽留，迟疑艰难，进退不定，忧患难消，怀孕伤胎，难于前而易于后。《经》云："涉害须久历艰辛"。传见斫轮，《经》曰："欲知斫轮，车临斧斤。"又曰："庚申共处为斤斧，卯木单称立作车。太冲作用来金上，斫削修轮官爵除。传见太阴并印绶，六合青龙福庆余。"然此乃大吉课，有迁官受任之理，惜乎不至真体，中末传空，正课"有花无果反成空"也。占者遇之，日上神生，谋望有成，运用如意，遇灾不凶，逢吉愈吉，有人上门助我、成就我。若逢于当季神生日，则声名显达，若岁命生日尤吉也。此课求官见贵、婚姻财帛、出入干用、投谒诉讼之事，课有始无终，百事遇之，止息而不能成也。疾病先重后轻。惊恐忧疑、囚禁者遇之解脱。久病得之欠美，有德庶免此厄。凡有所用，皆苗而不秀，秀而不实也。

若出兵行师得此，昼占多言词诳诞谣诡虚声，到底无事，夜占稍吉，军旅之安荣。然此目下所占，皆凶不成凶，而吉不成吉，然课体之吉，将来必见荣达也。

益中见损。

真一山人云：此课逢之谋事成，忍将终未占声名。忧疑从此浑消释，高枕安心梦不惊。

《无惑钤》云：两贵拱宅，昼传虎戌。熟视蛇兔，极不安逸。

《钤解》曰：夜贵卯临申，昼贵巳临戌，拱酉宅在内。辰墓乘蛇临宅，诚为凶也。殊不知中传戌虎，可以破墓冲蛇，以凶制凶，凶自散也。夜贵被克，昼贵入狱墓贵，不得安逸，焉足恃哉？《集议》：夜占乃贵人内战，必因贵人而作乱。天空不言内战。玄武无内战。卯乃丁神，则因子息动而有财。卯涉四重金，亥涉五重土，宜用亥午丑三传。此干墓乘蛇临酉，为真墓门开，主重重有丧。日墓加酉为外丧入内，宜合寿木以禳之。"苦去甘来"内例此，为一喜一悲，盖夜占申乃长生乘虎，中戌鬼乘龙是也。两贵相协拱宅。巳乃遁己。

癸酉日第七课

反吟　龙战　三交
两贵受克难干贵

```
勾 阴 常 朱          空 贵 朱 常
酉 卯 丑 未          酉 卯 丑 未
卯 酉 未 癸          卯 酉 未 癸


子 丁 卯 阴          子 丁 卯 贵
父 癸 酉 勾          父 癸 酉 空
子 丁 卯 阴          子 丁 卯 贵


空 白 常 玄          勾 六 朱 蛇
亥 子 丑 寅          亥 子 丑 寅
青戌      卯阴       青戌      卯贵
勾酉      辰后       空酉      辰后
申 未 午 巳          申 未 午 巳
六 朱 蛇 贵          白 常 玄 阴
```

《玉历钤》云：此课日上未克日，又用神卯克日上未，门户不宁，人财散失，凡占阻滞无成。

《毕法》云：此课初传卯木，受酉金克制，急归本家之上又是酉金来克，其卯木去住不可。且卯为日之子息，凡占必主子息灾患。卯木主肝经，灾患或恐生风及眼目之疾。又云：昼贵巳加亥为火受克，夜贵卯加酉为木受克，两贵受克，切不可告贵用事，若欲必去干谒，当致怒谴，盖贵自受克，身心不宁，岂乐应人？若贵占此，必有灾否。

上神克日，辰上克日上，用克日上。

课名反吟、龙战。日上受克，宅上、用克日上。卯酉二八门，冲门户不宁，凡事反复难阻，须是重叠。所喜卯为救神，可以制土，本不为大凶，然亦非吉。日上受克，用神又克日上神，主门户动摇，人宅不安，用事主人情不和，艰阻无成。卯酉相冲，何以成事？

此课日干受克害，用神又克日乘神。门户动摇多坎坷，人情虚诈事无成。

《义》曰：卯酉相加，有失和气。静守则吉，动用乖离。难成易破，福中隐祸。惟德可化，惟善无过。

《象》曰：妄动招凶往往闻，争如静守乐天真。提防公事来相扰，福寿从来及善人。

此无依之卦，一曰龙战，亦曰三交。夫无依，即反吟也。《经》云："无依是反吟，逃亡远追寻。合者应分散，安巢别改林。守官须易位，结友也分襟。所为多反复，占病数般侵。"反吟刑冲，事主迟滞，远近系心，更相仇怨，且反复而呻吟，是无予夺而难息也。况龙战，主人心疑惑，进寸退尺，动有乖离之象。卯酉为天之私门，生杀有限，分杜有期，雷动龙奔，示其有战。传见三交，前不能进，后不能退，交加其象。家匿阴私，或欲自逃隐避，凡事失节阻隔，谋事被人阻破，不能成合也。又云：朱禽克日事纷纷，望事须知干不成。妇人为扰不和同，百章歌内事分明。占者遇之此课，求官见贵、投谒干用，百事逢之，往返不定，纵使侥幸，终见反复，以致出行、交易、公讼，亦皆如此，而不遂心也。婚姻夫妇不和。胎孕产育作难。失物得而复失。病疾好了又作。逃亡来而复去，去而复来。

若出兵行师得此，昼占中途止息，夜占开地千里，但畏夫大体，事事更动，必见反反复复，徒劳心志，千谋百计而未得全其功绩。得此课者，全在用兵者计算得宜，"坐筹帷幄之中，大胜千里之外"之妙也。

事多反复。

真一山人云：道本无名强立名，人心之止保前程。兢兢造次能持守，管尔他年禄位荣。

《无惑钤》云：三传身宅，夜将相克。满日旬丁，门户动厄。

《钤解》曰：身宅三传夜将俱土，癸干何可当也？卯酉为门户，课传四丁，而动摇非细也。门庭匿恶，焉能免哉？《集议》：水日逢丁财动之，或因门户之财动，或为子息而费财也。"前后逼迫难进退"句内亦例此日。雀鬼临干，宦遭章劾，上书献策，反被责黜。

癸酉日第八课

知一　度厄　八逆　天狱

前后引从升迁吉

```
朱 玄 空 蛇          常 蛇 勾 玄
未 寅 亥 午          未 寅 亥 午
寅 酉 午 癸          寅 酉 午 癸


官 辛 未 朱          官 辛 未 常
兄 甲 子 白          兄 甲 子 六
财 己 巳 贵          财 己 巳 阴


青 空 白 常          青 勾 六 朱
戌 亥 子 丑          戌 亥 子 丑
勾酉      寅玄       空酉      寅蛇
六申      卯阴       白申      卯贵
未 午 巳 辰          未 午 巳 辰
朱 蛇 贵 后          常 玄 阴 后
```

《灵辖经》曰：此课先有八逆，后有五福。八逆者，小吉临寅，春占土死，用起死气，为一逆；未临寅上，旺气所胜，为二逆；木墓在未，仰见其丘，未土墓木，俯见其仇，为三逆；用得朱雀，为凶将，为四逆；用为刑，为五逆；中传神后临未，下贼其上，为六逆；又乘白虎，与虚宿、坟哭，为七逆；日上见螣蛇，辰上见玄武，为八逆。八逆并，忧患立至。五福者，小吉土神，用起死气，终得太乙，火神生，相气临，为一福；终传巳火生未土，终始相生，为子见母，为二福；用起朱雀，末得天乙，始凶终吉，为三福；以火临水，用起小吉为救，为四福；癸德在巳，巳临子上，为德于日，为五福。五福既临，诸凶可解。

《毕法》云：此课初传未临寅居于干前，末传巳临子居于干后，未前引，巳后从，引从天干，占者主升官职。又云：申加卯作白虎，冲支上寅，占主对门人家房舍上兽头冲破宅气，以致家道衰替。又三传俱受下克，又天盘未克子，地盘寅克未，未克子，三传上下克战，讼狱自本家兴起，牵连不穷，谚云"窝里犯"。此课有官占之，迤逦升转，大有兴盛，常人祸患不可当也。

日克上神，辰上生日上，用克日。

课名知一。未虽为鬼，亦癸之喜，子禄巳德，又为合，用与日合。子加未、午加丑，又为交合。此课吉，可谋事，必有成，可救一切危厄。占官文字大吉，其他平平。用神入墓，中传又言害，凡事难成，亦谓之八迍五福卦。小吉加寅用可忧，仰见其丘俯见仇。婚嫁惹凶病危笃，求名求利不如忧。论讼遭刑难获免，占家人口祸啾啾。

《义》曰：比方同类，上下和气。前引后从，迁加禄位。君子占宜，福履绥之。寿因德积，为善自奇。

《象》曰：吉人终始蒙天佑，心不愧人少灾咎。口舌还从多生事，谦谨容忍福自有。

此知一之卦，一曰天网。夫知一者，知一不能知两，知者以为自知、自见，不知为寇仇，故言知一也。以此为用，舍远就近，舍疏就亲，恩中生害，事多起于同类，凡事狐疑，事贵和同乃吉。传见天网，《经》云"天网四张，万物被伤"，为阻滞，为疑难，为灾恼。此课一名蓦然卦，凡事起于蓦然也。日上见财，妻美，多言词口舌，或有文书口舌之财以应之，亦多惊恐。又曰："知一卦何如，用神今日比。事因同类起，婚姻失谐为。失物亲邻取，逃亡不远离。论讼宜和好，为事尚狐疑。"占者遇之此课，求官见贵最宜，如其前引后从也，《毕法》云"前后引从升迁吉"，正此谓也。若占人年命冲刑克制，其引从又美中未美也。见贵参谒、投人干托，俱见喜悦，相和成事。占婚姻宜。求财虽有，不可过贪。病者不妨，上气下顺，吐逆不宁。占身宅未离，克日，事见纷纭，妇人为扰，口舌不停。占文书不遂心。占科第本吉，但文字未称也。公讼和解则吉。逃盗不获。出惹是非。

占出兵行师得此，昼占是非，军戎见耻，夜占稍吉，知军旅之安荣，当见两家和好，然而昼夜占未免有惊疑之象。用兵者，当见机而作，微察而行，庶不有失，不可不慎也。

福祉自有。

真一山人云：恬澹随宜乐自然，也知福贵须由天。轻裘肥马何须羡，临到丰财且莫贪。

《无惑钤》云：财鬼禄德，俱受其克。前引后从，是可解厄。

《钤解》曰：前后引干癸，巳乃财德，子禄，未鬼，皆被下贼也。初传未加寅为引，末传巳加子为从，拱定癸干在中。《毕法》云："前后引从升迁吉"，而又足以解厄也。《集议》：前后引从升迁吉。朱雀作鬼，虽不临干，占人年命值之，官防章劾。将逢内战所谋危，干支三传皆自下克，乃名日辰内战，凡占皆是家法不正，或自窝里犯，丑声出于堂中，以致争竞，斯占极验。此课日辰三传俱是自下贼上，全无和气，占讼必刑，占病必死，占事不羡，惟宜占官，从微迤逦升迁，大有兴旺。"互克"内亦有窝犯之说。午乃癸之胎财，七月为生气，主妻有孕喜。

癸酉日第九课

涉害　芜淫　从革　金局

三传递生人举荐

```
贵 常 勾 贵          朱 阴 空 朱
巳 丑 酉 巳          巳 丑 酉 巳
丑 酉 巳 癸          丑 酉 巳 癸


父 癸 酉 勾          父 癸 酉 空
官 乙 丑 常          官 乙 丑 阴
财 己 巳 贵          财 己 巳 朱


勾 青 空 白          空 白 常 玄
酉 戌 亥 子          酉 戌 亥 子
六 申    丑 常       青 申    丑 阴
朱 未    寅 玄       勾 未    寅 后
午 巳 辰 卯          午 巳 辰 卯
蛇 贵 后 阴          六 朱 蛇 贵
```

《玉历钤》云：此课二下克上，主阴人括挢，忧事难解，幸得末传日德加丑，其忧可消。凡事人情不协，再求方成。

《毕法》云：此课干上巳，虽作日财，上有旬己，却是日鬼，占必祸自财来，讼因妻起，亦因饮食生疾。又云：干上巳克酉，支上丑克干，亦名芜淫之卦，夫妇各怀私心，以乖人伦，此时妇人必与东北丑地上人有情。

日克上神，日上生辰上，日上克用，末克初。

课名涉害、从革。三传生日，贵雀在日，终有暗合事遂。然四课不全，日往就辰，事多不备。中传乃用墓、辰墓，秋为天狱，从革得秋占，更改图之少成。

此四课不全，事多不备。日往加辰，屈己事人。有贵人文字之庆，有凶可解，人情不和，而后再和，用事先难后易。水日得金局，又得日上火以克，凶反为吉。两下克上见机多，忧挠纷纷妇人争。幸喜德神临日上，用望先难后易忻。

《义》曰：其体好钧，曲而未伸。事多两意，此理最真。三传来生，喜得众情。忧患自解，福寿安宁。

《象》曰：三传四课不相离，始末回还反复羁。幸有众情相助力，此时又见得便宜。

此见机之卦，一曰从革。夫见机者，察其微，见其机，谓两比两不比，当以涉害为用。涉害有浅深，欲用不用，欲言不言，事有两而取一。所作稽留，迟疑艰难，进退不定，忧患难消，怀孕伤胎，难于前而易于后。传见从革，先从而后革也。凡事阻隔，有气则隔而进，无气则革而退也。一曰兵革，一曰金铁。大抵五行正气入十干杂糅之乡，异方三合乃生旺墓之神，事主丛杂不一，主关众人共谋，不然两三处干事，委曲托人与人相合之类。如推磨之象，转去转来非一遍也。又曰："涉害须久历艰辛"。所幸三传合金局，有生水之美，以见众人并力而助我、成就我，上门益我，非我求之，此诚为美，又见贵人之财也。占者遇之此课，求官见贵，未足为奇。父局求财，却见喜美。出外投人，徒费粮裹。病伤肋骨，肺心瘥迟，要生气吉神，方保平安。婚姻宜。公讼解。逃盗难追。屋宅宽广，人口衰微，幸传为助也。

占出兵行师得此，昼占战士有伤，夜占主将被伤，凡所百事占之，勾留不伸之象，不然事有两头必尔。课体虽如此论，幸三传相生，此又奇特。用兵者，当审察其机也。

革变有益也。

真一山人云：从而后革识其情，迟滞勾留百惑生。夫妇遇之还未美，凶中隐吉理须明。

《无惑钤》云：贵财心术，俯就安逸。昼将生传，传金生日。

《钤解》曰：巳乃贵德财神，临身最美，不以为利，必心术也。却乃俯就于酉，甘受败脱，以求逸乐，无乃舍益就损也？幸而昼将纯土生金，而传金生日也。又幸中传墓其败神，酉乃败神。《集议》：传墓入墓。凡值传墓入墓者，占行人归速。三传递生人举荐，此自末递生日干，丑又奇神。巳财遁己伤干，必因财致祸，因食丧身，因妻成讼。芜淫，凡占先相许允，后不顾栖，终怀恶意。

癸酉日第十课

元首　斩关　稼穑　闭口　不结果

阴	白	朱	后
卯	子	未	辰
子	酉	辰	癸

贵	玄	勾	蛇
卯	子	未	辰
子	酉	辰	癸

官	戊	辰	后
官	辛	未	朱
官		戊	青 ◎

官	戊	辰	蛇
官	辛	未	勾
官		戊	白 ◎

六	勾	青	空
申	酉	戌	亥

朱未　　　子白
蛇午　　　丑常
巳辰卯寅
贵后阴玄

青	空	白	常
申	酉	戌	亥

勾未　　　子玄
六午　　　丑阴
巳辰卯寅
朱蛇贵后

《玉历钤》云：此课三传上下俱克日，又兼夜贵螣蛇、勾陈、白虎皆凶，然数极必反，虽三传日鬼，忧可以变喜，忧当自散。

《毕法》云：此课三传皆鬼，如用昼占，乃名贵人立鬼门，鬼贼路塞，不敢为凶，盖贵人临寅，虽不在传，但行年本命遇之，皆可以除祸。又云：辰戌丑未虽为日鬼来克，然各居于旺地，自恋生旺，不来为害也。

上神克日，日上克辰上，用克日，三传克日。

课名元首、稼穑。三传皆土，鬼墓为用克日，本是凶课，所幸戌为空亡，不终于凶，亦难于言吉也。与前伏吟，丑加丑同。三传日鬼，墓神覆日，用克日，若年命上有木神制，反凶为吉，所喜末破墓，病虽绝而安。天罡加癸，如鱼龙藏水，有隐匿逃亡之事。三传上下俱克日，夜将蛇勾白虎凶。福极福生须谨慎，谋望先难欠自通。

《义》曰：墓神覆日，昏蒙蔽匿。赖彼自刑，密云开隙。外边阴暗，恒加思算。末传乘空，稍得从容。

《象》曰：大罟施张欲网罗，未逢空隙奈如何。凶中隐吉多阴德，忧险惊疑渐灭磨。

此元首之卦,一曰稼穑,亦曰斩关,又曰天网。夫元首者,尊制卑,贵役贱之象。凡事多顺,利于先举。为臣忠,为子孝,正大光明而无邪僻之行,德业已著而乾乾进修,常怀危惧惕励而无咎也。况稼穑乃重土,有艰难之象。常占得此,名曰鲸鲵归润,凡事逼迫,不由己出,若遇雷神,方能变化。稼穑者,五坟也,不宜占病。况斩关非安居之象,占者多不自由,事多暗昧不和,离散口舌,欲隐身避难者,却利乎奔逃也。又主人情暗中不和,多见更改,事多中止,坟墓破坏,占婚亦强成,难于久远。凡事历遍艰辛,然后可遂。且天网四张,万物被伤,为疑难,为阻滞,为灾恼,《经》云“克日人灾恼”,正此之谓。占者遇之,此课求官见贵,为阻滞,为疑难,末传空亡,吉凶相半。占病有大凶,凶中有解,所畏九、十一、十二月,若五月占,有救不妨。婚姻不宜。主客不和。投谒人者,人情未顺。公讼不和,有刑杖,却喜有解。此课昼夜占事不利,乃忧惊之象。逃盗亦不能获。

占出兵行师得此,无威不宁,惊恐,多不如意,恐见失利,昼夜不宜。为将者,宜察机微。敌使之来,言词妄诞。利先举,利客,尤宜见机用事,所赖传中空亡,难中有易,凶中有吉也。

临事不果。

真一山人云:好月才圆分外明,闭云到处未全晴。晓来一阵清风起,朗朗婵娟鉴气清。

《无惑钤》云:交互徒然,夜禄乘玄。弃而欲动,众生为愆。

《钤解》曰:禄临支宅生。辰与酉合,子与丑合,然而子酉相破,辰丑亦破,交互何益?支上之禄,昼虎惊危,夜玄虚耗,弃而欲动,则被众土所克,癸何堪哉?《集议》:三传生支克干,以卖房屋之钱,备灾患之费。辰加癸用,乃墓神克日,诚为凶也,夜占乘蛇尤凶,殊不知法以末之戌虎冲辰,为之破墓冲鬼,以凶制凶,凶即散而无咎也。癸酉日巳将贵人临寅,名贵人塞鬼户,杜鬼贼不凶,万事宽已。若不在传上,或占人行年本命在寅,亦可用。禄临支。“屋宅宽广致人衰”内例,皆谓三传克干生支,惟兑卖其宅之钱,以备其不测之用。禄乘虚玄,又被支破,士宦防爵禄惊恐耗失。

癸酉日第十一课

元首　出户　三奇　天网

人宅受脱俱招盗

常 空 贵 阴
丑 亥 巳 卯
亥 酉 卯 癸

阴 常 朱 贵
丑 亥 巳 卯
亥 酉 卯 癸

官 乙 丑 常 ⊙
子 丁 卯 阴
财 己 巳 贵

官 乙 丑 阴 ⊙
子 丁 卯 贵
财 己 巳 朱

朱 六 勾 青
未 申 酉 戌
蛇午　　　亥空
贵巳　　　子白
辰 卯 寅 丑
后 阴 玄 常

勾 青 空 白
未 申 酉 戌
六午　　　亥常
朱巳　　　子玄
辰 卯 寅 丑
蛇 贵 后 阴

《玉历钤》云：此课吉多凶少，但凡事不成，只平耳。

《毕法》云：此课干上卯脱干之癸水，支上亥脱支之酉金，又干支上下俱脱，是人与宅皆成脱败之气。凡占日用，必被诓赚，家宅必被盗窃，身体病疾，财物耗散，日见虚惫也。又云：巳加卯，昼夜贵人聚于一处，求事必得贵人成就，干谒必难见面，以贵人自往贵人家会合也。

上神盗日，辰上生日上，日上克用，用克日。

课名元首、间传。初传落空，鬼无所依，中末皆贵，末为德合。凡占难入头，若能委曲干贵以图，亦终有济。兼丑、巳与酉合成从革，亦可更改。日辰上下，不相干涉，大抵无成，平之卦也。鬼用，中末又带死绝，凡百不利。动作艰难漫劳神，关门乙坐却成功。吉事不成凶事散，待时守旧福雍容。

《义》曰：干支脱耗，彼此俱虚。既不益人，又不益居。求谋费力，盗去有余。进退之间，动变无如。

《象》曰：事起虚声蓦地来，无荣无辱更无灾。秋冬好事频频到，说与知音早放怀。

此元首之卦，一曰天网。夫元首者，尊制卑，贵役贱之象。占事多利于先举，事多起于男子。为臣忠，为子孝，正大光明而无邪僻之行，德业已著而乾乾进修，常怀危惧，惕励而无咎也。《经》曰："四课之中一克下，卦名元首是初因。臣忠子孝皆从顺，忧喜因男非女人。上则为尊下卑小，斯为正理悉皆真。论官先讼当为福，后对之人理不伸。"干支皆脱，虚费百出，盗失损财，人口衰残。所谋不遂，休囚为重，又为子孙脱漏之事。丑卯巳乃间传，凡事阻而后进，进而后退之象。占者遇之此课，求官见贵难成就，彼此心意不足，财帛耗散，以致交易求财、婚姻谋望，非特见阻，亦且无益，假使成就，徒然而已。占病隔塞有解。失物难得。远行无益。公讼宜止息和解，吉。投谒人，有生意，但恐彼人不在，或虚心相应。逃盗获。占人宅虚耗，衰残不振，忧疑惊恐，幸有解也。

占出兵行师得此，昼占稍吉，知军旅之安荣，夜占举兵，开地千里，未免先有阻隔。主客俱见粮储匮乏而不足也，用兵者蓄积以备之，庶不致临时而无所措手。凡有敌使之来，言词不可遽信，多见诡诈不实之人，若差遣之人，亦多不得其用，或轻事报重，有声无实，不可不知。

真一山人云：到此人情奈若何？哲人临事不张罗。病瘥忧散浑无事，且向江边钩碧波。

《无惑钤》云：昼夜贵聚，无屋可居。彼此怀脱，鬼空唏嘘。

《钤解》曰：丑投宅阴空亥，是无屋可居也。若以为鬼落空，亦唏嘘耳。昼贵加于夜，说见前。支干各被上神所脱，事防虚诈，亦防盗贼。《集议》："人宅受脱俱招盗"例此日。出户。逢卯夜贵，托必被贵人脱赚，或被神祇作祟，以致脱耗。"罡塞鬼户"内例有此日。

癸酉日第十二课

重审　寡宿　顺连茹　斩关

脱上逢脱防虚诈

```
空 青 阴 玄        常 白 贵 后
亥 戌 卯 寅        亥 戌 卯 寅
戌 酉 寅 癸        戌 酉 寅 癸


兄　　亥 空 ◎⊙     兄　　亥 常 ◎⊙
兄 甲子 白 ⊙       兄 甲子 玄 ⊙
官 乙丑 常         官 乙丑 阴


蛇 朱 六 勾        六 勾 青 空
午 未 申 酉        午 未 申 酉
贵巳　　 戌青      朱巳　　 戌白
后辰　　 亥空      蛇辰　　 亥常
　卯 寅 丑 子        卯 寅 丑 子
　阴 玄 常 白        贵 后 阴 玄
```

《玉历钤》云：此课天地上下俱是空亡，凡占忧喜皆不成。

《毕法》云：此课干上寅脱气，支上空亡，昼占又玄武临日，三传又是联空亡，凡占百事虚诞，全无实处，只好抽身静退，恬淡无为，以乐天真。

上神盗日，日上克辰上，末克初。

课名重审、连茹。传归日，用与日上合，亦可言吉。初中空亡，末克初，先虚后实，吉凶皆空，要用须出旬方可，占忧自散。

此课平平，忧喜不成。日辰三传皆水局，末克初为财，四季占之大吉。天地上下作空亡，财物之上有损伤。占病痊安有解散，传言不实事乖张。

《义》曰：一脱一空，彼此无功。心期大事，未得奇逢。人宅虚耗，老少孤茕。九流僧道，福禄重重。

《象》曰：绿杨红杏描春色，妆点韶光景偏绝。那堪镜里画图看，欲得还来还未得。

此重审之卦，一曰寡宿。夫重审者，重而审之也。利为主，利后动，长有厄，事从内起，起于女人。以下犯上，贱犯贵，卑犯尊，事多不顺。阴小在下者，有悖逆之事。占臣未忠，子失孝，事不可遂意而行，必当审察，循乎义理，庶几以免后患也。占事防再举，病防再发。传见寡宿，《赋》云："寡宿孤辰，值此尤防骨肉分离。"占身得此，主见孤独，别离乡井，自立门户，财物虚耗，僧道宜之，俗不宜也。此十干不到之地，五行空脱之乡，能灭凶神，能散奇祸，能消大惊，能解仇怨。官位逢之，须当改任。出行宜防损失。所闻言词，多是不实。若占宅，必定虚耗不足。占者遇之此课，日生上神，虚耗多端，谋望不遂，失盗损财，人口衰残，休囚尤重，又为子孙脱漏之事。求官、见贵、婚姻、交易、谋望、谒人、远行、望信、托干，凡百所求，有声无实，有影无形之象。暴病即愈，久病者凶。失脱、逃盗难获。公讼、囚系者，解释患难，忧惊自散。

占出兵行师得此，昼占失众之象，且将军破坏，事多虚诈，诡计多端，利为客，利先举，若夜占稍吉。凡占得此，乃空空如也之象，吉不成吉，而凶不成凶也。

四时占同义。

真一山人云：事起虚声岂偶然？自然理数系先天。如今识得真消息，抱道衡门度老年。

《无惑钤》云：三传夹定，远行归速。事不出乡，贼在此屋。

《钤解》曰：干上寅，支上戌，拱定亥子丑在内，占行人则归期甚速，占事不出家庭，占盗贼不出乡邑也。虎鬼临宅，家宅不安，人口多病，幸空，又得干上寅木以救，庶不为祸。《集议》：戌加酉，夜得白虎，主奴婢灾咎。墓门开，又为外丧。干上脱气，昼占乘玄，亦如"脱上逢脱"之说。两贵不协，变成妒忌，巳加辰，卯加寅，互换作六害。

甲戌日

甲戌日第一课

伏吟　斩关　玄胎　不结果

```
玄 玄 蛇 蛇          玄 玄 青 青
戌 戌 寅 寅          戌 戌 寅 寅
戌 戌 寅 甲          戌 戌 寅 甲


兄 戊 寅 蛇          兄 戊 寅 青
子 辛 巳 勾          子 辛 巳 朱
官　 申 白 ◎⊙       官　 申 后 ◎⊙


勾 青 空 白          朱 蛇 贵 后
巳 午 未 申          巳 午 未 申
六辰　　 酉常        六辰　　 酉阴
朱卯　　 戌玄        勾卯　　 戌玄
寅 丑 子 亥          寅 丑 子 亥
蛇 贵 后 阴          青 空 白 常
```

《玉历钤》云：此课夜将青龙，春占得之，所求遂意。占病沉重，行人来迟，以末传克日故也。

《毕法》云：此课日上见寅，不利于财，纵财帛满盈，求之必有退悔。且天时、地利、人力，三者之用无穷焉，不用此三者，而得利之，则廪禄也。既非三者，又非廪禄，则工技商贾也。既非廪禄，又非工技商贾，则赆赙（赠送给上路或办丧事用的钱物）赐予也。既非工技商贾，又非赆赙赐予，取之而以为己财，在官守则为贪婪之赃也，在小人则为盗窃之赃也。二者之赃，宁无患乎？君子视如粪壤，何患之有？

上神德日，日上克辰上，末克初。

课名伏吟、玄胎。德禄发用，三刑递制，虽寅巳害、巳申刑，不为凶。春三月占之，百无所虑，无往不利。更申生人更好，但申为刑，空颇减力，却无凶，忧可解。

《正疑钤》：夜青朱后，此课春占，可以求望，财如意，婚不成，伏吟虽吉，亦不吉也。病重难安。逃亡行人迟。日马支马，末传陷空。寅乃日之德禄，可谓有气。寅为春吏神，行年临之，恐有追呼。宅上戌，春为天喜，是神主有皇恩。若三秋，为天目，不可于宅上见之，主有鬼怪。申生人占吉。《经》云：武戌临支，有过犯、景迹之辈。申虎占病相值，因道路伤鬼为乖。玄胎将吉，身喜心忧。虎龙四孟落空，义儿续祖。玄武临年，主过犯身系囹圄。三刑六害同传日，蛇虎疾病，朱勾妨官，主官事。白为鬼，蛇虎乘死气、死神，病凶。余仿此。

《义》曰：螣蛇生角，将已成龙。靡不有初，鲜克有终。禄实马空，事且从容。金风初动，官位崇隆。

《象》曰：岁在寅申时遇秋，勤将事业动王侯。马逢旺相忻然快，万里鹏程得自由。

此自信之卦，一曰玄胎。夫自任者，乃伏吟之卦，天地伏吟，十二神各归本家，天地如一，四伏未发之象。占事静则宜，动则滞，主事藏匿不动，静中求劳，有屈而不伸之象。况玄胎如婴儿隐伏之状，利上不利下，事主远而多伏，暗昧不通，触则成祸，惟君子守正修德则亨。又刚日欲行中正，天地之合，不容须臾，合者将离，居者将移，关梁杜塞，诸神各归。《经》云："任信伏吟神，行人立至门。失物家内盗，逃者隐乡邻。病合难言语，占胎聋哑人。访人藏不出，行者却回轮。"又见日禄、日德，乃为吉课，惜其刑冲，动摇不宁。且刑者，罚也，伤者，残也。上下不和，刚柔相变，冲者变动也。初虽有德，后必倾覆，未免落空而不秀。占者遇之此课，求官时下未济，见贵虽宜，终难成事。婚姻不宜。求官有动摇不定。占病不进饮食，或倦开言，不然咽喉口齿之病，初虽重而终不妨。远行不宜。逃盗不离闾里。公讼有解。占宅虚耗。投谒人宜。常占宅内不宁。

占出兵行师，昼占不宜，忧心众畏，夜占大胜，得宝货与图书。敌有使来，所言不实，不可凭信。大抵此课，末传见空，吉凶到底俱见消散，又能解一切忧也。

先成后变。

真一山人云：千里追风喜遇时，孙阳一顾便为奇。有莘曾效耕耘事，得际成汤万古知。

《无惑钤》云：虎鬼马载，昼占可畏。幸尔逢空，夜财失费。

《钤解》曰：申为驿马，昼占乘虎，而为干鬼，幸值旬空不妨。宅财戌，昼夜乘玄，昼占则耗费，夜占则盗失。

甲戌日第二课

知一　逆连茹　三奇

魁度天门关隔定

白	常	后	贵
申	酉	子	丑
酉	戌	丑	甲

后	阴	白	空
申	酉	子	丑
酉	戌	丑	甲

父	丙子	后
父	乙亥	阴
财	甲戌	玄

父	丙子	白
父	乙亥	常
财	甲戌	玄

```
六 勾 青 空
辰 巳 午 未
朱卯      申白
蛇寅      酉常
丑 子 亥 戌
贵 后 阴 玄
```

```
六 朱 蛇 贵
辰 巳 午 未
勾卯      申后
青寅      酉阴
丑 子 亥 戌
空 白 常 玄
```

《玉历钤》云：此课发用子加丑相合，秋冬大吉，昼贵天后平稳，夜贵白虎亦不为灾，百事皆宜。

《毕法》云：日干上见丑，丑乃丁神，丑为日财，乃财乘丁神，主财动，或妻动，必有远方寄物，或付送钱物，及有纳妻宠之喜。又云：丑加寅上，乃贵人临身，复克之为人不安，又为贵人塞鬼门，谋为密事，鬼不敢窥。

日克上神，日上生辰上，日上克用，用生日，末克初。

课名知一、连茹。弃一就一，干众。己往亥子水皆有生意，末戌为传归支上，末克初，向后凡事可成。夜白常玄，此课求财、见贵、婚姻皆成，凡七百二十课可谓吉也。病未死，产未生，盗逃不获，出入有成，其他皆吉。下克上比用，传逆空入支，且贵塞鬼门，暮空通鬼道，并劫煞在中传，凶事从空自散也。《经》云：申虎占病相值，因道路伤鬼为乖。又云：青龙六合加寅卯，多是求亲。贵人临身受克，宅内尊卑反目。虎龙四孟落空，义儿续祖。贵人乘死气。天后丑子，妇人偏疾右臂。

《义》曰：事喜六合，谋望不脱。迟缓何忧，渐生安乐。神将比和，福禄春波。正以处之，酌酒高歌。

《象》曰：奇仪相并福偏饶，富贵功名岂惮劳。仕宦逢之增禄位，岁临子亥戌尤高。

此知一之卦，一曰泆女。夫知一者，知一而不知两，知者以为自知、自见，不知为寇仇，故言知一也。以此为用，舍远就近，舍疏就亲，恩多生害，事多起于同类，凡事狐疑，事贵和同乃吉。传见泆女，《经》云："天后常为厌翳神，须知六合是私门。二将取名称泆女，夫妻失友异情恩。"夫泆女乃不正之课，占男女有阴私暗昧之象，占家宅防阴小有越礼犯分者，占婚姻媒妁不明，不宜婚姻，惟能以礼自防，谨于闺门，而自化之，况非真体稍差。且退连茹，主欲行不行，欲止不止，节外生枝，先退后进，名曰失友。凡占必见人情不和，朋友失义。况鬼墓加干，防人鬼暗中侵害，用兵者尤宜忌之，谨关防可也。占者遇之此课，求官吉。见贵顺。婚姻不宜。求财有。病瘥迟。逃盗不远，速寻得获。出行稽留，牵连不决。讼宜和解。占宅耗盗。占投谒人，徒费粮裹，止宜送物于贵人可也。

占出兵行师得此，昼占无威而不宁，却有生助之意，夜占稍吉，知军旅之安荣。大抵此课为吉福之象，诸占皆利。初中生助干神，末传玄武受制，恐内外有相和好之情。且鬼墓加干，尤防暗中侵袭，为将者不可不慎。

利君子，不利小人。吉福之象。

真一山人云：巍巍甲第定高攀，不遇刑冲位转安。唾手功名原是易，到头百事不为难。

《无惑钤》云：奇仪既夹，常人难厌。君子占之，诚登高节。

《钤解》曰：寅干临卯，戌支临亥，夹亥子丑在内，戌乃六仪，丑乃三奇。戌，旬首，魁也，君子值此登高甲，常人岂能胜之？《集议》："鬼临三四讼灾随"，幸尔空亡，未免虚耗。末传复归支上，末克初，向后事可成。

甲戌日第三课

涉害　见机

六阳数足须公用

```
青 白 玄 后          蛇 后 玄 白
午 申 戌 子          午 申 戌 子
申 戌 子 甲          申 戌 子 甲


子 壬 午 青 ⊙        子 壬 午 蛇 ⊙
财 庚 辰 六          财 庚 辰 六
兄 戊 寅 蛇          兄 戊 寅 青


朱 六 勾 青          勾 六 朱 蛇
卯 辰 巳 午          卯 辰 巳 午
蛇寅      未空       青寅      未贵
贵丑      申白       空丑      申后
子 亥 戌 酉          子 亥 戌 酉
后 阴 玄 常          白 常 玄 阴
```

《玉历钤》云：此课日上子，加寅相生，占有和气，但午为发用冲破，夜贵蛇又为凶神不吉，幸六合、青龙相喜。春占百事皆吉。

《毕法》云：此课六处皆阳，凡占利公干，不利私谋，君子得之，吉课也。

上神生日，辰上生日上，日上克用。

课名涉害、见机、间传。末传见德禄，传有寅、午，与支戌合成火局，甲日占之，为有福德，宜用事，春夏占之吉。用神落空，可散忧。占求贵、求财、出入、动用，极吉。病退不妨，逃盗不获，产生，其他吉。德禄俱见于寅，但日辰三传相克，当以所带神煞断吉凶，然天将加之，亦未甚利。虎携鬼入宅，极凶，又与干刑，且甲上子克初传午，虽驿马临辰，将星加用临申，截路人中，谓之斩足，恐未可也。《经》云：申虎占病相值，因道路伤鬼为乖。虎龙四孟落空，义儿续祖。胜光乘天马，来意必问行人。

《义》曰：课名顾祖，隔而后阻。龙蛇乘空，有终无始。阴贵助力，有声无实。履遇艰辛，渐觉进益。

《象》曰：事起虚声未得情，谋为运用卒难成。劝君从此安心守，造化通时道亦亨。

此见机之卦，一曰励德。夫见机者，察其微，见其机，谓两比两不比，当以涉害为用。涉害有浅深，欲用不用，欲言不言，事有两而取一，所作稽留，迟疑艰难，进退不定，忧患难消，怀孕伤胎，难于前而易于后。况励德，主阴小有灾，名关隔神，常人身宅不安，宜谢土神，贵吏则主升迁，然当分前后而别其消长也。《经》云："神有两比两不比，上天垂象见人机。涉深发用为初将，作事迟留多有疑。忧患难消经几日，占胎伤孕忌当时。盗贼不过邻里起，逃亡亲隐是遥知。"上神生日，所为百事吉，运用如意，遇灾不凶，主人神相助。如见当季神生干，则声名显达，若岁命生日，尤为吉也。一名退间传，主退而有隔。凡事阻隔，或隔手托人干事。占者遇之此课，求官见贵，目下难成，改图得意。婚姻虽宜，难得成就。求财宜空手之财。暴病即愈，久病未宜。失脱难得。出行阻隔。公讼和解。逃亡得获。

占出兵行师得此，有失众之象，事多起于虚声，或无中生有，亦多不实，昼占虽吉而传空，夜占尤不为美。大抵此课，用兵不宜，若不得已而用之，惟在将之谋猷也。凡事欲速，迟则有变。

真一山人云：送尽东风过楚城，隔墙空听卖花声。无心事业还成幻，此个工夫未准凭。

《无惑钤》云：六位全阳，常人散殃。马载虎鬼，催任勿遑。

《钤解》曰：虎鬼临宅，幸虎阴制之。用脱，常人可以解释殃祸。白虎作日鬼，为催官符，主催官赴任急速。六阳数足宜公用。卯作雀临巳，申作虎临戌，为归巢格。以局中论，非三传也。占行人立至，占讼凶。白虎临宅，宅中未免丧祸。

甲戌日第四课

蒿矢　玄胎　闭口　孤辰　解离

六	空	白	阴	六	贵	后	常
辰	未	申	亥	辰	未	申	亥
未	戌	亥	甲	未	戌	亥	甲

官	申	白	◎	官	申	后	◎
子	辛	巳	勾 ⊙	子	辛	巳	朱 ⊙
兄	戌	寅	蛇	兄	戌	寅	青

蛇	朱	六	勾	青	勾	六	朱
寅	卯	辰	巳	寅	卯	辰	巳
贵丑			午青	空丑			午蛇
后子			未空	白子			未贵
亥	戌	酉	申	亥	戌	酉	申
阴	玄	常	白	常	玄	阴	后

《玉历钤》云：此课申加亥，发用六害，申又破日，全无和气，凡事乖谬。又旦暮贵人加临辰戌，为入狱，见贵不喜。发用空亡，百事不成。

《毕法》云：此课太常加日之长生，临于干上，所占必有婚姻之喜，或有锡赏钱帛之事。又云：干克辰上神，支克干上神，名解离卦，占人必夫妻离别之事。

《玉连环》占曰：此课据来意，缘七月中，劝和公事到官，以所得财物减断，定徒罪。上申，至来年上正月内文字来，只得杖罪，以寄作日月相折，无事而出。云：何知七月内劝和公事到官？缘发用传送为七月建，正时未为日干之财，上得六合，又为夜贵故也。以所取财数减，法拟定徒罪。盖时为日干财，加日贵；发用申为空亡，带白虎，又为日刑；中传太乙得勾陈，与日相害；末传得腾蛇。此课始末皆凶，故言徒罪。正月文字来，止得杖罪，以日月相折，无事而出者，盖从七月白虎鬼旺，十二月支干并无制白虎者，至来年正月建丙寅，白虎至此而死绝，又为火旺，太乙、腾蛇俱为救神，时未空亡，故须至正月终无事也。然天上正时为直事门，得天空，又发用空亡，传临空亡，中见落空，而不解散，仍复上申者，盖时令未能解散耳。白虎乘秋正旺，又与刑害并，所以先有徒罪，然后却得无事（戊戌年八月甲戌日辰将未时，占来意）。

上神生日，辰上克日上，用生日上，用克日。

课名蒿矢。用空为妄矢。三传刑战带煞极凶，幸而末有德禄，申为空亡，不能克之，俱可无忧。占见贵求官不喜，求望不吉，本是凶课，幸遇空亡，吉凶不成。求财婚不遂。占病有鬼，空亡不死。胎未生。盗逃不获。甲木生于亥，戌土养于木。干墓覆支，三传刑战带煞极凶，末虽带德禄，为用神金所破，其他所为不利，又恐祸起萧墙。亥生人占之主死。《经》云：贵立多招两姓，如无进口添财。申虎忌占病。遥克占行人必至。天空在未并井怪，宿疾之辈。贵人乘死气。虎龙四孟落空，义儿续祖。血支、血忌伤于日官，必见血腥，二月内占。

《义》曰：马乘虎鬼，病讼深畏。惟利求名，催官星至。卦名官爵，仕宦忻乐。发用既空，有影无踪。

《象》曰：无根树子岂生花？蒿矢传金事可嗟。喜事难成忧事散，徒将巧计作生涯。

此蒿矢之卦，一曰玄胎，亦曰天网，又曰孤辰。《经》云："神遥克日名蒿矢，射我虽端当不畏。贵人逆转子无良，天乙顺行臣不义。家有宾来不可容，亦忧口舌西南至。"然事主动摇，人情倒置。象如以蒿为矢，射虽中而不入。祸福俱轻，求事难成，利主不利客。占行人来，访人见。况玄胎如婴儿隐伏之状，利上不利下，事主远而多伏，暗昧不通，触则成祸，惟君子守正修德则亨。传见天网，《经》云"天网四张，万物被伤"，为阻滞，为疑难，为灾恼。且孤辰有茕茕孑立之象，占人别离桑梓，凡所占谋，多虚少实，功名难遂，事业虚花，投托干用，有失和气。占者遇之此课，日鬼发用，又兼乘马，本为迅速，大利占官，惜乎初中空亡，不能成事为福也。若夫求名、求利、婚姻、交易、出行、望信，或托人投谒之事，多虚声，不能成就，惟利解脱忧惊患难也。暴病却乃为福，久病又谓之凶。诸占皆为无益，假使成合，终见离散。

占出兵行师得此，有失众之象，昼占尤为不吉，宜另为选图，若不得已而用之者，难为成功，亦吉不吉而凶不凶也。

空谷之有声。

真一山人云：十年养就翀天翅，一举翔翔过九霄。将欲飞腾伤羽翼，有心无力枉徒劳。

《无惑钤》云：矢箭来伤，幸尔空亡。居家闭口，生计荣昌。

《钤解》曰：蒿矢无力，用传又空，为妄矢，无力甚矣。未乃旬尾临宅，居家宜闭口谨言。亥来生甲，则生计荣昌矣。《集议》：未加戌，旬尾加旬首，财神闭口。行人至。想求，事成罕曾。

甲戌日第五课

重审　赘婿　六阳　炎上　不备　斩关　六仪
华盖覆日人昏晦　彼求我事支传干

```
后 白 白 六          白 后 后 六
寅 午 午 戌          寅 午 午 戌
午 戌 戌 甲          午 戌 戌 甲


财 甲 戌 六          财 甲 戌 六
子 壬 午 白          子 壬 午 后
兄 戌 寅 后          兄 戌 寅 白


贵 后 阴 玄          空 白 常 玄
丑 寅 卯 辰          丑 寅 卯 辰
蛇子        巳常      青子        巳阴
朱亥        午白      勾亥        午后
戌 酉 申 未          戌 酉 申 未
六 勾 青 空          六 朱 蛇 贵
```

《中黄经》曰：此课主亲人因合会起口舌，病者虽重不死。何以知之？盖初传戌临寅，得甲戌，下得元遁丙寅，戌中有辛，与丙合，将得六合，是亲人因和合起口舌。丙克辛，辛不能相害。中传午临戌，元遁得庚午，将得白虎，主因亲人和合得病难瘥。五行火入墓，以此不死，因白虎自战，又甲戌居丙寅，病虽重，必不危也（十一月丑将，甲戌日巳时占）。

《金匮经》曰：辰来加日，被克为用，是谓赘婿。盖以甲遥克戌，戌来加甲，又下克上，二戌俱受其制，不得自由，如人之赘婿，谓男而就食妇家，女携子行嫁，以身就人，不能自专耳。此课天罡临申者，有女子衣服事应。

《灵辖经》曰：占遇白虎，乘死神，上下迫日辰，名曰魄化。以此占人，必有死亡之事。白虎在阳忧男，在阴忧女。下克上内丧，上克下外丧。行年在魁罡蛇虎下，自身当之。此课天魁加甲，下克上为用。中传胜光，将得白虎，正月死神在午，白虎乘天上死神，下迫日神，必有死亡之事。午为阳，忧在男子。下克上，主内丧也。

《雕科经》曰：此课三传火局，为日之脱气，却生起干上戌，为日之财，名曰取还魂债。

《毕法》云：此课日上六合，辰上天后，日为夫，辰为妇，干支上乘合后，占婚不用媒妁。

日克上神，辰上生日上，日克用，日生中传，末克初。

课名重审、炎上、赘婿。自墓传生，凡百事无了期，若托人干事，乃宜得禄在后，宜守静，谋断可称意，盖末克初，人克宅也。此课见贵、求财、求婚、望用成，病不死，胎不生，逃盗即获。辰为日制，五行生处墓覆之，百事主再，事无了期。辰加日，名赘婿，俯仰万状，进退不自由。旦贵白虎烧身，夜贵登天门，后外战，虎带德，子生人不宜见之。《经》云：尊卑不睦兮，是六甲日魁罡临寅甲发用。丧吊虎临，哭泣之刑。申年凶，并宅中枯骨，十二月占。支加干，被干克，主人无正宅，多是寄居。

《义》曰：三合炎上，如火之象。脱干生支，人衰宅旺。传见狡童，事防越礼。肃肃闺中，墙勿有茨。

《象》曰：君子逢时道自昌，名园红紫向春芳。如今未济终须济，易系谦谦更有光。

此重审之卦，一曰狡童，亦曰斩关，又曰赘婿，又曰炎上。夫重审者，重而审之也。以下贼上，卑犯尊，贱役贵，事多不顺，起于女人。阴小在下者，有悖逆之事。占臣未忠，占子失孝，事不可遂意而行，必当审察，循乎义理，庶几以免后患也。传见赘婿，身寄他人之象，凡事由妻，如占事由他人而不由己也。且夫狡童，乃不正之课，夫妻失友，男女阴私暗昧，占家宅防阴小越礼犯分。又况斩关非安居之象，占者多不自由，事多暗昧不和、离散口舌，欲避难者，却利乎奔逃也。况炎上为日，象君，事主多虚少实。戌加寅，以墓临生，占明事反为暗昧，亦主妄图不遂，占人性刚急，卜天晴明。然而事体丛杂，主关众人共谋，不然两三处干事，委曲托人与人相合之类。又如推磨之象，转去转来非一遍也。占孕易生。占子孙、占家宅耗盗。占者遇之此课，三传盗脱干气，谓之宅盛人衰，凡事利主不利客，失盗损财，人口衰残，谋干不称，缘内外同来脱赚，诸占无益，惟利解散忧惊患难。

占出兵行师，定见粮储匮乏，国用空虚，耗财不足，不实之事。利为主，利后动。《经》云：六合尤宜获金宝之美利也。

得不偿费。

真一山人云：欲脱不脱终见脱，欲成不成终见成。归来抱道林泉下，藏器他年显令名。

《无惑钤》云：失脱来占，内外干连。亡财后至，宅盛人怨。

《钤解》曰：脱干，占为失遗也。寅去加午，午来加戌，遂会为火局脱干，是我去他家，他来我家，而里勾外连也。财临干上，先被夹克不由己，复来为用，仍为日财，是亡财再到。三传脱干生宅，故人怨而宅盛也。《集议》：取还魂债。干上乘财，六合夹克，得之反被人耗。

甲戌日第六课

知一　四绝　交车害脱

```
蛇 常 玄 勾          青 阴 玄 朱
子 巳 辰 酉          子 巳 辰 酉
巳 戌 酉 甲          巳 戌 酉 甲


父 丙子 蛇          父 丙子 青
财 癸未 空          财 癸未 贵
兄 戊寅 后          兄 戊寅 白


蛇 贵 后 阴          青 空 白 常
子 丑 寅 卯          子 丑 寅 卯
朱亥     辰玄       勾亥     辰玄
六戌     巳常       六戌     巳阴
酉 申 未 午          酉 申 未 午
勾 青 空 白          朱 蛇 贵 后
```

《玉历钤》云：此课日上见酉为官，辰上见巳为合，上下有气，人情喜悦。占见贵、求婚、求财，皆吉，然有阻隔。三传上克下，凡事有阻，行人即日有信。

《毕法》云：此课干上酉与地支作害，支上巳与天干作害，然却干支上神三合，支干三合，喧闹中和气，谚所谓"闹里得便宜"。又云：支上巳脱干之寅木，干上酉脱支之戌土，递互相脱夺财物，全无定主，谚云"东手里来，西手里去"。又占病，日干上酉虽为日鬼，却是空亡，不足为畏，兼支上巳火坐于墓土，亦不能为救，以此求医，其医诊脉说证甚切，然却用药不效，实本家自有余庆，流及病者，可以获安，毕竟巳火克空鬼故也。

上神克日，辰上克日上，日上生用，用生日。

课名知一、四绝。中传见墓，余时为脱体，只可结绝旧事，首尾不相应，所幸德禄居末，不失为终吉也。夜雀克日，不免多事。空克日，有走失耳。占见贵求望有成，婚财有阻、后平，行人有信，产目下生，盗逃获，病难瘥，出入有阻。子加巳，名四绝，宜结绝旧事。三传虽见德禄、天喜、六合，殊不知杀临鬼门，甲受制，未为寡宿神，又为六害，寅加未，木入墓，凡事不利。子加巳，未动中有阻。

《义》曰：视之不见，闻之有声。生助力微，临事虚惊。初终夹贵，仕宦占利。彼此脱赚，心怀靡愧。

《象》曰：官星须要待时来，金水相生喜称怀。何是用传逢外战，主宾且莫弄心乖。

此知一之卦。夫知一者，知一而不能知两，知者以为自知、自见，不知为寇仇，故言知一也。以此为用，舍远就近，舍疏就亲，恩中生害，事多起于同类，凡事狐疑，事贵和同乃吉。《经》云："知一卦何如，用神今日比。事因同类起，婚姻失谐为。失物亲邻取，逃亡不远离。论讼和允好，为事尚狐疑。"日上勾陈带剑而克日，所幸鬼空，不为大凶。中末拱贵，又为吉也。主客未和，所干费力也。占者遇之此课，日上脱辰，辰上脱日，彼此递相脱赚，如谚所谓"你哄我，我哄你"，各怀奸诈之象。求官者大吉，秋冬为美。占见贵者有成，但彼此无意。婚姻无益。求财虽有，未免失而复得，得而复失。托人不实。交易难成。占身虚惊自然消散。病主惊悸。占讼宜和，但主客尚未和也。远行虚惊，七、八月尤为不利。占逃盗隐伏，急寻得见。投人者，未得成事。

占出兵行师得此，昼占忧心众畏，幸得相生，彼此两家各怀诡计，大要识他，不可少忽。若敌使来，多是脱赚，觑觎我之事情，须因其事而间之，此即反间之谓，故云"能而示之不能"。微乎！微乎！贵在用兵者之通变也。蓦然起虚惊，勿畏，亦吉福之象。

真一山人云：上下相安百事成，路当险碍侧身行。有些难处竞竞过，天相善家福自生。

《无惑钤》云：初末拱贵，尊上德惠。空鬼虚惊，互乘脱气。

《钤解》曰：初子末寅，在天盘则拱丑贵，在三传则引从未贵，若占贵及尊长，必甚喜。酉乃旬空作鬼，特虚惊耳。但忌交互乘脱，遂使身宅损失。《集议》：天网恢恢之喻。寅加未，乘夜虎，占主恶神庙及事阻。

甲戌日第七课

反吟　玄胎　斩关　六阳
空空如也事休追　来去俱空岂动移

```
六 玄 后 青          六 玄 白 蛇
戌 辰 寅 申          戌 辰 寅 申
辰 戌 申 甲          辰 戌 申 甲


兄 戌 寅 后 ⊙        兄 戌 寅 白 ⊙
官   申 青 ◎        官   申 蛇 ◎
兄 戌 寅 后 ⊙        兄 戌 寅 白 ⊙


朱 蛇 贵 后          勾 青 空 白
亥 子 丑 寅          亥 子 丑 寅
六戌      卯 阴      六戌      卯 常
勾酉      辰 玄      朱酉      辰 玄
  申 未 午 巳          申 未 午 巳
  青 空 白 常          蛇 贵 后 阴
```

《玉历钤》云：此课旦贵略吉，近事可成，经久之事反复，以日辰无和气故也。夜将三虎入传，申又为日鬼，反复为凶。

《毕法》云：此课昼夜贵人相加，虽不入传，不可见贵，缘贵人聚会，不宜干谒也。

《龙首经》云：凡嫁娶之时，不可令家门上神伤妇年上神，不然则妇有咎；亦不可令妇人年上神伤夫家门上神，不然即夫不吉。此课传送加甲为贼日，戌土助之，夫必危矣。然甲上得青龙，乃钱财之神，传送克之，传送乃道路之神，必主其夫远行，因分财而殒厥身也。

上神克日，辰上生日上，日上克用。

课名反吟。四申为鬼，又值旬空亡，并值截路空亡，互冲，又墓加支，虽有德禄，恐难解。旦贵稍吉，近事可成，终反复。德禄有，鬼爻空，终不十分凶。

《义》曰：反复何时，和睦欢怡。惟宜谨守，曲而自直。学士干禄，耕者反馁。静则无咎，动则致悔。

《象》曰：雷声隐隐水中闻，险难前程恐遇迍。乐善自然天默相，忧疑患难不沾身。

此斩关之卦，一曰见机。夫见机者，察其微，见其机，谓两比两不比，当以涉害为用。涉害有浅深，欲用不用，欲言不言，事有两而取一。所作稽留，迟疑艰难，进退不定，忧患难消，怀孕伤胎，难于前而易于后。况斩关有逃亡之象，《经》云：斩关不利于安居，而利奔亡也。然此亦非真体也。传见孤辰，则吉凶非常法之论，故云：占人孤独，别离桑梓，财物虚耗，少见亲情。官位遇之改动。出行防盗。所闻传事多不实。卒病者即瘥，久病者难瘥。讼不成狱者，解忧疑患难，高枕无忧，安然自得。占者遇之此课，号为有影无形之象，凡事无中求有，指空话空，虚多实少，故云"三传俱空，万事无踪"。若求官问名，或占婚求财、交易生产、出行望信、干事谋为、谒人访友、公讼失脱之事，凡百所占，咸宜止息，若欲动用，徒受劳苦，不能成遂。宜占暴病即愈，久病者凶，忧惊囚系、患难解脱，逃盗难获。

占出兵行师，贼心隐遁，罢战休兵，若临敌对垒，有失众之象，亦不可成功，吉也无成，凶也不成，凡事无实，不可信从。用兵者，亦不可不知斯也。

悾悾而不信，吾不知之也。

真一山人云：抱膝长吟乐有余，哲人自是早知机。沙鸥睡稳无惊梦，与道随时任卷舒。

《无惑钤》云：夜禄鬼雄，却乘青龙。细详好恶，来去俱空。

《钤解》曰：寅乃日禄，夜乘白虎，好者反恶。申乃日鬼，旦乘青龙，恶者反好。且来去俱空，其恶何足凭哉？《集议》：支上神生干上神作鬼，不利谒贵求财，有祸。寅加申，旦乘天后，占远路信息文字往来。辰乘玄武，临戌乃旬首，为闭口卦。凡旬内不拘阴神、阳神，乘玄武临戌，皆为闭口。吉神遭制凶神伏，忧喜两占祸福虚。

甲戌日第八课

知一　天狱　铸印

真天狱卦，甚凶，春冬更真。

```
青 阴 蛇 空          蛇 常 青 贵
申 卯 子 未          申 卯 子 未
卯 戌 未 甲          卯 戌 未 甲

父 丙子 蛇          父 丙子 青
子 辛巳 常          子 辛巳 阴
财 甲戌 六          财 甲戌 六

六 朱 蛇 贵          六 勾 青 空
戌 亥 子 丑          戌 亥 子 丑
勾酉       寅后      朱酉       寅白
青申       卯阴      蛇申       卯常
  未 午 巳 辰          未 午 巳 辰
  空 白 常 玄          贵 后 阴 玄
```

《玉历钤》云：此课日上见未，甲与己合，辰上见卯，卯与戌合，但发用子加未为害，内吉而外凶也。凡占事先晦滞，然后有成。

《毕法》云：此课未加寅乃墓神覆日，如占人命又是未生，乃名天网自裹，值此必自招其祸，非人窥伺而暗算也。如有所为，如处昏暗中，未免为鬼揶揄，而不可不慎也。

日克上神，辰上克日上，日上克用，用生日，末克初。

课名知一。墓加干上，旦占不顺，暮贵稍通。以日上甲己、支上卯戌合，用生日，末克初，时下费力，终成吉。

《义》曰：惊恐危疑，不宜内战。欲得无凶，莫如为善。主有一宾，方欲相亲。妒夫作扰，彼此生嗔。

《象》曰：客来未可便言真，只恐包藏狡猾人。对面相逢心万里，莫交蒙昧自家身。

此知一之卦。夫知一者，知一而不能知两，知者以为自知、自见，不知为寇仇，故言知一也。以此为用，舍远就近，舍疏就亲，恩中生害，事多起

于同类，凡事狐疑，事贵和同乃吉。《经》曰："知一卦何如，用神今日比。事因同类起，婚姻失谐为。失物亲邻取，逃亡不远离。论讼私允好，为事尚狐疑。"况见墓覆日干，夫墓者，五行潜伏湮没之地，四时气绝衰败之乡，闭塞不通，暗昧不振，如人处云雾之中，昏蒙而无所见也。凡事主柔缓迟延。况支干上神相克不和，凡事利为主，利后动。占者遇之此卦，求官见贵难成，以其六害为发用也。婚姻不宜。求财有。病者惊悸，气逆或呕吐，尤防再发。失脱暗昧不明。出行、投谒、交易、托人，俱未宜也。占讼始终不和，利后举者。逃盗得。占宅不吉。

占出兵行师得此，昼占虚惊不宁，忧心众畏，宜申明号令，谕众安心，此乃惊恐不宁之象，夜占大胜，得宝货与图书。大抵宜去狐疑，防嫌同类，凡事宜为主，利后举。况得此课宜竭诚为主，不可轻亵，抑且兵家之事，祸福相倚，为首者，上忠于君，下安黎庶，恩威并布，甘苦同之，亲智谋，乐贤善，自然功成而名著也。

先忧后喜。

真一山人云：东平一语传千古，何是时人来肯行。世上万般为喜乐，须知善里福潜生。

《无惑钤》云：夜贵作墓，讼庭官怒。若匪末戌，枉者可惜。

《钤解》曰：未夜贵，覆于日上，初传子害之，论讼官必怒也，所谓"害贵讼直遭屈断"是也。末传戌土克制子水，不能害贵，而贵怒少解，否则终于受屈，焉能得伸，可不惜哉？又曰：未乃财神，闭口临干。

甲戌日第九课

元首　残下　泆女　六阳　炎上　励德　不备　火局

我求彼事干传支　权摄不正禄临支

```
白 后 六 白        后 白 六 后
午 寅 戌 午        午 寅 戌 午
寅 戌 午 甲        寅 戌 午 甲


兄 戊 寅 后        兄 戊 寅 白
子 壬 午 白        子 壬 午 后
财 甲 戌 六        财 甲 戌 六


勾 六 朱 蛇        朱 六 勾 青
酉 戌 亥 子        酉 戌 亥 子
青 申     丑 贵    蛇 申     丑 空
空 未     寅 后    贵 未     寅 白
  午 巳 辰 卯        午 巳 辰 卯
  白 常 玄 阴        后 阴 玄 常
```

《玉历钤》云：此课自生传墓，凡事暗昧难成。

《神定经》曰：木日炎上寅午戌火局，三传俱见，而临日辰，以此占人，必有炉冶之事。

《集灵经》云：神课不足，凡占家宅不宁，移徙未定，阴小啾唧。

《毕法》云：此课三传盗脱日气，干支反生，凡占必宅不容人居止，不然人口少而居宽广之宅，人气日衰，宅气日盛，血财损折，灾病俱作，当谋迁改，为可禳免也。

《通神集》云：干神临支克支，名求受格，求而受之。

《钤解》曰：禄临支宅，乃干往加支，克土以取财。戌遭夹克，取则心亦劳矣。既寅午戌合，而生支脱干，宅广而人衰也。若作赘，亦宜，但午火循环脱干，萦廻耗盗，曷容己耶？《集议》：本身职禄与子孙替之。①

---

① 此段《钤解》文字原抄本误缀甲戌日第十一课尾，今移至当处。

甲戌日第十课

重审　玄胎　闭口　孤辰

脱上逢脱防虚诈

```
玄 贵 青 常          玄 空 蛇 阴
辰 丑 申 巳          辰 丑 申 巳
丑 戌 巳 甲          丑 戌 巳 甲


官    申 青◎        官    申 蛇◎
父 乙亥 朱⊙         父 乙亥 勾⊙
兄 戊寅 后          兄 戊寅 白


青 勾 六 朱          蛇 朱 六 勾
申 酉 戌 亥          申 酉 戌 亥
空未      子蛇      贵未      子青
白午      丑贵      后午      丑空
巳 辰 卯 寅          巳 辰 卯 寅
常 玄 阴 后          阴 玄 常 白
```

《玉历钤》云：此课日辰上下相刑，日鬼发用，主气不合，人事乖戾，凡占一切难成，讼虽遇空，亦不可解。

课名重审、玄胎。天绊地结，始终有合，初中空亡，未免障碍，终不失其为吉也。

《义》曰：脱干生支，人衰宅宜。千里骐骥，不能寸移。恩未成恩，害不成害。末后一著，前程远大。

《象》曰：课逢官爵易求名，君子占之必显荣。可惜用神难着力，望空高射事无成。

此重审之卦，一曰玄胎，亦曰天网，又曰孤辰。夫重审者，重而审之也。以下贼上，卑犯尊，贱役贵之象。事多不顺，起于女人。阴小在下者，有悖逆之事。占臣未忠，占子失孝，事不可遂意而行，必当审察，循乎义理，庶几以免后患也。况玄胎如婴儿隐伏之状，利上不利下，事主远而多伏，暗昧不通，触则成祸，惟君子守正修德则亨。且天网者，天网四张也。《经》云"天网四张，万物被伤"，为阻滞，为疑难，为灾恼。传见孤辰，有茕茕孑立之象，占人别离桑梓，凡所占谋，多虚少实，功名难遂，事业虚声。占者遇之此课，虽畏日鬼发用，又为日马，君子占之，当有迁官进爵之荣，登科甲第之美，惜其用传空亡，徒然而已，此谓"遇而不遇"者也。其他占婚问财、托人干事、出行望信、探亲词讼，皆无可成之理。暴病即瘥，久病者凶。患难忧惊、囚系者遇此解散。

占出兵行师得此，昼夜所占，皆为无益，须见将士战志不振，有失众之象，更防脱赚虚耗，谋望不遂，盗失损财，诡计多端，不可信之，劳而无功。用兵者，宜深警之。大抵此课，诸占事事难成，惟利夫解散凶祸及惊恐之事也。

何益之有。

真一山人云：九流得此笑颜开，无意还期白手财。谋望未成忧事散，他年应见福重来。

《无惑钤》云：生鬼皆空，禄破鬼攻。全逢丁马，动意尤浓。

《钤解》曰：申鬼旬空，亥生落空，寅禄为夜虎所攻，不可官也。申驿马，亥元遁丁，所以动意尤浓也。《集议》：天罡乘玄武临丑，主遗亡走失之事。以亥为丁，用元遁也。①

甲戌日第十一课

涉害　登三天　见机　斩关　狡童　不结果
罡塞鬼户任谋为

蛇	后	青	六
寅	子	午	辰
子	戌	辰	甲

青	白	蛇	六
寅	子	午	辰
子	戌	辰	甲

财	庚	辰	六
子	壬	午	青
官		申	白 ◎

财	庚	辰	六
子	壬	午	蛇
官		申	后 ◎

```
空 白 常 玄
未 申 酉 戌
青午        亥阴
勾巳        子后
  辰 卯 寅 丑
  六 朱 蛇 贵
```

```
贵 后 阴 玄
未 申 酉 戌
蛇午        亥常
朱巳        子白
  辰 卯 寅 丑
  六 勾 青 空
```

---

① 此段《钤解》文字原抄本误缀甲戌日第十二课尾，今移至当处。

《中黄经》云：凡占迁，文官先寻青龙，武官太常，二马、印绶。卜岁之远近，看日去龙几位；卜月之远近，看辰去龙常几位；日则论二将所生；时则论二将所克。此课青龙临午，与今日相生，吉庆之象。甲日去青龙隔三位，是为三岁之期。戌辰顺至青龙七位，是为七月之期。青龙所乘神胜光，为火，火生土，是戊己，为戊己日。火克金，是庚辛，为庚辛时。此迁官年月日时也。

《玉历钤》云：此课辰加寅，天将六合，上下皆木，中隔辰土，谓之隔克，凡百不利，只宜占病，天罡塞鬼门无祟，但只难安，出入求干费力。

《毕法》云：辰为天罡，寅为鬼门，天罡立辰，谓之罡塞鬼门。此课天罡加于寅临日，是为罡塞鬼门，使众鬼不敢窥觊，宜避灾躲难、阴谋私祷，或除邪治病、合药书符，大利。又云：干上辰虽作日之财，辰上有旬庚，却作日之鬼，凡占必因妻财而致祸也。

日克上神，日上克辰上，日克用。

课名涉害、间传。支墓加干无气，登三天体最凶，所幸末为旬空，谓得了空亡，不成凶，于己可无损。

《义》曰：斩关传金，欲断不断。逃遁匪能，忧患解散。市廛鬻金，不遇知音。藏诸韫匮，以待人寻。

《象》曰：琴中清趣几人知？宝剑光芒未济时。且向林泉甘澹泊，无忧无虑得安居。

此见机之卦，一曰斩关。夫见机者，察其微，见其机，谓两比两不比，当以涉害为用。涉害有浅深，欲用不用，欲言不言，事有两而取一，所作稽留，迟疑艰难，进退不定，忧患难消，怀孕伤胎，难于前而易于后也。《赋》云：波波在外。斩关不利于安居，利逃亡，不然或有奔亡之象。况辰加寅，乃"罡塞鬼户任谋为"，使众鬼不能窥觊，惟宜闪灾避难、阴谋私祷，或吊丧问病、合药书符。又云：登三天，辰午申为用，三天不可登，占病者死，远行者吉，有位大人占之则宜，更宜占天庭高远之事，小人不能当之。又为进间传，进中有隔，隔而后退。占者遇之此课，求官见贵，临事难成。求财乃不由自己之财。婚姻不宜，成则反目，狡童，婚必无媒。占者凶中有解，气逆阻隔，宜服宽利之剂，作福即安。失物宜寻觅。逃盗已被罗。又空破之神，急急寻庶得，缓则不得也。讼宜合，到底解散。远行忌十一、二月。投托人者不喜。占宅能生益人。大抵此课，凡占临事更变，终传空，号为无结果，如秀而不实，吉凶之事，散而不成。

占出兵行师得之，六合尤宜获金宝之美利，未免进中阻隔，功业难就。

用兵者，当杜渐防微，相机用谋，学于法而不可泥于法，此为将者通变之要，不可忽之。

脱空相继，事难准凭。

真一山人云：好展眉鬟放下心，事关理数漫思寻。凶中有吉人难会，将欲求全又陆沉。

《无惑钤》云：昼虎空亡，临危弗殃。财乘遁鬼，取之全伤。[①]

甲戌日第十二课

知一　顺连茹　罗网　三奇

天罗自裹己招非

```
后 阴 六 朱        白 常 六 勾
子 亥 辰 卯        子 亥 辰 卯
亥 戌 卯 甲        亥 戌 卯 甲


财 庚 辰 六        财 庚 辰 六
子 辛 巳 勾        子 辛 巳 朱
子 壬 午 青        子 壬 午 蛇


青 空 白 常        蛇 贵 后 阴
午 未 申 酉        午 未 申 酉
勾巳     戌玄      朱巳     戌玄
六辰     亥阴      六辰     亥常
卯 寅 丑 子        卯 寅 丑 子
朱 蛇 贵 后        勾 青 空 白
```

《玉历钤》云：此课辰加卯，上见六合，谓之夹克，主上下不和又有隔，凡百不可用。

《毕法》云：此课末传午加巳俱火，助其初传之辰，而为日财相助而顺理也。又云：甲长生于亥，亥加戌而乘太常临于支上，亦主有妻财之喜。

《金匮经》曰：此课天罡加卯，与甲比为用，将得六合，为妻财，主有田

---

① 　此处无对应《钤解》文字。

宅妻妾阴私事。中传太乙，将得勾陈，为子孙，主子孙因财物上门斗打。终传胜光，将得青龙，为子孙，主生子仕禄，必有献纳事。

辰上生日上，日上克用，日克用。

课名知一、进茹。杜塞之体，涉害，交车相合财吉。巳辰六勾，当有奸私。

《义》曰：宾主既和，事当克济。虽有缠绵，始终忻利。进寸退尺，狐疑无益。惟正是从，福禄自及。

《象》曰：市利交关百事谐，经营谋望喜开怀。先难后易终成庆，暮宴朝欢莫忌猜。

此知一之卦，一曰龙战。夫知一者，知一而不能知两，知者以为自知、自见，不知为寇仇，故言知一也。以此为用，舍远就近，舍疏就亲，恩中生害，事多起于同类，凡事狐疑，事贵和同乃吉。传见进连茹，事主欲行不行，欲止不止，节外生枝，先进而后退，急而顺溜。且龙战，乃天之私门，生杀有限，分杜有期，雷动龙奔，示其有战。身心疑惑，进寸退尺，动有乖离之象。又曰："知一卦何如，用神今日比。事因同类起，婚姻失谐为。失物亲邻取，逃亡不远离。论讼和允好，为事尚狐疑。"占者遇之此课，求官见贵，虽有和悦，始终相生，然而传脱，未免有难成之象。若论占婚、求财两事，俱为上吉，但财被夹克，此乃不由自己之财，发用六害，暗中恐人阻破侵扰。占病不妨。失脱，失而复得，乃吉。诉讼，和而有解。投谒人者，主宾际会两殷勤，暮宴朝欢乐无极。占宅，主旺人丁。逃亡自来。

占出兵行师得之，《赋》云"六合尤宜获金宝之美利"，课体虽见六害，若命不逢，其始终相生，乃大吉之象，虽传见脱耗之乡，反有生财之美。大抵此课，有吉无凶，为吉利之象也。

不利仕宦。

真一山人云：六合青龙财喜新，公私通泰乐忻忻。持身端谨勿狂妄，富贵荣华日日臻。

《无惑钤》云：昼传盗体，赖于亥子。末助初财，交车和美。

《钤解》曰：三传皆火盗甲木之气，幸支上亥水足以制之，初财见，被夹克，而末传午来救之，亦可以复作家之财也。卯与戌合，亥与寅合，交车甚和美也。《集议》：来意或占婚姻之事。卯乘朱雀加寅，辰用，主口舌文书之事。①

---

① 此段《钤解》文字原抄本误缀甲戌日第十课尾，今移至当处。

乙亥日

乙亥日第一课

伏吟　斩关

后	后	勾	勾		玄	玄	勾	勾
亥	亥	辰	辰		亥	亥	辰	辰
亥	亥	辰	乙		亥	亥	辰	乙

财	庚辰	勾		财	庚辰	勾
父	乙亥	后		父	乙亥	玄
子	辛巳	青		子	辛巳	六

```
青 空 白 常            六 朱 蛇 贵
巳 午 未 申            巳 午 未 申
勾辰      酉玄        勾辰      酉后
六卯      戌阴        青卯      戌阴
寅 丑 子 亥            寅 丑 子 亥
朱 蛇 贵 后            空 白 常 玄
```

《玉历钤》云：此课伏吟，克犯刑冲，乃人情不美，凡占主动，行人未来，一切求望，皆不能遂。

《毕法》云：此课地支之墓却作天干之财，而用又在干上，占者必主商贩折本，在路阻程，凡谋蹇滞不通之象。又云：三传皆财，得此课主长上生灾。歌云：三传俱作日之财，占者须防长上灾。

日克上神，日上克辰上。

课名伏吟。各归本位，多言不动，然辰遁庚官，乙克辰土，马又在巳，必动而止，止而后行，先难后易，先阻后顺。

《义》曰：自高自大，自逞自是。棱角大过，犹此谦事。勾留不快，屈而未伸。自家不是，反怨他人。

《象》曰：五坟重土赖刑冲，病讼须忧喜破凶。自是祖宗阴德厚，天然默祐福丰隆。

此自信之卦，一曰稼穑，亦曰斩关。夫自信者，乃天地伏吟，十二神各归本家，天地如一，四伏未发之象。占事静则宜，动则滞，主事藏匿不动，静中求劳，有屈而不伸之象。况稼穑乃重土，有艰难之象。常占得此，名曰鲸鲵归涧，凡事逼迫不由己，出若遇雷神，方能变化。《要》曰：稼穑者，五坟也，不宜占病。况斩关非安居之象，占者多不自由，事多暗昧不和、离散口舌，欲隐身避难者，却利乎奔逃也。又主人情暗中不顺，多见更改，事多中止，坟墓破坏，占婚强成，亦难于久远。凡事历遍艰辛，然后可遂。占者遇之此课，三传俱作日之财，得此须忧长上灾。财多反生不足，更主宅内惊慌不宁，忧在小口、阴人。况见刑冲，凡事动摇不定，人情倒置，勾留疑二，迟滞争竞不安。若求官见贵，不宜。婚姻、交易有阻。求财干事，多不称心。远行望信，亦见未遂。逃亡不获。

若出兵行师得此，昼夜所占，皆非吉象。《赋》云"勾陈则战士折伤，且刑冲太重，必见争战"，宜另选择。若不得已而用之，须当申明号令，奖率士卒，密察机微，严加防守，以观敌之强弱，出其不意，一举而成功也，在用兵者权谋而已矣。

真一山人云：易道谦谦益有光，哲人原自识行藏。公平讼狱能施德，嗣续绵绵福自昌。

《无惑钤》云：支夜玄武，三勾可虏。末马遁辛，时来相侮。

《钤解》曰：夜占支乘三武以生干，武乃盗神，虽生何益？干乘三勾以克支，彼此无益也。末传巳乃驿马，旬遁为辛，又来伤干。凡伏吟，有马言动，此马也，何用动为？《集议》：支坟财并。末助初财，惟好争斗之财。

乙亥日第二课

元首　斩关　逆连茹　六仪　不行传
魁度天门关隔定　旺禄临身休妄动

```
玄 阴 朱 六        后 阴 空 青
酉 戌 寅 卯        酉 戌 寅 卯
戌 亥 卯 乙        戌 亥 卯 乙


财 甲 戌 阴        财 甲 戌 阴
官　 酉 玄 ◎       官　 酉 后 ◎
官　 申 常 ◎·      官　 申 贵 ◎·


勾 青 空 白        勾 六 朱 蛇
辰 巳 午 未        辰 巳 午 未
六卯　　　申常      青卯　　　申贵
朱寅　　　酉玄      空寅　　　酉后
丑 子 亥 戌        丑 子 亥 戌
蛇 贵 后 阴        白 常 玄 阴
```

《玉历钤》云：此课戌加亥，谓之阴关。主疾病、孝服、官事聒扰，中末俱是空亡，却不成凶，百事亦无所遂。

《毕法》云：戌为天魁，亥为天门。戌加亥为用，凡占谋用，皆被阻隔，占病多是膈气，盗贼隐匿，阻隔难获。歌云："魁度天门关隔定"。

日上克辰上，日克用，日上克用。

课名元首、退茹。德禄俱在，卯加乙，戌加亥，为日辰上神相合，酉申为鬼、为官、为德，吉凶相平，然申酉皆空，所为凶吉也无成。

《义》曰：进则有助，退则多失。努力向前，阴贵默相。虽利奔逃，未称其志。惟利贵官，不利小吏。

《象》曰：魁隔天门关格定，动屡经营未足称。顺时守己亦丰亨，老蚌呈珠光愈盛。

此元首之卦，亦曰励德，又曰斩关。夫元首者，尊制卑，贵役贱之象。凡事多顺，利于先举，事多起于男子。为臣忠，为子孝，正大光明而无邪僻之行，德业已著而乾乾进修，常怀危惧，惕励而无咎也。况斩关非安居之象，占者多不自由，事多暗昧不和、离散口舌，欲隐身避难者，却利乎奔逃也。又主人情不顺，多见更改，事多中止，坟墓破坏，占婚姻强成，亦难于久远。凡事历遍艰辛，然后可遂。且夫励德，阴小有灾，此名关隔神，常人占此，身宅不安，宜谢土神，贵吏则主升迁，要当消息而论也。占者遇之此课，凡百占谋，惟宜守旧，有禄存焉。若不得已而动谋，宜进有生助，若一退，则失身于无用也。若求官见贵、婚姻交易、投谒干托谋望，皆为有始而无终，苗而不秀，秀而不实者也。暴病即愈，久病难痊。惊恐忧疑、患难囚系却得解散。

占出兵行师，多见中途而止，若临对垒，宜进而不宜退也。

有心无力，事起虚声，变更不一。

真一山人云：徒尔劳劳用尽心，东谋西干几沉沉。争如抱出安心守，一炷清香一曲琴。

《无惑钤》云：退入鬼藩，幸尔空焉。病防再肆，煞号销魂。

《钤解》曰：旺禄。初财阴夹，乙不敢取也，进而投入鬼乡，幸为空亡。病愈复发，讼罢再兴。乙木遇金，出旬鬼贼复实，则为销魂煞，乃鬼贼藩篱。《集议》：旺禄临身，宜占食禄，更年命上神，吉将相生，尤妙。日鬼及脱气乘玄武发用，来意占走失尤的，空亡不论。

乙亥日第三课

寡宿　励明　交车合　泆女

```
白 玄 贵 朱        蛇 后 常 空
未 酉 子 寅        未 酉 子 寅
酉 亥 寅 乙        酉 亥 寅 乙


官　　酉 玄 ◎      官　　酉 后 ◎
财 癸 未 白 ⊙      财 癸 未 蛇 ⊙
子 辛 巳 青        子 辛 巳 六


六 勾 青 空        青 勾 六 朱
卯 辰 巳 午        卯 辰 巳 午
朱 寅　　未 白    空 寅　　未 蛇
蛇 丑　　申 常    白 丑　　申 贵
子 亥 戌 酉        子 亥 戌 酉
贵 后 阴 玄        常 玄 阴 后
```

《玉历钤》云：此课蒿矢，吉凶无力，又况用神空亡，愈加无力。酉为日鬼，本凶，缘系空亡，无妨。一切并不可用，若占忧疑，自然消散。

《毕法》云：此课干上寅与支亥作六合，支上酉与干辰作六合，凡占必主和合而无阻抑。又云：初传遥克，又是空亡，将乘玄武，凡占必主盗贼偷盗财物，灾伤折损畜产，或财物遗失，财帛妄费，失脱之事，必不空过也。

辰上克日上，用克日上，末克初。

课名嵩矢。是无中生忧，空亡为妄矢，虽酉为日鬼不妨。乙酉寅亥德合，近公进望，可为终吉，然空亡，终不全美。

《义》曰：我来自东，邂逅相逢。阴阳配合，交车相从。闻忧不忧，闻喜不喜。欲识何如？空空而已。

《象》曰：事起虚声不足听，徒劳赢得远传名。莫怜不得随时用，竚待云晴月倍明。

此嵩矢之卦，一曰天网，亦曰泆女，又曰寡宿。《经》云："神遥克日名嵩矢，射我虽端当不畏。贵人逆转子无良，天乙顺行臣不义。家有宾来不可容，亦忧口舌西南至。"然事主动摇，人情倒置。象如以嵩为矢，射虽中而不入。祸福俱轻，求事难成，利主不利客。占行人来，访人见。虽带金煞，遗镞不能伤人。况天网四张，万物被伤，为阻滞，为疑难，为灾恼。夜传泆女，《经》云："天后常为厌翳神，须知六合是私门。二将取名称泆女，夫妻失友异情恩。"夫泆女乃不正之课，占男女有阴私暗昧之象，占家宅防阴小有越礼犯分者，占婚姻媒妁不明，不宜婚姻，惟能以礼自防者，谨于闺门而自化其事也。见寡宿则事多起于虚声，有名无实，吉也难成，凶也难成。占者遇之此课，求官见贵难成。婚姻财帛，不能为用。暴病即得安瘥，久病难痊。失物不明。逃盗不获。托人虚诈。干用难成。能解释忧患惊恐。

占出兵行师得此，有失众之象，或将士必无战志，昼占失物以忧疑，夜占无威而不宁。敌有使来，传报未实，严于密切关防，勿中敌之诡计。凡差人探听，托人干事，多诡诈不实，慎之！慎之！

望空弹射。秋吉。

真一山人云：雨过南山列画屏，倚阑何事便忘情。老梅不爱春光景，欲向隆冬雪里呈。

《无惑钤》云：交车懿美，所畏嵩矢。熟视初传，全无威势。

《钤解》曰：寅亥合，辰酉合，支干交美也。金作嵩矢，若可畏也，初酉乃旬空，无力甚矣。《集议》：三传三旬空亡，占事散乱。凡遥克、昴星，又系空亡，将乘玄武发用，主失脱，极验。励明之课，勉强之日昳，中正事宜。君子宜进取禄位，小人营运早时。

乙亥日第四课

重审　三奇　稼穑　闭口　三、九月为游子
夫妇芜淫各有私

```
青  常  阴  蛇          玄  贵  朱  青
巳  申  戌  丑          巳  申  戌  丑
申  亥  丑  乙          申  亥  丑  乙


财  丁  丑  蛇          财  丁  丑  青
财  甲  戌  阴          财  甲  戌  朱
财  癸  未  白          财  癸  未  后


朱  六  勾  青          空  白  常  玄
寅  卯  辰  巳          寅  卯  辰  巳
蛇丑      午空       青丑      午阴
贵子      未白       勾子      未后
亥  戌  酉  申          亥  戌  酉  申
后  阴  玄  常          六  朱  蛇  贵
```

《玉历钤》云：此课三传皆日之财，夜贵青龙稍吉，亦艰难费力，不能十全，见贵阻隔后遂。

《毕法》云：此课财爻太盛，欲赖支上申生父母而窃其气，申又空亡，不能为用，占此必主父母有灾。歌云："三传俱作日之财，占者须忧长上灾。传课支辰官鬼救，康强平稳不为衰。"又云：未加戌为闭口，见于末传，主事之归结处必有难言之应。又云：干上丑克支，支上申克干，支干互克，名芜淫。若占家宅，夫妇皆有私情，居室之变也。

日克日上，日上生辰上，日克用，日克三传。

课名重审、稼穑。三传不利占尊长。四时有喜，春夏得财，秋冬费力。且贵又与用合，三刑递制，亦不为凶。

《义》曰：暗鬼潜形，动摇匪宁。占尊长病，魂魄飞腾。且惊且惧，出幽入冥。幸喜冲刑，反见利亨。

《象》曰：书剑功迟白发新，柳花飘尽已非春。归来茅屋栖身稳，笑倒浮名利禄人。

此重审之卦，一曰稼穑。夫重审者，重而审之也。利为主，利后动，长有厄，事从内起，起于女人。以下犯上，贱犯贵，卑犯尊，事多不顺。阴小在下者，有悖逆之事。占臣未忠，占子失孝，事不可遂意而行，必当审察，循乎义理，庶几以免后患也。事防再举，病防再发。况稼穑乃重土，有艰难之象。凡占得此，名曰鲸鲵归涧，凡事逼迫不由己，出若遇雷神，方能变化。《要》曰：稼穑者，五坟也，不宜占病。末传墓神，凡占暗昧不明，如人在云雾中，昏蒙而无所得。况鬼墓加干鬼暗兴，若明见其鬼，犹可制之，又曰"鬼在墓中，危疑者甚"，大要防人侵害。三传丑戌未，主动摇不定，人情倒置也。占者遇之此课，求官见贵，财多反生不足，求财者宜止息。婚姻勿成。交易不顺。病者凶，或身弱妻美，当远女色可也。失物勿寻，伤财为福。远行不宜。逃盗宜捕。占身宅不宁，多见惊恐。投谒人者不和。讼者凶。凡占动摇，阻破伤残而难成遂，惟宜善处。

占出兵行师得此，甚勿贪图，仍防暗昧侵袭，昼占忧心众畏，夜占大胜，得宝货与图书。大抵此课，刑冲太重，诸占皆不美利。

修德惕励。春吉。

真一山人云：终日荧荧云雾中，三传四课贵刑冲。谦谦敬慎无虞事，否极还应泰通浓。

《无惑钤》云：递互克伐，不相顾接。财化为鬼，告贵事捷。

《钤解》曰：干上丑土克支，支上申金克干，不相顾接，而互相克伐也。三传皆土，为日之财，生起支上申金克日，是传财化鬼也，取财则生祸。申，夜贵爻也，病宜祷神，讼宜以财嘱贵，可通关节，或以财告贵，买恩泽补授，或纳粟得官，但有官人占之，必得升擢。《集议》：昼占帘幕贵人临支，必主高甲及第。三传俱财，主父母灾，欲赖支上申金生父母爻以窃其财爻，殊不知申乃空亡，仍父母灾。余仿此。未加戌，旬尾加旬首，为闭口。

乙亥日第五课

涉害　夜泆女　曲直

支乘墓虎有伏尸　贵虽坐狱宜临干

```
六 白 常 贵          白 后 贵 勾
卯 未 申 子          卯 未 申 子
未 亥 子 乙          未 亥 子 乙


财 癸 未 白          财 癸 未 后
兄 己 卯 六          兄 己 卯 白
父 乙 亥 后          父 乙 亥 六


蛇 朱 六 勾          青 空 白 常
丑 寅 卯 辰          丑 寅 卯 辰
贵子      巳青       勾子      巳玄
后亥      午空       六亥      午阴
戌 酉 申 未          戌 酉 申 未
阴 玄 常 白          朱 蛇 贵 后
```

《玉历钤》云：此课日辰本自和气，只为日上见子，辰上见未，却为六害，主人情不和，利小事，不利大事。

《中黄经》曰：此课初传遁得癸未，日干自是解神，遁得丙子，在日上为救神，本命子上虽有申为凶神，不敢来伤。又乙喜子贵神来生，丙子却喜害支上未墓，纵子上有勾陈，未中带纳音木，虎有害子在，则不为凶。又贵神与日干来往有喜，虽有官灾，不为凶矣。[①]《九天正照》曰：未在正月为丧魂煞，又临日辰发用，凡占病必危灾，人年遇之，其凶不可言也。

《毕法》云：此课未为干墓，临支克支，昼占又乘白虎，占宅必主有伏尸鬼为祸，兴妖变怪现影响者，以致人宅不宁，法必西北亥方挖去伏骨，用青龙上土填之，却将伏骨棺埋于南郊之外，可以获安。又云：乙日子临干上，非贵人入狱，乃是贵人临身，凡占投贵人可以成事。又初传干墓，末传长生，

---

① 《中黄经》作：假令壬子人，十一月将，乙亥日巳时占。

是谓背暗投明，必有高明荐举。

上神生日，辰上克日上，日克用，用克日上，初克末。

课名涉害、曲直。与日同类。子卯虽有刑不利，子未六害，然中见德禄，合须无事，重进得遂，兼贵临日，日又就贵，进望求贵大吉。

《义》曰：木喜冬春，时乘旺相。远大声名，求谋有望。若在夏秋，未得自由。可惜可惜，蜜中有砒。

《象》曰：天地无全功可畏，此理分明人少会。世间好物不坚牢，彩云易散琉璃脆。

此见机之卦，一曰泆女，亦曰曲直。夫见机者，察其微，见其机，谓两比两不比，当以涉害为用。涉害有浅深，欲用不用，欲言不言，事有两而取一，所作稽留，迟疑艰难，进退不定，忧患难消，怀孕伤胎，难于前而易于后也。《经》云："涉害须久历艰辛"。传见泆女，《经》云："天后犹为厌黩神，须知六合是私门。二将取名称泆女，夫妻失友异情恩。"夫泆女乃不正之课，占男女有阴私暗昧之象，占家宅防阴小有越礼犯分者也，占婚姻媒妁不明，不宜婚姻，惟宜以礼自防者，谨于闺门而其事自化也。况曲直者，先曲而后直也，象木之谓。此乃五行入十干杂糅之乡，三合异方是生旺墓之神，事主丛杂不一，主关众人共谋，不然两三处干事，委曲托人与人相合之类。又如推磨，推磨者，无休歇之象，一事去，一事来，往来不歇，必得吉将，用事须得人引进方可。占者遇之此课，求官见贵，阻滞难成，凡事艰难。婚姻、托人、投谒、远行、交易，凡有占求，本为吉课，但不宜子卯相刑，乃"蜜中砒、笑里刀"，恩将仇报，合中之大煞也。

若占出兵行师，昼占凶，夜占无威，提防恩中暗施仇报。课若得此，慎之勿忽。

春大吉。美中不足。

真一山人云：万物原来贵得时，谁知好里暗施机。恩将怨报非端士，天理昭昭不可欺。

《无惑钤》云：自墓逢生，先迷后醒。昼占家宅，昏晦伶仃。

《钤解》曰：未墓初传，亥乃长生作末传，是自墓传生也，占事皆先昏晦伶仃如之。《集议》：夜占帘幕临日，占讼先直后曲。课体未卯涉害俱同，但未不与乙比，而卯可比乙，用卯为是。

乙亥日第六课

重审　不备　不结果　拾遗　就损　不宜弃旧

```
后 空 空 蛇          青 阴 阴 六
丑 午 午 亥          丑 午 午 亥
午 亥 亥 乙          午 亥 亥 乙


子 壬 午 空          子 壬 午 阴
财 丁 丑 后          财 丁 丑 青
官   申 勾 ◎        官   申 贵 ◎


贵 后 阴 玄          勾 青 空 白
子 丑 寅 卯          子 丑 寅 卯
蛇亥     辰常        六亥     辰常
朱戌     巳白        朱戌     巳玄
酉 申 未 午          酉 申 未 午
六 勾 青 空          蛇 贵 后 阴
```

《玉历钤》云：此课天地上下皆自刑，凡事费力无成。又日上课不足，为自身不足，心意反复，欲行不行，欲止不止。

《毕法》云：此课初传午火生中传丑土，丑土生末传申金，申金却生长生之水，为日之救神，凡占小人欺害，得君子救助，可以获宁。又云：此课有官人占之则不吉，庶人占之却反为宜。盖以末传之申金为官鬼，被初传午火所克，又被中传丑来墓申，兼之申金自坐于丑墓之上，其申金无气，象以日上长生，所以庶人获吉。

日上克辰上，日生用，日上克用，初克末。

课名重审、四绝。辰加日上，进退，凡事极费心力。得此者，多困极而后亨，只宜结绝旧事，乃能有济，若欲求新事，难成，况末传空亡。闭虚实吉。

《义》曰：午火乘亥，谓之无气。诸占未称，尤见乖戾。隔七隔八，弗获通利。课名四绝，宜了旧事。

《象》曰：挑尽残灯夜已阑，雁声南去晓天寒。时亨正是逢金水，富贵寻人亦不难。

此重审之卦。夫重审者，重而审之也。利为主，利后动，长有厄，事从内起，起于女人。以下犯上，贱犯贵，卑犯尊，事多不顺。阴小在下者，有悖逆之事。占臣失忠，占子失孝，事不可遂意而行，必当审察，循乎义理，庶几以免后患也。事防再举，病防再发。日上神生日，所为百事吉，运用如意，遇灾不凶，逢吉愈吉。日乃人相助，夜乃神相助。见当季神生日，主身名显达，若岁命生日尤吉。此可见上门相助我、成就我，不待我之干求，而人自来玉成我之事也。占者遇之此课，干支不和，人情不睦。初见脱气，末见传空，有花无果，秀而不实。求官见贵，徒劳而不成。买婢求婚，用心而不就，纵使勉强而成，到底终归无益。凡百所求，不如守旧，却有生意。若欲动谋，变为罗网。病者虚迷易瘥。忧惊勿畏。公讼不成，成而易解。若逢患难，大敞胸襟。其余所占，得失相半，虽无甚吉，亦不成凶。

占出兵行师，昼占欺诈被毁，夜占中途多见止息，利客不利主。且传见空脱，敌有使来，所言无实，而不可信凭，亦见虚耗不足。欲成其功，未可必也。用兵者，深明斯理可也。

年月逢申有用，此卦有始无终也。

真一山人云：静里工夫几个知，逢人未许话真机。公私到底多输力，金水相生分外奇。

《无惑钤》云：中丁初脱，空鬼居末。幸遇支生，死而复活。

《钤解》曰：避难或误出而逃回例。中财通丁，初午脱气，申鬼居末，空亡无气，幸遇支生乙木，死而复活矣。《集议》：恩多怨深，舍益就损。吉中凶，易中难。官鬼无气，有官者所忌，贵人得以解难除祸，缘申坐墓，又被初克。贵人冲处是天空，常人虚诈的难容。君子文书有始终，利占奏对必遭逢。天空乃直符，又为奏书之神，若占文书有成，必利奏对，此外不可托人干事，奸诈之兆。

乙亥日第七课

反吟　玄胎

```
蛇 白 常 朱        六 玄 常 朱
亥 巳 辰 戌        亥 巳 辰 戌
巳 亥 戌 乙        巳 亥 戌 乙


子 辛 巳 白        子 辛 巳 玄
父 乙 亥 蛇        父 乙 亥 六
子 辛 巳 白        子 辛 巳 玄


蛇 贵 后 阴        六 勾 青 空
亥 子 丑 寅        亥 子 丑 寅
朱 戌     卯 玄    朱 戌     卯 白
六 酉     辰 常    蛇 酉     辰 常
  申 未 午 巳        申 未 午 巳
  勾 青 空 白        贵 后 阴 玄
```

《玉历钤》云：此课昼贵白虎，乃德神也，不能为凶。夜贵玄武夹克，主逃盗失脱之事。

日克上神，辰上生日上，日生用。

课名反吟。事多不足，往复多事。凡占此者，宜远不宜近，利动不利静。日辰上巳戌，有丙辛合以图成，然终不美。

《义》曰：求名还职，入试中式。又虑文章，寝之密室。岁月日上，或年命神。冲开火墓，乌帽花新。

《象》曰：贵人于此增声价，事多反复无闲暇。久病人身又可矜，煞名驮尸归地下。

此无依之卦，一名玄胎。夫无依者，即反吟也。《经》云："无依即反吟，逃者远追寻。合者应分散，安巢别改林。守官须易位，结友也分襟。所为多反复，占病数般侵。"反吟刑冲，事主迟滞，远近系心，更相仇怨，且反复而呻吟，是无予夺而难息也。况玄胎如婴儿隐伏之状，利上不利下，事主远而多伏，暗昧不通，触则成祸，惟君子守正修德则亨。玄胎不利占老人小儿，谓之再投胎也。占者遇之此课，求官见贵，反复而后，庶几有成。财帛婚姻，更变而难就。疾病好了复发，且非一般之病，虽见凶而不凶。失脱寻之难见踪迹，迟则还见变改。日上见财，口舌是非不足，还见得失相仍。远行多艰阻辛勤。投谒人者，主宾未全和协，乃为徒劳而难于始终之美事。占身不宁。占宅有伏尸而不利。诉讼宜利，不然则经两处官司，然未获其全吉也。逃亡自归，目下欲来而未来。凡占欲行而不行，欲止不止，忽成忽败，忽东忽西，而无定向，终见反复。

占出兵行师，昼占有败绩祸起，夜占失物忧愁，且反复得失不常，人心变易。用兵者，谨防欺诈，生变勿忽。

变易不常。

真一山人云：十课占来九课凶，人心善恶隐微中。景公言吉天移象，积德之家祸不侵。

《无惑钤》云：昼将凶匿，夜须防失。动则呶呶，费力不一。

《钤解》曰：初巳虎凶、玄盗，凶恶遗失，占随昼夜而应也。传有两马，必呶呶而动。传脱将盗，其费用岂小小哉？呶音闹，喧也。《集议》：巳乘白虎加亥，主小儿咽喉患也。

乙亥日第八课

不备　斩关　重审　天狱

避难逃生须弃旧

真天狱卦，甚凶，春冬更真。

```
六 常 阴 六          蛇 常 空 蛇
酉 辰 寅 酉          酉 辰 寅 酉
辰 亥 酉 乙          辰 亥 酉 乙


兄 戊 寅 阴 ☉        兄 戊 寅 空 ☉
财 癸 未 青          财 癸 未 后
父 丙 子 贵          父 丙 子 勾


朱 蛇 贵 后          朱 六 勾 青
戊 亥 子 丑          戊 亥 子 丑
六 酉     寅 阴      蛇 酉     寅 空
勾 申     卯 玄      贵 申     卯 白
  未 午 巳 辰          未 午 巳 辰
  青 空 白 常          后 阴 玄 常
```

《玉历钤》云：此课日干有鬼，天地盘上下日辰自刑，殊无和气，昼贵虽吉，凡事无所成。

《毕法》云：此课日干上酉克初传寅，迤逦克至末传，亥上辰亦是财星，凡占求财必大获也。又云：支上辰生起干上酉为日鬼，又作六合，大利干谒，若欲谋财，内藏实祸。先生云：止于谋者，有术中之隐祸。又云：干上支上，各被克伐，凡占两有所伤。又云：干支三传，皆受克制，全无和气。

上神克日，辰上生日上，日上克用。

课名重审。中传见墓，首尾不相应。日加辰为进退，凡事阻，所幸日辰虽自刑而作合，寅用又与支合，然酉亦空亡克日，事多纷纭也。

《义》曰：举止欲谋，尚未自由。有声无实，成矣忘忧。三传受制，忧喜虚事。损也无妨，助也未济。

《象》曰：穷经向学隐柴门，南亩先耕岭上云。趁尔春光宜着力，莫交错过此时耘。

此重审之卦，一曰龙战。夫重审者，重而审之也。利为主，利后动，长有厄，事从内起，起于女人。以下犯上，贱犯贵，卑犯尊，事多不顺。阴小在下者，有悖逆之事。占臣未忠，占子失孝，事不可遂意而行，必当审察，循乎义理，庶几以免后患也。况龙战，主人心疑惑，进寸退尺，动有乖离之象。卯酉为天之私门，生杀有限，分杜有期，雷动龙奔，示其有战。上神克日，公私不利，人情失和，然终见相为和好也。又看旺相有气则吉，只利先讼，常占为人所欺负，人鬼相侵，口舌不宁之象。占病有鬼祟。占讼不吉，文书阻滞，所幸见空，有声而无实，又何惧之有耶？占者遇之此课，求官见贵，喜而不喜，怒而不怒。若夫占婚姻交易、投谒干用，如人下井，一脚深似一脚，昏昧不振之象，还见先难后易，终未如意。诸占皆赖此论。

占出兵行师，昼占兵行中途而止，《赋》云"太阴中止"，夜占将士被毁，欺诈生焉。课体不吉，难立功业。尤防彼之阴谋诡计，潜兵侵袭，须预设谋以关防，庶不中敌之计。况彼有克我之心，但力之未能，所谓自治不暇，何暇治人？亦勿虑也。

虚而为盛。

真一山人云：回首归山味转甘，逢蒙早已挂簪冠。人生得失浑由命，世道还宜静里看。

《无惑钤》云：空鬼干遇，支乘实墓。用鬼获财，迤逦克护。

《钤解》曰：避酉难，乃投归亥上就生。酉乃干鬼，旬空无畏，辰乃支墓，宅必昏晦也。酉克初之寅木，寅克中传未土，未克末传子水，皆递克之财也，此为用鬼获财之意。乙辰就支上受生，亦避难逃生之例。《集议》：三传全受夹克。支上神生干上神作鬼，不宜干谒求财，有祸。

乙亥日第九课

重审　曲直　交车害

权摄不正禄临支

```
青玄贵勾          后白勾贵
未卯子申          未卯子申
卯亥申乙          卯亥申乙


财癸未青          财癸未后
父乙亥蛇          父乙亥六
兄己卯玄          兄己卯白


六朱蛇贵          蛇朱六勾
酉戌亥子          酉戌亥子
勾申　　丑后      贵申　　丑青
青未　　寅阴      后未　　寅空
午巳辰卯          午巳辰卯
空白常玄          阴玄常白
```

此课邵先生曰："凡占课，见传送空亡克日，不可者有四：一者养鹅不得，二者不能为医，三者不宜买碓，四者不宜为道士。"其人言曰："我自二十七上父亡，二十九上买得一水碓兼磨房，自后与人争讼，今约十七年，累得累失，是我命不招乎？"先生曰："汝命不得磨力，莫徒用心。今传送空亡，四者皆不可也。今支上有卯，太冲在长生之地，一为驴马，二为竹木，三为术士沙门，三事在汝前程，必有所得也。"其人遂弃碓磨，牧养孳畜，当门种竹，有骡马两匹，七年生五驹，竹又茂盛。先生因过其门，再三谢之。先生又谓曰："卯可船车，汝可兴贩。"其人又从之，数年大发。乡人叩问曰："向者指彼数事，今则大遂，可见吾丈神术有准。"先生曰："大不然，是此人之造化所该耳。"日上申作勾陈，支上卯作玄武，初传未加卯青龙，中传亥加未螣蛇，末传卯加亥玄武，乙日木局，全旺在卯，卯生于亥，故全有气者，卯也。玄武入庙，又就本家生旺，此所以大全美也。卯六亥四，四六二十四年，又加木三，共二十七，正在父母荫庇之下，雍容亨福。十六娶妻，财又大盛，至二十六初限足，二十七交中限，父母便死。其父先丧，何以言之？中传亥在未，亥乾老阳，上有螣蛇，亥为乙之父，加未上受克，又见凶神，所以死也。二十九上买水碓磨，事十七年者，是申上加乙，辰土成数二五一十，申七数，共十七年也。申空加于日上，是平生所不利也。乙以申为官，常人得之为鬼，致使买碓磨费十七年之财。若不是鬼，不得到讼，既为鬼，却有讼矣。鬼空亡，非有所累也。续与先生相见时，其人已年四十八岁。息讼争水磨，改业养马，且种竹，又造船赁与人，己酉年五十四矣。况五十交末传，限见卯加亥，亥与玄武并来生卯木，乙禄在卯，旺亦在卯，曲直又是木局，皆生于亥，故所得利者，全在卯矣。末传逢禄、逢旺、逢生，诸如意事，尽在卯末传矣。至五十三后，凡事皆如意，大遂前程。三传三限，日上所见者，生我即利我，我生者平生为此所苦，我克者为财，克我者为官，君子得之则为官星，小人得之则为鬼也，同类加临是弟兄助我也。中限父亡之后，累累官司，乃螣蛇之扰。申亥六害，故所养者为其所害。或曰："初传有未，亦可以养羊、卖酒，中传是亥，亦可以养猪，何独取卯乎？"先生曰："曲直全在卯，乙禄在卯，坐于亥，故取其全盛之地者。未加卯、亥加未，皆受克，凡受克者皆不利，受生者尽可用矣。"其晚年宅畔有竹数千竿，以卯木生于亥故也。①

《玉历钤》云：此课发用未加卯，昼贵青龙夹克，夜贵天后内战，本非吉课，然却日上有申德，凶变和气，可以小用，不可大事。

《连珠经》云：此课占人应试，行年二十六岁立卯，上见未为青龙，与行年克战，未为日墓，文则不显，又不见二马，此时必然不登科也。

上神克日，日上克辰上，末克初。

课名重审、曲直。用墓主重谋，日墓未加辰阴上，事主向后十全。申加乙为日德，名曰德空，出旬亦可小成。暮占乃贵来就人，主贵人来寻私合。

《义》曰：自墓传生，先迷后醒。更遇春冬，声名重惊。龙蛇成类，喜事相萃。禄存马空，欲济未济。

《象》曰：龙蛇相合喜重重，得济江湖福禄丰。行到林门须待用，闺门尤谨正家风。

此重审之卦，一曰曲直，又曰龙战。夫重审者，重而审之也。利为主，利后动，长有厄，事从内起，起于女人。以下犯上，贱犯贵，卑犯尊，事多不顺。阴小在下者，有悖逆之事。占臣未忠，占子失孝，事不可遂意而行，必当审察，循乎义理，庶几以免后患也。传见曲直，曲直者，先曲而后直也，象木之谓。

———————————

① 《六壬口鉴》作：宣和癸卯年三月乙亥日戌将午时，林子成丙辰生四十八岁占平生养息。

此乃五行正气入十干杂糅之乡，三合异方是生旺墓之神，事主丛杂不一，主关众人共谋，不然两三处干事，委曲托人与人相合之类。又如推磨之象，一事去，一事来，往来不歇，必得吉将，用事须得人引进方可。况龙战乃天之私门，生杀有限，分杜有期，雷动龙奔，示其有战，身心疑惑，进寸退尺，动有乖离之象。占者遇之此课，自墓传生，先迷后醒。干上空亡，事多虚声。求官见贵，冬春大利，七月占不吉。婚姻难成，未尽善美。求财难遂，财多有妨。病者瘥迟。失物宜寻。出行难得起身，正月占不宜。公讼宜解。逃亡自归。占宅虚耗不足。凡占有成合之象，但不利解散忧惊患难，余皆无甚凶。

占出兵行师，大胜之兆，得财货之美，昼占无威而不宁。此课有吉无凶，夜占芜淫之象，奸生于中，占男女不正，外施仁义而内多欲，婚乃私情之态，谨之勿忽。

春占大利。

真一山人云：平生积善天加福，春日载阳风谷谷。门庭渐觉霭祯祥，莫厌迟迟事相遂。

《无惑钤》云：官贵无补，夜禄乘虎。宅虽旺临，昼玄夜虎。

《钤解》曰（原抄本无钤解文字）：

乙亥日第十课

重审　稼穑　闭口　三、九月为游子

```
白 阴 朱 青        六 空 阴 蛇
巳 寅 戌 未        巳 寅 戌 未
寅 亥 未 乙        寅 亥 未 乙


财 癸 未 青        财 癸 未 蛇
财 甲 戌 朱        财 甲 戌 阴
财 丁 丑 后        财 丁 丑 白


勾 六 朱 蛇        贵 后 阴 玄
申 酉 戌 亥        申 酉 戌 亥
青 未      子 贵    蛇 未      子 常
空 午      丑 后    朱 午      丑 白
巳 辰 卯 寅        巳 辰 卯 寅
白 常 玄 阴        六 勾 青 空
```

《玉历钤》云：此课三传全财，未为墓神，财多不美，青龙螣蛇，无和气，主争坟，占者或有争田园之事。见贵不喜，文事不成。

《毕法》云：此课支之华盖作干之墓神，临于干上，又为发用，谓之华盖覆日，凡占值此，官主昏晦，民主冤抑，行人未归，诸事塞滞。又墓神作四季之关，日课发用，人衰宅废，家眷灾殃。

日克上神，辰上克日上，辰上克用，日克用。

课名重审、稼穑。干上见墓，暗昧之甚，凡事迟方遂。墓加日用不振，一木不克五土，谓财多不美，若年命上有木神，更见青龙吉。

《义》曰：三传俱土，化为坟墓。病者来占，忧于父母。出多入少，公私烦扰。顺理更谋，步步渐好。

《象》曰：弃却瓢囊击碎琴，早寻他道觅知音。动更莫妄些儿事，破晦生明福禄临。

此重审之卦，一曰稼穑。夫重审者，重而审之也。利为主，利后动，长有厄，事从内起，起于女人。以下犯上，贱犯贵，卑犯尊，事多不顺。阴小在下者，有悖逆之事。占臣失忠，占子不孝，事不可遂意而行，必当审察，循乎义理，庶几以免后患也。事防再举，病防再发。况稼穑乃重土，有艰难之象。常占得此，名曰鲸鲵归涧，凡事逼迫不由己，出若遇雷神，方能变化。《要》曰：稼穑者，五坟也，不宜占病。况斩关非安居之象，占者多不自由，事多暗昧不和、离散口舌，欲隐身避难者，却利乎奔逃也。又主人情暗中不顺，多见更改，事多中止，坟墓破坏，占婚姻亦强成，难为久远。凡事历遍艰辛，然后可遂。况墓神覆日，如人处云雾中，昏蒙而无所见。又曰：传墓不吉，逢墓而止，此乃五行潜伏湮没之地，四时衰败死绝之乡。占者遇之此课，求官见贵，虚喜而已。婚姻交易、投谒托干，有和合之象，然未尽善也。占病凶重。求财无利，反生不足。占家宅不宁。凡事动摇，人情倒置。讼不吉。逃亡自归。

占出兵行师得此，昼占虽吉，尤畏墓神，夜占尤为惊畏，凡事暗昧不明，用兵者宜深审之。

难于负荷。

真一山人云：闲云散尽晴天阔，春雨收来野草芳。坐对青天醉樽酒，笑看蛱蝶弄花香。

《无惑钤》云：钱财遍地，得不偿费。两贵俱空，虎丁可畏。

《钤解》曰：三传皆土，乙之财也，谓"传财太旺反财亏"是也。夜贵旬空，昼贵落空，谓"二贵皆空虚喜期"，干贵已蒙许允，而被人搀越，有此终拙，闻喜后非也。凡事诚为虚喜，而反有所费。夜占虎丁在末，可畏。华盖覆日人昏晦。行人不归。

乙亥日第十一课

重审　寡宿　涉三渊　解离
脱上逢脱防虚诈

```
玄  后  勾  空          青  白  贵  朱
卯  丑  申  午          卯  丑  申  午
丑  亥  午  乙          丑  亥  午  乙


官    申  勾 ◎          官    申  贵 ◎
财  甲 戌  朱 ⊙          财  甲 戌  阴 ⊙
父  丙 子  贵          父  丙 子  常


青  勾  六  朱          蛇  贵  后  阴
未  申  酉  戌          未  申  酉  戌
空 午        亥 蛇      朱 午        亥 玄
白 巳        子 贵      六 巳        子 常
辰  卯  寅  丑          辰  卯  寅  丑
常  玄  阴  后          勾  青  空  白
```

《玉历钤》云：此课日德为用，气象和顺，干谒求望，一切皆遂。但嫌空亡发动，恐有名无实。

《毕法》云：此课日干乙木生其上神午火，午火又生天将天空之土，脱上生脱，尽被脱耗，又发用空亡，虚诈无实之象。又云：丑临亥，丑上有丁神而乘白虎，乃临支克支。支者，宅也，凡占必然家宅凶动，否则屋宇坍塌，以致损人，或有口舌灾病。又云：传中子、申虽是二贵，俱坐于受克之方，占者切不可告贵用事，不然必致其怒，亦难成其事。又云：干上午、支上丑，作六害，必主彼此相害。又云：干克支上神，支克干上神，此解离卦也。占人必有解离之事，或夫妇离别，或朋友分袂，或求人干事，先曾许允，旋复食言。

上神盗日，日上生辰上，用克日，日上克用。

课名重审、间传。况初中皆空，凡占劳而无功。午克申德日败午，所幸日德为用，和合无凶，始终贵人与日三合，进望图谋，重重得贵人扶持也。

《义》曰：传申戌子，号涉三渊。出门无马，渡河乏船。无荣无辱，少德少愆。进退无疑，守之徒然。

《象》曰：饱玩群书莫望求，一琴一鹤乐悠悠。传时漫展经纶学，高坐蒲轮觐凤楼。

此重审之卦，一曰孤辰，亦曰天网。夫重审者，重而审之也。利为主，利后动，长有厄，事从内起，起于妇人。以下犯上，贱犯贵，卑犯尊，事多不顺。阴小在下者，有悖逆之事。占臣未忠，占子失孝，事不可遂意而行，必当审察，循乎义理，庶几以免后患也。课见孤辰，有茕茕孑立之象，占人别离乡井，凡所占谋，多虚少实，功名难遂，事业虚花，投托干用，有失和气。况天网，即天网四张也。《经》云"天网四张，万物被伤"，为阻滞，为疑难，为灾恼。幸尔传空，难中生易。占者遇之日生上神，虚费百出，盗失损财，人口衰败，休囚尤重，又为子孙脱漏之事。此课求官、见贵、婚姻、交易、求财、望信、托干、远行、投谒，皆有影无形，虚多实少。凡有占求，卒难成就。若暴病得此者即愈，久病难痊。失物难得。谋望不遂，凡事虚花。占词讼不成，已成者易避。逃亡者自归。

若出兵行师得此，有失众之象，战士离心，而有折伤之理，夜占虽吉，又遇空乡。若敌有使来，凡有言语，皆无实也，多见奇谋诡谲诳诞之词，甚不可听，恐被之所诬也。大抵此课，苗而不秀，秀而不实，语云悾悾而不信，吾不知之矣，惟吾解散忧惊、散释凶祸，此又奇时之占也。

虚无寂灭之象。

真一山人云：南北经营未遂心，分明神剑久埋沉。有时得遇张华识，一顾由来价万金。

《无惑钤》云：虎入朱雀，讼极凶恶。不论空亡，贵难倚托。

《钤解》曰：卦名涉三渊，奔波劳力之象。法谓甲戌旬，申加午为虎入朱雀，虽空不论。虎为棒，雀午为血，占讼最凶。夜贵空，坐鬼方，旦贵履狱，皆难倚托也。夜占丁虎入宅克宅，灾祸非小。

乙亥日第十二课

元首　顺连茹　罗网　三奇

蛇 贵 空 青　　白 常 朱 六
丑 子 午 巳　　丑 子 午 巳
子 亥 巳 乙　　子 亥 巳 乙

财 丁 丑 蛇　　财 丁 丑 白
兄 戊 寅 朱　　兄 戊 寅 空
兄 己 卯 六　　兄 己 卯 青

空 白 常 玄　　朱 蛇 贵 后
午 未 申 酉　　午 未 申 酉
青巳　　　戊阴　　六巳　　　戊阴
勾辰　　　亥后　　勾辰　　　亥玄
　卯 寅 丑 子　　　卯 寅 丑 子
　六 朱 蛇 贵　　　青 空 白 常

《玉连环》占曰：此课据来意，主出外取索旧财两重，系丑年交易，其钱数三百二十贯，至六月得钱五十六贯，至十二月索旧财，乃有口舌相争，却得一姓董人劝和，其财尽得也。何以知之？盖时为日下财，直事门未得白虎，主道路，又发用大吉，亦为日下之财，大吉土无气，故言出外取索旧财。发用大吉，宅上子丑六合，是丑年交易也。言三百二十贯者，盖大吉八数，螣蛇四数，相乘得三百二十贯也。六月中得钱五十六贯者，盖时上见小吉八数，白虎七数，七八五十六也。至十二月再索旧财者，盖用大吉为财，为十二月。中传功曹为等辈，上得朱雀主口舌争竞。末传卯主千里，六合主草，所以卯加配之为董字，六合主和合，故言一姓董人劝和，其财尽得也（四月乙亥日申将未时，占来意）。

《玉历钤》云：此课用神丑加子谓之退舍，丑与子合，末得六合，日辰上神丙辛又暗合，主人情喜悦，凡事皆吉，出入求望，一切皆成。

《毕法》云：此课干上乘干前一辰谓之天罗，支上乘支前一辰谓之地网，凡占者得之，罗网裹身宅，一切不得亨泰，只宜守旧，不利变更，若欲谋为变动，则凶灾立至矣。

上神盗日，辰上克日上，日克用，末克初。

课名元首、顺茹。凡事干众，应在未来，不免少有滞而后遂意。日辰上有暗合，人情喜美，凡百图望少吉。

《义》曰：子丑加临，号曰六合。螣蛇惊疑，欲合不合。夜占墓鬼，白虎凶畏。病入幽冥，一生九死。

《象》曰：三传开泰得其时，富贵功名惟拟期。若是忧愁逢此卦，吉人逢此也惊疑。

此元首之卦。夫元首者，尊制卑，贵役贱之象。凡事皆顺，利于先举，事多起于男子。为臣忠，为子孝，正大光明而无邪僻之行，德业已著而乾乾进修，常怀危惧，惕励而无咎也。况进连茹，事主欲行不行，欲止不止，节外生枝，先进而后退。况日生上神，虚费百出，谋望难成，盗失损财，人口衰败，休囚尤重，又为子孙脱漏之事。支干水火相伤而不和协，幸不和中又见临合，此乃不美中美、不味中味。占者遇之此课，大不利于占病，以其见墓田棺椁之煞，若遇死神、死气、丧吊神煞者，其凶又不可言也。若占得此课，或营造坟墙、合制棺椁，以冲厌之，仍须素有阴德为善可解也，否则必难矣。若求官者，春占大利，利见大人，常人反为不足。婚姻虽有可成之理，终未和合。谋干进退。失脱失而复得。远行忌八、九月占。投谒人者不宜。逃盗勿捕。讼宜和则吉，况连及人众。

若出兵行师得此，昼占忧心众畏，夜占奔败不利，先难而后易。若敌有使来，言词亦见不的，未可凭信，恐为彼之所欺也。大抵此课，所占百事，未免惊恐忧疑，亦不至于实惊。若占敌贼之情，贼有潜行之理也。先难后易，暗中作扰。

春占吉福。

真一山人云：年命乘魂破墓神，天魁遁出更欢忻。吉人自有神灵祐，凶煞临之病损人。

《无惑钤》云：拱虚一位，所欠财利。本命属龙，方始遂意。

《钤解》曰：此拱虚格。乙干乘巳，亥支乘子，内拱丑寅卯，虚一辰字，为乙之财，占人本命属辰，财利全矣，否则财终不足也。

丙子日

丙子日第一课

伏吟　玄胎　折腰　末助初

```
蛇蛇空空          玄玄勾勾
子子巳巳          子子巳巳
子子巳丙          子子巳丙


兄辛巳空          兄辛巳勾
财　申玄 ◎⊙      财　申蛇 ◎⊙
父戊寅六          父戊寅白


空白常玄          勾六朱蛇
巳午未申          巳午未申
青辰　　酉阴      青辰　　酉贵
勾卯　　戌后      空卯　　戌后
寅丑子亥          寅丑子亥
六朱蛇贵          白常玄阴
```

　　《预见经》占曰：此课来意，主妇人迁移失脱。何以知之？盖巳为初传，日上发用，丙与辛合，辛上见天后，丙日神得天空，为落空亡。中传申上又见玄武，在日刑之位，贼神无力，不能偷物。此必是妇人自遗失其物，亦主有信而难得。盖以末传六合，是为信息，被玄武金克，故云难得。

　　《玉历钤》云：此课中传空亡，见财而不实，凡百不可用。法云：此课初传为德禄，中传为财，末传为长生，但嫌中传空亡，若占行人，必中路被阻，前后两难，凡事中有阻碍，术家谓之折腰课。

上神德日，辰上克日上，辰上克用。

课名伏吟。用爻带德禄，及丙上发用，寅为生用，申为财合，本为好课，但申空，见财而不实，中有小阻，始终皆吉。

《义》曰：天空到巳，哀声嘹唳。幸作日禄，解之勿畏。干事迷蒙，投西向东。中间无力，变易其功。

《象》曰：静处丰亨动则危，哲人远虑相其机。工夫用尽难成事，争似严滩生钓矶。

此自任之卦，一曰玄胎。夫自任者，乃伏吟之卦，天地伏吟，十二神各归本家，天地如一，四伏未发之象。占事静则宜，动则滞，事主藏匿不动，静中求劳，有屈而不伸之象。况玄胎如婴儿隐伏之状，利上不利下，事主远而多伏，暗昧不通，触则成祸，惟君子守正修德则亨。《经》云："任信伏吟神，行人立至门。失物家内盗，逃者隐乡邻。病合难言语，占胎聋哑人。访人藏不出，行者却回轮。"一曰："占遇玄胎，室孕婴孩。"若此课占孕胎者，多是气胎、空胎、鬼胎，不然则孕育难成，秀而不实者也。凡占只宜守旧，不可更动，动则变为罗网，守旧则有自然之禄，《赋》云"旺禄临身徒妄作"。占者遇之此课，禄德发用，本为吉福之论，又见日马，但其中传无力，号曰折腰，此所谓遇而不遇也。求官者且宜缓图，见贵者徒劳思虑。婚姻难成。求财未遂。莫如守旧，却乃相宜。暴病不凶，久病不利。失物难见。逃盗获。公讼有解，主客不和。家宅不宁。凡有占求，未见全美。

若出兵行师得之，夜占所谋，皆非吉兆。又况贼神有隐避之理，或见中止，多未成功，宜为别图。若不得已而用之，当严加慎密，谨慎关防。且兵乃国之大事，成败系乎大将，能不可不谨乎！

真一山人云：知足朝朝快乐，贪心日日熬煎。语云死生有命，静看富贵由天。

《无惑钤》云：禄财错综，中传见空。昼不为灾，夜虎动凶。

《钤解》曰：巳日禄乘空，申日财旬空，昼占俱无用也。寅，马也，昼乘六合为生，夜乘白虎，故主凶动也。《集议》：占行人立至，失物家内人盗，逃者隐乡邻，占病难言语，占胎聋哑人。贵人冲处是天空。

丙子日第二课

比用　知一　逆连茹　六仪　斩关　不行传
魁度天门关隔定　夫妇芜淫各有私

```
后 贵 勾 青        后 阴 空 青
戌 亥 卯 辰        戌 亥 卯 辰
亥 子 辰 丙        亥 子 辰 丙


子 甲 戌 后        子 甲 戌 后
财    酉 阴 ◎     财    酉 贵 ◎
财    申 玄 ◎⊙    财    申 蛇 ◎⊙


青 空 白 常        青 勾 六 朱
辰 巳 午 未        辰 巳 午 未
勾卯      申玄     空卯      申蛇
六寅      酉阴     白寅      酉贵
丑 子 亥 戌        丑 子 亥 戌
朱 蛇 贵 后        常 玄 阴 后
```

《玉连环》占曰：此课来人之情，主本家西耕开荒地一段，种麦熟时，有一官人来争，相讼到官，断得分麦一半，仍归其地。何以知之？盖时为日下之合，故言外。酉为日下之财，不言金玉而言麦者，人事也。若妇人占，当言首饰之物。今以老农五月（当作四月）占此，酉主小麦，既为日下之财，故言麦也。酉为西方，故言家西。又直事门为中传，上见天乙，酉戌相害，故知与一官人相争。天罡为自己怒恶，又时为日贵，上有天乙，故为讼官之象。又时为外合，卦得比用，故知相和。申酉为财，为日下空亡，例该减半，故所分只得一半也（四月丙子日申将酉时，癸巳命人占来意）。

《神翼赋》云：财不追财，奈鬼途之阻隔。此课初逢二后，二女子之象也，申酉道路之象，玄武贼神之象，申酉为财，其财空亡，合主二女子隐匿道路财帛，被贼人阻隔，终不得入手，天后鬼贼为发用故也。

《玉历钤》云：此课戌加亥为用，丙日以戌为墓神，酉申为财，中末空亡，求财见而无实，失脱难获。求望出入，一切皆无成。

《毕法》云：此课干上辰克支之子水，支上亥克干之丙火，是为芜淫之象。凡占夫妇，皆有私情。又云：干上盗气，作支墓神，传遇空亡，前不可进，后不可退。于此之时，宁静自守可也。

上神盗日，日上克辰上。

课名知一、逆茹。支墓覆干，戌为日墓立用，所幸中末皆空，吉凶无成。戌内有辛，合丙合在身，亦不为纯凶，先忧后喜之象也。

《义》曰：课得厄塞，动多阻隔。退陷空乡，进则少悦。凡见内战，作事必憾。利为解释，不利谋干。

《象》曰：敢勇男儿善解围，乘机退遁更无危。打破这层圈套子，翀霄老凤任高飞。

此知一之卦，一曰泆女。夫知一者，知一而不能知两，知者以为自知、自见，不知为寇仇，故言知一也。以此为用，舍远就近，舍疏就亲，恩中生害，事多起于同类，凡事狐疑，事贵和同乃吉。传见泆女，《经》云："天后常为厌翳神，须知六合是私门。二将取名称泆女，夫妻失友异情恩。"夫泆女乃不正之课，占男女有阴私暗昧之象，占家宅阴小有越礼犯分者，占媒妁不明，不宜婚姻，惟能以礼自防者，谨守闺门而自化其事也。日生上神，虚耗百出，盗失损财，人口衰残，休囚尤重，又为子孙脱漏之事。且逆连茹，退而有进，若退，财陷入空乡也。此乃"魁度天门关隔定"，凡占有隔。占者遇之此课，求官见贵者，努力前进，不可少退。婚姻不宜。求财失而复得，得而复失。占暴病即愈，久病不宜。失脱难见。公讼不成，已成者有解。出行干用者，欲行不行，欲止不止，疑二之象。占宅有贵气。逃盗难获。凡事变更而难就。

若出兵行师得此，昼夜占之，皆无威而不宁。若敌有使来，所言不实。利先举，利为客。若临用兵进止之地，宜申严号令，密探前后，恐有阻隔，使得预知，相机处置。大抵此课，凶为不凶，吉为不吉，凡有忧疑惊恐患难之事，却乃解散之也。

脱空不实，不宜守旧。

真一山人云：罢钓归来不系舟，绿杨影里看鸥游。功名富贵原无分，赢得清闲傲五侯。

《无惑钤》云：病死墓绝，彼此不悦。忧讼再兴，财如鬼挟。

《钤解》曰：支上亥克丙，干上辰克子，彼己不相和悦矣。丙火至申病、酉死、戌墓、亥绝，四者皆备，凶不可言也。用墓凶止，但昼夜俱乘天后克干，此病讼再兴。申酉为财而空，若鬼挟去，虽欲得财，何可得哉？《集议》：此课进退逼迫不由己也。

丙子日第三课

重审　斩关　三奇　极阴　不结果

```
玄 后 朱 勾            后 蛇 勾 空
申 戌 丑 卯            申 戌 丑 卯
戌 子 卯 丙            戌 子 卯 丙


子 丁 丑 朱            子 丁 丑 勾
官 乙 亥 贵            官 乙 亥 朱
财    酉 阴 ◎         财    酉 贵 ◎


勾 青 空 白            空 白 常 玄
卯 辰 巳 午            卯 辰 巳 午
六寅      未常       青寅      未阴
朱丑      申玄       勾丑      申后
子 亥 戌 酉            子 亥 戌 酉
蛇 贵 后 阴            六 朱 蛇 贵
```

　　《通神集·青钱论》云：盗贼当求玄武三传尽处寻之，若乘空亡、六合、勾陈、游都下可捕。乘生气，不败。若有制武之神入传，游都、勾陈制武，三传自战，或乘太阳，皆主自败。此课玄武加午，三传尽处见寅，为游都，乘驿马。子支阴见申，为鲁都，克日上卯，贵人乘酉将，登天门，贼无隐形（知是酉将亥时所占也）。天罡为盗贼，乘白虎，主凶恶之人为盗，在丑、卯、戌日败露。盖玄武乘午火，初意奔寅来，三传尽处藏身，不料寅为游都，本家迎子，即贼投水也。

　　《玉历钤》云：此课旦贵朱雀，宜见求干文字之事，十分如意，有贵人指引，惟丙日主之，其他非也。求官、求财亦遂。

　　《毕法》云：戌为干墓，而乘螣蛇，加于支上克支，得此必主宅内有鬼变、现妖异。又末传酉，二贵相加，是贵人会集也。不宜干谒，必不得见面，事必无成。

上神生日，日上克辰上，日生用。

课名重审、间传，名杜塞。初丑大宜见贵，求望事十全，又主人荐举。虽丙丁日，然为两贵在传，一用一闭，余事有始无终，以酉为空故也。①

《无惑钤》云：身败瘦瘠，墓神克宅。乘旬丁旺，田财可得。②

丙子日第四课

元首　高盖乘轩　闭口

白	阴	贵	六
午	酉	亥	寅
酉	子	寅	丙

玄	贵	朱	青
午	酉	亥	寅
酉	子	寅	丙

兄	壬午	白	⊙
父	己卯	勾	
官	丙子	蛇	

兄	壬午	玄	⊙
父	己卯	空	
官	丙子	六	

```
      六 勾 青 空
      寅 卯 辰 巳
 朱丑          午白
 蛇子          未常
      亥 戌 酉 申
      贵 后 阴 玄
```

```
      青 空 白 常
      寅 卯 辰 巳
 勾丑          午玄
 六子          未阴
      亥 戌 酉 申
      朱 蛇 贵 后
```

《玉历钤》云：此课三传俱仲，谓三交，刑冲主人不顺，凡百事无成，占身宅动摇不宁。

《毕法》云：此课昼占白虎加临旬内壬午，而为日鬼，凡占凶否，不可用事。又云：干上寅实生其干，支上酉虽生支，反败其支，又作旬空，凡占利己不利人，利人不利宅。又云：丙日上见寅，乃游都煞临身，若去捕贼，十拿九稳也。

上神生日，辰上克日上，末克初。

课名元首、三交。日辰俱生，寅为刑，酉为破、为空，子卯刑，午为刃，

---

① 原抄本下无文字。

② 据《无惑钤》补入。

皆不为吉，玄用稍吉，虎用尤凶。

《义》曰：高盖乘轩，正七利占。君子得此，可以求官。喜恶相半，畏夫内战。始终何如，宜乎为善。

《象》曰：八月秋高天气晴，云开见日自分明。从魁建岁尤称美，越此时光未足情。

此元首之卦，一曰龙战，亦曰三交，又曰高盖乘轩。夫元首者，尊者制卑，贵者役贱之象。凡事多顺，利于先举，事多起于男子。为臣忠，为子孝，正大光明而无邪僻之行，德业已著而乾乾进修，常怀危惧，惕励而无咎也。传见龙战，乃天之私门，生杀有限，分杜有期，雷动龙奔，示其有战，身心疑惑，进寸退尺，动有乖离之象。《经》云："紫微华盖居神后，天驷房星是太冲。马即胜光正月骑，六阳行处顺申同。高盖乘轩又骑马，更得龙常禄位丰。"夫三交者，前不能进，后不能退，交加其象，此死三交也。《经》曰："三交家匿阴私客，不迩自将逃避逊。"凡事失节阻碍，谋事被人阻破，不能成合。幸得上神生干，所谋百事吉，运用如意，遇灾不凶，逢吉愈吉，日有人助，夜有神助。若当季神生日，则声名显达，岁命生日尤吉。此课名蓦然课，凡事起于蓦然。若五月占此，占人行年抵之，乃天烦卦，男子占之大凶，余月不论。占者遇之此课，求官喜见高盖，但未至全美。见贵、论讼不喜。求财得。交易合。投谒人宜止。正、二、六月不宜远行。占病凶，不死。逃盗宜捕。占宅有暗昧之人，况空亡抵宅，门户多瑕。

若出兵行师得此，昼夜占皆不吉，用兵者宜加防守，若临敌对垒之时，尤当谨慎相机。或有传闻探报，多见不实，托人亦未得实用，以其发用之无力也。事多起于虚声，年月见酉吉。

真一山人云：月宿临之号地烦，行年女值便遭伤。若非积行修阴德，动有群魔作障殃。

《无惑钤》云：马载长生，酉坐难侵。夜玄昼虎，占婢逃身。

《钤解》曰：寅乃丙火长生，上乘驿马，酉乃丙财，坐于鬼方且空，所以难侵也。酉，婢也，午火上乘玄鬼，若占婢，必有逃走之事。三传刑冲，全无和气。《集议》：三交卦体，主家隐奸私之人，白虎发用，故伤人矣。

丙子日第五课

弹射　夜洗女　润下

众鬼虽彰全不畏

```
青 玄 阴 朱          白 后 贵 勾
辰 申 酉 丑          辰 申 酉 丑
申 子 丑 丙          申 子 丑 丙


财    申    玄◎       财    申    后◎
子    庚辰  青⊙       子    庚辰  白⊙
官    丙子  蛇        官    丙子  六


朱 六 勾 青          勾 青 空 白
丑 寅 卯 辰          丑 寅 卯 辰

蛇子       巳空       六子       巳常
贵亥       午白       朱亥       午玄
   戌 酉 申 未           戌 酉 申 未
   后 阴 玄 常           蛇 贵 后 阴
```

《灵辖经》云：凡占盗贼，先视三传，次明日下之鬼。及日辰制玄武并鬼，其贼可获。专责玄武之阴，知其处所，更看第二盗神，定其面色人物。此课申加子为用，上见玄武，其贼三人，一人白色，一人黑色，一人黄色。初起正北方之地，物藏于水中，失物之数共七。其中贼必自首之于官，而败在戊己日。盖为四课遥克，用神为玄武，申为白色，子为黑色，辰为黄色，青龙为财，末传神后为申之子乘蛇，为日下之鬼，故申为玄武是正贼，辰与子失盗，亦为贼也。申为首，辰、子为从，润下乃北方近水处，贼与物皆在北方。又水为日鬼，中传辰土克之，故中间贼自首。戊己日擒之，日制其贼也。

《玉历钤》云：此课润下三传，若占鬼病大凶，见贵求财皆不成，求官费力。

《毕法》云：此课三传全鬼，发用引入鬼乡，所谓引鬼入宅，是为凶也。又云：三传皆鬼，能去比肩、劫财之患。初传申财，虽云安稳，乃加子水，鬼边之财，终是危险，何安稳之有？中间青龙、螣蛇、玄武，皆水兽之族类，廉介君子不取其财，自无凶也。又云：初传是遥克，又是空亡发用，将乘玄武，凡占定主失脱盗窃，其法极验。

上神盗日，日上生辰上，日克用。

课名弹射、润下。申为空亡，乃遗弹也，凡事劳而无功，人情疏失，宜占解忧。此课申子辰合传虽克，却得空亡，终不为害。

《义》曰：水局水族，秋冬为福。占官得此，必食天禄。玄武青龙，喜事重重。夜占泆女，弹射遗空。

《象》曰：蓦然事起莫忧疑，行止由天乐自知。吉凶闻之勿忧惧，漫酌旧酒咏新诗。

此弹射之卦，一曰泆女，亦曰孤辰，又曰润下，又曰励德。夫弹射，乃日克神之谓。《经》云："日往克神名弹射，纵饶得中还无力。贵人逆转子无良，天乙顺行臣不义。家有宾来不可容，亦忧口舌西南至。"然事主动摇，人情倒置，更主蓦然有灾。求事难成，祸福俱轻，忧事立散，祸从内起。利客不利主，利先不利后。占人不来，访人不见，不利占讼。弹射无力，不可用事，虽凶无畏。传见空亡，又为失弹，不能成事也。夜占乃泆女之课，《经》云："天后常为厌翳神，须知六合是私门。二将取名称泆女，夫妻失友异情恩。"此乃暗昧不明之象，男女不正之意。发用孤辰，"占人孤独离桑梓，财物虚耗伴不亲。官位遇之须改动，出行盗失拟人侵。所闻传事皆非实，卒病遭官不害身。"况日生上神，虚费百出，失盗损财，人口衰残，又为子孙脱漏之事。此课大能解一切凶忧患难之事。占者遇之此课，求官见贵虽和而未足为佳。占婚难成而终未美。求财乃白手之财则吉，托本生财者反为不利。失脱难寻。讼宜和解。囚系者出。惊恐消散。远行不宜。逃盗目下虽难，终久得获。占宅不利人。

占出兵行师得此，昼占玄武盗神发用，主失物以忧愁，夜占天后，无威而不宁，又见失众之象。敌使所传之言不的，用兵者察之。

徒事虚华。

真一山人云：忌机鸥鸟立滩头，饮啄随时得自由。理势难行原是命，挂冠归去乐攸攸。

《无惑钤》云：交车匪吉，昼占财失。三合六合，占官必黜。

《钤解》曰：子与丑合，申与巳合，丑又申墓，子又克丙，虽交车合，亦不为吉。申，丙之财也，昼占乘玄，必主失脱财物。三传申子辰作三合，干上丑与末子又作六合，俱伤官爻，占官必黜也。《集议》：自支上传乘众鬼，如家鬼取家人。财空乘玄，定主失脱。虽三传克日若凶也，殊不知《经》云"三六相呼见喜忻，纵然带恶不成嗔"者，如火日得申子辰水局之类。三传俱是日之鬼，炎上庚辛官况美。否极泰来正是时，万里鹏程声势伟。

丙子日第六课

涉害　反常　无禄　四绝　上门乱首　不备
三传互克众人欺

```
六 常 常 蛇          青 阴 阴 六
寅 未 未 子          寅 未 未 子
未 子 子 丙          未 子 子 丙


官 丙 子 蛇          官 丙 子 六
子 癸 未 常          子 癸 未 阴
父 戊 寅 六          父 戊 寅 青


蛇朱六勾            六勾青空
子丑寅卯            子丑寅卯
贵亥    辰青        朱亥    辰白
后戌    巳空        蛇戌    巳常
酉申未午            酉申未午
阴玄常白            贵后阴玄
```

《玉连环》占曰：此课据来意，主内外和合，添妾宠之庆。何以言之？盖丑时为日干三合，为日支六合，故言内外和合。日上神后水，时上天后水，不言鬼者，缘直事门大吉土，将得勾陈，俱土，为今日子孙，制水不能为鬼也。又太阴主妻媵，六合主婚姻和合，青龙主喜庆，始末俱吉，故知有添妾之庆也（四月丙子日申将丑时，占来意）。

《玉历钤》云：此课日上见子，为鬼发用，辰上见未为六害，主人情不和，所用难成。

《毕法》云：此课日干上子发用为煞，却生末传之寅为丙之长生，不作干上奸鬼，尤赖支上未土来救，凡占必宅气生旺，有益于人。又云：末传寅木克中传未土，中传未土克初传子水，初传子水克日干丙火，值此例者，必主有人递互相害，须慎防。又支干上各被克害，人宅俱凶。又云：干支子未六害，巳加戌，德禄入墓，俱为凶象，尤宜慎也。

上神克日，辰上克日上，用克日。

课名涉害。四上克下为无禄，日辰三传俱不利。此课子未、寅巳相害，图事败多少成。

《义》曰：课传无力，孤子空室。不忠不恕，乖戾失睦。履遍艰辛，危疑渐出。事不由己，俯从卑屈。

《象》曰：堪怜美玉未逢时，久隐荆山石内奇。一自卞和三献后，良金万锭不能如。

此见机之课，一曰无禄，亦曰天网。夫见机者，察其微，见其机，谓两比两不比，当以涉害为用。涉害有浅深，欲用不用，欲言不言，事有两而取一，所作稽留，迟疑艰难，进退不定，忧患难消，怀孕伤胎，难于前而易于后。《经》云："涉害须久历艰辛"。传见无禄，上下之分，贵于忠恕，今四上克下，是上不容其下，为不恕矣。得此课者，主奴仆失散，子孙他之，孤守空室，上不能保其禄位，下不能保其妻子，不友不亲，不弟不义之耻焉。况天网者，即天网四张也。《经》云"天网四张，万物被伤"，为阻滞，为灾恼，凡占有忧疑惊恐之象。《赋》云"腾蛇坠水"，虚惊而惊怪皆消，宜宽着胸襟可也。此课求官见贵，先见不宁，而后美利。求谋、占婚、求财、交易、求谒、托干之事，干支见六害，事不和协，彼此侵损，设使已成而占者，还见不足。病讼惊忧。逃盗目下难获终见。

占出兵行师得此，昼占忧心众畏，惊恐不宁，夜占得金宝之美利。利为客，利先举。动用之间，事多疑难。敌使之来，言不敢妄。大抵此课，始终相生，子未六害，美中未美之象。用兵者，不可不知此理。

不备之象。

真一山人云：岩前板筑不求伸，抱道忘机远世尘。历过这些辛苦事，微书聘起济斯民。

《无惑钤》云：课传上克，乱首丧德。采葛寻藤，妻财作慝。

《钤解》曰：四课三传皆被上克。支临干，课名乱首。丙德巳为子水所克，是丧德也。采葛寻藤，谓求其根源也，盖由妻财作慝也。酉乃丙之妻财，酉加于寅，寅遂加子，子遂来克丙，所以乱首丧德，非妻财作慝而何？《集议》："三传互克众人欺"是也。用寅酉辰，引鬼为生，子寅涉害俱同，但子不比，寅可比是。未加子，夜乘太阴，主口愿未还。寅加未，夜龙，天将地神俱入墓，占病最凶。

丙子日第七课

反吟　三交

```
后 青 空 贵            六 玄 常 朱
子 午 巳 亥            子 午 巳 亥
午 子 亥 丙            午 子 亥 丙


兄 壬 午 青            兄 壬 午 玄
官 丙 子 后            官 丙 子 六
兄 壬 午 青            兄 壬 午 玄


贵 后 阴 玄            朱 六 勾 青
亥 子 丑 寅            亥 子 丑 寅
蛇 戌      卯 常      蛇 戌      卯 空
朱 酉      辰 白      贵 酉      辰 白
申 未 午 巳            申 未 午 巳
六 勾 青 空            后 阴 玄 常
```

《玉历钤》云：此课日上及中传俱见官鬼，求官求名反复方遂，余占无成。

《毕法》云：日上亥为朱雀克日，朱雀乃口舌文书之神，凡占官员不宜上章，常人不宜兴讼，不然反遭责黜。又云：干上亥，昼占乃天乙乘日鬼，是贵人为害，占病必是渎触鬼神，祈禳之可解。又云：干上亥乃是绝神，凡占必主病讼，若已见凶，乃为结绝。

上神克日，日上克辰上，日上克用。

课名反吟、三交。上下冲击，人宅不宁，占事反复为之，宜舍旧寻新，附贵有益，特反复耳。

《义》曰：火水未济，动谋失利。人情反复，待时藏器。有道有守，真积力久。高盖乘轩，车轮木朽。①

《象》曰：人情物我两相忘，到此踌躇空断肠。莫厌事成多反复，传终何是入空乡（亦言以卯为末传，加酉空亡之乡。故曰反复难成，终传空也）。

此无依之课，一曰三交，亦曰高盖。夫无依者，即反吟也。《经》云："无依是反吟，逃者远追寻。合者应分散，安巢别改林。守官须易位，结友也分襟。所为多反复，占病数般侵。"反吟刑冲，事主迟滞，远近系心，更相仇怨，且反复而呻吟，是无予夺而难息也。传见三交，前不能进，后不能退，交加其象，家匿阴私，或欲自逃隐避。凡事失节阻碍，谋事被人阻破，不能成合。况高盖，

---

① 原抄本三传作午子卯，故而有此句，当是著者讹误，习者当自辨之。

《经》云："华盖乘轩又骑马，更是龙常禄位丰。"若六月将，占人行年抵犯，乃天烦卦，男子大凶。占者遇之此课，求官见贵，反复难成，多少辛勤，方才遂意。婚姻不宜。求财不遂。占病者凶重，正、十二月占尤凶。论讼反复，两处经官，贵人不喜。谒贵、投人、远行、望信、交易，凡所占求者，反反复复，事绪不一，人情不和，惟能顺理循义，安命而行，却转难为易，化祸为福也。

占出兵行师得此，昼占大胜，得宝货与图书，夜占失物以忧疑。日上受制，须严加防守，恐敌之侵袭。敌有使来，所言传报之事皆不实，未可轻信，恐为彼所误也。用兵者，宜密察而详审之。大抵反吟，诸占未利，喜末传空亡，不为凶，忧惊疑难解之也。

好月未圆。

真一山人云：平生识得去留机，白酒黄花醉赋诗。实实虚虚还自省，桑榆暮景莫嫌迟。

《无惑钤》云：德禄旺刃，并皆煨烬。到处去来，难退难进。

《钤解》曰：干巳德禄，午为旺刃，冲击受克，皆为煨烬也。其去来，其进退，亦难矣哉！《集议》："前后逼迫"内"克处回归又受克"。夜占雀鬼加干，官遭章劾。

丙子日第八课

重审　铸印　自取乱首　不备
两蛇夹墓凶难免

蛇	空	常	蛇		蛇	常	空	蛇
戌	巳	卯	戌		戌	巳	卯	戌
巳	子	戌	丙		巳	子	戌	丙

兄	辛	巳	空		兄	辛	巳	常
子	甲	戌	蛇		子	甲	戌	蛇
父	己	卯	常		父	己	卯	空

蛇	贵	后	阴		蛇	朱	六	勾
戌	亥	子	丑		戌	亥	子	丑
朱酉			寅玄	贵酉			寅青
六申			卯常	后申			卯空
未	午	巳	辰		未	午	巳	辰
勾	青	空	白		阴	玄	常	白

此课占官，此任必见回避，前程未通。卯来克戌，戌去墓丙与巳，遂走

入宅，为宅所克，定是阻隔。服满后，受得差遣又回避，所恼尚有九年端坐于宅，方欲出头，数已尽矣。此乱首，自下犯上，照管堂上孺人，即目下有大灾，但是命滞，所以招致如此。此课自后逼来，丙火败于卯、墓于戌，卯败神逼克，戌墓遂来墓日，日被墓，遂奔入宅，遂被宅克，去住不容。宅上见巳，巳四戌五，共九年之后，却系卯管。卯败丙火，其丙火之墓戌，既是败卯木所克，卯即棺椁之神，棺椁入墓，自然死也。末传卯为今日之母，母先入墓，次及丙火，是为我身为稽从。不赴任，即母孺人有事，从吉授洪州添差，卒遇妹丈除江西漕运，遂回避宫观而归，后得病，果九年也。[①]

《玉历钤》云：此课乱首，巳加子，巳中有戊，子中有癸，暗合，亦主凶中有吉。

上神盗日，辰上生日上。

课名重审。日加辰上受克，为乱首，体又为铸印。中为日墓，春为天狱，余时为脱体。墓加戌上，吉少凶多，此只宜托己谋成，屈己即获所合。

《义》曰：墓神覆日，其暗且滞。支制干神，乱首是的。巳戌相逢，名曰铸印。将火损模，美中未顺。

《象》曰：铸印乘轩官禄荣，常人课此未安宁。士人定拟登金榜，也要阴功赞助成。

此重审之课，一曰铸印，亦曰乱首。夫重审者，重而审之也。利为主，利后进，长有厄，事从内起，起于女人。以下犯上，贱犯贵，卑犯尊，事多不顺。阴小在下者，有悖逆之事。臣未忠，子失孝，事不可遂意而行，必当审察，循乎义理，庶几以免后患也。传见铸印，《经》云："天魁星印何为铸？临于巳丙冶之名。中有太冲车又载，铸印乘轩官禄成。"然此又非真体，常人反生灾咎，且为事迟钝。兼之乱首，"臣逆君兮子逆父，妻背夫兮弟克兄，奴婢不堪主使令，将军出外损其兵"，此乃下欺其上，悖逆紊乱之象。又曰："因名为乱首，老者必低薤。家内应无礼，官中岂有仪？先宗或外姓，上祖别人儿。纵然家和顺，官司必被欺。"宜见更改姓名为吉也。日上墓神，主多蒙昧而不明，如人处于云雾之中。占者遇之此课，求官见贵吉，畏夫墓墓也。占病凶，得救神方可。占婚姻、交易、投谒、托人、求财、干用，占家宅皆利，事亦有成。占讼平。逃盗目下难获。

占出兵行师得此，昼占见欺诈之神，君臣被毁，夜占稍吉，知军旅之安荣，亦见惊恐不宁。所幸主客相和，似有不战之理，又虑夫客兵设计蒙蔽，

---

① 《壬占汇选》作：己酉年十月丙子日卯将戌时，冯机宜丁亥生二十三岁占前程。

用兵者宜详处焉。

　　昏蒙滞塞。

　　真一山人云：两蛇夹墓不安宁，病者占来未保生。德禄奇仪为极救，吉人方始祸难成。

　　《无惑钤》云：自取其祸，课传相锁。两蛇夹墓，德禄何可。

　　《钤解》曰：禄临支宅受克，即干往加支被克，为自取乱首，自取祸也。又系干支锁合，难以解忧释虑。戌，丙墓也，临日而为两蛇所夹，凶灾可恶。发用虽德禄，则传墓入墓也，焉乎可哉？《集议》：传墓入墓，此德禄入墓，有官人占之不利。巳加子，传墓入墓，自明入暗，如人下井，一脚深，一脚浅，人昏迷。病者必死，行人即来，占盗贼逃亡不获。

丙子日第九课

重审　从革　孤辰　金局
两贵受克难干贵

```
六 白 阴 朱          蛇 青 常 贵
申 辰 丑 酉          申 辰 丑 酉
辰 子 酉 丙          辰 子 酉 丙


财    酉 朱 ◎        财    酉 贵 ◎
子 丁 丑 阴 ⊙        子 丁 丑 常 ⊙
兄 辛 巳 空          兄 辛 巳 勾


朱 蛇 贵 后          贵 后 阴 玄
酉 戌 亥 子          酉 戌 亥 子
六 申    丑 阴      蛇 申    丑 常
勾 未    寅 玄      朱 未    寅 白
午 巳 辰 卯          午 巳 辰 卯
青 空 白 常          六 勾 青 空
```

　　《玉连环》占曰：此课据来意，主西北上远行，被差遣，必是近任。八月内丁酉日还家，当日得俸。太守是一刚义正人，姓刘，得伊爱顾有庆。何以知之？盖时为支驿马，与时并居于戌，天马亦到，是西北也（据此言则是午将寅时所占）。发用酉为日之贵神，上得朱雀，文字差遣之象也。命上有天恩，用传俱为三合，故知近任。用起酉，末见巳，为归计门，巳下临丑，丑上有旬丁，故知八月丁酉日还家。又用起从魁，主八月，故本日得俸。发用天乙乘酉，又属金，主义，故为刚正，酉为金刀，故姓刘。天乙与日三合，故得照顾而有庆也。[①]

《集灵经》占曰：此课占病人三十五岁，行年立子，酉加巳发用，上见朱雀，中丑太阴，末巳天空，主其人虚，多发热咳嗽，久而难治。盖甲戌旬，酉空，末天空，一卦两空，是空弱也。又朱雀同位，主发热，从革金主肺，故咳嗽。用在空亡，行年子水，上神为辰土带虎，正克行年，至秋必凶，故云难治。

《玉历钤》云：此课火日得金局，三传皆财，惜乎用传空亡，虽见财而无实惠也，凡事皆难用。

《毕法》云：此课辰加子，昼占乃支墓乘虎克支，如占家宅，必有孝服之动。又二贵坐克方上，不可干贵。

日克上神，辰上生日上，日上克用，末克初。

课名重审、从革。三传皆财，俱合，末得禄，但用为空亡，吉凶皆从空散，只有三分如意，须当出旬方吉，利更改。

《义》曰：课名从革，金银铜铁。生旺逢空，事未和协。千里贤名，只听其声。及至亲炙，聊无一成。

《象》曰：秋风过树吼声宏，拭目遥瞻不见踪。几欲捉来难着力，徒教用意未成功。

此重审之课，一曰寡宿，亦曰从革。夫重审者，重而审之也。利为主，利后动，长有厄，事从内起，起于女人。以下犯上，卑犯尊，贱役贵，事多不顺。阴小在下者，有悖逆之事。占臣未忠，子失孝，事不可遂意而行，必当审察，循乎义理，庶几以免后患也。况见寡宿，《经》云："占人孤老谁扶持，空室穷炊岂得存？"又曰："占人孤独离乡井，财物虚耗伴不亲。官位遇之须改动，出行防贼拟人侵。所闻传事多无实，卒病遭官不害身。"且从革，先从而后革也。凡事阻隔，有气则革而进益，无气则革而退失。此五行衰败之地，十干杂糅之乡，异方三合乃生旺墓之神，事主丛杂不一，主关众人共谋，不然两三处干事，委曲托人与人相合之类。占者遇之此课，求官秋占有用，余月未利。见贵虽吉，未尽其美。投谒人者，"主宾际会两殷勤，暮宴朝欢会无极"，然未准凭。婚姻不宜，难成，否则难于谐老。求财宜空手之财。

---

① 此课《一字诀玉连环》作：假令五月丙戌日未将亥时，三传酉巳丑，将贵常勾，癸酉人占。此处作丙子日占，读者宜辨之。

304

逃亡自归，目下不获。失脱宜寻，亦难得见。出行不宜。托人不实。公讼解。

占出兵行师得此，有失众之象，凡事虚声，昼占虚词口舌，夜占虚喜，最嫌诡谲。及敌使之来，无一诚也，用兵者谨之。大抵此课，百谋未遂，必见更变，惟暴病、惊忧、患难，即能解散之也。

成难散易。

真一山人云：无心谋干岂相宜，事欲求奇反不奇。久病得之称险难，其余惊怖渐消除。

《无惑钤》云：三传无迹，两贵坐厄。夜将扶之，财亡再获。

《钤解》曰：初旬空，中落空，无形踪也。酉夜贵，受丙克，亥昼贵，被未克，两贵坐厄，干贵不得力也。三传金局俱空，皆为丙财，先已失亡也。若夜占，得贵常勾，土生之财，当再得。但罡虎临宅，惊恐非细耳。《集议》：子鬼辰克，财入墓，求官无倚托。酉加巳上用朱禽，青龙贵位要加临。干贵求财有信音，三事占求必称心。酉加巳上，朱雀为用，宜占音信，青龙宜占财物，贵人宜干贵，此乃分酉亥，若此三事，皆可用也。

丙子日第十课

重审　玄胎　寡宿　闭口　三传递生
贵害讼直遭屈断

```
青常贵六              六空阴蛇
午卯亥申              午卯亥申
卯子申丙              卯子申丙


财　申　六◎          财　申　蛇◎
官　乙亥　贵⊙        官　乙亥　阴⊙
父　戊寅　玄          父　戊寅　白


六朱蛇贵              蛇贵后阴
申酉戌亥              申酉戌亥
勾未　　子后      朱未　　子玄
青午　　丑阴      六午　　丑常
　巳辰卯寅            　巳辰卯寅
　空白常玄            　勾青空白
```

《预见经》占曰：此课来意，主官中有买卖之喜，又主贼盗事连累，兼以田产、妇女侵图，及有树影在宅西北上，主阴人小口不利。何以言之？曰：初传申金与日时三合，上见六合，寅亥又为六合，贵人中传为官鬼，故云官中买卖之喜。末传寅为四足怪，上见玄武，主盗贼事，寅刑巳，故云连累。丙合辛，上见丑，丑为田产，亥为贼神，寅为玄武，是有侵欺也。寅为大树，在亥西北，本位上见天空，丑戌位上，又有太阴，故云树影也。

《玉历钤》云：此课申加巳，日上为刑害，气象不和，螣蛇白虎本凶，缘落空亡，其凶不成，凡事亦不可用。

《毕法》云：此课干上申，虽生支，在空亡；支上卯，虽生干，而亦败干。值此例，有名无实，凡占正当茂盛之时，而有衰败之事，凡事皆然，不独一身也。

日克上神，日上克辰上，日克用，初克末。

课名重审、玄胎。天绊地结，传俱生，无始难结，两三重和合，然空亡为用，凶吉皆无成。

《义》曰：勤苦芸窗，无书不读。可惜工夫，徒费灯烛。有求未得，莫废科业。再振家风，金清冰白。

《象》曰：何处风来递暗香，夜生秋月倍生光。梧桐一叶飘金井，时入从魁百事昌（至秋吉）。

此重审之课，一曰玄胎。夫重审者，重而审之也。利为主，利后动，长有厄，事从内起，起于女人。以下犯上，卑犯尊，贱役贵，事多不顺。阴小在下者，有悖逆之事。占臣未忠，子失孝，事不可遂意而行，必当审察，循乎义理，庶几以免后患也。传见泆女，《经》云："天后常为厌斁神，须知六合是私门。二将取名称泆女，夫妻失友异情恩。"此乃阴私暗昧不明之象，男女不正之意。占婚无媒，或媒妁不明，占男女不正，多私意，占家宅宜慎闺门。玄胎如婴儿隐伏之象，利上不利下，事主远而多伏，暗昧不通，触则成祸，惟君子守正修德则亨。且孤辰有茕茕孑立之象，占人别离桑梓，凡所占谋，多虚少实，功名难遂，事业虚花。占者遇之此课，干上乘空，初中不实，末传昼夜天将皆无可倚。故得此课者，求官难遂。婚姻不成。财利损失。投谒虽和，有名无实。占出行不利。逃者自归。占人未来。公讼不成。暴病即瘥，久病难痊。忧惊患难之事，逢此解释。

占出兵行师得此，有失众之象，昼占虽吉，获金宝之资，而传神无力，所占虽凶，亦有解也。敌使之来，及所闻传报探，多虚少实，不可听信，有误兵机，其功绩亦难立也。

视之不见，听之不闻。

真一山人云：好事何如未易成，凤城晴暖露华清。锦衣富贵终须有，只恐虚声误实情。

《无惑钤》云：己财自费，众人怀惠。倘若夜占，一事无济。

《钤解》曰：申，丙之财也，旬空加干，是见在己财已先费矣。且初申金生中亥，亥水生末寅，寅乘玄虎，长生难倚也，财为众人惠也。夜占财官空陷，长生乘玄，无一事得济也。《集议》：三传递生，初中空，虽有荐举之心，终无荐举之实。

丙子日第十一课

重审　登三天　不结果　交车害

人宅受脱俱招盗　罡塞鬼户任谋为

白	玄	朱	勾
辰	寅	酉	未
寅	子	未	丙

青	白	贵	朱
辰	寅	酉	未
寅	子	未	丙

子	庚	辰	白
兄	壬	午	青
财		申	六	◎

子	庚	辰	青
兄	壬	午	六
财		申	蛇	◎

勾 六 朱 蛇
未 申 酉 戌
青午　　亥贵
空巳　　子后
辰 卯 寅 丑
白 常 玄 阴

朱 蛇 贵 后
未 申 酉 戌
六午　　亥阴
勾巳　　子玄
辰 卯 寅 丑
青 空 白 常

此课名登三天，本主高迁升职，但登不过关。关者，日干也。既不过关，难以升进改官。若跳过关，其进锐，其退速。此课日下有阻，与前课无二（指本日第八课，兄弟俱为服阻），夜占堂上孺人必难久远，白虎入宅，父母乘之故也。及服后，虽得一任差遣，又难终任。父坟棺内水浸，白蚁满蚀，遂成灾咎，不利子孙。冯知丞乃机宜之弟（同在己酉年十月丙子日占，知丞丑时占，机宜戌时占。当年知丞四十二岁，机宜二十三岁，故知丞乃机宜之兄，而诸本俱作其弟，恐是传抄之误）也，课象主服不利，一同因阻服未升迁。及母有事之后，举其棺，欲与父并葬，因视之，只见棺上数十孔，及开棺视之，则满棺泥水，尽被白蚁所蚀，遂不葬。续有阴阳人云："此好地，只因葬高风露。"欲移近（当作低）后葬，先生再占不可。后知丞遂死。夫身在上，自子升起，又是登三天课，升到身边而止，末虽透过身，却乃空亡引过，前去又是空亡，所谓空神茹进。末传与行年又是空亡，只辰午临身而止也（己酉年十月丙子日卯将丑时，冯知丞戊辰生四十二岁占升迁）。

《玉历钤》云：此课辰加寅为用，夜占青龙夹克，白虎空亡，凡百所用不成，但免凶咎而已。

《毕法》云：此课支干上皆乘脱气，凡占财物，被人诓骗，畜产被灾损失，盗贼发生，疾病时作，屋舍亦必倾摧，人宅俱衰也。

上神盗日，辰上克日上。

课名重审、间传。罡塞鬼门，第四课用，凡事迟缓。支墓用，主再。又名登三天，至危至险之课，幸得申为空亡解之，虽不凶，亦不足用。

《义》曰：暗昧私祷，秘密方好。事干天庭，声名不小。金风初动，斯时得令。过却此时，始终未定。

《象》曰：世人欲作上天梯，虽有奇才力莫施。假使鲁班重在世，也应空费巧心机。

此重审之课。夫重审者，重而审之也。利为主，利后动，长有厄，事从内起，起于女人。以下犯上，卑犯尊，贱役贵，事多不顺。阴小在下者，有悖逆之事。占臣未忠，子失孝，事不可遂意而行，必当审察，循乎义理，庶几以免后患也。励德，阴小有灾，此名关隔神，常人占此，身宅不安，宜谢土神，贵吏则主升迁，小吏定见迍否，要当消息而论。辰午申为登三天也，《经》曰："辰午申为用，三天不可登。病死遭刑极，讼须省部评。"此课如登天，凡事作难，利占天庭大事，利大人，不利常人。又曰：罡塞鬼户，宜私求暗昧，书符、合药、探病之事。日生上神，虚费百出，谋望不遂，失盗损财，人口衰残，休囚尤重，又为子孙脱漏之事。占者遇之此课，求官、见贵、交易、求财、婚姻、投谒、干用，未得成就，设使有成，终见不美。暴病易瘥，久病难痊。失脱难寻。出行无吉无凶。逃亡自归，目下阻隔。捕盗难获。公讼不成，成者易解。凡占百事，有始无终。忧疑患难者，得此为福。

占出兵行师得此，昼占不吉，有败绩之象，夜占大胜，得宝货与图书。

利为主，利后动。宜设暗计，举动之间，多见艰难，亦见粮储匮乏，虚费之多。大抵吉不成吉，有凶亦解之也。

升天之难，不利小就。

真一山人云：进退人情未见全，三传间隔必迟延。惟宜极品天庭事，也待秋高七月天。

《无惑钤》云：交车六害，各怀觊觎。传脱刃空，全无倚赖。

《钤解》曰：子未巳寅，支干交互六害，是我先立意害于他人，殊不知他已辨己意而相害我也。非各怀觊觎而何？何异市上牙行之人？三传初脱、中刃、末空，全无倚赖也。

丙子日第十二课

比用　知一　顺连茹

```
玄 阴 勾 青        白 常 朱 六
寅 丑 未 午        寅 丑 未 午
丑 子 午 丙        丑 子 午 丙


父 戊寅 玄        父 戊寅 白
父 己卯 常        父 己卯 空
子 庚辰 白        子 庚辰 青


青 勾 六 朱        六 朱 蛇 贵
午 未 申 酉        午 未 申 酉
空巳      戌蛇    勾巳      戌后
白辰      亥贵    青辰      亥阴
卯 寅 丑 子        卯 寅 丑 子
常 玄 阴 后        空 白 常 玄
```

《玉历钤》云：此课寅卯与日辰相刑，然皆木体，为丙日之父母，外凶内吉，求望迟而有成。

《毕法》云：此课三传生其日干，反脱支辰，凡占主人口丰隆而居狭隘之宅也，切不可迁居宽广之处，反生灾咎。干支上神作六害，亦主彼此相害之象。

日上生辰上。

课名知一、连茹。寅卯辰有曲直之体，日辰上、三传互见相生，不合为子，凡事吉，终必有阻。

《义》曰：盗支生干，宅衰人盛。春月得此，声名荣庆。寅卯年占，富贵延绵。更逢吉将，百事争先。

《象》曰：世间万物贵中和，损益时宜乐自多。更喜吉人相助力，定期福禄似春波。

此知一之课。夫知一者，知一而不能知两，知者以为自知、自见，不知为寇仇，故言知一也。以此为用，舍远就近，舍疏就亲，恩中生害，事多起于同类，凡事狐疑，事贵和同乃吉。《经》云："知一课何如，用神今日比。事因同类起，婚姻失谐为。失物亲邻取，逃亡不远离。论讼和允好，为事尚狐疑。"日上见刃，妻灾财损。寅卯辰为进连茹，进中有退，事主欲行不行，欲止不止，节外生枝。进连茹则急而顺溜。占者遇之此课，求官见贵，六害失和，美中不足。婚姻不宜，若勉强成之，终至反目。求财未遂。干事难成。占病凶，尤畏正、二月占，大宜作福修禳，若合寿木以冲化之可也。远行忌，正月犯煞。失脱宜寻觅。托人得宜。不可远行。投谒求取，号曰行役，徒劳费粮裹也。占宅乃人生宅，未尽善也。占讼宜和，彼此两心多忌。占逃自归。

占出兵行师得此，昼占玄武为盗神，主失忧愁，幸不克贼，不为大咎，亦当谨慎，夜占白虎凶将，《赋》曰"白兽败亡而祸起"，亦幸相和，不致甚凶。知此者，出军对垒之先，预为筹算，相机设计，临时尤当随机应变，以转祸为福者，全在将之能也。大抵此课，喜夹定三传生光禄，先泄支，必见失而复得，有助益之美也。

春大吉。

真一山人云：眷属丰盈居宅狭，传中喜得干支夹。无心之事信天成，积德人家福易发。

《无惑钤》云：辰干拱族，所虚者禄。夜贵作空，昼贵履狱。

《钤解》曰：干上乘午，支上丑，内拱寅卯辰三传，所虚者巳乃日禄，盖因禄不足故也。或虚官虚财等，皆因小节不完。酉夜贵，加申落空，亥乃旦贵，临戌入狱，两贵皆无力也。《集议》：丑加子，夜贵常，求望涉水过桥。

丁丑日

丁丑日第一课

伏吟用辰　三奇　稼穑

```
朱 朱 常 常        常 常 朱 朱
丑 丑 未 未        丑 丑 未 未
丑 丑 未 丁        丑 丑 未 丁


子 丁 丑 朱        子 丁 丑 常
子 甲 戌 后        子 甲 戌 后
子 癸 未 常        子 癸 未 朱


空 白 常 玄        勾 六 朱 蛇
巳 午 未 申        巳 午 未 申
青辰     酉阴      青辰     酉贵
勾卯     戌后      空卯     戌后
  寅 丑 子 亥        寅 丑 子 亥
  六 朱 蛇 贵        白 常 玄 阴
```

《玉历钤》云：此课三传上下皆刑，主气象不和，人情乖戾，凡占求干皆无成。

上神盗日，日生三传。

课名伏吟。诸神不动。三传互相刑战，中土为脱体，首尾不相应，费力遭迍，只可求静，宜退不宜进也。

《义》曰：动摇不定，全无和顺。既失人情，岂有本分？静则相宜，动则阻滞。顺乎义理，平心易气。

《象》曰：从兹着意防虚诈，要识人情伪与真。喜怒之间勿肆志，免交悔吝自生嗔。

此自信之课，一曰稼穑。夫自信者，乃天地伏吟，十二神各归本家，天地如一，四伏未发之象。占事静则宜，动则滞，主事藏隐不动，静中求劳，有屈而不伸之象。况稼穑乃重土，艰难之象，常占得此，名曰鲸鲵归涧，凡事逼迫不由己，出若遇雷神，方能变化。《要》曰："稼穑者，五坟也，不宜占病。"一名游子课，《经》曰："四课三传有六丁，不然天马又相并。占身欲出名游子，逃者天涯地角停。"况上神为日生，三传脱干，外勾里连，以应失脱，虚耗百出，谋干不成，盗失损财，人口衰残，休囚尤重，又为子孙脱漏之事。占者遇之此课，求官反复难成。问婚求财，得失相伴。交易托人者，未免终至反目。占病耗损精神，恍惚不宁，暴病犹可，久病凶重。又为纯阴之课，凡占失利，且私暗不明、昏蒙之象，惟宜私祷、干谋暗事，或庶几可成，若干大事及明白之事，皆不利也。远行失脱。公讼宜止，不然以至财物耗散也。逃盗难得。无益有损。惊忧患难，解而似有未解。占事成难，散事易。

占出兵行师得此，凡有传报探事，及敌使之来，皆虚谈不实。昼占不利，夜占虽吉，中有凶，尤畏夫粮匮乏而靡克，宜预备之。此泄气无益之象也。

欲脱不脱之象。

真一山人云：易理昭昭显晦明，发踪指示贵能行。常存节俭中无悔，忧事消忘喜未成。

《无惑钤》云：身动宅从，彼投他容。两丁拱墓，动在静中。

《钤解》曰：自支传干，彼投于己。伏吟有丁，主动。干，丁也，支，亦丁也。凡占，传墓事止。丑旬遁丁，未元遁亦丁，为初末，中戌乃是日墓，两丁夹墓，其动必也。课体稼穑，只宜筑室、开田及墓宅之事。

丁丑日第二课

重审　逆连茹

```
贵 蛇 空 白          阴 玄 勾 六
亥 子 巳 午          亥 子 巳 午
子 丑 午 丁          子 丑 午 丁


官 丙 子 蛇          官 丙 子 玄
官 乙 亥 贵          官 乙 亥 阴
子 甲 戌 后          子 甲 戌 后


青 空 白 常          青 勾 六 朱
辰 巳 午 未          辰 巳 午 未
勾 卯      申 玄     空 卯      申 蛇
六 寅      酉 阴     白 寅      酉 贵
丑 子 亥 戌          丑 子 亥 戌
朱 蛇 贵 后          常 玄 阴 后
```

此课先生曰："令弟年久而得朝郎，奈后不永。吾丈虽未第，而前程未易量也。今禄加身，实阴德所致，日后必然位至郎官。"应曰："何以言之？"先生曰："六仪扶护，三奇拱侍，小则郎官，大则卿相。吾丈有活人大功，上天降福，北斗扶身，三光同照，禄神催逼，即今日食禄也。"先生又曰："人不识此课，将谓退连茹，殊不知六仪朝天，退归乾位，三奇拱贵，日禄扶身，行年并遇，白虎催官，名夺高甲。即日贵人在三奇中，前后拱之，此螣蛇为吉将，非凶神也。"《经》曰："螣蛇未必是凶神，其象如何次贵人。"故螣蛇有贵人前一之称，乃贵人之前锋也。应贡元三十八岁（是为徽宗宣和七年乙巳）因北虏入寇犯京师时，伊在京挟友三十余辈，庇护本家宅眷七十余口，兼不识姓名人三十七人，急以他所乘之舟及朋友之舟载济，应与诸人沿岸而走。先生此课就知其阴德洪大，盖甲戌旬中，戌为六仪加乾位，谓之朝天，亥中有乙，子中有丙，丑中有丁，三奇六仪，退而加亥，连绵不断，方可谓之朝天，若单见之，不用也。何以见阴德而至贵乎？亥为上帝，子为紫微，丑为北斗，皆为阴夜，是为阴德之应也。贡元庚戌年及第，授六江县尉，再授教官得温州，乙卯宗教，至辛酉除左司郎官，癸亥丁服，丙寅又丁服，戊辰秋释服，趋朝除太常少卿，己巳二月除太常太卿，当年权礼部，次年五月卒，六十三岁。[①]

《玉历钤》云：此课子与丑合，为日之官，即是六害，吉中有凶，求官有成，求财等事俱不遂。

《毕法》云：此课干上午为支之胎神，支上子为干之胎神，若更夫妻行年及生气加之，必主妻怀孕喜而有庆也。又干支六合，凡百所作，齐心协力，可以有成。

辰上克日上，用克日，末克初。

课名重审、连茹。事已往而不顺，三传凶吉相伴，欲进不得，欲退不得。末克初，事成费力耳，以初鬼、末墓，而亥为德合居中故也。

《义》曰：守之以道，顺之以礼。如斯行之，斯为美也。螣蛇坠水，虚惊自消。求官未到，人情动摇。

《象》曰：带叶连枝并蒂芳，秋冬畅茂蔼余香。夜来得此多招耗，智者深思漫着量。

此重审之课，一曰天网。夫重审者，重而审之也。利为主，利后动，长有厄，事从内起，起于女人。以下犯上，卑犯尊，贱役贵，事多不顺。阴小在下者，有悖逆之事。占臣未忠，子失孝，事不可遂意而行，必当审察，循乎义理，庶几以免后患也。事防再举，病防再发。况天网者，即天网四张也。《经》云"天网四张，万物被伤"，为阻滞，为疑难，为灾恼。又云："用起占时同克日，四张天网百灾临。"昼占多虚惊不宁，夜占盗失损财，恐人谋害。更见子亥戌为退连茹，退中有进，事主欲行不行，欲止不止，节外生枝，乃迟滞不顺之象。虽见日禄，又被发用克之，此得而后失，美中不美也。占者遇之此课，求官、见贵、托人、交易、远行、投谒者，一无可成，以其主客之不和也。占婚姻得此，不惟不成而已，又见人情乖戾，设使占夫妇，必见失友反目。占财不遂。占病惊恐，或上逆不宁，常占不病则官，而惊惕不安。失物勿寻，破财吉。讼凶，宜止息。逃者自归，夜占不来。

占出兵行师，昼占乃忧心众畏，夜占失物以忧愁，尤为凶也。利为主，利后动，不利先举，不利客兵。用兵者知此。若春夏占犹可，秋冬占尤为彼之有力，得将军年命上乘木土之神方解，若见金水，又未美也。须深谋远虑，

---

① 《壬占汇选》作：建炎己酉年六月丁丑日午将未时，应贡元戊辰生四十二岁占前程。

因时制宜可也（主来人信实，并无虚言，利在于我，以其日上神为传事之人，辰上神为主将故也。夜占更利）。

牵连迟滞。

真一山人云：求官须凭主客和，人心乖戾反奔波。渐看好事门庭喜，得意之时唱凯歌。

《无惑钤》云：昼禄虎边，遂谒三传。随鬼归墓，终受淹缠。

《钤解》曰：午乃丁禄，昼占乘虎，不可守也。遂投三传，随初中子亥之鬼，而入于戌墓之内，中受淹缠昏滞而已。《集议》：子鬼坐克方。

丁丑日第三课

重审　时遁　不结果

阴贵	勾	空
酉	亥	卯	巳
亥	丑	巳	丁

贵	朱	空	常
酉	亥	卯	巳
亥	丑	巳	丁

官　乙亥　贵
财　　酉　阴◎
子　癸未　常⊙

官　乙亥　朱
财　　酉　贵◎
子　癸未　阴⊙

勾	青	空	白
卯	辰	巳	午
六寅		未常	
朱丑		申玄	
子	亥	戌	酉
蛇	贵	后	阴

空	白	常	玄
卯	辰	巳	午
青寅		未阴	
勾丑		申后	
子	亥	戌	酉
六	朱	蛇	贵

《玉历钤》云：此课用神乃日德，初末二传丁壬相合，求见参谒，气象最和，人情喜顺。但日辰之上巳亥相冲，作事大概费力。

《毕法》云：四课干上巳乃丑之绝神，支上亥乃丁之绝神，递互作绝，占宜两相更换文字，或兑替差遣、交代职任。又云：夜占朱雀临亥加丑为用，乃朱雀内战，凡占必有文字之事作扰。又云：中传酉乃夜贵加昼贵之上，又值空亡，凡占不宜见贵，若强求谒，非不容见，必致其怒。

辰上克日上，用克日，用克日上，末克初。

课名重审、间传。宜结绝旧事，难以图新。用为日德合，末传未，见丁壬合。日辰上巳亥冲克，凡事费力不如意，中末空亡，亦速不宜迟也。

《义》曰：靡不有初，鲜克有终。既施贵力，又忌空亡。喜也莫喜，忧也勿忧。成则未成，败则无谋。

《象》曰：负汲挑担远谐京，文章献策有声名。纵横礼乐三千字，未许临时登圣明。

此重审之课。夫重审者，重而审之也。利为主，利后动，长有厄，事从内起，起于女人。以下犯上，卑犯尊，贱役贵，事多不顺。阴小在下者，有悖逆之事。占臣未忠，子失孝，事不可遂意而行，必当审察，循乎义理，庶几以免后患也。事防再举，病防再发。病有上逆不顺，必见干呕恶心。况亥酉未乃退间传也，间者，隔也。占事凶者，宜退入空乡，不为害也；吉事退则见阻疑难，然而先难后易也。此课如羝羊触藩，进退两难，无如之奈何也。其中传乘空，末落空，号曰有始无终，苗而不秀，秀而不实，凡事所占，亦无用耳，吉不能为其福，凶不能为之祸。忧疑、患难、囚系逢此者，却能解散，必素有阴德为善之人可也。干支传神皆入于阴，昏迷暗昧之象，虽有遍地贵人，岂能成事耶？占者遇之此课，求官见贵难成。交易、投谒、远行、问信、谋干、求财、婚姻、买奴婢，不惟难成，而抑且无益于事也。

占出兵行师得此，昼占虽有开地千里之功，夜占固知军戎见耻，但传归空脱，则吉凶无可依也。用兵者知此，则自然有所权变也。

事多不果。

真一山人云：百炼千磨夜有光，莫邪金水配柔刚。虽然一顾千金价，飞入延平潭底藏。

《无惑钤》云：遍地贵人，利见为荣。合居卯位，六处纯阴。

《钤解》曰：亥乃昼贵，酉乃夜贵，见于三传、四课，又在初传、中传，所谓遍地贵人。但利于谒见，不利于倚托干事，主事不归一，反无依倚。

《毕法》云："课传俱贵转无依"者是也。有官人占之，主在任多差遣，或权摄所委不一，凡占宜私谋阴干，不利公，六阴相继故也。占人年命在卯，上见丑，与巳、中传酉为三合则吉。干支互绝，最宜两相退换屋宇，兑替差遣，交代职任事。夜占朱雀内战，家有口舌文书、火烛惊忧。时遁诗于后："亥酉未用为时遁，时不利兮遁闭之。君子守待时来吉，小人灾害谨防危。"

丁丑日第四课

昂星俯视　冬蛇掩目
彼此猜忌害相随

```
常 后 朱 青        阴 蛇 勾 白
未 戌 丑 辰        未 戌 丑 辰
戌 丑 辰 丁        戌 丑 辰 丁


官 丙子 蛇        官 丙子 六
子 庚辰 青        子 庚辰 白
子 甲戌 后        子 甲戌 蛇


六 勾 青 空        青 空 白 常
寅 卯 辰 巳        寅 卯 辰 巳
朱丑      午白     勾丑      午玄
蛇子      未常     六子      未阴
亥 戌 酉 申        亥 戌 酉 申
贵 后 阴 玄        朱 蛇 贵 后
```

《玉历钤》云：此课日上犯刑冲，兼是昂星，主气象不和，人情不顺，占见贵求望，一切皆不宜用。

《毕法》云：此课干上辰，夜占白虎加日，又是虎视，前后有虎，必主惊危，占者慎则无虞，怠则有伤。何也？夫滟滪、吕梁之险，天下之至险也，舟行其间而无恙，由能慎之故也。长江大河，或谓无滞，而反倾覆者，怠忽故也。

上神盗日，用克日，日上克用，末克初。

课名昂星。课体已凶，况子为日鬼，辰为支墓，戌为干墓，二墓交加，干支可谓凶之甚也，凡事主惊恐。

《义》曰：蛰虫培户，时乃避藏。冬蛇掩目，贵在提防。事固惊蛰，终不见伤。忧心悄悄，靡时已长。

《象》曰：持身端谨保无虞，抱道栖身乐自怡。如遇兢兢还坦坦，声名才德重当时。

　　此昴星之课，一曰天网，亦曰龙战。夫昴星者，酉也，酉中有昴日鸡，故以酉为天之私门，肃杀之地，故仰俯取之。又为冬蛇掩目，藏蛰不动，提防暗昧忧惊，宜见空亡以解之。况"天网四张，万物被伤"，为阻滞，为疑难，为灾恼。传见龙战，主人心疑惑，进寸退尺，动有乖离之象。卯酉为天之私门，生杀有限，分杜有期，雷动龙奔，示其有战。又曰：冬蛇掩目，虚惊而终不妨身。日生上神，虚费百出，谋望难成，盗失损财，人口衰败，休囚尤重，又为子孙脱漏之事。凡占得此，未免先见惊忧、恐惧之象。占者遇之此课，求官见贵，惊疑未宁，始终难成，虽成无益于占者之人也。婚姻不成，夫妇不和，终至反目。占财者有，恐因财而惹不足之叹。占病逢之，暴病则吉，久病必凶。梦多惊恐。公讼不利，宜容忍以和，盖先凶而后吉也。逃盗难获。诸占未见喜美，惊忧患难者却有福德之美也。

　　占出兵行师得此，昼占忧心众畏而不宁，夜占获金宝之美利，中末传脱，亦谓之有始无终也。用兵者，宜详审而密察焉。

　　难成易释。

　　真一山人云：莫道儒冠多误身，鸡窗着力用精神。从今再假三冬至，高掇巍科继缙绅。

　　《无惑钤》云：递相暗昧，各甘其晦。魁罡乘丁，如骑虎背。

　　《钤解》曰：干上乃支墓，支上乃干墓，各甘暗晦，《毕法》有"天网恢恢"之喻。魁罡主动，而丁又动变之神，魁罡乘丁，其凶猛如乘虎背也。人宅坐墓。《毕法》云："虎视逢虎力难施"，又"干支乘墓各昏迷"。

丁丑日第五课

元首　从革　六阴　寡宿　不结果　金局

```
空 阴 贵 勾          常 贵 朱 空
巳 酉 亥 卯          巳 酉 亥 卯
酉 丑 卯 丁          酉 丑 卯 丁


兄 辛 巳 空 ⊙        兄 辛 巳 常 ⊙
子 丁 丑 朱          子 丁 丑 勾
财    酉 阴 ◎        财    酉 贵 ◎


朱 六 勾 青          勾 青 空 白
丑 寅 卯 辰          丑 寅 卯 辰
蛇子      巳空       六子      巳常
贵亥      午白       朱亥      午玄
戊 酉 申 未          戊 酉 申 未
后 阴 玄 常          蛇 贵 后 阴
```

《玉历钤》云：此课日上有亥卯未，辰上有巳酉丑，皆三合也，然日辰天盘卯酉相冲，外吉内凶，外君子、内小人，况丁日见阴金，凡占不利，反复阻隔，不宜用也。

《毕法》云：此课三传为日之财，来伤于日上卯，卯乃丁之父母也，占者必因财有妨生计，致长上灾殃，或被妻妾干犯翁姑，皆妻财之咎也。

上神生日，辰上克日上，初克末。

课名元首、从革。日克三传为全财，有革故鼎新之象，不利占尊长，惟是酉乃空亡，谋二事，革三事，有始无终，宛转托人，终亦费力，若占忧亦无凶。

《义》曰：初终传空，少始无终。可惜工夫，树底捕蜂。起于不实，成于虚华。中间破碎，惹得咨嗟。

《象》曰：上门成就助精神，谁料三传又未宁。用尽机关何所赖，到头事业未能成。

此元首之课，一曰龙战，亦曰从革，又曰励德。夫元首者，尊制卑，贵役贱之象。凡事多顺，利于先举，事多起于男子。为臣忠，为子孝，正大光明而无邪僻之行，德业已著而乾乾进修，常怀忧惧，惕励而无咎也。况龙战，主人心疑惑，进寸退尺，动有乖离之象。卯酉为天之私门，生杀有限，分杜有期，雷动龙奔，示其有战。传见从革，从革者，先从而后革也。凡事阻隔，有气则革而进益，无气则革而退失。一曰兵革，一曰金铁。大抵五行正气入十干杂糅之乡，异方三合乃生旺墓之神，事主丛杂不一，主关众人共谋，不然两三处干事，委曲托人与人相合之类。况励德，阴小有灾，此名关隔神，常人占此，身宅不安，宜谢土神，贵吏则主升迁，小吏则当迍否，要当消息而论。却喜有人上门生我、助我，亦不得待我之求也。凡占得此者，所干所求，如捕风捉影，徒劳精神，十无一成，假使成一，又见虚华不如意也。惟利乎患难、惊恐、暴病及解罪脱身之事，却为福星也。

占出兵行师，事多不成，无凶无吉，虽曰失众，谨之则无伤矣。

梦幻泡影。

真一山人云：事在虚无飘渺间，纵饶赢得亦闲闲。忧疑患难浑无事，高枕宽怀梦亦安。

《无惑钤》云：小利先施，大财必归。传空将士，重重娶妻。

《钤解》曰：干，自己也；支，他人也。酉乃我之财也，酉加丑乃空财，是我之小利先施于彼也，遂致巳加于酉而合成金局，其大财则归于我也。三传虽空脱，而得夜将土生，财皆实也。辰课及传皆合金局，所以重重娶妻也。《集议》：支干互乘死神。干上卯为父母爻，岂宜三传金局之财来伤卯木？此例方可言父母灾，或求财而有妨生计，或被妻逆其翁姑，此占二事尤的。

丁丑日第六课

重审　斫轮伤斧

```
勾 玄 阴 六          空 后 贵 青
卯 申 酉 寅          卯 申 酉 寅
申 丑 寅 丁          申 丑 寅 丁


父 己卯 勾 ⊙        父 己卯 空 ⊙
子 甲戌 后          子 甲戌 蛇
兄 辛巳 空          兄 辛巳 常


蛇 朱 六 勾          六 勾 青 空
子 丑 寅 卯          子 丑 寅 卯
贵亥      辰青      朱亥      辰白
后戌      巳空      蛇戌      巳常
  酉 申 未 午          酉 申 未 午
  阴 玄 常 白          贵 后 阴 玄
```

《玉历钤》云：此课斫轮，卯加申发用，三传无战克，气相中和，人情协顺，凡占吉利。

《毕法》云：此课卯临申空，而卯不空，卯非朽木，空金不能斫削，凡占宜改弦易辙，别求施为，不可守旧也。

上神生日，辰上克日上。

课名重审、斫轮、四绝。卯加申空为伤斧，中为日墓，首不应尾，必费力，可结绝旧事，托人重进方可，终不成也。

《义》曰：用起无力，事初止息。渐渐亨喜，天空嘹唳。凡此厥初，无有不善。反躬自责，忠孝者见。

《象》曰：未遇风云且待时，天生财气自然奇。穷经不为谋身计，济世安民志有余。

此重审之卦，一曰斫轮，亦曰铸印。夫重审者，重而审之也。利为主，利后动，长有厄，事从内起，起于女人。以下犯上，贱役贵，卑犯尊，事多不顺。阴小在下者，有悖逆之事。占臣未忠，子失孝，事不可遂意而行，必当审察，循乎义理，庶几以免后患也。传见斫轮，《经》曰："欲之斫轮，车临斧斤。"又曰："庚申共处为斤斧，卯为单称立作车。太冲作用来金上，斫削修轮官爵除。传见太阴并印绶，六合青龙福庆宜。"又曰："天魁是印何为铸？临于巳丙冶之名。中有太冲车又载，铸印乘轩官禄成。"不见太阴天马，即非真体，常人反生灾咎，且为事钝。以上吉凶之论，皆为发用无力而解也。占者遇之此课，求官难，《经》云"再造能成"。见贵不顺。婚姻不宜，有私情不明之象。占家宅、占身，皆未清正，或隐奸私于家，及有奔亡之象。求财不遂。交易难成。投谒人不喜。托人无始终。暴病吉，久病凶。凡事屈而不伸。

占出兵行师得此，昼占乃战士折伤，夜占乃君臣被毁，又云"有失众之象"。惟其传用空亡，其难中有易，吉中有凶，亦消散也，故曰"凶不凶，视破冲"。为将者，不可不知斯。

事起虚声。

真一山人云：事到难时君莫厌，得失中间有更变。朽木安能斫削成，别有良材架宫殿。

《无惑钤》云：木坐空金，不能斫轮。事须败坏，再造方成。

《钤解》曰：朽木。申金旬空，卯木坐于其上，难为斫轮，但朽木难雕。丁火败于卯，巳又支破碎，谋事虽不得成就，若出旬申实，再造可以成也。愚按：《毕法》云"朽木难雕，宜改科别业"，如甲辰旬庚戌日，卯加申是也。此丁丑日，系甲戌旬，申金空也，卯木不空，亦非朽木难雕，似未当。况末句又曰"再造能成"，既云"朽木难雕"，终不成用也，如何再造？愚谓：申金既空，乃斧斤不利，木非朽也，若待出旬，申金有力，再加斫削之功，轮斯成矣，谓之"再造能成"，不亦可乎？《集议》：申金空，卯夜乘天空，只可谓"空上逢空事莫追"可也。

丁丑日第七课

反吟　井栏射

脱上逢脱防虚诈　六阴相继尽昏迷

```
阴 勾 勾 阴          勾 阴 阴 勾
丑 未 未 丑          丑 未 未 丑
未 丑 丑 丁          未 丑 丑 丁


官 乙 亥 贵          官 乙 亥 朱
子 癸 未 勾          子 癸 未 阴
子 丁 丑 阴          子 丁 丑 勾


  贵 后 阴 玄          朱 六 勾 青
  亥 子 丑 寅          亥 子 丑 寅
蛇 戌      卯 常      蛇 戌      卯 空
朱 酉      辰 白      贵 酉      辰 白
  申 未 午 巳          申 未 午 巳
  六 勾 青 空          后 阴 玄 常
```

《玉历钤》云：此课虽反吟、井栏射，却日德发用，凶中有吉，凡占先难后成。

上神盗日，用克日。

课名井栏射。反吟其体本动，然皆加辰，丁德于亥，丑未不离辰，凶反为吉，阴秘勾留，未能决去就。此课传归日辰相会，事皆有成，只不利久。

《义》曰：动为滞碍，难成未快。若论公平，贵人嗔怪。情意未合，厚而反薄。私欲固蔽，天理真灼。

《象》曰：不为家贫卖宝刀，机关用尽亦徒劳。抱身守拙心勿伪，还拟名成迈富豪。

此无依之课，一曰天网。夫无依者，即反吟也。《经》云："无依是反吟，逃者远追寻。合者应分散，安巢别改林。守官须易位，结友也分襟。所为多反复，占病数般侵。"反吟刑冲，事主迟滞，远近系心，更相仇怨，且反复而呻吟，是无予夺而难息。天网者，即天网四张也。《经》曰"天网四张，万物被伤",为阻滞,为疑难,为灾恼。况丑加丁,盗干之气,日生上神,而未免虚费百出,盗失损财,人口衰残,休囚尤重,谋干不遂,又为子孙脱漏之事。占者遇之此课,求官见贵反复,忻而欲成之象。婚姻难成,必见反复而失友也。求财难便入手。占病非一端之症,反复不常,寒热往来。失脱难得。远行出入,欲行不行,欲止不止。占讼贵人不喜,或经两处官司不常。逃亡自归,自心反复,欲来不来,而终必归。

占出兵行师得此,昼占乃曰开地千里,以其天乙贵人之发用也,夜占朱雀口舌之神,主多言词而军戎见耻也。亦不免反复变改,或东而西,或南而北,欲易而难,且成又破。大抵反吟,事无常体,值此课当随机应变,不失用兵之道也。

变易不一。

真一山人云:仰不愧天俯不怍,如此器器真快乐。自然分定莫由人,路过崎岖坦坦硕。

《无惑钤》云:动意先有,宾主相就。契义难忘,欢忻如旧。

《钤解》曰:丁主动。干上丁也,支上亦丁也。加丑于干,干临于支,是意已先动,而彼此相就也。初亥乃壬丁相合,中末未丑,往来稠密,契义则难忘矣。中末课两丁,相加入传,又两丁相通,其欢忻之情,如旧而不改也。德神在亥,能解凶祸。反吟无克号无亲,此课为凶不可论。亲者反疏忻复怒,上下相疑内外嗔。若见魁罡辰日上,动遭险阻不胜遮。

丁丑日第八课

重审　铸印　乘轩

权摄不正禄临支　　彼此猜忌害相随

```
贵 青 空 后          朱 玄 常 六
亥 午 巳 子          亥 午 巳 子
午 丑 子 丁          午 丑 子 丁


兄 辛 巳 空          兄 辛 巳 常
子 甲 戌 蛇          子 甲 戌 蛇
父 己 卯 常          父 己 卯 空


蛇 贵 后 阴          蛇 朱 六 勾
戌 亥 子 丑          戌 亥 子 丑
朱 酉       寅 玄    贵 酉       寅 青
六 申       卯 常    后 申       卯 空
未 午 巳 辰          未 午 巳 辰
勾 青 空 白          阴 玄 常 白
```

《玉历钤》云：此课三传俱合，又是铸印，用之百事无成者，盖以日辰上见子午，上下并为六害，气象不和，人情乖戾，一切皆不可用。

上神克日，日上克辰上，日上克用。

课名重审。铸印本吉，丁日戌可铸，但戌为忧狱在中，首尾不一，凡占有阻，宜宛转托人可进，图之可成，但戌为忧狱，图之凶中吉也。

《义》曰：水火相加，事理交差。课中值此，且莫嗟呀。人情欠睦，谓之不足。循理守正，后必蒙福。

《象》曰：荆山美玉羡生奇，价值连城信不如。何事其中生玷缺，琢磨还要显光辉。

此重审之课，一曰铸印。夫重审者，重而审之也。利为主，利后动，长有厄，事从内起，起于女人。阴小在下者，有悖逆之事。占臣未忠，占子失孝，事不可遂意而行，必当审察，循乎义理，庶几以免后患也。传见铸印，《经》云："天魁是印何为铸？临于巳丙冶之名。中有太冲车又载，铸印乘轩官禄成。"不见太阴天马，即非真体，常人反生灾咎，且为事迟钝。干上神克支上神，只利先讼，要有气，余不吉。占病有鬼祟。讼凶。常占为人所欺负，或口舌不宁。日是人相损，夜乃鬼为殃，旺相可，囚死立至，防鬼贼侵害。占者遇之此课，求官见贵得此最为吉，以其有铸印乘轩，尤惜未全真体。婚姻不宜，若勉强成之，不为失友，抑且难于悠远也。交易不顺。投谒人不喜。求财初难中顺。占病若非三两证，必反复不一。远行且止。忌占公讼，经两处官司，多凶少吉，先难后易。逃亡者远寻，目下难获，终见自归。

若出兵行师得此，昼占得天空欺诈之神，故云君臣被毁，夜占乃太常饮食之神，为稍吉，知军旅之安荣。若敌使之来，其所言及传报，未可凭信，以其有欺我之象。大抵用兵之道，贵乎通变，观时宜而应变，尤防阴小不足侵扰也。

主客不和，求事难成。

真一山人云：铸印乘轩遇者稀，太阴天马见为奇。可怜不得逢真体，成败于今未可知。

《无惑钤》云：彼己不足，然后和睦。不过貌恭，赖仆去祸。

《钤解》曰：禄临支，宅脱之。子未午丑相害，彼己先已不足也。子与丑合，午与未合，然后和睦。虽然和睦，却又子午相冲，丑未相冲，其和睦不过貌恭而已。子水仍旧克其丁干，惟赖中传戌土遥制子水。戌，仆也，是赖奴仆之力以去祸也。《集议》：巳加子，传墓入墓，自明入暗，如人下井，一脚深，一脚浅，健入昏迷，病者即死，行人即来，占贼必获。

丁丑日第九课

重审　从革　寡宿　六阴
二贵受克难干贵

```
朱 空 常 贵          贵 勾 空 阴
酉 巳 卯 亥          酉 巳 卯 亥
巳 丑 亥 丁          巳 丑 亥 丁


财　  酉 朱 ◎        财　  酉 贵 ◎
子 丁 丑 阴 ⊙        子 丁 丑 常 ⊙
兄 辛 巳 空          兄 辛 巳 勾


朱 蛇 贵 后          贵 后 阴 玄
酉 戌 亥 子          酉 戌 亥 子
六 申      丑 阴     蛇 申      丑 常
勾 未      寅 玄     朱 未      寅 白
午 巳 辰 卯          午 巳 辰 卯
青 空 白 常          六 勾 青 空
```

《玉历钤》云：此课丁日，金神三合，亦不可用，又兼用神空亡，虽不至凶，亦不可用也。

《毕法》云：此课三传日财，而生干上之鬼以伤其日，正如虎口中之物、利刃上之蜜，诚不可探、不可舔，识事君子见此财实自危险中来，以礼制欲，弗取庶免凶害。又酉生亥为生贵人，利占长生，君子占此，宜静守修德可也。又云：酉加巳为发用，酉为丁财，而次传见丑，为财入墓，又况干上有鬼，若取其财，正为劫墓得财，必被鬼伤也。

上神克日，日上克辰上，日克用，日上克末传。

课名重审、从革。日克三传为财，宜更改变易，以取革故鼎新之意。然后有空亡，虽德神加日，反作日马，须革手出，先难后易。

《义》曰：本是和合，妄为激搏。两贵受制，公中销烁。争如静守，自然快乐。勉强为之，徒教奔波。

《象》曰：从革三方生旺墓，病伤筋骨肺痨心。占人孤独离桑梓，谋事难成待好音。

此重审之课，一曰寡宿，亦曰从革。夫重审者，重而审之也。利为主，利后动，长有厄，事从内起，起于女人。以下犯上，贱犯贵，卑犯尊，事多不顺。阴小在下者，有悖逆之事。占臣未忠，子失孝，事不可遂意而行，必当审察，循乎义理，庶几以免后患也。传见寡宿，《赋》云："寡宿孤辰，值此尤妨骨肉。"占身得此，主见孤独，别离乡井，自立门户，财物虚耗，僧道宜之，俗不宜也。此十干不到之地，五行空脱之乡，能灭凶神，能散奇祸，能解惊忧，官位逢之，须当改任。况从革者，先从而后革也。凡事阻隔，有气则革而进益，无气则隔而退失。一曰兵革，一曰金铁。大抵五行正气入十干杂糅之乡，异方三合是生旺墓之神，事主丛杂不一，主关众人共谋，不然两三处干事，委曲托人与人相合之类。又如推磨之象，转去转来非一遍也。占者遇之，凡事起于蓦然，有声而无实也。求官、见贵、交易、婚姻、远行、投谒、逃亡、捕盗、谋望、托人，诸占难成，惟能解散凶事，忧者喜而望者失。暴病不成，久病不吉。

占出兵行师，有失众之象，虽有阻隔不顺，亦到底吉不甚吉，凶不成凶。大抵此课，敌使之来，及所传报，多虚而少实，当详察而随宜应变可也。

破合无益。

真一山人云：久病难痊暴病生，兢兢履虎莫忧惊。吉人终感神明祐，祸散灾消事不成。

《无惑钤》云：传生亥鬼，夜将无畏。两贵受伤，亡财再至。

《钤解》曰：传合金局，生起干上亥鬼，夜将纯土克之，庶不畏也。昼贵临未，执拗受克，夜贵临巳，空亡破伤，不可干也。三传俱空，财已亡也，夜将生起，又复得之。《集议》：传财化鬼财休觅。财入墓得。

丁丑日第十课

俯视昴星　冬蛇掩目　闭口

彼此猜忌害相随（戌未辰丑相破，不是害）

```
勾 白 阴 蛇          朱 青 常 后
未 辰 丑 戌          未 辰 丑 戌
辰 丑 戌 丁          辰 丑 戌 丁


兄 壬 午 青          兄 壬 午 六
子 甲 戌 蛇          子 甲 戌 后
子 庚 辰 白          子 庚 辰 青


六 朱 蛇 贵          蛇 贵 后 阴
申 酉 戌 亥          申 酉 戌 亥
勾未     子后        朱未     子玄
青午     丑阴        六午     丑常
巳 辰 卯 寅          巳 辰 卯 寅
空 白 常 玄          勾 青 空 白
```

《预见经》曰：此课卜宅，主其人宅内有伏埋珍宝，曾见光影，又有伏尸，主妇人多灾。何以言之？曰：此课是昴星俯视，初有青龙，加午为财宝。丁火见螣蛇为怪，未为地煞，上见天光（天光煞，正申行十二月起支），为光明之怪。未与辰为五墓（春未、夏戌、秋丑、冬辰），辰又为地狱煞（春辰、夏午、秋戌、冬子），伏尸之象。故言伏埋财宝，曾见光影，又有伏尸。午为妇女，在初传之上，上见六合，丁日火局，主妇人不利也。

《玉历钤》云：此课犯冲刑破害，凡事不可用。

《毕法》云：此课干坐于支墓之上，支坐于干墓之上，乃彼此各招昏晦，不宜倚托，"彼愚我昏"故也。又干与支全被上神昏墓，如入浓雾中，如坐暗室内，人既不爽，宅亦沉昏，人宅俱不亨泰也。

上神盗日。

课名昴星。日辰上见墓，忿闷灾危。虽午为日禄发用，恐因喜成忧，只利出行求望，其他凶，终不可以吉论。

《义》曰：冬蛇掩目，虚惊碌碌。日禄加破，终知不足。凡谋顺正，勉强无用。彼此不和，人情岂顺？

《象》曰：人迷宅暗欲如何？事未亨通滞碍多。若是夜间占得此，婚姻男女惹吟哦。

此昴星之课，一曰洗女。夫昴星者，酉中有昴日鸡，故酉下为用。酉为天之私门，肃杀之地，故仰俯取之。又为冬蛇掩目，藏蛰不动，提防暗昧忧惊，宜见空亡解之可也。夜占传见天后、六合为洗女，《经》曰："天后常为厌翳神，须知六合是私门。二将取名称洗女，夫妻失友异情恩。"夫洗女乃不正之象，阴私邪淫，占男女有暗昧之理，占家宅宜谨慎闺门，以防阴小越礼，惟能以礼自防者可化之。日生上神，虚费百出，盗失损财，人口衰残，谋望不遂，休囚尤重，又为子孙脱漏之事。又曰：冬蛇掩目，虚惊而终不妨身，正此谓也。况干支皆乘墓神，如人处云雾之中，昏蒙而无所见，占宅无光辉，多是黑暗之室，凡占彼此皆不亨通。占者遇之此课，乃日禄发用，母传其子也。求官见贵虽顺，而美中不足。婚姻见洗女不宜。占财虽有，虑人阻破。占病有解。公讼散。生娩难得。远行、投人，两不如意。逃亡自归。占盗难获。

占出兵行师得此者，多见诈虚不实，彼此昏蒙暗昧，昼占为青龙，大胜得宝货与图书，夜占六合，尤宜获金宝之美利。大抵此课，诸占吉者多而凶者少，成者众而败者寡。用占者不可不知。

真一山人云：百虑千谋费尽心，无荣无辱自呻吟。坚持心志行中正，竚听行人报好音。

《无惑钤》云：干支墓苦，昼夜逢虎。两贵皆空，累无少补。

《钤解》曰：干支墓覆，而逢蛇虎，不正昏暗，病讼不能免也。夜贵旬空，昼贵落空，初无少补也。《集议》：干支乘墓各昏迷。两贵皆空虚喜期。虎视逢虎，且干支乘墓，最凶。

丁丑日第十一课

重审　凝阴　天狱

```
空 常 贵 朱              勾 空 阴 贵
巳 卯 亥 酉              巳 卯 亥 酉
卯 丑 酉 丁              卯 丑 酉 丁


财   酉 朱 ◎           财   酉 贵 ◎
官 乙 亥 贵 ⊙          官 乙 亥 阴 ⊙
子 丁 丑 阴            子 丁 丑 常


勾 六 朱 蛇            朱 蛇 贵 后
未 申 酉 戌            未 申 酉 戌
青 午     亥 贵        六 午     亥 阴
空 巳     子 后        勾 巳     子 玄
辰 卯 寅 丑            辰 卯 寅 丑
白 常 玄 阴            青 空 白 常
```

此课先生曰："寺簿年少，官至朝郎，可谓世所难及，以课观之，意不如此。夫执一者不为多图，多图者不知执一。今满局皆贵人，是多谋也。身与初中皆空，末又墓初，谋十不得其一，是徒费心也。日上发用，传归亥上，是日去就绝。宅神丑又加亥，本家受卯木克制，盖丁火败于卯，丑土死于卯，此非是酒色事，只缘不合上书或奏对，不合上意，遂至于此。"寺簿惊曰："现修十条欲献，非此乎？"先生曰："献此即海外客也。"寺簿曰："某若不献此书，其他有何祸福？"先生曰："其事有三：一者宠妾而弃其妻，二者不敬其母，三者与母隔别，所以灭前程也。若能修此三者，尚有好处，福可崇矣。"应寺簿建言十条欲上，内四条言地利及用兵，兼言岳侯、刘四相等，或死或窜，实出无辜。时秦桧正恶此说，若非先生明言，必至死窜。盖日上见太岁作雀，是欲上书也。日贵作鬼，加太岁上克日，是上书必为秦桧所害也。三传及日阴阳，两处皆是贵人，是贵多不贵，谋十不得其一也。丁日以申为妻，而申空亡，酉为婢妾，而作夜贵人加于妻宫，所谓宠妾而弃其妻也。丁以卯为母，母是新化而加支，被妾酉制之，是宠妾而不敬其母也。卯之本宫见巳，会起酉丑金局克母，卯木不能安身，是子母离隔，居食不能同，遂致丁火死于酉、绝于亥、败于卯，造化有不容也。[①]

《玉历钤》云：此课发用空亡，虽中传有德神，一切事皆虚无渺茫，用之无成。

《毕法》云：酉为夜贵加干，却是空亡，亥为昼贵中传，却落地空，此二贵俱空也。若占谒贵，不见面，干谒投献，皆是虚象。凡占皆为虚喜也。又云：干上酉为丁火之死气，支上卯为丑土之死气，干支各乘死气，凡占不宜动用，止宜守静可也。

日克上神，日上克辰上，日克用。

课名重审、间传。二贵入传，凶中有吉。盖酉为空亡，酉加丁，主更改，但恐以空亡而不成耳，亦不凶。

《义》曰：既空又脱，聊无捉摸。仲秋乘令，斯时矍铄。寡宿孤辰，骨肉离分。惟宜僧道，士俗难任。

《象》曰：十谒朱门九不开，满头风雪却归来。眼前莫厌人难遇，次第功名管称怀。

此重审之课，一曰寡宿。夫重审者，重而审之也。利为主，利后动，长有厄，事从内起，起于女人。以下犯上，贱役贵，卑犯尊，事多不顺。阴小在下者，有悖逆之事。占臣未忠，子失孝，事不可遂意而行，必当审察，循乎义理，庶几以免后患也。传见寡宿孤辰，值此尤妨骨肉。若占身得此，主见孤独，别离乡井，自立门户，财物虚耗，僧道宜之，俗不宜也。此十干不到之地，五行空脱之乡，能灭凶神，能散仇怨。官位逢之须改任，出行宜防损失，所闻言词亦多不实，占宅舍虚耗不足。占者遇之此课，求官见贵不和悦，事多起于虚谈而无实也。又为进间传，乃间隔之象。若婚姻求财，一无可成。或投谒交易，两有未济。暴病遇之者为福，久病得之者为殃。公讼、囚系、惊恐、患难，立见解散。失脱难得。占远行不利。望人未来。逃亡自归，目下未得。

占出兵行师得此，昼占朱雀多词，虑军戎之见耻，夜占贵人，举兵开地千里。虽然此论，发用传空，反有失众之象，尤见敌使传报言词诳诞，甚勿为其所欺诬也。

谋望未迟。

真一山人云：东风匹马上长安，满眼韶华景色阑。欲向明园问消息，柴

---

① 《壬占汇选》作：建炎己酉年六月丁丑日午将辰时，应寺簿甲戌生三十六岁占前程。

门寂寂久重关。

《无惑钤》云：身鬼空死，求财不喜。丁马俱逢，两贵空尔。

《钤解》曰：酉，丁火之财也，乃旬空，又丁死之地，不喜求财。中末丁马，必有动意。两贵俱空，干之亦徒然耳。《集议》：干支皆乘死神，止宜休息万事，不宜动谋。

丁丑日第十二课

重审　连茹　孤辰

进茹空亡宜退步　空空如也事休追

```
常 玄 朱 六          空 白 贵 蛇
卯 寅 酉 申          卯 寅 酉 申
寅 丑 申 丁          寅 丑 申 丁


财   申 六 ◎        财   申 蛇 ◎
财   酉 朱 ◎⊙       财   酉 贵 ◎⊙
子 甲 戌 蛇 ⊙       子 甲 戌 后 ⊙


青 勾 六 朱          六 朱 蛇 贵
午 未 申 酉          午 未 申 酉
空巳     戌蛇        勾巳     戌后
白辰     亥贵        青辰     亥阴
卯 寅 丑 子          卯 寅 丑 子
常 玄 阴 后          空 白 常 玄
```

《玉历钤》云：此课天地三传皆空亡，一切事皆虚妄无实，闻忧不忧，闻喜不喜，俱不可用也。

《毕法》云：此课进连茹，脚踏空亡，不宜进步，凡事虚声无实，无所成也。又云：戌土生申金，末传助初传为日之财，凡占必暗有人以财相助者。又云：寅为支辰之鬼，加于支上，又乘白虎克支，占家宅必有鬼怪出现，不然必主孝服，为宅不安也。

日克上神，日上克辰上，日克用。

课名重审、进茹。申酉皆空，戌为干墓，虽无凶挠，亦不可小谋事，凡占必先失而后得。

《义》曰：如梦如幻，似泡似影。冥冥默默，喜喜哄哄。仰之弥高，钻之弥坚。忽焉在后，瞻之在前。

《象》曰：密密闲云镇太虚，哲人见此笑微微。片时少借东风力，吹散天边一点无。

此重审之课，一曰孤辰。夫重审者，重而审之也。利为主，利后动，长有厄，事从内起，起于女人。以下犯上，贱犯贵，卑犯尊，事多不顺。阴小在下者，有悖逆之事。占臣未忠，子失孝，事不可遂意而行，必当审察，循乎义理，庶几以免后患也。况孤辰有茕茕孑立之象，占人别离桑梓，凡所占谋，多虚少实，功名未遂，事业虚花。《赋》云"寡宿孤辰，值此尤妨骨肉"，主自立门户，财物虚耗，僧道宜之，俗不宜也。此十干不到之处，五行空脱之乡，能灭凶神，能散奇祸，消大惊而解仇怨，官位逢之须当改任，出行宜防损失，所闻言词多是不实，占宅虚耗不足。占者遇之此课，求官见贵宜止息，免劳心，再为改图。若问婚姻，还须再议。求财者，失而复得。交易者，破而后成。远行投谒，徒费盘缠。干用托人，空施智力。暴病逢之自瘥，久病遇此消魂，有大阴功方能获吉。公讼得此，始终不成。逃亡自归，目下未得。

占出兵行师得此，有失众之理，昼占得金宝美利，夜占忧心众畏。传见脱空，吉凶无成，事见虚无，捕风捉影之象，不可不知之也。

秋占半就。

真一山人云：空空之上见空空，斯理都归一掌中。说与世人浑不信，吉凶善恶永无踪。

《无惑钤》云：守之财乏，进步陷没。墓神助财，折本再发。

《钤解》曰：申空，财不可守也，进而取酉，又空死于陷没也，末得戌墓助起初中申酉之财，是已失者复得，如已折之本而复发生也。《集议》：进茹例中谓有奇说，在钤内者即此，乃宜进而不宜退也。孤辰体不利尊寡人，占之有疾病死亡之事。

戊寅日

戊寅日第一课

伏吟　玄胎　折腰

三传互克众人欺（辛日上神生日，中传折腰）

蛇 蛇 勾 勾　　　　　　青 青 朱 朱
寅 寅 巳 巳　　　　　　寅 寅 巳 巳
寅 寅 巳 戊　　　　　　寅 寅 巳 戊

父 辛 巳 勾　　　　　　父 辛 巳 朱
子 　 申 白 ◎⊙　　　子 　 申 后 ◎⊙
官 戊 寅 蛇　　　　　　官 戊 寅 青

勾 青 空 白　　　　　　朱 蛇 贵 后
巳 午 未 申　　　　　　巳 午 未 申
六辰　　　酉常　　　　六辰　　　酉阴
朱卯　　　戌玄　　　　勾卯　　　戌玄
寅 丑 子 亥　　　　　　寅 丑 子 亥
蛇 贵 后 阴　　　　　　青 空 白 常

《玉历钤》云：此课惟求官颇吉，他事有阻。

《毕法》云：此课初传从干上起，末传归于支上，凡事勉强，不免俯就于人，亦为人抑勒，难自伸展，只宜谦卑逊顺，斯免咎矣，若气高志傲，百事不举。又云：初传虽生日，初却克末，末克日干。始者巳火生戊土，是成事者巳也，次后迤逦克戊土，是败事者亦巳也，谚云"成也萧何，败也萧何"。然中间最害戊者是寅，此寅却有好意存焉。巳火之生戊，全赖寅木之助，此寅木又始则攻之，终则荐之，又非巳之比矣。又云：昼占三重白虎，却助巳，作戊之长生，此不幸中遇幸也。夜占吉神青龙，却作戊之鬼贼，此幸中之不幸也。

上神德日，辰上生日上。

课名伏吟。神各归方，勾雀并临日，有招乎信至。无恩刑，彼此相制，凡事止而复行，重求轻得，终始是日辰，不可失也，中有小阻耳。

《义》曰：自内向外，迤逦克伐。知者见机，勿为袭狎。屈而不伸，此理最真。昼夜得此，未免生嗔。

《象》曰：迁官捧印沐恩光，拜舞枫宸喜气扬。头角峥嵘生变化，追风破足漫消详。

此自任之课，一曰玄胎。夫自任者，乃伏吟之课，天地伏吟，十二神各归本家，天地如一，四伏未发之象。占者静则宜，动则滞，主事藏匿不动，静中求劳，有屈而不伸之象。况玄胎如婴儿隐伏之状，利上不利下，事主远而多伏，暗昧不通，触则成祸，惟君子守正修德则亨。又曰："占遇玄胎，室孕婴孩"，不利占老人小儿病，谓之再投胎。《经》云："任信伏吟神，行人立至门。失物家内盗，逃者隐乡邻。病合难言语，占胎聋哑人。访人藏不出，行者却回轮。"占者遇之此课，必有人递互而相来克害，遂使众口一词，若常人平日所为不合于礼，遂被邻友雷攻论诉，有位者宜自检束，不然合台上言之意，幸中传空亡为解散，不可不知也。占求官见贵者，虽见日禄、日马，惜者中传折腰，若年月在申，或用申将，庶几有成，余皆未美。婚姻、求财、交易、投谒、谋干、远行、望信者，难必矣。惟利占暴病、患难、诉讼、惊恐之事，难中生易而有解也。占逃亡，终见自归。

占出兵行师得此，最忌伏吟未美，况昼夜天将皆凶可畏，所幸中传为解。若不得已而用之，须密加详审，深谋远虑，庶几以全。兵家之道，尤防欺诈不实之事。

中道而废，诚恐又发。

真一山人云：吉凶易理自分明，好事中间又未成。善恶两般勿足论，半途而废听虚声。

《无惑钤》云：连名状论，合台上言。我求于彼，顺受和焉。

《钤解》曰：三传互克众人欺，谓初克中、中克末、末克干。常人若平日所为凶横，被人攻讦；朝官防合台上言，宜自检束。自干传支，我求于彼，占讼顺受讲和为妙。《集议》：末助初生，翻为两面刀，又为萧何之喻。

戊寅日第二课

知一　斩关　退连茹

魁度天门关隔定

```
后 贵 朱 六          白 空 勾 六
子 丑 卯 辰          子 丑 卯 辰
丑 寅 辰 戌          丑 寅 辰 戌


财 丙 子 后          财 丙 子 白
财 乙 亥 阴          财 乙 亥 常
兄 甲 戌 玄          兄 甲 戌 玄


六 勾 青 空          六 朱 蛇 贵
辰 巳 午 未          辰 巳 午 未
朱 卯       申 白      勾 卯       申 后
蛇 寅       酉 常      青 寅       酉 阴
丑 子 亥 戌          丑 子 亥 戌
贵 后 阴 玄          空 白 常 玄
```

《玉历钤》云：此课子加丑，进而相合，三传却退，戊日子发用，凡占该遂，亦可成合久远之事。

日克用，日上克用，末克初。

课名知一、逆茹。事主已往，三传皆财，亥与寅合，子与丑合，可谓吉，若秋冬则佳，昼贵亦吉。墓神覆日，凡事亦不免晦昧。

《义》曰：干支墓神，人宅未利。冬月吉之，福禄并至。投人谋干，未尽其善。逃盗必获，竚立可见。

《象》曰：婚姻何必论相当？说与知音细酌量。勉强成亲须见悔，这般道理不寻常。

此知一之课，一曰泆女。夫知一者，知一而不能知两，知者以为自知、自见，不知为寇仇，故言知一也。以此为用，舍远就近，舍疏就亲，恩中生害，事多起于同类，凡事狐疑，事贵和同乃吉。传见泆女，《经》云："天后常为厌翳神，须知六合是私门。二将取名称泆女，夫妻失友异情恩。"夫泆女乃不正之

* 337 *

象，阴私暗昧之理，占家宅宜谨慎闱门，以防阴小越礼，惟能自防者可化之。日上见墓，夫墓者，五行潜伏湮没之地，四时气绝衰败之乡，传墓不吉，逢墓即止，闭塞不通，暗昧不振，昏蒙不明之象。子亥戌，退连茹，事主先退而后进。占者遇之此课，干支见墓，人宅昏蒙，有月将吉神为解。《赋》云："三奇皆消万祸，六仪集聚千祥。"求官见贵虽吉，未足全佳。问婚求财，牛女喜合，惟畏夫不明之象，亦须改图可也。占病连绵，反复进退。失脱宜寻觅。讼不凶有解，但迟而已。逃亡盗贼有阻隔，逃者归，盗获。患难凶，忧有解。

占出兵行师得此，昼占无威而不宁，夜占败亡而祸起，幸见三奇六仪，凶中有救也。若七、八月节占，又未吉也。

牵连迟缓。

真一山人云：水归冬旺乐无忧，肯为功名早白头。大敌胸襟循理去，何愁他日不封侯。

《无惑钤》云：三奇六仪，凡谋可施。稍嫌幽暗，斩关昼驰。

《钤解》曰：丙子、乙亥、丁丑是三奇也，末传戌是六仪也，能解凶祸，凡谋任意施为。但墓神覆日，未免幽暗。墓作斩关昼驰，占逃亡甚利，斩关逃亡拟速疾。

戊寅日第三课

重审　励德　三奇　极阴　不结果

```
玄后贵朱            玄白空勾
戊子丑卯            戊子丑卯
子寅卯戌            子寅卯戌


兄 丁丑 贵           兄 丁丑 空
财 乙亥 阴           财 乙亥 常
子　酉 常 ◎         子　酉 阴 ◎


朱 六 勾 青          勾 六 朱 蛇
卯 辰 巳 午          卯 辰 巳 午
蛇寅　　未空         青寅　　未贵
贵丑　　申白         空丑　　申后
子 亥 戌 酉          子 亥 戌 酉
后 阴 玄 常          白 常 玄 阴
```

《玉历钤》云：此课日辰上神子卯相刑，又用神贵人受克，天空相刑，殊无和气，凡占一切皆无所成。

《毕法》云：此课卯为鬼，朱雀乘之，加日克日，凡占必有文书之咎，如在朝，不宜上书陈言，恐遭章劾。又支上神生起干上神作日鬼，尤不宜干贵求财，必有祸出。又云：天盘子卯相刑，地盘寅巳相害，日辰刑害，人宅不宁。占者值此，宜作善以求福，勿作恶以罹害。盖福者祸之对也，福来则祸必去；利者害之对也，利返则害必生。一定之理也，可不慎乎？

上神克日，辰上生日上，日上克用。

课名重审、间传，又杜塞、极阴。万般阻碍，门户动摇，所幸末传空亡，可以解凶，终不可以言吉。

《义》曰：彼此无理，宾主可耻。反躬自责，变易初美。课值励德，大吏升迁。小吏得此，未免迍遭。

《象》曰：龙战玄黄二八门，春生秋杀在于分。极阴暗昧通消息，有始无终为此云。

此重审之课，一曰励德，亦曰龙战。夫重审者，重而审之也。以下犯上，贱犯贵，卑犯尊，事多不顺。阴小在下者，有悖逆之事。占臣未忠，子失孝，事不可遂意而行，必当审察，循乎义理，庶几以免后患也。况励德，主阴小有灾，此名关格神。常人占此，身宅不安，宜谢土神，贵吏则主升迁，小吏必当迍否，要消息而论。传见龙战，主人心疑惑，进寸退尺，动有乖离之象。卯酉为天之私门，生杀有限，分杜有期，雷动龙奔，示其有战。丑亥酉退间，退间而有隔，隔而有进之意。初遭夹克（不为夹克），凡占事不由己而专尤他人也。此课求官，始如锦上添花，中似风中之露，见贵喜悦，美中不足。若欲占婚姻者，子卯相刑，不美也。若投谒、干用、交易、求财，皆为宾主不投而美中不足也。占病先重后轻。占失脱难得，有始无终。逃亡终自来归。盗者必见自犯讼囚惹刑，终须有解。忧疑惊恐，逢此消散。

若出兵行师得此，昼占有开地千里之功，夜占见君臣被毁之耻，难免战斗之声，却喜末传为救。大抵用兵之道，国之大事，贵乎前知，以便防守，动静虚实，尤宜密察而详审焉。

美中不足。

真一山人云：见贵求谋问立身，文书欲见一时辰。不然口舌妇人授，到处终须有解神。

《无惑钤》云：我被他侮，他中我计。天网恢恢，子卯狼戾。

《钤解》曰：我就于他，彼以我为戊，必克之，我受侮也。殊不知戊，巳也，反盗彼之气也，他必中我之计也。若论寅又刑巳，而卯亦去刑子，往复狼戾，天网恢恢之论，不亦宜乎？干支互坐墓上，支上神刑干上神，不利干谒，求财有祸。朱雀作日鬼加干，如在朝官，防遭章劾，及不宜上书献策，反受责黜，临年命亦然。

戊寅日第四课

元首　乱首　玄胎　不备　不结果　闭口

```
白 阴 阴 蛇          后 常 常 青
申 亥 亥 寅          申 亥 亥 寅
亥 寅 寅 戊          亥 寅 寅 戊

官 戊 寅 蛇          官 戊 寅 青
财 乙 亥 阴          财 乙 亥 常
子    申 白 ◎       子    申 后 ◎

蛇 朱 六 勾          青 勾 六 朱
寅 卯 辰 巳          寅 卯 辰 巳
贵丑       午青      空丑       午蛇
后子       未空      白子       未贵
亥 戌 酉 申          亥 戌 酉 申
阴 玄 常 白          常 玄 阴 后
```

《玉历钤》云：此课初传寅加日，中末皆被日辰冲破，主气象乖戾，人情不和，见贵、求财、求婚、出入、动望，皆无所成。

《毕法》云：此课面是心非，俗谓之"外好内恶"，盖以干支上神虽作六合，地盘干支却是六害，凡占吉中有凶，老子云"福兮祸所伏"，此之谓也。

上神克日，辰上生日上，末克初。

课名元首。辰就日克日，作用带刑，申金又空亡不能制，凡事只宜守静，若动则悔吝生焉。空亡在末，吉凶从空而散。

《义》曰：彼此喜合，既合且破。赖有终传，以解其祸。自不得已，俯就他人。欲就未就，久屈还伸。

《象》曰：金风初动雁初来，好把胸襟大敞开。惟有此时谋干好，春夏犹未得和谐。

此元首之卦，一曰玄胎，亦曰天网、乱首。夫元首者，尊制卑，贵役贱，凡事多顺，利于先举，事多起于男子。为臣忠，为子孝，正大光明而无邪僻之行，德业已著而乾乾进修，常怀危惧，惕励而无咎也。况玄胎如婴儿隐伏之状，利上不利下，事主远而多伏，暗昧不通，触则成祸，惟君子守正修德则亨。一曰玄胎，不宜老人小儿病，为再投胎也。且天网，为阻滞，为灾恼。又见于刑，夫刑者，伤残也。发用逢之，祸无不至。又曰：刑必动摇。凡上门乱首更凶，臣反君，子害父，妻背夫，弟侮兄，奴欺主，下人病或奴婢生事，累其主人，空亡稍解。况上神克日，又恐外勾里连，被人欺负，幸传终解也。占者遇之此课，求官螣蛇生角，将以成就变化，惟惜终传无力，若七月节或申年占，庶几有成，夜占犹吉。见贵、婚姻、投谒、交易、托干、求财，始如秦晋交欢，终似吴越反目。占病大有惊恐，小儿甚凶。失脱难得。逃者自归，盗者可获，目下皆未如意。

若出兵行师得此，昼占忧心众畏，防备侵袭暗攻，乃为凶象也，夜占大胜，或见相和好之理。大抵此课，皆有始而无终，能散忧释虑，谋事未许有准，成亦见更改而未久远也。

有花无果。

真一山人云：对面相逢不识心，看来那个是知音。使机还被机关失，何必劳劳刻意深。

《无惑钤》云：两位空申，岂胜五寅？守动皆祸，昼夜贵嗔。

《钤解》曰：支临干克干，乃上门乱首。况寅聚五鬼为朋，所恃两位申金为救，系是旬空，不能胜五寅之实鬼也。守之坐受其殃，动则又逢初传之克，守动皆不能免祸也。昼夜贵人入狱，干之必生嗔怒也。支上生干上神作日鬼，申克寅救戊，又生亥助鬼，作两面刀。（占官，寅喜其旺，夜占青常聚会，惜末传减力。申，长生也，空则不生，奈何？）

戊寅日第五课

重审　六仪　狡童　斩关　火局　炎上

白	六	勾	贵
午	戌	酉	丑
戌	寅	丑	戌

后	六	朱	空
午	戌	酉	丑
戌	寅	丑	戌

兄	甲戌	六
父	壬午	白
官	戊寅	后

兄	甲戌	六
父	壬午	后
官	戊寅	白

贵	后	阴	玄
丑	寅	卯	辰
蛇子			巳常
朱亥			午白
戌	酉	申	未
六	勾	青	空

空	白	常	玄
丑	寅	卯	辰
青子			巳阴
勾亥			午后
戌	酉	申	未
六	朱	蛇	贵

《玉历钤》云：此课戊日得火局，虽为印绶，但初传戌加寅，六合夹克，末传为日之鬼，主意外图谋，艰难后成，所求阻隔。

《毕法》云：此课三传虽生日干，反脱支辰，值此必人口丰隆，而宅屋狭隘，占者切不可迁居广宽之屋，恐生灾咎，此造物使然，不可逆理数而妄为也。其余别事，即我盛彼衰，我胜彼负之象。又云：干上丑，三传火局皆作父母爻，惟忧子息，赖干上先有丑土生其子息，窃其父母之气，则子息可以无虞矣。歌云："父母现卦子孙忧，日神年命细推求。同类比肩居在上，儿孙生旺不为休。"

三传生日，末克初。

课名重审、炎上。自墓传生，夏占火旺，事主向后可十全，此先难后易之课，夏占火旺、土相，成富贵体。

《义》曰：彼此恃势，而无得义。喜逢三合，可以成事。当面仁恕，背地使机。笑中有刀，蜜中有砒。

《象》曰：郿风尝读墙有茨，欲问婚姻便宜止。钻穴隙窥私欲多，闺门原自正家始。

此重审之卦，一曰炎上，一曰狡童，亦曰斩关。夫重审者，重而审之也。以下犯上，贱犯贵，卑犯尊，事多不顺，起于女人。阴小在下者，有悖逆之事。臣未忠，子失孝，事不可遂意而行，必当审察，循乎义理，庶几以免后患也。利为主，利后进，长有厄，事从内起，起于女人。且炎上为日，象君，主多虚少实。戌加寅，以墓临生。火以明为主，虚则生明，实则生暗，是反其体也。占明事反为暗昧，亦主枉图不遂。占人性刚急。占天晴明。况斩关有逃亡也，然此即非真体。传见狡童，《经》云："天后常为厌黩神，须知六合是私门。二将取名称洗女，夫妻失友异情恩。"夫狡童乃不正，男诱女之象，不宜占婚。且三合谋事主迟滞，丛杂不一，主关众人共谋，不然两三处干事，委曲托人与人相合之类。又如推磨之象，转去转来非一遍也。占宅虚耗，屋窄人多，乃先迷后醒之象也。占者遇之此课，三合局大利成事，两三处人来相助之义。若求官、见贵、投谒、求财，虽吉美，但畏夫干支不和也。病瘥迟。逃亡归。盗可获。

若出兵行师，昼占凶，夜占吉，利客不利主，凡举动不由自己，财物亦向他人所求，由夹克理势之必然也。

恩中有忌。

真一山人云：传来生日福弥漫，富贵荣华岂等闲。只恐人情生变态，不知何苦用机关。

《无惑钤》云：虎鬼夜潜，斩关昼占。我旺彼败，屋隘人添。

《钤解》曰：寅鬼夜乘白虎，斩关寅上发用，昼占则宜。寅午戌火局生干脱支，占词讼之事，则我旺彼败。论人宅，隘也，如占此课，切不可迁居宽广之屋舍，恐反生灾咎，此乃造化使然，不可逆天理而作为也。戌乘六合加寅，主奸丑不明之事，奴婢逃走。

戊寅日第六课

重审

<table>
<tr><td>玄 勾 空 蛇</td><td>玄 朱 贵 青</td></tr>
<tr><td>辰 酉 未 子</td><td>辰 酉 未 子</td></tr>
<tr><td>酉 寅 子 戊</td><td>酉 寅 子 戊</td></tr>
</table>

<table>
<tr><td>财 丙子 蛇</td><td>财 丙子 青</td></tr>
<tr><td>兄 癸未 空</td><td>兄 癸未 贵</td></tr>
<tr><td>官 戊寅 后</td><td>官 戊寅 白</td></tr>
</table>

<table>
<tr><td>蛇 贵 后 阴</td><td>青 空 白 常</td></tr>
<tr><td>子 丑 寅 卯</td><td>子 丑 寅 卯</td></tr>
<tr><td>朱 亥　　辰 玄</td><td>勾 亥　　辰 玄</td></tr>
<tr><td>六 戊　　巳 常</td><td>六 戊　　巳 阴</td></tr>
<tr><td>酉 申 未 午</td><td>酉 申 未 午</td></tr>
<tr><td>勾 青 空 白</td><td>朱 蛇 贵 后</td></tr>
</table>

《玉历钤》云：昼贵螣蛇有凶，夜贵青龙为吉，初传戊癸暗合，初传自下克上，又魁罡临卯酉，凡占阻隔后成。

《毕法》云：此课夜占，酉乘朱雀加宅克宅，夏占火鬼是酉，凡值此课，必遭火灾，宜以井底泥涂灶禳之，尤宜修省。

日克上神，辰上生日上。

课名重审、四绝。子来加戊，是极阳也，戊癸暗合，百事吉昌，最宜结旧，难以图新。宅上酉乃旬空亡，干上子乃截路空亡，凡占宜守静以待之，吉。

《义》曰：螣蛇入水，惊忧自消。夜占财喜，尤忌焚燎。所恶于下，毋以事上。惟孝惟忠，天必默相。

《象》曰：事当重审自无虞，先讼之人理未舒。宾主已知惧受败，忧心悄悄不能除。

此重审之卦。夫重审者，重而审之也。以下犯上，卑犯尊，贱役贵，事多不顺。阴小在下者，有悖逆之事。占臣未忠，占子失孝，事不可遂意而行，必当审察，循乎义理，庶几以免后患也。利为主，利后动，长有厄，事从内起，起于女人。《经》云："一下贼上名重审，子逆臣乖弟不恭。事起女人忧稍重，防奴害主起妻纵。万般作事皆难顺，灾病相侵恐复重。论讼对之伸理吉，先讼之人却主凶。"日上见财，妻灾财损，惊恐不宁。占者遇之此课，求官见贵有成，惟畏夫支上神作干之败气，干上神作支之败气，以此占之，则彼此皆不足之象，纵使得一官，而始终未见其振作也。婚姻不宜。交易有成。谋望可遂。惊忧可消。投谒远行，虽见和悦，惊疑不足。占病惊悸瘥迟。公讼宜私解。逃者归。盗可获。占人宅不兴旺，宜迁居。

若出兵行师得此，昼占忧心众畏，虚惊不宁，夜占大胜，得宝货与图书。利为主，利后动，但未免彼此皆有不振作之象。大抵此课，吉凶相半，得失相仍，惟能随机应变，知彼知此者，庶保无咎也。

雨晴相半。

真一山人云：骊珠出海价非轻，颔下千年养育成。莫道此时无售处，他年争买倍生明。

《无惑钤》云：交互逢败，夏夜火怪。鬼虽是寅，熟视何害。

《钤解》曰：戊土败于酉，寅木败于子，占身则血气衰败，占宅则屋舍崩颓，亦不宜捕捉奸私，讦人阴事，牵扯己之旧事，同时获罪也。夏占火鬼在酉，夜乘朱雀克宅，当防火怪也。寅虽日鬼，彼自丘仇，何足为鬼哉？重审课体，则先否后利。

戊寅日第七课

反吟　玄胎　天网

来去俱空岂动移

```
后 青 常 朱          白 蛇 阴 勾
寅 申 巳 亥          寅 申 巳 亥
申 寅 亥 戌          申 寅 亥 戌


官 戊 寅 后 ⊙        官 戊 寅 白 ⊙
子   申 青 ◎        子   申 蛇 ◎
官 戊 寅 后 ⊙        官 戊 寅 白 ⊙


朱 蛇 贵 后          勾 青 空 白
亥 子 丑 寅          亥 子 丑 寅
六戊     卯 阴       六戊     卯 常
勾 酉     辰 玄      朱 酉     辰 玄
申 未 午 巳          申 未 午 巳
青 空 白 常          蛇 贵 后 阴
```

此课先生悚然谓应子曰："子平生脱空乱语，不独吓人，且侮弄鬼神，绝德丧身，命将不久。子宜急祷神，省心修身，以自悔过，庶前程未已，不然丧无日矣。"应子乃白身之人，自僭称为解元，为人疏狂骄傲，贪酒好色，多在神庙携妓纵酒色之乐，故先生戒之。盖戊德在巳，巳绝于亥，又受克于亥。宅神为寅，亦受克绝于申，申又上门克寅。先生今以寅申为庙宇，而不言他类者，盖以申为空亡，寅申为寺观，空亡来克，是空中鬼神来克也。我去投彼，又为他制，是死丧无日矣。日上见亥，亥为天门，勾陈是勾追也。来去皆空，我身宜似空中泊落，无所依赖也。应子因见先生是说，惕然恐惧，遂斋戒散财，卖产祈祷，修省检束，又修醮愿。庚戌年十二月之毕，至二十九夜，恍惚入庙，见鬼使将簿呈天神云："应某侵犯神灵，合当追究。"应曰："已苦心悔过。"神乃会同诸庙土地诸神，皆状申应修省恳至，遂得放还。[1]

《玉历钤》云：此课寅木为日之鬼，中传申金制之，寅鬼不能为害，反凶为吉，凡占小事利益，大事难成。

---

[1] 《壬占汇选》作：戊申年六月戊寅日午将子时，应解元辛未生三十八岁占前程。

《毕法》云：此课干上神生支，支上神生干，为长生，凡占彼此各有相助之意，虽然中间却作六害，暗里有相害之意，君子以正处之，自无虞矣。又云：亥为巳之绝神，加干作财，最宜结绝财物事情，不利占妻妾疾病。又云：昼夜贵人自相加，乃是贵人会聚，占者不宜见贵，不然必不容于贵，却宜官见官为佳也。

日克上神，辰上生日上。

课名反吟。寅申交加为刑害，吉少凶多，传归绝位，所幸申为空亡，凡吉凶从此空散，只宜守静，若动则重重见危厄也。

《义》曰：了了了兮真了了，无无无也实无无。了了自然无无了，身心寂寂若空虚。

此无依之卦，一曰玄胎，又曰天网。无依即反吟也，《经》云："无依是反吟，逃者远追寻。合者应分散，安巢别改林。守官须易位，结友也分襟。所为多反复，占病数般侵。"反吟刑冲，事主迟滞，远近系心，更相仇怨，且反复而呻吟，是无予夺而难息也。况玄胎如婴儿隐伏之状，利上不利下，事主远而多伏，暗昧不通，触则成祸，惟君子守正修德则亨。传见天网，即天网四张也，《经》云"天网四张，万物被伤"，为阻滞，为疑难，为灾恼。占者遇之此课，无依之卦在于甲戌旬中，其名尤的于他旬，以其三传全空，祸福俱无，何所倚焉？予为此课以寅为官，以申为马，官绝马空，则求官干贵者，如捕风捉影而已，虽有智者，亦难施其巧也。诸占百事，一无可成，倘幸成之，不过如石之火、电之光而已，又岂能坚久？惟利九流僧道，其他暴病、惊忧、患难、被围、囚系、公讼之事，不过有声而无实也。此又福耳。久病者死。所闻之事，无一实者。

若出兵行师得此，多不见阵，亦不成功，虽有失众之理，亦在将之用人何如耳。大抵吉不吉而凶不凶，成事虽难，散事却易，惟慎乎诡计，传报不实，谨之勿忽。

无可依倚。

真一山人云：西风初动露华凉，桂影摇空满殿香。几欲攀蟾徒有志，临时未必说文章。

《无惑钤》云：君子结交，淡淡如水。炎凉既无，如斯而已。

《钤解》曰：支干上神六害，亦防彼此猜忌。三传空陷，无生无克，淡淡如水，君子之交，以义而已。干支值绝，缘绝神作财，宜结绝财物事，占妻病必死，作死气死速。玄胎课，欲卜于婴孩。

戊寅日第八课

知一　铸印　斩关

蛇空阴六　　　　　青贵常六
子未卯戌　　　　　子未卯戌
未寅戌戊　　　　　未寅戌戊

财丙子蛇　　　　　财丙子青
父辛巳常　　　　　父辛巳阴
兄甲戌六　　　　　兄甲戌六

六朱蛇贵　　　　　六勾青空
戌亥子丑　　　　　戌亥子丑
勾酉　　寅后　　　朱酉　　寅白
青申　　卯阴　　　蛇申　　卯常
未午巳辰　　　　　未午巳辰
空白常玄　　　　　贵后阴玄

《玉历钤》云：此课日辰未戌相刑，用神子未相害，气象不和，人情阻隔，凡事艰难，青龙稍吉，大事亦不能成。

《毕法》云：支上未为支之墓神，又与初传相害，凡占宅，必不安而生灾殄也。

日上克用，日克用，末克初。

课名知一。巳来加子，舍己从人，三传皆暗合，可以图事。德禄见中传，日辰上相刑，事主向后十全，然德禄巳又为水克，或因喜而成不足。

《义》曰：投之以桃，报之以李。投之不报，斯为桀骜。干支刑冲，全无喜容。两意未合，事无始终。

《象》曰：宾主不投刑在上，蓦然事起狐疑妄。存心正道听天然，竚看荣华保亨畅。

此知一之卦。夫知一者，知一而不能知两，知者以为自知、自见，不知为寇仇，故言知一也。以此为用，舍远就近，舍疏就亲，恩中生害，事多起于同类，凡事狐疑，事贵和同乃吉。《经》云："知一卦何如，用神今日比。事因同类起，婚姻失谐为。失物亲邻取，逃亡不远离。论讼和允好，为事尚狐疑。"此又名蓦然卦，凡事起于蓦然，恐非久远之事也。占者遇之此课，求官者未足为奇，又畏夫干支相刑也。若见贵求谋，徒尔心力，不能称遂。投

· 348 ·

谒人者，号曰"千里徒费粮裹"。交易者，合而不合。干事者，成而未成。求财有，乃忧疑惊恐之财。占病大忌小儿病，其余病多是气逆，或干呕恶心，以克上之课也。失物看类神而言之。远行不宜。公讼宜止，不然则惹刑罪。占逃亡，终见自归。占家宅，暗昧不明。

若出兵行师得此，以备战斗，昼占螣蛇，出阵则忧心众畏，又曰"螣蛇坠水，忧惊而惊怪皆消"，夜占青龙，大胜得宝货与图书。昼占始终未利，夜占首尾皆亨。大抵此课，吉不至于甚吉，凶不至于甚凶，贵在用兵者权谋得其道也。

事以和为贵。

真一山人云：茅屋两声喧昨夜，晓睛又见物华新。人情未合宜和缓，寒鸡应知报早春。

《无惑钤》云：德神及禄，戌墓子克。夜贵闭口，作墓临宅。

《钤解》曰：戌首未尾。巳乃日之德禄，却被初传子克，末得戌墓，德禄俱废矣。未加寅，夜占则为贵人临宅，却是闭口，干贵必不话其允否之意。昼占则为墓神覆宅，宅必暗昧而致不快。

戊寅日第九课

刚日昴星虎视　不结果　励德　三奇

人宅受脱俱招盗

```
六 白 贵 勾            六 后 空 朱
戌 午 丑 酉            戌 午 丑 酉
午 寅 酉 戌            午 寅 酉 戌


兄 丁 丑 贵 ⊙         兄 丁 丑 空 ⊙
父 壬 午 白            父 壬 午 后
子   酉 勾 ◎         子   酉 朱 ◎


勾 六 朱 蛇            朱 六 勾 青
酉 戌 亥 子            酉 戌 亥 子
青申     丑贵         蛇申     丑空
空未     寅后         贵未     寅白
   午巳辰卯              午巳辰卯
   白常玄阴              后阴玄常
```

此课日上空亡、破碎，到好处又被不中事夺了，勾陈皆是虚，时下有八年，且赴一任半。要特达，须过六九五十四岁方可言升迁，便是升迁，只做到司刑佐官。长子、仲子俱不得受荫泽，下稍三子受也。五十四上再数十四年，得边城太守，带武职满任而终。方县尉与叶助教同榜，受温州乐安尉，任满归家。占课要再讨差遣，得饶州知录，上任十四个月丁母忧，自先生起课丁父忧，恰好八年，自后丁所生父母忧。五十三岁得台州黄岩知县，出知和州。后奉县请长子不得受恩，次子亦不得受，第三子方受恩也。先生云："自酉年向后，尚有八年升迁，做半任，乃行年在申，自酉数至辰，是八年也，至巳年有空亡。"又云："出五十四岁外，方显达。"盖日上酉六数，辰上午九数，乃六九五十四年，在空亡内也。再有十四年又荣升，乃丑加酉，酉六丑八，即十四年也。丑作贵人加酉，虎视，主边郡兼武职。第三子受恩泽，丑作贵人，季为第三子也。[①]

《金匮经》云：刚日昂星，稽留伏匿于外之象。又主病患，多惊恐。此课仰视，得天上大吉，将得贵人，为兄弟，乘旺相，主贵人干事。中传胜光，将得白虎，为父母，主忧父母灾病。终传从魁，将得勾陈，为子孙，忧子孙与伯叔争竞。

《玉历钤》云：此课昼夜贵人皆气不和，难以用事，凡百不成。

《毕法》云：干上酉乃支之胎神，支上午乃干之胎神，凡占必主内有妊娠。又云：干上乘酉，乃干之败神，又作支之破碎，总名破败，昼占必主子侄破伤家产，夜占必主妻妾败坏门风，产业渐衰也。又云：干上酉，支上午，谓之四胜煞，凡占必自逞其能，以致破败。

上神盗日，辰上克日上。

课名昂星。三传入刑，然二贵动摇，占事隐匿不决。末有空亡之忧不成，谓之到底空亡，却不可言吉矣。

《义》曰：虎视转蓬，占之无益。幸尔传空，靡凶靡吉。三传俱阴，昏暗沉沉。贵人无力，滚芥投针。

《象》曰：望尽春云万里天，躬耕垅亩乐丰年。不知雨泽愆期甚，空守荒畴望有田。

此昂星之卦，一曰虎视，又曰转蓬，亦曰龙战。夫昂星者，谓取酉字，内有昂日鸡，阳日以酉上为用，故曰虎视。《经》曰："用起昂星为虎视，秋分在酉知生死。出入关梁日月门，举动稽留难进止。刚日出行身不归，柔日伏匿忧难起。女多淫泆问何因，此地出门难禁止。"阳日精光不息，转蓬不止，稽留于外，病患多惊，故曰"昂星虎视必灾厄"。况龙战，主人心疑惑，进寸退尺，动有乖离之象。卯酉为天之私门，生杀有限，分杜有期，雷动龙奔，示其有战。日生上神，虚费百出，谋望不遂，盗失损财，人口衰残，休囚尤重，又为子孙

---

① 《壬占汇选》作：己酉年五月戊寅日申将辰时，方县尉己卯生三十一岁占前程。

脱漏之事。始终传空，所占无力。占者遇之此课，求官见贵，如密云不雨。占财问婚，若捉影捕风。占投谒人者，徒劳跋涉之难。付托人者，不称所谋之事。远行不利。守旧无功。干用逆情，惟宜谦慎。占暴病不凶，久病难愈。盗逃失脱难得。惊忧易消。公讼、囚系、被难、遭围，逢此者反为福庆。

若出兵行师得此，昼占贵人，举兵开地千里，夜占螣蛇，出阵忧心众畏，然此特执一之论，若斯课三传无力，占吉不全吉，占凶不全凶，于中有解。凡敌使之来，或有传报，皆无足信，多见谲诈不实，有欺我之意，宜深加防惊也。

占事未准。

真一山人云：事到难时不用疑，圣贤垂教破愚痴。平生俯仰心无愧，百祸消亡福自如。

《无惑钤》云：首末皆空，两虎居中。两贵勿恃，终身困穷。

《钤解》曰：酉乃旬空，丑乃落空也，占事必无终始。两虎在于中传，动必遭祸也。昼贵落空，夜贵被克，皆不足恃也。三传无益，二贵难依，只得守空败之酉金，以甘受其脱，终身困穷而已矣。虎视逢虎力难施，谓前后有虎，至惊至危，纵有勇力，亦难施矣。邵云："双拳不敌四手"，况伴虎乎？支干总名破败神。

戊寅日第十课

重审　玄胎　孤辰　富贵　不备

青	常	朱	青		蛇	阴	勾	蛇
申	巳	亥	申		申	巳	亥	申
巳	寅	申	戌		巳	寅	申	戌

子	申	青 ◎		子	申	蛇 ◎
财 乙	亥	朱 ⊙		财 乙	亥	勾 ⊙
官 戊	寅	后		官 戊	寅	白

青	勾	六	朱		蛇	朱	六	勾
申	酉	戌	亥		申	酉	戌	亥
空未			子蛇		贵未			子青
白午			丑贵		后午			丑空
巳	辰	卯	寅		巳	辰	卯	寅
常	玄	阴	后		阴	玄	常	白

《毕法》云：此课干上申脱干，支上巳脱支，凡占彼己被脱赚，或人财耗

散、宅舍倾颓，或身体虚弱、疾病缠绕，此日辰上下脱耗之故也。又云：戊日申为游都，捉贼当来东南巳方，必本身熟识，捕之无有不获。

《毕法》云：干上申为支之驿马，支上巳乃日之禄神，故名富贵卦。凡君子占之，加官进禄，富贵双全；常人占之，病讼俱兴，宅移身动。又云：巳刑干上申，寅刑支上巳，凡占所谋交涉，各有异心，恩反为怨也。

上神盗日，辰上克日上，初克末。

课名重审。虽曰天绊地结，刑害俱全，不甚凶。日来就辰，受辰之克，然申为空亡发用，凡事有声无实也。

《义》曰：凶不见凶，吉不成吉。若是占财，不耗财失。月建逢申，好事自真。春夏得此，动则生嗔。

《象》曰：生马逢空旺气终，可怜豪气拟长虹。男儿莫负冲天志，坐待徵书下九重。

此重审之卦，一曰玄胎，亦曰孤辰。夫重审者，重而审之也。以下犯上，贱犯贵，卑犯尊，事多不顺。阴小在下者，有悖逆之事。占臣未忠，占子失孝，事不可遂意而行，必当审察，循乎义理，庶几以免后患也。利为主，利后动，长有厄，事从内起，起于女人。况玄胎如婴儿隐伏之状，事主远而多伏，暗昧不通，触则成祸，惟君子守正修德则亨。传见孤辰，有茕茕孑立之象，占人别离桑梓，凡所占谋，多虚少实，功名难遂，事业虚花。且课体不全，所谋干之事，必难遂其志者也。日生上神，虚费百出，盗失损财，人口衰残，休囚尤重，又为子孙脱漏之事。占者遇之此课，课体不备，初中两传无力，全无可倚赖者。末传又为日鬼，惟求官利，亦难便遂，须耐心待之可也。若他又为不足，夜占尤凶。占暴病庶解，久病者凶重。忧惊、患难、囚系、遭围、斗讼为福，由初中有解也。其他诸占，不惟不成，亦且凶不凶而吉不吉也。凡事皆由自招其过，非他人也，又畏夫末传之未美。

若出兵行师得此，敌使之来及所传报之事，十无一实，防诡诈奸谋。又曰：发用传空，尤防失众。大抵此课，无益而有损。申年月日求仕。

真一山人云：献策论兵命未通，石岩云谷隐高踪。调高弦绝知音少，惟有青山侣洛中。

《无惑钤》云：虚生日干，亥财空散。祸乃自招，夜鬼凶悍。

《钤解》曰：禄临支宅生。申乃戊土长生，空则虚矣。戊土以亥为财，坐于空乡，又为初申所害，是财散矣。寅乃戊鬼，夜占乘虎，极凶悍也。戊往加寅，自招其祸也，岂可怨天尤人乎？"妄用三传灾福异"内课。戊寅日，第四课申加巳有克，故以申为用矣（当取弹射亥寅巳）。干乘支马，支乘干禄。

寅虎鬼临亥，此课鬼自就生，不来侵犯也。

戊寅日第十一课

重审　夜狡童　登三天　斩关　不结果

干支乘墓各昏迷

<pre>
青 六 常 空   蛇 六 阴 贵
午 辰 酉 未   午 辰 酉 未
辰 寅 未 戌   辰 寅 未 戌

兄 庚 辰 六   兄 庚 辰 六
父 壬 午 青   父 壬 午 蛇
子 　 申 白 ◎   子 　 申 后 ◎

空 白 常 玄   贵 后 阴 玄
未 申 酉 戌   未 申 酉 戌
青午　　　亥阴   蛇午　　　亥常
勾巳　　　子后   朱巳　　　子白
　辰 卯 寅 丑   　辰 卯 寅 丑
　六 朱 蛇 贵   　六 勾 青 空
</pre>

《玉历钤》云：此课六合夹克，举事不完，凡占皆不可用。

《毕法》云：此课辰为干墓，申为长生，辰午申自墓传生也。凡占先迷后醒，先难后易。

课名斩关、涉害、间传。游身在门，参附有出入进望之意。末见空亡，百事不通，然墓发用晦闷。又见登三天难险之课，得空亡解之，亦吉凶无成也。

《义》曰：彼以诚来，我以诚应。反此何如？有乖无顺。夜占得此，勿问婚姻。男女之私，闺门失废。

《象》曰：罡塞鬼户任谋为，暗祷私谋事有期。好事未成难事散，登三天势不容奇。

此重审之卦，一曰斩关，亦曰泆女。夫重审者，重而审之也。以下犯上，卑犯尊，贱役贵，事多不顺。阴小在下者，有悖逆之事。占臣未忠，占子失孝，事不可遂意而行，必当审察，循乎义理，庶几以免后患也。利为主，利后动，长有厄，事从内起，起于女人。况斩关非安居之象，常占多不自由，事多暗昧不和，离散口舌，欲隐身避难者，却利乎逃奔也。又主人情暗中不顺，多见更改，事多中止，坟墓破坏，占婚姻亦强成，难于久远。凡事历遍艰辛，然后可遂。传见泆女，《经》曰："天后常为厌翳神，须知六合是私门。二将取名称泆女，夫妻失友异情恩。"夫泆女乃不正之课，阴私邪淫，占男女有阴私暗昧之理，占家宅宜谨慎闺门，以防阴小越礼，惟能以礼自防者可化之。此罡塞鬼户，利暗谋私祷、合药书符。又名登三天，利大事，利大人，占不利常人小用。病者死，幸解。占远行吉。况支墓干、干墓支，彼此相为掩蔽不明，所占之事多暗昧。号曰"进间传"，有花而无果也。此课诸占无益于事，惟利夫散忧疑、释患难。

若出兵行师得此，昼夜所占，皆云获金宝之美利，亦曰有始而无终也。还见彼此暗设机智，进中阻隔，不可不先知，贵在用兵者运用之妙耳。

难于结果。秋吉。

真一山人云：万丈云梯势插天，世人欲步枉徒然。既知难处勿劳意，大事逢秋亦可全。

《无惑钤》云：自墓传生，终不能亨。递相昏昧，两贵皆丁。

《钤解》曰：《集议》：登三天课体，占病死，讼遭极刑，行人难灾。初传日墓，末传长生，当云"先迷后醒"，却曰"终不能亨"，长生空也。干乘支墓、支乘干墓，递相昏昧。丑贵旬丁，夜贵未在丁地，故云"两贵皆丁"，主贵人动变。贵登天门，仕宦占之最宜。

戊寅日第十二课

龙战　连茹　罗网

```
六 朱 空 青        六 勾 贵 蛇
辰 卯 未 午        辰 卯 未 午
卯 寅 午 戊        卯 寅 午 戊


兄 庚 辰 六        兄 庚 辰 六
父 辛 巳 勾        父 辛 巳 朱
父 壬 午 青        父 壬 午 蛇


青 空 白 常        蛇 贵 后 阴
午 未 申 酉        午 未 申 酉
勾 巳     戊 玄    朱 巳     戊 玄
六 辰     亥 阴    六 辰     亥 常
卯 寅 丑 子        卯 寅 丑 子
朱 蛇 贵 后        勾 青 空 白
```

此课占店，三传日辰夹定，终久得之，亥卯未生人方成。其店被人买断，三年后其主必定来赎此店，却发目下至申年，四五六年方见头尾断绝了，再求方得。谓日辰抛离后，再续恐后有官司，事发不一。此屋死人多，无气故也。[①]

《玉历钤》云：辰加卯，劳苦不成，人情不美，六合夹克，百事不可用。

叶助教占前程时三十六岁（据断语当非三十六岁时占），八月十四日生，四月戊寅日未时得此。邵先生曰："此课干支皆天罗、羊刃，支上第四课发传归日上，主目下赴任，但羊刃、天罗，主不终任。来岁行年到亥，上见子，却凑今日之地网，虽然今年上任，来年必主父服。"果然次年丁服而回。到三十七岁以上赴官，一气不绝到十五年为监司以上官，第十六七年不死，必是降官，因而罗官闲居。后八年，连前十五年，共二十三、四年，禄寿终，必不过也。叶又第二甲第二名，授抚县教官，己酉年上任，庚戌年丁父忧，日之天罗地网，主丁父忧。及三天罗地网，主丁母忧。到三十七岁，行年在寅，寅上见卯六数，初传辰五数，中传巳四数，共十五年，果做监司。到三十七，得国学录。三十八，诏试馆职高中，得除国子监丞。四十一，太常寺丞。四十四，升工部侍郎。五十五（当作五十一），淮西总领兼少卿，又兼运使。五十六（当作五十二），支军粮交争，见官停任闲居。八年遂卒。只以卯辰巳三位共十五年，而不算自上午九年，何也？先从支上迤逦行来，不意转到身上是羊刃、天罗，出巳入午，即死矣。[②]

上神生日，辰上生日上。

课名重审、进茹。事干众，主未来，初难疑，而可进用，先难后易，以墓门发用故也。

《义》曰：人来相助，不贵则富。始虽少阻，终见卫扈。九夏逢此，欢乐无已。岁君巳午，光显门户。

《象》曰：海学生于动作始，荣辱由来贵知止。苟或妄动必招愆，守旧自然饶福祉。

此重审之卦，又曰龙战。夫重审者，重而审之也。以下犯上，卑犯尊，贱役贵，事多不顺。阴小在下者，有悖逆之事。占臣未忠，占子失孝，事不可遂意而行，必当审察，循乎义理，庶几以免后患也。利为主，利后动，长有厄，事从内起，起于女人。况龙战，主人疑惑，进寸退尺，动有乖离之象。

---

① 《壬占汇选》作：乙卯年十月戊寅日寅将丑时，刘五官己巳生四十七岁占顶店。
② 《壬占汇选》作：建炎己酉年五月戊寅日申将未时，叶助教戊寅生三十二岁占前程。

卯酉为天之私门，生杀有限，分杜有期，雷动龙奔，示其有战。上神生日，所为百事吉，运用如意，遇灾不凶，逢吉愈吉，人神共助。若当季神生日，主声名显达。岁命生日者尤吉，乃上门助我、成我之象。又名进连茹，进中有退，事主欲行不行，欲止不止，节外生枝。传见夹克，占事不由自己，全在他人。占者遇之此课，求官见贵，宜守旧，胜动改。婚姻、求财、交易、和合、投谒之事，主客未尽其美，恐有阻破侵损之意，宜防预而善处之。占病者，进中退，不妨。占身宅不吉。公讼不明。和解吉。逃盗难获。

若出兵行师得此，昼夜所占，皆云六合尤宜获金宝之美利，凡占进中有退，两家亦防侵损。大抵用兵之道，贵乎申严号令，赏罚分明，劳逸相均，恩威显施，济之以义。课传不凶则战胜攻取，建功不难矣。

得助成己。

真一山人云：进退何如两未能，危如守旧保前程。谋为称遂非由己，财利还凭造化生。

《无惑钤》云：身宅罗网，守之有望。动作干谋，许多凶况。

《钤解》曰：干上午、支上卯，俱前一辰，名天罗地网。占得此课，谓罗网兜裹身宅，不得亨快。支干乘网，止利守己，倘若动谋，变为罗网缠身宅，反作羊刃之煞，伤其身而毁其宅，凶将凶祸尤甚。如欲占身，得年命上冲破支干之网，无咎矣。《集议》：卯乘朱雀加寅，辰用主口舌文书事，占讼进凶退吉。

己卯日

己卯日第一课

伏吟用辰　天网　龙战　三交

```
六 六 白 白        青 青 蛇 蛇
卯 卯 未 未        卯 卯 未 未
卯 卯 未 己        卯 卯 未 己

官 己 卯 六        官 己 卯 青
财 丙 子 贵        财 丙 子 常
父 壬 午 空        父 壬 午 朱

青 空 白 常        六 朱 蛇 贵
巳 午 未 申        巳 午 未 申
勾辰     酉玄      勾辰     酉后
六卯     戌阴      青卯     戌阴
寅 丑 子 亥        寅 丑 子 亥
朱 蛇 贵 后        空 白 常 玄
```

《玉历钤》云：此课三传刑冲，发用日鬼，凡占有阻，所求不遂。

辰上克日上。

课名伏吟。神各归方，得安静体。三传互刑不为凶，所幸天官皆吉而不凶，其祸稍轻。

《义》曰：自家昏迷，惹事招非。静则安吉，动则未宜。用直得曲，欲伸无力。曰直与正，久自获吉。

《象》曰：心不贪荣身不辱，俯仰嚣然无愧物。英雄豪杰本天然，待时自有承恩福。

此自信之课，一曰三交，亦曰天网。夫自信者，乃天地伏吟，十二神各归本家，天地如一，四伏未发之象。占事静则宜，动则滞，事主藏匿不动，静中求劳，有屈而不伸之象。况三交，前不能进，后不能退，交加其象，家匿阴私，或欲自逃隐避。凡事失节阻碍，谋事被人阻破，不能成合也。且天网者，即天网四张也，《经》曰"天网四张，万物被伤"，为阻滞，为疑难，为灾恼。若九月将占得此，名曰天烦卦，男子行年抵日，必犯刑罪，斗罡加丑未尤的。且三交，四仲纯全，外无赖倚，故父子不相扶。是为四仲四正，互刑互破。《经》云："任信伏吟神，行人立至门。失物家内盗，逃者隐乡邻。病合难言语，占胎聋哑人。访人藏不见，行者却回轮。"占者遇之此课，求官见贵难成。婚姻不宜，若强之，终不如意。占财有，乃贵人之财。占病讼不吉，宜作福禳解。出行未利。逃盗难获。且鬼墓加干鬼暗兴，凡占有人暗中作扰，侵谋之意，切宜防备谨慎。

占出兵行师得此，昼占得金宝之美利，夜占大胜，得宝货与图书。利为主，利后动，大忌暗中侵袭、谋略之意。夫潜师略景者，侵也，掩其不备者，袭也。用兵者，当察其机，见其微。神乎！庶几保其全胜矣。

吉凶相半。

真一山人云：梅带寒香雪里芳，羞向桃李共春光。名花异草皆凋发，瘦削清奇分外香。

《无惑钤》云：卯卯交逢，昼合夜龙。随时闭口，灾祸尤攻。

《钤解》曰：卯为日鬼，临支发用，二处交逢（交逢者，重逢也）。况昼合夜龙，又卯之类。未乃旬尾临日，当随时闭口可也，否则焉免灾祸之攻？

己卯日第二课

重审　三奇　退连茹　励德

尊崇传内遇三奇

```
蛇 朱 青 空          白 空 六 朱
丑 寅 巳 午          丑 寅 巳 午
寅 卯 午 己          寅 卯 午 己


兄 丁 丑 蛇          兄 丁 丑 白
财 丙 子 贵          财 丙 子 常
财 乙 亥 后          财 乙 亥 玄


勾 青 空 白          勾 六 朱 蛇
辰 巳 午 未          辰 巳 午 未
六 卯     申 常      青 卯     申 贵
朱 寅     酉 玄      空 寅     酉 后
丑 子 亥 戌          丑 子 亥 戌
蛇 贵 后 阴          白 常 玄 阴
```

《神定经》云：三奇，乙丙丁也。甲戌旬，乙在亥，丙在子，丁在丑。今日辰及传见之，此日主吉庆。此课大吉临寅为用，上见丁，中传子见丙，末传亥上见乙，此乙丙丁俱全，此占人必有吉庆之事。

《玉历钤》云：此课午卯为破，丑与日上午作六害，凡占皆不可用。

《毕法》云：此课三奇乙丙丁俱全，君子占之，加官进禄，动静皆遂，常人占之，灾害消除，吉泰骈至。

上神生日，辰上生日上，初克末。

课名重审、退茹。事干众，日克传，近贵图望吉，以子加丑上，贵人和合吉，凡占先间隔而后吉。

《义》曰：仲夏得此，号曰旺神。况复生期，福自加臻。蓦然之事，进退因循。可惜六害，体未全真。

《象》曰：简约持身道义兼，事逢丑子亥相联。不惟难进亦难止，富贵功名有后先。

此重审之卦,一曰连茹。夫重审者,重而审之也。以下犯上,贱犯贵,卑犯尊,事多不顺。阴小在下者,有悖逆之事。占臣未忠,占子失孝,事不可遂意而行,必当审察,循乎义理,庶几以免后患也。利为主,利后动,长有厄,事从内起,起于女人。占病多上气,干呕恶心,以至吐逆者,亦有之矣。由其下克,不利上。病防再发,事防再举。争讼利后动,必经易官司。传得退连茹,退中有进,欲进不进,欲退不退,欲止不止,节外生枝也。上神生日,所谋百事,运用如意,遇灾不凶,逢吉愈吉。日乃人相助,夜乃神相助。若当季神生日,主声名显达,岁命生日者尤吉。惜其见丑午穿心害,子午冲击,美中又见被人阻滞之象。幸见三奇,又为美也,《经》云"三奇潜消万祸"。占者遇之此课,求官见贵喜合。婚姻吉。求财遂。诸事成。病惊恐,小儿夜占凶甚。投谒人者,"主宾际会两殷勤,暮宴朝欢会无极"也。讼宜和解。忧惊消散。逃盗难获。

占出兵行师得此,昼夜占不吉,昼则忧心众畏而不宁,夜则败亡而祸起。主客相和,但内中有人反说,以致不和。大抵利为主,利后进,须识其敌之强弱,将之贤愚,故曰"知彼知己,百战百胜"。尤宜察来使之言,以观其真伪虚实耳。

益多损少。

真一山人云:万祸潜消喜遇奇,吉人天相自然宜。所求百事相成就,身在他乡遇故知。

《无惑钤》云:传连三奇,所占皆宜。动用尤可,退守无亏。

《钤解》曰:真朱雀生干,申酉岁凶。三传旬遁,乙亥、丙子、丁丑三奇,凡无一不可也。守则有旺禄之生,动则得三传之财,守动无不利也。寅加卯,得朱雀,射见果木,占家宅,笔架、书册。全财克父母,长上有灾,有妨生计,妻逆翁姑。夜占真朱雀临身。尊崇卦,君子占之,官居一品之尊,贵登廊庙,纵使常人占之,亦可消除灾祸。

己卯日第三课

涉害　六阴　龙战　九丑　极阴　三奇　不结果

```
后 蛇 六 青        玄 白 青 六
亥 丑 卯 巳        亥 丑 卯 巳
丑 卯 巳 己        丑 卯 巳 己


兄 丁 丑 蛇        兄 丁 丑 白
财 乙 亥 后        财 乙 亥 玄
子    酉 玄 ◎     子    酉 后 ◎


六 勾 青 空        青 勾 六 朱
卯 辰 巳 午        卯 辰 巳 午
朱寅      未白     空寅      未蛇
蛇丑      申常     白丑      申贵
子 亥 戌 酉        子 亥 戌 酉
贵 后 阴 玄        常 玄 阴 后
```

《玉历铃》云：此课丑加宅上发用，昼蛇夜虎，主人宅不宁，人情不顺，况蛇虎在内，凡事无成。

辰生日上，日上生辰上。

课名重审、间传，又名杜塞、九丑。本为凶卦，幸而末见空亡，凶吉从空而散。

《义》曰：极阴之课，传丑亥酉。讼干省部，病未长久。干支相生，幸获和平。末传不实，事见难成。

《象》曰：太行之路能摧车，行役冒险恒咨嗟。越此由之是平坦，惊忧变易笑喧哗。

此见机之卦，一曰九丑，一曰龙战。夫见机者，察其微，见其机，谓两比两不比，当以涉害为用。涉害有浅深，欲用不用，欲言不言，事有两而取一，所作稽留，迟疑艰难，进退不定，忧患难消，怀孕伤胎，难于前而易于后。《经》云："涉害须久历艰辛"。况龙战，主人心疑惑，进寸退尺，动有乖离之象。卯酉为天之私门，生杀有限，分杜有期，雷动龙奔，示其有战。上神生日，所为百事遂，运用如意，遇灾不凶，逢吉愈吉。日乃人相助，夜乃神相助。若当季神生日，主声名显达，岁命生日者尤吉。此乃有人上门成我之意，助我之好，不待己之用力，则彼自为相助也。但惜夫末传力弱，多有始而少终也。又谓之盗支生干，乃应"眷属丰盈居狭宅"。干见日马，有动改之象。《心镜》曰："乙戊己辛壬五日，四仲相逢九丑神。大吉临于支干上，哭泣凶丧将及人。大小二时相际会，刚日男凶柔女迍。重阳害父阴害母，丑上天官决祸因。不但纳妻并嫁女，最忌行役及出军。"《观月经》曰："修造伤家长，迁移人口惊。殡埋妨长幼，凶深乃四平。三年与三月，不出大凶生。"此课求官者，见贵和合。婚姻宜。交易、投谒人者，名曰"行役徒劳"，而费粮裹。求财有。以上数占，皆有始而无终。远行者，抬土当门阻隔。病者惊悸，凶而不妨。逃盗难获。占宅兴旺。

占出兵行师得此，昼占螣蛇，出阵而忧心众畏，夜占白兽，败亡而祸起。主客相生，终传落空，吉不成吉，凶不成凶。大抵用兵之道，国之重事，故曰凶事，不得已而用之，贵为将者机变而已矣。

事成防变。

真一山人云：养成附凤攀龙手，未必能将志气伸。且向蓬窗读经史，得时行道济斯民。

《无惑钤》云：身马宅丁，不容少停。玄脱空败，阴极阳生。

《钤解》曰：身乘巳马，宅乘丑丁，决主动也，岂容少停乎？末传酉金乘玄，又是空脱土败之地，至此极矣，阳将生乎？物极而变，理必然也。此课因未加酉，故有此说，余不然也。《集议》：极阴诗义见本旬丙子日第三课。①丑加卯为用，得虎，主妇人腹痛。亥涉六重土才到本家，丑到本家止涉二重木，亥为涉深也，用亥是。

① 极阴诗见丙寅日第三课，丙子日第三课钤文有脱漏。

己卯日第四课

弹射　交车害　龙战　三交　斩关　不行传　闭口　励德

玄贵蛇勾　　　　　蛇勾青常
酉子丑辰　　　　　酉子丑辰
子卯辰巳　　　　　子卯辰巳

财丙子贵　　　　　财丙子勾
子　酉玄◎　　　　子　酉蛇◎
父壬午空⊙　　　　父壬午阴⊙

朱六勾青　　　　　空白常玄
寅卯辰巳　　　　　寅卯辰巳
蛇丑　　午空　　　青丑　　午阴
贵子　　未白　　　勾子　　未后
亥戌酉申　　　　　亥戌酉申
后阴玄常　　　　　六朱蛇贵

《集灵经》云：此课干上辰与卯作六害，支上子与日干未作六害，日辰上神却作三合，凡占我先立意要害他人，他人立意复来害我，彼此各谋侵害，却得各家亲人解释和合（害合要分旺相休囚，胜者主事）。

日上克辰上，日克用，日上克用，初克末。

课名弹射、三交。弹射无力，墓临日上，凡谋转托隔手，先招口舌暗昧，然后婉转可救，方可自明，盖中末得空故耳。

《义》曰：相彼庆云，瞻之可爱。忽尔风生，聊无些在。红紫芬芳，分外幽香。蓦然骤雨，蜂蝶空狂。

《象》曰：庆云庆云不常见，见之人人皆仰羡。东风只是不留情，蓦地飞来尽败散。

此弹射之卦，一曰三交，亦曰龙战，又曰励德。夫弹射者，乃日克神之谓。《经》云："日往克神名弹射，纵然得中还无力。贵人逆转子无良，天乙顺行臣不义。家有宾来不可容，亦忧口舌西南至。"然事主动摇，人情倒置，更主蓦然有灾。求事难成，祸福俱轻，忧事立散，祸从内起。利客不利主，利先不利后。占人不来，访人不见，不利占讼。弹射无力，不可用事，虽凶无畏。传见空亡，又为失弹，不能成事也。况三交，前不能进，后不能退，交加其象，家匿隐私，或欲自逃隐避。凡事失节阻碍，谋事被人阻破，不能成合也。龙战用起二八卯酉，为天之私门，生杀有限，分杜有期，雷动龙奔，示其有战，身心疑惑，进寸退尺，动有乖离之象。励德主阴小有灾，此名关隔神。常人占此，身宅不安，宜谢土神，贵吏则主升迁，小吏又当迍否，要当消息而论也。占者遇之此课，以墓覆干，昏迷之象。弹射失丸，凡占百事无力，不足用也。虽有智谋机巧，到底归于无用，只可散除灾祸，解释忧疑，其他之事，吉不吉而凶不凶。

出兵行师，昼占开地千里，夜占战士折伤，所谋者大，所得者微，有花而无果，有始而无终。用兵者，不可不知也。

风逐杨花。

真一山人云：富贵荣华总在天，机关用尽也徒然。吉凶从此无拘执，一二原来却是三。

《无惑钤》云：守墓厄塞，动值遥克。中末皆空，解忧是则。

《钤解》曰：辰，己土墓也，守之则为墓所厄塞。动逢弹射之财，又夹克也，财不由己用也。遂投中末，两传皆空，只宜解释忧疑，凡谋俱不能成也。夜占帘幕临支。交车害，不利交关用事，各有戾害。夜占两常夹墓。解离，夫妇行年值此尤的。

己卯日第五课

涉害　曲直　不备　泆女　上门乱首

```
白 后 后 六        后 六 六 白
未 亥 亥 卯        未 亥 亥 卯
亥 卯 卯 己        亥 卯 卯 己


兄 癸 未 白        兄 癸 未 后
官 己 卯 六        官 己 卯 白
财 乙 亥 后        财 乙 亥 六


蛇 朱 六 勾        青 空 白 常
 丑 寅 卯 辰        丑 寅 卯 辰
贵子      巳青     勾子      巳玄
后亥      午空     六亥      午阴
 戌 酉 申 未        戌 酉 申 未
 阴 玄 常 白        朱 蛇 贵 后
```

此课名上门乱首，又名曲直。主日后因犯官长，断勒归家。又与长上分争，不合淫乱长上，以致重罪配徒东海州县，死于配所。徐丞局先趋事通判，后因触犯，断罪六月，归家遂与其叔争分，因烝婶母，被叔经官，徒配明州，死于配所。盖既丞局，岂可淫上？实上门乱首也。①

同日此时，又有一行者占得此课。此行者先为鸡奸，乱了和尚及诸房，次后归家，又扰弟兄。其终身无所归，却与一不正妇人相合放荡，与人奸淫，中风而死。凡上门乱首，多是下乱上。此课春占，且未应，以诸木旺，各得其所，奸事逢旺未发也。至夏木休，其事将发。至秋木死，事即乖张，便主争竞事发（补：冬木有生气，但存诸心，未形诸口）。歌曰："旺相相生灾未发，死囚刑克便灾临。"

《玉历钤》云：此课中传卯加未，为鬼临日，又三传克日，皆无和气，盖凶课也。

---

① 《壬占汇选》作：己酉年三月初一己卯日戌将寅时，徐丞局辛亥生，正月初一日子时生，三十九岁占向后何如。

《毕法》云：此课皆在四课之中，名回环格。如占凶，凶则不成；如占吉，吉亦不如意，止宜守旧。又云：支上亥生起干上卯作日鬼，大不利见贵索求，即时祸出。又云：夜占卯木乘虎，临干克干，其凶可畏。

上神克日，辰上生日上，日上克用，中传克日，初克辰上，初克末。

课名涉害、曲直。土日值此，近公进望。以三传皆鬼，凡事宜致曲以求神，涉公济私，可以图事，终是公私争斗，鬼贼不明耳。

《义》曰：木喜成林，三春乃贵。畅茂条达，官禄日萃。土蹇木多，见水迍坷。年命火土，禄福悬河。

《象》曰：木性先曲而后直，时际阳和最端的。贵人接引又无心，好事玉成犹见惜。

此见机之卦，一曰曲直。夫见机者，察其微，见其机，谓两比而不比，当以涉害为用。涉害有浅深，欲用不用，欲言不言，事有两而取一，所作稽留，迟疑艰难，进退不定，忧患难消，怀孕伤胎，难于前而易于后。《经》云："涉害须久历艰辛"。传见曲直，曲直者，先曲而后直也，象木之谓，当作培根。此乃五行正气入十干杂糅之乡，异方三合是生旺墓之神，事主丛杂不一，主关众人共谋，不然两三处干事，委曲托人与人相合之类。又如推磨之象，推磨者，无休歇之谓，一事去，一事来，往来不息。必得吉将，用事须得人引进方可。干上见克干，只利先讼，要有气，余不吉，病讼大畏。还见里勾外连，相来侵损，宜慎防之。占者遇之此课，自墓传生，先迷后醒。求官见贵，喜合而成，为虎空也。夜占后合，凡占内有阴私暗昧之理。婚姻不宜。投谒、交易者吉。远行不宜而有阻。求财者微，亦有因财致祸之理。逃亡难获。占宅吉。

出兵行师得此，事多掣肘，不由一己，须见事关众人，到底举动不称。昼夜所占不吉，似有彼强我弱之势。用兵者当识此理，不可轻动。古人有料敌致胜者，以其学于法而不泥于法也。慎之！

事当敬谨。

真一山人云：结党同来作孽殃，官人得此反荣昌。庶人恐惹公衙事，乐善人家亦要防。

《无惑钤》云：上门见制，乱首悖义。昼贵休干，夜亦如是。

《钤解》曰：回还。支神临干克干，为上门乱首，事体尤重。四课三传不离，乃循环不已也，事重牵连不断。昼贵子临辰，为入狱，干则怒矣。夜贵申加子上，被脱无力，干亦徒然。夜虎临干鬼凶，卦名泆女狡童，课为上门乱首，其邪淫丑恶，凶灾甚厉。春占其家自如，祸患未发，盖木逢春旺，各得其所故也。至夏木休，其事将发，外议喧哗，莫能止息。至秋木死，其事显露。歌云："旺相相生灾未发，死囚刑克便灾临。"如知有祸，即时便宜断绝，免致后患。其余传内全逢日鬼者，各详四季天令言之。占讼先直后曲，曲直作鬼，主枷杻。未虎为用，占病腰痛顺左。自下传上则直。未加亥，占讼枷杻。先直后曲，卯加未。

己卯日第六课

重审　斩关　六仪　龙战

```
白 朱 六 阴          玄 朱 蛇 空
巳 戌 酉 寅          巳 戌 酉 寅
戌 卯 寅 己          戌 卯 寅 己


兄 甲戌 朱          兄 甲戌 朱
父 辛巳 白          父 辛巳 玄
财 丙子 贵          财 丙子 勾


    贵 后 阴 玄          勾 青 空 白
    子 丑 寅 卯          子 丑 寅 卯
蛇亥        辰常     六亥        辰常
朱戌        巳白     朱戌        巳玄
    酉 申 未 午          酉 申 未 午
    六 勾 青 空          蛇 贵 后 阴
```

《玉历钤》云：此课发用刑日，魁罡加卯酉，为关隔，凡占诸事阻隔难成。

《毕法》云：巳加戌上，昼将上乘白虎，乃父母爻乘白虎坐墓。六旬以上者，占必父母墓中生白蚁兴祸；中年以下者，占必父母灾祸。

上神克日，日上克辰上，日上克用，初克末。

课名重审、铸印。三传暗合，所图皆私，犹不免托人以成之，专利出入更改。己日得之，最为吉课。

《义》曰：德神生福，处正多足。妄动招损，不容频渎。朱禽火德，文书口舌。入墓无冲，寝止岂惑？

《象》曰：一德扶持百福生，时逢正月岁逢寅。谋为顺理经营遂，晦里生明事业新。

此重审之卦，一曰龙战，亦曰斩关。夫重审者，重而审之也。利为主，利后动，长有厄，事从内起，起于女人。以下犯上，贱犯贵，卑犯尊，事多不顺。阴小在下者，有悖逆之事。占臣未忠，占子失孝，事不可遂意而行，必当审察，循乎义理，庶几以免后患也。况龙战，主人心疑惑，进寸退尺，动有乖离之象。卯酉为天之私门，生杀有限，分杜有期，雷动龙奔，示其有战。传见斩关，非安居之象，占者多不由己，事多暗昧不合，离散口舌，欲隐身逃难者，却利乎奔逃也。又主人情不合，多见更改，事多中止，坟墓破坏，占婚亦强成，难于久远。凡事历遍艰辛，然后可遂。占者遇之此课，求官见贵有成，以其近铸印，但未见龙常，又可惜也，若占人年命在午、酉，则见龙常，吉矣。婚姻宜。求财有。交易成。谒欠顺。病虑上逆呕吐恶心，大抵不妨。占讼经两三处官司。失脱宜寻。逃盗难获。凡百所占，始终未足为奇。

若出兵行师得此，昼占多词，虑军戎之见耻，夜亦如之。况戍欺奸，大宜申严号令，宣明赏罚，等士卒之劳苦，知士卒之饥寒，抚训适宜，威德共布，俾智者尽其谋，勇者效其力，则何敌不克？何功不成？惟在将者智愚而已矣。

春占、秋季占有用。

真一山人云：碧水洋洋可乐机，衣充食足是便宜。如今立学工夫至，坐看将来著锦衣。

《无惑钤》云：生气居中，子戍不容。身边官鬼，于火有功。

《钤解》曰：巳火生己土在中传，为戍所墓、子所克，是不容也。寅乃官鬼临身，返为克戍、脱子，于巳有功也。戍来加卯是合乡，传中支干理偏长。丙辛戍癸最相当，信至人归见福昌。三传俱合：初戍与卯合；中巳加戍，丙与辛合；末子加巳，戍与癸合。此象占信主来，在外行人即归。两贵相协。

己卯日第七课

反吟　　九丑　　龙战　　空空如也

```
玄 六 青 后          白 蛇 后 青
卯 酉 未 丑          卯 酉 未 丑
酉 卯 丑 己          酉 卯 丑 己


官 己卯 玄 ☉         官 己卯 白 ☉
子   酉 六 ◎         子   酉 蛇 ◎
官 己卯 玄 ☉         官 己卯 白 ☉


蛇 贵 后 阴          六 勾 青 空
亥 子 丑 寅          亥 子 丑 寅
朱 戌      卯 玄      朱 戌      卯 白
六 酉      辰 常      蛇 酉      辰 常
  申 未 午 巳          申 未 午 巳
  勾 青 空 白          贵 后 阴 玄
```

此课占求亲，何必用媒？私通已矣。父母不知其详，兼其父母为人不正，所以家法不明也。其人家宅广阔，东西皆有小门，因婢妾为脚，遂与人有奸。兼所议之人，亦有私通。血刃在卯，必主暗退了。盖卯为鬼，故以克干为嗣。女年上见日干青龙，是女有夫也；男年并日上见天后，是男先有其女也。以日为夫宫，日干又作男行年，上见天后，是夫得其妇也。女行年上见日干，是女得其夫也。妻既乘夫，夫又乘妻，婚姻必成。加以玄合，必是先奸后娶。门来加户，户又加门，故主两边及宅后皆有小门。酉六合，奴婢为脚。玄武乃是奸邪，所以不是女身，足见先有私通也。故续后其亲果成，前是已有私通，后应验如前说。[1]

《玉历钤》云：卯加酉，以木就金，下克上，主门户动摇。

《毕法》云：此课火鬼乘蛇，临于宅上，夏占火鬼，又在于酉，必主重重火灾。

---

[1] 《壬占汇选》作：己酉年三月己卯日戌将辰时，祝省元占婚姻，男戊辰生四十二岁，女己丑生二十一岁。

《通神集》云：此课初传附神克日，中传又附酉克支，占病多为六片板。又课中有太冲、传送（课中并无传送），病者必凶。玄武为水神，主下部之疾。不过一十四日，当发气喘，冲上是症不危。

日上生辰上，又墓辰上，用克日。

课名反吟、龙战、九丑。卯支克日为鬼，主门户有怪，所喜乘酉落空，酉乃空亡，凡凶吉从空而散。

《义》曰：天何高兮，不能亲也。地何厚兮，不能穷也。风兮云兮，岚兮露兮。徒见形也，焉可得也？

《象》曰：卯酉相加事未和，亲情反复怨声多。忍将忠恕时时克，祸起随风福涌波。

此无依之课，一曰九丑，一曰三交，亦曰天网，又曰斫轮，又曰龙战。夫无依者，即反吟也。《经》云："无依是反吟，逃者远追寻。合者应分散，安巢别改林。守官须易位，结友也分襟。所为多反复，占病数般侵。"反吟刑冲，事主迟滞，远近系心，更相仇怨，反复而呻吟，是无予夺而难息。传见三交，前不能进，后不能退，交加其象，家匿阴私，或欲自逃隐避。凡事失节阻碍，谋事被人阻破，不能成合。且天网，即天网四张也，《经》云"天网四张，万物被伤"，为阻滞，为疑难，为灾恼。况斫轮，《经》曰："欲知斫轮，车临斧斤。"又曰："庚申共处为斧斤，卯木单称立作车。太冲作用来金上，斫削修轮官爵除。"夫龙战，主人心疑惑，进寸退尺，动有乖离之象。卯酉为天之私门，生杀有限，分杜有期，雷动龙奔，示其有战。夫卯木加酉金之上，木受金克，下侮于上，父子兄弟必失和。然而传见空亡，又何赏叹？《心镜》曰："乙戊己辛壬五日，四仲相逢九丑神。大吉临于支干上，哭泣凶丧将及人。大小二时相际会，刚日男凶柔女迍。重阳害父阴害母，丑上天官决祸因。不但纳妻并嫁女，最忌游行及出军。"《观月经》曰："修造伤家长，迁移人口惊。殡埋防长幼，凶深乃四平。三年与三月，不出大凶生。"占者遇之此课，求官、见贵、婚姻、交易、求财、投谒、干用，所望所谋，多是虚多实少，得而复失也。暴病、惊忧、患难、囚系、遭围、狱讼者，皆得解释。

若出兵行师得此，有失众之象。大抵吉不成吉，凶不成凶，欲建立功名，亦不易矣。

有声无实。

真一山人云：运未通时且耐心，放歌行乐待知音。匣藏宝剑神先隐，一顾方知抵万金。

《无惑钤》云：俱鬼俱空，见凶不凶。夜占忧怪，蛇火虚惊。

《钤解》曰：酉乃旬空，支鬼也；卯乃落空，干鬼也。俱系空，不成凶也。酉夜乘蛇，夏占为火鬼克宅，既空不过为火怪虚惊而已，何足畏哉？

己卯日第八课

知一　铸印乘轩　励德

胎财生气妻怀孕

后	勾	白	贵
丑	申	巳	子
申	卯	子	己

父	辛	巳	白
兄	甲	戌	朱
官	己	卯	玄

```
      朱 蛇 贵 后
      戌 亥 子 丑
  六 酉          寅 阴
  勾 申          卯 玄
      未 午 巳 辰
      青 空 白 常
```

青	贵	玄	勾
丑	申	巳	子
申	卯	子	己

父	辛	巳	玄
兄	甲	戌	朱
官	己	卯	白

```
      朱 六 勾 青
      戌 亥 子 丑
  蛇 酉          寅 空
  贵 申          卯 白
      未 午 巳 辰
      后 阴 玄 常
```

此课数日天气和暖，宛如三九月，州县皆祈雪。及占此课，先生曰："今日天色必变，巳时风起转寒，未时有雨，半夜亥时作雪，须有七寸。"众官皆笑曰："今日晴暖，雪自何来？"至巳时果然风起，霎时云合，未时微雨，中有北风大作甚冷，二更雪，直至次日未时止。此课火伏于下，水升于上，不论占雨、占雪，皆当日有之。何者？申为水母，又作夜贵，正是权柄。日上又见天河之水，既运乎上，必流乎下。初传巳火，巳灭玄武，变成大风，盖巳为风门故也。三传巳戌卯，名铸印，春夏秋必雨，冬成雪。末传卯作白虎，白虎与申，凡卜皆是白物。申乃空亡，是空中降下。贵人乃造化之所主也。子临巳午未申，为水升于上；午临丑子亥戌，为火伏于下。凡火伏于下，水腾于上，一雨下也；申酉为水母，加临日辰，二雨下也；申子辰，三传顺，三雨下也；传自上传下，谓之顺，自酉丑尤甚，四雨下也。卯为雷，卯过西方，为白虎所制，虽冬月无雷，岂深冬无雪乎？作勾陈，占雨主有连绵，占雪主深厚。铸印之课，占吉少成，占凶多就，占病无空亡解即死。[1]

《玉历钤》云：此课铸印，主两情喜悦，凡百求干皆成，惟占逃盗不获者，末传助初生日之象。

应秀才，本命癸酉，六月己卯日丑时，亦得此课。邵先生曰："吾子心术多，又且毒，何也？谓'鼠忌羊头上，蛇惊犬咬喉'，凡行皆是妒忌之心，多吝少用，好闻人是非，好谈人长短，所以灭前程也。吾子徒灵（疑作图揽）于人，未有不到处，兼又前面诸不如意处。盖父母加妻宫，为妻所制，一不足也；子息倚身，为身所克，子息难得，二不足也；宅犯空亡，又作夜贵，佛堂神佛形像不整，三不足也；铸印之课，白虎损模，玄武破范，则功名不成，四不足也。是后应子乘竹轿入城廊中，惊堕而死，不然则驴骡亦伤之矣。巳作玄武加子，上下皆水，玄武为贼，谓之去炉。卯作白虎加戌，若是铸印乘轩，谓之破范，又谓之堕轩，主轩车驴骡之属，因堕而死。己卯不言死而此言之者，盖午上亥乘之，卯所以死也。[2] 大凡元辰七煞，若占前程，多妒忌。初传破碎，乘玄武，又是驿马，面东指西，走南奔北，多图多揽。身宅皆有贵人，而却空亡，不空亡者，却作勾陈，所以指空话空，多虚而少实也。己日巳为父母，父母乘驿马兼破碎，是不在土林，踪迹无定。申为神佛，在宅，贵人乃大神也，而作空亡，是损坏形像而不全也。妻在身宫，为己土、未土所克，若非不合，即身多病也。至壬戌二月，乘轿入县，被仆折脚，血气上攻而死。[3]

《毕法》云：此课干支上俱坐昼夜贵，凡占必得两贵人之力成全事业。

日克上神，辰上生日上，日上克用。

课名知一、铸印。贵重日省，两重遇合，文字喜，以用比和可知，三传皆合。然铸印必托人，先难后易，亦当再图，春夏为佳。

《义》曰：乃裹候粮，于橐于囊。勿投远人，徒劳衷肠。官禄成庆，为逢铸印。不见太阳，未足为幸。

《象》曰：风云庆会象交光，文绶经天万丈长。佩玉鸣珂从此始，要看月窟桂花芳。

此知一之卦，一曰铸印。夫知一者，知一而不能知两，知者以为自知、

---

[1] 《壬占汇选》作：建炎三年己酉岁十一月初四己卯日寅将酉时，韩太守占祈雪。

[2] 《壬占汇选》作：盖卯为车轿驴骡，己土死于卯，支辰最紧，若非己卯日，不可言死。

[3] 《壬占汇选》作：己酉年六月己卯日午将丑时，应秀才癸酉生三十七岁占前程。

自见，不知为寇仇，故言知一也。以此为用，舍远就近，舍疏就亲，恩中生害，事多起于同类，凡事狐疑，事贵和同乃吉。传遇铸印，《经》云："天魁是印何为铸？临于巳丙冶之名。中有太冲车又载，铸印乘轩官禄成。"不见太阴天马，即非真体，常人反生灾咎，且为事迟钝。又云："知一卦何如？用神今日比。事因同类起，婚姻失谐为。失物亲邻取，逃亡不远离。论讼和允好，为事尚狐疑。"占者遇之此课，主客相和，干支相生，本为美吉，何其支上神作空，但欲投谒访人、占婚姻、求财物、求官见贵者，未免我去求人，彼无实心成我之事，若旺相过旬方可，休囚者终未能之，占病不妨。《经》云："虎落空亡或带德，与日相恶不损人。"失脱宜寻。远行勿畏，惟忌正、二月、十二月占。不利公讼，宜和解。大体不惟占逃盗难获，恐见伤人。占宅不利人。惟利僧道九流，居官占之不宜。

若出兵行师得此，昼占不畏，夜占失物、忧疑。大抵此课，始终相生，吉多而凶少也。《经》曰："始终相生，万事尽亨"，此之谓也。夫用兵之道，贵乎妙算，孙子有云："多算胜，少算不胜，吾以此观之，胜负见矣。"为将者，岂可不知斯乎？

大顺小逆。

真一山人云：士庶得之多未足，何如守分生财禄。古人未遇且衔杯，时来自有天然禄。

《无惑钤》云：身宅俱贵，夜废昼惠。末来助初，末卯无畏。

《钤解》曰：昼贵临身而为财，夜鬼临宅而作鬼，昼惠而夜废也。末来助起初传巳火生干，末传虽鬼，又申克、初脱，焉足畏哉？昼帘幕临支，夜帘幕临干。传墓。昼贵子与末作六害，夜乘勾陈。夜贵申克宅辰卯，凡占必家庭神位不肃，尊卑相厌，邪正同处，以致人口灾患。又不宜告贵人，反有怒也，子贵受克也。

己卯日第九课

涉害　自取乱首　曲直　不备　木局

```
蛇 青 玄 蛇          六 后 白 六
亥 未 卯 亥          亥 未 卯 亥
未 卯 亥 己          未 卯 亥 己

兄 癸 未 青          兄 癸 未 后
财 乙 亥 蛇          财 乙 亥 六
官 己 卯 玄          官 己 卯 白

六 朱 蛇 贵          蛇 朱 六 勾
酉 戌 亥 子          酉 戌 亥 子
勾 申     丑 后      贵 申     丑 青
青 未     寅 阴      后 未     寅 空
午 巳 辰 卯          午 巳 辰 卯
空 白 常 玄          阴 玄 常 白
```

《玉历钤》云：此课辰克日，墓临宅，三传全鬼，主有暗昧不明，同谋陷害之事，凡占一切阻隔不成。

《毕法》云：此课日干上亥，虽为日财，奈生三传曲直之鬼，并来伤干，必因妻财而生祸患，不可不慎。又云：夜占天后加于支上，六合加于干上，干为夫，支为妻，不宜占婚，必先奸后娶之妻也，故云"后合占婚岂用媒"。

日克上神，辰上克日上，用克日上，末传克日，末克初。

课名涉害、曲直。三传皆日鬼，此课主有官事之恐，终可托贵，致曲求伸，只是破财可以免灾。

《义》曰：去而复来，往而复返。事未自然，动值坎坷。传逢水神，与木相邻。贪财致悔，守正除嗔。

《象》曰：身弱勿荷重担子，路迟难进须当止。逢春便觉有光荣，过望攀高虑生悔。

此见机之卦，一曰曲直，亦曰龙战，又曰乱首。夫见机者，察其微，见其机，谓两比两不比，当以涉害为用。涉害有浅深，欲用不用，欲言不言，事有两而取一，所作稽留，迟疑艰难，进退不定，忧患难消，怀孕伤胎，难于前而易于后也。《经》云："涉害须久历艰辛"。况乱首者，"臣逆君兮子害父，妻背夫兮弟克兄。奴婢不堪主使令，将军出外损其兵"，此乃下欺上，紊乱之象。又曰："因名为乱首，老者必低蕤。先家或外姓，上祖别人儿。纵然家和顺，必然被官司。"宜见更改姓名为吉也。传见曲直，曲直者，先曲而后直也，象木之谓，当作成器。此乃五行正气入十干杂糅之乡，三合异方是生旺墓之神，事主丛杂不一，主关众人共谋，不然两三处干事，委曲托人与人相合之类。又如推磨，推磨者，无休歇之象，一事去，一事来，往来不歇。必得吉将，用事须得人引进方可。况龙战，主人心疑惑，进寸退尺，动有乖离之象。卯酉为天之私门，生杀有限，分杜有期，雷动龙奔，示其有战。①

《无惑钤》云：灾祸难遏，夜虎居末。自招其愆，何由免脱。②

己卯日第十课

重审　三交　斩关　励德　孤辰　交车合　闭口

权摄不正禄临支

```
六 空 后 朱          后 朱 白 阴
酉 午 丑 戌          酉 午 丑 戌
午 卯 戌 己          午 卯 戌 己

子    酉  六 ◎       子    酉  后 ◎
财  丙子  贵 ⊙       财  丙子  常 ⊙
官  己卯  玄          官  己卯  青

勾 六 朱 蛇          贵 后 阴 玄
申 酉 戌 亥          申 酉 戌 亥
青未      子贵       蛇未      子常
空午      丑后       朱午      丑白
  巳 辰 卯 寅          巳 辰 卯 寅
  白 常 玄 阴          六 勾 青 空
```

《玉历钤》云：此课卯酉相冲，子又与日相害，卯又为日鬼，三传气象不和，人情不顺，凡百求谋用望皆不成。

辰上生日，初克末。

---

① 原抄本钤文不全。
② 据《无惑钤》补入。

课名重审、三交。重交者交加，凡事艰阻不利，子卯又刑，幸而酉为旬空，吉凶皆不可信凭。

《义》曰：大辩若讷，大巧若拙。否泰非宜，斯理真说。固穷守分，改过勿吝。勉强行之，终未得称。

《象》曰：渔杆消日酒消愁，金紫荣华且莫求。叹看世间呆老汉，当休休处不休休。

此重审之卦，一曰寡宿，亦曰三交。夫重审者，重而审之也。利为主，利后动，长有厄，事从内起，起于女人。以下犯上，贱犯贵，卑犯尊，事多不顺。阴小在下者，有悖逆之事。占臣未忠，占子失孝，事不可遂意而行，必当审察，循乎义理，庶几以免后患也。传见寡宿，《赋》云："寡宿孤辰，值此尤妨骨肉。"若占身得此，主见孤独，别离乡井，自立门户，财物虚耗，僧道宜之，俗不宜也。此十干不到之地，五行空脱之乡，能灭凶神，能消奇祸，能消大惊，能解仇怨，官位逢之当改任，出行宜防损失，所闻言词多是不实，若占宅必是虚耗不足。况三交，前不能进，后不能退，交加其象，家匿阴私，或欲自逃隐避，凡事失节阻碍，谋事被人阻破，不能成合也，幸空亡以化凶为吉。占者遇之此课，初中空亡，百无可用，事多起于虚声，不过指空架虚，虚喜虚惊而已。若求官、见贵、求财、问婚、擒奸、捕盗、逃亡、投谒、远行、谋望逢此者，莫若不动而不生恼也，否则多不称意。久病者凶。惟惊恐、患难、狱讼、病疾得之者，福佑临身而难中生易也。

若出兵行师得此，有失众之兆，徒有开地千里之名，不为美也。大忌谣言奸诈，诡计之来，甚勿为彼之所欺也。谨之！

事见更张。

真一山人云：望尽云山万里天，一帆归隐顺风船。人生若识江湖趣，不着浮名利禄牵。

《无惑钤》云：交车方利，脱空又值。卯玄未逢，穿踰防备。

《钤解》曰：真朱雀生干，申酉岁凶。禄临支宅生。卯与戌合，午与未合，其交大美也。课体颇可，但初传空脱，可释解忧疑，凡占不利也。太冲，贼也，又乘玄武，居末传作鬼，穿踰之辈，慎以提防，否则盗失之患在所不免也。子加酉，乘贵人，尊长灾咎。

己卯日第十一课

弹射　溟濛　龙战
脱上逢脱防虚诈

```
青 白 蛇 六          蛇 六 玄 后
未 巳 亥 酉          未 巳 亥 酉
巳 卯 酉 己          巳 卯 酉 己


财 乙亥 蛇 ⊙        财 乙亥 玄 ⊙
兄 丁丑 后           兄 丁丑 白
官 己卯 玄           官 己卯 青


青 勾 六 朱          蛇 贵 后 阴
未 申 酉 戌          未 申 酉 戌
空 午      亥 蛇     朱 午      亥 玄
白 巳      子 贵     六 巳      子 常
  辰 卯 寅 丑          辰 卯 寅 丑
  常 玄 阴 后          勾 青 空 白
```

《玉连环》占曰：此课据来意，缘外事和合而内虚不实，皆邪僻之事。又主财上惊恐，其财却为姓牛青衣人取之；又有一驴，亦有姓牛人牵去。本身欲远行，缘心有所畏，急速而归。何以知之？盖时为日干六合，主外事和合。直事门上见天空，主虚诈。日上从魁，伏匿不明，上得六合主私门，皆主邪僻之事也。发用登明为日下之财，上见螣蛇主惊恐。中传大吉为牛，元遁见乙为青色，登明为财，大吉取之，是为牛姓人而取其财也。命上见太冲为末传，太冲主驴，上见玄武为盗，又卯为大吉阴神，下归丑位，故主驴为牛姓人牵去也。先锋门胜光为道路，中传大吉为丁神，末传太冲为天驿马并行，故主远行。缘末传太冲为日下之鬼，上见玄武，故主心有所畏而速归也（四月己卯日申将午时，丁丑人占来意）。

《玉历钤》云：此课亥加酉为六阴，为暗昧不明之象，又遥克无力，凡占一切皆无所成，不可用也。

《毕法》云：此课三传皆在六阴之位，主暗昧暝矇，宜谋阴私之事。兼干支上皆乘盗气，又是弹射，发用坐于空乡，凡事费力，一无所成也。

上神盗日，辰上克日上，日克用。

课名弹射、间传。凡事重求轻得，所为须是托人。初终与日三合，合成木局，日干未冲中传丑，合中防有克害。日上空亡，初传漏底空亡，是终不为凶也。

《义》曰：占吉不吉，逢凶不凶。人情倒逆，岂得从容？成事不说，遂事不陈。前虚后实，难于谋干。

《象》曰：好事分明不意成，吉人终是有前程。昭昭大易惟宜止，毫发难欺日用明。

此弹射之卦，一曰龙战。夫弹射，乃日遥克神之谓。《经》云："日往克神名弹射，纵饶得中还无力。贵人逆转子无良，天乙顺行臣不义。家有宾来不可容，亦忧口舌西南至。"然事主动摇，人情倒置，更主蓦然有灾。求事难成，祸福俱轻，忧事立散，祸从内起。利客不利主，利先不利后。占人不来，访人不见，不利占讼。弹射无力，不可用事，虽凶无畏。况龙战，主人心疑惑，进寸退尺，动有乖离之象。卯酉为天之私门，生杀有限，分杜有期，雷动龙奔，示其有战。日生上神，又作空亡，主虚费百出，干事难成，谋望不遂，盗失损财，人口衰残，休囚尤重，又为子孙脱漏之事。凡占百事，多见虚声。占者遇之此课，凡所占望，多见虚惊，不为畏也。求官见贵，虚耗不足，未得易成。以至婚姻、财帛、交易、谋望、投谒、托人，卒难遂其所志，假使成就，终见无益。若占病，暴病易瘥，久病难痊。囚系、诉讼、惊忧、患难得此，易为解释。占逃盗不宜寻捕，恐致伤人。

出兵行师得此，凡敌有使来，其言辞及传报之事，皆虚诈不实，勿足信也，仍防奇谋诈术以欺我。大抵此课有失众之象，昼夜所占皆凶，喜有解，吉凶亦未准凭，事见更改变易之象也。

仲秋吉。

真一山人云：六阴相继尽昏迷，知者还须识此机。莫到眼前难遂意，到头祸福两相宜。

《无惑钤》云：弓在弹亡，夜失须防。六阴全备，两贵茫茫。

《钤解》曰：夜真朱雀生干，申酉岁凶。六阴主奸私，耗费、病凶，凡事脱。干上空脱，己不胜其虚耗，况初财落空夜玄，是弹亡而弓在也。夜占须防遗失，乘玄故也。六阴全备，昏昧太甚。昼贵子加戌为入狱，夜贵临午被克，皆不足恃也。课名暝瞢，凡占事必是阴谋奸私之象，占病必死，求望皆为脱耗。法云："六阴相继尽昏迷"。暝瞢诗于后："亥丑卯传号暝瞢，暗中逢暗甚难通。病者保佑防危亟，小人何事可兴工？"

己卯日第十二课

重审　顺连茹　斩关

```
青 勾 玄 常          六 勾 后 贵
巳 辰 酉 申          巳 辰 酉 申
辰 卯 申 巳          辰 卯 申 巳


兄 庚辰 勾          兄 庚辰 勾
父 辛巳 青          父 辛巳 六
父 壬午 空          父 壬午 朱


空 白 常 玄          朱 蛇 贵 后
午 未 申 酉          午 未 申 酉
青巳      戌阴      六巳      戌阴
勾辰      亥后      勾辰      亥玄
   卯 寅 丑 子          卯 寅 丑 子
   六 朱 蛇 贵          青 空 白 常
```

此课先生曰："因祸成福。本路除一监司，合主回避，回避中却得好处，终久此贵人不历此任，而我已别除了。"丞曰："何等贵人？"先生曰："必除提刑，乃与知丞是亲，幸乘此势，吾得请职，周全文字改官。"初传六害，勾陈亦辰也，所以滞许多时。中传日之驿马，乘合龙飞腾。末传就禄于驿马之上，主坑冶干官之属，巳午为炉冶，六合为规矩，乘马不定，往来东西也。初四日占，二十二日许郎中除提刑，乃丞前妻父也，遂回避，乃改都城大坑冶司干官，凡经州县长官皆喜。庚戌年七月再差出诸处弥逢（即弥缝，补缺也），因此得文字。辛亥年赴春班改官致丞，提刑后遭章劾，所以因祸成福也。况日上长生贵人，乃尊长父母之属，乘空亡是前妻之父也。不久罢去，亦空亡也。行年丑作白虎，丑乃丁神，白虎乘丁是凶动也，白虎又是道路之神。宅见辰作勾陈，乃一体也。六害加于卯，乃久滞也。中传有合马巳，丑合起丁乘驿马，其势必动。午为禄神，又临马上，其职不停。巳为炉冶，午为朱雀并之，其文书职事在炉冶中也（己酉年十月初四己卯日寅将丑时，童知丞乙亥生三十五岁占赴任吉凶）。

《玉历钤》云：此课用神与日辰皆不足，卯辰为六害，卯又为日鬼，辰又为日墓，主人情不顺，用事阻抑。

《预见经》曰：此课来意主小儿仆损，见血光。何以知之？盖辰为地户，勾陈临之，主小儿仆损，见血光。巳为小豆，居辰户之外，青龙临之，故主外来小豆为喜财也。卯日午为死亡煞，又在地户之外，午又见天空，不实之象，故云出门闻说死亡事。又主失却猪，为天猪在午，天空亦在午，故主遗失。

《毕法》云：太常加日之长生，临于日上，来人必占婚姻之事，及钱帛之喜。

上神盗日，辰上生日上。

课名重审、进茹。干众事，主未来。用受害临门，主迟不果。末与日合为禄，巳为驿马，凡事先难后易，重谋再进，终不免费力耳。

《义》曰：出门有阻，传见抬土。情志不伸，致人慢侮。事起虚声，欲行不行。隐身避难，未得即奔。

《象》曰：浮欲散处天方阔，野草锄芸地始宽。好事欲成宜着力，到头要识始终难。

此重审之卦，一曰龙战，亦曰斩关。夫重审者，重而审之也。利为主，利后动，长有厄，事从内起，起于女人。以下犯上，贱犯贵，卑犯尊，事多不顺。阴小在下者，有悖逆之事。占臣未忠，占子失孝，事不可遂意而行，必当审察，循乎义理，庶几以免后患也。况龙战，主人心疑惑，进寸退尺，动有乖离之象。卯酉为天之私门，生杀有限，分杜有期，雷动龙奔，示其有战。传见斩关，非安居之象，占者多不自由，暗昧不和，离散口舌，欲隐身避难者，却利乎奔逃也。又主人情暗昧不顺，多见更改，事多中止，坟墓破坏，占婚亦强成，难于久远。凡事历遍艰辛，然后可遂。日生上神，虚费百出，谋望不遂，盗失损财，人口衰残，休囚尤重，又为子孙脱漏之事，凡占多是虚声。亦曰进连茹，进中有退也。欲行不行，欲止不止，节外生枝，急而顺溜。占者遇之此课，求官见贵者，虚耗不足。用墓不吉，逢墓即止，宜努力进前，庶可得禄。婚姻、交易、投谒、动用，皆欲向前，着力可成。若远行、行人等事，不凶未免见阻，忧疑患难亦吉。病不妨。凡事迟滞。

若出兵行师得此，不惟日墓之凶，犹畏勾陈之恶，恐有折伤士卒。利为客，利先举，防欺诈。昼夜所占义同。进退疑二，有吉无凶。

真一山人云：莫厌动谋多阻滞，也知美事必先难。从兹喜见规模异，大贵扶持日渐权。

《无惑钤》云：虚贵干逢，干墓却乘。拱之欠一，惟禄难凭。

《钤解》曰：真朱雀生干。申夜贵空，干遇何益？辰为干墓覆宅，宅必昏晦也。干上申、支上辰，内拱巳午，欠一未字。午，日禄也，今为虚拱，则禄不足顾矣。三传自墓传生，先迷后醒也。帘幕临干。

庚辰日

庚辰日第一课

伏吟　玄胎　孤辰

```
六 六 白 白          六 六 后 后
辰 辰 申 申          辰 辰 申 申
辰 辰 申 庚          辰 辰 申 庚


兄　申 白 ◎⊙        兄　申 后 ◎⊙
财 戌 寅 蛇          财 戌 寅 青
官 辛 巳 勾          官 辛 巳 朱


勾 青 空 白          朱 蛇 贵 后
巳 午 未 申          巳 午 未 申
六辰　　酉常         六辰　　酉阴
朱卯　　戌玄         勾卯　　戌玄
寅 丑 子 亥          寅 丑 子 亥
蛇 贵 后 阴          青 空 白 常
```

　　此课先生曰："将仕之禄虚矣，止可遥受，不宜赴任。夫武职，兵权也，唯要金全盛，倘无威就力，何以武为？但此任必不赴，必改岳庙之职，就岳中却好赴试，必有请解之理，高中可以换文选也。"众人叹曰："五十二了，不甚读书，尚望助功名乎？"先生又曰："无武有文，故宜换文，又有学堂，故可助功名耳。"赵遂看文字，次年发解，庚戌年第二甲二十一名也。赵将仕不喜广南任，二月遂换潭州南岳庙，邀故友同看文字。己酉秋国子监中举，庚戌登科。况庚禄在申，甲戌旬禄空，天后主恩泽。所谓宜换文者，乃功曹作青龙是也。太乙为朱雀，一乃长生，二乃官星、学堂，故主科第。盖本身天地二盘皆申，申属金，金武职，武职既空，如何用得？宜讨岳庙。宅上见辰为山岗，寅为岳庙，故宜讨岳庙。岳庙中宜取功名，是末传后受长生、学堂也。①

同日将子时，唐十一承务占一年事。此课乃当日唐承务占岁课，先生曰："主汝丧妻之后，继得妻，主妻有财，后因店事成讼，凡有四人遭杖责，主尊长争厨屋地基。"其人当年三月丧妻，十一月再娶，乃客人之妻，甚有钱物，遂开店。次年七月，与叔争屋地基。又与原债人相打，官司嗔怪，不合聚集群党，四人各杖一百。其屋基相讼，主上司得理（同年月日时，唐承务占一年事，亦得此课）。

《玉历钤》云：此课发用空亡，凡百无成，伏吟末克日上，占行人望信即至。

上神德日，辰上生日上，末克初。

课名伏吟。诸神不动。合禄马互换，凡事静以顺之，不免先费力而后遂，申为空亡，以寄课，申不为空亡论，终亦名浮于实。

《义》曰：虎到金乡，旺相为强。勾陈捧印，仕宦名扬。更喜螣蛇，变化生角。文章中式，迁官进禄。

《象》曰：上下俱阳卦相离，孟秋得此反相宜。其他时候皆非取，说与时人仔细推。

此自任之卦，一曰玄胎，亦曰孤辰。夫自任者，乃伏吟之卦。天地伏吟，十二神各归本家，天地如一，四伏未发之象。占事静则宜，动则滞，主事藏匿不动，静中求劳，有屈而不伸之象。况玄胎主婴儿隐伏之状，利上不利下，事主远而多伏，暗昧不通，触则成祸，惟君子守正修德则亨。且孤辰，乃茕茕孑立之象，占人别离桑梓。凡所占课，多虚少实，功名难遂，事业虚花。又曰："官位遇之须改动，出行防盗拟人侵。所传闻事皆非实，卒病遭官不害身。"占者遇之此课，求官见贵，若七月节内或四月将占者，加官进禄之荣，登科甲第之美，其余自占不过虚喜而矣。婚姻不宜。交易不合。求财轻少。暴病不妨，久病凶重，尤忌占老人小儿病。失物难寻。访谒人不见。近者至远，行者回轮。盗者不出其家，逃者不出邑里。见空宜速寻，迟则有变。公讼自解，惊忧易散，患难易消。

若出兵行师得此，大概有失众之象，昼占白兽，败绩而祸起，夜占无威而不宁。敌有使来，凡有言辞，其情多诈，尤防奇谋诳惑，慎而勿听。大抵

---

① 《壬占汇选》作：己酉年正月初一庚辰日子将子时，赵将仕丁巳命，生于六月初七日亥时，五十二岁占武职前程。

此课，发用逢空，所事难成，凶事易散，被图者亦勿惊惧，自然解之。用兵者，不可不知斯耶。

变更不一，过旬再图。

真一山人云：事多变更惹虚声，牵引人情未得宁。机欲事成成未得，每逢惊处却消惊。

《无惑钤》云：空禄宜舍，去乘财马。官鬼长生，宜分真假。

《钤解》曰：申禄空虎，不宜守也。中传财马，足可乘也。巳在末传，夜占乘朱，则为官鬼，昼占乘勾，则为长生，真假见矣。

庚辰日第二课

元首　天狱　逆连茹

蛇	朱	青	空
寅	卯	午	未
卯	辰	未	庚

青	勾	蛇	贵
寅	卯	午	未
卯	辰	未	庚

财　己　卯　朱
财　戊　寅　蛇
父　丁　丑　贵

财　己　卯　勾
财　戊　寅　青
父　丁　丑　空

六	勾	青	空
辰	巳	午	未
朱 卯		申 白
蛇 寅		酉 常
丑	子	亥	戌
贵	后	阴	玄

六	朱	蛇	贵
辰	巳	午	未
勾 卯		申 后
青 寅		酉 阴
丑	子	亥	戌
空	白	常	玄

《玉历钤》云：此课庚日，得寅卯皆财，卯加辰，与寅相连，为辰之鬼，又为六害，主人情不和，有始无终，求财费力少得，凡事无成。

《毕法》云：此课初中俱为日财，俱来克干上父母爻，凡占必主长上有灾，或求财而致灾害，或被妻逆其翁姑，幸末传丑上同类相助，害少减也。

上神生日，辰上克日上，日克用，用克日上，初克末。

课名元首、逆茹。元首虽顺，而传成逆茹之体，顺中有逆，而占百事，凡三进三退而后成。寅加日财，反为辰鬼，用传六害，灾自不起，有始无终。

《义》曰：用传六害，恐见侵怪。彼来蒙汝，有侣无礼。占宅未宁，尤防大惊。官司口舌，绵延未歇。

《象》曰：遥忆文词已到门，病占此课欲飞魂。立心正大多良德，化恶为祥好事论。

此元首之卦。夫元首者，尊制卑，贵役贱之象。凡事多顺，利于先举，事多起于男子。为臣忠，为子孝，正大光明而无邪僻之行，德业已著而乾乾进修，常怀危惧，惕励而无咎也。传见进连茹，进中有退，凡事迟滞，欲行不行，欲止不止，节外生枝，凡占必有两意，干事重求而轻得也。上神生日，所为百事吉，运用如意，逢灾不凶，逢吉愈吉。日乃人相助，夜乃神相助。若当季神生，声名显达，岁命生日尤吉。以此观之，可以见有人上门助我、生我、成就我，不待我之所求也。占者遇之此课，发用六害，日辰不和，《经》曰"害必分争"。求官见贵者，未许如意。求财者，却得遂心，凡占须见文书、唇吻。占病者大忌，以其卯寅丑乃棺椁煞也，须得德神可解。失物宜寻。远行者，退中有进。讼宜相和，利后举。逃亡者归。占宅有口舌是非，尤防官非、火灾。

若出兵行师得此，昼占朱雀多词，军戎之见耻，夜占勾陈，出阵则战士折伤。大抵此课，昼夜所占，皆非吉也。用兵得此，宜另为选择，若不得已而出兵，昼占胜如夜占者。为将者知此，须恩威并济，赏罚严明，观天时，察地利，办人事，不可以怒而兴师，愠而致战，知饥寒等劳苦，如此，战则有必胜也。

连枝带叶，根苗不断，事迟缓，春吉。

真一山人云：常占吉少亦非凶，百事平和日渐崇。更若好修阴骘事，竚看福寿等乔松。

《无惑钤》云：始贪货财，丁马随来。详分昼夜，冬雀火灾。

《钤解》曰：日财临宅作用，亦可取之财也。中马末丁，必须出外谋动则宜。卯木乘朱雀临宅，冬火鬼在卯，昼占必有火灾。又云：卯木乘朱雀加辰，主口舌文书之事。三传俱财克父母，财旺月即忧长上，财休囚却为财也。庚辰日，末传见丑是丁，则因墓田而凶动。旺相为田，死囚为墓。（雍正九年三月十七日酉将戌时占天时，明日阴晴。主明日早至午微风，午后风止，有阴云而不雨。应。）

庚辰日第三课

涉害　顾祖　励德　六阳

```
后 蛇 六 青          白 青 六 蛇
子 寅 辰 午          子 寅 辰 午
寅 辰 午 庚          寅 辰 午 庚


官 壬 午 青 ⊙        官 壬 午 蛇 ⊙
父 庚 辰 六          父 庚 辰 六
财 戊 寅 蛇          财 戊 寅 青


朱 六 勾 青          勾 六 朱 蛇
卯 辰 巳 午          卯 辰 巳 午
蛇寅      未空      青寅      未贵
贵丑      申白      空丑      申后
子 亥 戌 酉          子 亥 戌 酉
后 阴 玄 常          白 常 玄 阴
```

此课日上发传，退入支上，又是顾祖，末又见本命入宅，必是差出，经过仙里，而有是非，不然，须有甚不到处。不合日上退归本命而入宅，为蛇所扰，又是共屋人之事。主簿大族，现被诸房分多，遂经台部文字下，令知县差人押归本家，分析了，即令赴任。主簿被押归家，分未平，又占获房分，又入状监司，奏罢下狱，方始分成。日上午为堂，同居人为鬼，青龙在申，欢中生悲，退鳞甲，失财损身之兆。午是初传，已自是不好，不合中传辰又归午上，愈增其畏。末传寅木，生起午火，只管克庚金。命是戊寅生，是我倒去生火，毕竟是我自不是，致令得他如此。况在任，只要升，便有迁转之意。今传自上降下，又却自日回辰，是自外回家，岂不倒退？兼又是顾祖课，自然如是，何疑之有？况庚日以寅为财，是争财也。本命作财，是我与彼争也。螣蛇在寅，是我自被扰也。行年夜贵人作天空而闭口，是所生之官勿可告也，夜贵人废职无用也。末为眷属，天空主有争竞，是因眷属而争，而贵人在夜，无用而闭口也。续后主簿回任，宅居相隔不远，不知后面事物如何也。①

《玉历钤》云：此课初传克日，末传教唆，主官司牢狱不测之忧。见贵、求望、求婚、求财，一切不成。青龙作官，却宜求名。产即生，有灾。逃盗

---

① 《壬占汇选》作：己酉年十月庚辰日寅将辰时，陈主簿戊寅生三十二岁，占官任吉凶及问升迁。

可获。行人将至。出入不利。

又有刘监仓，本年庚午，三十九岁，己酉年正月初一日占年内之事，亦得此。先生曰："此课日鬼传归宅，宅上神又生鬼，一防仓库有火灾，二防值事人或走或非理致死，三防妻有暴风暴病之惊。正月小子非灾，防有退失，二月因省墓起山林之扰，三月妻忧，四月官长追迫，五月当值人有失，六月、七月防火，八月因闲贵内扰，九月横财，财中有失，十月婢妾阴私酒色上有失，十一月仆走，十二月媳妇有服。"本年七月二十三日，邻仓火发，遂烧仓。《经》云："火鬼春归午，夏月逐鸡飞。三秋寻鼠穴，冬与兔相期。"本身值火星，又传从火上起，末传寅木，木又生火。五月十四日夜，一当值人差去捉人，遂暗里堕于深坑中死。三月七日，妻偶中风，遂成重病，几不可救。其余十二月分，并依前断，祸福皆应。又况午为仓库，火鬼来乘克身，身便是本职。至九月，其妻家兄弟争分，他又在官上请假半月与分，得田产钱物二千余缗，却遣人赍此前往行在处卖木（当作买米），为贼人所劫。信造物虽注定，又见先生之言分毫不差矣。①

《毕法》云：此课初传午从干上起，末传寅归于支上，凡事勉强，不免俯就于人，亦为人抑勒，难自伸屈，最宜谨恭卑下可也。又云：久动思静，欲得干传归支，盖干常动、支常静故也。

上神克日，辰上生日上，用克日。

课名涉害、间传。用日上，中辰上，又三合。初火末木，末助初鬼，末传财，凡占先难后易，先破后成。

《义》曰：事多虚惊，徒自未宁。有声无实，岂得为凭？进退不定，见机而用。事有先期，惟宜守正。

《象》曰：顾祖迎亲复旧庐，求财谋望始堪图。惟有庚日不宜见，鬼来又入鬼乡居。

此见机之卦，一曰天网，亦曰励德。夫见机者，察其微，见其机，谓两比两不比，当以涉害为用。涉害有浅深，欲用不用，欲言不言，事有两而取一，所作稽留，迟疑艰难，进退不定，忧患难消，怀孕伤胎，难于前而易于后。且天网者，即天网四张也，《经》曰"天网四张，万物被伤"，为阻滞，为疑难，为灾恼。况励德，阴小有灾，此名关隔神。常人占此，身宅不安，宜谢土神，贵吏则主升迁，要当消息而论也。以此发用，乃近于真螣蛇，占者有大惊恐。午辰寅退间传也，格名顾祖，事有间隔。上神克日，利先讼，

① 《壬占汇选》作：己酉年正月初一庚辰日子将寅时，刘监仓庚午生三十九岁，生于庚午年四月二十九日，占年内事。

386

要有气，常人不利，或被人欺负。占者遇之此课，求官宜大位者，须见阻滞。婚姻不宜。交易合而未遂。投谒人者，"主宾际会两殷勤，暮宴朝欢会无极"也。求财者，恐因财而致祸。占病者，胸中主隔塞不通。失物勿寻。逃者自归。讼不吉，有教唆之人，宜为和好。远行不宜。

若出兵行师得此，昼占大胜犹可深谋，夜占众畏而忧惊不宁。大抵此课，吉中隐凶，凶中隐吉，若晴雨之象，兼奸强之相伴也。用兵者如此，须见机察微，以取战胜之功可也。

事多阻隔。

真一山人云：吉非吉象又非凶，改变之时贵得中。多少惊忧从此散，谁知谋事更无功。

《无惑钤》云：彼己不利，寅来教唆。尊求卑下，暮取财疴。

《钤解》曰：干被午克，支被寅克，则彼己不利也矣。寅乃日财，助初克干，如教唆词讼之人也，若取此财，则必有祸矣。自干传支，以尊求卑也，谦下乃宜。寅为教唆人，或为官吏曹，为道士，有胡须，或属虎人，或姓从木旁人，皆是，详天将逐类而言之。或年命自助其初传而克日干者，乃自招其祸，名曰放火自焚。

庚辰日第四课

元首　玄胎　炎上

```
玄 贵 蛇 勾        玄 空 青 朱
戌 丑 寅 巳        戌 丑 寅 巳
丑 辰 巳 庚        丑 辰 巳 庚


官 辛 巳 勾 ☉      官 辛 巳 朱 ☉
财 戊 寅 蛇        财 戊 寅 青
子 乙 亥 阴        子 乙 亥 常


蛇 朱 六 勾        青 勾 六 朱
寅 卯 辰 巳        寅 卯 辰 巳
贵 丑     午 青    空 丑     午 蛇
后 子     未 空    白 子     未 贵
亥 戌 酉 申        亥 戌 酉 申
阴 玄 常 白        常 玄 阴 后
```

《玉历钤》云：此课庚上加巳，官星为用，亥水生寅木，寅木生巳火，自下生上，官星有气，求官最吉，但传中刑害，凡事必先费力而后成。

《毕法》云：此课巳作官鬼加于干上，丑作丁神加于支上，昼将不凶，又有生意，夜将则人宅俱凶矣。《经》云：干上巳虽为日之长生，却被末传生中传，中传生初传之巳火而克庚干，面前虽有长生，背后反为深害，谚云"贪他一粒粟，失却半年粮"。

上神克日，用克日，末克初，辰上墓日。

课名元首、玄胎也。巳为鬼用，中寅末亥，亥合寅为财。凡事望谋，先难后易，公私可遂。巳加申，刑合，并勾陈、朱雀用。

《义》曰：且莫投人，恐被蒙蔽。任使精明，也遭他晦。长生驿马，福禄不假。捧印迁官，君子多权。

《象》曰：重求轻得预期知，士宦占求福禄随。事有两途心不一，苦去甘来乐有余。

此元首之卦，一曰玄胎，亦曰天网。夫元首者，尊制卑，贵役贱之象。占事多顺，利于先举，事多起于男子。为臣忠，为子孝，正大光明而无邪僻之行，德业已著而乾乾进修，常怀危惧，惕励而无咎也。况玄胎如婴儿隐伏之状，利上不利下，事主远而多伏，暗昧不通，触则成祸，惟君子守正修德则亨。其天网者，即天网四张也，《经》曰"天网四张，万物被伤"，为阻滞，为疑难，为灾恼。况玄胎，不宜占老人小儿病，乃再投胎也。然而长生驿马临官，兼以刑冲破害相参，欲言吉而有此刑冲，欲言凶而有此吉神。占者遇之此课，勾陈捧印为迁官，腾蛇生角为化龙，若逢旺相，大宜求官，士子有发科甲第之荣，文武有进禄加官之喜。婚姻和合。交易欲成。财有惊恐。占病或愈迟滞。失脱得见。讼有刑罪，宜和好，吉。逃亡自归。

若出兵行师得此，昼占则战士有折伤之象，夜占虑军戎之见耻，况刑冲之恶，必有兵两相接，战斗之声，宜另为选择可也。若不得已而用之，贵在用兵者善于延览，能于运谋，用间谍，布恩威，出其不意，击其空虚，必能有致胜之道也。戒之！谨之！

秋利夏吉，皆益求名。

真一山人云：仕人得此喜迁官，举子还期丹桂攀。若是庶人占得此，眉头常锁不曾宽。

《无惑钤》云：夜巳鬼名，昼巳长生。萧何喻害，能败能成。

《钤解》曰：巳也，昼占乘勾陈，则为长生，夜占乘朱雀，则为官鬼。且亥水居末，若径克巳火，则不能克干；若生中传寅木，木又生火，而克干矣。

岂非"成也萧何，败也萧何"之喻乎？俗云"两面刀"。

庚辰日第五课

水局　不备　折腰　不结果

避难逃生须弃旧

青 蛇 蛇 玄　　　　蛇 青 青 玄
申 子 子 辰　　　　申 子 子 辰
子 辰 辰 庚　　　　子 辰 辰 庚

子 丙 子 蛇　　　　子 丙 子 青
兄　 申 青 ◎　　　兄　 申 蛇 ◎
父 庚 辰 玄 ☉　　　父 庚 辰 玄 ☉

贵 后 阴 玄　　　　空 白 常 玄
丑 寅 卯 辰　　　　丑 寅 卯 辰
蛇子　　　巳常　　青子　　　巳阴
朱亥　　　午白　　勾亥　　　午后
戊 酉 申 未　　　　戊 酉 申 未
六 勾 青 空　　　　六 朱 蛇 贵

《金匮经》曰：占此课来意，主谒人，事因失备，必然不见。其人不见，在何处？曰：其人在家，近水火旁，彼造墨，或为细物，因此而不接客，谒之必不得见也。盖子为用，虽与日辰三合，奈日课不备，主人事有不备也。且式以日为人，以用为谒，今日庚金，而神后为用，甲戌旬庚落空亡，神后被克，又畏日上天罡，人在宅，屏而不见，为日落空亡也。天罡加孟，人在内，故云在家也。式中言生计，以庚为水之源，而生神后，下加于辰，神后北方黑色，下有辰土，生计是造墨也。润下之卦，上有螣蛇火神为用，故曰近水火之旁。因询究其实，乃是一秀才干谒一紫衣道士，彼造墨而不相见也。[1]

《中黄经》占曰：此课来意，因小儿和合事上起官事，后有解救，可以止

---

[1] 《壬占汇选》作：十月庚辰日寅将午时，李秀才占往元真观访紫衣张道士。

息。何以知之？盖甲寅生人占，三传子申辰，卦名润下，又名重审。庚日畏遁鬼，丙子作初传，本命见丙戌，二丙俱克庚日，合中冲克，螣蛇为小儿临子，是因小儿起官事也。戌中有时之壬子，申亦有壬，又子旺，戌中丙虽旺，却被壬败，又卦名润下，三传类化为水，二丙俱败，庚壬得势，丙亦就子中生辛，随之而化，事皆和，争讼不兴也。[①]

《玉历钤》云：此课天地盘上下三合，主人情喜悦，凡占遂意。

《毕法》云：此课初传子从支上起，传归干上神，凡占必主他人委托，托我干事，吉凶皆成，行人必至，求财可得。

上神生日，日上克辰上，日上克用。

课名重审、润下。三传皆水，金水相生，天官皆水将，无凶。占事以日生传，无甚气魄，不利占文书，中传申空亡，谋用难成。

《义》曰：欲脱不脱，终须见脱。欲耗不耗，还知见耗。善恶在人，天理昭报。得不偿费，逢凶化笑。

《象》曰：谦光君子自无凶，恤德坚持善始终。莫听人言心太恐，忧疑患难一场空。

此重审之卦，一曰润下。夫重审者，重而审之也。利为主，利后动，长有厄，事从内起，起于女人。以下犯上，贱犯贵，卑犯尊，事多不顺。阴小在下者，有悖逆之事。占臣未忠，占子失孝，事不可遂意而行，必当审察，循乎义理，庶几乎以免后患也。且润下，主沟渠、水利、舟楫、渔网之类，动而不息之象，流而必清，动而不竭，宜动不宜静，事主关众人，亲朋相识之类。克应多是过月，牵连疑二，利占成合，不利占解释。此乃五行正气入十干杂糅之乡，异方三合乃生旺墓之神，事主丛杂不一，主关众人共谋，不然两三处干事，委曲托人与人相合之类。又如推磨之象，转去转来非一遍也。此课盗泄干气，以应虚耗失脱，由此推之，虽见有人相助，又见共耗损财，此乃得不偿费，出者多而入者少也。占者遇之此课，求官见贵，虚耗难成。凡所求谋，皆为不足，惟利夫暴病、患难。事多虚惊，不足忧也，于中还见喜事。

若出兵行师得此，昼占忧惊众畏，夜占大胜，然未免粮储虚耗，有不足之赏叹，尤防暗设机谋，失盗脱耗我之精神也。大抵此课，无益于取胜，有益于解散。用兵者，当预知之。

待时而已。

---

① 《中黄经》作：假令庚辰日，九月将，未时。

真一山人云：事多更改不同前，君子知微肯怨天。且莫求人成脱赚，回还始末畏牵缠。

《无惑钤》云：彼求于己，支伤不美。事不周全，脱成迤逦。

《钤解》曰：自支传干，彼求于己，但支上被干上克，若不美也。及其成合之后，则末生中，中生初，初脱日干。《毕法》云："三传递生人举荐"者是也。

庚辰日第六课

涉害　绝嗣　不结果
胎财生气妻怀孕

```
白朱六阴        后勾六常
午亥戌卯        午亥戌卯
亥辰卯庚        亥辰卯庚

官 壬午 白      官 壬午 后
父 丁丑 贵      父 丁丑 空
兄 　申 青 ◎    兄 　申 蛇 ◎

蛇贵后阴        青空白常
子丑寅卯        子丑寅卯
朱亥    辰玄    勾亥    辰玄
六戌    巳常    六戌    巳阴
酉申未午        酉申未午
勾青空白        朱蛇贵后
```

此课乃无禄课，虽受得通判，必不能食禄，兼父母年高，先亡母，后亡父，下来又有别差遣，将及瓜而止。末传又是禄神，乘空入墓，亡在乙丑年，寿六十九，又是荫不得子也。四下克上名绝嗣，今不知何以作无禄断。① 钱乃奉议郎，受江军通判，当庚戌年春赴任，至三月三日，作寒食会大欢，其母醉后而死。壬子冬又重注差，拟得南康通判，二年半缺，甲寅又丁父忧。丁

────────────

① 此句虽在正文之中，疑乃抄录者所缀。无禄、绝嗣之名义，历来即有争议，此课末传禄神旬空，正与无禄课义相合。

巳四月，授江南东路安抚司，主管机宜文字，二年缺。己未避嫌，得主管台州崇道观。壬戌冬，再转岳州通判。癸亥年，所生乳母死，遂毕新丧方满，乙丑五月八日本身丧矣。乙丑年死者，乙在卯，卯绝在申，而天盘申却入墓于丑，而乘空亡，况申乃今日之庚也，庚便是我身，身上有卯，卯中有乙，申墓于丑，故乙丑年死。相次转朝奉郎，只争二日，其子不得受恩泽。可见为无禄课，中有许多样事也。[1]

《曾门经》云：四下克上，是谓绝嗣，以此占人，知有死亡之凶事，及贵人争财而致绝嗣也。

《玉历钤》云：此课午为日鬼发用，有刑害，气象不和，凡占百事不成。

日克上神，辰上生日上，初克末。

课名涉害、无禄。凡占此者，禄马见龙可救，但庚禄在申，又空亡难救，切不可妄动，动则咎生，守静尚吉，年命见德禄者庶几可也。

《义》曰：卦名绝嗣，悖礼伤义。妻子无情，难保禄位。天道之常，顺理则昌。及此忠孝，福禄无疆。

《象》曰：顺理人情福自延，寸心未可亦钧天。传逢斯课原无力，有始无终亦罔然。

此见机之课，一曰绝嗣，亦曰天网。夫见机者，察其微，见其机，谓两比两不比，当以涉害为用。涉害有浅深，欲用不用，欲言不言，事有两而取一，所作稽留，迟疑艰难，进退不定，忧患难消，怀孕伤胎，难于前而易于后。《经》云："涉害须久历艰辛"。况天网四张，《经》曰"天网四张，万物被伤"，为阻滞，为疑难，为灾恼。传见绝嗣，四下克上，是无其尊，为不忠矣。凡得此体，上不能保其禄位，下不能友其妻子，主静而必动，小人犯上，无礼之兆，暗横灾殃。病者易死，逃者转匿。凡事宜后施者。事起于蓦然，喻"冷灰炮豆"。逢此，事了，人来，病愈，最能结绝旧事。占者遇之此课，求官见贵，始如锦上添花，终似秋风落叶，诗云"靡不有初，鲜克有终"。婚姻合而不合。交易成而未成。投谒人见喜，有相助之意。其余托人者，尚未全美。占病者愈。占财者难。失脱、逃亡者难见。讼将了。不宜远行。所占百事，有始无终，忧疑患难得此自解。

占出兵行师得此，昼占有败亡之象，夜占乃无威。大抵无益，占贼难遇，有逃避之处。初虽吉而末解散，号曰"苗而不秀，秀而不实"也。

---

[1] 《壬占汇选》作：己酉年正月初一庚辰日子将巳时，钱通判丁巳生，十一月二十一日午时生，五十三岁占前程。

事防中变。

真一山人云：神明默默不容乖，乐善人家百福谐。寄与劳劳尘世客，好存阴骘作梯阶。

《无惑钤》云：四下贼上，祭祀绝享。守其中丁，动之灾障。

《钤解》曰：四课见克上，为绝嗣卦，故曰祭祀绝享。守其干上之财，尤之可也，若轻举妄动，定逢灾障。初午中丁，庚金何可当也哉？亥加辰，将朱雀，主小儿哭泣。

庚辰日第七课

玄胎　六阳

空空如也事休追　来去俱空岂动移

```
玄 六 青 后          玄 六 蛇 白
辰 戌 申 寅          辰 戌 申 寅
戌 辰 寅 庚          戌 辰 寅 庚


财 戌 寅 后 ⊙        财 戌 寅 白 ⊙
兄　 申 青 ◎        兄　 申 蛇 ◎
财 戌 寅 后 ⊙        财 戌 寅 白 ⊙


朱 蛇 贵 后          勾 青 空 白
亥 子 丑 寅          亥 子 丑 寅
六戊        卯阴     六戊        卯常
勾酉        辰玄     朱酉        辰玄
 申 未 午 巳          申 未 午 巳
 青 空 白 常          蛇 贵 后 阴
```

《玉历钤》云：此课昼贵天后、青龙，不凶，但人情反复；夜贵白虎、螣蛇，极凶，诸事皆不可用。

日克上神，日上克辰上，日克用。

课名反吟、玄胎。禄马互换交驰，利动不利静，虚喜卒然而至，要之，到底竟成虚诈。

《义》曰：世事扰扰，何事难了。营谋匆匆，到底无功。争知守正，居义合中。苟或妄动，徒自迷蒙。

《象》曰：南去北来无少倚，事未成兮时值否。求谋进用免留心，君子见机当已矣。

此无依之课，一曰玄胎。夫无依者，即反吟也。《经》云："无依是反吟，逃者远追寻。合者应分散，安巢别改林。守官须易位，结友也分襟。所为多反复，占病数般侵。"反吟刑冲，事主迟疑，远近系心，更相仇怨，且反复而呻吟，是无予夺而难息也。况玄胎如婴儿隐伏之状，利上不利下，事主远而多伏，暗昧不通，触则成祸，惟君子守正修德则亨。不利占老人小儿病，号曰再投胎也。三传即为空绝，所干无成，不过指空化空而已。其象若捕风捉影，阳焰空花而已。占者遇之此课，求官见贵难成。婚姻、求财、交易、出行不宜。投谒、托干逢之者，十无一成，假使有成，而终见败落。占病，暴病逢之必瘥，久病逢之必伤。惟利夫避难、遭围、斗讼、系狱、忧惊之事，却为福也。其他欲成者不成，欲散者能散。

占出兵行师得此，昼占所为不利，大体又见有失众之象。所闻所报，并是不实，若此者多是不成。临敌对垒，敌有使来，反复百计，皆虚诳而已，甚不可为彼之诡计所误也。

形影俱空。

真一山人云：盈虚消长自天然，富贵荣华各有缘。凶吉两途无个事，空空之上又空悬。

《无惑钤》云：动意虽切，满目空绝。夜逢五虎，惊不可说。

《钤解》曰：遍地禄马，动意甚切也，但申乃旬空，寅临申绝，往来皆然，诚为满目空绝也。夜占则逢五虎，至惊至危，岂小可之灾祸也？

庚辰日第八课

重审　龙战

前后引从升迁吉

```
后 勾 白 贵          白 朱 后 空
寅 酉 午 丑          寅 酉 午 丑
酉 辰 丑 庚          酉 辰 丑 庚


财 戊 寅 后 ⊙        财 戊 寅 白 ⊙
父 癸 未 空          父 癸 未 贵
子 丙 子 蛇          子 丙 子 青


六 朱 蛇 贵          六 勾 青 空
戌 亥 子 丑          戌 亥 子 丑
勾 酉     寅 后      朱 酉     寅 白
青 申     卯 阴      蛇 申     卯 常
  未 午 巳 辰          未 午 巳 辰
  空 白 常 玄          贵 后 阴 玄
```

《玉历钤》云：此课前引后从，主有升迁之事，俱空亡、冲破，百事难成。

《毕法》云：此课寅加酉为初传，子加未为末传，乃初末引从庚干在内。昼用，又谓之拱贵，兼三传皆下克上，此必主升迁官职也；用夜贵，乃拱墓神在内，为所畏也，缘中传却作天乙，而破其墓，亦吉课也。又云：干上丑为丁神，十月占为天目，必主家中鬼怪出现。又云：庚金克初传寅，迤逦至末，为财星连绵，占此必大获利也。又云：末传子水助其初传寅木而为日干之财，凡占必有人暗中以财相助。又云：夜占初传寅木为财，上乘白虎，而伤干上丑土，被妻财伤身，或娶妻不孝父母，又丑作旬中之丁，为墓覆，必是命运衰败而致然耳。

上神生日又墓日，日上生辰上又墓辰上，用克日上，日克用。

课名重审。墓覆日干，主晦闷。第四课发用，事主迟延。寅加酉为漏底空亡，真空、截空备见，此课只可散忧，欲成则难。

《义》曰：尔来诱我，幸有潜躲。知者见机，自少灾祸。用传成空，难定吉凶。虽然有影，觅则无踪。

《象》曰：门户勾连未见宁，由来虚耗致虚声。投人远到徒为尔，可惜工夫事不成。

此重审之课，一曰龙战。夫重审者，重而审之也。利为主，利后动，长有厄，事从内起，起于女人。以下犯上，贱犯贵，卑犯尊，事多不顺。阴小在下者，有悖逆之事。占臣未忠，子失孝，事不可遂意而行，必当审察，循乎义理，庶几以免后患也。况龙战，主人心疑惑，进寸退尺，动有乖离之象。卯酉为天之私门，生杀有限，分杜有期，雷动龙奔，示其有战。干上见墓，乃昏迷之象。夫课见墓不吉，逢墓即止，乃五行潜伏湮没之地，四时气绝衰败之乡，暗昧不通，如人处云雾之中，幸见空，庶几可也。此乃蓦然之课，凡事起于蓦然，喻"冷灰之炮豆"也。又曰："一下贼上名重审，子逆臣乖弟不恭。事起女人忧稍重，防奴害主起妻纵。万般作事皆难顺，灾病相侵恐复重。论讼对之伸理吉，先讼虚张却主凶。"占者遇之此课，难见引从而利升迁，何其空而无力，又可惜也。占家宅虚耗。婚姻不宜。占财轻微。暴病吉，久病凶。失脱难得。公讼解。忧患消。占出行，另选择。望人来迟。

占出兵行师得此，昼占无威，夜占败绩，大体又为失众之象，凶不凶而吉不吉也。用兵者知此，宜为缓图，深谋远虑，相机密察，以伺敌之不备，一举而万全。其欲千里之往，到彼徒然。若此者，虑彼之避我或散去，而难成功也。

变更不一。秋吉。

真一山人云：升迁获此倍生欢，谁识于中引从难。徒恃美中还未美，事将成处又空还。

《无惑钤》云：己财先费，始获厚利。初引末从，夜丁昼贵。

《钤解》曰：引从干，又昼占拱丑贵。寅，庚干之财也，落空为费，后为递克之财，获厚利也。寅子引从庚干，拱丑在内，夜占则为丁丑，反伤于干，昼占为贵人临身也。前后引从升迁吉，引从干。末助初财，财神传墓入墓，若求财，则大获。

庚辰日第九课

六阳　不行传　水局

人宅受脱俱招盗　脱上逢脱防虚诈　避难逃生须弃旧　我求彼事干传支

```
蛇 青 玄 蛇          青 蛇 玄 青
子 申 辰 子          子 申 辰 子
申 辰 子 庚          申 辰 子 庚


父 庚 辰 玄          父 庚 辰 玄
兄   申 青 ◎        兄   申 蛇 ◎
子 丙 子 蛇 ⊙       子 丙 子 青 ⊙


勾 六 朱 蛇          朱 六 勾 青
酉 戌 亥 子          酉 戌 亥 子
青申     丑贵        蛇申     丑空
空未     寅后        贵未     寅白
午 巳 辰 卯          午 巳 辰 卯
白 常 玄 阴          后 阴 玄 常
```

　　此课金日得水局，三传日辰皆子孙爻，脱处见青龙，生处见玄武，禄临宫上见螣蛇，一生被子息吵，一个死，一个又来，又且生得好，取尽父母气力了方休，家势亦被子孙消磨了。此宅十二年后怪出，住不得，宜别迁。初授之任，初年与兵卒不合，末后却吉，后任必是水路。巡检去处，更后任在水边屯住，三任六十三上难过也。邵巡检娶宗女为妻，前后生八子，或三岁、二岁、周岁即死。及婢生三子，又如此。再讨一婢，又生二男一女，甚珍爱，前后委被儿孙坏尽。邵先生初不与邵巡辖相识，便知其中心事，及巡辖任满，果授水路巡检，又满，再得雍州左提举巡检，本州驻扎。至绍兴十五年乙丑四月初三日卒，果年六十三岁矣。况今日得润下，又是支干二神自化之，遂满局子孙。庚以子为真子息，乘青龙脱气，有玄武、螣蛇，二者兼青龙，三个皆水兽，只管盗其真气，故一子死了，一子又来。日临辰地作蛇，土又生申金，申数七，辰数五，是十二年，上见螣蛇，主怪出，后遂迁在寺中居。六十三死了，盖子加庚上，庚下是申金，庚金死于子，子数九，申数七，六十三数也。①

《玉历钤》云：传课循环脱空，辰支三合，用夹，先难后易。

《毕法》云：此课夜将青龙，干生上神子水，子水又生青龙，脱上生脱，空诈之象也。

上神盗日，辰上生日上，用克日上，日生三传。

课名元首、润下。自墓传生，加辰就生，中末空亡，虽曰先难后易，亦有始终。可以散忧，未可以言吉也。

《义》曰：宰木磊落，中干蠹脱。事占若此，徒尔观美。如人有肉，骨中无髓。虽有其形，未免痿也。

《象》曰：人来与尔计深谋，要识机关早罢休。说破这些消息子，得藏头处且藏头。

此重审之课，一曰润下。夫重审者，重而审之也。利为主，利后动，长有厄，事从内起，起于女人。以下犯上，贱犯贵，卑犯尊，事多不顺。阴小在下者，有悖逆之事。占臣未忠，子失孝，事不可遂意而行，必当审察，循乎义理，庶几以免后患也。且润下，主沟渠、水利、舟楫、渔网之类，动而不息之象，流而必清，动而不竭，宜动不宜静，事主关众人，亲朋相识之类，克应多是过月，牵连疑二，利占成合，不利占解散。此乃五行入十干杂糅之乡，异方三合乃生旺墓之神，事主丛杂不一，主关众人共谋，不然两三处干事，委曲托人与人相合之类。又如推磨之象，转去转来非一遍也。然传见空脱，号为无用之象，欲其成事，诚为难也。占者遇之此课，求官、见贵、问婚、占财、出行、投谒、谋望、交易，凡百所占，乃为无益，卒难成也。大义以三传空脱，盗失损财，人口衰残，又为子孙脱漏之事。虚耗之极，病亦如之。虽利占解散忧疑，欲解不解，欲脱不脱之象。

占出兵行师得此，宜止息，昼占凶，夜占胜，必见帑藏空虚、粮储匮乏，不然用兵者久或中计耗伤。若不得已而用之，须善为处置，因时制宜，庶不误国家之大务，尤防作党相来脱赚。谨之！

泄气无用。秋冬平。

真一山人云：空脱逢空难济事，门衰户冷叹艰辛。忧疑患难忻逢解，谋望求官未称心。

《无惑钤》云：传课循环，空脱在关。无心俯就，两贵难攀。

① 《壬占汇选》作：建炎戊申年六月二十七庚辰日午将寅时，邵巡检癸亥生，生于九月初九日酉时，四十六岁占家宅。

《钤解》曰：禄临支宅生。避子难，逃辰生。三传不离四课，循环不穷，事主牵连。初末水土皆脱，中申旬空，三传俱无益也。俯就，干支被脱，岂甘心哉？两贵临门，昼贵脱败，夜贵被克，不足攀也。上下俱脱，占病必吐泻。虽为脱上逢脱，不致脱尽。

庚辰日第十课

弹射　玄胎　不结果　闭口

```
六 空 后 朱          六 贵 白 勾
戌 未 寅 亥          戌 未 寅 亥
未 辰 亥 庚          未 辰 亥 庚


财 戌 寅 后          财 戌 寅 白
官 辛 巳 常          官 辛 巳 阴
兄   申 青 ◎        兄   申 蛇 ◎


青 勾 六 朱          蛇 朱 六 勾
申 酉 戌 亥          申 酉 戌 亥
空 未      子 蛇     贵 未      子 青
白 午      丑 贵     后 午      丑 空
巳 辰 卯 寅          巳 辰 卯 寅
常 玄 阴 后          阴 玄 常 白
```

此课先生曰："何丈已得两次赴举，今年又占秋试。吾丈今年不得中试，惟令嗣发举，在二十八名。"何曰："我后举方免，如何不识？我若不得入试，我之子读书少，如何会得？"先生曰："观此课，暮秋虽有喜，却又悲生，十月防有炊臼之梦，数有不免也。"何丈三十四上发举，三十七又请试，当时望中甚切。先生却不许，但许其子。临期果患病不能入试，其子勉强入场，全不得意，计一相知旧作，粗得成文。及试毕，其子将文字归，何看其文，大不以为奇。及榜出，果中二十八名。先生又曰："何丈不入，正欲成就其子也。若何丈入场，未必教子如此做文，他做文，定不合主司之意，必黜落也。吾丈五旬后得官，一年、二年便当办终，未能得度甲子之一周矣。"日上是子息，来夺我气，去生水勾陈，此课不落，所以其子得中解也。亥为水道，勾陈迟滞，乃为痢疾。庚以寅为妻，加盗气之上，临在十月，加以白虎在上，故妻丧也。父带劫煞，加绝地，次年丧父。夜贵人在宅，主将来身自不显，兼甲戌旬，未为闭口加宅，故得官便死。后至五十七上及第，五十九上终矣。[1]

同日，应秀才亦得此课，[2] 先生曰："先失后得，先虚后实，耗费尽了，却得妻财来助起。因水中求财，至中间又损，后却得地于诗书，不可不知。若求望功名，不可得也。须是尽败，方可再发，兄弟亦星散。所可喜者，妻与子成家，但利末年享福而已，却有高寿，宜就店房居住，正宅无气也。"应丈学业甚高，占前程，此功名未必有也。盖日上见亥，我金生彼水，文书受脱气，此所以不能发也。初又在脱上发用，可谓脱中见脱，诗书亦荒废，家财又空虚。初见妻宫，引归中传长生，中传又引归末传，却见我之本身，是破败后得妻子起家，因之有福。先生起课时，学业十已退七八，一心只望及第。自后读书亦无成，家势败尽，妻家取去卖酒生理，自此方得财利，及诸子长成，各会营干，家道果渐丰。然享福者，盖日上见亥是脱气，初传又行脱方，得妻引归生路，寅上巳乃金长生也。末传申加巳，是我之下稍得生路。申即庚也，长生为巳，巳在末传之乡，故主晚年享福。

《玉历钤》云：此课日冲为用，日上神见六害，主气象不和，人情不悦，凡占皆无所成。

上神盗日，辰上克日上，日克用，末克初。

课名弹射。巳自无力而冲用，申为空亡，为遗弹，凡占图望，吉凶不实，托人无力，始终合而中有间阻，然可以无凶。

《义》曰：水脱金力，多生不足。事必动摇，人情倒置。谋动疑艰，持正欲宽。事无不了，终有些欢。

《象》曰：驿马发用名官爵，天后临寅受宠恩。好事须期孟秋节，申临太岁迎喜门。

此弹射之课，一曰玄胎。夫弹射者，乃日克神之谓。《经》云："日往克神名弹射，纵饶得中还无力。贵人逆转子无良，天乙顺行臣不义。家有宾来不可容，亦忧口舌西南至。"然事主动摇，人情倒置，更主蓦然有灾。求事难成，祸福俱轻，忧事立散，祸从内起。利客不利主，利先不利后。占人不来，访人不见，不利占讼。弹射无力，不可用事，虽凶无畏。传见空亡，又为失弹，不能成事也。况玄胎如婴儿隐伏之状，利上不利下，事主远而多伏，暗昧不通，触则成祸，惟君子守正修德则亨。不利老人小儿病，谓之再投胎也。

---

① 《壬占汇选》作：何省干己未生，生于闰月十三日丑时，五十一岁，于建炎己酉年正月元旦庚辰日占应试，子将酉时。

② 疑非同日所占，《壬占汇选》作：己酉年七月初四庚辰日午将卯时，应秀才乙亥生，三十五岁占前程。

此生玄胎也，忧在妊娠，恐难保乎终也。况此卦发用虽吉，而见传空，诗云所谓"靡不有初，鲜克有终"，语云"苗而不秀，秀而不实"者，正此义也。占者遇之此课，刑冲破害，幸尔终空。求官见贵虽吉，未免到底不足。交易、婚姻、远行、投谒，未见全美。求财速取。暴病吉，久病凶，因见驮尸煞也。逃者自归，目下未定论。主客内怀奸诈。日生上神，虚费不足，盗失损财，人口衰残。

占出兵行师得此，昼占无威，夜占败失，以斯论之，亦不成功。慎乎敌之所来，有脱赚之义，须当详审密察，勿忽可也。

日下未准。

真一山人云：合中逢破笑中刀，莫把知心作故交。对面相逢隔千里，到头荣辱两俱消。

《无惑钤》云：夜贵闭口，马负财走。幸尔逢生，空亡后有。

《钤解》曰：夜贵临辰，闭口不言，不可干也。寅乃日财，而马负之，宜远动求财也。长生在中，而空亡在后也。弹射，占行人至，有事相求，事成罕曾。

庚辰日第十一课

涉害　察微　孤辰　斩关　涉三渊
苦去甘来乐里悲

```
白 青 后 玄          后 蛇 白 玄
申 午 子 戌          申 午 子 戌
午 辰 戌 庚          午 辰 戌 庚


兄   申 白 ◎        兄   申 后 ◎
父 甲 戌 玄 ⊙       父 甲 戌 玄 ⊙
子 丙 子 后         子 丙 子 白


空 白 常 玄          贵 后 阴 玄
未 申 酉 戌          未 申 酉 戌
青午      亥阴       蛇午      亥常
勾巳      子后       朱巳      子白
  辰 卯 寅 丑          辰 卯 寅 丑
  六 朱 蛇 贵          六 勾 青 空
```

《玉历钤》云：此课第四课发用，乃天上日干也，加午，火克日德，又为空亡，占病大凶，其余有始无终，凡事不可用。

《毕法》云：此课干上戌生干，支上午生支，凡占坐待用事，尽有所益，动则不喜。又云：天盘日之禄神作空亡，坐于克方，占病必然不能饮食，饥饿而危。

上神生日，辰上生日上。

课名涉害、间传、涉三渊。玄武临日，天将皆凶，所幸用是虚亡，可以无凶，亦名伤德课。

《义》曰：事有可忧，防他侵谋。暗中扰害，无故为仇。前凶后吉，谋事无力。假使成合，难为他日。

《象》曰：东西南北久劳心，用尽心机又陆沉。从此韬光修德业，他时终得遇知音。

此见机之卦，一曰孤辰。夫见机者，察其微，见其机，谓两比两不比，当以涉害为用。涉害有浅深，欲用不用，欲言不言，事有两而取一，所作稽留，迟疑艰难，进退不定，忧患难消，怀孕伤胎，难于前而易于后。况孤辰有茕茕孑立之象，占人别离桑梓。凡所占谋，多虚少实，功名难遂，事业虚花。又曰进间传、涉三渊，有间隔之义。况孤辰，《经》云："占人孤独离桑梓，财物虚耗伴不亲。官位遇之须改动，出行防盗拟人侵。所闻传事皆非实，卒病遭官不害身。"《经》云："寡宿孤辰，值此尤妨骨肉。"又云："涉害须久历艰辛"。一曰"鬼墓加干鬼暗兴"，鬼住墓中，危疑者甚，防有侵害。占者遇之此课，初中两传传空，末又脱盗，若求官、见贵、婚姻、财帛、交易、投谒、干用、远行、望信，凡欲求成之事，得斯课者，徒劳志虑，虽有智者，亦不能施其巧。惟能解释忧惊、散除祸乱，失脱逃盗且宜置之。

占出兵行师得此，有失众之象，昼占白兽，败亡而祸起，夜占无威而不宁，以此论之，宜当止息，再为选择，若不得已而用之，欲全其功，亦未知能也。其敌使之来，内有阴谋不足，以防侵害，其所言词，多见诡诞、奇谋诈术也。大抵此课，凶不成凶，吉不成吉也。

秋吉。且好待时。

真一山人云：自古男儿志气雄，谋为谁不欲成功。事机到此难施力，凶吉浑妄总成空。

《无惑钤》云：初中泛游，两虎堪忧。乘生作克，乐里成悲。

《钤解》曰：戌生临干，何其乐也；而庚坐于午上受克，反成愁也。午生辰，乐也；辰坐寅上受克，悲也。用神申旬空，中戌落空，浮泛而不足用，末子又死脱之神，三传无一可者。守其生戌，又乘两玄，甚其虚耗。申，虎也，又乘白虎，甚可忧也，占病大凶。白虎入朱雀，占讼与俸最凶，不论空亡。

庚辰日第十二课

蒿矢　连茹　不结果　拱贵　夹传

```
青 勾 玄 常          蛇 朱 玄 阴
午 巳 戌 酉          午 巳 戌 酉
巳 辰 酉 庚          巳 辰 酉 庚


官 壬 午 青          官 壬 午 蛇
父 癸 未 空          父 癸 未 贵
兄   申 白 ◎        兄   申 后 ◎


青 空 白 常          蛇 贵 后 阴
午 未 申 酉          午 未 申 酉
勾巳      戌玄       朱巳      戌玄
六辰      亥阴       六辰      亥常
  卯 寅 丑 子          卯 寅 丑 子
  朱 蛇 贵 后          勾 青 空 白
```

此课支干地盘夹定三传在中。自日鬼上传，末见禄，禄却空亡。三传四课并宅上、初传俱是鬼，有官人欲赴任，却号为催官使者，上任必在三月尽、四月初上任。不必定有尊堂之服，子又病。盖日辰夹定，凡事皆紧，只不宜夹鬼与空亡，此官鬼乃真空亡。庚以子为子息，临亥，夜乘白虎，是子息为虎所迫，幸不伤残，只是病耳。庶人官灾、疾病，又且死人。大凡日辰夹三传在中，有鬼即鬼应，有空亡只空亡应，二者俱有，必双应矣。

《玉历钤》云：此课辰之阴阳神皆火，有下犯上、小人犯君子之象。

辰上克日上，初克末，用克日又克日上。

课名蒿矢、进茹。宜干众托人，然申又为空亡，到底无成，求谋宜速不宜迟，迟则无后也。

《义》曰：吉中有凶，凶中藏吉。惟正惟中，后必获吉。课体虽备，未得伶俐。带叶连枝，味而不味。

《象》曰：守正待时终获利，刚柔相济见谋成。梧桐一叶凋金井，到此之时百事亨。

此蒿矢之课，一曰天网。《经》云："神遥克日名蒿矢，射我虽端当不畏。贵人逆转子无良，天乙顺行臣不义。家有宾来不可容，亦忧口舌西南至。"事主动摇，人情倒置。象如以蒿为矢，射虽中而不入。祸福俱轻，求事难成，利主不利客。占行人来，访人见。若带金煞，亦能伤人，主蓦然有灾。又曰：蒿矢其忧不大，传见空为失矢，而无疑惧矣。且天网者，即天网四张也，《经》曰"天网四张，万物被伤"，为阻滞，为疑难，为灾恼。午未申为进连茹，进中有退，急而顺溜。事主欲行不行，欲止不止，节外生枝。占者遇之此课，日上乘空，凡事起于虚声，或无中生有。人有传言，未足信也。求官者，有官丧禄，在七月占可，见贵不合。交易难成。婚姻再议。占病凶，可畏，急宜作福。投谒人者，徒费粮裹。失脱难见。逃盗难获。讼宜和好则吉，到底归于解释。若其他所占，难于前而易于后也。

若出兵行师得此，昼占青龙大胜，得宝货与图书，夜占腾蛇，出阵忧心众畏，然昼占虽吉而未全吉，夜占为凶且幸末传有解也。大抵此课，吉中有凶，凶中有吉，用兵者宜再为选择，若不得已而用之，亦须量敌而进，虑胜而会，慎勿轻忽耳。

进退狐疑未准。

真一山人云：金风初动夜生凉，时运亨通事自昌。只怕虎头鼠尾象，到头又恐不相当。

《无惑钤》云：支干合会，拱鬼在内。蒿矢带金，申空无畏。

《钤解》曰：巳与申合，酉与辰合，支干合会矣。干上酉、支上巳，拱夹午未在内，初末又拱夜贵在内，凡事主成合，不宜占病讼、行人、产并解释忧疑，夜占宜告贵成事。蒿矢申金带虎，若可畏也，幸尔旬空，虚惊而已。巳加辰为孝服，逢人哭泣。

辛巳日

辛巳日第一课

伏吟　玄胎

```
蛇 蛇 常 常          六 六 常 常
巳 巳 戌 戌          巳 巳 戌 戌
巳 巳 戌 辛          巳 巳 戌 辛


官 辛 巳 蛇          官 辛 巳 六
兄   申 阴 ◎⊙       兄   申 空 ◎⊙
财 戌 寅 勾          财 戌 寅 贵


蛇 贵 后 阴          六 勾 青 空
巳 午 未 申          巳 午 未 申
朱 辰      酉 玄     朱 辰      酉 白
六 卯      戌 常     蛇 卯      戌 常
   寅 丑 子 亥          寅 丑 子 亥
   勾 青 空 白          贵 后 阴 玄
```

《玉历钤》云：此课夜贵六合发用，主吉，求官见贵遂意，但昼贵螣蛇主凶，又中传空亡，谓之折腰，凡事无成。

《毕法》云：此课伏吟，中传空亡，不能刑至末传，常占行人，伏吟必至，此却不然，必主行人中路阻隔，前后进退俱有难处，余占亦被蒙人先允许，而后无实惠也。

上神生日，辰上生日上，用克日又合日。

课名伏吟、玄胎。用德，伏而不动。德神为用，可救一切灾危，所占百事，皆享安静和平之福。中申为空亡，但谋用中间无力，首尾不相应耳。

《义》曰：课传自信，病多沉困。占胎未美，来情不喜。屈而未伸，斯理未真。守之以正，然后忻忻。

《象》曰：来人占事何灾恼，积德之家天自保。任他使尽百般机，害汝无成犹见好。

此自信之卦，一曰玄胎，亦曰天网。夫自信者，天地伏吟，十二神各归本家，天地如一，四伏未发之象。占事静则宜，动则滞，主事藏匿不动，静中求劳，有屈而不伸之象。况玄胎如婴儿隐伏之状，利上不利下，事主远而多伏，暗昧不通，触则成祸，惟君子守正修德则亨。且天网者，即天网四张也，《经》曰"天网四张，万物被伤"，为阻滞，为疑难，为灾恼。干见鬼墓，防暗中有人侵损谋害。《经》云："鬼在墓中危疑甚。"又曰："鬼墓加干鬼暗兴。"鬼若明见，犹可防备，暗中有鬼，岂能见之？鬼者，克害占人者之谓也，幸得见折腰，吉凶之来，中道解散而不成也。占者遇之此课，刑冲六害，本非吉象，若求官得此者，不惟难成，还见惊恐。其他见贵、求谋、婚姻、求财、交易、投谒、远行、望信，凡百所占，先见惊恐、疑惑，然后散释而难成，损多益少。如患难、暴病、遭围、系狱、诉讼之事，始凶而终见解释也。逃盗目下难获。此课不宜占成事，惟利解凶事。

若出兵行师得此，昼占忧心众畏，警惕不宁也，夜占尤宜获金宝之美利，然虽此论，而中传见空，欲吉而无吉，欲凶而无凶。若敌使之来，未免虚诈，用兵者宜鉴于斯。

孟秋吉。

真一山人云：此课分明是折腰，吉凶半道便潜消。能除惊险难成事，阴德相维福愈饶。

《无惑钤》云：旅情未已，半途而止。凡事折腰，遇中有滞。

《钤解》曰：伏吟主静，得天魁为斩关，主有动意。末寅日财，必出外求财也，旅情岂能已耶？中传空亡，或行至半途而止也。中空折腰，谋事中间无力，首尾不相应耳，途中亦有阻滞。巳虽日德，三传刑冲破害俱全，不动为妙。辛日禄在酉，乃空亡，不可占病，如久病，必绝食而死。末助初克干，六合发用最吉，求官如意，病难安，行人至，逃盗不获，财无，出入吉。神克日，本凶，缘金生在巳，丙与辛合，故不忧克。昼蛇入巢，暮贵塞鬼门，俱不为灾，亨利和平之福。

辛巳日第二课

元首　逆连茹　天狱　斩关　励德体不真

六 朱 阴 玄
卯 辰 申 酉
辰 巳 酉 辛

蛇 朱 空 白
卯 辰 申 酉
辰 巳 酉 辛

财 己 卯 六
财 戊 寅 勾
父 丁 丑 青

财 己 卯 蛇
财 戊 寅 贵
父 丁 丑 后

朱 蛇 贵 后
辰 巳 午 未
六 卯　　申 阴
勾 寅　　酉 玄
丑 子 亥 戌
青 空 白 常

朱 六 勾 青
辰 巳 午 未
蛇 卯　　申 空
贵 寅　　酉 白
丑 子 亥 戌
后 阴 玄 常

《玉历钤》云：此课发用见卯，为日之财，求财颇吉，余占费力无成。

《毕法》云：此课干上酉为日之旺禄，奈是旬空，既旺禄空亡，必所得不偿所费，反不宜坐用坐享，未免弃禄而投三传之财，及别谋改业，以致兴旺。且夫人之有身，因资衣食，衣食不充，失行者多。使有田可以耕耘，有园可以树艺，亦足以自养，不能制置则赁春负贩，渔猎樵牧，皆可为之，其或由此进取。贪冒不已，则非所宜也。

辰上生日上，日克用，初克末。

课名元首、逆茹。酉加辛为禄，为旬空，合中又加冲破。然三传皆财，传归墓中，百事有成，此先虚后实，合成金局，秋占为佳。

《义》曰：所伏禄神，逢空弗吉。仲秋月令，方获少益。卦名虽美，日惟顺理。欲行未行，欲止未止。

《象》曰：辛日占逢卯寅丑，大益交关财入手。病人夏月最堪嗟，更遇凶神魂飞走。

此元首之课，一曰励德。夫元首者，尊制卑，贵役贱之象。凡事多顺，利于先举，事多起于男子。为臣忠，为子孝，正大光明而无邪僻之行，德业已著而乾乾进修，常怀危惧，惕励而无咎也。况励德，阴小有灾，此名关隔神。常人占此，身宅不安，宜谢土神，贵吏则主升迁，要当消息而论也。以夜占发用，乃见腾蛇，事有忧疑惊恐。夫连茹，退中有进，凡事迟滞，事主欲行不行，欲止不止，节外生枝，凡占必有两意，干事重求而轻得也。日上禄空，三传卯寅丑，棺椁墓田，不利占病，遇德神、生气，庶几有解，若值凶神、死气，凶不可言。凡事多起于虚声。占者遇之此课，传内丁神，有动迁出行之象，虽为凶动，幸见吉神。求官见贵，大官愈吉，小官不利，又惜其禄空，宜舍禄而就财也，惟酉年月日吉。其婚姻、求财、投谒、干托、交易，皆允其成，未免迟滞，乃合其宜。失物宜寻。出行仔细，却有财利。占公讼，宜和解，吉。逃盗难获。闻事不的。

若出兵行师得此，昼占六合，宜获金宝之美利，夜占腾蛇，出阵忧心众畏，大概敌贼有潜藏难克之象。其敌使之来，及所传报之事，遽未可信，还当审察，以破其奸，庶不为敌之所欺也。

牵连迟疑。

真一山人云：行藏祸福不由人，要在坚持道理真。凶吉由来原自致，神明未肯顺私循。

《无惑钤》云：人足乘丁，岂容少停？斩关夜将，万里行程。

《钤解》曰：不宜守旺禄，亦得不偿失，宜改业。丁主动变，末传丁丑，如人足乘丁也，其动变岂容少停耶？干乘白虎，罡乘朱雀，虽万里之行，亦无阻也。旺禄临身，禄空得不偿费，此禄不宜守也，弃而就三传之财，以致亨旺。辛巳日，末传丑是丁，则因墓田而凶动。

辛巳日第三课

重审　三奇　极阴　不行传
空上乘空事莫追

```
青 六 贵 阴        后 蛇 勾 空
丑 卯 午 申        丑 卯 午 申
卯 巳 申 辛        卯 巳 申 辛

父 丁 丑 青        父 丁 丑 后
子 乙 亥 白        子 乙 亥 玄
兄　 酉 玄 ◎      兄　 酉 白 ◎


六 朱 蛇 贵        蛇 朱 六 勾
卯 辰 巳 午        卯 辰 巳 午
勾 寅　　 未 后    贵 寅　　 未 青
青 丑　　 申 阴    后 丑　　 申 空
　 子 亥 戌 酉     　 子 亥 戌 酉
　 空 白 常 玄     　 阴 玄 常 白
```

《玉历钤》云：此课丑加卯本吉，却为辛日墓神，气象晦昧，所求无成，虽青龙亦不可用。

《毕法》云：日上申为空亡，夜占又乘天空，凡占指空话空，全无实象。

日上克辰上，用墓日。

课名重审、间传、杜塞、极阴，乃至凶之卦。末酉为空亡，可以解其灾，然日禄空亡，终不为吉课也。墓神发用，凡百主沉滞，事亦无成。

《义》曰：善于谋始，谨于虑终。叮咛何谓，首尾逢空。当门抬土，动为先阻。事起蓦然，人心不古。

《象》曰：云迷树色物朦胧，阻隔江山千里程。两处善人相辅助，吉凶终始未成功。

此重审之课，一曰龙战。夫重审者，重而审之也。利为主，利后动，长有厄，事从内起，起于女人。阴小在下者，有悖逆之事。占臣未忠，占子失孝，事不可遂意而行，必当审察，循乎义理，庶几以免后患也。况龙战，主人心疑惑，进寸退尺，动有乖离之象。卯酉为天之私门，生杀有限，分杜有期，雷动龙奔，示其有战。又云："万般作事皆难顺，灾病相侵恐复重。论讼对之伸理吉，先讼之人却主凶。"丑亥酉，极阴之课，一曰退间，阻隔之义。事起蓦然，干神传终，两见空亡，凡事有声无实，凶中有解，所望难成。占者遇之此课，求官见贵，多是虚声而已，欲其成功，亦见难矣。占问婚姻、投谒、干用、远行、求财、交易、市贾之事，始于无声，终于无形，纵使巧计而成，坐见巧计而败也。暴病瘥，久病凶。凶危、惊恐、忧患、遭围、被狱、诉讼，逢之者乃曰福星，以其能于解散也。占逃盗难获。凡占吉不吉而凶不凶也。

若出兵行师得此，昼夜所占，有吉而无凶，但事多起于虚声。若敌有使来，及所传闻，甚无足信，变诈多端，奇谋诡计，恐为敌之欺也，宜详加审举焉。

真一山人云：巧计施来预要知，任教百计遑能奇。吉人自有吉人福，晴空昭昭未可欺。

《无惑钤》云：申在空空，盗脱相逢。家虽富有，丁马逢凶。

《钤解》曰：申乃本旬空，夜乘天空，占事皆指空说空而无实，《毕法》云"空上逢空事莫追"者是也。动则初墓逢丁，中遇脱马，禄在末传，昼玄夜虎，又不敢取也。卯乃财星，六合财神，临于支上，家必富有。丑丁伤之，亥马脱之，而凶祸必逢也。丑加卯用，夜后，主妇人腹痛。辛巳日，初传见丑是丁，则因墓田而凶动。

辛巳日第四课

弹射　玄胎　励德　不结果　闭口

```
白 勾 朱 后            六 贵 阴 白
亥 寅 辰 未            亥 寅 辰 未
寅 巳 未 辛            寅 巳 未 辛


财 戊 寅 勾            财 戊 寅 贵
子 乙 亥 白            子 乙 亥 六
兄   申 阴 ◎          兄   申 空 ◎


勾 六 朱 蛇            贵 后 阴 玄
寅 卯 辰 巳            寅 卯 辰 巳
青丑      午贵        蛇丑      午常
空子      未后        朱子      未白
亥 戌 酉 申            亥 戌 酉 申
白 常 玄 阴            六 勾 青 空
```

《玉历铃》云：此课辛日喜寅，谓之合财，支神虽刑，气象和睦，占见贵求望，一切皆成。

上神生日，辰上克日上，日克用，末克初。

课名弹射。无力，申又空亡，虽三传末生中，中生初，寅为日之财，凡事宜急图，不可久，久则无成也，却宜散忧。

《义》曰：弹射遗丸，何尝有用？忠孝未摅，智者宜尽。人情倒置，多损少益。久病凶危，善功须积。

《象》曰：好事成来未准凭，曲而不直逆衷情。固穷守分冲门下，伫待时亨百福生。

此弹射之卦，一曰玄胎。夫弹射者，乃日克神之谓。《经》云："日往克神名弹射，纵饶得中还无力。贵人逆转子无良，天乙顺行臣不义。家有宾来不可容，亦忧口舌西南至。"然事主动摇，人情倒置，更主蓦然有灾。求事难成，祸福俱轻，忧事立散，祸从内起。利客不利主，利先不利后。占人不来，访人不见，不利占讼。弹射无力，不可用事，虽凶无畏。传见空亡，又为失弹，不能成事也。况玄胎如婴儿隐伏之状，利上不利下，事主远而多伏，暗昧不通，触则成祸，惟君子守正修德则亨。占者遇之此课，干支各自相刑，彼此未得安宁。求官见贵者，善恶相伴，未足为奇。婚姻未得全吉。求财中平。交易未合。占病忌老人及小儿病，为再投胎也，急宜作福以禳之。若暴病得此，又不足忧也。失脱急寻，缓则难得。凡占百事，勾留不顺，有始而无终也。逃盗难获。远行凶吉不成。公讼宜相和解，以大化小之象。占宅平。

若出兵行师得此，昼占勾陈则战士折伤，夜占则有开地千里之吉。论之虽云如此，何其传入空乡，乃苗而不秀，秀而不实，吉不吉而凶不凶也。大抵用兵之课，贵乎发用吉神，主客相生，则为全吉，若遇空刑克害，乃为不美，犹贵夫用兵者权变之得法也。

事见矛盾。

真一山人云：虹霓志气万人观，磊落才华宇宙间。莫道眼前难遂志，准期他日凤麟攀。

《无惑钤》云：彼此可守，贵临户牖。昼贵脱马，夜虎闭口。

《钤解》曰：干乘未生，支乘寅生，彼己皆可守也。夜贵临宅，讼事可以暗嘱贵人，病则祷神。贵作初财，亦可于贵人处求财。亥为马脱干，昼乘白虎，动则逢凶。未生为闭口，夜乘白虎，谨言可以免祸。昼占帘幕临支。未加戌，乘白虎、天后，主妇人有病。

辛巳日第五课

元首　炎上

众鬼虽彰全不畏

<table>
<tr><td>玄</td><td>青</td><td>勾</td><td>贵</td><td></td><td>青</td><td>蛇</td><td>贵</td><td>常</td></tr>
<tr><td>酉</td><td>丑</td><td>寅</td><td>午</td><td></td><td>酉</td><td>丑</td><td>寅</td><td>午</td></tr>
<tr><td>丑</td><td>巳</td><td>午</td><td>辛</td><td></td><td>丑</td><td>巳</td><td>午</td><td>辛</td></tr>
</table>

<table>
<tr><td>官</td><td>壬</td><td>午</td><td>贵</td><td></td><td>官</td><td>壬</td><td>午</td><td>常</td></tr>
<tr><td>财</td><td>戊</td><td>寅</td><td>勾</td><td></td><td>财</td><td>戊</td><td>寅</td><td>贵</td></tr>
<tr><td>父</td><td>甲</td><td>戌</td><td>常</td><td></td><td>父</td><td>甲</td><td>戌</td><td>勾</td></tr>
</table>

<table>
<tr><td>青</td><td>勾</td><td>六</td><td>朱</td><td></td><td>蛇</td><td>贵</td><td>后</td><td>阴</td></tr>
<tr><td>丑</td><td>寅</td><td>卯</td><td>辰</td><td></td><td>丑</td><td>寅</td><td>卯</td><td>辰</td></tr>
<tr><td>空子</td><td></td><td></td><td>巳蛇</td><td></td><td>朱子</td><td></td><td></td><td>巳玄</td></tr>
<tr><td>白亥</td><td></td><td></td><td>午贵</td><td></td><td>六亥</td><td></td><td></td><td>午常</td></tr>
<tr><td>戌</td><td>酉</td><td>申</td><td>未</td><td></td><td>戌</td><td>酉</td><td>申</td><td>未</td></tr>
<tr><td>常</td><td>玄</td><td>阴</td><td>后</td><td></td><td>勾</td><td>青</td><td>空</td><td>白</td></tr>
</table>

　　此课主今年四月赴任。日上官星，带火局，金被火来逼，必动。行年又来赶贵人，亦作官星，须见尊长酒病几死，即应矣。宅内有丁神已动了。临赴任与交代，须有阻滞不足。下稍得十个月了，丧父而回。赵生有一年半期。缘前任补填，遂于二月催赴任。四月十九日欲交割官中文字，须是与前政认欠，乃许交受，如不认欠，即且令前任终满，遂又迟两月。前任疑赵暗禀湖府，遂不足。先于二月二日，因开花园，尊丈观察，大醉一病几死。后得文字来，当年六月交割。至次年十一月，父丧丁服归。连二任，得十六个月。常人怕见官鬼劈头来克，主有官事丧病，却又会起鬼局，惟有官人赴任，须要见官星旺时，即是赴任之期。如金生于巳，巳为父，父加酉上见蛇，所以为酒伤也。巳午相连，巳应了，午亦便应。[①]

　　《玉历钤》云：此课火局，日鬼发用，占病有祟主凶，求官颇吉，余无

────────────

① 《壬占汇选》作：己酉年正月辛巳日子将辰时，仍是戊申太岁，赵监务丁丑生，生于九月初十日丑时，三十二岁占赴任。

所用。

《毕法》云：此课三传火局并伤干，诚为凶也，却喜天将昼夜土神甚多，而窃火气以生日干，可以免祸而获福也。又云：丁神乘螣蛇加宅，占要谨备火患。

上神克日，日上生辰上，用克日。

课名元首、炎上。官星有气，勾陈、太常在传，趋附之为贵，凡百图谋，无往不可，二贵又皆入传，进退皆得其宜，皆为吉课。

《义》曰：一身之微，众欲攻之。保乎安静，于戏几希。年命水土，福禄无阻。更逢木火，冤声苦楚。

《象》曰：作党来攻势若何？坚心中正更无他。贵人且莫相投谒，只待中秋福力多。

此元首之课，一曰天网，亦曰炎上。夫元首者，尊制卑，贵役贱之象。凡事多顺，利于先举，事多起于男子。为臣忠，为子孝，正大光明而无邪僻之行，德业已著而乾乾进修，常怀危惧，惕励而无咎也。且天网者，即天网四张也。《经》云"天网四张，万物被伤"，为阻滞，为疑难，为灾恼。况炎上，如日，象君，事主多虚少实。戌加寅，以墓临生，谓火以明为主，虚则生明，实则生暗，是反其体也。占明事反为暗昧，亦主枉图不遂。占人性刚急。卜天晴明。上神克日，三传化火，以灼其金，其势必被人所欺负，或两三处共来克害，须得年命之上水以化难为易方可。虽利官贵，官旺身衰，亦多劳碌而不美。占者遇之此课，求官见贵虽吉，又恐身弱不能胜任。占身不利。占谋望，事多阻。占讼、占病凶。投谒人喜，主宾际会。占婚姻宜。求财不吉，因财致祸。逃盗可获，目下难见。课见三合，如推磨之象，一事去，一事来，凡事委曲托人，不然两三处干事，迟滞之象。

若出兵行师得此，昼占举兵开地千里之胜，夜占安荣。大抵我弱而敌强，行事多阻，掣肘难行，惟宜出奇兵、用奇计，善为处置，视于无形，听于无声，若此微妙，或可致胜，否则未之知也。

作党拒忤。

真一山人云：金水相生济水星，如斯方可进前程。一官虽有多劳碌，惟藉公廉两字成。

《无惑钤》云：将土火坐，常人免祸。君子宜占，宅丁倾堕。

《钤解》曰：三传合为火局，作日之官爻。君子得此，升擢之兆也；常人值此，必遭官讼。幸而昼夜天将皆土，生起辛金，盗脱火气，可以免祸。墓作丁神脱宅，定主宅舍倾堕也。局内天罡乘雀加申，主望印信官吏事，五辛日准此。贵多无倚。三传俱作日之鬼，炎上庚辛官况美。否极泰来正是时，万里鹏程声势伟。

辛巳日第六课

四上克下无禄　乱首　不备　无结果

```
蛇 空 空 后            白 朱 朱 玄
未 子 子 巳            未 子 子 巳
子 巳 巳 辛            子 巳 巳 辛


父 癸 未 蛇            父 癸 未 白
财 戊 寅 常            财 戊 寅 贵
兄    酉 六 ◎         兄    酉 青 ◎


空 白 常 玄            朱 蛇 贵 后
子 丑 寅 卯            子 丑 寅 卯
青亥      辰阴         六亥      辰阴
勾戌      巳后         勾戌      巳玄
酉 申 未 午            酉 申 未 午
六 朱 蛇 贵            青 空 白 常
```

《玉历钤》云：此课未加子为六害，又为日刑，兼日辰阴阳皆为上制，气象不和，人情不顺，凡百用事皆滞，所求不遂。

《毕法》云：此课巳加干而伤干，子加宅而伤宅，人宅俱不安。凡百己身与他人，但交之处，彼此皆伤，尤不宜讼。

《通神集》云：巳为支神，加于辛上以克辛，名曰上门乱首，主以下犯上，事体尤重，或下人患病，诚奴仆坏事累主，或子弟犯父兄，或部下触官长，甚至仆婢烝淫，丑声外著，乱首之徵应也。

上神克日，辰上克日上。

课名无禄。最凶，有禄尚可救，而酉虽为禄，又是旬空。若占人之命上见酉禄，尚可救，否则危不可言矣。暮贵稍轻。

《义》曰：求官占病，勿逢无禄。虽有子孙，终见孤独。奴婢难守，否下不足。何可不悔？过为祈福。

《象》曰：尊上施恩怨不生，反之斯理逆人情。乌江不是无船渡，耻向东吴再起兵。

此见机之卦，一曰无禄。夫见机者，察其微，见其机，谓两比两不比，当以涉害为用。涉害有浅深，欲用不用，欲言不言，事有两而取一，所作稽留，迟疑艰难，进退不定，忧患难消，怀孕伤胎，难于前而易于后。《经》云："涉害须久历艰辛"。传见无禄，上下之分，贵于忠恕，今而四上克下，是上不容其下，为不恕矣。得此卦者，奴仆失散，子孙他之，孤守空室，上不能保其禄位，下不能保其妻子，不友不亲，不弟不义之耻焉。上神克日，只利先讼，要有气，余不吉。占病有祟，讼凶，常占为人所欺负，或口舌不安。日乃人相损，夜乃鬼为殃，旺相可，囚死立至，防鬼贼侵害。出军卜兵宜防备。占者遇之此课，求官见贵，未得如意。占问婚姻者，终难和乐。占财贵乎速求。交易难成。投谒不宰。托人不和。失物急寻方有，缓则难得。讼宜和。逃盗难获。凡占忧疑，惊恐未定，有始而无终。吉凶两事，忧喜两般，皆如苗而不秀，秀而不实，于中有终。

占出兵行师得此，昼占忧心众畏，夜占败亡而祸起，以斯课论之如此，虽云始凶可畏，而末传幸得宜，此乃难中生易之象。大抵无益于用兵兴师，宜另为选择可也，若不得已而用之者，须预设深谋远虑，庶几乎无伤也。

末防主变。中秋吉。

真一山人云：观时出处是俊杰，临到权时识正斜。肯执一心挥是理，虽居蛮貊亦无嗟。

《无惑钤》云：课克下丑，嗣禄何有？人己皆嫌，上门乱首。

《钤解》曰：辛被巳克，巳被子克，彼此皆怕也。支加干克干为乱首，乃上门乱首。四课三传，皆被上克，卦得无禄也。在上者必孤，在下者难安也。无禄绝嗣，二体取义相同，故云"嗣禄何有"也。八句（疑此二字有误）皆可用。

辛巳日第七课

反吟 玄胎

<table>
<tr><td>后</td><td>青</td><td>勾</td><td>阴</td><td></td><td>玄</td><td>六</td><td>勾</td><td>阴</td></tr>
<tr><td>巳</td><td>亥</td><td>戌</td><td>辰</td><td></td><td>巳</td><td>亥</td><td>戌</td><td>辰</td></tr>
<tr><td>亥</td><td>巳</td><td>辰</td><td>辛</td><td></td><td>亥</td><td>巳</td><td>辰</td><td>辛</td></tr>
</table>

<table>
<tr><td>官</td><td>辛巳</td><td>后</td><td></td><td>官</td><td>辛巳</td><td>玄</td></tr>
<tr><td>子</td><td>乙亥</td><td>青</td><td></td><td>子</td><td>乙亥</td><td>六</td></tr>
<tr><td>官</td><td>辛巳</td><td>后</td><td></td><td>官</td><td>辛巳</td><td>玄</td></tr>
</table>

<table>
<tr><td>青</td><td>空</td><td>白</td><td>常</td><td></td><td>六</td><td>朱</td><td>蛇</td><td>贵</td></tr>
<tr><td>亥</td><td>子</td><td>丑</td><td>寅</td><td></td><td>亥</td><td>子</td><td>丑</td><td>寅</td></tr>
<tr><td>勾 戌</td><td></td><td></td><td>卯 玄</td><td></td><td>勾 戌</td><td></td><td></td><td>卯 后</td></tr>
<tr><td>六 酉</td><td></td><td></td><td>辰 阴</td><td></td><td>青 酉</td><td></td><td></td><td>辰 阴</td></tr>
<tr><td>申</td><td>未</td><td>午</td><td>巳</td><td></td><td>申</td><td>未</td><td>午</td><td>巳</td></tr>
<tr><td>朱</td><td>蛇</td><td>贵</td><td>后</td><td></td><td>空</td><td>白</td><td>常</td><td>玄</td></tr>
</table>

此课日上见辰生辛,此乃浊气所生,非秀丽所生也。巳为长生,陷于鬼乡,而临于火之绝地,此不是及第之课。盖巳为长生、学堂,落于亥上受克,本家巳上又见亥水所克,主三番读书,四番废学,多学少成,头不应尾。五年之后,便即投著,做东不成,又去做西。头丧妻,又娶一个,十六年内家计荡尽,妻却嫁武官,子无头尾。何上舍废了举子业,妻家以一所庄田陪嫁。及先生起课,全不许。此课己酉年占,至乙卯年以前如意,乙卯之后不济事,俱不如意。太学中诚或去或不去,三番更变不来,废业矣。是年丧妻,饮酒无度,家计荡尽。一子留在外婆家,一子出家。与人说事,今日此,明日又彼。后再讨一妻,第十六年死,其妻嫁武举进士,次年及第,享福矣。大凡巳亥巳,唯壬日最得便宜,他来我处值绝,只不利占病,又为财。丙、戊日,我去彼处值绝,凡事皆不利,占病亦死,行人不来,望事不遂。若夫辛巳日,辛生于巳,巳乃绝于亥,初绝犹可,末传又绝,长生尚甘受克绝,况我欲望其来生乎?恐望不得已来生我义,却寻辰土来生。此课谓失十得一,岂不信费力哉。[1]

《通神集》占捕盗贼,亦得此课。占云:主有不逞之贼首,从四人,往来

---

[1] 《壬占汇选》作:何上舍丁丑生三十三岁,于己酉年五月辛巳日申将寅时,占前程。

惊劫，潜于西北树林中，必在壬癸亥子日其贼首可败也。以理言之，盖卦名无依，为不顺。发用玄武为盗，巳亥相冲，故言往来。辛日逢巳，重见二鬼，再见玄武，在西北，是木之长生，故言树林。鬼见亥克，故曰自败。有二玄贼并鬼，故主四人。败在壬癸亥子者，取制玄武之日也。

《毕法》云：此课支上脱干，干上脱支，干支互有脱盗，凡事虚耗，财物浪费，无实用也，谚云"东手里来，西手里去"。

上神生日，日上克辰上，用克日。

课名反吟。反复不定，见艰虞隔涉，进退犹豫，虽三传见德，天官贵人，又是官星，然又惜其加亥，为水所制，恐不能求也。

《义》曰：反反复复，谋事未足。或见两端，阴人干渎。夜若来占，奸盗行防。阴谋须虑，莫使祸干。

《象》曰：重求轻得理当多，守正勿邪百事宜。君子得之还见吉，小人逢此事忧疑。

此无依之卦，一曰玄胎，亦曰天网。夫无依者，即反吟也。《经》云："无依是反吟，逃者远追寻。合者应分散，安巢别改林。守官须易位，结友也分襟。所为多反复，占病数般侵。"反吟刑冲，事主迟滞，远近系心，更相仇怨，且反复而呻吟，是无予夺而难息也。况玄胎如婴儿隐伏之状，利上不利下，事主远而多伏，暗昧不通，触则成祸，惟君子守正修德则亨。且天网者，即天网四张也，"天网四张，万物被伤"，为阻滞，为疑难，为灾恼。上神生日，所谋百事吉，运用如意，遇灾不凶，逢吉愈吉。日乃人相助，夜乃神相扶，此乃有人上门助我，非我之求人也。所为之事，还见阴私暗昧。占者遇之此课，天后克日，阴人不和，主客不顺。夜占求官，反复难成，始终未利。占婚不宜。求财难得。投谒不喜。托人无用。病者未痊，岂止一症。失物难寻。逃盗难获。诉讼宜止息。凡占百事，反复不定，忽晴忽阴，忽风忽雨，忽有忽无之象。

占出兵行师得此，宜别为选择，如不得已而用之，须当预谋设策，选用贤能，惠修武备，积聚粮秫，号令士卒，坚壁不出，多用窥觇间谍，疑惑其心，令敌不起，逐逐何如，然后乘虚一举，斯为美矣。昼占无威而不宁，夜占失物以忧疑，未足为深忧也。

深而勿牧。

真一山人云：夫向东行妇向西，何如心异欲睽违。从今好把前非改，顺理修德祸不随。

《无惑钤》云：长生不生，就辰独土。失十得一，勿登贵堵。

《钤解》曰：德入天门，巳乃辛金长生，临亥又受后玄夹克，见生不生也，辛遂就辰之浊土求生。所得仅一，其如中传亥水之脱盗何？所谓得一失十也。昼贵午临子，夜贵寅临申，自己受制，干必无益，贵人之堵，不可登也。玄胎课，来意定求财。

辛巳日第八课

重审　自取乱首　不结果　斫轮

```
玄 勾 朱 玄          后 勾 空 后
卯 戌 申 卯          卯 戌 申 卯
戌 巳 卯 辛          戌 巳 卯 辛


财 己 卯 玄          财 己 卯 后
兄   申 朱 ◎         兄   申 空 ◎
父 丁 丑 白 ⊙        父 丁 丑 蛇 ⊙


勾 青 空 白          勾 六 朱 蛇
戌 亥 子 丑          戌 亥 子 丑
六 酉     寅 常      青 酉     寅 贵
朱 申     卯 玄      空 申     卯 后
未 午 巳 辰          未 午 巳 辰
蛇 贵 后 阴          白 常 玄 阴
```

此课乃妻为家主，日去加辰，夫去就妻，必是妻为长，夫反为少也。然汝妻本兄之妻，而汝得之，日后多成家，但得九年相守，其第八年因作生圹与兄弟不足，日后虽得此地，而死不得入此地也。日下主丧妻，缘是磨压了东壁门，所以有再娶之患也。申为麦，为磨，加卯，故应压东门也。其言辛以卯为妻，上见天后，是妻为主。干去就支，为支所勾，当支上见勾陈也。卯为妻，申为兄，申加卯上作天空，申乃辛日之同类，为兄，而加妻上，是兄之妻也。末传丑为辛日之墓，加于同类之上作蛇，丑数八，是八年，因开生地与兄弟不足，丑土生地，丁生乃生地也（末丑为辛金之墓，丑土加申金长生上，故为生地）。入舍九年而死，戌加巳，上五下四，是九年也。其时占课妻尚在而先生便其后妻与后事也。①

---

① 《壬占汇选》作：戊申年十一月辛巳日寅将酉时，邵三翁癸亥生，生于九月初四日亥时，四十六岁占宅。

《玉历钤》云：此课卯加戌，谓之换课，为戌中有辛金，主更换门户，改革之事。

《毕法》云：此课干上卯虽生支而却败支，支上戌虽生干，凡事虽有生旺之心，反作衰败之气。

日克上神，日上克辰上，日克用。

课名重审、斫轮。宜托人再进则可。中末空亡，吉中不为吉，而凶亦可改。戌加巳上，干居支位，与巳作合，却可而后别图。

《义》曰：损财得财，尤畏妻灾。中末有拜，祸去福来。虎头鼠尾，先忧后喜。谋事何如，吉凶皆已。

《象》曰：闻道名园满树花，游人欲住夕阳斜。纵然得到空回守，何似安居度岁华。

此重审之卦。夫重审者，重而审之也。利为主，利后动，长有厄，事从内起，起于女人。以下犯上，贱犯贵，卑犯尊，事多不顺。阴小在下者，有悖逆之事。占臣未忠，占子失孝，事不可遂意而行，必当审察，循乎义理，庶几以免后患也。《经》云："一下贼上名重审，子逆臣乖弟不恭。事起女人忧稍重，防奴害主起妻纵。万般作事皆难顺，灾病相侵恐复重。论讼对之伸理吉，先讼虚张却主凶。"日上见财，妻灾财损。占者遇之此课，求官者未足为佳，见贵者徒劳费力。婚姻不宜，若勉强成之，终难偕老。占财者宜速取，缓则难得矣。占新病吉，久病则凶。失物急寻方可，迟则无用。远行投谒者，徒用盘缠。交易托人，始终不一。公讼得此，必见和同，欲问罪责，以重化轻。又云：囚者出，难者解，忧疑惊恐者得此反为福星，以其能解化之也。逃盗者可获，急则宜，轻则失。

占出兵行师得此，昼占盗失以忧愁，夜占无威而不宁。大抵此课，用兵者宜另为选图，如不得已而用之，亦无益于事。论功有而难全，求名腾而未美。必须密察详审，深谋远虑，预为专算，庶几全其功绩，否则未尽善也。

有始无终。

真一山人云：十面埋伏总是闲，机关决破笑相看。可怜用尽千条计，到此方知着力难。

《无惑钤》云：课同斫轮，昼虎遁丁。自取乱首，凶动难停。

《钤解》曰：卯加辛为用，亦斫轮体也。虽作辛财，乘玄反耗。中申旬空，是为折腰。末传丁丑乘虎，凶祸若动，不能停也。辛往加巳被克，为自取乱首，必为卑下取犯也。辛巳日，末传见丑是丁，则因墓田凶。

辛巳日第九课

知一　从革　金局

```
白 六 贵 常        蛇 青 常 贵
丑 酉 午 寅        丑 酉 午 寅
酉 巳 寅 辛        酉 巳 寅 辛


兄　　酉　六 ◎      兄　　酉　青 ◎
父 丁 丑　白 ⊙      父 丁 丑　蛇 ⊙
官 辛 巳　后        官 辛 巳　玄


六 勾 青 空        青 勾 六 朱
酉 戌 亥 子        酉 戌 亥 子
朱 申　　　丑 白    空 申　　　丑 蛇
蛇 未　　　寅 常    白 未　　　寅 贵
　午 巳 辰 卯        午 巳 辰 卯
　贵 后 阴 玄        常 玄 阴 后
```

《玉历钤》云：此课日禄发用，本是吉课，却为酉加巳上，吉中有凶，凡事费力，劳而无成。

日克上神，辰上克日上，末克初。

课名知一、从革。干与三传同类，初传酉为空亡，中又墓神，首不应尾，所喜末传见巳为德，亦可以图终也。

《义》曰：用见寡宿，难为骨肉。求嗣未宜，问婚不足。暴病必生，久病难醒。事多更改，未必能成。

《象》曰：事起虚声未足听，忘忧散喜免疑惊。且将事业浑忘却，只待中秋见有成。

此知一之卦，一曰寡宿，亦曰从革，又曰三交。夫知一者，知一而不能知两，知者以为自知、自见，不知为寇仇，故言知一也。以此为用，舍远就近，舍疏就亲，恩中生害，事多起于同类，凡事狐疑，事贵和同乃吉。传见寡宿，《赋》云："寡宿孤辰，值此尤妨骨肉。"若占求得此，主见孤独，别离乡井，自立门户，财物虚耗，僧道宜之，俗不宜也。况从革，先从而后革也，凡事阻隔，有气则隔而进益，无气则革而退失。一曰兵革，一曰金铁。大抵五行正气入十干杂糅之乡，异方三合是生旺墓之神，事主丛杂不一，主关众人共谋，不然两三处干事，委曲托人与人相合之类。又如推磨之象，转去转来非一遍也。占者遇之此课，初中传空，号曰事起虚声，凡百谋望，无可称遂，虽智者亦无如之何也。不利久病，却利暴病。忧惊患难者福，能解诸凶之祸。

占出兵行师，别为选择，如不得已而用之，未免失众之象，虽有功绩，始终不一。此课象如有影无形，难施其力，用兵者宜自善为后计。大抵此课，百事谋望未遂，倘成之，亦未善矣，惟宜守正则亨也。

秋吉。

真一山人云：无心富贵求天成，有意图谋又未定。从此待时勿望动，浮云散尽月华明。

《无惑钤》云：昼虎丁丑，凶动必有。彼禄破碎，居家难守。

《钤解》曰：禄临支宅受克，及受长生克之。财临日上，夜占又为贵人临身。进而投初传之禄，乃破碎、旬空，不足为用。中传虎墓丁神，动必逢凶祸也。禄虽临宅上，既为空破，居家亦难守也。昼占帘幕临日。禄神入墓凶。

辛巳日第十课

重审　玄胎　孤辰　闭口

```
青朱阴白        玄空朱后
亥申辰丑        亥申辰丑
申巳丑辛        申巳丑辛

兄  申 朱 ◎     兄  申 空 ◎
子 乙亥 青 ⊙    子 乙亥 玄 ⊙
财 戊寅 常       财 戊寅 贵

朱 六 勾 青      空 白 常 玄
申 酉 戌 亥      申 酉 戌 亥
蛇未      子空   青未      子阴
贵午      丑白   勾午      丑后
  巳辰卯寅          巳辰卯寅
  后阴玄常          六朱蛇贵
```

此课潜守妻家，卒未能动。今则喜得日墓带丁，遂有变动之意。监庙满后，必得京局监，当差遣，多是药院之类。末传得寅在前引动墓，人遂得出去，又是夜贵人，乃久困之贵人，今得用于朝，因此可以引之。若见厨灶煮面，仆子为汤火所伤，即是有喜事到。又主小儿落佛堂前水坑，亦应乃兆也。时丈三十三上就寄舍在妻家，是年却欲谋动，占得此课。来年十一月移入城住。庚戌年七月岳祠满，讨得和剂局，缘他丈人徐侍郎久在宫观，得赴台州入庙，遂得此差遣。所谓夜贵久困得起，便是他丈人也。辛亥三月十七日，其女生日，厨下煮面，仆子托面出，被一人冲，尽洒在身上。坐客更深，亲戚诸小儿戏剧，遂堕佛堂前一池中。次日早，太守来催，遂赴任。丑加辛，作墓神，天后又是滞神，加丑，丑中有旬丁，主动。申为医药，加在巳上。巳为厨灶，申又为面，天空仆也。亥加申，乘玄武，玄武为水神，为池塘，亥在玄下，为堕水，辛以子亥为子息，故为堕水，故该童坠此水池中也。末传却见贵人登天，便是赴任。[①]

《玉历钤》云：此课三传皆刑，日上见墓神又刑，主暗昧不能振发，用神又空，凡事不可用。

《毕法》云：此课日上见丑，丑上有丁神，昼将乘白虎来伤日干，又作日墓，凡占大凶，又丑为父母之墓田，应动于此，非细故也。又云：此为至惊至险至危之课。

上神生日，日上生辰上、又墓辰上、又墓用，初克末。

课名重审、玄胎。初申空亡，中末寅亥作合，二贵皆顺，凡占先重重不足，虚挠怀抱，久而得顺，庶几有合，却可散忧。

《义》曰：玄胎落空，占孕无功。将来生子，不孤则穷。亥为驿马，所乘无力。仕官求官，奚能有益。

《象》曰：待价沽诸自有时，人情未合且随宜。莫嗟此际无功绩，但看秋来便更奇。

此重审之卦，一曰孤辰，亦曰玄胎。夫重审者，重而审之也。利为主，利后动，长有厄，事从内起，起于女人。以下犯上，贱犯贵，卑犯尊，事多不顺。阴小在下者，有悖逆之事。占臣未忠，子失孝，事不可遂意而行，必当审察，循乎义理，庶几以免后患也。况孤辰有茕茕孑立之象，占人别离桑梓，凡所占谋，多虚少实，功名难遂，事业虚花。传见玄胎，如婴儿隐伏之状，利上不利下，事主远而多伏，暗昧不通，触则成祸，惟君子守正修德则亨。《百章》云："日辰上见墓神加，病者难瘥事可嗟。行人失约路遥赊，若当时日便归家。"况墓者，五行潜伏湮没之地，四时衰败气绝之乡，凡事不

---

① 《壬占汇选》作：己酉年正月辛巳日子将酉时，时监庙庚午生四十岁占谋动迁转。

明，暗昧不振，如人处云雾之中，昏蒙而无所见。占者遇之此课，本为凶象，幸传空脱而为之救，遂使凶化为吉，难变为易，害里生恩。占求官见贵，两事成。婚姻求财，一无可就。暴病逢之为福，久病得之为殃。逃盗可获，而卒难见。占远行有欲行之象，而竟难行。狱讼者为福。投谒者无功。

占出兵行师得此，尤防暗中侵害失众，虚诈口舌谣言。为将者明此，有备以御，则不为敌之所欺，苟不知此，未必不中敌之计也。

问成而变。秋吉。

真一山人云：昏朦云阵几时开，须待秋风阵阵来。心上忧愁浑解散，天惟福善自无灾。

《无惑钤》云：虎墓值丁，暗祸来侵。宅中败失，夜贵真诚。

《钤解》曰：虎墓临干，又值旬丁，其病讼之凶，不可言也，暗祸来侵，有所不免。申乃为支财，发用临宅，若可得也，奈昼朱雀亦为败，夜占为空上逢空，财亦不可守矣。中传亥为马，脱干，必费耗。夜贵临亥长生，真诚可干谒也。

辛巳日第十一课

弹射　　出三阳

脱上逢脱防虚诈

六	蛇	常	空		白	青	贵	阴
酉	未	寅	子		酉	未	寅	子
未	巳	子	辛		未	巳	子	辛

财	戊寅	常		财	戊寅	贵
父	庚辰	阴		父	庚辰	朱
官	壬午	贵		官	壬午	勾

蛇	朱	六	勾		青	空	白	常
未	申	酉	戌		未	申	酉	戌
贵午			亥青		勾午			亥玄
后巳			子空		六巳			子阴
辰	卯	寅	丑		辰	卯	寅	丑
阴	玄	常	白		朱	蛇	贵	后

《玉历钤》云：此课昼夜皆吉，寅午火局，辛日官星，宜求官，文字必遂，余则无成。

《毕法》云：此课干支上皆乘脱气，凡占必被人诓骗，家宅亦防盗贼，占病上下俱脱，必吐泻也。

上神盗日，辰上克日上，日克用。

课名弹射、间传。见贵与日三合，进望当有援引，中传见辰为冲，凡此理不言吉。

《义》曰：间传间隔，凡事厄塞。幸得相生，逢冲阻绝。主客未和，徒见张罗。屈心忍耐，免得波波。

《象》曰：万事原来有屈伸，何须苦苦弄精神。老天檐底分明鉴，善恶难逃报应真。

此弹射之卦。夫弹射，乃日克神之谓。《经》云："日遥克神名弹射，纵饶得中还无力。贵人逆转子无良，天乙顺行臣不义。家有宾来不可容，亦忧口舌西南至。"然事主动摇，人情倒置，更主蓦然有灾。求事难成，祸福俱轻，忧事立散，祸从内起。利主不利客，利先不利后。占人不来，访人不见，不利占讼。弹射无力，不可用事，虽凶无畏。日生上神，虚费百出，谋望不遂，盗失损财，人口衰残，休囚尤重，又为子孙脱漏之事。且寅辰午为进间传，乃间隔之义，凡事进中阻隔也。况子未相害，凡谋主客不见和气，欲求成事，岂容易也？末传午火克干，幸神后以制之，若年命上见戌克子，或戌月占，尤为不吉也。占者遇之此课，求官见贵未许就。占婚姻不宜。求财者因财致恼。其他交易、投谒、谋望之事，阻隔难成，须见著力。占病不凶，胸腹隔塞。忧惊患难者，亦终见解。诉讼宜和，逃者自逃，盗者难获。

占出兵行师得此，昼占稍吉，知军旅之安荣，夜占开地千里之功，惟其美中不为全吉，以其间隔之义。以斯论之，此与他课似为美利，加之以将得其人，谋略有才，其于战胜攻取，将见折枝之易。又曰：兵者，国之大事，又奚可忽之？

事见阻隔方求。

真一山人云：求官须得炎炎候，私干还期金令时。更好修为阴骘事，将来百事总相宜。

《无惑钤》云：弹射助鬼，赖有子水。未土不甘，财乃可委。

《钤解》曰：弹射之财，辛不能取也，反助起末传午火，以伤辛干，幸得子水为救，鬼不能为祸也。支上未土不甘，遂来克害子，而子仍得初传寅木之力以克未，是藉财以消祸也。

辛巳日第十二课

蒿矢　顺连茹　不结果
脱上逢脱防虚诈　夫妇芜淫各有私

```
后贵空白            青勾阴玄
未午子亥            未午子亥
午巳亥辛            午巳亥辛


官 壬午 贵          官 壬午 勾
父 癸未 后          父 癸未 青
兄 　申 阴 ◎        兄 　申 空 ◎


贵后阴玄            勾青空白
午未申酉            午未申酉
蛇巳　　戌常        六巳　　戌常
朱辰　　亥白        朱辰　　亥玄
　卯寅丑子          　卯寅丑子
　六勾青空          　蛇贵后阴
```

　　此课病主泄精，不然小便频数，脚手酸疼，四肢无力，二三月皆是病日，四月方安。官星临厨，定食天厨，又是贵人，中传又近官星，他年国子监高中，壬子年再中，癸丑年登科及第，只是不亨多福，三十五岁寿止矣。赵生乃赵路公之子，自十九岁患遗精，路公因其子之病，遂将一婢与之为伴，恐其未有房室思虑之过也。当年国子监发举，癸丑年登科，当授得和县司户，押纲了讨三年岳祠，丁巳年再授邵武军司理。己未年丁父服，不赴任。壬戌年服满，再授信县司户。癸亥年三十五岁，十月十二日物故。辛日上见亥作玄武，一金生两水，水主肾精，自然遗泄。不合末传申入空亡，空亡上又见天空，是得官徒空也。申数七、未数八，申七空亡减半，平生为亥所耗空，故主癸亥年死也。①

---

　　① 《壬占汇选》作：己酉年正月辛巳日子将亥时，未交己酉春，赵公占乃郎国子监试，戊子生二十二岁，生于戊子年正月十三日酉时。

邵一公占孙读书，亦同此课。日上亥作玄武，一金生两水，重有盗气，令孙虽然二十岁，身有老人之病，主梦泄精滑之疾病。宅上火去生土，土又生金，不独前程无显宦，尚有夭丧之患。进连茹课，进归同类止，却不合空亡，进又不成。更四年缘肾病而死，其家亦虚耗，乃取债之孙也。邵公与长孙占前程，读书如何，其孙为人清瘦，果有遗泄之疾。至壬子年十二月初三日身丧，乃虚劳而卒也。夫辛金生亥水，兼玄武，初传鬼作勾陈，若女占夫即吉，而男子未娶，是鬼害也。因己酉年娶妻之后，病愈极劳。将成进连茹，申未传进，同类空亡，诸孙皆前后丧。一公至八十二而死，其孙又死在前二年之前，可见面前脱气最凶也。辛课在戌，见亥在面前脱，加日乃面前也。午作勾陈加宅，是日贵作鬼入宅。支上干上皆自刑身，支上一阴生，生至亥上，六阴全也。一味行阴道，如何会长久？更莫说功名也。[①]

《玉历钤》云：此课虽是蒿矢，且贵天乙加于临官，主求官如意，夜贵勾陈，求干无成。

《毕法》云：日上亥乘玄武，是为干生上神，上神并玄武同来脱耗，皆虚诈不实，必致诓赚。

上神盗日，日上克辰上，用克日，初克末。

课名蒿矢。申空为妄矢，凡占必先干众口舌，可以散忧而无凶。若图成，指望涉空，公私隔手，转托无成，指射亦不中的。

《义》曰：进中有退，欲止未止。牵连疑二，旧事复理。贵人克日，论讼不吉。勾勾留留，多损少益。

《象》曰：乖情何是生灾恼，拔茅连茹未得了。莫言蒿矢可惊人，到底无伤仍见好。

此蒿矢之卦，一曰天网。《经》云："神遥克日名蒿矢，射我虽端当不畏。贵人逆转子无良，天乙顺行臣不义。家有宾来不可容，亦忧口舌西南至。"然事主动摇，人情倒置。象如以蒿为矢，射虽中而不入。祸福俱轻，求事难成，利主不利客。占人不来，访人不见。若带金煞，亦能伤人，主蓦然有灾。天网者，即天网四张也，《经》曰"天网四张，万物被伤"，为阻滞，为疑难，为灾恼。日生上神，虚费百出，谋望不遂，人口衰残，盗失损财，休囚尤重，又为子孙脱漏之事。占者遇之此课，蒿射传金为有镞，若此课，末传申空亡，又谓之失镞也。午火作贵，不宜论官，《经》云"贵人克日莫讼官"，不利于

---

① 《壬占汇选》作：戊申年十一月辛巳日寅将丑时，邵念一公癸巳生，占乃孙读书前程。其孙丁亥生二十二岁。

诉讼也。若求官者虽利，又为亥水所制，而传终无力，岂不难乎？见贵不宜。婚姻勿用。交易不成。投谒不喜。占财难得。占病不妨。失脱难见。远行见阻，尤不宜正二月占。逃亡未归。盗者不获。占主客不利。

占出兵行师得此，昼占虽云举兵开地千里，夜占则战士折伤，此固执一之论也。惜乎此课体，传见有始无终，使其吉不成全吉，凶不成全凶。大抵贵在用兵之深有大智过人者，必能以难化易，以寡敌众，待随机应变，因时致宜，又见其情之过于人而致全吉也。

终见变更。

真一山人云：迅速垂成又未然，须知万事总由天。男儿肯负胸中志，秋月生光分外圆。

《无惑钤》云：蒿矢带金，射中伤身。虚惊定有，守旧因循。

《钤解》曰：蒿矢传申，为矢镞有金，射能伤人，幸值申位空亡，虚惊不能免也。若不动而固守，终于受脱而因循耳。夜占帘幕临支。虽忧狐假虎之威。又曰：乘生坐克，拱鬼在内。蒿矢带金，申空无畏。

壬午日

壬午日第一课

伏吟　励德

```
后 后 空 空          六 六 常 常
午 午 亥 亥          午 午 亥 亥
午 午 亥 壬          午 午 亥 壬

兄 乙亥 空          兄 乙亥 常
财 壬午 后          财 壬午 六
兄 丙子 青          兄 丙子 玄

贵 后 阴 玄          朱 六 勾 青
巳 午 未 申          巳 午 未 申
蛇辰      酉常      蛇辰      酉空
朱卯      戌白      贵卯      戌白
寅 丑 子 亥          寅 丑 子 亥
六 勾 青 空          后 阴 玄 常
```

此课先生曰："本身见在禄上，又兼太常，必有所兼，目下须主无职俸禄，些少增秩。"翁曰："县尉之职，又有何兼？"先生曰："造物默契，不由人愿，若论升转，时下未利。支干自刑，日后因得宠，遂做起不廉之事来。目下又纳一宠人，又渐渐贪色，几乎寻医。伺去替时，不能得文字，幸得外路监司经过，为公恳告，遂得解任而去。伏吟，时下且如故，只临替时见也。"县尉得兼职，便是前面陈主簿因家中房产台部文字来，被押归乡里（见前庚辰日第三课例），县尉遂兼权主簿职事。太守逐日添与十五贯、米二石。次日果纳一宠，缘此遂好色。及待上官宠爱，凡事自任，遂旁若无人，是乃干支自刑，自满也。下稍玄后，遂成不正。几乎寻医者，天地医乃月建月秩前一神，玄后不正，几欲寻医之兆。子午，官员往来之所，过路之官，实监司之象也，月建前神为外路监司。其县尉后满替，因前看验事受财，被人论告，欲去不得，州县不与批书。遂告湖北运使姓胡，与尉父有旧好，胡漕与太守是同寅官，因经过往，力相恳之，遂准放行，乃得归也。[1]

《玉历钤》云：此课伏吟，比常课稍吉，缘亥午内有丁壬暗合故也。主人情颇顺，凡占一应事务，亦可成就。

《集灵经》云：伏吟干支各归其位，日辰只有两课，用刑以起传。刚日自任，柔日自信。占事静则宜，动则滞，藏匿不动之象。又云：始欲谋事，伏匿不可启齿，亦可成矣，如得已蒙许允，后必可践也。

又邵三翁壬申命，正月初三日子将子时占。此课本身有自然之禄，又有时刻相助，一生守己，衣食自如，但难为六亲，并子女妻妾。干支上本家自刑，自身若得残疾，厌之方吉。宅上主添造，后却进人口，盖乘天马（当作六合）故也。后来被子息出来使钱，初因猪上发，又因猪上败。妻能起家，生子又多，九年劳病，连克子孙矣。邵三公十七上无父，自起家，一生守己，依本分养猪，遂成家，发万余贯。妻能干家，男女十二人，死者七人，后止有三男二女。在本身有偏病，当年娶妇造室。壬子年再娶二弟新妇，乃是仕贵之后，陪了万千，及媳妇归了，学做豪贵体格，从此月费数倍来。圈猪遭时气，遂食其肉，举家皆病，及安了，日渐瘦减，遂成劳病。至癸亥年，只有女儿存，已丧四人了。日上自刑，乃人刑也；宅上自刑，宅不居人也。末传在子，壬面前子作玄武，子者子息也，玄武费用之神在子息宫，故主子自使钱。至己巳年家业尽退，不可收拾。[2]

上神德日，日上克辰上。

课名伏吟。不得行，宜守静，吉。壬德禄在亥，午中有丁火与壬合，水火既济，空常奏书神，宜进用，吉。

《义》曰：自高自大，自逞自是。宾主不投，求谒亦畏。欲之远程，无马难行。初如似锦，终则无成。

《象》曰：日禄逢逢畏司刑，更嫌冲破贵难明。吉凶善恶君知否？年月逢申事准凭。

此自任之卦。夫自任者，乃伏吟之卦。天地伏吟，十二神各归本家，天地如一，四伏未发之象。占事静则宜，动则滞，事主藏匿不动，静中求劳，有屈而不伸之象。《经》云："任信伏吟神，行人立至门。失物家内盗，逃者隐乡邻。病合难言语，占胎聋哑人。访人藏不出，行者却回轮。"占者遇之此课，求官者虽见日禄，孟秋占大利，春夏占又美中之不足也。见贵者主客不

---

① 《壬占汇选》作：己酉年十月壬午日寅将寅时，龚县尉辛巳生二十九岁，占前程。
② 《壬占汇选》作：己酉年正月壬午日子将子时，邵三公壬申生三十八岁占终身。

投，以彼此相伤也。占婚姻者，本足为佳，必夫妇之未谐，或先亲爱而后疏。求财有，宜速取。占暴病者早见安愈，久病者未见全美。又畏夫老人小儿病，则多不利，号曰再投胎也。失脱急寻可见，迟则难见。出行未定行否。讼者有解。占逃亡，问亲友。盗者难获。忧疑、惊恐、遭围、被系，逢此者反为福星。大抵此诸占，未见全美，以此末传之无力也。

若出兵行师得此，昼占逢欺诈之神，故云君臣被毁，若夜占稍吉，知军旅之安荣。况伏吟不利用兵，若从容可别为选择，如不得已而用之，全在为将者谋略智勇、随机取情，否则未知之也。

秋吉。犹忌事忧。

真一山人云：名园红紫斗芳芬，春日迟迟蝶乱飞。不闲韶光客易老，东风荡荡褪残枝。

《无惑钤》云：禄上空常，财禄可复。倘若他谋，暗伤不睦。

《钤解》曰：德入天门。旺禄乘空不可守，弃而又逢初传之禄、中传之财，皆可复也。再若别谋妄动，必逢末传羊刃，暗有所伤，而劫财不睦也。

壬午日第二课

元首　连茹　六仪
魁度天门关隔定

```
蛇贵常白          蛇朱空白
辰巳酉戌          辰巳酉戌
巳午戌壬          巳午戌壬

官甲戌白          官甲戌白
父　酉常◎        父　酉空◎
父　申玄◎⊙       父　申青◎⊙

蛇贵后阴          蛇朱六勾
辰巳午未          辰巳午未
朱卯    申玄      贵卯    申青
六寅    酉常      后寅    酉空
　丑子亥戌        　丑子亥戌
　勾青空白        　阴玄常白
```

《玉历钤》云：此课戌加亥，谓之阴关，又日鬼加日，白虎乘之，大凶，凡事不可用。

《毕法》云：戌为天魁，亥为天门，戌加亥为用，凡事阻隔。此课昼夜皆乘白虎，病多是隔气或食积，占盗贼难获，访人不见，诸占未免关隔。又云：干上之鬼上乘白虎，凡占凶祸，速中又速。

上神克日，辰上生日上，用克日。

课名元首、退茹。戌为鬼，克日，又是白虎，凡所占望干众，隔三隔四，退则见空亡而无咎。此课初虽可畏，而后无凶，亦不可成事。

《义》曰：魁度天门，关格纷纷。守旧不吉，进步受恩。事多更改，人情未顺。破网难张，不能为禁。

《象》曰：空空何用斩关机，遇难还当进步宜。任使百谋难害己，举杯畅饮和新诗。

此元首之卦，一曰斩关，亦曰天网。夫元首者，尊制卑，贵役贱之象。凡事多顺，利于先举，事多起于男子。为臣忠，为子孝，正大光明而无邪僻之行，德业已著而乾乾进修，常怀危惧，惕励而无咎也。况斩关非安居之象，占者多不自由，事多暗昧不和，离散口舌，欲隐身避难者，却利乎奔逃也。亦主人情暗中不顺，多见更改，事多中止，坟墓破坏，占婚强成，难于久远。凡事历遍艰辛，然后可遂。且天网者，即天网四张也，《经》曰"天网四张，万物被伤"，为阻滞，为疑难，为灾恼。《赋》所谓"魁度天门"者，正此谓也，凡占有关未通达。此课凡有占谋，利进而不利退，进则得禄，退则失望，中末传空，吉未成吉而凶不成凶也。占者遇之此课，求官见贵，乃为催官使者，未足为美。若占婚姻、财帛、交易、投谒、失脱、远行、望信，皆先见成而不来也。谋望百事，惟宜向前，向前庶有可成，若一退步则难矣；占凶事却宜，退则化吉。

若出兵行师，昼夜占皆凶，不宜用兵。若不能御敌，退一步则空，并进一步又吉，不宜守旧，惟在用兵者见机设谋。况传见奸欺之神，尤当慎密，多令窥觇，勿为他道之所诬。其他诸占，遇忧疑患难则退步为福，求谋干用进一步为荣，惜乎惜乎见阻也。

秋利亨。

真一山人云：浮云欲玷中秋月，难蔽蟾宫光皎洁。西风几阵报频频，万里青天分外白。

《无惑钤》云：关隔频频，虎戌临身。退求生意，空亡后蹲。

《钤解》曰：戌加亥为魁度天门，凡谋阻隔而不成。虎临身，占病极凶，赖第四课辰蛇一冲，凶反散也。壬遂退而求酉申之生，又皆空亡，进退无益，大不足也。

壬午日第三课

元首　冥阳　斩关

```
六 蛇 阴 常          蛇 后 常 空
寅 辰 未 酉          寅 辰 未 酉
辰 午 酉 壬          辰 午 酉 壬


子 戊 寅 六          子 戊 寅 蛇
兄 丙 子 青          兄 丙 子 六
官 甲 戌 白          官 甲 戌 青


朱 蛇 贵 后          贵 后 阴 玄
卯 辰 巳 午          卯 辰 巳 午
六 寅      未 阴     蛇 寅      未 常
勾 丑      申 玄     朱 丑      申 白
子 亥 戌 酉          子 亥 戌 酉
青 空 白 常          六 勾 青 空
```

《玉历钤》云：此课日辰上辰酉六合，发用寅亥又合，旦贵六合，主气象和顺，人情喜悦，凡事成遂。

《毕法》云：此课旦占酉为旬空，上乘天空，上下皆空，全无实象，凡占忧喜皆不成，虽支干上神六合，亦虚诈相合，彼此皆存谲诈，非诚实也。又云：干克支为财，上乘日鬼，不免自惊险中取之，间有所失，反为鬼害。

上神生日，辰上生日上，日上克用，初克末。

课名元首、间传。用与日合，初末又与支合成火局，壬日所喜，只有宅上见墓稍晦，此利动不利静之课也。

《义》曰：进前有隔，隔而后退。虚喜虚助，中秋实惠。吉神吉将，福德默相。子孝臣忠，无偏无向。

《象》曰：君圣臣忠致太平，动谋多见获安荣。古来孝行神明鉴，正大孝心道日亨。

此元首之卦。夫元首者，尊制卑，贵役贱之象。凡事多顺，利于先举，事多起于男子。为臣忠，为子孝，正大光明而无邪僻之行，德业已著而乾乾进修，常怀危惧，惕励而无咎也。《经》曰："四课之中一上克，卦名元首是初因。臣忠子孝皆从顺，忧喜因男非女人。上则为尊下卑小，斯为正理悉皆真。论官讼者先为吉，后对之人理不伸。"又况上神生日，所谋百事吉，运用如意，遇灾不凶，逢吉愈吉。日乃人相助，夜乃神相助。此乃有人上门生我、助我、成就我，不待我之干求也。又惜其空而不实，亦不过虚助而已，欲其成事，亦难矣哉。占者遇之此课，号蓦然卦，凡事起于蓦然。若求官者，自心疲倦，有心无意之象。占宅有益人之理。婚姻宜就，恐难成。占财作难。病因重，内有阻隔。失脱难寻。行人平吉。诉讼宜和解。逃亡难见。占主客相和。若远行投谒人者，号曰"主宾际会两殷勤，暮宴朝欢会无极"也。

若出兵行师得此，昼占尤宜得金宝之美利，夜占忧心众畏。大抵此课，主客相和，欲有讲和不战之象。若昼占始吉终凶，夜占始凶终吉，用兵者当先知之，至于临敌用兵之时，相机调度，因时权变，必有致胜之道。所占百事，未免有隔手干事之象也。

秋吉。

真一山人云：宾主相逢喜气投，君臣庆会有缘由。事当忤意坚心守，化难为易德贵修。

《无惑钤》云：阳拱阳神，二贵为邻。辰酉合会，酒色败身。

《钤解》曰：支，宅也，支之左右为邻。此课支神阴私，得寅辰午三阳间，拱昼贵、夜贵在内，所谓"阳拱阳神，二贵为邻"者是也。酉加亥为酒，酉又为少女，因色者，辰即勾陈，乃私欲之神，辰与酉合，为眷恋宠爱，亥水败于酉、墓于辰，故曰酒色败身耳。冥阳诗断曰："自明入暗号冥阳，凶咎将来渐有伤。君子犹防消禄位，寅子戌兮细推详。"

壬午日第四课

元首　孤辰　玄胎　闭口

费有余而得不足

```
青 朱 贵 玄          六 贵 阴 白
子 卯 巳 申          子 卯 巳 申
卯 午 申 壬          卯 午 申 壬


财 辛 巳 贵 ⊙        财 辛 巳 阴 ⊙
子 戊 寅 六          子 戊 寅 蛇
兄 乙 亥 空          兄 乙 亥 勾


六 朱 蛇 贵          蛇 贵 后 阴
寅 卯 辰 巳          寅 卯 辰 巳
勾丑      午后       朱丑      午玄
青子      未阴       六子      未常
亥 戊 酉 申          亥 戊 酉 申
空 白 常 玄          勾 青 空 白
```

　　此课先生曰："此课主病，上热下冷，上膈虽热不渴，中间风气相击，下部不通，因食冷咸物损肺，遂下痞上喘，今宜补肺通肠。更当生下舍寺作僧，未曾归赎其身，佛愿又动，今若寄出家，可以免灾，不然尔为弟所迫也，终老衰弱，二十以后，状如老人，皮销骨瘦，若瘵病状，二十八岁死矣。"予记先生之言，常观其人休咎，果是上热下冷，因食冷鳖汤与麻糁，遂得此病。医人遂补润肺经而通其积，从此小安。当原先曾舍靖安寺荣师房寄名，继而归赎，遂不安，衰偻形状，常若瘵怯。留与外婆家养，其家下有二弟，肥而强壮，其所病之人，终身瘦弱，不曾娶妻。至绍兴十六年四月初三日果死，年二十八岁，己卯日寅时死也。日上长生空亡，是空生也，申为寺院，来虚生壬，命是寄舍也。又申为传送，既至虚生，是名不生，壬受申之虚生，却又去生寅木，寅木生巳火，巳火克申金，申金受克，走来壬上避住，非本意欲生也，故主终身瘦弱。申取七，亥（疑当作巳）取四，四七二十八也，此时行年在巳上，加寅作蛇，四月亦同在巳上。寅日（据前文当作卯日寅时）

所以死也，亦是来脱，三传中巳寅亥之故。盖上热下冷，缘巳火主上热，末亥水主下冷，上膈虽热而不渴，中间缘寅木，主风气相击，下部不通，因食冷咸而伤肺，遂下痞上喘，后渐至终身瘦弱，而未婚娶，至二十八岁死耳。①

《玉历钤》云：此课对神隔将为用，凡事无所成，虽将天乙，亦不济事，反为贵人所坏。

《毕法》云：干上申虽作日之长生，与日却作六害；支之卯虽生支之午火，与午火却作败气。凡占与人交接，而前虽见好合，背后反有深害，石勒之贺王浚之意也。

上神生日，日上克辰上，用克日上，日克用，末克初。

课名元首、玄胎。贵用为财，寅亥合，宜进望。日上空亡，用又漏底，指空话空，终不成立，然三传皆吉，出旬别图可有成。

《义》曰：空破相仍，未定吉凶。难中有解，美中未中。是起不实，还求端的。否则更变，损中有益。

《象》曰：未济原来还见济，莫忧眼下不成功。机番变态还终旧，谁识男儿气似虹。

此元首之卦，一曰玄胎。夫元首者，尊制卑，贵役贱之象。凡事多顺，利于先举，事多起于男子。为臣忠，为子孝，正大光明而无邪僻之行，德业已著而乾乾进修，常怀危惧，惕励而无咎也。况玄胎如婴儿隐伏之状，利上不利下，事主远而多伏，暗昧不通，触则成祸，惟君子守正修德则亨。占遇玄胎，室孕婴孩，不利占老人小儿病，谓之再投胎也。怀孕者得此，必忧有病，以其课曰"病玄胎"之谓。上神生日，所谋百事吉，运用如意，遇灾不凶，逢吉愈吉。日乃人相助，夜乃神相助。此乃有人上门生我、助我、成就我，非我之所干求于人也。何其作空，又谓之虚喜。占者遇之此课，日上空亡，事多起虚声。又见刑害，凡课动摇不宁，人情不顺。求官见贵，终见得禄之美。婚姻不宜。交易相合。投谒虽和，未见全吉。占财喜贵人官中之财。失物宜寻。行人难动。讼宜止息，否则惹刑，贵利先举，春夏方宜。逃盗难获。

若出兵行师得此，敌有使来及所传报，未可信，以其多不实也。昼占有开地千里之能，夜占有忧心众畏之象。大抵此课，刑冲太重，必有交兵，若临敌对垒之时，贵在为将者权变机谋之得其妙，庶可致全胜。幸发用乘空，事多更改，机谋难成，或事起虚声，而有罢兵不战之象也。

---

① 《壬占汇选》作：己酉年三月壬午日戌将丑时，孟承务占子病，己亥生十一岁。

疑惑生变。秋吉。

真一山人云：桃花零落叶花开，一见东风气力衰。但见隆冬老松柏，岁寒不改伴红梅。

《无惑钤》云：虚生难靠，往临脱耗。天将须议，昼贵勿告。

《钤解》曰：申空不能生壬，不足靠也。舍此而求初传之财，巳坐空乡，又为破碎，中传脱，末投旺禄。昼占雀与支上卯木并力脱干。干乘空，贵人坐空，告贵必无益矣。费有余而所得不偿所费。苦去甘来乐里悲。

壬午日第五课

重审　炎上　励德　六仪

传财太旺反财亏

白 六 朱 阴　　　　青 蛇 贵 常
戌 寅 卯 未　　　　戌 寅 卯 未
寅 午 未 壬　　　　寅 午 未 壬

官 甲戌 白　　　　官 甲戌 青
财 壬午 后　　　　财 壬午 玄
子 戌寅 六　　　　子 戌寅 蛇

勾 六 朱 蛇　　　　朱 蛇 贵 后
丑 寅 卯 辰　　　　丑 寅 卯 辰
青子　　　巳贵　　六子　　　巳阴
空亥　　　午后　　勾亥　　　午玄
　戌 酉 申 未　　　戌 酉 申 未
　白 常 玄 阴　　　青 空 白 常

《毕法》云：此课寅午戌火为全财，生起干上之鬼而伤日干，凡占必因取财而致祸也，及防妻鬼迷致家不定。又云：支上寅脱干，干上未脱支，彼此互怀侵欺之意，凡占不可交财，不然必致吝悔。又云：干与上神互与支相合，亦有和合之象。

上神克日，辰上克日上，用克日，日克三传，末克初。

课名重审、炎上。壬日见之为财，戌寅狼狗聚会，凡占干众喧喧，大获利益，春夏占无不利，秋冬平平。

《义》曰：三合六合，胶漆固执。作党明谋，以为纠合。催官使者，起选有廷。不宜私干，虑有过愆。

《象》曰：财多反未称心情，私卜声宜恐不定。欲解忧疑何月日，子申辰是福星亨。

此重审之课，一曰炎上，亦曰天网。夫重审者，重而审之也。利为主，利后动，长有厄，事从内起，起于女人。以下犯上，卑犯尊，事多不顺。阴小在下者，有悖逆之事。占臣未忠，占子失孝，事不可遂意而行，必当审察，循乎义理，庶几以免后患也。且炎上，为日，象君，事主多虚少实。戌加寅，以墓临生，谓火以明为主，虚则生明，实则生暗，是反其体也。占明事反为暗昧，亦主枉图不遂。占人性刚急。卜天晴明。况天网者，即天网四张也，《经》曰"天网四张，万物被伤"，为阻滞，为疑难，为灾恼。又曰："日辰上见墓神加，病者难痊事可嗟。行人失约路遥赊，若当时日便还家。"且三传三合者，其象如推磨，一遍去，一遍来，往来无休息也。必是两三处委曲托人干事，共谋共义，凡事迟滞。凡得此课，必有人递相谋害，大要防备，又恐贪财致祸。占者遇之此课，求官求财，求皆不宜，以其求官大旺，反生克害。病讼皆凶。求事成合。行人难动。逃盗难获。

若出兵行师得此，昼占白兽，败亡而祸起，夜占青龙，大胜得宝货与图书。然而临财利之时，为将者必叮咛告诫，又恐贪财而致败伤也。此课占兵，非止一处，敌贼威猛，又恐里外勾连作党，况难解散，此不可不知。

不利解散，迟缓之象。

真一山人云：求成卜此便无忧，解事原来未自由。若是病逢尊长问，人间病疾岂痊瘳？

《无惑钤》云：六合三合，递互相脱。财化为鬼，凶难止遏。

《钤解》曰：传乃寅午戌三合，干上未与午为六合，《毕法》云"万事喜忻三六合"者是也。寅脱壬水，午脱未土，而递互相脱，又合中不足也。三传火局为日之财，反生起干上未土克干，乃传财化鬼也，若贪此财，病讼凶祸岂能免哉？戌加寅，以墓覆生，凡事先绝了而后起，公讼断了又论，疾病安了又作，谋事许了又悔，占人喜了又怒，仇人和了又怨，是以势压墓，退即再生也。

壬午日第六课

重审　赘婿　不备　不结果　九丑

胎财生气妻怀孕

```
玄 勾 勾 后          白 朱 朱 玄
申 丑 丑 午          申 丑 丑 午
丑 午 午 壬          丑 午 午 壬


财 壬 午 后          财 壬 午 玄
官 丁 丑 勾          官 丁 丑 朱
父   申 玄 ◎        父   申 白 ◎


青 勾 六 朱          六 朱 蛇 贵
子 丑 寅 卯          子 丑 寅 卯
空 亥     辰 蛇      勾 亥     辰 后
白 戌     巳 贵      青 戌     巳 阴
酉 申 未 午          酉 申 未 午
常 玄 阴 后          空 白 常 玄
```

《玉历钤》云：此课壬日午为用，丁壬德合，又是财神，奈天后、玄武夹克，却反不成，凡占此必无所遂。

《毕法》云：此课支加干而被干克，名赘婿卦。其支神上又乘脱气，凡占宅必败坏，无正宅可居。又云：干上午、支上丑六害，凡占必人己生心，各相猜忌，互有侵害之象。又云：午为败加于日，昼夜贵神皆水，日干亦水，上下夹克，财必衰败，占者必财不由己而费用也。

日克上神，日上生辰上，日克用，初克末。

课名重审、四绝。辰来就日，被克为用，又名赘婿、九丑。天后暗昧，末传旬空，终于吉凶无成也，专宜结绝旧事。

《义》曰：课名四绝，末空初绝。不宜从新，了旧则悦。病者伤心，阴人不禁。始虽凶盛，终得好音。

《象》曰：暂歇豪杰俯就人，可怜愚昧未起心。霸陵桥上重廻赶，白眼看他小辈行。

此重审之卦，一曰泆女，亦曰赘婿。夫重审者，重而审之也。利为主，利后动，长有厄，事从内起，起于女人。以下犯上，贱犯贵，卑犯尊，事多不顺。阴小在下者，有悖逆之事。占臣未忠，子失孝，事不可遂意而行，必当审察，循乎义理，庶几以免后患也。况泆女乃不正之象，阴私邪淫，占男女有阴私暗昧之事，占家宅宜谨慎闺门，以防阴小越礼，惟能以礼自防者可化之。日上见午为妻财，利于求财，但其财乃不得自由之财也。传见赘婿，《经》云：赘婿身寄他人，凡事由妻，如占事由他人而不由己也。占者遇之此课，求官见贵，逢之者有始而无终也，大宜结绝旧事。婚姻不宜，谓六害大失和气也。交易难成。托人无用。求财乃不由己费用，《经》云"初遭夹克不由己"。占病不畏。失物难得，得之不全。行人恐不得起身。讼宜和，到底归于无事。占盗难获。逃者主身归。占宅舍，宅盛人衰。投谒人者不宜。

占出兵行师得此，昼夜所占，未及全美，昼占无威而不宁，夜占失物以忧愁。大抵此课，发用绝神，终传无结果，凡事不能成其大功，惟利销磨旧事，从吉不为美，见恶不为凶，全在卜课者审察而辨之也。

事终见改。秋宜。

真一山人云：英雄豪杰岂寻常？凤入鸡群远帝乡。一日丹山腾羽翼，彩云高处任飞扬。

《无惑钤》云：支财就日，夜占恐失。熟视其中，占尊不吉。

《钤解》曰：午乃支财就日，夜占乘玄，财犹失也。金，壬之长生父母也，旬空夜占乘虎，且午克之、丑墓之，若占长上之病，决然死也，长生无气。丑加午，得勾陈、朱雀，主田宅争竞。

壬午日第七课

比用　反吟　励德　三交

蛇	白	空	贵
午	子	亥	巳
子	午	巳	壬

财	壬午	蛇
兄	丙子	白
财	壬午	蛇

玄	六	勾	阴
午	子	亥	巳
子	午	巳	壬

财	壬午	玄
兄	丙子	六
财	壬午	玄

```
    空 白 常 玄
    亥 子 丑 寅
青 戌         卯 阴
勾 酉         辰 后
    申 未 午 巳
    六 朱 蛇 贵
```

```
    勾 六 朱 蛇
    亥 子 丑 寅
青 戌         卯 贵
空 酉         辰 后
    申 未 午 巳
    白 常 玄 阴
```

《玉历钤》云：此课反吟，午用稍吉，虽螣蛇亦不妨，求财求名亦成。夜贵玄武，夹克为凶。

《毕法》云：此课巳加亥、卯加酉，昼夜贵人皆坐受克之方，凡占不可干贵，缘二贵身受克制，必自怒，不能成就人也。又云：支之鬼乘白虎临支克支，必主宅中有外鬼兴灾作祸，君子以正直之德胜之，常人以德遗之，以物镇之，可以获安矣。又云：午加子为初传，午火受子水克制，急归本家午上，又被子水相克，使其午火去住不能也。且午为日之财，蛇玄加之，必致盗贼偷劫，又主妻妾常病，午又为马，亦主马病，午为堂房，亦主堂倾房坏，又为心病，又为胎疾，皆午之被害也。

日克上神，辰上克日上，日克用。

课名反吟。用取比在日前，用进而犹豫，有往返意。然始终皆与干合，虽冲击不安，可举可成之课也。难成易。

《义》曰：南北相易，东西各位。所事反复，阴和逃避。三交抵日，号曰天烦。行年相遇，男子招愆。

《象》曰：昼占稍可夜占凶，高盖乘轩福禄荣。不见龙常与天马，求官望贵且从容。

此无依之卦，一曰三交。夫无依者，即反吟也。《经》云："无依是反吟，逃者远追寻。合者应分散，安巢别改林。守官须易位，结友也分襟。所为多反复，占病数般侵。"反吟刑冲，事主迟滞，远近系心，更相仇怨，且反复而呻吟，是无予夺而难息也。夫三交者，《经》云："三交家匿阴私客，不尔自将逃避迤。"凡事失节阻碍，谋事被人阻破，不能成合。若六月将用事，为天烦卦，男子行年抵犯，必罹官法，凡百所占，未免惊恐疑虑之象。占者遇之此课，正、七月年命上神不来，[1] 谋干未遂。交易难。求财惊恐。占病反复。失脱宜寻。讼宜和。正、七月不宜占病。逃亡问亲友。凡占反复。

出兵行师得此，昼占忧心众畏，夜占失物忧疑。大抵此课不利于用兵，得此卦者，且胜且败，忽得忽失，以其反吟之象，为将者宜善为，处置得宜则庶几有战胜之理也。

反复之象。

真一山人云：螣蛇顺火主惊忧，得水方主起怨尤。若是夜间占得此，要防阴私与合谋。

《无惑钤》云：三财被劫，二贵受克。昼望贵顺，左右不得。

---

[1] 此句疑有脱漏讹错。婚姻不宜。

《钤解》曰：满目之财，皆被贼劫，壬不得有。昼夜贵临亥酉，二贵俱受克也。巳临于亥，亥复加巳，昼贵往来皆不得力也。中传昼虎，是比劫，午午又到子，其财左右不得也。

壬午日第八课

比用　斩关　不备　不行传
彼此全伤防两损

```
后 空 勾 后          后 勾 空 后
辰 亥 酉 辰          辰 亥 酉 辰
亥 午 辰 壬          亥 午 辰 壬


官 庚 辰 后          官 庚 辰 后
父    酉 勾 ◎       父    酉 空 ◎
子 戊 寅 玄 ⊙       子 戊 寅 蛇 ⊙


青 空 白 常          青 勾 六 朱
戌 亥 子 丑          戌 亥 子 丑
勾酉       寅玄      空酉       寅蛇
六申       卯阴      白申       卯贵
未 午 巳 辰          未 午 巳 辰
朱 蛇 贵 后          常 玄 阴 后
```

《玉历钤》云：此课辰加亥，日鬼制日，又天后隔克，气象不和，人情不顺，凡占皆凶。

《毕法》云：此课辰加亥作初传，乃是墓神覆日为用，不免弃墓而投中传酉金之上，又是旬空，遂再投末传，又是脱气，然后弃其三传而加午以取财，此避难投生损中益，虽得一时之荣旺，受尽多少曲折苦楚而后安亨也。又云：支干上皆被克害，谓之彼此全伤。

上神克日，日上克辰上，用克日，末克初。

课名涉害。辰与酉合，寅与亥合，虽苦身刑墓用，然此日下合，末克初传，亦可用，惟中末空亡，恐合亦不终合也。

《义》曰：日墓昏蒙，如在雾中。幸传酉上，似得其风。天后玄武，见之多私。有声无实，事多改移。

《象》曰：密云蔽日未曾晴，那更昏昏雾又生。喜得金风来作主，飘然捲散倍生明。

此知一之卦，一曰斩关，亦曰天网。夫知一者，知一而不能知两，知者以为自知、自见，不知为寇仇，故言知一也。以此为用，舍远就近，舍疏就亲，恩中生害，事多起于同类，凡事狐疑，事贵和同乃吉。斩关非安居之象，占者多不自由，事多暗昧不和，离散口舌，欲隐身避难者，却利乎奔逃也。又主人情暗中不顺，多见更改，事多中止，坟墓破坏，占婚亦强成，难于久远。凡事历遍艰辛，然后可遂。且天网者，即天网四张也，《经》云"天网四张，万物被伤"，为阻滞，为疑难，为灾恼。传见泆女，乃不正之象，阴私邪淫，占男女有阴私暗昧之理，占家宅宜为福星，以其能解散也。失脱、逃盗难获。

占出兵行师得此，昼夜所占，无威而不宁。大抵此课，如"苗而不秀，秀而不实"之象，大要防备客兵侵临，虽见解，亦不可不为预防也。为将者，宜深思焉。

聚而复散。

真一山人云：莫道如今行路难，这回履遍几重山。殷勤且待些儿个，长途须臾咫尺间。

《无惑钤》云：彼此俱伤，卑下难甘。未免一劫，盗失多端。

《钤解》曰：禄临支宅财地，避干上辰土之克，而逃于支上取财。壬被辰克，午被亥克，俱是上神伤也。由壬加午，临支克支，而支之阴神辰遂往加干而克干，是卑下不甘心也。壬不免一劫，被初传墓克，遂逢中传之败、末传之脱，盗失殆非一端也。又为避难逃生取财之例。

壬午日第九课

重审　曲直　斩关

上下皆合两心齐　众鬼虽彰全不畏

玄 青 朱 阴
寅 戌 未 卯
戌 午 卯 壬

官 癸 未 朱
兄 乙 亥 空
子 己 卯 阴

勾 青 空 白
酉 戌 亥 子
六申　　丑常
朱未　　寅玄
午巳辰卯
蛇贵后阴

后 白 勾 贵
寅 戌 未 卯
戌 午 卯 壬

官 癸 未 勾
兄 乙 亥 常
子 己 卯 贵

空 白 常 玄
酉 戌 亥 子
青申　　丑阴
勾未　　寅后
午巳辰卯
六朱蛇贵

《玉历钤》云：此课日干三合，干支上六合，未中有丁与壬暗合，天上日又加于未上，主气象极和，人情最顺，凡事皆成遂无阻。

《毕法》云：此课三传俱脱，却能制鬼。如夜占，勾陈、太常、天乙俱是土神，并来伤日，赖此三传木局去其土将，日干得安，故云"众鬼虽彰全不畏"。凡占必当集亲结党共济忧患，不然曳轮拖鬼辈，群起而害之矣。何也？一手不能举鸿，一臂不能挽大车，故"平交欢于勃，而变始销；峤自结于导，为难斯靖"。所谓同舟遇风，则胡越相应，如左右手患，其有不济乎？于斯对也。众鬼难彰，何谓之有？

上神盗日，日上克辰上，用克日，日生三传，末克初。

课名重审、曲直。传课递换互合，用在门，勾雀并之，有勾引、信至。未中丁为壬合，喜吉用在门户，不无犹豫，终于和顺，凡事可成。

《义》曰：日生上神，凡事虚耗。若不损财，必见逃盗。谋望未成，从会经营。外实内虚，心意不宁。

《象》曰：三传亥卯木为根，内蠹空空八九分。腐朽不堪为美用，逢春雨露再施恩。

此重审之卦，一曰龙战，亦曰天网。夫重审者，重而审之也。利为主，利后动，长有厄，事从内起，起于女人。以下犯上，贱犯贵，卑犯尊，事多不顺。阴小在下者，有悖逆之事。占臣未忠，占子失孝，事不可遂意而行，必当审察，循乎义理，庶几以免后患也。况龙战，主人心疑惑，进寸退尺，动有乖离之象。卯酉为天之私门，生杀有限，分杜有期，雷动龙奔，示其有战。传见天网者，即天网四张也，《经》曰"天网四张，万物被伤"，为阻滞，为疑难，为灾恼。日生上神，虚费百出，谋望不遂，盗失损财，人口衰残，休囚尤重，又为子孙脱漏之事。三传又来脱耗，凡事欲成不成，欲脱不脱，此乃脱人生宅，无益于占者之人。占者遇之此课，乃外有余而内不足之象。若求官、见贵、婚姻、财物、谋望、投谒，凡有干用、交易，皆有虚耗不足。若托人干事，必被诓骗，以致失财。占暴病、凶忧之事，却能解散，亦不甚易。失脱难见，此亦应盗失损财之象。

占出兵行师得此卜，昼占未吉，必应口舌，夜占凶甚，战士折伤，又见粮储匮乏，军威不振，大利为主，不利为客，以其脱盗客之气而生主也。占宅不利，当移居可也。

不利托人干用。

真一山人云：春夏占逢未足奇，秋冬得此又相宜。知机君子坚心守，顺理虔修莫妄为。

《无惑钤》云：人少宅宽，虽费成欢。三传俱脱，逃避尤安。

《钤解》曰：亥卯未脱干生支，此人少宅宽也。三传化木脱干，凡事多费。既而卯与戌合，未与午合，寅与亥合，交互俱合，是虽费而成欢也。壬被三传之脱，遂一动而投于未上，而与丁相合，亦可以安也。众鬼虽彰全不畏，夜将克干为鬼，反赖三传制之，不畏鬼也。三传不以脱论，水生木，为子孙救支上戌土之难。日辰上卯戌相合，万事喜忻三六合，求事得成，望谋得就耳。（昼占新坟得此课，三传合木局，子孙爻也。壬禄在亥，卯为夜贵，未中有丁，与壬日又合，是有子孙之贵之盛而且和乐也。生支则生财又旺官，而贵可知，且合成大局，是阴宅盛大。未乘朱神，虽亥天空，却夜太常，又为日德，文章传世，安乐阴功，一家和顺。且宅上夜皆水神，暗助日干，生出子孙，余意在无惑钤解甚详，大吉之地也。庚戌年占，宅在午，正中明堂戌向，东南冲辰，又高起壁，乘后多有天恩，戌乘青龙，本命行年乘朱雀，文字之神，又与午合。）

壬午日第十课

重审　三交　寡宿　闭口

脱上逢脱防虚诈

白 勾 贵 玄		玄 空 朱 后
子 酉 巳 寅		子 酉 巳 寅
酉 午 寅 壬		酉 午 寅 壬

父　酉 勾 ◎	父　酉 空 ◎
兄 丙子 白 ⊙	兄 丙子 玄 ⊙
子 己卯 阴	子 己卯 贵

```
  六 勾 青 空            青 空 白 常
  申 酉 戌 亥            申 酉 戌 亥
朱未      子白        勾未      子玄
蛇午      丑常        六午      丑阴
  巳 辰 卯 寅            巳 辰 卯 寅
  贵 后 阴 玄            朱 蛇 贵 后
```

《玉历钤》云：此课酉加午，虽谓之愁课，幸发用空亡，不能成愁，凡占百事，皆难成遂。

《毕法》云：此课干上寅为脱气，又乘玄武耗盗之神，凡占必主脱赚财物，虚诈立志。又云：干上寅生支，支上酉生干，酉空亡也，虽生无实，徒有生旺之名，反成耗败之气。

《百章歌》云："酉居午上婢登堂，匪人为正宠偏房。"若占讼，两家俱受刑责，诸占譬如二虎食牛，酣则必斗，斗则大者伤而小者死矣。又云：四课不备，而全逢自刑，人宅俱招灾殄而伤损也。[①]

上神盗日，辰上克日上，用克日上，初克末。

课名重审、三交。三传刑冲，身居害上逢生，三交事多交加冲破，所谋多不定，所幸空亡为用，虽难终于不凶。

---

① 此句疑为壬午日第八课内语。

《义》曰：彼此生意，徒然未济。人宅衰微，脱耗继志。占人孤独，居无室屋。若不如此，岂宜在俗？

《象》曰：时未亨通且耐心，买金不得遇真金。一朝运至干谋遂，福至灾消好事临。

此重审之卦，一曰三交，又曰寡宿。夫重审者，重而审之也。利为主，利后动，长有厄，事从内起，起于女人。以下犯上，贱犯贵，卑犯尊，事多不顺。阴小在下者，有悖逆之事。占臣未忠，占子失孝，事不可遂意而行，必当审察，循乎义理，庶几以免后患也。夫三交者，《经》云："三交家匿阴私客，不尔自将逃避迍。"凡事失节阻碍，谋事被人阻破，不能成合。卜得寡宿，《赋》云："寡宿孤辰，值此尤妨骨肉。"占身遇此，主见孤独，别离乡井，自空门户，财物虚耗，僧道宜之，俗不宜也。日生上神，虚费百出，谋望不遂，盗失损财，人口衰残，休囚尤重，又为子孙脱漏之事，事多起于虚声而不实也。占者遇之此课，发用无力，传终脱盗，始既如此，终又如此，欲求成事，不亦难乎？占求官见贵者，且待时。占财、占婚者，不遂用意。谋望无成。托人干事，凡所谋无益有损。惟利夫暴病、惊忧、患难者，方为称意，以其解散而易脱也。

占出兵行师得此，昼占战士折伤，夜占君臣被毁。敌使之言虚诈，庶无信此，亦利主不利客也，还见粮储不足，外实内虚，用兵者知此，须以难变易，转祸为福，庶几为有谋猷之望也。

不利成事。

真一山人云：绿叶依稀满径芳，春来杂在草中藏。但看脱节经霜后，老菊精神分外香。

《无惑钤》云：交互生意，终是不济。昼号三交，夜当省励。

《钤解》曰：干上寅生支午，支上酉生壬干，交互生意也。且寅又脱壬，酉乃败壬，酉又午火死地，终是不美也。课号三交，内乘勾虎，主杀伤、争斗、丧孝之患。午加酉为死交，酉加午为破交，事主不成。夜将空玄，夜贵临子受刑，须防损己失财也。

壬午日第十一课

重审　涉三渊　励德　九丑

```
青 六 阴 常        白 青 贵 阴
戌 申 卯 丑        戌 申 卯 丑
申 午 丑 壬        申 午 丑 壬


父　申　六 ◎       父　申　青 ◎
官 甲戌 青 ⊙       官 甲戌 白 ⊙
兄 丙子 白         兄 丙子 玄


朱 六 勾 青        勾 青 空 白
未 申 酉 戌        未 申 酉 戌
蛇午　　亥空       六午　　亥常
贵巳　　子白       朱巳　　子玄
辰 卯 寅 丑        辰 卯 寅 丑
后 阴 玄 常        蛇 贵 后 阴
```

《玉历钤》云：此课申加卯，六合、青龙俱内战，凡百所求，皆不能成。

《毕法》云：此课干上丑土有丁神，乃财动也，丑土克壬水，乃官贵之财，本宫有马，此财必自远方西南寄来。

上神克日，日上生辰上，用生日。

课名重审、间传，又名九丑。空亡发用，无始有终，凶吉无成，盖日上见丑与子合。

《义》曰：虽见小侮，何须嗔怒？用起无力，徒劳役役。事未得成，凶却化吉。劝尔从容，福来有日。

《象》曰：大敞胸襟乐自然，有些晦滞莫忧煎。吉人终获天垂相，还有荣华在后边。

此重审之卦，一曰孤辰。夫重审者，重而审之也。利为主，利后动，长有厄，事从内起，起于女人。以下犯上，贱犯贵，卑犯尊，事多不顺。阴小在下者，有悖逆之事。占臣未忠，占子失孝，事不可遂意而行，必当审察，循乎义理，庶几以免后患也。况孤辰有茕茕孑立之象，"占人孤独离桑梓，财物虚耗伴不亲。官位遇之须改动，出行防盗拟人侵。所闻传事皆非实，卒病遭官不害身"。一名进间传，进中有隔，此申戌子，乃涉三渊也。占者遇之此卦，求官、见贵、干事、求财、占婚、交易、投谒、远行，凡百所占，事多起于虚声，或有影无形，成者少而失者多，假使侥幸而成，到底终归无力，以其发用之不实也。知机勿劳用力，只恐徒费精神，牵连未就，不可勉强而为也。惟闻凶事，或遇占暴病、患难、囚系、遭围者，不必忧虑，终见消散，以大事化小事，以小事化无事。

若出兵行师得此，昼占六合，尤宜获金宝之美利，夜占青龙，大胜得宝货与图书。发用空亡，忧喜未就，虑恐有失众之象。敌使之来，不可凭信，多诈而不实。欲树奇功，终未可得也。

徒恃虚花。

真一山人云：捕风捉影妄徒劳，用尽机关总是嚣。何似杜门消灾日，时来准见福滔滔。

《无惑钤》云：丁丑干壬，求谒为良。虎入朱雀，遇殃不殃。

《钤解》曰：丁丑临壬，乃官鬼之财动，利干求官贵。甲戌旬，申加午用，为虎入朱雀，不论空亡，占讼最凶，别占乃空。戌鬼落空，凶不成也，故曰遇殃不殃。

壬午日第十二课

元首　三奇　顺连茹

夫妇芜淫各有私

```
六朱常白          青勾阴玄
申未丑子          申未丑子
未午子壬          未午子壬


官 丁丑 常        官 丁丑 阴
子 戊寅 玄        子 戊寅 后
子 己卯 阴        子 己卯 贵


蛇朱六勾          六勾青空
午未申酉          午未申酉
贵巳    戊青      朱巳    戊白
后辰    亥空      蛇辰    亥常
卯寅丑子          卯寅丑子
阴玄常白          贵后阴玄
```

《玉历钤》云：此课丑加子，谓之六合，神将亦和，见贵、求望、求官皆成，余不遂。

《毕法》云：此课丑加子为用，上见太常，必有占婚之喜。又云：干被支上神克，支被干上神克，号曰芜淫，凡占夫妇，各有私情，不正之课也。

辰上克日上，用克日，末克初。

课名元首、连茹。用子丑合，拔茅连茹，无往不顺。寅又与壬下亥合，丑夜将太阴，酉又与丑三合。师友兄弟，同类合志，皆喜顺吉，冬春大利。

《义》曰：卜丑寅卯，墓田棺椁。若占疾病，十得一活。急宜为善，方得福降。吉神可解，凶神必丧。

《象》曰：牵连疑二未全安，何是人情不足欢。进退之间还自审，难中有易易中难。

此元首之卦，一曰天网。夫元首者，尊制卑，贵役贱之象。凡事多顺，利于先举，事多起于男子。为臣忠，为子孝，正大光明而无邪僻之行，德业已著而乾乾进修，常怀危惧，惕励而无咎也。且天网者，即天网四张也，《经》曰"天网四张，万物被伤"，为阻滞，为疑难，为灾恼。又云："四课之中一克下，卦名元首是初因。臣忠子孝皆从顺，忧喜因男非女人。上则为尊下卑小，斯为正理悉皆真。论官先者当为胜，后对之人理不伸。"课传丑寅卯乃进连珠，进连珠者，进中有退，事主欲行不行，欲止不止，节外生枝，顺传则急而顺溜也。若占主客用事，其义你将害我，我欲害尔之象。占者遇之此课，求官见贵，未足为奇。投谒、求婚，不生和悦。求财微。占病虽轻，亦难脱体。行人进中有退，退中有进。占讼宜胜负相等。失脱难寻。

若出兵行师得此，昼占太常稍吉，则军旅之安荣，夜占太阴，中道而止，始虽难而终易也。论主客大义，则先举，然彼此之间，互有得失。大抵此课，用兵者则大胜未必得。为将者知此，虽密察机微，慎加防守，以众待寡，以逸待劳，多用间谋，出其不意，善于用人，取胜必矣。

真一山人云：彼此相胜未合情，事当循理便安定。从今到处行才便，子贵尊荣家道成。

《无惑钤》云：交互凌戕，脱盗不祥。两乘玄虎，虚耗相伤。

《钤解》曰：干上子克午支，支上未克壬干，交互凌戕也。初传丁财，须远动求之。中末脱气滋甚。倘坐守干上旺子，乃两乘玄虎，其脱耗相伤也。芜淫卦体，不宜占婚。壬午，初丑作丁，乃官鬼之财。

癸未日

癸未日第一课

伏吟　游子　三奇　稼穑
三传全鬼

```
阴 阴 勾 勾        勾 勾 阴 阴
未 未 丑 丑        未 未 丑 丑
未 未 丑 癸        未 未 丑 癸


官 丁 丑 勾        官 丁 丑 阴
官 甲 戌 白        官 甲 戌 白
官 癸 未 阴        官 癸 未 勾


贵 后 阴 玄        朱 六 勾 青
巳 午 未 申        巳 午 未 申
蛇辰      酉常     蛇辰      酉空
朱卯      戌白     贵卯      戌白
寅 丑 子 亥        寅 丑 子 亥
六 勾 青 空        后 阴 玄 常
```

《玉历钤》云：此课伏吟，百事无成。

《毕法》云：此课初传在干上起，末传归于支上，凡事勉强，不免俯就于人。所谓气雄三军者而屈于傧赞之仪，才力盖世者而听于委命不知，一有伪强，福在目前，凡占宜下不宜高也。小过，飞鸟遗音之象。又云：见丑是丁，加于日干，则主官鬼财动。又云：此自信课，却有丁神居于日，不可谓之伏匿不动，然占访人，其人必出，占求事，后必更改，动之故也。

上神克日，用克日，三传克日。

课名伏吟。三传皆鬼克日，三传制逆，所幸自日传辰，有归宿，但恐鬼大盛伤身之梦昧怪耳。

《义》曰：众土制水，聊无可倚。彼此冲散，不暇害己。稼穑五坟，占病多凶。无大阴德，准备老终。

《象》曰：土多水少不相当，蹇运难行失主张。年命有金方得力，更逢火土愈乖张。

此自信之卦，一曰天网，亦曰稼穑。夫自信者，天地伏吟，十二神各归本家，天地如一，四伏未发之象。占事静则宜，动则滞，主事藏匿不动，静中求劳，有屈而不伸之象。且天网者，即天网四张也，《经》云"天网四张，万物被伤"，为阻滞，为疑难，为灾恼。况稼穑重土，有艰难之象。常占得此，名曰鲸鲵归涧，凡事逼迫不由己，出若遇雷神，方能变化。《要》曰：稼穑者五坟，不宜占病。《经》云："任信伏吟神，行人立至门。失物家内盗，逃者隐乡邻。病合难言语，占胎聋哑人。访人藏不出，行者却回轮。"此课日上见土，三传土神，进退不能，干事多阻也。占者遇之此课，凡占有勾留迟滞之象，不然则两意干事。求官见贵，不惟有阻，亦且难成。婚姻、交易、投托、谒见者，未得如心。求财虽有，恐因财致祸。占病宜修德禳化。失脱得。行人阻难。讼有刑罪，宜为和好。逃自归，目下未来。占盗难获。

若出兵行师得此，事不归一，多见掣肘，不得如意，昼占大不利，战则士卒伤损，利为主，利后动，夜占未全吉，尚有生助之象，未免中道而止。此卦大抵不利于用兵，若不得已而用之，全在为将者权谋之妙，以致战胜，攻取之道，非上智不能语此也。

阻滞不快。

真一山人云：人情好直而恶屈，枉道此之亦堪赏。谦谦以德向理行，消尽群阴见阳长。

《无惑钤》云：四丁分布，俱入火库。侥幸得财，切勿再顾。

《钤解》曰：丁乃癸之财也，丑丁，未亦丁也，乃四布丁财满目也。中戌，丁火之库。癸贪取财，被财勾引入于库中。

癸未日第二课

弹射　逆连茹

旺禄临身休妄动

```
贵 后 空 青          朱 六 常 玄
巳 午 亥 子          巳 午 亥 子
午 未 子 癸          午 未 子 癸


财 辛 巳 贵          财 辛 巳 朱
官 庚 辰 蛇          官 庚 辰 蛇
子 己 卯 朱          子 己 卯 贵


蛇 贵 后 阴          蛇 朱 六 勾
辰 巳 午 未          辰 巳 午 未
朱卯     申玄        贵卯     申青
六寅     酉常        后寅     酉空
丑 子 亥 戌          丑 子 亥 戌
勾 青 空 白          阴 玄 常 白
```

《玉历钤》云：此课发用巳火为德神，日干上有旺水相助，有事皆吉。

《毕法》云：此课干支上下俱作六合，凡占人齐心干事可成，亦主人宅俱吉。又云：初传巳昼贵，末传卯夜贵，中传辰又加昼贵之上，谓之遍地贵人，贵多不贵，凡占多不归一，托事无成，尤不利占讼，贵人怒责，返坐罪。

日上克辰上，日上克用，日克用。

课名弹射、退茹。凡百干求，涉公私已往，吉凶相续，始终贵雀，传退不灾，贵人上文书往来重叠，中见狱墓，首尾不相应耳。

《义》曰：不宜妄动，动则逆理。守此旺禄，富贵足矣。始终相生，万物尽亨。蓦然事起，中有忧惊。

《象》曰：旧事重新未得和，牵连疑二倍张罗。托人难遂勿生恼，樽酒忘情且放歌。

此弹射之卦。夫弹射，乃日克神之谓。《经》云："日往克神名弹射，纵饶得中还无力。贵人逆转子无良，天乙顺行臣不义。家有宾来不可容，亦忧口舌西南至。"然事主动摇,人情倒置,更主蓦然有灾。求事难成,祸福俱轻,忧事立散,祸从内起。利客不利主,利先不利后。占人不来,访人不见,不利占讼。弹射无力,不可用事,虽凶无畏。此课又名蓦然卦,凡事起于蓦然。一名退连茹,事主欲行不行,欲止不止,节外生枝,牵连疑二之象,又主人情倒置。退连茹,主退中有进,凡事迟疑也。占者遇之此课,求官见贵,笑里含嗔。婚姻交易,未得和允。占病不吉,退中有进。求财得。失宜寻。行人退中有进。占讼不和,利先举,官贵不喜。逃亡自归,目下难见。占贼盗难获。不宜投谒人,托人干事,皆无力也。

若出兵行师得此,昼占贵人,举兵开地千里,夜占朱雀,多思虑军戎之见耻,以此论之,昼占贵人举兵吉。用兵之道,贵知主客,以较胜负。若此占之,客来克主。秋冬占,客胜;春夏占,客未全胜。先举者为客,后举者为主,用兵者不可不留心,知之更能上观天时,下知地利,中察人事,知敌之强弱,将之贤否,乘间而动,其胜必矣。

迟缓疑惧。

真一山人云:终始相生祸不侵,占逢此课值千金。人情未得全和允,待看将来报好音。

《无惑钤》云:支干下上,各有和畅。巳火丙雀,德财可望。

《钤解》曰:子丑合、午未合,自和畅也。初巳火,中辰元遁得丙,卯乘雀,明财暗财皆动,俱可有也。

癸未日第三课

弹射　转悖

六阴相继尽昏迷　夫妇芜淫各有私

```
朱 贵 常 空        贵 阴 空 勾
卯 巳 酉 亥        卯 巳 酉 亥
巳 未 亥 癸        巳 未 亥 癸


财 辛 巳 贵        财 辛 巳 阴
子 己 卯 朱        子 己 卯 贵
官 丁 丑 勾        官 丁 丑 朱


朱 蛇 贵 后        贵 后 阴 玄
卯 辰 巳 午        卯 辰 巳 午
六 寅     未 阴    蛇 寅     未 常
勾 丑     申 玄    朱 丑     申 白
  子 亥 戌 酉        子 亥 戌 酉
  青 空 白 常        六 勾 青 空
```

《玉历钤》云：此课虽是弹射，气象颇和，人情亦顺，凡占求望，亦可成就。

《毕法》云：此课癸干克支上巳火，未支克干上亥水，凡占彼此各怀恶意，两相欺害，男女行年值之，必有离别之事，乃解离卦体也。又云：支上巳乃癸水绝神，干上亥乃未土绝神，凡占只宜结绝旧事，不利有为。

日上克辰上，日上克用，日克用。

课名弹射、间传。用巳贵，带暗合，为德为马，凡宜托人谋干，中传在辰阴，末传归日上，事主向后可十全，但丑土临门，亦少有阻滞。

《义》曰：弹射无力，占事少益。守正则美，妄动靡吉。传巳卯丑，事必隔手。否则阻滞，求勿开口。

《象》曰：六阴相继尽昏迷，醒醒谁知若醉痴。私祷暗求多遂意，明明作事更相违。

此弹射之卦。夫弹射，乃日克神之谓。《经》云："日往克神名弹射，纵饶得中还无力。贵人逆转子无良，天乙顺行臣不义。家有宾来不可容，亦忧口舌西南至。"然事主动摇，人情倒置，更主蓦然有灾。求事难成，祸福俱轻，忧事立散，祸从内起。利客不利主，利先不利后。占人不来，访人不见，不利占讼。弹射无力，不可用事，虽凶无畏。此课又名退间传，凡事退而隔，隔中有进，乃阻隔之义也。课传乃六阴之象，不利占明事，惟利占暗事，私谒暗求。《毕法》云"六阴相继尽昏迷"，正此谓也。占者遇之此课，求官见贵，未见全美。占婚姻冲刑不谐，勉强而成，必见夫妻反目。占财有，公中官贵之财。占病不妨，但退而后进之义。失脱宜寻。远行少阻。投谒人者，无劳用意，徒费粮裹也。占讼宜和，官司不喜。逃亡自归，目下准。盗贼难获。

若出兵行师得此，昼占贵人，举兵开地千里，夜占得此，有中途而止之象。大抵此课，多有益于兵家之兆，以其始终相生而无凶也，但举动之间，未免于中阻隔未通，却利于为客，如秋冬尤美。以先举者为客，后动者为主；又以我临彼境则我为客，彼临我境则我为主。此主客之法。

真一山人云：阴闇阳彰势自然，小人行险便欺天。分明识得于中理，一正还祛邪万千。

《无惑钤》云：课传五阴，贵不一心。末丁初马，动获资金。

《钤解》曰：四课三传，五阴相继。夜贵临辰阴，昼贵临辰，又作初中两传，事干两处贵人，主事不归一也。末丑旬丁，初巳火马，中传卯为朱雀，若远动，求财大获必矣。《神应经》云：癸未日，见末传丑是丁，因官鬼之财动。又云：干支互绝，最宜两相退换屋宇，兑替差遣，交代职任等事。转悖："转悖孤栖事可嗟，家寒身怯怪梦些。守己不妨勤省约，出头用事决奸邪。"

癸未日第四课

元首　稼穑　六仪　斩关　闭口
三传全鬼支日墓

```
勾 蛇 阴 白        朱 后 常 青
丑 辰 未 戌        丑 辰 未 戌
辰 未 戌 癸        辰 未 戌 癸

官 甲 戌 白        官 甲 戌 青
官 癸 未 阴        官 癸 未 常
官 庚 辰 蛇        官 庚 辰 后

六 朱 蛇 贵        蛇 贵 后 阴
寅 卯 辰 巳        寅 卯 辰 巳
勾丑      午后    朱丑      午玄
青子      未阴    六子      未常
亥 戌 酉 申        亥 戌 酉 申
空 白 常 玄        勾 青 空 白
```

《玉历钤》云：此课全鬼制日发用，凶不可用，若本命行年遇寅卯，则凶变为吉，不然凡事皆凶。

《毕法》云：此课旬首发用，又旬尾加旬首之上，乃闭口卦也，凡占皆有闭口之意。占病即系咽喉之症，或禁口痢、痰厥，占胎定是哑儿，占失盗纵有人见，亦不说，占讼有屈不能伸诉，使人但唯唯而已，亦不为之言矣。又云：戌为干鬼，昼乘白虎，临干克干，占身甚凶，若本命、行年有制鬼、生干之神，祸可消矣。

上神克日，用克日，三传克日。

课名元首、稼穑、斩关。传皆官鬼刑冲，颇不宁，然三传克日为之鬼，若占人年命上见寅卯木，尚可救三传，不脱日辰，事皆利，后十全。

《义》曰：天魁白虎，催官无阻。若是常占，灾恼所误。此课虽凶，幸喜刑冲。艰辛历遍，未免全功。

《象》曰：路值重山险处多，坚心前进莫嗟哦。有时也到平夷处，纵有仇冤奈我何？

此元首之卦，一曰稼穑，亦曰天网，又曰斩关。夫元首者，尊制卑，贵役贱之象。凡事多顺，利于先举，事多起于男子。为臣忠，为子孝，正大光明而无邪僻之行，德业已著而乾乾进修，常怀危惧，惕励而无咎也。况稼穑乃重土，有艰难之象。常占得此，名曰鲸鲵归涧，凡事逼迫不由己，出若遇雷神，方能变化。《要》曰：稼穑者，五坟也，不宜占病。且天网者，即天网四张也，《经》云"天网四张，万物被伤"，为阻滞，为疑难，为灾恼。传见斩关，非安居之象。占者多不自由，事多暗昧不和，离散口舌，欲隐身避难者，却利乎奔逃也。又主人情暗中不顺，多见更改，事多中止，坟墓破坏，占婚姻亦强成，难于久远。凡事历遍艰辛，然后可遂。占者遇之此课，白虎乘天魁克日，凡占者不得自由。求官虽云催官使者，但身弱不能任事，反为劳碌，虽凶中有救，若久病魂赴幽冥。若婚姻、交易、远行、投谒、托人、干用，求谋百事，皆值难而阻，事不易成。若遭围、罹害、患难、惊忧，必得年命上吉神或金木，庶几可解。

若出兵行师，多不利，不得已而用之，须严谕防范，谨于战阵，虑有败北之辱，然虽刑冲之解，亦当慎密，不可怠缓。若夜占，稍有解也。用兵宜鉴于斯。

事多艰阻。

真一山人云：宣圣当年有畏匡，命途多舛不寻常。退身点检心中事，无愧应知道益昌。

《无惑钤》云：自干归家，我求于他。满目鬼贼，闭口为嘉。

《钤解》曰：我求彼事，干传支也。课传叠见辰戌未土，乃鬼贼满前也，况重值魁罡，凶动非细，中未旬尾，闭口可免祸也。虎临干鬼。未加戌，旬尾加旬首。

癸未日第五课

涉害　从革　金局　励德　六阴

费有余而得不足

空 朱 贵 常　　　　　勾 贵 阴 空
亥 卯 巳 酉　　　　　亥 卯 巳 酉
卯 未 酉 癸　　　　　卯 未 酉 癸

财 辛 巳 贵 ⊙　　　　财 辛 巳 阴 ⊙
官 丁 丑 勾　　　　　官 丁 丑 朱
父 　 酉 常 ◎　　　　父 　 酉 空 ◎

勾 六 朱 蛇　　　　　朱 蛇 贵 后
丑 寅 卯 辰　　　　　丑 寅 卯 辰
青子 　　 巳贵　　　六子 　　 巳阴
空亥 　　 午后　　　勾亥 　　 午玄
戌 酉 申 未　　　　　戌 酉 申 未
白 常 玄 阴　　　　　青 空 白 常

《玉历钤》云：此课三传皆日之合神，又日传暗合，癸水得金局生身，主气象和合，人情顺美，凡占所求，皆可成就。

《毕法》云：此课干上酉为旬中空亡，上又乘天空之神，凡占指空话空，全无实象。又云：卯加宅上，朱雀乘之，而克宅神，春占又是火鬼，必主宅中火灾，不然主火命、火旁、徵姓人宅上作害，或争田土房屋。又云：初传巳火生中传丑土，丑土生末传酉金，酉金生日干癸水，凡值此例，必隔三隔四有人于上位推荐，凡欲干办公事，及僧道注疏，或仕宦请举，皆宜用之，必然成就，却忌空亡。又云：干上脱支，支上脱干，占者宜防脱赚。又云：三传金局，生日为吉矣，奈初传脚踏空亡，末传身作空亡，初末既空，独留丑土及土将来克，凡占吉中有凶，切宜备之。

上神生日，日上克辰上，日克用，用克日上，初克末。

课名涉害、从革。初巳与贵合，三传生日百事宜，托人干事自然依允，可惜酉末为空亡，未得全耳，有始无终，却可解忧。

《义》曰：三传生日，靡所不是。何其见空，得而复失。欲谋期成，中秋月明。时岁逢金，事事光亨。

《象》曰：七月八月玩且辉，正是金精建盛时。若是夏春占得此，蓬窗静坐养神怡。

此从革之卦，一曰见机，亦曰龙战。夫见机者，察其微，见其机，谓两比两不比，当以涉害为用。涉害有浅深，欲用不用，欲言不言，事有两而取一。所作稽留，迟疑艰难，进退不定，忧患难消，怀孕伤胎，难于前而易于后也。《经》云："涉害须久历艰辛"。况龙战，主人心疑惑，进寸退尺，动有乖离之象。卯酉为天之私门，生杀有限，分杜有期，雷动龙奔，示其有战。上神生日，所为百事吉，运用如意，遇灾不凶，逢吉愈吉。惜其生我者不实，多见虚声虚喜，欲其成功，不亦难乎？占者遇之此课，求官见贵，最为大利，又喜三传生日，末传却入空乡，又美中不足也。若其他之婚姻、交易、投谒、托人、求财之事，凡占欲成而难成也，若秋占尤可，春夏占为无力，惟能解散惊恐、忧疑、患难之事。暴病即瘥，虽凶亦吉，久病多凶，甚可忧也。占逃盗难获。

若出兵行师，昼占开地千里，夜占太阴中止，虽见众人生助，又惜无力而未之能也。此课三传无力，徒有生助之名，而无生助之实，况有失众之象，吉不成吉，凶不成凶，欲求其成功，亦难矣。敌有使来，或有传闻，不可轻信，庶不致谪者误之矣。

事不成功。

真一山人云：道理无多只在诚，何须机巧务虚名。哲人识得此消息，退守衡门待运亨。

《无惑钤》云：三传育身，昼得生金。有官有印，俗庶难禁。

《钤解》曰：昼将纯土，生三传金局，却来育身。遇初财、中官、末印俱全，仕宦所宜，俗庶岂能胜之？所得不偿所费，因互脱也。

癸未日第六课

重审　斫轮

费有余而得不足

常 六 朱 玄　　　　空 蛇 贵 白
酉 寅 卯 申　　　　酉 寅 卯 申
寅 未 申 癸　　　　寅 未 申 癸

子 己 卯 朱 ⊙　　　子 己 卯 贵 ⊙
官 甲 戌 白　　　　官 甲 戌 青
财 辛 巳 贵　　　　财 辛 巳 阴

青 勾 六 朱　　　　六 朱 蛇 贵
　子 丑 寅 卯　　　　子 丑 寅 卯
空亥　　　辰蛇　　勾亥　　　辰后
白戌　　　巳贵　　青戌　　　巳阴
　酉 申 未 午　　　　酉 申 未 午
　常 玄 阴 后　　　　空 白 常 玄

《玉历钤》云：此课朱雀为用，求事当成。贵人为用，求事不遂，贵多不喜，又内战故也。

《毕法》云：此课干上乘支之罗，支上乘干之网，凡占我欲瞒人，人却瞒我，彼此相瞒，互生暗昧，盖干前一位为天罗，支前一位为地网是也。又云：卯作夜贵，而临空亡之地，虽云斫轮，而申金空亡，则作铅刀，奚益于事？

上神生日，日生辰上，日上克用。

课名重审、斫轮、四绝。最宜托人重进而结绝旧事，初中克合，始终见贵，巳丑暗合（按：末传与日，戊癸暗合也），昼贵最佳，日上神为空亡，终不得十全。

《义》曰：欲知斫轮，车临斧斤。朽木难雕，徒施其能。助我虚助，生我虚生。金旺年月，功名可成。

《象》曰：知机抱道且随时，动静行藏贵自知。有日青云终得路，恩垂雨露见男儿。

　　此重审之卦，一曰斫轮。夫重审者，重而审之也。利为主，利后动，长有厄，事从内起，起于女人。以下犯上，贱犯贵，卑犯尊，事多不顺。阴小在下者，有悖逆之事。占臣失忠，占子失孝，事不可遂意而行，必当审察，循乎义理，庶几以免后患也。传见斫轮，《经》曰："庚申共处为斧斤，卯木单称立作车。太冲作用来金上，斫削修轮官爵除。传得太阴并印绶，六合青龙福庆余。"上神生日干，有人相助，所为百事吉，运用如意，遇灾不凶，逢吉愈吉。日乃人相助，夜乃神相助，若当季神生日，主有声名显达。此乃有人上门相助，不待我之求也。何其发用无力？有花无果。占者遇之此课，斫轮之象，大利求官，惜其无力，不过虚喜而已，目下不得遂意，须待其时耳。其他婚姻、交易、求谋、干用、投谒、托人，百事起于虚声虚美，未得成就。若求财，再三始得。暴病不伤，久病难愈。惊忧、患难、禁系、遭围，所闻凶事，得此者高枕无忧也。凡占成者难成，吉不吉而凶不凶也。

　　占出兵行师得此，昼占口舌谣言，夜占开地千里，大抵不能成其大功，亦不至于凶祸，惟有失众之象，为将者善为处之。敌有所言，多不实也。

　　真一山人云：门墙桃李弄春光，满目韶华日月忙。莫讶眼前零落尽，秋来还自菊花香。

　　《无惑钤》云：虚生实盗，贵多难靠。斫轮斤斧，妻财作耗。

　　《钤解》曰：申旬空，加癸为虚生，寅木脱之，乃实盗也。昼贵入狱，夜贵被克，告之何益？巳又癸之妻财，巳入戌墓，是为鬼乡，取之有祸，乃难靠也。卯木落空，故不可雕也。所得不偿所费。

癸未日第七课①

元首　反吟　回环

朱	常	常	朱
未	丑	丑	未
丑	未	未	癸

常	朱	朱	常
未	丑	丑	未
丑	未	未	癸

官	癸	未	朱
官	丁	丑	常
官	癸	未	朱

官	癸	未	常
官	丁	丑	朱
官	癸	未	常

```
空 白 常 玄
亥 子 丑 寅
青戌        卯阴
勾酉        辰后
申 未 午 巳
六 朱 蛇 贵
```

```
勾 六 朱 蛇
亥 子 丑 寅
青戌        卯贵
空酉        辰后
申 未 午 巳
白 常 玄 阴
```

《玉历钤》云：此课反吟，乃乱首之体，主人情大不顺，百事皆无成。产即生，盗可获，行人至，出入往来不利。此课鬼临太常，为官印全，而利于求名，主升迁之兆，仕人占之吉，庶人占之不为全美。

《曾门经》云：始之与终，传自相穷。进退轻重，何喜何嗔。始吉终吉，自穷于吉。始凶终凶，自穷于凶。此课小吉加癸为小吉怀旺气，加太常为始吉终于天魁，将得青龙为终吉，始终皆吉。故曰自穷于吉。（此用日破，非往来冲。）

《毕法》云：此课昼贵在巳而坐于亥上，夜贵在卯而坐于酉上，谓之两贵受克，切不可告贵用事。（盖以彼自受。挫以能济人。）

上用克日，三传克日。课名返吟，惟癸未癸丑两者可用。一日辰相会也。

———————————

① 校者注：癸未日第七课至第十二课，台图抄本仅录有第一段《玉历钤》文字，其余据美国国会图书馆藏本补入。

传凶将吉，喜神临日，日就喜神，雀常并传，酒食文字，重重庆贺。

《义》曰：课见冲刑，事多未宁。更加返复，贵在精明。顺理则裕，修德则亨。凶去吉至，莫道易成。

《象》曰：非事迟疑阻滞多，人情反目未全和。喜逢金木来相助，多少冤仇尽灭磨。

此无依之课，一曰稼穑，亦曰天网。夫无依者，即返吟也。经云：无依是返吟，逃者远追寻。合者应分散，安巢别改林。守官须易位，结友也分襟。所为多反复，占病数般侵。返吟刑冲，事主迟滞。远近系心，更相仇怨。且反覆而呻吟，是无予夺而难息也。况稼穑用书重土，有艰难之象。占得此，名曰鲸鲵归间，凡事逼迫，不由自己。若遇雷神，方能变化。要曰，稼穑者五坟也，不宜占病。且天网者，即天网四张也。经曰：克日人灾恼，正此谓也。占者遇之，此课干上见鬼，三传俱鬼，凡百所占，不能遂意，须得秋冬占。若求官见贵，婚姻交易，远行投谒，托人干用，求财失物等事，欲成而终难得成，以其阻滞疑难也。其忧惊患难恐惧病讼得之，尤以为难，必多反覆。占逃盗难获，病忧，讼有解。

占出兵行师，得此大体为朱雀，多口舌，言词亦妖言不实。夜占粗吉，其敌使之来，所言不一，用兵之道，贵在知彼知己。若知己而不知彼，何以得敌之虚实，而知敌之情伪？大抵此课为兵家之忌，余在将之善也。

错蒙扼塞，占病凶。

真一山人云：出门险阻路途艰，过却千山与万山。谁识难中还自易，也须善守耐心看。

《无惑钤》云：俱丁俱鬼，加临不美。暗以财交，讼还遂也。

《钤解》曰：未丑俱丁作日鬼，彼此加临未为美也。丑未相刑，俱乘朱雀，定主争讼。俱乘暗财，若以财暗交，讼可止也。在朝官防遭章劾，上书献策，反遭责黜，况六阴相继，惟宜阴谋私干。

癸未日第八课

知一　铸印　长度厄

```
贵 白 空 蛇          阴 六 勾 玄
巳 子 亥 午          巳 子 亥 午
子 未 午 癸          子 未 午 癸


财 辛 巳 贵          财 辛 巳 阴
官 甲 戌 青          官 甲 戌 青
子 己 卯 阴          子 己 卯 贵


青 空 白 常          青 勾 六 朱
戌 亥 子 丑          戌 亥 子 丑
勾 酉     寅 玄      空 酉     寅 蛇
六 申     卯 阴      白 申     卯 贵
未 午 巳 辰          未 午 巳 辰
朱 蛇 贵 后          常 玄 阴 后
```

《玉历钤》云：此课巳为日德，加子上暗合，凡事所占，喜悦成遂。病虽重不死，讼可解，产即生，逃盗不获，出入如意。

《毕法》云：此课末传卯木生巳火，助初传为日之财。凡占必有仗义之人，资助合义之财。其在东方，木傍草头之姓，或杜或董，即其人也。

日克上神，辰上克，日克用。

课名知一、铸印，始终宜托人以事，断可有成。以巳为德，卯与戌合，三传皆昧，合此乃吉课。第四课用，凡事稍迟耳。

《义》曰：铸印乘轩，大利求官。仕人进职，爵禄高攀。谋望求人，主客未顺。若不认之，恐起争竞。

《象》曰：知君正是运亨时，爵禄随天分外奇。举子欲登龙虎榜，犹嫌题目尚生疑。

此知一之课，一曰铸印。知一者，知一而不能两，知者以为自知自见，不知为冤仇，故言知一也。以此为用，舍远就近，舍疏就亲，恩中生害，事多起于同类，凡事狐疑，事贵和同乃吉。传见铸印，《经》云：天魁是印何为铸？临于巳丙治之名。中有太冲事又在，铸印乘轩官禄成。不见太阴天马，即非真体。若常人反生灾咎，且疑事迟迟。又曰：知一卦何如，用神今日此。事因同类起，婚姻失谐为。失物亲临怜，逃亡不远离。论讼和允好，为事尚狐疑。日上见财，妻美有财。占者遇之，此课求贵见官大吉，举子有登科甲第之荣，武仕有迁官进职之美。婚姻交易投谒，未见全美。托人失物求财有，占病不防逃难获。利大人君子，不利小人。占远行吉，讼不凶，宜相和为上吉。占宅不宜，不利于人也。

占出兵行师，得此有挂印迁官之象。昼占贵人发用，举兵有开地千里之荣。若夜占太阴发用，有中途而止之理。大抵此课为有用，能发官禄，铸印乘轩，君子逢之福利，无位小人不美，反为官府之扰应之。始终相生，有吉而无凶也。为将者知此加之，以察密慎处，战必胜矣。

迁官之美。

真一山人云：遥见天恩下九重，锦衣富贵福丰隆。但求宾主心和合，必见将来著大功。

《无惑钤》云：彼此唇吻，相交和顺。末助初财，宜讲秦晋。

《钤解》曰：禄临支宅克害，子午丑未相冲，先主口舌。既而午未子丑交合，反为和顺。末卯初起，初传之财，财甚厚也。和合两见，凡事宜讲和为主，给为婚姻尤妙。用破身心无所归。才神传墓入墓，年命人在亥为引从，贵多，君子宜，常人未利。

癸未日第九课

涉害　长度厄　从革

```
阴 空 勾 贵          贵 常 空 朱
卯 亥 酉 巳          卯 亥 酉 巳
亥 未 巳 癸          亥 未 巳 癸


父   酉 勾 ◎        父   酉 空 ◎
官 丁 丑 常 ⊙       官 丁 丑 阴 ⊙
财 辛 巳 贵          财 辛 巳 朱


勾 青 空 白          空 白 常 玄
酉 戌 亥 子          酉 戌 亥 子
六申    丑常        青申    丑阴
朱未    寅玄        勾未    寅后
  午 巳 辰 卯          午 巳 辰 卯
  蛇 贵 后 阴          六 朱 蛇 贵
```

《玉历钤》云：此课酉加巳，本非吉课，却是日干三合，用在德神之上，末传又明见德，所以可用，凡事所求皆成。病讼不凶，产即生，盗逃难获，出入如意。

毕法云：此课三传生日而反脱支辰，凡占必主人口丰盛，而居窄狭之宅，不可迁移以取祸也。

日克上神，辰上克，日上克用，末克初。

课名涉害、从革，空勾贵雀并皆信神，中有生意，日传皆合。巳为日德，在旦贵附喜合贵，可惜酉为空亡，不为全美，凡事后实先虚，日马带德居末，凡事阻而后复合，遍托人事，主向后可十全也。

《义》曰：生者无功，三合徒逢。恰才得意，却又成空。谋为干事，三秋大利。岁月逢金，事必克济。

《象》曰：三合相呼见且忻，众人黜相福遍新。夏春未见足为嘉，只猪金生事保成。

此见机之课，一曰从革，亦曰寡宿。夫见机者，察其微，见其机，谓两比两不比，当以涉害为用。涉害有浅深，欲用不用，欲言不言。事有两取一，所作稽留，迟疑艰难，进退不定，忧难自消。怀孕伤胎，难于前而易于后。传见从革，先从而后革也。凡事阻隔有气而，不而进益无气，则革而退失。一曰兵革，一曰金铁，大抵五行正气，入十干杂糅之乡。异方三合，乃生旺墓之神，事主从杂不一，主关众人共谋，不然两三处干事，委曲托人，与人相合之类。人如推磨之象，转去转来，非一遍也。且《寡宿赋》云："寡宿孤辰值此，尤妨骨肉。"若占身得此，主见孤独，别离乡井，自立门户，财物虚名。僧道宜之，俗不宜也。

占者遇之，此课不宜占宅，喜发人丁，三传化金生干，有人相助之义。但未得全美，求官见贵，多是虚美。秋占大利，春夏未足。其余所占百事，多起于不实。

占婚姻交易远行投谒托人逃亡，俱不足如意。讼有解，暴病瘥，久病凶。惊忧患难，得此宽心，其忧必散。

占出兵行师，得此有失众之象。昼占凶，夜稍可。敌有使来，言词诳诞，甚宜防之。大抵此益于用兵，秋占吉，还宜权变之慎慎之。

水中掬月，秋吉。

真一山人云：破合由来未足奇，忧惊得此福偏宜。劝君且守平生志，万物须知自有期。

《无惑钤》云：人丰宅堕，我福彼祸。昼将生传，递生可贺。

《钤解》云：全金生，干脱支，占人宅，主人丰盈，宅倾堕也。占人，己占，我福他祸也。昼将全土，生传金，传金又育癸干也。

又此课昼夜贵人临于亥丑，并拱子在内，若人占年命在子，宜去贵用事，必得两贵成就。其三传自末迎生，先凶后吉也。

癸未日第十课

元首　斩关　稼穑

常 青 朱 后　　　阴 白 勾 蛇
丑 戌 未 辰　　　丑 戌 未 辰
戌 未 辰 癸　　　戌 未 辰 癸

官 庚辰 后　　　官 庚辰 蛇
官 癸未 朱　　　官 癸未 勾
官 甲戌 青　　　官 甲戌 白

六 勾 青 空　　　青 空 白 常
申 酉 戌 亥　　　申 酉 戌 亥
朱未　　子白　　勾未　　子玄
蛇午　　丑常　　六午　　丑阴
巳 辰 卯 寅　　　巳 辰 卯 寅
贵 后 阴 玄　　　朱 蛇 贵 后

《玉历钤》云：此课俱土，俱作日鬼，又鬼墓加干，神将俱凶，凡事不利难成。论产即生，子难育，病灾凶，行人至，盗逃可获，出入不利。

此课日上墓神天后，又是滞神，金方自墓中脱去，中传去未，自是旬尾了。末传归家却见旬，自旬首又加旬尾，做官方了。时又自头起，如何得改官迁转，不如治生最佳。何以见之？求官却是鬼，求财却是财也。所以治生必然生贵，癸为甚佳也。

刘判官三十八上及第，到五十上方受第一任，盖缘不能改官，复受县丞，任中文字，又多不足，遂思邵先生言，归来治生，开库杂卖沽酒为生，靡所不为。自五十六上，县丞满归时，止有三十余贯本，至六十八，盖一十二年，共发了三十五贯，造物买田，如法做起，先生之言不妄也。

《玉历钤》云：此课将神凶战，凡事无成。

《心镜》云：占病何如辨死生，先推白虎与谁并。假令令日见螣蛇，中传未见勾陈，末传戌为白虎，主病因惊恐而得，眼众鬼在于面前，戌己辰戌丑未日必然况重也。何以言之？盖辰土戌土皆鬼也，并克干，故主眼见众鬼在于面前。癸水最怕土，故曰戊己辰戌丑未日沉也。

毕法云：此课三传皆鬼，如用昼占，乃名贵人临寅，鬼门杜塞，鬼怪不敢呈刑，凶变为吉。夜占不应。又云：日干之鬼临于第三第四课全鬼，官讼病患继踵而至，修德方能减轻也。墓神克日干，德鬼传之财。

刘一公代占一人病，丙辰生，五十三岁，午时将，卯时。此课先生曰：此人不长久，如在云雾中行，且终于积块疼痛蛊胀而死。此课与前课同，何故？前课言治生，此课不治生，何也？先生曰：前是己未生中传，有本命自来墓引出去也。末传见旬首，周而复始。三传鬼全，却化为财。此人乃丙辰生人，是他本命。本命自来墓，身既来添一重墓，如何得免？四十五岁，行年在未上，见戌为闭口，戌又为九月，其时气鼓而死。

上神克日，用克日，三传克日。

课名为元首，罡后蛇墓加日，克日为用，压翳三传皆鬼，辰丑破刑，事多不成。阴宅并利，田宅为忧。血光惊恐，得此课者，只宜守静度日，以求免咎，切不可有所进生也。

《义》曰：土重水微，动用难危。皆而且暗，掣肘不宜。昼忌阴小，夜防惊扰。凶神冲战，以大化小。

《象》曰：行人莫叹世途难，峻岭才严几度攀。惊险这番都历过，坦然大道自平安。

此元首之卦，一曰稼穑，亦曰天网，又曰斩关。夫元首，尊制卑，贵役贱之象。凡占事，多顺利于先举，事多起于男子，为臣忠，为子孝，正大光明而无邪僻之行，德业已经著而乾乾进修，常怀惕励而无咎也。况稼穑重土，有艰难之象。常占得此，名曰鲸鲵归润，凡事逼迫，不由己出。若遇雷神，方能变化。要曰：稼穑者，五坟也，不宜占病。传见天网，天网者，即天网四张也。经云：天网四张，万物被伤。为阻滞，为疑难，为灾恼，且斩关非安居之象，占者多不自由，事多暗昧不和，离散口舌。欲隐身避难者，却利乎奔逃也。又主人情暗中不和，多见更改，事多中止。主坟墓破坏，占婚亦强成，难于久远。凡事艰辛，然后可遂。占者遇之，此课墓神复日，暗昧不明。凡占止息阻滞，虽求官见贵，未免身弱逢官，不惟难得，有之亦不能任，反累己身也。其余诸占，皆为阻滞艰难不足，若得年命上金一助乃福也。病讼为凶，忧惊难散，夜占相冲解散。

占出兵行师得此，昼占无威而不宁，夜占忧心而众畏。大抵此课不利于用事，诸占无益，尤难于用兵，以为敌众我寡之象，为将者知此，必须严加慎密，以虎权变可也。

艰阻不足。

真一山人云：羡尔官高力未能，劳劳何是笑山僧。争如退守林泉下，待得时来福禄增。

《无惑钤》云：众情皆恶，宜自斟酌。闭口居中，免致凌虐。

《钤解》曰：遍地皆鬼，重值魁罡，极凶恶也。宜自思曲虑，随机应变，自相度量，否则动触祸机也。中传闭口，必须谨言，庶可以免其凌虐之患也。

占人年命是寅，巳贵加之，为罡塞鬼户。

癸未日第十一课

弹射　变盈

```
空 勾 贵 阴          常 空 朱 贵
亥 酉 巳 卯          亥 酉 巳 卯
酉 未 卯 癸          酉 未 卯 癸


财 辛 巳 贵          财 辛 巳 朱
官 癸 未 朱          官 癸 未 勾
父    酉 勾 ◎        父    酉 空 ◎


朱 六 勾 青          勾 青 空 白
未 申 酉 戌          未 申 酉 戌
蛇 午      亥 空      六 午      亥 常
贵 巳      子 白      朱 巳      子 玄
   辰 卯 寅 丑          辰 卯 寅 丑
   后 阴 玄 常          蛇 贵 后 阴
```

《玉历钤》云：此课德为用神，虽是弹射，反不为凶，主气象和顺，情意喜悦，凡百所求成遂。病自安，产未生，盗逃不获，行人将至，讼不凶，出入如意。

《毕法》云：此课四课三传皆在六阴之位，是虽下神，迤逦而生，然皆自脱。凡占利阴谋私干，不利公务，举皆昏聩，不得清爽也。犹不宜占病。又云：巳生未，未生酉，酉生日干，递生日干，却有人举荐，但嫌酉为空亡，然是所举，或虚意也。又云：干上卯脱干，支上酉脱支，干支受脱，人宅俱不宁也。人防诓盗，宅防倾颓。

上神盗日，辰上克日上，日克用，初克末。

课名弹射，贵门上贵，见勾雀，宜进用。但弹射无力，酉为空亡，凶事从空散。末归辰上，事主伺候十全。毕竟德神为用，占望宜急图可成，迟则变矣。

《义》曰：我欲求彼，到则生悔，宾语不和，枉自张罗。失弹遗丸，事必多难。竖起好心，保你平安。

《象》曰：千花万萼喜逢春，拾翠寻芳机度新。莫厌东风不作主，时光到此岂由人。

此弹射之课。夫弹射者，乃日克神之谓。经云：日往克神名弹射，纵饶得中还无力。贵人逆转子无银，天乙顺行臣不义。家有宾来不可容，亦忧口舌西南至。然事主动摇，人情倒置，更主蓦然有灾，求事难成，祸福俱轻。忧事立散，祸从内起，利客不利主，利先不利后。占人不来访人不见，不利占讼。弹射无力，不可用事，虽凶无畏。传见空亡，人为失弹，不能成事也。况龙战，主人心疑惑，进寸退尺，动有乖离之象。卯酉为天之私门，生杀有限，分社有期，雷动龙奔，示其有战。日生上神，虚费百出。谋望不遂，盗失损财。人口衰减，休囚尤重。又为子孙脱漏之事，占者遇之，此课求官见贵，未遂未和。婚姻未就，交易未成。求财有。占病有解。讼先未而吉而终见吉也。盗逃难获，失物急寻，远行未足，托人不实，投谒人者不喜。凡诸所占，皆美中不足，难于成事，必历遍勤劳，方有小益。

出兵行师得此，昼占大得，贵人举兵，开地千里。夜占不吉。朱雀，言词口舌妖言，有毁誉之声。大抵此课止可守旧待时，不可妄为勉强，徒劳心志，为将者知此，当申严号令，以防不虞。又恐敌使之来而言之不实，有始无终也。

有花无果。

真一山人云：恬淡生涯未足贫，叹将诗酒乐闲身。凤凰不共鸡争食，满座和风都是春。

《无惑钤》云：传及枝干，用下生上，销根断源，非谋恶况。

《钤解》曰：销断病根，凡事脆范。三传递生，荐引四课。三传皆下生生上也，脱盗滋甚，乃为枝销其根，流断其源。占病人缘不摄而必致危绝，凡占皆脱耗矣。变盈曰：势过人衰勿妄为，巳未酉传素有危。君子防盈尚不测，小人官病两加之。

癸未日第十二课

昴星

```
勾 六 阴 玄          空 青 贵 后
酉 申 卯 寅          酉 申 卯 寅
申 未 寅 癸          申 未 寅 癸


父    申 六 ◎        父    申 青 ◎
子 戌 寅 玄          子 戌 寅 后
父    申 六 ◎        父    申 青 ◎


蛇 朱 六 勾          六 勾 青 空
午 未 申 酉          午 未 申 酉
贵巳      戌青       朱巳      戌白
后辰      亥空       蛇辰      亥常
  卯 寅 丑 子          卯 寅 丑 子
  阴 玄 常 白          贵 后 阴 玄
```

《玉历钤》云：此课昴星，日辰上下自相冲对，与反吟相似也，出自虚妄，人情不顺，不可用事，凡百不成。病反复不安，产未生，逃盗不获，行人未至。

《毕法》云：此课干上脱气，昼占又乘玄武，脱上逢盗耗之神，尽被脱耗。凡占全无实用，多补虚诈欺骗也。又云：此课名虎视，一虎也。初传申，二虎也。中传寅，三虎也。末传又申，四虎也。凡占经历四虎，至惊至危，其凶可知。又云：三传申寅，往来皆在支干之上，其体与返吟相似，凡事不免往来交通，无始无终，但存中一段也。缘始末皆空，又是柔日、昴星，故伏匿无首尾也。如用昼占，三传玄合，阴私万状，兼支干皆乘脱气，凡占无甚好处。

上神盗日，辰上克日上，用克日上。

课名昴星，藏首隐尾，伏匿不见，今以返吟，申皆关梁之神，伏不能伸，空虚，以名胜实，以无必有，吉凶皆从空散。

《义》曰：无首无尾，中间脱体。凶事释散，吉事难美。所喜孟秋，庶可小求。六合互传，私意欲求。

《象》曰：林泉养拙且韬光，消洒清幽福益昌。但看渭源垂钩叟，白头方显姓名香。

此昴星之课，一曰孤辰。夫昴星者，酉中有昴日鸡，故用酉下为用。酉为天之私门，肃杀有限之地，故仰伏取之，又曰冬蛇掩目，藏蛰不动，隄防暗昧忧惊，宜见空以解之也。况孤辰有茕茕孑立之象，占人别离桑梓。凡所占谋，多虚少实，功名难遂，事业虚花。经云：占人孤独离桑梓，财物虚无半不亲。官位遇之须改动，出行防盗拟人侵。所传闻事皆非实，卒病逢棺不害身。日生上神，虚费百出，盗失损财，人口衰残，休囚尤重。又为子孙脱漏之事。

此课初末传空，事无头尾。欲成其事，不亦难乎？占者遇之此课，求官宜逢孟秋有望，余季徒劳，见贵未足和谐，占婚不得成就。若勉强成之，终难谐老。求财难得，占暴病即瘥，纵重不妨。久病逢之者，凶危之甚。失脱难寻，远行不宜。讼不成，投谒干用托人，不推不得成就，抑且无益于己。逃盗难获。

占出兵行师得此，有失众之象。昼占六合尤宜，获金宝之美丽。夜占青龙大胜，得宝货与图书。大抵此课乃无中生有之象，闻事不实。若敌有使来传报军情，不可听信，须密加详审，甚勿为敌之所欺。大约吉不吉而凶不凶也。

画饼充饥。

真一山人云：平占无吉亦无凶，你若求谋易见功。金井梧桐时节好，方知与此不相同。

《无惑钤》云：玄盗昼乘，满目皆空。守弃不可，身若浮萍。

《钤解》曰：寅昼乘玄，脱盗甚矣。初末皆申，俱旬空也。癸干守彼，通脱盗气，而前路皆空，身若浮萍，漂泊而无定体也。虎视逢虎，此占与反吟课相类。虽往来交通，终一事无成，缘始终皆空。又柔日昴星，故伏匿也。如用昼贵，三传合玄，今阴私万状，兼支干脱气，占事不出旋。又云：此辨当在乙巳日，卯加乙课则是。一课卯，二课寅加卯，三课辰加卯。加辰，辰上巳为日干所据，何得重传，当以晶遥克为用课。（极是，此一课也。）

四库存目

三式匯刊②

大六壬集應鈐（中）

［明］黄宾廷◎撰

肖岱宗◎校

郑同◎校阅

华龄出版社

HUALING PRESS

甲申日

甲申日第一课

伏吟　玄胎　富贵　官爵

```
白 白 蛇 蛇          后 后 青 青
申 申 寅 寅          申 申 寅 寅
申 申 寅 甲          申 申 寅 甲


兄 庚 寅 蛇          兄 庚 寅 青
子 癸 巳 勾          子 癸 巳 朱
官 甲 申 白          官 甲 申 后


勾 青 空 白          朱 蛇 贵 后
巳 午 未 申          巳 午 未 申
六辰      酉常      六辰      酉阴
朱卯      戌玄      勾卯      戌玄
寅 丑 子 亥          寅 丑 子 亥
蛇 贵 后 阴          青 空 白 常
```

《玉历钤》云：此课伏吟，占行人即来，占身有动，逃盗即获，文书有成，不利见贵。

《毕法》云：此课初传从干上起，末传归于支上，干传于支，凡占主我去求人干事，凡事勉强，俯就于人，听人驱使，不得自伸。又云：申为干之绝神，寅为支之绝神，占宜交代差遣、兑换房屋，又宜结绝旧事。

上神德日，辰上克日上，末克初。

此课名伏吟。寅刑巳，巳刑申，若刑战而动，然六爻安静，伏而不动，况甲之德禄马俱在寅，静中有动，神藏煞没，无忧有喜。且占妇人有灾，暮占文字有信。

《义》曰：用喜禄马，富贵非假。官爵迁升，福禄至也。腾蛇生角，变化将成。勾陈捧印，年命畏刑。

《象》曰：士人遇此彰金榜，只要文章中试官。将相得之权福异，这般题目美中难。

此自任之卦，一曰玄胎。夫自任者，乃伏吟之卦。天地伏吟，十二神各归本家，天地如一，四伏未发之象。占事静则宜，动则滞，主事藏匿不动，静中求劳，有屈而不伸之象。况玄胎如婴儿隐伏之状，利上不利下，事主远而多伏，暗昧不通，触则成祸，惟君子守正修德则亨。《经》云："任信伏吟神，行人立至门。失物家内盗，逃者隐乡邻。病合难言语，占胎聋哑人。访人藏不出，行者却回轮。"占者遇之此课，大利求官，以其禄马发用，有官爵之义，若春占，尤为大美。夫腾蛇生角，将以成龙变化；勾陈捧印，迁官进职；白虎本家，又为催官使者。以此推之，若占人命上不见申字来刑冲禄马，其视求官如拾芥之易耳；如见申字、巳字，又为不足。若占见贵、婚姻、投谒、交易、占宅、诉讼，皆不宜也。占病凶，有解神则吉。占失脱难寻。求财难。逃盗获。远行宜。

占出兵行师得此，昼占众畏而忧心不宁，夜占大胜得宝货与图书。以斯论之，有战斗之象。秋占利主，利后动；春占虽未全利客，却喜当时，终不难也。用兵者知之，以权谋御众，善于用人，则战攻可胜也。富贵官爵，动迁之象，不利庶人。

真一山人云：年命逢申未足夸，若还见水福无涯。主宾际会生嫌隙，这样机关要识他。

《无惑钤》云：行人到户，动必欺侮。昼禄遁庚，末逢三虎。

《钤解》曰：伏吟，行人必归。支来克干，动必受其欺侮也。寅，日禄也，昼腾遁庚暗鬼，已不可守，中传巳又脱盗，欲投末传，共逢三虎，丧病官讼之灾，焉能免哉？《集议》："干支值绝凡谋决"内有此例，谓此乃递作绝神，最宜两相兑换屋宇，或兑替差遣、交代职任等事。"我求彼事干传支"内有此例。"宾主不投刑在上"内谓此三刑在传，未免无恩之意，凡占恩反怨也。德禄马寅，静中有动，神藏煞没，忧不成忧，喜终成喜。人犹寅德遁庚，包藏险心，陷害忠良，过后始觉，仇不易报。

甲申日第二课

知一　三奇　逆连茹　互墓

魁度天门关隔定

```
青 空 后 贵          蛇 贵 白 空
午 未 子 丑          午 未 子 丑
未 申 丑 甲          未 申 丑 甲


父 戊 子 后          父 戊 子 白
父 丁 亥 阴          父 丁 亥 常
财 丙 戌 玄          财 丙 戌 玄


六 勾 青 空          六 朱 蛇 贵
辰 巳 午 未          辰 巳 午 未
朱卯      申白       勾卯      申后
蛇寅      酉常       青寅      酉阴
丑 子 亥 戌          丑 子 亥 戌
贵 后 阴 玄          空 白 常 玄
```

《玉历钤》云：此课用神上下相合，又干上丑与发用子相合，凡事可用，一切所求皆成。

《毕法》云：此课丑加寅，乃昼贵临身，又是财星，与初相合，主贵人财喜。又云：干上丑为昼贵，支上未为夜贵，凡占必得两贵人青目垂顾，周全成事（昼夜两贵干两贵）。

日克上神，日上克用，日辰互墓，末克初。

此课名重审、退茹。子丑合，三传皆水生日，宜于合谋，占望干众。隔三隔四，欲合不合，欲成不成，有鬼贼。然用神上下合，用与干上合，末克初，凡退危进佳。

《义》曰：人旺宅衰，暗里生乖。预当防范，免使机来。宾主不容，又幸逢冲。欲知何似，喜惧相仍。

《象》曰：肃肃闺门贵礼防，连茹牵引就中藏。婚姻且莫依媒妁，要识根源见隐彰。

此知一之卦，一曰泆女。夫知一者，知一而不能知两，知者以为自知、自见，不知为寇仇，故言知一也。以此为用，舍远就近，舍疏就亲，恩中生害，事多起于同类，凡事狐疑，事贵和同乃吉。夫泆女乃不正之象，占男女有阴私暗昧之理，占家宅宜谨慎闺门，以防阴小越礼，惟能以礼自防者可化之。日上见墓神，凡事暗昧不振，又见鬼墓，提防暗中有人侵害，最宜仔细。《经》云"鬼墓加干鬼暗兴"，若明见尤可防之，暗中犹难防也。夜占乃鬼为殃，宜禳谢，用兵者大宜关防，见机察微。课得退连茹，天后生干，阴贵相助，秋冬占大吉利。凡事进中有退，进而复退，事主欲行不行，欲止不止，节外生枝，迟而未顺，应期最远三五日，事见大体。占者遇之此课，求官有阴贵人默相之意。占见贵、求财、交易、投谒，迟疑未顺。不利婚姻。占失物宜寻。占家宅不和。病不妨，远色欲吉。占远行迟疑。占讼有解。逃贼获。

若出兵行师得此，昼占无威而不宁，夜占败北而祸起，尤防暗中侵损焉。为将者大要先明乎此，庶几无失，不然则有不虞之叹。故曰："兵者，国之大事，死生之地，存亡之道，不可不察也。"

秋冬吉。

真一山人云：事见迟迟喜自来，谋为终见称心怀。退中有进牵连众，几欲投人未得谐。

《无惑钤》云：递相蒙昧，两贵恃势。生计虽荣，子息废弃。

《钤解》曰：干乘支墓，支乘干墓，彼此蒙昧。昼贵在干，夜贵在支，丑未乃恃势之刑也。全水生干，生计虽荣，子孙必至废弃，所谓"父母卦现子孙忧"者是也。《集议》："干支乘墓各昏迷"内列此例，谓我欲昏迷他，却被他先昏迷我也，谚云"天网恢恢，疏而不漏"，谓此日干上丑实，支上未空。"六爻现卦防其克"内有歌云："父母爻现子孙忧，日辰年命细参求。同类比肩居其上，儿男昌盛不为仇。"美中生鬼，末传作玄武故也。丑加寅，夜空，主人家兽头脱落。帘幕贵人。"眷属丰盈居狭宅"内列此日，谓三传全水，脱支生干。昼贵临身，被朱雀乘卯去克，欲告贵人求书，必贵人忌惮而不用力。

甲申日第三课

涉害　顾祖　孤辰　六阳

六 青 玄 后　　　　六 蛇 玄 白
辰 午 戌 子　　　　辰 午 戌 子
午 申 子 甲　　　　午 申 子 甲

子　　午　青◎　　　子　　午　蛇◎
财 壬 辰 六⊙　　　财 壬 辰 六⊙
兄 庚 寅 蛇　　　　兄 庚 寅 青

朱 六 勾 青　　　　勾 六 朱 蛇
卯 辰 巳 午　　　　卯 辰 巳 午
蛇寅　　未空　　　青寅　　未贵
贵丑　　申白　　　空丑　　申后
子 亥 戌 酉　　　　子 亥 戌 酉
后 阴 玄 常　　　　白 常 玄 阴

《玉历钤》云：此课日上子水生木，午火克金，救神旺、鬼衰，占病自安，讼自散，一切忧事，亦自消逝，但见贵、求官、求财、求婚，此日不成，求望虚喜。逃盗得获。

《毕法》云：此课初传午加申乃本旬之空，中传辰加午乃后旬之空，故脚踏空亡，向后全无实地，虽宜进前，但虚声而无成就耳。又云：午火加宅，夜将又乘螣蛇，春占又是火鬼，俱来克宅，凡占恐被天火之灾，人火亦宜预防。又云：干上子为败气，支上午为败气，凡占皆主衰败，占身则血气衰败，占宅则房屋衰败，一切皆无成立而可用也。

上神生日，日上克辰上，上神克用。

此课名见机。果似凶金化火血，但初中皆空，闻凶喜俱不实。且龙喜神，暮蛇惊恐，皆空而无成，凡百无实。赖末传禄马德，先艰难而后有望，灾却不成，大抵宜退乃免害。

《义》曰：脱空无益，不得些力。向后何如？末传福吉。用传涉害，劳心最太。事难称情，有疑且奈。

《象》曰：喜逢仲夏事方佳，不遇斯时空自嗟。也待一旬前后看，眼前好景恐虚华。

此见机之卦，一曰励德，亦曰孤辰。夫见机者，察其微，见其机，谓两比两不比，当以涉害为用。涉害有浅深，欲用不用，欲言不言，事有两而取一。所作稽留，迟疑艰难，进退不定，忧患难消，怀孕伤胎，难于前而易于后。《经》云："涉害须久历艰辛"。况励德，阴小有灾，此名关隔神，常人占此，身宅不安，宜谢土神，贵吏则主升迁，要当消息而论也。夫孤辰者，"占人孤独离桑梓，财物虚耗伴不亲。官位遇之须改动，出行防盗拟人侵。所闻传事皆非实，卒病遭官不害身。"日上神生干，所谋百事吉，运用如意，遇灾不凶，逢吉愈吉。日是人相助，夜乃神相助。若当季神生日，主声名显达，岁命生日，尤为福星，惜其初中无力，美中未足全美也。所占百事，多见虚喜虚声，未见全实。占者遇之此课，求官见贵，空脱难成。干事托人，耗财失意。婚姻不宜。交易不合。求财轻。病不畏，若久病者，又见凶危也。逃盗见获，目下未通。占远行宜慎。讼有解。凡忧惊、凶危、禁系者，得此为福星。投人不喜。

若出兵行师得此，有失众之象。敌使之言不实，不可遽信。昼占虽吉而未见吉，夜占虽凶而未见全凶，以其空脱之神，凡占吉不吉而凶不凶，欲求成事，未之有也。

真一山人云：无根树上望开花，信道时人不足夸。忧喜两边浑似梦，到头谁识这生涯？

《无惑钤》云：宅内脱空，嗣续飘风。庚赖此制，然后尊崇。

《钤解》曰：午空临宅，以盗甲干之气，午乃甲之子孙也，空脱如此，是嗣续飘蓬矣。赖此以制禄旬庚，禄为我享，不亦尊崇矣？《集议》："干支皆败势倾颓"内列日，谓占身血气衰败，占宅屋舍崩损，日渐狼狈。不宜捕捉奸私、讦人阴事，倘若到官，必牵连我之旧事同时发露，谚云"杀人一万，自损三千"之意也。春占午乃火鬼，夜乘腾蛇克宅，三旬空亡，向后全无实意，尽无所就。顾祖诗同。丑乃支墓，乘蛇加卯，为内丧出外，宜迁葬以禳之。末是禄马，先难而后却有望。

甲申日第四课

元首　玄胎　闭口

合中犯煞蜜中砒

```
蛇 勾 白 阴          青 朱 后 常
寅 巳 申 亥          寅 巳 申 亥
巳 申 亥 甲          巳 申 亥 甲


子 癸 巳 勾          子 癸 巳 朱
兄 庚 寅 蛇          兄 庚 寅 青
父 丁 亥 阴          父 丁 亥 常


蛇 朱 六 勾          青 勾 六 朱
寅 卯 辰 巳          寅 卯 辰 巳
贵丑       午青      空丑       午蛇
后子       未空      白子       未贵
亥 戌 酉 申          亥 戌 酉 申
阴 玄 常 白          常 玄 阴 后
```

《玉历钤》云：此课日辰上下相冲，虽是玄胎，真反吟体也，主人情不顺，凡事不成。且暮贵人皆坐魁罡之上，见贵不喜，余占亦无所用。

《毕法》云：此课初传自支上起，传归干上，凡占必主他人求我谋事，朋友托我处事，上司委我干事，事体吉凶皆成。故占吉则吉遂，凶则凶成，占行人即至，占求财即得。又云：干上神自与干作六合，支上神自与支作六合，凡占主客相顺，齐心协力，可以成事。又云：夜占太常，加日之长生，临于日上，主有婚姻之喜。又云：干上亥乃寅木之长生，支上巳乃申金长生，此乃各有长生之喜，然后寅木反被支上巳火脱，申金反被干上亥水脱，递互相脱，各致衰耗，所谓"乐里生悲"也。又云：巳加申，旬尾加旬首，闭口之卦，凡占有闭口之应。又云：干上亥与支为六害，支上巳与干为六害，凡占我欲欺诈瞒人，人已虚诈诱我，谚云"念被观音力，还着于本人"。

上神生日，日上克辰上，上神克用，末克初。

此课名玄胎、元首。三传相生，初巳合申，见德禄马，有合有用，最利占名，凡事皆遂。劫煞入宅，不利修造。改旧图新，子孙吉庆，无往不合。

《义》曰：亥得长生，福禄咸亨。忽晴忽雨，事方可成。子孝臣忠，曰惟正气。如此立心，可参天地。

《象》曰：迁官捧印岂寻常？仕宦终知沐宠光。更喜螣蛇生角现，莫教重遇亥申强。

此元首之卦，一曰玄胎。夫元首者，尊制卑，贵役贱之象。凡事多顺，利于先举，事多起于男子。为臣忠，为子孝，正大光明而无邪僻之行，德业已著而乾乾进修，常怀危惧，惕励而无咎也。况玄胎如婴儿隐伏之状，利上不利下，事主远而多伏，暗昧不通，触则成祸，惟君子守正修德则亨。又曰："四课之中一克下，卦名元首是初因。臣忠子孝皆从顺，忧喜因男非女人。上则为尊下卑小，斯为正理悉皆真。论官先者当好胜，后对之人理不伸。"上神生日，所为百事吉，运用如意，逢灾不凶，逢吉愈吉。日是人相助，夜乃神相助。若当季神生日，主声名显达，岁命生日尤吉，此乃有人上门助我、益我，不待我之求人也。占者遇之大吉，求官以其勾陈捧印、螣蛇生角，若春占，乃见迁官进爵之荣，惟忌年命申亥之冲。占婚姻不宜。占财轻微。病者不妨。占失脱难见。投谒者徒费粮裹。正、十二月不宜远行。讼有刑责，然后见解。逃盗可获。凡占谋事迟滞，必有两意干事。

若出兵行师得此，昼占虑战士之折伤，夜占虑军戎之见耻，又防口舌谣言、诳诞之事。大抵此课，占事无凶，亦未全吉，若兼之以四季神煞喜恶论之，尤为妙也。

真一山人云：佟心不放福还饶，好事来临恶事消。积善人家终吉庆，子孙荣显更英豪。

《无惑钤》云：自支传干，彼来相向。丁马交横，闭口为上。

《钤解》曰：起用支上巳，传于干上亥，主彼以事求我而来相向也。占行人至，求财得。亥丁寅马，交横而至，动亦不容停矣。巳乃旬尾，发用为闭口，必须谨言，乃为上策。《集议》："彼求我事干传支"内列此日，谓凡占必主他人托我干谋，占吉则吉遂，占凶则凶成。行人至，求财得。"苦去甘来乐里悲"内有此日例，干支初则皆受上神所生，然后互相交参，则申被亥脱，甲被巳脱，此为乐里悲也，凡占皆然。各居长生，宜合本作营生，又交车合脱，干支各与上神作六合，夜常加长生临干，来人必占婚姻之事，或有锡赐物帛之事。劫煞入宅，不利修造。申子辰，劫煞在巳也。

甲申日第五课

涉害　六阳　不行传　狡童

```
蛇玄白六          青玄后六
子辰午戌          子辰午戌
辰申戌甲          辰申戌甲


财丙戌六          财丙戌六
子  午白◎        子  午后◎
兄庚寅后⊙        兄庚寅白⊙


贵后阴玄          空白常玄
丑寅卯辰          丑寅卯辰
蛇子    巳常      青子    巳阴
朱亥    午白      勾亥    午后
戌酉申未          戌酉申未
六勾青空          六朱蛇贵
```

《玉历钤》云：此课日辰上对冲，外虽三合，内实不足，占云"戌午寅不仁，内疏外亲"，凡占百事，皆无所成。

《神枢经》云：凡安营止宿，日辰在魁罡之下，军必夜惊，小将必死。此课天魁加日，天罡加辰，日辰俱在魁罡下矣，无备必有奇祸，宜急徙不可住。

《毕法》云：此课末传寅加午，上有白虎，又有庚鬼，并来伤日，至惊至危、至怪至动之课，年命有救，庶得减轻。又云：三传全为脱气，反生干上财神，凡占可以获已弃之财，谓之索还魂债。

日克上神，日克用，日生中传，末克初。

此课名炎上、斩关。甲见戌为财干众，戌加寅为狼狗聚会（似作虎狼聚会为恰。下同），岂能无事？日辰又互害，因争财而起。中末空亡，末带德，逃者自获。暗昧相争，动而有望，事阻方成。

《义》曰：作党朋合，共求盗脱。若不先见，终被削剥。人宅不宁，阴暗未明。婚姻大忌，恐有私情。

《象》曰：盗人克宅两堪嗟，谋干难成事不赊。到底一场闲笑话，吉凶从此总虚华。

此炎上之卦，一曰斩关，亦曰见机，又曰泆女。夫见机者，察其微，见其机，谓两比两不比，当以涉害为用。涉害有浅深，欲用不用，欲言不言，事有两而取一。所作稽留，迟疑艰难，进退不定，忧患难消，怀孕伤胎，难于前而易于后。《经》云："涉害须久历艰辛"。且炎上，为日，象君，事主多虚少实。戌加寅，以墓临生，谓火以明为主，虚则生明，实则生暗，是反其体也。占明事反为暗昧，亦主枉图不遂。占人性刚急，卜天晴明。况斩关非安居之象，占者多不自由，事多暗昧不和，离散口舌，欲隐身避难者，却利乎奔逃也。又主人情暗中不顺，多见更改，事多中止，坟墓破坏，占婚亦强成，难于久远。凡事历遍艰辛，然后可成。传见泆女，乃不正之象，阴私邪淫，占男女有暗昧之理，占家宅宜谨慎闺门，以防阴小越礼，惟能以礼自防者可化之。日上见午，妻美财福，利于求财，但此财乃不得自由之财也，可知矣。一云"推磨之课"，转去转来之象。占者遇之，求官、见贵、婚姻、交易、投谒、干用，凡谋不遂，惟利占病、占讼。

若用兵者得此，亦不足为矣，吉不吉而凶不凶，有其始而无其终，又见虚费，粮草不足之理也。

不利谋为，利解。

真一山人云：暴病忻然久病忧，一逢惊恐解千愁。君家有德传斯课，后易先难百事休。

《无惑钤》云：魁罡并临，中末沉沦。行人立至，虎马庚寅。

《钤解》曰：天魁临日，天罡临辰，动用非常也。天罡临辰，主行人立至。中旬空，末寅落空，沉沦无气矣。寅马庚虎，其势虽恶，幸空无畏。《集议》：子涉五土之害，戌涉四木之害，子深而戌浅也，用子是。辰作玄武，临旬首申上为闭口。寅遁旬庚，夜占乘虎入传，殃非浅也。《毕法》谓此为"取还魂债"，谓三传火局脱干，既而生起支上辰土，以为日财，为还魂债也。财遭夹克，财不由己费用。炎上干众，狗狼岂能无事？必因财相争。

甲申日第六课

知一

```
六 阴 玄 勾          六 常 玄 朱
戌 卯 辰 酉          戌 卯 辰 酉
卯 申 酉 甲          卯 申 酉 甲


财 丙戌 六           财 丙戌 六
子 癸巳 常           子 癸巳 阴
父 戊子 蛇           父 戊子 青


蛇贵后阴            青空白常
子丑寅卯            子丑寅卯
朱亥    辰玄         勾亥    辰玄
六戌    巳常         六戌    巳阴
酉申未午            酉申未午
勾青空白            朱蛇贵后
```

此课辰上见太阴，日上乘破碎，作鬼克身，主与阴人兴讼。干支坐墓，官位不明，来年或八月事发，必有相扰。支干上天罗地网皆全，不可受财，定是被贬责。更老阴人，缘有一子息不成器，用度不足，心中怏怏，但难开口。四月十一日，必进人口。来年己酉太岁，防责为曹属，庚戌年则大数难逃也。乡中徐知府卒，长子系讨得义子，次子乃亲生之子，长子假作遗文，嘱王知县，令与恩泽，王受贿五百缗，判与长子。后知府恭人翻论，过财者首赃王知县，遂被责劾，罚为司户，果于己酉年受责，庚戌在任不意而终。阳日阴官为朱雀，故本身有讼。官位不明，酉乃兑，兑为泽，故争恩泽。受财者，初传在日之前，甲克戌为财，卯与戌合，又见六合，是暗受财。连被追扰，支上干上皆是天罗地网，所以知县不可脱也。己酉年遭责罚者，是酉克甲也。为曹属，酉加寅上，寅为功曹也。庚戌年不意而死者，巳加戌，巳乃甲申旬之末，故闭口不能言也。庚戌行年在巳之本宫，为子所克，巳反加戌，又入墓，又是阴极，故闭口而死也。又云：一老阴人，谓巳上太阴乘之，遂不足，心中常怏怏，其知县之弟，不成器而窘，母深惜之，王宰不垂顾，母常怏怏之意。巳下人者，甲木以巳为子弟是也。①

《玉历钤》云：此课日上酉加寅，辰上卯加申，上下相喜，三传无刑，吉课也。

上神克日，日上克辰上，日克用，初克末。

此课名知一。六合加戌，卯戌合，门上见合，为夹克，虽始阻而终通。土为财，终和，必与众图财，重谋遂，春上有喜，余有阻亦合。暮占雀加日，亦多事。

《义》曰：酉金临甲，可以求官。更加铸印，又见忻欢。支干卯酉，彼此失友。既无和气，事必掣肘。

《象》曰：时亨君子道将昌，天马逢之姓字香。取喜季春天气好，单衣初试舞罗裳。

此知一之卦，一曰龙战。夫知一者，知一而不能知两，知者以为自知、自见，不知为寇仇，故言知一也。以此为用，舍远就近，舍疏就亲，恩中生害，事多起于同类，凡事狐疑，事贵和同乃吉。况龙战，主人心疑惑，进寸退尺，动有乖离之象。卯酉为天之私门，生杀有限，分杜有期，雷动龙奔，示其有战也。《经》云："知一卦何如？用神今日比。事因同类起，婚姻失谐为。失物亲邻取，逃亡不远离。论讼和允好，为事尚狐疑。"占者遇之此课，求官见贵，三月节内占，为天马，尤为吉也。见贵未许全美。谒人者，千里徒劳费粮裹，由课中主客不和同也。欲干用托人者，亦当斟酌详审，否则未之知也。若占婚姻未宜，或勉强成之，虽有夫妇之名，而终见反目，不然则有相克也。占求财有，尤利于和合交易之财，亦曰夹财，盖不由于己也。占病困重有解。失脱、逃盗宜寻捕。占讼忌冬，余不忌。占宅不宜。凡占失物、忧惊不妨。

若出兵行师得此，昼占尤宜得金宝美利，夜占亦如之。利客，利先举，彼此全无和气。敌有使来，谋心课远，不可听信其所言，多是欺诳，恐为彼所误也。用兵者，不可不详审而详审之，其无以为泛常而忽之也。

美中欺诈。

真一山人云：初遭夹克不由己，事到于今只如此。托人求事未皆谐，屈己待人终不耻。

《无惑钤》云：交互乘旺，各临墓上。动遭罗网，中传无况。

---

① 《壬占汇选》作：戊申年五月甲申日申将丑时，王知县己未生，生于二月十九日午时，五十岁占身位。

《铃解》曰：干上酉乃支旺，支上卯乃干旺，此交互乘旺。寅加未，申加丑，各坐墓上也。互旺宜两相投奔，凡事各有兴旺。各自坐墓，甘心自处昏滞，祸由己招，静守尤可，若妄动，定遭罗网缠绕身宅，反作羊刃为祸矣。中传火却被戌墓、子克，全无情矣。《集议》："互旺皆旺坐谋宜"内列此日。夜占催鬼临干。"人宅坐墓甘招晦"内列此日。两贵相协。酉乃甲木胎神，但非妻财，十月为生气，主婢妾有孕。虎临夜贵人本家，夜占干官，必招贵人嗔怒，占讼尤忌。

甲申日第七课

反吟　上门乱首　自取乱首　玄胎　六阳

<pre>
青 后 后 青   蛇 白 白 蛇
申 寅 寅 申   申 寅 寅 申
寅 申 申 甲   寅 申 申 甲

兄 庚 寅 后   兄 庚 寅 白
官 甲 申 青   官 甲 申 蛇
兄 庚 寅 后   兄 庚 寅 白

朱 蛇 贵 后   勾 青 空 白
亥 子 丑 寅   亥 子 丑 寅
六 戌   卯 阴   六 戌   卯 常
勾 酉   辰 玄   朱 酉   辰 玄
申 未 午 巳   申 未 午 巳
青 空 白 常   蛇 贵 后 阴
</pre>

《玉历铃》云：此课反吟，日辰本自冲，又日往加辰，受其克制，谓之乱首。主人情不足，用事无成，占身主动，出入不吉。又神来加日克日。

《毕法》云：此课初传寅木受申金克制，急归本家寅上，又坐申金，使寅木去来无安身处。且寅乃日禄，为支神所挠，又为德神，德可以胜凶，今则不然，必德有欠缺处。占者宜修德不倦，则可以去凶而保守此禄矣。又云：支上干上皆乘绝神，可以结绝旧事，解怨释讼，余占皆凶。

辰来克日，日上克辰上，上神克用。

此课名反吟。人鬼相加，支又加干，内外反复，出入无定，人离财散，事不自由。春冬寅为德附禄马，动则免咎，亦须公私并行，重重变易方定，有妻秉夫政之象。暮蛇虎，尤不利。律相守，出旬无咎。

《义》曰：禄马既绝，求官无说。病者难痊，讼者遭孽。婚姻再议，谋事不悦。千里求人，马化跛鳖。

《象》曰：昼卦虽凶有吉扶，夜占虎象病号呼。劝君守分多行善，免使灾愆不可图。

此无依之卦，即反吟也。《经》曰："无依即反吟，逃者远追寻。合者应分散，安巢别改林。守官须易位，结友也分襟。所为多反复，占病数般侵。"反吟刑冲，事主迟滞，远近系心，更相仇怨，且反复而呻吟，是无予夺而难息也。占者遇之此课，求官不宜，以其禄马衰绝，纵居官，不久远，当行阴德以补助不及。占见贵不顺。占婚姻不宜，若勉强成之，终须反目。占投谒人者，徒劳心力而费粮裹也。占交易难成，而有变更也。占宅不吉。求财无。占病者反复，大概凶，宜为善事解。占讼不和，宜止息，不然惹刑罪，变易官司，反复迟滞，然后有恩命之解。占逃亡可获，或自归来。诸占不利。

若出兵行师得此，昼占无威而不宁，夜占败亡而祸起，尤防侵害掩袭，慎乎动静，严于防守，不可忽略。此课无益于占事，若用兵者初得此，宜另选择。若临敌对垒，不得已而用之者，惟权变得宜可也。谨之！谨之！大抵此课为四绝之课，惟宜了绝旧事，诸占有损而无益也。

春吉。

真一山人云：知机乐道足逍遥，远隐山林兴趣高。自古功名只如此，回头金紫只虚器。

《无惑钤》云：乱首失伦，凶不可陈。如逢夜卜，八虎交蹲。

《钤解》曰：禄临支宅受克，干往加支被克，由不自尊大，自取乱首也，尤有不可言之凶。若遇夜占，则有八虎跑源，至危、病讼之凶，何以御之？《集议》："干支值绝凡谋决"内谓此乃绝神作鬼，止宜结绝凶事，亦宜解释官讼，占病痊。寅遁旬庚，夜占乘虎，临支发用，奂非浅也。"前后逼迫难进退"内列此日，为克处回归又受克，虽虎贲之勇，亦不可当。申日寅加申，将得天后，申加寅，将得青龙，主远路信息文字往来。禄临支被克，必因起盖宅屋而失其禄。夜贵加昼，宜暗求关节。交车冲，不视亲疏，先合而后离，夫妇、父子、兄弟、主宾皆然，人离财散，不能自由。春冬寅为德神附禄马，动则免咎，亦须公私并行，重重改易。

甲申日第八课

知一

空上乘空事莫追　　干支乘墓各昏迷

白 贵 蛇 空　　　　后 空 青 贵
午 丑 子 未　　　　午 丑 子 未
丑 申 未 甲　　　　丑 申 未 甲

父 戊 子 蛇 ☉　　父 戊 子 青 ☉
子 癸 巳 常　　　　子 癸 巳 阴
财 丙 戌 六　　　　财 丙 戌 六

六 朱 蛇 贵　　　　六 勾 青 空
戌 亥 子 丑　　　　戌 亥 子 丑
勾 酉　　寅 后　　朱 酉　　寅 白
青 申　　卯 阴　　蛇 申　　卯 常
未 午 巳 辰　　　　未 午 巳 辰
空 白 常 玄　　　　贵 后 阴 玄

此课支干上皆逢墓，主前程迟滞，凡事皆不通。今喜得是甲申旬，未是空亡，本身之墓既空，渐脱迟滞，次第亨通。盖缘初传不合遇夜贵人六害，所以不利试场，而帘幕贵人不喜也。偏堂太阴，不利旬末，终为气疾所扰。妻宫加巳闭口，必无子息。而今年有灾，防被医人所误也。本命未，自墓本身，又乘空亡，乃是虚贵，宅上又带墓，人既不显，宅亦不兴。三十上发解，自后便不济事，精神昏昧，有如云雾中行。次年乳母果气疾，自此心脾气疼，一病九年而卒。其妻血病五年而卒。其人当年害痢，为医人误作热证，几丧性命。至庚申年，亦不禄矣。①

又一人，同日时得此课占宅。此课邵先生曰："宅基原是坟地。其缘墓神

---

① 《壬占汇选》作：建炎戊申年九月甲申日辰将亥时，陈学谕辛未生，三十八岁，生于十二月二十八，占前程。

作祸，宅中常有声影，每见一人裹帽子行过去。此乃是六十老人墓，于其内尚有游尸，所以常出来作怪。每作克子，当缘灶下亦有坟冢之坑，若移灶则宅无声影。更第三间暖阁下，是此裹帽老人葬处，若掘下五尺，便可见也。"果如其言。①

《玉历钤》云：此课日辰上皆墓，暗昧不明之象。又子加未，发用六害，凡占百事，一无所成。

《毕法》云：干支俱被墓神覆之，凡占婚姻，不得爽快，正如摘填索途（盲人以杖点地，探索道路。比喻盲目的行为），冥行而已，时运不顺，暮夜之间，常被鬼之揶揄。然邪不胜正，妖不胜德，守正修德，可以消矣。又云：干上见旬空，又乘天空，凡占指空话空，全无实象。

日克上神，支干上神克用，末克初。

此课名知一。用加漏底空亡，又作六害，墓加干支，难尽为吉。凡事无气，人宅退换，阴小诈奸。日上空亡休举意，春夏祸重，秋冬稍轻。凡占百事，多虚少实，且占虚噪终和，应自解。知一不知两，恩中有害，凡事狐疑。

《义》曰：墓神逢空，暗事亦明。难中变福，祸患不成。发用无力，谋宜渐息。待他更改，然后有吉。

《象》曰：逃者当回勿告陈，只因眼下为未真。传闻凶吉皆成梦，退守芸窗莫进身。

此知一之卦。夫知一者，知一而不能知两也。知者以为自知、自见，不知为寇仇，故言知一也。以此为用，舍远就近，舍疏就亲，恩中生害，事多起于同类，凡事狐疑，事贵和同乃吉。《经》云："知一卦何如？用神今日比。事因同类起，婚姻失谐为。失物亲邻取，逃亡不远离。论讼和允好，为事尚狐疑。"干上见墓，乃昏蒙之象。夫课见墓不吉，逢墓即止，乃五行潜伏湮没之地，四时衰败气绝之乡，暗昧不振，闭塞不通，如处云雾之中。《经》云："日辰上见墓神加，病者难痊事可嗟。行人失约路遥赊，若当时日即还家。"此乃执一之论，幸作空，而又有名无实，凡有所闻，亦多未实，事多虚惊耳。占者遇之此课，发用无力，止宜消散忧疑、患难、惊恐、禁系、被围之事，遇之为福星。若久病者不宜，其他所占，不过虚喜虚成，终见无益。九流僧道孤独逢之者，反为吉也。

占出兵行师得此，大概为失众之象，有所闻所传，事多虚诈。敌使之来，其言勿信，恐中彼之诳诱，不然往来之使不的。凡占吉不吉而凶不凶，无有

---

① 《壬占汇选》作：戊申年九月甲申日辰将亥时，某占家宅。

益于事也。用事者当详审而密察焉。

待价沽诸。

真一山人云：九流艺术笑颜开，僧道公门发福胎。除此动谋难遂意，也须守分待时来。

《无惑钤》云：干支墓临，夜讼难明。人渐通泰，宅渐兴隆。

《钤解》曰：未，干墓，丑，支墓，《毕法》云"干支乘墓各昏迷"。夜若占讼，未，贵人也，初子作害，《毕法》云"害贵讼直遭屈断"，此谓"夜讼难明"也。若占人宅，乃以贵人临于身宅论，此人所以渐渐通泰，宅所以渐渐兴隆也。但两贵皆空，渐渐通泰者，以出旬后而言也。两处皆空，是可以解疑。《集议》："干支乘墓各昏迷"内列此日。又引《经》云："干支墓全逢，所为皆不通。两处欲克害，尤忌合墓神。"纵夜占，未贵仍以墓论，见鬼乘天乙也。"害贵讼直遭屈断"内有此日例。夜占初传子害日上未贵，占讼理虽直，必遭屈断，事虽小而必凶，凡事皆弄巧成拙，宜识时迁就，庶不为大祸也。二贵皆空虚喜期。干支乘昼夜贵人，得两贵周全成事。"空上逢空事莫追"内列此日，凡占指空话空，而无实迹之象。

甲申日第九课

元首　润下　水局

三传递生人荐举

```
玄 蛇 六 白          玄 青 六 后
辰 子 戌 午          辰 子 戌 午
子 申 午 甲          子 申 午 甲


财 壬辰 玄          财 壬辰 玄
官 甲申 青          官 甲申 蛇
父 戊子 蛇          父 戊子 青


勾 六 朱 蛇          朱 六 勾 青
酉 戌 亥 子          酉 戌 亥 子
青申     丑贵        蛇申     丑空
空未     寅后        贵未     寅白
午 巳 辰 卯          午 巳 辰 卯
白 常 玄 阴          后 阴 玄 常
```

　　《玉历钤》云：此课支辰三合为用，主有亲眷之意，大抵则有亲眷事可成矣。见贵、求官、求财、求婚皆成。邵南云：辰子动合，阴私喜美，此之谓也。

　　《毕法》云：此课三传水局，全来生甲，人口众多之象也。支辰申金，反生三传，宅舍狭隘之象也。占者值此，切不可迁于宽广之处，以逆造化，反生咎也，余占即我胜彼衰、我胜彼负。又云：初传辰土生中传申金，中传申金生末传子水，末传子水生日干甲木，凡值此占，必为多人推荐，官必升职，士必登第，常人必获官长荣宠矣。

　　上神盗日，辰上克日上，日克用，初克末。

　　此课名元首、润下。三传生日，将又水神，皆生日干，本十分吉，支三合而亲眷事必可成。但玄武用为闭口，凡事先暗昧损失，后方吉。辰为罡，作玄武，主有两真武。日上空亡，主谋事欠利，久远不宜也。

　　《义》曰：脱空泄气，先失后济。人多屋窄，终见顺利。三传水局，又逢水族。先历艰辛，末后却足。

《象》曰：秋冬时节便称奇，财喜重重百事宜。动处得人相助力，有些小忧莫狐疑。

此元首之卦，一曰润下。夫元首者，尊制卑，贵役贱之象。凡事多顺，利于先举，事多起于男子。为臣忠，为子孝，正大光明而无邪僻之行，德业已著而乾乾进修，常怀危惧，惕励而无咎也。且润下，主沟渠、水利、舟楫、渔网之类，动而不息之象。流而必清，滞则不洁，宜动不宜静。事主关众，亲朋相识之务。克应多是过月，牵连疑二。利占成合，不利占解散。此乃五行正气入十干杂糅之乡，其异方三合乃生旺墓之神，事主丛杂不一，主关众人共谋，不然两三处干事，委曲托人与人相合之类。又如推磨之象，转去转来非一遍也。干生上神，虚费百出，谋望不遂，失盗损财，人口衰残，休囚尤重，又为子孙脱漏之事。幸水局，而又有失而复得之助。占者遇之此课，凡占百事，先见耗失不足，然后渐成济美，或两处相助也，亦见主客未和。占求财难吉，耗盗其气。见贵有助，未和。占婚姻、交易、谋望、托人、求财，欲成者未见遂成，终不失事。占病讼不妨，迟滞。占忧疑，卒难解散。

占出兵行师，有失物忧疑，不足之象，终却有利益。敌使及传报者，多未是实。利客不利主，利先不利后，难中有易，用兵者还宜消息而论之。

福吉迟疑。

真一山人云：昨日鹤飞天外去，今朝凤向彩云来。迟迟春日风光好，满眼人情渐觉谐。

《无惑钤》云：人盛宅隘，我成彼败。干上脱空，三传可解。

《钤解》曰：申子辰合为水局，脱支生干，论人宅则人盛宅隘，论彼我则我成他败。午虽临干空脱，三传制之，可以解也。《集议》："眷属丰盈居狭宅"内有此日例。若占家宅得此课，切不可迁居宽广之屋舍，恐久生灾咎，此乃造物使然，不可逆天理作为也。"人宅皆死各衰羸"内列此日，止宜休息万事，不宜动谋。"三传递生人荐举"、"人宅受脱俱招盗"内列此日。又"父母现卦子孙忧"。

甲申日第十课

重审　六仪　玄胎　闭口　交车生合
脱上逢脱防虚诈　彼此猜忌害相随

后 朱 青 常　　　　　白 勾 蛇 阴
寅 亥 申 巳　　　　　寅 亥 申 巳
亥 申 巳 甲　　　　　亥 申 巳 甲

官 甲申 青　　　　　官 甲申 蛇
父 丁亥 朱　　　　　父 丁亥 勾
兄 庚寅 后　　　　　兄 庚寅 白

青 勾 六 朱　　　　　蛇 朱 六 勾
申 酉 戌 亥　　　　　申 酉 戌 亥
空未　　　子蛇　　　贵未　　　子青
白午　　　丑贵　　　后午　　　丑空
巳 辰 卯 寅　　　　　巳 辰 卯 寅
常 玄 阴 后　　　　　阴 玄 常 白

　　此课日上见巳作太常，主兼职而费力，初传官主兼职；中传亥临宅，得上人垂顾，兼职而加俸；末传寅临亥，名字必达于天庭，是费力中得便宜，劳苦内得升迁。未任满，先达朝廷，巳满，必面君，当有内绛帐之除。后果然也。知西安王县丞因知县争恩泽受财事发，王遂权县两项职事，悉皆了办，见知上官，监司列荐，得旨满任日引见，遂得诸王宫教授。缘日上见巳，是甲木生巳火，故费力也。太常为职，巳为双女，故曰兼职。初传申为官星，临于双女之上，亦是兼职，青龙主喜美。中传亥与行年上亥是父母，乃官长之属，临于官星之上，亥为天庭，朱雀为荐主。末传寅为我身，处于长生之地，甲与寅同身也，又登天门，又生于亥，上有天后恩泽之神，同共生甲与寅木。甲以亥为长生学堂，故主绛帐之职，在天门则内绛帐也。较之甲木生巳火，申金生亥水，可谓费力。殊不知甲木有亥之长生，故虽费力而有天后之泽，申金有巳火之长生，故得青龙而为之加职。若无此两事，便一个无实，诚费力之课也。又以申生亥，亥生寅甲，是以言上人垂顾也。①

汪五公于丁未年七月初八日子时生，六十一岁，戊申年五月初五日占买卖时，亦得此课。先生云："如何染许多红紫？今则发变斑点，退色下来，都是染皂用尔。"汪公尚不觉，及开包裹看之，果紫与红皆退色，又是斑点。汪大惊曰："不该坏此彩帛！奈何？"先生曰："不妨。十月染皂不折本，但待得半年耳。"或问与王县丞课同，何为与县丞不同断。先生曰："县丞行年添一官星，在任者要见之。汪公行年添一盗气，货殖者忌之，故坏物也。"太常为彩帛，巳为紫红色，盗气费力也。一个巳来食甲，故寅去亥上受生，殊不费力。又添行年巳，便是两个巳来并食此一甲，虽寅受生于亥，费有余而得不足也。太常为彩帛，在日与行年上，巳主赤，便是姹红绯紫之类。寅作天后为改色，寅为虎斑，故主斑点。初传官鬼，反破我身，又立于耗盗之上，中传亥来生甲，只宜染暗青黑绿之类。况北方主黑，亥加申金之上，金主白而生黑。至七月，并改作暗青黑绿不至皂，遇八月、九月都去翻腾暗青，州人皆仿他铺染不好，惟汪公至十月染皂，铺中有买卖，并不折本。盖末传有寅，甲木生于亥也，中传亥加申，甲申旬亥中有丁，丁宜变动，不可至皂，若申中有白，是不言皂也。末传有天后，无限妇人尽是好此色衣服。亥为十月，信知造物亦有时也，又知先生占验之神与造物无间耳。盖寅碧绿，加于亥上而生此色，甲申干上巳闭口，只是不入传，亥中丁生天乙贵神丑土，故不折本也。②

《玉历钤》云：辰克日为用，三传刑妻宫，占产即生，行人立至，他无所用。

《毕法》云：此课干上巳与干为六害，干支上下皆作六害，凡占各相猜忌，我存害人之心，人有伤我之意，彼此怀谋，酿成祸患矣。又云：干上巳脱干，支上亥脱支，干支俱脱，人宅不宁，占人则有脱弱之疾，或失盗财物，占宅则有崩坏之患，或被人作践。

上神盗日，辰上克日上，上神克用，初克末。

此课名重审、玄胎。传课就生俱吉，但用为干绝，末为支绝，申为冲鬼，巳又克支，凡占喜中忧，虽终始上下作合，终不能合，以间隔施其间也。

《义》曰：伤鳞折角，因财惹讼。惊恐忧疑，甚勿妄动。参乎天理，忠孝为贵。能尽义理，福禄自至。

---

① 《壬占汇选》作：建炎戊申年五月初一甲申日申将巳时，王县丞丙寅生，四十三岁占官职。

② 《壬占汇选》作：汪五公丁未生，生于七月初八日子时，六十二岁占买卖，同得是课。

《象》曰：生灾至恼事非常，静里存心默炷香。善恶两途应自省，勿教妄动惹刑伤。

此重审之卦，一曰玄胎，亦曰天网。夫重审者，重而审之也。以下贼上，卑犯尊，贱役贵，事多不顺，起于女人。阴小在下者，有悖逆之事。占臣未忠，占子失孝，事不可遂意而行，必当审察，循乎义理，庶几以免后患也。况玄胎如婴儿隐伏之状，利上不利下，事主远而多伏，暗昧不通，触则成祸，惟君子守正修德则亨。事防再举，病防再发。传见天网者，即天网四张也，《经》曰"天网四张，万物被伤"，为阻滞，为疑难，为灾恼。日生上神，虚费百出，谋望不遂，失盗损财，人口衰残，休囚尤重，又为子孙脱漏之事。发用不和，万事难从，因喜伤财惹恼，却幸干上巳为子孙，能御侮而又为救，或先难而后易，先苦而后甜。占者遇之此课，乃生玄胎，法当忧产。占求官虽吉，又见阻滞。占病有解，不利久病及老人小儿之病。占讼解散忧疑、惊恐。占婚姻、求财、投谒、干用、交易，逢之者多劳心费力，终不甚美。凡占得此课，得止且止，善为处置，不可太过与不及。

占出兵行师得此，虽云青龙大胜，得宝货与图书，又畏夫巳申刑而战斗阕矣，夜占尤为众畏不宁。课理如斯，贵在用兵者善于致胜为奇也。

吉而未纯。

真一山人云：事本无多莫乱寻，诚之无畏是佳音。明斯课理心向善，福日潜生祸不临。

《无惑钤》云：冲后相生，贵怒畏初。马载庚虎，非细驰驱。

《钤解》曰：巳亥冲，后亥却生甲。两贵入狱。初申作鬼，深可畏也。丁神居中，马载庚虎居末，其动用驰驱，必惊世骇俗者矣，岂为细故哉？《集议》："脱上逢脱防虚诈"。寅遁旬庚，夜占乘虎入传，殃非浅也。交车长生，宜合本作营生。"人宅受脱"内列此日。干支各与上神作害，彼此各相猜忌，宾主不顾接，两意相谋，各有戾害。玄胎系卦，心胸得有者助巳火脱干，三传自初生至巳火，岂不为多耶？

甲申日第十一课

涉害　斩关　登三天　六阳　不行传

后 玄 青 六　　　　白 玄 蛇 六
子 戌 午 辰　　　　子 戌 午 辰
戌 申 辰 甲　　　　戌 申 辰 甲

财 壬辰 六　　　　财 壬辰 六
子 　午 青◎　　　子 　午 蛇◎
官 甲申 白⊙　　　官 甲申 后⊙

空 白 常 玄　　　贵 后 阴 玄
未 申 酉 戌　　　未 申 酉 戌
青午　　　亥阴　　蛇午　　　亥常
勾巳　　　子后　　朱巳　　　子白
辰 卯 寅 丑　　　辰 卯 寅 丑
六 朱 蛇 贵　　　六 勾 青 空

《玉历钤》云：甲申日十二课，日辰上下个个相冲，并无和气，此课亦然。初末二传在日辰之上，尤无和气，凡事不可用也。

日克上神，日克用。

此课名涉害、斩关、察微，又名登三天。玄合乘魁罡临日辰，甲克辰土为财，因财而诈，天罡非四人则二人，外内公私虚诈，斩关逃亡之象。午为空亡而自败，逃亡自归，奸私暗昧不为凶。

《义》曰：课得夹克，事不由己。欲识何如，虎头鼠尾。凶中得吉，谋事难成。远行虽美，三天难登。

《象》曰：有财难得享荣华，名利才成又未佳。退守待时终获美，竚看榴火发新花。

此斩关之卦，一曰见机。夫见机者，察其微，见其机，谓两比两不比，当以涉害为用。涉害有浅深，欲用不用，欲言不言，事有两而取一。所作稽留，迟疑艰难，进退不定，忧患难消，怀孕伤胎，难于前而易于后。《经》云："涉害须久历艰辛"。况斩关非安居之象，占者多不自由，事多暗昧不和，离散口舌，欲隐身避难者，却利乎奔逃也。又主人情暗中不顺，多见更改，事多中止，坟墓破坏，占婚亦强成，难于久远。凡事历遍艰辛，然后可遂。此课传见辰午申，号曰登三天，利占大事及大人所干用，不利小事、小人占用。占病不吉。利远行。其空脱，乃有始无终之象。占者遇之此课，诸占未见全美。求官见贵者，徒费辛勤。谋望托人者，终无济事。求财宜速，迟则难矣。占婚姻难成，未得谐老。占暴病未忧，久病不吉。占失脱急寻，迟则难得。占讼虽不和，亦难成，不然到底无甚事。逃盗急宜寻捕，不然主他日自归，但逢空，有不定之象。占宅不和不宁。大宜解诸忧患、禁系、被围等事，逢此却为福。占成事难，散事易。

占出兵行师得此，尤宜得金宝美利，有始无终，凶不凶而吉不吉，语云"苗而不秀，秀而不实"者也。用兵者，宜相机详审，出其不意可也。

真一山人云：且向长江罢钓矶，盘桓檐底乐雍熙。人间忧喜浑无累，明月清风醉酒杯。

《无惑钤》云：支干魁罡，中末空亡。移远就近，行者还乡。

《钤解》曰：魁罡并临，动用非细。中末空亡，事无归结，宜散忧释虑而已。登三天，行人远处不敢望也，移远就近，则行人在近者，则当还乡。《集议》：干支望败，与衰败同。[①] 天罡乘龙合在日上，乃真斩关卦。如卦时发用者，名动终不动，寻远在近，处迟从迩，为中末空亡。亦然如初见太岁，中末见月建或日辰，亦名移远就近，将缓为速。罡塞鬼户任谋为。登三天："辰午申为课，三天不可登。病死遭刑极，讼须省部陈。"玄合乘魁罡临日辰，凡事起阴私，内外通谋。"前登三天，后拒三渊。用戌入水，用辰入山。"辰临甲，天关也，登天梁，入天门六合，申虎过路猖狂，此名前登三天，后拒三渊，不可捕盗。

---

① 疑当作：干支乘衰，衰与败同。

甲申日第十二课

重审　连茹　不结果

```
玄 常 六 朱        玄 阴 六 勾
戌 酉 辰 卯        戌 酉 辰 卯
酉 申 卯 甲        酉 申 卯 甲


财 壬 辰 六        财 壬 辰 六
子 癸 巳 勾        子 癸 巳 朱
子    午 青◎      子    午 蛇◎


青 空 白 常        蛇 贵 后 阴
午 未 申 酉        午 未 申 酉
勾巳       戌玄    朱巳       戌玄
六辰       亥阴    六辰       亥常
卯 寅 丑 子        卯 寅 丑 子
朱 蛇 贵 后        勾 青 空 白
```

《玉历钤》云：此课辰加卯，谓之天格，事必阻滞，幸旦暮用神皆六合，春占可成，秋冬无用。

《毕法》云：此课末传午火生辰土，是末助初传而为日财，但午为空亡，虽助无益，徒有其名，而无其实。又云：干上卯，谓之天罗，支上酉，谓之地网，干支俱值，是身宅俱被罗网兜裹也。守己颇为得宜，才动便为悔吝。占者必欲谋为进用，则罗网之神生灾，羊刃之煞作祸，身宅俱伤矣。若得行年、本命冲刑克制，始无咎也。或遇空亡，亦名破网碎罗，不能为害。

辰上克日上，日克用，上神克用。

课名重审、进茹。辰临卯害，主龃龉之象。连茹干众。所占多虚少实，隔三隔四，牵连不决，却喜人宅皆旺，六合归家，加辰附六害，为比邻，害亦轻。勾蛇巳火午乘之，有虚怪梦。

《义》曰：拔茅连茹，牵连带众。末传力空，不得全胜。强于忠孝，当获福报。我歌徘徊，乐然后笑。

《象》曰：进中有退事多疑，雪夜行舟独自知。此理分明真可笑，何须节外又生枝。

此重审之卦，一曰龙战。夫重审者，重而审之也。利为主，利后动，长有厄，事从内起，起于女人。以下犯上，贱犯贵，卑犯尊，事多不顺。阴小在下者，有悖逆之事。占臣未忠，占子失孝，事不可遂意而行，必当审察，循乎义理，庶几以免后患也。事防再举，病防再发。况龙战，主人心疑惑，进寸退尺，动有乖离之象。卯酉为天之私门，生杀有限，分杜有期，雷动龙奔，示其有战。夫辰巳午乃进连茹，进中有退，退而复进，又主欲进不进，欲止不止，节外生枝，事主急速也。占者遇之此课，求官见贵者，有始无终。占财者，不由己，号曰夹财，须急求之，不由己也。占婚姻不宜，勉强成之无益。占病进中有退。失脱财物急寻。远行未见全吉。占交易不成。托人无力。占主客，望谋不顺。投谒人者，千里徒劳，且多生恼。占公讼不和，到底不为大害，终见解释。占人宅俱旺，不宜动改。占逃盗得获，或自犯。

若出兵行师得此，多利主，不利客，利后动，不利先举，虽云得金宝美利，亦难保乎十全也。昼夜所占，皆同此论。大抵此课，凡百占谋，失于和气，然而吉凶之事，有始无终，却能散释忧疑，解除患难。

真一山人云：自古儒风不厌贫，安居守分福千钧。莫教动改头头错，待得时亨百事忻。

《无惑钤》云：人宅俱旺，罗网来向。夜贵脱空，互居墓上。

《钤解》曰：干乘卯旺，支乘酉旺，守之则可，动遭网罗，缠绕身宅，变成羊刃，反生灾祸。夜占得传皆火，脱干大甚。寅加丑，坐支墓之上，申加未，坐干墓之上，彼此各招昏晦，不宜两相投奔，必是愚人言蠢人也。《集议》："人宅坐墓甘招晦"内有此例，互坐墓上。末助初财。卯昼乘朱雀，夜乘勾陈，主口舌文书，占讼进凶退吉。不宜妄动，如或坐待，人又通泰，宅亦兴旺，大利。无心中得人照顾而兴发，所占尤的。辰卯相害，主讼龃龉之象。占主损妻，申日酉临申，酉阴人，金临金伤。此课以害合为主，言事连绵病死。两贵不协，变成妒忌，丑加子，未加午，互换作六害。

乙酉日

乙酉日第一课

伏吟　斩关

玄	玄	勾	勾		后	后	勾	勾
酉	酉	辰	辰		酉	酉	辰	辰
酉	酉	辰	乙		酉	酉	辰	乙

财	壬辰	勾		财	壬辰	勾
官	乙酉	玄		官	乙酉	后
兄	辛卯	六		兄	辛卯	青

左盘：

青 空 白 常
巳 午 未 申
勾辰　　　　酉玄
六卯　　　　戌阴
寅 丑 子 亥
朱 蛇 贵 后

右盘：

六 朱 蛇 贵
巳 午 未 申
勾辰　　　　酉后
青卯　　　　戌阴
寅 丑 子 亥
空 白 常 玄

凶神恶将，持刃带刑，蓄而未散。禄逢克害，不足倚势，主家宅暗昧，阴私争竞，病困难安，望事不成，惟宜谨守身财，稍可安济。又干支自刑，妄自尊大。勾陈乘日发用，凡事自寻则自受，勾连牵扯，非干他人也。[①]

日克上神，日克用，末克初。

此课名伏吟。本自诸神不动，但凶神恶将在卯酉门户，持刃带刑，家宅防暗昧争竞。暮贵凶变为喜，龙在末也。但二贵皆凶，而各归位，受日克。传遇合，终和。末卯为日禄，虽为酉冲、害乙辰，毕竟我胜。

---

① 原抄本无此段文字，今据《玉历钤》补足。

《义》曰：身弱财丰，鬼生盗隆。家宅不利，耗食重重。勾留屈抑，有始无终。凶中化吉，末后传空。（旧法辰戌未，用此断。）

《象》曰：古来澹泊是寻常，勉强贪图重祸殃。知足自然还见足，屈伸从此识柔刚。

此自信之卦，亦曰斩关。夫自信者，天地伏吟，十二神各归本家，天地如一，四伏未发之象。占事静则宜，动则滞，主事藏匿不动，静中求劳，有屈而不伸之象。传见斩关，非安居之象，占者多不自由，暗昧不和，离散口舌，欲隐身避难者，却利乎奔逃也。又主人情暗中不顺，多见更改，事多中止，坟墓破坏，占婚亦强成，难于久远。凡事历遍艰辛，然后可成。占者遇之此课，求官见贵，主客不和，有始无终。占病凶重，幸有解，虽危不妨。占失物宜寻，迟则难获。远行未利。占讼宜和解，勾留缠惹，到底有释，但迟滞未通。逃盗勿捕，虑恐有伤，或生恼不顺。占交易不成。占投谒人者，主多不喜。占宅耗盗，人口不宁，宜更改吉。

占出兵行师得此，昼夜所占，皆不利乎战事，大宜慎之。况利为主，不利为客，利后动，不利先举。大抵此课，不利占事成，惟利占解散，难于前而易于后。夫兵者，不祥之事，不得已而用之，不过蕲除祸乱，安请生民。为将者宜权变，不拘其法，则致胜克敌必矣。

事防再变。

真一山人云：回首方知远名利，事当变改莫忧惊。安心顺理终招吉，要识前程与后程。

《无惑钤》云：可以交关，酉鬼双攒。宅中奴婢，必定欺瞒。

《钤解》曰：辰合酉，酉合辰，可谓交关和合也。酉日鬼，临宅入传，是谓双攒。酉又婢属，并临支之阴阳，两婢也，乘玄后暗昧之神而克干，其欺瞒又何如其甚也！《集议》：酉鬼自居旺方，干支上全逢自刑。此课如占人年命值亥，乃丁马交加，占身动尤速。

乙酉日第二课

蒿矢　不行传

```
白 常 朱 六            蛇 贵 空 青
未 申 寅 卯            未 申 寅 卯
申 酉 卯 乙            申 酉 卯 乙


官 甲 申 常            官 甲 申 贵
财   未 白 ◎          财   未 蛇 ◎
子   午 空 ◎⊙        子   午 朱 ◎⊙


勾 青 空 白            勾 六 朱 蛇
辰 巳 午 未            辰 巳 午 未
六卯        申常      青卯        申贵
朱寅        酉玄      空寅        酉后
丑 子 亥 戌            丑 子 亥 戌
蛇 贵 后 阴            白 常 玄 阴
```

《玉历铃》云：此课发用本是日德，临酉，酉为日鬼，是君子与小人为党，正人亲近邪人，吉反凶矣，凡占百事无成。

《毕法》曰：此课日之禄神又作日之旺神临于干上，占者宜食旧禄，不可妄动，若舍此别有异谋，则晦凶犹不旋踵矣。

辰上克日上，用克日上，末克初。

此课名蒿矢。带镞似可绝射，身墓未又空亡，逆茹，好则不成，凶则必有。幸申德可救解落空矢，午未作合，虽名浮于实，出旬大佳。

《义》曰：宅来克人，忧恼非真。是不可见，且莫生嗔。蓦然事起，虑逢蒿矢。中末脱空，万事皆止。

《象》曰：一声霹雳震虚惊，雨散云飞爽气清。朗朗好天无片翳，从今暗昧尽分明。

此蒿矢之卦，一曰龙战，亦曰天网，又曰励德。《经》云："神遥克日名蒿矢，射我虽端当不畏。贵人逆转子无良，天乙顺行臣不义。家有宾来不可容，亦忧口舌西南至。"然事主动摇，人情倒置。象如以蒿为矢，射我虽中而不入。祸福俱轻，求事难成，利主不利客。占行人来，访人见。若带金煞，亦能伤人，主蓦然有灾。况龙战，主人心疑惑，进寸退尺，动有乖离之象。卯酉为天之私门，生杀有限，分杜有期，雷动龙奔，示其有战。传见天网者，即天网四张也，《经》曰"天网四张，万物被伤"，为阻滞，为疑难，为灾恼。夫励德，阴小有灾，此名关隔神，常人占此，身宅不安，宜谢土神，贵吏则主有升迁，要当消息而论也。况传见空脱，虽见先难，后易有解也。占者遇之此课，如虎头鼠尾，诸动谋皆宜止息，庶几免夫劳心费力，纵有精神机巧，终难施设，以其传归无力之地也。占求官、见贵、婚姻、求财、交易、失脱、逃盗，所占难成。占暴病最吉，久病又凶。占官讼、惊疑、忧患之事，却能解散。

占出兵行师得此，虽云稍吉，终未全美，尤慎有失众之象，亦先难而后虚，先聚而后散也。

且歌此心。

真一山人云：王谢功名不偶然，原来富贵当从天。自今百事浑无用，高枕南山稳睡眠。

《无惑钤》云：辛申并至，常人可畏。身宅皆凶，君子所贵。

《钤解》曰：旺禄临身勿妄作。卯遁旬辛，申作发用，两金并至，身既凶矣，宅上又是申金克身，宅凶不可居也。常人遇此，不病则讼，甚为可畏。君子占之，德神乘太常作真官，迁官进秩必矣，非所贵乎？《集议》：《毕法》"旺禄临身徒妄作"内有此日例，谓此辛乘日之禄，何不守己？却舍此而就初传之鬼、中传之财、末之脱，殊不知皆是旬内空亡，既逢于空，不免嗫啰，再归干就旺禄，诚所谓"到处去来，不如在此"之语也。昼占帟幕临支发用，夜贵作鬼入宅，乃家堂神像不肃所致，宜修功德安慰免咎。

乙酉日第三课

弹射　廻明　解离　孤辰

<pre>
青 白 贵 朱   六 蛇 常 空
巳 未 子 寅   巳 未 子 寅
未 酉 寅 乙   未 酉 寅 乙

财　 未 白 ◎   财　 未 蛇 ◎
子 癸 巳 青 ⊙   子 癸 巳 六 ⊙
兄 辛 卯 六   兄 辛 卯 青

六 勾 青 空   青 勾 六 朱
卯 辰 巳 午   卯 辰 巳 午
朱寅　　未白   空寅　　未蛇
蛇丑　　申常   白丑　　申贵
子 亥 戌 酉   子 亥 戌 酉
贵 后 阴 玄   常 玄 阴 后
</pre>

《玉历钤》云：此课弹射本无力，又况用神空亡，吉凶皆无形影，凡事不可用。

《毕法》云：此课三传迤逦相接寅，三旬空亡，末卯乃后旬空亡，凡占向后，全无实用。

《毕法》云：此课乙木克支上未，酉金克干上寅，彼此各怀克害之意，若占内室，必然反目。

日上克辰上，日克用，上神克用，末克初。

此课名弹射。有丸，事可用，然未为空亡遗丸。日墓加支，蛇虎入宅，主门户动摇怪惊，图谋防损失，事可成，幸末见禄，终吉。

《义》曰：徒劳妄动，动而无用。强勉成之，必为心病。占人孤独，方能发福。倘使全美，难为骨肉。

《象》曰：失弹遗丸事不成，东西谋干枉经营。未来幸得沾些禄，犹此碌碌未称情。

此弹射之卦，一曰寡宿，亦曰龙战。夫弹射，乃日克神之谓。《经》云：

"日往克神名弹射，纵绕得中还无力。贵人逆转子无良，天乙顺行臣不义。家有宾来不可容，亦忧口舌西南至。"然事至动摇，人情倒置，更主蓦然有灾。求事难成，祸福俱轻，忧事立散，祸从内起。利客不利主，利先不利后。占人不来，访人不见，不利占讼。弹射无力，不可用事，虽凶无畏。传见空亡，又为失弹，不能成事也。又见寡宿，《赋》云："寡宿孤辰，值此尤妨骨肉。"若占身得此，主见孤独，别离乡井，自立门户，财物虚耗，僧道宜之，俗不宜也。况龙战，主人心疑惑，进寸退尺，动有乖离之象。卯酉为天之私门，生杀有限，分杜有期，雷动龙奔，示其有战。占者遇之此课，诸占事多起于虚声，所闻不可听，所托未可成，假使得成，反为无益。占求官、见贵、婚姻、求财、交易、谋望，百事未得准凭。占暴病即愈，久病难痊。占忧疑逢此消散，患难遇之自蠲。占公讼不成。所占吉不成吉而凶不成凶也。

占出兵行师得此，多是虚声。敌有使来，所言不实，慎乎失众之象。大抵此课本凶，但用兵者得此，勿为敌之所欺。谨之！谨之！

成中虑变。

真一山人云：婚姻贵自前生定，卜此须知不相称。忧疑患难更无虞，行止由来皆是命。

《无惑钤》云：昼虎墓身，勿近新婚。取之既没，讼枉难申。

《钤解》曰：墓虎临宅，宅昏人病，幸不克支稍轻，占宅主有伏尸。六合乘卯，主婚姻之事。酉来冲击，辰上又乘墓虎，婚姻纵成，后必有死亡之凶。发用之未虎，害日阴之子贵，虽讼直，必遭枉断，所谓"讼枉难申"者，此也。《集议》：害贵讼直遭屈断。真墓门开，乘虎，死两三口，外丧入内。三旬空亡。廻明："廻明早是未得明，且待明时方可兴。迟进成名有所得，早求反被事来萦。"未加酉，将虎，占物茶药。未虎临辰发用，占病腰痛。"空上逢空"内有。遥克空亡，凡占皆虚无也。

乙酉日第四课

重审　游子

传财化鬼财休觅

```
六 空 阴 蛇            白 阴 朱 青
卯 午 戌 丑            卯 午 戌 丑
午 酉 丑 乙            午 酉 丑 乙


财 己 丑 蛇            财 己 丑 青
财 丙 戌 阴            财 丙 戌 朱
财    未 白 ◎         财    未 后 ◎


朱 六 勾 青            空 白 常 玄
寅 卯 辰 巳            寅 卯 辰 巳
蛇丑      午空        青丑      午阴
贵子      未白        勾子      未后
亥 戌 酉 申            亥 戌 酉 申
后 阴 玄 常            六 朱 蛇 贵
```

　　《玉历钤》云：此课日辰上神相害，三传又刑，主人情不和，所占凡事费力。

　　《毕法》云：此课地支之墓却作天干之财临于日上，必主贩商折本，在路阻程，凡谋蹇滞，所事不亨也。又云：干支上丑午作六害，主彼此怀谋，交相侵害，宜为提防也。

　　日克上神，日克用，日克三传。

　　此课名重审、稼穑。大吉加干，九丑。乙为阴日，主阴小不宁，财物不足，若为天喜犹可，不然凌犯动摇。春夏重谋，秋冬无功。

　　《义》曰：暗中鬼墓，留心看顾。门户虚隳，财耗人怒。更防惊恐，犹忌问病。急宜修德，以甦性命。

　　《象》曰：求财致恼虑伤财，财若丰兮福自来。年命木星能制伏，吉神萃集免成灾。

　　此重审之卦，一曰稼穑。夫重审者，重而审之也。利为主，利后动，长有厄，事从内起，起于女人。以下犯上，贱犯贵，卑犯尊，事多不顺。阴小在下者，有悖逆之事。占臣未忠，占子失孝，事不可遂意而行，必当审察，循乎义理，庶几免夫后患也。况稼穑重土，有艰难之象。常占得此，名曰鲸鲵归涧，凡事不由己。若出遇雷神，方能变化。《要》曰：稼穑者，五坟也，不宜占病。此乃财多无财，求财反为劳力而难任也。占病能助鬼为恶，幸虎落空亡而不损病人也。犹畏夫暗中之鬼，或暗有人侵害，此又不可不慎也。占者遇之此课，墓神发用，最为欠利。《经》云："日辰上见墓神加，病者难痊事可嗟。行人失约路遥赊，若当时日便还家。"求官见贵者，有始无终，未易成就。婚姻勿论，成则不吉。占失物宜寻。占行人惊恐不宁。占病讼虽凶，幸而有解。交易难成。主客未利，彼此猜忌。投谒托人者，亦未许其和协也。占宅虚耗不足。

占出兵行师得此，大忌暗里机关，为敌使侵袭，慎宜防守，昼占忧心众畏而不宁，夜占稍吉。大抵此课，刑冲太甚，必见闹斗之声，所幸末传无力，又不可解之意，吉凶之占，亦有始无终之论。

真一山人云：暗里机关早预防，谋为且止自无伤。宅中耗盗浑闲事，百事占来晚吉昌。

《无惑钤》云：面前相害，就里爱眷。若论交财，彼明己暗。

《钤解》曰：午丑相害，酉辰相合，外虽不睦，而就里亲爱也。三传俱土，皆为日财，支墓覆干，先被其蒙蔽，日财生支，甚有益于彼矣，非彼明己暗而何？《集议》："支坟财并旅程稽"内列此日，谓贩商折本，在路阻程，凡谋蹇滞不亨通也。"宾主不投刑在上"谓此三刑在传，凡占恃强凌弱，若干上神生旺不空，更乘吉将，乃名能刑于他人。

乙酉日第五课

元首　从革

```
蛇 青 常 贵        青 玄 贵 勾
丑 巳 申 子        丑 巳 申 子
巳 酉 子 乙        巳 酉 子 乙


子 癸 巳 青        子 癸 巳 玄
财 己 丑 蛇        财 己 丑 青
官 乙 酉 玄        官 乙 酉 蛇


蛇 朱 六 勾        青 空 白 常
丑 寅 卯 辰        丑 寅 卯 辰
贵子      巳青     勾子      巳玄
后亥      午空     六亥      午阴
戌 酉 申 未        戌 酉 申 未
阴 玄 常 白        朱 蛇 贵 后
```

《鬼翼赋》云：武盗若匿孤虚，捕捉难为致力。此课夜占，太乙临酉，将得玄武，是阳神也。太乙本位得大吉，为玄武阴神，缘大吉带相气，不敢为盗。乃责大吉本位，上见从魁，此为盗人。从魁上见螣蛇，下临丘冢，盗人从西往东北，丘墓之间必见惊恐隐藏。甲申旬，午未为孤，子丑为虚，今此盗隐藏于丑，是立虚地，捕之必然不获。

《毕法》云：此课三传金局为日之鬼，却生干上子水以育日干，是引鬼作福，凡占顺遂，若有冥助。又云：贵人临身，常人宜见贵，士人则得官，官人则获庆也。又云：支上巳脱干，干上子脱支，互有脱气，人宅俱被衰耗，彼此各怀侵扰。

《玉历钤》云：此三传皆为日鬼，占病最凶，余皆无成。

上神生日，日上克支上，上神克用，初克末，末传克日。

此课名元首、从革。夏秋旺相宜变改，春冬鬼局，凡所谋望，隔三隔四，艰难而成，辄变而复合，亦可用，以龙玄蛇水将乘金不凶，小人有灾。

《义》曰：革而后变，阻而后通。难作为易，仇化为恩。众得相维，渐觉光辉。秋冬得此，声誉巍巍。

《象》曰：化难生恩日日新，莫教亥未卯相亲。命年见此非为吉，蜜里藏砒忌成臻。

此元首之卦，一曰从革，亦曰龙战。夫元首者，尊制卑，贵役贱之象。占事多顺，利于先举，事多起于男子。为臣忠，为子孝，正大光明而无邪僻之行，德业已著而乾乾进修，常怀危惧，惕励而无咎也。传见从革，先从而后革也。凡事隔阻，有气则革而进益，无气则革而退失。一曰兵革，一曰金铁。大抵五行正气入十干杂糅之乡，异方三合乃生旺墓之神，事主丛杂不一，主关众谋，不然两三处干事，委曲托人与人相合之类。况龙战，主人心疑惑，进寸退尺，动有乖离之象。卯酉为天之私门，生杀有限，分杜有期，雷动龙奔，示其有战。上神生日，所谋百事吉，运用如意，遇灾不凶，逢吉愈吉。若当季神生日，则声名显达。此乃有人上门生我、助我之意，未免先见阻难，然后方得其美也。占者遇之此卦，求官见贵者，先阻后成，凡事先从后革。占婚姻不宜。谋望干事，非止一处也。占求财轻得。讼病难中生易。所占者多见改革，内占人年命上见未字、戌字，号曰"蜜中砒"，恩反成怨。

占出兵行师者，固多阻多难，所喜难里生恩，有大胜之兆，得宝货图书，夜占慎加防守，失物忧愁，愁而复喜。为将者，宜致思焉。

化恶为福。

真一山人云：众鬼垂怜化福神，几番难处易相亲。若非积德阴功盛，争得从今喜事臻。

《无惑钤》云：满盘皆鬼，来生子水。宜远其财，忧变成喜。

《钤解》曰：三传皆鬼，若可忧也，殊不知反生干上子水而育身，又变为喜也。切不可以中传丑土为财而取之，乃险危之财，取则祸不旋踵矣。《集议》："人宅受脱俱招盗"内列此日，为干支互脱，谓彼己各怀脱漏之意，谚云"天网恢恢，疏而不漏"，又"东手得来西手去"。夜占帘幕临干。"万事喜忻三六合"内有此日例。又引《经》云"三六相呼见喜忻，纵然带恶不成嗔"，且夫带恶者，如金日得寅午戌，纵然三传克干，亦不能为祸，尚可成合，况三传生日，或作日财，有不吉乎？凡谋全无阻碍，中间有人相助成合，唯不宜占解释忧疑。占病其势弥笃，占行人喜而不来。"众鬼虽彰全不畏"内列此日，谓引鬼为生，全鬼变为财。交车脱，虽彼此交涉用事，但各怀相脱之意。

乙酉日第六课

知一　俱生　自取乱首　不备　折腰　不行传
我求彼事干传支

```
蛇 常 空 蛇          六 常 阴 六
亥 辰 午 亥          亥 辰 午 亥
辰 酉 亥 乙          辰 酉 亥 乙


父 丁 亥 蛇          父 丁 亥 六
子　午 空 ◎          子　午 阴 ◎
财 己 丑 后 ⊙        财 己 丑 青 ⊙


贵 后 阴 玄          勾 青 空 白
子 丑 寅 卯          子 丑 寅 卯
蛇亥　　辰常        六亥　　辰常
朱戌　　巳白        朱戌　　巳玄
酉 申 未 午          酉 申 未 午
六 勾 青 空          蛇 贵 后 阴
```

《玉历钤》云：此课日辰上神皆生下，气象和平，凡占颇可成遂。

《毕法》云：此课不就干上亥水长生，却乃身居于酉而被脱，禄居于申而受克，是舍益而就损也。盖君子禄有余则周恤，财有余则惠济，若或不义，宁贫贱而不受。《易》曰："舍车而徒，义弗乘也。"

凌福之订正《钤》云：此课乙日，不可以亥作初传，自作辰课不备可也，当以午加亥为用。如有官人占之，不可占官；如常人占之，反宜避难除祸。缘末传之申金为官鬼，被初传之午火所克，又被中传丑来墓金，兼申自坐于丑墓之上，以是官星全无气也，鬼气亦被消耗，故宜于常人，不利于官宦。

上神生日，辰上克日上，末克初。

此课名知一、阴不备、乱首。日往加辰，进退不由己。魁罡临门作刃，暗昧不足，防为人诈。亥水父母爻加入墓，忧长上灾。谋用逢墓又不备，何由可成？空亡在中传，终虚诈。辰加酉合，虽屈己，亦阻隔。

《义》曰：蓦然课传，事有堪怜。甘心自陷，莫怨神天。虚惊勿怪，终不成害。忧中望喜，谋望当止。

《象》曰：翻身一跃出波涛，不怕烟波万尺高。脱却这场惊险处，无拘无束任逍遥。

此知一之卦。夫知一者，知一而不能知两，知者以为自知、自见，不知为寇仇，故言知一也。以此为用，舍远就近，舍疏就亲，恩中生害，事多起于同类，凡事狐疑，事贵和同乃吉。《经》云："知一卦何如？用神今日比。事因同类起，婚姻失谐为。失物亲邻取，逃亡不远离。论讼和允好，为事尚狐疑。"上神生日，所谋百事皆吉，运用如意，遇灾不凶，逢吉愈吉。若当季神生日，主声名显达，岁命生日者尤吉。日为人相助，夜乃神相助。此乃有人上门生我、助我，不待我之求谋，自然相助之理也。惜其传入脱空之乡，则又为美中之不足也。以此占人，主事遇有亲友提挈荐助，事将有成，却便阻滞，或无力而止也。占者遇之此课，乃守旧安常之象，然而守旧不动，反致无益而有损，事将不成，财将先费，徒劳而无功。占求官、见贵、交易、和合、托人、投谒、问婚、求财、占宅、占产、远行，百事无力，难成易失，惟暴病吉，久病又凶，能解难，忧惊自消。

占出兵行师得此，昼占忧心众畏，夜占宜得金宝美利。利主不利客，利后不利先。大抵所占，吉不吉而凶不凶，乃无结果之课也。

虎头鼠尾。

真一山人云：今岁田畴望有秋，到头空自没来由。从兹事事都忘却，坐对青山笑白头。

《无惑钤》云：亥水乘丁，并入宅庭。舍益就损，空脱交并。

《钤解》曰：舍亥益，而就酉脱损。亥乘丁神生，益似有益也，弃而不守，遂遭中末之空脱，已无所依，乃奔入酉宫求合，而甘心受脱。非舍益就损而何？《集议》："上下相和两心齐"内列此日，谓干加支，为干支相会，而上下作六合。两贵相协。

乙酉日第七课

知一　反吟　真龙战　三交　交车害

权摄不正禄临支

六	玄	常	朱
酉	卯	辰	戌
卯	酉	戌	乙

蛇	白	常	朱
酉	卯	辰	戌
卯	酉	戌	乙

兄	辛卯	玄
官	乙酉	六
兄	辛卯	玄

兄	辛卯	白
官	乙酉	蛇
兄	辛卯	白

```
蛇 贵 后 阴
亥 子 丑 寅
朱 戌        卯 玄
六 酉        辰 常
申 未 午 巳
勾 青 空 白
```

```
六 勾 青 空
亥 子 丑 寅
朱 戌        卯 白
蛇 酉        辰 常
申 未 午 巳
贵 后 阴 玄
```

《玉历钤》云：此课初传与日为害，中传与日为鬼，气象不和，人情不顺，凡占百事，皆无所成。

《毕法》云：此课天盘支干上神作六合，地盘支干亦作六合，凡占必主志同气合，竭力干事，然以反吟之体，亦主反复，终难凭据。又云：白虎加辛卯为日鬼，而临酉地，又为初传，其祸最深，又为可畏之甚，占者必当恐惧修省，庶免祸患。惟君子恐惧以先之，修省以断之，修省者恐惧之功用也。修其身，省其过，则不但无恐无惧，自无祸患矣。

日克上神，辰上克日上，用克日上。

此课名反吟。反复不定，况又将凶，魁罡临日上二课。凡昼占谋望，宜防失脱，阴私虚诈不明之事。暮占疾病惊恐，争斗冲破，灾动不足，静则有忧，谨身修德，防微杜渐弭灾。

《义》曰：卯酉相加，事未和谐。昼占男女，犹恐越礼。婚姻勿用，媒妁不明。谨慎门户，以防私情。

《象》曰：天下人情贵顺和，有些不睦便差讹。于今遇事能合气，免使临时惹恼多。

此无依之卦，一曰龙战，亦曰三交，又曰斫轮。夫无依者，即反吟也。《经》云："无依是反吟，逃者远追寻。合者应分散，安巢别改林。守官须易位，结友也分襟。所为多反复，占病数般侵。"反吟刑冲，事主迟滞，远近系心，更相仇怨，且反复而呻吟，是无予夺而难息也。况真龙战，主人心疑惑，进寸退尺，动有乖离之象。卯酉为天之私门，生杀有限，分杜有期，雷动龙奔，示其有战。传见三交，前不能进，后不能退，交加其象。家匿私阴，或欲自逃隐避，凡事失节阻碍，谋事被人阻破，不能成合也。若九月将占，男子行年抵犯，为天烦，惹刑罪；月宿抵，为地烦，女子血光之惊。《经》曰："欲知斫轮，车临斧斤。"又曰："庚申共处为斧斤，卯木单称立作车。太冲作用来金上，斫削修轮官爵除。"占事遇之此课，反复不宁之象。昼占玄合互传，所占必多私意，占宅、占人，有男女奔亡之象，占婚姻则媒妁不明，不宜成合，惟严肃守礼者，庶或免之。夜占又非此论。凡占得此课，求官见贵，反复难成。谋望求财，亦复如是。交易、投托、远行，未见顺利。占病讼不宜，忧惊宜慎，惟宜修德可也。

占出兵行师，乃大不宜，须再选卜，若不得已而用之，全在为将者相机而行。慎之！慎之！

绝禄之象。贵修德。

真一山人云：雷动龙行风雨随，滂沱需泽过于时。早施喜事祈晴转，莫使将来悔吝迟。

《无惑钤》云：三辛临卯，所谋被恼。夜逢虎蛇，禄难求饱。

《钤解》曰：禄寄支，被支宅克。卯遁旬辛，皆作日鬼，难当三见。夜占三传，蛇虎交临，况酉为隔阻，卯为失约，用重卯酉，事主参差，所以恼怀也。卯禄既居鬼酉乡，昼玄夜虎，卒不可守，欲求饱，不亦难哉？《集议》："权摄不正禄临支"内有此日例。乙酉日，卯加酉，乃禄神被宅所克，必因起盖屋宅而失其禄，难以权摄论。卯遁辛鬼，夜虎临支发用，殃非浅也。"上下相合两心齐"内列此日，谓主宾相顺，神合道合。又交互六合。

乙酉日第八课

知一　上门乱首　真天狱　寡宿　不备

```
青 阴 阴 六          后 空 空 蛇
未 寅 寅 酉          未 寅 寅 酉
寅 酉 酉 乙          寅 酉 百 乙


财　未　青 ◎        财　未　后 ◎
父　戊　子　贵 ⊙    父　戊　子　勾 ⊙
子　癸　巳　白      子　癸　巳　玄


朱 蛇 贵 后          朱 六 勾 青
戌 亥 子 丑          戌 亥 子 丑
六 酉      寅 阴    蛇 酉      寅 空
勾 申      卯 玄    贵 申      卯 白
未 午 巳 辰          未 午 巳 辰
青 空 白 常          后 阴 玄 常
```

此课支来加干，名上门乱首格。又用神当死囚，斗罡系日本，辰加亥，名天狱，不有大服，必有大祸。初传又害中传贵人，行年又加六害贵人之上。甲乙以子为父母，先主横扰，次主丧母，丧母之后，又主重丧，重丧之中，又防失火。如见此数，凶乃无虞也。冯主簿五月二日占课，六月十七日婢子争宠，因责之，遂自缢而亡。县尉与主簿不足，依法看验，申州府，拘在能仁寺。将及一月，母亡，遂得丁忧而去。支神犯日，乃下犯上也，酉为婢，六合为人口，五月火鬼在酉，故主非横而死。酉金克乙木，为婢所害，亦下犯上，被县尉申，亦下犯上，贵人六害，所以被太守黜罚。又未为眷属，未宫见子为母，母受土克，又受未害，行年加之，重害重克，所以亡母。五月巳为月病符入末传，加于母之本宫，归丧于家。又两月，母之妹又死，母之妹亦是冯公共养在家。姨母并母未葬，而厨下火发，烧将及堂而灭。大凡火鬼克人，不是一个可当。盖六合为棺木，火鬼夏月在酉，上下相贼，主重丧。①

————————————

① 《壬占汇选》作：建炎戊申年五月乙酉日申将卯时，冯修职己卯生，八月十六日辰时生，三十岁占家宅。

《金镜歌》云：占课用神当死囚，仰见其丘俯见仇。更见斗罡加日本，四凶天狱是其由。正月己酉午时课，小吉临寅故曰丘。春占土死未为墓，土畏于寅又是仇。乙生于亥将为本，斗指当为父母忧。临仲己身兄弟患，儿孙妻妾未为愁。

《玉门经》曰：用神死囚，斗系日本，名曰天狱，仰见其丘，俯见其仇，以此占人，祸忧囚系，虽青龙莫能救。此课小吉临寅为用，将得青龙，春土死，斗系亥，亥是乙木之本，是为"斗系日本"；木墓于未，木却克土，小吉临寅，是为"仰见其丘，俯见其仇"。当主囚系，牢狱之灾。

《毕法》云：此课日干乙木克初传未土为财，初传未土克中传子水，中传子水克末传巳火，是迤逦为财，凡占求财，当大获也。又云：未加寅为初传，乃害中传之上天乙贵人，又作空亡，若占讼，虽理直，必致枉断，小事而有大凶，余占皆弄巧成拙，止宜识时宜然。《易》曰："括囊，无咎无誉。"

上神克日，日上克辰上，日克用。

此课名知一、阳不备。空发用无成，要用须当在别旬。执人虚诈，忧危虽有不为迍。执一忘一，辰来加日克日，去住不由己。况墓用，主重谋，凡百占不备，主难成牵制，止而复发。支上为劫煞，人物伤矣。初难末顺，以末见合也。空亡为用，所传无实。

《义》曰：外来欺侮，尤防嗔害。发用传空，幸得为解。事贵和同，占人孤茕。所谋更改，有影无踪。

《象》曰：脱去闲愁渐觉欢，眉鬐从此笑将宽。功名富贵难施设，醉把菜黄仔细看。

此知一卦，一曰寡宿。夫知一者，知一而不能知两。知者以为自知、自见，不知者以为寇仇，故言知一也。以此为用，舍远就近，舍疏就亲，恩中生害，事多起于同类，凡事孤疑，事贵和同乃吉。传见寡宿，《赋》云："孤辰寡宿，值此尤妨骨肉。"若占身得此，主见孤独，别离乡井，自立门户，财物虚耗，僧道宜，俗不宜也。《经》云："占人孤独离桑梓，财物虚耗伴不亲。官位遇之须改动，出行防盗拟人侵。所闻传事皆非实，卒病遭官不害身。"日被上神克，凡事抑塞阻滞，病讼不吉，防人侵损不和，所幸发用有解，又不得意处而得意也。占者遇之此课，若羝羊触藩之象，凡百宜和惠而处之，亦见有凶中获吉之美，惟能随遇而安，顺理而行，乐夫天命，如此则将来亦有好事不求而至矣。占求官、见贵、求名、问婚、交易、求财、托人、干用、投谒、远行，凡占不劳用意，重求轻得，则犹未知何如。若惊疑、忧虑、患难、暴病、公讼、禁系得此，又为福德，以其能解之也。占久病不吉。

若出兵行师得之，有失众之象，防诡诈侵侮，为将者宜详审而处之。大抵占吉凶俱不成也。

成事防变。

真一山人云：不爱留侯伴赤松，笑看世事转飞蓬。两途凶吉皆虚幻，回首巴山绿叶红。

《无惑钤》云：三传空盗，切勿倨傲。就户欺凌，以直为报。

《钤解》曰：未旬空，子落空，巳盗气，三传俱不得力矣。支来克干，乃上门乱首，受制卑下，若倨傲，以尊自处，被害必矣。寅，支德也，与日比类，虽以德相报，亦不足以赎其欺凌之罪。《集议》："三传互克众人欺"内列此日，为求财大获。"害贵讼直遭屈断"内列此日，谓乙酉，未加寅为用，害中传之昼贵。酉乃乙木胎神，但非妻财，十月为生气，主婢妾有孕。支加干相会，谓上下作六合。

乙酉日第九课

元首　九丑　润下

万事喜忻三六合

```
白 后 贵 勾          玄 青 勾 贵
巳 丑 子 申          巳 丑 子 申
丑 酉 申 乙          丑 酉 申 乙


官 甲申 勾          官 甲申 贵
父 戊子 贵          父 戊子 勾
财 壬辰 常          财 壬辰 常


六 朱 蛇 贵          蛇 朱 六 勾
酉 戌 亥 子          酉 戌 亥 子
勾申      丑后      贵申      丑青
青未      寅阴      后未      寅空
午巳辰卯            午巳辰卯
空白常玄            阴玄常白
```

《玉历钤》云：此课德神临日，凶变为吉，为占凡事成遂。

《毕法》云：此课支上丑土生起干上申金为日鬼克日，是丑老奸也，教唆申为恶，占者必有旁人教唆仇家告害者，宜慎防之。又云：三传申子辰水局，全来生干之乙木，是眷属丰盈而丁口多也；酉金为宅神，反生三传之水，是基址狭隘而房屋少也。占者得之，乃应此象。又云：子加申，昼贵加于夜贵之上，贵人聚会。人若干谒，必不得见，惟宜贵人往见贵人，乃得见也。三传皆有昼夜贵人，贵多不贵，若告贵者，反不得济也。又云：三传水局并来生干，又支上见丑，乃名三合中又六合，为全吉之象。兼三传天将皆土神，为日之财，尽可求财，但不利占尊长，又不利占作生计，缘天将土神克生气故也。

用神德合克日，辰上生日上，用克日。

此课名元首、润下。带德发用，又三传生日为吉，虽名九丑，阴翳不足之象，然双贵递互引用。水浮乙木，漂荡不定，所幸为德，水局绝处能生，旺相传为吉。三传生日，宜托人干事。

《义》曰：屈而不伸，得此多嗔。看看渐美，不觉欢忻。课逢元首，子孝臣忠。谋望利益，举动雍雍。

《象》曰：风云庆会际明良，君子时亨道渐昌。先屈后伸终得意，归来衣锦喜洋洋。

此元首之卦，一曰天网，亦曰润下。夫元首者，尊制卑，贵役贱之象。占事多顺，利于先举，事多起于男子。为臣忠，为子孝，正大光明而无邪僻之行，德业已著而乾乾进修，常怀危惧，惕励而无咎也。且天网者，即天网四张也，《经》曰"天网四张，万物被伤"，为阻滞，为疑难，为灾恼。况润下，主沟渠、水利、舟楫、渔网之类，动而不息之象。流而必清，清则必洁，宜动不宜静。事主关众，亲朋相识之务。克应多是过月，牵连疑二。利占成合，不利占解散。此乃五行正气入十干杂糅之乡，异方三合乃生旺墓之神，事主丛杂不一，主关众人共谋，不然两三处干事，委曲托人与人相合之类。又如推磨，转去转来非一遍也。况三传生日，有众人相助之象，但未免勾留迟滞，屈而不伸也，或两头干事。占者遇之此课，求官见贵吉，百事有人维持。婚姻未合。占求财轻微。占投谒、交易、托干、失脱、逃盗，得此利益，最怕占人年命上见午、卯、未字，乃曰"蜜中砒"，恩将仇报。不利散忧。讼病迟。

占出兵行师得此，昼占先见不利，或有折伤，后却大利，夜占全利。为将者，要当振作自利可也。

秋冬大益。

真一山人云：秋冬谋事百图成，年命休逢卯午名。若使两支无犯一，停看随处自光亨。

《无惑钤》云：人盛宅狭，贵多不协。将土传水，财印交接。

《钤解》曰：帘幕申，旬中首。夜贵在干。作申子辰水局，生干脱支，人盛宅狭。课传皆贵，贵多不协也。昼夜将，财也，三传水局，印也，非财印交接而何？《集议》："眷属丰盈居狭宅"内列此日，义见本旬甲申日第九课。"万事喜忻三六合"内有此日例，又非引《经》云"三六相呼见喜忻，纵然带恶不成嗔"，凡谋皆遂，有人相助成合，全无阻碍，唯不宜占解忧疑，占病弥笃，行人喜而不来。三传天将皆土，俱是日财，大不宜占长上、生计，土神克生气故也。帘幕临日发用，末助初克干。昼夜贵加，支上生干上作鬼，不利干谒，求财有祸。夜贵作鬼临身，占病乃神祇为害，不可作鬼祟。

乙酉日第十课

重审　孤辰　稼穑　闭口

```
玄 贵 朱 青          青 常 阴 蛇
卯 子 戌 未          卯 子 戌 未
子 酉 未 乙          子 酉 未 乙


财    未 青 ◎        财    未 蛇 ◎
财 丙 戌 朱 ⊙        财 丙 戌 阴 ⊙
财 己 丑 后          财 己 丑 白


勾 六 朱 蛇          贵 后 阴 玄
申 酉 戌 亥          申 酉 戌 亥
青未      子贵      蛇未      子常
空午      丑后      朱午      丑白
巳 辰 卯 寅          巳 辰 卯 寅
白 常 玄 阴          六 勾 青 空
```

《玉历钤》云：此课费力无成，若旦贵，行年、本命有吉神，虽成亦费力。

《毕法》云：此课日干之墓临于干上发用，主人口灾殃。又曰：墓神覆日，凡占所行，如在昏雾之中，朦朦瞳瞳，恍恍惚惚，不得伶俐清爽，行年本命值之，犹为凶晦。

日克上神，日克用，日克三传。

此课名重审、稼穑。空墓发用，未为墓，仰见其丘，下克上，俯见其棺。三传刑战，财爻用落空，百事止而不发，亦不为用，愤闷而已。

《义》曰：似昏不昏，幸得光明。一空才见，百谋难成。有声无实，何为进益？新病乍祸，方保无虞。

《象》曰：千里挑担负笈来，文章辜负有奇才。云梯欲踏难施力，且待蟾宫桂再开。

此重审之卦，亦曰寡宿，又云稼穑。夫重审者，重而审之也。利为主，利后动，长有厄，事从内起，起于女人。以下犯上，贱犯贵，卑犯尊，事多不顺。阴小在下者，有悖逆之事。占臣未忠，子失孝，事不可遂意而行，必当审察，循乎义理，庶几以免后患也。传见寡宿，《赋》云："寡宿孤辰，值此尤妨骨肉。"（原抄本此处有文字脱漏）利于散惊忧而除患难。暴病不畏，久病则凶。

占出兵行师，虑恐失众，昼夜占吉凶不成，大抵吉不成吉，凶不成凶，功不成而名不就，不如置之别图为妙。最忌敌使诈伪，不可听其言。托人干事，亦不得人用也。

事多更变。

真一山人云：战斗凶刑少得宁，未曾交接动金声。令人报探浑无用，凶吉收兵两不成。

《无惑钤》云：两未墓乙，赖众悯惜。子害戌刑，丑冲渐吉。

《钤解》曰：未墓临干发用，乙木两遭蒙蔽，昏滞甚矣。幸而支上子来害之，中传戌来刑之，末传丑来冲之，庶几渐渐而吉，若非众人悯惜，何以去其蒙蔽之患哉？《集议》：夜占帘幕临支。宾主不投刑在上，主恃强凌弱，说见本日第四课。日辰上神六害，发用丘仇，三传刑战，财爻发用空亡，百事止而不发，愤闷而已。

乙酉日第十一课

重审　六仪　涉三渊

脱上逢脱防虚诈　空上乘空事莫追

```
后 蛇 勾 空          白 玄 贵 朱
丑 亥 申 午          丑 亥 申 午
亥 酉 午 乙          亥 酉 午 乙


官 甲 申 勾 ⊙        官 甲 申 贵 ⊙
财 丙 戌 朱          财 丙 戌 阴
父 戊 子 贵          父 戊 子 常


  青 勾 六 朱          蛇 贵 后 阴
  未 申 酉 戌          未 申 酉 戌
空午      亥蛇      朱午      亥玄
白巳      子贵      六巳      子常
  辰 卯 寅 丑          辰 卯 寅 丑
  常 玄 阴 后          勾 青 空 白
```

《玉历钤》云：此课日德化为财神，日上午火却是空亡无力，春夏求财称意，所求亦成，秋冬凶否。

《毕法》云：干上见旬空，又乘天空，凡占指空说空，全无实象。又云：干上支上皆乘脱气，凡占必被人脱赚，或盗窃财物。如占病，定缘起盖房屋费用过多，而致心气衰弱，以成虚惫，宜补元气，斯获愈矣。

上神盗日，辰上克日上，用德合克日。

此课名重审、间传。用又落空，凡事主退进费力，始有成，恐亦无终。所喜午火，虽名伤德，午为空亡无力，不能伤申德。秋冬阻，春夏尚可求谋。首尾贵人，传终皆合，亦可为吉。

《义》曰：多闻不实，凶化为吉。耗泄频仍，令人戚戚。心事未伸，厄塞屈抑。固穷安分，久之福及。

《象》曰：命逢蹇滞历艰辛，否极应知泰渐新。莫道动为难称志，将来光显自超人。

　　此重审之卦，一曰天网。夫重审者，重而审之也。利为主，利后动，长有厄，事从内起，起于女人。以下犯上，贱犯贵，卑犯尊，事多不顺。阴小在下者，有悖逆之事。占臣未忠，占子失孝，事不可遂意而行，必当审察，循乎义理，庶几以免后患也。事防再举，病防再发。且天网者，即天网四张也，《经》曰"天网四张，万物被伤"，为阻滞，为疑难，为灾恼。一名进间传，间阻之义，进中有隔，隔而后进。又名涉三渊，亦见艰难辛苦，事不易成。况日生上神，虚费百出，谋望不遂，盗失损财，人口衰残，休囚为重，又为子孙脱漏之事。天将又脱，犹为脱耗之象。占者遇之此课，不凶但事多阻难，有迁宅动改之象。求官见贵者，未足称心。求婚买婢者，终须反目。宾来谒主，不得欢忻；主去投宾，多见隐避。交易不合。求财少遂。失脱宜寻。逃者自回。盗者得获，目下未称。讼病迟滞有解。忧疑不畏。

　　占出兵行师，昼占有战斗折伤士卒之理，夜占有开地千里之功。其敌使之来，未免有虚，但畏伏而不敢。此课大利主兵，不利客兵，利后动，不利先动，亦有粮储不足之象，宜预处置。况有间隔，行兵之际，多方哨探，贵乎将之谋略。大抵凶吉难成之象也。

　　阻隔更变。

　　真一山人云：君子才全道未亨，窗前且听读书声。逢忧不减心中乐，遇喜还期愁变更。

　　《无惑钤》云：空脱临身，宅乘马丁。二贵坐克，移马方亨。

　　《钤解》曰：午临身，空且脱也，耗费无穷。亥临宅，丁兼马也，变动不一。贵俱逆，各坐克方，事必参差，干之无益。夜贵作官鬼，占讼改换问官，方得亨利也。《集议》："贵人差选事参差"，谓昼贵居夜，夜贵居昼，告贵事不归一，谚云"肩担两头脱"。"脱上逢脱"、"人宅受脱"内列此日。涉三渊："欲动不动涉三渊，申戌子兮在目前。进退艰难还万状，对面占之是隔年。""空上逢空事莫追"内列此日，昼占为指空话空而无实迹之象，以午为脱空神。两贵受克难干贵。

乙酉日第十二课

重审　顺连茹　斩关　贵登天门

后 阴 空 青　　　玄 阴 朱 六
亥 戌 午 巳　　　亥 戌 午 巳
戌 酉 巳 乙　　　戌 酉 巳 乙

父 丁 亥 后　　　父 丁 亥 玄
父 戊 子 贵　　　父 戊 子 常
财 己 丑 蛇　　　财 己 丑 白

空 白 常 玄　　　朱 蛇 贵 后
午 未 申 酉　　　午 未 申 酉
青巳　　　戌阴　　　六巳　　　戌阴
勾辰　　　亥后　　　勾辰　　　亥玄
卯 寅 丑 子　　　卯 寅 丑 子
六 朱 蛇 贵　　　青 空 白 常

《玉历钤》云：此课用神克日上神，与克日一般，亦谓之鬼，凡占艰难费力，所事不成。

上神盗日，日上生辰上，末克初。

此课重审、进茹。后武用，阴私不明。三传皆水，干众，水流趋下。然传皆生日，后玄又水，上下相生，必有阴私、印信事，进可得合。况阴私魁罡，安免唇吻？先必不足，变革始顺，不然隔成。

《义》曰：先耗后益，凶而转吉。三传生助，屋狭人密。谋望有成，阴贵助亨。事先急速，且免虚惊。

《象》曰：旧事重新要两番，心事中多有根源。牵枝带叶先宜断，大敞襟怀且莫烦。

此重审之卦。夫重审者，重而审之也。利为主，利后动，长有厄，事从内起，起于女人。以下犯上，贱犯贵，卑犯尊，事多不顺。阴小在下者，有悖逆之事。占臣未忠，子失孝，事不可遂意而行，必当审察，循乎义理，庶几以免后患也。事防再举，病防再发。《经》曰："一下贼上名重审，子逆臣乖弟不恭。事起女人忧稍重，防奴害主起妻纵。万般作事皆难顺，灾病相侵恐复重。论讼对之伸理吉，先讼虚张却主凶。"亥子丑乃进连茹，进中有退，欲进不进，欲止不止，节外生枝，凡事急速。日生上神，虚费百出，盗失损财，人口衰残，谋望不遂，休囚尤重。占者遇之此课，丁马发用，为子孙，有改旧生新之事，还见阴贵赞助之美，失而复得之象。求官见贵相合。婚姻有生助夫家之好。求财有。交易合。投谒人者，徒费粮裹。病沉不妨。逃盗勿获。讼和解。远行吉。

占出兵行师得此，昼占无威不宁，夜占失众以忧愁，主客相生，有讲和之好。大抵此课，发用生助，吉者多而凶者少，成者众而欺者寡，亦中吉之课。为将者，能运谋画策，善于用人，知彼知己，出于不意，则致胜必矣。岂执一而行也？

欲断未断。

真一山人云：自来天地少全功，斯理分明达者通。卜此中平为大利，能成好事散诸凶。

《无惑钤》云：面前被盗，前路事告。生因动逢，庶绝虚耗。

《钤解》曰：巳居乙前，盗干之气，乃面前盗也。巳不可守，遂动而逢亥子之生、末丑之财，甚有益也。虚耗之患，庶可免矣！《集议》："眷属丰盈居狭宅"内列此日，论三传全水，脱宅生人。两贵不协，变成妒忌，子加亥，申加未，互换作六害。

丙戌日

丙戌日第一课

伏吟　玄胎

```
后 后 空 空          后 后 勾 勾
戌 戌 巳 巳          戌 戌 巳 巳
戌 戌 巳 丙          戌 戌 巳 丙


兄 癸 巳 空          兄 癸 巳 勾
财 甲 申 玄          财 甲 申 蛇
父 庚 寅 六          父 庚 寅 白


空 白 常 玄          勾 六 朱 蛇
巳 午 未 申          巳 午 未 申
青辰     酉阴       青辰     酉贵
勾卯     戌后       空卯     戌后
寅 丑 子 亥          寅 丑 子 亥
六 朱 蛇 贵          白 常 玄 阴
```

《玉历钤》云：此课伏吟，夜将勾陈，申中有水为鬼，是为凶课，凡事皆不可用，惟行人则归。

《毕法》云：此课虽是伏吟，初传为德禄，中传为财，末传为长生，颇吉，又无空亡，凡占可用（眉批：三传相刑，吉凶各减，年命相助者胜）。

上神德日，日上生辰上。

此课名伏吟、玄胎。诸神不动。丙日巳为德禄，申为财，六合乘寅，又生丙火，虽斩关、励德，干墓加支乘后，魁罡临辰，巳为巽风生讼，三传相刑，主阴小不明，但德为禄，巽顺难止而复行，德神为救不凶。空勾加日，有招呼。三传刑，六合临寅，申为道路，主有动望。此乃吉课。

《义》曰：禄马长生，福自交并。占病不吉，恐见哀声。急宜修善，免致忧惊。求官得此，富贵光亨。

《象》曰：神藏煞没最为祥，卜此应知大吉昌。好事自成凶事散，无忧无虑也无伤。

此自任之卦，一曰玄胎。夫自任者，乃伏吟之卦。天地伏吟，十二神各归本家，天地如一，四伏未发之象。占事静则宜，动则滞，主事藏匿不动，静中求劳，有屈而不伸之象。况玄胎如婴儿隐伏之状，利上不利下，主事远而多伏，暗昧不通，触则成祸，惟君子守正修德则亨。《经》云："占遇玄胎，室孕婴孩。"又云：玄胎不宜占老人小儿病。《经》云："任信伏吟神，行人立至门。失物家内盗，逃者隐乡邻。病合难言语，占胎聋哑人。访人藏不出，行者却回轮。"占者遇之此课，神藏煞没，能消诸凶而散万祸也。占求官见贵吉。婚姻难成，天后乘支脱干，不宜勉强。占财动摇不定。占病凶重，修德可禳。失物宜寻。逃盗可获。讼宜解和，不然惹刑。占远行中平。占投谒人者，徒费粮裹。交易合。托人得力。占宅不宜。

占出兵行师得此，昼占虚诈不实，乃曰军中被毁，夜占则战士折伤，行兵忌。

真一山人云：小儿卜病莫教逢，久病占之也见凶。除此两般俱利益，吉人天相福从容。

《无惑钤》云：财禄长生，传内俱逢。居家昏暗，闭口平安。

《钤解》曰：寅长生，申、巳财禄也，俱在三传，不待动求，而已坐享也。但戌为丙墓临宅，居家昏暗。巳乃旬尾，为闭口，惟闭口谨言，可获平安之体矣。《集议》："宾主不投刑在上"内谓此三刑在传，未免有无恩之意，凡占恩反招怨也。

丙戌日第二课

元首　逆连茹　斩关

```
玄 阴 勾 青          蛇 贵 空 青
申 酉 卯 辰          申 酉 卯 辰
酉 戌 辰 丙          酉 戌 辰 丙


父 辛卯 勾          父 辛卯 空
父 庚寅 六          父 庚寅 白
子 己丑 朱          子 己丑 常


青 空 白 常          青 勾 六 朱
辰 巳 午 未          辰 巳 午 未
勾卯      申玄      空卯      申蛇
六寅      酉阴      白寅      酉贵
丑 子 亥 戌          丑 子 亥 戌
朱 蛇 贵 后          常 玄 阴 后
```

此课日上辰即龙也，又见青龙，又是斩关，三传又再见父母，此皆好课。但临赴任，为母所阻。宅上酉作太阴，是阴贵人，丙火死于酉，而见太阴，来年必阻服。自后数任，皆得上人提携。先任海边船场，次任版曹，迤逦至于太常，寿得其中矣。程主簿见任饶州德兴县主簿，当年赴任，次年丁母忧，服满得明州船场，迤逦至癸亥年冬初权太常卿，甲子三月故。[①]

《玉历钤》云：此课天罡临日，为鬼之墓也，藏凶，兼三传皆退，初中克末，凡占所事无成。

《毕法》云：此课传皆生日，却克支辰，凡占人虽兴旺，却无正屋可居，纵为官宦，多是寄居，常人得之，必欲逃亡而弃其屋庐也。

上神盗日，日上生辰上，初克末。

此课名元首、连茹。虽顺却逆，卯辰龃龉六害，虽酉财临宅，但壬辰与青龙临日。三传生丙，旦顺天道，暮顺在族。日辰上神，六合无克。火以寅

---

① 《壬占汇选》作：建炎己酉年七月丙戌日午将未时，程主薄戊寅生，三十二岁占前程。

卯为印绶，丑又为寅卯木克，宜进用吉。

《义》曰：勾陈临卯，切防公扰。占病凶危，未敢相保。生气逢吉，阴德之及。棺椁坟墓，冲之勿忽。

《象》曰：退中有进事迟疑，得失中间两见之。卜此要当阴德助，回头一步乐便宜。

此元首之卦。夫元首者，尊制卑，贵役贱之象。占事多顺，利于先举，事多起于男子。为臣忠，为子孝，正大光明而无邪僻之行，德业已著而乾乾进修，常怀危惧，惕励而无咎也。《经》云："四课之中一克下，卦名元首是初因。臣忠子孝皆从顺，忧喜因男非女人。上则为尊下卑小，斯为正理悉皆真。论官先者当为胜，后对之人理不伸。"夫卯寅丑，乃退连茹也，事主退中有进，欲行不行，欲退不退，欲止不止，节外生枝，迟缓之象也。日生上神，虚费百出，谋望不遂，盗失损财，人口衰残，休囚尤重，又为子孙脱漏之象。得不偿费，幸初中生助，得失相须，故曰退入生乡，进之亦难。壬辰在上，守则见殃。得此者，凡事宜退则吉，守则未美，进则陷空，亦何用焉！占者遇之此课，求官见贵，未得遂意，当防公事为扰。占婚姻目下有成，但虑他日夫妻不能和谐。求财难得。占病凶重，宜合寿木以冲化之。失脱宜寻。远行谨慎忍事。占讼有解，亦见勾留。逃盗可获。投谒人者，徒费粮裹。占托人得力。占宅泄气。诸占有屈而不伸之象。

占出兵行师得此，昼占防战士折伤，夜占防诈欺、军中被毁。敌使之来，所言可审察。大抵此课，吉多凶少，忧惊亦不为害也，此又不可不知。

春大吉。

真一山人云：六害无情事未宁，全凭阴骘两相成。公门有扰宜当避，且莫争强惹恼生。

《无惑钤》云：退入生乡，进之亦强。壬辰在上，守则见殃。[①]

《钤解》曰：辰脱丙气，旬遁壬鬼，坐守必受其殃矣。倘弃而前进，则逢旺刃高强，盛极必衰，故亦难也。莫若退而就全木之生，则优游安享其乐，当如此哉！《集议》："人宅受脱俱招盗"内列此日，谓占身被人脱赚，占宅必被盗窃财物，占病定缘起盖房屋费用，以致心气脱耗，而成虚惫，宜服补元气药饵获愈。"眷属丰盈居狭宅"内列此日，谓占人虽亨旺，而无正屋可居，纵为官，多是寄居，或欲逃亡而弃其家，尤的。

---

① 原抄本脱漏《无惑钤》文，今补入。

丙戌日第三课

重审　极阴　交车合

```
白 玄 朱 勾          玄 后 勾 空
午 申 丑 卯          午 申 丑 卯
申 戌 卯 丙          申 戌 卯 丙


子 己 丑 朱          子 己 丑 勾
官 丁 亥 贵          官 丁 亥 朱
财 乙 酉 阴          财 乙 酉 贵


勾 青 空 白          空 白 常 玄
卯 辰 巳 午          卯 辰 巳 午
六寅    未常      青寅    未阴
朱丑    申玄      勾丑    申后
子 亥 戌 酉          子 亥 戌 酉
蛇 贵 后 阴          六 朱 蛇 贵
```

《玉历钤》云：此课朱雀为用，干支互合，气象颇合，求官有荐举之喜，求财不全，婚不成，讼不解。法云：此课干上卯与戌六合，支上申与巳六合，凡占主客相顺，意气投合，可以干事，可以济时。《易》曰："二人同心，其利断金。同心之言，其臭如兰。"盖金石至坚也，然不坚于人，故二人一心，则石可裂，金可拆，所谓同舟而济，胡越何患乎异心也！故曰："二人同心，其利断金。"薰莸同器，一同不能辨嗅味不同故也。取南山之兰，杂北山之兰，纵黄帝不辨之，嗅味同故也，所谓鲁君之声，似宋君之声也。故曰："同心之言，其臭如兰。"

上神生日，辰上克日上。

此课名重审。抬土当门，陆地行舟。间传又多阴，十分凶课。然两贵皆见，两处为财，只是初乃不通，向后亨泰，且为荐举。雀贵勾陈，主有贵人文字勾引之喜，常人宜待时。

《义》曰：六阴相继，昏迷无益。传丑亥酉，事必隔手。抬土当门，出行有阻。百占理同，间隔相忤。

《象》曰：上门相助乐忻忻，雷动龙奔喜仲春。宾主之间尤未美，先难后易莫因循。

此重审之卦，一曰龙战。夫重审者，重而审之也。利为主，利后动，长有厄，事从内起，起于女人。以下犯上，贱犯贵，卑犯尊，事多不顺。阴小在下者，有悖逆之事。占臣未忠，占子失孝，必当审察，循乎义理，庶几以免后患也。况龙战，主人心疑惑，进寸退尺，动有乖离之象。卯酉为天之私门，生杀有限，分杜有期，雷动龙奔，示其有战。丑亥酉又为极阴之象，凡事暗昧不明，利暗不利明。亦曰退间传，退中有隔，退而又进。上神生日，所谋百事俱吉，运用如意，遇灾不凶，逢吉愈吉。日乃人相助，夜乃神相助。若当季神生日，主声名显达，此乃有人上门生助我，不待我之相求也。占者遇之此课，求官见贵者，美中未足。婚姻可成，事多见难。求财迟得。占病多有隔手隔滞之理，宜利膈宽中疏导之剂。失脱隔手。或问远行，抬土当门，阻而欠顺。逃盗宜捕。占宅虚耗。

占出兵行师得此，昼占多讼，虑军戎之见耻，夜占出阵则战士有折伤之象。逢此无益于兵事，若不得已而用之，贵乎量敌而后进，虑胜而后会，申明号令，公行赏罚，能而示之不能，用而示之不用，用间而取，出其不意，必能致其胜也。

事多阻隔。

真一山人云：六合交加喜气容，谁知好处又刑冲。人情美里翻成恶，笑面藏刀不透风。

《无惑钤》云：六合交结，我丰彼缺。二贵相投，事必废业。

《钤解》曰：卯与戌合，巳与申合，干得卯生，支被申脱，交合之后，必我丰彼乏矣。昼贵亥水，夜贵酉金，又投亥家，合而为水入传，丙若贪财，避脱而往，事之必废其业矣。《集议》："昼夜贵加求两贵"内列此日。丑乘朱雀得举荐。丙日得雀贵勾，主有贵人文字勾引之意，常人且待时。极阴之课丑亥酉，百事逢之悉皆丑。占讼省部方端的，病死定为不长久。

丙戌日第四课

玄胎　闭口　蒿矢

```
青常贵六        白阴朱青
辰未亥寅        辰未亥寅
未戌寅丙        未戌寅丙

官丁亥贵        官丁亥朱
财甲申玄        财甲申后
兄癸巳空        兄癸巳常

六勾青空        青空白常
寅卯辰巳        寅卯辰巳
朱丑    午白    勾丑    午玄
蛇子    未常    六子    未阴
亥戌酉申        亥戌酉申
贵后阴玄        朱蛇贵后
```

《玉历钤》云：此课日鬼发用，兼初传克日，又日辰上下相刑，气象不和，人情不顺，凡事不可用。

《毕法》云：寅为干之长生，夜占青龙加之，凡事峥嵘，可以发福，正月占之犹利。

上神生日，日上克辰上，用克日，初克末。

课名蒿矢，又玄胎。无力，虚繁。天罗三煞不刑，进取有诡谋。亥克日，又克巳，又破寅，凡占初有伤。盖雀为鬼克日，日无气，破上遇合，宜奈心屈己。末却可为吉，进望利。

《义》曰：事从外起，讼诉宜止。求官得禄，有头失尾。文书音信，口舌是非。夜占无用，祸散福依。

《象》曰：合中有破人难会，恼里生灾几个知？好事还从阴骘至，举头三尺有神祇。

此蒿矢之卦，一曰天网，亦曰玄胎。《经》云："神遥克日名蒿矢，射我虽端当不畏。贵人逆转子无良，天乙顺行臣不义。家有宾来不可容，亦忧口舌西南至。"主事动摇，人情倒置。象如以蒿为矢，射虽中而不入。祸福俱轻，求事难成，利主不利客。占行人来，访人见。若带金煞，亦能伤人，主蓦然有灾。又曰：蒿矢其忧不大。况玄胎如婴儿隐伏之状，事主远而多伏，暗昧不通，触则成祸，惟君子守正修德则亨。传见天网，《经》云"天网四张，万物被伤"，此乃阻滞之神。又曰"克日人灾恼"，正此谓也。却喜上神生日，所为百事吉，运用如意，遇灾不凶，逢吉愈吉。日是人相助，夜乃神相助。此自然有人上门生我、助我，非我求之于人也。若当季神生日，主声名显达，岁命生日尤吉。占者遇之此课，求官见贵吉，但不喜悦。占婚姻有成，未免动摇。占财有。孕生女吉，忧生产者勿畏。占者病，壮年者不忌，惟忧老人、小儿，名曰再投胎。失脱宜寻。行人吉。讼当和，官不喜。逃盗可获。投谒人者和合。

占出兵行师得此，昼占有开地千里之功，夜占虑兵戎之见耻，口舌谣言。然昼夜所占，未免多生恼见阻，以其用来克制，亦见贵人不喜。课见刑冲，有战斗之象。用兵者知之，量敌虑胜，相机而动，以致全胜，乃上将也。

真一山人云：禄马财官四备全，怪他刑害又相连。美中不足终为吉，好把忠诚恪守坚。

《无惑钤》云：昼贵蒿矢，告之委靡。生气临身，家舍自疲。

《钤解》曰：干上长生，克支亦三合支；支上脱干气，又被支刑。然亥作贵人，临寅发用，水被木脱，委靡无力而不可告也。寅木生起丙火，支上戌未相刑，此所以人益而宅受毁矣。《集议》：巳加申，旬尾加旬首，乃禄神闭口，凡求禄、占病，俱不利也。

丙戌日第五课

弹射　从革　金局

```
六白阴朱              青玄贵勾
寅午酉丑              寅午酉丑
午戌丑丙              午戌丑丙


财乙酉阴              财乙酉贵
兄癸巳空              兄癸巳常
子己丑朱              子己丑勾


朱六勾青              勾青空白
丑寅卯辰              丑寅卯辰
蛇子      巳空        六子      巳常
贵亥      午白        朱亥      午玄
戌酉申未              戌酉申未
后阴玄常              蛇贵后阴
```

　　此课支干六害，一主牛马自伤，支干上丑午六害，所以言牛马自伤也。戌以丑为刑神，作朱雀，是害牛也。何不言田而言牛？春丙火相气相生，火却生丑，牛是受生气之物也。午为屋，为马，言马不言屋者，何也？甲申旬中，午为空亡，空亡乃不定之物，正月天马在午故也。作空亡，而入墓，以居宅为墓，是马先有害也。二主失明，盖午为妇人，午乃南方离卦，离为目，目入墓，是失明也。三主己身有淫婢，而仆从僭之，何也？巳加酉克酉，巳乃是丙，丙是我身，丙以申为妻、酉为婢，克他合他乃是无端也。天空为奴，从而加之巳上，巳即丙，主也，是仆因僭主而有奸也。四主老妇血疾，遂成痨病。乃初传太阴与酉一体也，太阴为老妇，酉为血，加在丑上，为墓土所埋，是血不行。末传带破碎，而成痨疾，从革体也。五主山地有争，乃末传丑是也，春占己身上见丑，是本身相火来生，即为牛也，至于末传，则是秋冬，非丙火之旺时可以生丑土也，故言山地。朱雀主争，行年上子为池塘，加于辰上，辰为峡塘，两池相见，故主争。螣蛇主失理也，发用上犯天鬼煞故也。天鬼煞，歌云："天鬼常从四仲神，建寅居酉逆相寻。行年日上如遭值，殃祸兵刀乱杀人。[1]"

《玉历钤》云：此课金局全财，又三合，中财神发用，可以有为，凡占皆利。

《毕法》云：此课末传丑助其初传之酉，作丙日之财而为发用，凡占必有仗义之人以财相助，可以济用。又云：干支上神丑午相害，主彼此各怀奸谋，交相图陷，切宜备之。

上神盗日，辰上生日上，日克三传，日克用。

课名弹射、从革。火日金局，重重财喜，中传德禄，大利求财。但弹射望空指拟，从革隔涉他人，方可三合，望事虽迟，必有成。酉（疑当作午）为口舌，虎玄临宅，争斗口舌诈伪，终吉。

《义》曰：财墓传财，财自然来。失而复得，何用疑猜？先从后革，事见鼎新。迟迟有用，未必由人。

《象》曰：宅中生气利于人，暗昧阴私不可亲。羊刃伏尸还可畏，阴功化福霭阳春。

此弹射之卦，一曰从革。夫弹射，乃日克神之谓。《经》云："日往克神名弹射，纵饶得中还无力。贵人逆转子无良，天乙顺行臣不义。家有宾来不可容，亦忧口舌西南至。"然事主动摇，人情倒置，更主蓦然有灾。求事难成，祸福俱轻，忧事立散，祸从内起。利客不利主，利先不利后。占人不来，访人不见，不利占讼。弹射无力，不可用事，虽凶无畏。夫从革，先从而后革也。凡事阻隔，有气则隔而进益，无气则隔而退失。一曰兵革，亦曰金铁。大抵五行正气入十干杂糅之乡，异方三合乃生旺墓之神，事主丛杂不一，主关众人共谋，不然两三处干事，委曲托人与人相合之类。又如推磨之象，转去转来非一遍也。日生上神，虚费百出，谋望不遂，盗失损财。三传之财，反盗宅气，因此论及。占者遇之此课，求官见贵，未必全吉。占求财，得失相平。婚姻不宜。占投谒人，美中不足。病伤筋骨肺，《经》云"劳心而致"。成事中有更改，急不能散事。占逃盗可获，有变。

占出兵行师得此，昼占行兵，多中途有止，夜占开地千里之功，兵革相交四五旬也。主客相生，两家暗有侵损，尤当相机而行，密加详察，不可轻忽。

变革迟疑。

真一山人云：得失相将未足论，主宾暗计各纷纭。忧疑须见迟迟散，凶

---

[1] 《壬占汇选》作：戊申年正月丙戌日子将辰时，任太公甲午生，七十五岁占家宅。

吉都来两处分。

《无惑钤》云：将助财业，尽得尽缺。纵挈归家，如汤沃雪。

《钤解》曰：夜将纯土，助起传金，丙得传金为财，却被将脱，得之于此，又失于彼。谓之尽缺者，此也。挈财归家，又被宅上寅午戌会为火局，以销铄其财，何异汤之泼雪矣！《集议》："末助初兮三等论"内列此日，谓末助初财，占者值此，必暗有人相助以财。如占传变，宜此。上神六害，午为妇人，午乃南方离卦，为目，入墓是失明也，出《邵南引证申集》。

丙戌日第六课

知一　长幼　不备　三奇

三传互克众人欺　众鬼虽彰全不畏

```
蛇 空 常 蛇            六 常 阴 六
子 巳 未 子            子 巳 未 子
巳 戌 子 丙            巳 戌 子 丙


官 戌 子 蛇            官 戌 子 六
子    未 常 ◎          子    未 阴 ◎
父 庚 寅 六 ⊙          父 庚 寅 青 ⊙


蛇 朱 六 勾            六 勾 青 空
子 丑 寅 卯            子 丑 寅 卯
贵亥      辰青        朱亥      辰白
后戌      巳空        蛇戌      巳常
 酉 申 未 午           酉 申 未 午
 阴 玄 常 白           贵 后 阴 玄
```

《玉历钤》云：此课丙日，子为官鬼，临于日上，以为发用，凡占所用无成，然丙以癸为官，子为癸禄，却利求官。

《毕法》云：此课干上子为初传，虽为鬼，却生末传寅木，作丙火之长生，又得中传之未制鬼，先虽凶矣，复得鬼助，吉莫大焉。故曰"鬼怪虽凶，却助为福"，此之谓也。

上神克日，日上克辰上，用克日。

课名长幼、知一。执一舍一。子来克干，制巳德，水绝巳。中末空，所谋必不全备。所喜丙见水为真官星，蛇合附之。子中有癸，巳中有戊，戊癸合，主和合文字，只是中末为空亡，文字损坏。日往加辰，辰中见辛，丙辛合，末又六合，生日脱鬼，先难后易。

《义》曰：谋望事成，心欲未能。有些恐惧，化作福星。有些灾恼，亻看便了。若见忧惊，管尔安宁。

《象》曰：不怕千谋万计来，胸襟大敞笑颜开。徒劳用尽平生力，到底还知事未谐。

此知一之卦。夫知一者，知一而不能知两，知者以为自知、自见，不知为寇仇，故言知一也。以此为用，舍远就近，舍疏就亲，恩中生害，事多起于同类，凡事狐疑，事贵和同乃吉。《经》云："知一卦何如？用神今日比。事因同类起，婚姻失谐为。失物亲邻取，逃亡不远离。诉讼和允好，为事尚狐疑。"得此课者，凡占虚惊不宁，为阻滞、灾恼，《经》所谓"克日人灾恼"是也。上神克日，凡事抑塞，只利先讼，要有气，余不吉。占病有鬼，讼凶，常占为人所欺负，或口舌不宁。日是人相损，夜乃鬼为殃，旺相可，囚死立至，防鬼贼侵害。出兵行军者，大宜防备勿忽。占者遇之此课，求官见贵固宜，所畏者贵人不治事。占婚姻者，虽云未足，亦有相合。占求财不如意。占病先凶后吉，久病可忧。占投谒人者不和。托人者不得力。失脱难寻。占远行不宜，先难后易。讼凶不利。占逃盗可获。占宅不宁。

占出兵行师得此，昼占忧心众畏，夜占尤宜获金宝美利。敌有使来，其言不足取信。利于为客，不利为主，利先举，不利后动。大抵此课，凡百占求，先凶后吉，先难后易，先成后破。贵在为将者权谋得其要，欲其成功，未之能也。

虚而不实。

真一山人云：纶巾羽扇阵前挥，胜负机关已自知。任被万夫饶更猛，争教敢犯六花奇。

《无惑钤》云：鬼来克身，甘心昏沉。禄既闭口，病犯食神。

《钤解》曰：禄寄支宅墓。子水临干发用，并来克身，丙避而遂投戌墓，甘心以受昏沉。巳乃旬尾，临宅为闭口，夜乘太常，若占病，必因多贪美饮食所致，以至不能救也，所谓"美口味多终作病"者是也。《集议》："众鬼虽彰全不畏"内列此日。为引鬼为生，子鬼却生末传寅木以生丙火。墓门开，又为外丧。两贵相协。寅加未，且合夜龙，天将地神俱入墓，占病最凶。禄临支被脱，必因起盖屋宅而以禄偿债，难以权摄论。邵《毕法》者，此亦作

"狐假虎威"，谓巳中有戊，喻虎。子乃丙火胎神，但非妻财，正月为生气，主婢妾有孕。日往加辰，反被戌墓，归家又被子克，退又不得，中未空亡，不得进，末又空亡，又不得进，只得守株待兔耳，出《邵彦和引证集》。

丙戌日第七课

反吟　玄胎

支乘墓虎有伏尸

<table>
<tr><td>蛇 白 空 贵</td><td>蛇 白 常 朱</td></tr>
<tr><td>戌 辰 巳 亥</td><td>戌 辰 巳 亥</td></tr>
<tr><td>辰 戌 亥 丙</td><td>辰 戌 亥 丙</td></tr>
</table>

<table>
<tr><td>兄 癸 巳 空</td><td>兄 癸 巳 常</td></tr>
<tr><td>官 丁 亥 贵</td><td>官 丁 亥 朱</td></tr>
<tr><td>兄 癸 巳 空</td><td>兄 癸 巳 常</td></tr>
</table>

<table>
<tr><td>贵 后 阴 玄</td><td>朱 六 勾 青</td></tr>
<tr><td>亥 子 丑 寅</td><td>亥 子 丑 寅</td></tr>
<tr><td>蛇戌　　卯常</td><td>蛇戌　　卯空</td></tr>
<tr><td>朱酉　　辰白</td><td>贵酉　　辰白</td></tr>
<tr><td>申 未 午 巳</td><td>申 未 午 巳</td></tr>
<tr><td>六 勾 青 空</td><td>后 阴 玄 常</td></tr>
</table>

《玉历钤》云：此课巳加亥发用，日干丙火受制，气象不和，凡事不可用。

《毕法》云：初传巳火，临于亥上，受亥水克制，不能安止，乃归本家，不料本家巳上又有亥水，使巳火无处安身，可谓否之至矣。以类求之，巳为身，为禄，为牙齿、咽喉，今被其伤，凡占君子当隐身辞禄，庶人当养气节食，喉齿之疾，不能免也。又云：干上亥克干，支上辰墓支，人宅俱伤，两被其祸。

上神克日，辰上克日上。

课名反吟、斩关。辰加宅为虎，内外防恶人赚诈，凡所谋用事，两头反复不成，然后庶几幸也。带德秩禄，且宜自守，妄动招不足，忧丙火就制最凶。且占日丙就贵被克，日上昼夜见贵雀，应己身必有所附贵而疏简者。

《义》曰：天倾西北，地陷东南。方抵圆盖，彼此相潜。反复无依，事多睽违。惟宜善处，君子自知。

《象》曰：乐天知命自无虞，事例难行且自嬉。越此忧疑还见好，随时适兴是便宜。

此无依之卦，一曰玄胎。夫无依者，即反吟也。《经》云："无依是反吟，逃者远追寻。合者应分散，安巢别改林。守官须易位，结友也分襟。所为多反复，占病数般侵。"反吟刑冲，事主迟滞，远近系心，更相仇怨，且反复而呻吟，是无予夺而难息也。况玄胎如婴儿隐伏之状，利上不利下，事主远而多伏，暗昧不通，触则成祸，惟君子守正修德则亨。《经》云"占遇玄胎，室孕婴孩"，法当有忧，不宜占老人小儿病，为再投胎也。上神克日，只利先讼，要有气，余不吉。常占为人所欺负，口舌不宁，神明为殃，病讼凶，出兵行师大宜防备。占者遇之此课，求官见贵，反复难为，贵人不喜，又见不宁。婚姻不宜，若勉强图成，终见夫妻不和，所谓"合者应分散"也。占财轻微作难，须得年命上有财方吉。占远行未美。失脱见迟。主客不和。凡占反复，或成不成，且行且止，不定之象。不宜投谒，且静以待时自好。

占出兵行师，昼占多欺诈，号曰军中被毁，必遭奸人之毁谮，夜占稍吉。大抵卦象如前之所论，反复不定，不得称意，非有益于用兵也，宜止之再为选卜，若仓卒不得已而用之，利主不利客，利后举，不利先动，用兵者尤当加意详审焉。

先难后易。

真一山人云：昼日蓬门养浩然，男儿正气也招嫌。古今贤圣多如此，只要心中不愧天。

《无惑钤》云：三传闭口，壬虎夜走。进退俱难，人伤宅朽。

《钤解》曰：日德入天门。巳乃旬尾发用，为闭口，丙禄在巳，是禄神闭口，占病、食禄俱忌。天罡遁壬乘虎，乃斩关，临戌为夜走也。此为人被壬所伤，宅被辰墓。丙火进逢午刃，退遇壬辰，其进其退，不亦难乎？《集议》："前后逼迫难进退"内列此日。禄神闭口临克，占病绝食。夜占雀作鬼加干，在朝官防遭劾，上书献策反受责黜。天罡乘虎临支，殃非浅也。干上亥克干，支上辰墓支，俱自刑。

丙戌日第八课

知一　六仪　不备　不结果

两蛇夹墓凶难免

```
六 常 常 蛇          后 空 空 蛇
申 卯 卯 戌          申 卯 卯 戌
卯 戌 戌 丙          卯 戌 戌 丙


财 甲 申 六          财 甲 申 后
子 己 丑 阴          子 己 丑 勾
兄    午 青 ◎        兄    午 玄 ◎


蛇 贵 后 阴          蛇 朱 六 勾
戌 亥 子 丑          戌 亥 子 丑
朱 酉      寅 玄     贵 酉      寅 青
六 申      卯 常     后 申      卯 空
未 午 巳 辰          未 午 巳 辰
勾 青 空 白          阴 玄 常 白
```

　　此课支来加日墓日，日上有本家螣蛇夹住，主人如处云雾中进退不得。春卯为天地转煞，在宅克宅，丙以卯为母，当主丧亡且守服。申为妻，加天地转煞，上见六合夹之，妻不宜孕，申加卯也，孕则主亡。本命落于妻宫，又作墓神。本命上午羊刃，加于本命之上而作末传，甲申旬虽是午空亡，而帝旺之神为空，且是年防母妻之患。于子丑年自身不善终矣。是年其人四十四岁，见授湖广监司，当年五月亡母，六月亡妻。一者支戌墓干丙，而螣蛇夹住，是其墓之不可脱。墓之本家见卯，乃春旺克宅。《经》曰："春兔夏马天地转，秋鸡冬鼠便为殃。行人在路须遭死，造屋未成先架丧。"其年太岁申，加在天地转煞卯上，却去克煞，煞乃出去入宅又克宅，又兼本命丑不合加岁申位，又墓压太岁，太岁遂逼煞，煞遂入宅克宅，递相克逼，遂成灾咎。戊申年五月丁母服，庚戌年八月从吉，又授得监司，辛亥年赴任，壬子年十一月贼败，刎首而死。此课十二位上下带煞，五月、六月是今日之鬼月，子年、丑年是丙火绝地。本命加太岁，太岁逼煞入宅，其凶一也；本命加太岁，而墓压太岁，其凶二也；空亡羊刃加本命，而反克太岁，其凶三也；至子丑年丙之同类不得地，其凶四也。若不是申作太岁，丑作本命，未可如此说。至壬子年，太岁在子，行年在丑，不吉而死也。[①]

《玉历钤》云：此课申加卯为用，申财星也，本位上见丑，财星入墓，凡占不宜求财，必有祸患，仕宦者尤为深忌。

上神墓日，辰上克日上，末克初，日克用。

课名知一、阳不备。戌墓覆干人昏闷，又为斩关。终传空亡，辰为日墓，乘蛇加日，去住不得。且六合为用，为阴人被人牵制，郁闷不通。天空入宅，卯与戌合，天后临门，阴私不明。

《义》曰：先昏后蒙，难中生易。始虽见美，终不成遂。若占忧惊，重化为轻。家宅不备，阴私未明。

《象》曰：恩中生怨事迟迟，同类无情贵自知。夹墓两蛇真可畏，传中有解福相随。

此知一之卦，一曰龙战。夫知一者，知一而不能知两。知者以为自知、自见，不知者为寇仇，故言知一也。以此为用，舍远就近，舍疏就亲，恩中生害，事多起于同类，凡事狐疑，事贵和同乃吉。况龙战，主人心疑惑，进寸退尺，动有乖离之象。卯酉为天之私门，生杀有限，分杜有期，雷动龙奔，示其有战。故曰："知一卦何如？用神今日比。事因同类起，婚姻失谐为。失物亲邻取，逃亡不远离。论讼和允好，为事尚狐疑。"日上见墓神，墓者五行潜伏之地，昏蒙不明，如人处云雾之中而无所见。《经》云："日辰上见墓神加，病者难痊事可嗟。行人失约路遥赊，若当时日便回家。"传末见空，事多虎头鼠尾。凡占虚而不实，谋望不遂，盗失损财，人口衰残，幸宅上神生人，又有得助，不合中又有相合之意。占者遇之此课，求官见贵，美中不足。婚姻难成，成而无益。占财有，利和合交易之财。病忌三、四月占，幸且有解。失脱宜寻。远行未足称意，却也有财。讼到底无畏。逃者自来。

占出兵行师得此，昼占尤宜获金宝美利，夜占同此，但未免前实后虚。论主客和而不和，利为主，利后动。敌使之来，其言多诈，不可听信，恐误事机，宜加密察，谨始慎终。

真一山人云：虎头鼠尾免忧惊，谋望将成又未成。有德有仁还有福，无骄无谄足平生。

---

① 《壬占汇选》作：戊申年正月初一丙戌日子将未时，徐大夫乙丑生，生于三月初六日辰时，四十四岁占前程。

《无惑钤》云：两蛇夹墓，抱石投湖。采葛寻根，申加卯故。

《钤解》曰：戌墓覆日，两蛇夹之，凶灾难免也。两蛇者，巳也，腾也。戌来墓丙，丙遂加子，如抱石而投湖矣。譬之采葛，而寻其根本，必有其处。此课盖由申加于卯，卯遂加戌，戌来墓巳，巳遂投于子水之中。丙不宜取申金为财，因财生祸，亦至于此矣。《集议》："两蛇夹墓凶难免"内有此例，谓五丙虽同，但不如此日最的，占讼必被囚禁。凡占事，已见凶祸，卒难脱免，转昏转晦，不能亨快。占病腹中必有积块难除，以致不救。或本命行年是戌，死而尤速。如年命居亥，上乘天罡，可用辰虎冲戌蛇，故得破墓，庶得少延。财神传墓入墓。巳加子乘空，人家灶自破惊人。支干相会，上神相合，亦可共谋成事。申乃妻爻入棺，占妻病必死。

丙戌日第九课

重审　从革

传财化鬼财休觅　二贵受克难干贵

青	玄	阴	朱
午	寅	丑	酉
寅	戌	酉	丙

六	白	常	贵
午	寅	丑	酉
寅	戌	酉	丙

财	乙酉	朱
子	己丑	阴
兄	癸巳	空

财	乙酉	贵
子	己丑	常
兄	癸巳	勾

朱	蛇	贵	后
酉	戌	亥	子
六 申		丑	阴
勾 未		寅	玄
午	巳	辰	卯
青	空	白	常

贵	后	阴	玄
酉	戌	亥	子
蛇 申		丑	常
朱 未		寅	白
午	巳	辰	卯
六	勾	青	空

《玉历钤》云：此课财在日上，末传克初，兼是三合，主气象和顺，所占凡事有成。

《毕法》云：此课三传全财，天将助之，占宜求财，可以大获。然财化鬼，内有隐祸，尤不利父母，君子散财以消祸，父母之灾，奚忧之有？

日克上神，日上克辰上，末克初，日克用。

课名重审、从革。虎勾狼狗入宅，若占家宅，不免因财隔断，只因变迁。但丙日得金局为财，如转托人，隔三隔四，求望可致，不免有口舌。末克初，又三合，不可作凶课，进望皆利。辰加子，为戊癸和也。

《义》曰：合中犯煞，蜜中有砒。占婚勿用，求事未宜。宅中耗盗，虑有暌违。事滞且迟，见则当疑。

《象》曰：三合牵连带众人，笑中刀剑暗藏嗔。从兹得于此中意，临事还当认的真。

此重审之卦，一曰从革。夫重审者，重而审之也。利为主，利后动，长有厄，事从内起，起于女人。以下犯上，贱犯贵，卑犯尊，事多不顺。阴小在下者，有悖逆之事。占臣未忠，占子失孝，事不可遂意而行，必当审察，循乎义理，庶几以免后患也。传见从革，先从而后革也。凡事阻隔，有气则革而进益，无气则革而退失。一曰兵革，一曰金铁。大抵五行正气入十干杂糅之乡，异方三合乃生旺墓之神，事主丛杂不一，主关众人共谋，不然两三处干事，委曲托人与人相合之类。又如推磨之象，转去转来非一遍也。三传俱财，法忧长上，不宜占尊长病疾，况财多反生不足。占者遇之此课，有文书言词之象，朱雀临于门户也。占求财者，有生官之理，迟缓有得，秋冬大利。见贵不悦。占婚姻，先从后革，不宜成就。病瘥迟，又非一般。主客未全和合。占投谒人者不顺。凡占百事迟滞，未得遂意，利于成合，不利解散。逃盗得。讼宜和。

占出兵行师得此，昼占多词，虑军戎之见耻，夜占有开地千里之功。《经》云："巳酉丑为从革卦，兵革相交四五旬。改故就新多别业，病伤筋骨肺劳心。"贵在将之谋略，因时致宜之妙也。

先从后革。

真一山人云：财多未足恃为财，最忌阴人长上灾。谋事莫教轻易处，济济阴德福无涯。

《无惑钤》云：夜将助财，忧长上灾。寅上玄虎，财化灰埃。

《钤解》曰：夜将纯土，助起金局，作日全财；支上寅木，丙火之父母爻也。《经》云"三传俱作日之财，得此须忧长上灾"，所以言长上灾也。寅乘玄虎，会成火局，以销铄其财，财虽丙干得来，无奈家中之耗费也。《集议》：六爻现卦防其克云："三传俱作日之财，得此须忧长上灾。"须待干支、年命有父母爻，复被传财克者，方可言父母长上灾也。财神入墓。午加寅，乘六

542

合，主有孕。两贵受克难干贵。"三传递生人荐举"内有此例，谓三传递生财神，夜占天将又生财神，大宜取财，尤宜成合乃事，却不利父母并营作，占病死，兼此人不义，多贪横发。寅乃支鬼，夜占乘虎。

丙戌日第十课

重审　玄胎　六仪　闭口　互脱
三传递生人举荐

白	阴	贵	六
辰	丑	亥	申
丑	戌	申	丙

青	常	阴	蛇
辰	丑	亥	申
丑	戌	申	丙

财	甲申	六
官	丁亥	贵
父	庚寅	玄

财	甲申	蛇
官	丁亥	阴
父	庚寅	白

```
      六  朱  蛇  贵
      申  酉  戌  亥
   勾未          子后
   青午          丑阴
      巳  辰  卯  寅
      空  白  常  玄
```

```
      蛇  贵  后  阴
      申  酉  戌  亥
   朱未          子玄
   六午          丑常
      巳  辰  卯  寅
      勾  青  空  白
```

《玉历钤》云：此课日辰之上皆刑，六合、螣蛇亦凶，主凡事费力而无所成，讼有刑责，病反复不死。邵彦和云："人财防两失，修德可无忧。"

《毕法》云：此课初传申生中传亥，中传亥生末传寅，末传寅生日干丙，次第生身，凡占必有上人推荐，有官者升职，为士者进用，常人必获上人垂顾以获福。

日克上神，辰上生日上，日生辰上神，初克末，日克用。

课名重审、生玄胎。申为用，是旬首六仪，申金生亥水，亥水生寅木，凡事只宜求新事，重求可遂。若旧事，则丙日丙财在申，申之本家上见亥水，克丙不吉。终传见丙之元气生日脱亥，中末作合，虽蛇虎亦不凶。

《义》曰：迤逦生身，后吉先迍。递相荐举，自不由人。他来相助，青云得路。百谋称遂，功名必固。

《象》曰：忠孝名为百行先，光荣门第乐无边。若还反此休言卜，一自欺心便逆天。

此重审之卦，一曰玄胎。夫重审者，重而审之也。利为主，利后动，长有厄，事从内起，起于女人。以下犯上，贱犯贵，卑犯尊，事多不顺。阴小在下者，有悖逆之事。占臣未忠，占子失孝，事不可遂意而行，必当审察，循乎义理，庶几以免后患也。况玄胎如婴儿隐伏之状，利上不利下，事主远而多伏，暗昧不通，触则成祸，惟君子守正修德则亨。《经》云"占遇玄胎，室孕婴孩"，法忧生产。不宜占老人小儿病，乃再投胎也。日上见财，妻美丽而财帛从容。占者遇之此课，求官见贵、谋望干事，或因妻家，或因财帛，以致有人递相荐举而成其大事，有益于占事之人。占婚姻者，因妻致富贵之理。求财有益。病惊忧不畏。失脱宜寻。远行吉。公讼宜和解。逃者自回。占宅不宜。投人者，事未得明。凡百所占之事，皆自近及远，有人递互相助，不待用力而自然至其美。此课吉多而凶少，不宜远虑。

占出兵行师，昼占宜得金宝之美利，夜占忧心众畏，无益于占兵之事。此利于主，利后动，不利为客，不利先动。

动中有财。

真一山人云：课理深微贵致思，思之得理便先知。鬼神灵感惟诚德，无德之人莫决疑。

《无惑钤》云：亥临生气，又被财制。迤逦育身，丁马交莅。

《钤解》曰：申，丙之财也，亥水临之，得申所生，丙取此财，反被申上亥水所制也。既而金生水，水生木，木生丙火，迤逦育身，三传递生人荐举之意。中丁初马交驰，其动自不能已，仕宦值此极妙。《集议》："三传递生人荐举"内列此日。干支互脱，即"天网恢恢"、"束手得来"之喻。阴小者有惊怪之忧，尊上者有欺凌之扰。[①]

丙戌日第十一课

重审　天狱　三奇　向三阳

彼此猜忌害相随

―――――――――

① 此一句与本日第十一课末尾文字相同，当是第十一课中之语误载此处，宜删之。

```
玄 后 朱 勾          白 玄 贵 朱
寅 子 酉 未          寅 子 酉 未
子 戌 未 丙          子 戌 未 丙


官 戊子 后          官 戊子 玄
父 庚寅 玄          父 庚寅 白
子 壬辰 白          子 壬辰 青


勾 六 朱 蛇          朱 蛇 贵 后
未 申 酉 戌          未 申 酉 戌
青午      亥贵       六午      亥阴
空巳      子后       勾巳      子玄
  辰 卯 寅 丑          辰 卯 寅 丑
  白 常 玄 阴          青 空 白 常
```

《玉历钤》云：此课日鬼临辰发用，后玄俱制日，相挟为凶，凡占百事，皆无所成。

《毕法》云：此课干支上子未相害，气象不和，凡占应事接物，人己猜忌，不但作事无成，实有隐险之患。

日生上神，日上克辰上，末克初，用克日。

课名重审。玄后为用，中寅，传至辰，乃鬼水之墓，鬼气太重，凡事暗昧，不免阴小有惊怪之忧，尊长有侵欺之扰，所喜子为戌制，不能克丙火。间传名向三阳，课由晦至明。辰，丙火冠带之地也。冬夏吉。

《义》曰：日上脱空，事无定踪。阴人作扰，男女昏蒙。夜占耗盗，先号后笑。自内事萌，婚姻勿较。

《象》曰：事起虚声未足评，一心中正格神明。阴功久积天垂报，子孝孙贤百福生。

此重审之卦，一曰泆女，亦曰天网。夫重审者，重而审之也。利为主，利后动，长有厄，事从内起，起于女人。以下犯上，贱犯贵，卑犯尊，事多不顺。阴小在下者，有悖逆之事。占臣未忠，占子失孝，事不可遂意而行，必当审察，循乎义理，庶几以免后患也。传见泆女，乃不正之象，占男女有阴私暗昧之理，占家宅宜谨慎闺门，以防阴小越礼，惟能以礼自防者可化之。夫天网者，即天网四张也，《经》曰"天网四张，万物被伤"，为阻滞，为忧恼。昼占阴人作扰，夜占盗贼不宁，幸有制，又有可解也。日生上神，虚费百出，谋望不遂，失盗损财，人口衰残，休囚尤重，又为子孙脱漏之象，见空尤不宜也。子寅辰，进间传，进中有隔，隔而后进。日上未空，事多不实，或起于虚声。占者遇之此课，求官见贵，多已有心无力，欲行不行，欲止不止，主客未和。占投人、交易、婚姻、谋望、求财、远行之事，诸占未得称遂。占病不吉，宜为善以禳之。占讼不利，幸有少解，此又占者之福。

占出兵行师得此，昼占无威不宁，夜占失物以忧愁，凡谋阻隔。敌使之来，多见不实，其言未足听，有防诈计。诸占疑难，盖难于后，占成事又未足美也。

秋冬利。

真一山人云：行止无非理自然，进中有隔亦由天。吉凶相半浑无事，富贵荣枯有后先。

《无惑钤》云：空脱临身，咎是家人。鬼呼病者，虎在壬辰。

《钤解》曰：未乃旬空，且临身脱气，多主遗失。发用鬼，乃宅上子水，此非家人作鬼而何？戌，丙墓也，子鬼在墓中招呼，病者占病值此，死无疑也。末传壬辰，虎鬼凶脱尤甚。《集议》：三阳渐至暗向明，惟怕空亡又隔停。更若相生无克贼，子寅出暗向阳辰。上神空亡。神后乘天后，临魁发用，主妇女私通，若不占妇女，须有私通之事。内鬼呼，阴小有惊怪之忧，尊上有欺凌之扰。

丙戌日第十二课

重审　顺连茹

```
后 贵 勾 青          玄 阴 朱 六
子 亥 未 午          子 亥 未 午
亥 戌 午 丙          亥 戌 午 丙


官 丁 亥 贵          官 丁 亥 阴
官 戊 子 后          官 戊 子 玄
子 己 丑 阴          子 己 丑 常


青 勾 六 朱          六 朱 蛇 贵
午 未 申 酉          午 未 申 酉
空巳      戌蛇      勾巳      戌后
白辰      亥贵      青辰      亥阴
卯 寅 丑 子          卯 寅 丑 子
常 玄 阴 后          空 白 常 玄
```

此课其人已受台州知录。先生曰："此任不赴，必有阻障。食禄在江西，有刑法二字。次任在湖南北，三任在江东作倅，四任近京，为安抚司长属官，前程恐止于此，后虽受知刑郡之名，不得赴任也。"当年所生乳母死，丁心丧，遂不赴此任。后任江西抚州崇仁县令，回避太守亲，得江西提刑司检法，因追究劫贼有功，任满得江东池州府通判。四任得京要安抚司参议，后除饶州，不赴任而死。日上午作青龙，青龙乘羊刃自刑，为退鳞，帝旺乘空午，午为心，所以不得赴任而遭心丧。次任在江西者，亥加戌，亥为海水，受土制则为江，临在西北，故言江西。刑法二字者，干支皆刑，法字从去、从水，亥子入水也，亥子丑顺流而去，为法字。再任衡州衡山县令，言亥子为江湖，又在北方，初中皆是官星相连，故江西东与湖南北相连。又言四任近京者，丁生人，丙日占，丁丑见丑，丙丁见寅，寅乃丙丁所生之地，父母之邦，故言京也。盖为寅与日相远，故不是都下之京，而乃京西之京也。末传本命丑，见太阴，加子，丑乃土也，土为太守，加在江湖之地，依旧见江东。饶州虽受而不赴者，太阴不显之神，既云不显，必不赴也。末见本命作太阴，太阴不显，便是死也。死于丙子年，却年六十，乃见不出子丑年死也。①

《玉历钤》云：此课三传皆日鬼，干支无气，百事无成。

《毕法》云：此课亥为日干之鬼，临于支上，太阴临之，必主有外鬼夜呼。

上神比日，辰上克日上，末克初，用克日。

课名重审、连茹。三传皆水，同克日火，谓之聚鬼，凡事所占，用事无气，人宅俱伤。若干众图谋，隔三隔四，杀气连绵，牵引刑狱，防阴小欺侮长上，重重见灾，盖亥戌无亲也。然求官却宜，初亥虽为鬼，亦是贵人，丑为正官，中末传合，丑与丙日合。重见后阴，宜谋私而相图之，阴贵亦得用。

《义》曰：羊刃既空，妻财见凶。来情灾恼，阴小欠恭。进中有退，牵连疑二。拔茅连茹，节外生枝。

《象》曰：贵人不喜莫讼官，变易重临履历难。事未顺时须早见，尤防带众有相干。

此重审之卦，一曰天网。夫重审者，重而审之也。利为主，利后动，长有厄，事从内起，起于女人。以下犯上，贱犯贵，卑犯尊，事多不顺。阴小在下者，有悖逆之事。占臣未忠，占子失孝，事不可遂意而行，必当审察，

---

① 《壬占汇选》作：戊申年五月丙戌日申将未时，何知录丁丑生，生于四月十一日丑时，年三十二岁占前程。

循乎义理，庶几以免后患也。且天网者，即天网四张也，《经》曰"天网四张，万物被伤"，为阻滞，为疑难，为灾恼。《经》曰："一下贼上名重审，子逆臣乖弟不恭。事起女人忧稍重，防奴害主起妻纵。万般作事皆难顺，灾病相侵恐复重。论讼对之伸理吉，先讼之人却主凶。"亥子丑乃进连茹，进中有退，退而复进，凡事急而顺溜，亦云欲进不进，欲退不退，欲止不止。日上见同类，妻灾，喜解。占者遇之此课，日上见空，事多不实，或有影无形，虚喜虚惊，不足论也。求官见贵不顺。婚姻不宜。求财不得。交易不合。占病先重后轻。占讼先难后易。占失脱难得。逃亡自归。投谒人者止息。远行不宜，多见阻滞。托人多诈。

占出兵行师得此，昼占开地千里，大胜之兆，亦未免见难，夜占多在中途而止。若敌使之来，其言多诈，不可听从。所托之人，亦未得见其实者。用兵者，宜密察而详审之，庶不失其机务也。

真一山人云：往日窗前称学问，今朝场屋似才疏。棘闱未许登云路，好用工夫读讲书。

《无惑钤》云：昼贵入宅，结绝凶逆。旺气虽临，熟视何益。

《钤解》曰：戌宅，日墓也，昼贵临之，可以结绝凶逆之事。干乘午，乃丙火之旺气，若可守之，为比附相助。殊不知午乃旬空，又被支上亥水克制，熟而视之，虽旺亦无益也。午绝在亥，所以结绝凶逆。《集议》："外鬼呼之乘墓虎"内有此日，谓鬼在墓蹲。又墓门开，又为外丧入内。昼贵值作日鬼，入宅必家堂神像不肃所致，宜修功德安慰免咎。鬼临三四讼灾随。两贵不协，变成妒忌，亥加戌，酉加申，互换作六害。

丁亥日

丁亥日第一课

伏吟　励德　折腰

```
贵 贵 常 常          阴 阴 朱 朱
亥 亥 未 未          亥 亥 未 未
亥 亥 未 丁          亥 亥 未 丁


官 丁 亥 贵          官 丁 亥 阴
子   未 常 ◎⊙       子   未 朱 ◎⊙
子 己 丑 朱          子 己 丑 常


空 白 常 玄          勾 六 朱 蛇
巳 午 未 申          巳 午 未 申
青辰       酉阴      青辰       酉贵
勾卯       戌后      空卯       戌后
  寅 丑 子 亥          寅 丑 子 亥
  六 朱 蛇 贵          白 常 玄 阴
```

《玉历钤》云：此课辰为用，水克火，凶不可解，凡占诸事，皆不可用。亥虽克日，未虽空亡，丑能救之。

《毕法》云：此课干上神克支上神，主事离散。又伏吟之课，占行人必至，惟此课中路阻隔，盖以中传空亡，不能行至末传，故前后难进退尔。凡占唯诺之事，必先允许而后无实惠也。

日生上神，日上克用，日上克辰上，末克初，用德日，用克日，用合日。

课名伏吟。诸神伏不动，是安静义。若旦贵，乃贵登天门为用，理顺，凡事吉无不利。暮贵临门，太阴发用，不免有阴私摇动事，终是带德，转凶为吉。兼是日辰在贵常皆吉，丑未皆常朱，为喜印绶文字，可恨未字空亡无用。

《义》曰：中间一断，可惜失散。腰既无力，何以事干？神归本家，病者堪嗟。饮食难进，不语无差。

《象》曰：公私谋干且休心，勉强徒劳失好音。事喜才成又逢阻，丁宁一语值千金。

此自信之卦，一曰天网。夫自信，天地伏吟，十二神各归本家，天地如一，四伏未发之象。占事静则宜，动则滞，主事藏匿不动，静中求劳，有屈而不伸之象。且夫天网者，即天网四张也，《经》曰"天网四张，万物被伤"，为阻滞，为疑难，为灾恼。又曰："任信伏吟神，行人立至门。失物家内盗，逃者隐乡邻。病合难言语，占胎聋哑人。访人藏不出，行者却回轮。"日生上神，虚费百出，谋望不遂，盗失损财，人口衰残，休囚尤重，又为子孙脱漏之事。凡占百事，有其名而无其实，吉不吉而凶不凶，所谓"闻忧不忧，闻喜不喜"者，此也。占者遇之此课，虽曰天网为灾恼，所幸日上、传中解之。若求官、见贵、婚姻、交易、求财、谋望、投谒、远行、望信之事，在未年或未为月将或六月占，庶几有三五分之望，若在春令木旺之时，凡占不得成就，惟宜正静循理则吉，否则徒劳心力，而竟无所成。占忧惊、患难、禁系有解。占暴病、公讼勿忧，以其自解散也。久病则凶。

占出兵行师得此，虽云举兵开地千里，但所传闻不实，诡诈而不可信凭，或见行而不行，或中途而止，不然中途有失众之象。大抵无有甚益，须得将之年命建卯，时值未年月，乃大美也。

真一山人云：褐冠野袍道味清，从容且莫问功名。吉凶不与人关摄，散虑逍遥乐太平。

《无惑钤》云：身宅皆丁，岂容少停？递相吞噬，惊怪交并。

《钤解》曰：德入天门，本是丁，宅亥遁丁，遍地皆丁，动变极矣，岂容少停？土克水，水克火，递相吞噉，惊恐怪异，交集而至也。干上未克亥，支上亥克丁，亦是互相吞啗。彼此皆丁，又初末内夹螣蛇，其惊恐怪异之事，交加而至，身宅欲其安静，何可得乎？《集议》：昼贵作日鬼入宅，占病必家堂神像不肃所致，宜修功德安慰免咎。"任信丁马"内谓中空，占行人途中阻滞，余占必先允而后无实惠也。且贵带德登天门，理顺，凡事吉无不利。

丁亥日第二课

元首　逆连茹　申年丧吊全逢

魁度天门关隔定　旺禄临身休妄动

```
阴 后 空 白          贵 后 勾 六
酉 戌 巳 午          酉 戌 巳 午
戌 亥 午 丁          戌 亥 午 丁


子 丙 戌 后          子 丙 戌 后
财 乙 酉 阴          财 乙 酉 贵
财 甲 申 玄          财 甲 申 蛇


青 空 白 常          青 勾 六 朱
辰 巳 午 未          辰 巳 午 未
勾卯     申玄        空卯     申蛇
六寅     酉阴        白寅     酉贵
丑 子 亥 戌          丑 子 亥 戌
朱 蛇 贵 后          常 玄 阴 后
```

《玉连环》占曰："此课巳将午时，戊申命男子来占来意。其子在外因酒食过多，胃有宿食，冷气得病来占。"何以知之？盖时为日干六合，命上、发用俱得子孙爻，乘休气，命上小吉、太常为饮食，发用戌土为脾胃，上得天后是水将，为冷饮食，又值事门得白虎，故知其人子孙在外，因饮食伤脾胃而得病也。次二人，三十五岁丁卯生，亦得此课。占曰："来意因在外与一卑贱妇人往来通奸，必伤内咳血。"何以知之？盖命上见六合为私门，用神天后主厌魅，中传太阴主蔽匿，河魁、从魁主奴婢，上得天后、太阴，故知与卑下妇女往来通奸。天后克日，末传玄武又克日，三传俱是日干死墓之乡，主衰败，故主内伤咳血也。次三人，八十一岁辛丑生，亦得此课。占曰："来意为家内走了奴婢，得姓马人正南。① 追捕捉获。"何以知之？盖初传河魁为奴，中传从魁为婢，末传玄武临酉为窥户，又值事门白虎主道路，卦得斩关、泆

_____

① 《一字诀玉连环》作西南。

女，是以知其为奴婢逃走也。干上见午，又值事门亦午，主姓马。午克申酉之金，玄武阴神，逃亡之必往也。玄武乘申加酉，逆四位，午地是玄武阴神，午克申，故在正南为姓马人捕获。

《玉历钤》云：此课日墓加辰为用，三传皆退，所求皆不能成。

《毕法》云：此课干上午，虽为旺禄，却是旬空，未免弃禄而就初传，乃值脱气。又昼夜上皆天后，为水鬼，不免向前投中传，又值偏财星，至于末财，仅得济事。凡值此课，未免舍空禄而就艰难中进步，始得安身遂意也。

上神六合，日上生辰上。

课名元首、退茹。凡占用干众，有阴私不明事。课本顺，但用墓，又克辰，中末传财值，为支辰之害，主破财。以申加酉，虽得旺地，而附之亦可虑。

《义》曰：空禄临干，虚里生欢。马年月令，福禄惟宽。行止迟迟，事见惊糜。将逢内战，动必多危。

《象》曰：天魁临亥号关隔，动为出行多阻塞。人情暗里未相和，卜此也应多积德。

此元首之卦，一曰泆女，亦曰斩关。夫元首者，尊制卑，贵役贱之象。占事多顺，利于先举，事多起于男子。为臣忠，为子孝，正大光明而无邪僻之行，德业已著而乾乾进修，常怀危惧，惕励而无咎也。况泆女乃不正之象，阴私邪淫，占男女有阴私暗昧之理，占家宅宜谨闺门，以防阴小越礼，惟能以礼自防者可化之。夫退连茹，退中有进，欲行不行，欲止不止，节外生枝，凡事迟滞，欲速未能耳。传见斩关，非安居之象。占者多不自由，事多暗昧不和，离散口舌，欲隐身避难者，却利乎奔逃也。又主人情暗中不顺，多见更改，事多中止，坟墓破坏，占婚姻亦强成，难于久远。凡事历遍艰辛，然后可遂。占者遇之此课，旺禄临身，夏占勿妄动。求官得此，劳心费力而后方成。占者恐有克身不宁。占病者瘥迟。占出行投谒者，徒费粮裹。托人虽有助我之美，亦不实也。占主客相和。逃亡难得。其他诸占，百事见阻，此关阻之卦也。

占出兵行师，昼夜所占，无威不宁。敌使之来，虚诳不实。虽有和好归顺之象，亦不可信，惟午年月方可。大抵此课，谨于动谋，若行兵，最忌关阻之阻，不可忽也。

中平。

真一山人云：斩关自古利逃亡，魁度天门不可当。百事占求须耐守，终期顺利见荣昌。

《无惑钤》云：昼虎乘禄，初墓克宅。弃此寻财，病死为厄。

《钤解》曰：不守旺禄例。日上午，乃丁禄，昼占乘虎，不可守也。初戌日墓乘后，复不可投，弃而寻中末之财，丁病于申，死于酉，其为灾厄不浅。《集议》曰："旺禄临身徒妄作"内列此日，徒妄作者，谓禄神不凶、不空，而值三传空凶，宜守其禄，不宜前进也。丁亥日课，禄乘白虎，既不可守，弃禄遇墓，舍墓又逢死神，于艰难中更进一步，遂得末传之财，病而获财，亦处困而亨之义也。魁度天门。

丁亥日第三课

弹射　六阴　不行传

彼求我事支传干　夫妇芜淫各有私

<pre>
常 阴 勾 空   阴 贵 空 常
未 酉 卯 巳   未 酉 卯 巳
酉 亥 巳 丁   酉 亥 巳 丁

财 乙 酉 阴   财 乙 酉 贵
子   未 常 ◎   子   未 阴 ◎
兄 癸 巳 空 ⊙   兄 癸 巳 常 ⊙

勾 青 空 白   空 白 常 玄
卯 辰 巳 午   卯 辰 巳 午
六寅   未 常   青寅   未 阴
朱丑   申 玄   勾丑   申 后
  子 亥 戌 酉   子 亥 戌 酉
  蛇 贵 后 阴   六 朱 蛇 贵
</pre>

　　此课主外人有服人分，终被他所挠，我却入不明之地，而受太阴之抑塞。酉作贵人，登天门，乃夜贵人用事，加支，是不明也。酉即太阴也，太阴即酉也，互相掩蔽，终于失理。行年上见太阴，门户亦主分破。况身宅、三传、行年皆在阴上，正是不利之年，至七十岁必死也。支破临身而作太常，故主分破。何以见主外人入家？乘马主外来，巳为炉灶，又是支破，主分破炉冶，太常主有服人，又太常己未土，入本家，乃家人也。我之丁日，丁课在未，被巳乘马、乘破逼身，则我身之未，加于酉上，托于今日阴贵人用事。阴贵人入我宅，却又作破碎，支又为他所破。且未加酉，亦见太阴，或自投他家，为他阴蔽，是

不明也。又托他用事，阴贵人却临于阳贵亥水之上，为今日之鬼，又不明也。又自阴贵人上发传，中历阴贵人位，末又归我身上，依旧支破，炉灶败坏。炉灶巳之本家，又见门户，上作天空，主门户分破。至次年四月，一弟年小，过房与人。父死乘服未满，遂归宗。六月入状争分，果托乡中徐通判理，尽为徐通判使了钱财，然后与他门户，自中间折断为两处厨灶。此事戊申年不发，何故以酉年四月发？盖戊申阳年，虽六阴全而不能举，己酉阴年却举。以十月分定，是破碎之月，又是徐通判与之分办，便是阳贵人也。[①]

《玉历钤》云：此谓酉加亥为用，号曰贵神会聚，亦为吉课。宅神用。又有同日郁氏占家宅，行年五十二岁，亦得此课。课名弹射，一主妇人患血气，二主门户不宁，三主婢妾出走，四主家长患口舌之疾。此课可改换门户，不然则口舌立至也。至五月十五日己丑，皆应。[②]

《毕法》云：此课自支上传归干上，主他人托我干事，凡此皆成，无所阻滞也。

日克用，日上神克用，日上克辰上，末克初。

课名弹射。阴贵为用，亥乃丁日日德，且太阴加日德升天门，暮贵人相会升天门，最宜求官转托，求财可用。然中末带空亡，有始无终。

《义》曰：传退间传，阻隔后先。破碎临宅，耗盗熬煎。人情不顺，无力射中。既不可退，又岂可进？

《象》曰：数载经营未称情，漫劳跋涉罔途程。清风明月相为友，笑傲时光道气清。

此弹射之卦。夫弹射，乃日克神之谓。《经》云："日往克神名弹射，纵饶得中还无力。贵人逆转子无良，天乙顺行臣不义。家有宾来未可容，亦忧口舌西南至。"然事主动摇，人情倒置，更主蓦然有灾。求事难成，祸福俱轻，忧事立散，祸从内起。利客不利主，利先不利后。占人不来，访人不见。弹射无力，不可用事，虽凶无畏。传见空亡，又为失弹，不能成事也。此课乃退间传之课，退而有隔，隔而有进，凡事迟疑。若退一步，吉而无凶，退太过则不吉，若向前进，则又遇脱耗之神，亦能潜消祸矣，不然能守亦妙。占者遇之此课，我求于人，占人不来，访人不见。占求官见贵者，跋涉艰辛难成事。占婚姻未就。占财急取方得，进退迟疑则难矣。占病不妨。失脱宜

---

① 《壬占汇选》作：戊申年正月丁亥日子将寅时，王解元辛丑生，生于九月二十八日辰时，六十八岁占终身。

② 《壬占汇选》作：同年月日时，邵氏丁巳生，五十二岁占家宅，同得此课。

寻。远行不宜。占公讼有解。逃盗难获。托人不吉。谋望难成。

占出兵行师得此，昼占太阴，中途见阻，夜占乃开天地之功，但末传见脱空之乡，欲其成事，终见难为，不然则先成后散，先大后小之象。大抵凡百所占，号曰有始无终，吉不吉而凶不凶之谓。

先得后失。

真一山人云：青山隐隐水迢迢，莫为虚名用力饶。争似草堂栖得稳，浩然志气自嚣嚣。

《无惑钤》云：用遥传陷，自支归干。破碎临支，钱财耗散。

《钤解》曰：酉为发用，遥克无力，中传又系空陷，三传俱无益也。况酉乃破碎金煞临宅，钱财耗散无穷矣。自支上传归干上，又酉乃日财，临支生支，财已聚矣。初既遥克，中末俱系空陷，三传无力，且又为破碎，主宅中妻妾或老阴人好酒败家，其已聚之财，必因之而耗散无遗矣。"彼求我事支传干"内列此日，主有人托我干事，占吉则吉遂，占凶则凶成，行人至，求财有。昼夜贵加干两贵。解离，夫妇行年值此尤的。

丁亥日第四课

元首　斩关　玄胎　闭口

```
空 玄 朱 青          常 后 勾 白
巳 申 丑 辰          巳 申 丑 辰
申 亥 辰 丁          申 亥 辰 丁


兄 癸 巳 空          兄 癸 巳 常
父 庚 寅 六          父 庚 寅 青
官 丁 亥 贵          官 丁 亥 朱


  六 勾 青 空          青 空 白 常
  寅 卯 辰 巳          寅 卯 辰 巳
朱 丑       午 白    勾 丑       午 玄
蛇 子       未 常    六 子       未 阴
  亥 戌 酉 申          亥 戌 酉 申
  贵 后 阴 玄          朱 蛇 贵 后
```

《玉历钤》云：此课日辰上神皆凶，天罡加日，中有水墓，传送加辰为六害，三传又是玄胎，诚非吉课。凡占百事，所用无成。

《毕法》云：此课巳为旬尾，申为旬首，旬尾加旬首发用，是为闭口之卦，凡占皆有闭口之象。占病必是咽喉之疾，或禁口痢疾。余占推象求之，不过闭口而已。

上神盗日，日上生辰上，末克初。

课名元首、玄胎。巳加申，合中有刑，又为病玄胎。旦天空，防小人脱诈；暮太常，阴人病。幸二贵俱顺，末传带德，克日凶（当不为凶）。亥为双鱼宫，与日上辰龙，鱼龙相合，主有姻喜事至。末见贵带德，又丁壬合，近贵望事，必有阴助者。

《义》曰：辰来克丁，欺诈交并。驿马发动，好觅前程。臣忠子孝，由于家教。既有官爵，福禄亦到。

《象》曰：驿马交并子曰时，吉神相萃福还宜。世人遇此登金榜，年命无刑贵可疑。

此元首之卦，一曰玄胎。夫元首者，尊制卑，贵役贱之象。占事多顺，利于先举，事多起于男子。为臣忠，为子孝，正大光明而无邪僻之行，德业已著而乾乾进修，常怀危惧，惕励而无咎也。况玄胎如婴儿隐伏之状，利上不利下，事主远而多伏，暗昧不通，触则成祸，惟君子守正修德乃亨。《经》曰："占遇玄胎，室孕婴孩。"又云：玄胎不宜占老人小儿病，谓之再投胎也。久病人身怕见马，煞名驮尸归地下。干生上神，虚费多端，谋望不遂，盗失损财，人口衰残，休囚尤重，又为子孙脱漏之事。占者遇之此课，驿马之卦，号曰官爵卦，利占求官，但不宜我去生他，惟宜静以待之，不然事虽喜合，而于成就又不见易耳。不宜谒见人，有所求于人，必先馈送央说，亦未见易就也。若千里投人者，徒费其粮裹而已。婚姻成。求财难，宜脱散百事。失物难得。行人至。远行费用。公讼和解。占逃亡可得，目下虽未见，须其友亲。

若出兵行师得此，多见欺诈，君臣被毁，夜占稍吉，知军旅之安荣。敌有使来，或所传报声信，皆无足信，多是虚诈诳诱之语，慎勿中彼之计也，中间亦有可采之言，但要听言观行，随宜取舍。用兵之道，不可不密察而详审也。

大利。

真一山人云：吉课所逢吉士求，吉人自是有缘由。古今吉士天垂相，百事还应吉里求。

《无惑钤》云：昼名斩关，干上天罡。开门突出，大利逃亡。

《钤解》曰：天罡临于昼，斩关也。癸巳发用为闭口，若能谨言，冲突而出，则不能追捕，而逃亡大利矣。《集议》："闭口卦体两般推"内列此日，谓上下六合，气塞于中，占病则哑瘴，咽喉肿塞，或禁口痢，或痰厥证，不纳饮食，占胎定是哑儿，占失脱纵旁有人见其贼偷物，不欲言之。凡求托人干事，必缄默而不肯露其允否之意。午年丧吊全逢。

丁亥日第五课

元首　曲直　自取乱首　寡宿

```
勾 常 贵 勾          空 阴 朱 空
卯 未 亥 卯          卯 未 亥 卯
未 亥 卯 丁          未 亥 卯 丁


子    未 常 ◎        子    未 阴 ◎
父 辛 卯 勾 ⊙        父 辛 卯 空 ⊙
官 丁 亥 贵          官 丁 亥 朱


朱 六 勾 青          勾 青 空 白
丑 寅 卯 辰          丑 寅 卯 辰
蛇子      巳空       六子      巳常
贵亥      午白       朱亥      午玄
戌 酉 申 未          戌 酉 申 未
后 阴 玄 常          蛇 贵 后 阴
```

《玉历钤》云：此课临亥发用，虽丁与壬合，毕竟亥水克丁火，外虽见合，内实相忌，未又脱干，凡占皆无所成。

《毕法》云：此课不备，三传俱在其上，名曰回还格，占吉凶皆不能成，止宜守旧。又云：干上卯脱支，支上未脱干，干支互脱，人宅俱败，凡占物必被诓赚，若占家宅，必定倾颓，营运者东手来西手去，患病者必上呕下泻，大抵虚脱之象也。

上神生日，日上克辰上，日上神克用，初克末。

课名元首、曲直、阴不备。日加辰，带两空亡克宅，以尊临卑。曲直，节外生枝，不能无伤，所赖空亡。末传带德，风波虽起，久而自定，门户虚惊，怪不为凶，屈己求贵，暗求私祷吉。

《义》曰：自取乱首，上下掣肘。发用空亡，荡然无有。公私谋干，徒施计算。事见变更，细观有验。

《象》曰：几年无事旁江湖，醉倒黄公旧酒垆。数载荣枯浑似梦，逢春又见好工夫。

此乱首之卦，一曰寡宿。乱首者，况乱首者，《经》云："臣逆君兮子害父，妻背夫兮弟克兄。奴婢不堪主使令，将军出外损其兵。"此乃下欺其上，悖逆紊乱之象。又曰："名为乱首者，老者必低蒌。家内应无礼，官中岂有仪？先宗或外姓，上祖别人儿。纵然家和顺，官司必被欺。"占者宜更名改姓，乃为吉也。传见寡宿，《赋》云："寡宿孤辰，值此尤妨骨肉。"若占身得此，主见孤独，别离乡井，自立门户，财物虚耗，僧道宜之，俗不宜也。上神生日，所为百事吉，运用如意，遇灾不凶，逢凶愈凶。日是人相助，夜是神相助。必有人上门益我、助我、成就我，非我之求谒于人也。惟为夫发用无力，末见事多虚诈，有名无实，如风如影，目虽见而手无可得也。求官见贵者，未允成。脱货求财者，终难遂意。欲占婚姻，且宜止息，假使勉强成之，到底归于离背。暴病逢之即瘥，久病见之必凶。占失物者，多失少得。占远行者，有损无益。讼有解。走失归。凡春占，百事吉。此课能散忧解祸，除此俱未美。

占出兵行师，有失众之象，难于成功，利事速于散失解围。敌使及传报，皆是虚诈诳诱，宜细消息。

事多更变。

真一山人云：落叶疏枝且待时，眼前着力未为宜。阳春一布声名显，这个男儿更许谁？

《无惑钤》云：人得传力，将传废宅。自取其祸，半凶半吉。

《钤解》曰：回还格。木局生干，人得传力也。传既脱支，将又克焉，宅由此废也。致此家宅之祸，由丁自取也，自上支门被克，支遂临卯，合成木局，生身脱宅，非半凶半吉而何？《集议》："首尾相见始终宜"内列此日，为回还格。"眷属丰盈居狭宅"内列此日。干支互脱，天网恢恢、束手得来之喻。

558

丁亥日第六课

重审　孤辰　四绝　交车合

权摄不正禄临支

```
朱白阴六　　　　　勾玄贵青
丑午酉寅　　　　　丑午酉寅
午亥寅丁　　　　　午亥寅丁


兄　午白◎　　　　兄　午玄◎
子巳丑朱⊙　　　　子巳丑勾⊙
财甲申玄　　　　　财甲申后


蛇朱六勾　　　　　六勾青空
子丑寅卯　　　　　子丑寅卯
贵亥　　辰青　　　朱亥　　辰白
后戌　　巳空　　　蛇戌　　巳常
　酉申未午　　　　　酉申未午
　阴玄常白　　　　　贵后阴玄
```

《玉历钤》云：此课午加亥，丁壬暗合，主人情和顺，凡事成就。

《毕法》云：白虎临午加亥，谓之白虎内战，凡占不宜出行，不然道路之间必有凶祸。又云：初传火生土，土生金，为日干之财，却全无和气，不能成用。盖中传丑为财墓，败气不生故也。

上神生日，日上生辰上，初克末。

课名重审、四绝。神将不利，凡占无气，午禄空亡，亦未为吉，只宜结绝忧事。丁以亥为德，绝处逢德为救，凡事有济。

《义》曰：禄既落空，得官亦穷。在午年月，方望丰隆。课名四绝，事贵了结。求利求名，且当止歇。

《象》曰：人来助我为荣，意欲成时又未成。何事变更多不一，吉凶消尽免忧惊。

此重审之卦，一曰孤辰。夫重审者，重而审之也。利为主，利后动，长有厄，事从内起，起于女人。以下犯上，贱犯贵，卑犯尊，事多不顺。阴小在下者，有悖逆之事。占臣未忠，占子失孝，事不可遂意而行，必当审察，循乎义理，庶几以免后患也。事防再举，病防再发。且孤辰有茕茕孑立之象，占人别离桑梓，凡所占谋，多虚少实，功名难遂，事业虚花，无而为有，虚而为盈。寅加丁，长生有生助之理，所谋吉，运用如意，遇灾不凶，逢吉愈吉。日乃人相助，夜乃神相助。此可见有人上门助我、益我、成就我，非我干求于人，而人自来相助也。又畏夫发用空脱，不能为福，徒有生助之名，而无生助之实矣。占者遇之此课，求官见贵，虽喜合，终难成。占婚姻，吉而难成。占求财，失而复得。占久病凶，暴病吉。占失脱难得。远行不宜。占逃亡自归，可访问亲友之家得信。狱讼忧惊者，得此为福，以其能解释患难忧疑也。

占出兵行师得此，忧失众之象，士不用命。敌使之言，及所传闻，不足取信，恐为彼之所误也。凡百吉凶俱不成，惟宜散事，此理不可不先知。

真一山人云：看破尘劳笑似痴，争如回首乐便宜。清风明月闲来往，白酒黄花醉赋诗。

《无惑钤》云：交关且尔，妻财废弛。禄忌空亡，守之何益？

《钤解》曰：禄临支宅克。午未寅亥虽曰交合，交关亦不为美。寅遁庚，乃丁之妻财，落空废之地而无用。发用日禄，又系空亡，守之何益于用哉？中末脱病，岂可投乎？丑加午，夜乘勾，主田宅争竞。白虎内战，凶。午乘白虎加亥，防火灾。财爻无气。《集议》：禄临支，被支克，必因起盖房宅而失其禄，不可以权摄不正论。用空，夜玄，定主失脱。禄空乘虎坐克，占久病必绝食饿死。辰年占，丧吊全逢。

丁亥日第七课

反吟　玄胎

脱上逢脱防虚诈

```
贵 空 勾 阴          朱 常 阴 勾
亥 巳 未 丑          亥 巳 未 丑
巳 亥 丑 丁          巳 亥 丑 丁


兄 癸 巳 空          兄 癸 巳 常
官 丁 亥 贵          官 丁 亥 朱
兄 癸 巳 空          兄 癸 巳 常


贵 后 阴 玄          朱 六 勾 青
亥 子 丑 寅          亥 子 丑 寅
蛇戌      卯常      蛇戌      卯空
朱酉      辰白      贵酉      辰白
申 未 午 巳          申 未 午 巳
六 勾 青 空          后 阴 玄 常
```

《玉历钤》云：此课反吟，辰上发用，有僭上之意，主人情不喜，凡占无所成。

《毕法》云：此课干火上生丑土，丑土又生天将太阴，脱上生脱，费耗不一，凡占所行，诚所谓捉空扑影，画饼充饥，皆费象也，何益于事？

上神盗日，辰上生日上。

课名反吟。反复不常，大宜更改。丁日以亥为德，巳亥为不足，凡占初虽来往，三回五度无定。德神交互出入，更改称情。且天空乃奏书神，并印绶，雀附贵加巳，主贵人上印信。三传刑克，有动望。

《义》曰：双鱼双女，事必两意。重求轻得，番来复去。人情未和，夫妻失友。占病不宜，哀声嗷吼。

《象》曰：久病人身不可当，马驮尸椁入泉乡。若非阴德相扶助，未免悲号入内堂。

此无依之卦，一曰玄胎。夫无依者，即反吟也。《经》曰："无依是反吟，逃者远追寻。合者应分散，安巢别改林。守官须易位，结友也分襟。所为多反复，占病数般侵。"反吟刑冲，事主迟滞，远近系心，更相仇怨，且反复而呻吟，是无予夺而难息也。况玄胎如婴儿隐伏之状，利上不利下，事主远而多伏，暗昧不通，触则成祸，惟君子守正修德则亨。占遇玄胎，室孕婴孩，不宜占老人小儿病，乃再投胎也。得生气、解神方吉。干生上神，虚费百出，谋望不遂，盗失损财，人口衰残，休囚尤重。天将又脱耗其气，其不足之甚可知也。占者遇之此课，求官见贵，多见反复。婚姻交易，未见全亨。求财不利。投人欢忻。病非一般。失物难得。占远行、望信、逃亡、托人、干事，百事未免转去转来，反复更变，然后庶几有成，亦云重求轻得。惟宜我去投人，号曰"主宾际会两殷勤，暮晏朝欢会无极"也。

占出兵行师得此，宜别为改图，或另行选择庶几。若不得已而用之，昼占多欺诈，君臣被毁，哀声之象，夜占稍吉。大抵事不归一，掣肘难行，用兵者宜察其机焉。

反复变易。

真一山人云：事当难处且存心，必定将来有好音。福善祸淫天已鉴，静中点检恶难侵。

《无惑钤》云：改变双双，丁马俱张。讼论难诉，闭口为良。

《钤解》曰：巳乃双女，亥乃双鱼，亥丁巳马，往来交杂，事必双举，变动非常也。贵人为官鬼，论讼难于诉，或事发于官中。发用闭口，谨言为妙也。《集议》：脱上逢脱防虚诈。

丁亥日第八课

重审　铸印乘轩

彼此全伤防两损　虽忧狐假虎威仪　支乘墓虎有伏尸　前后引从升迁吉

```
朱 白 空 后          贵 白 常 六
酉 辰 巳 子          酉 辰 巳 子
辰 亥 子 丁          辰 亥 子 丁


兄 癸 巳 空          兄 癸 巳 常
子 丙 戌 蛇          子 丙 戌 蛇
父 辛 卯 常          父 辛 卯 空


蛇 贵 后 阴          蛇 朱 六 勾
戌 亥 子 丑          戌 亥 子 丑
朱 酉    寅 玄       贵 酉    寅 青
六 申    卯 常       后 申    卯 空
未 午 巳 辰          未 午 巳 辰
勾 青 空 白          阴 玄 常 白
```

《玉历铃》云：此课三传俱吉，日辰有刑，谓之内凶外吉，凡事费力，不能遂意。

《毕法》云：此课初传巳在支前为引，末传卯在支后为从，占主修造迁移宅舍，又谓之拱墓，却喜戌来冲破为吉。

《毕法》云：此课辰为支墓，临支克支，昼乘白虎凶神，若占家宅，必主孝服，夜有鬼怪作孽。又云：干上子，丁火被克；支上辰，亥水被克。干支受克，人己皆伤，凡占两有所亏。若占讼，两家俱被罪责。占身，人宅俱不安宁。《李九万百章歌》云："支墓临支宅不宁，只堪望信与行人。病人不死却昏沉，宅暗蓬勃（一作人衰）事不清。"

上神克日，辰上克日上。

课名重审。中传干墓，首尾不相应，凡占有疑。虽是铸印，火入墓，亦不吉。况虎乘罡，入宅克宅，又日见六害，辰见五鬼，占人宅不利。日马为用，反为子水克，君子占官职尚可，最不利常人。秋冬方可用。三传暗合，亦有印信。

《义》曰：始终相生，万事尽亨。将神既和，可消哀声。虽有不顺，施之谦逊。事多不足，阴小悖逆。

《象》曰：君子存心理自明，任他仗势恃纵横。机谋暗里来斯怍，一德才施便减刑。

此铸印之卦，一曰重审。重审者，重而审之也。利为主，利后动，长有厄，事从内起，起于女人。以下犯上，贱犯贵，卑犯尊，事多不顺。阴小在下者，有悖逆之事。占臣未忠，占子失孝，事不可遂意而行，必当审察，循乎义理，庶几以免后患也。传见铸印，《经》云："天魁是印何为铸？临于巳丙冶之名。中有太冲车又载，铸印乘轩官禄成。"不见太阴天马，即非真体，常人反生灾咎，且为事迟钝也。上神贼日，只利先讼，要有气，余皆不利。病有祟，讼凶，常占被人欺负，口舌不足。日是人侵损，夜乃鬼为殃。出军行师，尤防有人侵害之意。占者遇之此课，大利占官，有升擢进迁之象，但其体未真。占宅亦不利。占婚、占产、占交易、占投谒主客、占远行，以上皆有损无益。占逃亡，目下受制，终见自归。讼凶，利后动，利主。占财轻，又恐因财惹恼。

占出兵行师得此，昼占防欺诈，君臣被毁，流言非议，夜占有战士折伤之理。利为主，利后动，仍要防微杜渐，虑有侵袭之患。敌使之来，虽畏我势，亦当密察其奸，探其虚实，甚勿为使之所欺。至若差人探听，亦多未实，宜密察焉。

先难后易。

真一山人云：吉人卜得吉爻亲，顺理谋为福禄真。纵遇崎岖终不险，寒回又见霭阳春。

《无惑钤》云：壬辰及子，支干俱水。引从虽逢，虎墓不喜。

《钤解》曰：引从地支亥。干乘子水，支辰遁壬，俱水克干。初巳末卯，引从地支在内，主迁修家宅喜，但辰乃支墓，上乘白虎固凶，赖中传戌蛇，冲墓制虎，凶自化也。若占人年命在巳，二戌冲一辰，无畏矣。年命在亥，则一戌不能冲二墓，其祸甚惨。辰为月将为尤妙也，乃太阳射宅，不以墓论。《集议》："前后引从升迁吉"内有此日例。巳加子，上乘天空，人家后灶自破惊人。子乃丁之胎神，但非妻财，正月为生气，主婢妾有孕。"支乘墓虎"内有此日，墓乘白虎克支，占宅家中有孝服动。彼此全伤，占讼两家皆被罪责，诸占两边皆亏，占身被伤，占宅崩损。丙丁太乙作天空，利于进取功名通。常人口舌上门庭，家宅迁改事可容。寅年占，丧吊全逢。

丁亥日第九课

重审　上门乱首　曲直　孤辰　不备

```
勾 常 常 贵        朱 空 空 阴
未 卯 卯 亥        未 卯 卯 亥
卯 亥 亥 丁        卯 亥 亥 丁


子    未 勾 ◎      子    未 朱 ◎
官 丁 亥 贵 ⊙      官 丁 亥 阴 ⊙
父 辛 卯 常        父 辛 卯 空


朱 蛇 贵 后        贵 后 阴 玄
酉 戌 亥 子        酉 戌 亥 子
六申    丑阴      蛇申    丑常
勾未    寅玄      朱未    寅白
午 巳 辰 卯        午 巳 辰 卯
青 空 白 常        六 勾 青 空
```

《玉历钤》云：此课丁壬虽合，亥加丁上，谓之乱首，吉中有凶，凡占脱耗，所求未遂。

《毕法》云：此三传木局皆生日干，反脱宅支，是为人口丰盈而居狭隘之居，凡皆此盛彼衰之象也。虽五行水能胜火而火亦胜水，土能胜水而水亦胜土，其余皆然，故人不可谓此盛彼衰，恃之为安也。

上神官德克日，日上生辰上，用克日上神，末克初。

课名重审、反常、阳不备。辰加日克日，未中有丁，干上亥水克之，去住不由。三传亥卯未木局，虽生日干，未为空亡，用是日之羊刃，合处有自刑，凡占多生风波，易结目前，千里费力，重谋少实。却利散忧，以空亡为用，又不备。丁加卯受生，三传全生，终无凶。

《义》曰：三传曲直，未亥卯木。可惜空空，无用之物。树高百丈，根枯枝朽。纵逢巧匠，何处下手？

《象》曰：宰木苍苍出众林，于中蠹朽不堪斤。舍之别选良材用，否则徒劳用力深。

此重审之卦，一曰曲直，亦曰龙战。夫重审者，重而审之也。利为主，利后动，长有厄，事从内起，起于女人。以下犯上，贱犯贵，卑犯尊，事多不顺。阴小在下者，有悖逆之事。占臣未忠，占子失孝，事不可遂意而行，必当审察，循乎义理，庶几以免后患也。传见曲直，曲直者，先曲而后直，象木之谓，惜未见成器。此乃五行正气入十干杂糅之乡，三合异方是生旺墓之神，事主丛杂不一，主关众人共谋，不然两三处干事，委曲托人与人相合之类。又如推磨，推磨者，无休歇之象。况龙战，主人心疑惑，进寸退尺，动有乖离之象。卯酉为天之私门，生杀有限，分杜有期，雷动龙奔，示其有战也。此课虽三合相生，又惜其脱空无力，如朽木而不成用，百事无可成之理，正如虚谷传声，何以见其形实也？此课占求官、见贵、托人、求事、问婚、望财、占宅、占产，凡有所占，皆宜舍置，若欲勉强，是劳而无功也。占久病遇之大凶，暴病得之大福。占忧惊、患难、被围、狱禁者，凶中却有吉也。最能解散凶祸者，此课也。

占出兵行师，虚诈所闻不的，虑众心有失，吉不成吉而凶不成凶也。

联无凭据。

真一山人云：览尽江山胜远游，眼前事业且休休。忧惊从此心无虑，还拟成功日后收。

《无惑钤》云：人丰宅狭，后失依赖。三传皆空，尽将驵侩。

《钤解》曰：支来克干，为上门乱首。木局生干脱支，占人则丰，占宅则隘。干若依赖传生，初中空陷，卯夜空，后必失矣。三将皆土，以赚干气，空木不能制土，而公然以肆欺罔，即市井之牙行而惯于瞒人也，非驵侩而何？《集议》："眷属丰盈居狭宅"内列此日，如占得此课，切不宜宽广之宅，恐生灾咎，此乃天理使然，不可违造物而作为也。两贵受克难干贵。回还格，谓四课皆居三传之上，三传皆在四课之中，占凶凶不成，占吉吉不成，止宜守旧，凡占皆不宜动作。"首尾相见始终宜"内列此日。占讼先曲后直。昼贵作鬼临身，必神祇为害，不为鬼。

丁亥日第十课

俯视昂星　闭口　折腰　孤辰　炎上　传墓入墓
避难逃生须弃旧

```
空 玄 阴 蛇          勾 白 常 后
巳 寅 丑 戌          巳 寅 丑 戌
寅 亥 戌 丁          寅 亥 戌 丁


兄　　午　青 ◎        兄　　午　六 ◎
子　丙戌　蛇 ⊙        子　丙戌　后 ⊙
父　庚寅　玄          父　庚寅　白


六 朱 蛇 贵          蛇 贵 后 阴
申 酉 戌 亥          申 酉 戌 亥
勾未　　　子后        朱未　　　子玄
青午　　　丑阴        六午　　　丑常
巳 辰 卯 寅          巳 辰 卯 寅
空 白 常 玄          勾 青 空 白
```

《玉历钤》云：此课墓神加日，为冬蛇掩目，其凶可知，虽得青龙、六合，亦不能解，凡百无成。

《毕法》云：此课干上戌脱干，支上寅脱支，干支被脱，人宅不荣，占人有诓赚盗窃之失，占宅有坍塌崩坏之患，交接之处，彼此俱有脱赚之意。

《李九万百章歌》云："墓神覆日忿难通，四十九日身昏蒙。占病气逆食不充，夜里惶惶日里慵。"

日生上神，辰上生日，辰克用。

《义》曰：暴病初生，久病凶星。墓覆日干，人宅耗昏。子孙难脱，钱财销灼。吉凶两般，无忻无愕。

《象》曰：昼占谋事拟难成，成到于中又变更。若是夜来占得此，淫娃又听播虚声。

此昂星之卦，一曰冬蛇掩目，亦曰狡童，又曰炎上，又曰孤辰。夫昂星，此酉中有昂日鸡，故用酉下午为用。酉为天之私门，肃杀之地，故仰俯取之。又为藏蛰，掩目不动，提防暗昧忧惊，宜见空亡以解之也。传见狡童，乃不正之象，阴私邪淫，占男女有阴私暗昧之理，占家宅宜谨慎闺门，以防阴小越礼，惟能以礼自守者可化之。日生上神，虚费百出，失盗损财，人口衰残，又为子孙脱漏之事。且炎上，为日，象君，事主多虚少实，明事反为暗昧，亦主枉图不遂。占人性刚急，占天晴明朗。况孤辰有茕茕孑立之象，占人别离桑梓，凡占多虚少实，功名难遂，事业虚花。占者遇之此课，发用无力，难于用事，凡有占谋，未得称遂，必虚耗盗失，惟利散忧解难。占狱讼、禁系、被围，逢之皆为福。欲占成事，终不能成。

占出兵行师得此，无益于兵家，忧失众心，虽得昼夜天将辅之，亦未见其美也。敌使之来，或托人干事，不得其力，以其多虚而少实也。大抵此课，占事多见更改，吉不成吉而凶不成凶也。

仲夏、午年利。

真一山人云：青山绿水真堪羡，象简罗襕亦等闲。宠辱不惊心自乐，笑着天上与人间。

《无惑钤》云：四虎来咥，宜守术业。火局临木，受用不竭。

《钤解》曰：两寅虎属，夜占乘虎，并来盗脱宅气，是为四虎来啮，凡占至惊至危。墓乘蛇后临干，不宜守业也。初乃干禄，虽空，赖龙合木生，又龙合为术业，亦可守也。凡火局，须是寅木乃成，况寅加亥水，长生之地，其根本得以资培，而生意日盛。又午加卯、戌加未、寅加亥，共合为木局生火，则受用必不空乏矣。《集议》："避难逃生须弃旧"有此例，谓虽避难，而不能逃生。夜占禄，始弃干墓，遂投初传之禄，奈是旬空，未免又弃空禄而来归中传，干上戌墓，不可守其久困，又投末传之长生，又值白虎，未免止居宅中，受惊危之长生尔。传生兄弟化子息，戌又不以墓论。亥日寅加亥，昼亥，主人家屋角有葫芦。昴星多是荒淫之象，三合体，得之，君子择交，谨出入可也。

丁亥日第十一课

重审	六阴	凝阴				
常	阴	贵	朱			
卯	丑	亥	酉			
丑	亥	酉	丁			

空	常	阴	贵
卯	丑	亥	酉
丑	亥	酉	丁

财	乙酉	朱 ☉
官	丁亥	贵
子	己丑	阴

财	乙酉	贵 ☉
官	丁亥	阴
子	己丑	常

```
勾 六 朱 蛇          朱 蛇 贵 后
未 申 酉 戌          未 申 酉 戌
青午      亥贵      六午      亥阴
空巳      子后      勾巳      子玄
辰 卯 寅 丑          辰 卯 寅 丑
白 常 玄 阴          青 空 白 常
```

此课日干丁火克酉金，乃妻也，财也，酉为破碎，大端费财。中传官星，又加破碎之上，三传日辰遍地贵人，主簿此任，须多差使，兼权摄，然贵人多，则委任不一。凡九丑在宅，主淫乱；在本命上，贪色。太阴者，阴晦也，因色而死。末传又见丑，作阴，加在官星上，次任在县令而死。勣（不知是否指程树勣，若是，则此抄本当是清代有程树勣注释的传抄本）曰："九丑日，必是大吉加干，干支乃为全体，故此云丑字加支，为九丑也。"毛主簿本命亥占官，巨富，受妻恩泽，大有所费，日上破碎，缘此结识四方士大夫。及赴主簿任，尽是家中将钱去用，计会官府求升，费用无限钱，在任委送差使，更不曾停。任满得明州象山县令。其家果淫乱，自幼好色，偏于婢妾。乙卯年赴象山任，得一年零三个月而卒。乙卯年，卯上有巳，却会起巳酉丑，合起破碎、九丑，日上酉为丁日死神，兼与中传亥为丁日绝神相冲，冲起绝神，死与绝会，所以死也。先生每嫌遍地贵人，用事不一，托事不成，又怕年命上会起绝神，况丁亥日有酉有丑，只欠一巳也，行到卯年，则巳全矣，冲亥，所以死也。①

《玉历钤》云：此课虽有财神，传中亥水乃丁神所恶，凡事无成。

《中黄经》占云：此课主阴谋之事，有西北黑妇人，诱引东北一俊俐妇，同来相害。何以言之？盖初传丁上酉，中传亥加酉，末传丑加丁亥，亥水为鬼，故主阴谋之事也。中传亥克今日丁干，亥为妇人，又主邪淫，又临酉为黑丑，上有大吉，亦为妇人，其方东北，上乘卯木，亥临酉，酉遁有己制亥，却生亥不起，俱自刑，亥又败于酉，自刑自败，黑丑之象。末传大吉，亦为丁盗气，附亥，亦克丁干，大吉无刑破，故俊俐，所以与亥同来害丁也。②

《毕法》云：此课初传从干上起，末传归于支上，为我求彼之象，凡事勉强，不免俯就于人，为人轻藐，不得扬眉吐气以奋伸也，唯君子卑以自守，则卑而不可踰也。

《神定经》云：此课末传丑土生初传酉金，是助初为日干之财，凡占必有以财相助如尧夫者。

日克上神，辰上生日上，日克用。

课名重审、间传。二贵入传，占用必再三方成。丁日酉金为财，财自外来，丁酉为口舌变异不常，重求再索有利。三传天将若有阴德，助始日中辰两贵，传是喜末墓初合，得圆明有声物。

---

① 《壬占汇选》作：戊申年五月初四，丁亥日申将午时，毛主簿乙亥生，三十四岁占前程。
② 《中黄经》作：假令正月将，丁亥日酉时。

《义》曰：贵人差迭，事难安贴。满眼贵人，少喜少嗔。传见极阴，昏暗相侵。意欲明白，未得相临。

《象》曰：酉亥丑为进间传，进中有隔又缠绵。文书口舌词章见，破碎为财亦可嫌。

此重审之卦。夫重审者，重而审之也。利为主，利后动，长有厄，事从内起，起于女人。以下犯上，贱犯贵，卑犯尊，事多不顺。阴小在下者，有悖逆之事。占臣未忠，占子失孝，事不可遂意而行，必当审察，循乎义理，庶几以免后患也。《经》云："一下贼上名重审，子逆臣乖弟不恭。事起女人忧稍重，防奴害主起妻纵。万般作事皆难称，灾病相侵恐复重。诉讼对之伸理吉，先讼之人却主凶。"日上见财，妻美而能言，又主不安，财不聚。此进间传，进中有隔，隔而复进，是非口舌文书以应之。夫财为破碎者，言破财之理，或财不聚，或妻婢不安，正如前说。然破财未免不准，亦有失而复得之象。此课多是人来求我之象（当作我去求人之象），或事因外来方准。求官见贵人重叠，事有不一，参差不齐，却因我去干谒他人，号曰"主宾际会两殷勤，暮晏朝欢会无极"也。占病有隔。占失脱者，失此得彼。占逃亡自归。占行人，有信临门。

占出兵行师得此，举事多言词，虑军戎见耻，或有阻隔，夜占却有开地千里之功。敌使之来，无益于我兵，亦不能害我事。如此之论，又未见其丰功伟绩。

人情和，事有阻。

真一山人云：失而后得不须忧，暗里求谋福自优。临课留心宜熟玩，主宾际会乐悠悠。

《无惑钤》云：自日传辰，礼下求人。财为破碎，妻婢伤身。

《钤解》曰：自干传支，我求彼事，未免为人抑勒，宜卑屈于人也。干上及发用两酉，是婢妾之象也。况乘破碎金煞，且丁火死于酉，绝于亥。酉为酒，丑为腹，丑加亥为遗泄，必因酒色以伤其身也。《集议》："我求彼事干传支"内列此日。占人命在申，两贵拱定。丑加亥，夜太常，求望必涉水过桥。昼贵夜贵，加于两贵。末助初财，来意占婚尤的。"末助初兮三等论"内列此日。丁亥日，酉加于丁，为双丁插目煞，大不利争讼，主贵人咄目，反不相悦也。

丁亥日第十二课

重审　连茹

所谋多拙遭罗网

```
阴 后 朱 六          常 玄 贵 蛇
丑 子 酉 申          丑 子 酉 申
子 亥 申 丁          子 亥 申 丁


财 甲 申 六 ⊙        财 甲 申 蛇 ⊙
财 乙 酉 朱          财 乙 酉 贵
子 丙 戌 蛇          子 丙 戌 后


青 勾 六 朱          六 朱 蛇 贵
午 未 申 酉          午 未 申 酉
空巳    戌蛇        勾巳    戌后
白辰    亥贵        青辰    亥阴
卯 寅 丑 子          卯 寅 丑 子
常 玄 阴 后          空 白 常 玄
```

《玉历钤》云：此课财多力微，为财所困，无道以处置之，财反化为鬼而生祸矣。凡占不可用，尤不利营运生息。

《毕法》云：此课干上乘六合，支上乘天后，六合私门之神，天后阴私之神，干支乘之，是为不正，不宜占婚，主先奸后娶，歌云"合后占婚不用媒"。

日克上神，日上生辰上，日克用。

课名重审、进茹。所占干众，下凌上，专利杀伐，血食粪土，如是图谋，复损，进退转托图之。丁火病申、死酉、墓戌，不免小有咎。将得六神，多有同类争财得意。

《义》曰：彼来生我，事必安妥。我去投人，多费粮裹。用申酉戌，秋占福吉。昼则财喜，夜占惊惕。

《象》曰：连枝带叶蔼余芳，阴小无端亦可防。谋干必知成就事，何如急速太匆忙。

此重审之卦。夫重审者，重而审之也。利为主，利后动，长有厄，事从内起，起于女人。以下犯上，贱犯贵，卑犯尊，事多不顺。阴小在下者，有悖逆之事。占臣未忠，占子失孝，事不可遂意而行，必当审察，循乎义理，庶几以免后患也。事防再举，病防再发。传见连茹，事主欲行不行，欲止不止，节外生枝，先进而后退，退而后进也，急而顺溜。占者遇之此课，求官见贵者得此，固为和合，但未免我去就他，或馈送方应，亦终着力。若远去投人，名曰"我乘吉将反生他，千里徒劳费粮裹"，以其无益于己，不如守旧安居，庶免途吹风尘之苦。占婚姻有成。占求财有，此乃交易和合之财，或道路之财尤美。占病不有呕吐，必然上逆不顺，或喘嗽，秋冬占不妨。占逃亡自归。失物宜寻。盗贼必获。三月节内不宜占远行。占行人有信。临官有讼，不成宜和解。此课求财，未免先破一二分，然后乃得。

占出兵行师得此，昼占尤宜获金宝美利，夜占忧心众畏，惊恐不宁，贼兵归顺之心，讲和之意。敌使之来，所言不虚，有意于我，深可取信，由此观之，彼无诡诈侵袭之谋。此用兵者宜知之。

真一山人云：雨过青山列画屏，游人过此适闲情。路当好处便行稳，心在平夷福倍生。

《无惑钤》云：三传财喜，入宅化鬼。仔细推详，墓宅众否。

《钤解》曰：全金为财，诚可喜也，却生起宅上子水，化鬼克干。若仔细推详，丁火病于申，死于酉，墓于戌，财之险危，孰有过于此哉？《集议》："传财化鬼财休觅"内有此日例，谓三传虽作日财，却生支上神而伤日干者，此等祸害必自宅中而发，惟要年命上神克制其鬼，庶可免害。惟宜纳粟得官，或以财告贵，买恩泽而补足，极妙。但有官人占，亦以财告，必升擢官职也。墓门开，又为外丧入内，宜合寿木以禳之。全财病体难担荷。两贵不协，便成妒忌。日上申与支亥，支上子与日干未，互换作六害。

戊子日

戊子日第一课

伏吟用日　　玄胎　　暗三奇

任信丁马须言动

<table>
<tr><td>后</td><td>后</td><td>勾</td><td>勾</td><td></td><td>白</td><td>白</td><td>朱</td><td>朱</td></tr>
<tr><td>子</td><td>子</td><td>巳</td><td>巳</td><td></td><td>子</td><td>子</td><td>巳</td><td>巳</td></tr>
<tr><td>子</td><td>子</td><td>巳</td><td>戊</td><td></td><td>子</td><td>子</td><td>巳</td><td>戊</td></tr>
</table>

<table>
<tr><td>父</td><td>癸</td><td>巳</td><td>勾</td><td></td><td>父</td><td>癸</td><td>巳</td><td>朱</td></tr>
<tr><td>子</td><td>甲</td><td>申</td><td>白</td><td></td><td>子</td><td>甲</td><td>申</td><td>后</td></tr>
<tr><td>官</td><td>庚</td><td>寅</td><td>蛇</td><td></td><td>官</td><td>庚</td><td>寅</td><td>青</td></tr>
</table>

<table>
<tr><td>勾</td><td>青</td><td>空</td><td>白</td><td></td><td>朱</td><td>蛇</td><td>贵</td><td>后</td></tr>
<tr><td>巳</td><td>午</td><td>未</td><td>申</td><td></td><td>巳</td><td>午</td><td>未</td><td>申</td></tr>
<tr><td>六辰</td><td></td><td>酉</td><td>常</td><td></td><td>六辰</td><td></td><td>酉</td><td>阴</td></tr>
<tr><td>朱卯</td><td></td><td>戌</td><td>玄</td><td></td><td>勾卯</td><td></td><td>戌</td><td>玄</td></tr>
<tr><td>寅</td><td>丑</td><td>子</td><td>亥</td><td></td><td>寅</td><td>丑</td><td>子</td><td>亥</td></tr>
<tr><td>蛇</td><td>贵</td><td>后</td><td>阴</td><td></td><td>青</td><td>空</td><td>白</td><td>常</td></tr>
</table>

《玉历钤》云：此课凶在螣蛇，夜贵青龙，又添一鬼，所占凡事皆无成，唯占行人即至。

《毕法》云：此课巳火作用生日干，而又迤逦递克日干，此巳火俗谓之"两头蛇"，凡占必致奸人暗害。

《证疑钤》云：此谓初传克中传，中传克末传，末传却克日干，甚苦。然寅木却去生起巳火而养日干，所谓始虽害之，终则成之。

《神枢经》云：此课昼占三重白虎作长生，乃不幸中遇幸，《易》曰"先号咷而后笑"，《同人·九五》是也。夜占三重青龙作日鬼，乃幸中遇不幸，《易》曰"先笑后号咷"，《旅卦·上九》是也。

《李九万百章歌》云："六戊六癸日伏吟，官旺三奇有福神。何堪传又入三刑，四十五日受天恩。"

上神德禄，辰上克日上。

课名伏吟。此一卦一德，可以厌千灾。干德、支德俱在巳。伏吟诸神不动，玄胎阴阳未分，加之巳中有戊，申中有甲，是暗藏三奇，最吉。丙戊生人占，又见禄在巳，则德禄俱全，吉无不利，余人皆可求望，人宅不足。勾雀加日，有印信召命之喜。中传得合，不为灾。

《义》曰：神将相生，百事利亨。求官得禄，名位光荣。勾陈捧印，公中自顺。腾蛇生角，变化咸若。

《象》曰：今秋天上桂花开，只手折来客易栽。步入广寒谁是侣？风云会里漫徘徊。

此自任之卦，一曰玄胎。夫自任者，乃天地伏吟，十二神各归本家，天地如一，四伏未发之象。占事静则宜，动则滞，主事藏匿不动，静中求劳，有屈而不伸之象。况玄胎如婴儿隐伏之状，利上不利下，事主远而多伏，暗昧不通，触则成祸，惟君子守正修德则亨。《经》云："任信伏吟神，行人立至门。失物家内盗，逃者隐乡邻。病合难言语，占胎聋哑人。访人藏不出，行者却回轮。"此课日禄发用，不见脱空，利以求名。占者遇之此课，求官见贵，职位增崇，发用勾陈捧印，有迁官之理，白虎入庙，腾蛇生角，将以成龙变化也。占见贵微吉。占婚姻未美。占求财难得。不利占老人小儿病，为之再投胎，宜修德禳化。占失物难见。远行不宜。占求百事，勾留迟滞，不顺之象，惟守理缓图可也。公讼宜和解则吉。逃亡自归，不远邑里。

占出兵行师得此，昼占不宜，有战士折伤之理，夜占有军戎见耻之词。大抵此课，三传自相刑冲而不自宁，吉中隐凶，凶中藏吉，不宜用兵。若不得已而用之，全在为将者运谋画策，坐筹帷幄，知进退，识众寡，相机而行，虑胜而会，方可攻取也。

真一山人云：课得巳申实未伸，渐看好事日相亲。公中诉讼宜当止，莫惹刑名累自身。

《无惑钤》云：昼鬼甲申，夜鬼庚寅。迤逦克干，闭口无迤。

《钤解》曰：德禄临干发用，奈闭口，不可守也。动逢虎鬼，惊危之甚。况迤逦克干，常人须防被人攻讦，阴私朝官须防合台弹劾，宜自检束，谨言为妙，发用闭口故也。《集议》："三传互克众人欺"内列此日。生变克，翻为两面刀。"末助初兮三等论"内列此日，为末助生日干，欲年命制末，始可言助，生末反凶。禄神闭口，不宜占病。又"苦去甘来乐里悲"内列此日。长生乘虎，幸中不幸；日鬼乘龙，不幸中之幸。解离，夫妇值行年尤的。申遁甲鬼，昼虎入传，殃非浅也。"宾主不投刑在上"内谓此三刑入传，未免相刑之意，凡占恩反怨也。

戊子日第二课

知一　退连茹

魁度天门关隔定　华盖覆日人昏晦

玄	阴	朱	六		玄	常	勾	六
戌	亥	卯	辰		戌	亥	卯	辰
亥	子	辰	戌		亥	子	辰	戌

兄	丙	戌	玄		兄	丙	戌	玄
子	乙	酉	常		子	乙	酉	阴
子	甲	申	白		子	甲	申	后

```
六  勾  青  空          六  朱  蛇  贵
辰  巳  午  未          辰  巳  午  未
朱卯      申白       勾卯      申后
蛇寅      酉常       青寅      酉阴
  丑 子 亥 戌           丑 子 亥 戌
  贵 后 阴 玄           空 白 常 玄
```

《玉历钤》云：此课戌加亥为阴关，天将玄武为隔，三传俱退，用事不成。

《毕法》云：戌为天魁，亥为天门，戌加亥为用，谓之魁度天门，凡事谋用，皆被阻隔，又乘玄武，则是被盗贼之患也。

上神墓日，日上克辰。

课名重审。知一则执一弃一。又名连茹，则干众。干上见墓，斩关不断。干又落空，此卦主因众有遗失。且贵塞鬼门，万事宽，鬼道四通，虽利亦多事。末申为六仪，却终无凶。

《义》曰：既墓其干，昏暗相搀。课名闭口，盗失防有。关隔相逢，阻滞难通。夜占得此，私情重重。

《象》曰：退而后进不能前，事事迟迟论月年。渐看生他脱自己，人疏宅广亦堪怜。

此知一之卦。夫知一者，知一而不能知两，知者以为自知、自见，不知者以为寇仇，故言知一也。以此为用，舍远就近，舍疏就亲，恩中生害，事多起于同类，凡事狐疑，事贵和同乃吉。《经》云："知一卦何如？用神今日比。事因同类起，婚姻失谐为。失物亲邻取，逃亡不远离。诉讼和允好，为事尚狐疑。"又云："日神上见墓神加，病者难痊事可嗟。行人失约路遥赊，若当时日便回家。"夫墓者，五行潜伏之地，四时衰败气绝之乡，逢墓则止，传墓不吉，如人处云雾中，昏蒙而无于所见也。传得戌申酉，乃曰退连茹，事主欲行不行，欲止不止，节外生枝，退而后进，缓而迟疑之谓。凡占必见人情未和，朋友疏义。此课凡事有昏蒙迟疑之象。占求官见贵者，未必全美。占婚姻未利。占交易难成，宾主未和。占求财者，先难而后易。占病气不顺，产迟，胸腹中有隔，药宜宽中。占失脱者，先得后失。远行者，退而后进，动中失利。占讼宜和解则吉。占逃亡自归。凡事阻隔。

占出兵行师得此，昼夜占之，未利不准，失物忧疑，多见暗昧不明，托人亦未尽心。敌使之来，所言不实。访事遇人，多不进言。宜详察之。

真一山人云：辰戌冲刑未见和，逢人作事便磨蛇。观时迟守勿轻易，顺理行之福自多。

《无惑钤》云：墓神覆身，丁处家庭。发用玄武，盗贼后行。

《钤解》曰：辰，墓也，覆日主自身昏滞。亥，丁也，临支主宅变动。玄武，盗贼也，虽作发用，而戌在四课，故曰后行，亦随之意也。末乃长生，乘虎遁甲，鬼贼甚恶，何生益之有？《集议》："魁度天门"内列此，凡占谋用，皆被阻隔。申遁甲，鬼恶入传，殃非浅也。

戊子日第三课

重审　极阴

```
白 玄 贵 朱          后 玄 空 勾
申 戌 丑 卯          申 戌 丑 卯
戌 子 卯 戌          戌 子 卯 戌


兄 己 丑 贵          兄 己 丑 空
财 丁 亥 阴          财 丁 亥 常
子 乙 酉 常          子 乙 酉 阴


    朱 六 勾 青              勾 六 朱 蛇
    卯 辰 巳 午              卯 辰 巳 午
蛇寅        未空        青寅        未贵
贵丑        申白        空丑        申后
    子 亥 戌 酉              子 亥 戌 酉
    后 阴 玄 常              白 常 玄 阴
```

《玉历钤》云：戊用卯为官，其他五戊皆可用，惟戊子日不可用，为子刑卯故也。此课求官虽得，不能善终。又丑亥酉，谓之极阴，贵人临卯酉，二八门上，又见刑冲，凡事不可用。

《毕法》云：此课干上卯与支上戌六合，凡占小事，主客相顺，可以成遂。

上神克日，日上克辰上，日上神克用。

课名重审。丑加卯用，将得贵人，禽符发用，间传在天罗，凡事阻隔。丑卯年为龙德，丑中有癸，癸食乙，乙禄在卯，为倒食君禄，应有天庭恩赦文书至，君子豹变，小人革面，纵有大灾，刀临颈不须畏，病入棺必生。上吉课。乙丑、乙卯年尤吉，余年或先难后易，或先得后失。

《象》曰：大吏升迁小吏迟，卯酉原来二八门。不利公明惟利暗，徒劳达士语纷纭。①

---

① 原抄本失脱《义》文。

此重审之卦，一曰励德，亦曰龙战。夫重审者，重而审之也。利为主，利后动，长有厄，事从内起，起于女人。以下犯上，贱犯贵，卑犯尊，事多不顺。阴小在下者，有悖逆之事。占臣未忠，占子失孝，事不可遂意而行，必当审察，循乎义理，庶几以免后患也。况励德，阴小有灾，此名关隔神。常人占此，身宅不安，宜谢土神，贵吏则主升迁，要当消息而论也。且龙战，主人心疑惑，进寸退尺，动有乖离之象。卯酉为天之私门，生杀有限，分杜有期，雷动龙奔，示其有战。丑亥酉极阴之象，利暗不利明，号曰退间传，凡占退中有隔，隔而后进，或隔手干事。占者遇之此课，占求官见贵，吉。占婚姻可成。求财者有。占交易合。托人不失事。占病阻隔，宜服宽中利膈之剂。占失脱，宜寻觅。占远行，少有进退之隔。讼和好，无大害。逃亡者自归，未免先阻。

占出兵行师得此，利为主，利后动。昼占有开地千里之功，未免进退而不归一，夜占得此，欺诈毁诬，尤见中有间隔。

间阻狐疑。

真一山人云：五膈宽中药剂灵，家中失脱也当寻。逃亡得获宜求速，若见辰宫又陆沉。

《无惑钤》云：彼此遭苦，常防门户。仕宦若逢，荣耀宗祖。

《钤解》曰：戌被卯克，子被戌克，彼已遭苦也。子卯相刑，门户不安，须慎之。卯，门也，贵人临之，又作日官，仕宦值此，光显荣耀之兆也，严戒酒色为妙也。《集议》：雀鬼加干，官遭章劾，上书献策必被黜责。"三传互克众人欺"内有此法。极阴，又见丙戌日第三课。亥乃财神乘丁，或因妻财而动。

戊子日第四课

涉害　玄胎　交车脱

```
青 常 阴 蛇            蛇 阴 常 青
午 酉 亥 寅            午 酉 亥 寅
酉 子 寅 戌            酉 子 寅 戌


官 庚寅 蛇            官 庚寅 青
财 丁亥 阴            财 丁亥 常
子 甲申 白            子 甲申 后


蛇 朱 六 勾            青 勾 六 朱
寅 卯 辰 巳            寅 卯 辰 巳
贵丑        午青      空丑        午蛇
后子        未空      白子        未贵
亥 戌 酉 申            亥 戌 酉 申
阴 玄 常 白            常 玄 阴 后
```

《龙首经》占曰：凡占官升转，干去龙常一位为一年，二位为二年；又以支去龙常一辰为一月，二辰为二月；又以二将所生处为日期；受克处为时。文官占用青龙。此课午为青龙，本日巳，巳去午一位，当在来年转官也。日支子，子至午七辰，自十二月起，至来年六月为七辰，则六月转升也。火午为青龙，火生在寅，寅上见亥，亥上见壬，壬即亥也，当在壬寅日。克火，当在亥时，或子时是也。

《玉历钤》、《证疑钤》皆作午卯子三传，未详取义。

《毕法》云：此课日上神生日，辰上神生辰，两家和顺，各有生意，凡占遇凶不凶，遇吉愈吉。然此巳中有火有土，戊日土多，不免被支上酉脱也，干上寅又去脱支，生之意少，脱之意多，两家心中却存勾餂脱赚之谋。先生云"将欲取之，必姑予之"，正此意也。

日上神克日，辰上神克日上神，用克日，末克初。

课名见机、玄胎、涉害。人物艰辛，干谋迟钝。日鬼加干用蛇，龙助其凶，主忧疑。凡占多阻，重叠进退。幸申金为救，可制寅鬼，始凶末吉，旦顺尤可以为吉。此课先难后易。

《义》曰：木来克土，事见外忤。人欲欺己，行有所阻。发用无力，百谋宜息。勉强而成，有损无益。

《象》曰：见机涉害事多难，力尽方知道处艰。高盖乘轩何足论，巍巍甲第是谁攀？

此见机之卦，一曰龙战，亦曰孤辰，又曰高盖。夫见机者，察其微，见其机，谓两比两不比，当以涉害为用。涉害有浅深，欲用不用，欲言不言，事有两而取一。所作稽留，迟疑艰难，进退不定，忧患难消，怀孕伤胎，难于前而易于后。传见三交，前不能进，后不能退，交加其象。家匿阴私，欲自逃隐避。凡事失节阻碍，事被人阻破，不成合也。况龙战，主人心疑惑，进寸退尺，动有乖离之象。卯酉为天之私门，生杀有限，分杜有期，雷动龙奔，示其有战。且孤辰有茕茕孑立之象，占人别离桑梓，凡所占谋，多虚少实，功名难遂，事业虚花。《经》曰："紫微华盖居神后，天驷房星是太冲。马即胜光正月骑，六阳行处顺申同。高盖乘轩又骑马，更得龙常禄位丰。"（此以午卯子三传而言之。）占者遇之此课，常占不足，为人所欺负，多因财或妻，求望阻隔不顺，虽见高盖乘轩，惜其斫轮朽木，未能成也。大抵此课，凡占不能成就，乃苗而不秀，悾悾而不信，却能散忧、解难、释惊。占暴病即瘥，久病不吉。

占出兵行师，有失众之象，防范诡诈百端。传报之言，十无一二之实，宜详察勿忽。

仲夏午年月日望事。

真一山人云：南北经营用尽心，于今未得遇知音。一场梦醒尤然醉，凶吉都忘何处寻。

《无惑钤》云：身及初传，皆被鬼觇。莫将申酉，甲乙尤添。

《钤解》曰：寅临身，又发用，皆日鬼也，甚惨。若恃末传之申、支上之酉，可以去祸，殊不知申酉旬遁甲乙，尤添鬼力，焉足恃哉？《集议》：《毕法》用午卯子为三传，以戊不敢比寅，取午可比戊也。已辩于戊辰日第六课下。亥乃财神乘丁，或因妻财而动。申遁甲鬼，昼虎入传，殃非浅也。助桀为虐，递生日鬼。

戊子日第五课

仰视昴星　　九丑　　交车合

```
玄 青 勾 贵          玄 蛇 朱 空
辰 申 酉 丑          辰 申 酉 丑
申 子 丑 戊          申 子 丑 戊


父 癸 巳 常          父 癸 巳 阴
子 甲 申 青          子 甲 申 蛇
兄 己 丑 贵          兄 己 丑 空


贵 后 阴 玄          空 白 常 玄
丑 寅 卯 辰          丑 寅 卯 辰
蛇子      巳常      青子      巳阴
朱亥      午白      勾亥      午后
戊 酉 申 未          戊 酉 申 未
六 勾 青 空          六 朱 蛇 贵
```

《玉历钤》云：此课九丑、昴星，不吉之课，凡占所事无成。

《毕法》云：此课支上申与干交合，干上丑与支交合，谓之交车合，凡占彼此同心而交涉成事，惟不利占解散事。又云：午加戊上，白虎坐墓，恐长上生灾，虽不入传，亦可防备。

日上生辰上，用生日，用生日上。

课名昴星、九丑。凡占不利干贵，事多阻隔。中传加辰，末传加日。夏火旺、土相，天喜在丑，求谋宜利。季夏土旺、金相，日干有气，可为富贵卦，财不妥。夜占初阴、末空，凡事阻滞，虽巳申戊癸明暗两合，然昴星从违逆顺不常。见贵稍吉，且有太常乘德禄，占武官吉。

《义》曰：禄逢劫煞，贵人可压。事多急速，龙战二八。发用相生，福禄交并。进喜太常，破财青龙。

《象》曰：彼来欺你作无知，说与占人早见机。虎视转蓬心未定，远行未得便回归。

此昴星之卦，一曰虎视，又曰转蓬，又曰龙战。《经》云："用起昴星为虎视，秋分在酉知生死。出入关梁日月门，举动稽留难进止。刚日出行身不归，柔日伏匿忧难起。女多淫泆问何因，此地出门难禁止。"刚日晴光不息，转蓬不已，稽留于外，主病患多惊，故曰"昴星虎视必灾危"。况龙战，主人心疑惑，进寸退尺，动有乖离之象。卯酉为天之私门，生杀有限，分杜有期，雷动龙奔，示其有战也。凡事多见外面有人以法蒙蔽于我，须要认的，明烛事理，幸作贵人为吉。《经》云：贵人到丑，宜求事于官中。凡占事速，吉中隐凶，凶中隐吉也。占者遇之此课，占求官未得如意。占见贵吉。求谒人者未美。占求财轻微。占病危而不凶，仍看年月神煞何如。占婚姻中平。失脱宜寻觅。远行不宜。讼有人蒙蔽，和之为上。逃者自归。占宅吉而耗财。

若占出兵行师，所最忌者，防敌人以法蔽我、欺我，不宜远出举兵。慎之！慎之！虽云太常稍吉，知军旅之安荣，但课体大概未吉，宜另为选择，若不得已而用之，全在为将者权谋异众，得人得时方能胜，否则未知之也。

亨通之象。

真一山人云：人情未可脱相知，只恐心中有变疑。常把此心坚似石，时来福禄定无疑。

《无惑钤》云：昼虎遁甲，有贵可压。闭口随时，虎藏槛柙。

《钤解》曰：申虎乘龙遁甲，鬼至恶也。丑贵临日，申之墓也，其势可以压伏巳火，又能克之，巳为闭口，不待言说，虎自潜藏于槛柙之中，而不敢肆其狞狰之性，鬼虽至恶，焉足畏哉？

戊子日第六课

重审　赘婿　不备　不行传
胎财生气妻怀孕

```
后 空 空 蛇        白 贵 贵 青
寅 未 未 子        寅 未 未 子
未 子 子 戊        未 子 子 戊


财 戊 子 蛇        财 戊 子 青
兄    未 空 ◎      兄    未 贵 ◎
官 庚 寅 后 ⊙      官 庚 寅 白 ⊙


蛇 贵 后 阴        青 空 白 常
子 丑 寅 卯        子 丑 寅 卯
朱 亥      辰 玄    勾 亥      辰 玄
六 戌      巳 常    六 戌      巳 阴
酉 申 未 午        酉 申 未 午
勾 青 空 白        朱 蛇 贵 后
```

　　《中黄经》占曰：此课主小儿被惊成病，课内鬼贼与救神力平，占人丑命，救神有路先至，故得平复矣。何以言之？盖戊日畏末传寅木，上见螣蛇，螣蛇主小儿，又主惊恐，故小儿主惊恐之疾。癸丑人占，命上见申，却克寅木为救神。且寅木入墓，申金亦入墓，势力均平。丑为天乙贵人，申加大吉，大吉生申，申得大人权势之助，攻除寅鬼，故小儿获安矣。评曰：二神力平者，寅鬼有初传子水生助，申金坐于生上是也。有路者先来，无路者不来。有路无路，用正时定之。若时助、时生者，为有路，当先至；时不助、时不生者，为无路，当不来。《经》曰：有路者行，无路者不行。行为近，不行为远矣。鬼贼与救神俱有路齐至，却看谁有倚。有倚者喜而先来，无倚者惧而不进也。有谓倚贵人之权势是也。盖鬼贼与救神一般生旺，一般有助，惟贵人或助或否，祸福决矣。此卦常占则死矣。未羊落于子水，末传寅虎又是食羊之物。[①] 勋曰：《中黄经》小儿之论不通，今改之曰："戊日，戊上见子水乘螣蛇，螣蛇为小儿类也；子为神后，亦小儿神也。受戊土克之，行到中传，又为未土所克，故主小儿惊疾，

---

① 《中黄经》作：假令戊子日，十一月将午时。

盖螣蛇惊恐之神也。幸有末传寅木克制未土，又占人行年丑上申金助子水，二件可救。又寅木坐于墓，申金亦坐丑墓之上，其力均平。又寅木一为救神后，一为日鬼，赖申坐贵人之上，贵人助攻寅鬼，故小儿获安云。"

《玉历钤》云：此课日辰上子未相害，凡事阻隔。

《毕法》云：此课小吉乃鬼之墓，临于支，又克支水，上又天空土神，亦来并克，主家宅不安，必有怪异，或有依草附木之孽，呈露声影。又云：初传子水受克。

《通神集》云：此课支加于干而被干克，名赘婿卦。支子又被末传寅木脱气，凡占必无室庐可居，寄赘于人，不然亦无正屋，便为官宦，不过借人宅居而已。欲还本家，又有未土，使子进退两难。子，宅神也，此盖家宅之祸。

日克上神，辰上克日上，日克用。

课名长幼、阳不备、赘婿。只可结绝旧事，若图新进，受制于人。冬占天喜入传，稍可用，亦多诈。子来加巳号极阳，戊癸为合百事昌。中末空亡，末见官鬼，始虽凶，终亦空散。

《义》曰：课虽有财，惊恐疑猜。初如花锦，终末不谐。夜占财喜，那堪妻美。受制于人，俯仰招愧。

《象》曰：名园花萼锦重重，红紫纷芳乐意浓。正是游人堪赏处，不妨鼓舞吼东风。

此重审之卦，一曰赘婿。夫重审者，重而审之也。利为主，利后动，长有厄，事从内起，起于女人。以下犯上，贱犯贵，卑犯尊，事多不顺。阴小在下者，有悖逆之事。占臣未忠，占子失孝，事不可遂意而行，必当审察，循乎义理，庶几以免后患也。传见赘婿，身倚他人，凡事由妻，如占事由他人，而不由自己也。又曰：重审之卦，乃鸲鹆同笼之象。事当再举，公讼必更易官司，病者反复，将愈而又发作。况干上见水，易于求财，凡占惊恐忧疑。占妻有灾，病必惊惕不宁，占宅多虚耗，不有孤寡，定见诡诈乐善之人。占者遇之此课，密云不雨之象，凡占百事，有始而无终，吉事易于前而难于后，凶事难于始而易于终，悾悾而不信，吾不知之矣。若占求官见贵，岂得从心？占交易求财，卒难称意。占暴病惊恐自安，久病凶危难愈。占官讼凶。病者宜高枕无忧，自化之也。凡有占谋，卒无可望，惟利僧道九流稍可。

占出兵行师，忧心众畏，得少失多，人心离失，不足可用。大抵此课，凡闻凶忧惊恐之事，或随权解避，或静以待之，久自化凶为吉也。欲求成事，不可得；虽成，终见败也。

得而复失。

真一山人云：久旱春农怅望霓，欲求甘雨润锄犁。天公不肯行方便，云散长空日色辉。

《无惑钤》云：循环不已，马载虎鬼。财自天来，进退难倚。

《钤解》曰：三传不出四课，格号循环，吉凶皆不能成，止宜守旧，不宜动作。子，戊之财也，夜占乘龙，临干发用，财自天来，不待谋求，止听天命。末传寅马，载虎作鬼，常人病讼难免，仕宦却宜虎来，为催官使者。支临干被克，卦名赘婿，事不由自己，受人驱策。欲进而取财，引入空乡，又进一步，则逢干鬼；欲退一步，则逢辰入墓，再退一步，则遇卯木相刑，进退亦难矣哉！《集议》："前后逼迫难进退"内列此日。克处回归又受克。两贵相协。寅加未，夜虎，恶神入庙，凡事阻。[1] 寅鬼自入墓中，乃外鬼呼。子乃戊土胎财，四月为生气，主有孕喜。上神六害。"眷属丰盈居狭宅"内列此日，谓支加干被克，支上神又克支，占人必无正屋可居。

戊子日第七课

反吟　三交

空空如也事休追　来去俱空岂动移

蛇	白	常	朱		青	后	阴	勾
子	午	巳	亥		子	午	巳	亥
午	子	亥	戊		午	子	亥	戊

父		午	白	◎		父		午	后	◎
财	戊	子	蛇	⊙		财	戊	子	青	⊙
父		午	白	◎		父		午	后	◎

朱	蛇	贵	后		勾	青	空	白
亥	子	丑	寅		亥	子	丑	寅
六戊			卯 阴		六戊			卯 常
勾酉			辰 玄		朱酉			辰 玄
申	未	午	巳		申	未	午	巳
青	空	白	常		蛇	贵	后	阴

---

[1]　恐此句有误，俟高明指正。

《玉历钤》云：此课三传刑冲破害，气象不顺，人情相伤，凡占不可用。

《毕法》云：此课午火被子水所克，本家又坐子水，来去受害，午为干之生气、父母之爻也，当主父母生灾，若年命上有比肩制水之神，可以无妨。

又云：初中来去俱空，凡占忧喜皆不能成。

日克上神，日上克辰上。

课名反吟。子午冲动，内外人情财物交加，可出入更改，全皆不吉。凡事往来无定，加以三交两破，长幼度厄，如何得了？幸子午皆无伤于日辰，午为旬空，虽蛇虎，亦不凶。凡百事，皆从空散。

《义》曰：无形无影，可无定准。望空射箭，徒施力勇。三交高盖，文书有疑。天马乘空，追风无奈。

《象》曰：调琴举鹤向云林，放下功名乐赏心。到此机关无足用，诗情酒兴会知音。

此无依之卦，一曰三交，亦曰高盖，又曰龙战。夫无依者，即反吟也。《经》云："无依是反吟，逃者远追寻。合者应分散，安巢别改林。守官须易位，结友也分襟。所为多反复，占病数般侵。"反吟刑冲，事主迟滞，远近系心，更相仇怨，且反复而呻吟，是无予夺而难息也。传见三交，《经》云"三交家匿阴私客，不是自逃将避迍"，凡事失节阻碍，谋事被人阻破，不能成合。占者遇之此课，乃苗而不秀，秀而不实者，谓之三传俱空，万事无踪，吉不成吉，凶不成凶。暴病者高枕无忧，久病者危而必险。所求者难遂，所望者难成。占求官见贵，徒劳心志。占婚姻求财，枉用精神。占禁系，终见疏释。占公讼，自当和解。占逃亡难获。占行人，未得大利。忧惊患难之人逢此，乃曰获福。所闻百事，多虚少实，不足取信。

占出兵行师，不宜举动，动则不能成功，亦无益于战阵也。慎防奸诈不实之事、失众之理。大抵为无用之课也。

真一山人云：久病恹恹雾里天，百药历遍亦徒然。且把凶吉浑相解，还要阴功种在前。

《无惑钤》云：身值财丁，动则虚声。来往空陷，凶吉平平。

《钤解》曰：财临干上作丁，定主动变，动则虚声不实。盖由午乃旬空，子乃落空，往来俱逢空陷，曰吉曰凶，无足凭矣。却宜解释忧疑，除脱灾祸。《集议》：空亡用起事无成，要用须当待别旬。托人虚诈非实情，忧虑纵有不为迍。夜贵加昼，宜暗求关节。克处回归又受克。

戊子日第八课

重审　铸印乘轩　斩关　不备
权摄不正禄临支

```
六 常 阴 六        六 阴 常 六
戊 巳 卯 戊        戊 巳 卯 戊
巳 子 戌 戊        巳 子 戌 戊


父 癸 巳 常        父 癸 巳 阴
兄 丙 戌 六        兄 丙 戌 六
官 辛 卯 阴        官 辛 卯 常


六 朱 蛇 贵        六 勾 青 空
戊 亥 子 丑        戊 亥 子 丑
勾 酉     寅 后    朱 酉     寅 白
青 申     卯 阴    蛇 申     卯 常
  未 午 巳 辰        未 午 巳 辰
  空 白 常 玄        贵 后 阴 玄
```

此课日加辰，又克辰，是人广而宅狭。宅上发用，传出日上，是宅居不得许多人，集而复出也。末传归第二课，可见宅不纳人，非宅克人也，是人多自为分出也。若丙子日，人来就宅，为宅所克，是宅不容人居，必生灾患。此若移出，各人自为活计，将来因太阴争摄动众兴讼，十三年见之。何承务在祖宅住，其屋窄狭，人口甚众。日来支上迫宅，又作破碎，当年十一月移出店房居，自做经营。原是本家兄嫂掌家，十五年果争家财，三位兴讼，乃甲子年春争至乙丑年四月方止。甲子年者，便是宅，巳来加子，巳数四，子数九，合是年起讼。缘壬戌，太岁上有卯所刑，故不动；癸亥年，天罡压之，故不动；甲子年，人宅相克，逼迫激起而成争也。当年行年辰上见勾陈，主讼，后不为咎。宅上禄神，上自兴旺，人与财俱盛茂也。[①]

《灵辖经》云：天魁为印，巳为炉冶，戌加巳，铸印之象。终有卯木，又

---

① 《壬占汇选》作：己酉年三月戊子日戌将巳时，何承务丁巳生，五十三岁，一作丁未生，占家宅。

为乘轩，铸印乘轩，荣贵之象也。此课太乙临子为用，将得太常；中传天魁，临巳为铸，将得六合；末传太冲，为乘轩，将得太阴。以此占人，初有印绶之喜，中有婚姻之喜，终有恩赏之喜。

《玉历钤》云：此课巳加子为用，子畏巳中戊土，迟疑不敢来克丙丁。末传卯木，却来生巳，巳又生干，诚吉课也，凡占所求皆成。

日德加辰，辰上生日上。

课名铸印、重审、阴不备。须重审而后成，凡事艰难。又乱首，戊巳来加子，被克为用，戊印为中，末传相合。虽有德禄，是巳就克，为他人制己，或是假他人之力而后有成，只宜转托有禄人以经营之，然后可，又文书印信喜。

《义》曰：既得斩关，不利安居。远行则吉，福自高击。卦吉生福，求官得禄。常人占此，反生不足。

《象》曰：文章献策喜今年，一旦声名达九天。帽插金花蓬岛客，罗襕象简不虚传。

此重审之卦，一曰乱首，亦曰铸印。夫重审者，重而审之也。利为主，利后动，长有厄，事从内起，起于女人。以下犯上，贱犯贵，卑犯尊，事多不顺。阴小在下者，有悖逆之事。占臣未忠，子失孝，事不可遂意而行，必当审察，循乎义理，庶几以免后患也。况乱首者，所主"臣逆君兮子害父，妻背夫兮弟克兄。奴婢不堪主使令，将军出外损其兵"，此乃下欺上，悖逆紊乱之象。传见铸印，《经》云："天魁是印何为铸？临于巳丙冶之名。中有太冲车又载，铸印乘轩官禄成。"若不见太阴、天马，即非真体，常人反生灾咎，且为事迟钝。占者遇之此课，乃铸印之课，又名乘轩，仕宦君子求官见贵，年命上无亥辰酉冲刑，利于功名进达，甲第高登，若有刑冲，未尽美善也。若千里投人者得此，必庆幸，乃曰"主宾际会两殷勤，暮宴朝欢会无极"。占婚姻和合，交易有成。占求人事吉。占求财轻微。占病重，须得见解神、吉神方可。占失脱，有失而复得之理。占忧惊口舌，自有散解。占逃亡宜寻。占主宾和好。

占出兵行师，太常稍吉，知军旅之安荣，利主。若敌有使来，多见虚诈不实，所言不可听，恐误事。为主将，当明此机也。

真一山人云：终始相生课卜奇，其中乱首未全宜。亥辰酉字无冲击，唾手功名自称时。

《无惑钤》云：传课循环，往赴财乡。官禄尤吉，鬼自生方。

《钤解》曰：禄临支宅克。巳乃德禄，卯乃日鬼，卯生巳火，鬼助生也，干禄最宜。食禄者，却忌以德禄生气传墓入墓是也。巳即戊也，临子为赴财乡。三传不离四课，是课传循环，若脱难释忧，则不能也。《集议》："传墓入墓分爱憎"内例，生墓反凶（生气入墓之谓）。"末助初兮三等论"内列此日，禄临支被克，必因起盖宅屋而失其禄也，不可以权摄不正论。但禄神闭口，最忌占病。太乙加临支上初，戌加丙戊巳为炉。常人官府事忧疑，君子迁官及文书。[①]

戊子日第九课

元首　斩关　润下　水局　全财

青	玄	贵	勾		蛇	玄	空	朱
申	辰	丑	酉		申	辰	丑	酉
辰	子	酉	戌		辰	子	酉	戌

兄	壬	辰	玄		兄	壬	辰	玄
子	甲	申	青		子	甲	申	蛇
财	戊	子	蛇		财	戊	子	青

勾	六	朱	蛇		朱	六	勾	青
酉	戌	亥	子		酉	戌	亥	子

青申		丑贵		蛇申		丑空
空未		寅后		贵未		寅白
午 巳 辰 卯				午 巳 辰 卯		
白 常 玄 阴				后 阴 玄 常		

《玉历铃》云：此课天罡加子，上见玄武，上下水土相克，中末龙蛇同类，情虽不恶，迹则阻隔，凡占百事俱无成。

日生上神，辰上生日上，初克末。

课名元首、润下、斩关。三传皆财，自墓传生，终有生意。事已再发，散事破难，喜事将不凶。秋冬占，有财喜，宜占争夺事及望信，主众，不宜占尊长灾。

---

① 据原抄本调整句序押韵。

《义》曰：日生上神，日上生财。财多不美，恐招祸来。水局三合，财喜相宜。见辰自刑，蜜里生砒。

《象》曰：三合相呼见者忻，谁怜支上又逢辰。合中有煞恩中怨，笑里藏刀暗算人。

此元首之卦，一曰斩关，亦曰润下。夫元首者，尊制卑，贵役贱之象。占事多顺，利宜先举，事多起于男子。为臣忠，为子孝，正大光明而无邪僻之行，德业已著而乾乾进修，常怀危惧，惕励而无咎也。况斩关非安居之象，占者多不自由，事多暗昧不和，离散口舌，欲隐身避难者，却利乎奔逃也。又主人情暗中不顺，多见更改，事多中止，坟墓破坏，占婚亦强成，难于久远。凡事历遍艰辛，然后可遂。且润下主沟渠、水利、舟楫、渔网之类，动而不息之象，流而必动，滞则必竭，宜动不宜静，事主关众，亲朋相识之务，克应多是过月，牵连疑二，利占成合，不利占解散。此乃五行正气入十干杂糅之乡，异方三合乃生旺墓之神，事主丛杂不一，主关众共谋，不然两三处干事，委曲托人与人相合之类。日生上神，虚费百出，谋望难成，失盗损财，人口不振。占者遇之此课，三传日财，不宜占尊长。若占妻宫，旺刚得内助治家，财旺而身柔也。玄武乃不正之象，闭口难言也。凡百所占，有成合之理，亦见喜，不宜占病，占散事不宜。

占兵亦无益，防有失焉，在将之善为谋略。大抵此课，支上见辰为自刑，又美中不足也。

未足全美。

真一山人云：三六合中喜事多，喜中慎记有差讹。心无邪曲惟存德，福自天来祸自磨。

《无惑钤》云：夜金从魁，禽类生辉。斗博大利，卜宅倾颓。

《钤解》曰：酉乘朱雀生财，是禽类生财，酉是鸡也，乘雀善斗，若斗禽相博，必能大获财，盖全水局为日之全财也。宅被墓克，必兴灾祸也。《集议》：传财大旺反财亏，三传水局，天将皆水中之兽，一色财也。若于秋冬水旺月份占求财，即无财也，如取其财，切防反费己财，缘水自贪其生旺，不与我为财，直待身旺之时，及财气稍衰之月令，方可取财。三传俱作日之财，润下从革假令裁。求财得罪先见乖，财多害己父母灾。

戊子日第十课

蒿矢　三交

```
白 阴 朱 青          后 常 勾 蛇
午 卯 亥 申          午 卯 亥 申
卯 子 申 戌          卯 子 申 戌


官 辛 卯 阴          官 辛 卯 常
父   午 白 ◎        父   午 后 ◎
子 乙 酉 勾 ⊙       子 乙 酉 朱 ⊙


青 勾 六 朱          蛇 朱 六 勾
申 酉 戌 亥          申 酉 戌 亥
空未      子蛇       贵未      子青
白午      丑贵       后午      丑空
巳 辰 卯 寅          巳 辰 卯 寅
常 玄 阴 后          阴 玄 常 白
```

　　《玉历钤》云：此课卯加子，为支刑相制，主小儿灾殃。邵先生云："卯子相伤，时有悲泣。"戊以卯为鬼，加子，财刑传破，不能为福也。

　　《苗公鬼撮脚》云：凡远动求财，支上神能克日上神，往必获利；日上神克支上神，不可远动，必身灾损财。此课日上见申，支上见卯，卯被金克，所往不分求利、求财，俱不得，盖被干上神克支上神故也。

　　日生上神，日上克辰上，日上克用，末克初。

　　课名蒿矢、三交。官星来遥克日干，卯加子为刑战，发用羊刃，为象颇凶。所喜卯乃官星，末克初传，日上申可以制之，又日上克辰上，日上神克用，仍吉，兼中末空亡，凶从空散。

　　《义》曰：事多不实，人言未的。外侮有御，耗财损失。传来音信，且莫轻听。久久察之，浑如一梦。

　　《象》曰：高蹈山林乐自然，穷通尽在己之天。百年世事同春梦，着甚来由竞后先？

　　此蒿矢之卦，一曰三交，亦曰天网。《经》云："神遥克日名蒿矢，射我虽端当不畏。贵人逆转子无良，天乙顺行臣不义。家有宾来不可容，亦忧口舌西南至。"然事主动摇，人情倒置。象如以蒿为矢，射虽中而不入。祸福俱轻，求事难成，利主不利客。占行人来，访人见。若带金煞，亦能伤人，主蓦然有灾。传入空乡，又名遗镞，凡事不成，夜占有虚诈之事，祸从内起。夫三交者，《经》云："三交家匿阴私客，不尔自将逃避迍。"凡事失节阻碍，谋事被人阻破，不能成合。且天网者，即天网四张也，《经》曰"天网四张，万物被伤"，为阻滞，为疑难，为灾恼。日生上神，虚费百出，谋望不遂，失盗损财，人口衰残，休囚尤重。虽见三交、蒿矢，亦不足畏也。占者遇之此课，九月时占为天烦，太阴躔之为地烦，天烦忌男子不利，地烦忌女人不利。大概虽如此论，所传入于无力之乡，又不足畏也。凡占求官、见贵、交易、婚姻、求财，百事难遂，莫如正静处之，安心守旧，顺理循义却吉。占暴病即愈，久病难痊。占忧疑、患难、狱讼之事，大有解也。

占出兵行师，有中途中止之理，无益于用兵也。

无益于事。夏吉。

真一山人云：功不成兮名不轻，事难遂意惹虚声。古今豪杰知多少，何必区区角力争？

《无惑钤》云：初遥传空，凡占利轻。宅中失耗，休倚贵庭。

《钤解》曰：蒿矢远射，中末空陷，其鬼贼生败，俱无力矣。凡占有求，吉凶难成。但太冲，盗也，临宅刑脱，宅中未免失耗。昼夜贵人入狱，干之必不喜，其贵人之庭，断不可依矣。《集议》：卯加子，乘阴用，主人家妇女有奸淫之事。人宅受脱。

戊子日第十一课

重审　狡童　登三天　芜淫　折腰

罡塞鬼户任谋为　夫妇芜淫各有私

```
六 蛇 常 空          六 青 阴 贵
辰 寅 酉 未          辰 寅 酉 未
寅 子 未 戌          寅 子 未 戌


兄 壬 辰 六          兄 壬 辰 六
父    午 青 ◎        父    午 蛇 ◎
子 甲 申 白 ⊙        子 甲 申 后 ⊙


空 白 常 玄          贵 后 阴 玄
未 申 酉 戌          未 申 酉 戌
青午      亥阴       蛇午      亥常
勾巳      子后       朱巳      子白
辰 卯 寅 丑          辰 卯 寅 丑
六 朱 蛇 贵          六 勾 青 空
```

《玉历钤》云：此课日上空亡，辰上日鬼，发用虽塞鬼户，上下不顺，内外夹克，凡事不可用。

《毕法》云：此课辰加寅发用，谓之罡塞鬼门，使众鬼不能窥觎，凡占宜禳灾难、阴谋私祷，或吊丧问病、合药书符。又云：干上见旬空，上乘天空，凡事空空如也，画脂镂冰，无真实得力处。

《雕科经》云：此课申加午上，作白虎冲宅，宅上又寅木被克，凡占必被对门人家兽头冲破宅气，以致家道衰微、产业消耗，急须禳厌之方息。

辰上克日上，日生末传。

课名重审、登三天。辰午申为用，三天不可登，忌行远，忌讼，须省部陈。此课本凶，幸中空亡可解。此课墓神用，事主重谋费力乃成，中末空，无结果，凶吉两无成。

《义》曰：卜登三天，远行如仙。若占病者，恐堕于泉。吉凶两事，遇空堪怜。百事消散，无德无愆。

《象》曰：暗中防有外人侵，昏月生明理趣深。传到午申难着力，空空中里觅知音。

此重审之卦，夜占曰狡童。夫重审者，重而审之也。利为主，利后动，长有厄，事从内起，起于女人。以下犯上，贱犯贵，卑犯尊，事多不顺。阴小在下者，有悖逆之事。占臣未忠，占子失孝，事不可遂意而行，必当审察，循乎义理，庶几以免后患也。夫泆女，乃阴私邪淫，不正之象，占男女有阴私暗昧之理，占家宅宜谨慎闺门以防阴小越礼，惟能以礼自防者可化之。此课名曰登三天，病者凶，远行忌，但传入空乡，吉凶皆无成也。干见鬼墓，《经》云"鬼墓加干鬼暗兴"，常占暗中有侵谋之意，病讼者不宜，虽然常论如此，幸传空脱之乡，不为畏也。占者遇之此课，事多起于虚声。占求官见贵，暗中侵害，亦不能成，勿劳忧心。占婚姻、求财者，利于止息。若夫谋望、投谒，举动百事，大体十无一成，假使勉强而成，到底归于无益。占暴病者得此无忧，久病者逢之难瘥。其他惊恐、患难、忧疑、狱讼，逢之解散。

占出兵行师，所传闻者，事多不实。若敌使之来，其言皆诈，暗欲侵谋，宜密察而详审，甚勿为彼诳也。大抵此课，无益于事，多见耗失，用兵者请勿忽之。

仲夏、午年吉，余未然。

真一山人云：敌尽忧疑识此奇，事多更变不逢时。养心守分停机巧，天道何如不见知。

《无惑钤》云：自墓传生，递相欺凌。昼虎遁甲，利害交并。

《钤解》曰：日上神克辰，辰上神克日，递相欺凌矣，凡事离散。自墓传生，凡事已了又举，病疼再发。申乃长生，昼虎遁甲，利与害交并矣。《集议》："空上逢空事莫追"内列此日。昼占干取支财，寅临乎上，未免自惊危中取之。申乘白虎冲支上寅，为对邻兽头冲其本家，以致家道衰替。"罡塞鬼户"内列此日。芜淫，凡占先相允许，后不相顾接，各怀私意。申遁昼虎入传，殃非浅也。

戊子日第十二课

知一　连茹　交车害

传墓入墓分爱憎　费有余而得不足

```
蛇 贵 空 青          青 空 贵 蛇
寅 丑 未 午          寅 丑 未 午
丑 子 午 戊          丑 子 午 戊


官 庚 寅 蛇          官 庚 寅 青
官 辛 卯 朱          官 辛 卯 勾
兄 壬 辰 六          兄 壬 辰 六


青 空 白 常          蛇 贵 后 阴
午 未 申 酉          午 未 申 酉
勾巳      戊玄       朱巳      戊玄
六辰      亥阴       六辰      亥常
  卯 寅 丑 子          卯 寅 丑 子
  朱 蛇 贵 后          勾 青 空 白
```

《玉历钤》云：此课三传皆鬼，日辰上丑午相害，气象不和，凡事不可用。

《毕法》云：此课三传皆是日鬼，如春占木旺，鬼贪荣或不能害人，行至夏秋，其祸必发。

《灵辖经》云：此课干上午，虽是生气，奈是旬空，生气空亡，三传皆鬼，又起引干上午以为羊刃，其凶暴甚，年命有解无妨。

日上生辰上，用克日，初克末。

课名元首、知一。事有多端。进茹干众，鬼爻太重。又天罡墓神临门，有墓土杜塞之象，凡事中阻，所喜背辰趋日，事缓或在后。寅卯为官，官化为财，日干见午，为空亡，不为害。

《义》曰：虚生欢喜，惊惧实起。夜卜微宜，昼则堪畏。来情灾恼，病怕寅卯。求官春旺，变化不求。

《象》曰：惊忧口舌及文词，善恶心中只自知。从此好行阴骘事，灾消福至免生疑。

此知一之卦，一曰天网。夫知一者，知一而不能知两，知者以为自知、自见，不知为寇仇，故言知一也。以此为用，舍远就近，舍疏就亲，恩中生害，事多起于同类，凡事狐疑，事贵和同乃吉。夫天网者，即天网四张也，《经》曰"天网四张，万物被伤"，为阻滞，为迟疑，为灾恼。传得寅卯辰，乃进连茹也，事主欲行不行，欲止不止，节外生枝，进中有退，牵连疑二之象。凡占必见人情未和，亲友疏义之谓。所喜上神生日，人有相助，喜庆财帛之美，在仲夏火旺之月可应，若休囚之时，又为虚喜而已。占者遇之，干上乘空，事多起于虚声，凡事有不实之象。占官禄文书利。占宅中常见虚耗不足，惊疑未宁也。卜占求官见贵者，自己身心，进退不一。主客未知，事见更易。占婚姻、求财、投谒、远行者，利操持，又未见美。占病不宜棺椁，然宜合寿具禳厌，仍须阴德以助之。官讼宜和解。忧疑惊恐须见。逃亡自归。

占出兵行师，忧心众畏而不宁也，夜占主胜，得宝货图书。凡敌使之来，未免所言不实，当察其动静以待之，甚勿为敌使之所诬也，全在为将者之谋略以致胜也。

真一山人云：彼此猜疑各用心，何须苦苦失光阴。若将此意翻为善，天道昭昭福降临。

《无惑钤》云：虚生无益，传逢实克。昼贵伤支，龙合夜贼。

《钤解》曰：午乃旬空，临干虚生，三传皆木，为实克也。昼贵丑加支上克支，夜将初末龙合俱木，又来克干，人宅俱受伤矣。课无一可者，何由而获吉哉？《集议》："费有余而得不足"内列此日，谓干上午虽生气，奈系旬空，既生我者空，岂宜三传俱鬼，引起干上午反为羊刃？其凶难免，占人具亥子命稍缓。上神六害。两贵不协，变成妒忌，丑加子，未加午，互换作六害。

此课三传寅卯辰，东方旺气，克日又克阴贵，又克阳贵，三处土神俱受其克，大凶之课，何必他恋？火神临身吉，作羊刃论，又作仇论。

己丑日

己丑日第一课

伏吟　稼穑　不结果

三、九月占为游子

```
蛇 蛇 白 白          白 白 蛇 蛇
丑 丑 未 未          丑 丑 未 未
丑 丑 未 己          丑 丑 未 己


兄 己 丑 蛇          兄 己 丑 白
兄 丙 戌 阴          兄 丙 戌 阴
兄   未 白 ◎⊙       兄   未 蛇 ◎⊙


青 空 白 常          六 朱 蛇 贵
巳 午 未 申          巳 午 未 申
勾辰       酉玄      勾辰       酉后
六卯       戌阴      青卯       戌阴
寅 丑 子 亥          寅 丑 子 亥
朱 蛇 贵 后          空 白 常 玄
```

《玉历钤》云：此课昼夜贵神，蛇虎为凶，三传刑害，气象不顺，凡占不可用。

日上刑辰上。

课名伏吟。诸神不动。三传刑战，蛇虎交驰，太阴居中有暗昧，所赖卦体不动，己日得稼穑卦，可以镇静不挠，占事宜静，不宜更改，始则不免艰难，久而自安。未乃旬空，日上空亡，凶吉从空而散。

《义》曰：彼动此摇，未得坚牢。昼占惊恐，夜病悲号。谋事不通，更畏刑冲。缘何不遂？末发成空。

《象》曰：闻道城南雷电轰，谁知平地是虚空。谋为更改徒劳力，凶吉都来不见踪。

此自信之卦，一曰稼穑。夫自信者，天地伏吟，十二神各归本家，天地如一，四伏未发之象。占事静则宜，动则滞，主事藏匿不动，静中求劳，有屈而不伸之象。况稼穑乃重土，有艰难之象，常占得此，名曰鲸鲵归涧，凡事逼迫不由己，出若遇雷神，方能变化。《要》曰：稼穑者，五坟也，不宜占病。《经》曰："任信伏吟神，行人立至门。失物家内盗，逃者隐乡邻。病合难言语，占胎聋哑人。访人藏不出，行者却回轮。"占者遇之此课，求官见贵者，遇如不遇。占婚姻宜再看。占求财难得。占交易难成。托人干谋者无力。投谒人者，徒然跋涉，虚费粮裹也。占远行者，虚惊而无害。占久病不利，新病者虽惊危，终见不伤。占讼凶，有解释。失物宜急寻。逃亡迟得吉。占主客不和。

占出兵行师得此，昼占有忧惊众畏，夜占亦当慎动作之始。大抵此课，所干百事，难得成就，如占惊恐、危难、病患之事，于中却有可解。惟兵之事得此，始多不利，终则获利，凶中有吉，贵在将者达夫权变，识其众寡、虚实，以致胜也。

真一山人云：土厚藏金未羡奇，更逢空脱又无依。知君道得时非用，小隐衡门且待时。

《无惑钤》云：自支传干，彼求己事。可畏之因，昼夜天将。

《钤解》曰：《毕法》云"彼求我事支传干"，谓人委托我干事，吉凶皆成，行人至，求取得。支干同类入传，须防妻财有失。昼夜天将俱凶，甚可畏也。

己丑日第二课

重审　逆连茹　三奇

魁度天门关隔定　旺禄临身休妄动　日上重空事莫追

```
后 贵 青 空          玄 常 六 朱
亥 子 巳 午          亥 子 巳 午
子 丑 午 己          子 丑 午 己


财 戊 子 贵          财 戊 子 常
财 丁 亥 后          财 丁 亥 玄
兄 丙 戌 阴          兄 丙 戌 阴


勾 青 空 白          勾 六 朱 蛇
辰 巳 午 未          辰 巳 午 未
六卯      申常      青卯      申贵
朱寅      酉玄      空寅      酉后
丑 子 亥 戌          丑 子 亥 戌
蛇 贵 后 阴          白 常 玄 阴
```

《玉历钤》云：此课发用与辰相合，戌末传又与日相刑，乃内吉而外凶者也。凡占事，半吉半凶，顺理之事可化而全吉也。

《毕法》云：干上见旬空，又乘天空，凡占脱耗无实，钱物浪费，不能济一实用也。又云：干上见午为父母爻，却被初传子水来伤，主父母当有灾也，或被妻妾干触，或为财帛生疾，幸得戌土克制子水，亥中木之长生以养午火，必不至于大患也。

上神生日，辰上克日上，日克用，用克日上，末克初。

课名重审、逆茹。辰上子丑合，日上午未合，用又子丑合，干众反复三五度，后自成合，所占必涉公私和谐。己土克水为财，上见太常、贵人，须获利。己日在未，未与支上子，支丑与干上午，交互六害不足。内外为制，静利。昼贵归家不治事，然子无妨，得所合吉。

《义》曰：虚来生我，又被子嗔。十分好事，七分未真。根蒂相连，彼此牵缠。迟疑进退，听其自然。

《象》曰：牛女相逢喜合亲，人间最好论婚姻。美中尤忌难和会，自有深闺一样春。

此重审之卦。夫重审者，重而审之也。利为主，利后动，长有厄，事从内起，起于女人。以下犯上，贱犯贵，卑犯尊，事多不顺。阴小在下者，有悖逆之事。占臣未忠，占子失孝，事不可遂意而行，必当审察，循乎义理，庶几以免后患也。一曰退连茹，凡事退中有进，进而后退，事主欲行不行，欲止不止，节外生枝，迟而未顺之象。上神生日，所谋百事吉，运用如意，遇灾不凶，逢吉愈吉。日是人相助，夜则神相助，若当季神来生，主声名显达，岁命生日尤吉。惜其生神无力，美中未足全美。所占百事，多见虚声，未见全实之象，惟利夫求财，却反为美。占者遇之此课，占求官见贵未遂。占主客不和。托人干事难成。占投谒远行者，或有事而不果行，或到彼而不遂意，徒为劳碌而已。占病进退反复，不妨，惟迟愈，乃吉。占失物宜寻。公讼不凶，经两三处官司。占逃亡自归。

占出兵行师得此，昼占为贵人，举兵开地千里，亦见所举未及全顺，宜慎可也，夜占太常稍吉，知军旅之安荣。若敌有使来，其言多诈，宜详审，不可遽信，恐为彼之所诳，用兵者不可不知。

成中防变。

真一山人云：子丑相加事必成，更逢吉将转欢忻。只嫌些小未和处，仲夏应知福倍臻。

《无惑钤》云：用贵失禄，丁马相逐。文书不利，占婚极速。

《钤解》曰：贵人发用为财，有丁有马，须远动求财。午禄乘未旬空，禄失而文书不利也。子与丑合，夜乘太常，所谓牛女宜婚，此占婚急速也。又云：夜占帘幕，临支发用。

己丑日第三课

重审　时遁　不结果

六阴相继尽昏迷

```
    玄 后 六 青            后 玄 青 六
    酉 亥 卯 巳            酉 亥 卯 巳
    亥 丑 巳 己            亥 丑 巳 己


    财 丁 亥 后            财 丁 亥 玄
    子 乙 酉 玄            子 乙 酉 后
    兄   未 白 ◎          兄   未 蛇 ◎


    六 勾 青 空            青 勾 六 朱
    卯 辰 巳 午            卯 辰 巳 午
  朱寅      未白        空寅      未蛇
  蛇丑      申常        白丑      申贵
    子 亥 戌 酉            子 亥 戌 酉
    贵 后 阴 玄            常 玄 阴 后
```

《玉历钤》云：此课己日，克亥水为财，丑在下，争竞上下不足，凡占不遂，且有争竞。

《毕法》云：此课四课三传皆居六阴之位，凡占利阴谋私干，不利公事，然其所行，如入迷暗之地，不光明也。

上神生日，辰上克日上，日克用，用克日上，末克初。

课名重审。阴小不顺，有日上旦龙不妨，其余又皆阴昧，事多阻隔，再进方遂。己丑皆土，克亥水为争财，主阴私印信事动。末传旬空亡，无所倚。蛇虎虚惊，动不为害。

《义》曰：昼得暗昧，阴私未利。惟宜求财，岂得全遂？主客未和，阻隔蹉跎。夜逢闭口，惊悸消磨。

《象》曰：好事将成又未成，坚心静守勉强行。阳回自有春风及，万物逢时咸利亨。

此重审之卦。重审者，重而审之也。利为主，利后动，长有厄，事从内

· 601 ·

起，起于女人。以下犯上，贱犯贵，卑犯尊，事多不顺。阴小在下者，有悖逆之事。占臣未忠，子失孝，事不可遂意而行，必当审察，循乎义理，庶几以免后患也。上神生干，所谋百事吉，运用如意，遇灾不凶，逢吉愈吉。日是人相助，夜乃神相助，若当季神来生，主声名显达，岁命生日尤为福吉。惜其为亥水所冲，凡遇人相助之时，必被人阻破搅扰之象也。且得退间传，见事有间隔，而非一气流行之事。占者遇之此课，求官见贵者，疑而未决。交易难成。托人不实，纵使可托，难于保终。求财有，阴贵之财，不然暗昧不正之财。占病者，反复上逆不顺。占婚姻难成，假使得成，终须反目。失物宜寻。占远行投谒人者无力，可以止息。占讼宜和吉。逃亡难得。

占出兵行师得此，昼占无威而不宁，夜占失物以忧愁。此课在七、八月节内占，百事难者得解。大抵事多有始无终，吉不纯吉，而凶不纯凶，利暗不利明，利小人而不利君子，惟见机知微待之。

真一山人云：纯阴用事难成物，君子知微且待时。消尽雪霜阳渐长，苍生初不识男儿。

《无惑钤》云：宅用马丁，迁移难停。临事闭口，课传五阴。

《钤解》曰：亥乃丁马，临宅发用，定主迁移也。巳乃临干，事宜闭口。课传五阴，乃卯巳未酉亥也，若占人年命值丑，亦谓"六阴相继尽昏迷"之说也，凡占利阴谋私干。时遁占诗："时不利兮遁闭之，亥酉未兮报君知。君子待时方可吉，小人病患且防危。"亥丁，因妻财非细之动。

己丑日第四课

俯视昴星　斩关　三奇　励德　闭口

太阳躔子为天烦卦，太阴躔子为地烦卦，男女行年在卯凶甚，男占尤忌弦望晦朔。

```
白 阴 蛇 勾          后 朱 青 常
未 戌 丑 辰          未 戌 丑 辰
戌 丑 辰 己          戌 丑 辰 己


财 戊 子 贵          财 戊 子 勾
兄 壬 辰 勾 ⊙        兄 壬 辰 常 ⊙
兄 丙 戌 阴          兄 丙 戌 朱


朱 六 勾 青          空 白 常 玄
寅 卯 辰 巳          寅 卯 辰 巳
蛇丑      午空      青丑      午阴
贵子      未白      勾子      未后
亥 戌 酉 申          亥 戌 酉 申
后 阴 玄 常          六 朱 蛇 贵
```

《预见经》占曰：此课来意，主父害其子，阴谋奸淫，父子不和，竟遭官事，又主西南有窑冶一处，相刑致灾。何以知之？盖初传子加卯上，父临子，子卯相刑，故主父子不和。太阴在戌上，主阴私暗昧奸淫之事。辰戌天罗地网，故主官事，辰戌刑责，又为窑冶。

《玉历钤》云：此课子未相害，子卯相刑，日辰之上魁罡冲击，气象不和，人情不顺，凡占所求，一切无成。

《毕法》云：此课干上辰、支上戌，干支全乘魁罡，上有墓覆，又是柔日昴星，伏匿万状，终不能动。

上神墓日，日克用，上神克用，末克初。

课名昴星。转蓬见墓。魁罡临干，子卯相刑，凡占有动摇暗昧，不宜托人，恐生谲诈。子水死在卯，日干未刑支上戌，戌刑支辰丑，切忌争讼，有刑损失，求望难成，凡事不振，失物自得。

《义》曰：神将既合，事必顺理。辰戌一冲，动摇无已。墓来蒙蔽，似有可畏。无礼之财，取之观势。

《象》曰：咫尺人心未可量，存心守正慎提防。但施仁义为予循，祸患消弭福自昌。

此昴星之卦，亦曰冬蛇掩目。夫酉中有昴日鸡，故用酉下为用，酉为天之私门，肃杀之地，故仰伏而取之，又为藏蛰，掩目不动，提防暗昧忧惊。《经》曰："用起昴星为虎视，秋分在酉知生死。关梁出入日月门，举动稽留难进止。刚日出行身不归，柔日伏匿忧难起。女多淫泆问何因，此地为门难禁止。"一云：冬蛇掩目，稽留而终不妨身。又云：干上乘墓，如人在云雾之中，昏蒙而无所见。且见墓加干，防暗中有人侵谋，凡事迟滞勾留，况隔三隔四之象而不一也。占者遇之此课，占求官见贵，未得全美。占婚姻难成。主客不和。占交易，亦未全利。占病不妨，忌六、七月占，重。占财有，宜速求。占失物急寻。占投谒人者不许。远行忌。占讼不和。逃亡难获。夫辰巳，一名隔角，事见不顺之象。

占出兵行师得此，昼占贵人，举兵开地千里，夜占勾陈，有战士折伤之论。大抵此课，彼此俱冲击不和，贵在将之权谋，化难为易，以过人之耳目。

真一山人云：谦退藏机隐市廛，有些得意乐夫天。事当难处安心过，过此崎岖便自然。

《无惑钤》云：迭值魁罡，远涉他乡。贵财发用，无礼须防。

《钤解》曰：魁罡既临日辰，又传中末，可谓叠值矣，定主远涉他乡，动变不一。占讼，未入狱即入，已入即出。贵人发用作财，必得贵人之财也。子加卯，为无礼之刑，必须防之也。又云：虽干支上全乘魁罡动，缘干上墓覆，又是柔日昴星，伏匿万状，终不能动。

己丑日第五课

从革　涉害　六阴

```
青 玄 后 六          玄 蛇 六 白
巳 酉 亥 卯          巳 酉 亥 卯
酉 丑 卯 己          酉 丑 卯 己


父 癸 巳 青          父 癸 巳 玄
兄 己 丑 蛇          兄 己 丑 青
子 乙 酉 玄          子 乙 酉 蛇


蛇 朱 六 勾          青 空 白 常
丑 寅 卯 辰          丑 寅 卯 辰
贵子      巳青      勾子      巳玄
后亥      午空      六亥      午阴
戌 酉 申 未          戌 酉 申 未
阴 玄 常 白          朱 蛇 贵 后
```

《玉历钤》云：此课卯酉在干支冲对，卯又为日鬼，三传金局盗气，中有玄蛇凶神，不吉之课也，凡占一切皆不可用。

《毕法》云：此课干上卯为日鬼，却被支上酉克制，不能为祸，占病不必求医，久当自愈，却嫌卯乘白虎克干，一病方愈，一病又作也。若行年本命有救解之神，方得止息。

上神克日，辰上克日上，初克末。

课名从革。己日得金局，金土子母相生，日辰上卯酉相克。旦合玄，夜蛇虎，所占诸事，不免惊疑，暗昧重变，革三革四。初传旦龙暮玄，临门户，内外阴私不明，谨防诈失，不宜解忧，进退不决。初中与贵合为吉。

《义》曰：卯来见酉，好情失友。莫言鬼贼，类他己丑。失中有得，忧中望喜。盗脱难禁，后利吉矣。

《象》曰：腾蛇玄武共青龙，金水相生喜气隆。得失两般须要见，求官失禄走西东。

此从革之卦，亦曰见机，一曰龙战。夫见机者，察其微，见其机，谓两比两不比，当以涉害为用。涉害有浅深，欲用不用，欲言不言，事有两而取一。所作稽留，迟疑艰难，进退不定，忧患难消，怀孕伤胎，难于前而易于后。传见从革，先从而后革也。凡事阻隔，有气则革而进益，无气则革而退失。一曰兵革，一曰金铁。大抵五行正气入十干杂糅之乡，异方三合乃生旺墓之神，事主丛杂不一，主关众人共谋，不然两三处干事，委曲托人与人相合之类。况龙战，主人心疑惑，进寸退尺，动有乖离之象。卯酉为天之私门，生杀有限，分杜有期，雷动龙奔，示其有战。占者遇之此课，三传盗脱，人宅俱虚，必见人财耗失，入者少而出者多。常占为人所欺，幸有所解。此课惟宜解散凶疑之难。占求谋官贵者，难成易损。还见二三人作伙，失盗损财。失物后还见生财之美。托人干事。

占出兵行师，虽云大胜得宝货图书，亦未免得失相半，又虑夫粮草不足，凡事不足中亦有喜事。占逃亡、失物者难见。占病不妨。诸占宜谨慎守正，则自然亨利也。

出多入少。

真一山人云：相逢耗脱不知心，不怕人来暗里侵。谁识难中还有易，将来准拟遇知音。

《无惑钤》云：传及宅上，内外脱诳。身既乘鬼，赖此除障。

《钤解》曰：辛卯作鬼，夜占尤甚，支上乘酉，三传合金，俱脱日干，欺诳不可当也，然而赖此得以消除卯鬼之灾障矣。又云：夜占虎鬼临身，有灾祸。制鬼之位乃良医。（庚戌年元旦日占得此课，断：卯，东也，克身又遁干辛脱日之气，会为木局，又夜乘虎克之，凶甚。虽未入传，而春木得令。酉，西也，干乙克，而盗气合为金局，入秋旺则盗之更甚，俱水将乃财，而盗我之财气。本命寅，朱旺亦克身。卯酉相冲，两局又对，木局虽空却胜西方之势。）

己丑日第六课

重审　斫轮　罗网

众鬼虽彰全不畏

```
玄 勾 六 阴            白 贵 蛇 空
卯 申 酉 寅            卯 申 酉 寅
申 丑 寅 己            申 丑 寅 己


官 辛 卯 玄            官 辛 卯 白
兄 丙 戌 朱            兄 丙 戌 朱
父 癸 巳 白            父 癸 巳 玄


贵 后 阴 玄            勾 青 空 白
子 丑 寅 卯            子 丑 寅 卯
蛇亥       辰常        六亥       辰常
朱戌       巳白        朱戌       巳玄
酉 申 未 午            酉 申 未 午
六 勾 青 空            蛇 贵 后 阴
```

《玉历铃》云：此课寅申在日辰上相冲，寅中有甲与己合，乃为德神，主人情喜悦，可以用事，凡占所求皆遂。

《毕法》云：此课干上寅木与初传卯木为日鬼，却生末传巳火以生育日干，鬼固为祸，今却为福，故云"众鬼虽彰全不畏"。又云：干上乘支前一辰谓之地网，支上乘干前一辰谓之天罗，凡得此课，身宅如罗网兜裹，不能亨快也。

上神克日，辰上克日上，用克日。

课名重审、斫轮、四绝。官鬼用，日见寅为劫煞克干，防阴私欺诈官病事，君子不宜妄动，居处忌口舌临门户，恶人不可与交。然寅中有甲，甲与己合，又为德，有和合文字重重，可散忧。虎玄乃死丧、盗贼事。

《义》曰：功曹临己，暗合为礼。丑上见申，好处生嗔。玄武克宅，盗失不绝。渐渐光亨，必蒙福德。

《象》曰：仇化为恩祸化祥，兢兢从此自无伤。求官自喜为佳庆，只恐申来没主张。

此重审之卦，一曰斫轮，亦曰天网。夫重审者，重而审之也。利为主，利后动，长有厄，事从内起，起于女人。以下犯上，贱犯贵，卑犯尊，事多不顺。阴小在下者，有悖逆之事。占臣未忠，子失孝，事不可遂意而行，必当审察，循乎义理，庶几以免后患也。传见斫轮，《经》曰："欲知斫轮，车临斧斤。"又曰："庚申共处为斤斧，卯木单称立作车。太冲作用来金上，斫削修轮官爵除。"天网者，即天网四张也，《经》曰"天网四张，万物被伤"，为阻滞，为疑难，为灾恼。占者遇之此课，有利求官，以其传见斫轮之谓，宜勉乎忠孝，事以正处方吉，否则难保始终也。见贵投谒，尤虑其主客之未和。占求财难得，得之亦不为美，尤防盗失，小人侵犯，惟教慎可以消弭。占婚姻勿成。占病者先重后轻，九月、十月节内占最忌可畏，年命得申酉可解。占捕盗、逃亡，宜避其凶。不利远行。占讼不吉，忧患难消。

占出兵行师得此，昼占失物忧愁，夜占贼势猖狂，当以计处，先避其锋。大抵此课，凡占百事，先难后易之象，此又不可不知。

真一山人云：斫轮最喜士人逢，君子占之运必丰。只为寅申不相合，谋为到处未全通。

《无惑钤》云：寅卯二木，灾祸相逐。夜贵临宅，祛殃降福。

《钤解》曰：寅卯并来克身，相逐而为灾祸矣。申乃夜贵临宅，克寅卯而合巳火以生己土，非祛殃除祸而何？《毕法》亦以此为"引鬼为生"。又云：昼占帘幕临宅支。

己丑日第七课

反吟　井栏射　折腰

六阴相继尽昏迷　华盖覆日人昏晦

```
后 青 青 后        青 后 后 青
丑 未 未 丑        丑 未 未 丑
未 丑 丑 己        未 丑 丑 己


财 丁亥 蛇        财 丁亥 六
兄    未 青◎      兄    未 后◎
兄 己丑 后⊙      兄 己丑 青⊙


蛇贵后阴          六勾青空
亥子丑寅          亥子丑寅
朱戌    卯玄      朱戌    卯白
六酉    辰常      蛇酉    辰常
申未午巳          申未午巳
勾青空白          贵后阴玄
```

《玉历钤》云：反吟课，本难得吉。此课旦暮天将皆有青龙，属寅，己日寅是为德神，乃凶课之中得一吉将，有吉可以解凶。此象虽然一主用事反复，进退有成，人情猜忌，离背而后谐和，凡有忧扰，不足介意也。

日克用，上神克用，末克初。

课名反吟、井栏射。日辰入传，互换相冲。空亡加支，又是羊刃入宅。旦蛇暮合，动辄不足，亲合不合，反复无定，迁变动摇，惶惶进退。所喜日夜有龙，龙属甲寅，得一吉解凶，兼亥未三合，龙主匹帛，主印信至，末归日上无凶。

《义》曰：彼此不和，谋动嗟哦。虚惊自散，实事消磨。夜占暗昧，男女行秽。所幸逢空，不能私遂。

《象》曰：事虽反复亦徒然，君子知时身自怜。总有风声勿足用，凶中化吉更消愆。

此无依之卦。夫无依者，即反吟也。《经》云："无依是反吟，逃者远追寻。合者应分散，安巢别改林。守官须易位，结友也分襟。所为多反复，占病数般侵。"反吟刑冲，事主迟滞，远近系心，更相仇怨，且反复而呻吟，是无夺而难息也。占者遇之此课，先惊疑，然后自然消释。《经》云"螣蛇坠水，虚惊而惊怪皆消"，此之谓也。占求官见贵者，徒然劳心，始虽有得，后必倾覆。求财者，宜急速取之，迟则反不得用矣。占婚姻难成，又虑夫夫妻失友，不若不成之为美也。占远行投谒者，劳而无功。占托人谋干者，终难成事。占重病者解，患难自释。占公讼囚禁者，罪轻而勿畏。占逃亡贼盗，勿令近捕。

占出兵行师，忧心众畏，夜占宜之，获金宝之美利。此乃执一之论，然斯课所占未免反复，及加之以传空，必见始终不一，故曰有始而无终，语云"苗而不秀，秀而不实"者也。大抵此课，占之十无一成，若散忧、散惊，又为美也。

真一山人云：有闻美若无闻好，纵使闻之亦是虚。谋事不成忧亦散，潜心且乐圣贤书。

《无惑钤》云：往来相会，丁马进退。动用取财，守之无遂。

《钤解》曰：日辰支干，往来相会。亥为丁马，为日财，动则得之，守何遂焉？课体反吟，占事反复，动而不必动，行而不行，终则无美矣。行人辰，申日来，或丑日到。亥丁，因妻财非细之动。

己丑日第八课

铸印　知一　交车合

合中犯煞蜜中砒　胎财生气妻怀孕

```
蛇 空 白 贵        六 阴 玄 勾
亥 午 巳 子        亥 午 巳 子
午 丑 子 己        午 丑 子 己


父 癸 巳 白        父 癸 巳 玄
兄 丙 戌 朱        兄 丙 戌 朱
官 辛 卯 玄        官 辛 卯 白


朱 蛇 贵 后        朱 六 勾 青
戌 亥 子 丑        戌 亥 子 丑
六 酉     寅 阴    蛇 酉     寅 空
勾 申     卯 玄    贵 申     卯 白
未 午 巳 辰        未 午 巳 辰
青 空 白 常        后 阴 玄 常
```

《玉历钤》云：此课本是吉课，为白虎、玄武加巳发用，吉变为凶，凡占所事，皆无成就。

《毕法》云：此课末传卯木生初传巳火，助其生日，凡占必有旁人于当道处推荐，而有佳庆，凡居官者宜得之。

《神枢经》云：此课昼贵子临身，子，水神也。白虎发用，阴位上戌土神乘朱雀，克子贵人。凡占不宜上章上书，一则获罪，遗于朝廷，一则被责，怒于权要。《易》曰"咸其辅颊舌"，如是可无咎矣。

日克上神，日上克辰上，日上克用。

课名重审、铸印。凡所占谋，宜审视久后。己土生于申，绝于巳，宜结绝旧事，其凶灾可绝。且贵加日为财。己加寅，龙入庙，有喜事。

《义》曰：彼来侵欺，君子见机。既识此理，可以御之。将军内战，美中生怨。常人忌此，却宜仕宦。

《象》曰：铸印乘轩体未全，半真半假妙玄玄。始终更得相生吉，难里生恩福自然。

此知一之卦，一曰铸印。夫知一者，知一而不能知两。知者以为自知、自见，不知为寇仇，故言知一也。以此为用，舍远就近，舍疏就亲，恩中生害，事多起于同类，凡事狐疑，事贵和同乃吉。传见铸印，《经》云："天魁是印何为铸？临于巳丙冶之名。中有太冲车又载，铸印乘轩官禄成。"不见太阴、天马，即非真体，常人反生灾咎，且为事迟钝。干上见财，初末虎玄，不有妻灾，提防损财，七、八月节内占，尤可畏也。传见铸印乘轩，利于求官，但不见太阴、天马入传，又美中之未美。占者遇之此课，见贵未和，以其受冲之故。交易和合者如不遇，好处生嫌。占求财轻微。占婚姻不利，假使勉强而成，到底终知反目。占病虽见凶，而不为甚凶也。占宅不宜。占公讼，不和不悦，惟宜容忍。占失脱难得。占逃亡，先凶后吉，惊恐有相助解之人。

占出兵行师，昼占白兽，有败绩之祸，夜占失物忧疑。利先动，利为客。若敌有使来，所言多不实，不可遽信，防有侵损，宜详审密察，甚勿为彼之欺也。大抵此课，始终相生，不凶之象，惟谨之，以观其势何如耳。

真一山人云：主宾今日未相和，且奈闲心化道他。终见将来难又易，先嗔后喜笑呵呵。

《无惑钤》云：先冲后击，交后有益。末助初生，如砒在蜜。

《钤解》曰：子午、丑未相冲，午丑、子未作害，此先冲后击也。然后午与未合，子与丑合，交后有益也。末卯初巳，巳生干，卯又来克，是砒中之蜜也。又云：夜占帘幕临子，传墓入墓，提防妻财灾祸不浅，申酉月内可畏也。

己丑日第九课

从革　见机

六阴相继尽昏迷

```
六 白 玄 蛇            蛇 玄 白 六
酉 巳 卯 亥            酉 巳 卯 亥
巳 丑 亥 巳            巳 丑 亥 巳


子 乙 酉 六            子 乙 酉 蛇
兄 己 丑 后            兄 己 丑 青
父 癸 巳 白            父 癸 巳 玄


  六 朱 蛇 贵             蛇 朱 六 勾
  酉 戌 亥 子             酉 戌 亥 子
勾申        丑后       贵申        丑青
青未        寅阴       后未        寅空
  午 巳 辰 卯             午 巳 辰 卯
  空 白 常 玄             阴 玄 常 白
```

《灵辖经》曰：凡占盗失，当于其类求之。课传中类神，若与玄武并，为鬼贼偷去；见太阴、六合，为人隐藏；空亡、脱气，为自己遗失。类神在旺相、长生上，寻见；衰败、空亡上，不获。又曰：克类，寻见；不克类，难寻。此课主妇人失落金耳环一支，酉为类神，金也，传加于巳，巳乃长生之地，不落空亡，又是三合，其金环为自遗失，见在必获。巳为炉灶，从魁加之，夜将上见螣蛇，亦是巳火，其物在灶炉下灰内，寻之必得。失物主往寻之，果得于灶下灰内。①

《玉历钤》云：此课己土以水为财，金能生水，从革乃暗财也。又日辰上下皆合，亥旬遁丁，又为财动，气象和顺，凡百求望，皆得成遂。

日克上神，日上克辰上，末克初。

课名从革。土日得金局，为子孙。所占用事，干众隔手，隔三两处方合。

① 此课断法有理。《壬占汇选》作：十一月己丑日寅将戌时，某妇占失金耳环。

己土以水为财，金生水，有暗昧。日辰俱三合，有和合，主有胎孕。金有生气，更改事遂。

《义》曰：合中带煞，蜜中有砒。恩将仇报，事成睽违。男女有别，不容少私。占婚得此，慎乎奸欺。

《象》曰：私门禁户勿容窥，欲望公中事不（原作永，疑误）宜。虚诈好防人用意，相来赚脱要相知。

此从革之卦，一曰见机，亦曰泆女。夫见机者，察其微，见其机，谓两比两不比，当以涉害为用。涉害有浅深，欲用不用，欲言不言，事有两而取一。所作稽留，迟疑艰难，进退不定，忧患难消，怀孕伤胎，难于前而易于后。且泆女乃不正之象，阴私邪淫，占男女有阴私暗昧之理。夫女子避于私门，有奔亡之象，占家宅宜谨闺门，防阴小越礼，惟能以礼自防者可化之。日上见亥，妻美财富，利于求财，上见螣蛇，乃惊恐忧疑之财。传见从革，乃先从而后革也。凡事阻隔，有气则革而进益，无气则革而退失。一曰兵革，亦曰金铁。大抵五行正气入十干杂糅之乡，异方三合乃生旺墓之神，事主丛杂不一，主关众人共谋，不然两三处干事，委曲托人与人相合之类。占者遇之此课，三传盗泄干支，人宅虚耗，财物损失，而无长进，干事不遂，不然所谋者，费有余而得不足。以至求官、见贵、谋望、干谒、交易，皆不足于心，尤防虚诈之人脱赚误事。占暴病、惊忧、禁系、被围、患难之事，却有可解。占逃亡、盗失，亦当见之。

占出兵行师，利先举，不利后动，昼占无威不宁，夜占忧心而众畏，用兵者察其机焉。大抵此课，乃欲脱之象，宜防虚诈之扰，夜占耗脱尤甚。

真一山人云：干用难成脱未能，其间事理见张更。人财损失家多耗，只要阴功出世情。

《无惑钤》云：丁马载财，传尽生来。启齿便有，闭口无灾。

《钤解》曰：亥乃丁马，上载其财，况三传金来生之，但启齿即得。末传旬尾为闭口，须谨言乃无灾也。又云：求财取还魂债。脱气入墓。

己丑日第十课

俯视昴星　斩关　励德　闭口　孤辰　三奇

太阳躔午为天烦，忌弦望晦朔日。太阴躔午为地烦，尤忌年在于卯。

```
青 常 后 朱            蛇 勾 白 阴
未 辰 丑 戌            未 辰 丑 戌
辰 丑 戌 己            辰 丑 戌 己

父    午 空 ◎         父    午 朱 ◎
兄 丙 戌 朱 ⊙         兄 丙 戌 阴 ⊙
兄 壬 辰 常            兄 壬 辰 勾

勾 六 朱 蛇            贵 后 阴 玄
申 酉 戌 亥            申 酉 戌 亥
青未       子贵       蛇未       子常
空午       丑后       朱午       丑白
巳 辰 卯 寅            巳 辰 卯 寅
白 常 玄 阴            六 勾 青 空
```

《玉历钤》云：此课午未虽合，然午加卯，在沐浴之地，盖败气也，日辰又破，魁罡照临，凡占诸事无成。

《毕法》云：此课遁五子元建，辰有戊，戌有甲，午有庚，甲戊庚三奇在于三传，盖吉课也。常人消灾，君子进用。虽然目前颇有微福，日后却有大患。盖以魁罡加临，冲破互见，季神更迭于四课，土将骈贯于三传，末刑之灾，不可备也。《易》曰"繻有衣袽，终日戒"是也。盖备患之具，既不失于寻常虑患之念，又不忘于顷刻，夫如是，可无虞矣。

用生日。

课名转蓬。魁罡星临日辰入传，用带禄乃空，图望公私，犹豫不定，诈欺斗争，惊恐公讼，忧喜并不成。

《义》曰：课得六阳（并非六阳，此原文讹错），公事照彰。不利私暗，岂宜蛰藏？事宜无心，却得好音。有意干谋，反为陆沉。

《象》曰：虚声起处漫劳张，可惜机谋计未长。事见变更难得遂，凶中隐吉喜洋洋。

此冬蛇掩目之卦，一曰孤辰。夫冬蛇掩目者，昴星之谓，酉中有昴日鸡，故用酉下为用。酉为天之私门，肃杀之地，故仰俯取之，又为藏蛰掩目不动，提防暗昧忧惊，宜见空亡以解之也。况孤辰有茕茕孑立之象，占人别离桑梓，凡所占谋，多虚少实，功名难遂，事业虚花。《经》云："用起昴星为虎视，秋分在酉为生死。出入关梁日月门，举动稽留难进止。刚日出行身不归，柔日伏匿忧难起。女多淫泆问何因，此地出门难禁止。"占者遇之此课，求官见贵者，得之不遇，虚声而已，假使有成，终无得实。占求官难得，惟宜无心及空手干运，却少有好处，不宜托本图利。占暴病不妨，久病难愈。占失物难得。占远行及谒人者，情未合。占公讼、禁系、解脱忧疑患难，逢之者是为福星。逃盗甚勿近捕。占宅不吉。凡举作百事，请求进用，逢之未得成就，然而吉不成吉，而凶不见凶也。

占出兵行师得此，有失众之象，言词诳诞，间谍宜防，昼夜所占，皆非吉也。干支比和，又逢冲击，主客相等，无先后之论，惟宜相机用之，此兵家谋猷也。

事难准凭。

真一山人云：蜂蝶纷纷恋好花，东风起处漫咨嗟。南园空负春光好，红紫飞扬不足夸。

《无惑钤》云：三奇昴星，昼（一作夜）盗须逢。魁罡并现，动不容停。

《钤解》曰：戌乘朱雀，加干入墓，昼占须逢脱盗。己日元遁戊辰、庚午、甲戌，为三奇课。传叠值魁罡，动不容停。午加卯，主托人，失节无成。午乘朱雀，寅午戌月占，防火惊之事。

己丑日第十一课

元首　迎阳　六阴　不结果

脱上逢脱防虚诈　二贵受克难干贵

白玄蛇六　　　　　六青玄后
巳卯亥酉　　　　　巳卯亥酉
卯丑酉己　　　　　卯丑酉己

官辛卯玄　　　　　官辛卯青
父癸巳白　　　　　父癸巳六
兄　未青◎　　　　兄　未蛇◎

青勾六朱　　　　　蛇贵后阴
未申酉戌　　　　　未申酉戌
空午　　亥蛇　　　朱午　　亥玄
白巳　　子贵　　　六巳　　子常
　辰卯寅丑　　　　　辰卯寅丑
　常玄阴后　　　　　勾青空白

《玉历钤》云：此课日鬼加辰为用，主上下不和，人情反背，所占百事无成。

《毕法》云：此课日干生其上神，上神又生天将，盖土生金，金生水也，凡占累被奸人诓赚财物，凡事虚诞之象。

《神枢经》云：此课卯加丑为初传，乃日之鬼，中传巳加卯，又入鬼乡，末传空亡，诚为凶课。又名天网四张，天罡塞鬼户，使万鬼潜藏，恶兽遁伏，所在任意谋为，无阻隔也。①

上神盗日，日上克辰上，用克日，初克末。

课名元首。三传俱阴，名曰迎阳。不免阴私暗昧，终成官鬼，门户上怪异散失。所喜日上酉，足以制卯鬼，末为空亡，忧喜皆从空散。

----

① 原注：辰为月将乃合此论，名罡塞鬼户。

《义》曰：外来克内，主客未利。盗失相侵，幸而有御。事见隔手，否则掣肘。顺理而行，有中无有。

《象》曰：君子逢之道自亨，谋为正顺望求成。谁知到底些而处，只恐人情又变更。

此元首之卦，一曰天网。夫元首者，尊制卑，贵役贱之象。凡事多顺，利于先举，事多起于男子。为臣忠，为子孝，正大光明而无邪僻之行，德业已著而乾乾进修，常怀危惧，惕励而无咎也。且天网者，即天网四张也，《经》曰"天网四张，万物被伤"，为阻滞，为疑难，为灾恼。日生上神，虚费百出，谋望不遂，盗失损财，人口衰残，休囚尤重，又为子孙脱漏之事，人宅多耗。占者遇之此课，求官见贵难成，遍历艰辛，卒难遂意。占婚姻者，夫妇难谐，假使得成，终归无益。不宜求财，亦不宜他人干用、谋望、交易。远行投谒人者，主客不和，号曰"千里跋涉，徒费粮裹"。占病有祟，所喜有克鬼去病之神，亦不足畏。占失脱逃盗，宜追寻。

占出兵行师得此，昼占玄武，失物以忧愁，夜占青龙，大胜得宝货与图书。敌有使来，其言多诈，不足取信，大宜详加审察。此课虽见盗神克日，所赖干神制伏，又何足畏也？大抵此课，利为客，利先举，又见有生生化化之义，而传归于无力之乡，凶不成凶，而吉不成吉也。

鲜克有终。

真一山人云：守礼从容事有期，其中进退要当知。忧惊患难勿疑惧，百祸难侵福自如。

《无惑钤》云：败中藏乙，卯木入宅。外勾里连，两贵烦剧（一作喷）。

《钤解》曰：己土败于酉，酉遁乙为鬼，最恶也。辛卯入宅，乘玄发用，又为日鬼，是鬼自宅中而出，为外勾里连也。两贵入狱、受克，干必怒也。《毕法》谓"罡塞鬼户"，此课虽凶无事。（原注：辰月乃是，余月非也。）邵云："迎阳又过戾。"诗断："过中将戾兮，迎阳急朝之。缓则将无气，卯巳未可知。"

己丑日第十二课

元首　连茹

众鬼虽彰全不畏

六　朱　玄　常　　　　青　空　后　贵
卯　寅　酉　申　　　　卯　寅　酉　申
寅　丑　申　巳　　　　寅　丑　申　巳

官　庚　寅　朱　　　　官　庚　寅　空
官　辛　卯　六　　　　官　辛　卯　青
兄　壬　辰　勾　　　　兄　壬　辰　勾

空　白　常　玄　　　　朱　蛇　贵　后
午　未　申　酉　　　　午　未　申　酉
青巳　　　　戌阴　　　六巳　　　　戌阴
勾辰　　　　亥后　　　勾辰　　　　亥玄
卯　寅　丑　子　　　　卯　寅　丑　子
六　朱　蛇　贵　　　　青　空　白　常

《玉连环》占曰：此课来意，主正月间与一姓杜人争田土，有一姓蔺人协力相助，却得姓张贵人力，七月内方得了毕。何以知之？盖时为日墓，直事门见勾陈，故言争竞田土。寅木与丑土相配为杜字，寅为日下之鬼，上得朱雀，口舌文书，寅又为正月，故知与姓杜者相争也。中传卯主门户，上得六合为草头，下寅主佳字，卯与寅为等辈，故言一姓蔺人相助。又日上传送，亦为今日夜贵人，上得太常吉将。寅卯二木相并克日，日上传送金七月正旺，反克二木。传送为弓，为道，为长字，合为张字，故言得一姓张贵人力。缘传送为七月建，故知七月内事务了毕也。①

《玉历钤》云：此课三传皆日辰之鬼，日上两课申酉制木，鬼化财官，又寅为己德，气象和顺，凡事所求皆遂。

《毕法》云：此课三传皆鬼，并来克日，又有勾六朱空，诚为凶也。赖有干上申金乘旺，克除众鬼，又为日之长生，消灾纳福之象也。

上神盗日，日上克辰上，日上神克用，用克日，初克末。

课名元首、进茹。三传皆来克日干，为众鬼，何况是三煞临宅，幸己以寅为德，可以少救。且占宅不甚利，大忌动作修造。其他占，事干众再三，兼日上两课申酉，可制鬼为财，事快人情顺，求官进望吉。

《义》曰：带叶连枝，拔茅连茹。春占大利，福禄绥之。夏秋卜得，未足

――――――

① 《一字诀玉连环》作：七月己丑日巳将辰时占来意。

为奇。是非来扰，恐惹文词。

《象》曰：万物丰亨喜遇春，三阳开泰物惟新。不宜聚会私家事，若是求官谒紫宸。

此元首之卦，一曰天网。夫元首者，尊制卑，贵役贱之象。占事多顺，利于先举，事多起于男子。为臣忠，为子孝，正大光明而无邪僻之行，德业已著而乾乾进修，常怀危惧，惕励而无咎也。且天网者，即天网四张也，《经》曰"天网四张，万物被伤"，为阻滞，为疑难，为灾恼。日生上神，虚费百出，谋望不遂，盗失损财，人口衰残，休囚尤重，又为子孙脱漏之事，人宅俱耗。传见寅卯辰，为进连茹，凡事进中有退，退中有进，事主欲行不行，欲止不止，节外生枝，急而顺溜，应期三五日可见。占者遇之此课，求官见贵，虽曰见利，虑恐暗中有人挠扰。虽现居官者，亦当谦和处众，动为谨慎，否则未免有失。其于见贵，未许成全。占远行者，进中有退。如千里投谒人者，宜止息再为选卜。占求财难。占病者大忌，宜修德作福禳之。占失脱逃盗难获。占公讼大凶。占交易、托人、谋望，俱未如意，以其主客之未和也。忧惊患难，亦见解释。

占出兵行师，昼占多口舌言问，夜占欺诈而招毁。利先举，利为客。若敌使之来，所言不实，不可遽信，恐中彼欺诈侵侮之计也。谨之！谨之！此课占兵凶吉。[①]

占病秋凶春吉。[②]

真一山人云：音信文书望有成，谁知又见机般更。百花喜遇阳和令，红紫芬芳艳色呈。

《无惑钤》云：三传克日，夜贵屏斥。感蒙神祐，利卜官职。

《钤解》曰：三传皆木克日，夜贵临干拒之，是蒙神祐也，有官职者宜占。此课常人不宜，反有讼病之不利也。又云：帘幕临干。又云：鬼临生地。家鬼取家人。《毕法》云：鬼临三四讼灾随。又云：众鬼虽彰全不畏，奈干上制鬼也。寅辰乘朱勾，主有官事。朱雀克宅主火灾，或门户有讼，未申月占尤的，主土木文书。

---

① 疑作不吉。

② 整理者注：言春吉者，以其鬼旺当令也。而鬼多病重，未见墓神，本非吉象，幸遇干上良医，终必得痊矣。

庚寅日

庚寅日第一课

伏吟　玄胎　六仪　官爵　自任

```
蛇 蛇 白 白          青 青 后 后
寅 寅 申 申          寅 寅 申 申
寅 寅 申 庚          寅 寅 申 庚


兄 甲 申 白          兄 甲 申 后
财 庚 寅 蛇          财 庚 寅 青
官 癸 巳 勾          官 癸 巳 朱


勾 青 空 白          朱 蛇 贵 后
巳 午 未 申          巳 午 未 申
六辰        酉 常     六辰        酉 阴
朱卯        戌 玄     勾卯        戌 玄
寅 丑 子 亥          寅 丑 子 亥
蛇 贵 后 阴          青 空 白 常
```

《玉历钤》云：此课伏吟，占行人望信即来，夜将宜求文字，见贵亦喜，所求皆成。

《毕法》云：此课支为干之绝神，干为支之绝神，占者宜结绝旧事，又宜兑换屋宇，更替差遣，交代职任。

上神德日，日上克辰上，末克初。

课名伏吟。诸神不动。庚日以申为德禄马，虽是蛇虎来临日辰，毕竟不凶，凡所占望，静以待之，久久自获和平。

《义》曰：有禄有马，富贵温雅。君子宜之，庶人惊讶。占病不吉，大德方释。昼夜皆宜，福自并及。

《象》曰：岩前版筑不求伸，梦入宫闱动帝忻。从此徵书宜聘入，致君尧舜泽斯民。

此自任之卦，一曰玄胎。夫自任者，乃伏吟之卦。天地伏吟，十二神各归本家，天地如一，四伏未发之象。占事静则宜，动则滞，主事藏匿不动，静中求劳，有屈而不伸之象。况玄胎如婴儿隐伏之状，利上不利下，事主远而多伏，暗昧不通，触则成祸，惟君子守正修德则亨。《经》云："占遇玄胎，室孕婴孩。"又曰："任信伏吟神，行人立至门。失物家内盗，逃者隐乡邻。病合难言语，占胎聋哑人。访人藏不出，行者却回轮。"一曰："三传俱孟是玄胎，五行生处主婴孩。所占百事皆新意，或不怀胎结偶来。"占者遇之此课，求官见贵，喜逢禄马扶身，文人高登甲第，武将衣锦重荣，庶人得此，反为不美，有德者可以当之。占见贵求谒人者，尤虑其主客之未和。占交易、婚姻、请托、谋望者，日下防有变改。占求财动摇不宁。占病忌老人小儿及久病者，三、四月占尤可惧。占失物逃盗可获。

占出兵行师得此，昼占白虎，虑有败绩，夜占无威不宁。以此论之，正、二月节内有解，余月必见兵刃相接。利先举，利为客。大抵此课，占将军而有威权，占出兵而无益、进益，惟在用兵者之神妙也。

秋大吉。

真一山人云：潜心经史夜焚膏，讲武练兵饱六韬。一旦声名播人耳，衣冠富贵谢勤劳。

《无惑钤》云：禄马扶身，两火加临。居官进职，俗庶灾深。

《钤解》曰：申为德禄，乘马临身发用，虽乘二虎，虎入庙为威权显辉之象也，居官极品也。俗庶决主官讼之非。卯酉月占，或申时占，主远行动摇。占老小病，最忌辰巳月。占行人或望信，当日到。又云：干支互绝，最宜两相退换屋宇，或兑换差使、交代职任等事。

庚寅日第二课

比用　逆连茹　三奇　天狱（体不真）　互墓

日上重空事莫追

```
后 贵 青 空            白 空 蛇 贵
子 丑 午 未            子 丑 午 未
丑 寅 未 庚            丑 寅 未 庚


子 戊 子 后            子 戊 子 白
子 丁 亥 阴            子 丁 亥 常
父 丙 戌 玄            父 丙 戌 玄


六 勾 青 空            六 朱 蛇 贵
辰 巳 午 未            辰 巳 午 未
朱 卯      申 白       勾 卯      申 后
蛇 寅      酉 常       青 寅      酉 阴
丑 子 亥 戌            丑 子 亥 戌
贵 后 阴 玄            空 白 常 玄
```

《中黄经》云：此课庚怕三传戌中有丙为遁鬼，丙却加亥上，丙绝于亥，此为鬼者必贫穷之人也。日辰上又丑未冲刑，初传脱干之气，必贫穷之人，意欲谋财以为害也。[1]

《玉历钤》云：此课日辰上昼夜贵神皆合，主气象和顺，人情喜悦，凡占所求皆成。

《毕法》云：此课干上未为旬中空亡，上乘天空，以空乘空，全无实象，此占必被虚诈脱赚，宜慎防之。《七十二占》：两贵交加，干贵欢悦。此课干上未为夜贵人，支上丑为昼贵人，凡欲成事，必得两贵人之力，周全成合。《翠羽占》云：此课干上为支墓，是宅来墓人也；支上有干墓，是人去墓宅也。凡占我欲瞒人，人亦瞒我，彼此言皆不实，如人处阴晦幽暗之中，人无清爽，宅亦弊坏而无光辉。《经》云：墓覆日辰，人宅昏沉。

---

[1] 《中黄经》作：假令十一月丑将，庚寅日寅时。

上神生日，日上刑辰上，上神克用，末克初。

课名重审、退茹。空贵互临日辰，名望多不安，不免进退。然初传子丑相加，事必可成。传皆子孙爻，凡事有福德，水生出木，有暗财。且贵临宅，秋昼占大宜进取。暮虎旦后，末克初，事有终始。

《义》曰：脱干生支，宅广人稀。若不如此，户大家虚。男女婚姻，恐有未贞。拔茅连茹，不断私情。

《象》曰：两贵相嫌未足嫌，最怜宾主又情愆。进中有退迟疑事，何论文章与后先。

此知一之卦，一曰泆女。夫知一者，知一而不能知两。知者以为自知、自见，不知为寇仇，故言知一也。以此为用，舍远就近，舍疏就亲，恩中生害，事多起于同类，凡事狐疑，事贵和同乃吉。况泆女乃不正之象，阴私邪淫，占男女有阴私暗昧之理，占家宅宜谨慎闺门，以防阴小越礼，惟能以礼自防者可化之。上神生日，所为百事吉，运用如意，遇灾不凶，逢吉愈吉。此乃有人上门相助，不待我之求也。若当季神生日，主声名显达，岁命生日者，尤为福吉，但未全实也。子亥戌，退连茹，凡事进中有退，退中有进，事主欲行不行，欲止不止，节外生枝，迟而未顺之象。占者遇之此课，能解忧疑患难，及诸惊恐凶厄之事，占重病亦有解也。占求官见贵者，美中不足。占婚姻难合。占求财轻微，仍看本命有财无财。占托人、谋干、主客、远行、投谒，皆虚声，不足可望。

占出兵行师得此，昼占天后，无威而不宁，夜占白兽，败绩而可畏。若敌有使来，其所言不足信也。大抵此课，占求百事，成者寡而不成者多也。

损而益。

真一山人云：放下糇粮笑出门，肯将脚力走江村。争如散步孤山下，看得梅花思不浑。

《无惑钤》云：昼贵墓身，夜贵墓庭。三传皆水，两丙一丁。

《钤解》曰：未夜贵临日，丑昼贵临辰，且交互相墓，两贵差跌矣。三传虽全水脱庚，而旬遁丙戌，元遁丙子、丁亥，俱为暗鬼；若弃日上空而妄动，必致灾害，或被子孙耗费生祸。又云：夜占害贵。又云：丑加寅，夜天空，主人家兽须落。飞凤衔赦：庚辛金日生天后，传入登明水气均。告示罪人无自惧，皇恩将下雪冤民。

庚寅日第三课

涉害　顾祖　励德不真　孤辰

```
玄后六青          玄白六蛇
戌子辰午          戌子辰午
子寅午庚          子寅午庚


官　午青◎        官　午蛇◎
父壬辰六⊙        父壬辰六⊙
财庚寅蛇          财庚寅青


朱六勾青          勾六朱蛇
卯辰巳午          卯辰巳午
蛇寅　　未空      青寅　　未贵
贵丑　　申白      空丑　　申后
子亥戌酉          子亥戌酉
后阴玄常          白常玄阴
```

《玉历钤》云：此课折腰火局，金既畏火，人情必乖。且贵青龙可用，费力后成，夜贵凡事不中矣。

《毕法》云：金长生于巳，败于午，干上午是干上逢败气也。木长生于亥，败于子，支上子是支上逢败气也。干支皆逢败气，占身则气血衰败，动止蹇滞，占宅则屋舍倾颓，事迹萧条，二者皆见狼狈，全无长进，尤不利占讼，必旧日阴私与彼一时败露，各获罪也。

《心照》云：此课初传午火克庚金，末传寅木生而助之，凡占必被人论告，寅木即教唆词讼之人也。其象为吏曹，为道士，为有胡须人，木旁姓名，在于东方住居，切宜备之，尤不宜求财，必致凶祸。

上神克日，辰上克日上，用克日。

课名涉害、间传。空亡克庚金为用，且龙徒成虚喜，暮蛇虚忧。大概谋望艰难，涉害可说凶，却有趋炎向明意。中有六合吉，始空终实，毕竟寅为庚日财也。

《义》曰：彼欲侵嫉，有心无力。虽言忧惊，亦难消释。事多阻隔，不可迈越。欲成不成，终见变革。

《象》曰：莫畏忧惊自不宁，眼前万事乱纵横。动谋成败浑难定，停看将来有变更。

此见机之卦，一曰寡宿，又曰天网。夫见机者，察其微，见其机，谓两比两不比，当以涉害为用。涉害有浅深，欲用不用，欲言不言，事有两而取一。所作迟疑艰难，进退不定，忧患难消，怀孕伤胎，难于前而易于后。《赋》云："涉害须久历艰辛。"逃亡隐亲邻，盗贼不远。况寡宿有茕茕孑立之象，占人孤老而无扶持，别离桑梓，财物空虚，否则变易，空门九流可也。上神克日，病讼可畏，用兵者尤宜防御暗中侵袭，常占为人欺负，口舌不宁，只利先讼，要有气，休囚不吉，所喜者落空，亦不过虚畏而已，到底归于解散。占者遇之此课，见贵不顺。婚姻难合。占谋望未遂。占托人不实。主客不和。占交兵不成。千里投人，徒费粮裹，不如别图为妙，亦不宜守旧。占家宅不利。求官有名而无实。占求财不吉，不惟取债，反招不足。占失物难寻。逃亡目下虽未得，终见归。占病不畏，宜为善事以禳化之，久病不吉。

占出兵行师得此，有失物忧愁之象，大要预为防范，庶免侵袭之侮。大抵此课，凡所占谋，正如"苗而不秀，秀而不实"者。其间上神不实，传入无力之乡，虽有不足，幸得解之。若五月节，或占午年太岁，又有可畏也。此法活泼泼地方妙。

真一山人云：富贵功名本自然，也由人命也由天。所求万事难如意，春月秋花满目前。

《无惑钤》云：虚忧必有，弃之不守。倘取钱财，祸患犹丑。

《钤解》曰：午火临干发用，乃旬空也，未免虚惊不可守也。中辰虽生，却陷于空鬼之乡，倘弃而取末传之财，上乘蛇火，反生祸患也。又云：末助初克干，奈初午空亡无力，寅木徒为冤憎，喻抱鸡不斗。干支皆败势倾颓。又云：干支互乘死神，不宜吊丧问病，占病必死。

庚寅日第四课

元首　玄胎　闭口　交车合脱
合中犯煞蜜中砒　我求彼事干传支

```
白 阴 蛇 勾        后 常 青 朱
申 亥 寅 巳        申 亥 寅 巳
亥 寅 巳 庚        亥 寅 巳 庚


官 癸 巳 勾        官 癸 巳 朱
财 庚 寅 蛇        财 庚 寅 青
子 丁 亥 阴        子 丁 亥 常


蛇 朱 六 勾        青 勾 六 朱
寅 卯 辰 巳        寅 卯 辰 巳
贵丑      午青     空丑      午蛇
后子      未空     白子      未贵
亥 戌 酉 申        亥 戌 酉 申
阴 玄 常 白        常 玄 阴 后
```

此课支干皆受上神来生，利宅不利人。自人上发用，传归宅，末传亥脱今日之干，而生今日之支，因职役而废。其人与陈姓吏人不足，因尊长暗使他如此，不然即是妻家尊长。后来为儿娶妇所费，缘此坏尽家计。十一年鳏寡，是时家产作四分矣。庚生于巳，寅生于亥，庚金脱于亥，寅木脱于巳，支干上俱受生而互受脱，是先兴旺而后衰败也。其人果先做得好家计，后因充役，大有所费。为妻叔陈氏与吏人作诱，因取董店中物利，却乃争讼。[①] 后二年与儿娶妇，暗备女嫁，重有所费。后五年因弟有事，遂分四分矣。况庚金生于巳，却来脱支之寅木，寅木生于亥，却来脱干之庚金，是先生后脱也。亥数四，寅数七，乃十一年也。[②]

《玉历钤》云：巳加申为用，官鬼混淆，气象多不顺，凡占所求无成。

《毕法》云：此课三传自干上归于支上，凡占必我欲求人干事，不免卑下

---

① 《壬占汇选》作：又为妻叔与陈姓吏人作鬼，来动店内财物，因此争讼。
② 《壬占汇选》作：戊申年八月庚寅日辰将未时，张九翁戊午生，五十一岁占宅。

于人，而受其抑勒也。末传亥为干之脱气，必求人，大有所费。《杂占》云：干上巳与干作六合，支上亥与支作六合，彼此齐心，可以干办成事也。又云：丁神临于支上，是为宅上凶动，夜占贵神皆吉，反祸为福。又云：干上巳为庚之长生，支上亥又为支之长生，然后互脱干支。

上神克日，辰上克日上，用克日，末克初。

课名元首、玄胎。巳亥乃不足神，临日辰始末，凡事懦慊不以复，上下理顺，不足为忧，但怀疑。暮贵雀，带巳克日为鬼，后化龙，当转忧为喜，引援文字。欲至始终，有吉中小失。

《义》曰：天网四张，疑难被伤。吉人宜惧，以礼自防。仕宦遇之，富贵出奇。庶士得此，又为不宜。

《象》曰：防他台谏众人言，递互朋谋作伙弹。纵使庶人得占此，平对不足起忧烦。

此元首之卦，一曰天网，亦曰玄胎。夫元首者，尊制卑，贵役贱之象。占事多顺，利于先举，事多起于男子。为臣忠，为子孝，正大光明而无邪僻之行，德业已著而乾乾进修，常怀危惧，惕励而无咎也。且天网者，即天网四张也，《经》曰"天网四张，万物被伤"，为阻滞，为疑难，为灾恼。况玄胎如婴儿隐伏之状，利上不利下，事主远而多伏，暗昧不通，触则成祸，惟君子守正修德则亨。《经》云："占遇玄胎，室孕婴孩。"此课巳刑申，夫刑者，强也，伤残也。上下未和，刚柔相变，初虽有德，必倾覆也。巳刑申，刑中合，长幼不顺，动而后成，先犯后合，彼刑我解，仇将恩报。占者遇之此课，求官见贵者，喜有迁官捧印之象，若得年月驿马、天德、皇恩，尤为吉助，但忌逃边，互为侵害，美中不足。占婚姻、投谒、主客、托人、干用、交易、远行之事，皆未遂意。求财美中生怨。此课有人递相侵扰之意，居官任事者，防人纠劾；常人必素日与人失和，致人生怨相讼，大宜谦慎和解。占病者畏危，宜修善禳之。逃盗不宜捕，须防之乃吉。其他所占，居安虑危而勿忽也。

占出兵行师，昼占防折伤战士，夜占多言词，虑军戎见耻，宜见机照远，以防侵袭。不可轻易，善为处之；或改易一时，取吉而用之。

利求吉。

真一山人云：文章中式前穿后，拜舞恩光福禄优。若是常人逢此课，尤防朋党作冤由。

《无惑钤》云：干传于支，我就他宜。亥虽解祸，生祸亦斯。

《钤解》曰：我求彼事干传支也。巳乃日鬼，亥水克之，是解祸也；若迤逦生起巳火克干，生祸亦由斯也。又云：变克翻为两面刀。又云：干支皆弃长生，后却递互相脱，乐里悲也。《神应经》云：庚寅日，末传见亥是丁，则因子孙凶祸动。

庚寅日第五课

涉害　斩关　六仪　狡童　炎上　火局
众鬼虽彰全不畏

```
白 六 蛇 玄          后 六 青 玄
午 戌 子 辰          午 戌 子 辰
戌 寅 辰 庚          戌 寅 辰 庚


父 丙戌 六          父 丙戌 六
官  午 白 ◎         官  午 后 ◎
财 庚寅 后 ⊙        财 庚寅 白 ⊙


贵 后 阴 玄          空 白 常 玄
丑 寅 卯 辰          丑 寅 卯 辰
蛇子     巳常       青子     巳阴
朱亥     午白       勾亥     午后
戌 酉 申 未          戌 酉 申 未
六 勾 青 空          六 朱 蛇 贵
```

《中黄经》占云：此课主因和合上起口舌争讼，讦出不法事，虽大凶，止得流配。盖贵神生日干，重罪必得减轻，轻罪必得供明。此课戌临寅作初传，上建丙戌，克日干为凶，中传午加戌，天后克日，主阴谋不法事。贵神小吉，初传河魁，俱生日，是为解神，虽大凶，却得减为流配也。①

《神定经》云：此课天魁加寅，将得六合为用，天罡加日干为玄武，此名神踰天关。中传胜光，将得白虎，必见杀伤。末传功曹，将得天后，法忧妇女。六合临寅为天门，魁罡为天关，功曹为天梁，此三天俱动，必欲逃亡伏匿，其事始于阴私，连及妇女，然后杀伤。

———————————

① 《中黄经》作：假令五月将，庚寅日亥时占。

《曾门经》云：日辰乘乎魁罡，名曰斩关，谓魁罡加日辰，而传及功曹，其人必欲逃亡隐遁，越关梁而去也。越范蠡入五湖用。

《玉历钤》云：此课庚金得火局为官，占宜求官。然以戌加寅，辰上为用，六合夹克，凡占所求，皆不能成。

《毕法》云：此课三传皆作日鬼，却反生干上神而养育日干，名为化鬼为生，只在有德，静以化之耳。

《连珠经》云：此课午加戌发用，助刑伐德，午既为干鬼，又结连寅、戌为鬼，同去伤日，凡占大凶。若年命有水神制鬼，土神生身，此君子所以化鬼贼为良善，吉莫大焉。

上神生日，末克初，日克末传。

课名涉害、炎上。全火局克日干庚金，凡占百事，狼狗相聚，化为官鬼，不免有阴私晦昧事。

《义》曰：事欲期成，偶值变更。结然用力，不美心情。凶中得吉，善解忧惊。所求未遂，且待时亨。

《象》曰：春夏求官显令名，庶人得此致忧惊。秋冬若使相逢此，凶吉消忘事不成。

此炎上之卦，一曰见机，亦曰斩关，又曰狡童。夫见机者，察其微，见其机，谓两比两不比，当以涉害为用。涉害有浅深，欲用不用，欲言不言，事有两而取一，所作稽留，迟疑艰难，进退不定，忧患难消，怀胎伤孕，难于前而易于后。且炎上，为日，象君，事主多虚少实。戌加寅，以墓临生，谓火以明为主，虚则生明，实则生暗，是反其体也。占明事反暗昧，亦主狂图不遂，占人性燥急，卜天晴明。传见斩关，非安居之象，占者多不自由，事多暗昧不和，离散口舌，欲隐身避难者，却利乎奔逃也。况狡童乃不正之象，阴私邪淫，占男女有阴私暗昧之理，占家宅宜谨慎闺门，以防阴小越礼，惟能以礼自守者可化之。上神生日，却主有人上门相助，运用如意，百事皆吉，遇灾不凶，逢吉愈吉，人神共助，以消百祸，若作生气大利。如当季神生日，主声名显达，岁命生日者尤吉。占者遇之此课，凡百所占，不如守旧，如或妄动，则无益而有损，在五月占，吉凶相半。若占求官见贵，不顺求谋。问财之事，有始无终。占婚姻有私，只宜解散忧疑疾病之事。久病不吉。逃亡难获，获而复失。

占出兵行师，虽得金帛之美，大抵苗而不秀，秀而不实也。

动摇不定。

真一山人云：英雄豪杰总何如，静守镃基且待时。一日飞熊来入梦，声名大播福尤奇。

《无惑钤》云：始谋可畏，动用非细。中末既陷，守为上计。

《钤解》曰：魁作发用带丙，况叠值魁罡，动用非细故也。始谋之际，亦甚可畏，中午旬空，末寅落空，后无事也。上守辰土之生，乃为上计乎？《毕法》亦引鬼为生。又云：助刑伐德。又云：戌乘六合加寅，奸丑阴私不明，奴婢逃走。又云：子、戌皆与庚比，子涉五土，戌涉四木，用子是。子乃合丑。

庚寅日第六课

知一　四绝

胎财生气妻怀孕　支干坐墓甘招晦

```
玄 勾 六 阴            玄 朱 六 常
辰 酉 戌 卯            辰 酉 戌 卯
酉 寅 卯 庚            酉 寅 卯 庚


父 丙戌 六            父 丙戌 六
官 癸巳 常            官 癸巳 阴
子 戊子 蛇            子 戊子 青


蛇 贵 后 阴            青 空 白 常
子 丑 寅 卯            子 丑 寅 卯
朱亥      辰玄        勾亥      辰玄
六戌      巳常        六戌      巳阴
酉 申 未 午            酉 申 未 午
勾 青 空 白            朱 蛇 贵 后
```

《玉历钤》云：此课发用，戌阳土加阴卯木，上乘六合，下亦六合，所以可用，然必先费力，而后有成。

《毕法》云：此课酉加寅，乃鬼临宅，上乘朱雀而克宅神，夏占又为火鬼，凡占必主宅中火灾。又云：干上乘地网，支上乘天罗，凡得此课，如罗网兜裹身宅，不能通快。又我欲罗网他人，他人亦欲罗网于我，递互欺瞒之象也。

《灵辖经》云：干上卯乃支之旺神，支上酉乃干之旺神，凡值此者，各有兴旺之意。我欲助人，人来助我，人勤于修宅，宅倍于纳福，主客彼此，各相和好也。

《雕科经》云：此课申乃人也，临丑谓之人坐墓；寅乃宅也，临未谓之宅坐墓。人宅坐墓，甘招晦暗。凡占身，必自招病疾，或有祸患，宅必借赁与人，或致损坏，乃情愿自受暗昧之事也。

日克上神，辰上克日上，上神克用，初克末。

课名知一。初传卯与戌合，六合又是卯与戌合，经求图谋再进。戌奴酉婢，带杀刑，阴小不利。盖阴木克阳土，三传合，费力有成。春占戌为天喜。

《义》曰：官星夹禄，仕人喜足。若向科场，谨慎题目。墓动淹留，未可遽求。病讼得此，修德乃优。

《象》曰：俗庶逢之力不任，也须为善乐平生。事当难处宜循理，遇此艰难福有成。

此知一之卦，一曰龙战。夫知一者，知一而不能知两，知者以为自知、自见，不知为寇仇，故言知一也。以此为用，舍远就近，舍疏就亲，恩中生害，事多起于同类。《经》云："知一卦何如？用神今日比。事因同类起，婚姻失谐为。失物亲邻取，逃亡不远离。论讼和允好，为事尚狐疑。"日上见卯，妻美财利。占者遇之此课，求官见贵者吉。占婚姻难合，如勉强成事，终见失友。占求财仍有，占人年命上财何如方可，若见酉字，则无财可知矣。占远行投谒人者，即当止息，去则无益于事。占交易不成。占托人无力。占谋望请求者，亦不成功。占病不宜，得吉神方可。占惊忧、患难、公讼之事，亦不吉，惟宜正顺容忍和好庶解。占逃亡贼盗得获。

占出兵行师得此，昼夜所占，尤宜获金宝之美利，宜静不宜动，利主不利客也。

春吉。

真一山人云：白屋公卿贵遇时，男儿志节出人奇。困亨本自由天命，宽着胸襟福有余。

《无惑钤》云：丙戌丙子，中传逢巳。君子宜占，不宜俗士。

《钤解》曰：戌遁为丙，子元遁亦丙，中传巳又是官鬼也。俗士遇之，官讼不免，君子升擢之美兆也。又云是"人宅坐墓自招晦"。

庚寅日第七课

反吟　玄胎　赘婿

```
后 青 青 后        白 蛇 蛇 白
寅 申 申 寅        寅 申 申 寅
申 寅 寅 庚        申 寅 寅 庚


财 庚 寅 后        财 庚 寅 白
兄 甲 申 青        兄 甲 申 蛇
财 庚 寅 后        财 庚 寅 白


朱 蛇 贵 后        勾 青 空 白
亥 子 丑 寅        亥 子 丑 寅
六 戌     卯 阴    六 戌     卯 常
勾 酉     辰 玄    朱 酉     辰 玄
申 未 午 巳        申 未 午 巳
青 空 白 常        蛇 贵 后 阴
```

《玉历钤》云：此课反吟，比常稍顺，青龙天后，春占反复有成，白虎腾蛇，四时无用。邵彦和云：文书并鬼吏，暗里每欺人。

《毕法》云：此课支加干而被干克，名赘婿卦，支神上又被干神来克之，凡占无正屋可居，身寄人家。又云：绝神作日之财，临于干上，宜结绝财物之事，不宜占病，宜解释讼。

日克上神，支上克日上，日克用。

课名反吟。旦后暮虎，往来三传，皆带财马德禄，凡事先凶后吉，有迁改变动，不可静用，虽曰反吟，却为吉课，但不免反复。

《义》曰：禄马同乡，富贵吉昌。可惜可惜，只恐难当。占病得此，须赖吉神。更逢吉煞，必见惊人。

《象》曰：禄马相随是吉媒，官人逢此动中财。士人定见迁官美，须假阴功祸不来。

此无依之卦，一曰赘婿，亦曰玄胎。夫无依者，即反吟也。《经》云："无依是反吟，逃者远追寻。合者应分散，安巢别改林。守官须易位，结友也分襟。所为多反复，占病数般侵。"反吟刑冲，事主迟滞，远近系心，更相仇怨，且反复而呻吟，是无予夺而难息也。传见赘婿，《经》云：赘婿身寄他人，凡事由妻，如占事由他人，而不由自己也。况玄胎如婴儿隐伏之状，利上不利下，事主远而多伏，暗昧不通，触则成祸，惟君子守正修德则亨。《经》曰"占遇玄胎，室孕婴孩"，不利占老人小儿病，谓之再投胎也。占者遇之此课，大利求官求财，但未免反复，亦明中生晦之象。其主客当有未和者，宜为弊交，以致其和，然后庶几济事。凡交易、婚姻、投谒、托人、谋干者，难而易，易而难也。占病凶，宜修德禳之。占失脱宜寻。占逃亡自归。讼反复再经，易衙门官司。占远行不足。占宅不吉。

占出兵行师，大宜防御，昼占无威而不宁，夜占败亡而祸起。此课无益于用兵，如稍得意，尤宜防范。利为主，利后动。大抵此课，诸占未免反复，惟在占者之人善为处之，守经行权乃为妙也。

春吉。

真一山人云：拘拘事物不为奇，还要依他天理推。湖海胸襟宜展放，笑看利禄未全宜。

《无惑钤》云：他来我家，我去投他。满目财禄，夜贵不佳。

《钤解》曰：干支互临，彼此相投也。财禄满目，昼占则可，夜占蛇虎交临，甚不佳也。又云：前后逼迫难进退。又云：申生人，占病必死，人入鬼门。又云：干支值绝神，乃日财，宜结绝财物事。占妻病必死，戌月占之尤速。

庚寅日第八课

比用　铸印　三奇
干支乘墓各昏迷

```
蛇 空 白 贵          青 贵 后 空
子 未 午 丑          子 未 午 丑
未 寅 丑 庚          未 寅 丑 庚

子 戊子 蛇 ⊙        子 戊子 青 ⊙
官 癸巳 常          官 癸巳 阴
父 丙戌 六          父 丙戌 六

六 朱 蛇 贵          六 勾 青 空
戌 亥 子 丑          戌 亥 子 丑
勾 酉     寅 后      朱 酉     寅 白
青 申     卯 阴      蛇 申     卯 常
  未 午 巳 辰          未 午 巳 辰
  空 白 常 玄          贵 后 阴 玄
```

　　此课，大凡占求宅基，以日为人，辰为宅，须看支上。今支上空亡，是宅不可得而图也。本身上见墓，是在旧宅，曷以得福？大吉土临于申，为旧物，故且居旧宅也。初传在空地，亦未有定论也。中传巳加子，作太阴，庚生于巳，巳为店业，太阴为老妇人，是买得老妇人店业，便为宅基。其妇人干办，是本人之亲族，事皆由他主张，只此是也。邵丈以兄弟众多，伯叔共住其屋，欲谋外居，累求未许。先言其妇人店屋居住，其干事乃是伊房叔公，所过至窘，与他当门户，却要设计买他店屋，遂与吕娘子私通之，阴阳人说你好风水，故增钱买之。从此典钱开店大发，至丁巳年方才造此宅也。夫宅看支，今支上空，是未有基地也。既无基地，故难得遂。乃见中传长生，便就长生上言。况所求宅，看何方生旺，却是巳旺，巳为店，加子为北方，太阴是妇人。末戌是土，生今日之庚，乃是尊长作干人，戌又为仆，乃仆干也，六合成就交易也。①

————————————

① 《壬占汇选》作：建炎己酉年十月十五庚寅日寅将酉时，邵伯达占宅基。

《玉历钤》云：凡占得失，决在初传。此课中末两传虽好，只为初传子加未为害，用事见阻，所求不遂，必须再图，方得称意，中末传好故也。

《毕法》云：干支乘墓，人宅昏沉，不得光荣。

上神墓日，辰上刑日上，日辰上神克用，末克初。

课名知一。干支见墓，人宅无气。凡百谋事，有退有进，宅孤人滞，忿怒不通，且多虚诈，不利占宅动，忧稍得吉庆。所幸未为空亡，丑为贵人，子未虽害，子丑却合，隔而后成。日辰皆贵，用事三传皆合吉。

《义》曰：彼此昏蒙，难为始终。门户虚耗，宅上抵空。虚惊虚惕，发用无力。谋为难成，听闻不实。

《象》曰：事起狐疑贵在成，百谋千干只虚声。吉凶难事浑难定，只恐临时又变更。

此知一之卦。夫知一者，知一而不能知两，知者以为自知、自见，不知为寇仇，故言知一也。以此为用，舍远就近，舍疏就亲，恩中生害，事多起于同类，凡事狐疑，事贵和同乃吉。《经》云："知一卦何如？用神今日比。事因同类起，婚姻失谐为。失物亲邻取，逃亡不远离。论讼和允好，为事尚狐疑。"又云："日辰上见墓神加，病者难痊事可嗟。行人失约路遥赊，若当时日便来家。"夫墓者，五行潜伏之地，四时衰败气绝之乡，如人处云雾之中，昏蒙无所见。凡课近出行者，事多阻隔。凡有谋望、干事、投谒、托人之事，彼此两家，作事昏迷之象。此课腾蛇坠水，虚惊虚怪皆消。占求官见贵者，未得遂意。主客不和。占求事少有成就，所幸子丑之合，不成中又有相助之理。占求财难。病不妨。占远行惊疑。讼宜相和则吉。狱系有解。失物宜寻。占逃亡者归。

占出兵行师，两家虽有智谋之将，未免目下皆若昏迷，不然为主者虚耗，目下未遂，昼占众畏而忧疑，夜占颇有得胜之美。大抵此课，主客之间，俱有不自明，凡占百事，虚惊无大咎，善于权变者为贵。

潜虚未实。

真一山人云：虚惊终是难成事，若也谋为必见违。久病逢之须险峻，若然新病福相宜。

《无惑钤》云：干支乘墓，昼夜贵遇。丙子丙戌，与巳同聚。

《钤解》曰：干支乘墓，虽曰昼夜贵人，亦主人宅昏滞。巳火、子戌皆遁丙，作日官爻，仕宦所宜，常人所忌也。

庚寅日第九课

元首　润下　励德

人宅受脱俱招盗　脱上逢脱防虚诈

六	白	玄	蛇
戌	午	辰	子
午	寅	子	庚

六	后	玄	青
戌	午	辰	子
午	寅	子	庚

父	壬	辰	玄
兄	甲	申	青
子	戊	子	蛇

父	壬	辰	玄
兄	甲	申	蛇
子	戊	子	青

| 勾 | 六 | 朱 | 蛇 |
| 酉 | 戌 | 亥 | 子 |

青申　　丑贵
空未　　寅后
| 午 | 巳 | 辰 | 卯 |
| 白 | 常 | 玄 | 阴 |

| 朱 | 六 | 勾 | 青 |
| 酉 | 戌 | 亥 | 子 |

蛇申　　丑空
贵未　　寅白
| 午 | 巳 | 辰 | 卯 |
| 后 | 阴 | 玄 | 常 |

《玉历钤》云：此课初传克末传，青龙内战，螣蛇交克，兼一上克下，干支相刑，人情不喜，凡事阻抑，出入惊恐。

《毕法》云：此课干上子水，夜将上乘青龙，乃庚干生上神子水，子水又生青龙，是脱上生脱，庚又生三传水局，并来盗日，凡占虚诈迭至，尽被脱赚也。

《龙首经》云：庚干上乘子水，寅支上乘午火，干支俱被脱气，凡占身必衰怠，宅必倾颓，占求望总被诓哄欺瞒，占病疾必是上吐下泄，无一实用也。

《翠羽占》云：庚长生于巳，死于子，寅长生于亥，死于午，干支上各乘死气，凡占止宜守静待时，不宜燥动妄为，不然必致凶祸，尤不宜占病。

日生上神，日上克辰上，用克日上神，初克末。

课名元首、润下。庚日得之，子母相生，中传带德，自是吉课，虽天将稍有阻挠，但神将同类，终不为凶。秋冬水旺，得时和合。庚加乙，喜得合。

《义》曰：人宅虚耗，托人无靠。作党同谋，虚诈钱钞。润下属水，动而不息。事事迟疑，尚不归一。

《象》曰：欲脱不脱终见脱，于中喜事又相宜。闭口未言还有意，若还求事未为奇。

此元首之卦，一曰润下。夫元首者，尊制卑，贵役贱之象。占事多顺，利于先举，事多起于男子。为臣忠，为子孝，正大光明而无邪僻之行，德业已著而乾乾进修，常怀危惧，惕励而无咎也。且润下，主沟渠、水利、舟楫、渔网之类，动而不息之象。流而必清，滞而不竭，宜动不宜静，事主关众，亲朋相识之务，克应多是过月，牵连疑二。利占成合，不利占解散。此乃五行正气入十干杂糅之乡，异方三合乃生旺墓之神，事主丛杂不一，主关众人共谋，不然两三处干事，委曲托人与人相合之类。日生上神，虚费百出，谋望不遂，失盗损财，人口衰残，休囚尤重，又为子孙脱漏之事。三传又脱，可见虚之甚也。虽能解凶散祸，欲解而未解耳。占宅不可居住，宅上见鬼故也。止可占人，却有生助我。亦不宜占买婢求仆，我去生他，何益于我？大概却有喜庆之事。占求官、见贵、交易、投人、远行，皆不宜。占病者虚极。占公讼、惊忧，终不为害。

占出兵行师，昼夜天将皆为盗神，且游都在日，占贼将到，急宜申严号令以防御，不可轻忽，但惜其彼此皆虚而不足。

宅旺人衰。

真一山人云：盗却精神气力疲，空传户大反家虚。从今静守修身吉，动望茕茕未自知。

《无惑钤》云：人衰宅旷，我弱彼旺。官鬼来家，全不相向。

《钤解》曰：三传脱干生宅，是人衰宅旷，我弱彼旺，利于彼也。午乃日鬼，临于宅上，是鬼来家，全无相向之意也。脱上逢脱防虚诈，以夜将论之。又云：干支皆乘死神，宜休息万事，不宜动谋。又云：乘丧吊，乘月内死气，占病必死。

庚寅日第十课

重审　玄胎　六仪　闭口　交车合

```
青 常 后 朱          蛇 阴 白 勾
申 巳 寅 亥          申 巳 寅 亥
巳 寅 亥 庚          巳 寅 亥 庚


兄 甲 申 青          兄 甲 申 蛇
子 丁 亥 朱          子 丁 亥 勾
财 庚 寅 后          财 庚 寅 白


青 勾 六 朱          蛇 朱 六 勾
申 酉 戌 亥          申 酉 戌 亥
空 未     子 蛇     贵 未     子 青
白 午     丑 贵     后 午     丑 空
巳 辰 卯 寅          巳 辰 卯 寅
常 玄 阴 后          阴 玄 常 白
```

《玉历钤》云：此课日上见亥，辰上见巳，俱为脱气。末传虽财，夜将白虎克战，反主失财，却初传日德可解，凡占皆主失力。

此课又与前课不同，支与干皆盗气，其家势店业，十已退五六矣。初传申加巳，庚禄在申，禄来蛇处，又见蛇挠之，是少人钱物。中传临在日上，又加一重脱气，衰败不可言。末传见财在脱方，又况夜占，白虎夹克，到此十分皆去矣。主四年中去一半，七年中全退了，又妻至水而死。占此课时，其家戊申时费力。至辛亥年，两店皆不开。次至甲寅年，欠债狼狈，为人所讼。当年其妻病，浮肿而死。[①]

同日同时，一人庚戌生，三十五岁占病，得此课。先生曰："此病上下皆脱，恐是吐泻上得之。自后寒热往来，必是五劳七伤也，又兼翻胃吐食。况日上见亥，金去生水，多主出冷涩。支上见巳，寅木去生虚火，必因心下不宁，遂得此病。遗泄白浊，必然有之。死在四七二十八日，更不然两个二十八日，

---

① 《壬占汇选》作：戊申年九月初九庚寅日辰将丑时，张九公癸卯生，生于十月初四日亥时，六十六岁占店业。

是五十六日定死。盖巳亥数四，申数七，乃是二十八日，两个二十八日，数乃是五十六日，定死也。[①]

《毕法》云：干克支为财，支上乘巳火为鬼，若贪者轻动，必被鬼伤。盖此财在于惊险之中，取置祸福在人。又云：亥上有丁神，临于干上，亥为庚之子孙，上有勾雀，主子孙口舌争竞凶动。

日生上神，日上克辰上，初克末。

课名重审、玄胎。此卦又名天盘地结。庚寅日，遁得甲申，禄马带德为用，但日占青龙剥鳞，夜占螣蛇克制，德禄必初见不足，再求吉，改旧就新，重图可遂，终吉。

《义》曰：禄马萃聚，可惜泄气。仕宦迁官，必然多费。贵龙临申，因财致讼。预宜见机，审处以正。

《象》曰：人来克宅方为吉，宾主相逢未见和。久病占之诚可畏，更逢老小又沉疴。

此重审之卦，一曰玄胎。夫重审者，重而审之也。利为主，利后动，长有厄，事从内起，起于女人。以下犯上，贱犯贵，卑犯尊，事多不顺。阴小在下者，有悖逆之事。占臣未忠，占子失孝，事不可遂意而行，必当审察，循乎义理，庶几以免后患也。况玄胎如婴儿隐伏之状，利上不利下，事主远而多伏，暗昧不通，触则成祸，惟君子守正修德则亨。玄胎不宜占老人小儿病，谓之再投胎。日生上神，虚耗百出，失盗损财，人口衰残，休囚又重，又为子孙脱漏之事。占者遇之此课，求官见贵者，始虽有得，后难保终。占婚姻难合，勉强成之，一生失友。占求财有。占病壮年不畏，久病者忌见驮尸煞，得吉神可解。占失物宜寻觅，仍看类神何如言之。占远行无畏，但千里之投人者，虑到彼意有不合，宜和以处之。讼无妨。囚系出。占宅吉。占交易、投人、谋望，俱未得意。逃亡者自归。

占出兵行师得之，利为主，利后动。敌有使来，其言多诈，不可遽信。昼占多言词口舌，夜占多惊忧众畏。大抵此课，凡百占求，主客不和，惟当从容，若为处置调和，庶几可也。

秋冬吉。

真一山人云：天吏天城好望官，官迁禄至日平安。居官食禄当思报，莫使忠心内自惭。

《无惑钤》云：害变六合，丁马相错。贵差履狱，夜虎财剥。

[①] 《壬占汇选》作：同年月日时张逸士庚戌生，五十九岁占病，同得此课。

《钤解》曰：申亥寅巳，先作六害，寅亥申巳，后互作六合，凡事先阻而后成也。亥丁申马叠见，变动不容停也。昼贵居夜，夜贵居昼，且差跌而又入狱矣，不宜干贵。末传之财，夜占不宜取也，乘虎故耳。某又初传克末传者，喜不可成，凶即尤甚。

庚寅日第十一课

涉害　登三天　斩关　不行传
罡塞鬼户任谋为

```
青 六 后 玄          蛇 六 白 玄
午 辰 子 戌          午 辰 子 戌
辰 寅 戌 庚          辰 寅 戌 庚


父 壬 辰 六          父 壬 辰 六
官    午 青◎        官    午 蛇◎
兄 甲 申 白⊙        兄 甲 申 后⊙


空 白 常 玄          贵 后 阴 玄
未 申 酉 戌          未 申 酉 戌
青午      亥阴       蛇午      亥常
勾巳      子后       朱巳      子白
  辰 卯 寅 丑          辰 卯 寅 丑
  六 朱 蛇 贵          六 勾 青 空
```

《玉历钤》云：此课魁罡临日辰，用神夹克，且得六合、青龙，只宜隐避逃遁，定然不获，其他百事无成。

《毕法》云：天罡临寅，谓之罡塞鬼户，使众鬼不得窥觇，最宜隐遁逃逸，阴谋私祷，驱除邪僻，治疗病疾，故曰"罡塞鬼户任谋为"。

上神生日，辰上生日，干支上神相冲。

课名重审、斩关。所占百事主暗昧。辰戌为恶人，防有二凶人临宅。涉害，幸中末空亡。凡登三天课，须得空亡解之。

《义》曰：传辰午申，名登三天。中末有用，临事堪怜。得而复失，就而未成。目下从美，终见败更。

《象》曰：事当阻隔莫匆忙，理数如斯不可强。事了又更成又破，忧惊从此亦消忘。

此见机之卦，一曰斩关，一曰狡童。夫见机者，察其微，见其机，谓比两不比，当以涉害为用。涉害有浅深，欲用不用，欲言不言，事有两而取一。所作稽留，迟疑艰难，进退不定，忧患难消，怀孕伤胎，难于前而易于后。况斩关非安居之象，占者多不自由，暗昧不和，离散口舌，欲隐身避难者，却利乎奔逃也。又主人情暗中不顺，多见更改，事多中止，坟墓破坏，占婚亦强成，难于久远。凡事历遍艰辛，然后可遂。且狡童乃不正之象，阴私邪淫，占男女有阴私暗昧之理，占家宅宜谨慎闺门，以防阴小越礼，惟能以礼自防者可化之。日上见鬼墓为凶，《经》云"鬼在墓中，危疑者甚"，此暗中之鬼，必有人鬼暗中为害，尤宜防之。所幸初传中散，必被人识破而不成也。罡塞鬼户，利暗谋，合药书符。占者遇之此课，号曰有声无实，凡百所占，徒劳而无功也。若求官、见贵、托人、干谋、求财、买物、交易、投谒、婚姻、词讼、逃亡、盗失，无足望者。惟占暴病、囚系、危厄、患难、惊忧、被围之事，凶中有救，难中生恩，久病者凶。

占出兵行师得此，吉不成吉，而凶不成凶也。

日瞰天云。

真一山人云：对面人心尚未知，笑看暗里设深机。老天自有分明鉴，祸为祯祥福有期。

《无惑钤》云：全置魁罡，身动非常。及乎动用，午未空亡。

《钤解》曰：支干发用，魁罡重见，定主非常之动也。中末皆空，动亦无益。课名登三天，不宜追捕亡盗，踪迹不定也。

庚寅日第十二课

重审　连茹　不行传　罗网卦

所谋多拙遭罗网

<pre>
六 朱 玄 常   六 勾 玄 阴
辰 卯 戌 酉   辰 卯 戌 酉
卯 寅 酉 庚   卯 寅 酉 庚

父 壬 辰 六   父 壬 辰 六
官 癸 巳 勾   官 癸 巳 朱
官　午　青 ◎   官　午　蛇 ◎

青 空 白 常   蛇 贵 后 阴
午 未 申 酉   午 未 申 酉
勾 巳　　戌 玄   朱 巳　　戌 玄
六 辰　　亥 阴   六 辰　　亥 常
卯 寅 丑 子   卯 寅 丑 子
朱 蛇 贵 后   勾 青 空 白
</pre>

　　《玉历钤》云：此课辰加卯为用，是六害，又是夹克。邵南云"刚柔不和事亦伤"，多主人情不顺，凡占百求皆无成。

　　《毕法》云：此课干上酉，即干之天罗，支上卯，即支之地网，是为罗网缠裹身宅，动止蹇滞，又为羊刃煞，凡事宜谨守，不可妄动。

　　《杂占》曰：干支上各乘旺神，及彼此宾主各自兴旺，凡谋自在，不须劳力，坐待静俟则吉，妄动则凶。

　　《七十二占》曰：干上酉乃干之旺神，支上卯乃支之旺神，人宅俱旺，惟宜自守，人必通泰，宅亦光辉，若有躁旺之谋，变为罗网之祸。身坐宅墓，宅坐身墓，宅陷坑坎，其祸之来，盖自取也。慎之！慎之！

　　日上克辰上。

　　课名重审、进茹。干众龃龉，三头两绪，变更未足，所喜末空亡，占望吉凶，皆从空散。秋以辰为天喜，余虽无凶，亦无力。

　　《义》曰：彼此建旺，不可动谋。倘或更改，变得为仇。速中有迟，守中或変。仲夏岁年，福禄自见。

《象》曰：事当重审又重论，进退牵连带枝根。好事将成防改变，谦谦谨守福盈门。

此重审之卦。夫重审者，重而审之也。利为主，利后动，长有厄，事从内起，起于女人。以下犯上，贱犯贵，卑犯尊，事多不顺。阴小在下者，有悖逆之事。占臣未忠，子失孝，事不可遂意而行，必当审察，循乎义理，庶几以免后患也。《经》云："一下贼上名重审，子逆臣乖弟不恭。事起女人忧稍重，防奴害主起妻纵。"万般作事，皆难顺溜。事主欲行不行，欲止不止，节外生枝，牵连疑二之象。占者遇之此课，求官见贵者，有可成之象，但初虽有德，而后难就。占婚姻者不宜，假使勉强而成，必见时常反目，否则难保谐老。占求财虽有，须得年命之财相助方可。占病者有解，虽见凶而不凶也。占失脱难寻。远行欲动不动，美中不足。千里投谒人者，徒费粮裹，而终不能就事。占宅旺。占托人干事不成。讼者宜和则吉。占逃亡，终见自归。

占出兵行师得此，昼占得金宝美利，夜占言词口舌，军戎见耻。敌有使来，其言不可遽信，须密察详审。大抵此课，虎头尾鼠，有始无终，最能解凶祸，欲求成事，未必也矣。

只争些子。

真一山人云：吴越由来事未和，徒教计较逞偻罗。争如含忿归于德，免使纷纭气怒多。

《无惑钤》云：人宅皆旺，动遭罗网。干支互墓，情怀不爽。

《钤解》曰：干乘酉旺，支乘卯旺，宜守不宜动，动则变为罗网，缠绕身宅，乃作羊刃，反为灾祸。且干支互坐墓上，甘招昏晦，而情怀不爽也。又云：鬼空无制凶甚，末助初生。又云：卯乘雀加寅，辰加卯用，主口舌文书事，占讼进凶退吉。

辛卯日

辛卯日第一课

伏吟用辰　斩关　三交　龙战

```
六 六 常 常          蛇 蛇 常 常
卯 卯 戌 戌          卯 卯 戌 戌
卯 卯 戌 辛          卯 卯 戌 辛


财 辛 卯 六          财 辛 卯 蛇
子 戌 子 空          子 戌 子 阴
官    午 贵 ◎⊙        官    午 勾 ◎⊙


蛇 贵 后 阴          六 勾 青 空
巳 午 未 申          巳 午 未 申
朱 辰      酉 玄      朱 辰      酉 白
六 卯      戌 常      蛇 卯      戌 常
  寅 丑 子 亥          寅 丑 子 亥
  勾 青 空 白          贵 后 阴 玄
```

《玉历钤》云：此课虽是伏吟，与常课不同。日上戌，辰上卯，戌卯为合，发用为日之财，末传为日之官，气象颇顺，凡占所求有成。

《毕法》云：此课宅上卯木为发用，上有螣蛇，更被对邻酉金上有白虎冲克，凡占对门房屋或有畜兽来冲，或大路直冲，以致宅舍消耗，人生疾病，尤宜镇之获安。

课名伏吟。诸神不动。子卯相刑，占事滞中，欲动未能，宜安分。所喜三传为日财，中传为子，三传皆不为大凶。六合又为日财，见官贵吉。门户之内，防不明事，财防暗中有失。

《义》曰：天地伏吟，暗里防嗔。末中逢解，此力殊深。占吉未吉，求成未成。不惟除病，且免忧惊。

《象》曰：人情今古不相同，喜守规模保始终。为恶自然招恶报，吉人到底不成凶。

此自信之卦，一曰龙战，亦曰三交。夫自信者，天地伏吟，十二神各归本家，天地如一，四伏未发之象。占事静则宜，动则滞，主事藏匿不动，静中求劳，有屈而不伸之象。况龙战，主人心疑惑，进寸退尺，动有乖离之象。卯酉为天之私门，生杀有限，分杜有期，雷动龙奔，示其有战。传见三交，前不能进，后不能退，交加其象。家匿阴私，或欲自逃隐避，凡事失节阻碍，谋事被人阻破，不能成合也。《经》云："任信伏吟神，行人立至门。失物家内盗，逃者隐乡邻。病合难言语，占胎聋哑人。访人藏不出，行者却回轮。"况鬼墓加干鬼暗兴，鬼在墓中，危疑者甚，此暗中必人鬼为害，且人不能见之，尤宜谨慎，以防假名借势之侵扰也。占者遇之此课，占婚姻和合，但美中亦见有未足美者，此其子卯之刑也。占求官见贵不顺。占求财宜速取。占远行投谒人者，得失相半。占病讼大势却有解。占失脱宜寻。逃亡终见归。

占出兵行师得此，防暗中侵袭，宜御防其患。昼占吉，夜占凶。所赖末传入于无用，却能散祸除凶，欲求成事，又未准凭也。

谨始虑终。

真一山人云：龙战玄黄二八门，文章未称且归村。吉凶从此浑无用，闲伴渔樵漫话论。

《无惑钤》云：六合幸美，然后无礼。尔既如然，我亦如此。

《钤解》曰：卯戌交合甚美，既而卯子发用入传，变为无礼之刑，午又来冲子、破卯，而彼我相为敌矣。又云：《毕法》以卯子卯为传。

辛卯日第二课

重审　夜励德　天狱　逆连茹
金日逢丁凶祸动

青 勾 阴 玄　　　　后 贵 空 白
丑 寅 申 酉　　　　丑 寅 申 酉
寅 卯 酉 辛　　　　寅 卯 酉 辛

父 己丑 青　　　　父 己丑 后
子 戊子 空　　　　子 戊子 阴
子 丁亥 白　　　　子 丁亥 玄

朱 蛇 贵 后　　　　朱 六 勾 青
辰 巳 午 未　　　　辰 巳 午 未
六卯　　申 阴　　　蛇卯　　申 空
勾寅　　酉 玄　　　贵寅　　酉 白
丑 子 亥 戌　　　　丑 子 亥 戌
青 空 白 常　　　　后 阴 玄 常

　　此课先生曰："令堂所葬之地，乃丑加寅，艮山地也。其小斗泻，自西北上出去，虎上有一石山，其形甚丑，必因人要钱而死。你缘妻起家，不是六年，便是七年，丧其妻，自此退耗。一则男女疾，二乃子不成器，三有水坏田，九年大退，又不如矣。十三年当患疝气而卒。"叶七秀才母葬艮山丁向，水从肋下流出，去西北边。有一山，生来如边径硬，北一面皆恶，是峥嵘之石。壬子年叶氏妻弟来家相访，因要人钱，城中腹痛而死。甲寅年十月妻丧，果应七年内。男二人，女四人，赔乡中二上户，卖产而嫁。长子偏好赌博，饮酒好色，无所不为。乙卯年五月十二日大水，溪边田尽退去，至丙辰年则十退八九矣。庚申却算得十三年，一时荡尽，当年十月四日冬至，贺节伤冷，疝气大作而亡。[①]
　　《玉历钤》云：墓神为用无气，天后内战，青龙夹克，凡占所事无成。
　　《毕法》云：此课日之禄神，又作日之旺神，临于干上，凡事止宜守旧，不

---

　　① 《壬占汇选》作：戊申年十二月辛卯日丑将寅时，叶七秀才丁卯生，四十二岁占终身。

可谋动。但因昼乘玄武，夜乘白虎，遂不可守，却投初传，又是日墓，中传又是脱气，末传又是丁亥，乘虎而遥伤日干。以此占人，本有原禄，为人挠扰而不能守，所以困也。

日上克辰上，初克末。

课名重审、逆茹。用墓干众，凡事重谋，宜退不宜进，欲脱不脱，占事隔手，或二三头续，散而复合，合而后散。初传丑中有牛，中传子中有女，牛女作合，旬外方见，先难后易。

《义》曰：内战多乖，夜必危矣。秋占宜静，动则生悔。事有进退，迟疑未遂。晦而复明，难而后易。

《象》曰：昼占未足不须论，夜里占来莫议婚。门户也知当谨慎，宜守礼仪识卑尊。

此重审之卦，一曰泆女。夫重审者，重而审之也。利为主，利后动，长有厄，事从内起，起于女人。以下犯上，贱犯贵，卑犯尊，事多不顺。阴小在下者，有悖逆之事。臣失其忠，子失其孝，事不可遂意而行，必当审察，循乎义理，庶几以免后患也。且泆女乃不正之象，阴私淫邪，占男女有阴私暗昧之理，占家宅宜谨慎闺门，以防阴小越礼，惟能以礼自防者可化之。日上见禄主荣名，若秋占乃旺禄临身，不宜妄动，动则自弃其禄，反招不如意也。丑子亥为退连茹，退中有进，凡事迟疑，欲行不行，欲止不止，节外生枝，牵连疑二之象。占者遇之此课，见贵易中有难。占婚姻不宜。占求财，年命上得见寅卯方可，否则徒劳而已。占病迟瘥。占失物难寻。占远行者多止，不然淹留，且夫传墓不吉，逢墓即止。占讼终解。占逃亡归来。托人干事，虽和未顺。

占出兵行师，昼占大胜，得宝货图书，夜占无威而不宁。敌有使来，其言勿足信者，以所乘玄白之不喜也。大抵此课，墓神发动，所谋未遂，事多稽留，如往克终，终不美也。

真一山人云：诗首关雎礼谨婚，人伦重处要评论。莫教仓卒为容易，要使闺门法度存。

《无惑钤》云：禄乘虎玄，每被忧煎。墓脱丁挠，不得安然。

《钤解》曰：酉，禄也，上乘玄虎，忧煎不可守矣。弃而投初传，又日墓，中传又脱，末又乘丁而被挠乱，辛金终不得安然也。《神应经》云：辛卯日，末传见亥是丁，则因子息动凶。又云：旺禄临身，占迁转吉。且占帘幕临支。冬占丑乘天后，占小儿病必死。夜占玄武入庙，主贼难拘，又主肾虚遗泄之患。

辛卯日第三课

涉害　九丑　龙战　极阴

金日逢丁凶祸动

```
白 青 贵 阴          玄 后 勾 空
亥 丑 午 申          亥 丑 午 申
丑 卯 申 辛          丑 卯 申 辛


父 己 丑 青          父 己 丑 后
子 丁 亥 白          子 丁 亥 玄
兄 乙 酉 玄          兄 乙 酉 白


六 朱 蛇 贵          蛇 朱 六 勾
卯 辰 巳 午          卯 辰 巳 午
勾寅      未后       贵寅      未青
青丑      申阴       后丑      申空
子 亥 戌 酉          子 亥 戌 酉
空 白 常 玄          阴 玄 常 白
```

《玉历钤》云：此课丑为辛日之墓，发用在于支上，昏昧气象自宅上而发，以及于人，凡事如夜行失道，不可前也。

辰上生日上。

课名知一。丑加卯，为抬土不通。丑为干墓，临门户，阴暗不明，又墓神入宅，主人虚图不实，所喜酉乃日禄在末，又是传退。此课先须闷闷，其后极有意味。

《义》曰：迷而后醒，难而变易。事见更张，欲济未济。叶之有声，见之无刑。福不可倚，祸化为空。

《象》曰：大而化小小而无，空把纶才为君国。鹤氅杖藜甘澹泊，扁舟鱼笛乐江湖。

此龙战之卦，一曰见机，又曰洗女。夫见机者，察其微，见其机，谓两比两不比，当以涉害为用。涉害有浅深，欲用不用，欲言不言，事有两而取一。所作稽留，迟疑艰难，进退不定，忧患难消，怀孕伤胎，难于前而易于后。况龙战，主人心疑惑，进寸退尺，动有乖离之象。卯酉为天之私门，生杀有限，分杜有期，雷动龙奔，示其有战。且泆女乃不正之象，辛以木为之妻财，木绝于申，而申加于干上，故不利妻财也。占男女有阴私邪淫暗昧之理，占家宅宜谨慎闺门，以防阴小越礼，惟能以礼自防者可化之。日上见申，妻灾，不利求财。丑亥酉为退间传，乃极阴之课，宜占暗事，不利占明。墓神发动，事多淹留，进退有隔，隔而方通，亦谓之先迷后醒也。占者遇之此课，占见贵投谒者不宜，去则为彼之所谋迷也。占求贵，有阻滞，亦有得禄之喜，须要金旺时。占婚姻，美中不足。占求财难。占病先凶后吉。占失脱，先失后得。占交易者，不宜先举。占远行不利。占宅不吉。逃亡自归。

占出兵行师得此，昼占大胜，得宝货图书，夜占无威而不宁。利为主，利后动。动作中有解越之象，功不成而事不遂也。

极阴私暗。

真一山人云：烟霞何处不容身，恬退勿群名利人。远却是非心便乐，不拘富贵保天真。

《无惑钤》云：中有旬丁，凶动不宁。昼夜天将，玄虎交并。

《钤解》曰：中传亥乃旬丁，凶动不宁也。玄虎交并，惊忧不可当矣。又云：丑加卯用，夜后，主妇人腹痛。真墓门开。课体丑亥俱与辛比，丑涉二木，亥涉六土，亥深也，用亥是。辛以木为妻财，木绝于申，而申加于干上，故不利于妻财也。

辛卯日第四课

昂星　闭口　龙战　励德　折腰
彼此猜忌害相随　华盖覆日人昏晦　虎视逢虎力难施

```
玄 空 朱 后            青 朱 阴 白
酉 子 辰 未            酉 子 辰 未
子 卯 未 辛            子 卯 未 辛


子 戌 子 空            子 戌 子 朱
父   未 后 ◎          父   未 白 ◎
子 戌 子 空            子 戌 子 朱


勾 六 朱 蛇            贵 后 阴 玄
寅 卯 辰 巳            寅 卯 辰 巳
青丑     午贵         蛇丑     午常
空子     未后         朱子     未白
亥 戌 酉 申            亥 戌 酉 申
白 常 玄 阴            六 勾 青 空
```

　　此课占盗，年卯、命巳。支干上作六害，他来害我，我又害他，却喜得终被我害了。辛卯日三传不行，只在干支上。初传是支上之子，中传是干上之未，末传又归支上子，子未相害，虽喜未制得子，而未是空亡，又不能制，徒然寻捉此贼不得。我之辛金倒去生他，他上又见天空，缘何得败？其贼自是本家眷属为脚，合主失脱，当时虽不败，终却知其贼之下落。季（一作李）家厕下失谷并钱，其贼乃是眷属、子侄之类。三传不出支干，子未三传皆是六害，我身上见空亡，主失财。辛金又去生子水，脱气上又是天空，必是子侄与仆人偷之，不出门。何以见其不出门？卯为门，又是本宅，盖初传是宅门上发用，末又归宅，是不出门也。当时不败，后却见下落，乃是季六官人与季二官人之子，偷与归房中两三个月，方将出行使之。大凡占贼，日墓辰，辰传归日，俱不出外。况辛卯三传，只在干支之上，若末传传出去，庶可向外寻觅。今行年是卯，又是今日之支神，乃家贼无疑。①

　　《玉历钤》云：此课日辰上下刑害，气象不和，凡占所事皆凶。

————————

① 《壬占汇选》作：十月辛卯日寅将巳时，李四官占失钱谷。

《毕法》云：此课戌刑干上未，卯刑支上子，干上支上又子未相害，凡占必主人己相刑相害，所谋不协，所事不成，仍有凶咎。

《心照》云：日干上未虽生干，却是旬空，支上子虽生支，却又败支，凡占彼此人宅皆主不利。又子为辛之子侄之类，乃作败气，是必被此子破家荡产也。

上神生日，日上克辰上，日上神克用。

课名转蓬。子卯不律，私门暗昧，人宅无气，自相攻击。然以朱雀临门，印信欲至，虽刑贼害了，卦体虽凶，空不妨。

《义》曰：既空且脱，又见相刑。不惟无用，无礼交并。心事未宁，成而又更。花间无果，姜女无情。

《象》曰：蛰藏不动要提防，空脱相并又见伤。君子知机随世处，笑他名利苦奔忙。

此冬蛇掩目之卦，一曰龙战。夫冬蛇掩目者，昴星之谓，酉中有昴日鸡，故用酉下为用。酉为天之私门，肃杀之地，故仰伏而取之。又为藏蛰，掩目不动，提防暗昧忧惊，宜见空亡以解之也。况龙战，主人心疑惑，进寸退尺，动有乖离之象。卯酉为天之私门，生杀有限，分杜有期，雷动龙奔，示其有战。上神生日，所谋百事吉，运用如意，遇灾不凶，逢吉愈吉。若当季神来生日者，主声名显达，岁命生日尤吉，惜其所生者空亡无力，凡事不过虚喜而已。占者遇之此课，乃来去俱空，耗盗泄气，有影无形之象，吉凶之事，无可着摸，正谓"空空如也事休追"。占求官见贵者，别为改图，庶几可有成就，若守此一隅，徒劳而已。占婚姻、交易、谋望、求财、托人、干用，所举之事，徒有费而无益，莫若舍之改作可也。其他如久病逢之，凶不可言，新病、惊忧、凶祸之事，却得解之。

占出兵行师得此，虑失众耗粮，欲成其功，未知之也。大抵此课，大宜散事，不能成事。敌有使来，传言虚诈，不可听也，勿忽。

六月卦（填实中传之空，吉凶则实）。

真一山人云：退守安居隐白头，浮沉世事水中沤。千谋望虑浑无用，闲向江村看野鸥。

《无惑钤》云：虎视虚刑，六害事逢。重遭惊恐，失脱空生。

《钤解》曰：戌未相刑，未乃旬空，为虚刑也。三传子未六害，重见虎视，而又值此，惊恐之甚矣。支子来脱金干，而未土为虚声也，损之则有，益之则无矣。又云：未加戌乘后，主妇人有病。天空岁月破临支，宅破人难户又衰。天空加卯土地隳，信者虽来病者悲。午年月占矣。

辛卯日第五课

知一　曲直　寡宿

传财化鬼财休觅　金日逢丁凶祸动

```
后 白 勾 贵          白 六 贵 常
未 亥 寅 午          未 亥 寅 午
亥 卯 午 辛          亥 卯 午 辛


父 　 未 后 ◎        父 　 未 白 ◎
财 辛 卯 六 ⊙        财 辛 卯 后 ⊙
子 丁 亥 白          子 丁 亥 六


青 勾 六 朱          蛇 贵 后 阴
丑 寅 卯 辰          丑 寅 卯 辰
空子     巳蛇        朱子     巳亥
白亥     午贵        六亥     午常
戌 酉 申 未          戌 酉 申 未
常 玄 阴 后          勾 青 空 白
```

　　此课先生曰："金日得木局，满盘皆财，不合午来化许多败气。木又死于午，又作贵人，偏不利医贵人，却有药，天医在传，月地医亥在末传，亥能制午火贵人，只恐是临危之病方来相寻。有一妇人害翻胃者，医肝不得医胃。有一小儿中风者，通水脏，不得治风。依此可取效也。"叶助教医道不甚行，治小家偏得理，才治大家，便无效应。先生云："其堂前屋上不合着一兽头，东上邻家又有一兽头，遂致相冲，所以反来食人，故财不入手，此二兽之病也。"本人缘前面余宅掘破山头，遂以兽头留于屋上镇之，西北之家亦然，在叶氏屋之前却冲对其家也，宜去之则吉也。次年正月七日，杨七二小姐患翻胃，治之即得财二百余缗，外请数十医，经年不效，叶遂治安。又三月十八日，徐参议孙六岁，中风四五日，瞑目不动，来请。叶思之，邵先生令我治脏不治风，遂与泻药，脱然无事，亦得钱百余缗。天后在未，未加亥，卯来加未，遂克未，故主翻胃。未，胃也，因卯克之，故当治肝，卯为肝也。亥为幼子，亥水生木成局，则主风，导水则风自息矣。辛日亥为幼子，加卯六数，亥水生木，故治脏不治风，亥乃脏也，白虎在脏，通之为佳。[1]

《玉历钤》云：此课日上见贵，木局生日上官星，占见贵求望如意，求财求婚不成，鬼旺身衰故也。

又五月辛卯日戌时，林干事占讼事，亦得此课。先生曰："主有服人争讼，挟起卑幼，乃遂动众。夜贵人加日贵人之上，宜暗计嘱，庶几可胜矣。传财大盛，财反化为鬼，若要此事了结，须是贴卑幼财物，便是讼息，彼徒有众，不能成事。"今关节既通，更叔伯兄弟四人财产作七分均分，初分产之时，叔伯之子幼小，亲弟一幼小所分不平。续后兄死，嫂与小弟讼他所分不当，叔伯兄弟皆来助之。以课论之，木局生干上午来克日干，行年上见寅夜贵，干上虽是关节，又是暗鬼，寅木又生火，若贴得幼子即止者，盖缘宅上见亥，亥者孙也，亥水可制午火，诸木皆生于亥，住与不住，皆由于亥也。后来遂暗贴幼子钱物，幼子得钱遂不争，其告妇人及诸人皆自退矣，其讼遂息。[2]

《毕法》云：此午为火鬼，加干克干，亥是丁神，乘白虎动于支上，又为末传，凡占必主宅上火动。

《神枢经》云：辛日得亥卯未木局，三传皆财，却生起干上午火为鬼而伤其干，凡占必因取财而致祸，又因妻妾而坏名节，若年命上有申及子，则可免矣。

《龙首经》云：此课干上脱支，支上脱干，人宅互脱，而生盗气，主人宅俱衰败不荣，亦防众财损失，家业盗窃，不得宁息也。

课名知一、曲直。辛金以木为财，春冬旺相，虽空亡，终有财喜，其他时占之，干上空亡，发用亦空，凡占出旬方应。[3]

《象》曰：重重空脱动虚声，用力求谋一不成。久病得之惊又险，若然暴病不伤生。

此知一之卦，一曰曲直，又曰泆女，亦曰寡宿。夫知一者，知一而不能知两，知者以为自知、自见，不知为寇仇，故言知一也。以此为用，舍远就近，舍疏就亲，恩中生害，事多起于同类，凡事狐疑，事贵和同乃吉。传见曲直，曲直者，先曲而后直，象木之谓，当作成器。此乃五行正气入十干杂糅之乡，异方三合乃生旺墓之神，事主丛杂不一，主关众人共谋，不然两三处干事，委曲托人与人相合之类。况泆女乃不正之象，阴私邪淫，占男女有阴私暗昧之理，占家宅宜谨慎闺门，以防阴小越礼，惟能以礼自防者可化之。日上见鬼，常占

---

① 《壬占汇选》作：戊申年十二月辛卯日丑将巳时，叶八郎癸亥生四十六岁占行医。

② 《壬占汇选》作：戊申年七月辛卯日午将戌时，林文丙辰生，五十三岁占官讼。

③ 原抄本此处有脱漏，今据意补。且无《义》文。

为人所欺负，防有人谋侵害扰，此幸有解也。《赋》云："寡宿孤辰，值此尤妨骨肉。"若占得此，主见孤独，别离乡井，自立门户，财物虚耗，僧道宜之，俗不宜也。占者遇之此课，三传本为日之财，三合化鬼克身，甚不可求财，如求财，使有两三人，成两三处，常为祸起。春更占不利。不宜占婚、娶妻、求财，余如见贵、求官、托人、交易、干用，俱不宜。占久病、暴病、惊忧、患难之事，为祸轻，语其有解也。

占出兵行师者，昼无威，夜凶，不可贪彼之财，恐失大事，亦凶不凶，而吉不吉也。

木朽难斫。

真一山人云：琴鹤随身乐自然，日高犹有师僧眠。春花秋月堪宜赏，荣辱穷通总在天。

《无惑钤》云：财化为鬼，足下乘丁。昼如占贵，财散方成。

《钤解》曰：三传木局，干之财也，反生起干上午火克干，必因财致祸，《毕法》云"传财化鬼财休觅"者是也。末传丁亥，动不容已也。如占告贵之事，须用财嘱，方可以成，谓干上乃昼贵故也，彼既受生，必不暇克我也。又云：夜占帘幕临干，占讼先曲后直，主人灾宅动，惟利有官人昼占赴任。

辛卯日第六课

重审　斩关　龙战
我求彼事干传支

后　勾　空　后　　　　玄　勾　朱　玄
巳　戌　子　巳　　　　巳　戌　子　巳
戌　卯　巳　辛　　　　戌　卯　巳　辛

父　丙戌　勾　　　　　父　丙戌　勾
官　癸巳　后　　　　　官　癸巳　玄
子　戊子　空　　　　　子　戊子　朱

空　白　常　玄　　　　朱　蛇　贵　后
子　丑　寅　卯　　　　子　丑　寅　卯
青亥　　　　辰阴　　　六亥　　　　辰阴
勾戌　　　　巳后　　　勾戌　　　　巳玄
酉　申　未　午　　　　酉　申　未　午
六　朱　蛇　贵　　　　青　空　白　常

《玉历钤》云：此课日往加辰，上下相合，日上又有德神、生气，主气象和顺，凡占所求皆遂。

上神克日，日上生辰上，初克末。

课名重审、阴不备。戌来加卯，名抬土。日往加辰，辰克日，为乱首。又戌加支辰，名斩关。卑来侵尊者，有争斗牵连事，凶。日辰合，日上见德，凡占皆利，只不利更改，以卯戌合定也。宜占信印。

《义》曰：勾留迟滞，屈而不伸。下欺其上，紊乱交并。进寸退尺，空劳余力。求官虽美，还当阴骘。

《象》曰：福善祸淫天理报，暗中不解神明照。从今作福悔愆尤，子贵孙荣光显耀。

此重审之卦，一曰斩关，亦曰龙战，又曰乱首。夫重审者，重而审之也。利为主，利后动，长有厄，事从内起，起于女人。以下犯上，贱犯贵，卑犯尊，事多不顺。阴小在下者，有悖逆之事。臣失其忠，子失其孝，事不可遂意而行，必当审察，循乎义理，庶几以免后患也。况斩关非安居之象，占者多不自由，事多暗昧不和，离散口舌，欲隐身避难者，却利乎奔逃也。且龙战，主人心疑惑，进寸退尺，动有乖离之象。卯酉为天之私门，生杀有限，分杜有期，雷动龙奔，示其有战。传见乱首者，《经》云："臣逆君兮子害父，妻背夫分弟克兄。奴婢不甘主使令，将军出阵损其兵。"此乃下欺其上，悖逆紊乱之事也。上神克日，凡事厄塞，病讼畏，常占为人所欺负，又虑恐有人侵扰也。发用鬼墓，事多阻滞，戌为火墓。占者遇之此课，占婚姻利合，见贵吉。占求索难，惟宜送物与人。占投谒求谋者，徒费粮裹，而卒难得意也。占财须得年命见财可也。占病瘥迟，惊惧。讼亦如之。占逃盗宜捕。占宅不宜。

占出兵行师得此，昼夜占有败绩、折伤之象。凡百事迟滞，屈而不伸，大抵无益于兵事。谨之！戒之！

抑阻不伸。

真一山人云：防他暗里用机关，神将相生却解烦。临事暗中施德惠，自然恶事不相干。

《无惑钤》云：人就财所，切宜急取。传课循环，动意难阻。

《钤解》曰：戌，辛也，往加卯上就财所，宜急取之，若缓，反被卯木克戌土也。三传不离四课，传课循环也。斩关发用，动意焉能止耶？酉亥月最怕武，占乃门下人，为杀人贼也。八月巳乃盗煞，十月子乃四时盗神，但不乘玄武。（就财而受财克，喜中有怨，婚财不利。）

辛卯日第七课①

反吟　龙战

```
玄 六 勾 阴            后 青 勾 阴
卯 酉 戌 辰            卯 酉 戌 辰
酉 卯 辰 辛            酉 卯 辰 辛


财 辛卯 玄            财 辛卯 后
兄 乙酉 六            兄 乙酉 青
财 辛卯 玄            财 辛卯 后


青 空 白 常            六 朱 蛇 贵
亥 子 丑 寅            亥 子 丑 寅
勾戌      卯玄        勾戌      卯后
六酉      辰阴        青酉      辰阴
申 未 午 巳            申 未 午 巳
朱 蛇 贵 后            空 白 常 玄
```

　　辰卯酉戌，交互作害，又作六合，先害后嗔，嗔中生喜。两贵俱坐克方，情不欢矣，有何恩泽可沛？反吟龙战发用，玄后事多暗昧，然卯为财，酉作禄神，生合却是吉课，占望有成，只是动摇反复，凡事以礼为上，晦散生明矣。旺禄克支，占宅不宁，门户灾迍。

　　《玉历钤》云：此课有私暗动摇之象，凡占所事不利，行人即来，他无所用。

　　《无惑钤》云：交互六害，然后会合。两贵不欢，难施恩泽。

　　《毕法》云：此课虽反吟，日辰上下，卯戌相合，辰酉相合，虽在反覆间，却有和合之意。凡占作事，始若柄凿相梗，冰炭不侔，终则协力齐心，而事可成就也。

---

　　①　台图本及国会图书馆二抄本均无钤文，整理者少补之。今重校，又据国家图书馆藏本补之。

辛卯日第八课

重审　不备　芜淫　赘婿　励德　斫轮

四月内为胎财生气妻怀孕

```
白朱朱玄              蛇空空后
丑申申卯              丑申申卯
申卯卯辛              申卯卯辛


财辛卯玄              财辛卯后
兄甲申朱              兄甲申空
父己丑白              父己丑蛇


勾青空白              勾六朱蛇
戌亥子丑              戌亥子丑
六酉    寅常          青酉    寅贵
朱申    卯玄          空申    卯后
未午巳辰              未午巳辰
蛇贵后阴              白常玄阴
```

　　此课支来就干，为干所制，名曰赘婿。太岁入宅克宅，宅来就人，又被人克，六年中家破屋折，遂成积墓，必葬尊长在内。六年之前，四分五裂，门户分张，亦是外姓或还俗僧人入挠，遂家破矣。末传丑为辛日之墓神，临太岁上，太岁为其所墓，遂来家宅而克宅。况太岁当头立，诸神不敢当，若无官事挠，定主有重丧。今太岁入宅而又克宅，宅被克来走日上，又为日所克。既不留宅，屋何以存立？又自身上发传入宅，又逢太岁，末又加太岁上，见今日之墓神。何以见得不出六年，家破屋折，遂为尊长埋葬坟墓？况丑土生申金，是申金之尊长也，申金、辛金墓于丑，是尊长互被葬也。不出六年者，卯数六也。四分五裂，门户分张者，盖卯是门，卯上乘玄武也。或还俗人，申为僧也，辛与申同类，或还俗僧也。后癸丑年叔死，葬于屋内。叔有三子，一子为僧，还俗归，欲同诸子均分。叶助教不肯，官司定断，两家尊长皆亡，合作诸子均分。助教只得均分，两叔共有五子，分作六分矣。自戌申至癸丑冬分，却得六年。若不是太岁入宅克宅，又不可如此断。当年又死一男一女，乃太岁克宅也。①

《预见经》曰：正月初七日午时，有一人来占，传成此课。推其来意，主见鬼怪近门，或飞禽之怪入门，有疾病死亡之事，兼以犬死，囚系狱讼之灾。何以知之？徐道符曰："初传卯，在正月为怪神，见玄武，乘休气，卯为门户，故主见怪近门户也。中传申为飞禽，上见朱雀加卯，故主飞禽作怪入门。末传白虎，主疾病死亡，在于丑上，是为白虎之墓。辛日合丙，丙上见天狗，勾陈临之，天狱煞正月在丑，故云犬死狱灾。

《毕法》云：此课卯加辛，谓之财来就人，凡占必有财应，宜速取之，如少缓，却被卯木克其戌，反生患害也。

《金匮经》云：此课支来加干，被干克制，名曰赘婿卦。此卯乃宅神也，加干被干克，卯本位上见申，又被申克，宅神两处克害，宅何以能存？凡占必基址坑陷，房屋崩颓，或无宅地，寄居于人家，官宦亦必典赁寄借居也。

日克上神，辰上克日上，初克末。

课名重审、赘婿、阳不备。凡百所占，去住不由己，有阴私惊恐。辛克卯为财，防财物与人牵绊，门户不宁。然课本斫轮大吉，卯乃日之财，待以初克末，末又为日墓，凡事有始无终耳。

《义》曰：身就他人，事不由己。时势如斯，唏嘘而已。芜淫不备，不可成婚。若占家宅，谨慎闺门。

《象》曰：斫削修轮利仕途，文章堪拟上皇都。只因闭口疑无定，顺理循循缓缓图。

此重审之卦，一曰赘婿，亦曰斫轮，又曰芜淫。夫重审者，重而审之也。利为主，利后动，长有厄，事从内起，起于女人。以下犯上，贱犯贵，卑犯尊，事多不顺。阴小在下者，有悖逆之事。占臣未忠，占子失孝，事不可遂意而行，必当审察，循乎义理，庶几以免后患也。传见赘婿，身寄他人之象，凡事由妻，如占事由他人，而不由自己也。《经》云："欲知斫轮，车临斧斤。"又曰："庚申临处为斤斧，卯木单称立作车。太冲作用来金上，斫削修轮官爵除。"夫芜淫者，乃阴阳不备之谓也。阴阳不备是芜淫，夫妇奸邪有异心。二女争男阳不备，两男争女有单阴。上之克下缘夫恶，反此诚为妇不仁。阳即不将阴处合，阴来阳处畏刑临。以此论之，最不宜占婚，不宜占远行，虑有舟车之惊。卯戌相合，占主客、见贵、求婚，颇有相合之义，未尽善美。占财有暗昧之象。占者遇之

---

① 《壬占汇选》作：戊申年正月辛卯日子将未时，叶助教戊午生，生于二月十三日寅时，五十一岁占家宅。

此课，占交易、托人、投谒者，得失相半。占病凶重，惟修德可禳。占讼再经官司，和乃为上。占逃亡盗贼宜捕。

占出兵行师，昼占失物以忧疑，夜占无威而不宁。大抵无益于事，为将者宜权变至胜也。

小人窥户。

真一山人云：课体推详忌远行，船车途次虑忧惊。早祈阴德相为吉，切莫欺心做不平。

《无惑钤》云：课传回还，财就人旁。取之宜速，迟归墓乡。

《钤解》曰：卯来加辛，财就人也，宜速取之，少缓却被卯反克戌。

辛卯日第九课

涉害　曲直　龙战　寡宿

```
青 蛇 贵 常            六 白 常 贵
亥 未 午 寅            亥 未 午 寅
未 卯 寅 辛            未 卯 寅 辛


父    未 蛇 ◎          父    未 白 ◎
子 丁 亥 青 ⊙          子 丁 亥 六 ⊙
财 辛 卯 玄            财 辛 卯 后


六 勾 青 空            青 勾 六 朱
酉 戌 亥 子            酉 戌 亥 子
朱申      丑白         空申      丑蛇
蛇未      寅常         白未      寅贵
午 巳 辰 卯            午 巳 辰 卯
贵 后 阴 玄            常 玄 阴 后
```

《玉历钤》云：此课日上有午火长生，三传木局，财旺生官，利以求官，余占不宜。

日克上神，日上克辰上、克用，末克初。

课名曲直。金为日，财上带空亡，所占事，谋财利干众隔手。又蛇虎临门户上，防有惊恐。木多生风，风传不实，又空亡不为忧。冬为天喜临门，庶几有喜，他时三合为财，终可图，事俱出旬定矣。

《义》曰：朽木无枝，老干既朽。欲修斫轮，未必入手。涉害艰难，莫强追欢。凶化为吉，吉事摧残。

《象》曰：合而不合亦徒然，成败兴衰总系天。到此也知还有命，退身南亩务农田。

此见机之卦，一曰龙战，亦曰曲直，又曰寡宿。夫见机者，察其微，见其机，谓两比两不比，当以涉害为用。涉害有浅深，欲用不用，欲言不言，事有两而取一，所作稽留，迟疑艰难，进退不定，忧患难消，怀孕伤胎，难于前而易于后。况龙战，主人心疑惑，进寸退尺，动有乖离之象。卯酉为天之私门，生杀有限，分杜有期，雷动龙奔，示其有战。传见曲直，曲直者，先曲而后直，象木之谓，当作成器。此乃五行正气入十干杂糅之乡，异方三合是生旺墓之神，事主丛杂不一，主关众人共谋，不然两三处干事，委曲托人与人相合之类。且寡宿，《赋》云"寡宿孤辰，值此尤妨骨肉"，若占身得此，主见孤独，别离乡井，自立门户，财物虚耗，僧道宜之，俗不宜也。占者遇之此课，求官见贵，投谒无力，亦难成就。占求财者，恐因财致祸。暴病宜修德，久病者凶。占婚姻难成，成则难保偕老。占失物宜寻觅，逃盗宜缉捕，目下难得。占讼不成，亦有解。惊忧患难之事，却能解散。

占出兵行师得此，昼夜所占，皆非所宜，又虑夫失众之象。事多虚声，而无实用之课也。

真一山人云：凶不成凶吉又无，东谋西虑用工夫。矮檐待得春风舞，漫把门中草自锄。

《无惑钤》云：夜贵为财，三传助来。中逢丁亥，助即为灾。

《钤解》曰：寅为夜贵，作日之财，必得贵人之财也。三传木局，又助起财爻，止宜守定贵财，不可肆其贪得之心，而并取三传之财，即有灾祸也。中传亥乃旬丁，反有伤于辛金故也。又云：木多虚生厄，飞传不实。帘幕临干，占官动转极吉。课体亥涉三土，未涉二木，当用亥是。

辛卯日第十课

重审　三交　励德　九丑

干乘墓处无占病　六阴相继尽昏迷

```
六 贵 阴 白          白 勾 朱 后
酉 午 辰 丑          酉 午 辰 丑
午 卯 丑 辛          午 卯 丑 辛


兄 乙酉 六 ⊙        兄 乙酉 白 ⊙
子 戊子 空          子 戊子 阴
财 辛卯 玄          财 辛卯 蛇


朱 六 勾 青          空 白 常 玄
申 酉 戌 亥          申 酉 戌 亥
蛇未     子空        青未     子阴
贵午     丑白        勾午     丑后
巳 辰 卯 寅          巳 辰 卯 寅
后 阴 玄 常          六 朱 蛇 贵
```

《玉历钤》云：此课日上见刑，而不见德，主气象不和，人情不顺，凡占不可用。

《毕法》云：此课干上丑为辛之墓，昼将乘白虎而墓干，凡占主蒙昧不明，昏沉不爽，占病尤凶。又云：干支上丑午相害，主彼此猜忌，各有谋心，我欲谋人，人将害我也。

上神生日，辰上生日上，日上生用，初克末。

课名重审、三交。墓覆日，贵空加宅，必有阴私，惊恐动摇。然酉乃日禄，卯日财，用坐落空，亦有吉无凶之课。

《义》曰：占身占宅，淫荡失礼。若问婚姻，早宜知止。禄既陷空，官病必忌。正月得之，庶保终始。

《象》曰：闻道花开锦绣堆，东风鼓舞响如雷。起来点检春多少，无限园林尽折摧。

此重审之卦，一曰三交、九丑。夫重审者，重而审之也。利为主，利后动，长有厄，事从内起，起于女人。以下犯上，贱犯贵，卑犯尊，事多不顺。阴小在下者，有悖逆之事。臣未忠，子失孝，事不可遂意而行，必当审察，循乎义理，庶几以免后患也。夫三交者，《经》云："三交家匿阴私客，不迩自将逃避迤。"凡事失节阻碍，谋事被人阻破，不能成合。夫墓者，五行不正之气，四时衰败气绝之乡，如人处云雾之中，昏蒙而无所得。《经》云："日神上见墓神加，病者难痊事可嗟。行人失约路遥赊，若当时日便归家。"占者遇之此课，事有不顺之象，得此者当黾勉于孝弟忠信，动必以礼，行必以义，庶几以化其不顺也。占求官见贵，合而不合。占财问婚者，成而不顺。占病者凶，宜修德。三月将占，为天烦，男子行年抵之，大不宜用事，不可忽也。占失物获迟。远行不宜。八月节凡占失利。占宅惊恐。讼凶，宜和解。占逃亡，宜缉访。投谒、托干、交易，难成而易失。

占出兵行师得此，昼占得金宝美利，亦美中不足，夜占虽凶有解，防失脱不实之事，宜防范周密可也。

合而未合。

真一山人云：退守衡门乐自知，诗情酒兴两相宜。青山四顾浑如画，此段风光只我知。

《无惑钤》云：昼虎墓身，夜禄虚惊。中盗末武，旦贵无形。

《钤解》曰：干乘墓虎，不宜占病。禄坐空鬼之乡，夜占乘虎，忧惊甚矣。中传盗气，末传乘玄，耗费遗失不少。昼贵空亡，不足恃也。又云：夜占帘幕临支。

辛卯日第十一课

蒿矢　龙战　变盈　不行传

空上乘空事莫追　人宅受脱俱招盗

```
蛇 后 常 空          青 六 贵 阴
未 巳 寅 子          未 巳 寅 子
巳 卯 子 辛          巳 卯 子 辛


官 癸 巳 后          官 癸 巳 六
父    未 蛇 ◎        父    未 青 ◎
兄 乙 酉 六 ⊙        兄 乙 酉 白 ⊙


蛇 朱 六 勾          青 空 白 常
未 申 酉 戌          未 申 酉 戌
贵午      亥青       勾午      亥玄
后巳      子空       六巳      子阴
  辰 卯 寅 丑          辰 卯 寅 丑
  阴 玄 常 白          朱 蛇 贵 后
```

此课日上盗气，又见天空，主身体下部遗泄，兼子息不贤。因辛既为子所脱，又为天空竭尽，又见破碎于支上发用，中传又是空亡，末传又加空上，作今日之禄神，禄神既空，所以前程不永也。宅犯破碎，诸子耗盗财物，各抽入己，于我则空，若是另爨，可以少延，否则家破人亡也。林承务有四子，二母所生，家道不齐，堂前之物，被子尽盗去，为之一空。身间常有淋病，家道殊觉退散。且辛见子是脱气，及见宅上破碎，子为一阳之始，巳为六阳之终，始于身而终于宅也。子为子息，所以专言家势，而不保其自身也。初传只在宅上，中末传皆空，名为不行传，只以支干二处断之。更初传又加一重破碎，子为脱空，六阳到此极处，宅上见破碎，又作初传，是破碎中兼破碎矣，上见天后，其妻性最淫荡，盖四子最幼者，是她所生，更有二小女做手脚。若占病，必死之课。占前程，主脱精渴热而死。[①]

---

① 《壬占汇选》作：建炎己酉年七月辛卯日午将辰时，林丞务丙辰生，五十四岁占平生。

《玉历钤》云：此课虽蒿矢，用神乃日德也，主气象和顺，凡事有成，天将六合尤吉。

《毕法》云：此课自干支上至及三传，皆迤逦下生上神，尽被脱耗，凡占皆主虚诞脱耗也。又云：神后脱干，太乙脱支，人宅俱衰，盗窃无穷。

上神盗日，日上克辰上，用克日，日上克用，初克末。

课名蒿矢、间传。又传空，所占必难终，得亦不成也。盖初传日德，末传日禄，毕竟气和，可以用事。托人指射谋事，恐彼人无力或不勇也。更问前程为佳。

《义》曰：吉未全吉，凶未见凶。谋为干用，难保始终。勿问婚姻，勿占男女。中末幸空，徒然而已。

《象》曰：阴人不足起言辞，忧扰心胸志力疲。到底是非终别日，空空如也事休追。

此蒿矢之卦，一曰天网，亦曰龙战，又曰泆女。《经》云："神遥克日名蒿矢，射我虽端当不畏。贵人逆转子无良，天乙顺行臣不义。家有宾来不可容，亦忧口舌西南至。"然事主动摇，人情倒置，象如以蒿为矢，射虽中而不入。祸福俱轻，求事难成，利主不利客。占行人来，访人见，若带金煞，亦能伤人，主蓦然有灾。但见天网者，即天网四张也，《经》曰"天网四张，万物被伤"，为阻滞，为疑难，为灾恼。况龙战，主人心疑惑，进寸退尺，动有乖离之象。且泆女乃不正之象，阴私邪淫，占男女有阴私暗昧之理，占家宅宜谨慎闺门，以防阴小越礼，惟能以礼自防者可化之。日生上神，虚费百出，盗失损财，人口衰残，谋望不遂，休囚尤重，又为子孙脱漏之事，所得者不偿所费。占者遇之此课，求官见贵者，不遂所志。千里投谒，不遂所求。占求财者，有影无形。谋干者，虚多实少。占婚姻，虽好亦难成。占病，虽凶而无畏。难成美事，易散凶忧。逃盗终获，目下未能。

占出兵行师，昼占无威，夜占得美。敌使之来，其言多诈。大抵此课，凡占吉不成吉，而凶不成凶也。

积雪逢春。

真一山人云：世间何处不藏身，何必区区谒紫宸？看到这般滋味处，葛巾布氅笑红尘。

《无惑钤》云：遥克传空，所作无踪。源涸根断，脱耗无穷。

《钤解》曰：发用遥克，已无力矣。中传空陷，所作皆无踪迹也。四课三传，俱自下生上，则水涸其源，木断其根，脱耗无穷。占病或因不摄以致虚弱，或由元气不足遂至尪羸也。又云：此除占病外，诸占未免脱耗，日渐销铄也。

《毕法》云：遥克，巳加卯为用，中末皆空，占之主无中生有，尽是虚无，实不足信也。

辛卯日第十二课

重审　进连茹　斩关　龙战　不结果　交车生

脱上逢脱防虚诈　虽忧狐假虎之威

```
蛇 朱 空 白          六 朱 阴 玄
巳 辰 子 亥          巳 辰 子 亥
辰 卯 亥 辛          辰 卯 亥 辛


父 壬辰 朱          父 壬辰 朱
官 癸巳 蛇          官 癸巳 六
官    午 贵 ◎       官    午 勾 ◎


贵 后 阴 玄          勾 青 空 白
午 未 申 酉          午 未 申 酉
蛇巳      戌常       六巳      戌常
朱辰      亥白       朱辰      亥玄
  卯 寅 丑 子          卯 寅 丑 子
  六 勾 青 空          蛇 贵 后 阴
```

《玉历钤》云：此课辛日得巳午火为官，阴金得火制成器，凡占所求可遂，所作可成。

《毕法》云：此课辛干生亥水，谓之脱气，上见玄武，又是虚盗之神，凡占脱耗多端，虚费迭出，全无实效。

《心照》云：末传午火生初传辰土以生日干，凡占必有旁人暗中推荐而有荣旺。又云：干上亥生支之卯木，支上辰生干之辛金，互相生养，两家利顺。

日生上神，辰上克日上，用克日上。

课名重审、进茹。辰加卯为杜窟塞门，必有暗昧不宁。然巳乃日德，午虽为鬼，而又空亡，吉凶亦从空散。

《义》曰：彼既受制，我又泄气。虽见忧惊，终不成事。悠柔不断，动为牵绾。午火既空，事必缓散。

《象》曰：人情未顺不同前，阴反于阳事可怜。惟有丈夫能执守，衡门养气乐陶甄。

此重审之卦，一曰龙战，亦曰斩关。夫重审者，重而审之也。利为主，利后动，长有厄，事从内起，起于女人。以下犯上，贱犯贵，卑犯尊，事多不顺。阴小在下者，有悖逆之事。占臣未忠，子失孝，事不可遂意而行，必当审察，循乎义理，庶几以免后患也。况龙战，主人心疑惑，进寸退尺，动有乖离之象。卯酉为天之私门，生杀有限，分杜有期，雷动龙奔，示其有战。传见斩关，非安居之象，占者多不自由，事多暗昧不和，离散口舌，欲隐身避难者，却利乎奔逃也。又主人情暗中不顺，多见更改，事多中止，坟墓破坏，占婚亦强成，难于久远。凡事历遍艰辛，然后可遂。日生上神，虚费百出，谋望不遂，盗失损财，人口衰残，休囚尤重，又为子孙脱漏之事。进连茹，进中有退，急而顺溜。事主欲行不行，欲止不止，节外生枝。占者遇之此课，不可投谒人，干用被他蒙昧之也。占婚不宜。占求官者难遂，又恐始终不一，在五月占庶几。求财难。占交易合。凡事必因口舌文词所格，患难终见消除，好事未必易成。

占出兵行师得此，昼夜所占，朱雀多词，虑军戎见耻，尚宜谨慎。大抵此课，无益于事，惟处之以理，则后必获吉矣。

真一山人云：临深陟险莫辞难，自古行人有易难。过此也知无阻碍，条条大道是平安。

《无惑钤》云：丁火伤身，病必头疼。互生可恋，昼贵何踪。

《钤解》曰：亥为丁火，乘虎伤身，占病必主头疼，谓亥临戌亥子丑寅卯为头，亥临辰巳午未申酉为肾也。亥生卯木，辰生辛金，递互可恋。末贵午又空，是无踪矣。《毕法》云：虽忧狐假虎之威。辰土临卯受克，末助初生。又云：天罡乘雀加卯，主口舌争斗之事，必主入官，四月占尤的。吉事难成，凶事易散。

壬辰日

壬辰日第一课

伏吟用日　励德　斩关

胎财生气妻怀孕

```
蛇 蛇 空 空          蛇 蛇 常 常
辰 辰 亥 亥          辰 辰 亥 亥
辰 辰 亥 壬          辰 辰 亥 壬


兄 丁 亥 空          兄 丁 亥 常
官 壬 辰 蛇          官 壬 辰 蛇
官 丙 戌 白          官 丙 戌 白


贵 后 阴 玄          朱 六 勾 青
巳 午 未 申          巳 午 未 申
蛇辰        酉常     蛇辰        酉空
朱卯        戌白     贵卯        戌白
寅 丑 子 亥          寅 丑 子 亥
六 勾 青 空          后 阴 玄 常
```

《七十二占》曰：伏吟之课，壬日用亥，亥中有旬丁，丁与壬合，先刑而后合也，乃半吉半凶之象。

《毕法》云：此课辰为干墓，而支上自临，凡占宅内必有伏尸枯骨。亥为丁神，空常土神附之作鬼，必然有物跳梁，见怪而作祸也。年命上见木神，可以制之。

上神德日，辰上克日上，末克初。

课名伏吟。诸神不动。初传德禄带刑，喜中略有惊怪，然一德扶身，万凶皆散，终不为凶，主有远信，和合交易而有小人作梗耳。

《义》曰：不利妻财，守旧和谐。投人远到，闷转胸怀。发用日禄，神乃孤独。事有期悔，然后生福。

《象》曰：虎到天魁病主惊，伏吟何事又相迎。阴功久积方延寿，悔过修禳福可成。

此自任之卦。夫自任者，乃天地伏吟，十二神各归本家，天地如一，四伏未发之象。占事静则宜，动则滞，主事藏匿不动，静中求劳，有屈而不伸之象。《心镜》云："任信伏吟神，行人立在门。失物家内盗，逃者隐乡邻。病合难言语，占胎聋哑人。访人藏不出，行者却回轮。"日上见禄，必主荣名。《赋》曰：自信自任，行人在路非遥。占者遇之此课，伏吟占近者有立至之象，盗者不出其家，逃者不出邑里。占求财动摇。占交易不顺。占谒见投人，无益于事。占求婚不宜，亦不成，假使得成，他日必见夫妻反目，而难期偕老。占病者难言，或不思饮食。占胎聋哑。暴病重，久病凶，宜作福。占讼不成，已成讼者有解，还要吉神入传。占逃亡自归。忧惊患难有解。此课不利成事，宜静不宜动，利后不利先，利主不利客，宜守旧，不宜干用。

占出兵行师者，昼占多虚诈须防，夜占稍吉而已。大抵此课，无益于用事，为将者当深谋远虑可也。

真一山人云：莫忧名利莫忧财，运转时亨百事谐。守理自然天赐福，不求富贵自然来。

《无惑钤》云：德禄乘丁，贪财弗宁。中途墓克，虎鬼末迎。

《钤解》曰：亥为德禄，乘丁乃暗财，丁主动，必贪此财，岂得宁息乎？已而中途墓克，戌虎末迎，暗财临虎鬼，昏滞惊恐，其祸不浅矣。又云：一德扶身，万凶皆散。《神应经》云：壬辰日，初传见亥是丁，因己身及兄弟财动。好事难成，凶事易散。

壬辰日第二课

比用　退连茹　斩关

魁度天门关隔定

```
六朱常白          后贵空白
寅卯酉戌          寅卯酉戌
卯辰戌壬          卯辰戌壬

官丙戌白          官丙戌白
父乙酉常          父乙酉空
父甲申玄          父甲申青

蛇贵后阴          蛇朱六勾
辰巳午未          辰巳午未
朱卯    申玄      贵卯    申青
六寅    酉常      后寅    酉空
丑子亥戌          丑子亥戌
勾青空白          阴玄常白
```

《玉历钤》云：此课戌加亥，谓之阴关，本身阻隔，况壬日干上发用，尤为杜塞，凡占一应，皆无所成。

《毕法》云：此课宅上有卯，乘朱雀来克宅，冬占又是火鬼，如值此占，必遭火殃。

《龙首经》云：亥为天门，戌加其上，谓之上关，盖阴关也，凡事阻隔。此课旦暮贵神皆是白虎，其象甚凶，占病必是隔气食积，邪鬼为殃。占盗贼拒捕，占干贵不容，占诸事阻隔，占出行，道逢贼，皆不可用也。

《杂占》云：戌为干鬼，而乘白虎，临干克干，诚可畏也，凡占必遭昏祸失节以致殃祸。又云：干上被戌伤，支上被卯伤，则人宅俱伤矣，岂能荣盛？又云：干鬼上乘白虎，为祸甚速，《易》曰"履虎尾，咥人凶"，占者值此，必惿惿戒惧，而无骄怠之气，斯免祸矣。盖论之常情，多难则戒，戒则忧，忧则吉焉；无难则骄，骄则怠，怠则凶矣。与其骄怠致凶祸，孰若戒惧获终吉，顾在人识见何如耳。

上神克日，辰上克日上，用克日。

课名退茹。用临干乘魁克日，凡所占用，干众不顺，人宅受伤，主有口舌，破失财物，官符鬼贼。然卯自克戌以制凶，传退入印乡，皆吉，此初难后易也。

《义》曰：谋事出门，多逢关隔。占病得此，必见噎塞。药用宽中，陈皮枳实。退则渐亨，否则惊赫。

《象》曰：身欲安居未得宁，斩关一断便游行。先难后易前程稳，云散长空万里晴。

此知一之卦，一曰天网，亦曰斩关。夫知一者，知一而不能知两。知者以为自知、自见，不知为寇仇，故言知一也。以此为用，舍远就近，舍疏就亲，恩中生害，事多起于同类，凡事狐疑，事贵和同乃吉。且天网者，即天网四张也，《经》曰"天网四张，万物被伤"，为阻滞，为疑难，为灾恼。况斩关非安居之象，占者多不自由，事多暗昧不和，离散口舌，欲隐身避难者，却利乎奔逃也。又主人情暗中不顺，多见更改，事多中止，坟墓破坏，占婚亦强成，难于久远。凡事历遍艰辛，然后可遂。此课鬼墓加干鬼暗兴，若鬼明见可制，此乃假名借姓，依草附木为害，常占必被人欺负，口舌不宁，干事不遂，灾殃及病讼大畏。戌酉申，退连茹，退而后进，进而后退，欲行不行，欲止不止也，牵连疑二之象。戌加亥，凡事阻隔。占者遇之此课，求官、见贵、交易、托人、谋望、干用，先难而后易，害里生恩。占婚姻间阻。占逃亡者自归。占远行，不利前而利后。

占出兵行师大忌，宜止息，若不得已而用之，未免先凶而后吉。为将者当知此，审其取舍，相机而行之，庶保其全也。慎之！慎之！

真一山人云：动中有滞好安心，难里生恩德泽深。常向善行终获吉，自然恶事不相侵。

《无惑钤》云：彼此悾惚，他轻我重。中末既生，舍此可用。

《钤解》曰：干支俱被上神所克，彼己悾惚无暇，但干被戌虎克重，支为卯克轻，是他轻而我重也，当舍此惊危，以投中末之生，乃可安也。又云：日阴克辰阴，辰阳克日阳，名杂乱课，主内外于心不足之象。又云：昼夜虎鬼临干。

壬辰日第三课

元首　冥阳　交车合脱

```
青 六 阴 常          六 蛇 常 空
子 寅 未 酉          子 寅 未 酉
寅 辰 酉 壬          寅 辰 酉 壬


子 庚 寅 六          子 庚 寅 蛇
兄 戊 子 青          兄 戊 子 六
官 丙 戌 白          官 丙 戌 青


朱 蛇 贵 后          贵 后 阴 玄
卯 辰 巳 午          卯 辰 巳 午
六寅      未阴    蛇寅      未常
勾丑      申玄    朱丑      申白
子 亥 戌 酉          子 亥 戌 酉
青 空 白 常          六 勾 青 空
```

《射覆掌诀》云：此课主所藏之物，乃是刀伤过时之物，必木类也，半可食用。盖秋八月射覆，得寅为用，已过时，而带死乘六合临旺，为堪食之物。又曰：从魁为金，上见太常，与日神相生，故为半堪食之物也。从魁主刀，在日上，功曹属木类，发用在辰上，故主刀伤木类之物也。

《玉历钤》云：此课用神，为日之合，为辰之鬼，一凶一吉，占求略遂，占家宅大凶，病克笃，讼消解。

《毕法》云：此课发用为辰之鬼，上乘腾蛇克辰，盖辰为宅也，而被冲克，主家道消乏，尊长不安，幼小匪宁，又为己吉。

上神生日，日上克辰上，日上神克用。

课名元首、间传。自是顺利，但传进又退，所占谋用，必主进退不决，欲动未能，凡事艰辛，久后顺利，欲速不达。

《义》曰：欲成未成，徒有其名。去子填午，三合利亨。先易后难，且莫忧烦。吉神用事，福禄弥漫。

《象》曰：子孝臣忠著令名，上门生助有锦程。美中尚有些须逆，渐觉将来福自亨。

此元首之卦。夫元首者，尊制卑，贵役贱之象。占事多顺，利于先举，事多起于男子。为臣忠，为子孝，正大光明而无邪僻之行，德业已著而乾乾进修，常怀危惧，惕励而无咎也。《经》云："四课之中一克下，卦名元首是初因。臣忠子孝皆从顺，忧喜因男非女人。上则为尊下卑小，斯为正理悉皆真。论官先起当为胜，后对之人理不伸。"上神生日，所谋百事吉，运用如意，遇灾不凶，逢吉愈吉。若当季神生日，主声名显达，岁命生日者，尤为吉昌。此乃有人上门生我、助我、成就我，非我干求于人也。占者遇之此课，乃退间传，凡事进而有隔，隔而有进，如物之有间隔阻滞之象。又为虚一待用，必得午年月日方可成就。上克下为顺，发用神将相和，占求官、见贵、交易、托人、投谒、婚姻，所吉求之事，虽见有成，然未得始终相济也。其他占忧疑、病疾、公讼，先易而后难。

占出兵行师者得此，利为客，利先举，昼占无威而不宁，夜占忧心众畏也。

似易实难。

真一山人云：水木相生乐有余，交车未合又何如。眼前生意无他事，只恐临时惹叹嘘。

《无惑钤》云：互生和顺，逆传拱定。不脱规模，委曲匪径。

《钤解》曰：酉与辰合，寅与亥合，交互和顺矣。间隔三传，干上酉及支辰，拱定此三传在内，是在吾范围中也，则规模不脱矣。戌鬼居末，遥为干鬼，尚赖宅上寅木发用以制之，事当委曲详处，不可径行直遂也。又云：丁日酉加丁，不越中。

壬辰日第四课

元首　玄胎　闭口

水日逢丁财动之

```
白 勾 贵 玄        青 朱 阴 白
戌 丑 巳 申        戌 丑 巳 申
丑 辰 申 壬        丑 辰 申 壬


财 癸 巳 贵        财 癸 巳 阴
子 庚 寅 六        子 庚 寅 蛇
兄 丁 亥 空        兄 丁 亥 勾


六 朱 蛇 贵        蛇 贵 后 阴
寅 卯 辰 巳        寅 卯 辰 巳
勾丑      午后      朱丑      午玄
青子      未阴      六子      未常
亥 戌 酉 申        亥 戌 酉 申
空 白 常 玄        勾 青 空 白
```

《龙首经》云：凡占属下，看日辰上阴神所传之神，若得吉将，旺相相生，与日辰不克，则属下忠敬，政教日新。若得凶将，旺相与日辰克，属下奸狡，欺蔽日炽。更看用神如何，其将有六合螣蛇，狡猾阴险，朱雀巧言诈伪，勾陈强梗，违悖天理，谲诈欺瞒，玄武阴谋鬼贼，白虎悖逆凶狠，凡遇一神即不善。此课传送临日上，阴得太乙，乘贵人虽吉，却是火神，与日上阳神申金相克；大吉临辰上，阴得河魁，乘白虎，为土神，克日干；又用神太乙与日干上下神相克。以此占人，阳为善状阴怀奸，不可倚托也。属下吏属，仿此推之。

《玉历钤》云：此课日辰上下相畏忌，又是对冲，主人情不足，不能为福。凡占一切，皆无所成。

《毕法》云：申为旬首，巳为旬尾，以巳加申旬首，闭口卦也，凡占皆有闭口之意。占病是咽喉之疾，或痰厥、禁口痢等症，不欲开口也。占贼盗，有人见，不肯言。占词讼，彼人枉不得伸，余为人嘱托，临时则不发一言，交谈不措片辞，皆闭口也。

上神生日，辰上生日上，用克上神，末克初。

课名元首、玄胎。初传巳申合，将又贵，中末又合，亥又为德禄，然巳乃天之绝、对为用，凡占先难后易，先阻后成，重谋后遂。

《义》曰：见用相刑，事失和气。两情皆戾，以伤仁义。曰惟君子，恒持德礼。忍此一难，渐觉美矣。

《象》曰：君臣父子贵相和，浸润之言必谀讹。报德自然天理见，伫看福禄似春波。

此元首之卦，一曰玄胎。夫元首者，尊制卑，贵役贱之象。占事多顺，利于男子，为臣忠，为子孝，正大光明而无邪僻之行，德业已著而乾乾进修，常怀危惧，惕励而无咎也。况玄胎如婴儿隐伏之状，利上不利下，事主远而多伏，暗昧不通，触则成祸，惟君子守正修德则亨。亦云"占遇玄胎，室孕婴孩"，不宜占老人小儿病，谓之再投胎也。用与日上相刑，占忧妻子不利。况刑者，强也，伤残也，上下不和，刚柔相变。又曰：刑者，罚也，发用逢之不利。此乃刑中合，长幼不顺，动而后成，先犯后合，彼刑我解，仇将恩报。所喜上神生日，所谋百事吉，运用如意，遇灾不凶，逢吉愈吉。若当季神生日，主声名显达，岁命生日尤为吉。此课凡占之事，自有人相助，不待我之求，但发用相刑，又未美也。占者遇之此课，见贵求官虽吉，又恐为彼之所蒙蔽也。至于交易、主客、托人之事，亦未必不无美中不足，要当守正，而勿妄动。正月、二月不宜远行。占讼不宜。占逃亡自归。病凶重，宜见救神方美。占宅不吉。不宜投人。

占出兵行师得此，昼占贵人，举兵开地千里，夜占太阴，中正而未宁。为客者，故宜先动，但畏夫为主后动者之蒙蔽也。又况刑冲，必有不宁之象，用兵者慎之。

秋吉。

真一山人云：事逢难处要心坚，且莫贪求听自然。有日雨晴云散尽，举头无处不青天。

《无惑钤》云：长生难处，昼玄夜虎。闭口之财，马丁动取。

《钤解》曰：申乃日之长生，昼玄夜虎，其耗费惊危，甚难处也。初乃闭口之财，中马末丁，必欲动而取此财也。《神应经》云：壬辰日，末传见亥是丁，因己身及兄弟之财动。又云：丑加辰，夜乘雀，主口舌文书之事，秋吉。旦丑勾陈，寅月占，主身灾斗讼之事。

壬辰日第五课

重审　励德　润下　狡童　元遁三奇

彼此猜忌害相随

玄	青	朱	阴		白	六	贵	常
申	子	卯	未		申	子	卯	未
子	辰	未	壬		子	辰	未	壬

兄	戊子	青		兄	戊子	六
父	甲申	玄		父	甲申	白
官	壬辰	蛇		官	壬辰	后

勾　六　朱　蛇　　　　朱　蛇　贵　后
丑　寅　卯　辰　　　　丑　寅　卯　辰
青子　　　巳贵　　　六子　　　巳阴
空亥　　　午后　　　勾亥　　　午玄
戊　酉　申　未　　　戊　酉　申　未
白　常　玄　阴　　　青　空　白　常

《玉历钤》云：此课支辰上见三合为用，凡合则气象和顺，人情喜悦，凡占一切，所求皆成。

《毕法》云：此课干上未、支上子，子未相害，凡占彼此猜忌，各有谋害之意。

上神克日，日上克辰上，上神克用，末克初。

课名润下。同类和合，况龙合为将，凡所占用，和谐相顺，秋冬旺相时，无往不利，余时虽不旺相，亦相合，不为灾。日上空亡克日，末传虽墓，防财物欺瞒，幸是同类相合，不为咎。

《义》曰：三合水局，众辅其日。昼得水神，喜事频集。若逢夜占，男女私欢。切莫问婚，门户生奸。

《象》曰：三合相逢好事成，龙蛇成类喜当生。刑冲不遇真为美，欲向江湖更有名。

此重审之卦，一曰狡童，亦曰润下。夫重审者，重而审之也。利为主，利后动，长有厄，事从内起，起于女人。以下犯上，贱犯贵，卑犯尊，事多不顺。阴小在下者，有悖逆之事。占臣未忠，子失孝，事不可遂意而行，必当审察，循乎义理，庶几以免后患也。夜占狡童，乃不正之象，阴私邪淫，占男女有阴私暗昧之理，占家宅宜谨慎闺门，以防阴小越礼，惟能以礼自防者可化之。且润下，主沟渠、水利、舟楫、渔网之类，动而不息之象，流而必清，滞则不洁，宜动不宜静。事主关众亲识之务，克应多是过月，牵连疑二。利占成合，不利占解散。此五行正气入十干杂糅之乡，异方三合乃生旺墓之神，事主丛杂不一，主关众人共谋，不然两三处干事，委曲托人与人相合之类。占者遇之此课，喜占水利、江湖、鱼盐。若求官、见贵、交易、投谒、访人、托事，彼此未得和谐，美中未美。干上未空亡，事多虚而少实，必须迟之可矣。凡事欲就不就，其中却见有喜，占成事迟，不利解散。

占出兵行师，昼夜占皆吉，有大胜之象，宜加防守，庶不中彼之计也。

耗泄冬吉。

真一山人云：鱼盐水利喜重重，遇此应知福自隆。凡事美容心倦怠，江河万派尽流东。

《无惑钤》云：干上未鬼，支墓来莅。病困讼刑，行人立至。

《钤解》曰：未鬼加干旬空，无足畏矣。支为墓神居末，则病困讼刑，所不能免，甚可畏也。墓若入传，行人立至也。又云：未乘太阴临亥，主小儿婚姻之事。春占鬼乘天后，占小儿病必死。

壬辰日第六课

知一　自取乱首　孤辰　不备

我求彼事干传支　胎财生气妻怀孕　权摄不正禄临支

```
后 空 勾 后          玄 勾 朱 玄
午 亥 丑 午          午 亥 丑 午
亥 辰 午 壬          亥 辰 午 壬


财    午 后 ◎       财    午 玄 ◎
官 己 丑 勾 ⊙       官 己 丑 朱 ⊙
父 甲 申 玄          父 甲 申 白


青 勾 六 朱          六 朱 蛇 贵
子 丑 寅 卯          子 丑 寅 卯
空 亥      辰 蛇     勾 亥      辰 后
白 戌      巳 贵     青 戌      巳 阴
酉 申 未 午          酉 申 未 午
常 玄 阴 后          空 白 常 玄
```

此课先生面前不言，退而言曰："此课名乱首，日后因到任中取财，为仆所持，妻为仆所有，不祥，性命在仆手而死。其父墓，玄武不垂顾，谓之拒尸，若速移此坟，可免性命，否则戊午年必见凶矣。"徐通判辛亥年赴任，三月四日交割，遂得权解州事。州内有一妇人，打死一婢，遂得二千贯，而从轻发落了。当有仆名童吉，暗知其情，常怀挟制。又新知州赵太守，因徐权州用度过多，甚恨之，遂与不合，便欲动申文，得华宪副和解。童吉常持其短，遂奸其妻，徐知觉不敢明责。乙卯年，再转任池州通判，不带此仆去，仆每生恨。戊午秋熟，仆伴人将谷故来池州，通判见之，喝去云："尔尚敢来此?!"次日开门持刃将通判刺杀。原其父坟坎山，玄武七十余丈，葬在六十丈，前面有十余丈，果不垂顾。亥加辰，乃自取乱首，天空仆犯主也。壬以午为财，丑为官，丑鬼加午财上，故在任受财。午到亥空，六阴终始，故仆奸其妻。壬日以午火为妻，天后乃淫乱之神，乘午火妻神加于干上，自主淫乱矣。天空，仆神也，亥即壬，即占人之身也，而仆神乘壬，代其主为乱首，而克其干上自乱之妻神午火，故其占如此。壬水以申为父，申加丑墓，是父坟也。玄武长生而不垂顾，号为拒尸。初传午，干上午，辰上亥，干上亥，皆自刑，故致仆伤，下犯上，故名乱首。①

《玉历钤》云：此课午中丁、亥中壬，丁壬相合（淫乱之合），本是吉课，却嫌日干往加辰上，被辰克之，是为自取乱首。又午加亥，上见天后，夜见玄武，二水夹克用神午字，乃吉反成凶，凡事不可用。

《毕法》云：此课空亡发用，将乘玄武，凡占必定失脱人畜，盗失财物。又云：午为胎神，若七月占，又是生气，虽主妻妾有娠，然午为空亡，后必损胎，不能生育也。

《杂占》云：此课初生中，中生末，末生日干，主有三四位递相推荐，然以初作空亡，虽有举荐之言，终无成就之实。

日克上神，辰上克日上，初克末，日克用。

课名知一、阴不备。日往加辰，为辰所克，名乱首。又是午为空亡，火绝在亥，宜结绝旧事，此卦宜散忧。若春占，图成则费力，却有贵人指引。

《义》曰：既闻其声，未见其形。占妻不利，传见财空。谋事未见，还见改更。难于动用，岂得称情？

《象》曰：且守蟠溪旧钓钩，养心守道莫贪求。老天自有公明鉴，待得来时百事优。

此知一之卦，一曰泆女，亦曰孤辰，一曰乱首。夫知一者，知一而不能知两，知者以为自知、自见，不知为寇仇，故言知一也。以此为用，舍远就近，舍疏就亲，恩中生害，事多起于同类，凡事狐疑，事贵和同乃吉。昼占为泆女，乃不正之象，阴私邪淫，占男女有阴私暗昧之理，占家宅宜谨慎闺门，以防阴小越礼，惟能以礼自防者可化之。日上见午，妻美财富，利于求财，但此财乃有影无形之财。况孤辰有茕茕孑立之象，占人别离桑梓，凡所占谋，多虚少实，功名难遂，事业虚花。占者遇之此课，求官、见贵、占婚、占财、投谒人、求谋、干用者若遇此课，乃十干不到之地，五行空脱之乡，能灭凶神，能散奇祸，能消大惊，能解仇怨。官位逢之，须当改任。占出兵行师，宜防损失，所闻言词，多是不实。占久病得之不利，忧凶重，暴病却有减退，虽凶亦不足畏。逃亡自归，目下有变，夜占难得。狱讼、惊恐、被围诸凶得此，自有奇特之解。凡吉凶之事，亦多起于虚声。

---

① 《壬占汇选》作：戊申年十一月壬辰日寅将未时，徐通判戊午生，生于二月初二日未时，五十一岁占赴任及前程。

占出兵行师得此，忧失众。来使之言及有所闻，皆不实。昼占无威而不宁，夜占失物以忧愁。虽利为主，利后举，但课体如有影无形，吉而不吉，凶而不凶，功不成，事不就。

忧消吉散。

真一山人云：使来传报且休听，话语无凭事未成。惊恐易消灾易散，十般之事九虚声。

《无惑钤》云：不尊失序，被下欺负。夜必亡财，怪临门户。

《钤解》曰：干临支被克，自取欺侮，不自尊重，宜被下人欺侮也。午财临日发用，夜乘玄武，亡财必矣。魁罡乘蛇虎临于卯酉，主门户有怪异之事。又云：丑加午得勾，主田宅争竞。三传递生，长生无气。又云：午加亥，乘空玄，主失财物。

壬辰日第七课

反吟　斩关　励德　玄胎

二贵受克难干贵　水日逢丁财动之

<pre>
后 青 空 贵   后 青 勾 阴
辰 戌 亥 巳   辰 戌 亥 巳
戌 辰 巳 壬   戌 辰 巳 壬

财 癸 巳 贵   财 癸 巳 阴
兄 丁 亥 空   兄 丁 亥 勾
财 癸 巳 贵   财 癸 巳 阴

空 白 常 玄   勾 六 朱 蛇
亥 子 丑 寅   亥 子 丑 寅
青 戌   卯 阴   青 戌   卯 贵
勾 酉   辰 后   空 酉   辰 后
申 未 午 巳   申 未 午 巳
六 朱 蛇 贵   白 常 玄 阴
</pre>

《玉历钤》云：此课反吟，却不极凶，缘日财为用，虽是对冲，意颇顺也。

大抵终为反复，事难成就。

《毕法》云：昼贵巳加亥，夜贵卯加酉，皆坐受克之方，凡占不可干贵用事，以贵人自受克制，而不能济人也。

日克上神，日上生辰上，日克用。

课名反吟。多利动。此卦戌加辰为斩关，利出外，但干落绝地，恐进退反复，然不甚凶，缘壬以亥为德，以巳为财，贵神太阴在初，有人援引，终吉，不免反复。

《义》曰：巳亥重叠，反复不决。事有两般，必见破缺。人情未和，着力宜多。勉强成之，复必波波。

《象》曰：谁家窈窕貌如花，欲媾婚姻未足夸。何是俗缘非配偶，相逢好事变咨嗟。

此无依之卦，一曰玄胎。夫无依者，即反吟也。《经》曰："无依是反吟，逃者远追寻。合者应分散，安巢别改林。守官须易位，结友也分襟。所为多反复，占病数般侵。"反吟刑冲，事主迟滞，远近系心，更相仇怨，且反复而呻吟，是无予夺而难息也。况玄胎如婴儿隐伏之状，利上不利下，事主远而多伏，暗昧不通，触则成祸，惟君子守正修德则亨。且反复无依，复而更往，欲动疑二不决，事从外起，夫妻离背，朋友失义，凡动无德，可以依之，惟当久动思静。占者遇之此课，百事反复，《经》曰："天倾西北日月随，地隐东南江海归。巳亥传来不用疑，重求轻得报君知。"若求官、见贵、托干、投谒、婚姻、占疾者不宜，多见阻抑。占求财者，因财致祸。占疾占讼，破财易散。夜占为帘幕贵人，宜甲第。发用逢绝，宜结绝情事。占产吉。不宜出行，防盗贼之惊。占宅不利。

占出兵行师得此，昼占虽云贵人举兵开地千里，亦见反复，未见全亨，夜占中正而不足。大抵此课，所占虽美而不足为美，惟守礼以义处之，庶几可矣。

用事不一。

真一山人云：拙守无贫且待时，些须勉强未相宜。人于动定恒存理，富贵荣华后有期。

《无惑钤》云：巳及丙丁，总是财星。两贵受克，斩关助行。

《钤解》曰：戌遁丙，亥遁丁，临日辰，皆日之财也。夜贵卯临酉，昼贵巳加亥，两贵受克，告贵必不喜。中传有丁动，斩关得助也。又云：夜占太阴内战，凶事甚。又云：天罡加戌，将乘天后，加于宅阴，主男女私通事。财神闭口。占疾大凶。占产大吉。

壬辰日第八课

重审　不备　龙战　不行传　上门乱首

占人本命属辰，是为天网自裹。

```
玄 勾 勾 后          蛇 空 空 后
寅 酉 酉 辰          寅 酉 酉 辰
酉 辰 辰 壬          酉 辰 辰 壬


子 庚 寅 玄          子 庚 寅 蛇
官    未 朱 ◎       官    未 常 ◎
兄 戊 子 白 ⊙       兄 戊 子 六 ⊙


青 空 白 常          青 勾 六 朱
戌 亥 子 丑          戌 亥 子 丑
勾 酉     寅 玄      空 酉     寅 蛇
六 申     卯 阴      白 申     卯 贵
未 午 巳 辰          未 午 巳 辰
朱 蛇 贵 后          常 玄 阴 后
```

《玉历钤》云：此课发用吉，却为辰加亥上，墓鬼覆日，反吉为凶，凡事不可用也。

《金匮经》曰：此课辰来加日，日被克制，虽名乱首卦，却与赘婿卦相同。以此占人，是为赘婿于家，被其凶狼悖逆挟制，反害家长，谚云"引得狼来家里卧"，此之谓也。

上神克日，用克日上，日上生辰上。

课名重审、阳不备。支来墓干，勾空虎蛇，皆有阴助，赖寅为木制土，又日禄加午，上见勾空，用神又与日合，虽害亦轻。

《义》曰：上门乱首，被人欺殴。善以处人，免见张丑。既脱且空，有影无形。可惜用力，谋事无功。

《象》曰：欲作寰区一散人，心同秋水不沾尘。杖藜到处堪行乐，满眼风光万古春。

此重审之卦，一曰龙战。夫重审者，重而审之也。利为主，利后动，长有厄，事从内起，起于女人。以下犯上，贱犯贵，卑犯尊，事多不顺。阴小在下者，有悖逆之事。占臣未忠，子失孝，事不可遂意而行，必当审察，循乎义理，庶几以免后患也。况龙战，主人心疑惑，进寸退尺，动有乖离之象。卯酉为天之私门，生杀有限，分杜有期，雷动龙奔，示其有战。夫上门乱首者，下犯上之象，不然，或在上者为在下者生忧。且干上乘墓神，如处云雾之中，昏蒙而无所见，幸寅木稍制。阳不备者，宅旺人衰，以其救神受制也。《经》云："墓神覆日愦难通，四十九日多昏蒙。占病气逆食不通，夜里昏昏昼里慵。"久病凶，暴病吉。天后临天罡，不宜占产，家有恶疾阴人。求官、见贵、占婚、占财、谋望、投谒、托人之事，皆不能成，以其中末二传无力，正如有花而无果，有始而无终之谓。占暴病、狱讼、忧惊之事，却能解散而无畏，如汤之沃雪耳。

占出兵行师，昼夜占皆不吉，昼防盗失，夜多惊畏。大抵此课，传归空乡，所求吉事难成，而凶不足忧也。

无可待执。

真一山人云：空脱相连见盗神，工夫何必苦劳心。矮檐莫道无生意，时到阳和处处春。

《无惑钤》云：上门欺凌，欲避不能。寅虽能制，畏金难兴。

《钤解》曰：支来克干，为上门乱首，况是日墓，其欺凌之恶，不能避也。寅木发用，若能制之，彼自己加于酉金，受克力弱矣，岂能兴乎？

壬辰日第九课

重审　曲直　寡宿　龙战　天网

水日逢丁财动之　脱上逢脱防虚诈　人宅受脱俱招盗

```
白 六 朱 阴          玄 青 勾 贵
子 申 未 卯          子 申 未 卯
申 辰 卯 壬          申 辰 卯 壬


官    未 朱 ◎       官    未 勾 ◎
兄 丁 亥 空 ⊙       兄 丁 亥 常 ⊙
子 辛 卯 阴          子 辛 卯 贵


勾 青 空 白          空 白 常 玄
酉 戌 亥 子          酉 戌 亥 子
六申       丑常      青申       丑阴
朱未       寅玄      勾未       寅后
午 巳 辰 卯          午 巳 辰 卯
蛇 贵 后 阴          六 朱 蛇 贵
```

《玉历钤》云：此课日辰上皆是三合，用又丁壬相会，上下和顺，人情喜美，一切所用皆成，出入更改有喜。

《毕法》云：此课干上卯木脱干，支上申金脱支，人与宅俱被脱耗，凡占人必被人盗窃诓骗，宅必被人作践损坏，故曰"人宅受脱俱招盗"。

日生上神，辰上克日上，日上克用，用克日，末克初。

课名重审、曲直。壬日卯为子孙，未为空亡，亥为德禄。凡所占事，先有虚声，必干众，委曲托人，重谋即遂而吉。盖木局三合，丁壬又合，有喜，出旬佳。

《义》曰：欲成好事，怕见脱空。家虚户大，财禄不丰。任君巧计，终未成功。忧疑患难，却喜相逢。

《象》曰：朽木难堪作栋梁，肯将余力漫劳张。争如舍此别图计，免使忧心志虑长。

此重审之卦，一曰曲直，一曰天网，又曰龙战，又曰寡宿。夫重审者，重而审之也。利为主，利后动，长有厄，事从内起，起于女人。以下犯上，贱犯贵，卑犯尊，事多不顺。阴小在下者，有悖逆之事。占臣未忠，子失孝，事不可遂意而行，必当审察，循乎义理，庶几以免后患也。传见曲直，曲直者，先曲而后直，象木之谓，当作成器。此乃五行正气入十干杂糅之乡，异方三合是生旺墓之神，事主丛杂不一，主关众人共谋，不然两三处干事，委曲托人与人相合之类。夫天网者，即天网四张也，《经》曰"天网四张，万物被伤"，为阻滞，为疑难，为灾恼。况龙战，主人心疑惑，进寸退尺，动有乖离之象。且寡宿孤辰，值此尤妨骨肉。若占身得此，主见孤独，别离乡井，自立门户，财物虚耗，僧道宜之，俗不宜也。日生上神，虚费百出，谋望不遂，盗失损财，人口衰残，又为子孙脱漏之事。占者遇之此课，凡占求官见贵，欲成不成。其他婚姻、交易、托人、投谒之事，卒难成就。惟利暴病，久病遇之不吉。此课乃有影无形，凡所传闻不实，最能散凶解忧。

占出兵行师得此，忧乎失众，吉不吉而凶不凶也。

有损无益。

真一山人云：虚名何足枉劳心，才见峥嵘又陆沉。识得人情难称遂，好寻幽静话知音。

《无惑钤》云：夜将皆土，化木救护。常人宜占，君子深畏。

《钤解》曰：夜将皆土，来克壬水，赖日上及末传卯，又三传皆木救之。常人值此，得免官讼，满盘皆子孙，见则克官，君子居官被黜，所以深畏也。《毕法》云：众鬼虽彰全不畏，有此为例。占讼先曲后直，好事难成，忧事易散。

壬辰日第十课

蒿矢　天网　稼穑　三、六、九、十二月占为游子

众鬼虽彰全不畏　夫妇芜淫各有私

```
青 朱 贵 玄          白 勾 朱 后
戌 未 巳 寅          戌 未 巳 寅
未 辰 寅 壬          未 辰 寅 壬


官 丙 戌 青 ⊙       官 丙 戌 白 ⊙
官 己 丑 常          官 己 丑 阴
官 壬 辰 后          官 壬 辰 蛇


六 勾 青 空          青 空 白 常
申 酉 戌 亥          申 酉 戌 亥
朱未        子白     勾未        子玄
蛇午        丑常     六午        丑阴
巳 辰 卯 寅          巳 辰 卯 寅
贵 后 阴 玄          朱 蛇 贵 后
```

《玉历钤》云：此课蒿矢，日干上下虽合，三传皆日之鬼。邵南云：戌未无义，动静不利，凡占皆不成，蒿矢无力也。

《毕法》云：此课戌加未为初传，丑加戌为中传，辰加丑为末传，三传戌丑辰，皆是日鬼，诚可畏也。幸得干上先有寅木，可以敌其三传之土，致鬼贼不能为害，兼是蒿矢择比为用，又坐空乡，鬼力至轻也。凡占未免先值惊危，下稍无畏，但有人谋害，终不能为祸也。如用夜贵，初传戌鬼乘白虎，尚可惧焉；如用昼贵，全无畏矣。且论寅木，诚为救神，切不可以脱气言之。又云：昼占贵人临寅，则鬼门杜塞，众鬼无门可出，不能为凶矣。

日生上神，日上克辰上，上神克用，用克日。

课名无力蒿矢。日干虽是难为，况三传皆鬼，又落空亡，用旦贵虽吉不成，暮贵凶亦不畏，凡百指射图谋，大概忧喜不能成事。日上寅来作合，亦终有合，特无全功。

《义》曰：干事无心，不然退懒。渐见变更，欲而未敢。空亡抵宅，户大家

虚。出多入少，频频嗟咨。

《象》曰：有心无心同作党，两三作五欲相欺。任他用尽千般计，到底无成各有时。

此蒿矢之卦，一曰稼穑，亦曰天网。《经》云："神遥克日名蒿矢，射我虽端当不畏。贵人逆转子无良，天乙顺行臣不义。家有宾来不可容，亦忧口舌西南至。"然事主动摇，人情倒置，象如以蒿为矢，射虽中而不入。祸福俱轻，求事难成，利主不利客。占行人来，访人见。日生上神，虚费百出，谋望不遂，盗失损财，人口衰残，休囚尤重，又为子孙脱漏之事。况稼穑乃重土，有艰难之象，常占得此，名曰鲸鲵归涧，凡事逼迫不由己，出若遇雷神，方能变化。《要》曰：稼穑者，五坟也，不宜占病。传见天网者，天网四张也，《经》曰"天网四张，万物被伤"，为阻滞，为疑难，为灾恼。虽见阻滞而终不为害，虽见灾恼而终不为凶。凡占家宅虚耗，占宅不宜。占者遇之此课，求官见贵者，难成而易失。交易、投谒、托人、干用，彼此间有不实者。婚姻不宜。占产吉而虚惊。求财不宜，得不偿费。占新疾不妨，久疾重。忧疑、患难、狱讼有解。

占出兵行师，昼占虽云大胜，未能保全，夜占虽凶，幸亦可解。敌使之来，所言不足取信，然为主者，亦有怀不实而应之之象。大抵此课，凡百所占，皆吉不吉而凶不凶也。

凶中隐吉。

真一山人云：连年事业自奔忙，东望西图未足强。凶吉从今浑解散，虚声徒使气昂昂。

《无惑钤》云：互相吞并，夜宿虎胜。身幸乘寅，众鬼钦敬。

《钤解》曰：干上神克支，支上神克干，互相吞并也。夜占戌虎，克干最恶，幸赖日上寅木，可以敌土，遂致众鬼皆畏而钦敬也，《毕法》有"众鬼虽彰全不畏"之说。戌乃蒿矢，又坐虚乡，鬼力至轻，凡占未免先值惊危，下稍无畏，言必有人谋害，终不能为过，若用昼贵，无全力也。又云：助刑伐德。又云：贵人塞鬼户，杜鬼万物宽。若寅不在四课，占人行年本命在寅，亦以此论。寅巳为年命，谋事有成，凶事易散。

壬辰日第十一课

重审　涉三渊　励德　六仪

彼此猜忌害相随　罡塞鬼户任谋为

```
六 蛇 阴 常          青 六 贵 阴
申 午 卯 丑          申 午 卯 丑
午 辰 丑 壬          午 辰 丑 壬


父 甲申 六 ⊙        父 甲申 青 ⊙
官 丙戌 青          官 丙戌 白
兄 戊子 白          兄 戊子 玄


朱 六 勾 青          勾 青 空 白
未 申 酉 戌          未 申 酉 戌
蛇午      亥空      六午      亥常
贵巳      子白      朱巳      子玄
辰 卯 寅 丑          辰 卯 寅 丑
后 阴 玄 常          蛇 贵 后 阴
```

《玉历钤》云：此课三传平淡，虽不凶，亦不大吉，凡占小事成就，大事阻隔，出入更改颇吉。

《毕法》云：此课干上丑与支上午六害，凡百所占，各相猜忌，欲为谋害，又对门人家眷兽来冲，宅人不安，人常生病也。

日上神克日，辰上生日上。

课名重审、涉三渊。凡事迟滞，用神乘空，忧喜不成，合处必散，如有图谋，虽吉亦迟而阻。此卦是好中不好，末却有后效。

《义》曰：彼来欺负，六害相妒。幸彼作空，骞颏门户。传涉三渊，欲前未前。事有更变，能消祸愆。

《象》曰：车书四海见文明，欲异魁元显姓名。身入棘闱神未爽，今年且莫问前程。

此重审之卦，一曰涉三渊，一曰励德，一曰六仪者。重审者，重而审之也。利为主，利后动，长有厄，事从内起，起于女人。以下犯上，贱犯贵，卑犯尊，事多不顺。阴小在下者，有悖逆之事。占臣未忠，占子失孝，事不可遂意而行，必当审察，循乎义理，庶几以免后患也。传见申戌子，乃进间传也，占事进中有间隔之象。一名涉三渊，凡占历涉艰辛，然后方始成，孰若此者，又未知何如耳。干支六害，彼此主客猜忌而害随之。此课各有相谋相害之意，惟宜循乎义理，以谨防彼之不仁，我倒施之以恩惠，庶几化祸患而为祯祥也。且干上乘鬼，常占为人所欺负，口舌不宁，凡事多不遂，只利先讼，要有气，病有鬼祟。况用神生我、助我，虽落空无力，虽见主客不和，又幸有解。占者遇之此课，求官不成，终似有可成之象。见贵不顺。占宅不宁。婚姻不宜，夫妇反目。占投谒、谋望、干用、托人、远行，皆不如意，或成而不成，或合而不合。占病者，昼占无妨，夜占可惧。凡凶事惊忧有解，终未见难，夜占忌。若占成事者不顺，亦难成就。逃亡难获。

占出兵行师，恐有亡失，宜谨之。昼占少有吉，夜占尤宜防守，亦不见是益乎用兵也。

半明半暗。

真一山人云：六害天恐两并看，几番成事又阑珊。知机且向蓬窗坐，百虑千谋总不干。

《无惑钤》云：发用长生，丑午成憎。勿依末旺，戌虎狰狞。

《钤解》曰：申乃壬水之长生为用，干上丑来墓之，支上午来克之，共为冤憎也。末传子固旺水，可以制午、合丑，亦勿恃也。戌夜乘虎，其性狰狞，子水焉解当哉？凡占好事被人坏也。

壬辰日第十二课

元首　进连茹　天网　解离

```
蛇 贵 常 白          六 朱 阴 玄
午 巳 丑 子          午 巳 丑 子
巳 辰 子 壬          巳 辰 子 壬


官 己 丑 常          官 己 丑 阴
子 庚 寅 玄          子 庚 寅 后
子 辛 卯 阴          子 辛 卯 贵


蛇 朱 六 勾          六 勾 青 空
午 未 申 酉          午 未 申 酉
贵巳      戌青      朱巳      戌白
后辰      亥空      蛇辰      亥常
  卯 寅 丑 子          卯 寅 丑 子
  阴 玄 常 白          贵 后 阴 玄
```

《玉历钤》云：此课丑子逆合，壬得火为财，寅卯生助，财神有气，求财有利，余则无成。

《毕法》云：此课日阴神丑加子为用，上乘太常，谓之牛女相合，宜占婚，丑中有牛宿，子中有女宿。

《七十二占》云：干克支上神，支克干上神，解离卦也，凡占有别离，若夫妇行年犯之，占夫妇定主别离断弦。

日上克辰上，用克日，末克初。

课名重审、连珠。凡事俱顺，而寅与日干亥相合，日上子与初传丑相合，末卯与日干亥又三合，谋望虽干众，牵连和缓，终亦有庆，春夏尤吉。

《义》曰：传丑寅卯，中末脱耗。占病重凶，阴功再造。根蒂相连，牵缠未断。进退两心，于斯可见。

《象》曰：正大光明自不同，求官未见喜重重。纵交好事将成就，又恐于中脱耗逢。

此元首之卦，一曰天网。夫元首者，尊制卑，贵役贱之象。占事多顺，利于先举，事多起于男子。为臣忠，为子孝，正大光明而无邪僻之行，德业已著而乾乾进修，常怀危惧，惕励而无咎也。且天网者，即天网四张也，《经》曰"天网四张，万物被伤"，为阻滞，为疑难，为灾恼。传见丑寅卯，为进连茹，事主欲行不行，欲止不止，节外生枝，进而后退，退而后进，急而顺溜，有进退之象。丑为墓田，又见棺椁煞，占病大凶，宜置墓田、造棺椁以冲化，庶几可禳，否则凶矣，惟大阴鸷，死而复甦。子丑相加，事多有成，但不宜辰破其丑，丑又破碎，须顺乎义理可也。此夹定虚一格，有脱耗之理，用破则求事难成。占者遇之此课，求官见贵者，先见有成，后自克散。占婚姻不宜成，致终身失友。占求财不足。失脱逃盗难获。公讼有解。占宅吉，惟正月、十二月占不宜。若投谒人者，我去克他，终不见喜。托人干用，事多不的。占产，忧产母惊危。

占出兵行师，敌有使来，多见不实，所言多妄，须详审防范。利先举，利为客。昼占稍吉，知军旅之安荣，夜占多在中途而止，亦未宁也。大抵此课，先忧而后喜，利常人，不利贵人也。

得失相仍。

真一山人云：事到将成莫怨难，要当守旧自至安。坐谋亦有非常福，改变迁求便致烦。

《无惑钤》云：昼旺乘虎，遁戊为侮。赖卯木救，卯自受苦。

《钤解》曰：子乃旺水临干，与日比也，奈遁戊，反克干。若恃卯木之旺，可以制戊，彼卯先受支神相害，卯上又被乘将太阴酉金之克，自己之凶不能去，何暇救人乎？又云：巳为干之财神，闭口占病大凶。

癸巳日

癸巳日第一课

伏吟　稼穑　不结果　三、九月占为游子

```
贵 贵 勾 勾          朱 朱 阴 阴
巳 巳 丑 丑          巳 巳 丑 丑
巳 巳 丑 癸          巳 巳 丑 癸


官 己 丑 勾          官 己 丑 阴
官 丙 戌 白          官 丙 戌 白
官   未 阴 ◎⊙        官   未 勾 ◎⊙


贵 后 阴 玄          朱 六 勾 青
巳 午 未 申          巳 午 未 申
蛇辰     酉常        蛇辰     酉空
朱卯     戌白        贵卯     戌白
寅 丑 子 亥          寅 丑 子 亥
六 勾 青 空          后 阴 玄 常
```

《玉历钤》云：此课全鬼克日，上下皆无和气，凡占凶否。

《毕法》云：伏吟皆伏匿不动之象，亥为丁马，若人年命逢亥，由静而动，其动尤速。

上神克日，辰上生日上，用克日。

课名伏吟、稼穑。三传皆土，克癸日干，天将又是勾阴虎，必有阴诈，但诸神各归方所，伏而不动，传归空亡，逢灾不成，宜进先见退，滞后和平。

《义》曰：不灾烦恼，事见阻忧。勾白性凶，末空结好。病讼不宜，难中变生。死而更生，消什惊畏。

《象》曰：五鬼相朋起祸殃，卜人德此正难当。谦卑逊顺兢兢守，他日还知获吉祥。

此自信之卦，一曰稼穑，亦曰天网。夫自信者，天他伏吟，十二神各归本家，天地如一，四伏未发之象。占事静则宜，动则滞，主事藏匿不动，静中求劳，有屈而不伸之象。况稼穑乃重土，有艰难之象，常占得此，名曰鲸鲵归涧，凡事逼迫不由己，出若遇雷神，方能变化。《要》曰：稼穑者，五坟也，不宜占病。夫天网者，即天网四张也，《经》曰"天网四张，万物被伤"，为迟滞，为疑难，为灾恼。传见丑戌未，三传皆鬼，作事难成，更主凡事有屈而不伸之象。占者遇之此课，当修阴骘，以保始终，守贞吉，更宜宽容逊顺，以免不虞。求官见贵，阻滞不顺。访人多不见。逃者不出邑里。盗者不出其家。婚姻不利。病疾惊危，亦多倦言，或不进饮食。占孕惊恐，先凶后吉。占远行回轮，近行将至。论讼凶中有吉，和好为上。占宅人财兴盛。不宜求财，恐因财致祸。

占出兵行师，昼占战士损伤，初中凶，末后方吉，夜占初中亦不利。大抵无益于用兵，非吉之兆，可别为处置，或别为选择，若不得已而用之，宜量敌而进，预为计，处以防之。凡占皆先凶而后吉，成事者难，忧疑患难之事，到底有解也。

难中生易。

真一山人云：到处谋求未顺情，好将心事放和平。青山绿水堪图画，大敞襟怀自在行。

《无惑钤》云：五鬼相攻，闭口免凶。昼夜戌虎，病讼重逢。

《钤解》曰：课传上布五土，并攻癸水，何可当也？支上巳为闭口，谨言可以免凶也。但河魁作鬼，又乘两虎，所以有此重重病讼也。又云：闭口财，宅上发现。

癸巳日第二课

元首　连茹

两蛇夹墓凶难免　旺禄临身休妄动　夫妇芜淫各有私

```
朱 蛇 空 青          贵 蛇 常 玄
卯 辰 亥 子          卯 辰 亥 子
辰 巳 子 癸          辰 巳 子 癸


子 辛 卯 朱          子 辛 卯 贵
子 庚 寅 六          子 庚 寅 后
官 己 丑 勾          官 己 丑 阴


蛇 贵 后 阴          蛇 朱 六 勾
辰 巳 午 未          辰 巳 午 未
朱 卯     申 玄      贵 卯     申 青
六 寅     酉 常      后 寅     酉 空
丑 子 亥 戌          丑 子 亥 戌
勾 青 空 白          阴 玄 常 白
```

《玉历钤》云：此课卯加辰，六害为用，三传皆退，初传克末，凡事无成，求财略得。

《毕法》云：子为干之禄神，又作旺神临于上，凡占宜守旧食禄，身位亨泰，不可别谋进用，以登奔竞之途，必致禄位两失。《易》曰："食旧随从，上吉也。"嗟夫！既为一定之分，又为不测之机，设使天下之人朝夕奔趋，老死而不觉，不如是则人生天地间全然无事，而造化之术亦穷矣。至奔趋而得与不得，盖千万世人终以一二者之故，至于劳心费力死而无成者多矣。不知他人奔而得，亦定分，所以若定分，有不奔而终必得。苟有高见远识者，任其自去自来，奔趋未尝萌意，定不高哉？朝扣秦关，暮游燕壁，上书公车，曳居王门，此风于是手熄矣。

辰上克日，初克末。

课名元首、退茹。凡占事，干众动用，不能为凶，谋事进退，顺中有逆。所喜日上子与丑合，宅上辰来克日上子，利动不利静，若出外，求谋干众，春占可以有成，末丑与子又合也。干墓加支不静。

《义》曰：旺禄临身，不宜动改。人少宅宽，天理作碍。欲行不行，欲止不止。耗脱相连，连茹牵制。

《象》曰：户大家虚未足奇，人生值此又何如？动谋循顺方为福，妄作些理悔莫辞。

此元首之卦。夫元首者，尊制卑，贵役贱之象。占事多顺，利于先举，事多起于男子。为臣忠，为子孝，正大光明而无邪僻之行，德业已著而乾乾进修，常怀危惧，惕励而无咎也。课得退连茹，退中有进，凡事迟滞，欲行不行，欲止不止，节外生枝，牵连疑二之象。夫旺禄临身徒妄作，宜守正以待时，不可噪为妄动，自取不如意也。发用脱干生支，人多不振，谋干难成，却利于宅而不利于人也。占者遇之此课，求官者得之，宜加谨慎，行必以礼，动必以义，居易俟命，守己待时，庶几保亨利。见贵不利，防为彼之蒙蔽。婚姻别议方吉。求财宜无中生有之财，或无末之财庶几。占病先轻后重大，不伤须要阴骘。占失脱难寻。占诉讼，见有文书临门户，先讼之人虽凶，亦见和解。占投谒者不宜。占产不惟生迟，亦见不易。占宅惊恐不利，有伏尸故器。占行人回。出行者，退中有进。占逃亡者欲归，有恐惧之意。占男女门户家宅，有私情，宜慎之。占夫妇失和。

占出兵行师得此，昼占朱雀，多言词唇舌，夜占开地千里，大胜之兆。利为客，利先举。大抵此课，传见连茹，事见一事退一事来，乃迟迟之象，亦能散忧释难也。

春虽吉，亦见耗。

真一山人云：自古谦谦益有光，小心缜密任行藏。时逢蹇滞心还乐，量大由来福自长。

《无惑钤》云：递互克贼，禄被玄食。难进难退，课名迫逼。

《钤解》曰：干上子克支，支上辰克干，凡事离散，子孙也。夜占禄却被玄食，不可守也。进而逢初中脱气，又进遇鬼克，退而守干上虚枵之禄，难以聊生，课名逼迫，不亦宜乎？《毕法》云：前后逼迫难进退。子为旺禄临身。

癸巳日第三课

重审　极阴　间传　天网　龙战
六阴相继尽昏迷　水日逢丁财动之

勾	朱	常	空		朱	贵	空	勾
丑	卯	酉	亥		丑	卯	酉	亥
卯	巳	亥	癸		卯	巳	亥	癸

官	己丑	勾		官	己丑	朱
兄	丁亥	空		兄	丁亥	勾
父	乙酉	常		父	乙酉	空

```
朱 蛇 贵 后          贵 后 阴 玄
卯 辰 巳 午          卯 辰 巳 午
六寅      未阴      蛇寅      未常
勾丑      申玄      朱丑      申白
 子 亥 戌 酉          子 亥 戌 酉
 青 空 白 常          六 勾 青 空
```

《苗公鬼撮脚》占云：凡求婚，日为男家，辰为女家。日克辰，女家不肯。纵至四课有合，三传日辰在冲者，必定难允。此课干上见亥，支上见卯三合，水木相生，两家有意之象。辰阴见丑，为女家之用神，亦主成合，是女家从亲之象。支阴发用，故言女家，初传支阴，中末遇日上，当成也。

《玉历钤》云：丑为日干寄课，与日干相亲而反克之，是不义也，凡事不可用。

《毕法》云：亥为丁神，又为巳日驿马，加临日上，为本身及弟兄，其应速。又云：初传为末墓，末为初所生，初助末，末生日干，得益旁人助之。

日上生辰上，用克日，用克日上。

课名重审。丑加卯为抬土，不脱窒碍，只是初传凶，中亥吉，末酉皆平，此初难后易之课，但占望不能如意，却无凶。

《义》曰：君子尚随，动往无忒。忠孝是行，勿差勿忒。当门抬土，所行见阻。何事勾留，间隔相侮。

《象》曰：远行向事便蹉跎，两意相参未肯迫。历此崎岖无阻滞，渐看福禄涌春波。

此重审之卦，一曰天网，亦曰龙战。夫重审者，重而审之也。利为主，利后动，长有厄，事从内起，起于女人。以下犯上，贱犯贵，卑犯尊，事多不顺。阴小在下者，有悖逆之事。占臣未忠，子失孝，事不可遂意而行，必当审察，循乎义理，庶几以免后患也。夫天网者，即天网四张也，《经》曰"天网四张，万物被伤"，为阻滞，为疑难，为灾恼。况龙战，主人心疑惑，进寸退尺，动有乖离之象。卯酉为天之私门，生杀有限，分杜有期，雷动龙奔，示其有战。丑亥酉为退间传，进有间隔之象。又为极阴之课，百事迟滞，病凶须得有阴德方可禳之。此又抬土当门，作事未顺，不利出行，幸传末见酉金，庶几稍通，此又难中生易。占者遇之此课，凡占百事，勾留迟疑，屈而不伸之象，但占人，心中常欲思动。占求官得此，宜待时而后行。占见贵虽和，亦有持物馈送之意。若占财，乃兄弟等辈、己身之财动。占官讼、病患，但用财则官事散，病患退。占婚姻和合，美中有未足者。失脱宜寻。远行投谒人者，反费自己之财，所得不足所偿也。逃亡自归，但迟迟见之。

占出兵行师，昼占战士损伤，夜占多言词唇舌，先不足而后顺利也。

利暗。

真一山人云：事不舒情强放欢，逢人莫说世途难。古今未必难行事，到底还知景好看。

《无惑钤》云：初鬼末败，丁马中在。千里之程，获财十倍。

《钤解》曰：丑鬼酉败，初末无益，丁亥为暗财，乘马远求大获也。身旺宅广，居之安益也夫！

癸巳日第四课

元首　斩关　稼穑　魄化　闭口　三、九月为游子卦

众鬼虽彰全不畏　虎临干鬼凶速速

```
空 六 阴 白          勾 蛇 常 青
亥 寅 未 戌          亥 寅 未 戌
寅 巳 戌 癸          寅 巳 戌 癸


官 丙戌 白          官 丙戌 青
官  未 阴 ◎         官  未 常 ◎
官 壬辰 蛇 ⊙        官 壬辰 后 ⊙


  六 朱 蛇 贵            蛇 贵 后 阴
  寅 卯 辰 巳            寅 卯 辰 巳
勾丑      午后       朱丑      午玄
青子      未阴       六子      未常
  亥 戌 酉 申            亥 戌 酉 申
  空 白 常 玄            勾 青 空 白
```

《玉历钤》云：戌与干丑，相刑不协，亲疏相劫，双关临癸，闭口无说，凡占无成。

《观月歌》云："死囚为白虎，来临日用头。魄化魂消散，病患命难留。细看年月日，凶神祸灾由。"此课戌为发用，上克下，白虎乘死气来克日干癸水，末传又见天罡，为癸之丘墓，螣蛇临之，虎加丑地，若行年至丑，不能过矣，故名魄化卦。

《毕法》云：干上戌脱支之巳火，支上寅脱干之癸水，递互相脱，凡占是我欲设谋欲瞒人，却人早已画计将欺我，各怀脱赚之意，占病上吐下泻，占财东来西去，占身宅俱招衰耗矣。又鬼虎临干，其凶正速。

上神克日，辰上克日上，用克日。

课名元首、斩关。三传克日，又是魁罡加日，岂能无凶？幸传归空亡，虽凶无畏，亦有初传青龙为用，以解宅上之寅，亦可为救，此始凶终吉。

《义》曰：人鬼相谋，小乐多忧。忧中望喜，怨化歌讴。始如处女，终女脱

苦。事事变更，道途岐路。

《象》曰：忧中望喜意如何？无限愁怀渐灭磨。欲冀事成徒着力，扁舟渔笛一江蓑。

此元首之卦，一曰天网，亦曰斩关，一曰魄化。夫元首者，尊制卑，贵役贱之象。占事多顺，利于无举，事多起于男子。为臣忠，为子孝，正大光明而无邪僻之行，德业已著而乾乾进修，常怀危惧，惕励而无咎也。夫天网者，即天网四张也，《经》曰"天网四张，万物被伤"，为阻滞，为疑难，为灾恼。况斩关非安居之象，占者多不自由，事多暗昧不合，口舌离散，欲隐身避难者，却利乎奔逃也。又主人心暗中不顺，多见更改，坟墓破败，占婚姻亦强成，难为久远。凡事历遍艰辛，方可成也。且稼穑乃重土，有艰难之象，常占得此，名鲸鲵归涧，凡事逼迫不由己，出若遇雷神，方能变化。《要》曰：稼穑者，五坟也，不宜占病。日上天魁，被人相欺，夜被鬼神殃，如人居云雾之中，昏蒙而无所见。占者遇之此课，求官、见贵、交易、婚姻、求财、投谒、远行、宅舍、谋望、出行，所占百事，先阻后更，所谋不成。占惊忧、患难、公讼、产难，不足中却有解散，号曰先凶后吉，惟求成事者，又不能也。

占出兵行师，大不宜，不利，别有败绩之兆，须避其锋利，后相机而行，则可凶不正凶，吉不成吉也。

云开见月。

真一山人云：浮云渐退月华明，莫讶人心不世情。命有穷通宽自待，伫看晚景愈峥嵘。

《无惑钤》云：干上三传，凶祸难言。宅中寅木，可散仇冤。

《钤解》曰：戌虎临日作鬼，又三传皆土，病讼之凶，不可言也，幸而宅上寅木可以敌鬼，不为凶咎，必得宅中人解救也。《毕法》云："众鬼全彰"内有此例。又云：虎临干鬼凶速速。

癸巳日第五课

元首　从革　励德　不备

合中犯煞蜜中砒　我求彼事干传支　三传递生人举荐　众鬼虽彰全不畏

```
常 勾 贵 常          空 朱 阴 空
酉 丑 巳 酉          酉 丑 巳 酉
丑 巳 酉 癸          丑 巳 酉 癸


财 癸 巳 贵          财 癸 巳 阴
官 己 丑 勾          官 己 丑 朱
父 乙 酉 常          父 乙 酉 空


勾 六 朱 蛇          朱 蛇 贵 后
丑 寅 卯 辰          丑 寅 卯 辰
青子      巳贵       六子      巳阴
空亥      午后       勾亥      午玄
戌 酉 申 未          戌 酉 申 未
白 常 玄 阴          青 空 白 常
```

《玉历钤》云：此课日德为用，又是三合全生，主象和顺，人情喜悦，凡占吉利。

《集灵经》云：三传不离四课，四课不离三传，名循环格，凡占缠绕不得脱散，占吉成吉，占凶成凶，忌占讼及病，宜守旧，不可妄谋轻动，又支课不备，主宅不完全。

《毕法》云：此课昼将皆土，人谓之克日，殊不知土将生三传，金局生日，乃忧变为喜，凶化为吉，可以安荣之象也，故《毕法》云"众鬼虽彰全不畏"。

《心照》云：此课初传巳火生丑土，丑土生酉金，酉金生日干癸水，递生至日而止，居官者必有僚友推荐，当道旌擢，无位者必有贵人眷顾，富豪周给，尤利艺术之人，多获照盼。

《龙首经》云：此课干上乘酉，乃干之败神，亦支之破碎，总名破败。以类推之，酉为婢妾，又为酒色，为破败者，必是贪酒好色而宠婢妾也。

上神生日，三传生日，日克用，辰上生日上。

课名元首、阴不备、从革。日往加辰，彼己相交涉，凡所谋望，先从后革，三四五度，然后可成。已为干绝为用，谓绝而复生，癸日已为德，三传金生日干之水，宜进用，秋占吉利。

《义》曰：传来相生，百事可成。众人助力，为我荣名。惟是求官，未许全权。徒然得就，财禄俱难。

《象》曰：金风才动便称奇，惟望如心好事期。对面人情犹未识，也防蜜里暗中砒。

此元首之卦，一曰从革，亦曰励德，一曰不备。夫元首者，尊制卑，贵役贱之象。占事多顺，利于先举，事多起于男子。为臣忠，为子孝，正大光明而无邪僻之行，德业已著而乾乾进修，常怀危惧，惕励而无咎也。传见从革，先从而后革也，凡事阻隔，有气则革而进益，无气则隔而退失矣。一曰兵革，亦曰金铁。大抵五行正气入十干杂糅之乡，异方三合乃生旺墓之神，事主丛杂不一，主关众人共谋，不然两三处干事，委曲托人与人相合之类。又如推磨之象，转去转来非一遍也。况励德，主阴小有灾，名关格神，常人身宅不安，宜谢土神，贵吏则主升迁，小吏反主不吉，然当分前后而别其消长可也。三传生日，百事吉昌，运用如意，遇凶不凶，逢吉愈吉。日是人相助，夜是神相扶，若当季神生日，主声名显达，岁命生者，尤为吉昌。占者遇之此课，求贵吉，见贵顺。婚姻虽成，却不利。占宅动摇不备。占讼得理。交易、投谒、干用、托人，凡百干谋无成就者，乃三合之谓，占事在内不在外。占行人回。失物逃亡得。占家宅，两姓同居，事多更改。此回还课，占成事就，脱散难。占产迟，生子却贤孝。占病重，忌占阴人，凶。

占出兵行师，昼占开地千里，夜占中止不宁，大抵此课有益于兵家也，但看四时之神何如耳。占谋百事，防临成时，忌蜜中砒、笑里刀之人而败事也。谨之！谨之！

真一山人云：久积阴功福自来，占人得此便开怀。吉神当道谋为遂，任尔相求百事谐。

《无惑钤》云：人就财乡，传课循环。昼将皆土，忧变欢颜。

《钤解》曰：酉虽生，却为败气，遂就初传财乡以求益也。昼将皆土，若可畏也，反生三传金，金以育身，忧变欢颜矣。《毕法》云："众鬼虽彰"内有此例。又云：总名破败神，必因婢妾酒色败家。

癸巳日第六课

重审　斫轮　交车合

权摄不正禄临支　交车相合交关利　课传俱贵转无依

```
阴 青 朱 玄          常 六 贵 白
未 子 卯 申          未 子 卯 申
子 巳 申 癸          子 巳 申 癸


子 辛 卯 朱          子 辛 卯 贵
官 丙 戌 白          官 丙 戌 青
财 癸 巳 贵          财 癸 巳 阴


青 勾 六 朱          六 朱 蛇 贵
子 丑 寅 卯          子 丑 寅 卯
空亥      辰蛇      勾亥      辰后
白戌      巳贵      青戌      巳阴
酉 申 未 午          酉 申 未 午
常 玄 阴 后          空 白 常 玄
```

《玉历钤》云：卯为雷，申为坤，卯加坤上，所谓"一声雷出地，万物尽敷荣"是也。三传皆合，气象和顺，凡占皆成。

《毕法》云：此课干上申乘白虎，虎，凶神也，今却生干，恐化为喜；中传戌乘青龙，龙，吉神也，今却克干，喜变为恐也。恐喜交集，惟有德者可浑化矣，不然大易何以有避凶趋吉之说？

《翠羽》占云：此课巳为昼贵，卯为夜贵，戌上有昼贵，遍地贵人，别将谁从？凡占不得归一，转无依倚，谚云"杖鼓两头赶"，又云"尖担两头脱"，顾此失彼，狠戾人也，大不利干贵。

《玉成歌》云：昼夜贵人传俱见，或同日德动尊颜，皆谓贵人迭见，惟有德者占之，同日德，上下左右，贵人扶持，吉莫大焉，无德之人，慎于守己，勿得干贵，不然求荣反辱矣。

日上生辰上，上神生日，日上克用。

课名重审、斫轮、四绝。末带日德，旦暮贵人入传，动用求谋可进，先难后易，图用无难，更年命上神参之，可卜其成就大小也。

《义》曰：传得斫轮，占官迁职。庶人得之，反生不足。下慢于上，世道已降。惟正以待，福自和畅。

《象》曰：尊人忘势就卑人，以礼观之亦可嗔。守正无求终见吉，谦光体道乐循循。

此重审之卦，一曰斫轮。夫重审者，重而审之也。利为主，利后动，长有厄，事从内起，起于女人。以下犯上，贱犯贵，卑犯尊，事多不顺。阴小在下者，有悖逆之事。占臣未忠，子失孝，事不可遂意而行，必当审察，循乎义理，庶几以免后患也。《经》曰："欲知斫轮，车临斧斤。"又曰："庚申共处为斧斤，卯木单称立作车。太冲作用来金上，修斫车轮官爵除。"上神生干，所为百事吉，运用如意，遇灾不凶，逢吉愈吉。日是人相助，夜是鬼神扶。若当季神生者，主声名显达，岁命生日者，尤为吉昌。但缘四绝课，宜结绝旧事，又号权摄不正，凡占不自尊大，受屈折于人。贵人遍地，求事难就，宜退而守正，后必有得。占者遇之此课，求官见贵，虽见主客相和，亦有作难之象。占婚姻成，但缘其性不淑。占求财有，又畏夫因财生不足。占病虽凶不畏，惟久病有凶。占失脱宜寻。公讼和解，得有人相助。千里远行投谒人者，虽美不遂，最宜托人干事，有益于我，人情中失和睦。占宅先虚耗，然后见财喜。占逃亡难见。占产宜慎。

占出兵行师，昼占朱雀，多词唇舌，夜占开地千里，亦美中未美。利为客，利后举。

春吉。

真一山人云：人来谒我方为福，我后投人未足夸。凶吉两途皆称意，得时锦上又添花。

《无惑钤》云：交关和美，财神难美。生虎鬼龙，一悲一喜。

《钤解》曰：子丑巳申，干支上下，交合为美。末巳，我之德又财也。既坐墓乡入传，又为中传戌墓，若取此财，逢戌虎所墓，财不为己有也。夜占上神长生乘虎，戌鬼乘龙，非一喜一悲而何？《毕法》云："苦去甘来乐里悲"内有此例。又云多贵。夜贵用，名咄目煞。权摄不正禄临支。

癸巳日第七课

反吟　励德　玄胎
六阴相继尽昏迷

```
贵 空 常 朱            阴 勾 朱 常
巳 亥 丑 未            巳 亥 丑 未
亥 巳 未 癸            亥 巳 未 癸


财 癸 巳 贵            财 癸 巳 阴
兄 丁 亥 空            兄 丁 亥 勾
财 癸 巳 贵            财 癸 巳 阴


空 白 常 玄            勾 六 朱 蛇
亥 子 丑 寅            亥 子 丑 寅
青 戌      卯 阴       青 戌      卯 贵
勾 酉      辰 后       空 酉      辰 后
申 未 午 巳            申 未 午 巳
六 朱 蛇 贵            白 常 玄 阴
```

《玉历钤》云：此课巳加亥为日之财，比其他反吟略可，惟求财反复，余皆不利。

《毕法》云：此课未加丑克癸，癸加未上受克，又相刑相冲，全无和气，支上亦然，凡占人宅主客皆被伤害。又此云干支无被克害，干丑加未，支巳加亥，各又坐于克方，皆为凶否。

上神克日，日上克辰上，日克用。

课名反吟。且贵临丁，暮贵太阴，乃是阴私隐匿之神，亥又为空，又入宅，恐有小人欺诈，反复不宁之事，然带德神在位，终不为凶。

《义》曰：人有谋意，后施乃计。幸尔作空，终不为畏。凡事两意，重求轻得。人情有变，未得和协。

《象》曰：反复人心莫问婚，夤缘未定与谁同？纵教目下强为合，必见将来不可云。

此无依之卦，一曰玄胎。夫无依者，即反吟也。《经》曰："无依即反吟，逃者远追寻。合者应分散，安巢别改林。守官须易位，结友也分襟。所为多反复，占病数般侵。"反吟刑冲，事主迟滞，远近系心，更相仇怨，且反复而呻吟，是无予夺而难息也。况玄胎如婴儿隐伏之状，利上不利下，事主远而多伏，暗昧不通，触则成祸，惟君子守正修德则亨。玄胎不宜占老人小儿病，久病者亦忌，占生产吉。凡百占者，其人心欲思动而无定也。况所占必因两事，重求轻得。上神克日，只利先讼，要有气，余占不吉，占病有祟，常占为人所欺负，口舌不宁。日是人相助，夜乃鬼为殃，所幸作空，虽见不足，有声无实，不为害也。占者遇之此课，凡百所占之事，未免虚多而实少。若求官、见贵、婚姻、投谒、托人、谋望之事，非易成者，以其反吟之反复也。占财虽不失，亦须反复，主后可成。占宅不安，迁修动摇之象。病者反复，非一般之病。占讼换易官司，散财方了。逃亡者，来而欲返。远行不宜。

占出兵行师得此，昼占开地千里，大胜亦见变诈不常，夜占中正而不宁。利先举，利为客。此课为兵家之忌，亦当改图，再择吉课，应吉而行可也。

人情多变。

真一山人云：东去西来西复东，徒劳用机未从容。事当难处行中正，人为闲言且学聋。

《无惑钤》云：皆马皆丁，不容留停。贵虽难靠，财却丰盈。

《钤解》曰：马丁往来，岂容少停？动必速也。昼贵坐亥，夜贵临酉，自皆受害，不可倚靠也。满目皆财，非丰盈而何？雀鬼加干防口舌。六阴相继尽昏迷。

癸巳日第八课

重审　斩关　孤辰

```
阴 青 空 蛇          贵 青 勾 玄
卯 戌 亥 午          卯 戌 亥 午
戌 巳 午 癸          戌 巳 午 癸


财　  午 蛇 ◎        财　  午 玄 ◎
兄 丁 亥 空 ⊙        兄 丁 亥 勾 ⊙
官 壬 辰 后          官 壬 辰 后


青 空 白 常          青 勾 六 朱
戌 亥 子 丑          戌 亥 子 丑
勾 酉     寅 玄      空 酉     寅 蛇
六 申     卯 阴      白 申     卯 贵
未 午 巳 辰          未 午 巳 辰
朱 蛇 贵 后          常 玄 阴 后
```

　　此课日上午作蛇，午乃空亡，为不正阴人所扰，遂致心下不足，遇饥则气攻心胸，眼目昏暗。又主子宫多秀而不实，内一子，足多趾。中年血海常败，五十左右则成血瘿，不宜瘿破，才破则死，死在五十四左右耳。平生不宜养蚕，蚕不中，因蚕得病。徐孺人之乳母为其父之偏妾，及嫁，随孺人在夫家，因与徐司理不足，每遇饥则血海攻刺，眼目昏暗，皆缘此乳母故也。生男女十一人，所存者三人，内一子，两足果皆多趾。至四十一上败血，连绵三年，四十四上血止，四十九岁成血瘿，五十四瘿破，出血数升而死。因养蚕，夜出冒冷，遂致血海败。日上见午火为心，癸水灭午火，甲申旬午火空亡，是心受制而不足。午为阴人，午空亡，是无位不正之阴人，螣蛇常挠在心下，故为不正之阴人所扰。又午为目，被蛇所挠，又加癸，为水所制，又自空亡，自显渐至昏暗也。遇饥则疼者，缘己卯生人，己禄在午，午空亡，是禄空而遇饥也。午为蛇所挠，则心胸刺疼。中传亥者，儿孙辈也，辰上见青龙，亦子也。子多者，癸日戌是冠带，亥是临官，故主子多也。不实者，亥坐空亡也。戌为足，加在巳上，巳为蛇，不合画蛇添足，青龙多趾，故主多趾。血海败者，以亥为血海，坐空亡而乘天空故也。血瘿者，乃辰加亥为天后，辰为坚土，加亥血海上，故言血瘿。败破即死者，天后主厌秽，见厌秽而癸水入辰之墓，故而致死。①

《玉历钤》云：此课午加丑为日财，却作六害，又蛇玄为将，不可用事，又空亡，凡占无成。

日克上神，日上生辰上，日克用。

课名重审。用神空亡临日，魁罡临支，蛇武为用，三传自刑，不免有惊误怪失之事，既空亡，忧喜不成，凡事有阻却无凶。

《义》曰：视之不见，听之有声。何所依附，月退云明。蜃龙之气，结为楼台。登临无路，徒羡奇哉。

《象》曰：无根树子望开花，可惜春光空负他。早早回头别干用，莫令他日暗咨嗟。

此重审之卦，一曰孤辰，一曰斩关。夫重审者，重而审之也。利为主，利后动，长有厄，事从内起，起于女人。以下犯上，贱犯贵，卑犯尊，事多不顺。阴小在下者，有悖逆之事。占臣未忠，子失孝，事不可遂意而行，必当审察，循乎义理，庶几以免后患也。况孤辰乃茕茕孑立之象，占人别离桑梓，凡所占谋，多虚少实，功名难遂，事业虚花。又名斩关，非安居之象，却利乎奔亡也。日上见财，乃惊忧之财，亦见妻妾不宁，或有耗财之意。传见自刑，自高自大，自逞自是，落败而别更改。此课求官见贵者，难成而易失。求财乃动中之财、兄弟同类之财，惟宜无心及空手吉，若托本求财者不利，止宜六月将占，或五月节可，余未吉。占婚姻勿成，成则夫妻失友。占暴病吉，宜作福，久病者凶。占失脱难获。逃亡自归，目下未得。占宅有伏尸，或死人财帛之事。占产先吉后凶，宜为算禳之。交易、谋望、远行、投谒者，皆为和合。公讼、禁系、围挠、惊忧、患难之事，得此大利，以其能解凶也。

占出兵行师，虑有失众之兆，昼占忧心惊畏，夜占失物忧愁，主客未利。大抵此课，占求百事，吉不成吉，而凶不成凶，事即强成，终见不美也。

风逐闲云。

真一山人云：消尽忧疑解尽愁，功名都付水中流。从兹莫望求成事，退守衡门乐自由。

《无惑钤》云：夜占被盗，钱财累耗。各值元辰，俱怀凶暴。

《钤解》曰：两午皆财，夜乃乘玄，丁亥暗财，昼乘空，占财累被盗耗。三传俱自刑，而课中皆值元辰，所谓干见午是也，而真怀凶也。又云：克处回归，

_____

① 《壬占汇选》作：戊申年五月癸巳日，徐孺人己卯生，三十岁占病，申将卯时。

又受上克。又云：午空乘玄临丑，主走失之咎。

癸巳日第九课

涉害　从革　赘婿　不备

三传递生人举荐　合中犯煞蜜中砒　彼求我事支传干　六阴相继尽昏迷

<pre>
常 勾 勾 贵   阴 空 空 朱
丑 酉 酉 巳   丑 酉 酉 巳
酉 巳 巳 癸   酉 巳 巳 癸

父 乙酉 勾   父 乙酉 空
官 己丑 常   官 己丑 阴
财 癸巳 贵   财 癸巳 朱

勾 青 空 白   空 白 常 玄
酉 戌 亥 子   酉 戌 亥 子
六申   丑常   青申   丑阴
朱未   寅玄   勾未   寅后
  午 巳 辰 卯   午 巳 辰 卯
  蛇 贵 后 阴   六 朱 蛇 贵
</pre>

《玉历钤》云：此课日辰三合为用，巳临丑上，戊与癸合，末克初传，气象颇顺，凡占可成。

《毕法》云：此课初从支上传起，末归干上，凡占主他人委我干事，事体吉凶皆成。行人至，所求得。又云：末传巳生中传土，土生初传金，金生日干，自下循序来生，主众人推荐，有官位者百姓仰赖，当道荐举，有艺术者众庶称奖，上司委托，当可获福，受上眷爱也。

《龙首经》曰：支来加干，而被干克，是名赘婿卦，凡占必无正屋可居，托身于人。三传俱在四课之中，如珠在盘，虽动不能远去，又日课不备，为身心不足，常致忧恼也。

日克上神，日上克辰上，上神克用，末克初。

课名从革、察微。凡所谋占，事干众口舌，隔三隔四。辰来加日为日克，进退不自由，凡事艰难动隔，所赖德合，又获三传生日，昼和平，不免费力。

末克初，事必有成。戊癸合，将吉可用，秋最佳。

《义》曰：众金生水，福禄至矣。主客未和，后必喜美。三合生身，富有珠珍。合中带煞，笑里含嗔。

《象》曰：笑里藏刀蜜里砒，个中玄妙几人知？事成当记这般事，为尔今朝露此机。

此从革之卦，一曰见机。夫见机者，察其微，见其机，谓两比两不比，当以涉害为用。涉害有浅深，欲用不用，欲言不言，事有两而取一。所作稽留，迟疑艰难，进退不定，忧患难消，怀孕伤胎，难于前而易于后。又云："涉害须久历艰辛"。传见从革，先从而后革也。凡事阻隔，有气则革而进益，无气则革而退失。一曰兵革，亦曰金铁。大抵五行正气入十干杂糅之乡，异方三合乃生旺墓之神，事主丛杂不一，主关众人共谋，不然两三处干事，委曲托人与人相合之类。又如推磨之象，一事去，一事来，无休无息之象。三传合金生干，所谋百事有成就之理，但畏夫先从而后革也。占者遇之此课，赘婿主不自由，占宅不利人。日上见财，反生不足，妻灾财损，不宜占婚，占财占妻，先费后得。且卦体大义，有始末回还，反复之象，牵连卒未了当之意，却喜行人回，求事得，贼不出乡。占百事有成。占凶事者不妨。占产迟。不利占病患、狱讼、忧惊。大抵能成事，不能散事，吉者喜而凶者利也。

占出兵行师，昼占先凶后吉，夜占虚诈可防。敌使之来，所言不实，未可信也，宜谨之。大抵此课虽吉，所占百事，虑有笑里藏刀之人，恩将仇报也。

得道多助。

秋吉。

真一山人云：对面人心不可量，每行好事自无防。课中纯吉分明理，积算之家福自昌。

《无惑钤》云：财来就我，循环相锁。将克传生，众口相播。

《钤解》曰：三传不离四课，课名循环。初传支上酉，末传干上巳，乃旬首尾相锁，不能释解忧疑。巳来加干，财就我也。土将克身，又生起传金来育之，忧喜半也。且自末传迤逦生干，仕宦得此，必有推荐之喜也。又云：巳为财神闭口，虽有成合好事，未免有笑里之刀。占行人远来，或丑日到。占病大凶。

癸巳日第十课

重审　玄胎　斩关　六仪　闭口

后合占婚岂用媒

```
空 六 朱 后          常 青 勾 蛇
亥 申 未 辰          亥 申 未 辰
申 巳 辰 癸          申 巳 辰 癸


父 甲申 六          父 甲申 青
兄 丁亥 空          兄 丁亥 常
子 庚寅 玄          子 庚寅 后


六 勾 青 空          青 空 白 常
申 酉 戌 亥          申 酉 戌 亥
朱未      子白       勾未      子玄
蛇午      丑常       六午      丑阴
巳 辰 卯 寅          巳 辰 卯 寅
贵 后 阴 玄          朱 蛇 贵 后
```

此课利宅不利人，但占病讼，真闭口耳。日上墓作天后，主人迟钝，时运未通。天后为迟滞之神，那更见墓，为运未通。得宅上之六仪长生而引进，又与宅巳相合，主进人口，妇胎不安。中传亥乘天空作丁，主缸瓮移易，未得子息，防阴湿伤风。西南、东北二角，不可修田兴工，必遭水灾。行年主内房搆讼，得道士讲和了。王解元自发解后，皆不利，疑其宅灾，故请先生占之。身处墓，又作天后，辰乃三月建，自然兴旺，墓带滞神，时运不通，如何得发？今乃宅上见本旬之申，而引水土长生，旬首加旬尾，周而复始格。六合进人口，并血财，青龙皆生动之物也。中传亥乘丁，加旬首，主西南、西北不可兴工。辰加丑，为破田，不可开田，不然主异日水灾冲坏，时是巳，其田方可开。又后果其田至辛亥年，尽冲作沙淤。是时完之，西北辛戌上亥横水一冲，其冲坏破墙，或坏屋宇，缘旧年除夜移了水缸，亥之主也。其妻怀娠四月，因患脏腑，堕其胎，后得保全。堕其胎者，本乃寅作玄武，保全者，本申作六合，引申长生能制寅作武也。有长子十二岁，自学归，入水浴，湿气入脚，便腰疼，却似

711

伤风，医者反错，后却无事。寅七亥四，故十二（四七当作十一，原文如此），寅乘玄武加亥，主风湿。[①]

又孔七公，戊午命，五十二岁，己酉年十月十八日癸巳占亲，亦得此课。先生曰："孔丈五十二方做新郎，今日干上见辰墓，要寻妻（一作生），主其亲必成也。新仪之妻，乃是后生，为人轻盈典雅，有营干家务，其色清白，丈夫之智，且能书写，又生二子。"孔笑曰："何以知之？"先生曰："课自可见，恨人不攻习耳。此亲成就不久，尊堂服动。"孔曰："吾今老矣，正为母老在堂，无人侍奉，但有人侍奉，更死亦无恨。"先生又曰："恐前岳丈为人拨制，若不听，则事成也。"孔七丈先娶李氏亡，欲娶童氏，先生却许其今年五十二作新郎，后生二子。先妻不生子，及娶童氏，五十二而生二子一女。妇于前夫处亦有收拾，为人清明晓事，又能写算，孔氏门户家务，全是此妇自了办事情。癸日见申长生，主人轻盈，金主清白，长生为学堂，主能书写。及来十四个月，宅母有服，乃是亥加申也，亥临长生之上，亥中有丁，乘太常，主服动。末传寅为天后，子孙在丁神上，主才成亲便有子。巳与申合，寅与亥合，无不成就，三传又无空亡，所以享福也。[②]

《玉历钤》云：天罡癸日在干，初传克末传，皆不和之象。

《毕法》云：此课昼天将六合加申，其申金又加巳火之上，此乃六合内战，六合本成合之神也，今受克则不能成合。

上神克日，日上生辰上，初克末。

课名重审。墓复克日，辰加丑，玄胎，天盘地结，出行被缚。玄胎害，亥加申也。所占事，挂人心胸，一事了去，一事又起。始终无直，害虽未吉，而中有少阻耳。

《义》曰：墓覆昏昏，长幼不分。勉之忠孝，福自临门。昼占狡童，占婚勿要。谨之谨之，不可越礼。

《象》曰：三奇福见福相呈（此不作三奇，原本有误），百事谋为尽称情。久病老人并乳子，三般得此必遭惊。

此重审之卦，一曰狡童，亦曰玄胎。夫重审者，重而审之也。利为主，利后动，长有厄，事从内起，起于女人。以下犯上，贱犯贵，卑犯尊，事多不顺。阴小在下者，有悖逆之事。臣失其忠，子失其孝，不可遂意而行，必当审察，循乎义理，庶几以免后患也。夫狡童乃不正之象，阴私邪淫，占男女有阴私暗

[①] 《壬占汇选》作：己酉年三月癸巳日戌将未时，王解元辛未生，三十九岁占家宅。

[②] 《壬占汇选》作：己酉年十月癸巳日寅将亥时，孔七公戊午生，五十二岁占婚姻。

昧之理，占家宅宜谨慎闺门，以防阴小越礼，惟能以礼自防者可化之。传见斩关，不利安居，大利奔逃。墓神覆日，作事昏昧，人鬼侵害不宁，谋事被人阻扰。况玄胎为婴儿隐伏之状，利上不利下，事主远而多伏，暗昧不通，触则成祸，惟君子守正修德则亨。不利占久病及老人小儿病。占产忌。宜远行。占婚不利。凡占主人心欲动改出入，多因财动，此必兄弟同类之财。占官讼、病患者，宜耗财多福方美。占者遇之此课，求官、见贵、谋望、托人、交易之事，虽见和允，终畏有人阻扰。占宅不利。占逃亡，宜问亲友。占诉讼，宜解和。

占出兵行师得此，昼占尤宜得金宝之美利，夜占大胜，得宝货与图书，两家还见有和好之意也。

美中不足。

真一山人云：克我逢生凶里吉，这些玄妙谁人识？所谋得遂渐生光，百事逢了多获吉。

《无惑钤》云：墓克其身，倚赖于寅。打扰坏事，初支两申。

《钤解》曰：辰为水墓，又且克之，昏滞、病疾不能免也，幸赖寅木为救，却支上并初传，两重申金，不甘打扰，又有伤打，寅不能为救也，癸干之昏病，尤不能免。又云：六合内战为发用，事将成合，被人挠扰。

癸巳日第十一课

蒿矢　寡宿　励德　入冥

人宅受脱俱招盗　六阴相继尽昏迷

```
勾 朱 贵 阴          空 勾 朱 贵
酉 未 巳 卯          酉 未 巳 卯
未 巳 卯 癸          未 巳 卯 癸


官   未 朱 ◎        官   未 勾 ◎
父 乙 酉 勾 ⊙        父 乙 酉 空 ⊙
兄 丁 亥 空          兄 丁 亥 常


朱 六 勾 青          勾 青 空 白
未 申 酉 戌          未 申 酉 戌
蛇午     亥空        六午     亥常
贵巳     子白        朱巳     子玄
辰 卯 寅 丑          辰 卯 寅 丑
后 阴 玄 常          蛇 贵 后 阴
```

《玉历钤》云：此课蒿矢与空亡相并，凡占忧喜皆不成。

《毕法》云：此课四课三传俱在六阴之位，又皆是下生上神，迤逦而脱，凡占皆主脱耗，占病缘不肯调摄，而必至危笃。又云：干上卯脱癸，支上未脱巳，人宅受脱，病盗两致。

日生上神，日上克辰上，辰上克日，初克末。

课名蒿矢。用神又空，是为妄矢，凡所占望虚张，指射无的，托人无实，徒有虚声。未亥为六丁，未加在宅上空亡，主宅虚，门户怪动，凡事不可用。

《义》曰：既脱又空，有影无踪。吉事未吉，凶事不凶。勉强成事，难保始终。退守以待，后必有功。

《象》曰：财源聚散未如心，干事难成信失音。惟利空名并艺术，九流逢此获良金。

此蒿矢之卦，一曰天网，亦曰寡宿。《经》云："神遥克日名蒿矢，射我虽端当不畏。贵人逆转子无良，天乙顺行臣不义。家有宾来不可容，亦忧口舌西南至。"然事主动摇，人情倒置，象如以蒿为矢，射虽中而不入。祸福俱轻，求事难成，利主不利客。占行人来，访人见。若带金煞，亦能伤人，主蓦然有灾。若传入空，又名遗镞，不能成事。夜占有虚诈之事，祸从内起。夫天网者，即天网四张也，《经》曰"天网四张，万物被伤"，为阻滞，为疑难，为灾恼。传见寡宿，《赋》云："寡宿孤辰，值此尤妨骨肉。"若占得此，主见孤独，别离乡井，自立门户，财物虚耗，僧道宜之，俗不宜也。日生上神，所谋不遂，凡事虚耗，人口衰残，盗失损财，旺相庶可，休囚尤重，又为子孙脱漏之事。占者遇之此课，求官、见贵、占婚、占财、投谒、托人、谋望、干用，所求之事，皆有名无实，徒劳心志而难成也。占逃亡者自归，目下难得。占宅不吉。若暴病得此，虽重不凶；久病占之，虽轻可畏。讼狱、被围、惊恐之事得之，自有消释，不足畏也。

占出兵行师得此，防有失众之象，昼占多言词唇舌，夜占凶，大抵事起多妄。慎来使，传言不实。谨之！谨之！

放下此心。

真一山人云：琴书清趣出人奇，煖煖轻裘乐自如。富贵有时宜待守，漫收诗后劳扣知。

《无惑钤》云：源消根断，凡谋泛滥。迤逦来脱，渐入幽暗。

《钤解》曰：课传此日自下生上俱脱，是流消其源，枝断其根也，凡谋虚耗无成。况三传自未迤逦扣脱干支，又为泛滥之甚也。自昼传归入夜，非渐入幽暗而何？邵南入冥（一曰入局）诗断："入冥投阴未酉亥，人衰为事始无成。君子谨成无变动，小人灾变亦无明。"

癸巳日第十二课

蒿矢　进连茹　寡宿

脱上逢脱防虚诈

```
朱 蛇 阴 玄        勾 六 贵 后
未 午 卯 寅        未 午 卯 寅
午 巳 寅 癸        午 巳 寅 癸


官　未 朱 ◎⊙      官　未 勾 ◎⊙
父 甲申 六 ⊙      父 甲申 青 ⊙
父 乙酉 勾        父 乙酉 空


蛇 朱 六 勾        六 勾 青 空
午 未 申 酉        午 未 申 酉
贵巳　　戌青      朱巳　　戌白
后辰　　亥空      蛇辰　　亥常
　卯 寅 丑 子      　卯 寅 丑 子
　阴 玄 常 白      　贵 后 阴 玄
```

　　此课先生曰："此占要问妻家觅财，原所许之，日久未得，今日以得子之故，所以要出问岳丈求之。"众人大笑曰："何以得见？"先生曰："癸以午为妻，又为财，是妻财空亡，日久未得也。今得日上寅乃癸之子息，是以生子为由，乃问岳丈借之。癸水生于申酉，申酉为金，钱必得之，不如原许之。要得手之后，婢仆生出不肖事，随得随失也，几乎致有罪责。"康伯娶郑氏，始初郑氏许称有田随嫁，及嫁康伯时，却云与钱，自卖后经两年未与。今得子了，却往祈讨，岳丈以三百缗与之。将归要用，尚未行用。有所雇仆役，名曰宜童，一婢名曰荣奴，偷钱与宜童，被康伯撞见，遂行吊。待认与宜童，进继捉宜童，宜童逃亡。其夜宜童持刀踰墙，要害荣奴及主人，荣奴被伤两刀不死，主人逃走，遂解宜童入官，却供称："主人去年用我，私开白地三十余亩，许我工钱二十贯，又许将荣奴嫁我，今背前约，故欲害之。"官司虽依法律治断其仆，仍根究私田不税，遂致杖责，所得之财，尽费而无余矣。①

又何宣义丁丑命二月生，酉时占宅，亦得此课。本身贪财色，心高志大。三传与宅，并在南方，一生难为眷属，劳心费力，营运而得财物。末传至酉，主晚年愈贪色欲。有一妾为主反欺，众人终死于此妾之手，家计异日比今日增益数倍，只是下稍被此妾盗去财物。行年支破作太常，主外服，又主男之妇因风退产，只在三月尽、四月初。宣义好胜，其志高，凡事皆欲异众，果然劳心费力，更不（一作庚子）暂停，以庚子与身居于下也。而宅与三传皆在南方，所语北运至南方，货财获其原利，其人家计日增，只是不合宠此一妾，被他盗去财物。当年有丈母之服。七月第三媳妇因感风发热，遂至小产，乃日上后乘脱神故也。寅木脱在巳午上，故主四五月妇人小产。寅以酉为破碎，加申，故七月亦然。寅以亥为父母，父母作常，故主服，亥卯未合，故午上见未，所以有丈母之服也。其人晚年贪酒者，癸日以酉作酒星，酉作天空，加在长生上，所以贪酒也。亥为酉年之丧门，午为三月之丧门，初午为妻，为妇人、妾，为老阴，故亥为外人，未为眷属，故是外服。②

《毕法》云：此课干上寅木脱癸水，上又乘天将玄武脱盗之神，凡占脱耗迭出，一椿才了，一椿又到也。昼防奸人诓骗，夜被盗贼偷窃，然不耗费，灾咎亦不肯素去也。

日生上神，日上生辰上，日上神克用，用克日。

课名蒿矢、进茹。又是空亡，望事无力，干众谋虚，举事无成。官鬼用为空亡，只宜占讼事，亦是虚声，忧喜不成。

《义》曰：耗泄脱空，占官休逢。君子无吉，庶人不凶。课名蒿矢，遗镞不伤。得而复失，危而不亡。

《象》曰：经营未就利名迟，君子之徵且待时。勉强成之勿足用，秋来伫看好男儿。

此蒿矢之卦，一曰天网，亦曰寡宿。《经》云："神遥克日名蒿矢，射我虽端当不畏。贵人逆转子无良，天乙顺行臣不义。家有宾来不可容，亦忧口舌西南至。"然事主动摇，人情倒置，象如以蒿为矢，射虽中而不入。祸福俱轻，求事难成，利主不利客。占行人来，访人见。若带金煞，亦能伤人，主薵然有灾。若传入空，又名遗镞，不能成事。夜占有虚诈之事，祸从内起。夫天网者，即

---

① 《壬占汇选》作：己酉年十月癸巳日寅将丑时，邵七丞务戊寅生，三十一岁占求财。

② 《壬占汇选》作：建炎己酉年三月癸巳日戌将酉时，何宣义丁丑生，生于二月二十四日丑时，三十三岁占身命。

天网四张也，经曰"天网四张，万物被伤"，为阻滞，为疑难，为灾恼。传见寡宿，《赋》云："寡宿孤辰，值此尤妨骨肉。"占身得此，主见孤独，别离乡井，自立门户，财物虚耗，僧道宜之，俗不宜也。传见连茹，事主欲行不行，欲止不止，牵连疑二，急而顺溜。不利占胎产。不利远行。占者遇之此课，大义与前课相同，凡占必见虚费百出，谋望不遂，盗失损财，人口衰残，休囚尤重，旺相庶可，又为子孙脱漏之事。大抵此课占事，成者少而败者多，吉不吉而凶不凶也，惟宜守礼循义，贞吉。但不宜占久病，凶，宜有德可也。大凡忧疑患难，却喜有解。

用兵行师，防失众，防虚诈，当见其和好之象也。

变化莫测。

真一山人云：吉凶成败总由天，暴病占之事有缘。老菊偏宜秋令好，黄花晚节乐余年。

《无惑钤》云：蒿矢空亡，前路佳祥。实寅空午，失脱须防。

《钤解》曰：未作蒿矢，乃旬空无畏。再进而前途逢申金，长生值加祥。但干上寅木乘玄，支上午财旬空，失脱之虞，须先谨防之也。又云：空亡克日事多端，走人失物有相瞒。安闲守分克凶残，干事求财难又难。

甲午日

甲午日第一课

伏吟　玄胎　折腰

旺禄临身徒妄作

<table>
<tr><td>青</td><td>青</td><td>蛇</td><td>蛇</td><td></td><td>蛇</td><td>蛇</td><td>青</td><td>青</td></tr>
<tr><td>午</td><td>午</td><td>寅</td><td>寅</td><td></td><td>午</td><td>午</td><td>寅</td><td>寅</td></tr>
<tr><td>午</td><td>午</td><td>寅</td><td>甲</td><td></td><td>午</td><td>午</td><td>寅</td><td>甲</td></tr>
</table>

<table>
<tr><td>兄</td><td>壬</td><td>寅</td><td>蛇</td><td></td><td>兄</td><td>壬</td><td>寅</td><td>青</td></tr>
<tr><td>子</td><td></td><td>巳</td><td>勾 ◎⊙</td><td></td><td>子</td><td></td><td>巳</td><td>朱 ◎⊙</td></tr>
<tr><td>官</td><td>丙</td><td>申</td><td>白</td><td></td><td>官</td><td>丙</td><td>申</td><td>后</td></tr>
</table>

<table>
<tr><td>勾</td><td>青</td><td>空</td><td>白</td><td></td><td>朱</td><td>蛇</td><td>贵</td><td>后</td></tr>
<tr><td>巳</td><td>午</td><td>未</td><td>申</td><td></td><td>巳</td><td>午</td><td>未</td><td>申</td></tr>
<tr><td>六辰</td><td></td><td>酉常</td><td></td><td></td><td>六辰</td><td></td><td>酉阴</td><td></td></tr>
<tr><td>朱卯</td><td></td><td>戌玄</td><td></td><td></td><td>勾卯</td><td></td><td>戌玄</td><td></td></tr>
<tr><td>寅</td><td>丑</td><td>子</td><td>亥</td><td></td><td>寅</td><td>丑</td><td>子</td><td>亥</td></tr>
<tr><td>蛇</td><td>贵</td><td>后</td><td>阴</td><td></td><td>青</td><td>空</td><td>白</td><td>常</td></tr>
</table>

《玉历钤》云：此课旦贵一切皆不成，夜贵颇吉。

《金匮经》曰：伏吟之课，刚日自任，欲行中止，柔日自信，伏匿不起，亡人不出邑里，盗贼不出乡曲，十二神各归其家故也。此课刚日，以功曹为用，将得螣蛇为兄弟，主有兄弟忧愁之事。中传太乙，将得勾陈为子孙，主因子孙为财争斗。末传传送，将得白虎为官鬼，又乘休气，主有疾。

《毕法》云：此课末传申为日干之鬼，上有白虎而驿马载之，凡占其凶甚速，占讼必得罪于远方也。

日上神德日，日上生辰上，末克初。

课名伏吟。诸神不动。三刑牵制，末有官鬼克干，然一德扶身，百凶皆散。甲以寅为德禄，巳又空，白虎带德，是喜事终成，忧事不成，夜占将吉。

《义》曰：宜守其禄，动改不足。可惜可惜，欲直又曲。百事谋干，多未称心。中间虑止，见巳好音。

《象》曰：止望成龙变化高，兴风作浪弄波涛。谁知好事终成阻，且把英雄莫放豪。

此自任之卦，一曰玄胎。夫自任者，乃天地伏吟，十二神各归本家，天地如一，四伏未发之象。占事静则宜，动则滞，主事藏匿不动，静中求劳，有屈而不伸之象。况玄胎如婴儿隐伏之状，利上不利下，事主远而多伏，暗昧不通，触则成祸，惟君子守正修德则亨。《经》云："任信伏吟神，行人立至门。失物家内盗，逃者隐乡邻。病合难言语，占胎聋哑人。访人藏不出，行者却回轮。"若春占，为旺禄临身，不宜更改变动，恐不如意，不如守旧为福。占者遇之此课，日禄发用，又见驿马，故利求官。《经》曰：腾蛇生角，将以成龙变化。勾陈到巳，迁官捧印。白虎入庙，又为权福。以此论之，宜在四月节，或七月将占，方可言利，不然巳年月日方就，余月占，尤未准。其他占婚、占财、投谒、托干、谋成之事，号曰先实后虚，终难结果，假使勉强而成，终为无益。惟利夫占暴病，虽凶不畏；若久病，老人小儿得之，又非吉也。其讼狱忧惊之事，却利解释。其他所占，无益于占者之人。

占出兵行师得此，昼占忧心众畏，夜占大胜。此大概之论，然而此课传空脱之乡，望吉则不见吉，畏凶亦不见凶，诸占皆此义也。

春吉。巳年月日利。

真一山人云：吉凶未卜总徒然，成败从今且付天。岁月日时逢巳见，便知好事乐无边。

《无惑钤》云：不肯守禄，去投空谷。马载虎鬼，末后相逐。

《钤解》曰：寅乃甲禄，临身宜守也。却舍而投于中巳之空，又进而逢末传虎鬼相逐，因马而动，动则有咎，不如守禄自瞻可也。又云：寅乃德禄扶身

甲午日第二课

知一　连茹　旬三奇

```
六 勾 后 贵          六 朱 白 空
辰 巳 子 丑          辰 巳 子 丑
巳 午 丑 甲          巳 午 丑 甲


父 庚子 后          父 庚子 白
父 己亥 阴          父 己亥 常
财 戊戌 玄          财 戊戌 玄


六 勾 青 空          六 朱 蛇 贵
辰 巳 午 未          辰 巳 午 未
朱卯    申白        勾卯    申后
蛇寅    酉常        青寅    酉阴
丑 子 亥 戌          丑 子 亥 戌
贵 后 阴 玄          空 白 常 玄
```

《中黄经》占曰："此课主行人正北为客去了，却从西北还家，行二千六百里，无病亦无阻隔，子年二月有信，四月到家。"问："何以知正北去，却从西北还？"曰："行年亥临子，本命子临丑，是合正北去，西北还也。"问："有无财帛？"曰："三传子亥戌，戌虽为财，乃昼夜皆玄武贼神，干上丑土亦财神，乃为鬼墓，又遁辛鬼，虽有亦微。"问："何知有无疾病？"曰："行年立处不见白虎来克，是以知其无病。"问："何知二千六百里？"曰："行年上下相乘，亥四子九，共十三数，凡占远行人，言十则进百，一十三数进作一百三十里，十一月水旺，水旺则倍之，一百三十加倍共二百六十，又进作二千六百，是其程途之里数也。"问："何知无有阻隔？"曰："行年三传俱不见关隔，且玄武主水隔，末传自战，不能隔也。"问："何知子年二月有信，四月还家？"曰："卯为二月，巳为四月，天马乘信神临卯，是二月内有信。游神在巳，是四月当至也。①"

---

① 《中黄经》作：假令癸丑生人，行年三十五岁，丁亥十一月将，甲午日寅时。

《玉历钤》云：此课三传虽退，子丑相合，末传克初，夜虽白虎，亦可为用，凡占所求颇遂。

《毕法》云：此课三传虽生日干甲木，却克支辰午火，值此必人口丰隆而居窄狭之宅也。

日克日上神，辰上生日上，日上神克用，末克初。

课名知一。凡事一从一违，身心疑惑，事干众，冬占吉，无往不利，先损后益之卦。传退干合，末克初，虽虎亦可用，盖三传生日故也。宜干托事。

《义》曰：传子亥戌，美中未足。幸得六仪，凶中化吉。牵连疑二，拔茅连茹。进退不定，事成迟迟。

《象》曰：昼占福盛夜占微，君子存心也见机。若肯奈心终冀好，多修阴德是便宜。

此知一之卦，一曰泆女。夫知一者，知一而不能知两。知者以为自知、自见，不知为寇仇，故言知一也。以此为用，舍远就近，舍疏就亲，恩中生害，事多起于同类，凡事狐疑，事贵和同乃吉。夫泆女乃不正之象，阴私邪淫，占男女有阴私暗昧之理，占家宅宜谨慎闺门，以防阴小越礼，惟能以礼自防者可化之。日上见鬼墓，《经》云"鬼墓加干鬼暗兴"，掩持万物，隐匿阴私，依草附木，借姓假名，暗中侵害，占讼占病大忌，若得三传年命上神冲之，方破其墓，则凶自散矣，有德者亦可以当之。子亥戌，退连茹也，事主欲行不行，欲止不止，节外生枝，退中有进，事主迟疑。占者遇之此课，求官见贵，所求者顺，所见者喜，但不得速就。《经》云："子丑相加，求事必成。"交易、投谒之事皆吉。不宜占婚姻，男女未正。占求财未准，得失相须。不利占远行，恐有惊恐不便。占行人望归。占宅耗财不利。秋占病者可畏，日上丑遁辛鬼旺故也。占忧惊患难之事，虽有解，但迟迟耳。占讼和解。凡干事，中有成事之人，亦见阻滞之人，宜善处之。

占出兵行师得此，昼占无威而不宁，夜占败失而祸起，虽然论之如是，将见两家有和解之义。利为主，利后进。当防暗里侵袭，善以御之。勿忽！勿忽！

秋冬大利。

真一山人云：暗里谁怜门户隳，勾连虚恼几人知？人来占宅宜迁改，知是牵连难动移。

《无惑钤》云：退遇生方，进值空亡。夜逢庚虎，羑里藏殃。

《钤解》曰：寅临卯上，进则遇辰乃旬空，退而遇子乃生方也。如夜占，则午旬遁庚鬼乘虎，反生灾祸，非羑里藏殃而何？

甲午日第三课

涉害　斩关　悖戾

六阳数足须公用　支坟财并旅程稽

```
蛇 六 玄 后          青 六 玄 白
寅 辰 戌 子          寅 辰 戌 子
辰 午 子 甲          辰 午 子 甲


财 戊 戌 玄          财 戊 戌 玄
官 丙 申 白          官 丙 申 后
子 甲 午 青          子 甲 午 蛇


朱 六 勾 青          勾 六 朱 蛇
卯 辰 巳 午          卯 辰 巳 午
蛇寅      未空      青寅      未贵
贵丑      申白      空丑      申后
子 亥 戌 酉          子 亥 戌 酉
后 阴 玄 常          白 常 玄 阴
```

《玉历钤》云：此课戌临子为用神，关隔上土下水，及三传皆无和气。邵南云：阴私暗昧，事多隔障，凡占不利。[1]

此课子虎加干，申虎入传，昼夜皆凶神也。六阳数足，自夜传日，事宜公用，有革故鼎新之象，凡谋塞滞。三传无气，病讼难改。玄财发用，主失脱。虎阴制虎，灾祸飞灰。末助初财，有人以财暗助，占博弈吉。若丑年占，旧太岁生身，得长上之力。占事成祸，占婚尤的。

上神生日，辰上克日上，用克日上神，日克用。

此见机之卦，一曰励德。夫见机者，察其微，见其机，谓两比两不比，当以涉害为用。涉害有浅深，欲用不用，欲言不言，事有两而取一，所作稽留，迟疑艰难，进退不定，忧患难消，怀孕伤胎，难于前而易于后。况励德，阴小有灾，此名关隔神，常人占此，身宅不安，宜谢土神，贵吏则主升迁，要当消

---

① 原抄本此段落后脱漏一页，整理者填补部分内容，供参考。

息而论也。戌申午乃退间传之课，进退多见阻隔，必隔手干事，艰心费力，成之不易。日上神生日，所谋百事吉，运用如意，遇灾不凶，逢吉愈吉。且有人相助，夜有鬼神相助。若冬占，主声名显达，岁命生之，尤为吉昌。此谓上门生助于我，亦多暗助之义。一曰闭口卦，凡占莫测其机，占病咽喉哽塞，不能言或多倦言，占事有懒欲向人信者。占者遇之此课，求官见贵得此，未足为奇。占婚者亦不宜。商人折本，羁留而不如意。不宜占病。不宜远行。占宅不宜。占投谒人者，徒尔劳心。凡事所占悖戾，象如倒拔蛇之难，亦不利占产、占讼，得此课者，惟宜处仁迁义。

占出兵行师得此，昼夜所占忧失物，宜严加防范可也。大抵此课，凡占吉多凶少也。

戌年月利。

真一山人云：空亡抵宅多虚耗，入少出多徒自笑。利为公事阳明吉，暗昧逢之非吉兆。

《无惑钤》云：夜子昼申，总是凶神。六阳数足，革故鼎新。

《钤解》曰：子乘白虎临于甲，申乘白虎入传，夜占则畏子，昼占则畏申，皆白虎凶神故也。六阳数足，最宜公用。自夜传出于昼明，白虎凶甚，三传退间，喻倒拔蛇之艰难，课名悖戾。甲被戌财引入中末鬼脱，凡占百事，皆艰难也。戌又支坟，为日财，占商贾则旅程羁留。又云：末传助初财，旁人有相助，宜占博弈，余同。又云：丑加卯，夜将乘天空，主门户动土自落，甲戊庚日皆有，他准此。

甲午日第四课

蒿矢　玄胎　闭口　折腰　不行传

```
后朱白阴              白勾后常
子卯申亥              子卯申亥
卯午亥甲              卯午亥甲


官丙申白              官丙申后
子　巳勾◎            子　巳朱◎
兄壬寅蛇☉            兄壬寅青☉


蛇朱六勾              青勾六朱
寅卯辰巳              寅卯辰巳
贵丑　　午青          空丑　　午蛇
后子　　未空          白子　　未贵
亥戌酉申              亥戌酉申
阴玄常白              常玄阴后
```

　　此课亥来生日，是官长垂顾，太阴阴祐之象。但羊刃作雀在宅，乃本家之朱雀，恐目下本家有事起。初传白虎作鬼祟，中传巳为子孙空亡暗害，是家中人所为，从此遂自生事。末传寅加巳上落空，远则四年，近则四月，被事牵缠。若见令嗣入讼，其身不便免议。傅大录占课时，正得知县意，乃与其叔竞田，与弟争财，其弟与人作闹，大录妻叶氏证虚二次，其弟挟恨，故告他子违法事。州府送判枉法，计会得免，故不过半年。又课中与支不足，因行察劫掠贼案，受钱一千贯，三年事发，禁勘八个月，第四年配英州而死。[1]

　　又同日时，何子玉占得此课。其何子玉，年壬戌，四十八，行年在丑上。此课先生曰："来年行年寅上，因僧人丧之水边，拾得物，有十一年之宽，后依旧不足，犯刑责刑事，却做炉匠，被姓陈人坏了。"次年有一僧人，五月过水而死，有银四斤在腹，被他拾得，果有十一年之宽。第十一年，又在此溪边，却被人劫尽其财。后作坑冶匠，未及四年，为陈巡检装诬作贼，配英州。亥加寅，

---

[1]　《壬占汇选》作：己酉年正月十五甲午日子将卯时，傅大禄己巳生，四十一岁占平生。傅生于十一月初三日午时。

七与四，乃十一年也，马作鬼，有凶动也。[①]

《玉历钤》云：此课申为日鬼，临亥为害，且将皆凶，气象不和。幸而蒿矢，中传空亡折腰，凡百忧喜无成。

《毕法》云：此课日上亥虽为甲之长生，初传申却是木绝，又来克伐，虽有面前之微吉，却有背后之深害，谚曰"贪得一粒粟，失却半年粮"，此之谓也。

上神生日，日上生辰上，用克日，初克末。

课名蒿矢、玄胎。中末空亡，然甲日乃为凶中之吉，盖初传申乃日鬼，若不空，即为害。但此占事，虽可解忧，不可作吉，虽朱勾在中援引，亦不能成功。

《义》曰：神将生助，福自有成。先凶后吉，渐得其情。闻忧有解，成事变更。守正修德，无不利亨。

《象》曰：白虎当途事可忧，凶中有救放眉头。吉人终不为灾害，天理昭昭自有由。

此蒿矢带金之卦，其凶可畏，一曰玄胎，亦曰天网。《经》云："神遥克日名蒿矢，射我虽端当不畏。贵人逆转子无良，天乙顺行臣不义。家有宾来不可容，亦忧口舌西南至。"凡事主动摇，人情倒置，象如以蒿为矢，射我虽中而不入。祸福俱轻，求事难成，利主不利客。占行人来，访人见，若带金煞，亦能伤人，主蓦然有灾。所幸传入空乡，又名遗镞，不能成事，祸从内起。况玄胎如婴儿隐伏之状，利上不利下，事主远而多伏，暗昧不通，触则成祸，惟君子守正修德则亨。夫天网者，即天网四张也，《经》曰"天网四张，万物被伤"，为阻滞，为疑难，为灾恼。上神生日，所为百事吉，运用如意，遇灾不凶，逢吉愈吉。日是人相助，夜是神相助。若冬占，主声名显达，岁生日者，尤为吉昌。占者遇之此课，凡占谋百事，主客相和，但畏夫阻滞之神为扰。占吉事者阻挠而后难成，占忧惊之事先凶后吉，难中有救，上门相助。占老人小儿病，得之大凶，有德可解。

占出兵行师得此，宜先避其锋，然后方可动垒。昼占凶，夜占稍可，终见讲和，而不能成其凶咎也。大抵此课，凡占百事，有始无终之象也。

春中夏吉。

真一山人云：此课原来号折腰，吉凶半路总虚劳。求官须待巳年月，巳化为龙福自高。

《无惑钤》云：申为矢箭，射中非善。马载虎鬼，患难脱免。

---

① 《壬占汇选》作：何子重壬戌生，四十八岁占平生，同得此课。

《铃解》曰：蒿矢得金为有力，又为虎鬼乘马，凶甚速也。夜占可，昼占难免其患难也。又云：乐里生悲，先受生，后坐脱败宜守。又云：若四季占，亥水无气，却喜申鬼生亥，乃不幸中幸。又云：卯加午为闭口，占家宅上乘朱勾，主文书勾连，宜慎，吉。

甲午日第五课

重审　炎上　不备　斩关　狡童
我求彼事干传支　权摄不正禄临支

<pre>
六 后 白 六   六 白 后 六
戌 寅 午 戌   戌 寅 午 戌
寅 午 戌 甲   寅 午 戌 甲

财 戌 戌 六   财 戌 戌 六
子 甲 午 白   子 甲 午 后
兄 壬 寅 后   兄 壬 寅 白

贵 后 阴 玄   空 白 常 玄
丑 寅 卯 辰   丑 寅 卯 辰
蛇子   巳常   青子   巳阴
朱亥   午白   勾亥   午后
戌 酉 申 未   戌 酉 申 未
六 勾 青 空   六 朱 蛇 贵
</pre>

《玉历铃》云：此课木日得火局，全脱之象，又六合夹克戌财，天魁临日，又有关隔，凡占关隔，有始无终，不能成遂也。

《通神集》云：此课支干在三传之中，三传又在四课之中，盘旋缠绕，凡占行人必获，盗贼不出，求谋可遂，病祟难解。

《毕法》云：此课初传自干上传归支上，凡占必是我去求人，必受曲折抑勒，不得舒泰也。

辰上克日上，日克用，末克初。

课名重审、炎上、斩关。拘聚，主有虚张，小人口舌生事，不可不谨。所喜木日得火局，皆子孙福德，又自墓传生，先晦后明，虚而无成，交合夹克，有始无终，春夏可得文书，发而即脱。

《义》曰：欲了未了，欲成未成。精神虚耗，心事不宁。闺门谨慎，以防私情。户大家虚，徒然有名。

《象》曰：人来谋事且从容，尔欲凭他便脱空。凡事奈心宜正守，莫教脚步走西东。

此重审之卦，一曰炎上，亦曰斩关，又曰狡童。夫重审者，重而审之也。利为主，利后动，长有厄，事从内起，起于女人。以下犯上，贱犯贵，卑犯尊，事多不顺。阴小在下者，有悖逆之事。占臣未忠，子失孝，事不可遂意而行，必当审察，循乎义理，庶几以免后患也。况斩关非安居之象，占者多不自由，事多暗昧不和，离散口舌，欲隐身避难者，却利乎奔逃也。夫狡童乃不正之象，占男女为阴私邪僻暗昧之理，占宅宜谨慎闺门，以防阴小越礼，惟能以礼自防者可化之。日上见戌，妻美财丰，利于求财，但此财遭上下三重夹克，乃不得自由之财也。传见炎上，事主多虚少实，谓火以明为主，虚则生明，实则生暗，是反体也，所占明事，反为暗事。炎上主柱图不遂。大抵五行正气入十干杂糅之乡，异方三合乃生旺墓之神，事主丛杂不一，主关众人共谋，不然两三处干事，委曲托人与人相合之类。公讼为解，疾病虚耗。三传俱脱，必为虚耗不宁，必见作类相脱赚，递相牵连，欲脱不脱，欲了不了，成事难成，散事难散，凡事不利。占婚姻不宜。病难瘥。占谋望不遂，合而未合。

占出兵行师，昼夜所占皆利，但未免虚耗，或储积不足，仍防欺诈侵扰也。春吉。先失后得。

真一山人云：生意萧条事未成，相逢对面不知情。病多虚极须调理，闻得凶声且不惊。

《无惑钤》云：人衰宅旺，他忾我向。讼宜顺他，病虚脱丧。

《钤解》曰：火局脱干比支，主人衰宅旺也。他来脱我，我反生他，他忾我向也。占讼宜和顺于他，占病虚脱丧亡也。《毕法》云：支坟财并旅程稽，戌为支坟，为日财，商贾羁留。又云：取索还魂债。

728

甲午日第六课

元首　不行传

众鬼虽彰全不畏　夫妇芜淫各有私

```
青 贵 玄 勾          蛇 空 玄 朱
申 丑 辰 酉          申 丑 辰 酉
丑 午 酉 甲          丑 午 酉 甲


官 丁 酉 勾          官 丁 酉 朱
财   辰 玄 ◎        财   辰 玄 ◎
父 己 亥 朱 ⊙       父 己 亥 勾 ⊙


  蛇 贵 后 阴          青 空 白 常
  子 丑 寅 卯          子 丑 寅 卯
朱 亥       辰 玄    勾 亥       辰 玄
六 戌       巳 常    六 戌       巳 阴
  酉 申 未 午          酉 申 未 午
  勾 青 空 白          朱 蛇 贵 后
```

　　《中黄经》占曰：此课因财惹起官事，七日之后官事自解矣。盖初传勾陈克日，更发用，上下交加，自为克战，中传玄武，有财气，末传朱雀生日，亦主无凶，但为勾陈克日，玄武建财，惹起官事。凶事取末传冲处为散期，末亥冲巳，巳上见子，本日至子七日，则官事自解矣。①

　　又占行人得此课，行人必不来。何以言之？盖日上见酉，行年寅加未，天上日还不得地下日上，为地下日上见酉能克甲，是以日干难还本处矣。又贵神逆行，门上神是戌，戌内有辛，辛克寅，寅是行年，为门上神克行年也。卯酉上神为行人门户，如天乙逆行，须要行年天上支逆还地下支；天乙顺行，须要行年天上支顺还地下支。其课天上寅为行年，天乙逆行，其寅待过卯，卯上得戌，戌中有辛，克寅，是为门上神克行年神。甲又还地下寅不得，为寅上见酉，能克天上甲也。此占行人，必不归也（亦假令十一月将甲午日午时占）。

────────────

① 《中黄经》作：假令十一月将，甲午日午时。

《玉历钤》云：此课酉临日上为用，甲用酉为官，但中传空亡，不能为用，凡占所事无成。

《毕法》云：干上酉为初传，虽为鬼，却生末传亥水，作寅木长生，名引鬼为生，凡占先凶后吉。

上神克日，辰上生日上，用克日。

课名元首。卦体虽顺，然不宜谋新，只宜结绝旧事，盖绝地立用，而中末又空，酉为甲日之官，恐亦不长远。且勾暮雀为用，名进望，有求便得，未保其往，可散忧。三传皆自刑，而寅亥辰酉皆合，凶亦不成，合亦空散。

《义》曰：切莫投人，恐被相谋。始终作事，渐觉脱空。无毁无誉，无吉无凶。欲识何如，捕影捉风。

《象》曰：勾陈带剑岂寻常？朱雀文书口舌防。到底事成还改变，凶中化吉见祯祥。

此元首之卦，一曰天网。夫元首者，尊制卑，贵役贱之象。占事多顺，利于先举，事多起于男子。为臣忠，为子孝，正大光明而无邪僻之行，德业已著而乾乾进修，常怀危惧，惕励而无咎也。夫天网者，即天网四张也，《经》曰"天网四张，万物被伤"，为阻滞，为疑难，为灾恼。上神克日，凡事不顺，只利先讼，要有气，余不吉，讼病者畏。日是人相损，夜乃鬼为殃，常占为人所欺负，此名四绝卦，不宜占图谋新事，惟宜结绝旧事，却易为也。六害临宅，主忧心不宁，不宜占家宅。占者遇之此课，求官见贵，始如锦上添花，末似风中秉烛，有情而化无情。凡占婚姻者难成，否则终身反目，而失其好合之情也。占求财，如水中月、镜中灯，易见而易失也。占病，先号后笑。占惊恐，先忧后吉。占出行者，防虚惊。投谒者，难遂意。

占出兵行师，昼占战士防损伤，夜占多唇舌。惟利客，利先进。大抵此课，中末传入空乡，如苗而不秀，秀而不实，所占百事，虎头鼠尾，虽忧惊得此，亦消散，利乎能解凶也。

辰年月日吉。

真一山人云：到此踌躇莫厌难，纵逢惊恐放心宽。任他凡百终无益，侥幸成来反复间。

《无惑钤》云：玄财在中，末生中空。丁神在鬼，凶动重逢。

《钤解》曰：丁神临干，发用作鬼，重逢其凶也。中财，二玄夹，财非财也。末生，临辰落空，生何生焉？《毕法》以此为"引鬼为生"，未免先凶后吉。又云：外鬼墓呼，酉作干鬼，丑乃酉墓也，申在墓中，谓外鬼呼也。余依此推之。又云：三传自刑，妄自尊大，高傲于人，减福去吉。又云：支上神生干上神，作日鬼，不利干谒求财，即有祸出。

甲午日第七课

反吟　玄胎

六阳数足须公用

白	蛇	后	青		后	青	白	蛇
午	子	寅	申		午	子	寅	申
子	午	申	甲		子	午	申	甲

兄	壬	寅	后		兄	壬	寅	白
官	丙	申	青		官	丙	申	蛇
兄	壬	寅	后		兄	壬	寅	白

朱	蛇	贵	后		勾	青	空	白
亥	子	丑	寅		亥	子	丑	寅
六戊		卯	阴		六戊		卯	常
勾酉		辰	玄		朱酉		辰	玄
申	未	午	巳		申	未	午	巳
青	空	白	常		蛇	贵	后	阴

　　此课德绝禄丧，婢妻主家，支干又伤，犯病符侵身，不久主瘫病风痰。生气作蛇入宅，主生男子，见此子后，其病便生，须是珍重，不可贪色。甲寅年尤甚，其宅十八年变为溪沟矣。冯丈授转运司干办公事，有三年缺，上任一年中风，自后瘫疾不能动止。因壬子年得子贺喜，饮酒过度，遂感风成疾。解任归，日食自费两千之余，虽卧病不起，其自失加倍。至甲子年大水，宅为水所冲，损破果作溪沟矣。[①]

　　同日时，丁巳生人，五十二岁，占得此课。先生曰："此去有三千里之动，七年不动，第八年归。"当年七月，随一官到广州，三千三百里。其官人任满，辟差知忠州，又辟差广西参政，第八年却归。盖日上驿马交驰，寅申各数七，遂有七年之测。行年亥加巳，天头地足，是故远任也。

---

　　① 《壬占汇选》作：己酉年正月甲午日子将午时，冯干办丁卯生，生于八月十七日辰时，占前程。

《玉历钤》云：日往就鬼，寅加申也，鬼来克日，申加寅也，凡占所事皆凶。

《毕法》云：干上申伤干，支上子伤支，干支各被克伤，凡占人宅主客皆有伤损，犹不宜占讼，两家皆受刑责之象。

上神克日，日上生辰上。

课名反吟。对神作鬼，日干发用，况四神皆鬼，为驿马，诸神互换，人物交易，财物阻隔。鬼来制日，涉害愈深，犹凶。支干皆伤，反吟中之最凶者也。凡事宜远求，求有成而随破。此课本凶，然甲日寅为禄，午日申为马，三传皆为禄马，所以凶中有救，甲寅生人利。

《义》曰：禄马既绝，求官上歇。若还占病，飞扬魂魄。课名反吟，好事陆沉。若还勉强，必失知音。

《象》曰：人情不协且随时，忍事存心只自知。吉士到头终获福，凶人终始祸相随。

此无依之卦，一曰见机，亦曰天网。夫无依者，即反吟也。《经》云："无依是反吟，逃者远追寻。合者应分散，安巢别改林。守官须易位，结友也分襟。所为多反复，占病数般侵。"反吟刑冲，事主迟滞，远近系心，更相仇怨，且反复而呻吟，是无予夺而难息也。况见机者，察其微，见其机，谓两比两不比，当以涉害为用。涉害有浅深，欲用不用，欲言不言，事有两而取一，所作稽留，迟疑艰难，进退不定，忧患难消，怀孕伤胎，难于前而易于后。夫天网者，即天网四张也，《经》曰"天网四张，万物被伤"，为阻滞，为疑难，为灾恼。上神克日，只利先讼，要有气，余不吉。占病大畏，常占为人所欺负，口舌不宁，事不遂意。占者遇之此课，占求官见贵不宜。占婚姻、疾病，凶。占托人、投谒、交易、出行皆忌，惟宜生产并了结旧事，若欲图新，未见进益。

占出兵行师，不可强用，昼占无威不宁，夜占凶。大抵此课，所占无益于用兵者，深宜戒谨，惟利后举及为主者，此不可不知。其余诸占未称，若侥幸成之，终不美也。

春平吉。

真一山人云：一炷清香一曲琴，闭门静守待知音。从今事事循规矩，渐觉将来福自深。

《无惑钤》云：支干相伤，又坐克方。舍就不可，彼此匪良。

《钤解》曰：甲被申克，午被子克，彼此皆伤也。寅又临申，午又临子，自坐于克方也。在此在彼，俱为不善，一就一舍，无一可者。

甲午日第八课

知一　三奇　天狱　不行传　交车合
前后引从升迁吉　害贵讼直遭屈断

```
玄 朱 蛇 空        玄 勾 青 贵
辰 亥 子 未        辰 亥 子 未
亥 午 未 甲        亥 午 未 甲


父 庚 子 蛇        父 庚 子 青
子    巳 常 ◎     子    巳 阴 ◎
财 戊 戌 六 ⊙     财 戊 戌 六 ⊙


六 朱 蛇 贵        六 勾 青 空
戌 亥 子 丑        戌 亥 子 丑
勾酉      寅后    朱酉      寅白
青申      卯阴    蛇申      卯常
未 午 巳 辰        未 午 巳 辰
空 白 常 玄        贵 后 阴 玄
```

《玉历钤》云：此课日上见土为财，发用来生，但子未相害，中末空亡，凡事阻隔无成。

《毕法》云：此课初传子加未，末传戌加巳，乃初末引从地支格。如值此例，必迁修家宅则为吉。

日克上神，日上克辰上，日上神克用，末克初。

课名知一。墓覆日干，事涉两头，凡事暗昧，喜日辰交合，传中空亡，子来生干，忧喜从空散也。

《义》曰：生者受制，何为而利？谋事迟难，始终变易。天狱难凶，幸得逢空。忧中望喜，有影无踪。

《象》曰：见机明决是男儿，遇此疑难好事期。欲把精神施干济，争如回首学呆痴。

此知一之卦。夫知一者，知一而不能知两。知者以为自知、自见，不知为寇仇，故言知一也。以此为用，舍远就近，舍疏就亲，恩中生害，事多起于同类，凡事狐疑，事贵和同乃吉。此课正、二月节内占，为天狱卦，斗罡加日本，忧在父母不吉，宜修德禳之。一曰死奇，又非吉也。所赖者，传见三奇，乃枯木重荣之象，谁知日上墓神覆之，百事难通。况墓者，五行潜伏湮没之地，四时衰败气绝之乡，暗昧不振，如人处云雾之中，昏蒙而无所见也。《百章》云："墓神覆日愦难通，四十九日多昏蒙。占病气逆食不通，夜里昏昏昼里慵。"宅上受克，家中不和、不足。占者遇之此课，发用与日上作六害，事多乖戾，占者多惊忧。占求官见贵，不惟不和协，亦难成就。占远行、投谒、婚姻、交易，用尽机关，徒劳心力，竟无可成，知者当"动以理、静以义"处之，则自然利亨而无咎。占求财轻微，得失相须。占官讼、禁系、暴病、惊忧之事，得此大为福庆，以其中末空亡之解诸凶也。

占出兵行师得此，昼占忧心众畏，夜占得宝货图书。大抵此课，吉凶两事归之于无用，喜而不喜，忧而不忧也。

夏吉。望事在巳年月日。

真一山人云：道未行时奈若何？不如随分且蹉跎。吉凶两事浑无用，酌酒吟诗任放歌。

《无惑钤》云：交互彼己，两皆不利。夜贵害人，讼遭官制。

《钤解》曰：午未寅亥交合，未墓日，亥克辰，两皆不利也。未为夜贵，夜占初传子害贵人，讼虽直犹遭屈断，况不直乎？又云：引从地支者，值此主迁修家宅。

甲午日第九课

元首　斩关　励德　炎上　泆女　不备

脱上逢脱防虚诈　人宅受脱俱招盗　虎乘遁鬼殃非浅

后 六 六 白
寅 戌 戌 午
戌 午 午 甲

兄 壬 寅 后
子 甲 午 白
财 戊 戌 六

勾 六 朱 蛇
酉 戌 亥 子
青申　　　丑贵
空未　　　寅后
午巳辰卯
白常玄阴

白 六 六 后
寅 戌 戌 午
戌 午 午 甲

兄 壬 寅 白
子 甲 午 后
财 戊 戌 六

朱 六 勾 青
酉 戌 亥 子
蛇申　　　丑空
贵未　　　寅白
午巳辰卯
后阴玄常

　　此课先生曰："若欲行正道，不必见之；若欲行邪道，则不妨。寅午戌皆相习而为狂党，天后六合又为泆女，主下稍埋怨不足，互相冤抑。夫甲日火局，十二分盗气，支又来窃干，我反大有所费。若远涉，徒费盘缠，纵有所得，左手得钱，右手便送与妇人去，被官长知觉，亦轻视不肯多惠矣。"管生欲见前任杨教授，现做宜兴县官，有书札寄至，欲去干求。先生曰："莫去。"管笑曰："杨教授前任此州，常有书札与我，彼时持书教我来。"不听卜占，遂去。至彼，杨知县大喜，就拟律送。适值友人冯少卿、何伯通在常州，多有所赠。管生凡所得，皆入妓门，囊箧为之一空。杨察知之曰："老夫见汝平日安分，今远来，故多方照顾，将谓收拾养家，若此胡为，则枉了做人情。"遂请归书院，安泊半年，不发遣。及告归，杨簿酬生不满意，止得盘缠而已。炎上课自是不利，又是午来蚀甲，虽将厚本，亦主消折，又日夜六合夹克其财，又空手望人，卦得泆女，财被初传天后（夜作白虎）乘寅劫去。[①]

《中黄经》占小儿病，亦得此课。占云：中传元遁庚午，乘白虎加干，就来克干，此病甚重。末传六合，白虎阴神，遁得庚戌，又来克日，亦主沉重。又行年上见螣蛇，旬遁得庚子，亦克日干。三传泄气，不见救神，至七日丁丑时必难过矣。[②]

《毕法》云：此课干上午脱干，支上戌脱支，干被脱则人衰羸，支被脱则宅倾坏，或因修宅耗费钱财而不能成功，以宅借人，全无增益，而被其作践，人宅两损之象也。又云：三传虽是脱气，却生起末传财神，谓之取还魂债。

日上神生辰上神，初克末。

课名元首、炎上、斩关、阳不备。夜占虎带德，不来害人。且用生中，终见中墓，不能善。然初在辰阴，中在日上，末传加辰上，三传不脱四课，事主向后十全，只利士夫，后得时，无往不可。终有狱讼，亦无忧，有可解，以上克下。

《义》曰：正家之始，惟在闺门。课得淫泆，更莫问婚。成者未成，了者未了。正静处礼，自然渐好。

《象》曰：身心未爽便被疲，势到如斯不可疑。事事但从天理问，昭昭鉴报福来宜。

此元首之卦，一曰泆女，亦曰炎上。夫元首者，尊制卑，贵役贱之象。占事多顺，利于先举，事起于男子。为臣忠，为子孝，正大光明而无邪僻之行，德业已著而乾乾进修，常怀危惧，惕励而无咎也。且泆女乃不正之象，阴私邪淫，占男女有阴私暗昧之理，占家宅宜谨慎闺门以防阴小越礼，惟能以礼自防者可化之。日上见午，虚费百出，谋望不遂，失盗损财，人口衰残，休囚尤重，旺相犹可。炎上为日，象君，事主多虚少实。谓火以明为主，虚则生明，实则生暗，是反其体也。占明事反为暗昧，亦主枉图不遂。占人性刚急，卜天晴明。惜其脱尽日干之气，凡谋耗盗，互相脱赚，卒无了当，欲成不成，欲脱不脱，事多费力。夫阴阳不备，二女争男，不宜占婚。占者遇之此课，占求官见贵者，不宜得此，以其三合火局，反有伤官之理，须得年命之水济之可也。占见贵和投词喜。交易合而未合。求事难成。占宅不宜，招两姓人。求财者，得不偿费。失物难得。托干散事。出行口舌。占孕生男。占病缘修屋宅而致虚。讼主失理，

---

① 《壬占汇选》作：建炎己酉年十月甲午日寅将戌时，管学正辛酉生，四十九岁占往宜兴谒县尹杨公。

② 《中黄经》作：假令己巳人，五月将，甲午日丁卯时占。

亦有解。

占出兵行师，昼占无威，夜占败绩。敌使传言，皆多不实。又见粮储匮乏，军威不振。大抵此课，不能成事而能散事也。

真一山人云：用尽心机耗尽财，声名空大反成乖。人来说好情无实，动足之间着力裁。

《无惑钤》云：循环脱耗，秋冬急暴。身位频灾，家庭累盗。

《钤解》曰：会火脱干，耗费太甚，春夏火当旺相，灾祸犹缓，秋冬火气休囚，灾必发矣，故曰急暴。身为午虎所脱，又为遁庚所克，必灾祸频频。戌又脱宅，所以家庭累盗也。《毕法》脱上逢脱例，谓此虚诈尤甚。又云：戌为支坟财并，作末传，上乘六合，所以因交易损财也。

甲午日第十课

知一　玄胎　闭口

脱上逢脱防虚诈

```
蛇 勾 青 常          青 朱 蛇 阴
子 酉 申 巳          子 酉 申 巳
酉 午 巳 甲          酉 午 巳 甲


官 丙 申 青 ⊙        官 丙 申 蛇 ⊙
父 己 亥 朱          父 己 亥 勾
兄 壬 寅 后          兄 壬 寅 白


青 勾 六 朱          蛇 朱 六 勾
申 酉 戌 亥          申 酉 戌 亥
空未      子蛇       贵未      子青
白午      丑贵       后午      丑空
巳 辰 卯 寅          巳 辰 卯 寅
常 玄 阴 后          阴 玄 常 白
```

《玉历钤》云：此课日鬼为用，初克末传，非吉课也，凡占所事无成。

日生上神，日上克辰上，上神克用，初克末。

课名知一、玄胎、四牡。凡初见鬼为用，不为吉课，但中末作长生、德禄，初传申乘巳落空亡，凶不能全，宜出旬换甲图事，先乃不足，后有余也。

《义》曰：昼夜贵人，皆不治事。若还见贵，徒然用意。事多虚声，所谋见更。后来渐好，福自来并。

《象》曰：先难后易虑更张，若也求财未语昌。克己存心宜奈守，坐看指日沐恩光。

此知一之卦，一曰玄胎，亦曰天网。夫知一者，知一而不能知两。知者以为自知、自见，不知为寇仇，故言知一也。以此为用，舍远就近，舍疏就亲，恩中生害，事多起于同类，凡事狐疑，事贵和同乃吉。况玄胎如婴儿隐伏之状，利上不利下，事主远而多伏，暗昧不通，触则成祸，惟君子守正修德则亨。夫天网者，即天网四张也，《经》云"天网四张，万物被伤"，为阻滞，为疑难，为灾恼。日生上神，虚费百出，谋望不遂，盗失损财，人口衰残，休囚尤重，又为子孙脱漏之事。况日刑，动摇不宁之象，合而不合之谓。占者遇之此课，大义主先难后易之象。占求官见贵者，动摇不顺。婚姻难成，始终有忌。占宅内有口舌不宁。占身思动，不利远行，忌往东南方，谨慎修德可化也。占产难。占病有救，忌老人小儿久病。失物难得。讼解轻。交易、投谒、主客、托人，皆不宜。

占出兵行师得此，昼占虽曰大胜，犹宜慎焉，夜占忧众畏，大忌。若敌有使来，其言不实，不可信。

秋吉。

真一山人云：莫听人言去采苓，徒教辛苦涉高岑。安心且隐衡门下，时若来时报好音。

《无惑钤》云：脱空破碎，丁鬼宅内。初马在申，生禄后配。

《钤解》曰：巳乃旬空，又破碎煞，脱干之气。酉鬼遁丁，临于宅上，支干无一可者。遂投初传，则逢马鬼，再进一步，幸而遇亥之长生、末之寅禄，皆由艰辛而后亨泰也。

甲午日第十一课

涉害　斩关　登三天　狡童　寡宿

罡塞鬼户任谋为

```
玄白青六          玄后蛇六
戌申午辰          戌申午辰
申午辰甲          申午辰甲


财　　辰六◎      财　　辰六◎
子甲午青⊙        子甲午蛇⊙
官丙申白          官丙申后


空白常玄          贵后阴玄
未申酉戌          未申酉戌
青午　　亥阴      蛇午　　亥常
勾巳　　子后      朱巳　　子白
辰卯寅丑          辰卯寅丑
六朱蛇贵          六勾青空
```

《玉历钤》云：此课用神夹克，末传日鬼临支，凡事废而后成，成而复废，不可用也。

《毕法》云：此天罡临寅，谓之罡塞鬼户。天乙临亥，谓之贵登天门。罡塞鬼户则百怪潜伏，贵登天门则六神皆凶，然于此时则腾蛇坠水，朱雀投江，勾陈受剥，白虎烧身，天空投绝，玄武陷刑，凡占大吉，所为无不可也。

课名间传、登三天。最为凶课，然此空亡发用，凶忧可解，虽六合夹克，又有蛇虎，亦不成凶。申虽为鬼，亦不能为鬼也。

《义》曰：闻之有声，难得损失。求财逃盗，有难寻觅。凡有经营，未见有成。登天之难，何所为凭？

《象》曰：僧道孤穷便不妨，不教免脱害离乡。忧疑患难难之福，久病婴儿内有伤。

此见机之卦，一曰斩关。夫见机者，察其微，见其机，谓两比两不比，当以涉害为用。涉害有浅深，欲用不用，欲言不言，事有两而取一。所作稽留，迟疑艰难，进退不定，忧患难消，怀孕伤胎，难于前而易于后也。况斩关非安居之象，占者多不自由，事多暗昧不和，离散口舌，欲隐身避难者，却利乎奔逃也。夫辰午申，登三天也，罡塞鬼户，宜暗求私祷。《经》云："辰午申为用，三天不可登。病死远行忌，讼须省部评。"《经》云："寡宿孤辰，值此尤妨骨肉。"主见孤独，别离乡井，自立门户，财物虚耗，僧道宜之，俗不宜也。又恐妻妾生灾，占者遇之，有间隔之象。夜占为狡童，男女不正有私，而终不成事。不宜占婚，占家宅须以礼防之，凡占有俯就屈下于人之理。若求官、见贵、远行、投谒、托人，皆不宜，亦难成就，余占亦然。惟利占产，占忧惊、患难、禁系之事，却能解散。占暴病虽重不死，久病难全。

占出兵行师，忧失众，亦见胜机。敌使之来，所言不实。大抵此课，无中生有，有影无形，吉不吉而凶不凶也。

季春占，或辰年日可。利大不利小。

真一山人云：默默忘言守自然，人生穷达系乎天。姜公老应飞熊兆，佐辅成周八百年。

《无惑钤》云：空财动取，马载虎鬼。贵登天门，罡塞鬼户。

《钤解》曰：辰为日财，既为旬空，又被夹克，虽临干作财，动取无益也。中午脱气，末申虎鬼，然而有马，凶动之速也。贵人登天门，仕宦最宜。罡塞鬼户，众鬼不敢窥觑，惟宜闪灾避难，阴谋默干，或吊丧问病，合药书符，凡占无不亨通。

甲午日第十二课

重审　寡宿　顺连茹

白 空 六 朱	后 贵 六 勾
申 未 辰 卯	申 未 辰 卯
未 午 卯 甲	未 午 卯 甲

财　辰　六　◎	财　辰　六　◎
子　巳　勾　◎⊙	子　巳　朱　◎⊙
子　甲午　青　⊙	子　甲午　蛇　⊙

青 空 白 常	蛇 贵 后 阴
午 未 申 酉	午 未 申 酉
勾巳　　戌玄	朱巳　　戌玄
六辰　　亥阴	六辰　　亥常
卯 寅 丑 子	卯 寅 丑 子
朱 蛇 贵 后	勾 青 空 白

《玉历钤》云：此课连茹空亡，凡占忧喜皆不能成。

《毕法》云：此课三传辰巳午，连茹空亡，却宜退步，赖三传脱气空亡，甲木被传火脱尽，奈何支干前后夹定脱气在内，尽被脱耗而无穷也。如遇丑为年命，始宜进步，就其禄神，占者必当急流勇退，以避祸患，若或包羞忍耻以苟富贵而不肯止，不知凶神在前，身之将危也。他日思上蔡之犬、华亭之鹤，夫何所及善乎？王易简诗云："青山归去且归去，官职有来还自来。"

日上克辰上，日克用，上神克用。

课名重审、连茹、斩关。辰加卯为杜塞，似有重复干众。[①] 然三传皆空，云虽不见其为吉，而凶事亦无也，只平常，亦可免咎。

《义》曰：侥幸得之，无意失之。徒然全美，终见败毁。夹定三传，有何少益？用力营营，事期未必。

《象》曰：进步何为退步高？不知行止枉徒劳。可怜病者难禁此，忧患难消

---

① 此句后原抄本有"是何言"三字，疑为讹错，今附为脚注，以俟高明指正。

尚未消。

此重审之卦，一曰孤辰，亦曰龙战。夫重审者，重而审之也。利为主，利后动，长有厄，事从内起，起于女人。以下犯上，贱犯贵，卑犯尊，事多不顺。阴小在下者，有悖逆之事。占臣未忠，子失孝，事不可遂意而行，必当审察，循乎义理，庶几以免后患也。况孤辰有茕茕孑立之象，占人别离桑梓，凡所占谋，多虚少实，功名难遂，事业虚花。且龙战乃天之私门，生杀有限，分杜有期，雷动龙奔，示其有战，身心疑惑，进寸退尺，动有乖离之象。辰巳午乃进连茹也，事主欲行不行，欲止不止，牵连疑二，一事未了，一事又来。占者遇之此课，凡占不宜进步，惟宜退步却吉，若进则谋事不成，反致耗失脱空之扰，此所谓"进步何如退步高"。占求官、见贵、谋望、托人、投谒、求财，所占百事，皆指空话空，空空如也，万事无踪，何如施其力耶？占暴病宜祈福，久病有危亡之兆。惟利夫忧惊、禁系、厄难、凶险之事，逢之却为福祥，以其禳解，终不全美。

占出兵行师，忧失众，昼占无威，夜占不胜。大抵传见空脱，所占之事，吉不吉而凶不凶也。

四时无益。夏平。

真一山人云：羁身何暇得从容？名利之声总是空。事见变更人未实，捕风捉影了无踪。

《无惑钤》云：支干拱传，空脱两全。行人在彼，耗盗忧煎。

《钤解》曰：干卯支未，拱传辰巳午三传在内，俱系空脱，俱无益也。《毕法》云：支坟财并旅程稽。未，甲木之墓也，辰，水墓也，为日之财，所谓"支坟财并旅程稽"者也，故曰"行人在彼，耗盗忧煎"也。此一进茹，却不宜进退也，进而逢空脱，夫岂可哉？又云：墓呼系家亲。未，干墓也，临宅，未中有甲鬼。余依此推。又云：末助求财。又云：连茹者，事连接续，不断牵连。又云：卯乘朱雀临寅，辰用，主口舌文书，讼进凶退吉。

乙未日

乙未日第一课

伏吟　稼穑　斩关　寡宿　互墓　六、十二月占为游子

```
白 白 勾 勾          蛇 蛇 勾 勾
未 未 辰 辰          未 未 辰 辰
未 未 辰 乙          未 未 辰 乙


财     辰 勾 ◎⊙       财     辰 勾 ◎⊙
财 乙 未 白          财 乙 未 蛇
财 辛 丑 蛇          财 辛 丑 白
```

```
青 空 白 常          六 朱 蛇 贵
巳 午 未 申          巳 午 未 申
勾辰      酉玄        勾辰      酉后
六卯      戌阴        青卯      戌阴
寅 丑 子 亥          寅 丑 子 亥
朱 蛇 贵 后          空 白 常 玄
```

《玉历钤》云：此课一木三土，财多而反费力也，凡占费力无成。

《毕法》云：此课未为日干之墓，临于支上，又乘白虎，却不克支，人家虽有伏尸之鬼，却不为祸。又云：干上有支之墓，支上有干之墓，是我欲设计瞒人，而人已画谋瞒我矣。然干上墓是我之瞒人，但虚意耳，所以瞒人不过，我乃是实心，我所以被人欺，堕伊计中，莫能先见也。

日克上神，日克三传。

课名伏吟。诸神不动，各归本方。此课日辰互见墓神，日干上下皆空，凡占止而复行，行而复止，空有名无实，初见虽善，终无大利而自休，虽有忧，亦有解也。

《义》曰：财多不吉，求财反失。占病凶重，有解之力。动必迟疑，艰难力屈。为善降祥，福乃骈集。

《象》曰：君子占之守自昌，庶人得此恐难当。若求安稳无他事，一寸恒心一炷香。

此自信之卦，一曰稼穑，亦曰斩关，又曰孤辰。夫自信者，天地伏吟，十二神各归本家，天地如一，四伏未发之象。占事静则宜，动则滞，主事藏匿不动，静中求劳，有屈而不伸之象。况稼穑乃重土，有艰难之象，常占得此，名曰鲸鲵归涧，凡事逼迫不由己，出若遇雷神，方能变化。《要》曰：稼穑者，五坟也，不宜占病。且斩关非安居之象，占者多不自由，事多暗昧不和，离散口舌，欲隐身避难者，却利乎奔逃也。夫孤辰有茕茕孑立之象，占人多别离桑梓，凡所占谋，多虚少实，功名难遂，事业虚花，僧道宜之，俗不宜也。干上与初传自刑，凡事自尊自大，自逞自是，落败而别更改。占者遇之此课，三传俱财，财多反生不足，有官守防丁忧，常占父母不宁，亦不宜占病。凡占举造百事，难成而易败，且有声而少识。若占求官、见贵、投谒、交易、谋望之争，皆欲成不成之象，两家各有昏迷。得此课暴病五坟，凶中有救，忧疑有解。

占出兵行师，防有失众之理，昼夜占皆凶，幸凶中有救而勿畏也。大抵此课，无益于用兵，亦无益于占事。追捕逃盗，不惟不得，虑有所伤。谨之！谨之！

事起虚声。四时占少益。

真一山人云：事到难时且莫嗔，几番寒极见阳春。兢兢战战都经过，五福还应积善人。

《无惑钤》云：三传日辰，总是财神。丑未蛇虎，丑又乘辛。

《钤解》曰：遍地皆财，而虎辛又伏于末传之丑内，财多有害，一至此哉！又云：传财化鬼财休觅，取此财有祸矣。

乙未日第二课

昂星　首尾　交车死

旺禄临身徒妄作　首尾相见始终宜　魁度天门关隔定

```
青 空 朱 六          六 朱 空 青
巳 午 寅 卯          巳 午 寅 卯
午 未 卯 乙          午 未 卯 乙


财 戊 戌 阴          财 戊 戌 阴
兄 癸 卯 六 ⊙        兄 癸 卯 青 ⊙
子 甲 午 空          子 甲 午 朱


勾 青 空 白          勾 六 朱 蛇
辰 巳 午 未          辰 巳 午 未
六 卯      申 常     青 卯      申 贵
朱 寅      酉 玄     空 寅      酉 后
丑 子 亥 戌          丑 子 亥 戌
蛇 贵 后 阴          白 常 玄 阴
```

《玉历钤》云：课旬尾旬首加支干，本为闭口，但将颇吉，虽名转蓬，却胜常课，凡占皆有成就。

《毕法》云：此课干上有旬尾，支上有旬首，名曰一旬周遍格。凡值此者，占事不脱，所谋皆成，占赴试宜代工，占讼宜换司易局，占交加用事，去而复来，惟不宜占解释事，又名周而复始，若有忧疑，尽难决断。

《神枢经》曰：此课干上卯，是日之禄神，又是日之旺神，虽临干加身，缘是闭口之禄，而不可守；遂投初传，奈是昂星，又不能纳；不免中传，又归干上，受其旺禄，仍前不能守；再投末传，归于宅上，受其诳脱，而加于干墓之乡。以此占人，乃食禄之人，身心恍惚，奔竞妄求，反失其旧禄矣。

《心照》曰：亥为天门，戌临亥谓之魁度天门，凡事阻隔。又云：干乘支之死气，支乘干之死气，凡占止宜静守，不可动作，尤不宜占病服药，禄乃闭口故也。

日上生辰上，日克用，日上克用。

课名昴星。转蓬不免惊疑，春夏占先忧后喜，因不明而获利，冬占见险而后和解，此课终不为吉。

《义》曰：春月旺禄，守之自足。若或变动，徒为碌碌。课见忧惊，有救则轻。谋事疑二，欲成不成。

《象》曰：格名周遍最称奇，中见乘空又未宜。凶事遇之当作吉，欲期成事亦难知。

此冬蛇掩目之卦。夫冬蛇掩目者，昴星之谓，酉中有昴日鸡，故用酉下神为用，酉为天之私门，肃杀之地，故仰俯取之。又为藏蛰，掩目不动，提防暗昧忧惊，宜见空亡以解之。夜占课见励德，贵人立二八，阴妄立前阳处后（此课非是），大吏升迁，小吏灾迍，庶人身宅动摇不宁，宜谢土神。此乃一旬周遍格，干上旬尾，支上旬首，一名周而复始，占事不脱，所谋皆成，试宜代笔，讼宜换司易局，交易去而再来，惟不宜占散事。若年月日时全在四课三传者，名天心格，所占事必远大，或干朝廷皆的，然即日成就，若常问阴私鄙俚之事，却不为吉。天魁发用须干众，又曰"旧事从新，灾自消磨"。占者遇之此课，所占之事，谋有成，望有就，但不宜末见天空，或自不能行，或中途而止，必待再图方可。占投谒人不宜，号曰"千里徒教费粮裹"也。占婚姻不宜。占逃亡失物不脱，虑有变更。占病有救，百事难就，宜待时后必有吉。

占出兵行师得此，昼占中止不宁，夜占军士无威。占解围虽难，亦可解也。此课无益于用兵，亦谓之吉凶难凭也。

见辰吉。春利。

真一山人云：折腰无力。两家立意相侵损，可惜机关用此心。到底无成空着力，善人终获福弥深。

《无惑钤》云：干上旬尾，支上旬首。首尾迂回，常被虎视。

《钤解》曰：卯乃旬尾，临于干上，午为旬首，临于支上，首尾迂回不断，脱灾解难似难也。虎视不宜出行，或有奸私淫乱之事。又云：末助初财，自己熬煎，他人逸乐。干支互为死神。又云：食禄之人，把心不定，终处于家中，受困死而已。《毕法》云：旺禄临身，宜占升授官职，迁转之喜。首尾相见始终宜。

乙未日第三课

昂星　玄胎　不行传

```
六 青 贵 朱        青 六 常 空
卯 巳 子 寅        卯 巳 子 寅
巳 未 寅 乙        巳 未 寅 乙


父 己 亥 后        父 己 亥 玄
兄 壬 寅 朱 ⊙      兄 壬 寅 空 ⊙
子    巳 青 ◎      子    巳 六 ◎


六 勾 青 空        青 勾 六 朱
卯 辰 巳 午        卯 辰 巳 午
朱寅      未白     空寅      未蛇
蛇丑      申常     白丑      申贵
子 亥 戌 酉        子 亥 戌 酉
贵 后 阴 玄        常 玄 阴 后
```

《中黄经》占曰：此课主盗贼得财，往本家藏匿，必不败露。何以言之？盖昂星酉加亥，即亥为用，阴神在丑，上得天后，中传寅加辰，末传巳加未，青龙主财帛，谓巳中元遁得辛，亥克巳，合破财，更本命酉加亥，乘玄武克日，亦合主破财。巳，女人之象也，却克酉金，加在西南未方，此贼要往西南去，怕女人告捕，仍回本家西北藏匿，必不败也。盖为初传是亥水，十一月水旺克制巳火，酉在亥上，为金藏水中，如何得见？是以不败露也。或问此贼何处来？何处去？是谁家？是老是少？近于何处？多少里数？其家有何景象？答曰：依课论之，其贼自西北戌上来，在其家，更不行别方。盖酉为玄武之后，为贼来路，其后是戌，亦西北也。正西为酉，酉乃贼之本家，盖此贼偷得财物，从西北来本家藏匿。更不行别方者，以玄武不行绝地故也。其贼中年属鸡，以玄武坐酉地也。乙日以己为财，遁得己酉（有误），名为玄武就财，故财为贼得，难败也。酉六亥四，共计十数，酉遁得乙八数，亥遁得丁六数，共计一十四数，通前二十四数，是二十四里，为酉亥无气故也。其贼住处，院前有林木，后有水坑。盖以玄武坐亥，是后有水也。玄武居处作初传，又见前面是中传，见寅为树，是前有树林也。①

《玉历钤》云：此课用神自刑，初传克末，日辰上下相刑，主气象不和，凡事无成。

《毕法》云：此课名为玄胎，以寅加辰，则衰替矣。又是昴星，必主怀胎之时，家道日渐衰替，若生男女，亦必身躯赢弱，全无生意。

日上生辰上，初克末。

课名昴星虎视、玄胎。后玄作用为双鱼，必因两事暗生疑心，幸空亡，其凶不成。武用乘生，凡事又用则吉，然卦体危难，传却吉，而又空亡，凶吉皆从空散。

《义》曰：莫施奸狡，何用机谋？以直报怨，以恩报仇。顺而获吉，福自有由。逆而迪凶，祸自有由。

《象》曰：喜见生来笑满腮，行来行去变成乖。渐渐谋事不如意，好把阴功作福胎。

此昴星虎视之卦，一曰玄胎。夫昴星者，酉中有昴日鸡，故以酉下为用。酉为天之私门，肃杀之地，故仰俯取之。又为藏蛰，掩目不动，提防暗昧忧惊，宜见空亡以解之。占者遇之，事多暗昧，犹豫难行，惟欲潜藏者吉。传见玄胎，事皆新意，有婴儿隐伏之象，最宜于产。求官、求财、求婚，皆以长生大利。占病讼淹滞。占行人不来。占捕贼不获，为恋生故也。若老幼占病，为后世投胎之兆，主凶。传见空亡，为玄胎不育，凡占无成，更艰子息。天后空亡，因育伤母。大抵此课，虽系玄胎，四孟神加四季，谓之玄胎入墓，虽入四墓，却是空亡，总之凡占多茫昧，远而多伏，暗昧不通，触则成祸。而况又课体昴星，本不吉之课，人情失意，进退无凭，女多淫泆，即有胎乃空怀，即鬼胎也，不然恐有积块血滞，反主惊忧。占访人不见。作事无结果，恐半途中止。行人路途淹滞有阻。惟利逃亡隐形，吉。

行兵出师得此，有暗昧不明，来去信息，虚诈不实，宜静守待之，方保无虞，只为课体本凶，玄胎见空亡，即敌使有信，皆不可凭，为将者凡事慎之。

谨始慎终。

《无惑钤》云：怀胎衰替，孟临季位。嗣类支逢，空亡而已。

《钤解》云：玄胎卦，寅临辰上为衰玄胎，盖寅木衰于辰地，又孟临季位，故曰怀胎衰替。支上嗣息爻见，巳乃空亡而已，此专言胎孕。若占他事，亥虽长生，课为昴星，生力亦弱也。夜将主失脱，俯视逢虎，从魁亦虎，玄自从魁

---

① 《中黄经》作：假令乙亥生人，十一月将，乙未日卯时占。

下来，二虎，中传寅，又三虎，百事未顺。《集议》：彼此猜忌害相随。不行传者考初时。

乙未日第四课

重审　稼穑　斩关　励德　闭口

我求彼事干传支

```
蛇 勾 阴 蛇          青 常 朱 青
丑 辰 戌 丑          丑 辰 戌 丑
辰 未 丑 乙          辰 未 丑 乙


财 辛 丑 蛇 ⊙        财 辛 丑 青 ⊙
财 戊 戌 阴          财 戊 戌 朱
财 乙 未 白          财 乙 未 后


朱 六 勾 青          空 白 常 玄
寅 卯 辰 巳          寅 卯 辰 巳
蛇丑      午空      青丑      午阴
贵子      未白      勾子      未后
亥 戌 酉 申          亥 戌 酉 申
后 阴 玄 常          六 朱 蛇 贵
```

此课日上见财，主进田产，不用钱买，中间一人争竞，又复还也。后却得众财，乃是服满人家得来。六月防家中斗殴杀人，不然则门前有葬埋，所得之财悉化为鬼矣。日为尊长，日为前，支为后，日加之，故为宅前。未以辰为墓，辰新，故为葬。其年童监税与妻家分，遂得二十亩财物之类。有第三房舅姆守寡，得产不中，遂入官，悔众分。众不与破开，遂令童氏将众人田与之，寡妇遂止，众却陪童氏钱物。盖乙以辰戌丑未为财，又以丑未为妻，故财自妻家得。何以见彼之分产？乙未日破碎在丑，丑为田，田上有青龙，故进之不用财买。盖日辰、三传、行年皆处财上，何费买之？有中传戌作朱雀，遂有人争。末传未作天后，况乙日得未支为财，末传又归见未作天后，是又还彼人产矣。既还产，又却得众财，乃辰加未，便是乙加未也。去克宅，宅者彼也，克彼为财，辰为众，故得众人财。何为宅前有人葬埋，因与人争竞，财化为鬼？当年九月，有一尊长丧葬于前门重地，侵监税地界，遂兴州县之讼，果悉化财为鬼矣。日为尊长，日为前，支为后，日加支上，故为宅前。宅前，日在支前也。葬墓者，未土墓于辰也，辰为墓，故葬。《经》曰"三传全财却是鬼"，故悉化为鬼者。若非春占乙木旺，则不得此财，而反损己财，夏秋冬皆破财也。财化为鬼者，故《百章歌》云"三传俱作日之财，得此须知长上灾"，此之谓也。①

同日同时，童秀才庚辰命，占宅基亦得此课。人就宅，正是求新宅基之课。夫宅不可无土，此课四土俱备，定是左右前后皆有山也。主山太高，来逼宅。又有新坟，必欲开辟，则与新坟主争竞。宅之左畔，青龙破碎，须用土填塞补缺，将来主大富，必无清秀之士。初传青龙，妻宫为之，末传作天后，主妇人守寡。主家西北界未备，必与人争界。至乙就未，人去就宅，正是求宅之课。大凡宅要坚牢，不可无土，今四土互加，主四畔山岗大逼，须用辟开，缘主山是别人者，有新坟在其内，势不可辟开，兼龙山被当时凿损，须用补填，盖青龙乘破碎煞临身故也。此宅基四边紧密，奈何都无水出，主出人壅塞结滞之病，若遇木命人，可解一二也。②

《玉历钤》云：此课三传俱无和气，干就支，被支所墓，受人屈挫，凡事不可用。

《毕法》云：干支丑辰戌未，干支三刑者，未免无恩之义，凡占多恃势而凌弱。干带鬼墓，暗中生害，须防之。又三传俱财，传财化鬼，凡求财者，舍此无祸，不然恐因财生祸，求之待木旺，或木命人，稍可以也。干带鬼墓，见戌冲开，事有可图，占病大忌。干上丑，支上未，三传丑戌未，谓之"我求彼事干传支"。凡事勉强，不免俯求于人，亦为人抑勒，难自屈伸，旺相尤吉，死囚不安。又主为卑下所屈，兼礼下求人之意，只宜低心下意，不宜高上。百事不举，家宅不和，行人不来，病者难愈。况课体三丘五墓全逢，所以不利，惟利田土逃亡，为传逢斩关故也。

《义》曰：彼己昏昧，各乘其墓。不惟如此，抑且可恶。且防惊恐，昼夜未宁。以凶制凶，抑得其平。

《象》曰：古人恬淡随时处，何事而今未便然。刻意深图惟欲富，不思忧患起于前。

此重审之卦，一曰稼穑，一曰斩关，一曰励德、闭口。夫重审者，重而审之也。利为主，利后动，长有厄，事从内起，起于女人。以下犯上，贱犯贵，

---

① 《壬占汇选》作：建炎戊申年三月十一日，乙未日戌将丑时，童监税庚午生，三十九岁占财产。

② 《壬占汇选》作：童秀才庚辰生，二十九岁占宅。

卑凌尊，事多不顺。阴小在下者，有悖逆之事。臣失其忠，子失其孝，事不可遂意而行，必当审察，循乎义理，庶几以免后患也。况斩关非安居之象，占者多不自由，事多暗昧不和，离散口舌，欲隐身避难者，却利乎奔逃也。传逢稼穑，乃重土，有艰难之象，凡占得此，名曰鲸鲵归洞，凡事逼迫不由己，出若遇雷神，方能变化。《要》曰：稼穑者，五坟也，不宜占病。末传墓神，凡占暗昧不明，如人在云雾中，昏昧而无所得见。况鬼墓加干鬼暗兴，若明见其鬼，可以制之，暗中犹难防也。又曰"鬼在墓中，危疑者甚"，大要防人侵害。三传丑戌未，主动摇不定，人情倒置也。传见闭口。占者遇之此课，求官见贵，多主不应。财多反主不足，传财化鬼财险危，求财宜止为妙。婚姻女家不应。交易不顺。病者恐生中风不语，乃哑症也，或身弱妻美，当戒房劳可也。失物勿寻，有见者亦不应之。远行不宜。逃盗即有见者，亦不报信。占身宅不宁，多见惊恐。投谒者，亦不礼貌不和。争讼者，内多险危。惟喜口舌，主自息。凡占动摇，阻破残伤，而难成遂，惟宜善处为福。

出兵行师得此，甚勿贪图，仍防暗昧侵夺，且占惊恐忧心，夜占大胜，得宝货与图书。大抵此课，刑冲太重，诸占皆不吉利。

修德惕励。春木旺吉。

真一山人云：有恶来侵欲虑己，莫教乘隙苦嗟咨。平生若得阴功愿，化凶为吉福无涯。

《无惑钤》云：干就支所，财宜急取。稍缓遭昏，丑辛可畏。

《钤解》云：乙干，未丑辰土俱作日财，乃就财所也，速取为妙，少缓取之，反为未墓覆罩，而遭其昏滞也，况丑上遁辛，可惧也，《毕法》云"传财化鬼财险危"。《集议》：励德之课，贵人立在卯酉门户之上，卯为旬中闭口，又为禄神。夜占午上卯、旦占戌上未，俱乘白虎，占病极凶。干上丑，旬中辛鬼临之，占身主讼病不利也，因财惹祸，因食生病，因妻成讼。宾主不投刑在上。干乘墓虎勿占病。传财化鬼财休觅。

乙未日第五课

元首　曲直　狡童

权摄不正禄临支

后	六	常	贵
亥	卯	申	子
卯	未	子	乙

六	白	贵	勾
亥	卯	申	子
卯	未	子	乙

兄	癸卯	六
父	己亥	后
财	乙未	白

兄	癸卯	白
父	己亥	六
财	乙未	后

蛇	朱	六	勾
丑	寅	卯	辰
贵子			巳青
后亥			午空
戌	酉	申	未
阴	玄	常	白

青	空	白	常
丑	寅	卯	辰
勾子			巳玄
六亥			午阴
戌	酉	申	未
朱	蛇	贵	后

《玉历钤》云：此课虽支辰三合，却日上见子，与辰上子卯相刑，初传克末，中有天后六合，阴私相恶，凡占所求，皆不能成。

上神生日，日克末，初克末。

课名元首、曲直。三传皆木，春冬得之旺相，先曲后直，夏秋失时，凡事吉凶，必有阻隔复合，迟乃应之。乙往加申，是求贵会，凡进望，宜委曲托同类人为佳。

《义》曰：元首若重，春冬福庆。心肯意肯，甘招悔吝。相逢子卯，又传狡横。慎防男女，恐媒不明。

《象》曰：水木相生庆有余，男儿聪敏乐诗书。功名富贵真堪羡，倜傥风流论不虚。

此元首之卦。夫元首者，尊制卑，贵役贱之象。占事多顺，利于先举，事多起于男子。为臣忠，为子孝，正大光明而无邪僻之行，德业已著而乾乾进修，常怀危惧，惕励而无咎也。传见泆女，乃不正之象。又曰狡童，不宜占婚姻，恐媒不明也。占妇女家人，防有阴私暗昧奔亡之象，占家宅亦宜谨慎。况曲直，先曲而后直，象木之谓，故曰"木局长生，以水为根"。大抵五行正气入十干杂糅之乡，异方三合乃生旺墓之神，事主丛杂不一，主关众人共谋，不然两三处干事，委曲托人与人相合之类。占者遇之此课，上神生日，所谋百事吉，运用如意，遇灾不凶，逢吉愈吉。昼是人相助，夜乃神相助。凡事有人上门扶持我、成助我，非我求于人也。若当季神生日，主声名显达，岁命生日者尤吉，但宜占父母。宾主不投，合而不合，好里生怨。求官见贵不利。占甲第，却宜帘幕贵人临身。禄临支为权摄不正，屈折于人。不宜占产、交易、投谒。忧患者难散。

占出兵行师得此，昼占宜获金宝美利，夜占败北不利。大抵此课，先曲后直，有吉无凶，凶中亦有解也。贵人临身，贵人受贿，宜以利干贵用事，私谋阴祷也。

春吉，夏无用，秋否，冬宜。

真一山人云：吉课谁怜子卯嗔？美中不足见情真。笑里藏刀须早识，恩将怨报失忠淳。

《无惑钤》云：贵临乙木，支乘干禄。仔细推之，无礼反目。

《钤解》曰：子贵临日，卯禄加辰，可谓美矣。仔细推之，干上子与地支未作六害，支上卯与干上寄课辰作六害，然后子卯相刑，无礼而反目，正可恶也。又云：夜占帘幕临干，最宜占食禄。又云：卯加未，俯丘，夜乘虎，仰仇，所占先吉而后凶也。

乙未日第六课

重审　六仪　四绝

六	阴	空	蛇		蛇	空	阴	六
酉	寅	午	亥		酉	寅	午	亥
寅	未	亥	乙		寅	未	亥	乙

子	甲	午	空		子	甲	午	阴
财	辛	丑	后		财	辛	丑	青
官	丙	申	勾		官	丙	申	贵

```
贵 后 阴 玄          勾 青 空 白
子 丑 寅 卯          子 丑 寅 卯
蛇亥        辰常     六亥        辰常
朱戌        巳白     朱戌        巳玄
酉 申 未 午          酉 申 未 午
六 勾 青 空          蛇 贵 后 阴
```

此课先生曰：甜处遭苦，乐里生忧。亥水来生乙，上见蛇扰之，是甜处乐里之病也。宅上寅作太阴，寅与亥合，因州中曹职吏开讲（即暗谗）不足。初传是四绝体，午为心，见天空，主心中恍惚，又主子息暴病，妻宫有产之厄。盖大（一作火）阁不合压中堂，下稍任满难脱，有七个月曹职之权，后得卢姓运使而得解任也。《毕法》云"甜来苦去乐生悲"，正谓此也。乙木生于亥，亥不合作蛇，反来扰他。寅作太阴，寅为曹职，又为吏人，阴中谋害。而午受制于亥，午为心，天空主凭空不宁。乙以午为子息，子息加于父母上，自然不安也。乙以丑为妻，丑为产神，临于六害之上，故主产厄也。末传申数七，申乃日鬼，入于深墓之中，故临替不得脱也。子作贵人加巳，子为漕，巳为炉，故得卢姓运使为之解任也。①

《玉历钤》云：此课夜贵吉神，日辰上相合，又午未暗合，气象和美，凡占所求皆遂。

《毕法》云：此课初传脱气，而生鬼墓克鬼，官鬼无气，值此官宦不宜，庶人却喜占之，此真鬼衰祸消也。且末传申金为官鬼，被初传午火所克，又被中传丑来墓之，兼自坐于丑墓之上，是官鬼全无气象。

日上神生日，日上生辰上，初克末。

课名重审、四绝。凡所占只可结绝旧事，若图新，必无好。但暮将稍吉，日辰上亥寅相合，终不为凶。

《义》曰：传得四绝，无力难就。图新不能，却宜结绝。人来相助，孟冬为福。终克于初，末后难图。

《象》曰：吉凶相半欲何如？幸得仪神落在初。受制那堪难尽力，好将德行自踌躇。

此重审之卦。夫重审者，重而审之也。利为主，利后动，长有厄，事从内起，起于女人。以下犯上，贱犯贵，卑犯尊，事多不顺。阴小在下者，有悖逆之事。占臣未忠，子失孝，事不可遂意而行，必当审察，循乎义理，庶几以免后患也。传见六仪，集聚千祥，能散奇祸，能解诸凶。课传四绝，能结绝旧事，图新事则未能，故曰"事了，人来，信至"。占身者忌损目。又云：水火交战，心火受制也。幸上神生日，所谋百事吉，运用如意，遇灾不凶，逢吉愈吉。日是人相助，夜乃人相助。若十月节占，主声名显达，秋冬亦利，岁命生日，犹为吉昌。亥加辰入墓，所生者不实，亦多虚喜之意。占者遇之此课，凡所占事，主隔七隔八之象。求官者，无力而行。占见贵相和，

---

① 《壬占汇选》作：戊申年十一月乙未日寅将未时，赵知县丁巳生，五十二岁在任占前程。

合中有忌。占财难得，须得年命上神以助之可也。占病凶，心火受制之灾，或为寒热，宜修德方吉。婚姻得此，难见和悦，而始终未见其全美也。不宜远行出外，亦不宜投谒请求，百事美中不足者。但宜动以义顺理而行，又不如谨守为乐。逃者自回，夜占难见。盗者可获。

若占出兵行师得此，多欺毁不实，夜占中止而不行，彼此和合中有未和之象。利为主，利后动。大抵无凶，亦不成大功也。

秋冬利。

真一山人云：未见从容。虽有虚惊不足惊，百谋未称亦平平。眼前莫讶心难称，渐见将来福自来。

《无惑钤》云：守有生路，解忧散虑。昼贵空亡，夜贵临墓。

《钤解》曰：发用乘空脱干，可以解忧散虑。中传辛财，又不可取。末传贵人为官鬼，常人深畏，仕宦亦所不宜。三传俱无所益，不若守其亥水之生也。两贵诚不足恃矣。又云：恩多怨深，官鬼无气。

乙未日第七课

重审　反吟　斩关　稼穑　孤辰
来去俱空岂动移

```
青后常朱          后青常朱
未丑辰戌          未丑辰戌
丑未戌乙          丑未戌乙


财 戊戌 朱 ⊙      财 戊戌 朱 ⊙
财    辰 常 ◎     财    辰 常 ◎
财 戊戌 朱 ⊙      财 戊戌 朱 ⊙


蛇贵后阴          六勾青空
亥子丑寅          亥子丑寅
朱戌    卯玄       朱戌    卯白
六酉    辰常       蛇酉    辰常
 申未午巳           申未午巳
 勾青空白           贵后阴玄
```

《玉历钤》云：此课木轻土重，又朱雀入墓，凡求干，百事无成。

日克上神，辰上刑日上。

课名反吟。皆犯空亡，虽乙日以土为财，多虚少实，先难后通。若初谋，必有隔而不通，却不为凶。

《义》曰：不宜勉强，成中有败。三传俱空，万事无踪。吉也不吉，凶也不凶。得而复失，成而复更。

《象》曰：只好休心乐自然，磻溪退隐恰如山。纵教机智良平出，到此徒劳空惹愆。

此无依之卦，一曰斩关，亦曰稼穑。夫无依者，即反吟也。《经》云："无依是反吟，逃者远追寻。合者应分散，安巢别改林。守官须易位，结友也分襟。所为多反复，占病数般侵。"反吟刑冲，事主迟滞，远近系心，更相仇怨，且反复而呻吟，是无予夺而难息也。况斩关非安居之象，占者多不自由，事多暗昧不通，触则成祸，欲隐身避难者，却利乎奔逃也。且稼穑乃重土，有艰难之象，常占得此，名曰鲸鲵归洞，凡事逼迫不由己，出若遇雷神，方能变化。《要》曰：稼穑者，五坟也，不宜占病。暴病可，久病凶。占者遇之此课，支干刑冲，宾主不投，两有计较，不合之意，故不宜见贵、托人、交易，或远行、投谒、相干求者，非得反复，亦无可成之象。占婚姻不合，若勉强求成，终难偕老，更且失友。暴病得此，反复难治，久病得之，尤为难也。惟利夫忧惊、患难，得此凶中有吉，难里生恩。占公讼得之，自然相解，不然亦无大事。占财宜空手之财，随得随失。

占出兵行师得此，昼夜所占，皆主文词口舌，扰扰不成，犹防有失众之象。所占百事，吉不吉而凶不凶也。

四季勿用，惟利解释。

真一山人云：行止由来不在人，圣贤垂教本乎仁。吉凶两事浑无用，谁似嚣嚣太古民。

《无惑钤》云：满目空财，往而复来。宅乘辛丑，因妻致灾。

《钤解》曰：三传皆财，俱是空陷，不足用也。若取宅上之财，遁旬辛，反伤乙木，丑为乙妻，盖因妻以致灾也。又云：丑加未，夜将乘青龙，主有雨。

乙未日第八课

度厄　铸印　励德　寡宿

```
白 貴 阴 六          玄 勾 空 蛇
巳 子 寅 酉          巳 子 寅 酉
子 未 酉 乙          子 未 酉 乙


子　　巳 白 ◎        子　　巳 玄 ◎
财 戌 戌 朱 ⊙        财 戌 戌 朱 ⊙
兄 癸 卯 玄          兄 癸 卯 白


朱 蛇 貴 后          朱 六 勾 青
戌 亥 子 丑          戌 亥 子 丑
六 酉　　寅 阴        蛇 酉　　寅 空
勾 申　　卯 玄        貴 申　　卯 白
未 午 巳 辰          未 午 巳 辰
青 空 白 常          后 阴 玄 常
```

此课酉作六合，主有莲花痔，因色中躁怒而得。正妻无子，必主偏生。三下贼上，名度厄，前程未会兴发。初传巳作虎，防子息有水厄。中传戌作雀，防妻有汤火厄。末传卯作玄武，防出入乘马有伤手足之厄。文书在盗气上，前程难显。宅上贵人乘六害，末传财禄又入盗气之乡，更三十年不意而死。乙日酉作六合，主连花痔疾。酉为血，六合为莲花，克身乃疾病也。乙日以巳火为子息，巳乃旬空，又作白虎，中传妻又临空亡之上，不止无子，且难为妻。至辛亥年大水，子息堕水几死。丁巳年，妻因酒后烧了左脚。乙卯年，骑马入城，至城外扑折左足，皆应先生所言。年六十二，因侄分财产，不意而死。末传卯木，以戌为财，戌临巳上乘空，卯徒然克他，被玄武引将去，反失财也。卯数六，戌数五，五六三十，故三十年也。度厄谓三下贼上，皆有事务，但人不知之，不能避凶以趋吉也。①

《玉历钤》云：此课铸印，虽云吉课，缘子未相害，用神空亡，此占百事无成。

《毕法》云：此课巳加子为用，巳乃干之脱气也。前临中传戌，戌为火墓，是脱气入墓也。凡占脱盗，既去生意以契，可谓占之吉也。

上神克日，日上生辰上，用克日上。

---

① 《壬占汇选》作：己酉年三月十七，乙未日戌将巳时，童学士戊寅生，三十二岁占前程。

课名知一。乙未日，巳为空亡，谓之铸印损模，凡求动用，有虚无实，虽虎玄惊怪，自疑自败，终无成害，或初虚终实，托人再进则可也。

《义》曰：事见抑塞，防人侵克。初中俱空，得而未得。既成又变，多见虚声。十分好事，一未可成。

《象》曰：事成且莫生欢喜，不意沉沦惹恼多。顺理自然多获福，何须深刻去张罗。

此知一之卦，一曰铸印。夫知一者，知一而不知两也。知者以为自知、自见，不知为寇仇，故言知一也。以此为用，舍远就近，舍疏就亲，恩中生害，事多起于同类，凡事狐疑，事贵和同乃吉。传见铸印，《经》云："天魁是印何为铸？临于巳丙冶之名。中有太冲车又载，铸印乘轩官禄成。"不见太阴天马，即非真体，常人反生灾咎，且为事迟钝。传见寡宿，《经》云："寡宿孤辰，值此尤妨骨肉。"占人孤老，空室穷炊，有茕茕孑立之象，占人别离桑梓，凡有占谋，多虚少实，功名难遂，事业虚花。上神克日，凡事抑塞，病讼凶，只利先讼，要有气，余不吉，常占为人所欺负。夜占励德，大吏升迁，小吏迍否；庶人夜占，不安迁动。占者遇之此课，求官喜见铸印，但目下难成，若七月、四月占稍可，余未准凭也。其曰四月、七月者，盖谓四月月建在巳，能补初中之空；七月月将亦是巳字，月将不言空故也。占见贵、投谒，求事安和，惟畏夫传空无力而不能也。占婚迟成，吉。占财宜空手求，亦难积聚。凡占皆有声无实，惟利占解散、暴病及忧惊患难事，占成事未准凭也。

占出兵行师，有失众之象，昼夜占不吉，幸有解，吉事不能全吉，凶事不能成凶也。

利初夏占，七月将亦吉。

真一山人云：事见更张。望尽行人未见来，音书杳绝莫疑猜。婚姻纵合还当别，年月逢蛇福自偕。

《无惑钤》云：丁鸡抱蛇，初中虚花。卯虽日禄，玄虎相加。

《钤解》曰：丁酉夜占，上乘腾蛇，作日官鬼，为丁鸡抱蛇。初中俱空，卯虽日禄，夜虎昼玄，不可取也，终为丁神之惊忧不安乎？又云：夜占帘幕临支。脱干气入墓。

乙未日第九课

重审　曲直　夜狡童

玄	蛇	贵	勾
卯	亥	子	申
亥	未	申	乙

白	六	勾	贵
卯	亥	子	申
亥	未	申	乙

父	己亥	蛇
兄	癸卯	玄
财	乙未	青

父	己亥	六
兄	癸卯	白
财	乙未	后

六 朱 蛇 贵　　　　　蛇 朱 六 勾
酉 戌 亥 子　　　　　酉 戌 亥 子
勾 申　　丑 后　　　贵 申　　丑 青
青 未　　寅 阴　　　后 未　　寅 空
午 巳 辰 卯　　　　　午 巳 辰 卯
空 白 常 玄　　　　　阴 玄 常 白

《毕法》云：此课初传亥加未，为干之长生，末传未加卯，为日干之墓，占得此者，始初谋事之时，如锦上添花，末后结果之际，似风后败蓬，盖谓有始无终，先吉后凶也。

《龙首经》占云：干上申为乙木绝神，支上亥乃未土绝神，凡占止宜结绝旧事，不可妄动别谋新务，必有灾也。又云：夜占为贵人坐狱（当作贵人临身，不以坐狱论），干之必怒，惟宜阴谋私祷，是名贵人受贿。

日上神德日，日上生辰上，末克初。

课名重审、曲直。春冬大可用，凡占必重谋而成。所喜德神加日，可求名，以贵人带合援乙木，辰日犹佳。

《义》曰：木局逢春，富贵惊人。夜占问婚，男女非真。功名有望，事业可成。此乃吉课，福禄嘉亨。

《象》曰：利幽利暗自至奇，莫厌而今干事迟。百事莫逃天数定，于中吉福乐怡怡。

此重审之卦，一曰曲直，亦曰狡童。夫重审者，重而审之也。利为主，利后动，长有厄，事从内起，起于女人。以下犯上，贱犯贵，卑犯尊，事多不顺。阴小在下者，有悖逆之事。占臣未忠，子失孝，事不可遂意而行，必当审察，循乎义理，庶几以免后患也。传见曲直，曲直者，先曲而后直，象木之谓，当作成器。此乃五形正气入十干杂糅之乡，异方三合是生旺墓之神，事主丛杂不一，主关众人共谋，不然两三处干事，委曲托人与人相合之类。又如推磨者，无休歇之象。夜占为狡童，乃不正之象，阴私邪淫，占男女有阴私暗昧之理，占家宅宜谨慎闺门，以防阴小越礼，惟能以礼自防者可化之。三传同类，不利占妻财，防兄弟同类中不足连累。占者遇之此课，求官见贵，先曲后直，有可成之理。夜占名贵人受贿，宜以利干之；昼占申加干，名曰帘幕贵人，儒人占之及第。占出行，难起离。占病讼忧惊，解迟。逃亡迟迟见归。凡占干谋，必有三五人，干非一人之事。不宜占产，以其合而难生，惟迟庶吉。

占出兵行师，昼占忧心众畏，夜占乃宜，且得金宝美利也。

春冬吉，秋美。得用成名也。

真一山人云：病者因风致有因，肝经良济莫因循。吉神若果来相助，再遇春冬福愈新。

《无惑钤》云：自生传墓，先醒后雾。昼鬼乘勾，夜贵保护。

《钤解》曰：亥水长生，未乃日墓，初亥末未，自生传墓，凡事先醒而后昏迷也。日贵申乘勾为鬼，乙定受害也。昼贵子水生乙，以窃申金之气，必得保护之力也。又云：帘幕贵人临干。又云：干支值绝，夜占宜告贵结绝事理，不宜占食禄之事。又云：占讼先直后曲。初谋事时，如花似锦，后却无成。

乙未日第十课

重审　稼穑　不备　赘婿　励德　闭口

华盖覆日人昏晦

后	朱	朱	青		白	阴	阴	蛇
丑	戌	戌	未		丑	戌	戌	未
戌	未	未	乙		戌	未	未	乙

财	乙	未	青	⊙		财	乙	未	蛇	⊙
财	戊	戌	朱			财	戊	戌	阴	
财	辛	丑	后			财	辛	丑	白	

勾	六	朱	蛇			贵	后	阴	玄	
申	酉	戌	亥			申	酉	戌	亥	
青未			子贵			蛇未			子常	
空午			丑后			朱午			丑白	
巳	辰	卯	寅			巳	辰	卯	寅	
白	常	玄	阴			六	勾	青	空	

《玉历钤》云：此课亦木轻土重，青龙夹克，螣蛇作凶，殊无和气，凡事不可用。

《毕法》云：此课未来加乙，名财就人格，财宜速取，少缓则反被未墓其乙，翻为祸矣。又云：支之华盖，作干之墓神，临于干上，又为发用，谓之华盖覆日，凡占身位，多晦暗不显，行事亦不亨泰，凡事不如意也。

日克上神，辰上刑日上，日克三传。

课名重审、稼穑、阳不备。墓覆日为用，凡事无气，止而不发，或是重谋，去不自由，所喜三传皆财，且涉艰辛，可以得财，春占可用。

《义》曰：财多不足，占病少吉。难为父母，虑惹忧戚。切莫求财，求财致灾。顺理向义，福自天来。

《象》曰：彼此昏迷不足论，相刑强弱两家分。人于忠孝如能勉，祸患应知不及门。

此重审之卦，一曰稼穑，亦曰赘婿。夫重审者，重而审之也。利为主，利后动，长有厄，事从内起，起于女人。以下犯上，贱犯贵，卑犯尊，事多不顺。阴小在下者，有悖逆之事。占臣不忠，子失孝，事不可遂意而行，必当审察，循乎义理，庶几以免后患也。况稼穑乃重土，有艰难之象，常占得此，名曰鲸鲵归涧，凡事逼迫不由己，出若遇雷神，方能变化。《要》曰：稼穑者，五坟也，不宜占病。传见赘婿，凡事不快，寄居身不自由，乃为客求财之课，屈意从人，事多牵制。孕迟，病讼延，行人滞。

出兵行师得此，昼占青龙，大胜得宝货与图书。然而课见赘婿，利为客，先动者胜。为将者须自立主意，勿令人把持，恐事由他人。但落空亡，凡事宜守旧。有敌使人来，虚诈勿信。

无始有终。

真一山人云：莫论婚姻勿论财，莫言公论败多乖。争如忍辱心存守，自有荣华继踵来。

《无惑钤》云：辛鬼后墓，休买田土。循环三刑，因财受苦。

《钤解》云：丑乃鬼墓，为田土，作日之财，但旬遁辛为鬼，反伤乙木，财化为鬼，置买田土而取财，恐因财起讼，后受苦楚也。且课传循环三刑，缠绕不了，夜占犹为不吉。《毕法》云"华盖覆日人昏晦"，为戌作朱雀加未，主犬咬人，因而取祸。干墓并关人宅废。虎乘遁鬼殃非浅。宾主不投刑在上。

乙未日第十一课

重审　涉三渊　交车合

脱上逢脱防虚诈

```
蛇 六 勾 空        玄 后 贵 朱
亥 酉 申 午        亥 酉 申 午
酉 未 午 乙        酉 未 午 乙


官 丙 申 勾        官 丙 申 贵
财 戊 戌 朱        财 戊 戌 阴
父 庚 子 贵        父 庚 子 常


青 勾 六 朱        蛇 贵 后 阴
未 申 酉 戌        未 申 酉 戌
空午      亥蛇     朱午      亥玄
白巳      子贵     六巳      子常
辰 卯 寅 丑        辰 卯 寅 丑
常 玄 阴 后        勾 青 空 白
```

《玉历钤》云：此课日德为用虽吉，却被日上午火克之，谓之伤德，人情正喜，触以忿怒，凡事皆凶，不可用也。

《毕法》云：此课干上午脱干，支上酉脱支，干支俱脱，人宅衰败，凡占人不亨泰，宅无光荣，或盗窃财物，或倾坏屋宇，诓赚脱耗，虚费百出矣。

日生上神，日上克辰上，用克日。

课名重审。旦暮贵人入传，发用带德，秋冬占，重谋必遂，虽有小耗，不为咎，盖初末皆吉，而中戌为梗，不为害也。

《义》曰：人宅既脱，虚耗杂驳。有心无力，家道销铄。为臣尽忠，为子尽孝。如此而行，昭昭福报。

《象》曰：传逢间隔事偏难，达者还宜心放宽。好事行之惟顺理，家中莫纵妇人奸。

此重审之卦，一曰天网。夫重审者，重而审之也。利为主，利后动，长有厄，事从内起，起于女人。以下犯上，贱犯贵，卑犯尊，事多不顺。阴小在下者，有悖逆之事。占臣未忠，子失孝，事不可遂意而行，必当审察，循乎义理，庶几以免后患也。夫天网者，即天网四张也，《经》曰"天网四张，万物被伤"，为阻滞，为疑难，为灾恼。申戌子，涉三渊，进间传，进中有间隔，隔而后进，欲动不动，欲止不止，进退艰难万状。歌云："欲动不动涉三渊，申戌子兮在目前。进退艰难迍万状，对面占之是隔年。"占天雨，龙涉三渊不雨。占捕盗，贼涉三渊不出。此课支上酉为日鬼，乃旬中丁神，虽云丁动临宅上，主官讼速动，乃谋望动摇不息之象焉。《毕法》云"鬼临三四讼灾随"，可喜干上午火以制，不妨。占者遇之此课，诸谋不遂，病者凶，有愿未还，好事不成，凶者不散。

出兵行师得此，士卒战死，车折马伤，军中亦防水深凹下之惊。大抵宜谨守，出兵无益，为将者慎之。

凡事无益，静守吉利。

真一山人云：户大家虚事未宁，求官见贵枉经营。缓退从容随时进，月出浮云渐渐明。

《无惑钤》云：丁鬼入宅，费用不一。尚可交关，贵不悯恤。

《钤解》云：酉乃日鬼遁丁，入宅脱盗未气，多因动变而费用甚多。幸午与未合，酉与辰合，可以交关作伙。但昼贵入狱，夜贵坐克，自顾不暇，焉能望其悯恤者哉？《毕法》云"两贵受克难干贵"，此之谓也。《集议》。①

乙未日第十二课

蒿矢　顺连茹　三奇
鬼临三四讼灾随

玄	常	空	青
酉	申	午	巳
申	未	巳	乙

官	丁酉	玄
财	戊戌	阴
父	己亥	后

空	白	常	玄
午	未	申	酉

青巳　　　戌阴
勾辰　　　亥后
卯　寅　丑　子
六　朱　蛇　贵

后	贵	朱	六
酉	申	午	巳
申	未	巳	乙

官	丁酉	后
财	戊戌	阴
父	己亥	玄

朱	蛇	贵	后
午	未	申	酉

六巳　　　戌阴
勾辰　　　亥玄
卯　寅　丑　子
青　空　白　常

---

① 原抄本下无《集议》正文。

《玉历钤》云：此课蒿矢与寻常不同，缘以酉克乙日为用，日上巳火却制酉金，凡占所求能成。

日生上神，日上克辰上，用克日，日上克用。

课名蒿矢、进茹。传将俱阴晦，连茹则干众。酉为玄，乃为玄武带剑伤人，传阴后，阴小成党挠乱，不伤大体也。

《义》曰：人宅虚耗，钱财耗盗。外面宜观，其中失笑。事主牵连，谋望未遂。内隐三奇，又宜富贵。

《象》曰：三奇到处福弥深，虽有忧惊也不侵。积善人家天赐福，闺门当慎不容针。

此蒿矢之卦，一曰泆女，亦曰天网。《经》云："神遥克日名蒿矢，射我虽端当不畏。贵人逆转子无良，天乙顺行臣不义。家有宾来不可容，亦忧口舌西南至。"然事主动摇，人情倒置，如以蒿为矢，射虽中而不入。祸福俱轻，求事难成，利主不利客。占行人来，访人见。此传带金煞，亦能伤人，主蓦然有灾。课得泆女，《经》曰："天后常为厌斁神，须知六合是私门。二将取名称泆女，夫妻失友异情恩。"夫天网者，即天网四张也，《经》曰"天网四张，万物被伤"，为阻滞，为疑难，为灾恼。且夫进连茹，进中有退，事主急速，欲行不行，欲止不止，牵连疑二，节外生枝。日生上神，费用百出，谋望不遂，盗失损财，人口衰残，脱空之征，又为子孙脱漏之事。占者遇之此课，求官宜，常人占之不利。

出兵行师得此，有失物忧疑之象，始不足，终却有利益。敌使及传报者，多虚诈。利客不利主，利先不利后，难中有易，用兵者大抵宜慎之。

不利秋冬。

真一山人云：难中化易渐生春，虽有三奇不助人。事见迟疑犹未决，待他福禄自然新。

《无惑钤》云：空脱实鬼，庶俗深畏。仕宦占宜，三奇并值。

《钤解》云：巳乃旬空，干上脱气；申乃实鬼，临于支上。庶俗占此，必有官事缠扰，深可畏也。仕宦遇之为官星，三传遁得乙丙丁三奇，所以仕宦占之甚吉也。帝幕贵人临支，遁得三奇，诸凡解救为吉。《集议》：尊崇传内遇三奇。鬼乘天乙乃神祇。鬼临三四讼灾随。所谋多拙遭罗网。

丙申日

丙申日第一课

伏吟　玄胎　励德　寡宿

空上乘空事莫追

```
玄 玄 空 空          蛇 蛇 勾 勾
申 申 巳 巳          申 申 巳 巳
申 申 巳 丙          申 申 巳 丙


兄　 巳 空 ◎⊙       兄　 巳 勾 ◎⊙
财 丙 申 玄          财 丙 申 蛇
父 壬 寅 六          父 壬 寅 白


空 白 常 玄          勾 六 朱 蛇
巳 午 未 申          巳 午 未 申
青辰        酉阴     青辰        酉贵
勾卯        戌后     空卯        戌后
寅 丑 子 亥          寅 丑 子 亥
六 朱 蛇 贵          白 常 玄 阴
```

　　此课自身传归妻宫，而妻宫又传归父母。六旬上人占病，不要见父母，盖父母既故，是下世重见父母也。行年与本身并，他因财上及旧事牵挂不足，以致伤心。中传又是财爻入课，此人为财甚切，兼与妻不足，遂激起成病。末传主风疾。盖此课本主未死，缘他父母宫艮上山坟，左边地风吹转，右边白蚁又入棺，若急移此坟，庶几延年，否则归冥见阎王也。此断夜占，伊父之病，因为子娶妇，囊空不顺意烦恼，遂心热渴成病，日渐狼狈。兼其子又无读书会，愈增烦闷。先生初令移其先坟，渠深知之，偶值利方，移意遂举。及开椁视之，则地风吹骨，颠倒而转，白蚁满椁，泥土淤塞，乃用一小椁移起。其父之病，乃渐渐退减，从此安好。次年又得一好书会，雍容而过，安乐八年后方死也。丙日末传又归父母宫，又作白虎，定是父母坟墓不安。若父母在堂，即是父母相克，或祖父母，亦不可知。此伏吟课，上下盘皆父母，又非他占单用也，单见即轻，重见力倍矣。①

《预见经》曰：此课来意，主有遗亡盗贼狱讼，兼官中文字未了，亦有求望文书，又主四年前修造申酉方，致阴人有灾。何以言之？盖初传上见天空、天狗两重贼煞，天空主遗亡，玄武主盗贼，玄武又在中传，加天牢被刑，故云遗亡盗贼讼狱。末传六合主文书，传在寅上为公吏官府，故云官中文字，求望音信。又六合在寅为天柱，六月木墓，又是六合，故云修造。言四年者，六合在寅上，见中传申为四绝，发用巳乃四数也。丙合辛，上见太阳，妇人之灾所不免也。

上神德日，日上克辰上。

课名伏吟。诸神不动。上下带德，中财末马，中有勾合，往来相合，但巳为空亡，凡事虚泛，主重进则可图也，亦须出此旬。

《义》曰：日禄逢空，官病勿逢。迤逦克伐，谋事无功。孟夏蛇年，夜占财权。主客不合，生被忧煎。

《象》曰：事虽更变要先知，得失前途亦可期。动处逆情皆是命，婚姻得意也暌违。

此自任之卦，一曰寡宿，亦曰玄胎。夫自任者，天地伏吟，十二神各归本家，天地如一，四伏未发之象。占事静则宜，动则滞，事主藏匿不动，静中求劳，有屈而不伸之象。传见寡宿，《赋》云："寡宿孤辰，值此尤妨骨肉。"占身得此，主见孤独，别离乡井，自立门户，财物虚耗，僧道宜之，俗不宜也。况玄胎如婴儿隐伏之状，利上不利下，事主远而多伏，暗昧不通，触则成祸，惟君子守正修德则亨。不宜占产，亦忌占老人小儿病，暴病得之作福。任信占卦，近行人即至，远行者回轮，失物不出其家，逃者不出邑里。占病倦言，占胎声哑，访人不出，占人有动意。占者遇之此课，太乙空亡，又作天空，常人占口舌，仕人利功名，但不宜禄空，有不美也。若见贵、求谋、交易、投谒、占婚姻、问尊长己身，不吉，惟有德者庶可当之，其欲求成，必见更变也。

占出兵行师得此，防有失众之象，昼占虚诈多端，军中被毁，夜占战士有折伤之理。大抵此课，刑冲太重，凡事人情不和，动摇不安静。幸空上乘

---

① 《壬占汇选》作：建炎己酉年十月丙申日寅将寅时，伊秀才占父病，父丙午生，六十四岁。

空，事多欺诈，有声无实，无力行事，或传闻不的，吉不成吉，凶不成凶，可以解散忧患，而成事又未尽善美也。

孟夏夜占吉。

真一山人云：哀声嗷唳病忧惊，幸喜空来减作轻。事到险中须较德，阴功多积保平宁。

《无惑钤》云：禄空德亡，中财昼玄。末生夜虎，壬向寅边。

《钤解》曰：巳乃日干德禄，既作旬空，又乘天空，是德空禄亡也。中传虽为日财，昼乘玄武主耗失，幸末传寅为长生，奈夜占乘虎，旬遁得壬，生中反有伤也。不如守宅上虚耗之财，犹愈妄动也。

丙申日第二课

元首　斩关　逆连茹

```
白 常 勾 青          六 朱 空 青
午 未 卯 辰          午 未 卯 辰
未 申 辰 丙          未 申 辰 丙


父 癸卯 勾 ⊙        父 癸卯 空 ⊙
父 壬寅 六          父 壬寅 白
子 辛丑 朱          子 辛丑 常


青 空 白 常          青 勾 六 朱
辰 巳 午 未          辰 巳 午 未
勾卯      申玄      空卯      申蛇
六寅      酉阴      白寅      酉贵
丑 子 亥 戌          丑 子 亥 戌
朱 蛇 贵 后          常 玄 阴 后
```

此课丙日，火生土，支干上皆是子息，只缘三传父母宫不宜来克，是上人坟墓不招子息。况身上辰是子息，作青龙，值空亡，是子息无位也。末传亦是子息，受上人之克，故不招子息也。宅上未作雀，亦是子息，被末传冲破，虽累得子，皆开花无实。若要得子，须是移了艮山坟，庶几不来冲破宅上之未，未临申上，乃是长生，只招一子。此占翁秀才缘其妻每得子不育，遂卜之先生。盖日上辰作青龙，夫宫自是孤独，招不得子息。惟宅上未作朱雀，妻宫以招子也。日为夫宫，支为妻宫，妻宫虽有子带生，奈何被末传丑来冲破，丑为坟墓，坐在丙日所生之上，所生即寅卯也，不合反来克子孙，故妻虽见子而不得存也。除非移了丑艮山坟，不冲妻宫，庶几丙火生未土，未土长生于申，子息可以存立。此课有三处子息，辰土自是子息，乃是空亡，不可望；未土为子息，在宅上，传冲破，不可望；末传见丑是子息，被宅上未冲破，不可望，除是去了丑艮山墓，庶几不冲，即宅上未作雀，是子息存也。[①]

《玉历钤》云：此课卯辰为害，勾空为隔，三传皆退，又初中克末传，凡事皆凶。

日生上神，初克末。

课名元首、退茹。卯加辰为龃龉相害，干众牵连之象，所占进退，窒碍不足，所喜卯加辰乃落空亡，三传生日，凶吉无成。

《义》曰：干支俱墓，彼己昏昏。屈而未伸，公扰临门。占病不吉，棺椁墓坟。若作生气，方保还魂。

《象》曰：子孝臣忠理不殊，本根既立茂其枝。牵连疑二心无定，退步安身福更奇。

此元首之卦。夫元首者，尊制卑，贵役贱之象。占事多顺，利于先举，事多起于男子。为臣忠，为子孝，正大光明而无邪僻之行，德业已著而乾乾进修，常怀危惧，惕励而无咎也。卯寅丑，退连茹，退中有进，欲行不行，欲止不止，节外生枝，牵连疑二，忽进忽退。进有千里，却有回轮之意；退而不久，又见升迁之事。一事未脱，一事相续，根苗不断，旧事新来，涉众多迟。日生上神，虚费百出，谋望不遂，失盗损财，人口衰残，休囚尤重，又为子孙脱漏之事。更作空亡，其虚耗昏迷颠倒，不可言也。占者遇之此课，干乘之神无力，事多起于虚声，不利进而利退则吉，如或妄进躁为，必见伤财不足。占求官见贵，心欲动而力不及，其或力有余而倦为也。占婚姻不宜。交易未合。求财难得，得而复失。失脱难见。占病逢棺椁、墓田煞，主凶，宜合寿器与墓田以冲之。公讼有解。谋望难成。退连茹不宜占产，惟有德积善之家庶吉。

占出兵行师得此，昼占战士有伤，夜占军中被毁。敌使之来，所言多诈，不可信从，宜察其言，见其机，防危虑险，庶不为彼之所欺也。大抵利客，

---

① 《六壬断案》作：翁秀才占子息，二月丙申日戌将亥时。

利先进也。

冬春吉。

真一山人云：强步前程未称情，圣贤理学甚分明。躁为空自纵然尔，谦退谁知福倍成。

《无惑钤》云：退逢生处，进茹空所。事到门中，马载鬼虎。

《钤解》曰：进则入辰之空，退则逢寅卯之生。卯为门户，作发用，主门户中事也。寅遁壬水为马，是马载虎鬼，其凶祸迅速也。

丙申日第三课

重审　极阴

首尾相见始终宜

```
青白朱勾          白玄勾空
辰午丑卯          辰午丑卯
午申卯丙          午申卯丙


子 辛 丑 朱        子 辛 丑 勾
官 己 亥 贵        官 己 亥 朱
财 丁 酉 阴        财 丁 酉 贵


勾青空白          空白常玄
卯辰巳午          卯辰巳午
六寅    未常      青寅      未阴
朱丑    申玄      勾丑      申后
  子亥戌酉          子亥戌酉
  蛇贵后阴          六朱蛇贵
```

《玉历钤》云：丑加卯，少得吉者，此课却得卯木克丑土为财神，庶可。末传为破碎，凡事费力，方有小成。

《毕法》云：此课干上卯乃旬尾也，支上午乃旬首也，名周而复始之格。凡值此者，所为不脱，所谋皆成，占赴举有收功之喜，占诉讼有换勘之更，忧疑则未解，疾病则未退，事有始终而可成就也。

邵先生云：丑亥酉为极阴之课，三传隔位而退，明贵作鬼，暗贵临于鬼地，占官大凶，必有罪谪，结托贵人，庶得稍轻。

上神生日，日上生辰上，上神克用。

课名重审、杜塞。百事窒碍，惟丙申得此最苦，主阻而不成，直待末后有益。二贵皆入传，丙克酉为财也，大抵先难后易。

《义》曰：美中未美，合中不合。两意相猜，彼此隔角。有人相助，天然福护。屈而未伸，进退疑惧。

《象》曰：极阴暗昧事迷蒙，私祷谋为喜顺从。若是公用犹未足，卑下犯上理难容。

此重审之卦，一曰龙战。夫重审者，重而审之也。利为主，利后动，长有厄，事从内起，起于女人。以下犯上，贱犯贵，卑犯尊，事多不顺。阴小在下者，有悖逆之事。占臣未忠，子失孝，事不可遂意而行，必当审察，循乎义理，庶几以免后患也。况龙战，主人心疑惑，进寸退尺，动有乖离之象。卯酉为天之私门，生杀有限，分杜有期，雷动龙奔，示其有战。丑亥酉，退间传，主进退疑惑，间隔之象。幸上神生日，所谋百事吉，运用如意，遇灾不凶，逢吉愈吉。日有人相助，夜有神相助之象。若正、二月占，主声名显达，岁命生日者尤吉。首尾相见，宜干求谋干。占者遇之此课，求官得宜，但于中不足。占见贵、求谋、交易、婚姻，最宜成就，惟恐成中见破，有财仍见人助。占凶危，必须有大阴德方可。占失物宜寻觅。占远行，有阻隔。主客交易皆和，中有未足。不宜捕捉、论讼、告首他人奸私，必被牵连罪戾。逃盗获。大凡诸占，先见阻隔。

占出兵行师得此，昼占多言词口舌，夜占军士折伤。其他论主客身宅，必人宅衰败，屋舍倾斜，日渐狼狈，竟无长进。若占敌使之来，其情多实。两家势皆不振，又可见矣。

仲春吉。

真一山人云：合中有忌。公扰临门且莫忧，一番化作吉神投。神藏煞没凶销铄，自有将来福禄悠。

《无惑钤》云：干上旬尾，支上旬始。干谒贵人，最宜启齿。

《钤解》曰：干上有旬尾，支上有旬首，名周而复始格，亦名一旬周遍格。凡值此者，占事不脱，所谋皆成，占赴试宜代工，占讼宜换司易局，占交加用事，去而复来，惟不宜占失散事。夜贵临昼贵之家，宜干两贵以成事也。除以上事则可，余占则凶，三传不美故也。《毕法》云：干支皆败势倾颓。丙火生在寅、败在卯，申金生在巳、败在午，谓之干支皆逢败气者，占身气血衰败，占宅屋舍崩颓，日渐狼狈，全无长进，更不可捕捉奸私、告讦他人阴事，倘若到官，必牵连我之旧过，同时败露，各获罪也。占者遇之，彼此皆值衰败也，乃应俗谚云"杀人一万，自损三千"之意也。又云：支乘墓虎有伏尸。鬼乘天乙乃神祇。一旬周遍终始宜。

丙申日第四课

元首　不备　玄胎　寡宿　闭口　富贵
我求彼事干传支　彼此猜忌害相随

```
六 空 贵 六            青 常 朱 青
寅 巳 亥 寅            寅 巳 亥 寅
巳 申 寅 丙            巳 申 寅 丙


兄    巳 空 ◎          兄    巳 常 ◎
父    壬 寅 六 ⊙       父    壬 寅 青 ⊙
官    己 亥 贵          官    己 亥 朱


六 勾 青 空            青 空 白 常
寅 卯 辰 巳            寅 卯 辰 巳
朱丑      午白         勾丑      午玄
蛇子      未常         六子      未阴
  亥 戌 酉 申            亥 戌 酉 申
  贵 后 阴 玄            朱 蛇 贵 后
```

《玉历钤》云：此课日辰上下相刑，日上辰上相害，又日往加辰为用，主尊吉卑凶，上下不协，凡占所事不成。

《毕法》云：此课干上寅乃支之驿马，支上巳乃干之禄神，此富贵卦也。君子占之，加官进禄，富贵两全；常人占之，宅移身动，劳顿奔驰。歌云"富贵干支逢禄马"也，虽然，初与中相刑，末与支相害，正当富贵之时，潜寓忧伤之患。在常人，溺逸乐，享声色，懵然不知，悍然罔觉，不啻蚁穴之冲泉，而玄禽之巢覆也。惟君子处期时也，当喜而忧，宜安而危，方且惶惶焉，求敝衣之绹，为室之需，又且终日而戒焉慎焉。此所以有备无患，而富贵可常保矣。

日上神生日，日上生辰上，末克初。

课名元首、玄胎。初刑冲作合，中末又合，是吉课，但巳乃空亡，凡事须出旬方吉，最宜散忧，大抵屈己求名为上。

《义》曰：空上乘空，有影无形。所谋未遂，西复于东。忧疑望喜，久病须凶。退身正守，福自无穷。

《象》曰：莫携琴剑上皇州，且向滩头理钓钩。待得时来应显达，身临渭水答成周。

此元首之卦，一曰玄胎，亦曰寡宿。夫元首者，尊制卑，贵役贱之象。占事多顺，利于先举，事多起于男子。为臣忠，为子孝，正大光明而无邪僻之行，德业已著而乾乾进修，常怀危惧，惕励而无咎也。况玄胎如婴儿隐伏之状，不宜占产，利上不利下，事主远而多伏，暗昧不通，触则成祸，惟君子守正修德则亨。传见寡宿，《赋》云"寡宿孤辰，值此尤妨骨肉"。若占身得此，主见孤独，别离乡井，自立门户，财物虚耗，僧道宜之，俗不宜也。不宜占老人及小儿病。上神生日，所谋百事吉，运用如意，遇灾不凶，逢吉愈吉，事多虚声。占者遇之此课，刑冲动摇，宾主不投。占求官见贵者，徒劳心力，而终无可成之理。占婚姻难合，如勉强成之，亦难偕老。占求财难得，得不偿失。占暴病勿畏，久病大忧。占公讼、狱禁、忧惊之事，却能解之。占成事，多不就，或更改。

占出兵行师得此，昼占欺诈失众之忧，夜占失众而吉。大抵此课，凡百所占，吉不成吉，凶不成凶，无益无损，惟宜动定合义，正静守之为吉也。

春吉。望空长叹。

真一山人云：运未亨通且养痴，衡门碧水乐怡怡。鸾飞自不同群鸟，一日声名四海奇。

《无惑钤》云：人往就财，传课萦迴。所欲未得，所畏须来。

《钤解》曰：巳加支申，人就财也。三传不离四课，萦迴不断，不能释散忧疑。所欲申财，坐于鬼方，取则有祸，不可得矣。末传亥水克干，所畏必来也。谓亥乃日贵，申乃丙财，临于亥上作长生，是当以财告贵，可以免祸也。又云：干乘支马，支乘干禄，富贵卦。

丙申日第五课

重审　斩关　励德　润下　孤辰　不结果

众鬼虽彰全不畏　财墓加干财未出

```
蛇 青 阴 朱          六 白 贵 勾
子 辰 酉 丑          子 辰 酉 丑
辰 申 丑 丙          辰 申 丑 丙


官 庚子 蛇⊙        官 庚子 六⊙
财 丙申 玄          财 丙申 后
子    辰 青◎        子    辰 白◎


朱 六 勾 青          勾 青 空 白
丑 寅 卯 辰          丑 寅 卯 辰
蛇子      巳空       六子      巳常
贵亥      午白       朱亥      午玄
戌 酉 申 未          戌 酉 申 未
后 阴 玄 常          蛇 贵 后 阴
```

《玉历钤》云：此课发用神后癸也，为丙之官，临于合上，又为水库，官旺可以求官，秋冬大遂，三传水局，为日之鬼，余占不宜。

《集灵经》云：此课三传水局，乃润下卦也，占人必有沟浍、舟楫之事来应，若占孕，必生女子无疑。

《毕法》云：此课三传皆水，助子为日之鬼，诚可畏也。然干上有丑，支上有辰，二土之厚，水鬼何畏焉？况子鬼且坐空亡之乡，其力至轻，犹不足畏也。占者值之，未免先有惊危，后得安乐，虽有中伤暗谋，亦不能加害也。《赋》云"三六呼之，虽带恶而不成嗔"，即此意也。

日生上神，日生辰上，用克日，日上克用，末克初。

课名重审、润下。丙日三传皆水，为官鬼，若秋冬得之，可以求官。若他图，内外虽合，空亡立用，必有虚诈隔涉。末传空亡，无凶有成。

《义》曰：合中未合，成中未成。迟迟用事，方见前程。目下虚耗，亦有喜笑。申子辰年，冬令绝妙。

《象》曰：水遇空乡流必澈，动还斯时多阻节。且待源头活水来，恁时事事多欢悦。

此重审之卦，一曰天网，亦曰狡童，又曰润下。夫重审者，重而审之也。利为主，利后动，长有厄，事从内起，起于女人。以下犯上，贱犯贵，卑犯尊，事多不顺。阴小在下者，有悖逆之事。占臣未忠，子失孝，事不可遂意而行，必当审察，循乎义理，庶几以免后患也。夫天网者，即天网四张也，《经》曰"天网四张，万物被伤"，为阻滞，为疑难，为灾恼。传见狡童，《经》曰："天后常为厌嫯神，须知六合是私门。二将取名称泆女，夫妻失友异情恩。"且润下，主沟渠、水利、舟楫、渔网之类，动而不息之象，流而必清，滞则不洁，宜动不宜静，事主关众、亲朋相识，或两三处干事，委曲托人与人相合之类。又如推磨之象，转去转来非一遍也。日生上神，失盗损财，人口衰残，休囚尤重，又为子孙脱漏之事。占者遇之此课，占求官见贵，百事不成，终有迟迟可成之象。忧疑、患难、狱讼，欲其散释，亦不为难。

占出兵行师得此，昼占忧心众畏，夜占宜获金宝之美利，但未准也。若敌使之来，所言未可遽信。大抵此课，占百事主迟滞，终有可成，但先见阻，而后方可也。

秋冬吉。

真一山人云：临江待渡。江上行人待渡来，举头长望水开怀。耐心且向滩边坐，自有飞航达九垓。

《无惑钤》云：事虽难行，亦有可成。惟宜姑待，三六合并。

《钤解》曰：万事喜忻三六合，此申子辰三合，干上见丑，又为六合也。然而三传水神，来伤日干，事若难行也，殊不知《经》云"三六相合见喜忻，纵然带恶不成嗔"，况干上丑土，亦可以敌其传水，凡谋皆有成就，终是可畏。凡课遇三六合，主事迟成，故曰姑待。秋冬占官吉。又云：支阴传出众鬼，为家鬼取家人。

丙申日第六课

知一　铸印　不行传

```
后 勾 常 蛇        蛇 空 阴 六
戊 卯 未 子        戊 卯 未 子
卯 申 子 丙        卯 申 子 丙


子 戊 戊 后        子 戊 戊 蛇
兄   巳 空 ◎      兄   巳 常 ◎
官 庚 子 蛇 ⊙     官 庚 子 六 ⊙


蛇 朱 六 勾        六 勾 青 空
子 丑 寅 卯        子 丑 寅 卯
贵亥      辰青    朱亥      辰白
后戌      巳空    蛇戌      巳常
酉 申 未 午        酉 申 未 午
阴 玄 常 白        贵 后 阴 玄
```

《玉历钤》云：此课用为日墓，传入鬼乡，兼日辰之上，子卯相刑，魁罡加卯酉为隔，凡百占事，凶否无成。

《毕法》云：此课巳临戌，为干坐墓；申临丑，为支坐墓。干支坐墓，人宅昏暗。凡占本身自取耻辱，由昏惑之故；屋舍被人作践，乃雇赁之由。自取之也，夫何怨尤？

上神克日，日上生辰上，用克日上，初克末。

课名重审、铸印。所占百事重谋，申卯戌巳子皆有暗合，久后而成，最宜了旧，若图新，中末空亡虚合，谋无所补，亦无吉凶，出旬便可言吉。

《义》曰：始如堆锦，终似败花。欲成又变，且莫嗟呀。水上之沤，难为父看。忽浮忽沉，难而后难。

《象》曰：铸印乘轩欲贵成，谁怜重处又嫌轻。东西谋干徒为尔，有限人情又阻情。

此知一之卦，一曰龙战。夫知一者，知一而不能知两，知者以为自知、自见，不知为寇仇，故言知一也。以此为用，舍远就近，舍疏就亲，恩中生害，事多起于同类，凡事狐疑，事贵和同乃吉。况龙战，主人心疑惑，进寸退尺，动有乖离之象。卯酉为天之私门，生杀有限，分杜有期，雷动龙奔，示其有战。上神克日，只利先讼，要有气，余不吉。病讼可畏，常占为人所欺负。日是人相侵损，夜乃鬼为祸殃。尤幸传中有解，未免惊忧。凡占宾主不投。日德空，不宜占尊长及占己身，亦不宜有官禄者占。人宅坐墓，彼此昏蒙，凡事皆自招其晦，家宅曾情愿借与人，被人作践而不能免也。《经》云："四煞入墓，颠倒错序。朝昏夜醒，鬼神相聚。"占者遇之此课，占求官难，见贵不顺，占婚姻不宜。凡事勉强成之，他日招晦。病者凶中有救，不宜占久病。失物难得。远行阻隔。占讼有解。不宜与人干谋，惟当正静以处之。占财吉。若忧疑患难，难行之事，却有解也。

占出兵行师得此，昼占无威而不宁，夜占忧心众畏。利为主，利后动。敌使之来，所言不实，最宜深察。大抵此课，发用关格，入空乡，凡占吉不吉而凶不凶也。

巳年月日吉。

虎头鼠尾。

真一山人云：笑饮高歌且纵欢，有时容易有时难。忧惊患难终须解，要把心胸大放宽。

《无惑钤》云：彼己无礼，闭口为美。各自昏迷，病绝药饵。

《钤解》曰：支干子卯相刑，彼己无礼也。卯乃旬尾临宅，居家闭口可也。巳临戌上，申临丑上，各坐于墓，甘于昏迷也。占病不能药饵饮食，卯乃闭口故也。又云：人宅坐墓甘招晦。又云：戌加卯，为归课，占小人将到。

丙申日第七课

反吟无依　玄胎

干支值绝凡谋决　彼此猜忌害相随　鬼乘天乙乃神祇　上下皆合两心齐

```
六 玄 空 贵          后 青 常 朱
申 寅 巳 亥          申 寅 巳 亥
寅 申 亥 丙          寅 申 亥 丙


父 壬 寅 玄          父 壬 寅 青
财 丙 申 六          财 丙 申 后
父 壬 寅 玄          父 壬 寅 青


贵 后 阴 玄          朱 六 勾 青
亥 子 丑 寅          亥 子 丑 寅
蛇戌      卯常      蛇戌      卯空
朱酉      辰白      贵酉      辰白
申 未 午 巳          申 未 午 巳
六 勾 青 空          后 阴 玄 常
```

《玉历钤》云：此课反吟，凡事反复无成，不可用。占病凶，讼可解释，行人至，盗逃获，占产即生。

《毕法》云：干上乘亥，丙火绝于亥而作鬼，支上寅，申金绝于寅，止宜结绝凶事，亦可释解官讼，占病可痊。又干亥支寅相合，地盘巳申作六合，乃曰"上下皆合两心齐"，可以同谋共事。又曰：干上亥乃丙日天乙贵神，克日作鬼，占病必是神祇为害，故曰"鬼乘天乙乃神祇"。

上神克日，辰上神生日，干上生支上，初末传生日。

课名反吟、玄胎。虽系新鲜喜庆之兆，然多身喜心忧。盖为腹中有孕，心自悬悬也。事主远而多伏，暗昧不通，触则成祸。今遇反吟，寅申寅为绝胎，止宜结绝旧事，他事反复不定，占远行移动争讼，神将凶，动俱不利矣。

《义》曰：金木交战，何假仁义？彼此情猜，事未克济。反吟刑冲，谋事不中。反反复复，多劳少功。

《象》曰：合中有忌未心同，暗昧私情化好音。难里生恩恩里难，又嫌结友又分襟。

此无依之卦，一曰玄胎。夫无依，即反吟也。《经》云："无依是反吟，逃者远追寻。合者应分散，安巢别改林。守官须易位，结友亦分襟。臣子俱怀背，夫妻有外心。所为多反复，占病两般侵。"此课刑冲破害，事带两途，远近系心，更相仇怨，且反复而呻吟，是无予夺而难息也。睽而复合，返而更往，欲动不动，疑二不决，事从下起。课遇寅申，乘神隔墙有祸。凡亭反复不定，占病主两症，占晴则雨，占雨则晴，如高崖为峪，峪为崖之类。传见玄胎，其象婴儿隐伏之状，利上不利下，事主远而多伏，暗昧不通，触则成祸。反吟为绝胎，惟宜结绝旧事，诸占不利。

出兵行师得此，昼占须防有损失，战不利，夜占大胜，得敌人营国府库。但反吟课，须要谨始虑终，以防后患，为将者宜慎之。

思患预防，谨始虑终。春吉秋平。

真一山人云：东西易位猜忌交，人事传经有动摇。竞见有成还未足，几多君子见儿曹。

《无惑钤》云：递互六害，猜疑尽在。夜被鬼灾，昼占神怪。

《钤解》云：巳寅相害，申亥相害，又交车相害，却又巳申合、寅亥合，害中相合，彼此嫌疑猜忌，《毕法》云"彼此猜忌害相随"者是也。夜占亥水为鬼害，昼占亥为丙之贵神是也。若昼占，告贵止宜结绝凶事，干支值绝神故也。宜解释官讼，占病久症可愈，凡占事恐反复不决。占云："反吟占事休言动，往复双双每事迷。朱雀作鬼加干上，在朝官防遭章劾。上书献策俱不利，反遭责斥事猜忌。"

丙申日第八课

元首　斩关

青 阴 常 蛇　　　玄 勾 空 蛇
午 丑 卯 戌　　　午 丑 卯 戌
丑 申 戌 丙　　　丑 申 戌 丙

父 癸 卯 常　　　父 癸 卯 空
财 丙 申 六　　　财 丙 申 后
子 辛 丑 阴　　　子 辛 丑 勾

蛇 贵 后 阴　　　蛇 朱 六 勾
戌 亥 子 丑　　　戌 亥 子 丑
朱 酉　　　寅 玄　贵 酉　　　寅 青
六 申　　　卯 常　后 申　　　卯 空
未 午 巳 辰　　　未 午 巳 辰
勾 青 空 白　　　阴 玄 常 白

《玉历钤》云：此课墓神覆日，三传不和，气象不顺，凡占求干无成，病讼凶，产未生，行人未至，盗逃不获。

《毕法》云：丙日干上戌，谓之墓；申日支上丑，谓之墓。《经》云"墓覆日辰，人宅昏沉"，且人如云雾中行，其家宅弊而自蒙尘暗，凡占彼此皆不亨快。又《经》云："干支墓全逢，所为皆不通。两处欲克害，犹忌合墓神。"

日生上神，干支俱脱日气，初克末，中克初神。

课名元首、斩关。此课元首，凡事大利，但"初传克末凶弥甚，始被中戕祸自磨"。干上乘戌，虽未发用，亦为斩关，大利出外。昼夜乘螣蛇，谓之两蛇夹墓，其凶难免。

《义》曰：干支乘墓，昏蒙密布。幸得相刑，豁然见路。六合既逢，事必有终。惟正可守，君子固穷。

《象》曰：得失相仍理自然，穷通造化总由天。两蛇夹墓多惊险，一德扶身解自愆。

此元首之卦，一曰斩关。夫元首者，尊制卑，贵役贱之象。占事多顺，利于先举，事多起于男子。为臣忠，为子孝，正大光明而无邪僻之行，德业已著而乾乾进修，常怀危惧，惕励而无咎也。况斩关，非安居之象，占者多不自由，事多暗昧不通，触则成祸，欲隐身避难者，却利乎奔逃也。其象关梁踰越，最利逃亡，捉贼难获，出行自强，病讼兴祸，厌祷吉祥，书符合药，方法最良。而元首最吉，天地得位，品物咸新，事用男子，忧喜皆真，君臣和合，父子慈亲，婚谐鸾凤，孕育麒麟，论讼先陈，市价出色，名利超伦，官职首擢，柱石元勋，门庭喜溢，利见大人。

出兵行师得此，将多兵胜，得敌衣帛，先动者胜，夜占恐有虚诈不实，士卒不利，为将者慎之。大抵此两蛇夹墓，诸占不利之课。

真一山人云：长空极日雾朦胧，运气从今可渐通。春日暖消千丈雪，胜川无处不仁风。

《无惑钤》云：彼己墓覆，夜贵履狱。昼病须亡，申入棺木。

《钤解》云：干支各被墓覆，彼己昏迷。《毕法》云：干支乘墓各昏迷，如人在云雾之中。酉为贵神，临辰为入狱，贵人嗔怒。申宫丑墓覆之，而自投于卯上乘六合，为六片极也，申乃身也，谓身既入棺内，昼占病必死无疑矣。《集议》：两蛇夹墓凶难免，虽未入传，遇此课大凶，宜静守可也。干支乘墓各昏迷。

丙申日第九课

重审　从革

```
白 后 阴 朱        青 玄 常 贵
辰 子 丑 酉        辰 子 丑 酉
子 申 酉 丙        子 申 酉 丙


财 丁 酉 朱 ☉      财 丁 酉 贵 ☉
子 辛 丑 阴        子 辛 丑 常
兄 　 巳 空 ◎      兄 　 巳 勾 ◎


朱 蛇 贵 后        贵 后 阴 玄
酉 戌 亥 子        酉 戌 亥 子
六申　　丑阴       蛇申　　丑常
勾未　　寅玄       朱未　　寅白
午 巳 辰 卯        午 巳 辰 卯
青 空 白 常        六 勾 青 空
```

《玉历钤》云：此课火日得金局全财，日辰之上，子酉相破，凡占百事，费力难成，凡求事，只宜假借。三合课，占病缠绵，论讼有革故鼎新可解，产未生，占行人恋乡未至，盗逃难获。

《毕法》云：丙干上酉，申支上子，干支俱乘死气，占病必死，亦不宜吊丧问病，谓之"人宅皆死各衰羸"。又云：丙日昼夜贵神，酉被巳克，亥被未克，皆立受克之方，切不可告贵用事。缘二贵自受克制，必自怒而不能成就我也。不论在传、不在传，皆是也。占得此课，不如不告，以免贵人漫被怒阻也。三合课，虽云"万事喜逢三六合"，但酉子相破，谓之"合中带煞蜜里砒"，凡事须防后患。

日克上神，支上神克日，三传全财，末克初神。

《义》曰：先从后革，暌违之象。欲谢何如，多得更变。父慈子孝，君圣臣贤。安其天爵，福寿两丰。

《象》曰：合中犯煞蜜中砒，对面人情未可欺。事到如斯惟尚理，亦知侥幸在须臾。

此重审之卦，一曰从革。夫重审者，重而审之也。亦名始入（此课不为始入）。利为主，利后动，长有厄，事从内起，起于女人。以下犯上，为逆徵，事有可虞。卑犯尊，贱役贵，事多不顺。阴小在下者，有悖逆之事。占臣未忠，子失孝，事不可遂意而行，必当审察，循乎义理，庶几以免后患也。丙火生于寅而死于酉，申金生在巳而死于子，谓之"人宅皆死各衰赢"，谋望不遂，盗失损财，人口衰残，若乘休囚尤重。凡事止宜休息，不利动谋。干上酉，却为丙日贵，虽可干贵求财，惟夏月火旺则可，他月不宜。虽三合金局从革，谓之金刚自刑其西方。虽云"万事喜逢三六合"，但见子酉相破，而酉自刑，谓之"合中带煞，蜜内有砒"。尽力为之，如求财，努力急求，所凭者，土将助财。干上酉为旬丁，丙日见之，因兄弟争财而动。况传逢先从而后革，有革故鼎新之象。恐其传财化鬼财险危，得财须防长上灾。无长上，恐妻有灾，主金伤嗽症。不意末传巳上遁癸水为鬼，所幸旦暮乘土将不妨。但传见从革，凡事阻革，有气革而进益，无气革而退失。一曰兵革，一曰金铁。大抵五行正气入十干杂糅之乡，异方三合乃生旺墓之神，事主丛杂不一，主关众人共谋，不然两三处干事，委曲托人与人相合之类。又如推磨之象，转去转来非一遍也。为三传俱财，不宜占长上疾病，况财多反生不足。占者遇之此课，有文书言词之象，朱雀临于门户也。况又旬中丁神，占求财有生官之理，迟缓可得，得防后患，秋冬大利。见贵作死神，不甚悦。占婚姻，先从后革，成就后恐反目。病瘵迟，恐辗转留根。主客未全和。占投谒人者不顺，即见后必翻廻。凡成合事，酌量谨始虑终。求解散，不利。

占出兵行师得此，旦占多词，虑军戎见耻，夜占有开地千里之功。《经》云："巳酉丑为从革卦，兵革相交四五旬。"改故就新，多图别业。军中恐生伤，筋骨肺劳心。贵在将之谋略，因时致宜之妙也。

先从后革。

真一山人云：天道昭昭宜善人，事干难处赖存仁。更新变旧难施布，傲尽严霜又报春。

《无惑钤》云：身乘夜贵，昼财破碎。夜将助财，宜乎假贷。

《钤解》云：酉加丙上，夜占贵人临身，昼占财为破碎。夜将乃纯土，助起全金之财，若转求借贷，亦可得也。财神入墓延迟，干支皆乘死神，止宜休息万事，不宜动谋。干上酉丁，乘朱雀，因妻财动，亦关文书言词；若小人占之，口舌官事。两贵受克难干贵。合中带煞蜜里砒。人宅皆死各衰赢。

丙申日第十课

重审　玄胎　赘婿　不备

```
玄 贵 贵 六          白 阴 阴 蛇
寅 亥 亥 申          寅 亥 亥 申
亥 申 申 丙          亥 申 申 丙


财 丙 申 六 ⊙       财 丙 申 蛇 ⊙
官 己 亥 贵          官 己 亥 阴
父 壬 寅 玄          父 壬 寅 白


   六 朱 蛇 贵          蛇 贵 后 阴
   申 酉 戌 亥          申 酉 戌 亥
勾 未       子 后    朱 未       子 玄
青 午       丑 阴    六 午       丑 常
   巳 辰 卯 寅          巳 辰 卯 寅
   空 白 常 玄          勾 青 空 白
```

《玉历钤》云：此课阳金用事，自不为财，病于申地，又是赘婿，其事何由可成？凡占俱不遂。病主鬼祟，有神可祈，讼有贵可告泣而解，占胎吉未生，行人未至，盗逃不获。

《毕法》云：干上申加丙，谓之干支会合，日辰邻近，凡占皆主有变换，我彼共谋，求合之事。但财生暗鬼，申生起亥水克丙火，却为贵神，鬼乘天乙乃神祇。又云：支加干上为赘婿，却为财神，支上乘神为鬼，不免自惊危中取财，反去生养起亥鬼克日，非为小失大乎？

课名玄胎、赘婿。此课从重审中发出玄胎，自古玄胎多茫昧，凡事隐伏不明，利于占胎。此是生胎，诸占缓图必遂。但赘婿如招赘于人，凡事不由自己，由得他人，少不得屈意从人。而况三传申亥寅，初申作日之财，受上下夹克而无用，中为日之鬼，末传乘虎，遁壬水克干，先是三传递生在干上，后却变出许多不美，谓之乐里悲，乃应俗谚云"贪得一粒粟，失却半年粮"。

日克上神，支上克日，三传递生日干。

《义》曰：递互来生，荐其美名。居官迁转，虽举力轻。发用无力，事多未实。防他更变，不可虚拘。

《象》曰：财凭生处有姻缘，若也居官应荐扬。只恐初时无力着，渐着财禄自绵远。

此重审、玄胎之卦，一曰赘婿。夫重审者，重而审之也。一名始入。以下犯上之象，凡事不可遂意而行。《赋》云："一下贼上名重审，子逆臣乖弟不恭。事起女人忧稍重，防奴害主起妻纵。万般为事皆难顺，灾病相侵恐复重。对讼之人伸理吉，先告虚张却主凶。"传逢玄胎，申加巳，巳加寅，寅加亥，谓生玄胎也。此是退步长生，主事体有迟延之义，谓恋生故也。《经》云："五行受气处，四孟总玄胎。寅中金受气，火自此路来。木从申上起，水产五行催。金逢巳上生，水土坤栽培。登明位生木，火在艮上怀。欲知胎孕妇，因此卦中推。要知此端的，女人有灾厄。倘若无产妇，来占为求财。"以《袖中金》云玄胎：其象婴儿隐伏之状，利上不利下，事主远而多伏，暗昧不通，触则成祸。可喜丙申日，申加巳为生胎，所忧女人怀孕。以支来加干，为赘婿，有云："欲知赘婿卦，将身就妻家。辰往临其日，被克妾称郎。上下相勾引，行年作爪牙。"占者遇之，主事皆新意，最宜占胎。占求官、求财、求婚，皆以长生大利。占病长幼俱不利，主有再生投胎之兆。占讼淹滞，占行人不来，恋生故也。若论赘婿，如招赘于人，凡事不快，为客利于求财，屈意从人，事多牵制。占孕稍迟。病不利。讼延迟赘累。行人亦迟。占新病，恐传染时疫。惟谋望求名可就。

即占出兵得此课，将兵战胜，得女子金帛，利于客先动。大抵此课玄胎，凡事新鲜，求官名利俱吉，占胎有孕，但赘婿凡事被人暌阻，不自由也。

等待荣华。

真一山人云：虚声听处且留心，仔细叮咛听好音。忧事尚且还变更，欲图新事恐埋没。

《无惑钤》云：长生财贵，夜皆不喜。众口赞扬，无有穷已。

《钤解》云：寅乃丙之长生，申为日财，亥为官贵，且占则吉，夜占将凶，不喜也。传中初生中，中生末，末生干，《毕法》"三传递生人举荐"，所以众口赞扬，岂可穷已乎？初乃递生干，诚可乐也，夜占变出许多不美，为小失大。初财夹克，中有日鬼，末传遁出壬虎，非"乐里悲"而何？乐里悲，此乃变宫商而为薤露也。《集议》（原抄本无《集议》正文）：

丙申日第十一课

重审　斩关　励德　向三阳　三奇

后 蛇 朱 勾　　　玄 后 贵 朱
子 戌 酉 未　　　子 戌 酉 未
戌 申 未 丙　　　戌 申 未 丙

官 庚 子 后　　　官 庚 子 玄
父 壬 寅 玄　　　父 壬 寅 白
子　 辰 白 ◎　　子　 辰 青 ◎

勾 六 朱 蛇　　　朱 蛇 贵 后
未 申 酉 戌　　　未 申 酉 戌
青午　　亥贵　　六午　　亥阴
空巳　　子后　　勾巳　　子玄
辰 卯 寅 丑　　　辰 卯 寅 丑
白 常 玄 阴　　　青 空 白 常

《玉历钤》云：此课子加戌，谓之"后入奴室"，极凶。邵南云：子戌不明，事无准绳，又为日鬼，玄后助之，尤主凶咎，暗昧不明之象。

日生上神，辰上刑日上，用克日，日上克用，末克初。

课名重审、斩关。凡有谋，防小人阻碍难成。所喜子为癸，丙以癸为官，末见辰为空，喜始终而忧可解也。

《义》曰：未戌相刑，子未六害。得失相并，否中有泰。后玄互见，防他礼乱。宾主不投，难于干办。

《象》曰：来情自是因灾祸，神将相生亦吉扶。何是末传难着力，事于成就恐难图。

此重审之卦，一曰泆女，亦曰天网。夫重审者，重而审之也。利为主，利后动，长有厄，事从内起，起于女人。以下犯上，贱犯贵，卑犯尊，事多不顺。阴小在下者，有悖逆之事。占臣未忠，子失孝，事不可遂意而行，必当审察，循乎义理，庶几以免后患也。夫泆女乃不正之象，占身宅不宜，当谨慎闺门，勿用婢女，本非坚贞。《经》云："天后常为厌黩神，须知六合是私门。二将取名称洪女，夫妻失友异情恩。"夫天网者，即天网四张也，《经》云"天网四张，万物被伤"，为阻滞，为疑难，为灾恼。日生上神，虚费百出，谋望不遂，失盗损财，人口衰残，休囚尤重，又为子孙脱漏之事。宾主不投，以其相刑之义。发用又作六害，未免有失和气。占者遇之此课，子寅辰乃向三阳，进间传，凡事中见间隔，隔而后进。占求官见贵者，和而未合，成而未能。占婚姻不宜。求财难得。病者先凶后吉，作福庶可。占失脱难寻。逃亡自归。占交易投谒未顺。

占出兵行师得此，昼占无威而不宁，夜占失物以忧愁。敌使之来，其言不可遽信。大抵此课，所谋百事，阻滞难成，惟利夫病患、忧疑、狱讼，却见有解也。

季春占。功亏一篑。

真一山人云：进退迟疑未遂心，莫教勉强失佳音。事当忧虑终须解，好事还期缓缓寻。

《无惑钤》云：鬼在墓蹲，招呼病人。夜遁壬虎，勿恃其寅。

《钤解》曰：戌乃干墓临支申，子水为鬼，而加于戌上，是蹲于墓而招呼病人也。中传寅木，昼占或可恃以克戌，然寅遁壬，夜虎反伤于干，焉足恃哉？又云：子戌不明，事难准成。天后阴暗，奴仆私通。

丙申日第十二课

弹射　进连茹　罗网

互旺俱旺坐谋宜

蛇	朱	勾	青
戌	酉	未	午
酉	申	午	丙

后	贵	朱	六
戌	酉	未	午
酉	申	午	丙

财	丁酉	朱
子	戊戌	蛇
官	己亥	贵

财	丁酉	贵
子	戊戌	后
官	己亥	阴

青	勾	六	朱
午	未	申	酉
空巳			戌蛇
白辰			亥贵
卯	寅	丑	子
常	玄	阴	后

六	朱	蛇	贵
午	未	申	酉
勾巳			戌后
青辰			亥阴
卯	寅	丑	子
空	白	常	玄

《玉历钤》云：此课日丙克酉金为财，弹射无力，却得干上午火助之，造化酉金才成其功，凡占先难后易，皆有成就。

《毕法》云：此课干支上皆乘旺神，乃主客皆有生旺，凡谋自在，不劳费力，惟宜守静，不宜谋动。若有意外之谋，必有方萌之祸，一则旺神变为罗网，二则旺神化为羊刃，凶咎何可胜言？

日上克辰上，日上克用。

课名弹射、进茹。丙日以金为财，凡所谋望干众，或转托隔手，指射而获。兼日上午火又助，造化酉金，终得见贵。且暮二贵，一喜一怒。

《义》曰：干支俱旺，守之为上。一或妄动，变为罗网。贵多无贵，求贵费力。主客不和，事未全济。

《象》曰：牵连进退未从容，守分为荣福禄崇。几见人家更改事，反招不足恼心胸。

此弹射之卦。夫弹射，乃日克神之谓，《经》云："日往克神名弹射，纵饶得中还无力。贵人逆转子无良，天乙顺行臣不义。家有宾来不可容，亦忧口舌西南至。"然事主动摇，人情倒置，更主蓦然有灾，求事难成，祸福俱轻，忧事立散，祸从内起。利客不利主，利先不利后。占人不来，访人不见，不利占讼。弹射无力，不可用事，虽凶无畏。传见进连茹，进中有退，凡事欲行不行，欲止不止，节外生枝，有进退之象。一事未了，一事又来。互旺俱旺，只宜坐守，不利动谋，动谋则变成罗网羊刃，反为凶祸。课传俱贵，名之遍地贵人，所以贵多反不得贵人之力，事不归一，居官在任者多差使，权摄委托不一，又曰"尖担两头脱"之喻。占者遇之此课，日克神，事从内起，虽有恶意，而不至伤人，吉凶皆主不实。占行人不来，出行主不至地所而回。占病主瘥迟。占财乃文字口舌之财、公中闹市之财。失脱难得，得而复失。占公讼带众，事主迅速。占盗贼不宜，捕捉要慎防，终得获。逃亡难得。占主客、交易、投谒、婚姻，俱不宜。

占出兵行师得此，昼占口舌文词，夜占开地千里。大抵百占得此，惟守之为上也。

夏吉。守之则吉。

真一山人云：病多进退未痊安，好把心胸且放宽。积善到头终善报，举头默默有神天。

《无惑钤》云：身宅旺盛，动遭网刃。众贵难凭，死墓绝并。

《钤解》曰：巳乘午旺，申乘酉旺，只宜守旧，动则变为罗网，缠绕身宅，变为羊刃，以生祸患也。贵多难依，况丙火到酉戌亥上，乃死墓绝之乡也，占病最凶。《毕法》云：进退逼迫最难宜。

丁酉日

丁酉日第一课

伏吟用辰　励德　龙战

阴	阴	常	常		贵	贵	朱	朱
酉	酉	未	未		酉	酉	未	未
酉	酉	未	丁		酉	酉	未	丁

财	丁	酉	阴		财	丁	酉	贵
子	乙	未	常		子	乙	未	朱
子	辛	丑	朱		子	辛	丑	常

```
空 白 常 玄        勾 六 朱 蛇
巳 午 未 申        巳 午 未 申
青辰      酉阴    青辰      酉贵
勾卯      戌后    空卯      戌后
寅 丑 子 亥        寅 丑 子 亥
六 朱 蛇 贵        白 常 玄 阴
```

《玉历钤》云：此课邵南云：酉酉重阴，内难萦心。又云：气肃脱墓，愁绪暗布，则此占之凶，可知矣。

日生上神，日上生辰上，日克用。

课名伏吟。诸神不动，众煞皆藏，天将安平，可享安静之福。暮贵见丁，虽见动摇，中亦无害，凡谋有阴助之功，虽逢起伏，终有喜，忧亦无灾。

《义》曰：脱干生支，宅盛人微。更逢龙战，事有乖离。进退疑惑，贵乎勿欺。惟正获吉，可不知斯。

《象》曰：人间万事贵中和，课此应期福自多。倘见疑难须耐守，渐看财吉涌春波。

此自信之卦，一曰龙战。夫自信，乃天地伏吟，十二神各归本家，天地如一，四伏未发之象。占事静则宜，动则滞，主事藏匿不动，静中求劳，有屈而不伸之象。况龙战，主人心疑惑，进寸退尺，动有乖离之象。卯酉为天之私门，生杀有限，分杜有期，雷动龙奔，示其有战。伏吟有行人近出者至，远行者回轮，自外传内，又未见其来也。逃者不出邑里，盗者不出其家。访人不出。关梁杜塞，诸神各归本家。日生上神，虚费百出，谋望不遂，失盗损财，人口衰残，休囚尤重，又为子孙脱漏之事。夜占为励德，门户家宅动摇不宁，占大吏升迁，小吏迍否。占者遇之此课，贵临卯酉，宅必有迁修，谓之关格不通，词多不理。宅上乘丁，丁主动摇怪异，不容人久住之象。见贵者，主客相和。求官者，脱而无力。不宜占婚。《经》云："酉未为离神之效也。"交易不成。求财有。病凶不宜，惟有德者可解。失物宜寻。讼不和，却有解。投谒人者，徒费粮裹。若占忧惊、患难、禁系、病疾，凡事皆有阴私暗昧之象。

占出兵行师得此，昼占太阴中止，夜占有开地之功，终见解和。

秋吉，余平。

真一山人云：宅上迁修见动摇，事逢阴暗福相遥。远方财气宜来望，贵富荣华渐觉饶。

《无惑钤》云：贵人之财，远方寄来。中末能助，宅内阴灾。

《钤解》曰：丁酉夜贵，作日之财，必远方贵人寄来也。得中末土助，财气旺盛。干之丁火，克支之酉金，主阴人有灾也。酉自刑加宅，又曰"支辰自刑小儿灾"，故主家宅欠宁。

丁酉日第二课

弹射　连茹

旺禄临身徒妄作　彼求我事支传干

```
常 玄 空 白        朱 蛇 勾 六
未 申 巳 午        未 申 巳 午
申 酉 午 丁        申 酉 午 丁


财 丙 申 玄        财 丙 申 蛇
子 乙 未 常        子 乙 未 朱
兄 甲 午 白        兄 甲 午 六


青 空 白 常        青 勾 六 朱
辰 巳 午 未        辰 巳 午 未
勾 卯    申 玄     空 卯    申 蛇
六 寅    酉 阴     白 寅    酉 贵
丑 子 亥 戌        丑 子 亥 戌
朱 蛇 贵 后        常 玄 阴 后
```

《玉历钤》云：此课三传皆退，玄蛇为凶，午火临日，又在末传克初，主气象不顺，凡占所事不成。

《毕法》云：此课初传自支上起，末传归于干上，主人来托我干事，凡谋可成也。

日上克辰上，日克用，日上克用，末克初。

课名弹射、退茹。玄乘财，必有反复惊疑，盗失干众，进退不足。所喜财来加宅临门，极为好课，凡事皆遂，传退得合也。

《义》曰：占逢九夏，旺禄临身。惟宜坐守，不可变更。如或妄动，反为不庆。知此守旧，必见更顺。

《象》曰：可惜工夫佃芜田，事逢闭口亦徒然。将来更有无穷美，理数由来有后先。

此弹射之卦，一曰龙战。夫弹射，乃日克神之谓。《经》云："日往克神名弹射，纵饶得中还无力。贵人逆转子无良，天乙顺行臣不义。家有宾来不可容，亦忧口舌西南至。"然事主动摇，人情倒置，更主蓦然有灾，求事难成，祸福俱轻，祸从内起。利客不利主，利先不利后。占人来，访人不见，不利占讼。弹射无力，不可用事，虽凶无畏，徒有恶意，而不能伤人，吉凶事皆不实。况龙战，主人心疑惑，进寸退尺，动有乖离之象。卯酉为天之私门，生杀有限，分杜有期，雷动龙奔，示其有战。传见退连珠，凡事主退中有进，欲行不行，欲止不止，节外生枝，有进退之象。支传干，占人来，访人不见。占者遇之此课，见贵、交易、婚姻、主客和悦，谋望可进，求官得禄，但须惊怖。占投谒人者难和，欲求其事，得不偿费，千里徒费粮裹。占求财有，乃暗昧不正、闭口之财。不宜占宅。病惊危，久病大畏。占失物宜寻。逃盗宜获。占公讼和解。

占出兵行师，昼占失物忧疑，夜占忧心众畏。敌使之来，其言有益于我，而不敢妄诞。大抵此课，凡占祸福俱轻，犹贵乎心之有德也。

真一山人云：千里投人望有求，两情何事不同谋。只缘主客未和允，须要谦谦莫怨尤。

《无惑钤》云：自支传干，模范当堪。昼禄虎守，凄惨相关。

《钤解》曰：支上申，干上午，拱夹申未午在内，模范不越矣。丁禄在午，昼占虎临，不可守也。初财费耗，中传脱气，不免复投虎禄以凄惨也。又云：壬辰日，酉加壬，亦不脱规模。又云：申酉相加为暗破。

丁酉日第三课

别责　不备　不行传

空上乘空事莫追

```
空 常 勾 空        常 阴 空 常
巳 未 卯 巳        巳 未 卯 巳
未 酉 巳 丁        未 酉 巳 丁


子 辛 丑 朱        子 辛 丑 勾
兄    巳 空 ◎      兄    巳 常 ◎
兄    巳 空 ◎      兄    巳 常 ◎


勾 青 空 白        空 白 常 玄
卯 辰 巳 午        卯 辰 巳 午
六寅      未常     青寅      未阴
朱丑      申玄     勾丑      申后
子 亥 戌 酉        子 亥 戌 酉
蛇 贵 后 阴        六 朱 蛇 贵
```

《玉历钤》云：此课别责，传日上，传内空神太多，忧喜皆不成，病讼亦散。

《毕法》云：此课干上见旬空，又乘天空，中末二传亦然，凡占皆空，全无可用。

日上生辰上，日生用，日上生用。

课名别责。事无定准，凡所谋望，多有番异，宜弃一就一。但三课两传，中末又空，终于无成，只宜散忧。

《义》曰：三重破碎，得不偿费。更有可嗟，课体不备。夫妇纲常，谨之以礼。恶不可为，贵乎知耻。

《象》曰：空处寻逢不足奇，达将人物贵知机。时当否塞多成败，且待春花发旧枝。

此芜淫之卦，即别责也，阴阳不备之谓。且夫一阴一阳，天地之常，今而阴阳不备，是失其常也。既失其常，必乖其理，故《经》有云"阴阳不备，则男争女"，上克下则夫之过，下贼上则妇之不仁，此阴阳不备，乖戾从此而生也。一曰芜淫奸生于中，幸无后合，虽有邪心而不足畏也。由其善于处治，严于闺门，一正固足以敌奸邪，惟守正道君子可以行之，余未之知也。干上乘空，事多不实，加之脱空，又奚有实之可取耶？占者遇之此课，求官见贵者，如捕风捉影，徒劳心力，焉能成事？占财者，望空着斧。占病者，终不妨身，惟畏夫久病得此，则吉中反成凶也。失物者难觅。常占得此，亦见虚耗失脱，得不偿费。占远行求谋，劳心而已。占公讼禁系有解，终见和好，忧惊勿畏。凡占百事，未见成也。

占出兵行师得此，昼占朱雀多词，夜占勾陈，战士有伤。得此课体不备，占凶不凶，占吉不吉，又何足畏？大抵此课，惟宜正静以处之，则凶反为吉矣。

见巳则美。

真一山人云：英雄豪杰本超群，未梦飞熊且莫论。我爱钓台风景好，饵香空设少鱼吞。

《无惑钤》云：干就支财，破碎空偕。三重如此，虚扰心怀。

《钤解》曰：丁临酉上，干就支，以取其财也。初传脱气，而中末乃破碎空亡，既日上又叠入为传，共得三重，所以虚扰心怀也。

丁酉日第四课

元首　高盖　闭口　三交　六仪　斩关　龙战　交车合
权摄不正禄临支

```
勾 白 朱 青          空 玄 勾 白
卯 午 丑 辰          卯 午 丑 辰
午 酉 辰 丁          午 酉 辰 丁


兄 甲 午 白          兄 甲 午 玄
父 癸 卯 勾          父 癸 卯 空
官 庚 子 蛇          官 庚 子 六


六 勾 青 空          青 空 白 常
寅 卯 辰 巳          寅 卯 辰 巳
朱丑     午白       勾丑     午玄
蛇子     未常       六子     未阴
亥 戌 酉 申          亥 戌 酉 申
贵 后 阴 玄          朱 蛇 贵 后
```

《曾门经》曰：三交相交，伏匿罪人，谓太冲、从魁、六合、太阴皆为门户之神，蔽匿万物，故临日辰三传，为伏匿罪人之象。此课初传胜光，将见白虎，主杀伤；中传太冲，将见勾陈，主斗争；末传神后，将见螣蛇，主惊扰，皆由伏匿罪人之故也。

《玉历钤》云：此课丁禄在午，午死于酉，气象不和，凡事凶否不可用。

《毕法》云：此课午为支鬼，乘白虎加支克支，凡占必主人家有妖异之灾。

日生上神，辰上生日上，末克初。

课名元首、三交。虎将，凡占有阻。所幸禄为用，末来克初，午火克宅酉金，先忧后喜。禄加辰上，最宜坐守保禄，却防口舌。

《义》曰：天空脱丁，虚费频仍。更逢白虎，丧失何宁？虚和虚好，始终难保。惟宜有德，方期偕老。

《象》曰：高盖乘轩利仕人，功名得此转欢忻。只因争战多危惧，还要阴功积德真。

此元首之卦，一曰龙战，一曰高盖，又曰三交。夫元首者，尊制卑，贵役贱之象。占事多顺，利于先举，凡事多起于男子。为臣忠，为子孝，正大光明而无邪僻之行，德业已著而乾乾进修，常怀危惧，惕励而无咎也。况龙战，主人心疑惑，进寸退尺，动有乖离之象。卯酉为天之私门，生杀有限，分杜有期，雷动龙奔，示其有战。传见高盖，《经》云："紫微华盖居神后，天驷房星是太冲。马即胜光正月骑，六阳行处顺申同。高盖乘轩又骑马，更得龙常禄位丰。"午卯子，在六月午将占，乃天烦卦，男子行年抵之大凶，宜修德，余月不忌。况三交，吉凶皆因内起，主有交加不明之象，占身宅容隐奸私，又谓之关格罗网，出行不利，道路不通，谋事多受屈折于人。占者遇之此课，日生上神，虚费百出，谋望不遂，盗失损财，人口衰残，休囚尤重，又为子孙脱漏之事。求官宜。见贵和。婚姻难成。交易、谋望、主客、投谒俱吉，恐中有不实。病惊恐不妨。惊恐、忧疑、公讼之事，忧中有喜，难中有解。逃亡畏惧怕回。

占出兵行师得此，昼占凶，虑有败绩，夜占欺诈，当密察详审。敌使之来，所传之言，不足取信。慎之！慎之！

真一山人云：难易相仍理势然，莫犹人事莫犹天。事当未就还宜耐，过此危桥福自坚。

《无惑钤》云：交加和睦，午神为禄。昼虎夜玄，匪美休卜。

《钤解》曰：干上辰与支酉作合，支酉上午与日干未作合，交加相合，主客和睦，固为美矣。然午为丁日之禄神，加于支辰酉上，而午火死于酉，昼乘白虎，夜乘玄武，皆非美也。占者遇之，求禄之事，甚不宜也。《毕法》云"交车相合交关利"，宜交关、交易、交加、交换而成合也，惟不利占解散诸事。

丁酉日第五课

元首　从革　励德　寡宿　龙战

朱　空　贵　勾　　　　勾　常　朱　空
丑　巳　亥　卯　　　　丑　巳　亥　卯
巳　酉　卯　丁　　　　巳　酉　卯　丁

兄　　巳　空　◎　　　兄　　巳　常　◎
子　辛　丑　朱　⊙　　子　辛　丑　勾　⊙
财　丁　酉　阴　　　　财　丁　酉　贵

朱　六　勾　青　　　　勾　青　空　白
丑　寅　卯　辰　　　　丑　寅　卯　辰
蛇子　　　巳空　　　　六子　　　巳常
贵亥　　　午白　　　　朱亥　　　午玄
戌　酉　申　未　　　　戌　酉　申　未
后　阴　玄　常　　　　蛇　贵　后　阴

《玉历钤》云：此课空亡为用，忧喜皆不成，讼虚声相挠，出入不宜。

《毕法》云：此课干上见卯为父母，却被三传金局来伤，巳为救神，却又空亡，不能致力，凡占必主父母及尊长有灾，盖由妻财之所致也。

上神生日，日上生辰上，初克末。

课名元首、从革。丁日见之为财，秋占旺相有所利，但巳为空亡，必须隔手可图，仍防虚诈口舌，远来宜谨勿与交，恐因财不足。巳既空亡，凶吉不成，出入更改。雀在中传丑，为善中吉。

《义》曰：外来相助，不求自至。那解破空，又难成事。如龙失珠，动必差疏。理势如此，守之以愚。

《象》曰：荣辱穷通各有由，人生何必苦相求。争如林下无羁绊，待得时亨方遂谋。

此元首之卦，一曰从革，亦曰龙战，又曰寡宿。夫元首者，尊制卑，贵役贱之象。占事多顺，利于先举，事多起于男子。为臣忠，为子孝，正大光明而无邪僻之行，德业已著而乾乾进修，常怀危惧，惕励而无咎也。传见从革，先从而后革也。凡事阻隔，有气则隔而进益，无气则隔而退失。一曰兵革，亦曰金铁。大抵五行正气入十干杂糅之乡，异方三合乃生旺墓之神，事主丛杂不一，主关众人共谋，委曲托人与人相合之类。况龙战，主人心疑惑，进寸退尺，动有乖离之象。卯酉为天之私门，生杀有限，分杜有期，雷动龙奔，示其有战。《赋》云："寡宿孤辰，值此尤妨骨肉。"若占身得此，主见孤独，别离乡井，自立门户，财物虚耗，僧道宜之，俗不宜也。上神生日，凡占却有人来相助，运用如意，遇灾不凶，逢吉愈吉。占者遇之此课，占求官、见贵、占婚、求财、交易、谋望，动谋百事，虽不见凶，终难成就，不如守旧，反为福庆。占久病得之大凶，暴病占之大吉。诸忧惊之事，能解散而不能成就也。

占出兵行师得此，昼夜所占，虑有失众之象，亦谓之有声而无实也，所闻多起虚声，不可遽信，大宜防范，谨之勿忽。

真一山人云：谋望难成且待时，纵教勉强失便宜。虽然目下完成了，日后焉知付与谁？

《无惑钤》云：破碎空空，宅神不宁。家财已废，将助仍丰。

《钤解》曰：巳空破碎，临于宅上，必主家资耗费。若夜占，将纯土助起传财，反主丰盈，借贷亦得。又云：三传俱财克父母，父母爻在干故也。

丁酉日第六课

重审　斩关

互生俱生凡事益

```
贵 青 阴 六          朱 白 贵 青
亥 辰 酉 寅          亥 辰 酉 寅
辰 酉 寅 丁          辰 酉 寅 丁


官 己 亥 贵 ⊙        官 己 亥 朱 ⊙
兄 甲 午 白          兄 甲 午 玄
子 辛 丑 朱          子 辛 丑 勾


蛇 朱 六 勾          六 勾 青 空
  子 丑 寅 卯          子 丑 寅 卯
贵亥      辰青       朱亥      辰白
后戌      巳空       蛇戌      巳常
  酉 申 未 午          酉 申 未 午
  阴 玄 常 白          贵 后 阴 玄
```

《玉历钤》云：此占日德发用，亥中有壬，暗与丁合，日上又合，主尊卑和合，所事皆成。

上神生日，日上克辰上。

课名重审。德禄为用，马又空亡，凡占好事难成，不免再进，终成不足。所喜丁壬合，丁禄午用与日上和合，出入更改吉。

《义》曰：蓦然有事，何必惊愕？才见美成，亦当销铄。如水山蹇，如山地剥。静以待之，自然活泼。

《象》曰：昼贵徒教枉费心，贵人终不作佳音。吉凶两事分明说，远水遥岑何处寻？

此重审之卦，一曰天网。夫重审者，重而审之也。利为主，利后动，长有厄，事从内起，起于女人。以下犯上，贱犯贵，卑犯尊，事多不顺。阴小在下者，有悖逆之事。占臣未忠，占子失孝，事不可遂意而行，必当审察，循乎义理，庶几以免后患也。夫天网者，即天网四张也，《经》云"天网四张，万物被伤"，为阻滞，为疑难，为灾恼。又曰：斩关不利于安居。上神生日，所谋百事吉，运用如意，遇灾不凶，逢吉愈吉。日是人相助，夜乃神相助。若当季神生日，主声名显达，岁命生日，尤为吉昌。一曰蓦然卦，事皆起于蓦然。凡占主人心欲动，两头牵挂。又曰：驿马发用，为官爵卦，利仕人。占者遇之此课，宜求官，不利见贵，不宜访谒，不惟不遇，亦恐心口不相应也。占婚姻难成，成则不利。占财难得。主客不投。病者先重后轻。占宅门户虚隳。讼有解和。凡事隔七隔八，先难后易。最不利私遁逃走，直符遇之被捉。

占出兵行师得此，昼占开地千里，夜占口舌唇吻、文字之扰，终不为畏也。敌使之来，所言不实，不可遽信。凡事守正终吉，有守者保守亨利也。大抵有难成事之气象。

见辰为福。

真一山人云：忧喜两般虚祸福，事不成兮理先烛。钓台千古播清风，深羡郭泰囚树屋。

《无惑钤》云：课名斩关，逃者不还。各逢生气，昼贵休干。

《钤解》曰：辰作斩关，加酉得金，为斩关得断。酉又地户，所以逃者不还也。支干各乘生气，固可守也。昼贵空亡入狱，不可干也。又云：天罡乘龙加酉，主人腿上刺龙。又云：俱生凡事益，此例有生意，或两家合本作营生，尤应也。

丁酉日第七课

反吟　励德　龙战

脱上逢脱防虚诈　六阴相继尽昏迷

<table>
<tr><td>朱</td><td>常</td><td>勾</td><td>阴</td><td></td><td>贵</td><td>空</td><td>阴</td><td>勾</td></tr>
<tr><td>酉</td><td>卯</td><td>未</td><td>丑</td><td></td><td>酉</td><td>卯</td><td>未</td><td>丑</td></tr>
<tr><td>卯</td><td>酉</td><td>丑</td><td>丁</td><td></td><td>卯</td><td>酉</td><td>丑</td><td>丁</td></tr>
</table>

<table>
<tr><td>父</td><td>癸卯</td><td>常</td><td></td><td>父</td><td>癸卯</td><td>空</td></tr>
<tr><td>财</td><td>丁酉</td><td>朱</td><td></td><td>财</td><td>丁酉</td><td>贵</td></tr>
<tr><td>父</td><td>癸卯</td><td>常</td><td></td><td>父</td><td>癸卯</td><td>空</td></tr>
</table>

<table>
<tr><td>贵</td><td>后</td><td>阴</td><td>玄</td><td></td><td>朱</td><td>六</td><td>勾</td><td>青</td></tr>
<tr><td>亥</td><td>子</td><td>丑</td><td>寅</td><td></td><td>亥</td><td>子</td><td>丑</td><td>寅</td></tr>
<tr><td>蛇戌</td><td></td><td>卯</td><td>常</td><td></td><td>蛇戌</td><td></td><td>卯</td><td>空</td></tr>
<tr><td>朱酉</td><td></td><td>辰</td><td>白</td><td></td><td>贵酉</td><td></td><td>辰</td><td>白</td></tr>
<tr><td>申</td><td>未</td><td>午</td><td>巳</td><td></td><td>申</td><td>未</td><td>午</td><td>巳</td></tr>
<tr><td>六</td><td>勾</td><td>青</td><td>空</td><td></td><td>后</td><td>阴</td><td>玄</td><td>常</td></tr>
</table>

《玉历铃》云：此课反吟，主人情不足，凡占反复，诸事不可用。

《毕法》云：此课干上丑虽生支而却墓支，支上卯虽生干而却败干，虽有滋养之名，却作衰败之实，凡占务虚名而受实祸，不可不察。又云：支上卯乘太常，谓之太常内战，必主宅上常见外来孝服。

日生上神，辰上克日上。

课名反吟。卯酉为二八门，利乎远动，动则遂意，守静则有口舌。

《义》曰：卜得此课，人心懈惰。求吉不吉，释祸隐祸。惟宜吉人，乐善循循。善积既久，福日相亲。

《象》曰：反复将成又未成，恩中生怨且吞声。将逢内战求谋阻，吉士占之化福迎。

此无依之卦，一曰龙战，亦曰三交。日生上神，虚费百出，谋望不遂，失盗损财，人口衰残，休囚尤重，又为子孙脱漏之事。占者遇之此课，求官吉，未免着力。遍地贵人，不相干贵，事多关隔，朝定夕更。占财反复。婚勿成。主客不和。交易不遂。投谒人者，徒费粮裹。四月、五月、十月、十一月占病凶。诸占不利。惟利修德君子，吉人天相。

占出兵行师，反复不一，敌使之言多谬，全在将者权谋机变，以致其胜。昼占稍吉，夜占欺毁。

疑惑未定。

真一山人云：南北交差事已分，病人得此欲消魂。吉神若不来相救，又恐天医失讨论。

《无惑钤》云：皆贵皆财，有丁往来。凡谋不定，行人即回。

《钤解》曰：酉，夜贵也，为丁为财，而往来不停。卯酉门户，凡事不出家庭，占事反复不定。若占行人，即时回也。又云：昼占太常内战，主门户因酒食、财物、衣服争斗公讼。

丁酉日第八课

涉害　度厄　不结果

虽忧狐假虎威仪

勾 玄 空 后
未 寅 巳 子
寅 酉 子 丁

阴 青 常 六
未 寅 巳 子
寅 酉 子 丁

子 乙 未 勾
官 庚 子 后
兄 　 巳 空 ◎

子 乙 未 阴
官 庚 子 六
兄 　 巳 常 ◎

蛇 贵 后 阴
戌 亥 子 丑
朱 酉 　 　 寅 玄
六 申 　 　 卯 常
未 午 巳 辰
勾 青 空 白

蛇 朱 六 勾
戌 亥 子 丑
贵 酉 　 　 寅 青
后 申 　 　 卯 空
未 午 巳 辰
阴 玄 常 白

《玉历钤》云：凡未加寅，惟甲己日得之乃德合，是为吉课，余者皆凶。此课子加日上为六害，又作中传，与初传相害，凡占皆凶，不可用也。

《毕法》云：日干有子，谓之明鬼，支寅遁壬，谓之暗鬼，明鬼随人作吵，暗鬼宅上作吵，凡占必有怪异为灾，人既不安，宅亦不宁也。

上神克日，用克日上。

课名涉害。凡占必暗昧隐匿之事，所幸末传空亡，灾咎可弭，须先见惊恐，而后忧解。

《义》曰：临济未济，事多滞泥。外侮侵谋，有解何畏？君子占吉，小人占凶。欲识何如？善恶不同。

《象》曰：自家所作自家知，善恶原来不可欺。天理昭昭还报应，古今此理肯容谁？

此见机之卦。夫见机者，察其微，见其机，谓两比两不比，当以涉害为用。涉害有浅深，欲用不用，欲言不言，事有两而取一，所作稽留，迟疑艰难，进退不定，忧患难消，怀孕伤胎，难于前而易于后。《经》云："神有两比两不比，上天垂象见人机。涉深发处为初用，作事迟留当有疑。忧患难消经几日？占胎伤孕忌当时。盗失不过邻里取，逃亡亲隐是遥知。"上神克日，只利先讼，要有气，余不吉，常占为人所欺负。日是人相欺，夜乃鬼为殃。所占被人挠乱，惹恼不遂，病讼亦畏。此课见三下贼上，名曰度厄，作事不通达。又曰蓦然卦，占事起于蓦然，谚云"冷灰爆豆"。占者遇之此课，求官见贵虽云见和，终难成事者，以其自受制而不能作为也，欲望谋成，不可得焉。其他求财、问婚、交易、托人、投谒，亦皆若此。况值传空，吉凶到底皆散，而不能拘聚也。占宅耗盗。占失物难得。占忧患病讼有解。

占出兵行师不利，却宜讲和。大抵此课所占，未足为美，吉不成吉，而凶不成凶，惟有德者可以消弭其不足者。

孟夏、巳年月稍宜。

真一山人云：有始无终。春前红紫竞芬芳，处处园林锦绣香。何是春残光景异？东风吹尽褪残妆。

《无惑钤》云：三传内战，俗名窝犯。破碎同室，钱财耗散。

《钤解》曰：三传皆自下克上，为内战，凡事主自窝犯，讼从家庭而出，或丑声出于堂中。末传巳乃破碎，作空乘空，财钱耗散，不可言矣。

丁酉日第九课

元首　曲直

二贵受克难干贵

```
空 阴 常 贵          勾 常 空 阴
巳 丑 卯 亥          巳 丑 卯 亥
丑 酉 亥 丁          丑 酉 亥 丁


官 己 亥 贵          官 己 亥 阴
父 癸 卯 常          父 癸 卯 空
子 乙 未 勾          子 乙 未 朱


朱 蛇 贵 后          贵 后 阴 玄
酉 戌 亥 子          酉 戌 亥 子
六 申     丑 阴     蛇 申     丑 常
勾 未     寅 玄     朱 未     寅 白
午 巳 辰 卯          午 巳 辰 卯
青 空 白 常          六 勾 青 空
```

　　此课日上见初传、本命，来作官星，上见贵人，其贵人带官来扶身，三十岁定主高科及第。及第了须见大病，病了却吉，迤逦至守土官。宅上见丑作太阴，终身居于旧宅，一生不能建造。但下稍有守土之名，无守土之实，此主残患缠身，不能全美赴其任也。何秀才占课之时二十二岁，读书二十九岁发举，三十岁及第。至第六任居召州太守，为风所瘫，遂不能赴任。乃亥水克丁为官星，本命又是丁亥，主自家官星相催。至三十上，乃是丙辰年分，上见申，申金能生亥水，官星有气，故此年及第也。及第了大病几死，待四十余方安。所谓大病者，亥水克丁火，本命克本身，先论官，次论克。其病不致于死者，得亥卯未曲直，木能生火，故亥水虽克，而化木局为生火也。卯乃生丁火之神，卯数六，故得六任。至末传，得未加卯，而未是本身之丁，为勾陈所拘，故木能生风，死败之风，乃虚风也，勾陈迟留之神，故终为所缠也。未加卯，未便是今日之丁，未土死于卯，丁火败于卯，末传是未土，故主守土之任。丁败未死，遂为风所拘，终死于斯疾。①

又同日同时，何学禄占身位，亦得此课。先生曰："前课二十二岁，官星在前未过，此课四十九岁，官星已过了。何以见之？亥加丁为官，克我者为官，亥数四，未数八，四八三十二。何秀才年三十二岁上，系戊午年，是取官之年，必不过三十三矣。此四十九岁，已过了官星，却是绝神克身，末传上受克，而土死不能制水，是数不久，至辛亥年必死。"学禄三十二发举，已满官星之数，三十三上已无力矣，遂不及第。在学中作学录，至辛亥年五十二岁六月卒。况亥不是官星即是鬼，鬼来克身，又是丁之绝神，至辛亥年却是鬼旺，身不可逃，遂死。宅之前，左边不合被人迁坟，掘断龙头。盖酉日，丑加酉为墓神，丑在前，遂是前边，西方看北，便是前边左边葬一老阴人，缘此生事，家计悉破，至辛亥年五十二岁终矣。此课与前课不同，年命俱有德，此课本命上添子水，变煞破禄也。②

《玉历钤》云：此课日德发用，三传三合，主气象和顺，人情喜悦，凡占可成。

《毕法》云：此课干上亥脱支，支上丑脱干，干支递互相脱，凡占我欲脱人，人亦脱我，彼此各怀欺诈之心。又以人作践损坏宅舍，宅气亦不福佑于人，皆为脱耗，不能昌盛也。

上神德日，用德日，末克初。

课名元首、曲直。三传皆木，火虽绝于亥，为木局所生，又带德合，木局生火，春占得时，又见驿马，出入无不利，虽秋冬占，亦不凶，人情和合，更改如意。

《义》曰：春木得时，畅茂干枝。众人成事，赖及扶持。笑中有刀，蜜中有砒。和以仁义，方保无虞。

《象》曰：阳回万树见新春，和气融融渐及人。富贵功名得成助，仕人遇此喜忻忻。

此元首之卦，一曰天网，亦曰曲直。夫元首者，尊制卑，贵役贱之象。利为主，利先举，事多起于男子。为臣忠，为子孝，正大光明而无邪僻之行，德业已著而乾乾进修，常怀危惧，惕励而无咎也。夫天网者，即天网四张也，《经》云"天网四张，万物被伤"，为阻滞，为疑难，为灾恼。传见曲直，先曲而后直，象木之谓，当作成器。此乃五行正气入十干杂糅之乡，异方三合

---

① 《壬占汇选》作：戊申年五月丁酉日申将辰时，何秀才丁亥生，二十二岁占前程。

② 《壬占汇选》作：何学录庚申生，四十九岁占前程，同得此课。

乃生旺墓之神，事主丛杂不一，主关众人共谋，不然两三处干事，委曲托人与人相合之类。又如推磨之象，一事去一事来。克应迟。发用自刑，凡事自高自大，自逞自恃，由此而生不足。丁落卯败，而别更改。上神克日，凡事屈抑，作事被人阻挠不遂，所幸化木局而生干，必见两三处赞助，多见有成，尤防"笑里刀、蜜中砒"耳。占求官、见贵、婚姻、投谒、交易，合中未合，勉之以和可也。占解散事迟。不宜占出行、占产、占忧惊。病讼有救。逃亡不远。

占出兵行师，严加防范，先难后易，有助力者。昼占开地千里，夜占途中见阻。大抵此课，凡占有众人默相而成。

吉多凶少。

真一山人云：喜逼阳和见泰临，福星光照祸难侵。时亨君子道亦长，百事逢之得好音。

《无惑钤》云：克身墓宅，两贵皆厄。昼将窃干，三传脱贼。

《钤解》曰：丁上亥克日，昼将土盗窃干气，三传合为木局，窃亥水之气以生干，则乃脱其亥水之贼，而不使为丁火之害。又云：贵德临身。又云：占讼先曲后直。《毕法》云：两贵受克难干贵。

丁酉日第十课

菁矢　天网　高盖　三交　闭口　龙战

```
常 后 阴 蛇        空 玄 常 后
卯 子 丑 戌        卯 子 丑 戌
子 酉 戌 丁        子 酉 戌 丁


官 庚 子 后        官 庚 子 玄
父 癸 卯 常        父 癸 卯 空
兄 甲 午 青        兄 甲 午 六


六 朱 蛇 贵        蛇 贵 后 阴
申 酉 戌 亥        申 酉 戌 亥
勾 未     子 后    朱 未     子 玄
青 午     丑 阴    六 午     丑 常
巳 辰 卯 寅        巳 辰 卯 寅
空 白 常 玄        勾 青 空 白
```

《玉历钤》云：此课日辰之上皆逢刑破，又况菁矢无力，不可用事，凡占不可用。

《毕法》云：此课日上戌脱日，辰上子脱辰，干支皆被上神脱耗，凡占必主人衰宅废，两不荣昌。

上神墓日，日上克辰上，用克日，日上克用，初克末。

课名菁矢。墓覆日，必有忿怒难通，凡占求为轻得之。大利子来遥克，得戌为救，苦中乐，凶中吉。所喜末传见禄，午与日干丁下未合，先刑而后合，先克而后有禄也。

《义》曰：墓覆昏蒙，子卯相刑。干支盗脱，虚耗频仍。求事有阻，更有外侮。守之中正，其福必睹。

《象》曰：阴人阻扰志难成，只要知机见道真。若是夜占犹未美，倘能积德福自亲。

此菁矢之卦，一曰天网，亦曰三交，又曰龙战，又曰高盖。《经》云："神遥克日名菁矢，射我虽端当不畏。贵人逆转子无良，天乙顺行臣不义。家有宾来不可容，亦忧口舌西南至。"然事主动摇，人情倒置，象如以蒿为矢，射虽中而不入。祸福俱轻，求事难成。利为主，不利为客。占行人来，访人见。夫天网者，即天网四张也，《经》云"天网四张，万物被伤"，为阻滞，为疑难，为灾恼。三交者，三交家匿阴私客，不尔自将逃避迍。凡事失节阻碍，谋事被人阻破不能成。况龙战，主人心疑惑，进寸退尺，动有乖离之象。卯酉为天之私门，生杀有限，分杜有期，雷动龙奔，示其有战。况传见高盖乘轩，宜占官，不见龙常天马，则未为全美也。人宅受脱，不宜占身宅，主客昏蒙不利，且多虚耗，人口不宁惊恐。有人来访求者，须慎之。占者遇之此课，求官见贵不顺。十二月将占为天烦卦，男子行年抵之大凶，幸三奇少解。占婚不宜。占求财轻微。其他诸占，皆无气不可用，又见阴人挠乱，盗失频仍，阻滞不宁，若无三奇解之，大可畏也。

占出兵行师亦不利，敌使之来虚访，宜防之勿忽。

二中四下。

真一山人云：悔吝从今莫系心，春光也有到山阴。待时消尽残霜后，无限阳和报好音。

《无惑钤》云：墓干脱支，身宅虚危。夜占蒿矢，闭口无追。

《钤解》曰：戌墓丁干，子脱酉支，身宅虚危也。初传子水，乘玄克干，夜占被失，中传卯乃旬尾，则闭口而廻也。又云：酉日，子加酉，得天后，主其家尼姑出入，此法甚合。

丁酉日第十一课

重审　不备　赘婿　凝阴　励德

六阴相继尽昏迷

阴	贵	贵	朱
丑	亥	亥	酉
亥	酉	酉	丁

常	阴	阴	贵
丑	亥	亥	酉
亥	酉	酉	丁

财	丁酉	朱
官	己亥	贵
子	辛丑	阴

财	丁酉	贵
官	己亥	阴
子	辛丑	常

```
勾 六 朱 蛇
未 申 酉 戌
青午      亥贵
空巳      子后
辰 卯 寅 丑
白 常 玄 阴
```

```
朱 蛇 贵 后
未 申 酉 戌
六午      亥阴
勾巳      子玄
辰 卯 寅 丑
青 空 白 常
```

此课夜贵人在日，日贵人在辰，须主以财结托，及暗求贵人关节，酉作朱雀故也。日干用支为财，支临干乃结托是也，徒然结托，又主换司，换司了，又换官。盖遍地贵人，治事不一。行年上寅，为今日之父母，又是吏人，临子，为鬼贼，及有尊长在内为鬼，不合坐在鬼乡故也。徒然费力，下来理亏。丑作太阴，主不明也。所争之产，被彼来葬老阴人，便争不得，却作坟墓矣。童秀才有房弟出卖田及山塘，其兄应分取之，被彼结托，他弟妄增高价，遂讼于官司。有叔作鬼，经州县及部，欲将增钱去取赎田。彼乃童七秀才姑之子，自戊申年争至辛亥年六月，姑死，遂将其争田埋葬在内，广筑墙堑，大开龙虎，思之无气，遂埋葬，亦不耕种。[①]

又郭彦和，壬午命，二十八岁，己酉年十月二十二日子时，占讨一岁幼子。此课名励德，三传支干皆有贵人，此子恐日后必不服，必有回归之兆。

---

① 《壬占汇选》作：建炎戊申年七月十五丁酉日午将辰时，童秀才壬戌生，四十七岁占官讼。

酉作贵人，不合酉中有丁，终是动爻，居宅上又作中传，丁火绝于亥，且权住脚，似乎将后令阃不甚看顾他，惟有老阴人抚恤，但老阴人终世了，他必去也。此子将后必贵显，虽不能大显，终尹倅之任不可免也。吾兄三十二岁自有子息，三传贵人太多，所以贵多未贵，生两必得一也。子就父为贵人，支投干作贵人，可见此子是贵子，不合带丁主动，所以将来必去。丁以酉为妻，因妻日后自有子，不看顾他，故去之。然宅中有上穹尊像，虽供养而不敬之，反成触秽，所以缺子。又兼主山来处，不合造猪圈，夺生气，所以不得有子也。且君家坟，乾亥山来，近被新坟来冲，正是右胁，主妇人堕胎，难得子也。盖酉贵神，乃支就干，一则子来显父；二则遍地贵人，今则亥为玄穹，主有触秽；三乃鬼入宅，是主山来处，不合有猪栏触秽，乃亥作太阴为鬼也。丑为坟墓，加亥乘太常，亥乃乾亥山。亥乃丁之孙，丑乃丁之子侄，作土犯了亥之坟墓，克水故也。若移猪栏，及敬供上圣，自然得子也。

又本年七月十五日午将辰时，汪文老占宅。此课先生曰："汝家中所奉之神，非正乃是邪神也，乃独足五通之类，与正神相反，独足亦自为祸。侵了少妇，小女坏你一缸酱，兼蛇入宅。"是时同来者乃汪氏，供养一个五通神，损折一足，止有一足。在丁日，酉为五通，丁酉只一足。朱雀乃午也，日干丁上见酉，酉乃酱也，丁主怪异坏物。课中有酉有丑会起巳，巳临门户，故主蛇入宅。五通浸淫少女者，酉乃兑，为少女也。主妻生独足儿，亦丁以酉为妻，丁主独足故也。①

《玉历钤》云：此课阴火克阴金，财薄力弱，凡事不成。

《毕法》云：此课第一课上是酉乃夜贵，第二课上见亥乃昼贵，第三课酉亥相加，第四课又归亥乡，四课三传皆是昼夜贵人。邵彦和每嫌此例，名曰遍地贵人，而以贵多不贵，凡占事不归一，反无依倚，在任多差使，权摄所委不一，所托无成。如用夜贵，乃名咄目煞，如贵人咄目专视，反坐罪也，大不利占讼。

日克上神，日上生辰上，用生辰上。

课名重审、赘婿。凡所占望，去住不自由，且贵又见驿马，凡占初虽阻难，后进必成，只防小人谋阻。丁日见酉，为丁神发用，恐有险财动。

《义》曰：事因女子，重审失礼。百凡由人，名目而已。二阳一阴，以礼深防。象如归妹，其道不彰。

《象》曰：群阴用事固深藏，有谦有谦德乃光。帝幕贵人高甲第，莫教年

---

① 《壬占汇选》作：建炎戊申年七月十五丁酉日午将辰时，江文老占家宅。

命有相妨。

此重审之卦，一曰赘婿。夫重审者，重而审之也。利为主，利后动，长有厄，事从内起，起于女人。以下犯上，贱犯贵，卑犯尊，事多不顺。阴小在下者，有悖逆之事。占臣未忠，子失孝，事不可遂意而行，必当审察，循乎义理，庶几以免后患也。传见赘婿，《经》云：赘婿身寄他人，如赘婿在妻家住，若嫁携男去就人，意欲所为，不由自己，而全由他人，如赘身于妻家，事事由妻之谓也。阳不备，即芜淫，芜淫奸生于中，不宜占婚及占身宅，当以礼自防。又昼占为励德，阴立于前，阳处其后，大吏升迁，小吏迍否。酉亥丑凝阴，大象幽暗不通，宜禳，不然财损人灾。日上见财，占妻有贵，多言性刚。占者遇之此课，求官见贵，必是求大官贵，喜帘幕贵人高第之荣，但欲干贵，事不归一，以其贵多也。又云：宅值绝神，家长不安，不宜占宅，主宅动迁。占主客相合。托人得力。投谒人者，徒费粮裹。如年命在申，为两贵拱夹，尤宜告贵。占财有吉。百事暗昧。讼和解吉。文书临门户，不然口舌见之。此进间传，进中有间隔之象。逃亡自归。病谢土神。

占出兵行师，昼占口舌文词，夜占开地千里。敌有使来，所言多实，乃有益于我兵，或相为和好也。

仲秋吉。待价沽诸。

真一山人云：重求轻得预当知，君子乾乾道自奇。德积益深福益厚，崎岖经遍到平夷。

《无惑钤》云：身宅贵喜，循环无已。财自然来，末又助起。

《钤解》曰：身乘夜贵，宅乘昼贵，可以干求两处贵人成事。三传不离四课，循环无穷也。酉临干，被克为财，自然而来也。末丑又助，财正旺矣。又云：占人年命在申，为两贵拱之，主得贵人提携。又云：丑加亥，夜乘太常，凡求望，必涉水遇桥。末助初财。《毕法》云：课得俱贵转无依。此夜贵发用，名咄目煞，如贵人咄目专视，反坐罪也，大不利告贵，占讼尤凶。

丁酉日第十二课

知一　斩关　连茹

```
贵 蛇 朱 六          阴 后 贵 蛇
亥 戌 酉 申          亥 戌 酉 申
戌 酉 申 丁          戌 酉 申 丁


官 己 亥 贵          官 己 亥 阴
官 庚 子 后          官 庚 子 玄
子 辛 丑 阴          子 辛 丑 常


青 勾 六 朱          六 朱 蛇 贵
午 未 申 酉          午 未 申 酉
空 巳    戌 蛇       勾 巳    戌 后
白 辰    亥 贵       青 辰    亥 阴
  卯 寅 丑 子          卯 寅 丑 子
  常 玄 阴 后          空 白 常 玄
```

此课进连茹，三传皆鬼，只喜日上作财，而辰上作六害。日上申加丁作六合，支上戌加酉作螣蛇，六合乃卯，螣蛇乃巳，此是卯与戌合，巳与申合，末传见财之库墓。三传虽鬼，只是少阻，无妨。此是来往故事，再三方得。本命行年俱在传内，又本命作财，必主喜兆，非鬼论也。[①]

《玉历钤》云：日德为用，三传皆进，吉课也。只嫌魁罡临卯酉关阻，又在辰上，凡占先阻后成。

日克上神，辰上生日上，末克初。

课名重审、进茹。动必干众，涉公私三四五度未了，所幸德神合子丑，否而泰也，重求再进可通。

《义》曰：财鬼建旺，力不能支。年命木火，福禄相随。根苗不断，枝茅连茹。身有动意，节外生枝。

《象》曰：虑终谨始乃良谋，顺理经营莫强求。事见阻疑惟要正，渐看福

---

① 《壬占汇选》作：丙辰年五月十八，丁酉日申将未时，某甲申生，三十三岁，占求财。

禄日悠悠。

此知一之卦，一曰天网。夫知一者，知一而不能知两，知者以为自知、自见，不知为寇仇，故言知一也。以此为用，舍远就近，舍疏就亲，恩中生害，事多起于同类，凡事狐疑，事贵和同乃吉。夫天网者，即天网四张也，《经》云"天网四张，万物被伤"，为阻滞，为疑难，为灾恼。传见亥子丑，乃进连茹也。事主欲行不行，欲止不止，节外生枝，先进而后退，急而顺溜。三传相逐，一事未了，一事又续，根苗不断，信不诚实，旧事从新。占行人未归。一曰斩关，非安居之象。日上见财，妻美，但不宜求财问婚，美中有不足之意者，财鬼大旺也。占者遇之此课，求官宜。见贵求谋者，贵人不悦，事或欲行，有事相挠。占财为宜自然，不可强求。占宅有伏尸惊恐，夜占家有恶疾。阴人占病，凶中宜作福。宅暗人衰，神祇为祸。凡占有动，占产不顺，早宜仔细。占失物缓寻。占远行未到。占讼宜和。占逃亡自归，但有惧意。

占出兵行师得此，贵人举兵开地千里，主客和中有计，利为主，利后动，进中有退之象。甚勿贪其财货，恐因财而失事，大宜忌之欲而勿贪。

真一山人云：事见连绵进退疑，病人得此瘥迟迟。从今力善修功德，福自天生后有期。

《无惑钤》云：传归绝墓，商贾勿举。全赖奴仆，免致辛苦。

《钤解》曰：丁火绝于亥，绝神又临于墓，他事勿再举，及不可出外作商贾也。三传水局克干，赖支上戌土之力，反为戌之财也。戌为奴仆，赖以捍灾生财，可谓得力之仆也。又云：鬼临旺地。又云：亥戌无亲，损长损婴。又云：真墓门，占病极凶。

戊戌日

戊戌日第一课

伏吟自任　斩关　玄胎

玄 玄 勾 勾　　　　玄 玄 朱 朱
戌 戌 巳 巳　　　　戌 戌 巳 巳
戌 戌 巳 戊　　　　戌 戌 巳 戊

父　　巳　勾 ◎⊙　　父　　巳　朱 ◎⊙
子　丙　申　白　　　子　丙　申　后
官　壬　寅　蛇　　　官　壬　寅　青

勾 青 空 白　　　　朱 蛇 贵 后
巳 午 未 申　　　　巳 午 未 申
六辰　　　酉常　　六辰　　　酉阴
朱卯　　　戌玄　　勾卯　　　戌玄
寅 丑 子 亥　　　　寅 丑 子 亥
蛇 贵 后 阴　　　　青 空 白 常

《玉历钤》云：此课夜贵吉神，谋望见贵求名最利，求财求婚无成。

《毕法》云：此课初传虽生日，然却克中，迤逦伤干，一生一克，皆巳火为之也。幸得巳空，善恶不成，忧惧皆息。

《灵辖经》云：此课昼占三重白虎作长生，盖中传申临申，申上乘白虎，是为三重，乃日干戊土长生之神，是不幸中之幸也；夜占三重青龙作干鬼，盖末传寅临寅，上乘青龙，是为三重，乃幸中之不幸也。白虎，凶神也，为长生则反吉；青龙，吉神也，为干鬼则反凶。其吉凶无定，所以变化。

上神生日，日上生辰上。

课名伏吟。诸神不动。用神带禄，昼将凶，以巳空亡不为凶，夜将全吉。

《义》曰：勾陈捧印，大利仕宦。有权有柄，蛇将龙变。空而未空，未见全功。巳年月日，百美丰隆。

《象》曰：谋望占求屈未伸，谁知两意更因循。事将成处防更改，先见之机好预陈。

此自任之卦，一曰玄胎，亦曰寡宿。夫自任者，乃天地伏吟，十二神各归本家，天地如一，四伏未发之象。占事静则宜，动则滞，主事藏匿不动，静中求劳，有屈而不伸之象。况玄胎如婴儿隐伏之状，利上不利下，事主远而多伏，暗昧不通，触则成祸，惟君子守正修德则亨。传见寡宿，《赋》云："寡宿孤辰，值此尤妨骨肉。"若占得此，主见孤独，别离乡井，自立门户，财物虚耗，僧道宜之，俗不宜也。况斩关，非安居之象，又畏夫递相牵引作扰，所幸有解而轻也。占者遇之此课，求官见贵者，本是吉兆，以其勾陈捧印，白虎入庙，螣蛇生角之美，所惜作空，虑有变改。若见巳年月日及巳将，不足中又有可取之美。其他占婚、占财、交易、谋望之事，有秀而不实之象。占病利。占产忧惊。公讼却能解散。老人小儿久病者，又非所宜。

占出兵行师，有失众之象，文词口舌之扰，初谋未见有成，占事有声无实。敌使之来，其言不足取信，恐为欺伪之所欺也。

前实后空。

真一山人云：忧疑患难便宽怀，坐见天边吉福来。若欲望成还未美，美中犹虑事难成。

《无惑钤》云：自初至末，迤逦克伐。昼勾虎蛇，夜弥猖獗。

《钤解》曰：初传克中，中克末，末克干，《毕法》云"三传互克众人欺"。昼夜天将俱凶，而夜将多鬼，所以猖獗也。又云：巳虽两面刀，旬空不足畏也。又云：萧何末助初，而生亦无力也。

戊戌日第二课

元首　斩关　连茹

```
白 常 朱 六        后 阴 勾 六
申 酉 卯 辰        申 酉 卯 辰
酉 戌 辰 戌        酉 戌 辰 戌

官 癸 卯 朱 ⊙      官 癸 卯 勾 ⊙
官 壬 寅 蛇        官 壬 寅 青
兄 辛 丑 贵        兄 辛 丑 空

六 勾 青 空        六 朱 蛇 贵
辰 巳 午 未        辰 巳 午 未
朱卯    申白      勾卯    申后
蛇寅    酉常      青寅    酉阴
丑 子 亥 戌        丑 子 亥 戌
贵 后 阴 玄        空 白 常 玄
```

《玉历钤》云：此课三传皆日鬼，初中克末传，只宜求官，冬春有成，余占不遂。

日上神墓日，日上生辰上，用克日，用克日上。

课名元首、斩关。墓神覆日，卯寅丑又为逆茹，事干众，多头绪，阻塞不通。所幸辰为空亡，初传落空，凶不全凶，然终不可谋事，只可求官，冬春吉。

《义》曰：日上既空，喜破迷蒙。发用少力，劳而无功。事勿勉强，以防变更。占病得此，十危一生。

《象》曰：喜遇春光二月天，仕人得此位高迁。春秋未必多成败，正好兢兢保自然。

此元首之卦，一曰天网。夫元首者，尊制卑，贵役贱之象。占事多顺，利于先举，事多起于男子。为臣忠，为子孝，正大光明而无邪僻之行，德业已著而乾乾进修，常怀危惧，惕励而无咎也。夫天网者，即天网四张也，《经》曰"天网四张，万物被伤"，为阻滞，为疑难，为灾恼。卯寅丑，退连茹，主事欲行不行，欲止不止，节外生枝，三传相逐，一事未了，一事又续，根苗不断，旧事又新。且斩关，非安居之象，不宜诉讼。日上空，事多起于虚声，闻事不实，行人不见。占者遇之此课，求官见贵，虽云和悦，但由发用无力，欲成而不能成也。其余所占，若婚姻、交易、谋望、出行、举作百事，未得成就者，由其退入鬼乡。干上天罡，支上从魁，而冲害支辰。辰与酉合，合起墓害，凡事皆不利，欲进既不成，退亦不利。病讼不吉，常占人宅不宁，亦不宜占产。所幸于难事之中有解，若成事，又未成也。

占出兵行师，初占得此，罢战息争，临敌对垒占之，虽曰不吉，亦见两兵以战争而化和好，否则徒费精神而众心不一，犹陷敌国之诈，不可不知。

无而为有。

真一山人云：百虑千谋用尽机，谁怜更改失便宜？吉人自保无难事，忧患消磨福易移。

《无惑钤》云：退入鬼乡，进向空房。守身昏晦，怪见门墙。

《钤解》曰：进而辰巳皆空，退而卯寅皆鬼，守则日墓临身，居则败气临宅，所以身遭昏迷而门墙败坏也。难以成就。

戊戌日第三课

重审　励德　极阴　交车合

```
青 白 贵 朱        蛇 后 空 勾
午 申 丑 卯        午 申 丑 卯
申 戌 卯 戌        申 戌 卯 戌


兄 辛 丑 贵        兄 辛 丑 空
财 己 亥 阴        财 己 亥 常
子 丁 酉 常        子 丁 酉 阴


朱 六 勾 青        勾 六 朱 蛇
卯 辰 巳 午        卯 辰 巳 午
蛇寅      未空     青寅      未贵
贵丑      申白     空丑      申后
子 亥 戌 酉        子 亥 戌 酉
后 阴 玄 常        白 常 玄 阴
```

此课先生曰："丑亥酉，名极阴。戊土死于卯、败于酉，酉数六，加亥四数上，其人寿只四十六岁。初传贵人，享父之福；中临官加丑，亦秉父禄；末传他身自败坏矣。中传亥水，末传酉，必因酒色而败。必有内服尊长人为主，凡事尽取决于他，下稍服中瘵病而死。"袁知镇守湖州新市镇令，当庚戌年赴任。己酉年十月十一日，有邵龙图知湖州事，袁之父昔日曾有言嘱托，遂回避，得差监潭州南岳庙，饱载而归。又得福州广口监仓，受得半年，丁母忧。一向好酒色，尽委房兄七官人主家。戊午年因酒色瘵病，至己未年正月二十七日死，果应四十六矣。先生每怕丑亥酉，名极阴，到此乃是极地。戊戌土，皆死在卯、败于酉，土归西北而倾。酉加水上为酒，太阴加之，因色而败，必是瘵病。所谓内尊长，乃宅上见申，戊土生于申，乘白虎，故有服内之尊长也。戊土自东南，涉东北，又西北，可谓削极，故因酒色至瘵。酉加亥是败极之处，酉数六，亥数四，即四十六上死也。[①]

---

① 《壬占汇选》作：建炎戊申年十一月戊戌日丑将卯时，袁知镇癸酉生，三十六岁占终身。

《玉历钤》云：此课丑中有癸，与日相合吉，又天乙发用，只宜见贵，余则无成。

《毕法》云：此课干上卯与戌合，支上申与巳合，干支上神互为六合，凡占我或托人，人必尽心，人或托我，我亦竭力，彼此皆好。

日上神克日，辰上克日上，上神克用。

课名重审。凡求必见难阻，幸丑中癸水与戊相合，稍可有望。且占初传贵人在门，中末阴常，主僧道尼姑来议和合事，向后亥酉为长远利益。

《义》曰：抬土当门，贵人作阻。若是夜占，欺诈所侮。进退有隔，事多阻塞。君子宜之，盖缘有德。

《象》曰：谦德由来益有光，哲人知机识行藏。事当难处惟思理，若此谋为福自昌。

此重审之卦，一曰励德，亦曰龙战。夫重审者，重而审之也。利为主，利后动，长有厄，事从内起，起于女人。以下犯上，贱犯贵，卑犯尊，事多不顺。阴小在下者，有悖逆之事。占臣未忠，子失孝，事不可遂意而行，必当审察，循乎义理，庶几以免后患也。况励德，阴小有失，此名关隔神。常人占此，身宅不安，宜谢土神，贵吏则主升迁，小吏则主迍否，要当消息而论也。且龙战，主人心疑惑，进寸退尺，动有乖离之象。卯酉为天之私门，生杀有限，分杜有期，雷动龙奔，示其有战也。且丑亥酉极阴，退间传，凡事有间隔之象。占者遇之此课，求官见贵虽暗合，未免进退疑惑。此卦亦名关隔，占事多阻滞不通，所谓陆地行舟也。如占婚姻、求财、交易、远行、投谒、干谋者，皆无益而有损。病者凶重。占孕不吉。占讼经涉上司台部。占身勿为酒色过度而败伤，谨之！慎之！占逃亡自归。昼占宅不宜，当防口舌，勾留阻扰。

占出兵行师得此，昼占举兵开地千里，顺中有阻，夜占无威不宁。敌使之来，多言词，大宜密加防范，小备侵扰。大抵此课，非特不利于用兵，凡所占谋，皆非吉兆，惟宜正静以守之，勉于为善可也。

事多阻隔。

真一山人云：群阴利昼阳方长，此足循环理自然。事若未成缘有命，莫将心志惹忧煎。

《无惑钤》云：交合可以，彼生我忌。破碎初逢，闭口可畏。

《钤解》曰：卯与戌合，巳与申合，交关则可。但彼受申生，而我忌卯克也。初传丑为破碎，不宜见干上闭口，伤身可畏也。又云：雀作日鬼临干，在朝官防遭章劾，上书献策，反遭责黜。又云：朱雀闭口，讼枉难伸，况为日鬼，所以可畏也。又云：六戊日皆同。

戊戌日第四课

元首　玄胎　闭口

六 空 阴 蛇	六 贵 常 青
辰 未 亥 寅	辰 未 亥 寅
未 戌 寅 戊	未 戌 寅 戊

官 壬 寅 蛇 ⊙	官 壬 寅 青 ⊙
财 己 亥 阴	财 己 亥 常
子 丙 申 白	子 丙 申 后

蛇 朱 六 勾	青 勾 六 朱
寅 卯 辰 巳	寅 卯 辰 巳
贵丑　　午青	空丑　　午蛇
后子　　未空	白子　　未贵
亥 戌 酉 申	亥 戌 酉 申
阴 玄 常 白	常 玄 阴 后

《玉历钤》云：此课发用乃日辰之鬼，螣蛇本是凶神，青龙又变为鬼，三传俱无和气，所占百事无成。

上神克日，日上克辰上，用克日，末克初。

课名元首。日受上神克制，大凡图谋有不足意，却宜解忧。盖末传刑克初鬼为救，初与中合而忘鬼，始虽凶而终则吉也。

《义》曰：忧惊勿畏，渐成福利。君子占之，坐见富贵。少有未足，合中有忌。假之以德，乃化其伪。

《象》曰：元首为君最喜逢，吉人得此福丰隆。有些不足何须虑？渐觉时亨遂始终。

此乃元首之卦，一曰玄胎，亦曰天网。夫元首者，尊制卑，贵役贱之象。占事多顺，利于先举，事多起于男子。为臣忠，为子孝，正大光明而无邪僻之行，德业已著而乾乾进修，常怀危惧，惕励而无咎也。况玄胎如婴儿隐伏之状，利上不利下，事主远而多伏，暗昧不通，触则成祸，惟君子守正修德则亨。夫天网者，即天网四张也，《经》云"天网四张，万物被伤"，为阻滞，为疑难，为灾恼。上神克日，止利先讼，余占不吉。病者有鬼，相讼者凶，常占为人所欺负，或口舌不宁，事事防备。日是人相损，夜乃鬼为殃。旺相尤可，囚死不吉。占者遇之此课，求官见贵吉。占婚姻事而未美。占财有。不宜远行，亦不利商人，出入大宜谨慎。占病先凶后吉。占财不宜。病忌老人小儿，谓之再投胎，乃弃故生新也。久病为駃尸煞，宜作善以禳之。占宅井神不安。逃者自归。忧惊者，先忧后散。

占出兵行师得此，昼占忧心众畏，夜占大胜之兆，犹当申严号令，预加防范，以御其奸。敌使之来，其言谲诈不可信，须密加详审，视其所以，观其所由，甚勿为彼之所诳也。

变化飞腾，不利常人。

真一山人云：螣蛇生角。久病人身可畏危，小儿老子亦逢亏。先忧后喜宜成事，化祸为祥乐自如。

《无惑钤》云：寅夜青龙，身用两逢。昼申虽制，白虎犹凶。

《钤解》曰：寅乘青龙临身作用，两逢其鬼也。昼占申金可以制之，奈乘白虎，益为凶恶也。又云：玄胎者，占为求财，不然，占孕妇也。

庚戌年十二月初四日，李失马一匹，初五日早占，辰时丑将。亥日得马，应。马临亥地。如此断法，应之者幸也。季冬土旺、水囚、金相，申乘玄加亥，为玄武归家入庙。① 金水相生，贼与物共在一处，又在夜方，主贼物不露，何以得马？况失畜有气，主生活，可得；无气，主死，不得。今申临病地，又作亥水之生，上生下，是生彼也。干支又生彼申金，主贼骑马远去。传课并勾神，又不克玄，又何由而得马？其得之者，末传贼与马俱入传也。其得必在亥日辰时，以申生亥水，水墓于辰，辰上见青龙故也。庚辰酉月中秋刘复初记。

---

① 此案为原抄本读者刘复初所附，年代无考。但此处申乘白虎，而非玄武，是解课者之误也。为保持此抄本原貌，姑存此案在此。

戊戌日第五课

蒿矢　炎上

后 白 勾 贵　　　　白 后 朱 空
寅 午 酉 丑　　　　寅 午 酉 丑
午 戌 丑 戌　　　　午 戌 丑 戌

官 壬 寅 后　　　　官 壬 寅 白
兄 戊 戌 六　　　　兄 戊 戌 六
父 甲 午 白　　　　父 甲 午 后

贵 后 阴 玄　　　　空 白 常 玄
丑 寅 卯 辰　　　　丑 寅 卯 辰
蛇子　　巳常　　青子　　巳阴
朱亥　　午白　　勾亥　　午后
戌 酉 申 未　　　　戌 酉 申 未
六 勾 青 空　　　　六 朱 蛇 贵

　　大凡僧道占住持，以日为我，支为住持。戊日得炎上局，春占却喜旺相，只是不合午为羊刃，上见天后，主住持九个月，与朱姓妇人交通，遂受刑而出观。初传是鬼，鬼下见妇人，虽然三传化火，若火在旺时，则不借木生，自然旺相，不久便暗，自然生土，则寅木独为木，却为戊日之鬼贼。身上丑作天空，正是传法之空门。日下即成，后因同谋之人，反来做造，因奸而坏了。潘道士欲谋上清宫住持，丑作天空，正是荐贤之空门，丑为僧，僧与道同，此住持必成。潘于五月初受帖，六月十五日充住持知观，其宫内狼狈，更无伦叙，被说事者啜哄入居半年了。宫畔有朱百户一婢，遂与知宫往来。当年闰六月至次年二月，却得九个月，被原与同谋人汪三八秀才使人告潘道入官，勘澄被刑而出宫观。大凡炎上课，自是有头无尾，如火之炎，霎时便暗。那更有天后六合，遂为泆女者，看其何类，午作天后，自然是妇人。午未二字，皆象朱字，故为朱姓。戊日羊刃在午，故主刑。自第四课传出去，故主出宫。本身戊上丑，为暗贵人，作天空，故有称呼之观，既有称呼，自成谋也，然被谋害。妇人姓朱者，盖天后乘午在末传，午者南方也，属离明，

号为朱雀神，故姓朱，于理推之可通也。前云午未皆像朱字，于理未明。今斯考正，断可通也。^①

《玉历钤》云：此课用神日鬼，所望难成，惟求名、求文字，艰辛费力方遂。

《毕法》云：支干上神为六害，凡占彼此猜忌，各持异谋，必至相害焉。

辰上生日上，用克日，三传生日。

课名蒿矢、炎上。三传生日，图谋隔手，蒿矢为用，重求轻得，亦须春夏占可用，非时无力。

《义》曰：三传相生，所作有成。众人默助，富贵声名。婚姻勿用，求财且轻。仕人难遇，未必全荣。

《象》曰：病伤金肺贵调和，失物来占福亦多。主客相侵终见好，逃亡难见盗消磨。

此蒿矢之卦，一曰炎上，亦曰天网，又曰泆女。《经》云："神遥克日名蒿矢，射我虽端当不畏。贵人逆转子无良，天乙顺行臣不义。家有宾来不可容，亦忧口舌西南至。"然事主动摇，人情倒置，象如以蒿为矢，射我虽中而不入。祸福俱轻，求事难成，利主不利客。占行人来，访人见。若带金煞，亦能伤人，主蓦然有灾。传见泆女，《经》云："天后常为厌驀神，须知六合是私门。二将取名称泆女，夫妻失友异情恩。"此乃暗昧阴私不明之象，男女不正之意，占婚姻媒妁不明，占宅宜谨慎闺门。且炎上，为日，象君，事主多虚少实。戌加寅，以墓临生，谓火以明为主，虚则生明，实则生暗，是反其体也。占明事反为暗昧，亦主枉图不遂。占人性刚急，占天晴明。况天网者，即天网四张也，《经》曰"天网四张，万物被伤"，为阻滞，为疑难，为灾恼。占者遇之此课，见贵不利。占求官求事者，得众人相助，惜其美中不足，合中有离，号曰"笑里刀、蜜中砒"，恩爱为仇之象。凡有占谋，皆如此论，大抵无甚凶也。占成事有始无终，占难事先凶后吉，忧疑亦能解散也。夏占大利。

行兵出师得此，昼占无威，夜占败绩。敌使传言，事多不实。又见粮储不足，军威不振之象。大抵此课，军中暗防，无大凶危。

真一山人云：笑里藏刀蜜内砒，只恐奸人暗使机。多少恩情反作怨，要将好意待相知。

《无惑钤》云：火局生身，夜虎临寅。末并宅上，刃午凶神。

────────────

① 《壬占汇选》作：二月戊戌日戌将寅时，潘道士乙亥生，占住持。

《钤解》曰：三传火局，来生戊土，固大吉也。但夜将，寅乘虎作鬼。末与宅上午，昼乘虎临宅，又为羊刃相并，其凶不可当也。《集议》：虎乘遁鬼殃非浅。合中带煞蜜里砒。

戊戌日第六课

重审　不备　三奇

胎财生气妻怀孕　我求彼事干传支

```
蛇 常 空 蛇          青 阴 贵 青
子 巳 未 子          子 巳 未 子
巳 戌 子 戌          巳 戌 子 戌


财 庚 子 蛇 ⊙        财 庚 子 青 ⊙
兄 乙 未 空          兄 乙 未 贵
官 壬 寅 后          官 壬 寅 白


蛇 贵 后 阴          青 空 白 常
 子 丑 寅 卯          子 丑 寅 卯
朱 亥       辰 玄    勾 亥       辰 玄
六 戌       巳 常    六 戌       巳 阴
 酉 申 未 午          酉 申 未 午
 勾 青 空 白          朱 蛇 贵 后
```

《玉历钤》云：此课所谓"子来加巳是极阳，戊癸为合百事昌"，凡占所事皆遂，惟占病凶，以水绝于巳故也。

日克上神，日上克辰上，日克用。

课名重审。子加于巳号极阳，戊癸来合百事昌。戊日得，最有用，终只了旧，不可图新。

《义》曰：事多不实，多损少益。惊忧消散，托人无力。婚姻不久，求财虚及。新病作福，久病哀泣。

《象》曰：常占无吉亦无凶，事事原来有变更。君子迁官犹未稳，逃亡盗贼隐其形。

此重审之卦。夫重审者，重而审之也。利为主，利后动，长有厄，事从

内起，起于女人。以下犯上，贱犯贵，卑犯尊，事多不顺。阴小在下者，有悖逆之事。占臣未忠，子失孝，事不可遂意而行，必当审察，循乎义理，庶几以免后患也。《经》云："一下贼上名重审，子逆臣乖弟不恭。事起女人忧稍重，防奴害主起妻纵。万般作事皆难顺，灾病相侵恐复重。论讼对之伸理吉，先讼之人却主凶。"日上见财乘蛇，虚惊不宁，及主妻灾财不利。占者遇之此课，求官见贵，先难后易。凡占惊忧，虚惕不宁，美中未美，不利成事，利于结绝旧事，却为速也，所谓事了、人来、信至。若正月占，胎财生气，妻当有孕。交易、投谒、远行之事，不宜占。出行访人，不得相见。占宅主门户虚隳，无进退之意，宜迁改。禄寄于支，有位者权摄不正，不自尊大，受屈抑于人，不然，将职位交代子孙。占讼必受屈抑。事主再谋。病者惊忧，七月节占大凶。

占出兵行师，昼占惊畏，夜占大胜。大抵此课，凶中化吉，又贵乎将者得人，谋略有法为奇。闻事不可遽信，还宜密察详审，恐未实也。

诸占吉凶未准凭，防变。夏吉。

真一山人云：明时未得志英豪，且向小窗睡日高。欲展纶才须且守，轻裘缓带乐陶陶。

《无惑钤》云：我投于彼，两边契义。夜虎临寅，昼占无畏。

《钤解》曰：日往加辰，我投于彼也。财临日上，生临宅上，两边契义也。寅虽日鬼，夜占乘虎固凶，昼占乘后化财，则无畏矣。

戊戌日第七课

反吟　绝胎　寡宿　斩关

空空如也事休追

<pre>
六 玄 常 朱   六 玄 阴 勾
戌 辰 巳 亥   戌 辰 巳 亥
辰 戌 亥 戌   辰 戌 亥 戌

父   巳 常 ◎   父   巳 阴 ◎
财 己 亥 朱 ⊙   财 己 亥 勾 ⊙
父   巳 常 ◎   父   巳 阴 ◎

朱 蛇 贵 后   勾 青 空 白
亥 子 丑 寅   亥 子 丑 寅
六戌   卯阴   六戌   卯常
勾酉   辰玄   朱酉   辰玄
申 未 午 巳   申 未 午 巳
青 空 白 常   蛇 贵 后 阴
</pre>

《玉历钤》云：阳土以阴水为财，奈亥是日破，又是对冲，凡占皆不可用。

《毕法》云：此课两头空亡，中临空地，凡占皆指空论空，全无实象，占忧则散，占病则无，占欲谋事，过此旬方可。

日克上神，辰上克日上，上神克用。

课名反吟、玄胎。反复无定，巳为空亡，如谋望，虽不足意，亦可用。盖巳为德禄，亥为财，往求皆吉，但无始终，最宜散事，亦多反复。

《义》曰：捉影捕风，劳而无功。得而复失，忧心忡忡。占病大畏，为善免凶。患难有解，到底空空。

《象》曰：事多反复变更频，谁向东家作主宾？蜂采百花人得蜜，传声不实要求真。

此无依之卦，一曰玄胎，亦曰寡宿。夫无依者，即反吟也。《经》云："无依是反吟，逃者远追寻。合者应分散，安巢别改林。守官须易位，结友也分襟。所为多反复，占病数般侵。"反吟刑冲，事主迟滞，远近系心，更相仇怨，且反复而呻吟，是无予夺而难息也。况玄胎如婴儿隐伏之状，利上不利下，事主远而多伏，暗昧不通，触则成祸，惟君子守正修德则亨。传见寡宿孤辰，值此尤妨骨肉。占身得此，主见孤独，别离乡井，自立门户，财物虚耗，僧道宜之，俗不宜也。乃十干不到之地，五行脱空之乡，能灭凶神，能散奇祸，能消大惊，能解仇怨。官位逢之当改任，出行宜防损失，所闻言词多是不实，若常占虚耗不足。占者遇之此课，来去逢空，事难动用。如求官见贵，虽大力量、大才器，无可著力，无可设施。其他谋望干求，皆如此论。久病得之最凶，暴病得之亦当慎，犹宜为善以消弥也。大宜占产、占忧惊、患难、被围、禁系者，为之福星也。

占出兵行师得此，彼此不成功，亦见众心离散而有失也。敌使之来，及有传闻，皆是虚诈，勿轻忽，以中彼之计，智者不能用谋，望空斫谷之象。

真一山人云：细推今古总成空，万事浑如一梦中。凶吉两途无着力，修身养道渐亨通。

《无惑钤》云：我去被绝，凡占歇灭。病讼皆凶，行人被截。

《钤解》曰：已加亥，自投于绝域，况往来皆空，凡占皆主歇灭，病讼、行人皆不利也。凡斩关卦，非安居之象，而不免于奔驰也。《毕法》云：来去俱空岂动移。

戊戌日第八课

知一　不备　斩关

<pre>
青 阴 阴 六   蛇 常 常 六
申 卯 卯 戌   申 卯 卯 戌
卯 戌 戌 戌   卯 戌 戌 戌

子 丙 申 青   子 丙 申 蛇
兄 辛 丑 贵   兄 辛 丑 空
父 甲 午 白   父 甲 午 后

六 朱 蛇 贵   六 勾 青 空
戌 亥 子 丑   戌 亥 子 丑
勾酉   寅后   朱酉   寅白
青申   卯阴   蛇申   卯常
未 午 巳 辰   未 午 巳 辰
空 白 常 玄   贵 后 阴 玄
</pre>

《玉历钤》云：此课申加卯，与日刑破，百事难成，惟宜改更。

《毕法》云：此课支加干上，干支相会，上神又作六合，凡占亲族笃爱，长幼和睦，朋友投契，可以共谋成事。

《龙首经》云：此申加卯上，下有中传之丑，乃是脱气入墓，又是长生入墓，凡占无益之费，虽云不扰，强得之财，切勿妄求。慎言语，节饮食，以保生气，勿使入墓可也。

辰上克日上，末克初。

课名知一、斩关。辰加日，欲动不能，必涉阴私不足。申加卯，未有可用，并龙，主远信迟至。

《义》曰：干上逢墓，昏如云雾。得财失财，自然理数。求官未美，须要得理。欲知何如，有亨有否。

《象》曰：支干撮合事宜成，犹忆财星未称情。动有狐疑恩作怨，逃亡盗贼已潜形。

此知一之卦，一曰斩关。夫知一者，知一而不能知两，知者以为自知、自见，不知为寇仇，故言知一也。以此为用，舍远就近，舍疏就亲，恩中生害，事多起于同类，凡事狐疑，事贵和同乃吉。况斩关，非安居之象，日上见天魁，传见虎龙、中贵，为斩关得断，利于逃亡，永不获矣。又曰不备，《经》云：不备芜淫，必有阴私而起争。阴阳不备是芜淫，夫妇奸邪有外心。上之克下缘夫过，反此诚为妇不仁。鬼加临辰两课，门中官事有相萦，不然亦主不宁。发用驿马见青龙，有欲动转期望之心而不自已者，思远行出入求财之象。占者遇之此课，求官有进望之理。占见贵未合。占谋事隔四隔五。占婚姻不宜。占财轻微。占久病得此，号曰驮尸煞，凡事先难后易。占逃亡自归。亦不宜投谒。占宅者，宅旺人衰。讼诉者文书无力，防因财而起争也。交易者，财不称意。

占出兵行师得此，昼占虽曰青龙，得宝货图书，还见损益相仍，夜占惊忧不足。

时亨道泰。

真一山人云：阳盛阴微道益亨，吉人履虎不须惊。从兹渐觉春光暖，生物之功福倍成。

《无惑钤》云：昼虎甲午，身类最苦。夜贵当权，初末恃扶。

《钤解》曰：末传午火，遁甲乘虎，克初伤干。夜占未贵临寅当权，而申午为之拱侍也。又云：乃长生入墓，或作脱气之论。

戊戌日第九课

元首　炎上　励德　泆女

白后贵勾　　　　　后白空朱
午寅丑酉　　　　　午寅丑酉
寅戌酉戌　　　　　寅戌酉戌

官　壬寅　后　　　官　壬寅　白
父　甲午　白　　　父　甲午　后
兄　戊戌　六　　　兄　戊戌　六

勾六朱蛇　　　　　朱六勾青
酉戌亥子　　　　　酉戌亥子
青申　　丑贵　　　蛇申　　丑空
空未　　寅后　　　贵未　　寅白
午巳辰卯　　　　　午巳辰卯
白常玄阴　　　　　后阴玄常

《玉历钤》云：此课生传入墓，发用日鬼，凡事不用。

《心镜歌》云："天后常为厌翳神，自来六合是私门。二将取名称泆女，阴阳失友异情恩。欲知男女为淫荡，更向传中辨将论。六合即为男诱女，天后女携男子奔。"

日生上神，日上克辰上，用克日，日上克用。

课名元首、炎上、泆女。春夏占之，三传生日，何往不济？凡占和合。秋冬占，虽有口舌，终亦和会而散，盖日上有救神也。

《义》曰：冬逢炎上，门户烦乱。元首利尊，三合福向。婚姻不明，严慎家庭。先忧后喜，诸吉骈增。

《象》曰：忠孝从来合圣贤，更教修德福延绵。吉人所遇皆成吉，祸化为祥理自然。

此元首之卦，一曰炎上，亦曰天网，又曰泆女。夫元首者，尊制卑，贵役贱之象。占事多顺，利于先举，事多起于男子。为臣忠，为子孝，正大光明而无邪僻之行，德业已著而乾乾进修，常怀危惧，惕励而无咎也。传见炎上，为日，象君，事主多虚少实，有始无终，谓火性焰焰一发，过后化为灰也。占人性刚急，占天晴明。凡事多见友人朋类相助。日生上神，未免虚费百出，人口不振，得不偿费。且天网者，即天网四张也，《经》曰"天网四张，万物被伤"，为阻滞，为疑难，为灾恼。况泆女，《经》云："天后常为厌翳神，须知六合是私门。二将取名称泆女，夫妻失友异情恩。"夫泆女乃不正之象，阴私邪淫，占男女有阴私暗昧之理，占家宅宜谨慎闺门，以防阴小越礼，惟能以礼自防者可化之。占者遇之此课，求官者有恩命之荣，宜速不宜迟。见贵难。不宜占婚。求财无福。病瘥迟。枉乱文书，词讼无力，所干人众。逃亡盗贼难得，得之反失。忧惊无畏。百事逢此迟疑，可以共谋成事，不利占解散。若年命上见子、午字，则恩中生怨，成者反不得成，而忧患却易解也。

占出兵行师得此，昼占无威而不宁，夜占不利，占伪虚多实少。敌使之来，不可遽信，还宜密察相机而行，终无大凶也。

日出扶桑。

真一山人云：百事迟疑亦有由，恩光及处福从游。遥知大体为吉遂，更有收功在后头。

《无惑钤》云：寅并甲午，昼夜皆虎。酉金来救，火局焚腐。

《钤解》曰：寅乃日鬼，午火生戊，乃遁甲鬼，昼占午乘白虎，夜占寅乘白虎，并来伤干。惟赖干上酉金为救，三传全火反将酉金焚毁，而祸患终不能免也。

戊戌日第十课

弹射　玄胎　闭口　不结果
三传递生人举荐

```
玄 贵 朱 青        玄 空 勾 蛇
辰 丑 亥 申        辰 丑 亥 申
丑 戌 申 戌        丑 戌 申 戌


财 己 亥 朱        财 己 亥 勾
官 壬 寅 后        官 壬 寅 白
父　　巳 常 ◎     父　　巳 阴 ◎


青 勾 六 朱        蛇 朱 六 勾
申 酉 戌 亥        申 酉 戌 亥
空未　　子蛇       贵未　　子青
白午　　丑贵       后午　　丑空
巳 辰 卯 寅        巳 辰 卯 寅
常 玄 阴 后        阴 玄 常 白
```

《玉历钤》云：此课弹射无力，初传日破，中传日鬼，末传空亡，凡占百事无成。

《毕法》云：此课初传亥生寅，中传寅生巳，末传巳生日干，必有人推重举荐。原其人品，始则为西北方人，清秀多学，性好刚强；终则为东南方人，重厚火色，作事急速；中间调和，而为官鬼者，其人长大胡须，威仪修整，此人转移间可以为官荣人，可以为鬼辱人。所嫌者巳之空亡，或恐务为官名，而举荐之不实也。

日生上神，辰上生日上，日克用，初克末。

课名弹射、玄胎。凡谋望虚费心力，虽重而亦轻。所幸寅亥合，末为日德禄，占望虽合可成。巳为空亡，终亦不足。此喜而无忧，吉而无凶之课也。

《义》曰：文书口舌，终见歇灭。若是夜占，屈而阻隔。弹射不凶，劳而无功。初如花锦，终侣飞蓬。

《象》曰：孟夏占来福自由，蛇年月日更成谋。目今事事还更改，祸散忧消不必愁。

此弹射之卦，一曰玄胎。夫弹射，乃日克神之谓。《经》曰："日往克神名弹射，虽饶得中还无力。贵人逆转子无良，天乙顺行臣不义。家有宾来不可容，亦忧口舌西南至。"然事主动摇，人情倒置，更主蓦然有灾，求事难成，祸福俱轻，忧事立散，祸从内起。利客不利主，利先不利后。占人不来，访人不见，不利占讼。弹射无力，不可用事，虽凶无畏。况玄胎如婴儿隐伏之状，利上不利下，事主远而多伏，暗昧不通，触则成祸，惟君子守正修德则亨。占老人小儿病不宜。此日生上神，虚费百出，耗失损财，人口衰残，休囚尤重，所得不偿所费。本是有人递互相助，又惜临期阻隔，惟宜循理顺义，正以守之则吉。支上神墓干神，不可投谒人干事，恐被他之蒙蔽也。占者遇之此课，求官文书难成。占见贵不宜。占婚姻勿用。占求财宜速取。病不妨。占失物宜寻。讼有解。忧疑散。占宅不宁。

占出兵行师得此，昼占口舌文词，夜占不利。大抵此课，凡占成事者，终见难成，假使得成，到底无益于事。若占产、占禁系、忧疑、患难者，却能解散，正如"苗而不秀，秀而不实"之谓也。

见巳吉。

真一山人云：翠竹黄花隐草堂，琴书诗酒乐徜徉。待时自有恩荣及，秋月无云百倍光。

《无惑钤》云：长生须弃，财引鬼至。昼贵宅逢，夜却破碎。

《钤解》曰：因初传之财，遂弃长生，被财引入中传鬼乡，是因财致祸也。丑加支，昼占则为贵人入宅，常人有官中事挠；若是夜占，则为破碎临宅，其耗费无穷矣。又云：天罡乘玄临丑，主遗亡走失之事。又云：螳螂捕蝉。

戊戌日第十一课

重审　向三阳　三奇　泆女　不结果
罡塞鬼户任谋为

```
蛇 后 常 空          青 白 阴 贵
寅 子 酉 未          寅 子 酉 未
子 戌 未 戌          子 戌 未 戌


财 庚 子 后          财 庚 子 白
官 壬 寅 蛇          官 壬 寅 青
兄　 辰 六 ◎         兄　 辰 六 ◎


空 白 常 玄          贵 后 阴 玄
未 申 酉 戌          未 申 酉 戌
青午　    亥阴       蛇午　    亥常
勾巳　    子后       朱巳　    子白
辰 卯 寅 丑          辰 卯 寅 丑
六 朱 蛇 贵          六 勾 青 空
```

《玉历钤》云：此课子中癸与戊暗合，秋冬占可，春夏阻塞，凡事不可用。

《曾门经》云：天后厌翳，六合私门，不有逃妇，必有淫奔。盖天后，妇女也，六合，私门也，始起天后，终于六合，是为女子游私门，奔亡之象也。此课神后加戊为用，将得天后，终传天罡，将得六合，是为泆女之卦，主妇女必淫奔也。

《观月经》云："初传是卯酉，六合天后来。末传两相应，泆女临门开。天后终六合，妇人暗使媒。背夫欲逃走，从此降成灾。六合终天后，男子偷外财。诱引他人妇，商量走出来。二辰同二将，反复两徘徊。"

日上克辰上，日克用，日上克用，末克初。

课名重审、泆女。后虎为用，凡所图谋，多有关隔。所喜子中癸与戊暗合，秋冬则喜。三传进间，初中夹贵在中，虽见蛇虎不为害，末见空亡忧散。

《义》曰：常占则吉，事防鬼贼。主宾相疑，求谋何益？先难后易，变更相继。进中有阻，末后无力。

《象》曰：泆女多私未可言，婚姻切莫要相干。逃亡贼盗终须得，何是终传事不完。

此重审之卦，一曰泆女。夫重审者，重而审之也。利为主，利后动，长有厄，事从内起，起于女人。以下犯上，贱犯贵，卑犯尊，事多不顺。阴小在下者，有悖逆之事。占臣未忠，子失孝，事不可遂意而行，必当审察，循乎义理，庶几以免后患也。夫泆女乃不正之象，阴私邪淫，占男女有阴私暗昧之理，占家宅宜谨慎闺门，以防阴小越礼，惟能以礼自防者可化之。日上见鬼墓，《经》云"鬼墓加干鬼暗兴"，宜加防护者，恐有阴谋侵害。若用兵者，犹宜严明号令，防敌国之侵。谨之！慎之！子寅辰，乃进间传也，凡占之事，进中有间隔之象。占者遇之此课，求官者，未足为始终得意。见贵不宜。占婚姻勿用。占交易、投谒、托干，凡事主宾交际，彼此猜忌而不和也。情既不和，欲求成事，胡何得焉？占财有。占病者，凶中有救。占失物宜寻觅。讼宜和。逃亡者自归。占宅吉。凡百所占，有始无终也。

占出兵行师得此，昼占无威而不宁，夜占败绩而祸起，动中有隔，宜预为防备。敌使有来，其言不可遽信，恐为彼之奸诈所欺也。若忧疑，却能解散。

半虚半实。

真一山人云：两相猜忌未同情，识此机关道自亨。善恶吉凶勿足论，秀而不实岂能成？

《无惑钤》云：夜贵身边，两子害焉。罡塞鬼户，昼贵登天。

《钤解》曰：未乃夜贵临身，支上、发用皆子，与未贵相害，《毕法》云"害贵讼直遭屈断"。辰临寅，为罡塞鬼户，谋为任意。丑临亥，为贵登天门，凡谋亨利也。又云：子乘天后，发用临戌，凡占妇女，须有私通，婢就奴也。

戊戌日第十二课

重审　连茹

所谋多拙遭罗网

```
后 阴 空 青        白 常 贵 蛇
子 亥 未 午        子 亥 未 午
亥 戌 午 戌        亥 戌 午 戌

财 己 亥 阴        财 己 亥 常
财 庚 子 后        财 庚 子 白
兄 辛 丑 贵        兄 辛 丑 空

青 空 白 常        蛇 贵 后 阴
午 未 申 酉        午 未 申 酉
勾巳       戌玄    朱巳       戌玄
六辰       亥阴    六辰       亥常
  卯 寅 丑 子        卯 寅 丑 子
  朱 蛇 贵 后        勾 青 空 白
```

《玉历钤》云：戊日得亥子水为财，日辰二土争之，凡占百事，皆有争竞。

《毕法》云：此课干上午为戊之父母，却被初中之财来伤，必主父母长上有灾也。必是父母因财忧虑，因妇怒恼，以致病疾。然于年命上，有比肩以劫其财，寅卯以生其火，方可以解释无事也。

上神生日，辰上克日上，日克用，用克日上，末克初。

课名重审、进茹。干众牵连，隔手不足，所喜贵顺传顺，亥子皆财，中末子丑合，进生旺乡为佳。

《义》曰：支干不合，徒尔张罗。先难后易，福涌春波。牵连疑二，节外生枝。守之自足，动则有亏。

《象》曰：课体无凶不足疑，守之必见福无疑。闲中点检心头事，暗室原来不可欺。

此重审之卦，一曰连茹。夫重审者，重而审之也。利为主，利后动，长有厄，事从内起，起于女人。以下犯上，贱犯贵，卑犯尊，事多不顺。阴小在下者，有悖逆之事。占臣未忠，子失孝，事不可遂意而行，必当审察，循乎义理，庶几以免后患也。传见连茹，事主欲行不行，欲去不去，欲止不止，节外生枝，先进而后退，急而顺溜。上神生日，所谋百事吉，运用如意，遇灾不凶，逢吉愈吉。此乃有人上门自然相助，不待我用心而求人也。若当季神来生，主声名显达，岁命生日者，尤为吉昌。干支上神不和，彼此谋事猜忌，而难于成事也。占者遇之此课，见贵不顺。求官难使如意。占婚姻者，夫妇失于和睦，得此者不宜，若勉强成之，终身反目。占求财有。病者连绵急速，非一病也。占失脱者，宜寻觅。占远行，进中有退。讼宜和为妙。占逃亡盗贼可得，但不宜破其网也。占宅不宜。

占出兵行师得此，昼占中途见止，夜占稍吉，知军旅之安荣。大抵此课，凡占多吉。

疑二未决。

真一山人云：顺礼循行莫强图，功名富贵在规模。平生不有亏天道，自有神明默默扶。

《无惑钤》云：罗身网宅，动则遭厄。财在家中，多贪致役。

《钤解》曰：午为戊之网，亥为戊之罗，凡占值此，为网罗兜裹身宅，不得亨快。若妄动，则为羊刃，遂致伤身毁宅。亥乃日财临支，又为发用。若守其宅之财，亦可足用，苟因其贪求之心，则不胜其疲役矣。又云：三传俱财伤父母。又云：二土一水主争。

己亥日

己亥日第一课

伏吟自信　六阴

六阴相继尽昏迷

后	后	白	白		玄	玄	蛇	蛇
亥	亥	未	未		亥	亥	未	未
亥	亥	未	己		亥	亥	未	己

财	己	亥	后		财	己	亥	玄
兄	乙	未	白		兄	乙	未	蛇
兄	辛	丑	蛇		兄	辛	丑	白

```
    青 空 白 常          六 朱 蛇 贵
    巳 午 未 申          巳 午 未 申
勾 辰      酉 玄     勾 辰      酉 后
六 卯      戌 阴     青 卯      戌 阴
    寅 丑 子 亥          寅 丑 子 亥
    朱 蛇 贵 后          空 白 常 玄
```

《玉历钤》云：此课伏吟，昼夜皆凶，凡事不可用。

《心镜歌》云："自信伏吟神，行人立至门。失物家内盗，逃者隐乡邻。病合难言语，占胎聋哑人。访人多不出，行者却回轮。"

日上克辰上，日克用，日上克用，末克初。

课名伏吟、玄胎。发用阴私印信，凡百宜静守，不可妄动，恐吉凶悔吝由此生焉。所喜亥为财神，日上未克支上亥，末传丑与干未，大小吉相逢，终于无凶，但日夜皆有蛇虎，亦难用。

《义》曰：神将比和，福禄春波。行人在途，惊恐不讹。病遇难瘥，婚姻难成。盗贼不远，余占俱平。

《象》曰：春花秋月各宜时，守分安心莫过思。天雨事成须有日，自然事业要当知。

此自信之卦。夫自信者，天地伏吟，十二神各归本家，天地如一，四伏未发之象。占事静则宜，动则滞，主事藏匿不动，静中求劳，有屈而不伸之象。《经》云："任信伏吟神，行人立至门。失物家内盗，逃者隐乡邻。病合难言语，占胎聋哑人。访人藏不出，行者却回轮。"况支发用传干，占望行人者，有思归之心，夜占又见恋留。又曰：自信自任，行人在路非遥。占者遇之此课，求官宜正静持守，待时而行，不可躁进，徒然劳心，卒难成事，是以"迟迟涧畔松，郁郁还晚寻"也。纵使荫袭之官，亦必望心谨守，以其春花秋月，亦各有其时耳，惟君子谦谨，始终而无悔吝也。见贵人利。若夜占者，闭口卦，凡事不欲向人言，或不欲令人知。交易难成。文书有气而不顺。求财乃阴人暗昧不正之财。占病者不宜。占失物宜寻。讼者先凶后吉。逃盗宜缉捕。主客事多不和。占宅不利。

若出兵行师得此，昼占无威而不宁，夜占失物以忧愁。伏吟不利远。敌使之来，或传闻之言，事多不实。

秋冬吉。

真一山人云：闭口占来不欲言，夜占得此是根源。谋为动静无凶祸，病者须知有重烦。

《无惑钤》云：玄临财上，贼累相向。昼虎入未，暗中惆怅。

《钤解》曰：真朱雀生岁干，夜，申酉凶。亥，日之财也，重重见财，重重乘玄，是盗贼累向也。未虽本家，昼乘虎，旬中遁乙，所以暗中自为之惆怅也。《集议》：夜贵乃真朱雀，惟宜戊己辰戌丑未年，为真朱雀生太岁，忌申酉中文书干朝廷，或达至尊之前。后准此。干乘遁虎殃非浅。未遁乙鬼，未虎临日，占病腰痛顺左。

己亥日第二课

元首　斩关　连茹
魁度天门关隔定

玄　阴　青　空
酉　戌　巳　午
戌　亥　午　己

兄　戊　戌　阴
子　丁　酉　玄
子　丙　申　常

勾　青　空　白
辰　巳　午　未
六卯　　　申常
朱寅　　　酉玄
丑　子　亥　戌
蛇　贵　后　阴

后　阴　六　朱
酉　戌　巳　午
戌　亥　午　己

兄　戊　戌　阴
子　丁　酉　后
子　丙　申　贵

勾　六　朱　蛇
辰　巳　午　未
青卯　　　申贵
空寅　　　酉后
丑　子　亥　戌
白　常　玄　阴

《玉历钤》云：此课日之第一课见午，第二课见巳，皆火，两传皆金，占求财买卖，最喜遂意，余占不成。盖以戌加亥为阴关，又三传皆退故也。

《毕法》云：午为日之禄神，加于干上，乃本身之禄不可舍也。占者宜守旧，不可妄动。

《集灵经》云：亥为天门，以戌加亥，谓之魁度天门，又谓之阴关。此课戌加亥为用，主凡事阻隔。又太阴临之，阴暗不振之象。

上神生合日，日上生辰上。

课名元首、退茹。戌加亥为阴关，本不为好，所喜自辰退传朝于日干，末见夜贵，天魁为用，旧事重新，带众谐，干贵多吉。

《义》曰：事起蓦然，阴私暗昧。如日埋光，如月之晦。厥正乃心，宜怀敬畏。恒德既持，自召福至。

《象》曰：光明正大理之常，忠孝存心福自昌。魁度天门关隔定，事逢阻滞自斟量。

此元首之卦，一曰斩关。夫元首者，尊制卑，贵役贱之象。占事多顺，利于先举，事多起于男子。为忠臣，为子孝，正大光明而无邪僻之行，德业已著而乾乾进修，常怀危惧，惕励而无咎也。况斩关非安居之象，占者多不自由，事多暗昧不和，离散口舌，欲隐身避难者，却利乎奔逃也。且连茹，事主欲行不行，欲止不止，节外生枝，进中有退，三传相逐，一事未了，一事又续，根苗不断，旧事重新，急而顺溜也。上神生日，所谋百事吉，运用如意，遇灾不凶，逢吉愈吉。此乃有人上门相助之意，不待我之求人也。若夏占，主声名显达，岁命生日，尤为吉昌。旺禄临身，不宜妄动，守之则吉。占者遇之此课，占求官见贵难，即有人相助，然而传归酉申，又未能保其始终也。占求退脱事者，却为幸也。占财惟宜白手无意之财。占婚姻勿成。占新病者易瘥，久病者不宜。占失物难成。占讼有解。逃盗难得。占交易未利。投谒人者，徒费粮裹。

占出兵行师得此，昼夜所占，中途见止。敌使之来，所言多为我者，若初闻传报，将来必相和好也。

真一山人云：损益相仍贵自知，师门旺禄莫轻移。倘逢变动难如意，守旧须知福自奇。

《无惑钤》云：弃禄尤宜，关隔卑微。鬼居宅上，百无门依。

《钤解》曰：朱雀生岁干，夜。旺禄午乃日禄，昼占乘空，固宜弃也。天魁临亥发用，为魁度天门，凡谋关隔。况亥为本日支辰，而魁来塞之，关隔尤甚，诸事皆无所依也。《集议》："魁度天门关隔定"内有此日，占病膈气，或积饮食，或是雅祟所隔，服药宜下之为佳。占盗贼难获，访人不见，诸占未免关隔二字而已。"旺禄临身徒妄作"内列此日，谓有说在钤内。采苓不在首阳山，徒向高岑著力攀。争似归来闲快乐，琴书清酒自盘桓。

己亥日第三课

蒿矢　狡童

六阴相继尽昏迷

```
白 玄 六 青        蛇 后 青 六
未 酉 卯 巳        未 酉 卯 巳
酉 亥 巳 己        酉 亥 巳 己


官 癸 卯 六 ⊙      官 癸 卯 青 ⊙
兄 辛 丑 蛇        兄 辛 丑 白
财 己 亥 后        财 己 亥 玄


六 勾 青 空        青 勾 六 朱
卯 辰 巳 午        卯 辰 巳 午
朱寅      未白     空寅      未蛇
蛇丑      申常     白丑      申贵
子 亥 戌 酉        子 亥 戌 酉
贵 后 阴 玄        常 玄 阴 后
```

《玉历钤》云：此课卯为日鬼，丑为日破，旦贵六合、夜贵青龙皆鬼，虽云蒿矢无力，但其实日鬼太重，凡占凶否。

《毕法》云：此课四课三传俱在六阴之位，卦名溟濛，凡占利阴谋私干，不利公务，如人正行入暗地，昏昏蒙蒙，不得明快也。又昼占六合、腾蛇、天后皆不正之神，正如王叔文之党，相为暗昧也。

上神生日，日上克辰上，用克日。

课名蒿矢。蛇虎在门，鬼爻发用，有惊忧，凡事难阻，所幸卯加巳空亡，灾祸从空而散。

《义》曰：虚心来助，否则不能。事不可强，终见变更。暴病作福，久病非轻。进退阻滞，还见利亨。

《象》曰：后合相逢暗约私，占婚不吉见彼离。昏蒙不实君须记，事起虚声亦可知。

此蒿矢之卦，一曰狡童，亦曰玄胎。《经》云："神遥克日名蒿矢，射我虽端当不畏。贵人逆转子无良，天乙顺行臣不义。家有宾来不可容，亦忧口舌西南至。"然事主动摇，人情倒置，象如以蒿为矢，射虽中而不入。祸福俱轻，求事难成，利主不利客。若带金煞，亦能伤人，主蓦然有灾。传见泆女，《经》曰："天后常为厌斁神，须知六合是私门。二将取名称泆女，夫妻失友异情恩。"卯丑亥，退间传也。夫间者，间隔之意，退而有间，退中有进也。用神乘空，事多不实，起于虚声。亦不宜访人，占行人未定。课体乃溟濛格，六阴相继，昏迷之象。占者遇之此课，占求官见贵，进退间有阻，宜正静以待之。占求财不宜。占婚姻得此，媒妁不明，或其中隐暗不实。占宅不利，宜谨慎闺门，以礼自防。占病者凶，宜合寿木以冲之。占讼不吉。逃盗难获。凡占虽有相助，皆有心无力之谓也。

占出兵行师得此，昼占六合，尤宜获金宝美利，夜占青龙，大胜得宝货与图书。敌使之来，所言不实，虽有益我，而尚不能尽其力，何况欺诈乎？

事多更变。

真一山人云：常占无吉亦无凶，若也求官禄未终。惊恐忧疑浑散解，若还久病怕逢空。

《无惑钤》云：六阴俱全，巳酉迍邅。破败丁酉，嗣续熬煎。

《钤解》曰：真朱雀生岁干，夜。六阴主奸私、脱耗、费力、病凶。课传六阴，昏迷之甚也。况巳空、酉脱，动必迍邅。己土败于酉，酉又破碎，遁丁临宅，主家中嗣婢熬煎闹吵也。又云：末助初克干，恐防酒色败身。《集议》：六阴相继尽昏迷，谓凡占利阴谋私干，不利公门。此课自昼传夜，昏迷尤甚。"空上逢空"内列此日，谓遥克坐空，凡占皆虚无也。"干支皆败势倾颓"内有此日例，谓支上酉乃己干之败气，亥支之破碎，总名破败神，昼占必家中有破败之子孙，缘酉乃己土之子息故也，夜占妻败。"末助初分三等论"内列此日，谓末助初克干，奈初落空，为抱鸡不斗之喻。断涧如何喻，忘前失后时。君子宜退步，小人堪有悲。

己亥日第四课

元首　病玄胎　励德　斩关　闭口　寡宿

三传递生人举荐

```
青 常 蛇 勾          玄 贵 青 常
巳 申 丑 辰          巳 申 丑 辰
申 亥 辰 巳          申 亥 辰 巳


父    巳 青 ◎       父    巳 玄 ◎
官 壬 寅 朱 ⊙       官 壬 寅 空 ⊙
财 己 亥 后          财 己 亥 六


朱 六 勾 青          空 白 常 玄
寅 卯 辰 巳          寅 卯 辰 巳
蛇丑      午空      青丑      午阴
贵子      未白      勾子      未后
亥 戌 酉 申          亥 戌 酉 申
后 阴 玄 常          六 朱 蛇 贵
```

《玉历钤》云：此课巳为申破，中传寅加巳，末传亥加寅，却甲己暗合，凡占先费力而后方有成也。

《毕法》云：此课自末传亥水，迤逦生干，但嫌干上先有墓神，初传又是空亡，不能为福也。又云：申为日之长生，上神太常，加于宅上，必主宅上有婚姻钱帛之喜，家财亦可营运也。

上神墓日，日上生辰上，用生日。

课名蒿矢。鬼爻在中惊忧，凡事难阻，发用生干，印信吉，但空亡为用，中末合，先难后喜，灾祸皆无定准，从空而散。

《义》曰：空墓何畏？成事先废。解释忧疑，得此为最。欲期事成，尚有未能。韬光晦迹，萧然若僧。

《象》曰：君子忘机道自亨，昏蒙谁识又闻明。逢春遇夏番然改，渐觉从容福自生。

此元首之卦，一曰玄胎，一曰寡宿。夫元首者，尊制卑，贵役贱之象。

占事多顺，利于先举，事多起于男子。为臣忠，为子孝，正大光明而无邪僻之行，德业已著而乾乾进修，常怀危惧，惕励而无咎也。况玄胎如婴儿隐伏之状，利上不利下，事主远而多伏，暗昧不通，触则成祸，惟君子守正修德则亨。传见寡宿，《赋》云："寡宿孤辰，值此尤妨骨肉。"占身得此，主见孤独，别离乡井，自立门户，财物虚耗，僧道宜之，俗不宜也。墓神覆日，昏蒙不通之象，喜作空而不为害也。三传递生人举荐，必有人递相荐举，须得夏令方可，不然则虽有荐举之名，而无荐举之实矣。若此者不宜访人，闻事多有不实。占者遇之此课，占求官者，必应自下而上荐其贤，惟火旺时有成。占见贵虽和，求事犹未得成。占求财轻，先难后易。凡谋未宜，虽成尚见更变。占病不宜，老人小儿及久病皆凶。占胎孕有，宜保护。占逃者大利。

占出兵行师，初占者不成，若临敌得此，有失众，不至甚凶。敌使之来，多诳诈不实，宜密察以防范，勿为彼之所欺也。

孟夏利，季春平。藏器待时。

真一山人云：福星到处便呈祥，变化谁知有改常。散步杖藜随处乐，莫将勤苦枉闲忙。

《无惑钤》云：干上墓神，自末而生。欲脱不脱，谨守家庭。

《钤解》曰：辰乃己土之墓，覆干，主昏滞疾病。支上申金，欲脱干气，但昼夜贵常与干相比，不能脱也。申生亥水，乃家庭之长生，宜守勿失。自末迤逦生干，必有荐举之喜。初中空陷，徒有名无实也。《集议》：发用旬空，夜占乘玄，主失耗。两常夹墓，夜占。昼常加长生临支宅，有婚礼之喜，宜开彩帛铺，或酒食店肆。

己亥日第五课

涉害　曲直　不备　赘婿

众鬼虽彰全不畏　我求彼事干传支

```
六 白 后 六          白 后 六 白
卯 未 亥 卯          卯 未 亥 卯
未 亥 卯 己          未 亥 卯 己


兄 乙 未 白          兄 乙 未 后
官 癸 卯 六          官 癸 卯 白
财 己 亥 后          财 己 亥 六


蛇 朱 六 勾          青 空 白 常
丑 寅 卯 辰          丑 寅 卯 辰
贵子       巳青      勾子       巳玄
后亥       午空      六亥       午阴
戌 酉 申 未          戌 酉 申 未
阴 玄 常 白          朱 蛇 贵 后
```

《玉历钤》云：此课日往加辰，又日克辰为用，谓之残下，乃客胜主也。兼己日得木局，鬼旺身衰，上下不安之象。凡占百事，皆无所成。

《毕法》云：此课三传皆在四课之中，如珠在盘，虽能动转，不能远去，凡占止宜守旧，不宜改作。又辰课不备，必然家宅有不足之事。

《龙首经》云：此课未加亥上，未为人，亥为宅，未土克亥水，以人坏宅，未上又乘白虎，并来伤宅，主家中屡有妖怪作孽，不然，或为杂乱庸辈作践损坏，或为不肖子弟典卖弃废，盖亦人怪也。

日上神克日，日上克辰上，上神克用，初克末。

课名涉害。日加辰，己日木旺，鬼旺占官则吉，其余则先难后易。盖初克末，事无终始。自墓传生，事主再发。

《义》曰：三合木局，春占富足。求官大利，福禄均吉。六合私门，切勿议婚。昼夜所占，理亦同云。

《象》曰：求官之外更勿求，若有求谋见滞留。更是占人灾恼见，被人欺负惹忧愁。

此见机之卦，一曰芜淫，亦曰曲直，又曰泆女。夫见机者，察其微，见其机，谓两比两不比，当以涉害为用。涉害有浅深，欲用不用，欲言不言，事有两而取一，所作稽留，迟疑艰难，进退不定，忧患难消，怀孕伤胎，难于前而易于后。况芜淫者，阴阳不备之谓。天地之道，一阴一阳，今而阴阳不备，必主夫妇不正，占者当谨慎闺门，以礼自防，不使过差也。传见曲直，曲直者，先曲而后直，象木之谓。且泆女课，《经》曰："天后常为厌斁神，须知六合是私门。二将取名称泆女，夫妻失友异情恩。"卯加己，上神克日，防有外侮之侵，常占必被人欺负。凡事不利，只宜先讼，要有气，余不吉，相讼者畏。占者遇之此课，凡占多致阻滞疑难，以其三传贼日，必见朋谋妒嫉。占求官见贵者同，又畏夫居官者不胜其任，宜着力撑持，勉于报效可也。占求财不利。占婚姻勿成。占病深畏。有疑者，先迷后醒。占失物逃亡难见。占宅不吉。不宜投谒、远行。

占出兵行师得此，昼占白兽，败绩而祸起，宜大加谨慎，密切防范，申明号令，夜占无威而不宁。敌使之来，所言多诈，尤宜察之。大抵此课无益也。

春冬吉。

真一山人云：朋谋作党两三人，几欲为冤作恼嗔。我有玄机君可记，丑之一字最为真。

《无惑钤》云：主客俱乖，弃鬼就财。循环不已，倘恋灾来。

《钤解》曰：回还。卯克己，未克亥，彼己俱乖。己来弃卯木之鬼，而往就亥财，但不可久恋。课体循环不已，恋则亥去加卯，而卯复克干，灾祸不旋踵矣。利害相循，有如此哉？《集议》："虎临干鬼"内有此，谓未遁乙鬼，昼虎发用，占讼先曲后直。曲直作鬼，主枷杻。卯乃日鬼，夜占乘虎，彼此全伤，占讼两家皆被罪责，诸占各有所亏，占身被伤，占宅崩损。自下传上，曲直，未加亥也，占讼主枷杻，先直后曲，卯加未。

己亥日第六课

重审　交车合　六仪

```
后 空 六 阴          青 阴 蛇 空
丑 午 酉 寅          丑 午 酉 寅
午 亥 寅 己          午 亥 寅 己


父 甲 午 空          父 甲 午 阴
兄 辛 丑 后          兄 辛 丑 青
子 丙 申 勾          子 丙 申 贵


贵 后 阴 玄          勾 青 空 白
子 丑 寅 卯          子 丑 寅 卯
蛇亥      辰常      六亥      辰常
朱戌      巳白      朱戌      巳玄
酉 申 未 午          酉 申 未 午
六 勾 青 空          蛇 贵 后 阴
```

《玉历铃》云：此课午为日禄，加亥，丁壬暗合；同为午绝于亥，无气，所以半凶半吉。凡占所事迟疑，遇时方济。

《毕法》云：此课干上寅与支合，支上午与干合，此为三六相合，气象和顺，凡占主客和顺，事务可成。又官星临身，禄神临宅，官禄全美之象。占者当官之法有三：曰清，曰慎，曰勤。只此三者则可以持身，可以保位，可以远耻辱，可以得上之知，可以得下之爱也。

上神克日，日上生辰上，初克末。

课名重审。午加亥为德合婚姻，四绝宜结绝旧事，不可谋新事，凡占利静不利动，然身为截路空亡，凡事从空而散。

《义》曰：四绝了旧，不利图新。隔八隔八，传午丑申。不自尊大，屈受于人。凶中获福，德奇二神。

《象》曰：千祥萃集喜三奇，此却诸凶福自如。想是君家多积善，课逢吉相事皆宜。

此重审之卦。夫重审者，重而审之也。利为主，利后动，长有厄，事从

内起，起于女人。以下犯上，贱犯贵，卑犯尊，事多不顺。阴小在下者，有悖逆之事。占臣未忠，子失孝，事不可遂意而行，必当审察，循乎义理，庶几以免后患也。午加亥上，乃四绝之卦，惟宜结绝旧事，不宜干用从新，事了、人来、信至。一曰权摄不正，干禄寄于支，凡占不自尊大，受屈折于他人，或将本身之职替与子孙。四绝了旧，莫图新事。德神加干，能解凶事，能益福德。传见六仪，《经》云："三奇能消万祸，六仪积聚千祥"。此交关合也，易于成合交易之事。占者遇之此课，占求官未美，占见官相合。占婚姻宜成，但课体无力。占财难得。占病者深畏，有救，火绝在亥，忧眼目有损，不然失心气之疾。占逃盗勿获。凡百占谋者，皆有始而无终也。初来克末，事竟难成。

占出兵行师得此，昼占天空，欺诈而军中被毁，夜占太阴中止。大抵此课，所占无益者多，用兵得此，亦非胜兆。

春夏吉。诸吉骈臻。

真一山人云：吉福由来及善人，谋为未遂亦无嗔。课中自有春无限，渐觉眼前万物新。

《无惑钤》云：交关和顺，禄神长进。嗣及长生，占之有咎。

《钤解》曰：禄临支，被宅克。寅亥午未六合，交关和顺矣。午加亥，是禄入绝乡，且乘天空，禄已尽矣。论寄生，申乃己土长生；论相生，申乃己土子息。今申加丑，为投墓，若占生计、子息，皆有悔咎。《集议》：两贵相协。"六爻现卦防其克"内列此日，谓长生无气。"权摄不正禄临支"内列此日，谓此凡占不自尊大，受人屈折，如占差遣，主权摄不正，或遥授职禄，或止宜食宅之禄，或将本身之职禄替与子孙，斯占尤的。此禄被支克，必因起盖宅屋而以禄偿债。[①]

---

① 原抄本赘："未虎作用，占病腰痛。"因此课发用不为未虎，故引为附注。

己亥日第七课

反吟　玄胎

来去俱空岂动移

蛇	白	青	后		六	玄	后	青
亥	巳	未	丑		亥	巳	未	丑
巳	亥	丑	巳		巳	亥	丑	巳

父　　巳　白◎　　　　父　　巳　玄◎

财　己亥　蛇⊙　　　　财　己亥　六⊙

父　　巳　白◎　　　　父　　巳　玄◎

```
  蛇 贵 后 阴          六 勾 青 空
  亥 子 丑 寅          亥 子 丑 寅
朱 戌       卯 玄    朱 戌       卯 白
六 酉       辰 常    蛇 酉       辰 常
  申 未 午 巳          申 未 午 巳
  勾 青 空 白          贵 后 阴 玄
```

《玉历钤》云：此课反吟，固不可用，又兼蛇虎玄武为灾，幸得三传皆空亡，吉凶皆不成。

《毕法》云：此课巳为己之长生，而为空亡，乃是长生落空也。凡占不利生息之事，或六月、十二月占之，必主尊长危病。

课名反吟。巳亥用，阴阳不备，先不足，后有余，日下所至虽绝，谋望向后可十全。

《义》曰：反反复复，徒教劳碌。养心守拙，却乃为福。使机受饥，知足常足。君子深藏，以免耻辱。

《象》曰：来时无影去无踪，百干千谋运未通。欲问所求何日就，空空之上又空空。

此无依卦也，一曰玄胎，一曰寡宿。夫无依者，即反吟也。《经》云："无依是反吟，逃者远追寻。合者应分散，安巢别改林。守官须易位，结友也分襟。所为多反复，占病数般侵。"反吟刑冲，事主迟滞，远近系心，更相仇怨，且反复而呻吟，是无予夺而难息也。况玄胎如婴儿隐伏之状，利上不利下，事主远而多伏，暗昧不通，触则成祸，惟君子守正修德则亨。传见寡宿，《赋》云："寡宿孤辰，值此尤妨骨肉。"若占身得此，主见孤独，别离乡井，自立门户，财物虚耗，僧道宜之，俗不宜也。此十干不到之地，五形空脱之乡，能灭凶神，能散奇祸，亦能消惊而解仇也。官位逢之须改任，出行防盗拟人侵。所为百事皆非吉，卒病遭官不害身。占者遇之此课，正应《毕法》中"来去俱空岂动移"之言。占人得此，凡有干用求谋之事，如捕风捉影之象，虽有智力，又何施焉？占久病得此者，为凶咎。占忧患、禁系、狱讼，凶变为吉。占耗盗，惟防不足。

占出兵行师得此，防失众不吉。敌使传言，多诳诈，宜慎乎不可为彼之所欺。大抵此课，凡占皆功不成而名不遂也。

得孟夏吉。

真一山人云：说尽玄机未解知，得中有失岂便宜。蓬窗笑傲心偏乐，羞把功名富贵期。

《无惑钤》云：来去皆空，长上须凶。妻财婢妾，常挠家中。

《钤解》曰：巳火，己土之父母也，往来空陷，占长上病患最凶，乘虎故也。亥乃己土之妻财，与巳火彼此冲击，占家中扰乱不安。巳为双女，或婢妾之属，而多搅挠不安矣。《集议》：巳乘白虎加亥，主小儿咽喉患。

己亥日第八课

知一　铸印　斩关

前后引从升迁吉

```
六 常 白 贵          蛇 常 玄 勾
酉 辰 巳 子          酉 辰 巳 子
辰 亥 子 己          辰 亥 子 己


父    巳 白 ◎       父    巳 玄 ◎
兄 戊 戌 朱 ⊙       兄 戊 戌 朱 ⊙
官 癸 卯 玄          官 癸 卯 白


朱 蛇 贵 后          朱 六 勾 青
戌 亥 子 丑          戌 亥 子 丑
六 酉      寅 阴     蛇 酉      寅 空
勾 申      卯 玄     贵 申      卯 白
未 午 巳 辰          未 午 巳 辰
青 空 白 常          后 阴 玄 常
```

此课日上神为财，支上神为库，此大略占如此。今日上见贵财，支上见财库，日上财神又归宅库，此大有利。初传巳又为店业，但修葺有所费耳，乃夜将玄武费用倍常之兆也。中传又见初传财库，重重皆是库财，利奋发。但末传被人取店，须有争竞。曹曰："莫问他赁，自问他买，如何？"先生曰："虽买下来，亦有争竞，且九年为率期。"曹曰："九年之后，又作一节措置。"曹生自来累世作馆，往往聚集财货，欲开店，先生便许其开店。又问汪七娘赁房，缘屋损坏，大破费了资本修葺，费有千百左右。及入店不一年，三倍其利，次年小兴，三年大发一千余贯，自后积百万。第六年，汪七娘卖与了他。第七年，汪七秀才应分取赎，不肯，具状经官评论，许第九年赎与他，果如先生之言。大凡开店，少得此课。日上财归宅库，可谓财稳。初传巳火又来中传库上，所谓财利十倍。若占财者，少得此课，行年上见财，如何不十分兴利？若末传无鬼，更不克中传与财库，则永久可守，既有日鬼破库，且尽巳之四年，戌之五年，乃共九年也。①

陈上舍占秋试中否，子将未时，占之亦得此课。先生曰："己亥水土皆墓于辰，初末传夹定干支之墓神，又名前引后从。引既不起，从亦不动，前程只如此。巳戌卯虽是铸印乘轩，乃贵人之课，又有贵人扶身，可谓吉矣。见壬子年方脱墓神之滞，才见及第，便持两服，服满得任，又不终矣。有坎山坟坏，白蚁遍蚀，所以前程不通。"陈生当年秋试不中，壬子年得解，次年及第，得和州乌江尉。癸丑年十一月二十三日持母服，乙卯年又持父服。丁巳年冬，再授婺州浦江簿，戊午年四月上任，至庚申年九月身亡，其时五十二岁。后其男开掘坎山坟，果其白蚁遍骨而蚀矣。夫引从之格，庚辰日，丑加庚，寅未子为传，亦是引从。彼引从干，此引从支。况己土见巳为绝，见辰为墓，见卯为死，日上子水亦绝于巳、墓于辰、死于卯，乃引起死墓绝，及白虎、玄武夹定墓神，支干皆受墓于宅上之辰，所以引起孝服。庚申年自死，盖行年又临巳宫，乃是绝地，巳与申合，合起墓绝，所以死也。②

《玉历钤》云：此课虽名铸印，传入鬼乡，又用神空亡，凡占百事皆不成。

《毕法》云：此课初传巳加子，末传卯加戌，谓之前后引从地支格，占者主迁修家宅，必有嘉庆。虽初末夹其干墓，赖中传之戌冲辰，亦无畏也。又云：干上子，正月占，主妻有孕喜，盖以戊己土神胎在子，歌云"戊己当绝

---

① 《壬占汇选》作：己酉年十月己亥日寅将酉时，曹八秀才戊辰生，四十二岁占开店。

② 《壬占汇选》作：建炎己酉年正月己亥日子将未时，陈上舍戊辰生，生于四月十六日巳时，四十二岁占前程。

在亥怀，明知子上是胞胎”是也。又云：末传卯，末生初传巳火以生干，是末助初生干也，凡占必有暗中推奖举荐者。

日克上神，辰上克日上，日上克用。

课名知一、铸印。初中空，为铸印损模，虽是吉课，而吉不成。有鬼在末，而因空，其忧自败。

《义》曰：本是铸印，模损至甚。既曰不堪，何为有用？达者知此，凡事且止。否卦徒劳，如斯而已。

《象》曰：吉凶祸福总消亡，结草为菴且退藏。待得运亨时节好，男儿气重喜洋洋。

此知一之卦，一曰铸印，亦曰寡宿。夫知一者，知一而不能知两，知者以为自知、自见，不知为寇仇，故言知一也。以此为用，舍远就近，舍疏就亲，恩中生害，事多起于同类，凡事狐疑，事贵和同乃吉。传见铸印，《经》云："天魁是印何为铸？临于巳丙冶之名。中有太冲车又载，铸印乘轩官禄成。"此见损坏，又非真体，常人反生灾咎，且为事迟钝。况寡宿孤辰，值此尤妨骨肉。若占身得此，主见孤独，别离乡井，自立门户，财物虚耗，僧道宜之，俗不宜也。此十干不到之地，五行空脱之乡，能灭凶神，能散奇祸，能消惊而解仇怨也。官位逢之须改任，出行防盗拟人侵。所为百事皆非吉，暴病遭官不害身。占者遇之此课，凡占有名无实，有影无形，吉不成吉，而凶不成凶。引从支，迁宅吉。支上虽墓，中传戌冲无妨，辰为月将尤吉。占谋望干用，见改革。占成事未成就，脱事却易脱。占久病凶，暴病作德自消。

占出兵行师得此，防有失众之象，但当固守严防，其敌有自散之理。占宅不吉，占身耗盗，其他敌使及传闻，事多不实，宜密察之。

夏吉，见巳字年月尤吉。事见更变。

真一山人云：有影无形不可拘，天然理数自如之。清风明月幽人伴，莫为虚名气力疲。

《无惑钤》云：墓覆家庭，玄虎为邻。贵财系子，昼卜临身。

《钤解》曰：引从地支，亥上辰乃日墓临支，是墓覆家庭也，占宅昏暗。初末巳卯，虽曰引从地支，昼夜俱乘玄虎，不惟居邻凶恶，而动必生祸。干上子水为财，昼占则为贵财临身，守之亦可足用也。《集议》：引既不起，从亦不动。"前后引从升迁吉"内有此日例，为引从地支格，虽初末夹其干墓在内，赖中传戌来冲辰，无足畏也。夜占帝幕临干。"末助初兮三等论"内列载此日，为末助初生，必旁有人暗地相助推荐而有亨旺，须得年命制末，乃可言吉，年命生末反凶。"传墓入墓分爱憎"内列此日，谓长生入墓，不利占生计及长上之事。子乃己土胎财，正月为生气，主有孕喜，亦主妻之姊妹有孕（此解为阴日而言）。昼贵临身，被朱雀所乘戌克，欲告贵人之求文书，必贵人忌惮而不用。度巳戌卯虽是铸印乘轩，乃贵显之课，又有贵人投身，可谓吉矣，但坎山坟坏，白蚁遍蚀，所以前程不远，出邵彦和《引证》酉集。

己亥日第九课

涉害　曲直　不备　赘婿

```
青 玄 玄 蛇          后 白 白 六
未 卯 卯 亥          未 卯 卯 亥
卯 亥 亥 己          卯 亥 亥 己


兄 乙 未 青          兄 乙 未 后
财 己 亥 蛇          财 己 亥 六
官 癸 卯 玄          官 癸 卯 白


    六 朱 蛇 贵          蛇 朱 六 勾
    酉 戌 亥 子          酉 戌 亥 子
勾 申       丑 后     贵 申       丑 青
青 未       寅 阴     后 未       寅 空
    午 巳 辰 卯          午 巳 辰 卯
    空 白 常 玄          阴 玄 常 白
```

《玉历钤》云：此课青龙吉神为官，临日发用，求官颇吉，余占不遂。

《毕法》云：此课干克支亥为财，亥之本家，上乘干鬼，此财乃至险至危之财，贪者取之，必致鬼来为害。又云：支亥加干，而被干克，乃赘婿也。支辰上又乘脱气，凡占必无正屋可居，寄身于人，虽仕宦亦借赁也，然又有招赘寄养之象。

日克上神，日上生辰上，用克日上，末克初。

课名涉害、曲直、芜淫、不备、无阳。事主委曲托人，重重不能如意，且有鬼贼，稍可求官，费力后成，谋望更改，利君子，不利小人。

《义》曰：德变为仇，恩化为怨。合中有煞，藏刀笑面。君子知机，宽正为福。用心防范，犹见不足。

《象》曰：对面人心有虎狼，谁知好里恶心肠。事将成就逢他破，蜜里含砒有祸殃。

此见机之卦，一曰龙战，亦曰曲直，一曰泆女。夫见机者，察其微，见其机，谓两比两不比，当以涉害为用。涉害有浅深，欲用不用，欲言不言，事有两而取一，所作稽留，迟疑艰难，进退不定，忧患难消，怀孕伤胎，难于前而易于后。况龙战，主人心疑惑，进寸退尺，动有乖离之象。卯酉为天之私门，生杀有限，分杜有期，雷动龙奔，示其有战。况曲直者，先曲而后直也，象木之谓。此乃五行正气入十干杂糅之乡，三合异方乃生旺墓之神，事主丛杂不一，主关众人共谋，不然两三处干事，委曲托人与人相合之类。且泆女，《经》云："天后常为厌翳神，须知六合是私门。二将取名称泆女，夫妇失友异情恩。"夫泆女乃不正之课，占男女有阴私暗昧之理，占家宅防阴小有越礼犯分者，占婚姻媒妁不明，惟能以礼自防者，谨于闺门而自化也。占者遇之此课，若占求官见贵，凡百虽吉，但防笑里刀、蜜中砒，恩变为仇。病者重。但占事忧释惊散。其他所占，皆美中不足。

占出兵行师得此，昼占大胜，夜占无威。敌使之来，有益于我，事见两家相和，而无斗战之意也。

春吉。恩中致怨。

真一山人云：莫讶人心隐祸殃，平生点检自行藏。自心无恶从他恶，天理循环报应彰。

《无惑钤》云：财临身宫，恋则为凶。只宜早弃，免致贼攻。

《钤解》曰：亥来临干，财临身也，宜急取即得，若少缓，支上之卯随即而至，凶祸不能免也。况卯为太冲，上乘玄武，皆贼也。亥卯未相合而聚，则通矣，所得之财，恐不能享。贪而吝惜，能无患乎？《集议》：占讼先曲后直，且"害贵讼直遭屈断"内，曲直作鬼，主枷杻。回还格。"传财化鬼财休觅"内列此日。"眷属丰盈居狭宅"内列此日，谓支加干被克，又为上神所脱，占人必无正屋可居。上传下则曲，亥加未也，占讼枷杻。卯加亥，先曲后直。

己亥日第十课

蒿矢　生玄胎　斩关　励德　闭口　不行传　芜淫

空上乘空事莫追　夫妇芜淫各有私

```
白 阴 后 朱          六 空 白 阴
巳 寅 丑 戌          巳 寅 丑 戌
寅 亥 戌 己          寅 亥 戌 己


官 壬 寅 阴          官 壬 寅 空
父    巳 白 ◎        父    巳 六 ◎
子 丙 申 勾 ⊙        子 丙 申 贵 ⊙


勾 六 朱 蛇          贵 后 阴 玄
申 酉 戌 亥          申 酉 戌 亥
青未      子贵      蛇未      子常
空午      丑后      朱午      丑白
巳 辰 卯 寅          巳 辰 卯 寅
白 常 玄 阴          六 勾 青 空
```

《玉历钤》云：此课虽蒿矢，寅中有甲，乃是德神，加亥为六合，主气象和顺，可以为用，凡占所求遂意。

《通神集》占人脱货得否，寅将亥时，寅加亥发用，蒿矢课也。占云：其货必是米，盖太岁入传故也。来年二、三月价必增，因今价每升三十，到彼时增作三十三。缘此课蒿矢无力，又是天空，所以目下未可用。课名玄胎，最利经求，中末六合、贵人，俱在旺地，所以价增。况辰上神克日上神，知得后必增价也。日为人，辰为物货，凡卖货，得辰克日，则货易卖，且有利息。

辰上克日上，用克日，用克日上，末克初。

课名蒿矢、玄胎。日辰三传相刑，皆是冲克破害。申金克初寅，中末空亡，有始无终，吉凶从空而散。然寅乃己之德，所谓一德扶身也。末克初，事亦可成。

《义》曰：先晦后明，有始无终。变更不一，未见成功。凶中化吉，忧疑散释。久病占之，又方哀戚。

《象》曰：弓伤矢失两堪嗟，徒听林前鸟噪华。何事归家闲快乐，漫炊新火煮新茶。

此蒿矢之卦，一曰天网，亦曰玄胎。《经》云："神遥克日名蒿矢，射我虽端当不畏。贵人逆转子无良，天乙顺行臣不义。家有宾来不可容，亦忧口舌西南至。"然事主动摇，人情倒置，象如以蒿为矢，射虽中而不入。祸福俱轻，求事难成，利主不利客。若带金煞，亦能伤人，事主蓦然有灾。且天网者，即天网四张也，《经》曰"天网四张，万物被伤"，为阻滞，为疑难，为灾恼。况玄胎如婴儿隐伏之状，利上不利下，事主远而多伏，暗昧不通，触则成祸，惟君子守正修德则亨。不宜占老人小儿及久病，暴病得此，宜作善以禳之。此蒿矢遗镞也，占者遇之此课，象如有头无尾，凡有占谋，有始无终，正如有叶无根，何以待之？吉事欲成而未成，凶事难解而易解也。虽智者不能施巧，勇者无能用力，徒费精神而无益于事也。

至于用兵之道，亦如此论，事多欺诈而不实，传课者不可不知。假使侥幸而成，终必不得所用也。

春吉。见巳字可用事。

真一山人云：几年碌碌走红尘，不识时人那是真。白酒新诗随分有，满腔生意尽阳春。

《无惑钤》云：巳类为弓，箭矢在申。空亡俱落，所作无功。

《钤解》曰：德入天门。真朱雀生岁干，夜。巳为弓，乃旬空，申为箭，乃落空，蒿矢既以无力，况箭落架而弓坠地乎？虽羿之力，基之巧，亦无所施矣，何功之有耶？《集议》：空上逢空，谓遥克上乘天空，凡占皆虚无也，此夜占乘空。芜淫，凡占先相允，后不相顾接，各怀恶意。

己亥日第十一课

涉害　六阴　出户

```
玄  后  蛇  六           青  白  玄  后
卯  丑  亥  酉           卯  丑  亥  酉
丑  亥  酉  己           丑  亥  酉  己


兄  辛  丑  后           兄  辛  丑  白
官  癸  卯  玄           官  癸  卯  青
父      巳  白  ◎       父      巳  六  ◎


青  勾  六  朱           蛇  贵  后  阴
未  申  酉  戌           未  申  酉  戌
空午        亥蛇        朱午        亥玄
白巳        子贵        六巳        子常
辰  卯  寅  丑           辰  卯  寅  丑
常  玄  阴  后           勾  青  空  白
```

《玉历铃》云：此课丑为日冲，卯为日鬼，巳为辰冲，三传皆凶，凡占不可用。

《毕法》云：此课干上乘酉，酉乃干之败神，又作支之破碎，总为破败神也。以类推之，家必有破败之子，以酉为己之子也。又旦暮将乘天后、六合，酉为婢妾，以后合不正之神，加于婢妾，必主淫乱而破败家道也。

日生上神，辰上生日上。

课名涉害、间传。虽顺而二贵皆逆行，凡占有间隔，所幸巳为空亡，吉凶不成耳。

《义》曰：脱逢破碎，钱财耗费。名实利虚，济而未济。进退有阻，玄后私晦。事恐既成，不全终始。

《象》曰：否极纯阴道未亨，莫言世事恼人情。阴消方觉阳初转，渐看春回物自成。

此见机之卦，一曰泆女。夫见机者，察其微，见其机，谓两比两不比，当以涉害为用。涉害有浅深，欲用不用，欲言不言，事有两而取一，所作稽留，迟疑艰难，进退不定，忧患难消，怀孕伤胎，难于前而易于后。传见泆女，《经》曰："天后常为厌醮神，须知六合是私门。二将取名称泆女，夫妻失友异情恩。"此乃暗昧不明之象，占家宅宜谨慎闺门。日生上神，虚费百出，谋望不遂，失盗损财，人口衰残，休囚尤重，又为子孙脱漏之事。丑卯巳，进间传，进而有隔，隔而后进，欲行不行，欲止不止。占者遇之此课，占求官见贵者，美中不足，有阻，凡事干谋，多致破耗，有不足之叹。占婚姻不宜。占财难遂。占病者凶危，末后有解，老人小儿久病不吉。占失物者难得。占出行者，号曰抬土当门。占讼宜和。占投谒人者，被人蒙蔽。占逃亡，宜缉捕。

占出兵行师得此，昼占无威而不宁，夜占败绩不吉。大抵此课，吉事未见全成，忧疑到底自释也。

事多间隔。功亏一篑。

真一山人云：动谋未遂且宽心，小隐闲居自鼓琴。莫道鼓琴人未识，时来便见遇知音。

《无惑钤》云：破败乘丁，却乃临身。六阴柔日，凡占皆宜。

《钤解》曰：真朱雀生岁干，夜。酉乃己土败乡，又为破碎旬丁，其凶动耗费，败坏极矣。柔日而得纯阴之课，杳冥昏昧，何可当也？《集议》："干支皆败势倾颓"内有此日例，谓酉乃干之败气，又作支之破碎，总名破败神，必家有破败之子孙，缘酉乃己土之子息故也，夜占因妾败。出户："出户逢明日，欲求干望时。君子升阳渐，小人尚危疑。"脱上逢脱防虚诈。

己亥日第十二课

元首　连茹　三奇

所谋多拙逢罗网

```
蛇贵玄常              白常后贵
丑子酉申              丑子酉申
子亥申己              子亥申己


兄辛丑蛇              兄辛丑白
官壬寅朱              官壬寅空
官癸卯六              官癸卯青


空白常玄              朱蛇贵后
午未申酉              午未申酉
青巳    戌阴          六巳    戌阴
勾辰    亥后          勾辰    亥玄
卯寅丑子              卯寅丑子
六朱蛇贵              青空白常
```

《玉历钤》云：此课丑为日破加子，不合寅卯为日之鬼，幸日上第一课、第二课，申酉二金制寅卯二鬼，生支上子水化财，乃变凶为吉之象。凡占百事，始虽艰难，后大如意。

《毕法》云：此课支干上皆乘昼夜贵人，凡占得两贵人之力周全成事。

日生上神，日上生辰上，末克初。

课名元首、连茹。日下虽寅卯木为鬼，然日上有申酉制之不凶，鬼化为吉，先难后易。此课主始逢艰难，而后如意也。

《义》曰：进退不一，拔茅连茹。虽嫌耗盗，却喜三奇。占病大忌，阴德为最。事固有成，先难后易。

《象》曰：君子求官最吉昌，庶民得此未为良。安心正守还生福，善积功多百事昌。

此元首之卦，一曰连茹。夫元首者，尊制卑，贵役贱之象。占事多顺，利于先举，事多起于男子。为臣忠，为子孝，正大光明而无邪僻之行，德业已著而乾乾进修，常怀危惧，惕励而无咎也。三传连茹，欲行不行，欲止不止，节外生枝，先进后退，急而顺溜。三传相逐，一事去一事来，根苗不断，旧事新来。不宜占行人，亦不宜占产，以其传进而退，母子相恋，恐致灾也。占者遇之此课，尊崇传内而见三奇，三奇既消万祸，大宜求官，况夜贵加之，为帘幕贵人高登甲，若见贵尤吉。不宜占病，丑为墓田，寅卯为棺椁也。子丑相加，占事有成，占交易成合。占托人得力。占投谒人者不宜，徒费粮裹也。美则美矣，但美中有不足者，以其日生上神，须应耗费不足，方可成事。此课能散祸禳福。

占出兵行师得此，昼夜忧心众畏，夜占尤为不吉。但传闻得此，须稍待之，不久自有好和之因，非战斗之象也。

顺速之象。

真一山人云：得失相须理自然，人生未必总由天。要将心上安排好，步步显显福祉全。

《无惑钤》云：身宅俱贵，三奇又值。君子宜占，常人大忌。

《钤解》曰：真朱雀生岁干，夜。申夜贵临干，子昼贵临支，虽云身宅俱贵，却又贵人差迭。三传元遁乙丙丁三奇，君子占此，则迁官升擢之兆，常人反忧官事搅扰也。《集议》："尊崇传内遇三奇"内列此日，以元遁言。"众鬼虽彰全不畏"内列此日，谓夜占得贵力。又自支阴传入鬼乡，亦为家鬼取家人。夜占帘幕临支，昼占临干。昼常加长生临干，来人必婚姻之喜，或有锡赐之事。干支乘昼夜贵人，必得两贵人周全成事。两贵不协，变成妒忌。

庚子日

庚子日第一课

伏吟　玄胎　不结果

```
后 后 白 白        白 白 后 后
子 子 申 申        子 子 申 申
子 子 申 庚        子 子 申 庚


兄 丙 申 白        兄 丙 申 后
财 壬 寅 蛇        财 壬 寅 青
官   巳 勾 ◎⊙      官   巳 朱 ◎⊙


勾 青 空 白        朱 蛇 贵 后
巳 午 未 申        巳 午 未 申
六辰      酉常     六辰      酉阴
朱卯      戌玄     勾卯      戌玄
寅 丑 子 亥        寅 丑 子 亥
蛇 贵 后 阴        青 空 白 常
```

《玉历钤》云：此课夜神颇吉，占事可用；昼神皆凶，不可用。

上神德日，日上生辰上，末克初。

课名伏吟、自信、玄胎。德禄发用，中虽财而被劫，末虽官而为刑，凡谋动不如静，有禄有德。巳乃空亡，断可无咎，终不如初。

《义》曰：旺禄临身，守之则吉。苟或妄动，徒招无益。始虽有得，终必见失。巳年月占，功名赫奕。

《象》曰：禄马相逢富贵奇，求官迁转福无移。秋冬得此终逢逆，孟夏方知事可期。

此自任之卦，一曰玄胎。夫自任者，乃天地伏吟，十二神各归本家，天地如一，四伏未发之象。占事静则宜，动则滞，主事藏匿不动，静中求劳，有屈而不伸之象。况玄胎如婴儿隐伏之状，利上不利下，事主远而多伏，暗昧不通，触则成祸，惟君子守正修德则亨。《经》云："任信伏吟神，行人立至门。失物家内盗，逃者隐乡邻。病合难言语，占胎聋哑人。访人藏不出，行者却回轮。"玄胎不宜占老人小儿病，病者不欲言，或不尽饭食。此课病本凶，幸虎带德，而传归空乡，又谓之吉中隐祸，久病者凶，须得吉神偕之方可。占者遇之此课，占求官未遂，有始无终。占见贵相和，终无进益。占财乃远方动中之财，亦不能保其全也。占失物难得，得而复失，不然亦不吉也。占讼有解。逃者自归，目下未遂。忧惊患难之事得此，先难而后易也。占远行未利。占宅不吉，出残疾带破之人。占投谒人者，徒费粮裹。托人得力，恐始终不一。

占出兵行师得此，昼占败绩，夜占无威。此课体也，然而主客相和，传空乡，有先凶后吉之象，有始而无终也。

见巳字为奇。虎头蛇尾。

真一山人云：一见浑如锦上花，看来看去惹咨嗟。求谋未得终全美，忧患翻能善解他。

《无惑钤》云：两虎临禄，财被马逐。末空碎破，夜将嗣续。

《钤解》曰：申乃庚禄，临干发用，为虎所据（亦曰凶神归家），不可守也。中传之财，被马逐之，须远动可求。末传长生，乃旬空破碎，夜并朱雀，朋而为鬼，则混浊渎乱甚矣。虽曰官爻居末，焉足用哉？《集议》：干乘遁鬼殃非浅，申遁丙鬼。"宾主不投刑在上"内列此日，谓此三刑入传，未免无恩之意，凡占恩反怨也。

庚子日第二课

元首　退茹　闭口

```
玄 阴 青 空          玄 常 蛇 贵
戌 亥 午 未          戌 亥 午 未
亥 子 未 庚          亥 子 未 庚


父 戊 戌 玄          父 戊 戌 玄
兄 丁 酉 常          兄 丁 酉 阴
兄 丙 申 白          兄 丙 申 后


六 勾 青 空          六 朱 蛇 贵
辰 巳 午 未          辰 巳 午 未
朱卯      申白      勾卯      申后
蛇寅      酉常      青寅      酉阴
丑 子 亥 戌          丑 子 亥 戌
贵 后 阴 玄          空 白 常 玄
```

日上神生日，日上克辰上。[①]

课名元首、逆茹。凡谋望，三进三退，虽难有期望，然退朝于申德，德禄扶身而凶散也。

《义》曰：鬼墓为用，动宜谨慎。暗里侵谋，难以视听。事多见隔，不然厄塞。盗贼目前，行况断绝。

《象》曰：进退狐疑莫妄积，主宾未遇事难谐。但随义理行将去，渐见功名富贵来。

此元首之卦。夫元首者，尊制卑，贵役贱之象。占事多顺，利于先举，事多起于男子。为臣忠，为子孝，正大光明而无邪僻之行，德业已著而乾乾进修，常怀危惧，惕励而无咎也。《经》云："四课之中一克下，卦名元首是初神。臣忠子孝皆从顺，忧喜因男非女人。上即为尊下卑小，斯为正理悉皆真。论官先者当为胜，后对之人理不伸。"戌酉申乃退连茹也，事主欲行不

_____
① 原抄本无录《玉历钤》文。

行，欲止不止，节外生枝，急而顺溜。进中有退，退中有进，三传相逐，吉凶相续，一事未脱，一事又来，根苗不断，旧事新来。此一名闭口卦，所占之事，多不欲向人言，或暗昧碍理，而不好开言者。若占病，亦懒言，或失音，或禁口痢。凡相访于人，皆不肯言者。占者遇之此课，占求官不称意，常占忌两伤。谨之！占见贵和。占财轻微。占失物难得。占托人得力。不宜投谒。占讼和解。占逃者归。占宅不吉。

占出兵行师得此，昼夜所占，失物忧疑，先难后易，惜主客不和。敌使之来，无益于我也。

凶中隐吉。

真一山人云：婚姻原自不相当，若也求官未吉昌。常问也须加敬慎，吉人终许降祯祥。

《无惑钤》云：昼虎丙申，禄贵难亲。夜贵宜守，初屈后伸。

《钤解》曰：申乃庚禄，遁丙，上乘白虎，实难亲也。初传鬼墓，中乃旺刃，皆不可投。夜占宜守干上之贵以生，但支子害贵，占讼初必遭屈。子被初传戌土克之，庶不为贵害，而后必伸矣。《集议》："金日逢丁凶祸动"内有此日，谓因兄弟而凶动。"魁度天门"内列此日，说见己亥第三课。申遁丙鬼，昼虎入传，殃非浅也。

庚子日第三课

见机　顾祖　不行传

六阳数足须公用

白 玄 六 青　　　　后 玄 六 蛇
申 戌 辰 午　　　　申 戌 辰 午
戌 子 午 庚　　　　戌 子 午 庚

官 甲 午 青　　　　官 甲 午 蛇
父　辰 六 ◎　　　　父　辰 六 ◎
财 壬 寅 蛇 ⊙　　　财 壬 寅 青 ⊙

朱 六 勾 青　　　　勾 六 朱 蛇
卯 辰 巳 午　　　　卯 辰 巳 午
蛇寅　　未空　　　青寅　　未贵
贵丑　　申白　　　空丑　　申后
子 亥 戌 酉　　　　子 亥 戌 酉
后 阴 玄 常　　　　白 常 玄 阴

《玉历钤》云：此课午加申，日鬼为用，惟宜求官，余占无成。

《毕法》云：此课干上午伤干，支上戌伤支，日辰被伤，全无和气，凡占身体尫弱，宅舍崩损，若有交接，两有所亏，俱不和顺。

上神克日，日上生辰上，用克日。

课名涉害。凡占不免干涉利害，又名顾祖，青青如旧，宜求官，但辰为空，有名无实，却无凶。

《义》曰：人来欺忤，破财为福。切莫贪财，贪财祸来。求官须美，尤见变更。日下灾恼，渐见利亨。

《象》曰：如花似锦春三月，才得秋冬又未然。大变为中中变小，无凶无吉免忧然。

此见机之卦，一曰天网。夫见机者，察其微，见其机，谓两比两不比，当以涉害为用。涉害有浅深，欲用不用，欲言不言，事有两而取一，所作稽留，迟疑艰难，进退不定，忧患难消，怀孕伤胎，难于前而易于后。夫天网者，即天网四张也，《经》曰"天网四张，万物被伤"，为阻滞，为疑难，为灾恼。见机卦，占盗贼不远，逃亡者隐亲友之家，宜密察可见。上神贼日，常占为人所欺负，谋干不遂，犹防有侵害，只利先讼，要有气，余不吉，病讼者畏。午辰寅为退间传，进退不一，若有间隔之象，占事必隔手之象。占者遇之此课，求官见贵，须待官旺年月方美。大不宜求财，求财者恐因财致祸。占讼者不忌。凡占不得遂意。占婚不宜。占交易托干须和。求事尚未克济。失脱难得。占出行不宜。亦不宜投谒人。

占出兵行师得此，昼占有青龙发用，主大胜，夜占螣蛇，忧心众畏。大抵此课须凶，所幸传入空乡，其凶自化，占吉事难成，占忧疑惊恐之事，得此为福。课之大体，乃有始无终之象也。

虚一待用，害里生恩。

真一山人云：掀天风浪遇江湖，说与舟人莫要呼。多少惊忧浑解脱，一机送顺上皇都。

《无惑钤》云：彼己灾患，寅财休恋。助鬼来攻，缙绅宜见。

《钤解》曰：庚被午克，子被戌克，彼此灾疹也。寅乃日财，不可贪恋，生起初传午火，反来攻干。缙绅值此为生官，乃升迁之兆也。生空财空，不能济事，常人必遭官讼。《集议》："末助初兮三等论"内列此日，谓末传寅加辰落空，不能助其初传，其教唆之人，必自败露，俗主"枉作恶人"。顾祖，宜守旧，进退不能，见"前后逼迫"内。顾祖迎亲复旧庐，求财谋望始狂图。惟有庚日不宜见，鬼来又向病乡居。"彼此俱伤"说见己亥第五课。

庚子日第四课

知一　闭口

苦去甘来乐里悲　金日逢丁凶祸动

```
青常蛇勾            蛇阴青朱
午酉寅巳            午酉寅巳
酉子巳庚            酉子巳庚


官 甲午 青          官 甲午 蛇
财 癸卯 朱          财 癸卯 勾
子 庚子 后          子 庚子 白


蛇朱六勾            青勾六朱
寅卯辰巳            寅卯辰巳
贵丑    午青        空丑    午蛇
后子    未空        白子    未贵
亥戌酉申            亥戌酉申
阴玄常白            常玄阴后
```

《玉历钤》云：此课午加酉，日鬼为用，又是三交，求财求婚病讼皆凶。日上见巳，丁禄在午，俱官，见贵生也。见贵求官，先费力而后成。

《毕法》云：此课干上巳作干之长生，而巳火却反克庚金，支上酉生支，却为支之败气，凡占先有顺遂之利，后却变凶咎。所谓"乐里生悲"者，此也。

《七十二占》云：丁为动神，凡加绝处，必主有动。此课丁神加于支上，支为宅也，庚日丁为鬼动，是为鬼动于宅，昼占却有太常暗中作福，不至于凶矣。

上神空亡克日，日上克辰上，用克日，末克初。

课名知一、三交。日上见空亡克日，事大端主走人失物，被贼欺瞒，事有连累，三头两绪。初午遁甲，鬼化为财，但重求有获，秋冬为佳，先难后易。初官中财，末克初，事可成。财不如官，以财生官为佳。

《义》曰：虚声侵害，法称言太。仔细思量，自然惹怪。向外来家，众口呀呀。破财生官，着意防他。

《象》曰：恩中生害不和同，作党朋谋用力攻。若更夜占惊恐甚，蓦然事起恼重重。

此知一之卦，一曰龙战，亦曰三交，又曰天网，又曰高盖。夫知一者，知一而不能知两，知者以为自知、自见，不知为寇仇，故言知一也。以此为用，舍远就近，舍疏就亲，恩中生害，事多起于同类，凡事狐疑，事贵和同乃吉。况龙战，主人心疑惑，进寸退尺，动有乖离之象。卯酉为天之私门，生杀有限，分杜有期，雷动龙奔，示其有战。传见三交，前不能进，后不能退，交加其象，家匿阴私，自行逃避。凡事失节阻碍，谋事被人阻破，不能成合。夫天网者，即天网四张也，《经》曰"天网四张，万物被伤"，为阻滞，为疑难，为灾恼。传见高盖，《经》云："紫微华盖居神后，天驷房星是太冲。马即胜光正月骑，六阳行处顺申同。高盖乘轩又骑马，更得太常禄位丰。"占者遇之此课，常占不利，恐为人所欺负，只利先讼，要有气，余不吉。六月将占，天烦卦最凶。若正、七月男子占，求官遇天马，最吉。占交易不顺。主客不和。谋事不遂。占求财有。占病凶。占讼不吉。先难后易。

占出兵行师得此，昼占大胜，得宝货与图书，夜占忧心众畏。敌使之来，所言不实，不可遽信，宜加防范，恐敌之侵袭也。

夏占吉。

真一山人云：吉神发用致祯祥，天马时临官禄昌。半吉之中就隐晦，好行阴德更无防。

《无惑钤》云：生破空鬼，丁刃败气。众鬼攻攒，浮财何济？

《钤解》曰：巳乃长生，为旬空。酉遁丁神，为破碎羊刃。发用午，乃败地，又系日鬼，可谓凶矣。丁破败鬼刃，六害兼全，可谓众祸功攒矣。卯虽日财，坐于鬼乡，固不敢当，况被上下夹脱，其气已弱，不过浮泛之财耳，得何济哉？《集议》："乐里悲"内有此日例，巳虽庚之长生，殊不知巳火亦能克庚金，酉能生支子，殊不知酉又子水之败地，非"乐里悲"而何？抑旬尾加于旬首，闭口尤甚。巳加庚，乃丁神临干，亦主凶动。昼将身不凶，反有所生。夜占雀鬼加干，助桀为虐。递生鬼旺。

庚子日第五课

重审　润下　斩关

互生俱生凡事宜　六阳数足须公用　我求彼事干传支　权摄不正禄临支

```
玄 青 蛇 玄          玄 蛇 青 玄
辰 申 子 辰          辰 申 子 辰
申 子 辰 庚          申 子 辰 庚


子 庚子 蛇 ⊙        子 庚子 青 ⊙
兄 丙申 青           兄 丙申 蛇
父    辰 玄 ◎       父    辰 玄 ◎


贵 后 阴 玄          空 白 常 玄
丑 寅 卯 辰          丑 寅 卯 辰
蛇子      巳常       青子      巳阴
朱亥      午白       勾亥      午后
戌 酉 申 未          戌 酉 申 未
六 勾 青 空          六 朱 蛇 贵
```

　　《玉连环》占曰：占课据来意，事缘三月内胎气不安而有警，恐至十一月见喜生子，主子母俱庆。何知三月内胎气不安而有惊恐？缘发用神后为今日子孙爻，未时为日支六害，主内忧，子孙爻上见螣蛇，为日下之鬼，下临辰为三月，故知胎气不安，而有惊恐之象。至十一月见喜者，缘发用神后为十一月，会传送为中传，生子嗣，申为日德，青龙吉将，下临子，为十一月内见喜。言生子者，占孕，阳日看日上，阴日看辰上。今阳日上天罡与日为比阳，三传日辰俱阳，为主生男。子母俱庆者，缘三传与日辰为三合，虽有螣蛇火将克日，卦得润下属水，日上见玄武水神，其四水乘旺相气而为救神，螣蛇焉能为害耶。[1]

　　《玉历钤》云：龙蛇武三物，同数入传，求望虽吉，亦有阻滞，若行年本命有吉神扶持，最吉利。

---

[1]　《一字诀玉连环》作：十月庚子日卯将未时，甲子命妇人占来意。

《毕法》云：此课全受上神生养，主彼此有益，各有生意，占身占宅，俱安泰而有增益也。

上神生日，日上生辰上，上神克用，末克初。

课名重审、润下。首尾皆带空亡，凡用难成，只利散忧，喜庆虽有，多不全吉，况龙蛇武俱见，不凶。

《义》曰：一助三耗，得少失多。外实内虚，徒尔张罗。谋事难就，有喜须候。以声观行，无功无咎。

《象》曰：空亡亡里觅空空，画饼充饥知力穷。假使得来还失去，到头法尔觅形容。

此重审之卦，一曰润下。夫重审者，重而审之也。利为主，利后动，长有厄，事从内起，起于女人。以下犯上，贱犯贵，卑犯尊，事多不顺。阴小在下者，有悖逆之事。占臣未忠，子失孝，事不可遂意而行，必当审察，循乎义理，庶几以免后患也。且润下，主沟渠、水利、舟楫、渔网之数，动而不息之象，流而必清，滞则不洁，宜动不宜静，事主关众，亲朋相识之务，应期最迟，或委托人，或两三处共谋共议。又如推磨之象，一事去一事来，无休息之象。又为斩关之卦，《经》云"斩关不利于安居"，占者多不自由，事多暗昧不和，离散口舌，欲隐身避难者，却利乎奔逃也。占者遇之此课，凡事虽见有人相助，惜其空脱太甚，虚耗之极，譬如一人相益，而三五人作朋脱赚，以致谋望不遂，干事难成，或家人子弟不肯成家，荡其财物。占生产，他日不得子力。所占百事不足，惟利夫暴病、忧患之事，尚见欲脱而未脱也。

占出兵行师，粮饷虚乏，库藏不实，出者多而入者少，不可与之攻战，还见相和，不战自解。

静以待时。

真一山人云：七里滩头议碧波，子陵高节不消磨。功名富贵多劳碌，争似渔舟一笠蓑。

《无惑钤》云：三传支干，昼夜天将。俱水盗身，难舍难向。

《钤解》曰：禄临支宅，受脱就损；却辰空，亦不曾舍于益。传将皆水，盗身欲舍，则恋辰之生，况与三合而实难舍也；向之则脱盗太甚，而实难向矣。《集议》：邵南云：子加辰用，为路入天关，动中有阻。子加辰用，得蛇，主妇人有妊。舍就不可，见"避难逃生"句。禄被支脱，必用起盖宅屋，而以禄偿债，难以权摄论。《引证》上苗公占行人，断妙，申将课，得子时。①

庚子日第六课

知一　不行传

```
后 空 六 阴          白 贵 六 常
寅 未 戌 卯          寅 未 戌 卯
未 子 卯 庚          未 子 卯 庚


父 戌 戌 六          父 戌 戌 六
官 巳 常 ◎          官 巳 阴 ◎
子 庚 子 蛇 ⊙       子 庚 子 青 ⊙


蛇 贵 后 阴          青 空 白 常
子 丑 寅 卯          子 丑 寅 卯
朱 亥      辰 玄     勾 亥      辰 玄
六 戌      巳 常     六 戌      巳 阴
  酉 申 未 午          酉 申 未 午
  勾 青 空 白          朱 蛇 贵 后
```

此课与后课同，行年亦同。此亲必成，但成亲之后，只是再归，主生小口舌，兼难得子息。日上便见妻宫，妻克发用，且干上年上作天罗地网，兜牢不得开。又子作螣蛇，名退子，纵生子不育。后主妻害血风，从此成废疾，乃酉作勾陈加寅之故也。行年上见酉，是日干天罗；日上见卯，是行年寅之天罗。宅上未是地网，干上卯亦是地网。②

曹十秀才，同日同时占进产，亦得此课。此课名斫轮，须用仔细，将后必有争竞。支受上神所制，凡犯者，畜产可谓不生。此占宅上天空，作六害，主有幼小犯上灾殃。日干与行年上互换天罗地网，庚以酉为天罗，卯为地网，倒生必有小扰大之理、下犯上之意。太阴宅母不明，兼行年有天罗地网辖成，

---

① 详见《壬占汇选》：天圣二年，岁在甲子，四月庚子日申将子时，丁卯年生，五十八岁，来占丙申命二十九岁行人。

② 《壬占汇选》作：建炎己酉年十月二十五庚子日寅将未时，李二伯乙酉生，二十五岁占成亲。

定是不足。末传螣蛇，子孙绝了又绝，切不可居也。①

《玉历钤》云：三传虽合，惟夜贵则吉，所求顺遂，出入更改如意。

日克上神，日上克辰上，日上克用，初克末。

课名知一、铸印、见机。主有转托阴谋之事，中末皆空，须重求，委曲后成，终是不足。所喜巳加戌，丙辛合，子加巳，戊癸合，凡事可以言吉，须出旬。

《义》曰：事不由己，徒然而已。先成后破，哲人宜止。美中未利，焉知后宜？理数如斯，守之毋替。

《象》曰：仇仇受制保无虞，天道昭昭岂肯私？自是善人还遇善，凶忧消散喜相随。

此知一之卦，一曰龙战。夫知一者，知一而不能知两，知者以为自知、自见，不知为寇仇，故言知一也。以此为用，舍远就近，舍疏就亲，恩中生害，事多起于同类，凡事狐疑，事贵和同乃吉。况龙战，主人心疑惑，进寸退尺，动有乖离之象。卯酉为天之私门，生杀有限，分杜有期，雷动龙奔，示其有战。《经》云："知一卦何如？用神今日比。事因同类起，婚姻失谐为。失物亲邻取，逃亡不远离。论讼和允好，为事尚狐疑。"占者遇之此课，初遭夹克，事不由己，或受人驱策，亦主长上有灾，又诚为抬土当门。求官见贵者，美中未美，好处生嫌，譬如外面有人来设计欺我，不意反被我蒙蔽之也。凡占求官、见贵、婚姻、求财、谋望、进谒、交易、托人之事，若得此课，皆有始而无终之象，徒劳精神计虑，不若正以守之焉。占暴病、狱讼、禁系、忧惊、患难之事，却为福庆，以其能释散凶事。欲求成事者，又未知其成也。

占出兵行师得此者，虽曰六合尤宜得金宝美利，亦未见始终全见其美也，故号曰无益之课也。

有始无终。

真一山人云：为愈山水遍江湖，处处看来拟画图。富贵已知时未至，且随薄分乐无拘。

《无惑钤》云：巳火无力，居官被黜。财能救援，刑子去戌。

《钤解》曰：巳乃庚金官爻，乃为戌墓子克，又是空亡，无力甚矣。若居官占之，必被上黜。卯乃日财，能克戌刑子，可以救援而存其官也。《集议》：卯乃庚金胎财，四月为生气，主有孕喜。卯乃财神闭口。巳乃庚鬼，自入于

---

① 《壬占汇选》作：建炎己酉年十月二十五庚子日寅将未时，曹八秀才癸酉生，三十七岁占进屋。

墓，为外鬼呼。两贵相协。

庚子日第七课

反吟　玄胎

胎财生气妻怀孕　六阳数足须公用

蛇	白	青	后
子	午	申	寅
午	子	寅	庚

青	后	蛇	白
子	午	申	寅
午	子	寅	庚

财	壬	寅	后
兄	丙	申	青
财	壬	寅	后

财	壬	寅	白
兄	丙	申	蛇
财	壬	寅	白

朱蛇贵后　　　　勾青空白
亥子丑寅　　　　亥子丑寅
六戊　　卯阴　　六戊　　卯常
勾酉　　辰玄　　朱酉　　辰玄
申未午巳　　　　申未午巳
青空白常　　　　蛇贵后阴

《玉历钤》云：此课反吟，昼贵略可，夜贵甚凶，凡占皆不可用。

日克上神，日上生辰上，日克用。

课名反吟。反复无定。庚日得之，二财一德，却可为吉利，宜动用。子上见午，又为支财，略有不足耳。

《义》曰：金木相刑，仁义两忘。吉人得此，未见荣昌。禄马既绝，凡事歇灭。占病得此，多为冥客。

《象》曰：人情反复事相同，春正占之百福隆。若是夏秋逢此课，千中中里又无终。

此无依之卦，一曰玄胎。夫无依者，即反吟也，《经》云："无依是反吟，逃者远追寻。合者应分散，安巢别改林。守官须异位，结友也分襟。所为多反复，占病数般侵。"反吟刑冲，事主迟滞，远近系心，更相仇怨，且反复而呻吟，是无予夺而难息也。况玄胎如婴儿隐伏之状，利上不利下，事主远而多伏，暗昧不通，触则成祸，惟君子守正修德则亨。占者遇之此课，三传俱为日之财禄，各居绝地，凡有所占，皆不如意，不利图新，惟宜结绝旧事。四绝了旧莫图新，此之课也。见贵者主客虽和，未遂所欲。占求官者，虽然财马动，亦不足焉，莫若以其得官后当省察，决力报称方可，否则有不如意者。占婚姻，合中不合，喜而不喜。占病者，上逆气不顺或呕吐，多反复变改，壮者、老人、小儿俱不吉。失物宜寻。出行不利。占讼者宜和。其他所占，多见变改反复，以其课体刑冲，故事事动摇，而无和气。占托人、投谒，皆不宜。占宅不吉。

占出兵行师得此者，无益于用兵，昼占无威而不宁，夜占败绩而祸起。凡欲举动，宜加谨慎，察其微，见其机，以防反复不虞。大抵利乎后动为主也。

真一山人云：禄马同乡富贵奇，春花秋月各相宜。于中美处或未美，谁解当年自有时？

《无惑钤》云：财中有丙，往来不定。纳粟求官，斯占公用。

《钤解》曰：寅申原有丙火，往来反复无定也。支上午乃庚金之官，若用寅木之财，可以生起官爻，是谓"纳粟得官"。课传六阳数，是最宜公用。《集议》："屋宅宽广致人衰"内列此日，谓午乘虎冲支，为对门兽头冲其本家，以致家道衰替。

庚子日第八课

重审　铸印乘轩　寡宿　交车合
夫妇芜淫各有私　华盖覆日人昏晦

```
六 常 白 贵          六 阴 后 空
戊 巳 午 丑          戊 巳 午 丑
巳 子 丑 庚          巳 子 丑 庚


官　巳　常 ◎        官　巳　阴 ◎
父　戊　戌 六 ⊙     父　戊　戌 六 ⊙
财　癸　卯 阴        财　癸　卯 常


六 朱 蛇 贵          六 勾 青 空
戊 亥 子 丑          戊 亥 子 丑
勾 酉     寅 后      朱 酉     寅 白
青 申     卯 阴      蛇 申     卯 常
未 午 巳 辰          未 午 巳 辰
空 白 常 玄          贵 后 阴 玄
```

《玉历钤》云：此课空亡为用，吉凶皆不成，若行年本命上有吉神扶助，亦必有用方遂。

《毕法》云：此课初传巳乃庚之长生，中传戌土乃是巳长生之墓，乃长生入墓也。君子占之，凡事戒谨，如临渊履冰，以颐养天和，使入墓者复长生也。常人占之，反为鬼入墓，为福去福来之象。

《杂占》云：干上丑来克支，支上巳来克干，干支之神互克，阴阳不和之象，占闺门则夫妇各有私情，占朋友则彼此各怀欺负，主客上下各藏恶意，不可有为，乃解离之真体也。

日上神墓日，辰上生日上，用克日。

课名重审。墓覆日，若有重叠忿闷之象，所幸巳为空亡发用，凶吉无成，凡占有始无终，主干求再进亦无补。

《义》曰：干逢库墓，人如处雾。幸尔逢空，无吉无凶。巳年月日，恩渥加隆。若是仕人，官迁禄荣。

《象》曰：不会龙蛇事不成，功名法使恼心情。纵教勉强成还损，只要阴功日日行。

此重审之卦，一曰铸印，亦曰天网，又曰寡宿。重审者，重而审之也。利为主，利后动，长有厄，事从内起，起于女人。以下犯上，贱犯贵，卑犯尊，事多不顺。阴小在下者，有悖逆之事。占臣未忠，子失孝，事不可遂意而行，必当审察，循乎义理，庶几以免后患也。传见铸印，《经》曰："天魁是印何为铸？临于巳丙冶之名。中有太冲车又载，铸印乘轩官禄成。"不见太阴天马，即非真体，常人反生灾咎。丑墓覆日，为事迟钝。夫天网者，即天网四张也，《经》曰"天网四张，万物被伤"，为阻滞，为疑难，为灾恼。夫寡宿孤辰，值此尤妨骨肉。若占身，主见孤独，别离乡井，自立门户，财物虚耗，僧道宜之，俗不宜也。墓神覆日，凡事昏蒙。占者遇之此课，占求官者，喜得铸印为吉，惟在七月将或巳年巳月可，余未准也。占见贵，吉而未准。占求财迟。暴病吉，久病凶。暗昧难成，求事不得，得而复失，否则亦无益也。占宅虚耗。失物见迟。忧惊、狱讼者，自然消散。其他诸占，号曰有声无实。传闻不足取信。

占出兵行师得此者，防失众，或传报之不的，终见不成。大抵此课，吉不成吉，而凶不成凶也。

事多变更。

真一山人云：镜里观灯一样明，于中消息不通情。也知事事浑如此，有影无形未信成。

《无惑钤》云：交合交克，有凶有吉。仇反和谐，喜中祸出。

《钤解》曰：子与丑合，巳与申合，可谓交合矣。此以支辰六合论也，若以五行相制言之，丑土则克子水，巳火又克申金，非交克乎？足见仇怨之中反生和谐，喜乐内须防祸患之出矣。《集议》："传墓入墓分爱憎"内有此日例，谓长生入墓，常人占之，喜鬼入墓也。邵南《毕法》谓：交合何意又交车克。丑虽贵人，亦作贵人覆日。芜淫，先相许允，后不相顾接，彼此各怀恶意。

庚子日第九课

元首　斩关　励德　不备　闭口　孤辰　水局
脱上逢脱防虚诈

```
青 玄 玄 蛇          蛇 玄 玄 青
申 辰 辰 子          申 辰 辰 子
辰 子 子 庚          辰 子 子 庚


父　　辰 玄 ◎        父　　辰 玄 ◎
兄 丙 申 青 ⊙        兄 丙 申 蛇 ⊙
子 庚 子 蛇          子 庚 子 青


勾 六 朱 蛇          朱 六 勾 青
酉 戌 亥 子          酉 戌 亥 子
青申　　丑贵        蛇申　　丑空
空未　　寅后        贵未　　寅白
　午 巳 辰 卯        　午 巳 辰 卯
　白 常 玄 阴        　后 阴 玄 常
```

《玉历钤》云：此课发用上昼夜皆见玄武，谓之贼将，又兼三传全脱，初传空亡，凡事不可用。

《毕法》云：此课支神上门脱干，兼三传水局皆作脱气，及昼夜天将龙蛇玄武皆是水中之兽，愈激其水而蚀庚金，是为脱之又脱，凡占耗盗之患，曷可胜言？幸得庚金往辰土上受生，子水往申金之上受生，耗脱不至极速，却有生意存焉。

《灵辖经》云：初传从支上起，中末二传归干上止，由静而动，乃人来求我也，则我为主，凡事伸。占者值之，必有人来谋托干事，但嫌日课不足，而心志有忧疑之虑耳。

日生上神，辰上克日上，用克日上，初克末。罡加仲。

课名元首、润下、阳不备。空用，忧喜无成，隔涉郁郁，指空话空，百事无益。玄武龙蛇并见无凶，凡所谋望，隔涉牵引，未得了绝，决然无成。宅防阴诡，忧己身有连累，事难指望，空亡无益。

《义》曰：耗尽精神，蠹尽财帛。外面光滑，里面粗涩。龙蛇成类，喜事欲遂。水泛江湖，鱼盐之利。

《象》曰：虚名赢得半生忙，识此机关味自长。回首归来松菊茂，杖藜随处乐徜徉。

此元首之卦，一曰润下，亦曰斩关，又曰孤辰。夫元首者，尊制卑，贵役贱之象。作事多顺，利于先举，事多起于男子。为臣忠，为子孝，正大光明而无邪僻之行，德业已著而乾乾进修，常怀危惧，惕励而无咎也。且润下，主沟渠、水利、舟楫、渔网之类，动而不息之象，流而必清，滞则不洁，事主关众，亲朋相识之务也。况斩关非安居之象，占者多不自由，事多暗昧不和，离散口舌，欲隐身避难者，却利乎奔逃也。夫孤辰有茕茕孑立之象，占人别离桑梓，主见孤独，凡所占谋，多虚少实，功名难遂，事业虚花，僧道宜之，俗不宜也。三合课，主事如推磨之象，一事未了，一事又来，无休息也。事主关众，或两三处委曲托人干事，应期多过月。占事无益，以其空脱而难成，有损无益。占者遇之此课，三传脱耗日干之精神，凡谋不遂，虚费百出，人口衰残，休囚尤重，又为子孙脱漏之事。占成事欲成不成，占脱事欲脱不脱，吉不成吉，而凶不成凶，有影无形，有声无实，不足之叹生焉。

占出兵行师，防失物忧疑，失众之象。传事不实，不足取信。又见其兵政消而粮草乏，委靡可忧之象。占久病，脱气难治也。

事未可凭。

真一山人云：分宅何须苦用心？平安两字胜千金。任他使尽千般计，不称谋为错纫针。

《无惑钤》云：彼来投己，脱耗无礼。盗贼之法，不出邑里。

《钤解》曰：避子而逃地盘辰。支，子水也，临于庚干，故曰彼来投己。且会水局，并天将皆水之物，其脱耗太甚。若占盗贼，玄武临宅，三合相连，不出乡邑也。《集议》："脱上逢脱防虚诈"内有此日例，谓庚干居天盘，往辰土之上受生，子水居申金之上，受其长生，终不致脱尽，不可不知。"彼求我事支传干"内有此日例，谓他人委托我处干谋事体，吉凶皆成，行人至，求财得。"避难逃生须弃旧"内有此日例，说如前。空亡发用乘玄，主失脱，出人宅内说。辰加子，发用乘玄真临盗，出《鬼撮脚》。（此课占己子息。日干上坐子孙爻，乘蛇，生贵子可知。子坐申上乃长生，其子之长命也。但辰上辰空乘玄，又日阴是辰皆空，乘玄而空，则子多而有克。昼夜玄青蛇，皆水物，日辰皆成水局，究竟子孙衍绵而富贵。七十九内还要生子，盖子九数，申七数，申干有丙，所以克身之子。子即坐申长生，又不能克子也。大约子女相半，辰子即妊娠，儿有胎孕，二辰子，又其子之二子也。申又为日德日禄，乃阴德所积，子孙繁盛。辰乘玄，又暗昧窃孕也。辛丑日果验。）

庚子日第十课

蒿矢　三交　闭口　六仪

白	阴	后	朱
午	卯	寅	亥
卯	子	亥	庚

后	常	白	勾
午	卯	寅	亥
卯	子	亥	庚

官	甲午	白
兄	丁酉	勾
子	庚子	蛇

官	甲午	后
兄	丁酉	朱
子	庚子	青

青勾六朱　　　　蛇朱六勾
申酉戌亥　　　　申酉戌亥
空未　　子蛇　　贵未　　子青
白午　　丑贵　　后午　　丑空
巳辰卯寅　　　　巳辰卯寅
常玄阴后　　　　阴玄常白

《玉历钤》云：此课午为日鬼，乘白虎为用，本是凶象，因日上亥水制鬼，变凶为吉，凡占所求，先难后易，虽有白虎，病不为凶。

《毕法》云：此课干上亥脱庚，支上卯脱子，脱干则人衰，脱支则宅败，人衰则财耗病生而光阴幂麈，宅败则屋倾基圯而景象萧条，而人宅不能复荣矣。

日生上神，日上生辰上，用克日，日上克用，末克初。

课名蒿矢、六仪。凡占必转托，所得轻，亦不免口舌，所喜日上神克用，末克初鬼为救，日上亥水并为救神制午，反凶为吉，可用有成，且占不如暮占。

《义》曰：三交无礼，不宜婚娶。蓦有惊忧，爰因蒿矢。遇阻为吉，占病日益。卒而有救，汤药医回。

《象》曰：灾恼从来命使然，何须苦苦怨人天。能回枢纽思行善，福禄荣华在眼前。

此蒿矢之卦，一曰三交，亦曰龙战，又曰天网。《经》云："神遥克日名蒿矢，射我虽端当不畏。贵人逆转子无良，天乙顺行臣不义。家有宾来不可容，亦忧口舌西南至。"事主动摇，人情倒置，象如以蒿为矢，射虽中而不入，祸福俱轻，求事难成，利主不利客。占行人来，访人见。若带金煞，亦能伤人，主蓦然有灾。况龙战，主人心疑惑，进寸退尺，动有乖离之象。卯酉为天之私门，生杀有限，分杜有期，雷动龙奔，示其有战。传见三交，前不能进，后不能退，交加其象，家匿阴私，或欲自逃隐避。凡事失节阻碍，谋事被人阻破，不能成合也。夫天网者，即天网四张也，《经》曰"天网四张，万物被伤"，为阻滞，为疑难，为灾恼。日生上神，虚费百出，谋望不遂，盗失损财，人口衰残，休囚尤重，又为子孙脱漏之事。占者遇之此卦，在六月将占，为天烦卦，男子行年抵之大凶，余日不论。占求官者，为催官使者，言赴官之速。病者凶。占出行不吉。见贵合婚不宜。占财轻微。讼宜和，先凶后吉。

占出兵行师得此，昼占大凶，夜占吉。大抵此课，有损者多，有益者少。得此课者，宜处之以正，循理而行，则自然凶化为吉，难化为易也。

真一山人云：年来耗盗事频仍，君子知机解笑容。凶吉两途须积德，人生何处不遭逢。

《无惑钤》云：蒿矢三交，昼虎难逃。干亥末子，释解煎熬。

《钤解》曰：午鬼昼占乘虎，蒿矢有力射伤，实难逃也。幸而干上亥水，末传子水，能伏午虎，可以解释煎熬矣。《集议》：卯加子乘阴，主人家妇女奸淫事。见酉是丁，因兄弟而凶动。人宅受脱。

庚子日第十一课

涉害　登三天　斩关　折腰　狡童

六阳数足须公用　罡塞鬼户任谋为　虎乘遁鬼殃非浅

```
六 蛇 后 玄            六 青 白 玄
辰 寅 子 戌            辰 寅 子 戌
寅 子 戌 庚            寅 子 戌 庚


父     辰 六 ◎        父     辰 六 ◎
官 甲 午 青 ⊙         官 甲 午 蛇 ⊙
兄 丙 申 白            兄 丙 申 后


空 白 常 玄            贵 后 阴 玄
未 申 酉 戌            未 申 酉 戌
青午       亥阴        蛇午       亥常
勾巳       子后        朱巳       子白
辰 卯 寅 丑            辰 卯 寅 丑
六 朱 蛇 贵            六 勾 青 空
```

《玉历钤》云：此课天罡加寅，虽云罡塞鬼户，又被旦暮六合夹克，以此占事，十有九不成。

《毕法》云：辰为天罡，寅为鬼户，辰加寅谓之罡塞鬼户，则众鬼不能窥觊，最宜逃灾避难，合药书符，阴谋私祷，画策运筹，无滞无阻也。歌云：罡塞鬼户任谋为。

《雕科经》曰：第一课戌加申，第二课子加戌，第三课寅加子，第四课辰加寅作初传，其中传午加辰，末传申加午，名登三天，乃四课三传俱处六阳之位也。凡占利公干，不利私谋，尤宜占天庭事，动达高尊之象。君子占之稍畏，初中空而减力，常人占之，却赖初中空而省力也。

上神生日，辰上克日上。

课名重审。凡求谋，艰难不成，空亡为用，亦不为凶。如欲喜庆不可许，纵有吉庆，亦反生忧疑也。

《义》曰：既遭克害，所喜福释。云何如此？空解之矣。事起虚声，眼前更著。诸凶退位，忧散福生。

《象》曰：登三天兮辰午申，利于大事近王庭。谁知高极梯阶损，事见成兮又未成。

此见机之卦，一曰孤辰，夜占狡童。夫见机者，察其微，见其机，谓两比两不比，当以涉害为用。涉害有浅深，欲用不用，欲言不言，事有两而取一。所作稽留，迟疑艰难，进退不定，忧患难消，怀孕伤胎，难于前而易于后。况孤辰有茕茕孑立之象，占人别离桑梓，凡所占谋，多虚少实，功名难遂，事业虚花。《经》云："天后常为厌翳神，须知六合是私门。二将取名称泆女，夫妻失友异情恩。"斯课夜占，乃男女不正之象，占家宅宜谨慎闺门，以防有越礼之事，不当之处，以礼制之也。占婚姻不宜，恐媒妁不明而误事，幸课中空解，不过虚心虚情而已。戌加干，鬼墓加干鬼暗兴，鬼者贼克之谓，若明见犹可提防，暗中之害，何以得见？常占防有人鬼克害，暗损侵谋。占病者凶。出军急宜防守，所幸课传有解，凡百所占，无益于事。又曰：登三天，利大人君子，利远行，不利病症，久病者大凶。忧疑、惊恐、狱讼者，得之为祸。成事者未必能成，解事者幸喜得解。

占出兵行师，提防失众，所闻不的，传言者虚，徒费机智，卒未全功，事多欺诈，宜防微杜渐，久则自化其难也。大抵此课，诸占吉凶皆不成，成则必见其更改也。

向空着界。

真一山人云：空中无物要思量，进退难成梦一场。识得这般别滋味，功名从此不须忙。

《无惑钤》云：四课三传，俱处六阳。昼虎丙申，庶俗难当。

《钤解》云：四课三传，俱是阳神，谓之六阳数足，最宜公用，凡事宜明干，不可私谋。申上遁丙，且占乘虎，午又系官爻，仕宦喜见，庶俗值此，必有官事相挠，所以难当也。《集议》："六阳数足须公用"内有此例，名曰登三天，宜占事关天庭，动达高尊之象。歌曰："辰午申为课，三天不可登。病死刑遭极，讼须省部陈。"申乘白虎，冲支上寅，为对门兽头冲其本家，以致家道衰替。申又遁出丙火为鬼，昼虎入传，其殃非浅也。寅蛇辰月占，主血光之灾。申乘白虎，占病因道路、伤鬼为乖，行人在路之惊。君子来问，宜占关天庭事。又登高致危之象，占行人欲动未来，逃盗未获。

庚子日第十二课

知一　进茹　不结果

进茹空亡宜退步　金日逢丁凶祸动

<pre>
蛇 贵 玄 常   青 空 玄 阴
寅 丑 戌 酉   寅 丑 戌 酉
丑 子 酉 庚   丑 子 酉 庚

财 壬 寅 蛇   财 壬 寅 青
财 癸 卯 朱   财 癸 卯 勾
父   辰 六 ◎   父   辰 六 ◎

青 空 白 常   蛇 贵 后 阴
午 未 申 酉   午 未 申 酉
勾巳   戌玄   朱巳   戌玄
六辰   亥阴   六辰   亥常
  卯 寅 丑 子   卯 寅 丑 子
  朱 蛇 贵 后   勾 青 空 白
</pre>

《玉历钤》云：此课庚日，寅木为用，日上酉加申，二金相争一财，凡求财，必有争讼。

《毕法》云：此课酉上见丁，因兄弟而凶动，昼占惊恐，夜占破财，然必因此而获争讼也。

辰上生日上，日克用，初克末。

课名元首、进茹。弃一事，就一事，干众人。日马为用，动必有财，后有喜而先忧，须隔两三手，重进可得。末辰得合，惜乎空亡，须再进乃佳。

《义》曰：支干罗网，动则不吉。始虽不宁，终则见益。旧事从新，根苗不断。好事难全，凶事消散。

《象》曰：寅卯逢春不喜荣，声名耿耿俱难成。可怜欲就难全美，积德人家渐见亨。

此知一之卦。夫知一者，知一而不能知两，知者以为自知、自见，不知为寇仇，故言知一也。以此为用，舍远就近，舍疏就亲，恩中生害，事多起

于同类，凡事狐疑，事贵和同乃吉。《经》曰："知一卦何如？用神今日比。事因同类起，婚姻失谐为。失物亲邻取，逃亡不远离。论讼和允好，为事尚狐疑。"寅卯辰为进连茹，凡事进中有退，欲行不行，欲止不止，节外生枝，先进而后退，急而顺溜。三传相连，一事毕，一事来，根苗不断，旧事从新。春占此课为旺，福自奇特，纵使空亡克贼，亦不为凶也。马与绝神同墓，占行人来。占者遇之此课，见贵未足全美。占宅不宁。婚姻不宜。占病昏沉，先凶后吉，久病号驮尸煞，不利动改，恐变为罗网也。不宜占产。关格相并，道路难通。讼宜和。文书有气。占财有。交易欲合不合。凡占成中有阻，春占亦有变化之美。占忧惊、患难得此，终见有解。占逃亡者欲归。

占出兵行师得此，昼占忧心众畏，夜占大胜。凡占百事，先难后易，先凶后吉，成事未见全成，解事幸得解也。

始终不一。

真一山人云：三阳开泰喜逢春，头角峥嵘变化奇。久病得之惊阻险，若还新病自相宜。

《无惑钤》云：马载钱财，身寿方来。干支罗网，宅晦人灾。

《钤解》曰：寅，日财也，驿马载之，必须远动求之可得。但干支上乘罗网，占宅昏暗，占人罹祸也。丑又日墓临宅，故云昏暗。《集议》："所谋多拙遭网罗"云之，凡得此课，网罗兜裹身宅，诸占岂能亨快？"互生"内有此日例，谓酉生支而败支，丑生干而墓干，及作支子之衰，则昏滞矣。寅加丑用，寅文书在贵人之府也。寅又今日之驿马，中传卯加寅，上见朱雀，卯中乙为德合，下临驿马，或主驿使。末传辰加卯，上乘六合，末中先害后通，以此占事，先退后进。两贵不协，变成妒忌。

辛丑日

辛丑日第一课

伏吟　稼穑

<table>
<tr><td>青</td><td>青</td><td>常</td><td>常</td><td></td><td>后</td><td>后</td><td>常</td><td>常</td></tr>
<tr><td>丑</td><td>丑</td><td>戌</td><td>戌</td><td></td><td>丑</td><td>丑</td><td>戌</td><td>戌</td></tr>
<tr><td>丑</td><td>丑</td><td>戌</td><td>辛</td><td></td><td>丑</td><td>丑</td><td>戌</td><td>辛</td></tr>
</table>

<table>
<tr><td>父</td><td>辛</td><td>丑</td><td>青</td><td></td><td>父</td><td>辛</td><td>丑</td><td>后</td></tr>
<tr><td>父</td><td>戊</td><td>戌</td><td>常</td><td></td><td>父</td><td>戊</td><td>戌</td><td>常</td></tr>
<tr><td>父</td><td>乙</td><td>未</td><td>后</td><td></td><td>父</td><td>乙</td><td>未</td><td>青</td></tr>
</table>

<table>
<tr><td>蛇</td><td>贵</td><td>后</td><td>阴</td><td></td><td>六</td><td>勾</td><td>青</td><td>空</td></tr>
<tr><td>巳</td><td>午</td><td>未</td><td>申</td><td></td><td>巳</td><td>午</td><td>未</td><td>申</td></tr>
<tr><td>朱辰</td><td></td><td>酉玄</td><td></td><td></td><td>朱辰</td><td></td><td>酉白</td><td></td></tr>
<tr><td>六卯</td><td></td><td>戌常</td><td></td><td></td><td>蛇卯</td><td></td><td>戌常</td><td></td></tr>
<tr><td>寅</td><td>丑</td><td>子</td><td>亥</td><td></td><td>寅</td><td>丑</td><td>子</td><td>亥</td></tr>
<tr><td>勾</td><td>青</td><td>空</td><td>白</td><td></td><td>贵</td><td>后</td><td>阴</td><td>玄</td></tr>
</table>

《玉历钤》云：此课墓神发用，气象不顺，凡占百事无成。

日上神生日，辰上刑日上，用刑日上。

课名伏吟自信、稼穑。一辛三土，土能生金，只是丑为金墓，凡占必重叠方遂，出入如意，何难于伏吟乎？

《义》曰：吉非全吉，凶则不凶。占病大忌，占宅失利。百占虽好，尚少和气。逃者自回，众人成事。

《象》曰：自家谋害自家人，更喜刑冲作主宾。好事动摇难得稳，吉神良将福之因。

此自信之卦，一曰稼穑。夫自信乃天地伏吟，十二神各归本家，天地如一，四伏未发之象。占事静则宜，动则滞，主事藏匿不动，静中求劳，有屈而不伸之象。况稼穑乃重土艰难，常占得此，名曰鲸鲵归洞，凡事逼迫不由己，出若遇雷神，方能变化。《要》曰：稼穑者，五坟也，不宜占病。《经》曰："任信伏吟神，行人立至门。失物家内盗，逃者隐乡邻。病合难言语，占胎聋哑人。访人藏不出，行者却回轮。"戌乃火鬼之墓，乃鬼墓加干，防暗中有人鬼相害，又恐非外边人鬼，乃家亲之人鬼也。出军者，亦如之。三传乘吉生日，必有众人相助成事之理，又恐埋没光彩。占者遇之此课，见贵吉。占求官事者，得人助成。占婚姻吉，其妻能起家，又恐未和。占生产，喜刑冲则易也。占托人干事虽吉，主客动摇不利。占宅、占病，由其宅暗，人衰神不精也；破碎临宅，其宅住人，难为财也。不宜占子孙病。占讼得理。大概此课，美则美也，又畏夫美中不足，好处生疑，非全吉也。

占出兵行师，昼夜占无威。亦忌伏吟，事非见动摇。

真一山人云：宅暗人衰神不清，财源虚耗未能成。幸逢冲破方为美，云散长空月自明。

《无惑钤》云：宅上初传，墓居两边。舍此而动，众力生焉。

《钤解》曰：丑乃辛金之墓，临宅发用，是居两边也，主昏滞。用墓事了，凶止不发，若舍此墓而他求，动则中末戌未并力来生，乃得多助之至也。《集议》：丑见未为破墓，占病不死。"彼求我事支传干"内列此日，谓他人有事托我谋干，吉凶皆成。行人至，求取得。宾主不投刑在上，谓此三刑在传，凡占恃强凌弱。若日上神生旺不空，更乘吉将，乃名能刑于他人。

辛丑日第二课

重审　退茹　三奇

旺禄临身徒妄作　金日逢丁凶祸动

```
白 空 阴 玄        玄 阴 空 白
亥 子 申 酉        亥 子 申 酉
子 丑 酉 辛        子 丑 酉 辛


子 庚 子 空        子 庚 子 阴
子 己 亥 白        子 己 亥 玄
父 戊 戌 常        父 戊 戌 常


朱 蛇 贵 后        朱 六 勾 青
辰 巳 午 未        辰 巳 午 未
六卯    申阴      蛇卯    申空
勾寅    酉玄      贵寅    酉白
丑 子 亥 戌        丑 子 亥 戌
青 空 白 常        后 阴 玄 常
```

《玉历钤》云：此课子临丑为用，天空夹克，凡占百事无成。

《毕法》云：此课日之禄神，又作日之旺神，临于干上，占者宜守本分，坐享旧禄，不可生计，别谋动作。又云：酉临干上，有丁为凶动，主本身动必有凶。又云：干上酉与干作六害，支上子与支作六合，凡占自身忧煎，他人逸乐。歌曰：采得百花成蜜后，为谁辛苦为谁甜？

日上生辰上，末克初。

课名重审、退茹。凡占必干众隔手，重进方应，必有阴不足，所喜用子丑合，三传与日相生，进而朝日。贵并勾陈，有贵人接引之喜。

《义》曰：守禄为是，妄动何益？耗盗频仍，虚费倍出。欲往投人，自损精神。进退疑二，旧事从新。

《象》曰：牵缠不断意何如？欲动更新不似初。一或妄为招悔吝，回头又早致家虚。

此重审之卦。夫重审者，重而审之也。利为主，利后动，长有厄，事从

内起，起于女人。以下犯上，贱犯贵，卑犯尊，事多不顺。阴小在下者，有悖逆之事。占臣未忠，子失孝，事不可遂意而行，必当审察，循乎义理，庶几以免后患也。干上见酉，秋占为旺禄临身，只宜守本身正。《经》云：福禄足以享用，若然谋动，是妄动也。进一步逢耗泄，再进一步逢鬼贼，所谓"到处去来，不如守己"。子亥戌，退连茹也，主事欲行不行，节外生枝，退而复进，主迟疑。三传相逐，吉凶相续，一事未脱，一事又来，根苗不断，旧事从新。夜占欠利。占者遇之此课，占见贵和而有失。占求事，则子丑相加，事有可成，不宜妄动。占求官不利。占婚姻、生产、买办、干事、谋望，皆不遂意，目下纵使称心，将来终见不足。惟利占病，占忧惊、患难、狱讼，却能解之，未免见些忤意，常占不足也。占投谒远行，徒费粮裹。

占出兵行师得此，昼占欺诈多方，有毁谮之忧，夜占中止暗昧。敌使之来，有益于我，有和好之兆，但未免不足之象。

冬吉。

真一山人云：好展眉鬟乐岁华，安居谨守即生涯。盗贼欲获又未获，若问逃亡见返家。

《无惑钤》云：夜禄难守，遂逢贼寇。自己煎熬，他人财厚。

《钤解》曰：旺禄临身。酉，辛禄也，昼玄夜虎遁丁，惊危不可守也，进而乃投三传之脱盗，亦难也，不得已而归，守惊危之禄，然而酉戌又作六害，是自身受其熬煎也。且支上子与丑合，三传全水，皆为彼之财，是为他人逸乐而财厚也。《集议》："旺禄临身徒妄作"内列此日，因己身及禄而凶动。"彼此猜忌害相随"内列此日，谓干乃酉戌作六害，支乃子丑作六合，为自己熬煎，他人逸乐。酉遁丁，虎乘遁鬼殃非浅也。

辛丑日第三课

重审　时遁

<pre>
玄 白 贵 阴   白 玄 勾 空
酉 亥 午 申   酉 亥 午 申
亥 丑 申 辛   亥 丑 申 辛

子 己 亥 白   子 己 亥 玄
兄 丁 酉 玄   兄 丁 酉 白
父 乙 未 后   父 乙 未 青

六 朱 蛇 贵   蛇 朱 六 勾
卯 辰 巳 午   卯 辰 巳 午
勾寅   未后   贵寅   未青
青丑   申阴   后丑   申空
子 亥 戌 酉   子 亥 戌 酉
空 白 常 玄   阴 玄 常 白
</pre>

《中黄经》占曰：此课主行人将至，因事又往他方去未归也。何以知之？盖初传亥加丑，中传酉加亥，末传未加酉。其人四十二岁，行年未，寅是本命加辰，行年未加酉，是为行年至门。前一位申是妻行年，夫妻相近有回心。且以天上寅加辰，其人从西北来，至今日辛上还家。而辛上见妻行年申，克寅夫之行年，未遁得乙，亦怕辛不敢还家，定是在千里外，又或别处更有营生，此所以决不敢还家，复往他乡去也。①

《玉历钤》云：此课亥加丑为用，与辰上神全无情分，中败末克害，气象不顺，凡占所事不遂。

日上生辰上，末克初。

课名重审。凡占主不足，防阴小之挠，宜谨防之，幸禄在中，末克初，久久可成，间隔艰难。

《义》曰：上下相生，六害难成。两有侵损，百事平平。曰忠曰孝，乃福

---

① 《中黄经》作：假令九月将，辛丑日巳时占。

乃荣。努力为善，灾消祸轻。

《象》曰：事于顺理自悠长，容忍从他莫较量。自古吉人天默相，子孙荣显善名香。

此重审之卦。夫重审者，重而审之也。利为主，利后动，长有厄，事从内起，起于女人。以下犯上，贱犯贵，卑犯尊，事多不顺。阴小在下者，有悖逆之事。占臣未忠，子失孝，事不可遂意而行，必当审察，循乎义理，庶几以免后患也。《经》曰："一下贼上名重审，子逆臣乖弟不恭。事起女人忧稍重，防奴害主起妻纵。万般作事皆难顺，灾病相侵恐复重。论讼对之伸理吉，先诉之人却主凶。"亥酉未，退间传也，退而有隔，隔而又进，事如间隔之象。夜占主有盗失，虚耗不足，又主占人心多思动。占者遇之此课，占见贵和平。占求官未称。占婚姻成合。占求财终得。病者有隔，久病大忌。失脱难寻。占投谒人者，行后徒劳而费粮裹。远行者进退间阻。讼和解。忧惊散。逃亡自归。交易相合。占宅不吉。

占出兵行师，昼占白虎发用，非吉兆也，虑败绩，幸相生稍解，夜占玄武乘盗气，失物忧愁而不宁。此课昼夜占之虽不宜，幸彼兵无侵害之奸，主客不和好之象。

合而未和。

真一山人云：久病人身见此忧，平生善恶在心头。月明千里故人到，雪夜乘舟访子猷。

《无惑钤》云：初马中丁，岂容少停？动因凶事，夜失须逢。

《钤解》曰：亥马酉丁，接踵入传，动不容已。俱乘玄虎，必因凶而动。亥脱干气，夜乘玄武，盗失之虞，先须防也。《集议》："金日逢丁灾祸动"内有此日例，谓此为因己身或禄而凶动。夜占丁神乘虎，遥伤其日干，凶动尤速。干支互脱，即天网恢恢、东手得来之喻。时遁云："时不利兮遁闭之，亥酉未兮报君知。君子待时方可吉，小人病患且防危。"丑乃日墓，临卯为墓门开，又为外丧。酉遁丁鬼，夜虎入传，殃非浅也。

辛丑日第四课

别责　闭口　寡宿

```
后 常 朱 后        白 勾 阴 白
未 戌 辰 未        未 戌 辰 未
戌 丑 未 辛        戌 丑 未 辛


官   巳 蛇 ◎      官   巳 亥 ◎
父 乙 未 后        父 乙 未 白
父 乙 未 后        父 乙 未 白


勾 六 朱 蛇        贵 后 阴 玄
寅 卯 辰 巳        寅 卯 辰 巳
青丑     午贵     蛇丑     午常
空子     未后     朱子     未白
亥 戌 酉 申        亥 戌 酉 申
白 常 玄 阴        六 勾 青 空
```

《玉历钤》云：此课日辰上神相刑，辰课不备，气象不合，占者必有公私之挠，凡事无成。

《毕法》云：此课干上有未，乃不生而受生，却去宅上，又入于墓，是舍益而就损也。又是别责之课，空亡发用，上乘玄膡，凡财物脱盗，本身不安，自有不期然而然者矣。

《龙首经》云：此课戌刑干上未，丑刑支上戌，人宅三刑，全无和气。又辛加丑，丑加辰，人宅坐墓。凡占身如行于幽暗之中，宅如风转败蓬，倾欹不堪，财物耗散，居处不宁，盖由刑墓为凶也。

日上神生日，用克日，辰上刑日上。

课名别责。凡谋望，须用卓见，别寻头脑。此课终不为吉，中末生日，久久有成。别责旧事须休，事必再求。

《义》曰：虚惊勿畏，乐善为最。夫妇道衰，阴阳不备。闻事不实，干事不的。祸患消亡，变更无益。

《象》曰：变异无常不足论，求成未遂气声吞。顺他义理行将去，茅屋柴门傍远村。

此芜淫之卦，一曰寡宿，亦曰天网。夫芜淫者，乃阴阳不备之课。《经》云：芜淫奸生于中。又曰："阴阳不备是芜淫，夫妻奸邪有异心。"以此论之，占家宅夫妇者，各宜敦尚礼义，勿为他人所惑，严谨闺门，惟君子能反恶为善也。传见寡宿，《赋》云"寡宿孤辰，值此尤妨骨肉"，茕茕孑立，别离乡井，自立门户，财物虚耗，僧道宜之，俗不宜也。此十干不到之地，五行空脱之乡，能灭凶神，能散奇祸，能消大凶，能解仇怨，官位逢之当改任，出行宜防损失，所闻言词多是不实，常占多是虚耗不足。且天网者，即天网四张也，《经》曰"天网四张，万物被伤"，为阻滞，为疑难，为灾恼。此亦不足虑也。占者遇之此课，宾主不投，不宜托人干事，不宜见贵求谋，以其有刑而失和也。功名难就，财利虚华。暴病祈安，久病凶甚。占失物难得。占投谒无功，求成未必成，当凶未必凶。昼占逃亡自归，夜占难见。

占用兵者得此无益，于兵家防失众之象，虚诈之欺。功不成，怨有解。

变更不一。夏吉。

真一山人云：爱恼何须苦较量，看他能有几时光。知机君子潜心守，寒极回春渐属阳。

《无惑钤》云：昼生可托，岂宜动作？官德为空，未虎夜恶。

《钤解》曰：舍未益而就丑墓损。未土生金，昼占诚可倚托，若妄有动作，必逢初传之巳鬼矣。巳虽官德，乃旬中空亡，是官虚而德丧，况乘螣蛇，又德化为鬼矣。未虽生辛，夜占乘虎，其惊惶危恶，曷可当哉？《集议》："避难逃生须弃旧"内列此日，谓辛不就干上之生，却坐于墓上以甘招昏迷，为之昧暗，不惟身招其祸，且将家宅情愿借赁，被人作践，凡事自招其祸，切不可怨天而尤人也。别责，旬空乘玄，亦主失脱。未乘后加戌，主妇人有病。占脱不能出脱。

辛丑日第五课

知一　从革　寡宿

权摄不正禄临支

蛇 玄 勾 贵　　　　玄 青 贵 常
巳 酉 寅 午　　　　巳 酉 寅 午
酉 丑 午 辛　　　　酉 丑 午 辛

官　巳 蛇 ◎　　　官　巳 玄 ◎
父 辛 丑 青 ⊙　　父 辛 丑 蛇 ⊙
兄 丁 酉 玄　　　兄 丁 酉 青

青 勾 六 朱　　　　蛇 贵 后 阴
丑 寅 卯 辰　　　　丑 寅 卯 辰
空子　　　巳蛇　　朱子　　　巳玄
白亥　　　午贵　　六亥　　　午常
戌 酉 申 未　　　　戌 酉 申 未
常 玄 阴 后　　　　勾 青 空 白

《玉历钤》云：此课日上有午，发用是巳，巳午皆火，并为日鬼，不和之象也，凡占事俱不利。

《毕法》云：此课干之禄神加临支辰之上，凡占不自尊大，受挫于人，又兼寄禄于支，为支所墓，此禄为宅所蒙蔽，必不峥嵘，凡占或盖房屋，借钱使用，却以俸禄还债，若占官赴任，其权摄而非正授，或致废置也。

《金匮经》云：此课干上午与支丑作六害，支上酉与干戌作六害，凡占主客，各怀奸谋，彼此互生恶意，我欲害人，人亦欲害我，出乎尔者，反乎尔者也。彼此往来，但一间耳，造物者抑先定耶？

上神克日，日上克辰上，用德日，初克末。

课名元首、从革。辛日传金，事起同类干众，先革而新，中墓初空，凡谋重重始得。若秋占，终是旺气，出旬可吉，余无利无凶，以空用也。

《义》曰：贵人克日，一名履狱。虽有忧惊，亦得消释。课名从革，有声无实。凶兮未凶，吉兮未吉。

《象》曰：好向幽深结草庐，虹霓志气又何如？身安温饱亦为福，日暖滩头且钓鱼。

此知一之卦，一曰从革，亦曰天网，又曰寡宿，又曰龙战。夫知一者，知一而不能知两，知者以为自知、自见，不知为寇仇，故言知一也。以此为用，舍远就近，舍疏就亲，恩中生害，事多起于同类，凡事孤疑，事贵和同乃吉。况从革，先从而后革也，凡事阻隔，有气则革而进益，无气则革而退失。一曰兵革，一曰金铁。大抵五行正气入十干杂糅之乡，异方三合乃生旺墓之神，事主丛杂不一，主关众人共谋，不然两三处干事，委曲托人与人相合之类。且天网者，即天网四张也，《经》曰"天网四张，万物被伤"，为阻滞，为疑难，为灾恼。传见寡宿，《赋》云"寡宿孤辰，值此尤妨骨肉"，占身得此，主见孤独，别离乡井，自立门户，财物虚耗，僧道宜之，俗不宜也。夫龙战，主人心疑惑，进寸退尺，动有乖离之象。占者遇之此课，乃合而不合之象，笑里刀、蜜中砒，恩中惹怨。求官见贵者，贵人临身，一曰贵人受贿，利于私谋，凡占难成，徒费精神，无可施设。惟宜占暴病、忧疑、狱讼者解之，久病则不吉也。其他诸事占谋，不得全美。

占出兵行师得此，防失众。敌使欺诈，犹防侵扰。此乃有声而无实，虽成而败也。

孟夏吉。潜龙勿用。

真一山人云：可惜精神用智谋，有求无若似无求。忧惊疑惧俱消尽，方有知音在后头。

《无惑钤》云：空墓及丁，总是虚名。昼犹赖贵，身宅夜迍。

《钤解》曰：旬首在干，作昼贵。禄在支，受支墓。巳乃旬空，丑墓落空，酉乃丁神，入传又被中传所墓，皆是虚名也。昼占犹赖昼贵临身，夜占则辛被午克，宅乘酉带丁神，而身宅皆迍遭也。《集议》："权摄不正禄临支"内列此日，谓禄被支墓，禄不安也，不可以权摄论。"干支皆败势倾颓"内列此日，占身血气衰败，占宅屋舍崩颓，日渐狼狈，全无长进，不宜捕捉奸私，讦人阴事，倘若到官，必牵连我之旧日过咎同时败露，各获罪也。其余占用，彼此皆衰败，谚云"杀人一万，自损三千"是也。夜占帘幕临干。酉乃丁神，必因己身及禄而凶动，人且灾而宅必动摇。昼贵作鬼临身，占病勿作鬼祟，必神祇为害。交互六害。四胜煞乃邀功逞俊之意。

辛丑日第六课

重审　斫轮　不结果

```
玄 朱 空 后          后 空 朱 玄
卯 申 子 巳          卯 申 子 巳
申 丑 巳 辛          申 丑 巳 辛


财 癸 卯 玄          财 癸 卯 后
父 戌 戌 勾          父 戌 戌 勾
官   巳 后 ◎        官   巳 玄 ◎


空 白 常 玄          朱 蛇 贵 后
子 丑 寅 卯          子 丑 寅 卯
青 亥      辰 阴     六 亥      辰 阴
勾 戌      巳 后     勾 戌      巳 玄
酉 申 未 午          酉 申 未 午
六 朱 蛇 贵          青 空 白 常
```

《灵辖经》曰：斫轮卦者，谓太冲加庚申为用，卯木遇金，乃斫削之象。天魁、太乙主印绶，皆为妇人组织之事。以此占人，当践贵显之位。庚辛为金，木为车轮，卯木加金，是为刻削成轮，必践贵人之位也。此课用起太冲，卯木主车，临申金之上，为斫削修轮之象。中传戌为印，末传巳为绶，以此占人，当有升职受爵之事。

《玉历钤》云：此课辛日，卯加申乃斫轮也，见贵求官，十分如意，求财求婚亦吉。

上神空亡克日，日上克辰上，日克用。

课名知一、四绝、斫轮。传空为损模，又宜占贵，财十分吉，余占谋望，速有留速。巳为空亡，却可解忧成事，有始无终不十全。

《义》曰：一家之妄，重于闺门。玄后多私，不可占婚。虽有欺侮，终不成害。空巳解之，贵乎光大。

《象》曰：玄武临门必暗私，正人君子福方宜。兢兢履虎终无畏，可惜修轮斫不时。

此重审之卦，一曰泆女，亦曰斫轮。夫重审者，重而审之也。利为主，利后动，长有厄，事从内起，起于女人。以下犯上，贱犯贵，卑犯尊，事多不顺。阴小在下者，有悖逆之事。占臣未忠，子失孝，事不可遂意而行，必当审察，循乎义理，庶几以免后患也。传见泆女，乃不正之课，占男女有阴私暗昧之象，占家宅阴小越礼犯分，或媒妁不明，不宜婚姻，惟能以礼自防者，谨守闺门而自化其事也。上神克日，只利先讼，要有气，余不吉。病讼凶，常占防人欺负相侵损。《经》曰："欲知斫轮，车临斧斤。"又曰："庚申共处为斧斤，卯木单称立作车。太冲作用来金上，斫削修轮官爵除。传得太阴并印绶，六合青龙福庆余。"空亡克日，虽有侵损，终有解也。占者遇之，玄武天后乘门户，防盗失、暗昧之事。占求官者，惟宜巳年月日将吉，余未准也。占见贵、请谒、托人、交易、婚姻，凡为主客者，皆不宜。占吉事有始而无终，凶事先忧而后吉。

占出兵行师得此，昼占失物忧愁，夜占斫轮待林。

见巳吉。

真一山人云：车无輗軏岂能行？且待晴光漫斫成。万事自然难勉强，巳年月里看前程。

《无惑钤》云：上虽承恩，彼力极轻。巳空卯败，戌墓齐并。

《钤解》曰：金生于巳，巳又辛德，临于辛上，是承恩也，但系旬空，卯又败气，戌又墓焉，三者交并，渠力极轻，恩固虚施矣，果何益哉？《集议》：两贵相协。

辛丑日第七课

反吟　井栏射　不结果

二贵受克难干贵

```
白 蛇 勾 阴          蛇 白 勾 阴
丑 未 戌 辰          丑 未 戌 辰
未 丑 辰 辛          未 丑 辰 辛

子 己 亥 青 ⊙        子 己 亥 六 ⊙
父 乙 未 蛇          父 乙 未 白
父    辰 阴 ◎        父    辰 阴 ◎
```

```
青 空 白 常          六 朱 蛇 贵
亥 子 丑 寅          亥 子 丑 寅
勾 戌      卯 玄      勾 戌      卯 后
六 酉      辰 阴      青 酉      辰 阴
申 未 午 巳          申 未 午 巳
朱 蛇 贵 后          空 白 常 玄
```

《玉历钤》云：此课反吟直冲，乃井栏射也，此当反吟尤凶，凡事不可用。

上神生日，日上克用，末克初。

课名反吟。凡占反复，所幸龙合用，庆贺和合之兆。末传空亡，可散忧。

《义》曰：既见刑冲，所赖逢空。怨犹解释，凶恶亡踪。举目看影，侧耳听风。事多更变，日西却东。

《象》曰：事懒心灰情思昏，任教流水绕柴门。蓬窗莫道无知己，笑对江海醉酒樽。

此反吟之卦。《经》曰："无依是反吟，逃者远追寻。合者应分散，安巢别改林。守官须异位，结友也分襟。所为多反复，占病数般侵。"反吟刑冲，事主迟滞，远近系心，更相仇怨，且反复而呻吟，是无予夺而难息也。又曰：斩关非安居之象。《赋》曰：斩关不利于安居，占者多不自由，事多暗昧不和，离散口舌，隐身避难者，却利乎奔逃也。事多更改，凡事遍历艰辛，方可成也。上神生日，所谋百事吉，运用如意，遇灾不凶，逢吉愈吉。日是人相助，夜有神相助。若当季神生日，主声名显达，岁命生日者，犹为吉昌。惜其乘空，又不过虚生而已。此课又为井上架木，不久之象也。占者遇之此课，占求官见贵者，徒劳心志，事无有始终，虽有智者，亦难施其巧。其他诸占，无益于事，以其传入空乡而无力也。占交易、婚姻、投谒、求财，所谋之事，有始无终也。占忧惊、患难、暴病，得此者为福庆也，久病则凶。

占出兵行师得此，昼占青龙发用，得宝货与图书，夜占六合，犹宜获金宝之美利。吉则吉矣，但日上乘空，末传入空，闻事不实，敌使多诈，吉凶皆归于无用矣。

看末后之变。

真一山人云：日日江头看碧波，功名事业半消磨。丝纶抛去空闻饵，罢钓归村雨一蓑。

《无惑钤》云：天罡复刑，足又来并。初为日马，虚动难行。

《钤解》曰：天罡加干，传末是天罡复刑，而又与足并也，定有动意。况初传亥，为马落空，只虚动耳，欲其行也难矣哉？《集议》：丑加未，主云生，将得蛇虎，主多风。

辛丑日第八课

重审　励德　斫轮　芜淫

首尾相见始终宜　夫妇芜淫各有私

青	贵	朱	玄		六	常	空	后
亥	午	申	卯		亥	午	申	卯
午	丑	卯	辛		午	丑	卯	辛

财	癸	卯	玄		财	癸	卯	后
兄	丙	申	朱		兄	丙	申	空
父	辛	丑	白		父	辛	丑	蛇

```
勾 青 空 白          勾 六 朱 蛇
戌 亥 子 丑          戌 亥 子 丑
六 酉      寅 常     青 酉      寅 贵
朱 申      卯 玄     空 申      卯 后
   未 午 巳 辰          未 午 巳 辰
   蛇 贵 后 阴          白 常 玄 阴
```

　　此课干上旬尾，支上旬首，是谓一旬周遍格，又名周而复始格，来了又去，去了又来。日上，我也；支上，他也。我见旬尾，是事了毕，他又自旬头起来。末传与支上午是六害，到了翻论，终彼输。看管财，被人诬赚，盖辛以卯为财，财上见玄武，是盗财也。下稍送外州入狱。何以见之？辛金墓于丑，是入狱也。丑土生于申，是他州入狱也。他是午火，反生他州丑之狱神，我是卯木，能克狱也，翻二次却胜。汪叔义与张十公争山地，先是汪入状，却喜占课，果胜张氏。张氏翻诉，遂计诉上州中官吏，半年不断。汪氏赴上司入状，有干碍邻州，张氏不得胜负，又去上司，翻称有碍，再送严州，得冯知府断胜。凡周而复始格，自是了毕又起续。在严州经涉司理狱，又入州院狱，方得了绝，张氏理短。盖午作贵人，为鬼临支，彼支丑午又是六害，自然后诉失理。汪氏被喽赚银物百十余贯，乃财作玄武加辛故也。卯财为闭口财，费了且是说不得，又不敢问众。又法：凡人不识，名为一旬周遍格。若辛未日，卯加未，午加辛，亦然。下皆同此。谋诸事，作吉成凶，作凶成吉，难讼要散，不要关锁也。[①]

《玉历钤》云：卯加日为用，首尾相见，凡占所事可成。

日克上神，日上生辰上，日克用，初克末。

课名重审。凡占主事重谋再进，久久自有，因财出入，更改动用，多合于外。卯加辛便是吉，但隔手方遂。

《义》曰：暗昧之财，求之有得。提防逃遁，谨慎家宅。进退艰难，始终干美。忠孝不忘，斯为善美。

《象》曰：卯戌相加事可成，主宾未得两和情。逢人闭口无言说，宅上公私尚未明。

此重审之卦，一曰励德，一曰芜淫。夫重审者，重而审之也。利为主，利后动，长有厄，事从内起，起于女人。以下犯上，贱犯贵，卑犯尊，事多不顺。阴小在下者，有悖逆之事。占臣未忠，子失孝，事不可遂意而行，必当审察，循乎义理，庶几以免后患也。况励德，阴小有灾，此名关隔神。常人占身宅不安，宜谢土神，贵吏则主升迁。卯加辛，为财乘玄武，主宅灾财损。此课"首尾相见始终宜"也，此乃一旬周遍格。玄武天后进于私门，凡事谨慎，以礼自防，常占家宅，当严于闺门可也。占者遇之此课，占求官不足。占见贵，成中未成。占姻事不宜。占交易、投谒、托人者，美中不足。占病不利。谋干事动摇。占宅旺人衰。此课又谓之闭口，凡事不欲向人言说者，访事于人，亦不肯开口。占讼不宜。占走失盗贼宜捕。欲行散事，亦难散也。

占出兵行师得此，昼占失物忧愁，夜占无威不宁。利为主，利后动。敌使之来，所言未见欺诈也。

春吉。

真一山人云：好处生嫌未足欺，婚姻利此岂相宜？吉凶不必过于虑，善恶原来只自知。

《无惑钤》云：干乘旬尾，支上旬始。交互相擒，进退难矣。

《钤解》曰：首尾。干上卯、支上午。卯乃旬尾临干，午乃旬首临支。且卯又克丑，午又克辛，交互相擒也。卯木既受辛克，临于本家，又被申克，进退亦难矣。《集议》："首尾相见始终宜"内列此日，名周而复始格，亦名一旬周遍格。凡值此者，占事不脱，所谋皆成。占赴试宜代工，占讼宜换司易局，占交加用事，去而复来，惟不宜占释散事。如有忧疑，其事尽未能决断。

[①] 《壬占汇选》作：建炎戊申年三月辛丑日戌将巳时，汪淑仪壬戌生，四十七岁占讼。

卯乃财神闭口。"前后逼迫难进退"内列此日，以初传卯字论也，谓克处回归，又受上克，虽虎贲之勇，亦不可当。夜占帘幕临支。交车克。卯乃辛金胎财，四月为生气，主有孕喜，亦主妻之姊妹有孕。昼贵作鬼入宅，占病必家堂神像不肃所致，宜修功德安慰免咎。芜淫，凡占先相允许，后不相顾，各怀恶意。

辛丑日第九课

知一　从革　芜淫　狡童

宾主不投刑在上

六	后	贵	常		青	玄	常	贵
酉	巳	午	寅		酉	巳	午	寅
巳	丑	寅	辛		巳	丑	寅	辛

兄	丁酉	六	☉		兄	丁酉	青	☉
父	辛丑	白			父	辛丑	蛇	
官	巳	后	◎		官	巳	玄	◎

六	勾	青	空		青	勾	六	朱
酉	戌	亥	子		酉	戌	亥	子
朱申			丑白		空申			丑蛇
蛇未			寅常		白未			寅贵
	午	巳	辰	卯		午	巳	辰	卯
	贵	后	阴	玄		常	玄	阴	后

《玉历钤》云：此课从革，胜于常课，但末传空亡，发用又加空亡之地，虽有德神，直至甲寅旬内干事方可，日下不济。

《射覆掌诀》射云：卯将亥时射物，得从魁为用，上得青龙，辰上太乙，上得玄武。此盒中所有，必是铜钱，其数二十四文。何者？从魁主金，在巳为炉冶，将得青龙，主钱物。故其歌云"形图身着上青常，贵贱相亲总不忘。文字腹藏能几个？终朝开口论青黄。"又云："举世昏昏名利间，方兄气势自冲天。只知牢固金居里，何意翻翻化紫蝉。"皆言钱。真是物也。发用酉临巳上，酉六巳四，数以四乘六，得二十四数，是二十四文铜钱在内也。开盒果然。

《毕法》云：酉为日禄，下临中传丑上，为禄神入墓。凡占动止，俱不亨泰，亦防生疾，饮食少进。

日克上神，日上生辰上，用克日上，末克初。

课名知一、从革。首尾皆空，中有墓体。辛日金局同类，凡占望，必隔手重谋，出旬方遂，虽有虚张口舌，不为害也。

《义》曰：干寅支巳，全无和气。徒有私情，难成蜜意。事多更改，变化不一。转去转来，火水未济。

《象》曰：久病人身虑有伤，早须作福祷穹苍。倘逢暴病公私恼，得此原来是吉昌。

此知一之卦，一曰芜淫，一曰狡童，亦曰从革。夫知一者，知一而不能知两，知者以为自知、自见，不知为寇仇，故言知一也。以此为用，舍远就近，舍疏就亲，恩中生害，事多起于同类，凡事狐疑，事贵和同乃吉。传得狡童，《经》曰："天后常为厌斁神，须知六合是私门。二将取名称泆女，夫妻失友异情恩。"况从革，先从而后革也，凡事阻隔，有气则革而进益，无气则革而退失。一曰兵革，一曰金铁。大抵五行正气入十干杂糅之乡，异方三合乃生旺墓之神，事主丛杂不一，主关众人共谋，不然两三处干事，委曲托人与人相合之类。又如推磨之象，一事去一事来，转去转来，无休息也。改故就新多别业，病伤筋骨肺劳心。占者遇之此课，见贵号曰宾主不投。占婚者不宜，重媒妁之问。占求财难得。占求官未遂，假使幸成，终虑为无益。占暴病宜作福，久病凶危。交易不成。望事不就。投谒人者，徒费粮裹。托人有益，犹未合。公讼有解。

占出兵行师，昼占得金宝之美利，乃合而不合也，夜占大胜，亦美中不足，以其乘空而无力也。大抵此课，三合逢空，事欲成而未成，忧疑患难却能解之也。

无凭有变。孟夏吉。

真一山人云：学得无忧无虑方，漫将诗酒乐徜徉。功名富贵身无累，心不惭兮道自昌。

《无惑钤》云：交相克战，禄丁难恋。天网恢恢，吉昌互见。

《钤解》曰：干上寅克支丑，支上巳克干辛，交相克战矣。酉乃辛禄，遁丁凶动，乃坐空鬼之乡，固不可恋也。若干守其财，支守其生，则见吉矣。动而彼此交克，凶有不免。彼以恶来，此以恶应，天网恢恢者是也。《集议》："传墓入墓分爱憎"内列此日，谓日禄传墓入墓，若占行人速来。昼占帝幕临干，旬首坐生，干支各坐败。因己身及禄而凶动。墓门开，又为外丧入内，宜合寿木以禳之。上神六害。

辛丑日第十课

别责　不备　闭口　寡宿
干支乘墓各昏迷

```
蛇 阴 阴 白          青 朱 朱 后
未 辰 辰 丑          未 辰 辰 丑
辰 丑 丑 辛          辰 丑 丑 辛


官　 巳 后 ◎        官　 巳 六 ◎
父 辛 丑 白          父 辛 丑 后
父 辛 丑 白          父 辛 丑 后


朱 六 勾 青          空 白 常 玄
申 酉 戌 亥          申 酉 戌 亥
蛇 未　　 子 空      青 未　　 子 阴
贵 午　　 丑 白      勾 午　　 丑 后
巳 辰 卯 寅          巳 辰 卯 寅
后 阴 玄 常          六 朱 蛇 贵
```

《玉历钤》云：此课发用，生入于空，中末重，入于墓，凡占百事无成。

《毕法》云：此课丑上有白虎，日上传上共是三虎，皆坐墓地，凶否之象也，占者须要深戒。《易》曰"君子以慎言语，节饮食"，盖祸从口出，能慎言语则无祸，病从口入，能节饮食则无病。如此颐养，自无凶，避凶趋吉之道然也。

日上墓日，用克日。

课名别责、六仪。墓覆日，忿闷难通。辰加日，事不由己。支见支墓，凡事可退不可进，待时而动，别作图谋。

《义》曰：破能开暗，事多离散。忧惊不成，最乐为善。夜占得此，乃曰泆女。奇偶既失，淫讹恐起。

《象》曰：不备由来事未全，几多更变徒枉然。高山流水空传调，不遇知音在眼前。

此芜淫之卦，一曰寡宿，亦曰天网，又曰泆女。夫芜淫者，阴阳不备之谓。一阴一阳，奇偶相并，乃为夫妇合道之常，一夫一妇，琴瑟友之，而无乖戾。若此二阴一阳之课，二女争男（实为二阳一阴，二男争女），故曰芜淫，如墙有茨，不可帚也。所可帚也，言之丑也，惟能严肃，以杜其渐，则贞利也。《赋》云"寡宿孤辰，值此尤妨骨肉"，占身得此，主见孤独，别离乡井，自立门户，财物虚耗，僧道宜之，俗不宜也。《经》云"天网四张，万物被伤"，为阻滞，为疑难，为灾恼。占男女有阴私暗昧之理，占家宅宜谨慎闺门，以防阴小越礼，惟能以礼自防者可化之。日上墓神，乃昏蒙之象，如人处云雾之中，人多昏晦，宅舍亦不光明。占者遇之此课，凡占无益于事，所闻不实，有影无形，功名不成，财禄不遂。占婚姻、交易、谋干之事，虽有智，无所用其力也。占暴病则吉，久病者又非所宜。惊恐、忧疑、患难、狱讼者，喜有解散。欲求成事，未之见也。

占出兵行师，昼占无威，夜占乃宜，均有失众之象，幸有解也。

有花无实。

真一山人云：名园桃李未逢春，根蒂谁怜不俗人。待得三阳开泰运，渐看烂漫景偏新。

《无惑钤》云：昼贵虎眈，若此再三。宅隳人晦，官须戒贪。

《钤解》曰：虎墓临干，传入中末，乃是三虎眈眈而视也，惊恐危极。占病若六处无救，必死。人宅各被墓覆，晦隳必矣。宜猛弃而守初传之空德，若贪丑土之生，必为虎墓之刑，焉能免其祸哉？《集议》："干乘墓虎无占病"例有此日，占病必死，诸占昏迷，又且凶恶，提防无故而遭捶楚。又冬占稍轻，缘至冬旺，可作库说。蛇虎夹墓。"干支乘墓各昏迷"内列此日。

辛丑日第十一课

元首　迎阳　解离　不行传

<pre>
后 玄 常 空   六 蛇 贵 阴
巳 卯 寅 子   巳 卯 寅 子
卯 丑 子 辛   卯 丑 子 辛

财 癸 卯 玄   财 癸 卯 蛇
官 　 巳 后 ◎   官 　 巳 六 ◎
父 乙 未 蛇 ⊙   父 乙 未 青 ⊙

蛇 朱 六 勾   青 空 白 常
未 申 酉 戌   未 申 酉 戌
贵午　　亥青   勾午　　亥玄
后巳　　子空   六巳　　子阴
辰 卯 寅 丑   辰 卯 寅 丑
阴 玄 常 白   朱 蛇 贵 后
</pre>

《玉历钤》云：此课卯戌虽合，蛇在凶，中传又是空亡，事体折腰，凡占百事不可用。

《毕法》云：此课日上乘子水脱金，子上又坐天空，谓之上下脱空，凡占所行渺渺茫茫，如风吹柳絮，无着落处，指空话空，全无实迹，钱财脱耗，十不偿一也。又云：卯上玄武、螣蛇，加于宅上，昼则窃盗，夜则惊恐。又酉作虎，来冲宅气，必是对门或有大路来冲，人家脊兽来冲，或破山、神树来冲，以致家产尽衰，必须厌之，亦一术也。

《杂占》云：此课初传卯木生巳火，巳火生未土，未土生日干辛金，次第来生，固吉象也。然中传巳火空亡，上不为卯木之生，下不为未土之生，谓之折腰，所谓生者虚名而已，何益于实用哉？

日生上神，日上生辰上，日克用，初克末。

课名元首。虽云吉体，中末空亡无凶，若求吉庆，有始无终，虽中间阴贼有谋，亦不妨。

《义》曰：彼此无礼，干事不喜。武入私门，逃遁意起。盗耗频仍，忧心及己。中末入空，有险无危。

《象》曰：三传卯巳未迎阳，间隔相刑事有妨。动处枉图空费力，子孙脱漏忌财伤。

此元首之卦。夫元首者，尊制卑，贵役贱之象。占事多顺，利于先举，事多起于男子。为臣忠，为子孝，正大光明而无邪僻之行，德业已著而乾乾进修，常怀危惧，惕励而无咎也。《经》云："四课之中一克下，卦名元首是初神。臣忠子孝皆从顺，忧喜因男非女人。上即为尊下卑小，斯为正理悉皆真。论官先者当为胜，后对之人理不伸。"日生上神，虚费百出，谋望不遂，盗失损财，人口衰残，休囚尤重，又为子孙脱漏之事。卯巳未，名曰迎阳，进间传也，进有间隔之象。此课若四月占，乃胎财生气，其妻当怀孕；若十月占者，妻当损胎，宜谨慎之。占者遇之此课，占求官者，虽有出类之才，但目下未遇。占见贵、交易、投谒者，宾主不合，彼此皆怀忌意，各有异心。占婚姻难成，亦畏夫无礼之刑也。占狱讼者有解。占宅不吉，常有不足。占病利暴病，不利久病。占逃亡急追。其他忧惊、患难、禁系者，得此反为福星，以其能解也。

占出兵行师得此，昼夜所占皆不吉，凡百有始无终，吉不成吉，而凶不成凶也。

真一山人云：忧喜从今莫系心，空神解散祸难侵。功名自觉无缘分，静守居安听好音。

《无惑钤》云：先交后争，上下皆刑。笑里藏刀，冬夜火惊。

《钤解》曰：子与丑合，卯与戌合，先已交矣。既而子卯相刑，丑戌相刑，后又争也。此乃喜中生嗔，笑里有刀，最难提防。初卯乘螣蛇克宅，冬占为火鬼，必有火烛惊恐，宜仔细。"三传递生人荐举"内有此日例，不宜中末空陷。又交车合刑。"宾主不投刑在上"内列此日，交车合财，惟宜交关取财，以财交涉最好。"人宅皆死各衰羸"内列此日，止宜休息万事，不利动谋。卯乃财神闭口。迎阳："日中将戾兮，迎阳急朝之。缓则将无气，卯巳未可知。"干支皆旺宜坐待。"空上逢空事莫追"内列此日，谓子为脱空神，凡占无中生有，尽是脱空，全无实迹，不足取信。干克支上神，支克干上神，谓之解离卦，主夫妇反目，若夫妇行年值此，尤的。酉乘白虎，冲支上卯，为对邻兽头冲其本家，以致家道衰替。

辛丑日第十二课

元首　连茹　不结果

所谋多拙逢罗网

六	勾	空	白		蛇	贵	阴	玄
卯	寅	子	亥		卯	寅	子	亥
寅	丑	亥	辛		寅	丑	亥	辛

财	壬	寅	勾		财	壬	寅	贵
财	癸	卯	六		财	癸	卯	蛇
父		辰	朱 ◎		父		辰	朱 ◎

贵	后	阴	玄		勾	青	空	白
午	未	申	酉		午	未	申	酉
蛇巳		戌常			六巳		戌常	
朱辰		亥白			朱辰		亥玄	
卯	寅	丑	子		卯	寅	丑	子
六	勾	青	空		蛇	贵	后	阴

《玉历铃》云：此课三传皆日之财，用又日之合，但初克末传，末又为空亡，凡占只宜小用可成。

《毕法》云：此课上乘亥，既是脱气，又夜占上坐玄武，脱上生脱，一团虚耗之气，凡占人畜走失，财物窃盗，不能免也。

日生上神，日上生辰上，日克用，初克末。

课名元首。凡占以和为贵，传与支辰皆是日财，又初克末，末又空亡，只可小成，不可大成，以无终，却无凶。

《义》曰：寅卯辰全，眷占自然。如花向日，烂漫孚鲜。勾留迟滞，两意相牵。尚欠一分，未必云然。

《象》曰：难中有易易中难，用力区区历遍山。最后有些难著脚，惟宜大手去跨攀。

此元首之卦，一曰连茹。夫元首者，尊制卑，贵役贱之象。占事多顺，利于先举，事多起于男子。为臣忠，为子孝，正大光明而无邪僻之行，德业已著而乾乾进修，常怀危惧，惕励而无咎也。传见连茹，主事欲行不行，欲去不去，欲止不止，节外生枝，先进后退，急而顺溜，根苗不断，旧事从新，一事未了，一事又来，续继绵绵，进退疑惑。凡占最喜旺神，若春得寅卯辰者，百事吉且悠远，如松柏之耐岁寒也。日生上神，虚费百出，谋望未遂，干事难成，盗失损财，人口衰残，休囚尤重，又为子孙脱漏之事。占者遇之此课，巧中变拙，以其逢罗网也。占求官者，虽云财旺生官，惟在春占为吉，若休囚之时，又不宜也，物各有其时耳。占见贵，虽贵纵使成事，亦多费用。占宅不宜。占婚姻合。交易成。占病凶重。凡百所占，淹留不快，曲而不直，不然两边干事。占投谒不宜，谓之费粮裹也。占逃亡自归。

占出兵行师得此，昼占宜慎，惊恐败绩，夜占开地千里。占兵得此，进中有退，退中有进。敌使之来，传言勿听，终见彼此和解也。

秀而不实。

真一山人云：春光三月雨如膏，细洒轻风遍野郊。垅亩农夫含笑脸，秀而不实亦徒劳。

《无惑钤》云：脱气临日，夜有盗失。病讼深畏，取财宜疾。

《钤解》曰：亥脱辛气，夜占乘玄，主必走失。昼占病讼，深为可畏，虎脱故也。若取支上寅财，宜速取之，稍迟反为丑所墓矣。《集议》："须忧狐假虎威仪"内列此日，亥玄脱辛，亥水坐于戌土之上，尚惧戌土，不致全脱，尤不宜动作，一离戌土，即为亥脱矣。昼占帘幕临支。干上脱气，夜乘玄武，亦如脱上逢脱之说。两贵不协，变成妒忌，寅加丑，午加巳。

壬寅日

壬寅日第一课

伏吟　玄胎

```
六 六 空 空        后 后 常 常
寅 寅 亥 亥        寅 寅 亥 亥
寅 寅 亥 壬        寅 寅 亥 壬


兄 己 亥 空        兄 己 亥 常
子 壬 寅 六        子 壬 寅 后
财   巳 贵 ◎⊙     财   巳 朱 ◎⊙


贵 后 阴 玄        朱 六 勾 青
巳 午 未 申        巳 午 未 申
蛇辰      酉常     蛇辰      酉空
朱卯      戌白     贵卯      戌白
寅 丑 子 亥        寅 丑 子 亥
六 勾 青 空        后 阴 玄 常
```

《玉历钤》云：此课伏吟，虽无凶祸，占事亦不可成，行人必至。

《毕法》云：此课干上有亥，日之禄也，又发用，昼占却乘天空，中传值脱，末传空亡，三处空耗，禄气尽脱，人家蓄积十去八九矣。

上神德日，日上生辰上，日合支，初克末。

课名伏吟、玄胎。诸神不动，带德禄用，日辰寅亥合，占事虽伏而未动，终有喜合之庆。亥为双鱼，主占两事。秋冬犹吉，末空无凶，凡占皆有吉无凶。

《义》曰：冬占旺禄，守之自足。一或妄动，耗财失物。玄胎玄胎，室孕婴孩。不利老小，问病凶衰。

《象》曰：主客虽和少始终，课逢外战未亨通。巳年月日方为美，目下尤防有变更。

此自任之卦，一曰玄胎。夫自任者，乃天地伏吟，十二神各归本家，天地如一，四伏未发之象。占事静则宜，动则滞，主事藏匿不动，静中求劳，有屈而不伸之象。况玄胎如婴儿隐伏之状，利上不利下，事主远而多伏，暗昧不通，触则成祸，惟君子守正修德则亨。玄胎不利老人及小儿病，暴病得此者为福。《经》云："任信伏吟神，行人立至门。失物家内盗，逃者隐乡邻。病合难言语，占胎聋哑人。访人藏不出，行者却回轮。"冬占乃旺禄临身，惟宜守旧，若或妄动妄谋，反生不足，《赋》云"旺禄临身徒妄作"是也。占者遇之此课，占求官得禄。占见贵和合。占婚姻宜。交易合，少始终。占干事望成。求财顺利。占托人得力。千里投谒，谓之徒费粮裹，然终未能全遂其事。讼诉彼此有相和之理。占宅不宜。占逃亡自归，目下未准。

占出兵行师得此，昼占欺诈而被潜毁，夜占无威而不宁。观主客，有不战相和之理。大抵此课，凡占兵者不宜，若诸占，吉不吉而凶能解，谋事未遂其始终也。

见巳可旺。

真一山人云：葵榴开遍夏初长，处处庭堂燕子忙。万物得时终是好，莫交错过此时光。

《无惑钤》云：交合既有，禄被空蹂。中脱末空，尽遭贼手。

《钤解》曰：德入天门。寅与亥合，亥，壬禄也，虽曰既合，昼乘天空，水为土克，其禄被蹂，不可守也。投中传，则被脱。末财则旬空。昼占为天将所脱，非遭贼手而何？《集议》："用破身心无所归"内有此日例，初虽德禄，昼天空，中传值脱，末传又空亡。亥德遁己，犹义甫包藏，陷害忠良，过后始觉，仇不易报。亥遁己，禄藏鬼也，包藏祸心。

壬寅日第二课

知一　退茹　斩关　三奇

青	勾	常	白		玄	阴	空	白
子	丑	酉	戌		子	丑	酉	戌
丑	寅	戌	壬		丑	寅	戌	壬

兄	庚子	青		兄	庚子	玄
兄	己亥	空		兄	己亥	常
官	戊戌	白		官	戊戌	白

蛇	贵	后	阴		蛇	朱	六	勾
辰	巳	午	未		辰	巳	午	未
朱卯		申玄		贵卯		申青
六寅		酉常		后寅		酉空
丑	子	亥	戌		丑	子	亥	戌
勾	青	空	白		阴	玄	常	白

《玉历钤》云：此课末传加日，虽为日鬼，然用神子丑相合，又末克初传，且将青龙最吉，凡占所用，成合遂意。

《毕法》云：此课昼贵空亡，夜贵亦坐空亡之地，二贵俱空，若干投贵人，不济实用。况戌加亥，又为阴关，魁度天门，阻隔必矣。《扫壁歌》云"欲干太守求举荐，十度谒兮九不见。纵然亦见有何为？漫言冷笑相轻贱"，正此意也。

上神克日，辰上刑日上，日上神克用。

课名知一、退茹。虎为戌，克干凶，所喜用子丑合，凡有图谋，可为。末又克初，且龙吉，终有成。凡日或三传作合者，便是好课，虽凶亦吉。

《义》曰：弃彼就此，知一而已。进退牵连，拔茅连茹。宾主相刑，未协其情。冬占福吉，事或可成。

《象》曰：暗里人情未得和，狐疑空自惹张罗。身安便是家常福，病体延迟渐觉磨。

此知一之卦，一曰斩关，一曰连茹。夫知一者，知一而不能知两，知者以为自知、自见，不知为寇仇，故言知一也。以此为用，舍远就近，舍疏就亲，恩中生害，事多起于同类，凡事狐疑，事贵和同乃吉。《经》云："知一卦何如？用神今日比。事因同类起，婚姻失谐为。失物亲邻取，逃亡不远离。论讼和允好，为事尚狐疑。"又曰斩关，夫斩关者，非安居之象，占者多不自由，事多暗昧不和，离散口舌，欲隐身避难者，却利乎奔逃也。又主人情暗中不顺，多见更改，事多中止，坟墓破坏，占婚姻亦强成，难于久远。凡事历遍艰辛，然后方遂。若当戌土死囚之时，占此乃魄化卦，病者大凶，余占亦不吉。子亥戌，又为退连茹，事主欲行不行，欲止不止，节外生枝，退而有进之象，事多迟疑。亦谓拔茅连茹，根苗不断，旧事从新，一事毕，一事续。占者遇之此课，宾主不投，不惟见贵难允，亦当动摇。占求官者，名催官使者，美中不美。其他占婚姻者不宜。占财不利。逃亡自归。占交易、托人、投谒，皆不宜。凡占欠利，凶中有解。

若出兵行师，昼占青龙大胜，夜占失物忧疑，但不宜勾虎相刑，必有战意，犹防侵袭，全在主将相机，慎之勿忽可也。

秋冬福吉。

真一山人云：百福咸从积善生，祸中尤自致和平。迟疑原是天之数，莫讶神明不顺情。

《无惑钤》云：虎临戌戌，身边并立。同数相扶，其凶再及。

《钤解》曰：戌遁旬戌，上乘两虎，并立于干，壬难当也。虽得初中子亥相扶，不意戌又在末，其凶再及矣。《集议》："虎乘遁鬼殃非浅"内列此日课，凡占皆谓其咎弥深，最难消散，纵空亡亦不能解。亦依两贵皆空，戌遁戌鬼，昼夜皆虎，临干入传，殃非浅也。"虎临干鬼凶速速"内列此课，谓日干之鬼上乘白虎者，凡占凶祸，速中又速。"水日逢丁财动之"例此日，子加丑用，丑乘太常，为牛女同位，大宜婚姻。"魁度天门"内列此日，谓戌昼夜乘虎，占病主气食所隔，及邪祟为隔，宜服药下之为佳，占盗贼难获，访人不见，诸占未免关隔二字而已。

壬寅日第三课

元首　悖戾

水日逢丁财动之

白	青	阴	常		青	六	常	空
戊	子	未	酉		戊	子	未	酉
子	寅	酉	壬		子	寅	酉	壬

官	戊	戊	白		官	戊	戊	青
父	丙	申	玄		父	丙	申	白
财	甲	午	后		财	甲	午	玄

朱	蛇	贵	后		贵	后	阴	玄
卯	辰	巳	午		卯	辰	巳	午
六寅			未阴		蛇寅			未常
勾丑			申玄		朱丑			申白
子	亥	戌	酉		子	亥	戌	酉
青	空	白	常		六	勾	青	空

　　此课为郑家占坟，寅山行龙，坎山落穴，不是正龙，左虚无龙，右有两虎，第三重虎为案。主子孙贪淫好酒，后与人为酒家佣工。妇人不正，主妇人逃走，引惹外人。棺中有泥，白蚁食尸，其右边有水。未生人为道童，身却为酒所败，老无妻，妾为侍本身，六年有酒病，更三年死矣。郑氏之妇已埋墓地，其家教子读书，指望及第，故请先生占其地。果是寅山来龙，坎山落穴，无正山，乃是过山为主，右边两重虎，前案山亦是右边来，似乎三重。本身日夜饮酒，后二年妻死，讨徐知府身伴人为妻，妻又作事不正。三公死后，次子伴徐氏卖酒，其媳妇为邻人领走去。子孙不成器，一向非为。六十四有酒病，六十七上终，皆如先生之言也。左边无山者，传不行左也。申作白虎，故主虎耳，午加申上又是虎，故两重来为案。子午作玄合，故主子孙邪淫。壬日酉作天空，故主酒病败身。壬日天空加酉，主子孙为酒家佣人，亦主妇人为奴婢卖酒。六年酒病，乃酉六数也。更三年酒病死者，是酉又增

年半也。①

《玉历钤》云：此课日鬼为用，白虎凶神，青龙亦不为吉，主阴私聒挠，事多障蔽，凡占所事无成。

《毕法》云：此课干上酉为丁神，乃日之财也，今加于干，必有财动。

《龙首》占云：此课干上酉，乃壬水沐浴之神，是败气也，又为支之破碎，又为丁神，总为破败，酉为酒色，又为婢妾，故破败者，非酒必色，婢妾在其中矣。

《杂占》云：此课末助初传，而去克日，是午乃教唆之人，却是日之仇家，昼乃妇人，夜为盗贼，或从徵火之音，或近张周之姓，助桀为虐者也。

上神生日，日上生辰上，用克日。

课名元首、间传。凡占事干众，有间阻，劳而无功，有损于己。所喜酉金生壬，而酉之遁丁，为丁壬合，初难后易，无凶也。

《义》曰：课名蓦然，求官速迁。若是占病，恐赴幽泉。早宜修善，以免凶愆。凶中有救，阴德为先。

《象》曰：子孝臣忠道日亨，月明如水一江清。相逢来意生灾恼，此个消息在志诚。

此元首之卦，一曰天网。夫元首者，尊制卑，贵役贱之象。占事多顺，利于先举，事多起于男子。为臣忠，为子孝，正大光明而无邪僻之行，德业已著而乾乾进修，常怀危惧，惕励而无咎也。且天网者，即天网四张也，《经》曰"天网四张，万物被伤"，为阻滞，为疑难，为灾恼。《经》曰："四课之中一克下，卦名元首是初神。臣忠子孝皆从顺，忧喜因男非女人。上则为尊下卑小，斯为正礼悉皆真。论官先者当为胜，后对之人理不伸。"上神生日，所为百事吉，运用如意，遇灾不凶，逢吉愈吉。若当季神生日，主声名显达，岁命生日者，犹为吉昌。惟不宜占人年命上神克破所生之神，若有自克日，乃为自成自败也。戌申午，退间传也，进而有间，退中有进。占者遇之此课，白虎乘日鬼发用，号曰催官使者，利仕宦，不待选期而有急选之理。见贵相和。凡占事势倾颓，必气血衰败，或屋舍倾颓，少见长进。不宜捕捉及论讼，及首告他人奸私，讼者有教唆之人。病者凶重。不宜求财。托人交易宜。占投谒不宜。

占出兵行师无益，昼占凶，夜占吉，不如和好为上。若欲举兵，犹宜加

_____

① 《壬占汇选》作：己酉年正月二十三，壬寅日子将寅时，郑三公辛亥生，生于四月初一日未时，五十九岁占坟地。

谨可也。

先难后易。

真一山人云：莫远投人且住家，门庭不出福无涯。先难后易君须守，强勉徒劳数岁华。

《无惑钤》云：酉生后败，午财休赖。助起初传，戌虎无奈。

《钤解》曰：酉金虽生水，而壬水败于酉，若恃午败，可以制酉，殊不知生起初传戌虎，反伤壬干，而壬乃忍受其破败，奈之何哉？《集议》："干支皆败势倾颓"内列此日，说见本旬辛丑日第五课。"末助初兮三等论"内列此日，谓初克干，奈初传空亡，为抱鸡不斗之喻（初传不空，非抱鸡之喻，纂书有讹矣。勖言）。酉乃丁神，则因父母或长上之财动。"苦去甘来"内列此日，为一忧一悲。夜占申乃长生乘虎，戌为日鬼乘龙。酉乃破碎，为婢妾，作破碎，缘酒色败。戌遁戊鬼，昼占乘虎发用，殃非浅也。

壬寅日第四课

元首　玄胎　寡宿　富贵　闭口　不备
空空如也事休追

```
玄 空 贵 玄          白 勾 阴 白
申 亥 巳 申          申 亥 巳 申
亥 寅 申 壬          亥 寅 申 壬


财 　 巳 贵 ◎        财 　 巳 阴 ◎
子 壬 寅 六 ⊙        子 壬 寅 蛇 ⊙
兄 己 亥 空          兄 己 亥 勾


六 朱 蛇 贵          蛇 贵 后 阴
寅 卯 辰 巳          寅 卯 辰 巳
勾丑 　 　 午后       朱丑 　 　 午玄
青子 　 　 未阴       六子 　 　 未常
亥 戌 酉 申          亥 戌 酉 申
空 白 常 玄          勾 青 空 白
```

此课比前课大不同。支干皆得上神来生，日上得申金之生，壬却生寅木。初传贵人作财，末传又归支上。日上长生学堂，尽可取功名，但为玄武所滞，只得运司发解而已，不能及第也。初任既管铜铁铸场，次任坑冶司，第三任水船官而止。邓省干起课之时，初授严州铸钱司，有功，再授信州钢场，复又得坑冶司检踏官，次得明州船场修造，任满后归家，得病而死。盖壬日，申来生壬，壬子年江东运司发举者，乃长生学堂也。巳加申，作贵人，一为今日之财，二为今日之德，三为天乙贵人，加于学堂之上，寅又加巳，生乎天乙及德神。铜铁之场者，申金也。坑冶司者，巳炉冶加于申之上。水船场者，亥乃江湖，加于寅上也，寅未成船，而六合卯巳成船矣，故主船场修造也。亥乃壬也，加寅，父加子而生子，后来甚盛多，妻生四子，妾生四子，共八子也。缘宅上见二亥，亥数四，二亥为八数也。[1]

————————

① 《壬占汇选》作：戊申年九月二十一，壬寅日辰将未时，邓省干癸未年生，生于四月初七日申时，二十六岁占前程。

《玉历钤》云：巳火虽日之财，终忌对神破禄，又值空亡，不能长久为福。

《毕法》云：此课干上有申金为长生，却不坚守，反乃以身加寅，而就脱耗。凡占在上者必散财以得民，在下者必破家以成义，常占舍宴乐而就贫淡，舍劳贵而就隐逸，《易》曰"舍车而徒，义弗乘也"，此其象欤？又云：干上申乃支之驿马，支上亥乃干之禄神，禄马双全，富贵之课也。

日上神生日，日上生辰上，日克用，用克日上，末克初。

课名元首、玄胎、阴不备。巳与申合，初巳为逢绝，空亡为用，三传又不备，凡占有终无始，好事难成，然末传作禄，是出旬便可获吉，始终财禄合也。

《义》曰：事起虚声，切勿为惊。祸也消散，福也难成。君子知机，退守待时。韬光晦迹，酌酒供诗。

《象》曰：道与时迟且隐名，何须汲汲向前行？欲知此处皆先定，笑看功名一羽轻。

此元首之卦，一曰玄胎，亦曰寡宿。夫元首者，尊制卑，贵役贱之象。占事多顺，利于先举，事多起于男子。为臣忠，为子孝，正大光明而无邪僻之行，德业已著而乾乾进修，常怀危惧，惕励而无咎也。况玄胎如婴儿隐伏之状，利上不利下，事主远而多伏，暗昧不通，触则成祸，惟君子守正修德则亨。用见寡宿，占人孤老谁扶侍，空室穷炊岂得存？又曰："占人孤独离桑梓，财物虚无伴不亲。官位遇之须改动，出行防盗拟人侵。"所闻传事非真实，卒病即瘥，久病难痊。幸上神生日，所谋百事遂，运用如意，遇灾不凶，逢吉愈吉。若当季神生者，主声名显达，岁命生日者尤昌。切不可令年命上神克伤，如见克伤人，美中之不美也。占者遇之此课，占求官见贵者，成而未成，合如不合，往返艰难，徒劳志意。占婚姻、交易、托人、投谒，谋事亦不过有影无形，虽勉强而成，终不久也。占病惟宜暴病，久病必见凶危。占忧惊、患难得此，却能解释。

占出兵行师，忧失众之象，昼占吉，夜占中正，传事恐未的，勿为欺诳，终见和解也。

变更之象。石火电光。

真一山人云：几回醉眼见浮华，笑倒旁边老作家。吉事不成凶事散，到头虚浪岂堪夸。

《无惑钤》云：生被虎攻，巳寅脱空。舍益就损，终身困穷。

《钤解》曰：禄临支宅脱合。舍益就损例，舍申就寅。申乃亥水长生，夜占乘虎，因此惊危，遂投初传之空贵财，中传之脱气，是壬干再无所往，遂往赴寅宫，是舍身之益，以就空脱之损，终身困穷而已矣。《集议》："避难逃生须弃旧"内有此日例，谓舍生就损。"富贵干支逢禄马"例内有此日，谓干上申乃支之驿马，支上亥乃干之禄神，故名真富贵卦。君子逢之，加官进禄富贵全；常人占之，身动宅移病讼兴。《邵南引证戊申集》九月有此日占。"彼此猜忌害相随"内有此日例，谓干上申与壬作六害，支上亥与寅却六合，是自身忧煎，他人逸乐。禄被支脱，必因起盖宅屋，而以禄偿债，难以权摄论。

壬寅日第五课

重审　斩关　励德　炎上

```
后 白 朱 阴          玄 青 贵 常
午 戌 卯 未          午 戌 卯 未
戌 寅 未 壬          戌 寅 未 壬


官 戊 戌 白          官 戊 戌 青
财 甲 午 后          财 甲 午 玄
子 壬 寅 六          子 壬 寅 蛇


勾 六 朱 蛇          朱 蛇 贵 后
丑 寅 卯 辰          丑 寅 卯 辰
青子      巳贵      六子      巳阴
空亥      午后      勾亥      午玄
戌 酉 申 未          戌 酉 申 未
白 常 玄 阴          青 空 白 常
```

《七十二占》曰：壬寅日，支上戌，夜有青龙，乃吉神也，即作用神。中传午上有玄武，末传寅上有螣蛇，皆凶神也。末生中，中生初，初却克干，凶神助起吉神，吉神化作凶神，为干鬼而克干，是善人被恶人哄诱，反害君子。

《毕法》云：此课三传火局为日之财，而生起日上未土为鬼，以伤日干，占者切戒，勿取此财，取之必然致祸。又曰：此财如在虎口，如在虎手，贪者不顾，必欲得之，则虎必咥人，鬼作祸，祸害并至，虽有财，无如之何也。

日上克日，辰上克日，用克日，末克初。

课名重审、炎上。戌本壬之鬼，然三传皆火为财，春夏可用，戌狗寅狼，狼狗不能无争，事必干众，然鬼化财，财旺吉。未中有丁，加壬上相合，又与中传午未相合，有妮议亲可成。

《义》曰：三六合并，无限欢忻。笑里含刀，生煞尤甚。对面虚及，人情不实。大要提防，砒藏于蜜。

《象》曰：好意中间恶意藏，恩中致怨恼人肠。哲人须识此义昧，尤畏将来丑事彰。

此重审之卦，一曰炎上，亦曰斩关。夫重审者，重而审之也。利为主，利后动，长有厄，事从内起，起于女人。以下犯上，贱犯贵，卑犯尊，事多不顺。阴小在下者，有悖逆之事。占臣未忠，子失孝，事不可遂意而行，必当审察，循乎义理，庶几以免后患也。且炎上，为日，象君，事主多虚少实。戌加寅，以墓临生，谓火以明为主，虚则生明，实则生暗，是反其体也。占明事反为暗昧，亦主枉图不遂。占人性刚急，占天晴明。况斩关有奔亡之象，斩关不利于安居，而利于逃亡也。此乃五行正气入十干杂糅之乡，异方三合乃生旺墓之神，事主丛杂不一，主关众人共谋，不然两三处干事，委曲托人与人相合之类。又如推磨之象，转去转来，非一遍也。炎上虚多而少实，有始无终。占者遇之此课，三传俱财，财多反生不足，不宜求财，惟利占病。占婚姻，媒妁不明。占宅不宁。占病凶，忧在长上，夫妻亦不吉。占行人来。常占不宜，况得淫泆之课，贵以礼自防。讼凶，且有教唆。主客不和，易于成事而难于忧散，得冲方可。

占出兵行师者，昼凶夜吉，利主利后举。传报多不的，宜密察而处之。

夏吉，春平。

真一山人云：这样机关几个知？暗中私约不能窥。婚姻切莫较成事，门户还宜谨慎奇。

《无惑钤》云：传财化鬼，刃蜜休舐。昼虎戌戌，凶灾甚矣。

《钤解》曰：三传火局，日之财也，生起干上未土，而伤壬干，化为鬼矣。此财如蜜在刃上，何可舐乎？况初传戌戌昼虎，其凶祸有不可言矣。《集议》："传财化鬼财休觅"内列此日，助桀为虐，递生日鬼。万事喜忻三六合，谓如寅午戌三合，午与干上未又为六合。又一歌云："三合相呼见喜忻，纵然带煞不成嗔。"如寅午戌遇庚辛日，纵然克干，亦不能为祸，尚可成合，其余占，虽不可占成之事，亦且有成，何况三传三合作日财，有不可乎？上二说俱凌福之论，而谓此课凶灾之甚，似自相矛盾，细玩发用，戌鬼遁戌鬼，即"虎乘遁鬼殃非浅"也，故难同前论。未乘太阴加亥，主小儿婚姻。戌加寅作龙，鬼化为财，取之有祸。

壬寅日第六课

重审　六仪

人宅坐墓廿招晦　胎财生气妻怀孕

```
蛇 常 勾 后        后 空 朱 玄
辰 酉 丑 午        辰 酉 丑 午
酉 寅 午 壬        酉 寅 午 壬


财 甲 午 后        财 甲 午 玄
官 辛 丑 勾        官 辛 丑 朱
父 丙 申 玄        父 丙 申 白


青 勾 六 朱        六 朱 蛇 贵
子 丑 寅 卯        子 丑 寅 卯
空亥      辰蛇     勾亥      辰后
白戌      巳贵     青戌      巳阴
酉 申 未 午        酉 申 未 午
常 玄 阴 后        空 白 常 玄
```

此课邵生占前程，一名四绝，二名支干自刑，三名六害。其前程不利有三：一者身居于偏屋，更无正位；二者妻宫不利；三者眼目不明。缘他父坟皆是白蚁，在左畔已空虚矣。不但前程不达，又且无寿。九年将宅基作田园，家业破碎，贵与贱皆因酒而败。邵官人自见先生说后，念念欲举父之坟，缘其弟不肯。族中有二叔在堂，邵生止居西一侧屋。妻不生子，常有血气。至辛亥年病目。其兄弟三人，并男女贵贱，尽皆贪酒，后因酒而败其家。乙卯年，众拆屋，一半改作田，一半改作园。其邵氏又居于店屋，戊午年身丧矣。己未年，二弟有人又劝其举父坟，及开棺，骨殖皆为蚁食矣。壬日以申为父，父在墓，乘白虎，主生白蚁食蠹。日上有午，一为眼目，二为妻宫，火绝于亥，故不利也。丑加午为六害，丑为田园，午为堂屋，午加壬受克，故主屋坏。中传丑土克壬水，是因田园破败。宅上见酉，壬水败于酉，故为酒所败也。带破碎，主男女皆饮酒而败也。①

《玉历钤》云：此课午加亥，吉象也，但嫌玄后夹克，若行年本命上有吉神，可以成事。

《毕法》云：此课日干上午，七月占，午加亥为发用，且壬水胎在午，又是日之妻财，及七月生气在午，占妻必有娠孕无疑。

日克上神，日上克辰上，日克用，初克末。

课名重审。凡占主阴晦，若已见屯晦，占得此则财渐丰，盖午加亥，为丁壬合，丁巳年命犹吉。

《义》曰：递相权荐，利于仕宦。只恐临期，偶然值变。男女婚姻，惟宜谨慎。勉强而成，终招悔吝。

《象》曰：图新未得遂于心，了旧还和得好音。久病恐非痊可论，人生未必识浮沉。

此重审之卦，一曰泆女。夫重审者，重而审之也。利为主，利后动，长有厄，事从内起，起于女人。以下犯上，贱犯贵，卑犯尊，事多不顺。阴小在下者，有悖逆之事。占臣未忠，子失孝，事不可遂意而行，必当审察，循乎义理，庶几以免后患也。传见泆女，《经》曰："天后常为厌翳神，须知六合是私门。二将取名称泆女，夫妻失友异情恩。"占男女有阴私暗昧之理，占家宅防阴小越礼，惟能以礼自防者可化之。午丑申乃隔七隔八之数。日上午，占主妻美。占者遇之，求官见贵，虽曰不宜，幸得有人递相举荐成事。却宜结绝旧事，乃曰"事了、人来、信至"。若欲谋新，未见其美。占婚姻勿用。占求财，虽有而未利。占病者，先凶后吉，忧在长上，托人难借力，干事岂能成？远行不宜。讼者不吉，勉强和可也。占宅不宜，初遭夹克，凡事不由己，必被人驱策不宁，人宅坐墓，凡事甘招其晦，家宅或借与人住，被人作践，凡事皆自取之也。占逃亡者自归。七月占妻有孕，正月占损胎。

占出兵行师得此，昼占无威而不宁，夜占失物以忧疑。利为主，利后进。敌使之来，其言不可信也。

夏秋吉，惟欠和。

真一山人云：凭财荐举事还成，夜月占来莫远行。若欲出兵占得此，深谋远虑未和平。

《无惑钤》云：因求财利，有妨生计。长上凶灾，甘招晦滞。

---

① 《壬占汇选》作：戊申年九月二十一，壬寅日辰将酉时，邵梓材戊寅生，生于三月初一日辰时，三十一岁占前程。

《铃解》曰：午乃壬财，临干发用，申又午财，壬之生计是因财以求其利耳。申为长生，为生计，上乘白虎，午又克之，丑复墓之，申全然无气矣。所以于生计有妨，于长上有灾。壬自投于墓，自甘昏晦而已矣。《集议》："三传递生人荐举"内列此日。《邵南引证戊申集》九月有此日占。"六爻现卦防其克"内列此日云：六壬日乃长生无气。"人宅坐墓甘招晦"内有此日例，谓亥加辰、寅加未云云。欲脱货，不能出脱。两贵相协。四绝歌，出《撮要》："午加亥上酉加寅，子临巳兮卯加申。诸经值此名四绝，结绝旧事最为真。"丑加午，得勾朱，主田宅争竞。四胜之煞，乃邀功逞俊之意。午乃胎财，七月占为生气，主有孕喜。酉乃丁神，则因父母或长上之财动。墓门开，又为外丧入内，宜合寿木以禳之。

壬寅日第七课

反吟　玄胎
二贵受克难干贵

```
玄 六 空 贵        蛇 白 勾 阴
寅 申 亥 巳        寅 申 亥 巳
申 寅 巳 壬        申 寅 巳 壬


子 壬 寅 玄        子 壬 寅 蛇
父 丙 申 六        父 丙 申 白
子 壬 寅 玄        子 壬 寅 蛇


空 白 常 玄        勾 六 朱 蛇
亥 子 丑 寅        亥 子 丑 寅
青戌      卯阴     青戌      卯贵
勾酉      辰后     空酉      辰后
  申 未 午 巳        申 未 午 巳
  六 朱 蛇 贵        白 常 玄 阴
```

此课占财，乃先讨过了，他还本利已毕了，今再重讨，是如此否？其人曰："果如此。"壬水绝于巳，巳为财，财既断绝了，又见申，申复旧长生，是此了他本利，后人再求讨也。若讨得财，下稍必被他所扰害，定成不足，四年外，便是非见也。后癸丑年，果争息钱下狱，得卯年赦免罪。①

《玉历钤》云：玄蛇凶将，在家宅上，主家宅不宁，外有忧扰之象，凡占百事不成。

《毕法》云：此课初末全为干之脱气，却生起干上财神，为日之财，其例名为讨还魂债。

《通神集》云：此课支上被申金克害，上乘白虎，见于鬼门，凡占必主家宅不宁，为妖孽挠扰。常人宜延法官，罡符驱遣；在君子则禀持刚明，阳光盛大，阴精邪魅，不待驱除，当自熄矣。

课名反吟。寅申人鬼相加，且玄合，暮蛇虎，皆凶，凡占宜动不宜静，宜变常，方可获安。

《义》曰：贵人乘空，何以用力？玄蛇既逢，惊盗必及。事多未成，反复不宁。君子守正，将见利亨。

《象》曰：夫妻宾主共和同，方保将来有始终。若是这般相反目，几多好事不成功。

此无依之卦，一曰玄胎。夫无依，即反吟也。《经》云："无依是反吟，逃者远追寻。合者应分散，安巢别改林。守官须易位，结友也分襟。所为多反复，占病数般侵。"反吟刑冲，事主迟滞，远近系心，更相仇怨，且反复而呻吟，是无予夺而难息也。复而更往，欲动疑二不决，事从下起，夫妻离背，朋友失义，凡动无德，何以依之？玄胎如婴儿隐伏之状，利上不利下，事主远而多伏，暗昧不通，触则成祸，惟君子守正修德则亨。不宜占老人小儿病。占者遇之此课，主客不和，占求事不宜，占干事难成，占交易不成，占婚姻不利。占求官者，有进迁之美，余占未利。占病凶。占忧惊有解。

占出兵行师者，不遇往敌，他恐不见也。闻事或不实，还宜密察。大抵多利为主，利后动也。

勉之以和。

真一山人云：课中逢马好求官，马在绝乡未足欢。只要得秋方是福，人情反复又难看。

《无惑钤》云：钱财虚耗，往来逢盗。面前和合，二贵难靠。

《钤解》曰：巳乃日财作空，甚虚耗也。初末往来，俱脱盗之神。寅与亥合，申与巳合，面前似合美矣，然而申巳合中有刑，寅亥合中带破，就里参差。昼贵人空，夜贵人受克，所以难靠也。《集议》："传鬼成财钱险危"内列

---

① 《壬占汇选》作：己酉年十月壬寅日寅将申时，水四哥占求财。

此日，谓三传脱气，却生起干上财神，名取还魂债。巳乃空亡，尤为的。"用破身心无所归"内有此日例，乘干上空财，幸受申生，却被初末脱盗。"干支值绝凡谋决"内有此日例，谓绝神作日之财神，止宜结绝财物事，不利占妻病，必死，又作月内之死气者，妻死尤速。支鬼夜占乘虎，干支上下俱作六合，主宾和顺，交互六害。

壬寅日第八课

知一　斩关　三奇　不行传

干支乘墓各昏迷

```
白 朱 勾 后          六 常 空 后
子 未 酉 辰          子 未 酉 辰
未 寅 辰 壬          未 寅 辰 壬


兄 庚 子 白          兄 庚 子 六
财 巳 贵 ◎          财 巳 阴 ◎
官 戊 戌 青 ⊙        官 戊 戌 青 ⊙


青 空 白 常          青 勾 六 朱
戌 亥 子 丑          戌 亥 子 丑
勾 酉    寅 玄      空 酉    寅 蛇
六 申    卯 阴      白 申    卯 贵
未 午 巳 辰          未 午 巳 辰
朱 蛇 贵 后          常 玄 阴 后
```

此课占家宅，而身宅之上俱见墓无气，因婢妾相争，婢出而后归，却与宅有合。又常被子息及兄弟作扰，又门户上口舌不足。只喜中末空亡，又是绝乡，下稍口舌挠乱俱绝矣。何以知婢再归？盖天盘酉之阴神，却乃寅加酉，又是宅也。兼酉加辰，天将勾陈与地盘上下夹定，勾陈乃牙人，后至甲辰日，婢再还，后果是。大凡隔七隔八之局，自主一人托一人，既有子巳戌，便有戌巳子也。三传回还，只是发用加于六害，故多事阻。既得绝地，其事至甲辰、乙巳日则绝也。又兼宅母不时自病。[①]

《玉历钤》云：此课日辰水木，用神子加未相害，凡事阻隔无成。

《神枢经》云：墓覆日辰，人宅昏沉，此课干上有辰，支上有未，全被墓神覆日辰，人如在昏雾中行，不得明快，家宅亦败坏，不可收拾。

上神墓克日，日上克用，末克初。

课名知一、三奇、斩关。墓覆日辰，虎合为用，子未六害，常占不安，所幸中末空亡，若见损财，可少减凶屯矣。

《义》曰：白虎不战，消除灾难。巳戌俱空，有吉无凶。人宅俱墓，彼此昏蒙。待时而动，方见成功。

《象》曰：好事难成凶事消，不知进止枉徒劳。事如坐守无虚耗，待得时来福禄饶。

此知一之卦。夫知一者，知一而不能知两，知者以为自知、自见，不知为寇仇，故言知一也。以此为用，舍远就近，舍疏就亲，恩中生害，事多起于同类，凡事狐疑，事贵和同乃吉。《经》云："知一卦何如？用神今日比。事因同类起，婚姻失谐为。失物亲邻取，逃亡不远离。论讼和允好，为事尚狐疑。"干上见墓，墓乃五行潜伏之地，四时衰败气绝之乡，见墓即止，传墓不吉。况墓者，昏蒙之象，如处云雾之中，昏蒙而无所见也，宅舍亦无光明，多是黑暗，彼此俱无亨通。占者遇之此课，求官者，本为铸印之美，惜其传归无力之乡，虽有智力，未尽善美，须待其时耳。占见贵不顺。占婚姻不成，成而不久。占交易、投谒、谋望之事，始如锦上添花，终似秋风叶落，所谓"苗而不秀，秀而不实"者也。占病者，先重后轻。狱讼忧惊，自然解散。此课不利成事，惟利散事。

占出兵行师得此，昼占白虎值刃，为不吉，夜占六合，尤宜获金宝之美利。大抵此卦，始凶终吉，先难而后易，功不成而名不就也。

进锐退速。见巳字吉。

真一山人云：金井梧飞暖气消，秋风飒飒渐看高。谁知生意时间少？落叶西风满树梢。

《无惑钤》云：墓身墓宅，财亡妻失。刃虎昼逢，巳畏子戌。

《钤解》曰：壬干，身也，为辰墓所覆；寅支，宅也，为未墓所覆，主昏迷也。中传巳乃妻财，却系旬空；又被初传白虎，子水加未克之；末传戌墓，加于巳之本处，可畏之甚，妻亡财失必矣。邵公占产生男。《集议》："干支乘

---

① 《壬占汇选》作：建炎戊申年十一月壬寅日丑将申时，任三翁庚午生，三十九岁占家宅。

墓各昏迷"内列此日。两后夹日墓，神后加未，夜得合，主邪魔鬼祟。

壬寅日第九课

重审　曲直

干支受脱俱招盗　首尾相见始终宜

```
青 蛇 朱 阴          白 六 勾 贵
戌 午 未 卯          戌 午 未 卯
午 寅 卯 壬          午 寅 卯 壬


官 乙 未 朱          官 乙 未 勾
兄 己 亥 空          兄 己 亥 常
子 癸 卯 阴          子 癸 卯 贵


勾 青 空 白          空 白 常 玄
酉 戌 亥 子          酉 戌 亥 子
六 申     丑 常      青 申     丑 阴
朱 未     寅 玄      勾 未     寅 后
  午 巳 辰 卯          午 巳 辰 卯
  蛇 贵 后 阴          六 朱 蛇 贵
```

《玉历钤》云：此课日辰上下三合，丁壬德合，气象和顺，凡占所求皆遂。

《毕法》云：此课日上卯乃旬尾，支上午乃旬首，周而复始，名曰一旬周遍格，凡值此者，占事不脱，所谋皆成，占赴试宜代工，占词讼宜换局，占交加用事，去而复来，惟不宜占释散事，如有忧疑，未必决断。

《灵辖经》云：此课干上卯脱壬水之气，支上午脱寅木之气，占者值之，日用必被人脱赚，家宅必被贼盗窃。如占病，定缘起盖房屋费用，而致心气脱弱，以成虚愈，宜服补元气药获愈。

《翠羽》占曰：干上卯乃干水之死气，支上午乃支木之死气，干支俱乘死气，最忌占病，常占止宜静守，不宜动谋。

日生上神，日上生辰上，用克日，末克初，日上克用。

课名知一、曲直。宅墓为用，未土临门为杜塞。所喜日辰俱合，未中有丁作用，是丁与日干合，人情和叶。阴贵临日，宜以己就人，致曲后，才可进步也。春冬占之犹吉。

《义》曰：财物耗盗，何所倚靠？名实利虚，徒惹一笑。所贵知机，收敛为奇。若不知止，日渐有亏。

《象》曰：水少木多滋不及，托人干事反遭奸。事须向理多斟酌，浮世虚名且莫干。

此重审之卦，一曰曲直，亦曰龙战，又曰天网。夫重审者，重而审之也。利为主，利后动，长有厄，事从内起，起于女人。以下犯上，贱犯贵，卑犯尊，事多不顺。阴小在下者，有悖逆之事。占臣未忠，子失孝，事不可遂意而行，必当审察，循乎义理，庶几以免后患也。传见曲直，先曲而后直也，象木之谓。此五行正气入十干杂糅之乡，异方三合乃生旺墓之神，事主丛杂不一，主关众人共谋，不然两三处干事，委曲托人与人相合之类。况龙战，主人心疑惑，进寸退尺，动有乖离之象。卯酉为天之私门，生杀有限，分杜有期，雷动龙奔，示其有战，身心疑惑。且天网者，乃天网四张也，《经》曰"天网四张，万物被伤"，为阻滞，为疑难，为灾恼。日生上神，虚费百出，谋望不遂，盗失损财，人口衰残，休囚尤重，又为子孙脱漏之事。三合乃推磨之象，一事去一事来，无休歇之象。占者遇之此课，名一旬周遍格，所谋必成，中有难成之象，亦有侵损之理。其他交易、婚姻、投谒、托人者，皆不美。人宅受脱，有不足之叹。此课占成事，欲成未成，占散事，欲散未散也。

占出兵行师，昼占夜占皆不宜，虚耗不足，有不战自和之意也。

户大家虚。

真一山人云：欲脱不脱终见脱，欲成未成和日成。阴功好向人心积，积德由来百福生。

《无惑钤》云：支乘旬始，干上旬尾。士庶欲之，官宦恶矣。

《钤解》曰：午，旬首也，加于支上；卯，旬尾也，加于干上。三传木局，克去官星，此士庶赖以解除官非，所以欲之；若仕人占，则伤坏官爻，所以仕宦深恶矣。《集议》："首尾相见"内列此日，说见旬中丙申日第三课。"众鬼虽彰全不畏"内，末后续五壬日同例。"人宅皆死各衰羸"内列此日，谓干上支上全逢死气者，止宜休息万事，不宜动谋，占讼先曲后直。"人宅受脱"内列此日。三传脱干，生起支上午财，名还魂债。子乘白虎，冲支上午，为对邻兽头冲其本家，以致家道衰替。卯夜贵脱，必被贵人脱赚，或被神祇作祟，以致脱耗，后癸卯日准此。

壬寅日第十课

重审　玄胎　不备　闭口

脱上逢脱防虚诈

```
六 贵 贵 玄          青 朱 朱 后
申 巳 巳 寅          申 巳 巳 寅
巳 寅 寅 壬          巳 寅 寅 壬


父 丙 申 六 ⊙       父 丙 申 青 ⊙
兄 己 亥 空          兄 己 亥 常
子 壬 寅 玄          子 壬 寅 后


六 勾 青 空          青 空 白 常
申 酉 戌 亥          申 酉 戌 亥
朱 未      子 白      勾 未      子 玄
蛇 午      丑 常      六 午      丑 阴
巳 辰 卯 寅          巳 辰 卯 寅
贵 后 阴 玄          朱 蛇 贵 后
```

《玉历钤》云：此课玄胎，用神与日辰刑害，天将稍吉，凡占艰难阻隔，然后成遂。

《毕法》云：此课干支上皆乘脱气，干上又有玄武，皆脱耗之象也。占者值之，必脱耗迭出，人宅俱不昌盛。

日上生辰上，初克末，用克日上。

课名玄胎、阳不备。辰加日，为进退不自由。漏底空亡为用，凡占聚散不定，合处有伤，以支就日，末传与中合。

《义》曰：宾主生嫌，谋事堪怜。狐疑不决，以此迁延。虚多实少，虑有变更。长生禄马，可惜难凭。

《象》曰：阴晴未定意如何？智者修心且待时。一炷清香琴一曲，衡门之下乐便宜。

此重审之卦，一曰玄胎。夫重审者，重而审之也。利为主，利后动，长有厄，事从内起，起于女人。以下犯上，贱犯贵，卑犯尊，事多不顺。阴小在下者，有悖逆之事。占臣未忠，子失孝，事不可遂意而行，必当审察，循乎义理，庶几以免后患也。况玄胎如婴儿隐伏之状，利上不利下，事主远而多伏，暗昧不通，触则成祸，惟君子守正修德则亨。玄胎不宜占老人小儿病。阳不备号芜淫，奸生于中，夫妇当以和为上，以礼自防可也。日生上神，虚费百出，谋望难遂，盗失损财，人口衰残，休囚尤重，又为子孙脱漏之事。占者遇之此课，有生而不生之象，以其长生所乘空亡之无力也。况人宅受脱，彼此不足，虚耗多端，乃得不偿费之课。日生干上，乘玄武，脱耗犹甚，占病缘起盖房屋费用，以致心气脱弱而成疾。不宜谋干，宾主不和，彼此猜忌。暴病占之即愈，久病未利。占失脱难全。占宅不利。占忧惊患难者有解。占成事，未足如心。

占出兵行师得此，防有失众之象，昼夜占之皆吉，两家皆递相谋害之心，吉不吉而凶未凶也。

巳年月日吉。

真一山人云：求事成时要见蛇，及时方得不生嗟。从今彼此犹猜忌，富贵功名准有加。

《无惑钤》云：彼加我边，末又来兼。虽名三会，无益可沾。

《钤解》曰：支神加干，上门来脱。初传长生落空，是上不得其惠，下被其所损。中禄又作天空，末传又乘玄武，是皆无益者也。干上寅带壬，一会也；末传寅带壬，二会也；支寅带壬，三会也，皆脱也，三会三脱，如此何益之可沾耶？名虽三会，何足道哉？《集议》："将逢内战所谋危"内列此日，谓申加巳发用，昼占乃六合内战，夜占乃青龙内战。六合内战，凡用事将成合而被人搅扰也。上神六害，干上脱气，昼占乘玄，亦如"脱上逢脱"之说，宜动不宜静，利卑不利尊，在家得脱害，在外主生合。

壬寅日第十一课

重审　孤辰　登三天
昼夜贵加求两贵

```
蛇 后 阴 常          六 蛇 贵 阴
午 辰 卯 丑          午 辰 卯 丑
辰 寅 丑 壬          辰 寅 丑 壬


官   辰 后 ◎        官   辰 蛇 ◎
财 甲 午 蛇 ⊙       财 甲 午 六 ⊙
父 丙 申 六          父 丙 申 青


朱 六 勾 青          勾 青 空 白
未 申 酉 戌          未 申 酉 戌
蛇 午    亥 空       六 午    亥 常
贵 巳    子 白       朱 巳    子 玄
辰 卯 寅 丑          辰 卯 寅 丑
后 阴 玄 常          蛇 贵 后 阴
```

《玉历钤》云：此课用鬼，又是日墓空亡，主家业虚脱，凡占所求无成。

《毕法》云：此课辰加寅为初传，辰乃干之墓也；申加午为末传，申乃干之长生也。自墓传生，先昏迷，后明快之象。长乐老诗云："冬去归根，春来又生。"吕徵之遣兴诗云"严霜冽日皆经过，次第春风到草庐"，即此意也。

上神克日，用克日。

课名重审。辰为墓，又作鬼，克日入宅，又是旬空，凡占孤独暗昧，有声无实，忧喜不成，未能成合。却末生无力，生神受制故也。重谋再进，可有生意，但入头难耳。

《义》曰：发用逢空，事无定踪。我欲动谋，间隔不通。虽成必败，虚名张大。忧患得之，抑又无害。

《象》曰：虽有私心未遂情，空传暗约几时成？吉凶祸福无凭准，守正持身日渐亨。

此重审之卦，一曰天网，亦曰泆女，又曰斩关，又曰孤辰。夫重审者，重而审之也。利为主，利后动，长有厄，事从内起，起于女人。以下犯上，贱犯贵，卑犯尊，事多不顺。阴小在下者，有悖逆之事。占臣未忠，子失孝，事不可遂意而行，必当审察，循乎义理，庶几以免后患也。天网四张，万物被伤，为阻滞，为疑难，为灾恼。传逢泆女，《经》曰："天后常为厌魅神，须知六合是私门。二将取名称泆女，夫妻失友异情恩。"夫泆女乃不正之象，阴私邪淫，占男女有阴私暗昧之理，占家宅宜谨守闺门，以防阴小越礼，惟能以礼自防者可化之。传见斩关，有奔亡之象。况孤辰有茕茕孑立之象，占人别离桑梓。占者遇之此课，发用无力，百占难成，有影无形，虚多实少，须正静守之，待时而行。若暴病、忧惊、险难、狱讼、禁系，却有解也，吉不成吉，而凶不成凶。

占出兵行师得此，忧失众，昼占无畏，夜占惊恐，犹宜善为，防杜相机。传报事多不实，宜加审察也。

登天之难。事多阻隔。

真一山人云：否泰相搀贵识时，达人知此便忘机。功名未必谋方遂，理数天然亦更奇。

《无惑钤》云：自墓传生，先迷后醒。卯为年命，两贵相成。

《钤解》曰：初传辰乃日墓，末传申为长生，凡占值此，先昏迷而后醒悟也。巳昼贵，加于卯夜贵上，乃昼夜贵人相加，若占人年命在卯，必得两贵以成其事矣。《集议》："昼夜贵加求两贵"内有此例，缘不在传课，不欲俱载钤内，犹如此论，似与入课者同用，他准此。"登三天"诗见本旬甲午日第十一课。"难变易"内有此日。

壬寅日第十二课

重审　寡宿　连茹　罗网

空空如也事休追　进茹空亡宜退步　前后逼迫难进退

```
后 阴 常 白          蛇 贵 阴 玄
辰 卯 丑 子          辰 卯 丑 子
卯 寅 子 壬          卯 寅 子 壬


官　 辰 后 ◎        官　 辰 蛇 ◎
财　 巳 贵 ◎⊙       财　 巳 朱 ◎⊙
财 甲午 蛇 ⊙        财 甲午 六 ⊙


蛇 朱 六 勾          六 勾 青 空
午 未 申 酉          午 未 申 酉
贵巳　　 戌青        朱巳　　 戌白
后辰　　 亥空        蛇辰　　 亥常
  卯 寅 丑 子          卯 寅 丑 子
  阴 玄 常 白          贵 后 阴 玄
```

《玉历钤》云：此课连茹空亡，忧喜皆不成，凡占无所用。

《毕法》云：此课初中空亡，末传脚踏空地，不宜前进，只宜退后之象。占者退身隐居，可以全名远害。

《七十二占》云：干前一辰干乘之，支前一辰支乘之，谓之罗网自裹，身宅俱不得通泰，凡事如绷缚而不能转动也。

《雕科经》云：此课三传皆空亡，在身宅之前，前进决不可矣；退后一步逢盗气，又退一步逢干鬼，乃进退不可。惟宜守干上旺气，切不宜狂谋妄动，则虚耗自出。《易》曰"括囊，无咎无誉"，又曰"往蹇来誉"，此之谓也。

日辰上相刑，日上生辰上，用克日，用克日上。

课名重审、进茹。辰巳空亡，日墓为用，晦昧杜塞，干众连茹不已，末与辰合，终无凶，此先难后易之课也。

《义》曰：有影无踪，三传俱亡。得而复失，劳而无功。谋事不就，占病大凶。前后逼迫，何以从容？

《象》曰：吉凶从此暗消忘，君子占之保吉昌。动定云为浑合理，将来时至福彰彰。

此重审之卦，一曰天网，亦曰龙战。夫重审者，重而审之也。利为主，利后动，长有厄，事从内起，起于女人。以下犯上，贱犯贵，卑犯尊，事多不顺。阴小在下者，有悖逆之事。占臣未忠，子失孝，事不可遂意而行，必当审察，循乎义理，庶几以免后患也。况天网，为阻滞、疑难、灾恼。且龙战，乃天之私门，生杀有限，分杜有期，雷动龙奔，示其有战，身心疑惑，进寸退尺，动有乖离之象。孤辰有茕茕孑立之象，占人别离桑梓。凡所占谋，多虚少实，功名难遂，事业虚花。占者遇之此课，三传宜空，万事无踪，主客相形，美中不足，恩中有害。占求官、见贵、婚姻、求财、交易、投谒、谋望之事，纵使目下如锦上添花，亦不过如捕风捉影，虽有智力，何所施焉？凡有传闻，虚声而已，假使勉强成之，亦为虚耳。占忧惊、患难者，却解散。占暴病得之为福，久病得之最凶。

占出兵行师得此，多不行事，临敌对垒，忧失众，吉凶俱不成也。

无可忧惧。

真一山人云：养晦从容勿妄求，琴书相伴乐悠悠。一朝际得风云会，显赫名声富贵优。

《无惑钤》云：前途虚谬，脱盗在后。彼此无礼，逼迫难成。

《钤解》曰：前逢辰巳午，皆系空陷，前无所投；后之寅卯，又被脱盗，后无所依。欲守子水之旺，又被支上卯来刑，谓之逼迫无礼，守之不亦难乎？《集议》："进茹空亡宜退步"内有此日，谓有奇说在钤内，即此说也。此进退以干言也。"前后逼迫难进退"内列此日例，谓三传皆空，固不可进，欲后退一步逢盗气，再退一步乃干鬼，前不可进，后不可退，以此推之，宜守干上之旺，切不可狂谋妄动，则虚耗百出矣。墓门开，又为外丧。辰加卯，作天后，主妇人门户，及隐匿惊怪。初辰与支上卯相害，阴损人财。凡辰加卯，连茹害重；卯加辰，连茹害轻。或天乙临雀，挠动自解。两贵不协，变成妒忌，巳加辰，卯加寅。

癸卯日

癸卯日第一课

伏吟　稼穡

众鬼虽彰全不畏

```
朱 朱 勾 勾          贵 贵 阴 阴
卯 卯 丑 丑          卯 卯 丑 丑
卯 卯 丑 癸          卯 卯 丑 癸

官 辛 丑 勾          官 辛 丑 阴
官 戊 戌 白          官 戊 戌 白
官 乙 未 阴          官 乙 未 勾

贵 后 阴 玄          朱 六 勾 青
巳 午 未 申          巳 午 未 申
蛇辰     酉常       蛇辰     酉空
朱卯     戌白       贵卯     戌白
寅 丑 子 亥          寅 丑 子 亥
六 勾 青 空          后 阴 玄 常
```

《玉历钤》云：此课伏吟，三传皆克日，乃凶课也。然穷则变，变则通，若年命上有喜神，可以变凶为吉。

上神克日，辰上克日上。

课名伏吟。三传皆克日，惟忧刃不喜，不可用，此卦宜静不宜动，寅卯生人，或年命上见寅卯者，可免灾。

《义》曰：事多见阻，人情且忏。静则自安，动则自迨。屈而不伸，灾恼生嗔。病讼可畏，斯理最真。

《象》曰：重土艰难阻滞多，人情犹见未平和。惟宜静守方为福，金水时临好放歌。

此自信之卦，一曰稼穑，亦曰天网。夫自信，乃天地伏吟，十二神各归本家，天地如一，四伏未发之象。占事静则宜，动则滞，主事藏匿不动，静中求劳，有屈而不伸之象。况稼穑乃重土，有艰难之象，常占名曰鲸鲵归涧，凡事逼迫不由己，出若遇雷神，方能变化。《要》曰：稼穑者，五坟也，不宜占病。一曰天网，《经》曰"天网四张，万物被伤"，为阻滞，为疑难，为灾恼。又曰："任信伏吟神，行人立至门。失物家内盗，逃者隐乡邻。病合难言语，占胎聋哑人。访人藏不出，行者却回轮。"此课三传俱鬼克日，凡事不善，君子难为职事，小人灾祸宜防，旺相官庶可，休死疾病，若带刑煞，尤为不吉，有救神可解，所幸自相刑冲，亦难中有易也。占者遇之此卦，求官见贵，不惟不喜，抑且迟滞。占求财有祸。占婚不宜。占病凶，宜阴德以助之。失物难得。常占事阻，口舌不利。占公讼，勾留不吉。占出行，多阻滞。占求事谋望难成。

占出兵行师，宜止息，引为改图，若用此，易于败绩，难于致胜，动多鬼贼阻难，亦见彼之盛众，贵在将之相机，以保无虞。大抵此课，诸占不利，宜以义理正处可也。

秋冬吉。

真一山人云：难里生恩岂偶然？也知由己亦由天。平生积善还逢善，义理时时不可损。

《无惑钤》云：课传六土，癸水受苦。宅中夜贵，可以御侮。

《钤解》云：四课三传，共六重土，并克癸水，其苦何可当也？幸夜贵卯木，临于宅上，庶得克制土，而能御其侮也。《集议》："众鬼虽彰全不畏"内谓此例，必得宅中人解祸。"恃强凌弱"说见前。制鬼之位乃良医。宾主不投刑在上。

癸卯日第二课

重审　退茹

旺禄临身徒妄作

```
勾 六 空 青        阴 后 常 玄
丑 寅 亥 子        丑 寅 亥 子
寅 卯 子 癸        寅 卯 子 癸


官 辛 丑 勾        官 辛 丑 阴
兄 庚 子 青        兄 庚 子 玄
兄 己 亥 空        兄 己 亥 常


蛇 贵 后 阴        蛇 朱 六 勾
辰 巳 午 未        辰 巳 午 未
朱 卯      申 玄    贵 卯      申 青
六 寅      酉 常    后 寅      酉 空
丑 子 亥 戌        丑 子 亥 戌
勾 青 空 白        阴 玄 常 白
```

《玉连环》占曰：此课据来意，事因当日丑时，三人巡更，与地方中姓马人相争，来日申时送到官，因姓孙人司吏为鬼，三人并遭杖责。当日丑时，发用大吉，便是今日之干，亦为丑时。何知三人夜巡？今日干癸，与课中子亥为等辈爻，便为三人，丑时相争，便言夜巡也。何知与姓马人相争？直事门胜光，为姓马人也。胜光为日下之财。何言相争？与日为六害，又发用勾陈为鬼，岂不是相争也？何知姓孙人吏？缘发用大吉，丑为纽丝，中传神后相配，为孙字也。大吉与勾陈克日，故知吏姓孙。何知三人俱受杖责？今日癸与亥子皆属水，俱为大吉所克，又勾陈为杖责棒木，虽末传有天空，亦克今日，故言俱受责也。①

《玉历钤》云：此课三传俱退，又初克末传，纵使年命有吉，亦不为福也，所占凡事无成。

---

① 《一字诀玉连环》作：七月癸卯日巳将午时，占来意。

日上见禄，日上生辰上，用克日及日上，初克末。

课名重审、退茹。干众重谋，传逆不顺。然丑子作合，子乃日禄害卯六，有难合终合之意拨。

《义》曰：进退率传，事多疑二。旺禄临身，守则福至。屈而未伸，难中见易。渐易渐纵，秋冬更利。

《象》曰：忧疑历遍渐从容，贵贱荣枯掌握中。事到疑难宜望守，风调雨顺见羊丰。

此重审之卦，一曰退连茹，又曰天网。夫重审者，重而审之也。利为主，利后动，长有厄，事从内起，起于女人。以下犯上，贱犯贵，卑犯尊，事多不顺。阴小在下者，有悖逆之事。占臣未忠，子失孝，事不可遂意而行，必当审察，循乎义理，庶几以免后患也。丑子亥，乃退连茹也，事主欲行不行，欲止不止，节外生枝，退中有进，事主迟疑，一事未了，一事又续，根苗不断，旧事重新。夫天网四张，万物被伤，为阻滞，为疑难，为灾恼。冬占为旺禄临身勿妄作，守旧则吉。占者遇之此课，凡占求官见贵，虽有可成，但未免迟滞，勾陈乃屈而不伸之象。凡有所占，亦迟疑阻难，或有两头干事，惟利占望行人，有归来之理。占产不宜，惟修福德方美。占病先凶后吉。其余诸占，谋望更求，皆有不足之象。占忧疑，后有解散。

占出兵行师，不利先举，不利客，宜相其机，终见两有谋和之美，惟在将之权谋神妙耳。

冬春吉。

真一山人云：欲翼麟儿密诞生，偶然卜此便忧惊。退中有进非容易，积善人家方保宁。

晦而复宁。

《无惑钤》云：夜贵难守，常占灾咎。巳亥天空，勾陈在丑。

《钤解》曰：子，癸禄也，夜占乘玄，耗失难守。初传勾丑，末亥乘空遁己，官鬼四重，常人占此，定有官事搅扰，殃咎难脱矣，仕宦则有升擢之兆也。《集议》："旺禄临身徒妄作"内列此日。"魁度天门"说见壬寅日第三课。

癸卯日第三课

涉害　龙战　极阴　自取乱首　不备

癸日逢丁财动之

<table>
<tr><td>空</td><td>勾</td><td>常</td><td>空</td><td></td><td>勾</td><td>朱</td><td>空</td><td>勾</td></tr>
<tr><td>亥</td><td>丑</td><td>酉</td><td>亥</td><td></td><td>亥</td><td>丑</td><td>酉</td><td>亥</td></tr>
<tr><td>丑</td><td>卯</td><td>亥</td><td>癸</td><td></td><td>丑</td><td>卯</td><td>亥</td><td>癸</td></tr>
</table>

<table>
<tr><td>官</td><td>辛</td><td>丑</td><td>勾</td><td></td><td>官</td><td>辛</td><td>丑</td><td>朱</td></tr>
<tr><td>兄</td><td>己</td><td>亥</td><td>空</td><td></td><td>兄</td><td>己</td><td>亥</td><td>勾</td></tr>
<tr><td>父</td><td>丁</td><td>酉</td><td>常</td><td></td><td>父</td><td>丁</td><td>酉</td><td>空</td></tr>
</table>

<table>
<tr><td>朱</td><td>蛇</td><td>贵</td><td>后</td><td></td><td>贵</td><td>后</td><td>阴</td><td>玄</td></tr>
<tr><td>卯</td><td>辰</td><td>巳</td><td>午</td><td></td><td>卯</td><td>辰</td><td>巳</td><td>午</td></tr>
<tr><td>六 寅</td><td></td><td>未 阴</td><td></td><td>蛇 寅</td><td></td><td>未 常</td><td></td></tr>
<tr><td>勾 丑</td><td></td><td>申 玄</td><td></td><td>朱 丑</td><td></td><td>申 白</td><td></td></tr>
<tr><td>子</td><td>亥</td><td>戌</td><td>酉</td><td></td><td>子</td><td>亥</td><td>戌</td><td>酉</td></tr>
<tr><td>青</td><td>空</td><td>白</td><td>常</td><td></td><td>六</td><td>勾</td><td>青</td><td>空</td></tr>
</table>

　　此课癸来加卯，又自卯上退西北上，其罪人在卖酒家姓汪宅后，有空猪栏内隐藏，去此四六二十四里（一作：亥四丑八，去此三十二里）便是，或六十四里，有婢在宅前著孝者洗酒器，其人在他家栏内，不然，在崩败东厕内，可取之。水日见丑土，乃汪姓也。酉加亥，为酒器，为婢。著孝者，见太常也。①

　　又一人，壬子命，十一月二十一日卯时，占词讼。《中黄经》占曰：此课主官事，十一日内见大凶，受杖责四十八，止叛四十，饶减八下。何以知之？盖初传丑为勾陈，加卯，建得癸丑，为墓临门，正是勾陈带墓克日也，合有官事。中传亥加丑，为天空。末传酉加亥，为太常，又本命加子，白虎建壬戌，加壬子，正是白虎坐土，又贵神冲日，此课正合前言，官事凶否必矣。癸丑初传，是天上日干，主十日内见大凶，戌日最恶。丑加卯，勾陈遁得癸

────────────────

① 《壬占汇选》作：己酉年十月癸卯日寅将辰时，第五直壬戌生，四十八岁，占捕逃有罪人。

丑，癸五丑八，是五八四十。地下卯得乙卯，乙八卯六，为六八四十八，是先得杖数四十八数，法官必判四十数，却饶减八下矣。[①]

《玉历钤》云：此课朱雀发用，主贵人引荐之象。

课名涉害。不卟之象，不备，夜占朱雀为用，有贵存用，凡事有阻，此课必先难后易也。

《义》曰：当门抬土，动则有阻。课名间传，损而少补。静则妄常，其道乃先。否则妄为，反致忧遑。

《象》曰：未及春浓且莫耕，时时播种自收成。艰难迟速皆由命，履遍崎岖见坦平。

此见机之卦，一曰龙战，亦曰天网。夫见机者，察其微，见其机，谓两比两不比，当以涉害为用。涉害有浅深，欲用不用，欲言不言，事有两而取一，所作稽留，迟疑艰难，进退不定，忧患难消，怀孕伤胎，难于前而易于后。况龙战，主人心疑惑，进寸退尺，动有乖离之象。卯酉为天之私门，生杀有限，分杜有期，雷动龙奔，示其有战。夫天网四张，万物被伤，为阻滞，为疑难，为灾恼。又谓抬土当门，凡事阻滞关格。且日临辰位，必招两姓人同居。丑亥酉，极阴之象，利占暗事，不利占明事。占者遇之此课，占求官见贵，未得和允。占谋望交易，间隔难成。占宅占婚，于中有忌。课体乃历抵虚格，有求反为耗盗，而无所得。凡事宜守，谋则不遂。占病主胃膈不利。占远行见隔。占逃亡自归。其余所占，美中不足，凶中有解，难中有阻。

占出兵行师，昼则不利战事，夜占多言词口舌，动中关格。

阻隔不通。

真一山人云：道理无多贵见机，达时变者足便宜。惟当正守谦光德，万物原来各有时。

《无惑钤》云：昼将俱土，神恁咒咀。传课循环，亥无出路。

《钤解》曰：昼占天将皆土克日，况极阴，主害生变，凶课也。卯乃夜贵，乃宅神，却盗日干之气，是受神之恁也。发用大吉，且乘勾克干，是作咒咀矣。四课三传，上下贯串，循环不断，意欲脱害，无路可出矣。《集议》："首尾相见始终宜"内列此日，课皆居三传之上，三传皆在四课之中，乃循环格，凡占凶吉不成，止宜守旧，不宜动作。"鬼乘天乙乃神祇"内，后有六癸日例。昼夜贵加，宜暗求关节。酉乃丁财，则父母或长上之财动，因门户之财动。

---

① 《中黄经》作：假令壬子人，十一月将，癸卯日卯时占。

癸卯日第四课

元首　稼穑　闭口　不结果

虎乘遁鬼殃非浅　虎临干鬼凶速速

```
常 青 阴 白        空 六 常 青
酉 子 未 戌        酉 子 未 戌
子 卯 戌 癸        子 卯 戌 癸


官 戊 戌 白        官 戊 戌 青
官 乙 未 阴        官 乙 未 常
官　 辰 蛇 ◎      官　 辰 后 ◎


六 朱 蛇 贵        蛇 贵 后 阴
寅 卯 辰 巳        寅 卯 辰 巳
勾丑　　午后      朱丑　　午玄
青子　　未阴      六子　　未常
亥 戌 酉 申        亥 戌 酉 申
空 白 常 玄        勾 青 空 白
```

《玉历钤》云：水日得六土，凶不可解。况白虎乘初加日，其凶犹甚。如夜占得青龙，更年命上有木神，乃为变吉之象。常占一己巳生，女人之命，得此课。本命上见寅临巳，遂断次日甲辰当安。次日果愈。以是知课之吉凶，不可执一论也，须以年命参之，乃为通变之理。前辈云：三传俱凶，日辰有救，则凶变为吉。此课所求隔阻，费力后成，年命无吉不遂。

上神克日，日上克辰上，用克日。

课名元首、稼穑。天魁克日，三传皆土，春夏稍吉，其他占有鬼贼艰难，年命上见木神有救，此课终是鬼多不佳也。

《义》曰：虎魁克癸，凶忧可畏。百事疑难，到处阻滞。病讼惊忧，似有难当。幸逢冲战，化福为祥。

《象》曰：催官使者喜占官，何事劳劳差使烦。只恐占妻犹未美，占求百事少逢权。

此元首之卦，一曰稼穑，亦曰天网，又曰斩关。夫元首者，尊制卑，贵役贱之象。占事多顺，利于先举，事多起于男子。为臣忠，为子孝，正大光明而无邪僻之行，德业已著而乾乾进修，常怀危惧，惕励而无咎矣。况稼穑乃重土，有艰难之象，常占得此，名曰鲸鲵归涧，凡事逼迫不由己，出若遇雷神，方能变化。《要》曰：稼穑者，五坟也，不宜占病。夫天网四张，万物被伤，为阻滞，为疑难，为灾恼。且斩关非安居之象，占者多不自由，事多暗昧不和，离散口舌，欲隐身避难者，却利乎奔逃也。占者遇之此课，求官者号曰"催官使者"，不待正选，似有急选之义，但未免多难，当官心劳，多历勤苦。占见贵，不和中有相合之象。占求财求婚难成，虽成不美。占病者无凶，至极无解。若占忧疑患难，终见消释。常占不宁，事多动摇。占讼先凶后吉。占逃亡自归。占家宅不吉。

占出兵行师，昼占白虎克日，以防强兵之侵，恐不利，有败绩之象，夜占虽吉未美，常占为人欺负不足。大抵此课，凡占无益于事，先难后易。

真一山人云：无限艰辛不足忧，忧中变喜有缘由。吉凶到底浑无用，回首归来百事休。

《无惑钤》云：六合交互，脱入土窟。屑就其禄，渐旺门户。

《钤解》曰：禄临支宅刑脱。贵卯与戌合，子与丑合，干支互交六合也。既脱初中戌未之难，而复入末传墓中，所历灾祸，昏滞亦非浅矣。幸而旺禄临支，若止屑就而投支上之禄，不为非旺之干，亦可以渐渐而以旺其门户也。《集议》："旺禄临身"内有此日，谓支辰脱其干禄神，必因起盖房屋而以禄偿债，难以权摄论。丑刑干上戌，卯刑支上子。"虎临遁鬼殃非浅"内有此日例，凡占皆畏，其咎弥深难消，纵空亡亦不能救。"虎临干鬼凶速速"内列此日，凡占凶祸，速中又速。

癸卯日第五课

涉害　曲直　励德

```
阴 空 贵 常        常 勾 阴 空
未 亥 巳 酉        未 亥 巳 酉
亥 卯 酉 癸        亥 卯 酉 癸


官 乙 未 阴        官 乙 未 常
子 癸 卯 朱        子 癸 卯 贵
兄 己 亥 空        兄 己 亥 勾


勾 六 朱 蛇        朱 蛇 贵 后
丑 寅 卯 辰        丑 寅 卯 辰
青子     巳贵     六子     巳阴
空亥     午后     勾亥     午玄
戌 酉 申 未        戌 酉 申 未
白 常 玄 阴        青 空 白 常
```

《玉历钤》云：此课未卯亥曲直不中，盖亥水为木之本，未土克之乃伤也，又见机为用，凡百事所用，皆无吉凶，行人阻隔。

《毕法》云：此课三传木局，并来脱干，不可以脱气言之，盖以夜将三传勾陈、天乙、太常皆土，同来伤干，反赖木局克去其土，然后壬水坐享干上酉遁之丁财生助，脱气反有去鬼之功也。《易》曰："鼎颠趾，利出否。得妾以其子。"盖因败以为功，因贱以致贵也。

上神生日，日上生辰上，用克日，初克末。

课名涉害、曲直、见机。三传子孙脱干，三将夜皆鬼，助干上酉金，制三传之脱为救，凡占先难后易。冬春占吉如意，秋冬迂回中亦有成。

《义》曰：谋事有助，耗滞难成。若论大概，得失相仍。合中带煞，成中有败。究其吉凶，聊其大害。

《象》曰：木喜逢春畅茂荣，谁怜卯酉又相刑。吉中未必全为吉，守正还看道渐亨。

此见机之卦，一曰天网，亦曰曲直。夫见机者，察其微，见其机，谓两比两不比，当以涉害为用。涉害有浅深，欲用不用，欲言不言，事有两而取一，所作稽留，迟疑艰难，忧患难消，怀孕伤胎，难于前而易于后。夫天网四张，万物被伤，为阻滞，为疑难，为灾恼。传见曲直，先曲而后直，象木之谓，当作成器。此五行正气入十干杂糅之乡，异方三合乃生旺墓之神，事主丛杂不一，主关众人共谋，不然两三处干事，委曲托人与人相合之类。又如推磨之象，一事去一事来，无休息也。凡事牵连迟滞，应期多过月。三传脱干，谋事难就，财物虚耗，占生产易。所幸上神生日，凡难中有人相助，不足虑，亦可用力。占者遇之此课，占求官难，见贵勿用。占婚姻和合，美中不足。占交易难成。占财出者多而入者少。占病者虚耗不足，幸有长生之意。失脱难寻。占脱事，欲耗不耗。此又谓"合中带煞"，恩中惹怨，蜜中有砒，笑里有刀，恩中生害。

占兵粮草不足，虚耗百出，大抵吉凶难准已。

得失相仍。

真一山人云：难中变易易中难，合里谁知不足看。惟有吉人宜得贵，无荣无辱保平安。

《无惑钤》云：干上旬丁，引往贼营。夜将皆土，解释冤情。

《钤解》曰：日上丁酉为财，引癸入于三传脱盗之乡，然而夜将皆土，克干甚重，尚赖三传木局克土为救，非解释冤憎而何？又三传夜将皆土，生起干上酉金，可以敌三传之木，使不得脱干之气，是解冤也。《集议》："众鬼虽彰全不畏"末后例此日，三传木局切不可脱气言之。若夜占，天将皆土并传，癸干反辅木局克其土将，占讼先曲后直。酉乃丁神，财因门户之财动。

癸卯日第六课

重审　斫轮　芜淫　不结果

```
贵 白 朱 玄        阴 青 贵 白
巳 戌 卯 申        巳 戌 卯 申
戌 卯 申 癸        戌 卯 申 癸


子 癸 卯 朱        子 癸 卯 贵
官 戌 戌 白        官 戌 戌 青
财    巳 贵 ◎     财    巳 阴 ◎


青 勾 六 朱        六 朱 蛇 贵
子 丑 寅 卯        子 丑 寅 卯
空亥      辰蛇     勾亥      辰后
白戌      巳贵     青戌      巳阴
酉 申 未 午        酉 申 未 午
常 玄 阴 后        空 白 常 玄
```

《玉历钤》云：此乃斫轮吉课，凡占皆有喜庆，成遂一切事务。

《观月经》云："斫轮团圆象，本自太冲生。太冲原是木，车轮因甚成。成形从器象，斤斧自然明。申酉庚辛位，太冲头上行。破传为斤斧，得用斫轮名。求官必得禄，逢事得均平。立意先敲磕，后乃主身荣。"

上神生日，辰上生日上，日上克用。

课名知一、斩关、四绝。主动，卯申年占最吉，宜谋望大事，余虽重求，亦不为益，且防小口舌。传有四合。巳为空断。

《义》曰：暗中有助，勿为惊怖。有始无终，口舌消镕。逢蛇见巳，求官成事。若是夜占，贵人见急。

《象》曰：文书口舌来临门，且守规模莫妄论。待得巳蛇成岁月，官崇禄永佑居尊。

此知一之卦，一曰斫轮。夫知一者，知一而不能知两，知者以为自知、自见，不知为寇仇，故言知一也。以此为用，舍远就近，舍疏就亲，恩中生害，事多起于同类，凡事狐疑，事贵和同乃吉。传见斫轮斧斤，又曰："庚申共处为斤斧，卯木单称立作车。太冲作用来金上，斫削修轮官爵除。"又曰："知一卦何如？用神今日比。事因同类起，婚姻失谐为。失物亲邻取，逃亡不远离。论讼和允好，为事尚狐疑。"上神生日，所谋百事吉，运用如意，遇灾不凶，逢吉遇吉，有阴相暗助者。占者遇之此卦，占者求官，虽曰斫轮得福庆，但此课美中尚有一二分未足者，以其已字无力，必待已年月日方可有成。占见贵和好，求事虽成，虑恐始终有变。占求财、占婚，皆如此论。占病凶，有救，危中有安。谋事有始无终。占忧疑患难者，先凶后吉。

占出兵行师得此，昼占朱雀多词，虑军戎见耻，夜占贵人，举兵开地千里。大抵此课，用兵得此，敌使之来，有益而无损，虽乘玄武，不为忧也，亦不见甚凶，亦不见甚吉也。

末后一着。

真一山人云：上门相助吉无涯，时更来时福有加。莫厌成中又变改，渐看玉树发奇葩。

《无惑钤》云：交互战克，不受福德。夜虎临身，脱空鬼贼。

《钤解》曰：干上申克支卯，支上戌克干癸，交互战伐。已乃贵德，空亡入墓，福德无气，是不受矣，即受何益？申虽长生，夜虎昼玄，不可守也。往投三传，卯脱、戌鬼、已空，无一吉者。弃此三传，而癸干临于午上，反得以获财也。《集议》："避难逃生须弃旧"内有此例，谓为避难得财。两贵相协。"苦去甘来"内列此日，为一喜一悲，夜占申乃长生乘虎，戌为日鬼乘龙。墓门开，又为外丧入内，宜合寿木以禳之。芜淫，凡占先相许允，后不相顾接，各怀恶意。卯夜贵人内战，必因贵人而作乱。

癸卯日第七课

反吟　龙战　三交

六阴相继尽昏迷

```
阴 勾 常 朱        贵 空 朱 常
卯 酉 丑 未        卯 酉 丑 未
酉 卯 未 癸        酉 卯 未 癸


子 癸 卯 阴        子 癸 卯 贵
父 丁 酉 勾        父 丁 酉 空
子 癸 卯 阴        子 癸 卯 贵


空 白 常 玄        勾 六 朱 蛇
亥 子 丑 寅        亥 子 丑 寅
青 戌      卯 阴   青 戌      卯 贵
勾 酉      辰 后   空 酉      辰 后
申 未 午 巳        申 未 午 巳
六 朱 蛇 贵        白 常 玄 阴
```

《玉历钤》云：此课反吟，凶象也，凡占不可用。

《毕法》云：此课干上未克干，而干又坐于未上受克；支上酉克支，支又坐于酉方受克。反复损伤，无有穷已。凡值此占者，所行则财有伤而身有损，所居则墓必起而屋必倾，甚至非理毁伤，盗窃偷却。惟有警于前，斯不畏于后，君子日以修身，夜以备盗，损伤自无有也。

上神克日，日上生辰上，用克日上。

课名反吟。凡占反复，且贵凶，夜贵不佳，动既不可，守亦多事，最不为吉。

《义》曰：反反复复，西去东没。识者鄙之，闻者惊惚。课体不凶，来往匆匆。争如静守，福自从兹。

《象》曰：是非何必竟乖张，所贵存心自酌量。自下莫忧人忌嫉，久而渐化作荣昌。

此无依之卦，一曰三交，亦曰龙战，又曰斫轮。夫无依者，即反吟也，

《经》云："无依是反吟，逃者远追寻。合者应分散，安巢别改林。守官须易位，结友也分襟。所为多反复，占病数般侵。"反吟刑冲，是无予夺而难息也。传见三交，前不能进，后不能退，交加其象，家匿阴私，或欲自逃隐避，凡事失节阻碍，谋事被人阻破，不能成合也。况龙战，主人心疑惑，进寸退尺，动有乖离之象。卯酉为之私门，生杀有限，分杜有期，雷动龙奔，示其有战。传见斫轮，车临斧斤。又曰："庚申共处为斧斤，卯木单称立作车。太冲作用来金上，斫削修轮官爵除。"但反吟刑冲，为美中不美也。夜占为励德，大吏升迁，小吏迍否，常占宜谢土神。占者遇之此课，凡占百事，反复难成，有失和气，破耗财物。占求官见贵者，难于干贵。占婚望财者，不可强图。占病冗重，宜作福。远行者，船车有损失之惊。讼者换司易官，后举者利。占宅两门，入宅动摇不宁。

占出兵行师得此为忌，昼占中途而止，夜占开地千里。大抵此课，卯酉相交，多致乖戾不和，不宜举用，事当别为选图，大抵在将者之权谋也。

真一山人云：静守真常道自亨，何须汲汲去求名。吉凶昭报从天理，积善人家福禄成。

《无惑钤》云：夜贵闭口，宅乘丁酉。动既无财，犹不可守。

《钤解》曰：夜占不可干贵，贵人闭口，不肯得其允否之意。丁酉脱宅，宅不安宁，动逢败气，丁财已不可取矣，守则未土克身，守何益哉？《集议》："闭口卦体两般陈"内有贵人闭口之说。"三传互克众人欺"内有六癸日例，谓朱雀作鬼加干者，在朝官防遭章劾，亦不宜上书献策，必受责黜。酉乃丁神，则因父母长上之财动，或因门户之财动。"彼此全伤"说见己亥日第五课。干支既受上克，又自坐于克方。

癸卯日第八课

重审　六仪　不结果

```
常 六 空 蛇        朱 白 勾 玄
丑 申 亥 午        丑 申 亥 午
申 卯 午 癸        申 卯 午 癸


财 甲 午 蛇        财 甲 午 玄
兄 己 亥 空        兄 己 亥 勾
官   辰 后 ◎      官   辰 后 ◎


青 空 白 常        青 勾 六 朱
戌 亥 子 丑        戌 亥 子 丑
勾 酉     寅 玄    空 酉     寅 蛇
六 申     卯 阴    白 申     卯 贵
未 午 巳 辰        未 午 巳 辰
朱 蛇 贵 后        常 玄 阴 后
```

《玉历钤》云：此课用神加日为六害，兼午火、亥水、辰土三传自克，主气象不和，凡占所用者，皆不可成。

《毕法》云：此课午加干，午为此课用神，午火下受癸水克制，欲归本家，却有登明先在其家矣，午火遂无所进退。其午火类神为日之财，又夜将玄武加之，主财物重重耗散，全无生聚。午又为日干之妻，主妻病。午又为马，为屋，则主马病而屋损。午又为心，为目，则主心病而目昏。以类推之，皆午受患所致也。

日克上神，日上克辰上，日克用。

课名重审、闭口。而传见空，凡占宜速不宜迟，大率忧可解而喜亦散，凡事皆有阻，却无凶也。

《义》曰：事无惊疑，何须过虑？君子逢亨，以礼自制。课体无力，用心何益？侥幸而成，轻易而生。

《象》曰：火水相搏致有声，阴人小子起忧惊。病虽沉因终当解，谋己成名未许成。

此重审之卦。夫重审者，重而审之也。利为主，利后动，长有厄，事从内起，起于女人。以下犯上，贱犯贵，卑犯尊，事多不顺。阴小在下者，有悖逆之事。占臣未忠，子失孝，事不可遂意而行，必当审察，循乎义理，庶几以免后患也。《经》云："一下贼上名重审，子逆臣乖弟不恭。事起女人忧稍重，防奴害主起妻纵。万般作事皆难顺，灾病相侵恐复重。论讼对之伸理吉，先讼之人却主凶。"日上见火，火为财为妻，昼夜所乘蛇玄，反主妻灾财损，惊恐不宁。占者遇之此课，占求官者不遂，以其发用无力。占见贵不顺。占干事难成。占谋望者，徒劳心志。占投谒者，罔用精神。占婚姻别议，财物虚惊。占病者先凶后吉。失物者难觅，宜急寻。远行不利。逃亡难见。占宅吉。占讼耗。

占出兵行师得此，昼占忧心众畏，夜占失物忧疑。敌有使来，所言不足取信，以防彼之欺我也。大抵此课，欲占成事而未成，欲占忧患而勿虑，诸占者吉不吉而凶不凶也。

欲成防变。

真一山人云：宾主相逢意未欢，欲求和会也知难。谋为百事咸如此，肯待时来自不难。

《无惑钤》云：中己末墓，午则勿顾。惟赖申生，夜占虎遇。

《钤解》曰：中亥遁己，末辰日墓，午财虽然临身，而己亥据其上，况乘玄，耗失诚不可顾也。三传无一可者，惟赖宅上申之长生，夜占乘虎，焉足恃哉？《集议》："前后逼迫难进退"内有此日例，以初传午为克处回归，又受上克，虽虎贲之勇，亦不可当。言午之类用甚详。以发用言，午乘玄加丑，主走失之咎。申乃支鬼，夜占乘虎，又父母爻入宅，忌占父母病。午乃癸水胎财，七月为生气，主有妻孕喜，亦主妻之姊妹有孕。

癸卯日第九课

涉害　绝嗣　从革　孤辰
三传递生人举荐

```
空 朱 勾 贵            常 勾 空 朱
亥 未 酉 巳            亥 未 酉 巳
未 卯 巳 癸            未 卯 巳 癸


父 丁 酉 勾 ⊙         父 丁 酉 空 ⊙
官 辛 丑 常            官 辛 丑 阴
财   巳 贵 ◎          财   巳 朱 ◎


勾 青 空 白            空 白 常 玄
酉 戌 亥 子            酉 戌 亥 子
六 申     丑 常        青 申     丑 阴
朱 未     寅 玄        勾 未     寅 后
午 巳 辰 卯            午 巳 辰 卯
蛇 贵 后 阴            六 朱 蛇 贵
```

《玉连环》占曰：此课据来意，主与西面近寺姓周老阴人争竞，因此住宅不宁，后搬往东北近庙居住。何知与西面近寺姓周老阴人争竞？盖先锋门与日支相冲而又发用，主宅不安。卯支上见未，为丑所冲，丑又为中传，大吉为日下之鬼，临酉为寺，酉为佛为金仙，故知为寺也。[①]酉为西面，大吉上得太阴，为老阴人。太阴主口字，大吉为土字，地盘酉属鸡，亦属口字，大口下见吉，故言与西面近寺姓周阴人争竞，因此家宅不宁。盖辰为宅，为时冲之，故为宅不安宁之象。何知移往东北近庙居住？卦名从革，改故从新，本主西面，而言东北者，盖大吉临酉为日鬼，而不敢往，末传太乙，上得朱雀，为日下之财，下临丑，丑主庙，故言往东北近庙居住也。丑主庙者，盖为天乙本家主庙也。[②]

《玉历钤》云：此课四下克上，兼初末空亡，凶象也。凡占所用，皆不

―――――――――――

① 此句原抄本不顺，现依《一字诀玉连环》作改。
② 《一字诀玉连环》作：十一月癸卯日丑将酉时，占来意。

能成。

《毕法》云：此课三传生其日干，而克支辰，占人虽享荣旺，却无正屋居住，纵为官宦，多是借赁房屋，若小人占之，必欲逃亡，所生之意，全无实在也，君子亦不取用。

日克上神，日上德合，日上克用，末克初。

课名涉害。传空本不为吉，犹幸三传生日不为凶，必有贵人助我，自此为亨，秋冬占尤佳。

《义》曰：三传共助，力不坚固。一场欢喜，徒劳辜负。久病占凶，暴病复祟。凶中有救，忧患消镕。

《象》曰：可惜粮金不后时，若逢巳酉福偏宜。机关到此浑无用，善恶从今贵自知。

此见机之卦，一曰绝嗣，亦曰从革。夫见机者，察其微，见其机，谓两比两不比，当以涉害为用。涉害有浅深，欲用不用，欲言不言，事有两而取一，所作稽留，迟疑艰难，进退不定，忧患难消，怀孕伤胎，难于前而易于后。传见从革，先从而后革也，凡事阻隔，有气则隔而进益，无气则隔而退失。一曰兵革，亦曰金铁。大抵五行正气入十干杂糅之乡，异方三合乃生旺墓之神，事主从杂不一，主关众人共谋，不然两三处干事，委曲托人与人相合之类，转去转来，非一遍也。勾留迟滞，应期多过月，以此推之，必有两三处相助之意。占者遇之此课，求官见贵，有两三处人共相扶植，若四月节或巳将、巳年为美，其余岁月，虽见相助而未之准也。占宅不实。占婚姻两姓公姑，或隔山川道路。占阴人病不吉。绝嗣卦，不宜占子孙、夫妻、奴婢。占吉事求成者，未必全成。占忧疑患难者，却宜解释。

占出兵行师得此，昼占勾陈发用，战士恐伤，夜占欺诈不宁。若敌使之来，或所传闻，多不得实，不可遽信，恐为彼人之所诳也。大抵兵无常行，贵在将者之权变何如耳。

变革不常。

真一山人云：忧不忧兮喜不成，归来第屋乐清平。而今势事只如此，赢明没生百岁亨。

《无惑钤》云：四上被贼，绝嗣忘族。昼将助传，凶反为福。

《钤解》曰：上神俱被下贼，课名绝嗣，占此主亡族之兆。昼将俱土，克日为祸，幸三传金局盗窃土气，是得助而生干，非去祸迎福而何？《集议》："三传递生人荐举"内列此日，谓三传生干，天将生三传。"传墓入墓分爱憎"内列此日，谓败神入传，占行人还速。酉乃丁神，因门户之财而动。"眷属丰盈居狭宅"内列此日，谓三传生干克支，占人虽亨旺，而无正屋可居。

癸卯日第十课

重审　三交　斩关　闭口

夫妇芜淫各有私

```
勾 蛇 朱 后        空 六 勾 蛇
酉 午 未 辰        酉 午 未 辰
午 卯 辰 癸        午 卯 辰 癸


父 丁 酉 勾        父 丁 酉 空
兄 庚 子 白        兄 庚 子 玄
子 癸 卯 阴        子 癸 卯 贵


六 勾 青 空        青 空 白 常
申 酉 戌 亥        申 酉 戌 亥
朱未    子白      勾未    子玄
蛇午    丑常      六午    丑阴
巳 辰 卯 寅        巳 辰 卯 寅
贵 后 阴 玄        朱 蛇 贵 后
```

《玉历钤》云：此课日上有辰土制日，墓又覆日，又是支鬼发用，主气象不和，人情疑怪，凡占凶。

《毕法》云：此课辰加丑，乃墓克日，诚为凶也。夜占见螣蛇在上，其凶甚炽。以未上戌所乘白虎一冲，冲破干辰墓，反为吉庆，所谓以毒制毒，以凶制凶，反为吉矣。

上神克日，辰上生日上，初克末。

课名重审。墓神覆日，凡占有奸诈，土鬼临日，所喜不入传，末有卯为救，酉三合，子丑六合可小吉。

《义》曰：空墓勿畏，宅逢耗气。虽有虚惊，终不可畏。凶中有救，勾留迟滞。君子亨佳，小人乖废。

《象》曰：三交未许尽亨通，吉事迟迟亦不凶。善恶两途浑不识，早能悔过见成功。

此重审之卦，一曰三交。夫重审者，重而审之也。利为主，利后动，长有厄，事从内起，起于女人。以下犯上，贱犯贵，卑犯尊，事多不顺。阴小在下者，有悖逆之事。占臣未忠，子失孝，事不可遂意而行，必当审察，循乎义理，庶几以免后患也。传见三交，前不可进，后不可退，交加其象，家匿阴私，或欲自逃隐避，凡事失节阻碍，谋事被人阻破，不能成合也。日上见墓，乃昏蒙之象。《经》云："日辰上见墓神加，病者无痊事可嗟。行人失约路遥赊，若当时日便归家。"占者遇之此课，占求官见贵，难见和允，然而初终之间，事不归一。占婚姻未利。占求财轻微。若三月酉将占，为天烦卦，不宜远行，男子行年抵之最凶，宜修德惕励以化其不虞也。凡占百事，勾留迟滞，亦不相助，大抵占成事者，虽成亦难。占病瘥迟。讼宜和。占宅有生助之吉，未免惊疑不宁。

占出兵行师得此，昼占防战士有伤，夜占多欺诈之毁。日上见墓，敌使之来，及所传报，事多不实，不可遽信，犹宜密察详审，勿为彼之所欺也。

勿听人言。

真一山人云：课得凶来又是福，从今谦谨足平生。但看周处除三恶，济济衣冠禄位成。

《无惑钤》云：贵禄财丁，鬼墓俱逢。守之昏晦，动则亨通。

《钤解》云：辰乃干墓，守则昏晦。三传子禄、卯贵、丁酉为财，若猛弃其墓而进焉，三者全逢矣。脱昏昧而得亨通，其动也岂不宜哉？《集议》："水日逢丁财动之"内列此日，则因门户之财而动。子乘白虎冲支上午，为对邻兽头冲于本家，以致家道衰替。贵塞鬼门，鬼贼不凶万事宽，纵不入传，年命在寅亦可用。

癸卯日第十一课

蒿矢　不备　入冥
六阴相继尽昏迷

```
朱 贵 贵 阴          勾 朱 朱 贵
未 巳 巳 卯          未 巳 巳 卯
巳 卯 卯 癸          巳 卯 卯 癸


官 乙 未 朱 ⊙       官 乙 未 勾 ⊙
父 丁 酉 勾          父 丁 酉 空
兄 己 亥 空          兄 己 亥 常


朱 六 勾 青          勾 青 空 白
未 申 酉 戌          未 申 酉 戌
蛇午      亥空       六午      亥常
贵巳      子白       朱巳      子玄
   辰 卯 寅 丑          辰 卯 寅 丑
   后 阴 玄 常          蛇 贵 后 阴
```

《玉历钤》云：此课蒿矢，却有喜气，盖用神未土克日，日上有卯，却制未土；中传酉金，又克卯木；辰上巳火，又制酉金。日辰三传，互有制伏，不敢为凶。凡占一切，皆有成遂。

《毕法》云：此课干上卯，支上巳，虽名源涸根断，如人之年命在寅，却宜应试，盖以二贵拱命，必高中也。虽然高中，之后若不肯调摄，终成痨瘵。此乃凶中有吉，吉中有凶也。《易》曰："知机其神乎！机者动之微，吉凶之先见者也。"老子曰："祸兮福所倚，福兮祸所伏。"吉凶祸福，相为倚伏，君子不可不谨而察之也。

日生上神，日上生辰上，用克日，日上克用。

课名蒿矢、间传。间隔无力，凡占指空话空，进退不能，干贵密求，皆无定准。所幸用加巳，为落空亡，贵人临支，卯亥未合，不为凶。

《义》曰：事起虚声，谋干难成。然后得就，又见变更。文书口舌，两件俱轻。目下宜中，晦而自明。

《象》曰：吉凶不用苦劳心，欲访知音何处寻？静坐矮窗春日暖，一壶佳酿一张琴。

此蒿矢之卦，一曰天网。《经》云："神遥克日名蒿矢，射我虽端当不畏。贵人逆转子无良，天乙顺行臣不义。家有宾来不可容，亦忧口舌西南至。"然事主动摇，人情倒置，象如以蒿为矢，射虽中而不入。祸福俱轻，求事难成，利主不利客。占行人来，访人见。若带金煞，亦能伤人，主蓦然有灾。夫天网四张，万物被伤，为阻滞，为疑难，为灾恼。日生上神，虚费百出，谋望不遂，干事难成，失盗损财，人口衰残，休囚尤甚，又为子孙脱漏之事。一曰进间传，乃间隔之象，况六阴相继，事多昏迷。且阴阳不备，号曰芜淫，不宜占婚，亦不宜占家宅，惟当以礼防之可也。占者遇之此课，占求官见贵空和，终未得尽美，亦难成也。百事凡占虚耗，或被人脱赚财物。占暴病即瘥，久病难治，当用补气之剂调理。其他所占，皆为不足，惟利解释忧疑、患难、公讼。

占出兵行师得此，昼占朱雀多词，虑军戎见耻，夜占勾陈，战士折伤。敌使之来，及所传闻者，不宜信从，由其多虚而少实，其粮饷亦有不足虚耗之象。

动摇未定。

真一山人云：山人无事即神仙，莫为上人别有天。心上有天浑是理，理中万事福无边。

《无惑钤》云：传及支干，皆下生上。涸源断根，病讼恶况。

《钤解》曰：二贵拱空命，寅上天罡。销断病虚，凡事脱耗。课传皆是下生上，谓水涸其源，木断其根也。病因不摄，虚损难医。鬼乘朱雀，必主官讼，若占病讼，诚为恶况矣。《集议》："帝幕贵人高甲第"有此日，若占人年命在寅，上乘天罡，两贵拱侍，定中高甲，或为魁首。但课传皆下生上，名源消根断，恐高中后不摄，终成痨瘵。昼占帝幕临干，夜占帝幕临支。"昼夜贵加求两贵"内列此日，谓干支上皆乘贵人，凡占亦得两处贵人周全而成合其事也。酉乃丁神，则因门户之财动。"六阴相继尽昏迷"内列此日，为流消其源，枝断其根，占病因不摄所致，必至衰绝，凡占皆耗脱。"空上逢空"谓遥克坐空，凡占皆虚无也。"人宅受脱"内列此日。

癸卯日第十二课

重审　进茹　罗网　寡宿　龙战

空空如也事休追　　连茹空亡宜退步　　脱上逢脱防虚诈

```
贵 后 阴 玄              朱 蛇 贵 后
巳 辰 卯 寅              巳 辰 卯 寅
辰 卯 寅 癸              辰 卯 寅 癸


官    辰 后 ◎           官    辰 蛇 ◎
财    巳 贵 ◎⊙          财    巳 朱 ◎⊙
财 甲 午 蛇 ⊙           财 甲 午 六 ⊙


蛇 朱 六 勾              六 勾 青 空
午 未 申 酉              午 未 申 酉
贵巳      戌青          朱巳      戌白
后辰      亥空          蛇辰      亥常
  卯 寅 丑 子              卯 寅 丑 子
  阴 玄 常 白              贵 后 阴 玄
```

此课先生曰："此地甚好，支干阴神俱是贵人，但恐此时不可得葬。"徐曰："为何？"先生曰："左右前后皆有空穴，主山之侧有一阴人坟，如何葬得？须于中陪钱去之。夫申酉二金生今日之干，支阴上见贵人，但辰是坟田，又是空亡，主有空穴。夜将酉作天空，亦是虚坟，去此可以端正。此坟必出贵人，最是水路合星辰，山水清秀，文笔双峰。见戌是墓，临酉，却天上酉作空，初传为主山穴，况卯为子孙，而子孙作贵人，所以不为脱气也。"徐丈问汪家买山，汪家兄弟三分，二分买将来，有长兄一分，故将一虚棺空纳其内。先前亦有三四个空穴，皆不葬。徐丈陪钱问汪家长兄买之，庚戌年七月葬妻后，得子孙高举及第，皆此地主也。巳加辰，作贵人，巳主双，故有双峰，号为文笔星。宅又得贵人，癸见卯，不可谓之脱气，乃子孙贵人也。酉为今日水母，故水来去皆合星辰。巳为双女，故出双贵人也。①

---

① 《壬占汇选》作：建炎己酉年九月癸卯日辰将卯时，徐丞务丁未生，六十三岁占坟地。

《玉历钤》云：凡课空亡，少有成福，至于忧凶，亦自消散。此课空亡克日，兼螣朱凶将，亦乘空，不能为穴。凡占百事，皆无用也。

《毕法》云：此课干上寅，是日脱气，更又三传空亡，使发外耗，虽累千金，终日之费，亦不能周也。占讼费而不直，占官贵亦虚名，占病必尩羸衰弱，占雨必暖碟之荫，大抵进则逢凶，退则得宜也。

日生上神，日上克辰上，用克日，日上克用。

课名重审、进茹、斩关。干墓加支，满盘空，百事不可图也，只宜散忧。

《义》曰：三传俱空，万事无踪。吉也不吉，凶也不凶。动则难往，谋则无功。事如正静，且将从容。

《象》曰：从今方识世间事，碌碌忙忙何足计？月从分定岂非常，既济由来终未济。

此重审之卦，一曰天网，亦曰孤辰，又曰龙战，又曰斩关。夫重审者，重而审之也。利为主，利后动，长有厄，事从内起，起于女人。以下犯上，贱犯贵，卑犯尊，事多不顺。阴小在下者，有悖逆之事。占臣未忠，子失孝，事不可遂意而行，必当审察，循乎义理，庶几以免后患也。夫天网四张，万物被伤，为阻滞，为疑难，为灾恼。况孤辰有茕茕孑立之象，占人别离桑梓，凡所占谋，多虚少实，功名难遂，事业虚花。且龙战乃天之私门，生杀有限，分杜有期，雷动龙奔，示其有战，身心疑惑，进寸退尺，动有乖离之象。况斩关，亦非安居之象，占者多不自由，事多暗昧不和，离散口舌，欲隐身避难者，却利乎奔逃也。占者遇之此课，号曰有影无形，凡所谋望，百事举用，吉不成吉，而凶不成凶，惟久病不吉。

占出兵行师者，失众人心，余占万事皆空也。

真一山人云：谁识真仙九转功，黄芽白雪觅无踪。功夫未许时人易，空里寻真真里空。

《无惑钤》云：前路皆空，凡事无踪。未免虚动，病讼无凶（一作病讼须逢）。

《钤解》曰：辰巳午，三传俱空，凡事占之，俱无踪迹也。动则先被寅脱。天罡墓神，作鬼发用，病讼二事，俱逢而难解矣。《集议》："进茹空亡宜退步"内列此日，谓钤内有奇说。"末助初兮三等论"内列此日，谓末空不能助初，其教唆之人必自败露，俗云枉作恶人。干上脱气，昼夜占乘玄，亦如"脱上逢脱"之说。巳加辰，主丧服，逢灾殃之事。干墓乘蛇，临卯，真墓门开。"前后逼迫难进退"说如钤。两贵不协，变成妒忌，巳加辰，卯加寅。惟此日幸悟，有假令可观。

四库存目

三式匯刊②

大六壬集應鈴（下）

［明］黄宾廷◎撰

肖岱宗◎校

郑同◎校阅

华龄出版社

HUALING PRESS

甲辰日

甲辰日第一课

伏吟　玄胎　斩关　孤辰

六　六　蛇　蛇
辰　辰　寅　寅
辰　辰　寅　甲

兄　　寅　蛇　◎⊙
子　乙　巳　勾
官　戊　申　白

勾青空白
巳午未申
六辰　　　酉常
朱卯　　　戌玄
寅丑子亥
蛇贵后阴

六　六　青　青
辰　辰　寅　寅
辰　辰　寅　甲

兄　　寅　青　◎⊙
子　乙　巳　朱
官　戊　申　后

朱蛇贵后
巳午未申
六辰　　　酉阴
勾卯　　　戌玄
寅丑子亥
青空白常

《玉历钤》云：此课昼贵螣蛇为凶，凡百不可用；夜将青龙乃吉，见贵求名求财皆遂，求婚不成。

日上克辰上，上神德日，末克初。

课名伏吟、玄胎、斩关、四闭。诸神不动。寅为德马，虽曰空亡，乃寄课神，不以空论。此课内外无灾，且占寅蛇，暮占吉于旦占。

《义》曰：禄马空陷，不宜官宦。惊恐消亡，求事涣漫。病者凶危，谋为虚望。纵使速成，尤防更变。

《象》曰：无中生有本非真，事起虚声且莫嗔。含笑归来醉诗酒，亨通偏喜入新春。

此自任之卦，一曰玄胎，一曰斩关，又曰孤辰。夫自任者，乃天地伏吟，十二神各归本家，天地如一，四伏未发之象。占事静则宜，动则滞，主事藏匿不动，静中求劳，有屈而不伸之象。况玄胎如婴儿隐伏之状，利上不利下，事主远而多伏，暗昧不通，触则成祸，惟君子守正修德则亨。且斩关有奔逃之象，《经》云"斩关不利于安居而利逃亡也"，然此亦非真体。传见孤辰，有茕茕孑立之象，占人别离桑梓，凡所占谋，多虚少实，功名难遂，事业虚花，僧道宜之，俗不宜也。占者遇之此课，求官者不宜，以其禄马空陷，勉强成之，不过虚官微禄而已矣，必待寅年月、寅将用事，庶几可成。见贵不顺。干事难成。婚姻别议。求财利轻，须看类神何如，及占人年命上见财方美。失脱难得。占暴病为善即瘥，久病凶危难愈。占公讼有解。忧疑可散。其他占望，卒未得就，所谓吉不吉而凶不凶也。

占出兵行师得此，昼占忧心众畏，失众之象，夜占虽吉而未全吉。敌有使来，其言不可遽信，密察详审以防欺诈也。

古木逢春。余未准。

真一山人云：崖前古木老精神，巨干深根且待春。目下吉凶勿足论，虎头年月又重新。

《无惑钤》云：甲禄且空，昼虎鬼凶。火命解过，土命畏逢。

《钤解》曰：寅虽甲之德禄，奈旬空，不足守也。中巳脱气。末申入鬼，昼占乘虎最凶，病讼深畏。占人火命，可以解祸，谓火能克金也；土命反生鬼旺，所以畏逢。《集议》："宾主不投刑在上"内谓此三刑入传，未免无恩之意，凡占恩反怨也。

甲辰日第二课

知一　退茹

魁度天门关隔定

<table>
<tr><td>蛇</td><td>朱</td><td>后</td><td>贵</td><td></td><td>青</td><td>勾</td><td>白</td><td>空</td></tr>
<tr><td>寅</td><td>卯</td><td>子</td><td>丑</td><td></td><td>寅</td><td>卯</td><td>子</td><td>丑</td></tr>
<tr><td>卯</td><td>辰</td><td>丑</td><td>甲</td><td></td><td>卯</td><td>辰</td><td>丑</td><td>甲</td></tr>
</table>

<table>
<tr><td>父</td><td>壬</td><td>子</td><td>后</td><td></td><td>父</td><td>壬</td><td>子</td><td>白</td></tr>
<tr><td>父</td><td>辛</td><td>亥</td><td>阴</td><td></td><td>父</td><td>辛</td><td>亥</td><td>常</td></tr>
<tr><td>财</td><td>庚</td><td>戌</td><td>玄</td><td></td><td>财</td><td>庚</td><td>戌</td><td>玄</td></tr>
</table>

<table>
<tr><td>六</td><td>勾</td><td>青</td><td>空</td><td></td><td>六</td><td>朱</td><td>蛇</td><td>贵</td></tr>
<tr><td>辰</td><td>巳</td><td>午</td><td>未</td><td></td><td>辰</td><td>巳</td><td>午</td><td>未</td></tr>
<tr><td>朱卯</td><td></td><td>申白</td><td></td><td></td><td>勾卯</td><td></td><td>申后</td><td></td></tr>
<tr><td>蛇寅</td><td></td><td>酉常</td><td></td><td></td><td>青寅</td><td></td><td>酉阴</td><td></td></tr>
<tr><td>丑</td><td>子</td><td>亥</td><td>戌</td><td></td><td>丑</td><td>子</td><td>亥</td><td>戌</td></tr>
<tr><td>贵</td><td>后</td><td>阴</td><td>玄</td><td></td><td>空</td><td>白</td><td>常</td><td>玄</td></tr>
</table>

《金匮经》曰：此课丑临寅，为日之财，昼占天乙在上，乃贵人之财也。用神子，又与财为六合，必主财自贵人上来，或锡予之物。却嫌末传戌财，上乘玄武，此玄武乃盗贼之神，既临财上，哪肯放空过，必然偷窃为耗也。宅上卯与戌合，为家人诱引，盖家贼也。

《玉历钤》云：此课用神与日上神合，气象和顺，凡占一切皆成。

《毕法》云：此课支上神克干上大吉，丑又为之破碎，又为用之羊刃，弃此凶煞，而就水局，则是避凶趋吉之象。凡占君子悔过而迁善，凶事化吉，吉愈吉矣；小人悔吝而自用，凶事乃凶，吉复凶矣。避凶趋吉，《易》所以为君子谋焉。

日克上神，辰上克日上，日上克用，用生日，末克初。

课名知一、逆茹。子合于丑发用，寅亥又合，凡占革三革四，进退起于阴小龃龉，宅舍晦昧不明，若能退，可以省忧。

《义》曰：贵作鬼墓，不宜干贵。宾主不和，事若未济。欲知何如，难中变易。幸喜传生，好事渐至。

《象》曰：求婚问宅两无功，何事人情尚未通。待得秋冬方见美，夏春守旧且从容。

此知一之卦，一曰泆女。夫知一者，知一而不能知两，知者以为自知、自见，不知为寇仇，故言知一也。以此为用，舍远就近，舍疏就亲，恩中生害，事多起于同类，凡事狐疑，事贵和同乃吉。传见泆女，夫妻失友而异情恩，占男女有阴私暗昧之理，占家宅宜谨慎闺门，以防阴小越礼，惟能以礼自防者可化之也。子亥戌，退连茹也，事主欲行不行，欲止不止，节外生枝，进中有退，退而后进，凡事迟滞。日上见鬼墓，防有鬼贼暗中侵扰，《经》云："鬼墓加干鬼暗兴。"空亡抵宅，门户虚隳。占者遇之此课，占见贵难成，无心而干理。占求官者，得人相助。占谋事，难中可望。占病瘥迟。占公讼，暗中防人侵扰，终见解释。千里投人者，去如不去，徒费粮裹。占产吉。远行不利。婚姻交易难成，成则不为美也。占行人迟。占宅不宁。逃亡获。

占出兵行师得此，昼占无威不宁，夜占取败之道。利后进，利为主。课体无凶。大抵所占，百事联络，一事去，一事来，根苗不断，旧事从新。

牵连疑二。利秋冬。

真一山人云：远行投谒辍行装，欲往徒劳费裹粮。旧事重新新事旧，根苗不断更牵长。

《无惑钤》云：进损退益，求财必失。冬昼火惊，贵人覆日。

《钤解》曰：甲进前则逢卯之旬空，退而受子水生也。戌虽日财，昼夜乘玄，定主失耗。卯乘朱雀克宅，冬占为火鬼，必有火惊。丑乃昼贵覆日，君子利见大人，常人有官中事相扰也。《集议》：贵人闭口，于贵必不肯话其允否之意。又财神闭口。"有始无终难变易"内列此日。丑乃辰之破碎，支上卯与支作六害，又是干之羊刃，宜弃此而就三传子亥戌，全水为生，凡占不免舍不易而就亨旺也。此例一则有寿，一则自微至显。昼贵临身，被朱雀乘卯所克，欲干官贵求文书，必贵人忌惮而不用度。

甲辰日第三课

涉害　励德　不备　悖戾

六阳数足须公用　权摄不正禄临支

```
  后 蛇 玄 后          白 青 玄 白
  子 寅 戌 子          子 寅 戌 子
  寅 辰 子 甲          寅 辰 子 甲


  财 庚 戌 玄          财 庚 戌 玄
  官 戊 申 白          官 戊 申 后
  子 丙 午 青          子 丙 午 蛇


  朱 六 勾 青          勾 六 朱 蛇
  卯 辰 巳 午          卯 辰 巳 午
蛇寅      未空       青寅      未贵
贵丑      申白       空丑      申后
  子 亥 戌 酉          子 亥 戌 酉
  后 阴 玄 常          白 常 玄 阴
```

《玉历钤》云：此课辰课不备，凡占所事无成，忧疑俱不得解，而家中之用多不足矣。

上神生日，日上生辰上，用克日上，日克用。

课名见机、涉害。日加辰，以尊凌卑。凡所占望，不可与屠沽军卒凶恶等人同谋，恐为所累，反成牵系。冬春吉，夏秋不利，宜凭空作事。

《义》曰：课名悖戾，间隔忤意。百事终和，目下少遂。逃亡盗贼，自入网罗。临事见机，得意高歌。

《象》曰：事有忧疑且散怀，空亡抵宅耗资财。宾主欲好难相见，美事之中虑未谐。

此见机之卦。夫见机者，察其微，见其机，谓两比两不比，当以涉害为用。涉害有浅深，欲用不用，欲言不言，事有两而取一，所作稽留，迟疑艰难，进退不定，忧患难消，怀孕伤胎，难于前而易于后也。《经》云："神有两比两不比，上天垂象见人机。涉身发用为初将，作事迟留当有疑。忧患难消经几日，占胎伤孕忌当时。盗贼不过乡里取，逃亡亲隐是遥知。"戌申午乃退间传，一云悖戾。况阴不备，为芜淫，不宜占婚姻，亦不宜占家宅，防阴小有越礼犯分者，尤当谨守闺门可也。上神生日，所谋百事吉，运用如意，遇灾不凶，逢吉愈吉。若当季神生日，主声名显达，岁命生日者，尤为吉昌。此课占见贵和顺。占婚姻宜。占交易合。占投谒人者，虽见喜悦，但无益于事。占求财，得失相须。占病不凶，宜利膈顺气之剂。公讼和。占宅虚惊。逃亡获。

占出兵行师得此，昼占失物忧疑，夜占亦同。利客，利先举。事多虚惊不宁，大抵有相和而不凶也。

冬吉。

真一山人云：正家须使闺门谨，男女婚姻莫易为。闭口课中人不语，事防更变许谁知？

《无惑钤》云：屈尊就财，末又助来。五阳俱备，申虎尤乖。

《钤解》曰：辰支，财也，日往加辰克辰，为屈尊以就其财也。末午又助其初传之财。但中传申鬼，昼占乘虎，尤为乖戾。六阳数足，最宜公用也。《集议》："末助初生三等论"内有此日例，为末助初财。凡占值此，必暗有人以财相助，如占博弈最宜。末助初财，来意占婚尤的。禄临支。悖戾："勉强前来勉强之，戌申午上不堪期。徒然欲壮培根本，凶咎从前定不遗。"申乘白虎，冲支上寅，为对门兽头冲其本家，以致家道衰替。

甲辰日第四课

蒿矢　解离　玄胎　闭口　不结果

夫妇芜淫各有私

```
玄 贵 白 阴          玄 空 后 常
戌 丑 申 亥          戌 丑 申 亥
丑 辰 亥 甲          丑 辰 亥 甲


官 戌 申 白          官 戌 申 后
子 乙 巳 勾          子 乙 巳 朱
兄   寅 蛇 ◎        兄   寅 青 ◎


蛇 朱 六 勾          青 勾 六 朱
寅 卯 辰 巳          寅 卯 辰 巳
贵丑     午青        空丑     午蛇
后子     未空        白子     未贵
亥 戌 酉 申          亥 戌 酉 申
阴 玄 常 白          常 玄 阴 后
```

《玉历钤》云：此课日鬼日破为用，本是凶课，缘中传巳火克金鬼，兼三传俱退，虽凶必不为祸，凡占无成，病讼仍凶。

《毕法》云：此课干上亥被支来克，支上丑被干来克，此解离卦也，值此必有解离之事。若夫妇行年遇之，主夫妇分离。

上神生日，辰上克日上，用生日上，用克日，初克末。

课名蒿矢、盘结。事主中辍，凡占宜退不宜进，所喜遥克无力，末传归空中，于凶吉无成。

《义》曰：课逢蒿矢，传金可畏。末既逢空，凶中化吉。白虎催官，不次加迁。寅年虎月，禄位加迁。

《象》曰：来情灾恼莫忧心，阴德扶持遇好音。末后事成防改变，孟春官位胜千金。

此蒿矢之卦，一曰玄胎，亦曰天网。《经》云："神遥克日名蒿矢，射我虽端当不畏。贵人逆转子无良，天乙顺行臣不义。家有宾来不可容，亦忧口舌西南至。"然事主动摇，人情倒置，象如以蒿为矢，射虽中而不入。祸福俱轻，求事难成，利主不利客。行人来，访人见。若带金煞，亦能伤人，主蓦然有灾。况玄胎如婴儿隐伏之状，利上不利下，事主远而多伏，暗昧不通，触则成祸，惟君子守正修德则亨。《经》曰"天网四张，万物被伤"，为阻滞，为疑难，为灾恼。上神生日，所谋百事吉，运用如意，遇灾不凶，逢吉愈吉。若当季神生日，主声名显达，岁命生日者，尤为吉昌，有人上门相助之理。占者遇之此课，占求官，催官使者有不次之用，况勾陈捧印，螣蛇生角，皆福吉之象，惟畏夫末传无力，好处未全也。占见贵不顺。占求财不利。占病凶，有救。占失物难寻。讼者先凶后吉。占宅不利。远行有阻。求事难成。忧疑患难，却喜有解。

占出兵行师，昼占忧战事，夜占无威不宁，有始无终，先难后易，吉不成吉，而凶不成凶也。

孟春吉，冬利。

真一山人云：冬占自有吉人扶，富贵功名渐可图。难里生恩真有用，忧中望喜岂虚无？

《无惑钤》云：干虽乘玄，切勿自怠。疾瘵讼宽，其忧尚在。

《钤解》曰：甲虽得亥水之生，不可自足而怠忽。初传申鬼乘虎，病讼凶甚，幸而临于脱乡，阴神复能制虎，病必瘵而讼必宽也。毕竟寅被申刑，其忧尚在，岂可恃亥水之生而有怠哉？《集议》：丑加辰，乃旬尾加旬首，闭口尤甚，又财神闭口。四季占，亥水无气，却喜申鬼生亥，乃不幸中之幸。夜占太常，加长生临干，来人必占婚姻之喜，或有赐锡之事。解离，夫妇行年值此尤的。"宾主不投刑在上"内谓此三刑入传，未免无恩之意，凡占恩反怨也。此课曾占失钗，申作白虎，发用金神也，见类神，必不失。金生巳、墓丑，凡物不离。金墓临支作天乙，谁敢隐藏？巳，金之母，制虎子，子必归其母，勾陈所以拘收。寅加巳，乘蛇来，阴上见亥，作太阴，故曰"太阴加日，物匿可寻"，人藏不密，必出。

甲辰日第五课

涉害　见机　炎上　狡童　孤辰　不结果

```
青 蛇 白 六          蛇 青 后 六
申 子 午 戌          申 子 午 戌
子 辰 戌 甲          子 辰 戌 甲


财 庚 戌 六 ☉        财 庚 戌 六 ☉
子 丙 午 白          子 丙 午 后
兄   寅 后 ◎        兄   寅 白 ◎


贵 后 阴 玄          空 白 常 玄
丑 寅 卯 辰          丑 寅 卯 辰
蛇子     巳常       青子     巳阴
朱亥     午白       勾亥     午后
戌 酉 申 未          戌 酉 申 未
六 勾 青 空          六 朱 蛇 贵
```

　　《玉历钤》云：此课戌加寅上，六合夹克，凡占所事无成，暴病自痊。可自墓传生，占公讼，旧事再发，或了绝复兴。若见囚禁，当日即出。出入辛苦不利。

　　《毕法》云：此课干上戌，虽作日财，上有旬庚为鬼，不取则已，取之必有奇祸。盖财犹水也，水能载舟，亦能覆舟，财能养身，亦能害身。廉介君子，如管北海、范希文，不取锄下鼠穴之金，祸从何至？

　　《钤玄》占云：此课三传窃日之气反生支辰，是为宅盛人衰之象，值此必家眷不多，宅屋太广，人不胜宅，主不胜客，反成灾咎，君子不可不迁徙也。日用所行，又为人胜我负之象。又云：三传脱气，反生起干上戌财，谓之取还魂债。

　　日克上神，日上克辰上，日克用，日生三传，末克初。

　　课名涉害、察微、炎上、斩关。凡谋防同类中有诈，合处有伤，所喜空亡。

　　《义》曰：三传脱耗，动逢逃盗。切勿托人，恐他难靠。后合阴私，男女相窥。勿用取女，媒妁相欺。

《象》曰：虚多实少岂堪夸？若妄贪图必致嗟。求事不成多败事，寅年月内动光华。

此炎上之卦，一曰斩关，亦曰见机。夫见机者，察其微，见其机，谓两比两不比，当以涉害为用。涉害有浅深，欲用不用，欲言不言，事有两而取一。所作稽留，迟疑艰难，进退不定，忧患难消，怀孕伤胎，难于前而易于后。传见炎上，为日，象君，占人性刚，卜天晴明。大抵五行正气入十干杂糅之乡，异方三合乃生旺墓之神，事主丛杂不一，主关众人共谋，不然两三处干事，委曲托人与人相合之类。又曰：炎上主柱图不遂。又如推磨者，无休歇之象，一事去，一事来，往来不歇。必得吉将用事，有人引进方可。亦曰：炎上有影无形。况斩关有奔亡之象，不利安居而利逃亡也，然此亦非真体。三传盗脱，凡百虚耗不足，谋望难成，有声而无实也。又曰：初传是戌，三传盗日。赖子发用，其课极吉，论子申辰也，故曰极吉。占求官见贵，美中不足，喜中不喜。占婚姻财帛，难于力也。占暴病即减，久病难瘥。欲求解脱患难，虽不见伤，欲脱而未脱也。其他诸占，皆为无益。

占出兵行师得此，昼占六合，尤宜获金宝美利，夜占亦如之。大抵此课，多有始而无终也。

春冬利。

真一山人云：作伙欺心脱赚来，要知消息莫疑猜。忧疑患难终为福，可羡年来不聚财。

《无惑钤》云：初传戌财，火局盗来。赖子支上，始得和谐。

《钤解》曰：戌作初传，系夹克之财，不由己用也。寅午戌，全火盗脱日干之气，赖宅上子水为救，其课反为吉矣。《集议》："传鬼成财钱险危"内列此日，谓三传全为脱气，反生干上财神者，名曰取还魂债。又戌遁旬庚伤干，必因财致祸，因食丧身，因妻成讼。子加辰，得蛇，主妇人哭泣。"屋宅宽广致人灾"内列此日，非宅不容人，必宅广人少，致使人口日渐衰羸，患难俱生，惟宜弃此宅居，庶免此事。财遭夹克，不由己费用。

甲辰日第六课

知一

害贵讼直遭屈断

```
白 朱 玄 勾          后 勾 玄 朱
午 亥 辰 酉          午 亥 辰 酉
亥 辰 酉 甲          亥 辰 酉 甲


子 丙 午 白          子 丙 午 后
财 癸 丑 贵          财 癸 丑 空
官 戊 申 青          官 戊 申 蛇


蛇 贵 后 阴          青 空 白 常
子 丑 寅 卯          子 丑 寅 卯
朱 亥      辰 玄     勾 亥      辰 玄
六 戌      巳 常     六 戌      巳 阴
酉 申 未 午          酉 申 未 午
勾 青 空 白          朱 蛇 贵 后
```

《玉历钤》云：午丑申作传，全无和气，凡占凶否，俱不可用。

上神克日，日上生辰上，用克日上，日生用，初克末。

课名知一、四绝。弃一就一，结绝事体，主心有疑虑，若久否之人占之，则亨矣。若谋新，枉费心。

《义》曰：课名四绝，不可图新。求官有用，须待秋冬（若赴官候补，则必升迁，新选现任未吉）。欲识何知？舍近就远。半晴半雨，未得全顺。

《象》曰：事当扼塞莫辞难，过此前程步步宽。旧事遇之须了绝，图新未可等闲看。

此知一之卦。夫知一者，知一而不能知两，知者以为自知、自见，不知为寇仇，故言知一也。以此为用，舍远就近，舍疏就亲，恩中生害，事多起于同类，凡事狐疑，事贵和同乃吉。《经》云："知一卦何如？用神今日比。事因同类起，婚姻失谐为。失物亲邻取，逃亡不远离。论讼和允好，为事尚狐疑。"上神克日，凡事不顺，只利先讼，要有气，余不吉，病讼者畏。日是人相害，夜乃鬼为殃，常占为人所欺负。此名四绝之卦，不宜图谋新事，惟宜结绝旧事，却为易也，故为"四绝了旧莫图新"。占者遇之此课，占求官者，虽曰仕宦忻欢，然而美中有不足美者，由其酉官为用神所制也，亦先难后易也。占见贵者喜悦，文书无力。占婚姻合。交易顺。远行未利。占投谒徒劳。求财得迟。常占防自内及外有人侵谋不足。公讼和解。占逃亡宜捕。病者虚弱，凶中有救。占宅不足。其他占问，事了、人来、信至。

占出兵行师得此，昼占不利，宜动中谨慎，量敌虑胜，尤防自内及外之侵，夜占无威不宁。大抵此课，非用兵之课，但敌使之来，必欲讲和，宜密加防范，以察其情伪也。

秋吉。

真一山人云：得失相仍凶吉平，善人终始获安宁。古今积德天垂报，但看前程与后程。

《无惑钤》云：去杀留官，仕宦欣欢。常人值此，灾患多端。

《钤解》曰：甲木以酉为官，以申为杀，申被午克、丑墓，去其杀矣，宜留干上官爻，仕宦主升擢之喜，常人主官中事务搅扰，所以仕宦忻然而喜，常人灾祸多端也。《集议》："宾主不投刑在上"内有此例，谓干支上有辰午酉亥，又克干支者，尤可畏。午乘白虎临亥，防火灾。亥加辰得雀，主少儿哭泣。夜占雀鬼加干。两贵相协。酉遁乙，乃甲木胎神，但非妻财，十月为生气，主婢妾有孕。虎临贵人本家，凡占干官，必招贵人嗔怒，占讼尤忌。

甲辰日第七课

反吟　玄胎　孤辰

来去俱空岂动移　空空如也事休追

```
玄 六 后 青        玄 六 白 蛇
辰 戌 寅 申        辰 戌 寅 申
戌 辰 申 甲        戌 辰 申 甲

兄   寅 后 ◎      兄   寅 白 ◎
官 戌 申 青 ⊙      官 戌 申 蛇 ⊙
兄   寅 后 ◎      兄   寅 白 ◎

朱 蛇 贵 后        勾 青 空 白
亥 子 丑 寅        亥 子 丑 寅
六戌      卯 阴    六戌      卯 常
勾酉      辰 玄    朱酉      辰 玄
申 未 午 巳        申 未 午 巳
青 空 白 常        蛇 贵 后 阴
```

《玉历钤》云：凡甲日反吟，寅加申为用，谓天上日加临绝地，乃自身无气也。又发用，日得空亡，吉凶不成，凡事不可用。

《毕法》云：此课反吟，来而复往，往而复来之象。寅者，日之德也，禄也，不宜见空，今值空亡，则是德丧禄绝，何能长久？占者值之，戒谨恐慎，修省不怠，可回造化。先生云：避患者，人也，使之无患者，天也，人以至诚感天，则天以天德佑人。

上神克日，辰上生日上，日上克用。

课名反吟。反复无定。寅虽为德禄马，空亡无力，不利谋望，却虽先见凶，终不为有害。

《义》曰：事必反复，徒然劳碌。禄马空绝，何以为福？百占无益，能解忧戚。三传无位，欲济未济。

《象》曰：吉事占来大可忧，若逢凶祸乐悠悠。病人一见魂飞散，不积阴功大可愁。

此无依之卦，一曰孤辰，亦曰玄胎。夫无依者，即反吟也。《经》云："无依是反吟，逃者远追寻。合者应分散，安巢别改林。守官须易位，结友也分襟。所为多反复，占病数般侵。"反吟刑冲，事主迟滞，远近系心，更相仇怨，且反复而呻吟，是无予夺而难息也。且孤辰有茕茕孑立之象，占人别离桑梓，凡所占谋，多虚少实，功名难遂，事业虚花。况玄胎如婴儿隐伏之状，利上不利下，事主远而多伏，暗昧不通，触则成祸，惟君子守正修德则亨。占者遇之此课，禄马空绝，仕宦不宜，若欲求官，须寅虎之年月，方可有望，亦不为全吉也。占见贵未利。占婚姻勿成，恐先合而后不合也。占求财难得，得不偿费。事多虚声，有损无益。占暴病可瘥，久病难愈。其他所占，谋为干用，干谒百事，皆如捕风捉影，成者少而败者多矣。占忧患、狱讼、围禁、惊恐之事，得此乃为福庆，此课能散诸凶也。

占出兵行师得此，乃大不宜也。凡有传闻，事多不实，尤防暗中诡计侵扰，敌使之来，欺诈不可从信，用兵者可不慎乎？

事不可凭。春正吉。

真一山人云：静看浮世总虚华，富贵功名堪笑嗟。谋望难成凶祸解，闷来对酒醉烹茶。

《无惑钤》云：善者既陷，恶者坦荡。所举百事，无此影象。

《钤解》曰：寅乃德禄旬空，虽善固不足恃；申乃日鬼落空，虽恶亦不足畏。课传俱空，影灭响绝矣，欲谋为举动，焉能成哉？《集议》："来去俱空岂动移"内列此日。夜贵加昼，宜暗求关节。支上神生干上神，作日鬼，不利干谒，求财即有祸出。空禄夜虎坐克，占病绝食饿死。

甲辰日第八课

涉害　孤辰　度厄
传墓入墓分爱憎

```
后 勾 蛇 空          白 朱 青 贵
寅 酉 子 未          寅 酉 子 未
酉 辰 未 甲          酉 辰 未 甲

兄　 寅 后 ◎        兄　 寅 白 ◎
财 丁 未 空 ⊙       财 丁 未 贵 ⊙
父 壬 子 蛇          父 壬 子 青

六 朱 蛇 贵          六 勾 青 空
戌 亥 子 丑          戌 亥 子 丑
勾 酉     寅 后      朱 酉     寅 白
青 申     卯 阴      蛇 申     卯 常
未 午 巳 辰          未 午 巳 辰
空 白 常 玄          贵 后 阴 玄
```

《玉历钤》云：此课干上未，四月占乃月厌、大煞、天目、墓神，又是白虎，一并临身，凡占怪异迭见，人宅大凶。又云：墓神覆日，人不亨泰。白虎冲宅，支气衰微。

日克上神，日上生辰上，用克日上。

课名涉害、见机。墓覆日上，忿闷难通，凡百占望，重重见止，上下皆为变怪，无有能成，首尾不相应，所幸寅为空亡，吉凶从空散。

《义》曰：课名见机，空空无依。心欲东向，道却西隳。事多不一，坐见变更。谋之未就，惹得虚声。

《象》曰：久病难痊暴病安，徒劳心志仰高攀。转头万事多更变，忧患谁知解笑颜。

此见机之卦，一曰孤辰，亦曰龙战。夫见机者，察其微，见其机，谓两比两不比，当以涉害为用。涉害有浅深，欲用不用，欲言不言，事有两而取一，所作稽留，迟疑艰难，进退不定，忧患难消，怀孕伤胎，难于前而易于后。传见孤辰，有茕茕孑立之意，占人别离桑梓，凡所占谋，多虚少实，功名难遂，事业虚花。况龙战乃天之私门，生杀有限，分杜有期，雷动龙奔，示其有战，身心疑惑，进寸退尺，动有乖离之象。未加甲，乃墓神覆日也。夫墓者，五行潜伏之地，四时衰败之乡，暗昧不明，昏蒙之象，生旺稍可，囚死衰替。一名关格。占者遇之此课，占求官不宜，禄位不振。见贵虽和，卒难成事。占婚姻，不利妻妾。占病凶重，尤忌占尊长。占财不实。占出行有阻。投谒人者徒然，亦难起离。占交易谋望，未得如意。占公讼、忧疑、患难，有解。占久病大凶。逃亡宜寻捕，目下未得。

占出兵行师得此，昼占无威不宁，夜占不利。用兵者得此，有失众之象。敌有使来，或有传闻，不可遽信，以其多虚少实。其他所占，皆有声而无实也。

半途而废。

真一山人云：浮沉世态水中沤，几向斜阳叹白头。老去莫嫌生意少，自然衣禄不须求。

《无惑钤》云：干禄空现，家讼内战。传墓入生，行人立见。

《钤解》曰：寅为干禄，空且丘仇，已不足守。况中传未又来墓，岂宜末传子水复入于墓乡乎？若占行人，来甚速也。三传内战，讼自家庭而起，所谓自窝犯者是也。《集议》："传墓入墓分爱憎"内有此日，乃德入墓。害贵讼直遭屈断。"将逢内战所谋危"内谓此为三传内战，凡占皆是家法不正，或自窝犯，或丑声出于堂中，以致争竞。未乃丁财，亦因妻财而动，在四月占乃月厌、大煞、天目、墓神。丁神临甲，极怪极凶。凡涉害有吉将生日，谓困途得马。未乃夜贵临干，纵夜占，仍作墓论。寅乃日禄，旬空亡，坐克，夜虎，占病绝食饿死。

甲辰日第九课

蒿矢　润下　励德

蛇　青　六　白　　　　　青　蛇　六　后
子　申　戌　午　　　　　子　申　戌　午
申　辰　午　甲　　　　　申　辰　午　甲

官　戌　申　青　　　　　官　戌　申　蛇
父　壬　子　蛇　　　　　父　壬　子　青
财　甲　辰　玄　　　　　财　甲　辰　玄

勾　六　朱　蛇　　　　　朱　六　勾　青
酉　戌　亥　子　　　　　酉　戌　亥　子
青申　　　丑贵　　　　蛇申　　　丑空
空未　　　寅后　　　　贵未　　　寅白
午　巳　辰　卯　　　　　午　巳　辰　卯
白　常　玄　阴　　　　　后　阴　玄　常

《玉历钤》云：此课蒿矢、润下，如冰炭无情，况用神申金克日，本是凶课，却缘日上有午火克制申金，不能为凶，凡占亦无所成，出入更改不利。

《毕法》云：此课末传辰土，助初传申金，前去克日干甲木，此辰土乃教唆之人也。详其来历，辰是日之本家，教唆者乃本家之人，所谓家鬼弄家人也。

《心照》曰：干上午火脱甲木，支上申金脱辰土，干支皆乘脱气，人宅俱致败微，值此则己身常有疾病，财物虚耗，盗窃诳赚，如汤之沃雪，房屋常有崩摧，消索覆败，如风之转蓬，惟年命有生助吉神，不至如是。

上神盗日，日上克辰上，日上克用，用克日，三传生日。

课名蒿矢、润下。以申金为镞，三传皆水，生干木。又云：玄龙蛇，重重喜，虽申为日鬼，日上午火又可制之，吉，宜散凶事，结绝旧忧。

《义》曰：木逢水局，众力助益。谋事望成，君子毕集。合中带煞，为君可惜。笑里藏刀，砒入于蜜。

《象》曰：重重相助喜相连，谁想人情暗弄奸。善与恶还恩致怨，将成又畏笑谈间。

此蒿矢之卦，一曰润下。《经》曰："神遥克日名蒿矢，射我虽端当不畏。贵人逆转子无良，天乙顺行臣不义。家有宾来不可容，亦忧口舌西南至。"然事主动摇，人情倒置，象如以蒿为矢，射虽中而不入，祸福俱轻，求事难成，利主不利客。占行人来，访人见。若带金煞，亦能伤人，主蓦然有灾。且润下，事主沟渠、水利、舟楫、渔网之类，动而不息之象，流而必清，滞则不竭，宜动不宜静，事主关众，亲朋相识之务，克应多是过月，牵连疑二。此五行正气入十干杂糅之乡，异方三合乃生旺墓之神，事主丛杂不一，主关众人共谋，不然两三处干事，委曲托人与人相合之类。水局水将，凡谋有人相助，得玄龙蛇成类，喜事重重。日生上神，虚费不足，幸三传有制，不足中而有美利，所畏者主客少和，合中带煞，恐恩变为仇，其他诸占皆如此。占求官见贵不宜。占婚占财不利。占病瘥迟，凶中隐吉。忧疑惊恐有救。占公讼得理。

占出兵行师，昼占大胜，得宝货与图书，夜占惊忧。敌使之来，所言勿信，宜防之。大抵此课，笑里藏刀、蜜中砒也。

秋冬吉。

真一山人云：识得机关且罢休，人心何是不悠悠？饶他使尽千般计，侥幸由来福不优。

《无惑钤》云：笑里有毒，鬼贼满屋。末助初伤，午畏水局。

《钤解》曰：申子辰三合，午临干上，冲坏合局，乃笑里有毒。申乃日鬼临宅，且又宅上发用，俱来克日，是鬼贼满屋也。末传辰土，又生起初传申金，以克甲木，赖午火子孙为救，殊不知申乃结合水局，又克午火，午火畏缩，焉能为甲木救哉？《集议》："末助初分三等论"内列此日。"人宅受脱"内列此日，占病吐泻。"合中犯煞蜜中砒"有此例，歌云："三传犯煞少人知，惟防好里定相欺。笑里有刀谁会得？事将成合失便宜。"凡占值此，必至恩中变怨，合中有破，虽属我之事，亦被人在中阻隔。干克支辰为财，支乘申鬼，未免自惊危中取财。

甲辰日第十课

重审　玄胎　闭口　不结果

脱上逢脱防虚诈

六空青常　　　　　　六贵蛇阴
戌未申巳　　　　　　戌未申巳
未辰巳甲　　　　　　未辰巳甲

官戊申青　　　　　　官戊申蛇
父辛亥朱　　　　　　父辛亥勾
兄　寅后◎　　　　　兄　寅白◎

青勾六朱　　　　　　蛇朱六勾
申酉戌亥　　　　　　申酉戌亥
空未　　子蛇　　　　贵未　　子青
白午　　丑贵　　　　后午　　丑空
巳辰卯寅　　　　　　巳辰卯寅
常玄阴后　　　　　　阴玄常白

《灵辖经》曰：占遇玄胎，室孕婴孩。用起四孟，以应玄胎，以此占人，若无谋计，妻妾必有孕也。此课传送加巳，巳下克上为用，将得青龙；中传登明，将得朱雀；终于功曹，将得天后。此名用起四孟为玄胎，始因财中有口舌，后连妇女，不然妻有孕也。

《玉历钤》云：此课甲日，申金为用，虽有青龙，毕竟是鬼，却得日上巳火，火能制申金，鬼化为财，凶变为吉之象，凡占所求如意。

上神盗日，日上生辰上，日上克用，用克日，初克末。

课名蒿矢。天盘地结。干墓加支，凡谋凶。所幸巳申合、寅亥合，虽申为鬼，其下有巳火可以制之，是刑中有合，巳申乃夫妻刑。申加玄游申在合（此句有误，伺高明斧正），所谋得地。末寅空亡，终无甚凶。

《义》曰：内战谋危，因财起争。夜占惊恐，事多难成。禄马无力，动为有失。见寅岁月，方保为吉。

《象》曰：彼此刑冲事动摇，主宾何是不相饶？吉凶到底归无用，且待时来福禄招。

此重审之卦，一曰玄胎，亦曰天网。夫重审者，重而审之也。利为主，利后动，长有厄，事从内起，起于女人。以下犯上，贱犯贵，卑犯尊，事多不顺。阴小在下者，有悖逆之事。占臣未忠，子失孝，事不可遂意而行，必当审察，循乎义理，庶几以免后患也。况玄胎如婴儿隐伏之状，利上不利下，事主远而多伏，暗昧不通，触则成祸，惟君子守正修德则亨。《经》曰"天网四张，万物被伤"，为阻滞，为疑难，为灾恼。玄胎不利占老人小儿病。日生上神，虚费百出，谋望不遂，耗失损财，人口衰残，休囚尤重，又为子孙脱漏之事。故曰："宛转益己，不利于彼。家宅摇动，忧变为喜。"占者遇之此课，占求官，虽见禄马，但未得力，须待时至，方能成就。占见贵和顺。占求财，得失相仍。占病先重而后轻。占忧疑、患难、狱囚者，先难后易。占婚姻始终不谐。谋望难成。用神与日上神不和，事多不称。占逃盗获。

占出兵行师得此，昼占青龙，有捷胜之象，得宝货奇物之美，但受制，未纯全也；夜占忧心众畏，不吉之意。敌使之来，其言不可听。大抵有始而无终也。

真一山人云：龙在山中虎落空，啸风兴浪不成功。惟在守旧修身吉，渐觉时亨百物丰。

《无惑钤》云：宛转益己，不利于彼。家宅动摇，忧变为喜。

《钤解》曰：申为日鬼，甚可忧也，然而生亥，亥却生寅，宛转委曲，以利于己。寅克辰日，不利于彼也。未乃日墓，又遁旬丁，以临宅上，宅主动摇不安。申先鬼而后迤逦相生，非忧变为喜而何？《集议》：脱上逢脱防虚诈。得道者多助，巳火脱干，三传自初递生巳火，岂不为多助者哉？鹤书赴陇："今朝甲乙青龙杜，后驾青龙传送行。必有鹤书将赴陇，如纵结绶显功名。"

甲辰日第十一课

涉害　不备　赘婿　登三天　六仪　回环格
罡塞鬼户任谋为

```
白 青 青 六        后 蛇 蛇 六
申 午 午 辰        申 午 午 辰
午 辰 辰 甲        午 辰 辰 甲

财 甲辰 六 ☉       财 甲辰 六 ☉
子 丙 午 青        子 丙 午 蛇
官 戊 申 白        官 戊 申 后


空 白 常 玄        贵 后 阴 玄
未 申 酉 戌        未 申 酉 戌
青午      亥阴     蛇午      亥常
勾巳      子后     朱巳      子白
辰 卯 寅 丑        辰 卯 寅 丑
六 朱 蛇 贵        六 勾 青 空
```

《金匮经》曰：辰来加日，被日克为用，谓日制其辰。以此占人，身就他人，是谓赘婿寄居，不能自专也。此课日克辰，辰为天罡，来加甲上，被甲克之，受其克制，不得自专，故曰赘婿。男合寄身招赘，女人携子行嫁，以身就他人，不能自专也。

《通神集》曰：此课甲上见辰为用，上见六合；中传午加辰，上见腾蛇；末传申加午，上见天后。主有恶人暗中谋计，惊恐为贼，西北方道路边伏藏，里数相去四十五数，往彼擒之必获，亦当自败在己午日，其贼是军身，中年之上也。何以知之？盖初传六合是私门，天罡恶神，故言谋恶。午上见腾蛇，故为惊恐。传送乃道路之神，故在道边伏藏。申金为日下之鬼，加午自受克制，故知自败。巳午，申金畏之，故败在巳午之日。申金作贼神，故言军人。天罡加孟，亦主军身。金带休气，故为中年。玄武之阴，戌上见子，子数九，戌数五，以上下相乘，故得四十五数也。

《玉历钤》云：此课赘婿，辰加日发用，六合夹克，末传为鬼，凡占所事，凶否不可用。

日克上神，辰上生日上，日克用。

课名涉害、察微、赘婿、六仪、斩关。凡占宜坐守决胜，图谋可成，不利出外，亦不能出行。六合夹克，所幸辰加寅为落空，不成凶耳。

《义》曰：罡塞鬼户，利暗私谋。事干天庭，愈大愈优。号登三天，位小不宜。升天之难，大人喜斯。

《象》曰：进门传来事阻疑，始终相好更相宜。只缘事大方为美，小事逢之气自疲。

此见机之卦，一曰泆女，亦曰赘婿，又曰斩关。夫见机者，察其微，见其机，谓两比两不比，当以涉害为用。涉害有浅深，欲用不用，欲言不言，事有两而取一，所作稽留，迟疑艰难，进退不定，忧患难消，怀孕伤胎，难于前而易于后。《经》云："天后常为厌魅神，须知六合是私门。二将取名称泆女，夫妻失友异情恩。"占男女有阴私暗昧之象，占家宅阴小越礼犯分，占婚姻媒妁不明，当以礼自防，谨于闺门。赘婿身寄他人，凡事由妻，如占事由他人，而不由自己也。斩关非安居之象，占者多不自由，事多暗昧不合，离散口舌，欲隐身避难者，却利乎奔逃也。辰午申，登三天，利远行，病者大凶。占者遇之此课，进间传也，凡事进中有间隔之象。占见贵和。占投谒人吉。婚姻合。占求财有。讼和解。占忧疑散。占逃亡，宜寻捕。占宅吉，利谋望，事有成。课体乃夹克，不由自己也。

占出兵行师得此，昼占六合，尤宜获金宝美利，夜占亦同。敌使之来，无益于我，亦无损于我，还见和好之象也。

见寅方好。防有更变。

真一山人云：逃亡盗贼遇天罗，谁人冲开有路过？无吉无凶谦卦象，渐看福禄似春波。

《无惑钤》云：午火可赖，事不出外。财自然来，昼占稍畏。

《钤解》曰：末传申虎，作鬼甚厉，赖午火制之。三传不离支干，主事不出外也。辰来临干作财，是不待干求，自然上门惠我，但遭夹克，不由己用，若昼占助起虎鬼，稍可畏矣。《集议》："初遭夹克不由己"内有此例，谓财遭夹克。"佯输诈败却休追"内有此日例，辰来受制，此是输败，若中传好，此意甚真，今中午脱气，末申是鬼，反来胜我，前日之输败，乃诈败也，岂宜冒进？自陷危机。登三天见前。"罡塞鬼户"内列此日。夜子乘虎，冲支上午，为邻人兽头冲其本家，以致家道衰替。

甲辰日第十二课

重审　进茹

```
青 勾 六 朱          蛇 朱 六 勾
午 巳 辰 卯          午 巳 辰 卯
巳 辰 卯 甲          巳 辰 卯 甲


财 甲 辰 六 ⊙        财 甲 辰 六 ⊙
子 乙 巳 勾          子 乙 巳 朱
子 丙 午 青          子 丙 午 蛇


青 空 白 常          蛇 贵 后 阴
午 未 申 酉          午 未 申 酉
勾 巳     戌 玄       朱 巳     戌 玄
六 辰     亥 阴       六 辰     亥 常
卯 寅 丑 子          卯 寅 丑 子
朱 蛇 贵 后          勾 青 空 白
```

《玉历钤》云：此课日阴发用，天地盘皆空亡，尚赖吉神可用，地盘空亡，最无可用，忧喜皆不成。

日上生辰上，日克用，日上克用。

课名六仪、重审、连珠。辰加卯为杜塞，重谋再进，更相破斗，有龃龉而无成，革三四不实，所喜日上空亡，六合归家，不为凶甚。巳午中末，为子孙福德，先晦后益。

《义》曰：既脱又空，有影无踪。不曰无益，难于成功。千谋百虑，何以遂志。理数如斯，君子居俟。

《象》曰：富贵功名各有时，自然分定不容私。知机乐道安正守，伫看春花发旧枝。

此重审之卦，一曰龙战。夫重审者，重而审之也。利为主，利后动，长有厄，事从内起，起于女人。以下犯上，贱犯贵，卑犯尊，事多不顺。阴小在下者，有悖逆之事。占臣未忠，子失孝，事不可遂意而行，必当审察，循乎义理，庶几以免后患也。况龙战乃天之私门，生杀有限，分杜有期，雷动龙奔，示其有战，身心疑惑，进寸退尺，动有乖离之象。辰巳午乃进连茹也，进中有退，事主欲行不行，欲止不止，牵连疑二，节外生枝，旧事从新，根苗相续也。占者遇之此课，占求官者，宜守正待时，不可躁进。占见贵虽和，事难卒称。占婚姻喜合，未保齐眉。占求财有影无形。占病吉多凶少，惟久病虚弱者，得之不利。失脱难得。占公讼不妨。投谒无益。远行阻滞。占宅不利于人。所闻之事，未见其实，忧疑患难有解也。占谋望干事，虽成而后败。

占出兵行师得此，昼夜所占，皆曰六合，尤宜获金宝之美利，亦未免有失众之象。敌有使来，或所传闻，未可遽信，恐为彼之谲诈之所欺也。大抵此课体空脱，事多不实，吉不吉而凶不凶也。

事防更变。

真一山人云：绿水青山饱玩游，晴云暖日看沙鸥。任他乌兔撺昏昼，诗酒相扳到白头。

《无惑钤》云：静中有望，动遭罗网。旦卜逢时，夜迎盗党。

《钤解》曰：甲乘卯，辰乘巳，皆天罗也，宜静而守之；若妄动则变为罗网，反生灾祸，卯为羊刃故也。昼占龙勾，巳午生起辰财；夜则辰与巳午蛇雀结为盗党，而脱气甚矣。《集议》：卯乘朱雀加寅，又辰用，主口舌文书之事，进凶退吉。辰作合，加卯六害上发用，主事连绵病死。两贵不协，变成妒忌，丑加子，未加午，互换作六害。

乙巳日

乙巳日第一课

伏吟　六仪

```
青 青 勾 勾        六 六 勾 勾
巳 巳 辰 辰        巳 巳 辰 辰
巳 巳 辰 乙        巳 巳 辰 乙


财 甲 辰 勾        财 甲 辰 勾
子 乙 巳 青        子 乙 巳 六
官 戊 申 常        官 戊 申 贵


青 空 白 常        六 朱 蛇 贵
巳 午 未 申        巳 午 未 申
勾辰      酉玄     勾辰      酉后
六卯      戌阴     青卯      戌阴
寅 丑 子 亥        寅 丑 子 亥
朱 蛇 贵 后        空 白 常 玄
```

《玉历钤》云：此课伏吟，却不甚凶，主求事宜急，凡占所求遂，财可成。

日克上神，日克用。

课名伏吟。辰作勾陈，归本位，虽伏而动，事主重谋，虽有窒碍，终亦自通。夏秋得之正快，若非其时，则不免迟滞。暮贵申中有德，为事吉。

《义》曰：伏吟宜静，妄动勿用。勾留不伸，难于占病。事多不和，勉强嗟哦。惟正顺理，灾害消磨。

《象》曰：重土艰难未足论，若占父母定飞魂。更怜逼迫非由己，退步安居福禄存。

此自信之卦，亦曰斩关。夫自信者，乃天地伏吟，十二神各归本家，天地如一，四伏未发之象。占事静则宜，动则滞，主事藏匿不动，静中求劳，有屈而不伸之象。且斩关非安居之象，多不自由，事多暗昧不和，离散口舌，欲隐身避难者，却利乎奔逃也。又主人情暗中不顺，多见更改，事多中止，坟墓破坏，占婚亦强成，难于久远。凡事历遍艰辛，然后可遂。三传俱财，财多反生不足。占者遇之此课，占求官见贵者，勾留迟滞。占求财，未如意。占婚，美中不足。占病凶，大宜作福。占失物难得。投谒人者喜。占行人未至。占忧疑患难者散迟。《经》云："用起命上见勾陈，百般留滞屈难伸。不然事有两头心，诸家秘法必然云。"

占出兵行师，昼夜皆占未吉，防战士有伤。此课不宜用兵，若不得已而用之，当谨严号令，加意防备，以避其锋，相机而勿忽。

静以待之。

真一山人云：何事勾留屈不伸，结劳费尽汝精神。退归一步无边福，积善人家自有春。

《无惑钤》云：叠遇天罡，身动难安。夜被神挠，幸免伤残。

《钤解》曰：天罡临干作用，是叠遇也，主动不安。申作日鬼，夜占为贵，当有神愿为祟，幸有巳火克之，庶免残伤矣。凡伏吟主静，因罡临身发动，故主动也。《集议》："鬼乘天乙乃神祇"内云：凡占贵神作鬼，切不可作鬼祟看之，占病必是神祇为害。干支互脱，天网恢恢、东手得来之喻。

乙巳日第二课

弹射　退茹　不行传

空空如也事休追　弹射重传术已迷

```
六 勾 朱 六          青 勾 空 青
卯 辰 寅 卯          卯 辰 寅 卯
辰 巳 卯 乙          辰 巳 卯 乙


财 甲辰 勾          财 甲辰 勾
兄   卯 六 ◎        兄   卯 青 ◎
兄   寅 朱 ◎⊙       兄   寅 空 ◎⊙


勾 青 空 白          勾 六 朱 蛇
辰 巳 午 未          辰 巳 午 未
六卯    申常         青卯    申贵
朱寅    酉玄         空寅    酉后
丑 子 亥 戌          丑 子 亥 戌
蛇 贵 后 阴          白 常 玄 阴
```

　　此课人皆以第四课卯加辰为用，殊不知既是乙日，岂可以卯加辰为用？况支课不足，止有三课，乃是乙木遥克辰土为用。卯来赶辰，宅不容人，又自宅上传出，依旧传归卯位，此乃夺父之财禄，只得好令父作闲。发用自管则吉，三传不离支干上，先前赶去，后复还位。乙以卯为禄，以寅为同类，必有兄弟出去了，后又复归来。辰作勾陈，主争讼。此课不见父母，唯是同类，自相吞并。来人自与父母各居十六七年，至五十九、六十，行年到亥子上，方见父母，是年有服矣。邵秀才初出外屋居，后入祖宅，定是父母却出外居，就蚕室，逐年养蚕。虽迤逦不归，正应人在宅内，传又自宅上发出，人又出去，是宅不容人，又传出去。末传有寅作空亡，加在卯禄之上，卯遂加乙，便赶辰入宅，又退而发出。是年正月初三日，有伯之兄二十四年不归，忽然归来，与叔言，遂因此争分。缘祖业止有坟山，别无他物，官司遂令标拨与之。至五十九，行年见亥，母死。六十，行年见子，父死。课中既不见父母，行年行到父母上，父母必死矣。[①]

《毕法》云：此课干上虽乘卯为旺禄，却是旬空，未免弃禄而就初传之财，上见勾陈凶神，又向前投托，又值中末俱空，不可前进也，乃退归本家，静守待时，斯免咎矣。

《龙首经》曰：此课干上卯空，不能自恃，情愿以干加支，而受脱气，值此不守本身之禄，却去投人，干求进用，反乃大有所费。

上神比日，日上克辰上，末克用。

课名弹射、连茹、斩关。空亡图事难成，所喜日往加辰，三传相续，去住不由自己，人物相伤，无所补益，虚喜无实效，毕竟禄为用，末见财亦丧，为中来劫，出旬方可。[②]

《义》曰：闻之有声，视之无形。空空如也，所占无成。得之复失，未见有益。退归一步，福禄骈集。

《象》曰：采苓不在首阳巅，徒向高山着力攀。事似归来闲快乐，琴棋诗酒醉盘桓。

此元首（当作弹射，作者采录有误）之卦，一曰寡宿。夫元首者，尊制卑，贵役贱之象。占事多顺，利于先举，事多起于男子。为臣忠，为子孝，正大光明而无邪僻之行，德业已著而乾乾进修，常怀危惧，惕励而无咎也。传见寡宿孤辰，值此尤妨骨肉。占身得此，主见孤独，别离乡井，自立门户，财物虚耗，僧道宜之，俗不宜也。卯寅丑，退连茹也，退中有进，进而后退，事主欲行不行，欲止不止，节外生枝，根苗不断，旧事从新。不备芜淫，阴私防范。退入空亡，三传无力。占者遇之此课，乃旺禄临身，进则无益，惟谨守为利，退则有助。占见贵不顺。占求官者，宜谨守待时。占婚姻不成。占交易不合。占主客未和，谋望难就。占求财，惊疑不宁。占失脱，虚耗不足。占久病不利，暴病亦危不宁。行人不归。远行不顺。忧疑、患难、狱讼者有解。其他诸占，有声无实，吉不成吉，而凶不成凶也。

占出兵行师得此，大概忧失众之象，昼占六合，尤宜获金宝美利，夜占青龙，大胜得宝货与图书，须在春占方可，余月占不然也。

有心无力。

真一山人云：独步空山何所依？莫辞辛苦向前移。也知茅屋风光好，乐

---

① 《壬占汇选》作：建炎己酉年三月乙巳日戌将亥时，邵百一秀才癸丑生，生于闰月十二日辰时，五十七岁占家宅。

② 此句仍以卯寅丑作三传论之，读者宜甄别。

以忘忧更许谁?

《无惑钤》云:弹射为初,中末空虚。所谋无效,徒尔萦纡。

《钤解》曰:弹射无力,况中末空亡,所谋何有成效乎?课体循环,徒自萦牵耳,则何益哉?《集议》:"旺禄临身徒妄作"内虽列此日,不曾明示,此乃空禄。"前后逼迫难进退"内列此日,前进逢巳午之脱,退后逢寅卯之空。"弹射重传术已迷"内例,发用辰字,乃日遥为弹射,非第四课卯克支辰为用也。然第一课卯巳临干上,第四课重见是不备也,若一卯克辰用,是为元首,则非弹射,其术不亦迷惑之甚乎?上神六害。寅乘朱雀加卯,射见果木。占家宅,笔架、书册。"费有余"内列此日,干上卯空,情愿以干加支而受脱。

乙巳日第三课

重审　极阴　逆间　闭口

权摄不正禄临支　四课皆空即空空如也

```
蛇 六 贵 朱          白 青 常 空
丑 卯 子 寅          丑 卯 子 寅
卯 巳 寅 乙          卯 巳 寅 乙


财 癸 丑 蛇 ⊙        财 癸 丑 白 ⊙
父 辛 亥 后          父 辛 亥 玄
官 己 酉 玄          官 己 酉 后


六 勾 青 空          青 勾 六 朱
卯 辰 巳 午          卯 辰 巳 午
朱寅     未白        空寅     未蛇
蛇丑     申常        白丑     申贵
子 亥 戌 酉          子 亥 戌 酉
贵 后 阴 玄          常 玄 阴 后
```

《玉历钤》云:此课谓之闭口、折腰,似从革,中传冲巳。旦暮兼蛇虎为用,主凶,凡事所求不成,病讼凶,产生,行人至,盗逃必获,只为四课皆空故也。

《毕法》云:干上寅为旬中空亡,第二课又入空乡,支上卯作空亡,第四课又入空乡，此乃四课皆空。《经》云："四课无形，事不出名。纵然出也，亦是虚声。"又云：日禄临支辰上者，凡占不自尊大，受屈折于他人，临支被支脱盗木气，必因起盖房宅，而以禄偿债。

课名重审、极阴、逆间传、闭口。重审，下贼为逆，不可过之义也，凡占主以下凌上，事多不顺。而况极阴，自丑入酉，以阴入阴，而终于极阴，遇此主淫泆、酒色、奸诡等，占病主死，占讼难辩，或因色生疾。又旬尾加卯发用，止宜捕盗贼而追逃亡。占病哑症，中风不语。告贵不允，问信不应。今传逢旬空，诸凡不利。

《义》曰：阻而不阻，成而不成。惊忧消释，何祚可凭？动不如静，坐胜乎行。如斯而已，胡为营营。

《象》曰：千里追风快九嘶，孙扬遇执最称奇。花开万物迟时贵，韫匵藏诸待有知。

此重审之卦，一曰极阴，一曰闭口、逆间。夫始入者，为重审，再三详审，不敢据为。如臣欺君，不敢据入，必再三再四重审，定计而后入。凡占者遇之，此下凌上，事多不顺。第四课发用，谓之蓦越，凡有祸福，其来迟滞，事体重大，俱从内起，动因女人。况传逢极阴，《经》云："极阴之课丑亥酉，百事逢之悉皆丑。占讼省部方端的，病死定为不长久。"又初传发用闭口，占病中风痰厥，生育子孙系哑儿。况又四课皆空，凡事无凭，诸事不能成就，语云"空空如也事莫追"，止宜解散忧疑，欲成事而不可得也。如遇占病，久病者死，新病者安。欲望成合事，目下指空说空，毫不相干，须待改旬可图。三传逆间，即或隔三隔四，东在西不在，便不能成合也，如捕风捉影。

占出兵行师得此，有兵数惊骸，士卒损伤，谓课传俱空，宜静守为妙，即有信息，俱属虚诈，为将者慎之！

月偃西山。

真一山人云：吉凶善恶总虚声，莫把心机强欲图。假使成中还见失，终身无依靠人扶。

《无惑钤》云：四课俱空，万事无踪。昼病不食，夜卜全凶。

《钤解》云：寅卯旬中空，子丑落空，所谋万事，俱无踪迹。鬼居末传，初中夜乘虎玄，夜占则凶甚也。发用闭口，昼若占病，上不能饮食也。旺禄被宅脱，或因宅而以禄偿债。

乙巳日第四课

重审　稼穑　三刑　闭口

鬼墓加干鬼暗兴　传财化鬼财险危

```
  后 朱 阴 蛇          六 空 朱 青
  亥 寅 戌 丑          亥 寅 戌 丑
  寅 巳 丑 乙          寅 巳 丑 乙


  财 癸 丑 蛇          财 癸 丑 青
  财 庚 戌 阴          财 庚 戌 朱
  财 丁 未 白          财 丁 未 后


  朱 六 勾 青          空 白 常 玄
  寅 卯 辰 巳          寅 卯 辰 巳
蛇 丑      午 空    青 丑      午 阴
贵 子      未 白    勾 子      未 后
  亥 戌 酉 申          亥 戌 酉 申
  后 阴 玄 常          六 朱 蛇 贵
```

《玉历钤》云：此课木微土多，幸青龙为助，颇可用也，凡占所求得助。传成三刑课，病讼凶，产未生，行人未至，出入颇如意。

《毕法》云：甲辰旬，丑为旬尾，丑加辰谓之旬尾加旬首，又发用丑，真乃闭口卦也。占病即是痖症，或禁口痢，不然咽喉肿塞，或痰厥症，不纳饮食。如占胎产，定是哑儿。如占失脱，纵有旁人见贼盗偷物，竟不肯言之。凡求人说事，人但闭口而不语有无之意。

课名重审、稼穑。三传俱土，作日之财，恐其贪财生祸。传逢三刑，凡占不美，求财更凶。干上见丑，乃鬼墓加干鬼暗兴，虽云墓神宜冲，却谓刑多则人情不美。但闭口课，又不宜见三刑，虽欲不言而不可得。除占病外，利于人口舌是非，缄口即消。告贵求谒，难以开口。

支上神克干上神，日克干上并三传。

《义》曰：君子知机，要决嫌疑。暗中鬼贼，吾以御之。中得冲战，以露斯奇。所贵明处，方保无虞。

《象》曰：兢兢业业慎和合，正己无为事若何？步步行行浑是理，惊忧患难渐消磨。

此重审之卦，一曰稼穑、三刑，一曰闭口。夫重审者，重而审之也。利为主，利后动，长有厄，事从内起，起于女人。以下犯上，贱犯贵，卑凌尊，事多不顺。阴小在下者，有悖逆之事。占臣未忠，子失孝，事不可遂意而行，必当审察，循乎义理，庶几以免后患也。日上见丑，为鬼墓加干，鬼贼暗兴，事防有人暗害侵凌。上乘螣蛇，主口舌虚惊不宁。况三传俱作日财，得财须防长上灾，有长上论此，不然，却防因妻生祸。传逢三刑，凡占多恃势而凌弱，上又乘螣蛇，末乘白虎，《经》云"螣冲虎去，所忧无虑"。且占不吉，夜占颇吉。求财可行，但旬尾加旬首，谓之闭口，求事告贵求谒，不惟不允，反生不美。利捕盗逃亡。三传俱土，名曰游子，若遇旬中丁神，甲辰旬见未为丁，主有动摇之象，其人若不远行，必欲逃亡，若占捕捉难获。

占出兵行师得此，三刑游子，大抵动摇不定，军心不宁，昼占惊畏失众，夜占大胜，有喜之兆。大抵此课，探来敌信息不明，须要谨始虑终，方保无虞。

作事谋始。春吉，四季平。

真一山人云：闭口逢人不可言，兵家说道片时间。深谋密觇勿轻举，临敌须详不等闲。

《无惑钤》云：满目财喜，不偿所费。昼虎临墓，闭口无畏。

《钤解》云：三传俱财，谓之传财太旺反财亏，是所偿不及所费。昼占白虎乘未，谓日墓，勿占病。但能得闭口谨言，则无畏矣。财神闭口，占病大凶。寅加巳，旦得朱雀，主口舌文书事，须至官方已。

乙巳日第五课

蒿矢　从革

```
玄 蛇 常 贵          蛇 青 贵 勾
酉 丑 申 子          酉 丑 申 子
丑 巳 子 乙          丑 巳 子 乙


官 己 酉 玄          官 己 酉 蛇
子 乙 巳 青          子 乙 巳 玄
财 癸 丑 蛇          财 癸 丑 青


蛇 朱 六 勾          青 空 白 常
丑 寅 卯 辰          丑 寅 卯 辰
贵子     巳青        勾子     巳玄
后亥     午空        六亥     午阴
戌 酉 申 未          戌 酉 申 未
阴 玄 常 白          朱 蛇 贵 后
```

《玉历钤》云：此课蒿矢带金，日鬼为用，旦暮玄蛇皆凶，凡占所事无成，病讼凶，产生，行人至，逃盗必获。

《毕法》云：乙日见酉巳丑俱作日鬼，却生起干上子水，为乙之父母，反为吉助，贵神扶持。又与支上丑合，并传中为三六呼，万事喜逢三六合。但财逢闭口，惟求财不利，其有官事，先凶后吉。传鬼为生，乃合一忧一喜。

干上生日，支神克干神却合，三传俱克干。

课名蒿矢。主远事，虚惊不实，纵有成就，亦虚名虚利。但传见金局，谓蒿矢带金，则能伤人，其矢有镞，主蓦然有灾，可幸在第四课发用，为远射，凶势渐小，不能为害也。

《义》曰：祸中隐福，害里生恩。这般消息，可与谁论？世事即此，所贵守理。大家共叹，如斯而已。

《象》曰：死中求活活中死，逆顺功夫谁得此。好事时人叹倒地，苦尽甘来无物兹。

此神遥克日，蒿矢之卦，一曰从革。《经》云："神遥克日名蒿矢，射我虽端当不畏。贵人逆转子无良，天乙顺行臣不义。家有宾来不可容，亦忧西南口舌至。"盖神虽遥克，力弱难伤，不能为害，如折蒿为矢，凡占主始如雷吼惊恐，终却无事。三四课发用，谓远射，愈远愈小，渐渐消磨。此时有客，不可容纳，主小人口舌。凡事忧在西南，喜在西北，西北乾，天门也。占事人谋己，利主不利客，利后动，利小不利大，且暮神将克日主凶。若带金，谓蒿矢有镞，能伤于人。传见金局从革，三合克日，谓之日鬼，见玄蛇，主盗失惊恐不宁之事。虽云先从而后革，却生起干上子水为父母爻，谓之传鬼化为父母。又与支上丑合，可取三六呼，利成合事，不利解脱，为合住难解故也。大凡占者遇此，再见支干六合，凡谋必遂，全无阻碍，亦有人于中相助成合。不见刑冲，不犯带煞深合，万事喜逢三六合。大抵此课，五行正气入于十干杂糅之乡，异方三合是生旺墓之神，事主丛杂不一，主关众谋，不然两三处干事，委曲托人与人相合之类。其象似推磨者，无休歇之象，一事去又一事来，来往不竭。虽然，凡占主变动，有革故鼎新。占求官先难后易，其官必成。见贵可见，求事允从。仕人差遣改易，常人道路门户不宁，或有阴人离别。求婚不成。求财逢闭口，求索不遂。凡谋望合伙可成。病主肺气不清，展转留根。再有求占，以前注明。

占出兵行师得此，主有遗失脱耗，军中防盗，夜占更主不宁，幸喜干上天乙，化凶为吉也。

谨始虑终。

真一山人云：鼎新革故事非轻，目下须知有大惊。难里生恩凶化吉，渐看极阴报阳春。

《无惑钤》云：末助初鬼，必赖蒿矢。俯丘仰仇，化合为美。

《钤解》云：丑土助起初传酉鬼，系蒿矢遥克，力弱不妨，况坐丑乘巳，俯丘仰仇也。然而酉丑合局，反为美也。《集议》：引鬼为生。夜占帘幕临干。财神闭口，占病大凶。发用丘仇，乘玄凶。局内天罡乘勾陈临申，主望远信，必有官吏人求官见贵，先难后易。一忧一惧。

乙巳日第六课①

重审　四绝体

```
青贵空蛇            后勾阴六
未子午亥            未子午亥
子巳亥乙            子巳亥乙


子丙午空            子丙午阴
财癸丑后            财癸丑青
官戌申勾            官戌申贵


贵后阴玄            勾青空白
子丑寅卯            子丑寅卯
蛇亥　　辰常        六亥　　辰常
朱戌　　巳白        朱戌　　巳玄
酉申未午            酉申未午
六勾青空            蛇贵后阴
```

　　此课名重审，本是四绝。不合亥子又来生了日干，绝中又起，奈何你母劝你休要争，不听；你女又劝休争，又不听，下稍自作。虽得财物，此人情可恶也。将后有悔，所得之物，可以移公棺葬于此内，必生贵子，作大和尚，为僧中最贵，汝后来葬于祖之边也。沈四公之母，乃童家之女，童家服将满要分，遂计会要脱避差徭，其沈四公欲争保正，其母七十七，劝不争，兼四公女又嫁童家，其女亦劝不争，遂自做了。后一年余，童家分却，请沈四公作主产公正人，各分得千余贯，恐他诸分退悔番变，果移公在内，遂于正主下取一生坟。盖乙日以子为母，子作勾陈，母欲自做，初传午作太阴，加亥上，是女在父母之地，乙日以午为女也。又嫁在母之娘，中传两为财，又加在子孙处，果是女儿女婿主张为中人。甲加丑为末传，乙以亥为父，以申为公，丑为金墓，申为翁，故为翁墓。本命是庚戌，庚金亦墓在丑，故后亦在他地内，取主坟申为僧，丑为贤人，上见贵，是为贤僧，为大长老。移葬四

年，生一僧，庚寅太岁，已年四十，见在宁国府广教寺作长老，续作袁州明仰山寺也。

《玉历钤》云：此课日上亥水与丁暗合，制火为财，乃吉课也。凡占所求皆成，占病凶，讼可结，产将生，行人欲至，盗逃不获，出入更改如意。

《毕法》云：此课午丑中作三传中金，乃日之官鬼，既被初传午火所克，又被中传丑土所墓，复又坐于丑墓之上，官鬼之气索，官爻至衰绝矣。有官之人值此，急宜致仕，以保天和。常人占之反喜，不但鬼贼受克，又且入墓，可以除祸安身而无畏。然又云：初生中，中生末，末克日干，正犹群党助贼伤主，以与祸患。午火虽在党中，豪杰之士也。终能制伏鬼贼，以消祸息。《易》曰："壮于頄，有凶。君子夬夬独行遇雨，若濡，有愠，无咎。"此之谓也。温峤之于王敦，王允之于董卓，盖应此象。

上神生日，日生用，日上克用，初克末。课名重审、四绝，凡所谋望，只宜绝旧。若占新谋，且防虚诈暮怪阴私，无成。久否之人，别作生涯，却吉。有贵人亲戚荐引。干上亥水生乙木，为初恩也，又初传生中，中生末，末传申金，却克日干，反成仇也，谓恩多仇深，凡事虽有面前之生，后却变出许多不美。

课名重审。子加巳、午加亥、卯加申、酉加寅，谓四绝体也，宜结绝旧事。但乙日禄绝，占官求爵禄不利，为士食廪禄不得，占病大凶，求举荐事，先喜后反仇怨。

干支上神俱生日，三传递生，末克日。

《义》曰：发用无力，渐渐有益。事成虽逢，乃曰大吉。自近及远，递相推荐。思掘隆盛，何愁迟慢？

《象》曰：迟迟春日满长空，无限光阴万汇丰。莫道图新难就事，管教渐立好家风。

此重审之卦矣。重审者，又审之也。利为主，利后动，长有厄，事从内起，起于女人，以下犯上，贱犯贵，卑犯尊，事多不顺，阴小在下者，有悖逆之事。臣未忠，子失孝，事不可遂意而行，必当审察，循乎义理，庶几以免后患也。占病必上逆，眼目心上之痰。《经》云："下之贼上名重审，子逆臣乖弟不恭。事起女人忧稍重，防奴害主起妻纵。万般作事皆难顺，灾病相侵恐复重。论讼对之伸理吉，先讼虚张却主凶。"午加亥上，乃名四绝卦，惟且结绝旧事，一可图新，一曰四绝子旧莫图新。上神生日，所谋百事吉，运用如意，遇灾不凶，逢吉遇吉。若当冬，主声名显达，岁命生日尤为福吉。占者遇之此课，占求官迟，吉。占见贵和。占婚姻合，病者宜作福。占求财轻微得。占人年命，见财可也。谋望先难后易，投谒比和。占宅吉。逃亡自归，访于新友可得。公讼了结，忧疑惊恐消散。占出兵行师得此，昼占贼无气，乃休囚之象，欺诈不失。夜占中止，利为主，利后进，终有益于占者。大抵用兵之道，贵在将之机变，量敌意胜用得宜，勿为阴谋所欺，则战胜攻取必矣。真一山人云：好事元来也不难，逢人须著眼相看。莫教错过空亡悔，这个机关不等闲。《无惑钤》云：仕宦畏逢，常人免凶。夜休干贵，昼稍中庸。

《钤解》曰：申乃官鬼，午克丑墓，是无气矣。仕官占之，官爻受克，所以畏逢。常人占之，鬼爻被克被墓，故免凶也。夜贵入墓，固不可投。子贵临巳，极阳之神，而入极阴之地，时中庸耳。此课申官入墓，午又克之，官鬼无制，所以常人无凶而仕宦最忌也。夜贵入墓，干之则怒；昼贵临绝，亦平常。主恩多怨深，非吉象也。又午加亥为极阴，主心多疑虑。

《集义》：苦去甘来乐里悲，内列此日，为恩多怨深，两贵相协。夜占帘幕临支，六爻现卦，防其克后，有此日例，谓三传内现而传，自墓克空禄，夜虎坐克，占久病绝食饥死。

乙巳日第七课

反吟　知一

```
白 蛇 常 朱          玄 六 常 朱
巳 亥 辰 戌          巳 亥 辰 戌
亥 巳 戌 乙          亥 巳 戌 乙


子 乙 巳 白          子 乙 巳 玄
父 辛 亥 蛇          父 辛 亥 六
子 乙 巳 白          子 乙 巳 玄


蛇 贵 后 阴          六 勾 青 空
亥 子 丑 寅          亥 子 丑 寅
朱 戌    卯 玄       朱 戌    卯 白
六 酉    辰 常       蛇 酉    辰 常
申 未 午 巳          申 未 午 巳
勾 青 空 白          贵 后 阴 玄
```

占曰：此课据来意，家内有属猪人小儿，病心腹痛血痢，其脉相反，病症反覆，身体羸困，只得脾胃气壮美。九月节，病势反增，至甲子则胃困不能进食，终不可救也。

何知家内小儿病？盖用其子孙爻乘白虎，见死气临亥，故知家内属猪小儿病也。巳为心包络，上得玄武水克巳火，故知心腹痛疼。巳主血，应赤色，水主黑也，火水杂，故为血痢。末传又得巳，故知血痢。若在秋令用起火，故其脉相反也。病症反覆者，为卦得反吟也。直事门害为中传，巳为初，为子孙爻，上见六合，为棺椁，又用起死气，故知羸困，得脾气壮而进食者也。何知九月病势复增？缘中传亥为八月解神，九月无解故也。甲子胃困不食者，缘日干上有戌土，主脾胃，甲子旬空而无力也。言不可救者，所赖者解神与胃气尔。既无解，又胃气落空亡，故知终不可救也。

此课初末巳火脱干，夜见玄武耗脱之神，所以昼夜皆防脱盗也。欲恃亥水为救，干上戌土克之，欺诈私约不免。巳亥为传，又主取索财物，改动迁移。神将凶，动亦无益，又主重重惊恼，事带两途。从下起背逆分离，性无始终。

《玉历钤》云：此课反吟，玄白为用。凡占所事，凶否无成。日克上神，上克日辰。上日生用，用生日上。

课名反吟，反覆不定。凡事不可用。惟见贵求名吉。缘喜神加日，日去就喜，有反复之意。贵中有合，大率反吟利动不利静。

义曰：白浪翻空，见主忧凶。昼虎夜玄，势恶相攻。动则有救，反复变更。君子免祸，小人凶生。

象曰：莫道课凶无吉处，吉凶元自出人心。人心力善凶为吉，一有凶心祸必侵。

此无依之卦，一曰玄胎。夫无依者，即反吟也。经云：无依是反吟，逃者远追寻。合者应分散，安巢别改林。守官须易位，结友也分襟。所为多反覆，占病数般侵。反吟刑冲，事主迟滞。远近系心，更相仇怨，且反复而呻吟，是无定夺而难息也。玄胎女婴儿隐伏之状，利上不利下，事主远而多伏，暗昧不通，触则成祸，惟君子守下修德则亨。玄胎不利占胎产，巳亥，巳乃为白浪翻空，人情有怨，朝定夕更，反复疑二，出行惊冰见阻，宜为善以禳之。天魁加干曰斩关，占者多欲动，思远行，大宜守静。占者遇之此课，占求官不遂，反复难成。占见贵不顺，谋干阻滞。占求财难得。占婚姻不宜。远行不利。占投谒徒劳。病者多变异难瘥。占讼不利，宜和解。逃亡自归，宜向亲友之家访问可知。占忧疑患难，得此不宁，当正静循理善处，则凶化为吉矣。

占出兵行师，得此别为选择。如不得已而用之，昼夜所占，皆非吉兆，用兵者当动必谨慎，察其微，见其机，知己量敌而进，庶几保其无虞也。慎之慎之。

真一山人云：仙福由来亦自人，人心无妄渐成真。真常渐渐无纤微，人即神仙仙即人。

《无惑钤》云：昼夜防脱，亥水难托。夜被欺诈，奸私见约。

《钤解》曰：初末已乘，白虎脱干，占病定主虚弱，欲恃亥水制之，却被干上戌乘朱克之，是难脱矣。夜占初末乘玄，必有欺诈之弊，且玄合不正，必有奸淫阴私之密约也。

《集义》：人宅受脱俱招盗，内列此，日为干支互脱，即天网恢恢束手得来之喻。空缘坐克夜虎，占病必绝食饿也。

乙巳日第八课

重审　孤辰　解离

夫妇芜淫各有私

```
玄 朱 阴 六          白 朱 空 蛇
卯 戌 寅 酉          卯 戌 寅 酉
戌 巳 酉 乙          戌 巳 酉 乙


兄　 寅 阴 ◎        兄　 寅 空 ◎
财 丁 未 青 ⊙        财 丁 未 后 ⊙
父 壬 子 贵          父 壬 子 勾


朱 蛇 贵 后          朱 六 勾 青
戌 亥 子 丑          戌 亥 子 丑
六 酉      寅 阴     蛇 酉      寅 空
勾 申      卯 玄     贵 申      卯 白
未 午 巳 辰          未 午 巳 辰
青 空 白 常          后 阴 玄 常
```

《曾门经》曰：日上见魁罡，名曰斩关，而传及功曹，其人必欲逃亡，当越关梁。魁罡为天关，功曹为天梁，后入天任，翳神光，参玉女，乘青龙，利以伏匿逃亡。此课天魁临巳，为踰天关；功曹为用，为越天梁；将得太阴，为入地户；中见小吉，为参玉女；将得青龙，为乘青龙；终得天一，为入天任，是居璇玑之中，为翳神光；华盖之下，六丁为天之使女，为左右。踰天关者，远行不可；登天梁者，高不可及；入地户者，隐于无形之域；乘青龙者，飞行万里之翼；翳神光者，为上帝之所育；参玉女者，为六丁之所福。

《玉历钤》云：此课干鬼临干，天魁墓支，发用空亡，凡事不可用。

上神克日，辰上生日上。

课名重审。空亡用，凡占有虚无实，虽不免口舌阴私，亦不凶。

《义》曰：空上乘空，事无定踪。劳劳碌碌，何能成功？虽有侵害，幸逢解神。动不如静，假不如真。

《象》曰：年来赢得有虚名，求事谁怜未许成。稳坐蒲团消白昼，也无耻辱也无荣。

此重审之卦，一曰龙战，亦曰孤辰。夫重审者，重而审之也。利为主，利后动，长有厄，事从内起，起于女人。以下犯上，贱犯贵，卑犯尊，事不多顺。阴小在下者，有悖逆之事。占臣未忠，子失孝，事不可遂意而行，必当审察，循乎义理，庶几以免后患也。况龙战，主人心疑惑，进寸退尺，动有乖离之象。卯酉为天之私门，生杀有限，分杜有期，雷动龙奔，示其有战。且孤辰有茕茕孑立之象，占人别离桑梓，凡所占谋，多虚少实，功名难遂，事业虚花，僧道宜之，俗不宜也。上神克日，只利先讼，要有气，余不吉，病讼不利，常占为人所欺负，口舌不宁，事不遂意，故曰克身墓宅。昼将夹克，动意难已，凶里财获。占者遇之此课，发用无力。占谋望者，有声无实。占求官不遂。占见贵不和。占婚姻不和，勉强成之，终见反目。占求财难得，得而复失。远行不宜。投谒失和，假使相和，心中必猜忌。占暴病为善可禳，久病求医罔效。占失物难寻。逃亡自归，访于亲友可知。占讼不成。忧疑惊恐消散。

占出兵行师得此，忧失众心，昼占中止，夜亦如之。敌有使来，及所传闻，多虚少实，不可遽信。大抵此课，吉不成吉，而凶不成凶也。

变化不一。

真一山人云：功名富贵不须求，好向林泉乐自由。吉事消妄忧事散，醒时酌酒醉时讴。

《无惑钤》云：伤身墓宅，昼将夹克。动意难已，凶里财获。

《钤解》曰：酉克乙，戌墓巳，主身灾宅晦。三传昼占，俱系夹克。中传未乃丁神，课得斩关，其动自不能已矣。自干上酉迤逦下克，必至凶里获财。《集议》："三传互克众人欺"内列此日，为求财大获，尤宜成合万事，却不利父母并营作，占病死，兼此人多贪横发。"财遭夹克不由己"内列此日，为三传夹克。未乃丁财，因妻财而动。支上神生干上神作日鬼，不利干谒，求财有祸，说见"末助初分三等论"内。酉乃乙木胎神，但非妻财，十月为生气，主婢妾有孕。解离，夫妇行年值此尤的。

乙巳日第九课

重审　从革　金局

众鬼虽彰全不畏

后 六 贵 勾　　　　　青 蛇 勾 贵
丑 酉 子 申　　　　　丑 酉 子 申
酉 巳 申 乙　　　　　酉 巳 申 乙

官 己 酉 六　　　　　官 己 酉 蛇
财 癸 丑 后　　　　　财 癸 丑 青
子 乙 巳 白　　　　　子 乙 巳 玄

六 朱 蛇 贵　　　　　蛇 朱 六 勾
酉 戌 亥 子　　　　　酉 戌 亥 子
勾 申　　　丑 后　　　贵 申　　　丑 青
青 未　　　寅 阴　　　后 未　　　寅 空
午 巳 辰 卯　　　　　午 巳 辰 卯
空 白 常 玄　　　　　阴 玄 常 白

《玉历钤》云：此课日鬼发用，又得金局，惟求官有成，余占不可用。

《毕法》云：此日干与地支上神作六合，地支与日干上神作六合，谓之交车合。凡占家和人合，外人相助，尤宜成合一切事务，交关交易皆有喜也。

《毕法》又曰：此课三传金局，并来伤日，如用昼贵，凶不可遏。或用夜贵，反为福德。盖以初传酉金，上被腾蛇克制，下被巳火所贼，又被丑来墓覆，酉金全无气力，何能克干？干上申金，又为日德，能伏诸煞，善作诸福，此盖君子凡德行皆善而无亏缺，冥冥之中自获神佑。《易》曰"积善之家，必有余庆"，又曰"视履考祥，其旋元吉"，此之谓也。

上神克日，用克日，末克初。

课名重审、从革。化金克乙，号为聚鬼，逢秋则望，然亦难重谋，凡百谋事，利人不利己，利内不利外。所喜夜贵，申加日，用神与日交又合，申为暮贵，改更久久有益。

《义》曰：艰难阻滞，众人欺负。动往失利，私欲蔽固。男诱于女，丑声播起。防范奸恶，勿用娶女。

《象》曰：此课占凶未可当，淫风惊恐就中藏。求官虽有多劳碌，从革由来改变常。

此重审之卦，一曰从革，亦曰天网，又曰泆女。夫重审者，重而审之也。利为主，利后动，长有厄，事从内起，起于女人。以下犯上，贱犯贵，卑犯尊，事多不顺。阴小在下者，有悖逆之事。占臣未忠，子失孝，事不可遂意而行，必当审察，循乎义理，庶几以免后患也。传见从革也，凡事阻隔，有气则隔而进益，无气则革而退失。一曰兵革，一曰金铁。大抵五行正气入十干杂糅之乡，异方三合乃生旺墓之神，事主丛杂不一，主关众人共谋，不然两三处干事，委曲托人与人相合之类。《经》云"天网四张，万物被伤"，为阻滞，为疑难，为灾恼。天后常为厌翳神，须知六合是私门。二将取名称泆女，夫妻失友异情恩。泆女乃不正之象。占者遇之此课，六合不合，公私消铄。占求官迟。占见贵难。占婚姻丑声。谋望未遂。占求财不宜。占病凶危。事多更改。公讼不利。忧疑消散迟。

占出兵行师得此，多见阻隔，艰难不顺，彼众我寡，彼强我弱。使来所言，不可信。此课最不宜用兵，若不得已而用之，全在为将者动谋异众而致胜也。谨之！谨也！

秋吉，冬平。

真一山人云：病伤筋骨肺劳侵，说与时人少用心。好向穹苍行善事，免教祸患一临身。

《无惑钤》云：交合虽逢，鲜克有终。夜占散祸，昼占还凶。

《钤解》曰：巳与申合，酉与辰合，但申酉比而为鬼，鲜能有终也。虽初合美，而后生恶意。夜占天将俱水，盗窃三传金气，以生日干，祸自消散。昼占纯金，带虎克日，所以凶而愈凶也。《集议》："众鬼虽彰全不畏"内有此日例，谓夜占又为贵德临身，消除万祸。此课金局来伤日干，如用昼贵，凶不可遏。若用夜贵，反为吉课。缘初传酉金，上为蛇伤，下为巳克，又被中传丑墓，末传巳克，全金无力克干，纵然干上申金作虎，系是贵人，又为日德临身，能伏诸煞。昼贵作鬼临身，占病必神祇为祟，不可作鬼祟。"传财化鬼财休觅"内有此日课，宜以财告贵，纳粟得官，用财求进却宜。昼占帘幕临干。鬼入墓。助桀为虐，递生日鬼。

乙巳日第十课

知一　励德　游子　稼穑　闭口

蛇勾朱青　　　　玄贵阴蛇
亥申戌未　　　　亥申戌未
申巳未乙　　　　申巳未乙

财丁未青　　　　财丁未蛇
财庚戌朱　　　　财庚戌阴
财癸丑后　　　　财癸丑白

勾六朱蛇　　　　贵后阴玄
申酉戌亥　　　　申酉戌亥
青未　　子贵　　蛇未　　子常
空午　　丑后　　朱午　　丑白
巳辰卯寅　　　　巳辰卯寅
白常玄阴　　　　六勾青空

《灵辖经》曰：用传皆四季，中有丁神，名曰游子。谓四季与旬中六丁使者并，及乘天马，其人若不远行，必欲逃亡。传出阳者将远行，传入阴者将欲伏藏。此课小吉临乙，为旬中六丁，使者为用，三月天马在戌，中传得天魁，是谓传出阳神，将得朱雀，法忧文字口舌，将欲远行也。

《心镜》云：四季三传有六丁，不然天马又相并。占身欲出名游子，逃者天涯地角停。乙巳午时三月课，用神小吉未为丁。中见天魁是天马，终于大吉例斯成。若值墓神并煞害，恐有冤家来逼刑。

《玉历铃》云：此课一木三土，又是土神临日，气象不振，凡占不可用。

《毕法》云：未加乙，乃墓神覆日，夜占又在四月，则为月厌、飞廉、大煞、天目，又乘旬内丁神，是为至怪至动至凶至暗之象。凡占妖孽迭兴，晦昧日覆身，如中流，凡事如风内逢（疑此句有讹，俟高明斧正），祸患之来，斯亦至矣，常人则悔过祷神，其祸斯免。故曰：天道祸淫，不加悔罪之人，为悔则善必生，故可免。惟君子见理明白，存心中正，则阳光盛大，阴精邪魅，不敢干矣。

日克上神，日上生辰上，日克用，日克三传。

课名知一、游子、稼穑。乙日三土皆财，墓覆日，申为绝临支，凡谋事，有止绝而无进。然三传皆财，生助宅上日鬼，若得年命神制之，可免祸。四季皆见天喜也。

《义》曰：昏昧不明，幸赖冲刑。吉凶相伴，惟善可并。临财退省，贪致祸生。若占父母，灾害匪轻。

《象》曰：力柔荷重不相当，又恐妻强虑有妨。命年见舍尤未美，因财致祸岂寻常。

此知一之卦，一曰游子、稼穑。夫知一者，知一而不能知两，知者以为自知、自见，不知为寇仇，故言知一也。以此为用，舍远就近，舍疏就亲，恩中生害，事多起于同类，凡事狐疑，事贵和同乃吉。况稼穑乃重土者，艰难之象，常占名曰鲸鲵归涧，凡事逼迫不由己，出若遇雷神，亦能变化。《要》曰：稼穑者，五坟也，不宜占病。《经》曰："知一卦如何？用神今日比。事因同类起，婚姻失谐为。失物亲邻取，逃亡不远离。论讼和允好，为事尚狐疑。"墓神覆日愤难通，四十九日身昏蒙。夫墓者，五行潜伏之地，四时衰败气绝之乡，传墓不吉，逢墓即止，所赖刑冲破墓，晦中有明也。占者遇之此课，占求官未遂，宜守正待时而行，若或躁妄，徒生不足。见贵相和，美中未美。占求财无益，财多反生悔吝。占婚姻，强成则夫妻欠和，或相忌怨。占病者昏困，凶，宜作福善为。占远行未顺。讼不吉，宜相和。常占家长不安。占逃亡自归，访于亲友可得。

占出兵行师得此，昼占吉，夜占惊忧。大抵三传刑冲，有战斗之象，亦不宜用兵，忌贪中致怨，宜临机消息。谨之！谨之！

春冬吉。

真一山人云：功名未遂待时来，知者须先莫爱财。求事始终见吉破，破财为福免生灾。

《无惑钤》云：拿钱鬼随，纳粟偏宜。欲求平善，请祷神祇。

《钤解》曰：三传皆财，生起支上申鬼，祸由宅中而出，得年命上神制之，庶免其害，若取财归家，鬼必随也。申乃日鬼，且占以财求官，或纳粟，或买恩泽补受，可必得之；有官人夜占，宜以财告贵，必得升转。占病欲求平善，当修功德以安慰宅神，庶得免害。《集议》："传财化鬼财休觅"有此日例。"恃强凌弱"说见本日第四课。"鬼乘天乙乃神祇"内列此日，临日为神祇，不可作鬼祟，临支必是家堂神像不肃而致病患。昼占帘幕临支。"金日逢丁灾祸动"内有此日例，谓若四月占，未乃月厌、大煞、天目、墓神、丁神并临本身，凡占至怪至凶。未乃丁财，或因妻财而动。夜贵作日鬼入宅，占病必家堂神像不肃，宜修功德安慰免咎。

乙巳日第十一课

重审　涉三渊

脱上逢脱防虚诈　二贵受克难干贵

```
六 青 勾 空          后 蛇 贵 朱
酉 未 申 午          酉 未 申 午
未 巳 午 乙          未 巳 午 乙


官 戊 申 勾          官 戊 申 贵
财 庚 戌 朱          财 庚 戌 阴
父 壬 子 贵          父 壬 子 常


青 勾 六 朱          蛇 贵 后 阴
未 申 酉 戌          未 申 酉 戌
空午    亥蛇        朱午    亥玄
白巳    子贵        六巳    子常
辰 卯 寅 丑          辰 卯 寅 丑
常 玄 阴 后          勾 青 空 白
```

《玉历钤》云：此课申金德神为用，不宜临午，谓之坏德，吉反为凶之象，凡占所事无成。

上神盗日，日上生辰上，用克日，日上克用。

课名重审。干墓加支，日辰上神，午来作合。德神申发用，午来伤之，吉或变凶。所幸终始皆天乙，必有贵人扶持之力。

《义》曰：干支俱脱，彼此耗弱。谋事艰辛，动往喜合。涉渊见阻，灾凶相忤。勾留不伸，阻抑失辅。

《象》曰：申戌子兮涉三渊，难中生易妙中玄。勾留间隔迟疑就，君子知微待自然。

此重审之卦，一曰天网。夫重审者，重而审之也。利为主，利后动，长有厄，事从内起，起于女人。以下犯上，贱犯贵，卑犯尊，事多不顺。阴小在下者，有悖逆之事。占臣未忠，子失孝，事不可遂意而行，必当审察，循乎义理，庶几以免后患也。夫天网者，即天网四张也，《经》曰"天网四张，万物被伤"，为阻滞，为疑难，为灾恼。申戌子，涉三渊也，进间传，进中有间阻之象，凡占未顺。日生上神，虚费百出，谋望不遂，失盗损财，人口衰残，休囚尤重，又为子孙脱漏之事。又被天空脱之，虚耗之尤甚者也。占者遇之此课，占求官见贵难，乃两贵受克难干贵，必贵怒不能成就。占事必被贵人阻抑，在任者多差使委托，事且无成。占婚姻合。占财轻。占病凶中有救，宅暗人衰，夜占神祇为祸，有神愿。谋望、主客、投谒虽合，彼此防有盗脱。占远行有阻。行人未至。公讼宜和。逃亡自归，宜访亲友。其他所占，百事未见勾留迟滞、曲而不伸之象，或有两头干事之心。

占出兵兴师得此，昼占防战士有伤，夜占开地千里，但未免彼此脱耗不足，有心无力，可以讲和，宜消息见之也。

难中变易。

真一山人云：宾主相忻气力疲，谁怜人宅耗相随。丈夫自是知天命，一志忠诚不苟移。

《无惑钤》云：两贵虽值，俱不可恃。费用迭兴，徙居廻避。

《钤解》曰：昼贵入狱，夜贵受克，不可依恃。传中虽值，亦何益之有？干支皆被上神所脱，费耗多端。宅脱人气，宅旺人衰，且墓覆昏昧，宜急迁徙。《集议》："人宅受克俱招盗"内列此日，谓占身必被人脱赚，占宅必被人盗窃财物，占病定缘起盖宅屋费用，而心气脱弱，遂成虚惫，宜服补元气药饵获愈。脱上逢脱。涉三渊："欲动不动涉三渊，申戌子兮在目前。进退艰难还万状，对面言之是隔年。"空上逢空事莫追，以午为脱空神。

乙巳日第十二课

弹射　进茹　不备

前后逼迫难进退

白 空 空 青　　　蛇 朱 朱 六
未 午 午 巳　　　未 午 午 巳
午 巳 巳 乙　　　午 巳 巳 乙

财 丁 未 　白　　　财 丁 未 　蛇
官 戊 申 　常　　　官 戊 申 　贵
官 己 酉 　玄　　　官 己 酉 　后

空 白 常 玄　　　朱 蛇 贵 后
午 未 申 酉　　　午 未 申 酉
青巳　　戌阴　　　六巳　　戌阴
勾辰　　亥后　　　勾辰　　亥玄
卯 寅 丑 子　　　卯 寅 丑 子
六 朱 蛇 贵　　　青 空 白 常

《玉历钤》云：此课申酉皆为日鬼，有八分之凶，幸得日辰之上巳午制之，凶化为吉，凡占先难后易，先否后通之象。

上神盗日，日克用，日上生用。

课名弹射、进茹、阳不备。辰加卯为进茹，而实退，凡占止而复止，终无大利。幸申酉金虽为日鬼，日辰上有巳午火制之，中末与日辰合，辰来就日，终有和合。

《义》曰：一阳二阴，不可问婚。所可忧者，中末传金。仕宦可利，不宜常人。蓦然惊恐，为善谆谆。

《象》曰：户大家虚心力疲，存心定意有谁知？皇天每及善人福，须待春花发旧枝。

此弹射之课。夫弹射，乃日克神之谓。《经》云："日往克神名弹射，纵饶得中还无力。贵人逆转子无良，天乙顺行臣不义。家有宾来不可容，亦忧口舌西南至。"然事主动摇，人情倒置，更主蓦然有灾，求事难成，祸福俱轻，忧事立散，祸从内起。利客不利主，利先不利后。占人不来，访人不见，不利占讼。弹射无力，不可用事，虽凶无畏。此课传见土金之神，泥弹而化金石也，乃为有力。日生上神，虚费百出，谋望不遂，盗失损财，人口衰残，休囚尤重，又为子孙脱漏之事。未申酉，进连茹也，凡事进中有退，欲行不行，欲止不止，根苗不断，旧事从新。千里行人，有还乡之念。支来求食于干，谓之求就，所用偃蹇，终不济事，及费己之财力。占者遇之此课，前进畏弹石而有伤，后退陷脱漏而有损，正如羝羊触藩，惟正静以守，不可躁率轻动。占求官，有成迟就。占见贵徒然，勉强如成，必至耗困。占病者凶重。惟仕宦有兵权之用，乃白虎之登山也。求财难得，宜远年旧日之财。远行难动。行人有待。逃亡拒捕难获。

占出兵行师得此，昼夜俱畏，非用兵之课。若不得已而用之，贵在将之谋勇而致胜，不可轻忽。谨之！谨也！

夏吉，秋平。

真一山人云：古人百忍不生嗔，到此须教认理真。治乱兴亡千万世，静看积善福循循。

《无惑钤》云：泥丸化石，射之有力。止宜守旧，前迫后逼。

《钤解》曰：未土为弹，乘虎传金，是泥弹化石，射必有力。若取此惊危之财，因而引入鬼乡，为祸不浅。况退而逢空，进而被脱，前后逼迫矣。不如且守干上巳火之脱，以受虚耗之困穷而已。《集议》：未虎发用，占病腰痛。"前后逼迫难进退"内列此日。未乃丁财，或因妻财而动。射虎伤人："猛虎来伤害，张弓免祸殃。心忙手未稳，却把别人伤。"蛇虎克日，俱同吉中有凶之象，余准此。两贵不协，变成妒忌，申加未，子加亥，互换作六害。一路淹留，干上巳，此支脱干，况第二课并支上，又见午火，乙木尚不自揣，犹且克午上未土，未土作初传，大旺有力，乙木不能克，反被未墓，且引入申绝上。其乙木淹留，不可言。未免退居卯上就禄，卯又空亡，乙不胜其苦。

丙午日

丙午日第一课

伏吟自任　玄胎　不结果

```
白白空空          六六勾勾
午午巳巳          午午巳巳
午午巳丙          午午巳丙


兄乙巳空          兄乙巳勾
财戊申玄          财戊申蛇
父　寅六◎⊙      父　寅白◎⊙


空白常玄          勾六朱蛇
巳午未申          巳午未申
青辰　　酉阴      青辰　　酉贵
勾卯　　戌后      空卯　　戌后
寅丑子亥          寅丑子亥
六朱蛇贵          白常玄阴
```

《玉历钤》云：此课伏吟，三传不凶，虽禄为发用，乃有勾陈、天空凶神，占事劫凶不可用。

上神德日。

课名伏吟。诸神不动。德禄发用，中马末生，宜安静。若有谋望，终不如始，以寅为末空也。

《义》曰：有禄有马，官爵高迁。末传逢空，人未纯全。天空到巳，哀声嘹唳。若是夜占，勾留迟滞。

《象》曰：久病人身见马凶，于中有救末逢空。始如花锦争相看，终若浮华西复东。

此自任之卦，一曰玄胎。夫自任者，乃天地伏吟，十二神各归本家，天地如一，四伏未发之象。占事静则宜，动则滞，主事藏匿不动，静中求劳，有屈而不伸之象。况玄胎如婴儿隐伏之状，利上不利下，事主远而多伏，暗昧不通，触则成祸，惟君子守正修德则亨。《经》曰："任信伏吟神，行人立至门。失物家内盗，逃者隐乡邻。病合难言语，占胎聋哑人。访人藏不出，行者却回轮。"此旺禄临身徒妄作。占者遇之此课，占求官见贵吉，但畏夫始终不一，若在寅木年月方可，须正静以待之。占婚姻不宜，恐难成。其他求财虽有，亦未准也。暴病即瘥，久病得此凶重。《百章》云："久病人身怕见马，煞名驮尸归地下。"凶则凶矣，所赖传入空乡，凶中隐吉，此害里生恩也。占远行迟滞。占所望人，刚日伏吟顺传，征途有归欢之象。夜占励德，大吏升迁，小吏迍，宅不安，身不宁。又谓之关格不通。占逃亡自归，宜向亲友家访问可得。

占出兵行师得此不宜，昼占多欺诈毁潜，夜占有折伤之不吉。大抵此课，凡百占谋，吉凶之事，皆有始而无终，惟宜散忧释事也。

始终勤怠。

真一山人云：谋望成中不足奇，这般消息几人知？忧疑患难逢为福，莫后更新又问谁？

《无惑钤》云：禄财及生，昼占无成。始如补锦，后若浮萍。

《钤解》曰：申财乘玄，巳禄乘空，寅生空亡，昼占俱无成也。始而观之，如花上之锦，继其终如浮萍之无根蒂，而飘荡之不定也。《集议》："宾主不投刑在上"内谓此三刑入传，未免无恩之意，凡占恩反怨也。丙午俱火，绝于亥。《启奥百章歌》云："支干穷处官鬼游，病者占来百不周。家无担石堪忧虑，体有沉疴又有愁。"亥乃支干官鬼，绝为穷处也。

丙午日第二课

元首　退茹　斩关　不备

脚踏空亡进用宜　空空如也事休追　权摄不正禄临支

```
青 空 勾 青        青 勾 空 青
辰 巳 卯 辰        辰 巳 卯 辰
巳 午 辰 丙        巳 午 辰 丙

父   卯 勾 ◎      父   卯 空 ◎
父   寅 六 ◎⊙     父   寅 白 ◎⊙
子 癸 丑 朱 ⊙      子 癸 丑 常 ⊙

青 空 白 常        青 勾 六 朱
辰 巳 午 未        辰 巳 午 未
勾卯     申玄      空卯     申蛇
六寅     酉阴      白寅     酉贵
丑 子 亥 戌        丑 子 亥 戌
朱 蛇 贵 后        常 玄 阴 后
```

《玉历钤》云：此课三传俱空亡，凡事虚声无实，闻忧不忧，闻喜不喜。

《毕法》云：此课三传虽生日，却是空亡，连茹而退后既空，须努力前进，勿恋虚生也。若占病，谓之寻死格，占父母病死尤急，占子息病则无妨。占讼理亏，必上人不主张，言生我者空故也。

上神盗日，辰上生日上，用克日上，初克末。

课名元首、退茹。日往加辰，干众，不由己，反复，但卯寅十分空亡，终成虚声，凡占宜屈己下人，然亦凶吉无成，须待出旬别谋。

《义》曰：着力向前，财禄绵绵。若还退步，陷入忧愆。守旧耗费，进步受惠。三传空空，无可凭据。

《象》曰：更新退步事堪夸，阳少阴多又可嗟。最忌占婚及男女，家门严谨著声华。

此元首之卦，一曰寡宿。夫元首者，尊制卑，贵役贱之象。凡事多顺，利于先举，事多起于男子。为臣忠，为子孝，正大光明而无邪僻之行，德业已著而乾乾进修，常怀威惧，惕励而无咎也。传见寡宿孤辰，值此尤妨骨肉。占身得此，主见孤独，别离乡井，自立门户，财物虚耗，僧道宜之，俗不宜也。卯寅丑，退连茹也，退中有进，进中有退，欲行不行，欲止不止，节外生枝，根苗不断，旧事从新。况不备芜淫，闺门乎宜慎。日生上神，虚费百出，谋望不遂，失盗损财，人口衰残，休囚尤重，又为子孙脱漏之事。占者遇之此课，占求官见贵，有声无实，努力前进，自有余福。占婚占财，捕风捉影。占谋望者，徒劳志意。占交易者，未得如心。如占暴病得之，无不吉利；久病逢之，定见凶迍。

占出兵行师得此，忧失众之象。所闻传事，十无一真。昼占虽忧战士有伤，又喜传中有解，夜占虚诈，理之必然。若初闻声息，未可遽动，多是虚声，否则不久自散。敌使之来，所言勿听信也。大抵此课，凡百占谋，不能成事，却能散事，惊忧自解也。

无可凭据。春利。

真一山人云：有声无实是空亡，静里工夫自酌量。万事转头声过耳，不知何事遂衷肠。

《无惑钤》云：脚踏空亡，休恋生方。向前一步，食禄荣昌。

《钤解》曰：三传俱皆空亡，若恋其生而退，则脚踏空陷，凶不可言也。丙禄在巳，巳入午宫，稍进一步，则享禄荣昌矣。《集议》："脚踏空亡进用宜"内有此日例，若占病，名寻死格，占父母病死尤急，占子息病无畏，占词讼理亏，必上人不主张，缘生我者空亡故也。此例论如背后有三处陷井，岂宜退乎？若退则脚下踏坑，必陷其身，凡占宜催督。禄临支。

丙午日第三课

重审　斩关　极阴

<pre>
六 青 朱 勾   青 白 勾 空
寅 辰 丑 卯   寅 辰 丑 卯
辰 午 卯 丙   辰 午 卯 丙

子 癸 丑 朱 ⊙   子 癸 丑 勾 ⊙
官 辛 亥 贵   官 辛 亥 朱
财 己 酉 阴   财 己 酉 贵

勾 青 空 白   空 白 常 玄
卯 辰 巳 午   卯 辰 巳 午
六 寅   未 常   青 寅   未 阴
朱 丑   申 玄   勾 丑   申 后
子 亥 戌 酉   子 亥 戌 酉
蛇 贵 后 阴   六 朱 蛇 贵
</pre>

《玉历钤》云：此课丙日，得酉丑金局为财，兼天乙为吉，朱勾不凶，凡占所求，颇有成遂。

《毕法》云：此课干上卯与支上辰作六害，凡占各相猜忌，互有恶意。但干上卯空，是我害人，有名无实；支上神却不空，则人之害我实，被其毒也。

上课生日，日上克辰上，日上克用。

课名重审、斩关、杜塞、间传。用丑，卯空亡之上，谓之漏底空亡，出入有碍，所恃有两贵人在后，有扶持之喜，不为凶也。

《义》曰：空来助力，仲春方吉。过此之时，更变不一。忠孝成仁，福禄自臻。有些未顺，莫怨乎人。

《象》曰：未遇风云且待时，莫劳心志若焦思。春风二月间桃李，无限繁华景物奇。

此重审之卦，一曰龙战。夫重审者，重而审之也。利为主，利后动，长有厄，事从内起，起于女人。以下犯上，贱犯贵，卑犯尊，事多不顺。阴小在下者，有悖逆之事。占臣未忠，子失孝，事不可遂意而行，必当审察，循乎义理，庶几以免后患也。况龙战，主人心疑惑，进寸退尺，动有乖离之象。卯酉为天之私门，生杀有限，分杜有期，雷动龙奔，示其有战。抬土当门，凡事有阻。丑亥酉，卦名极阴，利暗而不利明。一云退间传，退而有间隔之象。上神生日，所谋百事吉，运用如意，遇灾不凶，逢吉愈吉。若当季神生日，主声名显达，岁命生日者，尤为福吉。占者遇之此课，占求官见贵，空脱不和，彼此事难克济。占婚姻不宜。占求财未遂。暴病得之，危中有救；久病逢之可畏。占远行未利。投谒无功。占谋望失利。占公讼有解。忧疑消散。闻事不实。余占目下未能准成，必要守正待时，春二月内上门相助也。

占出兵行师，忧失众心，昼占口舌，夜占不利，亦无大害也。大抵此课，闻忧不忧，闻喜不喜，事多不准，由空脱之谓也。

好木无根。二月吉。

真一山人云：抬土当门欲阻行，文书口舌更相并。忧疑散释浑无事，欲问其他未许成。

《无惑钤》云：生空变败，与辰六害。夜贵惠财，昼贵难赖。

《钤解》曰：卯空为生，火败于卯，又与支上辰为六害也。夜贵酉金为财，夜占得贵人之惠也。昼贵坐丑受克，自救不暇，何可倚赖？《集议》："昼夜贵加求两贵"内有此日，又谓宜暗求关节。上神六害。

丙午日第四课

蒿矢　闭口　三交不交

费有余而得不足

```
蛇 勾 贵 六            六 空 朱 青
子 卯 亥 寅            子 卯 亥 寅
卯 午 寅 丙            卯 午 寅 丙


官 壬 子 蛇 ⊙         官 壬 子 六 ⊙
财 己 酉 阴            财 己 酉 贵
兄 丙 午 白            兄 丙 午 玄


六 勾 青 空            青 空 白 常
寅 卯 辰 巳            寅 卯 辰 巳
朱 丑     午 白       勾 丑     午 玄
蛇 子     未 常       六 子     未 阴
亥 戌 酉 申            亥 戌 酉 申
贵 后 阴 玄            朱 蛇 贵 后
```

《玉历钤》云：此课蒿矢，日辰上神空亡，皆虚声无实，春夏平过，秋冬为凶，凡占不可用。

《龙首经》曰：凡占不审官属善恶忠逆，要日辰上阴神得吉将，旺相上下相生，与日辰上神不克，则属下忠爱，可以寄托也。今此课功曹临丙遇六合，太冲午上遇勾陈，功曹阴上神得登明，上遇天乙，太冲阴上神得神后，上遇腾蛇，皆上下相生，其二阴神又遥生阳神。天乙六合，吉神也，勾陈腾蛇，凶神也，虽有吉凶相半，却得有上下相生，主属下生爱于上，尽心办事，内有不纯之人，亦不敢为恶也。

《毕法》云：此课干上见寅，支上见卯，是为全生，却乃俱作空亡。第二、第四课又为全鬼，中传虽为财神，临于脱气之上，得之不足，而费之有余。又云：四课无形，事不出名。纵然出名，也是虚声。

上神生日，用克日。

课名蒿矢、三交。支干上皆空亡，人孤宅虚，凡占指空，隔手难成，凶吉皆不见也。

《义》曰：四课无根，号曰消魂。夜占遇此，无路可奔。惟有阴德，方免此厄。谋事难成，变更阻节。

《象》曰：三交到此不三交，莫把财豪谒富豪。春水江头无限兴，任教浊酒醉酕醄。

此蒿矢之卦，一曰三交，亦曰龙战，又曰天网。《经》云："神遥克日名蒿矢，射我虽端当不畏。贵人逆转子无良，天乙顺行臣不义。家有宾来不可容，亦忧口舌西南至。"盖事主动摇，人情倒置，象如以蒿为矢，射虽中而不入，祸福俱轻，求事难成，利主不利客。占行人未来，访人难见。若带金煞，亦能伤人，主蓦然有灾。传见三交，前不能进，后不能退，交加其象，家匿阴私，或欲逃隐避，凡事失节阻破，谋事被人阻碍，不能成合。况龙战，主人心疑惑，进寸退尺，动有乖离之象。卯酉为天之私门，生杀有限，分杜有期，雷动龙奔，示其有战。《经》云"天网四张，万物被伤"，为阻滞，为疑难，为灾恼。若十二月将占，为天烦卦，男子年命在卯，抵之大凶。上神生日，所谋百事吉，运用如意，遇灾不凶，逢吉愈吉。若当季神生日，主声名显达，岁命生日者尤吉。若此课，又为有声而无实也。占者遇之此课，春占事稍有可望，其他时节，占谋百事，皆为有影无形。占成事未见有成，占忧事终见解散。

占出兵行师，忧失众、虚惊。若敌使之来，言不可遽信。若能相机，多见相和退散也。

待时。春利。

真一山人云：好恶难成不足疑，知机回首更称奇。而今形影俱无迹，散却忧愁却自知。

《无惑钤》云：四课无形，生而不生。遥克陷空，好恶无成。

《钤解》曰：寅卯旬空，亥子落空，四课无形也。寅乃长生，既空则不能生矣。子乃遥克，陷于空乡，为漏底空亡，吉凶皆随空散，好恶皆无成也。《集议》："费有余而得不足"内有此日例，谓干支上神虽生，却是空亡，第二、第四，俱是鬼贼。"空空如也事休追"内列此日，谓四课无名，事不出名，纵然出名，也是虚声。"空上逢空"内谓遥克坐空，凡占皆虚无也。诗曰："四课三传有空亡，吉凶无成皆不当。君子得之虚举意，小人遇此事干忙。"互生皆空。

丙午日第五课

重审　炎上　励德

```
后 六 阴 朱          蛇 青 贵 勾
戌 寅 酉 丑          戌 寅 酉 丑
寅 午 丑 丙          寅 午 丑 丙


子 庚 戌 后 ⊙        子 庚 戌 蛇 ⊙
兄 丙 午 白          兄 丙 午 玄
父    寅 六 ◎        父    寅 青 ◎


朱 六 勾 青          勾 青 空 白
丑 寅 卯 辰          丑 寅 卯 辰
蛇子      巳空       六子      巳常
贵亥      午白       朱亥      午玄
戌 酉 申 未          戌 酉 申 未
后 阴 玄 常          蛇 贵 后 阴
```

《玉历钤》云：此课日墓神为用，自墓传生，凶变为吉也。凡占百事，先暗昧费力，而后有成。

《毕法》云：此课初传戌为午墓，坐于寅上，为火长生之地，末传得之，是为自墓传生，先暗后明之象。占者始虽艰窘，终却光亨，先虽暗昧，后乃明显。诗云"出自幽谷，迁于乔木"，此之谓也。

上神盗日，辰上克日上，末克初。

此课名重审、炎上。用墓传生，夏生旺，相干重谋必遂，失时费力艰难，凡占先阻后成。两贵就合，三传有气，趋附贵人，必致远。蛇虎虽生有忧，然末见空亡，其忧自解，但空亡事无终耳。

《义》曰：身旺为奇，官禄不宜。得而复失，变更相随。后合丑声，婚姻不明。忧事消散，美事不成。

《象》曰：传来炎上又逢空，夏月占之妻妾凶。冬遇门庭烦乱扰，阴私暗昧不从容。

此重审之卦，一曰泆女，又曰炎上。夫重审者，重而审之也。利为主，利后动，长有厄，事从内起，起于女人。以下犯上，贱犯贵，卑犯尊，事多不顺。阴小在下者，有悖逆之事。占臣未忠，子失孝，事不遂意而行，必当审察，循乎义理，庶几以免后患也。夫泆女乃不正之象，阴私邪淫，占男女有阴私暗昧之理，占家宅宜谨闺门，以防阴小越礼，惟能以礼自防者可化之。日生上神，虚费百出，谋望不遂，盗失损财，人口衰残，休囚尤重。且炎上，为日，象君，事主多虚少实。戌加寅，以墓临生，谓火以明为主，虚则生明，实则生暗，是反其体也。占明事反为暗昧，亦主枉图不遂。占人性刚急，卜天晴明。此课在夏占，不宜求财、问婚，占病亦不宜也。凡占百事，亦恐成事中防有不足者，恩中生怨也。占者遇之此课，占求官见贵，未足为奇。占婚姻不宜。占逃亡可获。占病讼，凶中有吉。占忧惊危险，得为福庆。

占出兵行师，昼占无威，夜占惊忧。大抵此课，占成事未能，占忧事未足忧，闻事不实，有始无终之象。

真一山人云：对面人心未可知，合中隐煞蜜中砒。谁怜恩里翻成怨，惟有高明识见机。

《无惑钤》云：自墓传生，遁甲戊庚。得意浓处，掉臂先行。

《钤解》曰：戌，丙墓，丙火生于寅，初墓末生，先迷后醒也。以五子元遁，则戊戌、甲午、庚寅为三奇，仕宦最宜。三合相会，而丑午相害，如蜜中有砒，当于得意契合之处，不可久恋，即当知止而掉臂长往，遂脱暗伤之患矣。《集议》："尊崇传内遇三奇"内列此日，谓此为元遁。难变易，凡占先暗后明。"合中犯煞蜜中砒"内谓：丑丙、寅午，干支上互为六害。歌云："三合犯煞少人知，惟防好里定相欺。笑里有刀谁会得，事将成合失便宜。"交互六害，我先立意害他，殊不知他已辨己意，而相害我也。

丙午日第六课

知一　天网　不结果

众鬼虽彰全不畏　三传互克众人欺

玄朱常蛇
申丑未子
丑午子丙

官壬子蛇
子丁未常
父　寅六◎

蛇朱六勾
子丑寅卯
贵亥　　辰青
后戌　　巳空
酉申未午
阴玄常白

后勾阴六
申丑未子
丑午子丙

官壬子六
子丁未阴
父　寅青◎

六勾青空
子丑寅卯
朱亥　　辰白
蛇戌　　巳常
酉申未午
贵后阴玄

《玉历钤》云：此课日鬼加日为用，三传递克，蛇合为凶。凡占百事，皆不可用。

《毕法》云：此课干上子为初传，虽为日鬼，却生末传寅木，为日干丙火长生，以是不畏鬼水，是名引鬼为生，占者未免先凶后吉。

上神克日，辰上克日上，用克日。

课名知一。只宜结绝旧事，可以扶贵为助，若谋新事，则艰难费力而不足矣。末传空亡，凶吉从空而散。日上子丑作合，吉。

《义》曰：用神内战，美中防患。干支和合，空亡末见。隔七隔八，又逢四绝。惊恐相干，虚名狡猾。

《象》曰：鼠头虎尾喜相生，岁月逢寅事有成。只恐此时难遂意，也须作善答神明。

此知一之卦，一曰天网。夫知一者，知一而不能知两。知者以为自知、自见，不知为寇仇，故言知一也。以此为用，舍远就近，舍疏就亲，恩中生害，事多起于同类，凡事狐疑，事贵和同乃吉。夫天网四张，万物被伤，为阻滞，为疑难，为灾恼。《经》云："知一卦何如？用神今日比。事因同类起，婚姻失谐为。失物亲邻取，逃亡不远离。论讼和允好，为事尚狐疑。"上神克日，只利先讼，要有气，余不吉，病讼畏，常占为人所欺负，惊恐未宁。占者遇之此课，求官见贵者，和而未和，成而未成。占婚姻喜美，难保始终。占求财难得。占谋望者难为。占病者，先凶后吉。占远行，惊疑不宁，终不为害。占宅不利，口舌勾留。失脱难得。四绝课，惟宜了绝旧事，不可图新。《经》曰：四绝了旧莫图新，主事了、人来、信至。占讼，难中有解。逃亡有畏，而不敢归。

占出兵行师得此，昼占忧心众畏，夜占乃宜得金宝美利。大抵此课，发用传中战克，事多不顺，所幸始终相生，传入空乡，吉不成吉，而凶不成凶也。

末后宜着力。正月吉。

真一山人云：清风既得两相和，顺水推船漾绿波。只恐艄公不着力，一番风雨又消磨。

《无惑钤》云：三传外战，昼占灾患。告贵徒然，交关眷恋。

《钤解》曰：三传俱上克下，为外战。昼占子乘螣蛇作鬼，灾殄难免。昼贵入狱不喜，告亦徒然也。干支上下，子丑巳午相近，春占却宜，交关生理也。《集议》："众鬼虽彰全不畏"内有此日例，谓引鬼为生，盖干上子水作初传，虽为日鬼，却生末传寅木，为丙火长生，亦赖宅上丑土为救，反不畏干上子水。乃谓引鬼为生，又得宅上丑土为救。墓门则开，又为外丧。《毕法》以此亦作"狐假虎威"，谓巳中有戊喻虎。两贵相协。子乃丙火胎神，但非妻财，正月为生气，主婢妾有孕。

丙午日第七课

反吟　三交

夫妇芜淫各有私

```
青 后 空 贵        玄 六 常 朱
午 子 巳 亥        午 子 巳 亥
子 午 亥 丙        子 午 亥 丙


兄 丙 午 青        兄 丙 午 玄
官 壬 子 后        官 壬 子 六
兄 丙 午 青        兄 丙 午 玄


贵 后 阴 玄        朱 六 勾 青
亥 子 丑 寅        亥 子 丑 寅
蛇戌     卯常      蛇戌     卯空
朱酉     辰白      贵酉     辰白
申 未 午 巳        申 未 午 巳
六 勾 青 空        后 阴 玄 常
```

《玉历钤》云：此课日辰上见亥子为官鬼，求官则宜，亦反复费力，余占不可用。

《毕法》云：此课干上被亥克，支上被子克，干支受克，主客不容，凡占一应之事，两边俱被损伤。人身有病患，宅舍无昌盛。

上神克日，日上克用。

课名反吟。子为癸为官，羊刃受制，凶者不凶，只可求官，余占反复。

《义》曰：神异其位，是曰反戾。情既失和，好事宜去。君子得吉，小人得凶。惟正可守，幸尔未空。

《象》曰：紫微高盖喜龙常，天马临之谒帝乡。若见士人占得此，更行阴德拜朝郎。

此无依之卦，一曰高盖，亦曰三交。夫无依者，即反吟也。《经》曰："无依是反吟，逃者远追寻。合者应分散，安巢别改林。守官须易位，结友也分襟。所为多反复，占病数般侵。"反吟刑冲，事主迟滞，远近系心，更相仇怨，且反复而呻吟，是无予夺而难息也。传见高盖，《经》云："紫微华盖居神后，天驷房星是太冲。马即胜光正月骑，六阳行处顺申同。高盖乘轩又骑马，更得龙常禄位丰。"夫三交家匿阴私客，不迤自将逃避迍。凡事失节阻碍，谋事被人阻破，不能成合。上神克日，只利先讼，要有气，余不吉，病有鬼，相讼者凶，常占为人所欺负，或口舌不宁，事事防备。日是人相欺，夜乃鬼为殃。旺相尚可，囚死不吉。占者遇之此课，乃反复之象。占求官见贵，虽有可成之机，尤畏其始终不一，善为处之可也。占婚姻不宜。占求财未遂，须得占人年命之财方就。其他百占皆反复，须守正以待之，则化难为易矣。

占出兵行师最忌，如不得已而用之，防有侵谋奸细，慎之勿忽，所贵在乎为将之权谋机变也。

反复关楲。

真一山人云：夫妻反目失和同，仁义参差糜始终。传见相生又相破，谁怜成了又逢空。

《无惑钤》云：守皆遇鬼，交互不美。壬子居中，仕宦奇伟。

《钤解》曰：干被亥克，支被子克，守之则皆鬼也。子又克丙，亥又克午，交互又不美矣。子水遁壬，官星最旺，仕宦宜占；常人得此，未免官事扰害。《集议》："虽忧狐假虎威仪"，邵《毕法》内有此法，谓巳中有戊喻虎。夜占朱雀鬼加干，官遭责黜。克处回归，又受上克，干支各受上神克，又坐于克方。昼贵作鬼临身，必神祇为害，不可作鬼祟论。彼此全伤，占讼两家皆被罪责，诸占各有所亏，占身被伤，占宅崩损。芜淫，凡占先相许允，后不相顾接，各怀恶意。

丙午日第八课

知一　长幼　六仪　不结果

两蛇夹墓凶难免

<pre>
白 贵 常 蛇   白 朱 空 蛇
辰 亥 卯 戌   辰 亥 卯 戌
亥 午 戌 丙   亥 午 戌 丙

子 甲 辰 白   子 甲 辰 白
财 己 酉 朱   财 己 酉 贵
父   寅 玄 ◎   父   寅 青 ◎

蛇 贵 后 阴   蛇 朱 六 勾
 戌 亥 子 丑   戌 亥 子 丑
朱 酉   寅 玄   贵 酉   寅 青
六 申   卯 常   后 申   卯 空
 未 午 巳 辰   未 午 巳 辰
勾 青 空 白   阴 玄 常 白
</pre>

《玉历钤》云：此课丙日，以水为鬼，天罡加亥，水鬼入墓，凡占所用皆吉，然以墓神为用，必须求之再三方遂。

《毕法》云：此课戌为日墓，上见螣蛇，下又见巳，谓之两蛇夹墓，凡占必有悔吝，转加沉滞，凶祸迭来，卒难脱免，占病难愈，占产最凶，邵南论以"抱石投江"之例。

上神盗日，日上克辰上，末克初。

课名知一、六仪、斩关。墓覆日上，日鬼克支，又白虎乘鬼墓为用，甚为凶课。所喜辰与酉合，寅既空亡，凶吉从空而散，虽不为吉，亦可无凶，但免难耳。

《义》曰：墓覆昏蒙，有始无终。所谋类此，问病惊凶。贵人克日，见贵无益。课未和合，主宾生隙。

《象》曰：进退狐疑莫妄猜，自缘上下未曾谐。事宜正己谦和处，云散光生乐满怀。

此知一之卦。夫知一者，知一而不能知两，知者以为自知、自见，不知为寇仇，故言知一也。以此为用，舍远就近，舍疏就亲，恩中生害，事多起于同类，凡事狐疑，事贵和同乃吉。《经》云："知一卦何如？用神今日比。事因同类起，婚姻失谐为。失物亲邻取，逃亡不远离。论讼和允好，为事尚狐疑。"日生上神，虚费百出，谋望不遂，盗失损财，人口衰残，休囚尤重，又为子孙脱漏之事。一曰长幼卦，《经》云："三上来克下，根源长幼推。子孙先发用，老者必低矬。家内应无礼，官心岂有仪？"况斩关，不利于安居。占者遇之此课，大体虽凶，所喜传逢六仪，《赋》云"六仪集众千祥"，以其能化难生恩也。墓神覆日愦难通，四十九日多迍蒙，乃五行潜伏之地，四时衰败气绝之乡。占求官见贵，白虎为催官使者，有急选之象。占婚为隔角。占求财有。占病者有神愿，胸腹中有病块，宜服宽利之剂，先重后轻。凡占有始无终，美中未美，忧中不忧也。

占出兵行师得此，昼夜占皆不吉。若不得已而用之，未免先险而后利，不可忽之，大端末后难着力。

真一山人云：两蛇夹墓是凶忧，六仪那堪助力周。自是善人终获吉，消弥祸乱福相投。

《无惑钤》云：两蛇夹墓，凶灾可恶。干鬼临支，长生可蛊（寅为旬空，又坐克方，所以可蛊）。

《钤解》曰：戌为丙墓，昼夜两蛇夹墓，其凶灾不可言也。亥乃干鬼，临于支上，是家中人作害。寅为长生，为中传酉克，是木为所坏蛊，而生意息矣。《集议》：昼贵作日鬼，如占病，必家堂神像不肃所致，宜修功德安慰免咎。

丙午日第九课

重审　从革
二贵受克难干贵

```
玄 蛇 阴 朱          白 后 常 贵
寅 戌 丑 酉          寅 戌 丑 酉
戌 午 酉 丙          戌 午 酉 丙


财 己 酉 朱          财 己 酉 贵
子 癸 丑 阴          子 癸 丑 常
兄 乙 巳 空          兄 乙 巳 勾


朱 蛇 贵 后          贵 后 阴 玄
酉 戌 亥 子          酉 戌 亥 子
六 申     丑 阴     蛇 申     丑 常
勾 未     寅 玄     朱 未     寅 白
  午 巳 辰 卯         午 巳 辰 卯
  青 空 白 常         六 勾 青 空
```

《玉历钤》云：此课阳火得金局为吉，凡占一切皆成。

《毕法》云：此课戌加午，乃是支辰之墓临宅墓宅，若占家宅，必然上漏下倾，人惊怪作。如用戌为月将，名为太阳照宅，光辉明盛，屋有瑞蔼之祥，门多轩车之迹，妖孽祸害，自泯息矣。余占则为他人利，我不利之象也。

《心照》云：此课三传皆财，夜将又皆土神，财大生旺，大宜求财，尤宜成合事务。但嫌钱财充积，骨肉生灾，上不利于父母，下不利己身。且财者，怨之积也，财散则祸散，财积则祸积，人之积财以备患，患亦多生于财，与其因患而积财，孰若无财而无患？所以古人于养家口、供日用之外，不多积者为是。[①]

日克上神，辰上生日上，日克用，末克初。

课名重审、从革、斩关。火克金为财，且雀暮贵皆吉，夏秋占最吉，凡

---

① 此句后疑误赘"故朱雀不是日鬼也"一句，今移至脚注。

谋更改动用皆利，冬春占，重谋干众牵连，亦主贵人文书动，利更改。

《义》曰：财多虽美，尊长无依。三合事迟，自刑生悔。恩中致怨，成事虑变。贵人文书，口舌尤见。

《象》曰：从革相从改革多，病伤筋骨肺劳磨。家人何是多刚烈，父子君臣贵协和。

此重审之卦，一曰从革。夫重审者，重而审之也。利为主，利后动，长有厄，事从内起，起于女人。以下犯上，贱犯贵，卑犯尊，事多不顺。阴小在下者，有悖逆之事。占臣未忠，子失孝，事不可遂意而行，必当审察，循乎义理，庶几以免后患也。传见从革，先从而后革也。凡事阻隔，有气则革而进益，无气则隔而退失。一曰兵革，一曰金铁。大抵五行正气入十干杂糅之乡，异方三合乃生旺墓之神，事主丛杂不一，主关众人共谋，不然两三处干事，委曲托人与人相合之类。又如推磨之象，转去转来，非一遍也。占者遇之此课，三传之财，财多反生不足，难为父母尊长。占求官者，有生官之理。占见贵不喜。占婚姻两姓公姑，阻隔山川，恐有分离之象。占病者，伤筋骨、肺痨，瘥迟。占家宅变迁不定。远行不利。亦不宜占产。不宜投谒谋望。主客暗中防笑里刀，恩中招怨。得此课，惟君子守正修德，可以化难为易也。

占出兵行师得此，不宜昼占，口舌多词，夜占吉。巳酉丑，兵革相交四五旬，贵乎之相机而致胜也。

秋吉。

真一山人云：婚姻未许便相当，欲觅逃亡影又彰。人恐恩多翻作怨，吉人终是不遭伤。

《无惑钤》云：两贵未谐，夜将助财。禄为破碎，宅惹尘埃。

《钤解》曰：昼贵加未，夜贵临巳，俱受下克，不暇自救，巳自灰心，必不为我处也，干谒何益？夜将皆土，助起全金，作日之财，求财稍可。巳乃日禄，上带破碎凶煞，禄不可守，有禄者最忌。戌乃日辰丙午支干之墓，覆于宅上，宅惹尘埃也。《集议》："三传互克众人欺"内有此日例，谓大宜求财，犹宜成合万事，却不利父母并生计，占病死，兼此人多贪，不义横发。"三传递生"内亦同此说。戌加午作蛇，鬼祟相牵。财神入墓。

丙午日第十课

知一　玄胎　闭口　不结果

三传递生人举荐　夫妇芜淫各有私

```
后朱贵六          玄贵阴蛇
子酉亥申          子酉亥申
酉午申丙          酉午申丙


财 戊申 六        财 戊申 蛇
官 辛亥 贵        官 辛亥 阴
父    寅 玄 ◎     父    寅 白 ◎


六朱蛇贵          蛇贵后阴
申酉戌亥          申酉戌亥
勾未    子后      朱未    子玄
青午    丑阴      六午    丑常
巳辰卯寅          巳辰卯寅
空白常玄          勾青空白
```

《玉历钤》云：此课虽云玄胎，却非吉课，缘三传皆刑，兼阳火制阳金，凡百费力难成。

《毕法》云：此课初传申金生中传亥水，亥水生末传寅木，寅木生日干丙火，自传生干，多助多荐。凡占必有人推重举荐，不限三四位也，职位可以迁转，声价可以增重，若干事，必始终成就也。但嫌末传空亡，虽有举荐之言，终无成就之实，变为一场闲是非也。

日克上神，日克用，初克末。

课名知一、玄胎、四牡。所占百事皆新，虽曰天盘地结，末归空亡，三传皆合，凡事宜作紧谋之，不可迟缓，此课有吉而无凶。

《义》曰：递相推荐，动申财见。生者既空，得时可望。课得驿马，仕人增价。寅之年月，声名必大。

《象》曰：时亨君子道方行，四马占来官禄成。尚惜末传尤未实，见寅方许著声名。

此知一之卦，一曰玄胎。夫知一者，知一而不能知两，知者以为自知、自见，不知为寇仇，故言知一也。以此为用，凡事狐疑，事贵和同乃吉。况玄胎如婴儿隐伏之状，利上不利下，事主远而多伏，暗昧不通，触则成祸，惟君子守正修德则亨。《经》云："知一卦何如？用神今日比。事因同类起，婚姻失谐为。失物亲邻取，逃亡不远离。论讼和允好，为事尚狐疑。"歌云："三传四孟玄胎神，婴孩父老皆当迤。少则别投胎孕去，老则弃故就生新。"日上见财，妻美有财，凡占举作百事，内有私意。占者遇之此课，以私暗贿于人，而递相荐举，以相助我，成其美也。占求官、见贵、谋望、投谒、交易，当谋始终。占求财有，宜速取。占病忌老人、小儿，壮者不畏。占婚姻不宜。占家宅，宜谨慎。占失物宜寻。占狱讼者，先凶后吉。逃亡、走失者自归，目下难得。此课夜占，百事不如意，昼占吉。

占出兵行师，昼占得金宝之美利，夜占忧心众畏。大抵此课，难于前而易于后，忧疑患难得此有解也。

利在寅年月。

真一山人云：递相荐举得人情，若是居官近帝庭。寅字得时方显焕，不然还是报虚声。

《无惑钤》云：昼被鬼魔，夜贵相托。财马入课，荐我者多。

《钤解》曰：亥乃日贵，临日阴，作鬼来魔。夜贵入宅，相遇作财。申又日财为马，宜动用求财也。况自初迤逦生身，仕宦值此，当有荐举之荣。《集议》："三传递生人荐举"内列此日。"传财化鬼财休觅"内列此日，谓为借钱还债，若取午上酉财，必以干上申财还也。解离，夫妇行年值此尤的。优游之所勿久恋。干上申、支上酉，皆曰日财，却被申金引入中传亥上，丙火几致绝没，及至末传寅木，又是旬空，丙火不宜恋申金之财，以致丧身。

丙午日第十一课

重审　涉三渊　狡童　交车合

罡塞鬼户任谋为

```
蛇 六 朱 勾          后 蛇 贵 朱
戌 申 酉 未          戌 申 酉 未
申 午 未 丙          申 午 未 丙


财 戊 申 六          财 戊 申 蛇
子 庚 戌 蛇          子 庚 戌 后
官 壬 子 后          官 壬 子 玄


勾 六 朱 蛇          朱 蛇 贵 后
未 申 酉 戌          未 申 酉 戌
青午    亥贵         六午    亥阴
空巳    子后         勾巳    子玄
辰 卯 寅 丑          辰 卯 寅 丑
白 常 玄 阴          青 空 白 常
```

《玉历钤》云：此课申戌子，谓之涉三渊，只宜更改，占望行人，其余无所用。

《毕法》云：此课干上未与支合，支上申与干合，干支上下互相交合。我以礼接人，人必以礼应我，人以敬待我，我必以敬应人，彼此同心，宾主一志，凡事可成。《易》曰："二人同心，其利断金。同心之言，其臭如兰。"

上神盗日，日上生辰上，日克用。

课名重审、狡童。专利出入更改，日辰互合，为交车合，凡事更改相图，无不吉，近贵进望大佳。丙临门，有出入意。

《义》曰：名涉三渊，事多阻隔。进退疑难，道途梗塞。后合多私，义理乖违。婚姻勿用，男女先窥。

《象》曰：犯上由来礼义乖，好将忠孝作梯阶。不欺自有神明鉴，积善人家福自来。

此重审之卦，一曰狡童。夫重审者，重而审之也。利为主，利后动，长有厄，事从内起，起于女人。以下犯上，贱犯贵，卑犯尊，事多不顺。阴小在下者，有悖逆之事。占臣未忠，子失孝，事不可遂意而行，必当审察，循乎义理，庶几以免后患也。夫狡童乃不正之象，阴私邪淫，占男女有阴私暗昧之象，占家宅宜谨慎闺门，以防阴小越礼，惟能以礼自防者可化之。日生上神，虚费百出，谋望不遂，盗失损财，人口衰残，休囚尤重，又为子孙脱漏之事。申戌子，涉三渊，凡事疑难。一曰进间传，进中有间隔之象。占者遇之此课，占求官费力。占见贵顺，要主客相和。占交易相顺。占婚姻不宜，以其媒妁不明，事多暗昧。占财有惊恐之财，而若不足。占求官，须财嘱而后成。占远行，途路多阻。病者瘥迟，或胸腹阻隔，宜进宽膈利气之剂，或因欲乐过度而致，夜占重，昼占可。占失物，得之不全。讼狱宜和解。忧疑得吉神方可。

占出兵行师，昼占得金宝美利，夜占忧惊众畏，行营途次阻隔。敌使之来，所言不可信，还见和之意也。

难中变易。

真一山人云：事不如心莫怨难，还将自己静中看。闲中点检平生事，心不欺瞒福更安。

《无惑钤》云：支马干丁，客主欢迎。鬼呼病者，动静无成。

《钤解》云：申为驿马临支，未为丁神临干，且午未巳申相合，若投谒则主宾契合。中传戌为日墓，末传子水为鬼，谓鬼在墓招呼病人也。静守则为未脱，动而取财，则引入墓而遇子鬼，是动静俱无成矣。《集议》：申加午，主炉火事。涉三渊："欲动不动涉三渊，申戌子兮在目前。进退艰难还万状，对面言之是隔年。"《引证》云：楚衍占产甚妙，酉将得未时。

丙午日第十二课

弹射　不备　进茹

```
六 勾 勾 青          蛇 朱 朱 六
申 未 未 午          申 未 未 午
未 午 午 丙          未 午 午 丙


财 戊 申 六          财 戊 申 蛇
财 己 酉 朱          财 己 酉 贵
子 庚 戌 蛇          子 庚 戌 后


青 勾 六 朱          六 朱 蛇 贵
午 未 申 酉          午 未 申 酉
空巳    戌蛇         勾巳    戌后
白辰    亥贵         青辰    亥阴
卯 寅 丑 子          卯 寅 丑 子
常 玄 阴 后          空 白 常 玄
```

《玉历钤》云：此课午加日上，丙火聚会，克制申酉为财，虽名弹射，却有功也。凡占所事有成，惟求婚不利。

《毕法》云：此课三传俱财，若占病，必因伤食而得，以致沉重，申酉戌为火之病死墓三气，是病恐难治疗，若年命有劫财，及寅卯之神，其病无妨。若占求财，秋冬遂意。

日上生辰上，日克用，上神克用。

课名弹射、进茹、阳不备。辰往加日，日辰上午未合，宜静不宜动。申酉财多，得日上午助干以制之，只是转托，隔手干众，方保求成。又丙辛合，巳申又合，暮贵在中，近贵进望得荐，吉。

《义》曰：旧事从新，牵连不断。节外生枝，弹射如箭。进中有退，忧事勿畏。凶吉平平，渐知福至。

《象》曰：谒人切莫远登程，一见相逢虚喜情。欲尽所求难遂志，斯言为尔说丁忧。

此弹射之卦。夫弹射，乃日克神之谓。《经》曰："日往克神名弹射，纵饶得中还无力。贵人逆转子无良，天乙顺行臣不义。家有宾来不可容，亦忧口舌西南至。"然事主动摇，人情倒置，更主蓦然有灾，求事难成，祸福俱轻，忧事立散，祸从内起。利客不利主，利先不利后。占行人不来，访人不见，不利占讼。弹射无力，不可用事，虽凶无畏。申酉戌，名进连茹也，凡事急速，乃欲行不行，欲止不止，牵连疑二，根苗不断，旧事重新。占者遇之此课，占求官未利。占见贵投谒和，但不宜往谒，乃曰"千里徒劳费粮裹"。交易主客，咸得相悦。占求财得意。占宅不利人口。占病有，忌久病，秋冬可畏。占远行不快。占产不利，宜修善以禳之。占婚姻，不利于婿。占讼宜和，虑末后有惊恐。占逃亡自归，目下难获。

占出兵行师得此，昼占六合，犹宜得金宝之美利，夜占忧心众畏。若敌有使来，其言可信，以其有生助我之美，还见讲和之意。

秋吉。

真一山人云：病疾缠绵未解离，人来占产不相宜。好祈善事方为美，尤畏根苗不断时。

《无惑钤》云：午未挟财，妻定怀胎。食伤治病，胃脘宜开。

《钤解》曰：从魁为鸡，又乘朱雀，作日财，是禽财，主斗鸡获利。午未皆火，助丙之力也。三传全金，传太旺，占病必因酒食所伤，宜服开胃脘之剂也。酉为丙火妻财，遇戌在传，戌中有辛，为德合，主有孕喜也。若以申论，如丁未日课，亦通。《集议》："上下皆合两心齐"内有此日例，谓干上午与支上未作六合，又是支加干相邻近也。值此例者，主客相顺，神和道合，交易交换，彼此共谋求合之事也。墓门开，又为外丧入内，宜合寿木以禳之。"末助初兮三等论"内列此日，为末助初财，必暗有人以财相助，如占博弈宜。此全财病体难担荷，况丙火逢病死墓之乡，妻财作生气，纵不作胎神，亦可用，出《毕法》"胎财生气妻怀孕"内。两贵不协，变成妒忌，酉加申，亥加戌。

丁未日

丁未日第一课

伏吟　稼穑　游子　励德（四课贵前为蹉跎，凡事跌足不安）

<table>
<tr><td>常　常　常　常</td><td>朱　朱　朱　朱</td></tr>
<tr><td>未　未　未　未</td><td>未　未　未　未</td></tr>
<tr><td>未　未　未　丁</td><td>未　未　未　丁</td></tr>
</table>

<table>
<tr><td>子　丁　未　常</td><td>子　丁　未　朱</td></tr>
<tr><td>子　癸　丑　朱</td><td>子　癸　丑　常</td></tr>
<tr><td>子　庚　戌　后</td><td>子　庚　戌　后</td></tr>
</table>

<table>
<tr><td>空　白　常　玄</td><td>勾　六　朱　蛇</td></tr>
<tr><td>巳　午　未　申</td><td>巳　午　未　申</td></tr>
<tr><td>青辰　　　酉阴</td><td>青辰　　　酉贵</td></tr>
<tr><td>勾卯　　　戌后</td><td>空卯　　　戌后</td></tr>
<tr><td>寅　丑　子　亥</td><td>寅　丑　子　亥</td></tr>
<tr><td>六　朱　蛇　贵</td><td>白　常　玄　阴</td></tr>
</table>

《玉历钤》云：此课非凶亦非吉也，用事极迟，亦伏吟不遂之课也。

上神盗日，日生三传。

课名伏吟、稼穑、游子。凡事止而复行，到底退息，不利女病孕，以后乘墓故也。余无吉凶，但用事迟迟。未乘常，主酒食文书动。

《义》曰：干脱传脱，山地剥落。助力舒尽，何所依托？东干未成，西谋不着。仔细思量，条条路错。

《象》曰：有限精神都耗散，无穷事物怎支持？动中便见伤财帛，静守原来却是宜。

此自信之卦，一曰稼穑。夫自信，乃天地伏吟，十二神各归本家，天地如一，四伏未发之象。占事静则宜，动则滞，主事藏匿不动，静中求劳，有屈而不伸之象。况稼穑乃重土，有艰难之象，若常占得此，名曰鲸鲵归涧，凡事逼迫不由己，出若遇雷神，方能变化。《要》曰：稼穑者，五坟也，不宜占病。若在三月占，为游子，利逃者天涯地角。值墓，恐有冤仇逼迫，大宜谨慎。日生上神及三传，凡占虚费，谋望不遂，失盗损财，人口衰残，休囚尤重，又为子孙脱漏之事。占成事未成，占脱事欲脱不脱。占者遇之此课，占求官不遂。见贵不宜。占求财，得者少而失者多。占婚姻难成，如或勉强成之，必见耗财不足。病者凶重，久病者尤为不利，以其虚之故也。占失物难得。占胎不坚固。占生产虽易，但所生之子，将来无益于父母，当早以礼义渐磨教化，庶几可也。占讼者失理耗财。凡占百事，有损无益，惟宜处正，静以守之，否则招不足之悔也。

占出兵行师得此，防粮草不足，人心不附，昼占稍吉，夜占口舌，为将者当善为处置得宜。慎之！慎之！

耗泄之象。

真一山人云：出多入少事难成，无吉无凶未得亨。识得这些别滋味，安居静守乐平生。

《无惑钤》云：处动而静，奴仆休宠。夜婚费财，行人新踵。

《钤解》曰：伏吟有丁，静而欲动也。戌为奴仆，乘天后厌翳，若宠仆，必有暗昧不明之事。丑乘太常，主婚姻之事，丑但脱丁气，因而耗费，夜占则如此论。支来加干，戌墓在末传，皆主行人归速，旋踵而至矣。《集议》："恃强凌弱"说见乙巳日第四课。

丁未日第二课

八专　帷薄不修　寡宿

```
空 白 空 白        勾 六 勾 六
巳 午 巳 午        巳 午 巳 午
午 未 午 丁        午 未 午 丁


父　　卯 勾 ◎     父　　卯 空 ◎
兄 丙 午 白        兄 丙 午 六
兄 丙 午 白        兄 丙 午 六


青 空 白 常        青 勾 六 朱
辰 巳 午 未        辰 巳 午 未
勾卯　　申玄       空卯　　申蛇
六寅　　酉阴       白寅　　酉贵
丑 子 亥 戌        丑 子 亥 戌
朱 蛇 贵 后        常 玄 阴 后
```

《玉历钤》云：八专本凶课，乃午加未为六合，主有和气，不能作凶，凡占所求，可以小吉。

《金匮经》云：凡占田禾看岁支，以五行之神言之，火神为粟、小豆田，金神为麦田，木神为禾田，水神为稻、大豆田，土神麻田。此课庚午年正月初七日立春占用，岁支上见巳，上有勾陈，勾乃火土之神，宜于麻豆，此田必熟也。

用生日。

课名八专、帷薄。空亡为用，中末皆禄。初又天空，上下皆空，凡占欺诈，谋望不成。幸禄加在日辰上，事主向后十全，目下谨守，出入更改，事始凶终吉。

《义》曰：混同无别，何以言说？尊卑不分，妇人干涉。君子守正，从礼顺命。小人得此，徒为侥幸。

《象》曰：动用无功思惘然，夜占尤自倍堪怜。不修帷薄何为礼？只要存心无易贤。

此帷薄不修之课,一曰三交,又曰寡宿。夫帷薄不修者,乃八专也。《经》曰:八专支干共位,阴阳只两课。五日四辰,表里皆拱于八极。故曰:八专尊卑共室,人宅不分。又曰:帷薄不修,内不隔而外不遏,事多重叠,忧喜再来,干涉妇人,久而反蔽。占身宅婚姻得此,恐男女有越礼之事,宜严谨闺门,慎乎动静,能以礼自防者,庶几免失。故曰:"以道制欲,则能顺命。"传见三交,前不能进,后不能退,交加其象,家匿阴私,或欲自逃隐避。凡事失节阻碍,谋事被人阻破,不能成合也。一曰:寡宿孤辰,值此尤妨骨肉。占身孤独,别离乡井,自立门户,财物虚耗,僧道宜之,俗不宜也。占者遇之此课,禄寄于支,凡占受屈折于人,乃权摄之不正也。占求官、见贵、谋望、干谒、交易、求财、婚姻之事,皆难成就。占病者凶。占忧惊闻事不实。

占出兵行师得此,虑失众之象,凡占百事得此,皆吉不成吉,而凶不成凶也。

无而为有。

真一山人云:空里功夫几个知?谁人向此说玄机。万千俗眼徒睁看,对面相逢问是谁。

《无惑钤》云:四课四虎,受惊受苦。破费千般,一毫莫补。

《钤解》曰:四虎作临课传,其惊忧恐惧,不可言也。初传空作败神,自虚无中来,又为禄破,耗费太甚,且不能行传,而复归于日上,其惊惧如此,故凶灾不能免也。卯既空亡,又乘天空,又何补益之有?禄被虎守,有禄之人尤忌。《集议》:禄被支脱,必因起盖宅屋而以禄偿债,难以权摄不正论也。干支全逢自刑,损不足而奉有余。老子曰:"人之道,损不足,奉有余,孰能损有余以奉不足乎?"此课午乃日禄,又是生气,又与未合,课传四午生未土,未大旺,卯木居六害之地,作发用,来生午,又午生未土,日有余,卯不足也。己未日尤的。

丁未日第三课

八专　帷薄不修　六阴

```
勾 空 勾 空          空 常 空 常
卯 巳 卯 巳          卯 巳 卯 巳
巳 未 巳 丁          巳 未 巳 丁


子 癸 丑 朱 ⊙        子 癸 丑 勾 ⊙
兄 乙 巳 空          兄 乙 巳 常
兄 乙 巳 空          兄 乙 巳 常


勾 青 空 白          空 白 常 玄
卯 辰 巳 午          卯 辰 巳 午
六 寅    未 常      青 寅    未 阴
朱 丑    申 玄      勾 丑    申 后
子 亥 戌 酉          子 亥 戌 酉
蛇 贵 后 阴          六 朱 蛇 贵
```

《玉历钤》云：此课八专，破碎为用，凡占凶否。

《观月经》云：日辰同一位，此是八专门。五日阴阳配，八专逆顺存。阳来顺数去，阴至逆行奔。数至日辰上，终传此处论。奸邪惊怪起，淫欲乱乾坤。

日生用，末生初。

课名八专。丑加卯，为杜塞，落空亡，凡事先阻，中末归日辰上，事主向后可十全。用在门，暮贵又与传三合，进望吉，十分事有七八分成。

《义》曰：朱雀既空，口舌消释。若占文书，未见端的。久病逢之，哀声嘹唳。欲识何如？有名无实。

《象》曰：常占无吉亦无凶，若问求谋尚未通。课体已知无可用，消除患难却相容。

此帷薄不修之卦，一曰龙战。夫帷薄不修者，乃八专也。支干共位，阴阳两课。五日四辰，表里皆拱八极。故曰：八专尊卑共室，人宅不分。又曰：帷薄不修，内不隔而外不遍，事多重叠，忧喜再来，干涉妇人，久而反蔽。

占身宅婚姻得此，恐男女有越礼之事，宜严谨闺门，慎乎动静，以礼自防者，庶几免失。故曰："以道制欲，则能顺命。"况龙战，主人心疑惑，进寸退尺，动有乖离之象。卯酉为天之私门，生杀有限，分杜有期，雷动龙奔，示其有战。占者遇之此课，阴阳不备，名曰失礼，发用无力。若求官得之，未足为奇，假使官成，虚名而已。占见贵，终不济事。占婚姻，大不宜，否则媒妁不明，多淫私也。占求财不准。占暴病者不畏，久病者难愈。诸占未得如意，有影无形之谓。惟能解释忧愁、狱讼、患难之事，谓之难里生恩，而凶中有吉也。

占出兵行师，虑失众。其他诸占，吉不吉而凶不凶也。

守而勿妄。

真一山人云：道德非难认理真，理真道德自全纯。莫教道德离真远，希贤希圣本在人。

《无惑钤》云：破碎遁鬼，四马载起。昼将若逢，传皆陷矣。

《钤解》曰：丑带破碎，且遁癸鬼，以伤日干。巳乃驿马，课传四见，而载起其鬼，凶动甚速。若是昼占，初丑落空，末乘空，俱系失陷，而凶祸亦随空散矣。

丁未日第四课

八专　闭口

```
朱 青 朱 青          勾 白 勾 白
丑 辰 丑 辰          丑 辰 丑 辰
辰 未 辰 丁          辰 未 辰 丁


官 辛 亥 贵 ⊙        官 辛 亥 朱 ⊙
子 甲 辰 青          子 甲 辰 白
子 甲 辰 青          子 甲 辰 白


六 勾 青 空          青 空 白 常
寅 卯 辰 巳          寅 卯 辰 巳
朱丑      午白       勾丑      午玄
蛇子      未常       六子      未阴
亥 戌 酉 申          亥 戌 酉 申
贵 后 阴 玄          朱 蛇 贵 后
```

《玉历钤》云：此课虽是八专，丁日登明为用，天将昼贵俱吉，凶中有吉之课也，凡占所事，可以成就。又曰：昼贵难靠，宅昏人苦。

《毕法》云：此课天盘支干坐于地盘墓上，乃人宅俱受暗昧，为自取也。凡事自招其祸，不可怨天尤人。先儒有言：人心暗则触祸机，祸机一触，人致昏沉，宅必颓败，是谁使之然哉？惟君子能顺天地之情，识造化之用，故能转祸为福。

上神盗日，日上克用，用克日。

课名八专、帷薄、斩关。鬼墓加干支，似乎昏晦，但丁以亥为德，又是贵雀，辰乃本旬六仪，此凶中吉也。亥加寅，虽曰空亡，毕竟寅亥作合，但无力耳，终不为凶。日贵为用，又云官星，春夏得之，可以求官，先费力而后成，其他用事，亦不如意。传墓入墓，已自不吉，又辰自刑，丑未冲害，凶不可言。日将最利求官爵，初主艰难后喜忻。夜将最凶忌论讼，其他谋望总浮沉。

《义》曰：唏嘘耗盗，徒招耻笑。求官难遂，见贵无靠。事干妇人，君子守道。阴阳混同，言词难告。

《象》曰：虚声赢得众人知，墙茨分明不可依。闺阁也须分内外，野花芳草占春时。

此帷薄不修之卦，一曰天网。夫帷薄不修者，乃八专也。八专支干共位，阴阳两课。五日四辰，表里皆拱于八极。故曰：八专尊卑共室，人宅不分。又曰：帷薄不修，内不隔而外不遏，事多重叠，忧喜再来，干涉妇人，久而反蔽。占身宅婚姻，恐男女越礼，宜严谨闺门，慎乎动静，能以礼自防者，庶几免失。故曰："以道制欲，则能顺命。"《经》曰"天网四张，万物被伤"，为阻滞，为疑难，为灾恼。日生上神，虚费百出，谋望不遂，盗失损财，人口衰残，休囚尤重，又为子孙脱漏之事。占者遇之此课，发用无力，阴阳不备，凡占无益，事难得就。占求官、见贵、交易、谋望、求财，所占费者多而进者少，劳心过力未能成，假使勉强而成，到底有名无实。惟利暴病及狱讼、患难之事，亦见耗失，却能解散其忧疑也。

占出兵行师得此，闻忧不忧，闻喜不喜，当预备粮储，勿致不足焉。

未足如心。

真一山人云：知微乐道隐林泉，不受浮华得自然。百种机关何所用，虚名空使世人传。

《无惑钤》云：火生四土，夜将白虎。昼贵青龙，昼安夜苦。

《钤解》曰：一丁火而生四重辰土，耗脱何可当也。夜占四虎，惊危不小。昼占亥贵，临寅被脱，作用为辰所克，力弱难靠矣。丁被亥克则人苦，未被辰墓则宅昏，虽龙贵入传，亦未见其为吉也。《集议》："宾主不投刑在上"内列此日，乃干支全逢自刑。

丁未日第五课

元首　曲直　寡宿　六阴

空上乘空事莫追

```
贵 勾 贵 勾          朱 空 朱 空
亥 卯 亥 卯          亥 卯 亥 卯
卯 未 卯 丁          卯 未 卯 丁


父　　卯 勾 ◎       父　　卯 空 ◎
官 辛 亥 贵 ⊙       官 辛 亥 朱 ⊙
子 丁 未 常          子 丁 未 阴


朱 六 勾 青          勾 青 空 白
丑 寅 卯 辰          丑 寅 卯 辰
蛇子　　巳空        六子　　巳常
贵亥　　午白        朱亥　　午玄
戌 酉 申 未          戌 酉 申 未
后 阴 玄 常          蛇 贵 后 阴
```

《玉历钤》云：此课日辰发用，俱是空亡，主吉凶俱不成。

《毕法》云：此课三传木局，生其日干，而克支辰，值此必家眷众多，而住宅狭窄也。又云：传在课中，回还格也，凡事宜守旧，不宜更改。

上神生日，用生日，三传生日，初克末。

课名元首、曲直。传生日干，凡占宜上不宜下，利春冬，不利夏秋，可以更凶为吉。丁去加亥，谓之屈己下人。空亡为用，凶吉亦终无成也。

《义》曰：三传恩蒙，两传落空。生者既陷，何所依从？助者无力，不过虚及。公私谋望，有名无实。

《象》曰：疏林木蠹难雕斫，只待春光雨露滋。若是夏秋占得此，不须谋望待其时。

此元首之卦，一曰寡宿，亦曰曲直。夫元首者，尊制卑，贵役贱之象。占事多顺，利于先举，事多起于男子。为臣忠，为子孝，正大光明而无邪僻之行，德业已著而乾乾进修，常怀危惧，惕励而无咎也。《赋》云："寡宿孤辰，值此尤妨骨肉。"占身得此，主见孤独，别离乡井，自立门户，财物虚耗，僧道宜之，俗不宜也。且曲直者，先曲而后直，象木之谓，当作成器。此乃五行正气入十干杂糅之乡，异方三合乃生旺墓之神，事主丛杂不一，主关众人共谋，不然两三处干事，委曲托人与人相合之类。又如推磨者，无休息之象。占者遇之，上神生日，所谋百事吉，运用如意，遇凶不凶，逢吉愈吉。由此论之，凡事必有人上门相助之理，不待我之干求也。在春占为全美，若夏秋得之，亦不过有名无实而已矣。此课应"眷属丰盈居狭宅"，不可迁居宽大，反生灾咎，余占我胜而他衰也。

占出兵行师得此，昼占不吉，夜占欺诈。大抵此课，凡百所占，吉多而凶少，尤见吉不成吉而凶不成凶也。

春吉。

真一山人云：课传不备失精神，凶不凶兮吉不真。暴病离床忧自散，若还久病损其身。

《无惑钤》云：昼夜脱干，好恶中半。勿恋传生，宜更宜换。

《钤解》曰：三传木局生干，昼将皆土脱之，其好其恶，各居其半。占事失中有得，人情喜里含怒。但初中空陷，生不生也，甚勿眷恋。三传克宅，宅不安静，宜迁徙更换，凡事皆无亏矣。《集议》："眷属丰盈居狭宅"内有此日例，谓三传生干克支，占人虽亨旺，而无正屋可居，纵为官，多是借居，或欲逃亡而弃其家，尤的。占讼先曲后直。"首尾相见始终宜"内列此日，为回还格。"空上逢空事莫追"内列此日，夜占。

丁未日第六课

知一　寡宿

```
阴 六 阴 六          贵 青 贵 青
酉 寅 酉 寅          酉 寅 酉 寅
寅 未 寅 丁          寅 未 寅 丁

财 己 酉 阴 ⊙        财 己 酉 贵 ⊙
子 甲 辰 青          子 甲 辰 白
官 辛 亥 贵          官 辛 亥 朱

蛇 朱 六 勾          六 勾 青 空
子 丑 寅 卯          子 丑 寅 卯
贵亥      辰青      朱亥      辰白
后戌      巳空      蛇戌      巳常
酉 申 未 午          酉 申 未 午
阴 玄 常 白          贵 后 阴 玄
```

《玉历钤》云：此课贵神，吉多凶少，昼占求干可成，夜占费力。

《毕法》云：此课青龙加临生干之神，若三月占，又作月内生气，乃富贵峥嵘之象。值之者必能施惠于人，而不求报，在位者然也，君子存爱物之心，惠泽虽未及物，而造化必知之，苟知之，则于事也吉矣。程子曰：满腔子是恻隐之心，推此一言，则万物皆被其泽矣，此又不在于位而能泽物焉。

上神生日，用克日上。

课名知一。旦贵鬼门通，暮贵鬼门杜，旦凶暮吉。然而寅上用，俱犯旬空，凡百从空而散。然始终二贵，凡事亦可宛转托贵人也，传多合也。

《义》曰：既空又脱，寅木既蠹。事多变更，或然既误。忧否忧疑，喜却喜惧。所望迟迟，欲济未济。

《象》曰：可惜精神费此心，出门未得遇知音。明窗净几无他事，几卷诗书一曲琴。

此知一之卦。夫知一者，知一而不能知两，知者以为自知、自见，不知为寇仇，故言知一也。以此为用，舍远就近，舍疏就亲，恩中生害，事多起

于同类，凡事狐疑，事贵和同乃吉。《经》曰："知一卦何如？用神今日比。事因同类起，婚姻失谐为。失物邻人取，逃亡不远离。论讼和允好，为事尚狐疑。"发用四绝，宜结绝旧事，故云：四绝了旧莫图新，事了、人来、信至。上神生日，所谋百事吉，运用如意，遇灾不凶，逢吉愈吉。日是人相助，夜乃鬼为殃。惜其所生作空，不过虚喜虚声而已，若在寅年月占，却又为全美，有恩命之荣。占者遇之此课，占求官见贵者，多见虚喜，反复不一，未见易成。占求财虽有而不实，只宜无心或白手之财庶可，否则未之能也。占暴病得之不畏，久病得之可惊。占失物难得，得之不美。占远行未利。占狱讼有解。占逃亡可寻。忧惊患难解散。

占出兵行师得此，昼占中止，夜占开地千里。大抵不成凶，不成吉，闻事不实，宜严加密察可也。

事未全美。

真一山人云：数尽年来事未成，眼前难得称心情。虎头相见成为美，雨露从天万物生。

《无惑钤》云：昼贵临罡，夜贵空方。寅纵生养，熟视不臧。

《钤解》曰：亥昼贵加辰入狱，酉夜贵坐寅落空，皆无气也，生之何益？寅木虽生丁火，熟而视之，寅乃旬空，且俯仰丘仇，旬遁壬寅，何臧之有乎？《集议》："课传皆贵转无依"内概论，凡用夜贵，乃名咄目煞，如贵人咄目专视，反坐罪也，大不利告贵，占讼尤凶。此课夜贵发用，与此相合。天罡乘龙加酉，主人腿上刺龙。墓门开，又为外丧。两贵相协。

丁未日第七课

反吟　井栏射　八专　六阴

```
勾 阴 勾 阴        阴 勾 阴 勾
未 丑 未 丑        未 丑 未 丑
丑 未 丑 丁        丑 未 丑 丁


兄 乙 巳 空        兄 乙 巳 常
子 癸 丑 阴        子 癸 丑 勾
子 癸 丑 阴        子 癸 丑 勾


贵 后 阴 玄        朱 六 勾 青
亥 子 丑 寅        亥 子 丑 寅
蛇戌     卯常     蛇戌     卯空
朱酉     辰白     贵酉     辰白
申 未 午 巳        申 未 午 巳
六 勾 青 空        后 阴 玄 常
```

《玉历钤》云：此八专之课，井栏射冲也，课体反吟，火传财墓，不和之象，凡事不可用。

《毕法》云：此课昼占，干逢丑土，而乘太阴，乃脱上生脱，虚耗迭生之象也。值之者，财物畜产，不为灾损，必为盗失，脱耗多端，如汤之沃雪，火之燎毫，目自恍惚，已弗见矣。

上神盗日。

课名反吟。凡百所为皆不宜，利动不利静，主事无成。巳丑暗合，而与丁不相亲也。虽谋变动，亦有未备。三合两传，终亦不足。

《义》曰：事多反复，更变不常。君子小人，其道将亡。顺理则裕，勉强必伤。正以德遇，自保荣昌。

得此课，不宜用兵。若不得已而用之，在为将者权变得宜也。

真一山人云：风雨无时要致和，但看志气又如何？男儿自是超群类，修德行仁祸自磨。

《无惑钤》云：丁生四丑，凡占殃咎。四癸暗伤，惟宜闭口。

　　《钤解》曰：一丁火而生四土，脱盗滋甚。且丑遁旬癸，暗伤丁火，凡占必主殃咎。丑为旬尾加干，谓之闭口，若能谨言，亦能免祸，但忌占病。《集议》："脱上逢脱防虚诈"内有此日例，夜占，干支传将，共逢八土，如忧疑之事，不止一件，若止见一件，别项又来，必有大灾，所以脱干之气甚矣。

丁未日第八课

知一　铸印　不结果

虽忧狐假虎威仪

空	后	空	后	常	六	常	六
巳	子	巳	子	巳	子	巳	子
子	未	子	丁	子	未	子	丁

兄	乙	巳	空	兄	乙	巳	常
子	庚	戌	蛇	子	庚	戌	蛇
父		卯	常◎	父		卯	空◎

蛇	贵	后	阴	蛇	朱	六	勾
戌	亥	子	丑	戌	亥	子	丑
朱酉			寅玄	贵酉			寅青
六申			卯常	后申			卯空
未	午	巳	辰	未	午	巳	辰
勾	青	空	白	阴	玄	常	白

《玉历钤》云：此课子水临日辰之上，克丁火而畏未土，凡事狐疑，进退不决，不可大用，小事迟滞方成也。

《毕法》云：此课子水临干支之上，干火支土，丁干实畏子水来伤，以未支御之，子水见未土在后，不敢来伤丁干，而丁干得以安处也，犹狐假虎威之象也。凡占只宜安正守静，不可妄动，必有悔矣。

上神克日，日上克用。

课名知一、铸印。未卯空亡，名为损模，凡事主再，中传戌墓为脱体，首尾不相应。然既是末见空亡，凶吉皆从空散。

《义》曰：既能知一，岂能知二？占病遇之，哀声嘹唳。夏秋得之，卯为救济。求官喜春，官爵富贵。

《象》曰：二月春花锦色新，仕人此日倍欢忻。太阴天马来相并，轩冕衣冠谒紫宸。

此知一之卦，一曰铸印。夫知一者，知一而不能知两，知者以为自知、自见，不知为寇仇，故言知一也。以此为用，舍远就近，舍疏就亲，恩中生害，事多起于同类，凡事狐疑，事贵和同乃吉。传见铸印，《经》云："天魁是印何为铸？临于巳丙冶之名。中有太冲车又载，铸印乘轩官禄成。"不见太阴天马，即非真体，常人反受灾咎，且为事迟钝。《经》云："知一卦何如？用神今日比。事因同类起，婚姻失谐为。失物亲邻取，逃亡不远离。论讼和允好，为事尚狐疑。"上神克日，只利先讼，要有气，余不吉，常占为人所欺负。日是人相损，夜乃鬼为殃。病讼有忌，凡占不宁，所幸有解。况阴阳不备，日辰同位，淫乱不正，贵以礼防之，惟君子能反邪归正也。占者遇之此课，占求官难。占见贵，再谋方美。占病凶，修德可禳。占婚姻，媒妁不明不真。忧疑终散。此课先凶后吉，宜守正勿动。

占出兵行师，防侵袭，昼占欺毁，夜占稍吉，大体多惊恐。敌使之来，所言不实，当窥其诈而反间之。

微平。卯年月吉。

真一山人云：阴人作扰勿须忧，一正中心百福周。不在仲春何所用？吉凶从此尽消勾。

《无惑钤》云：克干害支，狐假虎威。略举动足，踏翻祸机。

《钤解》曰：子水克丁，却畏支之未土，丁喻狐，未喻虎也，若丁火少离于未，子随即来克，是略举足而踏翻祸机也。三传传墓入墓，须忧己身兄弟昏滞。《集议》："须忧狐假虎威仪"内有此日例，即如钤说。神后夜乘六合临支，主邪魔鬼祟。巳乘天空加子，人家宅自破惊人。歌曰："子加未上并螣蛇，并有泡沸或屋遮。上乘六合子加未，树影入井人灾异。"子乃丁火胎神，但非妻财，正月为生气，主婢妾有孕。

丁未日第九课

重审　曲直　六阴　不行传

```
常 贵 常 贵            空 阴 空 阴
卯 亥 卯 亥            卯 亥 卯 亥
亥 未 亥 丁            亥 未 亥 丁


官 辛 亥 贵            官 辛 亥 阴
父　卯 常 ◎           父　卯 空 ◎
子 丁 未 勾 ⊙         子 丁 未 朱 ⊙


朱 蛇 贵 后            贵 后 阴 玄
酉 戌 亥 子            酉 戌 亥 子
六申　　丑阴       蛇申　　丑常
勾未　　寅玄       朱未　　寅白
午 巳 辰 卯            午 巳 辰 卯
青 空 白 常            六 勾 青 空
```

《玉历钤》云：此课日德发用，又是贵神，吉多凶少，凡占委曲可成。

《观月经》占曰：此课己亥年六月二十二日丁未未将卯时占之得此，盖太岁为天乙发用，末传又得月将，又是月建，木局又为印，太常乃为印绶，是为真官进用之课也。故其歌云："太岁今朝作贵人，还居发用转精神。须兼月将传中见，进职迁官拜紫宸。"

《毕法》云：亥为丁之绝神，加于干之上，凡占止宜结绝旧事，不宜更改妄为。

上神克日，三传生日，用克日，末克初。

课名元首、曲直。三传生日，中末空亡，亥乃干德、天官贵人，得此宜早图，凡事可吉，不利久也。

《义》曰：益中有损，忧中有解。变易不常，临前见泰。闻之甚喜，用之可忧。画饼充饥，不似粮糇。

《象》曰：缘木求鱼错用心，逢人空说是知音。子期去后何人识？从此高山不听琴。

此重审之卦，一曰天网，亦曰曲直。夫重审者，重而审之也。利为主，利后动，长有厄，事从内起，起于女人。以下犯上，贱犯贵，卑犯尊，事多不顺。阴小在下者，有悖逆之事。占臣未忠，子失孝，事不可遂意而行，必当审察，循乎义理，庶几以免后患也。《经》曰"天网四张，万物被伤"，为阻滞，为疑难，为灾恼。传见曲直，先曲而后直，象木之谓，当作成器。传入空乡，又难成也。此乃五行正气入十干杂糅之乡，异方三合乃生旺墓之神，事主丛杂不一，主关众人共谋，不然两三处干事，委曲托人与人相合之类。又如推磨之象，转去转来，非一遍也。上神克日，只利先讼，要有气，余不吉，常占为人所欺负。日是人相损，夜乃鬼为殃。病重可畏，幸有解。占者遇之此课，占求官，宜更改谋为。占见贵有助，未得全美。占婚姻勿成，以其日辰同位，有淫杂不贞之象也。占家宅，宜礼防闲。占财宜速取。占病者，凶中有救。占忧者，难中有解。占吉事未得全吉，凶事多有始无终。

占出兵行师得此，防有侵袭，宜备不虚，或有声而无实，惜乎未见全功也。

真一山人云：望尽天边好事来，至今犹未得开怀。若逢玉兔重生日，百遂千谋笑满腮。

《无惑钤》云：昼将脱日，全赖传力。贵德三重，夜占何益？

《钤解》曰：昼将皆土，脱盗干气，幸三传全木之力，克土生干。昼占亥乃贵德临身，能除万祸。夜占亥为日鬼，中末二传空陷，则何益哉？《集议》："首尾相见始终宜"内列此日，谓之回还格，止宜守旧，凡占不能动作，占凶凶不成，占吉吉不成。支干全逢自刑。"支干值绝凡谋决"内列此日，昼占宜告贵结绝旧事。又为互绝，最宜兑换屋宇，兑替差遣，交代职任等事。占讼先曲后直。"眷属丰盈居狭宅"内，说见本日卯加丁课。"鬼乘天乙乃神祇"内，谓丁日亥临干，乃神祇为害，不可作鬼祟。入宅乃家堂神像所致，宜修功德安慰免咎，俱为占病而言。两贵受克难干贵。

丁未日第十课

八专　闭口

<pre>
阴 蛇 阴 蛇   常 后 常 后
丑 戌 丑 戌   丑 戌 丑 戌
戌 未 戌 丁   戌 未 戌 丁

官 辛 亥 贵   官 辛 亥 阴
子 庚 戌 蛇   子 庚 戌 后
子 庚 戌 蛇   子 庚 戌 后

六 朱 蛇 贵   蛇 贵 后 阴
申 酉 戌 亥   申 酉 戌 亥
勾 未   子 后   朱 未   子 玄
青 午   丑 阴   六 午   丑 常
巳 辰 卯 寅   巳 辰 卯 寅
空 白 常 玄   勾 青 空 白
</pre>

《玉历钤》云：此课墓神覆日，天将又是蛇后，主暗昧不明之象，凡占凶否。

《心镜》云：日值八专惟两课，阴阳并杂不分明。不修帷薄何存礼？夫妇占时总不真。厌翳合门玄武袭，嫂通于弟妹淫兄。人间密事虽难测，玄女留经鉴此情。

上神墓盗日，用克日，日上克用。

课名八专、帷薄。墓覆干支，此课最凶，所喜亥为德神，不至于全凶，亦不可以为吉，一德扶身，万凶皆散。

《义》曰：墓身克贵，动必昏晦。问病惊凶，求事难济。人宅不分，焉可论婚？灾恼并及，心事纷纭。

《象》曰：礼谨婚姻贵在初，关雎有别意何如。不修帷薄难言及，守正于心戒莫疏。

此帷薄不修之卦，一曰天网。夫帷薄不修者，乃八专也。《经》云：八专支干共位，阴阳两课。五日四辰，表里皆拱于八极。故曰：八专尊卑共室，人宅不分。又曰：内不隔而外不遏，事多重叠，忧喜再来，干涉妇人，久而反蔽。占身宅婚姻得此，恐男女有越礼，宜严谨闺门，慎乎动静，能以礼自防者，庶几免失。故曰："以道制欲，则能顺命。"《经》曰"天网四张，万物被伤"，为阻滞，为疑难，为灾恼。日生上神，虚费百出，谋望不遂，盗失损财，人口衰残，休囚尤重，又为子孙脱漏之事。况干见墓神，支又坐于墓上，有昏蒙不振，灾滞不通之象，事当正顺，惟有德者可以当之。占者遇之此课，占求官未准。占见贵未顺。占婚姻得此，媒妁不明，男女不贞，宜礼谨之。占病者神祇不喜，虔诚祷祝，悔过迁善。占讼惊凶。逃亡自归。凡占美中不足，惟宜慎守，正以待之，妄动反生不足。

占出兵行师得此，昼占贵人，举兵开地千里，夜占中止。敌使之来，多欺诈不实，传闻之言，勿足信也。

物各有时。

真一山人云：常占尤要谨闺门，事物纷纭且莫论。不备自然知不备，好将家法教儿孙。

《无惑钤》云：昼墓救应，不幸中幸。反伤夜贵，幸中不幸。

《钤解》曰：戌乃日墓，支被墓覆，人昏宅暗，是不幸也。夜占亥乃鬼，赖此墓克制，非不幸中之幸而何？昼占亥乃贵德发用，何幸如之？却被墓神伤贵，非幸中之不幸而何？《集议》：戌加未乘蛇，西南坟墓有惊。

丁未日第十一课

重审　凝阴　六阴

贵	朱	贵	朱
亥	酉	亥	酉
酉	未	酉	丁

阴	贵	阴	贵
亥	酉	亥	酉
酉	未	酉	丁

财	己酉	朱
官	辛亥	贵
子	癸丑	阴

财	己酉	贵
官	辛亥	阴
子	癸丑	常

```
 勾 六 朱 蛇          朱 蛇 贵 后
 未 申 酉 戌          未 申 酉 戌
青午      亥贵      六午      亥阴
空巳      子后      勾巳      子玄
 辰 卯 寅 丑          辰 卯 寅 丑
 白 常 玄 阴          青 空 白 常
```

《玉历钤》云：此课折腰从革体也，凡事小成，不利占病。

《毕法》云：此课末传丑土生初传酉金，助其为日干之财，值此又暗中有人以财助济。

日克上神，日克用。

课名重审。此课二贵俱临四课，又入三传，昼贵作鬼在中传，事虽不备，所图须见三四贵方成。中有贵人不在位者，致力相位，可以言喜。盖夜贵作财爻动，在日上发用，便不凶也（夜贵有不在位之说）。

《义》曰：极阴之象，私暗私干。文书之财，不待求望。进中有隔，隔而后退。事须重审，病讼可畏。

《象》曰：文书口舌喜财成，几欲谋为未称情。移孝为忠终见吉，渐看财禄自光荣。

此重审之卦。夫重审者，重而审之也。利为主，利后动，长有厄，事从内起，起于女人。以下犯上，贱犯贵，卑犯尊，事多不顺。阴小在下者，有悖逆之事。占臣未忠，子失孝，事不可遂意而行，必当审察，循乎义理，庶几以免后患也。

《经》云："一下贼上名重审，子逆臣乖弟不恭。事起女人忧稍重，防奴害主起妻纵。万般作事皆难顺，灾病相侵恐复重。论讼对之伸理吉，先讼虚张却主凶。"酉亥丑，进间传，一曰凝阴。纯阴无阳，暗昧不明，利幽不利显。日上见财，乘朱雀，乃口舌文书之财，妻多言词。《百章》云："凝阴酉亥加大吉，幽暗不通理不宜。祈不宜灾始获宁，不然财损人又失。"占者遇之此课，有间隔之象，进中有隔，隔而后进，求官宜，昼占为"帘幕贵人高甲第"也。占见贵，必涉两贵人而后可成，贵或不见，或往他贵而后会，同官之象。占求财，恐因财惹恼。占病瘥迟。占失物宜寻，防口舌。占出行、行人有阻。讼宜和止。

占出兵行师得此，昼占口舌言词，军戎见耻，夜占贵人，举兵开地千里，但举动用事，课体多见阻也。

私暗利财。

真一山人云：帘幕相逢利士人，无刑无破作朝臣。登科甲第文星显，若是常占福亦钧。

《无惑钤》云：丁死于酉，破碎癸丑。两贵加临，事危闭口。

《钤解》曰：酉乃丁火死地。丑作破碎，遁鬼克干，极凶也。两贵人传，又重在干支之上，谓之遍地贵人，如一国三公，十羊九牧，事不归一。破碎闭口，事当危处，谨言可也。《集议》："昼夜贵加求两贵"内有此日例。末助初财。干支全逢自刑。凝阴。《引证》内苗断斗禽甚妙，占得戌时。

丁未日第十二课

重审　进茹

```
朱 六 朱 六          贵 蛇 贵 蛇
酉 申 酉 申          酉 申 酉 申
申 未 申 丁          申 未 申 丁

财 戊 申 六          财 戊 申 蛇
财 己 酉 朱          财 己 酉 贵
子 庚 戌 蛇          子 庚 戌 后

青 勾 六 朱          六 朱 蛇 贵
午 未 申 酉          午 未 申 酉
空巳     戌蛇        勾巳     戌后
白辰     亥贵        青辰     亥阴
卯 寅 丑 子          卯 寅 丑 子
常 玄 阴 后          空 白 常 玄
```

《玉历铃》云：此课一火制六金，力微而任重，凡占所用无成，兼传入墓，最凶。

课名重审、进茹。有两重财，事干众，近贵图望吉，宜守静以求之。

《义》曰：三传俱财，财多致灾。事多未顺，且放开怀。根苗不断，旧事从新。节外生枝，牵连于人。

《象》曰：连茹进退未从容，灾病相侵恐复重。诉讼用兵宜后动，吉人多是在阴功。

此重审之卦。夫重审者，重而审之也。利为主，利后动，长有厄，事从内起，起于女人。以下犯上，贱犯贵，卑犯尊，事多不顺。阴小在下者，有悖逆之事。占臣未忠，子失孝，事不可遂意而行，必当审察，循乎义理，庶几以免后患也。《经》云：申酉戌，进连茹也。进中有退，退而复进，事主欲行不行，欲止不止。近行者回还，欲退者升迁。三传俱财，财多反生不足。占者遇之此课，占求官迟。占见贵顺。占婚姻不宜，以其阴阳不备，人宅不分，混同淫杂而不贞，故勿用也。占病者昏重，全财病体难担。占失物宜寻。

占公讼，必经年月方得结绝。占行人，进中有退，音信不便。此课不宜占产，占产得此，宜竭诚祷祀，以祈神祐可也。占逃亡自归。占男女，宜以礼自防。占忧患散迟，正静为善以化之，否则不如意也。

占出兵行师，昼占六合，尤宜获金宝之美利，夜占忧心众畏。大抵此课，不宜用兵，惟在将之权衡也。

欲速不达。

真一山人云：奇偶相并合道长，阴阳混杂岂相当？惟宜正静循乎理，化怨为恩保吉昌。

《无惑钤》云：得财失财，戌月怀胎。肠风肺喘，讼绝复来。

《钤解》曰：财临干上，先已得财，且三传俱财太旺，丁火又死于酉，反失财也。申乃丁火妻财，在九月为生气，戌月占妻定怀胎。酉为脏毒，主肠风。火又克金，主肺喘。若占病，不出此二证也。凡墓在末传，坐旺之地，讼乃再兴，病愈再发。《集议》："胎财生气妻怀孕"内有此法，谓妻作生气，纵不作胎神，亦可用，与此最合（胎财生气两分言，胎作生气，妻作生气也）。末助初财。墓门开，又为外丧入内，宜合寿木以禳之。全财病体难担荷。两贵不协，变成妒忌，酉加申，亥加戌，互换作六害。

戊申日

戊申日第一课

伏吟　玄胎

白	白	勾	勾		后	后	朱	朱
申	申	巳	巳		申	申	巳	巳
申	申	巳	戊		申	申	巳	戊

父	乙巳	勾		父	乙巳	朱
子	戊申	白		子	戊申	后
官	寅	蛇 ◎⊙		官	寅	青 ◎⊙

勾	青	空	白		朱	蛇	贵	后
巳	午	未	申		巳	午	未	申
六辰			酉常		六辰			酉阴
朱卯			戊玄		勾卯			戊玄
寅	丑	子	亥		寅	丑	子	亥
蛇	贵	后	阴		青	空	白	常

《玉历钤》云：此课三传入鬼乡，全无和气，凡占所求，皆凶否不成。

《毕法》云：此课乃初传生日，然初克中，中克末，末克日干，虽得巳火生戊土，不觉迤逦克至日干，谚云"成也萧何，败也萧何"。占者必被工匠，或干办人，或自生人，作两面刀伤害。

《灵辖经》云：此课干支上下俱作六合，凡占必彼此齐气相合。又云：昼占三重白虎作长生，乃不幸中之幸；夜占青龙作日鬼，乃幸中之不幸。

上神德日，日上克辰上。

课名伏吟。诸神不动。巳带德禄为用，凡占有凶无吉，且时虽恶不凶，雀勾有文字荐。

《义》曰：刑中之合，欲和未和。求官最吉，福禄春波。先难后易，吉少凶多。逢寅岁月，满面呵呵。

《象》曰：勾留迟滞水天然，达士知微理不偏。疑惑忧愁终见解，功名谋望未两全。

此自任之卦，一曰玄胎。夫自任者，乃天地伏吟，十二神各归本家，天地如一，四伏未发之象。占事静则宜，动则滞，主事藏匿不动，静中求劳，有屈而不伸之象。况玄胎如婴儿隐伏之状，利上不利下，事主远而多伏，暗昧不通，触则成祸，惟君子守正修德则亨。《经》云："任信伏吟神，行人立至门。失物家内盗，逃者隐乡邻。病合难言语，占胎聋哑人。访人藏不出，行者却回轮。"玄胎不宜占老人小儿病。三传互克众人欺，得此主有人迤逦克害，遂致众口相攻，中有两面是非之人，幸巳火相生，成败萧何之喻。寅鬼逢空，有声无实，又何足虑？占者遇之此课，举动未遂，凡事勾留迟滞，有屈而不伸之象。占求官，迁官捧印，白虎入庙，腾蛇生角，将以成龙变化，最宜，惜乎末传少力，须待木旺，新春年月方可有成。占见贵未顺。占婚姻难成。占财利轻。病不妨，凶有救。忧疑逃亡，访亲友得信。行人将到。交易难合。远行投谒者，徒费粮裹。

占出兵行师得此，昼占勾留失利，夜占口舌文词，终见有解也。

有始无终。春吉。

真一山人云：何事人情未足量，是非得失任更张。凶中变吉浑无虑，若有阴功福愈昌。

《无惑钤》云：迤逦不和，败也萧何。末助初生，成也萧何。

《钤解》曰：《集议》："三传互克众人欺"内有此日例，谓生变克，翻为两面刀，占者必被工匠，或干办人，或巳作两面刀。惟戊戌伏吟，巳空不足畏，好恶俱无。交车长生，宜合本作营生。"乐里悲"内列此日，长生乘虎，幸中不幸；日鬼乘蛇，不幸中幸。"宾主不投刑在上"内，谓此三刑未免无恩之意，凡占恩反怨也。人犹巳德遁乙，寅在末传，能成能败，故以萧何喻之。败则自初递来克干，成则末助初传生干是也。

戊申日第二课

元首　退茹　寡宿
脚踏空亡进用宜

```
青 空 朱 六          蛇 贵 勾 六
午 未 卯 辰          午 未 卯 辰
未 申 辰 戌          未 申 辰 戌

官    卯 朱 ◎        官    卯 勾 ◎
官    寅 蛇 ◎·       官    寅 青 ◎·
兄 癸 丑 贵 ·        兄 癸 丑 空 ·

六 勾 青 空          六 朱 蛇 贵
辰 巳 午 未          辰 巳 午 未
朱卯      申白      勾卯      申后
蛇寅      酉常      青寅      酉阴
丑 子 亥 戌          丑 子 亥 戌
贵 后 阴 玄          空 白 常 玄
```

《玉历钤》云：此课三传皆鬼，幸是空亡，而传退不凶，却宜进步，以其空亡，凡占吉凶俱不成。

《毕法》云：此课三传皆作日鬼，幸遇鬼空，可以退灾避祸，惟不宜守旧，缘干上乘墓，反宜于三传之外向前一步，便逢禄神。此例却不宜有官人占，缘官爻空亡故也。

用克日上，用克日，初克末。

课名元首、退茹、斩关。墓来覆日，忿闷不通。三传皆空，吉凶无成。鬼作空亡，却防走失欺骗事。

《义》曰：墓覆见阻，昏蒙无观。惟喜春占，福禄绵绵。东方无位，谋为未遂。吉不为喜，凶不足畏。

《象》曰：东风次第到茅庐，无影无形岂足图？凶吉到头浑寂寂，得而复失笑号呼。

此元首之卦，一曰寡宿，亦曰天网。夫元首者，尊制卑，贵役贱之象。

占事多顺，利于先举，事多起于男子。为忠臣，为子孝，正大光明而无邪僻之行，德业已著而乾乾进修，常怀危惧，惕励而无咎也。《赋》云："寡宿孤辰，值此尤妨骨肉。"若占身得此，主见孤独，别离乡井，自立门户，财物虚耗，僧道宜之，俗不宜也。《经》云"天网四张，万物被伤"，为阻滞，为疑难，为灾恼。且夫墓神覆日，昏蒙不通之象，所幸传空之利为解也。占者遇之此课，乃退茹也，凡事欲行不行，欲止不止，退中有进，根苗不断，旧事从新。占得此课，宜进而不宜退，退则有咎，进则有得。求官见贵者，不可退缩。占婚姻、求财未成。占暴病有解，久病凶。占失物难得。占远行者，美中难如意。公讼不成。占忧疑患难者，得此为福庆。大抵此课三传不实，如有影无形之象，指空而话空也，无心进步，好事自成。

占出兵行师得此，有失众之象。战阵之时，宜勇谋精，延其功而有功也。谨之！慎之！

事多变改。

真一山人云：几番更变逆人情，有事来干且莫行。久病之人占得此，不堪再听断肠声。

《无惑钤》云：脚踏空亡，岂容退步？肯舍危疑，青云得路。

《钤解》曰：《集议》："脚踏空亡进用宜"内有此日例，谓三传皆作日鬼，幸而空亡，足以脱灾避祸。不宜守旧，缘干上乘墓，反宜三传之外向前一步，便逢禄神。退则脚下踏空，反陷其身。凡占宜催督，退则马落空乡，进则禄居旺位。墓神覆日，危疑太甚。退而空陷坑穽之中，舍危疑之墓，向前一步，即逢旺禄。占求官必得升擢，占入试必中式，而青云得路矣。

戊申日第三课

重审　极阴

```
六 青 贵 朱          六 蛇 空 勾
辰 午 丑 卯          辰 午 丑 卯
午 申 卯 戌          午 申 卯 戌


兄 癸 丑 贵 ⊙        兄 癸 丑 空 ⊙
财 辛 亥 阴          财 辛 亥 常
子 己 酉 常          子 己 酉 阴


朱 六 勾 青          勾 六 朱 蛇
卯 辰 巳 午          卯 辰 巳 午
蛇寅      未空       青寅      未贵
贵丑      申白       空丑      申后
子 亥 戌 酉          子 亥 戌 酉
后 阴 玄 常          白 常 玄 阴
```

此课家势退矣。日上空亡克日，又作勾陈，旧事百般尽废。午蛇带羊刃临宅，主其人家争屋，必主分飞。初传丑加卯，主土塞门户。妇人脾腹疼，又有白带；自身主脾泄。末传金去被败，来年难过，主太阴、少阴二妇人管家。乙卯年主房屋毁折，各人四散矣。[①]

《玉历钤》云：日辰上卯午皆鬼，三传又退，凡占皆凶，而无所成。

《毕法》云：此课午为宅之火鬼，夜将乘螣蛇加宅，到春占又是火鬼煞，值此者必遭火灾焚烧，常人宜以井底泥涂灶襄之。惟君子不但时不忧惧，平日无不忧也，无不惧也，故能无忧无惧，何以襄之为哉？

上神克日，日上克用。

课名重审、间传、杜塞。凡用费力而阻，所喜戊见丑亥酉，丑遁癸，癸戊合，兼漏底空，忧喜无成。空亡克日加日干，占官大凶，官爻空亡故也。

《义》曰：散忧解恼，占之为吉。非为更改，且见不实。欲称心怀，须待

---

① 《壬占汇选》作：己酉年六月初一戊申日未将酉时，刘秘教己巳生，四十一岁占家宅。

时来。喜则未准，病可开怀。

《象》曰：病多进退往行难，有力高飞亦见难。待得震雷时岁候，渐看福寿积如山。

此重审之卦，一曰励德。夫重审者，重而审之也。利为主，利后动，长有厄，事从内起，起于女人。以下犯上，贱犯贵，卑犯尊，事多不顺。阴小在下者，有悖逆之事。占臣未忠，子失孝，事不可遂意而行，必当审察，循乎义理，庶几以免后患也。况励德，阴小有灾，一名关隔神，常人身不安，宜谢土神，贵吏主升迁，要当消息而论也。极阴之课丑亥酉，百事逢之不利。占讼事干台省。卯上加丑，抬土当门，作事不顺。退间传，退中有进有隔，隔而方通。上神克日，只利先讼，要有气，余不吉，病有祟，常占为人所欺负。所幸作空，虽有不足，亦化之也。占者遇之此课，占求官吉，必见更方就。见贵未顺，不然彼此多疑，或被人说破。占婚姻亦然，若勉强成之，终见反目。占病讼有解。占财不遂所欲。占远行及行人，有阻不妨。逃者访亲友可得信。占投谒，徒劳而已。

占出兵行师，凡有所闻，不可遽信，以其不实之谓。虽有侵袭，备之无害。昼占吉，夜占不实，课体多不顺非实。

春雷起蛰。

真一山人云：虹电气象见英豪，浑俗和光杂布袍。浪暖桃开应变化，峥嵘头角谒震朝。

《无惑钤》云：占身卜宅，总是上克。祸及常流，仕宦亦得。

《钤解》曰：《集议》："三传互克众人欺"有此法，凡占遇朱雀作日鬼加干上，朝官防遭章劾。上书献策，反受责黜。禄临支。极阴："极阴之课丑亥酉，百事逢之悉皆丑。占讼省部方端的，病死定为不长久。"春占午乃火鬼，夜乘螣蛇克宅，身被卯克，宅被午克，常人占此，必有官司灾祸。卯乃日之真官，若在仕宦求进却宜，但极阴课体，凡事生灾生变，大抵不美。真贵发用，此与其他极阴稍异。

戊申日第四课

知一　玄胎　孤辰　天网　闭口

我求彼事干传支　避难逃生须弃旧

```
蛇 勾 阴 蛇          青 朱 常 青
寅 巳 亥 寅          寅 巳 亥 寅
巳 申 寅 戊          巳 申 寅 戊


官    寅 蛇 ◎       官    寅 青 ◎
财 辛 亥 阴 ⊙       财 辛 亥 常 ⊙
子 戊 申 白          子 戊 申 后


蛇 朱 六 勾          青 勾 六 朱
寅 卯 辰 巳          寅 卯 辰 巳
贵丑       午青     空丑       午蛇
后子       未空     白子       未贵
亥 戊 酉 申          亥 戊 酉 申
阴 玄 常 白          常 玄 阴 后
```

　　此课占官，要见官星。今日上寅作青龙，真官星也。奈寅空亡，空亡逼日干戊，戊不得已却去就宅，作朱雀。宅神又去加亥，作末传。先生云："吾丈此任，莫不虚赴？盖虚官在身戊之上，巳乃禄神，又去就支申，就不得，乃传出宅去，故主权摄不正。不正如何？有姓陈人与吾丈不足，避嫌却去西南上权摄，后陈退了，方得赴正任。兼临行时，妇人大病，行年午作腾蛇故也。食禄在来年十月。"邓巡辖授沆州，合当十一月上任，缘陈提刑与其尊人有仇，至半途来报，未敢进。过鄂州，渠尊人与太守有旧，遂以此告太守，令权公使库，及提辖三酒务。至次年八月，陈提刑替去，方始前去，十月交割了。若是寅作青龙不空，即便赴任也。既空却虚逼日，日去加辰，巳火又去克申金，是半途方遇主人。又戊禄在巳，巳与申金合，日禄加在支上，所以兴权摄之意。官鬼及退去，是正禄之任不可望。末之支神，临在亥地，却是食禄之时。所以在来年者，太岁上有贵人。十月者，支神所在之地也。①

《玉历钤》云：此课日鬼加日为用，昼螣蛇不可用，夜青龙为吉，凡占费力后成。

《毕法》云：此课干上寅乃支之驿马，支上巳乃干之禄神，名富贵卦。君子占之，加官进禄；常人占之，身动宅迁。

上神克日，日上生辰上，用克日，末克初。

课名知一、病玄胎。空寅加戌，为空亡克日，凡有进望求谋，虚声无实，欲进费力，且阻伤也。暮稍吉，亦不济事。

《义》曰：功既未成，名亦难就。寅虎岁月，乃是时候。志欲力行，事值变更。欲知何似？风逐浮萍。

《象》曰：一江碧水漫攸攸，旅客孤身到岸头。野渡无人空着力，待时方可觅扁舟。

此知一之卦，一曰玄胎，亦曰孤辰。夫知一者，知一而不能知两，知者以为自知、自见，不知为寇仇，故言知一也。以此为用，舍远就近，舍疏就亲，恩中生害，事多起于同类，凡事狐疑，事贵和同乃吉。《经》云"天网四张，万物被伤"，为阻滞，为疑难，为灾恼。况玄胎如婴儿隐伏之状，利上不利下，事主远而多伏，暗昧不通，触则成祸，惟君子守正修德则亨。且孤辰有茕茕孑立之象，占人别离乡井，凡所占谋，多虚少实，功名难遂，事业虚花。上神克日，只利先讼，要有气，余不吉，病讼凶，常占为人所欺负。幸作空有解，而化为吉。占者遇之此课，占求官吉，然未得时，须待木旺春令可也。占见贵求事和合。占交易、婚姻、投谒，不宜勉强为之，终不如意。占求财有变。占暴病吉，久病、老人小儿病凶，宜修德禳化。占失物难得。闻事多不实。占成事难成，散事易散，大利忧疑惊恐，为福星也。

占出兵行师，虚惊不宁，失众之象，贵在为将者权变也。

寅年月吉。

真一山人云：数定于前吉偶然，吉人成败总由天。顺将义理行将去，莫向人中竞后先。

《无惑钤》云：尊就卑傍，彼己不臧。两贵抱恶，可脱凶殃。

《钤解》曰："避难逃生须弃旧"内列此日，禄临支，上神六害。"富贵干支逢禄马"内列此日，谓为真富贵卦。君子占之，加官添禄，富贵双全；常人占之，宅移身动，病讼俱凶。助桀为虐，递生日鬼。"宾主不投刑在上"内

---

① 《壬占汇选》作：己酉年四月戊申日酉将子时，邓巡辖戊寅生，三十二岁占赴任。

有此日例，为自己熬煎，他人逸乐。干加支，乃支干相会，上下作六合。"彼此全伤"说见丙午日第七课。干往加支，名求受格，求而受之，虽费力却得其财，无空方吉，但戊被寅克，申被巳克，彼己俱不善也。昼夜贵人入狱，自将掩恶，何暇为人？寅虽日鬼旬空，又被末传申克，其凶破，可以脱免，而求事则无成也。

戊申日第五课

重审　润下　斩关
首尾相见始终宜

蛇	玄	勾	贵
子	辰	酉	丑
辰	申	丑	戊

青	玄	朱	空
子	辰	酉	丑
辰	申	丑	戊

财	壬子	蛇
子	戊申	青
兄	甲辰	玄

财	壬子	青
子	戊申	蛇
兄	甲辰	玄

```
贵 后 阴 玄              空 白 常 玄
丑 寅 卯 辰              丑 寅 卯 辰
蛇子      巳常          青子      巳阴
朱亥      午白          勾亥      午后
戌 酉 申 未              戌 酉 申 未
六 勾 青 空              六 朱 蛇 贵
```

　　此课土日得财局，须是用财为之，却占漕司，正是申子辰水局也。既以漕司为财，须费己财为佳。身上见日贵作天空，谓之帘幕贵人，驰声于我，我遂得声誉于他。宅上作玄武，是本司作贼，须互换名字，反换卷子，并令人代之，此所以不正中也。甲辰旬十日，皆是辰是魁星，乃为魁首也。不知何以有成？即日东方江边之职，鱼盐之监也。邓宅是积代武官，大有钱谷。申子辰正是漕司之局，戊用水为财，所费不可言。身上有天空，虽得文星，虚名而无实用。又闻有易卷之说，不知如何也。末传归宅见辰，却是甲辰，旬中魁首也，作本经魁。次年虽有文试不中，却试弓马，得明州象山县监税务。戊土以辰为库，辰土生于申，乃真库也。凡库与墓，二者一同，何以分别？当以生处为库，囚死处为墓。今辰生于申，是真库也。天罡是盐鱼之物，故监务兼煎盐，致此实大验也。①

《玉历钤》云：此课润下卦也。惟青龙为吉，玄蛇皆凶，凡见贵、求名、求财、求婚皆吉，缘青龙旺之也。占病必死，为末传为日主之墓也。

《毕法》云：此课干上丑乃旬尾，支上辰乃旬首，名曰一旬周遍格。凡值此者，所事不脱，所谋必成，求名登科而代其工，诉讼得理而易其局，但解散之事则未散也。

《龙首经》曰：此课申子辰水局皆为财，兼昼夜天将皆水中之兽，若在秋冬旺相之时占，求财却无财也。果欲求财，反费己财。缘水自贪己之生旺，不欲与我作财，直待身旺之月，及财气稍衰之月，方可取财，不致其害也。

日上克用，日克用，末克初。

课名重审。三传皆财，天将一类，重重财喜，秋冬十分吉，余时亦吉，先难后易，自然和合，不利占父母。

《义》曰：三合俱财，长上忧灾。常占得此，财喜频来。事固有成，宾主尚猜。末后自刑，少弄些乖。

《象》曰：三六相逢见喜忻，事成原自赖天人。忧惊从此浑消释，金水时年福禄真。

此重审之卦，一曰润下。夫重审者，重而审之也。利为主，利后动，长有厄，事从内起，起于女人。以下犯上，贱犯贵，卑犯尊，事多不顺。阴小在下者，有悖逆之事。占臣未忠，子失孝，事不可遂意而行，必当审察，循乎义理，庶几以免后患也。且润下，主沟渠、水利、舟楫、渔网之类，动而不息之象，流而必清，滞则不竭，宜动不宜静，事主关众人，亲朋相识之务，克应多过月，牵连疑二，利占成合，不利占解散。此为五行正气入十干杂糅之乡，异方三合乃生旺墓之神，事主丛杂不一，主关众人共谋，不然两三处干事，委曲托人与人相合之类。又如推磨，转去转来，非一遍也。占者遇之此课，占求官大吉，昼占帘幕贵人，高登及第，龙蛇乘类，喜事重重，贵能成事，占散事并胎产反迟滞，以其三六合也。占见贵、交易、投谒、婚姻之事俱吉，但恐宾主少见不投之意，干支上见丑辰相破故也。占求财，反有所费。占逃者自归，或访于亲友之家。占忧惊无事，迟迟见喜。

---

① 《壬占汇选》作：建炎己酉年四月初一戊申日酉将丑时，邓十八官人乙酉生，生于二月十二日亥时，二十五岁占漕试。

占出兵行师得此，昼占惊畏，夜占得胜，大获珍宝也。

利秋冬。

真一山人云：金清水白正寒凉，篱菊新来分外香。谁解江梅香又艳？这般风和不寻常。

《无惑铃》云：干乘旬尾，支乘旬始。递互暗昧，秋冬财喜。

《铃解》曰：丑乃旬尾加干，辰乃旬首加支，谋事有成，解事不脱。且干乘支墓，支乘干墓，互相蒙蔽，暗昧欺瞒。传将俱财，财大旺也。秋冬求财，反伤己财；春夏得此，乃财喜也。《集议》："首尾相见始终宜"内列此日。"传财太旺反财亏"内有此日例，最详。"干支乘墓各昏迷"内列此日，谓"天网恢恢，疏而不漏"，互墓故也。戊子日，子加辰用，为收魂神，占病不吉。子加辰用，得蛇，主妇人哭泣之事。四课三传俱合，万事喜逢三六合。

戊申日第六课

涉害　度厄　不结果
胎财生气妻怀孕

<pre>
六 阴 空 蛇   六 常 贵 青
戊 卯 未 子   戊 卯 未 子
卯 申 子 戊   卯 申 子 戊

财 壬 子 蛇   财 壬 子 青
兄 丁 未 空   兄 丁 未 贵
官   寅 后 ◎   官   寅 白 ◎

蛇 贵 后 阴   青 空 白 常
 子 丑 寅 卯   子 丑 寅 卯
朱 亥   辰 玄   勾 亥   辰 玄
六 戌   巳 常   六 戌   巳 阴
 酉 申 未 午   酉 申 未 午
 勾 青 空 白   朱 蛇 贵 后
</pre>

《玉历铃》云：此课日辰上神子卯相刑，初中相害，气象不和，凡占不可用。

《毕法》云：此课干上子，若正月占，必主妻有孕喜，盖以"戊己土神胎在子"。故歌云："戊己当绝在亥怀，明知子上是胞胎。"盖干之胎神作月内生气故也。

日克上神，日上生辰上，日克用。

课名涉害。结绝旧事，新事重谋再进，方可用望，盖子来加巳为极阳，戊癸为合百事昌。末传空亡，主凶吉无成，凡事宜速。

《义》曰：往返波波，其奈之何？用逢夹克，事见蹉跎。求谋迟阻，忧险消磨。虚声更变，浩浩而歌。

《象》曰：荆山美玉未逢时，空使高明几惜奇。良璞终逢良士识，且随斌玖杂顽石。

此见机之卦，一曰龙战。夫见机者，察其微，见其机，谓两比两不比，当以涉害为用。涉害有浅深，欲用不用，欲言不言，事有两而取一，所作稽留，迟疑艰难，进退不定，忧患难消，怀孕伤胎，难于前而易于后。况龙战，主人心疑惑，进寸退尺，动有乖离之象。卯酉为天之私门，生杀有限，分杜有期，雷动龙奔，示其有战。日上见财，妻美有财。一本作子未寅，此戊巳子，以戊加卯，上克深之。二课始终互见传空，大同小异。占者遇之此误，占求官反复而后可成，或有声而无实，或有始而无终。占见贵，不投宾主。占交易亦然。占求财虽有，卒难称遂。占病有解。占失物急寻，亦难全美。占婚姻难成，若勉强成之，终见反目。占远行，不惟有阻，抑且难于起身也。占投谒人者，号曰"行役徒劳费粮裹"也。占逃者自归，宜访问亲友。狱讼和解，忧患易消也。

占出兵行师，有相战之势所解，昼夜占皆吉也。

更变不一。

真一山人云：门户虚隳不足嗟，胸襟大展度年华。功名富贵难终始，百岁光阴一炬花。

《无惑钤》云：巳申和美，以致无礼。涉险登危，全无畏矣。

《钤解》曰：日辰巳申相合，上神子卯相刑，是和美中以致无礼也。课体涉害，又系度厄，鬼在末传，可谓涉险厄而登危极矣。喜末寅旬空，凶随空散，俱不足畏也。《集议》："人宅皆死各衰羸"内列此日，谓支干互乘死气，惟不宜吊丧问病，如乘月内之死气，尤的。占病必死。克处回归，又受上克。两贵相协。子乃戊土胎财，正月为生气，主有孕喜。"用破身心无所归"内列此日，有说。

戊申日第七课

反吟　玄胎　天网

来去俱空岂动移　空空如也事休追

青	后	常	朱
申	寅	巳	亥
寅	申	亥	戊

蛇	白	阴	勾
申	寅	巳	亥
寅	申	亥	戊

官	寅	后	◎
子	戊申	青	⊙
官	寅	后	◎

官	寅	白	◎
子	戊申	蛇	⊙
官	寅	白	◎

朱	蛇	贵	后
亥	子	丑	寅

六戊		卯	阴
勾酉		辰	玄

申	未	午	巳
青	空	白	常

勾	青	空	白
亥	子	丑	寅

六戊		卯	常
朱酉		辰	玄

申	未	午	巳
蛇	贵	后	阴

《玉历钤》云：此课反吟，寅为日鬼，加申受制，又是绝地，昼贵可以用事，反复后成，夜贵凶否。

《毕法》云：此课若三月占事，则生气克日，是幸中之不幸。死气生日，是不幸中之幸也。又云：绝神作日之财神，止宜结绝财物之事，不宜占病。

日克上神，日上生辰上，用克日。

课名反吟。三传脱体空亡，往来无实，且后龙虽吉，终皆无用。

《义》曰：得吉莫喜，得凶勿忧。任他变化，亦且藏修。既无其位，难任其事。水火不交，谓之未济。

《象》曰：知机高蹈是清闲，绿水青山不尽看。一具簑衣无限美，渔舟野唱自心欢。

此无依之卦，一曰玄胎，亦曰天网，又曰孤辰。夫无依者，即反吟也。《经》云："无依是反吟，逃者远追寻。合者应分散，安巢别改林。守官须易位，结友也分襟。所为多反复，占病数般侵。"反吟刑冲，事主迟滞，远近系心，更相仇怨，且反复而呻吟，是无予夺而难息也。况玄胎如婴儿隐伏之状，利上不利下，事主远而多伏，暗昧不通，触则成祸，惟君子守正修德则亨。夫天网者，即天网四张也，《经》曰"天网四张，万物被伤"，为阻滞，为疑难，为灾恼。且孤辰有茕茕孑立之象，占人别离桑梓，凡所占谋，多虚少实，功名难遂，事业虚花。日上见财，妻美口舌财不及。占者遇之此课，占求官，合中有破，惟利春占庶可，若其他时否臧。占百事皆不遂意，有声无实，纵有所得，亦未久远。占暴病为福，久病大凶。占狱讼有解。占忧患易消。

占出兵行师得此，忧失众之象，所望未易成功。敌有来使，及传报之情，多虚少实，不可遽信。大抵此课，吉不成吉，而凶不成凶也。

爻象无位。

真一山人云：百年岁月一浮沤，金紫虚名早罢休。无辱无荣无限福，渴时饮水醉时讴。

《无惑钤》云：虎鬼空排，切勿探财。如逢亥水，生起寅来。

《钤解》曰：亥为日财，寅乃虎鬼，财虽临干，却生初末虎鬼。戊若贪取亥水之财，亥去生寅，反有祸矣，纵空亦可畏也。《集议》："干支值绝凡谋决"内列此日，谓财鬼作绝，宜结绝财物事。占妻病必死，作月内之死气者，妻死尤速。夜贵加昼，宜暗求关节。三月占，申乃死气生日，不幸中之幸。交互六害。

戊申日第八课

元首　斩关　孤辰　天网

白	贵	阴	六
午	丑	卯	戌
丑	申	戌	戊

后	空	常	六
午	丑	卯	戌
丑	申	戌	戊

官		卯	阴 ◎
子	戊	申	青 ⊙
兄	癸	丑	贵

官		卯	常 ◎
子	戊	申	蛇 ⊙
兄	癸	丑	空

六	朱	蛇	贵
戌	亥	子	丑
勾 酉			寅 后
青 申			卯 阴
未	午	巳	辰
空	白	常	玄

六	勾	青	空
戌	亥	子	丑
朱 酉			寅 白
蛇 申			卯 常
未	午	巳	辰
贵	后	阴	玄

此课无造化。戊以卯为官，是卯乃旬空也。以申为长生学堂，又在空亡之上。末传丑，丑又来刑日上戌，夜占丑作天空，日贵人空虚，是贵人无位也。晚年独孤，只与数婢过残生，俱不见妻子。后果然。[①]

《玉历钤》云：空亡发用，忧喜不成。

用克日上，用克日，初克末。

课名元首。只宜散忧，若谋望托人无力，先难后易，所得亦薄。

《义》曰：伐柯如何？匪斧不克。娶妻如何？匪媒不得。课既失位，谋事难济。待时后行，财禄毕至。

《象》曰：君子随时道自亨，营谋事业且消停。事当难处宜相缓，万树桃花见子成。

此元首之卦，一曰天网，亦曰寡宿，又曰斩关。夫元首者，尊制卑，贵役贱之象。占事多顺，利于先举，事多起于男子。为臣忠，为子孝，正大光

---

① 《壬占汇选》作：己酉年六月戊申日未将寅时，刘干运丙寅生，四十四岁占前程。

明而无邪僻之行，德业已著而乾乾进修，常怀危惧，惕励而无咎也。《经》曰"天网四张，万物被伤"，为阻滞，为疑难，为灾恼。又曰：寡宿孤辰，值此尤妨骨肉。占身得此，主见孤独，别离乡井，自立门户，财物虚耗，僧道宜之，俗不宜也。况斩关不利安居，有奔亡之象。斩关，《赋》云"波波在外"，斩关不利于安居。占者遇之此课，二月占事可望，若在夏秋之时，所占未得成就，由其木之休因也。又主客不和，宾主不投。占求官见贵，有此之执，岂能成乎？占暴病得之为福，久病得之，又可大息也。占交易、婚姻、投谒、请求者，且待时而守之，倘妄行，反招不如意。占忧疑、患难、狱讼得此，虽难亦有解释。

占出兵行师得此，有战阵之忧。逢敌之扰，但未免有声无实，又虑夫失众之象，惟在将者之权变也。

未可凭信。春吉。

真一山人云：喜不喜兮忧不忧，时来事事遂良谋。而今纵得难还用，自有亨嘉在后头。

《无惑钤》云：发用须凶，赖系旬空。如论夜将，三位无踪。

《钤解》曰：卯乃鬼发用，系空不凶也。申又落空，丑俱乘空，夜占乃如此论，何踪迹之有乎？

戊申日第九课①

元首　励德　润下

<table>
<tr><td>玄 蛇 贵 勾</td><td>玄 青 空 朱</td></tr>
<tr><td>辰 子 丑 酉</td><td>辰 子 丑 酉</td></tr>
<tr><td>子 申 酉 戌</td><td>子 申 酉 戌</td></tr>
</table>

<table>
<tr><td>兄 甲辰 玄</td><td>兄 甲辰 玄</td></tr>
<tr><td>子 戊申 青</td><td>子 戊申 蛇</td></tr>
<tr><td>财 壬子 蛇</td><td>财 壬子 青</td></tr>
</table>

<table>
<tr><td>勾 六 朱 蛇</td><td>朱 六 勾 青</td></tr>
<tr><td>酉 戌 亥 子</td><td>酉 戌 亥 子</td></tr>
<tr><td>青申　　丑贵</td><td>蛇申　　丑空</td></tr>
<tr><td>空未　　寅后</td><td>贵未　　寅白</td></tr>
<tr><td>午 巳 辰 卯</td><td>午 巳 辰 卯</td></tr>
<tr><td>白 常 玄 阴</td><td>后 阴 玄 常</td></tr>
</table>

此课干支之上，俱逢脱气，主有盗脱之忧。互换又坐墓，不宜两相投奔，奔乃愚蠢之人也。破碎临干，耗费不资。子乘龙加申，主望远处医僧。又是死奇，主死亡奇怪之事。干贵失靠，功名升迁不吉。月到中秋分外明，水逢冬月更澄清。水光月色真堪羡，万事将亨皆自成。

《无惑钤》云：破败干支，钱财满路。彼己乘脱，递互坐墓。

———————

① 校者注：台图原抄本无戊申日第九课起后四课钤文，美国国会图书馆藏抄本无戊申、己戊二册。今据《无惑钤》少补。

戊申日第十课

蒿矢　玄胎　孤辰　天网

```
后朱朱青          白勾勾蛇
寅亥亥申          寅亥亥申
亥申申戊          亥申申戊


官　寅后◎        官　寅白◎
父乙巳常⊙        父乙巳阴⊙
子戊申青          子戊申蛇


青勾六朱          蛇朱六勾
申酉戌亥          申酉戌亥
空未　　子蛇      贵未　　子青
白午　　丑贵      后午　　丑空
巳辰卯寅          巳辰卯寅
常玄阴后          阴玄常白
```

　　此课刑冲破害俱见，全无和气，又支上勾朱乘六害，主是非交加，累己害宅。不如舍脱就生，以求在外之合，岂可家居以自苦乎？况系生胎，主事生新。蒿矢寅空，且在第四课发用，为远射，全无可畏。虽初事难，谋如再进，则逢德逢禄，终遇生合，动无不臧。

　　《无惑钤》云：禄马德财，各就长生。仕宦宜占，众口纷纷（一作：蒿属朽木，逢申委镞。格居三会，两贵履狱）。

戊申日第十一课

重审　　向三阳

```
后 玄 常 空          白 玄 阴 贵
子 戌 酉 未          子 戌 酉 未
戌 申 未 戊          戌 申 未 戊


财 壬 子 后          财 壬 子 白
官    寅 蛇 ◎        官    寅 青 ◎
兄 甲 辰 六 ⊙        兄 甲 辰 六 ⊙


空 白 常 玄          贵 后 阴 玄
未 申 酉 戌          未 申 酉 戌
青午      亥阴      蛇午      亥常
勾巳      子后      朱巳      子白
辰 卯 寅 丑          辰 卯 寅 丑
六 朱 蛇 贵          六 勾 青 空
```

此课干上逢刃，支乘比劫。绝财夜虎，引入鬼墓空陷之乡，究有何益？不如守分安心，反有知音相遇也。一下逆上，忧惊不免，事宜后起，祸从内生，孕内男形，喜事成恶，亲亦作凶。谋阻，财难入手，干贵宜。

《无惑钤》云：虎载财走，不得入手。用尽己心，笑破人口。

戊申日第十二课

仰视昴星　虎视转蓬

```
玄 常 空 青          玄 阴 贵 蛇
戊 酉 未 午          戊 酉 未 午
酉 申 午 戊          酉 申 午 戊


兄 庚 戊 玄          兄 庚 戊 玄
子 己 酉 常          子 己 酉 阴
父 丙 午 青          父 丙 午 蛇


青 空 白 常          蛇 贵 后 阴
午 未 申 酉          午 未 申 酉
勾巳      戊玄       朱巳      戊玄
六辰      亥阴       六辰      亥常
卯 寅 丑 子          卯 寅 丑 子
朱 蛇 贵 后          勾 青 空 白
```

　　此课干支皆乘旺神，止宜坐谋，人宅自必亨快。若一轻动，变成网罗兜裹身宅，反致凶咎。况虎视转蓬，占事有惊，亦利守静，乃虎蛇当道，不利攸往也。行人有禁，越度稽留，占孕是男，祸起无由。晦明相兼道在中，将逢内战亦论凶。事当难处宜斟酌，化祸为福滞自通。

　　《无惑钤》云：玄武加酉，奴婢必走。既撞罗网，奸盗束手。

己酉日

己酉日第一课

伏吟　六阴

```
玄 玄 白 白        后 后 蛇 蛇
酉 酉 未 未        酉 酉 未 未
酉 酉 未 己        酉 酉 未 己


子 己 酉 玄        子 己 酉 后
兄 丁 未 白        兄 丁 未 蛇
兄 癸 丑 蛇        兄 癸 丑 白


青 空 白 常        六 朱 蛇 贵
巳 午 未 申        巳 午 未 申
勾辰      酉玄     勾辰      酉后
六卯      戌阴     青卯      戌阴
寅 丑 子 亥        寅 丑 子 亥
朱 蛇 贵 后        空 白 常 玄
```

《玉历钤》云：此课昼夜天将皆是凶神，凡占一切凶否。

《毕法》云：此课日上见未，上有蛇虎，是脱气而带凶神。其端虽微，其积甚凶，占者不可不戒谨恐惧而为之备也。且福生于一小善，祸起于一小不善。万者一之积，大者小之积。善可积也，不善不可积也。积斯渐，渐斯极，极斯作。及其作而始图之，其有及乎？唯君子当伏吟之时，虽喜而忧，虽安而危，且皇皇我救，敝衣之袽，为室隙之具，以备舟楫之用，又且终日而戒我疑我，无顷刻而不戒不疑我，常若夜半而水覆至我，如是则有备无患，伏匿之小凶，不足忧矣。

日上生辰上。

课名伏吟。所占万事，只宜守静，动则招凶，传无和气故也。幸无鬼爻，不大忌。

《义》曰：木既失位，占官未济。且待春时，方可求仕。昼贵不和，何必张罗？占病有忌，为善须多。

《象》曰：暗中不足几人知？动定防他用巧机。历过这回难险处，将来步步得便宜。

此自信之卦，一曰龙战。夫自信乃天地伏吟，十二神各归本家，天地如一，四伏未发之象。占事静则宜，动则滞，主事藏匿不动，静中求劳，有屈而不伸之象。《经》云："任信伏吟神，行人立至门。失物家内盗，逃者隐乡邻。病合难言语，占胎聋哑人。访人藏不出，行者却回轮。"况龙战，主人心疑惑，进寸退尺，动有乖离之象。卯酉为天之私门，生杀有限，分杜有期，雷动龙奔，示其有战。日上见鬼墓，危而不安之象。《经》云：鬼住墓中，危疑者甚。若明见其鬼，犹可避之；墓中之鬼，人所难见，以墓多昏蒙也。此鬼非鬼神之鬼，乃贼害之谓。常占防暗中侵害，病讼凶，况乘白虎，尤为可畏，当修德惕励以预防之，庶几免乎伤也。占者遇之此课，占求官见贵未和。占婚姻勿成。求财难得，虽得不偿费也。占远行，防御动静谨慎。走失难见。所谋不足，徒劳心志。

占出兵行师，昼得防失物忧愁，夜得无威不宁，大宜防范侵袭之扰，不然恐致疏虞之悔。

二之中，四之下。

真一山人云：积善逢凶自不伤，谋为先要识行藏。我言动用不如守，待得时来百事昌。

《无惑钤》云：静躁不常，失脱须防。动之逢虎，闭口则昌。

《钤解》曰：伏吟主静，未丁则又动也。初酉乘玄，必有失脱之虞，不可不防。稍动必逢丁虎，祸不免也。末传丑乃旬尾，闭口则昌泰也。《集议》："前后引从升迁吉"内列此日，干支拱定夜贵申，若夜占，宜告贵用事。任信丁马，静中求动终是静。如占干求，先蒙允许，后必改易。如占访人，虽不藏匿，或有事出干，必在他处相见。未虎临干，占病腰痛。

己酉日第二课

俯视昂星　冬蛇掩目

魁度天门关隔定　旺禄临身休妄动

```
白 常 青 空          蛇 贵 六 朱
未 申 巳 午          未 申 巳 午
申 酉 午 己          申 酉 午 己


兄 庚 戌 阴          兄 庚 戌 阴
父 丙 午 空          父 丙 午 朱
子 戊 申 常          子 戊 申 贵


勾 青 空 白          勾 六 朱 蛇
辰 巳 午 未          辰 巳 午 未
六 卯     申 常      青 卯     申 贵
朱 寅     酉 玄      空 寅     酉 后
丑 子 亥 戌          丑 子 亥 戌
蛇 贵 后 阴          白 常 玄 阴
```

《玉历钤》云：凡戌加亥，谓之阴关，凡百用事，不能无阻。

《毕法》云：戌为天魁，亥为天门，凡戌加亥为用者，为之魁度天门，一切谋用，皆被阻隔。又云：午为干之禄神，临于干上，为自守旺禄，不可舍此别谋动作。

《金匮经》曰：此课以虎视为名，一虎也；第四课未加申，二虎也；末传又申，三虎也。凡值三虎，惊危凶险，曷可胜言？占者战兢恐惧以修省不懈，庶乎可免矣。故曰：避患者人也，使之无患者天也，人以至诚感天，则天以福德佑人。

上神生日，日上克辰上。

课名昂星、芜淫。有隐伏之象。戌亥阴关，动中难阻，必主晦昧不明，谋事犹豫。所喜午加未，人来合己，凡事先阻后成，暮占有贵人来。

《义》曰：主客不和，根本既失。冬蛇掩目，占之少益。上神幸生，化凶为吉。进退疑惑，目下小郁。

《象》曰：一吉能消千种忧，求谋小就有缘由。而今未遂心中美，渐见晴云薄雾收。

此冬蛇掩目之卦。夫冬蛇掩目者，昴星之谓。酉中有昴日鸡，故用酉下为用。酉为天之私门，肃杀之地，仰俯取之，又为藏蛰掩目不动，提防暗昧忧疑。《经》曰："用起昴星为虎视，秋分在酉为生死。出入关梁日月门，举动稽留难进止。刚日出门身不归，柔日伏匿忧难起。女多淫泆问何因，此地为门难禁止。"幸上神生日，所谋百事吉，运用如意，遇灾不凶，逢吉愈吉。若当季神生日，主声名显达，岁命生日者，尤为吉昌。占者遇之此课，占求官见贵不喜。占婚姻得此，夫妻终不能和。占交易逢之，主客谁怜未合，千里投人，无心相好，对面共谈，有言多假。占求财未济。占谋望难成。占病多反复惊忧。讼见不和失义。占远行不利。行人望归。占失物宜寻。逃亡难得。凡占虽有维持，到底也知着力。

占出兵行师得此，大概不宜，昼夜所占，中途而止。利先动，利为客。敌有使来，其言多诈，怀计而要，宜防范谨之。

勿轻与交。

真一山人云：人来相助喜非常，事到途中未足良。但解甜从苦里出，这些滋味要推详。

《无惑钤》云：昼将属阴，课传两申。四虎相聚，禄位空存。

《钤解》曰：午禄乘空，不足守也。况课传四虎相聚，惊忧灾祸不小。昼占辰之阴神乘白虎，支上一申，末传一申，为三虎，卦名虎视，非四虎共聚而何？《集议》："虎视逢虎力难施"内列此日，如前说。昼占帘幕临支。"旺禄临身徒妄作"内列此日课，有说在钤内。昼太常加长生临支宅，有婚礼之喜，宜开彩帛铺，或酒食店肆。"魁度天门"内列此日。

己酉日第三课

蒿矢　洸女　断涧　寡宿

```
青 白 六 青        六 蛇 青 六
巳 未 卯 巳        巳 未 卯 巳
未 酉 巳 己        未 酉 巳 己


官　卯 六 ◎       官　卯 青 ◎
兄 癸 丑 蛇 ⊙      兄 癸 丑 白 ⊙
财 辛 亥 后        财 辛 亥 玄


六 勾 青 空        青 勾 六 朱
卯 辰 巳 午        卯 辰 巳 午
朱寅　　　未白     空寅　　　未蛇
蛇丑　　　申常     白丑　　　申贵
子 亥 戌 酉        子 亥 戌 酉
贵 后 阴 玄        常 玄 阴 后
```

《玉历铃》云：此课蒿矢空亡发用，吉凶不成，凡占不可动用。

《毕法》云：此课末助初传而克日干，然初传空亡，本无意克其日干，其末传徒为冤憎教唆之人，奈初传无力，终不能克干也。吠犬不噬，此例似之。

上神生日，日上生辰上，用克日。

课名蒿矢。带空亡，为妄矢。损财转托，谋亦无成，持有虚声，却亦无凶，亦须出旬，方可望成，以亥卯未合成官局也。

《义》曰：用起虚声，勿足观听。欲吉未吉，言凶未凶。难成易失，散忧解惊。进退不遂，可恼人情。

《象》曰：蒿矢虚惊不足忧，逢凶化吉解仇尤。美中未足勿违礼，暴病逢之福可求。

此蒿矢之卦，一曰寡宿，一曰洸女，又曰天网。《经》云："神遥克日名蒿矢，射我虽端当不畏。贵人逆转子无良，天乙顺行臣不义。家有宾来不可容，亦忧口舌西南至。"然事主动摇，人情倒置，象如以蒿为矢，射虽中而不入，祸福俱轻，求事难成，利主不利客。占行人来，访人见。若带金煞，亦能伤人，主蓦然有灾。传见寡宿，《经》云："占人孤老谁扶持？空室穷炊岂得存？"又曰："占人孤独离桑梓，财物虚无伴不亲。官位遇之须改动，出行防贼拟人侵。"所闻传事皆无实，卒病即瘥，久病难痊。况泆女，《经》云："天后常为厌鬾神，须知六合是私门。二将取名称泆女，夫妻失友异情恩。"此乃暗昧不明之象，占婚姻不宜，媒妁不明，占男女不正，多私意，占家宅宜谨慎闺门。且天网者，即天网四张也，《经》云"天网四张，万物被伤"，为阻滞，为疑难，为灾恼。上神生日，所为百事吉，虽有助，不过虚声，或有名而无实也。占者遇之此课，发用无力，谋干难成，间隔相阻，进退不利，有所求者，未见遂心，惟利忧疑、患难、狱讼者，却为福星。

占出兵行师，昼占得此课，惊忧失众，夜得大胜。大抵功不成，名不就，吉不吉而凶不凶也。

望未如心。春吉。

真一山人云：得失相仍贵自持，事多更改预当推。惟宜小就方为美，谋大由来未可期。

《无惑钤》云：破碎乘乙，三传无益。舍此归家，终受灾疫。

《钤解》曰：巳乃破碎遁乙，虽生不足守。及投三传，初中空陷，末遁辛亥，夜占乘玄，俱无益也。舍之而复归本家，又被支酉脱败，终受疾疫而不免矣。《集议》："蹈却空亡进用宜"内列此日，三传乃三旬空亡，谓向后全无实义，尽无所就。"避难逃生须弃旧"内列此日，谓舍益就损。"末助初分三等论"内列此日，谓抱鸡不斗。"空上逢空"内谓遥克空亡，凡占皆虚无也。

己酉日第四课

元首　高盖　三交　斩关　励德　闭口　龙战　不行传

六空蛇勾　　　　　　白阴青常
卯午丑辰　　　　　　卯午丑辰
午酉辰己　　　　　　午酉辰己

父　丙午　空　　　　父　丙午　阴
官　　卯　六◎　　　官　　卯　白◎
财　壬子　贵⊙　　　财　壬子　勾⊙

朱六勾青　　　　　　空白常玄
寅卯辰巳　　　　　　寅卯辰巳
蛇丑　　午空　　　　青丑　　午阴
贵子　　未白　　　　勾子　　未后
亥戌酉申　　　　　　亥戌酉申
后阴玄常　　　　　　六朱蛇贵

《玉历钤》云：此课酉日，午火加酉上，谓之死火入门，最凶，幸得阴空稍吉，然不为福，凡事亦不可用。

《毕法》云：此课干上辰虽生支，却墓其干。干者身也，支者宅也，辰土，干之同类也，值此必有同类兄弟或族中亲人当家，作弊欺罔而欲私擅家产者。君子曰：藏物不谨，而盗窥之，纵而窃之，非盗之罪也，吾之过也。《易》曰：慢藏诲盗，矧吾财固当周人，况族之亲，况兄弟之同气哉？处之不当，至如此，吾之过也。此君子所以重自责，正而处之者，必有其道，夫何灾咎之有？

《灵辖经》曰：驷马轩车，兼撑高盖，必有庆贺，得官之象。正月己酉日，干上辰，此课胜光加酉，正月天马在午，此乃是用起天马，中传太冲，末传神后为华盖，一时之内，三神并遇，始有吉，享公卿之位也。

辰上生日上，用生日上。

课名元首、三交、斩关。墓覆干上，必有暗昧。所幸中末皆空，不为灾尔，凡谋转托，涉公私，有始无终也。盖午为用，与日干未合，出旬可图成事也。

《义》曰：先晦后明，难而后易。欲识何如，火水未济。未得成功，几经零替。凶吉如斯，忧疑渐退。

《象》曰：高盖乘轩富贵奇，传空无用亦须知。而今何事多更变，说与时人早见机。

此元首之卦，一曰龙战，亦曰三交，又曰高盖，又曰斩关。夫元首者，尊制卑，贵役贱之象。占事多顺，利于先举，事多起于男子。为臣忠，为子孝，正大光明而无邪僻之行，德业已著而乾乾进修，常怀危惧，惕励而无咎也。况龙战乃天之私门，生杀有限，雷动龙奔，示其有战，身心疑惑，进寸退尺，动有乖离之象。且三交者，前不能进，后不能退，交加其象。此死交也，《经》曰："三交家匿阴私客，不迓自将逃避迍。"凡事失节阻碍，谋事被人阻破，不能成合。传见高盖，《经》云："紫微华盖居神后，天驷房星是太冲。马即胜光正月骑，六阳行处顺申同。高盖乘轩又骑马，更得龙常禄位丰。"但入空乡，诸无所用。日上墓神，乃昏蒙之象，凡事暗昧不振，幸空少解。占者遇之此课，凡占谋望，必有人递互举荐之意，但目下无力。暴病吉，久病凶。凡百所占，更改有成，不然始如锦上添花，终似风中燃烛，有首无尾之喻，却利解释忧疑患难，以其末后能化祸为吉祥也。

占出兵行师得此，吉不成吉，凶不成凶之谓。敌使之来，其言多不的也，宜防其诳诱欺诈掩袭，贵在将之权变也。

事不如初。

真一山人云：好事谁怜未始终，行人着意提秋风。工夫用尽徒为美，何以安心乐意浓。

《无惑钤》云：自末生身，交互忻忻。夜传可用，昼将更旬。

《钤解》曰：午乃己禄，临支发用，是来生身也。辰酉午未，交互相生合，可欣美矣。申乃夜贵，临亥为登天门，夜占则可用。子乃昼贵，临卯坐贵，昼占必更旬而后可用矣。末传子水，递生日干。《集议》：权摄不正禄临支。两常夹墓。夜占死三交，交合三交，凡百交关用事，必有奸私，或交涉二三事。干上辰、支上午，皆自刑。辰墓己干，午克酉支。干上辰虽生支，而却墓干；支上午虽生干，而却克支。出互生，为内衰败空耗矣。包藏险心，欲覆其国。此课午火加支酉，辰土加干未，作交互六合，岂不和悦？殊不明旦贵天空、夜贵太阴，皆隐匿欺诈之神，乘午为用，传入卯木，伤干己土，又害干上辰土，卯复引末传子害日干未，又结连日阴丑土冲未、破辰，未土遂不安其处，乃往戌上，又受刑势之穷迫，鸟穷则啄，不免反害，子水蹈空，致此彰露无力以当未土，所谓人极计生也。

己酉日第五课

涉害　从革　六阴

彼此全伤防两损

```
蛇 青 后 六        青 玄 六 白
丑 巳 亥 卯        丑 巳 亥 卯
巳 酉 卯 己        巳 酉 卯 己


父 乙巳 青        父 乙巳 玄
兄 癸丑 蛇        兄 癸丑 青
子 己酉 玄        子 己酉 蛇


蛇 朱 六 勾        青 空 白 常
丑 寅 卯 辰        丑 寅 卯 辰
贵子      巳青    勾子      巳玄
后亥      午空    六亥      午阴
  戌 酉 申 未        戌 酉 申 未
  阴 玄 常 白        朱 蛇 贵 后
```

《金匮经》曰：玄武在从魁，度西相越而同旬，亡人责阳，盗者责阴，一取玄武为主，顺则起逆，责所之也。太乙为玄武，临酉为用，夏太乙乘旺。大吉青龙为太乙阴神而加巳，夏大吉相。盗贼再责大吉阴上神从魁，从魁死气以为盗贼者，将得螣蛇，是为太乙，使从魁为盗。丙丁巳午，四旺并立。太乙发用加酉，为玄武在门，是为盗者，贵人之亲。太乙之阴，丑土在其上，金与土相亲，是贵人之族内人为盗也。太乙之金是阴中之金，盗者母家之亲。从魁之金与大吉之土，为亲母之奴婢，下贱为盗。酉来加丑，俯见其丘，仰视螣蛇，法主惊恐。盗者从西方来，从东北方去，在陵墓之旁，亦当惊恐，于丘冢之中，以藏其物。

《玉历钤》云：此课从革金局，又巳加酉发用，只宜小事，不宜大事，亦有上稍无下稍也。

《毕法》云：此课干上卯、支上巳，俱被克害，人与宅俱被损伤也。占身常有灾咎，占宅必有倾颓，占讼则两家皆有罪也。

上神克日，日上生辰上，初克末。

课名涉害、见机、从革。三传脱日，秋占重重财喜，冬亦得，春夏亦佳，但先有不足，隔三隔四，然后可和平。

《义》曰：虚耗不吉，脱嫌防失。有心干谋，又见少力。甚勿托人，托人无益。故脱不脱，忧惊自释。

《象》曰：事见迟疑未遂情，成中空惹致虚名。出多入少财难称，喜气洋洋有好声。

此见机之卦，一曰龙战，亦曰从革。夫见机者，察其微，见其机，谓两比两不比，当以涉害为用。涉害有浅深，欲用不用，欲言不言，事有两而取一，所作稽留，迟疑艰难，进退不定，忧患难消，怀孕伤胎，难于前而易于后。况龙战乃天之私门，生杀有限，分杜有期，雷动龙奔，示其有战，身心疑惑，进寸退尺，动有乖离之象。且从革，先从而后革也，见事阻隔，有气则革而进益，无气则革而退失。一曰兵革，一曰金铁。大抵五行正气入十干杂糅之乡，异方三合乃生旺墓之神，事主丛杂不一，主关众人共谋，不然两三处干事，委曲托人与人相合之类。上神克日，只利先讼，要有气，余不吉，病讼皆畏，常占为人所欺负，所幸传中有救，不为凶也，还见喜事以应之。占者遇之此课，占求官先易后难，假使易成，贵乎保守。占见贵虽和，有心无力。占求财难得，又恐因财生恼。其他所占，皆有名无实，脱空耗滞，须待时方可，凶不成凶，吉不成吉。占忧疑患难，虽不为害，未能即脱也。

占出兵行师，昼占胜，夜占失物忧疑，防有侵袭，终不为畏。大抵此课，泄气太过，有心无力，凡百虚耗，未足之象也。

惟正可守。

真一山人云：得失由来总系天，纵教机智亦徒然。安心顺理前程稳，待得时亨福禄全。

《无惑钤》云：身既受克，破碎伤宅。五位全阴，劳心费力。

《钤解》曰：卯木克己，已乃破碎煞，临支克支，身宅两受伤矣。三传金局脱干，课无一可者，徒劳心力而已，有何益哉？《集议》：彼此全伤，占讼两家被罪责。诸占各有所亏，占身被伤，占宅崩损。

己酉日第六课

重审　斩关　三奇
空上乘空事莫追

```
蛇 常 六 阴          六 常 蛇 空
亥 辰 酉 寅          亥 辰 酉 寅
辰 酉 寅 己          辰 酉 寅 己


财 辛 亥 蛇          财 辛 亥 六
父 丙 午 空          父 丙 午 阴
兄 癸 丑 后          兄 癸 丑 青


贵 后 阴 玄          勾 青 空 白
子 丑 寅 卯          子 丑 寅 卯
蛇亥      辰常      六亥      辰常
朱戌      巳白      朱戌      巳玄
酉 申 未 午          酉 申 未 午
六 勾 青 空          蛇 贵 后 阴
```

《玉历钤》云：此课秋冬占之平稳，得夜贵六合财吉，见贵、求名、求财有成，不利占婚，为末传冲日故也。

《毕法》云：日上重空事莫追，此课干上见寅为旬空，夜占上神乘天空，凡占指空话空，全无实象。

上神克日，日上克辰上，日克用，末克初。

课名重审、斩关、三奇。日上空亡克日，走失欺隔。干墓加支，家宅晦昧，占望有阴诈之事，难得成就。所幸官星带德加日，然亦空亡，有声无影。

《义》曰：事起蓦然，虚惊勿畏。不虑终始，甘招其晦。谋亦有成，主客未亨。吉凶相半，修德福并。

《象》曰：动履从容莫妄求，自然福禄亦悠悠。更防变改循乎理，富贵功名在后头。

此重审之卦。夫重审者，重而审之也。利为主，利后动，长有厄，事从内起，起于女人。以下犯上，贱犯贵，卑犯尊，事多不顺。阴小在下者，有悖逆之事。占臣未忠，子失孝，事不可遂意而行，必当审察，循乎义理，庶几以免后患也。《经》云："一下贼上为重审，子逆臣乖弟不恭。事起女人忧稍重，防奴害主起妻纵。万般作事皆难顺，灾病相侵恐复重。论讼对之伸理吉，先讼虚张却主凶。"此课乃甘招晦也，言其凡事心肯意肯，自受昏迷而难怨人也。占者遇之此课，干上乘空，事多起于虚声，有声而无实，不然多有变更。此课求官宜春，余未准。占见贵不和。占财有，乃惊恐之财。凡占未免虚惊，病虽凶，宜修德。占失物，宜寻觅。占远行，难得起离。占行人将归。占讼不成，宜和解。占逃亡难获。占宅昏暗。其他所占，皆隔七隔八之谓。

占出兵行师得此，昼占忧心众畏，夜得金宝美利。利后动，利为主。若敌使之来，所言多诈，不可信也。

真一山人云：求官须是在新春，百事原来喜遇寅。久积阴功今日用，吉凶祸福总由人。

人和为贵。

《无惑钤》云：初财中禄，不从所欲。闭口临绝，暗财可逐。

《钤解》曰：初亥日财，入墓与蛇内战，中午日禄，临绝受克，俱不从所欲也。丑乃旬尾，为闭口，遁癸为暗财，可逐而取之也。《集议》："空上逢空事莫追"内列此日，夜占。两贵相协。

己酉日第七课

反吟　龙战　九丑　三交　六阴
来去俱空岂动移

```
六 玄 青 后          蛇 白 后 青
酉 卯 未 丑          酉 卯 未 丑
卯 酉 丑 己          卯 酉 丑 己


官　　卯 玄 ◎       官　　卯 白 ◎
子 己 酉 六 ⊙       子 己 酉 蛇 ⊙
官　　卯 玄 ◎       官　　卯 白 ◎


蛇 贵 后 阴          六 勾 青 空
亥 子 丑 寅          亥 子 丑 寅
朱 戌       卯 玄    朱 戌       卯 白
六 酉       辰 常    蛇 酉       辰 常
申 未 午 巳          申 未 午 巳
勾 青 空 白          贵 后 阴 玄
```

《玉历钤》云：此课反吟，日鬼为用，最不宜占宅，主动摇不宁，只宜更改门户，凡百所求，皆无成就。

《毕法》云：此课反吟，三传皆空，是为鬼遇空亡，占者惟宜解忧除祸、避难逃灾，余占空虚，无所用也。

《雕科经》云：此课始终空亡，已是空虚，无可捉摸，更上又乘玄武，空而且脱耗也。占者虚耗迭出，盗窃走失，不能免也。

辰上克日上。

课名反吟、九丑。三传皆犯空亡，人物互相虚挠，只宜更改，却无凶。

《义》曰：视之不见，听若有声。临时用事，必见变更。暴病作福，久病忧惊。反反复复，凶吉难凭。

《象》曰：天地否时终未济，谦谦退守乐清贫。谁怜门户虚赚久，积善还迎五福春。

此无依之卦，一曰龙战，亦曰天网，又曰三交。夫无依者，即反吟也。

《经》曰："无依是反吟，逃者远追寻。合者应分散，安巢别改林。守官须易位，结友也分襟。所为多反复，占病数般侵。"反吟刑冲，事主迟滞，远近系心，更相仇怨，且反复而呻吟，是无予夺而难息也。传见龙战，乃天之私门，生杀有限，分杜有期，雷动龙奔，示其有战，身心疑惑，进寸退尺，动有乖离之象。《经》曰"天网四张，万物被伤"，为阻滞，为疑难，为灾恼。夫三交者，前不能进，后不能退，交加其象。此三交也，《经》曰："三交家匿阴私客，不远自将逃避迍。"凡事失节阻碍，谋事被人阻破不成。占者遇之此课，玄合互传，凡事私暗不明，难于开言。一曰闭口卦，有妨问于人者，多不言，占病亦倦言，或不进饭食。占暴病不妨，久病难愈。占求官、见贵、谋望、婚姻、求财、远行、投谒，望之有影，求之无形，徒劳心志，须再更图。惟惊忧狱讼可消，还见反复，事事起于虚声。

占出兵行师者，防有失众，不利。欲其成功，不可得也。

风里飞扬。

真一山人云：人情变态不同前，白酒新诗乐自然。忧患消忘真是福，春来人见大收年。

《无惑钤》云：俱鬼俱空，何劳金制？昼将合玄，逢私口闭。

《钤解》曰：卯鬼俱空无畏，何用酉金制之？昼将玄合，门户私邪。丑乃旬尾加干，多是闭口，始有不可言之事也。《集议》：旬空乘玄，定主失脱，此法在"人宅受脱俱招盗"内。克处回归，又受上克。

己酉日第八课

涉害　绝嗣　励德（正月子将为龙德，利求名）
胎财生气妻怀孕

```
青 阴 白 贵          后 空 玄 勾
未 寅 巳 子          未 寅 巳 子
寅 酉 子 己          寅 酉 子 己


兄 丁 未 青 ⊙        兄 丁 未 后 ⊙
财 壬 子 贵          财 壬 子 勾
父 乙 巳 白          父 乙 巳 玄


朱 蛇 贵 后          朱 六 勾 青
戌 亥 子 丑          戌 亥 子 丑
六 酉     寅 阴      蛇 酉     寅 空
勾 申     卯 玄      贵 申     卯 白
未 午 巳 辰          未 午 巳 辰
青 空 白 常          后 阴 玄 常
```

《曾门经》曰：四下克上，名曰绝嗣，谓亡其先人，幼为孤子，其人利为战斗事，又利为主，利后起。臣事君，子事父，弟事兄，妻事夫，为从命。今皆贼上，是为绝嗣，主臣欺君，子逆父，下犯上，弟背兄，妻背夫。此时若男女占，当克父母，故曰"亡其先人为孤子"也。此课四下克上，小吉涉害深为用，将得青龙；次见神后，将得天乙；终于太乙，将得白虎。以此占人，始于争财，连及贵人，后必死亡，而致绝嗣也。

《玉历钤》云：此课己日，未加寅，未内有己，乃是日干，己往加于寅上，与甲暗合，虽是吉占，却嫌临于空亡之地，凡事必先有阻，费力而后成也。

日克上神，日上生辰上。

课名涉害。不是吉课。占人年命上有德禄，及在三传、日辰上者可救，余不宜。

《义》曰：传见绝嗣，事多弊弃。既曰不忠，又曰无义。用起乘空，有影无踪。变更不宜，难为守中。

《象》曰：吉凶从此半消磨，事未成时奈若何？放下谋心且奈守，得高歌处任高歌。

此见机之卦，一曰泆女，亦曰绝嗣。夫见机者，察其微，见其机，谓两比两不比，当以涉害为用。涉害有浅深，欲用不用，欲言不言，事有两而取一，所作稽留，迟疑艰难，进退不定，忧患难消，怀孕伤胎，难于前而易于后。传见绝嗣，《经》云："四课下神俱贼上，绝嗣如何保六亲？妻背夫兮奴反主，子害父兮臣悖君。占孕常为刑克子，定是孤贫失业人。"夜占男女有阴私暗昧之象，占家宅防阴小有越礼犯分者，占媒妁不明，不宜婚姻，惟能以礼自防者可化之，谨守闺门而自化其事也。初遭夹克，凡事不得由己，必受屈抑于人。占者遇之此课，占求官迟。占见贵和求事未遂，必见更改。占交易合。占婚姻勿用。占求财轻。远行阻隔。千里投人者，徒费粮裹。暴病为福，久病为凶。公讼有理，而反复屈断。占宅门户虚隙。正月占，胎财生气，妻当有孕；七月占者，防损胎。逃亡难得。若忧疑患难者，难中有救。

占出兵行师，昼夜青龙，财喜大胜，夜占无威，但凶未全凶，吉未全吉，由发用之不实也。敌使之来，半真半假，虽有益于我，而事无准凭也。

真一山人云：盘桓诗酒放襟怀，却过疑难好景来。事有未宜且待时，荣华富贵漫安排。

《无惑钤》云：课传内战，昼贵相眷。虎随遁鬼，绝嗣尊疹。

《钤解》曰：四课三传，皆被下贼，讼自阶廷而出，或自窝犯。昼贵临干作财，似得贵人眷顾也。巳遁旬乙，为虎鬼，病讼不能免也。卦名绝嗣，若占上人尊长，必主灾殄。《集议》："虎乘遁鬼殃非浅"内列此日，谓凡占皆畏，其咎弥深难消，纵空亡亦不能救。昼贵临身，被朱雀乘戌所克，欲告贵人而求文书事，乃是贵人忌惮，而不用度。"将逢内战所谋危"内列此日，说如钤，谓全无和气，占讼被刑，占病必死，占事不美，占官从微而迤逦迁转，大有兴旺，外此皆凶。子乃己土胎财，正月为生气，主妻有孕喜，亦主妻之姊妹有孕。

己酉日第九课

重审　曲直　三奇　九丑　狡童　不行传

```
白 后 玄 蛇        玄 青 白 六
巳 丑 卯 亥        巳 丑 卯 亥
丑 酉 亥 巳        丑 酉 亥 巳


财 辛 亥 蛇        财 辛 亥 六
官   卯 玄 ◎      官   卯 白 ◎
兄 丁 未 青 ⊙      兄 丁 未 后 ⊙


  六 朱 蛇 贵        蛇 朱 六 勾
  酉 戌 亥 子        酉 戌 亥 子
勾 申      丑 后    贵 申      丑 青
青 未      寅 阴    后 未      寅 空
  午 巳 辰 卯        午 巳 辰 卯
  空 白 常 玄        阴 玄 常 白
```

《心照》曰：飞魂卦者，谓登明游魂，或加日辰，人年上立，以应此卦。徐道符曰：用起游魂，及与凶将并，主其人行逢游魂鬼祟之象。游魂者，正月自亥顺行十二支也。此课占事，登明临未，下贼上，为用起游魂煞，传见太冲，终于小吉，以应此课。

《玉历钤》云：此课曲直卦，为日之鬼，中传空亡，则木折腰，故不成凶，凡占亦不遂意。

课名重审、曲直、九丑。支墓加支，此课可除灾，亦可求宫，余皆不利。然中末空亡，吉者无终，凶者亦不全凶，忧可解也。

《义》曰：三传木局，求官春吉。不宜占婚，男女淫泆。求财生煞，事主丛杂。谋望变更，非是良法。

《象》曰：三传何是两传空？朽木难雕别用工。纵有虚惊亦消散，逢春端的变奇功。

此重审之卦，一曰曲直，亦曰泆女。夫重审者，重而审之也。利为主，利后动，长有厄，事从内起，起于女人。以下犯上，贱犯贵，卑犯尊，事多不顺。阴小在下者，有悖逆之事。占臣未忠，子失孝，事不可遂意而行，必当审察，循乎义理，庶几以免后患也。传见曲直者，先曲而后直也，象木之谓。此乃五行正气入十干杂糅之乡，异方三合乃生旺墓之神，事主丛杂不一，主关众人共谋，不然两三处干事，委曲托人与人相合之类。夜占为狡童，天后常为厌翳神，须知六合是私门。二将取名称泆女，夫妻失友异情恩。夫狡童乃不正之课，占男女有阴私暗昧之象，占家宅防阴小越礼犯分，占婚姻媒妁不明，惟能以礼自防者可化之，宜谨于闺门而自化其事也。三传克日，凡事不利，日干之财，不可贪求。占者遇之此课，占求官者，惟利于春，得官多劳碌辛苦。其他见贵、求谋、交易、婚姻，所望难成，缘中末两传之无力也。占暴病吉，久病凶。大抵此课，利占忧惊患难，由其先凶而后吉也。

占出兵行师得此，惊畏不宁，难于前而利于后，慎乎防范。谨之！谨之！鲜克有终。

真一山人云：时来逢春奈若何？浩然之气肯消磨。春来头角峥嵘处，竚看长江弄碧波。

《无惑钤》云：利刃置蜜，舐之无益。宜乎慷慨，凶灾自释。

《钤解》曰：亥财临日，若可取也，而生起三传木局，财化鬼矣。如蜜置利刃之上，舌一舐之，必有所伤。不取此财，遂慷慨以投卯宫，与鬼混合为一，其凶灾庶可以消释矣。且卯空，愈不足畏也。《集议》："害贵讼直遭屈断"内有此法，曲直作鬼，主枷杻。曲直，卯加亥，先曲后直。"用尽身心无所归"内列此日。"传财化鬼财休觅"内列此日。

己酉日第十课

蒿矢　寡宿　三交　斩关　闭口

```
玄 贵 后 朱          青 常 白 阴
卯 子 丑 戌          卯 子 丑 戌
子 酉 戌 己          子 酉 戌 己


官　 卯 玄 ◎        官　 卯 青 ◎
父 丙 午 空 ⊙       父 丙 午 朱 ⊙
子 己 酉 六          子 己 酉 后


勾 六 朱 蛇          贵 后 阴 玄
申 酉 戌 亥          申 酉 戌 亥
青未      子贵       蛇未      子常
空午      丑后       朱午      丑白
巳 辰 卯 寅          巳 辰 卯 寅
白 常 玄 阴          六 勾 青 空
```

《玉历钤》云：此课蒿矢无力，又兼空亡发用，吉凶皆不成。

《玉成歌》曰：官鬼下临财位上，阴私用事畏人彰，盖言卯为日鬼，而临子乡，为日之财位，凡占必主阴私用事也。

日上克辰上，用克日上，末克初。

课名蒿矢、三交、斩关。用又空亡，益见无力，所占虚指妄射，终成暗昧，交加而已，吉凶从空而散。

《义》曰：空上成空，事无定踪。凶难伤害，吉不成功。忧疑散释，君子固穷。久病逢之，是谓老终。

《象》曰：蒿矢逢空仰射天，养由巧处也徒然。乘轩高盖惟春吉，前有三分后有三。

此蒿矢之卦，一曰三交，亦曰天网，又曰寡宿。《经》曰："神遥克日名蒿矢，射我虽端当不畏。贵人逆转子无良，天乙顺行臣不义。家有宾来不可容，亦忧口舌西南至。"然事主动摇，人情倒置，象如以蒿为矢，射虽中而不入，祸福俱轻，求事难成，利主不利客。占行人来，访人见。若带金煞，亦能伤人，主蓦然有灾。传见三交，前不能进，后不能退，交加其象。此三交也，《经》曰："三交家匿阴私客，不迩自将逃避迍。"凡事失节阻碍，谋事被人阻破，不能成合。《经》曰"天网四张，万物被伤"，为阻滞，为疑难，为灾恼。占者遇之此课，发用无力，传于空脱之乡。家宅虚耗，干事难成，谋望未就，宾主不和，惟春占庶几有得，若在夏秋，占谋乃指空说空，徒劳心志，竟未有所就也。所闻不实。占人孤独。占官位改动。占忧惊得此有解。占暴病修德可禳，久病深畏凶衰。

占出兵行师，昼有失众之象，夜有得胜之兆。敌使多诈。吉不成吉，而凶不成凶，有影无形之象也。

秀而不实。

真一山人云：一壶村酒一张琴，随处逢人奏好音。世事眼前只如此，何须汲汲去劳心。

《无惑钤》云：弓矢斯张，蒿箭何妨？更又堕矢，鬼怪无伤。

《钤解》曰：蒿矢逢空，箭已堕矣，虚惊而已，有何伤哉？《集议》："空上逢空事莫追"内有此法，凡占遥克为用空亡，或坐空乡，及上乘天空者，所占皆无实也。"人宅受脱俱招盗"内有此法云：初传是遥克，作空落空，尤无力，或是昴星，又是空亡发用，将乘玄武者，凡占主失脱，此法极验。夜占帝幕临支。子乘贵临酉，主尊长灾咎。"空空如也事休追"内有此法云：初传遥克，作空落空，尤无力也。巳土死于卯，况本太常，去酉上败，是进败也；酉在背后，是退败也；太阴便是酉，又来日上败我。进亦败，退亦败，见在亦败，岂不死也？出《邵彦和引证戌集》。

己酉日第十一课

元首　出户　六阴　不备　泆女　闭口　不行传

二贵受克难干贵　脱上逢脱防虚诈

后蛇蛇六　　　　白玄玄后
丑亥亥酉　　　　丑亥亥酉
亥酉酉己　　　　亥酉酉己

兄癸丑后　　　　兄癸丑白
官　卯玄◎　　　官　卯青◎
父乙巳白⊙　　　父乙巳六⊙

青勾六朱　　　　蛇贵后阴
未申酉戌　　　　未申酉戌
空午　　亥蛇　　朱午　　亥玄
白巳　　子贵　　六巳　　子常
辰卯寅丑　　　　辰卯寅丑
常玄阴后　　　　勾青空白

《玉历钤》云：此课四位不备，中传空亡，凡占事必不足，亦不成就，妄费心力。

上神盗日，日上生辰上。

课名元首。辰加日，进退不自由。阳不备，又空亡，所占有始无终，有虚无实，此必他人来见我求事，然亦吉凶无成。

《义》曰：既脱又空，耗盗须逢。无少补益，难建其功。泆女不正，婚姻无用。病者惊凶，作福为胜。

《象》曰：进入空乡退步高，如还黾勉枉徒劳。安居坐守生余福，竚看将来好事饶。

此元首之卦，一曰泆女。夫元首者，尊制卑，贵役贱之象。占事多顺，利于先举，事多起于男子。为臣忠，为子孝，正大光明而无邪僻之行，德业已著而乾乾进修，常怀危惧，惕励而无咎也。夫泆女乃不正之象，占男女有阴私暗昧之理，占家宅防阴小越礼犯分者，占婚姻媒妁不明，惟能以礼自防者可化之，宜谨于闺门而后自化也。日生上神，虚费不足，盗失损财，人口衰残，休囚尤重，又为子孙脱漏之事。此课凡占，彼此互相脱赚，喻合"你哄我，我哄你"之意。占者遇之此课，占求官见贵，和而难济，未遂心志。占财难得。占病者不吉，久病愈凶。占失物难寻。占远行投谒人者，徒费粮裹。其他交易、谋望之事，惟利春占，夏秋得之，有声无实。占惊恐、患难、遭围、被禁者，先忧而后喜也。

占出兵行师得此，彼此各怀计谋，昼占无威，夜占不利。大抵此课，凡占凶中有救矣，美中不足，吉不成吉，而凶不成凶也。

悾悾不信。

真一山人云：近来谋事未如心，虚耗财源赚脱寻。惟有哲人能预鉴，随时斟酌纵豪吟。

《无惑钤》曰：阴私叠有，独存闭口。昼虎遁鬼，两贵皆丑。

《钤解》曰：课传纯阴，而后合玄虎重见，定主阴私重叠也。卯巳空陷，丑乃闭口为发用，独存此耳。巳遁旬乙，畏昼占乘虎。昼贵入狱，夜贵受克，俱不可干也。《集议》："虎乘遁鬼殃非浅"内列此日，谓凡占皆畏，其咎弥深难消，纵空亡亦不能救。出户："出户逢明日，欲求干望时。君子升阳渐，小人尚危疑。"还魂债，己干上酉，支脱干也，却不知酉上原见亥水，已自受脱。亥上又见丑土克，丑上又见卯木克，卯木之上反生巳火，巳火却来育己土，但卯空，则其势弱也。

己酉日第十二课

重审　连茹　三奇　斩关

<pre>
后 阴 玄 常   玄 阴 后 贵
亥 戌 酉 申   亥 戌 酉 申
戌 酉 申 己   戌 酉 申 己

财 辛 亥 后   财 辛 亥 玄
财 壬 子 贵   财 壬 子 常
兄 癸 丑 蛇   兄 癸 丑 白

空 白 常 玄   朱 蛇 贵 后
午 未 申 酉   午 未 申 酉
青 巳　　戌 阴   六 巳　　戌 阴
勾 辰　　亥 后   勾 辰　　亥 玄
卯 寅 丑 子   卯 寅 丑 子
六 朱 蛇 贵   青 空 白 常
</pre>

《玉历钤》云：此课亥子丑，皆日之财。末传日破，加临子上为六合，不为凶咎。秋冬得之吉利，凡事可成。

上神盗日，辰上生日上，日克用。

课名重审、连茹、斩关。事干众，宜再三求，终有合意而遂，以己来加午就合。

《义》曰：三传俱财，占财福来。若逢冬月，百事和谐。终来克始，欢乐无休。不宜夜占，病者当忧。

《象》曰：根苗不断是连茹，得失相须福可期。谋望遂心迟缓急，来占病讼未相宜。

此重审之卦，一曰连茹。夫重审者，重而审之也。利为主，利后动，长有厄，事从内起，起于女人。以下犯上，贱犯贵，卑犯尊，事多不顺。阴小在下者，有悖逆之事。占臣未忠，子失孝，事不可遂意而行，必当审察，循乎义理，庶几以免后患也。夫连茹，欲行不行，欲止不止，节外生枝，先退后进，凡事迟滞，根苗不断，旧事从新。日生上神，虚耗百出，盗失损财，人口衰残，休囚尤重，又为子孙脱漏之事。占者遇之此课，昼占申临身，乃帘幕贵人高登甲第，亦未免美中不足，主客暗中未和。占求财有得。占病者绵绵。占失脱宜寻。占婚姻不宜。千里投谒人者，虽见外和，中实不然。传见斩关，不利安居，而利逃亡，惜乎未见金也。占讼有解，但有干众迟延之象。况三传相逐，吉凶相续，凡百谋望，有成而迟。占宅不吉，亦不宜占产。

占出兵行师得此，昼占无威而不宁，夜占失物以忧疑。利为主，利后动也。

冬大利。

真一山人云：千里投人亦有情，暗中犹未展其诚。知君此去无空过，也要兢兢步履平。

《无惑钤》云：进退未已，先忧后喜。讼禁病脾，求财可矣。

《钤解》曰：进则逢空，退则遇财，乃先忧后喜也。[①] 闭口居末，占讼则禁，占病则病脾也。三传俱财，求财可矣。财多病体不能担荷，伤食以致不救。《集议》：昼占则帘幕临干。昼常加长生临干，来人必占婚姻之喜，或有锡赐之事。尊崇传内遇三奇。夜贵临身，被朱雀乘午所克，说见第八课。两贵不协，变成妒忌，申加未，子加亥，互换作六害。

---

① 疑此句有误。

庚戌日

庚戌日第一课

伏吟　玄胎　六阳　折腰　富贵

富贵干支逢禄马

```
玄 玄 白 白          玄 玄 后 后
戌 戌 申 申          戌 戌 申 申
戌 戌 申 庚          戌 戌 申 庚


兄 戌 申 白          兄 戌 申 后
财   寅 蛇 ◎⊙       财   寅 青 ◎⊙
官 乙 巳 勾          官 乙 巳 朱


勾 青 空 白          朱 蛇 贵 后
巳 午 未 申          巳 午 未 申
六辰     酉 常       六辰     酉 阴
朱卯     戌 玄       勾卯     戌 玄
寅 丑 子 亥          寅 丑 子 亥
蛇 贵 后 阴          青 空 白 常
```

《玉历钤》云：此课刚日伏吟，气象不和，凡占所用不成。

上神德日，辰上生日上，末克初。

课名伏吟、斩关、玄胎、四牡。诸神不动。申为德禄，逢凶不凶，谋望隔手，后亦再防阴诈，动则凶中有吉，但未便能动。巳申之合，末克初，凡事必成，中有歇灭，终吉。

《义》曰：课逢驿马，富贵难舍。小人不宜，君子声价。中传传寅，谁料作空。吉也未吉，凶也未凶。

《象》曰：三阳开泰物华光，君子占之富贵成。秋夏也知难着力，要宜守待莫教轻。冬春大宜。

此自任之卦，一曰玄胎。夫自任者，乃天地伏吟，十二神各归本家，天地如一，四伏未发之象。占事静则宜，动则滞，主事藏匿不动，静中求劳，有屈而不伸之象。况玄胎如婴儿隐伏之状，利上不利下，事主远而多伏，暗昧不通，触则成祸，惟君子守正修德则亨。《经》云："任信伏吟神，行人立至门。失物家内盗，逃者隐乡邻。病合难言语，占胎聋哑人。访人藏不出，行者却回轮。"占者遇之此课，禄马萃聚为用，大利求名进望，白虎入庙为威权，螣蛇生角将以成龙变化，勾陈到巳，迁官捧印，由此论之，岂不易于求官？惟有寅年、寅月、寅月将，庶几可取，其他年月无用，以其折腰而无力也，余占皆同，虽有智者，亦无如之何也。若忧疑患难，身处危疑之中，占得此课，必见难中有易，害里生恩。惟老人小儿及久病，逢此为大凶，非有德者，不能无畏也。

占出兵行师，不宜伏吟，昼占不利于兵，夜占无威不宁。若闻惊报，人见中道改变。不得已而用之，贵在随机应变也。

半途而济。

真一山人云：吉凶本是先天出，理数如斯可奈何？美玉不逢同珷玞，时来不必用张罗。

《无惑钤》云：昼禄虎啮，告贵难说。动陷鬼乡，弄巧成拙。

《钤解》曰：禄神昼占乘虎，不可守也。进而取中传之财，引入鬼乡，是弄巧成拙矣。贵人闭口，干贵必不肯话其允否之意，焉能得其明说也？《集议》："宾主不投刑在上"内谓此三刑入传，未免无恩之意，凡占恩反怨也。中传寅木落空，必得十月亥建，木得长生之地，占财必得，求名必主升迁，有鱼龙变化之象，春寅月占更佳，逢寅年亥月、亥年寅月，占必遂意。候补候选者，必铨选美缺；在仕者，必升迁，有飞腾云霄之兆也。寅亥二字大利，即寅亥二日，亦吉亦佳。

庚戌日第二课

蒿矢　连茹

金日逢丁凶祸动　众鬼虽彰全不畏

```
白 常 青 空            后 阴 蛇 贵
申 酉 午 未            申 酉 午 未
酉 戌 未 庚            酉 戌 未 庚


官 丙 午 青            官 丙 午 蛇
官 乙 巳 勾            官 乙 巳 朱
父 甲 辰 六            父 甲 辰 六


六 勾 青 空            六 朱 蛇 贵
辰 巳 午 未            辰 巳 午 未
朱卯      申白        勾卯      申后
蛇寅      酉常        青寅      酉阴
丑 子 亥 戌            丑 子 亥 戌
贵 后 阴 玄            空 白 常 玄
```

《玉历钤》云：此课谓之众鬼攻日，凶咎难解，又况蒿矢，凡占所事难成。

《毕法》云：此课巳午虽作日鬼，反生干上未土而养庚金，凡占始虽惊恐，终则福庆，所谓"引鬼为生"者也。又云：未上有丁神，是有凶动，必为父母长上之祸患也。

上神生日，日上生辰上。

课名蒿矢、退茹。三传相续，午与未合，干众隔手，中自为鬼牵绊，未能遂成。此卦宜占官，余不宜。

《义》曰：终始相生，万物尽亨。君子得禄，庶人忧惊。先难后利，渐渐福利。正以待之，自然荣贵。

《象》曰：蒿矢为忧不足忧，忧中变喜福悠悠。病凶幸喜吉神救，好把阴功暗里修。

此蒿矢之卦，一曰天网。《经》云："神遥克日名蒿矢，射我虽端当不畏。

贵人逆转子无良，天乙顺行臣不义。家有宾来不可容，亦忧口舌西南至。"然事主动摇，人情倒置，象如以蒿为矢，射虽中而不入，祸福俱轻，求事难成，利主不利客。占行人来，访人见，主蓦然有灾。况天网者，即天网四张也，《经》曰"天网四张，万物被伤"，为阻滞，为疑难，为灾恼。传退连茹，事主欲行不行，欲止不止，根苗不断，旧事从新，一事未脱，一事又拘。远行者回，有团圆之意。占者遇之此课，占求官大利，昼占为帷幕贵人，高登甲第。婚姻宜。占求财有，恐因财惹恼，财物苟得，见利而思义可也。占病者，凶中有救。谋望先难后易，虽有不足之人，亦有相助之者。占失脱宜寻。远行投谒人者，主宾相合，暮宴朝欢。狱讼者，先不足而后有解。占宅，六害临宅不安，夜占妇人离散不和，否则有孕妇在家。

占出兵行师，昼占青龙大胜，尤当虑敌，夜占惊畏不吉。敌使之来，及传报之言，皆益于我也。

利占官。

真一山人云：秋夜无云月色新，碧天万里倍生明。谋成好事堪为乐，步步前程稳路行。

《无惑钤》云：未午巳辰，俱火克身。常人深畏，仕宦欢忻。

《钤解》曰：丁未临干，午巳辰作传，合而为火克庚，遍地官鬼。常人值此，病讼忧危，深为可畏；官鬼重叠，仕宦得之，岂不忻忻以乎？《集议》：助刑伐德，谓六处有神作自刑，有结连三传克干为鬼是也。"宾主不投刑在上"内列此日。"众鬼虽彰全不畏"内列此日，谓引鬼为生。"金日逢丁凶祸动"谓此因长上父母而凶动。

庚戌日第三课

元首　顾祖　不备　励德　不结果　六阳

避难逃生须弃旧　权摄不正禄临支　夫妇芜淫各有私

```
青 白 六 青        蛇 后 六 蛇
午 申 辰 午        午 申 辰 午
申 戌 午 庚        申 戌 午 庚

官 丙 午 青        官 丙 午 蛇
父 甲 辰 六        父 甲 辰 六
财   寅 蛇 ◎      财   寅 青 ◎

朱 六 勾 青        勾 六 朱 蛇
卯 辰 巳 午        卯 辰 巳 午
蛇寅     未空      青寅     未贵
贵丑     申白      空丑     申后
子 亥 戌 酉        子 亥 戌 酉
后 阴 玄 常        白 常 玄 阴
```

《玉历钤》云：此课日鬼加日为用，三传隔位而退，末传空亡，凡事无成，不可用。

《毕法》云：此课末助初传而为日鬼，末乃寅也，寅又为庚财，此寅可谓爱憎并行，一头放水，一头放火者也，凡占必有一面以财馈赠，一面唆人告害，推其品类，或为曹吏，或为道人，或为有官职人，或为有胡须人，俗谓之"两面刀"，即此人也。

上神克日，日上克辰上，用克日。

课名元首。传空而又阴不备。午乃官星，贵合日门，求望必易。日往加辰，凡事去住不由己，须是难得全备。

《义》曰：进退宜隔，随时闭塞。正以待之，庶几有得。课体不备，事难得遂。不宜婚姻，求财反退。

《象》曰：逢寅便可去求官，若向春时又见欢。过此便知徒费力，忧疑变善不为难。

此知一（当作元首）之卦，一曰天网。夫知一者，知一而不能知两，知者以为自知、自见，不知为寇仇，故言知一也。以此为用，舍远就近，舍疏就亲，恩中生害，事多起于同类，凡事狐疑，事贵和同乃吉。《经》曰"天网四张，万物被伤"，为阻滞，为疑难，为灾恼。知一卦何如？用神今日比。事因同类起，婚姻失谐为。失物亲邻取，逃亡不远离。论讼和允好，为事尚狐疑。上神克日，凡事不利，只利先讼，要有气，余不吉，病讼可畏，常占为人所欺负，口舌灾疾。况阴阳不备，夫妇失友，暗昧不振。午辰寅顾祖，退连茹，退中有隔，隔而后进。占者遇之此课，占求官宜有屈尊就卑之象，艰辛跋涉之难。占婚难成，假使强成，夫妻定知反目，不然必见刑克。占求财不宜，恐因财而致祸也。占病者忌，宜修德，要岁命上神生日为解。占远行不利。投谒不喜。交易不顺。占讼者宜和，虑有唆使，善为处之。逃亡自归。占宅有伏尸，有石狮于庙宇。

占出兵行师得此，昼占青龙大胜，尤当虑敌，夜占惊畏不宁。敌使之来，不可听信，宜防侵袭之扰。利为主，利后举也。大抵此课，吉不吉而凶不凶也。

真一山人云：得好休时便好休，眉颦须展莫忧愁。看看美事纷纷至，总是阴功暗里修。

《无惑钤》云：末助初神，徒为冤憎。屈尊礼下，避难逃生。

《钤解》曰：庚金被午火所克，遂避难而屈尊投戌，礼下以受生也。寅乃旬空，助初传午火克干，寅空亡，自己力弱，不能助人，喻教唆之人必自败露，结为冤憎，而做恶冤家耳。《集议》："避难逃生须弃旧"内列此日，禄临支。"末助初兮三等论"内有此日例，如前说，末寅空。顾祖："顾祖迎亲复旧庐，虑求谋望始狂图。惟有庚日不宜见，鬼来又向病乡居。"

庚戌日第四课

元首　玄胎　闭口　不行传

互生俱生凡事益

```
六 空 蛇 勾          六 贵 青 朱
辰 未 寅 巳          辰 未 寅 巳
未 戌 巳 庚          未 戌 巳 庚


官 乙巳 勾          官 乙巳 朱
财   寅 蛇 ◎       财   寅 青 ◎
子 辛亥 阴 ⊙       子 辛亥 常 ⊙


蛇 朱 六 勾         青 勾 六 朱
寅 卯 辰 巳         寅 卯 辰 巳
贵丑     午青       空丑     午蛇
后子     未空       白子     未贵
亥 戌 酉 申         亥 戌 酉 申
阴 玄 常 白         常 玄 阴 后
```

《玉历钤》云：此课火加日上，为鬼发用，只宜求官，余无所用。

《龙首经》云：巳为干鬼临干上，上乘勾雀凶，是以怪异，凡占必有外鬼来家作孽为祸，惟君子存心修身，自然阳明气盛，而幽暗之孽潜伏泯灭，不能为祸矣。

《毕法》云：此课干上巳生支，支上未生干，两有资益，各具生意，值此则巳事遄往而宁乎？人或益之以十朋之龟，人以是而益我乎？宾主相授，惠益交至，盖课之至吉者也。

上神克日，日上生辰上，用克日，末克初。

课名元首、玄胎。巳为双女，来意必谋心事，中末空亡，不免艰难，终成虚诈，只利求官，终始有成，合中稍歇灭，勾朱加合申，有两文字。

《义》曰：占官最吉，未得全美。君子为福，小人遭毁。勾留口舌，渐见消灭。心欲谋望，且歇且歇。

《象》曰：虎头鼠尾事难成，但遇疑难且莫惊。欲异好看何日是？三春望雨又晴明。

　　此元首之卦，一曰天网，亦曰玄胎。夫元首者，尊制卑，贵役贱之象。占事多顺，利于先举，事多起于男子。为臣忠，为子孝，正大光明而无邪僻之行，德业已著而乾乾进修，常怀危惧，惕励而无咎也。《经》曰"天网四张，万物被伤"，为阻滞，为疑难，为灾恼。玄胎如婴儿隐伏之状，利上不利下，事主远而多伏，暗昧不通，触则成祸，惟君子守正修德则亨。占遇玄胎，室孕婴孩。不利占胎产，病玄胎忧病，见空亡解之。上神下克日，只利先讼，要有气，余不吉，病讼可畏，常占为人所欺负。占者遇之此课，勾陈到巳，为迁官捧印，腾蛇生角，将以成龙变化，大利求官，惜其传入空乡，必见改图，或木旺时方吉。占财亦不易得。占婚姻，合而难成。占病瘥迟，久病及老人小儿皆畏。占失物宜寻，迟则入空矣。占远行投谒者，徒费粮裹。

　　占出兵行师，昼夜所占皆不吉，防有侵袭之敌。凡百占谋，难于前而易于后，先忧而后吉也。

　　散虑逍遥。

　　真一山人云：放下功名莫系怀，荣枯天与已安排。登高取醉随将乐，待得时来百事谐。

　　《无惑钤》云：一誉一毁，全是亥水。朝属长生，暮属干鬼。

　　《钤解》曰：巳一也，昼占乘勾，则为长生；夜占乘雀，则为干鬼。亥一也，迤逦生巳，则克干；末去克初，则祛鬼。生祛毁誉，反复之间矣。世之人情，类此者多矣。《集议》："金日逢丁灾祸动"内有此例，谓巳加申乃丁神临干，亦主凶动，昼将身不凶，反有所生。互生各相有益，支上未，亦是丁神。助桀为虐，而生日鬼。

庚戌日第五课

重审　润下　斩关　六阳

虎乘遁鬼殃非浅　互生俱生凡事益

后	白	蛇	玄		白	后	青	玄
寅	午	子	辰		寅	午	子	辰
午	戌	辰	庚		午	戌	辰	庚

子　壬子　蛇　　　　子　壬子　青
兄　戊申　青　　　　兄　戊申　蛇
父　甲辰　玄　　　　父　甲辰　玄

贵　后　阴　玄　　　空　白　常　玄
丑　寅　卯　辰　　　丑　寅　卯　辰
蛇子　　　巳常　　　青子　　　巳阴
朱亥　　　午白　　　勾亥　　　午后
戌　酉　申　未　　　戌　酉　申　未
六　勾　青　空　　　六　朱　蛇　贵

《玉历钤》云：此课三传脱气，天罡为太岁（发用神后为太岁）之墓，夜贵初传青龙略吉，此日凶否，凡占不可用。

《毕法》云：此课干支全受上神来生，人宅俱旺，值此者，身既亨泰，宅亦光辉。

《通神集》云：太岁，人君之象也，发用值之，上得腾蛇，最不利占官，事必主朝廷怪怒。若得夜贵青龙，吉中未凶，亦不全美也，余占多主破财。又云：子为太岁，加天罡为入墓，辰又为支辰之墓，却来覆日，最不利占官，占财亦不吉，如人在云雾中行，不得明快也，若非支戌冲解，其凶尤甚。

上神生日，辰上生日上，日生用，末克初。

课名重审、润下、斩关。龙玄蛇并见，庚日为吉将，然日辰传凶，只可散忧，秋冬亦佳。

《义》曰：既得相助，又遭赚脱。人情怀奸，焉可为托？得失相仍，耗盗弗宁。欲脱难脱，欲成未成。

《象》曰：水逢冬令自然坚，喜事重重亦可怜。家内空虚门外实，虚名何必许多愆？

此重审之卦，一曰润下。夫重审者，重而审之也。利为主，利后动，长有厄，事从内起，起于女人。以下犯上，贱犯贵，卑犯尊，事多不顺。阴小在下者，有悖逆之事。占臣未忠，子失孝，不可遂意而行，必当审察，循乎义理，庶几以免后患也。且润下，事主沟渠、水利、舟楫、渔网之类，动而不息之象，流而必清，滞则不竭，宜动不宜静，事主关众，亲朋相识之务，克应多是过月，牵连疑二，利占成合，不利占解散。此乃五行正气入十干杂糅之乡，异方三合乃生旺墓之神，事主丛杂不一，主关众人共谋，不然两三处干事，委曲托人与人相合之类。又如推磨，转去转来，非一遍也。上神生日，凡事有人相助；三传盗日，又见有人脱赚，未免得失相半也。占者遇之此课，占求官迟而且难。占见贵和顺。占求财轻微。占久病难愈，暴病瘥迟。占失脱难得。凡占美中防有不足。大抵此课，成事难成，就事难脱，吉凶得失，俱有未成之理也。

占出兵行师，昼占得此，惊畏不宁，夜占大胜，虚惊自消，但畏夫虚耗不足也。

宰木内蠹。秋平。

真一山人云：吉凶悔吝本由人，大要生平得行纯。到此自当循义理，将来福禄自然真。

《无惑钤》云：午遁丙虎，传水可去。事防再发，宜绝后虑。

《钤解》曰：午虎遁丙，以克庚干，三传水局，可倚为救。但干上为辰墓，反以克水，而午鬼必复兴，当思虑预防，以绝后患可也。《集议》："虎乘遁鬼殃非浅"内列此日。

庚戌日第六课

知一　孤辰　斫轮　芜淫　交车合又交克
害贵讼直遭屈断　朽木难雕别作为　胎财生气妻怀孕

```
蛇 常 六 阴            青 阴 六 常
子 巳 戌 卯            子 巳 戌 卯
巳 戌 卯 庚            巳 戌 卯 庚


父 庚 戌 六 ☉          父 庚 戌 六 ☉
官 乙 巳 常            官 乙 巳 阴
子 壬 子 蛇            子 壬 子 青


蛇 贵 后 阴            青 空 白 常
子 丑 寅 卯            子 丑 寅 卯
朱 亥        辰 玄     勾 亥        辰 玄
六 戌        巳 常     六 戌        巳 阴
  酉 申 未 午            酉 申 未 午
  勾 青 空 白            朱 蛇 贵 后
```

此课先生曰："到老奔波，只是士人为书会而已。甲辰旬卯空，课名斫轮，朽木终不济。却利弟子，不利本身，家计终亦不成，唯只逐年计料伏腊，虽不宽有，亦不至寒。四年将店屋为居宅，店旁却作水碓、水磨为子孙计，主子孙不读书，却寿，一子先死。"杨秀才辛未生，三十九岁，读书有蕴籍，人皆推重，累试不中，为乡先生，晚年却成就三四弟子，皆发。后徐知府令权教授，果虚名而已。四十二上，诸弟分财，屈得店屋，遂以为居。其子长成，不读书，却就所居之侧，而以水碓、水磨以为生计。一子果先丧。杨年七十二终矣。庚上见卯，卯乃空亡，是朽木不可雕也，斫成虚轮；戌为模范，又落空；虽有巳炉，却无模铸。末传盗气，主子孙不读书，临于店业之上，是居其所也。子孙临巳地，所铸者又是水碓、水磨之模而已。庚金长生于巳，巳数四，两四共八数，巳上见子，九数也，八九七十二而死矣。①

————————————

① 《壬占汇选》作：己酉年二月庚戌日亥将辰时，杨秀才辛未生，三十九岁占前程。

《玉历钤》云：此课虽吉，但日上空亡，发用又临空亡之地，所占凡事无成。

《毕法》云：此课卯加申，课名斫轮。卯木空亡，则是朽木，岂可斫乎轮哉？凡占值此，宜改业，别作营运。

日克上神，日上生辰上，日上克用，初克末。

课名知一、斫轮。日上空亡，又乘常阴，其课虽善，未便得成，重进可图。是课吉而空，难成事，可解凶。

《义》曰：事不自由，动定难求。虽然有理，省且失周。闻喜不喜，当忧不忧。君子有道，乃复合谋。

《象》曰：天道昭昭未可欺，事于当理不容私。人情动变只如此，静里现来便易知。

此知一之卦，一曰龙战。夫知一者，知一而不能知两，知者以为自知、自见，不知为寇仇，故言知一也。以此为用，舍远就近，舍疏就亲，恩中生害，事多起于同类，凡事狐疑，事贵和同乃吉。况龙战乃天之私门，生杀有限，分杜有期，雷动龙奔，示其有战，身心疑惑，进寸退尺，动有乖离之象。昼占日上妻财夹克，求财妻财不自由也。发用夹克，凡事不由己也。《经》云："知一卦何如？用神今日比。事因同类起，婚姻失谐为。失物亲邻取，逃亡不远离。论讼和允好，为事尚狐疑。"凡事多起于无用，盖有声无实之象。占者遇之此课，占求官，宜在二月节，或卯年，余难成就。占见贵，和而不实。占交易不成。占婚姻不谐。谋望改变。传闻不实。占暴病为福，久病为凶。占失物不获。占远行有阻。投谒徒劳。占家宅不旺。狱讼有解。忧疑自散。其他所占，吉不吉而凶不凶，不宜妄为，妄动反生不足，惟当循理修德为贞吉。

占出兵行师得此，昼夜占之，虽吉而无用，有成和解之象。防欺诈，勿忽！

正以待时。

真一山人云：朽木难雕徒用工，争如回首且从容。交关有合如无合，流水桃花空自红。

《无惑钤》云：交关致祸，彼不生我。斫于朽轮，三传俱火。

《钤解》曰：干上卯克支，支上巳克干，交关至祸矣。巳乃庚金长生，被初戌墓之，末子克之，全然无气生我。况戌火库，巳又临官，子元遁为丙，三传俱火，庚金何可当哉？卯乃旬空，是朽木难雕，宜改过易业可也。《集议》："朽木难雕别作为"内列此日课，尤的。两贵相协。"支乘墓虎有伏尸"

内列此日，为因鬼呼，家亲为祸。邵《毕法》谓：虽有卯加申，却是铸印，卯空可作铸印不成。卯乃庚金胎财，四月为生气，主妻有孕喜，旬空后必有损。芜淫，凡占先相允许，后不相顾接，彼此各怀恶意。

庚戌日第七课

反吟　玄胎　斩关　六阳
来去俱空岂动移

六	玄	青	后		六	玄	蛇	白
戌	辰	申	寅		戌	辰	申	寅
辰	戌	寅	庚		辰	戌	寅	庚

财		寅	后	◎	财		寅	白	◎
兄	戌	申	青	⊙	兄	戌	申	蛇	⊙
财		寅	后	◎	财		寅	白	◎

朱	蛇	贵	后		勾	青	空	白
亥	子	丑	寅		亥	子	丑	寅
六戌		卯	阴		六戌		卯	常
勾酉		辰	玄		朱酉		辰	玄
申	未	午	巳		申	未	午	巳
青	空	白	常		蛇	贵	后	阴

《玉历钤》云：此课反吟，旦贵略可，夜贵凶甚，凡占不可用。

《毕法》云：此课初末皆是空亡，中传又临空地，往来俱空，身亦无定，正以人之不务实者是，尤转蓬应此象也。且转蓬之为物也，枝叶繁盛，根抵为小，秋深根本脆折，枝叶随风飘荡，愈行远，非坎不止，人之不务实，与转蓬何以异哉？

日克上神，日上克辰上，日克用。

课名反吟。将凶，所喜三传带德，带禄财，虽反吟，终有益于日干。然空亡，多亦无成，却无凶。

《义》曰：禄马空绝，无法可说。指空说空，意何相得？占病若逢，谓之大凶。一生九死，无可逃踪。

《象》曰：反复何因事得成，纵教有影亦无形。吉凶自此无过虑，患难谁知祸福生。

此无依之卦，一曰玄胎。夫无依者，即反吟也。《经》曰："无依即反吟，逃者远追寻。合者应分散，安巢别改林。守官须易位，结友也分襟。所为多反复，占病数般侵。"反吟刑冲，事主迟滞，远近系心，更相仇怨，且反复而呻吟，是无予夺而难息也。况玄胎如婴儿隐伏之状，利上不利下，事主远而多伏，暗昧不通，触则成祸，惟君子守正德修则亨。又曰："占遇玄胎，室孕婴孩。"占者遇之此课，三传俱空，吉凶无踪。若在寅年、寅月占事，过旬可望，余月占之，未能成也。占求官得此，天后临寅，有恩命之喜，况有禄有马，为官爵卦，大利求官，惜其乘空坐空，必须改图可望，日下又岂能成？不然亦虚声虚喜而已。其他婚姻难成，假使勉强而成，终见反目，见刑克难谐而无疑也。占求财，有影无形，得而复失。占病凶，宜作福，久病及老人小儿得此，反为凶兆。

占出兵行师，防有失众之象。或有传报，宜详审察。亦见有止而不行之意，此无而为有，虚而为盈之义。凡百先忧后喜，吉而不吉，凶而不凶也。

春稍吉。

真一山人云：反吟原自是无依，改变东西南北飞。守旧终须无悔吝，知机君子乐便宜。

《无惑钤》云：七虎昼逢，释散灾凶。干乘空绝，身坐绝空。

《钤解》曰：庚传寅申五虎，夜占二白虎，共逢七虎也，极惊极危。但往来空陷，凶灾自然释散。寅虽日财，乃旬空投绝，既而申入财乡，却坐空虚之地矣。凡占逢吉不成吉，逢凶又没凶，不过虚惊而已。《集议》："来去空亡岂动移"内列此日，谓之德丧禄绝。夜贵加昼贵，宜暗求关节。

庚戌日第八课

知一　龙战

<pre>
青 阴 白 贵   蛇 常 后 空
申 卯 午 丑   申 卯 午 丑
卯 戌 丑 庚   卯 戌 丑 庚

兄 戊 申 青 ⊙   兄 戊 申 蛇 ⊙
父 癸 丑 贵   父 癸 丑 空
官 丙 午 白   官 丙 午 后

六 朱 蛇 贵   六 勾 青 空
戌 亥 子 丑   戌 亥 子 丑
勾 酉   寅 后   朱 酉   寅 白
青 申   卯 阴   蛇 申   卯 常
  未 午 巳 辰   未 午 巳 辰
  空 白 常 玄   贵 后 阴 玄
</pre>

《玉历钤》云：此课墓神临日空亡，凡占所求所期，皆不得遂。

《毕法》云：此课初传申为日德、日禄，中传丑乃申之墓也，为德禄入墓之象。占者值之，急须戒慎修省以回天意，士君子持心端谨，则造物自佑，则此德常存，此禄常有，奚有入墓之患焉？

上神生日，辰上克日上，末克初。

课名知一。申乃日德，但墓覆干，用乘空，又中传见墓，秋天狱，余为脱体，首尾不相应，凡谋多虚，又为卑小所挠。

《义》曰：发用无力，何为有益？事见变更，多虚少实。占病虽凶，幸尔逢空。难中有救，事无定踪。

《象》曰：守旧方为保吉昌，若教妄动有相妨。只宜小就难全美，惟有知音会酌量。

此知一之卦，一曰龙战。夫知一者，知一而不能知两，知者以为自知、自见，不知为寇仇，故言知一也。以此为用，舍远就近，舍疏就亲，恩中生害，事多起于同类，凡事狐疑，事贵和同乃吉。传见龙战，主人心疑惑，进寸退尺，动有乖离之象。卯酉为天之私门，生杀有限，分杜有期，雷动龙奔，示其有战。《经》云："知一卦何如？用神今日比。事因同类起，婚姻失谐为。失物亲邻取，逃亡不远离。论讼和允好，为事尚狐疑。"日上见墓神，主昏蒙不振。歌云："墓神覆日愤难通，四十九日多昏蒙。占病气逆食不通，夜里惶惶日里慵。"占者遇之此课，发用落空，谋望难成。占求官未遂，以其禄陷于空，有官而无禄者庶几。占见贵不宜，虽见而事终不就也。占财难得。交易不合。主客不合。不宜远行。投谒者，徒劳而无功。占宅门户虚隳。占婚姻难成，纵成而非配偶也。占逃亡有自归之心，但与宅不和，欲进而思退耳。其他诸占，有欲成不成之象。忧惊狱讼，难中有解。

占出兵行师得此，昼占吉胜，夜占惊畏，大概失众，功不成，名不就，吉不吉而凶不凶也。

见兔知踪。

真一山人云：春来又见百花开，时遇花开福自来。过却此时官未称，分明说到莫疑猜。

《无惑钤》云：昆弟及己，占病必死。丙虎昼逢，申在棺里。

《钤解》曰：干庚用申皆金，乃己身昆弟之类也。干上见墓，申加卯乃身入棺中，占病必死无疑。况末午遁丙，昼占乘虎，殃祸非浅，病必死矣。且丙午鬼在墓蹲，而招呼病人，焉能逃其死？《集议》："虎乘遁鬼殃非浅"内列此日，凡占皆畏，其咎弥深难消，不能解救。"传墓入墓分爱憎"内列此日，谓德禄传墓入墓，丑虽贵人，亦作墓神覆日。

庚戌日第九课

涉害　润下　六仪　励德

脱上逢脱防虚诈　夫妇芜淫各有私

```
白 后 玄 蛇          后 白 玄 青
午 寅 辰 子          午 寅 辰 子
寅 戌 子 庚          寅 戌 子 庚


父 甲辰 玄          父 甲辰 玄
兄 戊申 青          兄 戊申 蛇
子 壬子 蛇          子 壬子 青


勾 六 朱 蛇          朱 六 勾 青
酉 戌 亥 子          酉 戌 亥 子
青申      丑贵      蛇申      丑空
空未      寅后      贵未      寅白
午 巳 辰 卯          午 巳 辰 卯
白 常 玄 阴          后 阴 玄 常
```

《玉历钤》云：此课润下水局，发用辰加子，上见玄武，常占必主失脱财物，不明之象，所求不得，所期不遂。

《毕法》云：此课干上乘青龙，脱上生脱，又更三传皆生，并来脱盗日干庚金，凡占虚耗迭出，脱盗无穷。盖世事多更变，乃天理如此，人见目前荣盛，以为无虑，不旋踵而衰败至矣，其造物者使之然欤？

上神盗日，日上生辰上，日生三传，初克末。

课名涉害、润下、励德、芜淫。子母相生，秋冬得时旺相，春夏占上下隔断，为事悠缓，牵连无灾，有口舌，末却终在日上，为事终成。

《义》曰：相逢脱盗，至生暗耗。自叹不足，无所为靠。虽然有喜，事不能已。病虚官改，散财流水。

《象》曰：不能鸡口徒牛后，知此机微贵自量。阅尽眼前难着力，看他更变机千场。

此见机之卦，一曰润下。夫见机者，察其微，见其机，谓两比两不比，当以涉害为用。涉害有浅深，欲用不用，欲言不言，事有两而取一，所作稽留，迟疑艰难，进退不定，忧患难消，怀孕伤胎，难于前而易于后。且润下，事主沟渠、水利、舟楫、渔网之类，动而不息之象，流而必清，滞则不竭，宜动不宜静，事主关众，亲朋相识之务，克应多是过月，牵连疑二，利占成合，不利占解散。此乃五行正气入十干杂糅之乡，异方三合乃生旺墓之神，事主丛杂不一，主关众人共谋，不然两三处干事，委曲托人与人相合之类。又如推磨，转去转来，非一遍也。日生上神，泄气虚耗不足，谋干难成，盗失损财，人口衰残，休囚尤重，又为子孙脱漏之事。当旺相犹可，休囚尤重，防人作伙来脱赚，以致其虚耗，不遂心志也。占者遇之此课，凡百占谋，动望难也。占求官不遂。占见贵，和而未济。占婚姻，合而不宜。占求财得，不如意。占病虚损难痊。失物得而复失。逃者欲回。忧疑欲脱而不脱，惊恐将散而未散。此课无益有损。

占出兵行师，大防失脱奸诈、粮储不足、人心懈惰，宜加密察而详审，甚勿忽之！

泄气之象。

真一山人云：对面人情恐未真，人心未与道心纯。这回认得真消息，敌若来时不可亲。

《无惑钤》云：彼此皆坏，性又懒懈。动坐生方，索还魂债。

《钤解》曰：水乃庚金之子息也，三传水局，昼夜天将皆水中之兽，脱盗滋甚，是为子息所坏矣。夜占又为脱上逢脱，庚金力惫气疲，其性慵懒，凡事不能前为也。幸动而坐于辰土生方，结成水局，生起支上寅木为财，始则为子息所坏，终则赖子息生财，非还魂债而何？《集议》：此"脱上逢脱防虚诈"内有此日，说甚详。"传鬼化财钱险危"内有此法，谓三传初脱干气，却生起支上寅财，亦谓之索还魂债。寅乃支鬼，夜占乘虎。交车克，乃蜜里砒，喻笑里藏刀之意，匿怨而友其人，如相交涉，必至争讼。解离，夫妇行年值此尤的。

庚戌日第十课

弹射　玄胎　闭口　孤辰

<table>
<tr><td>玄</td><td>贵</td><td>后</td><td>朱</td><td></td><td>玄</td><td>空</td><td>白</td><td>勾</td></tr>
<tr><td>辰</td><td>丑</td><td>寅</td><td>亥</td><td></td><td>辰</td><td>丑</td><td>寅</td><td>亥</td></tr>
<tr><td>丑</td><td>戌</td><td>亥</td><td>庚</td><td></td><td>丑</td><td>戌</td><td>亥</td><td>庚</td></tr>
</table>

<table>
<tr><td>财</td><td></td><td>寅</td><td>后</td><td>◎</td><td>财</td><td></td><td>寅</td><td>白</td><td>◎</td></tr>
<tr><td>官</td><td>乙</td><td>巳</td><td>常</td><td>⊙</td><td>官</td><td>乙</td><td>巳</td><td>阴</td><td>⊙</td></tr>
<tr><td>兄</td><td>戊</td><td>申</td><td>青</td><td></td><td>兄</td><td>戊</td><td>申</td><td>蛇</td><td></td></tr>
</table>

<table>
<tr><td>青</td><td>勾</td><td>六</td><td>朱</td><td></td><td>蛇</td><td>朱</td><td>六</td><td>勾</td></tr>
<tr><td>申</td><td>酉</td><td>戌</td><td>亥</td><td></td><td>申</td><td>酉</td><td>戌</td><td>亥</td></tr>
<tr><td>空未</td><td></td><td>子蛇</td><td></td><td></td><td>贵未</td><td></td><td>子青</td></tr>
<tr><td>白午</td><td></td><td>丑贵</td><td></td><td></td><td>后午</td><td></td><td>丑空</td></tr>
<tr><td>巳</td><td>辰</td><td>卯</td><td>寅</td><td></td><td>巳</td><td>辰</td><td>卯</td><td>寅</td></tr>
<tr><td>常</td><td>玄</td><td>阴</td><td>后</td><td></td><td>阴</td><td>玄</td><td>常</td><td>白</td></tr>
</table>

《玉历钤》云：此课弹射，空亡为用，忧喜吉凶皆不成。

上神盗日，辰上克日上，日克用，末克初。

课名弹射、玄胎。干墓加支。寅加亥，然弹射无力，又空亡无成，所幸中末两传合，事始虚终吉。

《义》曰：徒闻其声，不见其形。无而为有，虚而为盈。见寅为福，遇春则宜。过此谋事，乃曰不时。

《象》曰：行尽天涯未见人，见人空说不相亲。争如闭户家中坐，饱暖过如无价珍。

此课弹射之卦，一曰孤辰，又曰玄胎。夫弹射，乃日克神之谓。《经》云："日往克神名弹射，纵饶得中还无力。贵人逆转子无良，天乙顺行臣不义。家有宾来不可容，亦忧口舌西南至。"然事主动摇，人情倒置，更主蓦然有灾，求事难成，祸福俱轻，忧事立散，祸从内起。利客不利主，利先不利后。占人不来，访人不见，不利占讼。弹射无力，不可用事，虽凶无畏。传见空亡，又为失弹，不能成事也。且孤辰有茕茕子立之象，占人别离桑梓，凡所占谋，多虚少实，功名难遂，事业虚花。况玄胎如婴儿隐伏之状，利上不利下，事主远而多伏，暗昧不通，触则成祸，惟君子守正修德则亨。日生上神，虚费不足，谋望不遂，失盗损财，人口衰残，休囚尤重，又为子孙脱漏之事。占者遇之此课，占求官，迟疑改图。占财难得，法忧妻病，庶几可治。久病老人小儿得此深忧。占远行不利，或去不成。占见贵不顺。主客不和。占投谒人无力，谋望难成。忧疑解散。

占出兵行师，忧失众。闻事不实，多起虚声。昼占无威，夜占虽凶不畏。敌使之来，所言不实，不可听信，以防欺诈。其他诸占，吉不吉而凶不凶也。

真一山人云：临事休教错认真，时来未可便相亲。凶吉自是天然事，积善人家福自臻。

《无惑钤》云：先失后得，费尽心力。两贵常怒，善恶无迹。

《钤解》曰：庚干先被亥水所脱，而后取发用空财，可谓费尽心力也。昼夜贵人入狱，干之必怒也。初中空陷，凶吉皆无成也。《集议》：天罡乘玄，临丑加辰阴，主遗亡走失之事。"空上逢空"内谓遥克空亡，凡占皆虚无。"宾主不投刑在上"内谓此三刑入传，未免无恩之意，凡占恩反怨也。

庚戌日第十一课

重审　斩关　不备　向三阳　不行传　六阳

```
蛇 后 后 玄          青 白 白 玄
寅 子 子 戌          寅 子 子 戌
子 戌 戌 庚          子 戌 戌 庚


子 壬 子 后          子 壬 子 白
财　 寅 蛇 ◎        财　 寅 青 ◎
父 甲 辰 六 ⊙       父 甲 辰 六 ⊙


空 白 常 玄          贵 后 阴 玄
未 申 酉 戌          未 申 酉 戌
青午　　亥阴        蛇午　　亥常
勾巳　　子后        朱巳　　子白
辰 卯 寅 丑          辰 卯 寅 丑
六 朱 蛇 贵          六 勾 青 空
```

此课先生曰："宅后逼山，前面逼水，水虽东流，过宅反去。若为宅基，出女多男少，子为吏人，孙为军卒、仆从，财退人散。四阳虽临东南，无关拦拘，东风门户殊不收。十日后，又主水坏宅基。因男为吏而尽坏也。此宅基乃是庚兑山行龙，坎山为主，盖缘水边迫近，遂凿半山为之。"果是后逼山、前逼水，次年建造，不过十年，连产四女。至十五年，男作县中吏，自后诸孙为屠儿，又有为仆从者，又有投军者。此课因为公人押纲陷折，破坏败事，后没官，因此败坏。后卒为水冲坏其基也。盖戌为宅，来加身，戌为山冈，是后逼山也。宅上有子，作天后，是前逼水也。水横过，寅为直去，东西两处风路，寅为螣蛇所挠，故主为吏人，蛇加之，故主陷失财物，兼寅木败在子。末传见辰，申上见戌，戌为军屠仆从，玄合加之，是不得已之中，乃为此态也。[①]

《玉历钤》云：此课子加戌，百事无准，用神渺茫，凡事不遂。

---

① 《壬占汇选》作：己酉年二月初一庚戌日亥将酉时，汪解元丁卯生，四十三岁占宅基。

上神生日，日上克辰上，日上克用，末克初。

课名重审。辰加日，不自由，虽是斩关，如何能动？虽有无补。只是寅字，又是空亡，终不济事。

《义》曰：脱空毕至，何以成济？独自吁嗟，坐怜败事。时值多变，令人长叹。徒有智谋，谁遂所见。

《象》曰：万丈虹霓且罢休，仲尼终不见封侯。归家且把丝纶理，七里滩头学钓钩。

此重审之卦，一曰泆女。夫重审者，重而审之也。利为主，利后动，长有厄，事从内起，起于女人。以下犯上，贱犯贵，卑犯尊，事多不顺。阴小在下者，有悖逆之事。占臣未忠，子失孝，事不可遂意而行，必当审察，循乎义理，庶几以免后患也。传见泆女，《经》云："天后常为厌黯神，须知六合是私门。二将取名称泆女，夫妻失友异情恩。"夫泆女乃不正之课，占男女有阴私暗昧之象，占家宅防有阴小越礼犯分者。占婚姻媒妁不明，不宜婚姻，惟能以礼自防者，谨守闺门而自化其事也。所恶者，鬼墓加干，防有鬼贼暗中侵害。鬼墓加干鬼暗兴，若明见其鬼，庶可御之，暗中之鬼，人不能见，此鬼贼乃害人之名，非鬼神之鬼也。幸传入空乡而有解，虽见所害，而终不被其害也。占者遇之此课，进间传乃事事有间隔之象也。占求官不遂。占见贵不和。谋事难成。凡有所占，皆为不足，惟利夫忧疑病患，却有解释，谓之先忧而后喜也。

占出兵行师，夜占无威而不宁，夜占败绩而不利，有始无终之象也。

桃李当时。

真一山人云：尔家积德有余年，难里生恩天眷怜。传与儿孙早学好，平生善恶鉴乎天。

《无惑钤》云：支戌生庚，坐守即亨。武临昼夜，步步休行。

《钤解》曰：支戌上门来生庚干，名自在格，坐守亦可以亨利也。昼夜乘玄，虽若可畏，能静坐而不妄动，亦可以聊生矣。《集议》：子上乘天后，临戌发用，主妇女私通。向三阳："三阳渐至暗向明，惟怕空亡又隔停。更若相生无克贼，子寅出暗向阳辰。"

庚戌日第十二课

重审　连茹　三奇　罗网

```
后 阴 玄 常          白 常 玄 阴
子 亥 戌 酉          子 亥 戌 酉
亥 戌 酉 庚          亥 戌 酉 庚


子 辛 亥 阴          子 辛 亥 常
子 壬 子 后          子 壬 子 白
父 癸 丑 贵          父 癸 丑 空


青 空 白 常          蛇 贵 后 阴
午 未 申 酉          午 未 申 酉
勾巳    戌玄          朱巳    戌玄
六辰    亥阴          六辰    亥常
卯 寅 丑 子          卯 寅 丑 子
朱 蛇 贵 后          勾 青 空 白
```

《玉历钤》云：此课初中脱日，末传归墓，凡占所事无成。

《毕法》云：此课干上酉脱支，支上亥脱干，我欲脱人，人先脱我，互怀欺骗之意，惟君子无侵人，宁侵于人，侵人则怨生，侵于人则感恩。

日上生辰上，日生用，末克初。

课名重审、进茹。凡谋事干众牵连，三进三退不足，宜迟缓可成，始凶终吉，宜退以待时。

《义》曰：脱中逢墓，何为依护？耗盗难辞，更思致富。谋望纵成，才竭立穷。可为太息，正守利亨。

《象》曰：英雄豪杰本天然，时未亨通变可怜。变里才成成又变，纵教成就不牢坚。

此重审之卦，一曰连茹。夫重审者，重而审之也。利为主，利后动，长有厄，事从内起，起于女人。以下犯上，贱犯贵，卑犯尊，事多不顺。阴小在下者，有悖逆之事。占臣未忠，子失孝，事不可遂意而行，必当审察，循乎义理，庶几以免后患也。况连茹，事主欲行不行，欲止不止，节外生枝，恩中生害，先进后退，一事未毕，一事又续，根苗不断，旧事从新。酉加庚，日上羊刃，不宜争讼。末传破碎，必至深伤，所幸三奇为福以解。余占不足处得美，亦皆三奇之力。占者遇之此课，三传脱日，占求官未遂。占婚姻勿成。求财难得，得不偿费。占失物难寻。占交易，合而不遂。占远行，进中有退。投谒人者，千里徒劳而费粮裹。占宅不利人，以其宅盗人气也。占逃亡，虽有自归之心，欲归而犹未归。不宜占产，进中有退。得此者，当竭诚终德以祈神之佑也。占病者亦如之。

占出兵行师得此，有不足虚耗之忧，宜储积粮草，以备不虞。昼占中止，夜占不足。利为主，利后动。大抵用兵之道，贵将之权谋得其宜也。敌使之来，有益于我，多见讲和之好，而终至其耗赚也。

真一山人云：人情物态两相连，春月秋花好赋诗。抬首高歌发声啸，这般滋味几人知？

《无惑钤》云：三传脱日，凡占费力。病危讼刑，嗣婢恼及（一作：潜龙待时）。

《钤解》曰：三传纯水脱日，谋为费力也。干支上下，交互六害，占病虚弱，占讼被刑。酉为婢，戌为奴，必为婢致恼也。《集议》："所谋多拙逢罗网"内，干乘干前一辰，支乘支前一辰，故名天罗地网，凡得此课，罗网兜裹身宅，诸占岂能亨快？干支互脱，即"天网恢恢"、"东手得来西手去"之喻。又费有余而得不足。两贵不协，变为妒忌，丑加子，未加午，互换作六害。

辛亥日

辛亥日第一课

伏吟用辰　斩关

```
白 白 常 常          玄 玄 常 常
亥 亥 戌 戌          亥 亥 戌 戌
亥 亥 戌 辛          亥 亥 戌 辛

子 辛 亥 白          子 辛 亥 玄
父 庚 戌 常          父 庚 戌 常
父 丁 未 后          父 丁 未 青

蛇 贵 后 阴          六 勾 青 空
巳 午 未 申          巳 午 未 申
朱 辰    酉 玄       朱 辰    酉 白
六 卯    戌 常       蛇 卯    戌 常
寅 丑 子 亥          寅 丑 子 亥
勾 青 空 白          贵 后 阴 玄
```

《玉历钤》云：此课伏吟虽凶，夜贵却吉，凡占用望，先难后易，费力后成。

《毕法》云：此课主伏匿不动，然丁神却临于末传，必由静而求动也。如占访人，必出干事。如占求事，必先许允，而后改易也。

上神生日，日上克辰上，三传生日，末克初。

课名伏吟。诸神不动。斩关不断本凶，夜贵可用，先难后遂。初末皆合，有接引之象，不图亦自败。

《义》曰：昼虎夜玄，未得安然。静守亨吉，动用难前。病凶虚怯，悔过消愆。小事庶可，大事未全。

《象》曰：心事年来未得伸，渐看好处长精神。吉人自是天加佑，也待时来百福臻。

此自信之卦，一曰斩关。夫自信者，乃天地伏吟，十二神各归本家，天地如一，四伏未发之象。占事静则宜，动则滞，事主伏匿不动，静中求劳，有屈而不伸之象。《经》云："任信伏吟神，行人立至门。失物家内盗，逃者隐乡邻。病合难言语，安胎聋哑人。访人藏不出，行者却回轮。"斩关者，非安居之象，占者多不自由，事多暗昧不和，离散口舌，欲隐身避难者，却利乎奔逃也。又主暗中不顺，多见改更，事主不正，坟墓破坏，占婚亦强成，难于久远。凡事历遍艰辛，然后可遂。况鬼暗兴，戌为火库，是鬼墓也。占者遇之此课，占求官，美中又未尽其美。占婚姻难成，非配偶也。占求财，得不偿费。占病畏忌。占失脱难得。占见贵不顺。交易难成。远行难动，动则不吉。千里投人者，勉强而去，不遂意而归。占逃亡自归。占宅不吉。讼者未宜，宜为和好。常占平吉。

占出兵行师得此，昼占凶败，夜占盗失忧疑，大宜防暗中伏兵侵扰。勿忽！勿忽！

动宜合礼。

真一山人云：事多更变不寻常，桂子秋风播远香。静里谁知滋味好，渐看名誉日彰彰。

《无惑钤》云：生意特达，投初被脱。丁未凶动，旅情未遏。

《钤解》曰：戌土临干，生意特达也。及投初传亥水，反被脱盗，不守中传之生，而末逢丁未，未免于动，况值斩关，行旅之情，焉能止耶？俱不能免其凶也。《集议》："金日逢丁凶祸动"内有此日例，因父母长上而凶动。任信丁马，说见己酉日第一课。

辛亥日第二课

元首　退茹　不备　斩关　互生
魁度天门关隔定　旺禄临身休妄动

```
玄 常 阴 玄          白 常 空 白
酉 戌 申 酉          酉 戌 申 酉
戌 亥 酉 辛          戌 亥 酉 辛


父 庚 戌 常          父 庚 戌 常
兄 己 酉 玄          兄 己 酉 白
兄 戊 申 阴          兄 戊 申 空


朱 蛇 贵 后          朱 六 勾 青
辰 巳 午 未          辰 巳 午 未
六 卯    申 阴      蛇 卯    申 空
勾 寅    酉 玄      贵 寅    酉 白
丑 子 亥 戌          丑 子 亥 戌
青 空 白 常          后 阴 玄 常
```

《玉历铃》云：此课三传皆退，纯金用事，事无变化，凡百用望，徒然费力，不能成功。

《雕科经》曰：凡占科第、求官得失，若发用上见青龙、太常、河魁、贵人、天马、驿马，或在行年、日辰上，俱主得名登第；若或各神刑克，行年不遇，皆主黜落也。此课占人，行年二十二岁，在亥上，见河魁，太常乘之，九月天马在戌，此课得名，登科之格。

《毕法》云：戌为天魁，亥为天门，戌加亥为用者，凡占谋用，皆阻隔不通。又云：干上酉虽生支而败支，支上戌虽生干而克支，徒有生旺之名，反作克害之实。值此者，人虽吉而宅则衰也。又旺禄临身，不宜别谋动用。

辰上生日上，初生末。

课名元首、退茹、斩关。六害用事干众，加支不祥，又为两皆凶，不可轻动，所喜一禄加日。日干辛往加支辰亥上，乃尊临卑，又生助卑。中末归旺，凡事宜退而求生可也。

《义》曰：戌加于亥，名曰关格。进退宜难，事逢梗塞。暗昧不和，离散口舌。守禄不动，自足怡悦。

《象》曰：秋露凌空潦水清，桂花飘尽晓凉生。当时旺禄君须守，否则牵连反未宁。

此自信之卦，一曰连茹，又曰斩关。夫元首者，尊制卑，贵役贱之象。占事多顺，利于先举，事多起于男子。为臣忠，为子孝，正大光明而无邪僻之行，德业已著而乾乾进修，常怀危惧，惕励而无咎也。戌酉申，退连茹也，事主欲行不行，欲止不止，节外生枝，根苗不断，旧事重新，一事未了，一事相续，退而有进之象也。夫斩关，不利安居，占者多不自由，事多暗昧不和，离散口舌，欲隐身避难者，却利乎奔逃也。又主暗中不顺，多见更改，事多不正，坟墓破坏，占婚亦强成，难于久远。凡事历遍艰辛，然后可遂。秋占为旺禄临身。夜占为励德，大吏升迁，小吏迍否。占者遇之此课，上下六害，彼此猜忌，难于成事，凡事宜退而不宜进，进则失，退守得禄，亦美中耗失。占婚姻勿成。占交易难合。宾主不投。占远行阻隔。凡事皆然。占投谒，徒费粮裹。占病胸中不利，必有隔塞，宜宽利之剂。占逃亡自归。

占出兵行师，昼夜所占稍吉，谨于战阵之时，两皆有猜忌，贵在将者权谋，当其可也。

退一步高。

真一山人云：婚姻喜事未相当，勉强成来虑有妨。谋望迟疑须待守，荣华还向贵人常。

《无惑钤》云：禄乘玄虎，结好不忤。奴婢夜失，相生交互。

《钤解》曰：旺禄临身，奈乘玄虎，未免惊忧耗费，但金水相生，相与结好，而不忤其意也。酉婢戌奴，相加乘玄，昼占定奴婢逃走。且酉生亥水，戌生辛金，交互相生，却宜彼此相合，以作营运。《集议》："旺禄临身徒妄作"内列此日。酉生支而败支，戌生干而自克其支，出"互生"内。《神中金》云：三传不离四课，名盘珠格，谋事吉则成吉，凶则成凶，忌占病讼忧产四事。

辛亥日第三课

元首　顾祖　不结果

权摄不正禄临支

```
后 玄 贵 阴          青 白 勾 空
未 酉 午 申          未 酉 午 申
酉 亥 申 辛          酉 亥 申 辛


官 丙 午 贵          官 丙 午 勾
父 甲 辰 朱          父 甲 辰 朱
财　 寅 勾 ◎        财　 寅 贵 ◎


六 朱 蛇 贵          蛇 朱 六 勾
卯 辰 巳 午          卯 辰 巳 午
勾寅　　　未后       贵寅　　　未青
青丑　　　申阴       后丑　　　申空
　子 亥 戌 酉        　子 亥 戌 酉
　空 白 常 玄        　阴 玄 常 白
```

《玉历钤》云：此课初传午上见贵，辛阴金，午乃官星为用，乃吉课也，嫌末传空亡为挠，凡占所求，费力方成。

《毕法》云：此课末传寅木，助初传午火以克辛金，此寅木乃教唆之人也，其品为吏人，为道士，为胡须人，为木旁，属虎之人，存狡猾之心，画废置之策，然身坐空亡，则愚戆无才，不能遂志，久必败露，反受其患也。

用克日上，用克日。

课名元首。占事来意，不灾则恼，门户有口舌不宁，所谋涉公私，所幸首尾贵人，末见空亡，先难后易，先见不足，后可解忧。

《义》曰：占事来意，不灾则恼。进退未遂，难得和好。有始无终，虚恐脱空。改图之象，劳而无功。

《象》曰：常占守正乐悠悠，且莫贪图向未求。此理看来真可笑，难中变易散忧愁。

此元首之卦，一曰天网。夫元首者，尊制卑，贵役贱之象。占事多顺，利于先举，事多起于男子。为臣忠，为子孝，正大光明而无邪僻之行，德业已著而乾乾进修，常怀危惧，惕励而无咎也。夫天网者，即天网四张也，故曰"天网四张，万物被伤"，为阻滞，为疑难，为灾恼。午辰寅，进间传，进而有隔，隔而后进，进退不一。格名顾祖，故曰："顾祖迎亲复旧庐，求财谋望始堪图。惟有庚日不宜见，鬼来又向鬼乡居。"占者遇之此课，占求官宜，但居官者，谓之权摄不正，而受屈于人，或在任差使繁杂，或解职于子侄。占婚姻不宜。占财有，恐因妻财而起不足。占见贵不喜，或两处求贵人干事。占宅占身，防失脱不宁。占病者有神祇为祟，宜禳谢。占讼者，必有人唆。占远行不利。千里投人者，未足称遂。占逃亡自归。

占出兵行师，昼占贵人，举兵开地千里，亦美中不足，夜占不吉，举动阻隔，先难后易也。

利寅年月日。

真一山人云：君子随宜道益昌，人生何得苦忙忙。菜根滋味常常咬，子孝孙贤名誉香。

《无惑钤》云：末助初凶，却是旬空。徒为冤憎，只落虚名。

《钤解》曰：午贵作官发用，仕宦最宜，利见大人，常人官中事扰。末传寅木，助初传午火克辛金，定有教唆词讼之人，幸寅乃旬空，无力相助，徒为冤憎而已，久自败露，凡称说资助，不过虚文而已。《集议》："末助初兮三等论"有此法。交车害。局中子加寅，夜得太阴，主妇有孕。禄临支被脱，必因起盖宅屋，而以禄偿债，难以权摄言。丑乃辛墓，临卯为墓门开，但不乘蛇虎，又为外丧。

辛亥日第四课

元首　玄胎　真励德　闭口　不行传

互生俱生凡事益　虎乘遁鬼殃非浅

```
蛇 阴 朱 后          玄 空 阴 白
巳 申 辰 未          巳 申 辰 未
申 亥 未 辛          申 亥 未 辛


官 乙巳 蛇          官 乙巳 玄
财    寅 勾 ◎       财    寅 贵 ◎
子 辛亥 白 ⊙       子 辛亥 六 ⊙


勾 六 朱 蛇          贵 后 阴 玄
寅 卯 辰 巳          寅 卯 辰 巳
青丑      午贵      蛇丑      午常
空子      未后      朱子      未白
亥 戌 酉 申          亥 戌 酉 申
白 常 玄 阴          六 勾 青 空
```

《玉历钤》云：此课虽日德为用，亦不为吉，凡占无所成。

《毕法》云：此课日上为丁神，父母长上而凶动，然赖末传之亥解救而无妨也。又曰：干上未生干，支上申生支，值此必人身旺盛，宅舍光辉，人己皆有利益，不相妒忌矣。

《曾门经》曰：天乙立二八门，阳立于后，阴立于前，阴阳失位天道，自然阴阳不安，小吏免退，贵者将迁，庶人居宅不安。此课天乙胜光立酉上，小吉、传送为日辰阳神，居天乙后，天罡、太乙为日辰阴神，在天乙前，前为阳位而阴神居之，后为阴位而阳神居之，故曰"阳立于后，阴立于前，阴阳不安"。阳居阴位，今当进上，阴居阳位，今当退黜，贵者将选，小吏免退，庶人居宅不安也。

上神生日，日上生辰上，用克日，末克初。

课名元首、玄胎。辛以巳为德，又为辛金长生，巳申合，可谓吉矣。第四课发用稍迟，中末合，空亡，恐占后不吉昌，凶忧财散。

《义》曰：虽有可畏，亦有可喜。君子知微，贵乎所止。忧恼惊惶，渐变吉昌。欲求成事，恐未相当。

《象》曰：春来万物自然荣，到此功名尽有成。太岁逢寅尤是美，难中变易免忧惊。

此元首之卦，一曰天网，亦曰玄胎。夫元首者，尊制卑，贵役贱之象。占事多顺，利于先举，事多起于男子。为臣忠，为子孝，正大光明而无邪僻之行，德业已著而乾乾进修，常怀危惧，惕励而无咎也。《经》曰"天网四张，万物被伤"，为阻滞，为疑难，为灾恼。况玄胎如婴儿隐伏之状，利上不利下，事主远而多伏，暗昧不通，触则成祸，惟君子守正修德则亨。幸上神生日，所谋百事吉，运用如意，遇灾不凶，逢吉愈吉。季夏时占，主声名显达，岁命生日者，尤为吉昌。此乃有人上门相助之象，非我有求于人。常占必有众人相为谋害之意，凶中而化吉也。占者遇之此课，占求官宜得，但不宜中末无力，难于成事，必待木旺之时可也。占见贵虽顺，事未许济。占婚姻难成。占财不实。病者不妨，若老人小儿久病者得此，深为可畏。占失物难寻。远行有阻。千里投谒人者，徒费粮裹，得不偿失也。忧惊狱讼，先难后易而有解。逃盗勿捕。

占出兵行师，敌使之来，有益于我，必见和解，昼夜所占，虽凶而勿畏，以其课体有始无终也。

真一山人云：向人莫说心中事，且向窗前阅古今。待得时来随所欲，相逢处处是知音。

《无惑钤》云：丁马徜徉，勾虎空乡。君子迍滞，黎庶灾亡。

《钤解》曰：丁虎临干，火马发用，官讼疾病皆凶。若冒险而贪取中传之财，引入亥虎空脱之乡，官星被制。君子占官，犹且迍滞；常人若占病讼，必有死亡刑狱之祸矣。《集议》："金日逢丁灾祸动"内列此日，为因父母长上而凶动，夜占丁神乘虎尤速。未乘天后立戌，主妇人有疾。乐里悲。丁未凶，未遁丁鬼。夜虎临干，殃非浅也。

辛亥日第五课

涉害　长幼　曲直　不行传

```
六 后 勾 贵          后 白 贵 常
卯 未 寅 午          卯 未 寅 午
未 亥 午 辛          未 亥 午 辛


父 丁 未 后          父 丁 未 白
财   卯 六 ◎        财   卯 后 ◎
子 辛 亥 白 ⊙       子 辛 亥 六 ⊙


青 勾 六 朱          蛇 贵 后 阴
丑 寅 卯 辰          丑 寅 卯 辰
空子       巳蛇      朱子       巳亥
白亥       午贵      六亥       午常
戌 酉 申 未          戌 酉 申 未
常 玄 阴 后          勾 青 空 白
```

《玉历钤》云：此课虽三传之神三合，却与日无情，谓阴金得木局，徒费力无成。

《毕法》云：此课三传为日之财，而三六相呼，占者凡事皆遂，全无障阻，又且有人相助成合事务，惟不宜占解释事，以其交合不得脱离，占病亦不能便解，占行人有喜，即日至矣。

上神克日，日上生辰上，日克三传，初克末。

课名涉害、曲直、长幼。三传皆财，中传空亡，末支又落空亡，凡事向后不十全，所谋宜急图，或出旬别图可为。

《义》曰：贵人克日，见贵无益。求财春宜，因财不足。仲春求官，假财为官。岁若见卯，方保周全。

《象》曰：空脱谁怜未遂情，徒教劳碌事难成。病凶只恐灾星重，又喜忧中见福星。

此见机之卦，一曰泆女，亦曰曲直。夫见机者，察其微，见其机，谓两比两不比，当以涉害为用。涉害有浅深，欲用不用，欲言不言，事有两而取一，所作稽留，迟疑艰难，进退不定，忧患难消，怀孕伤胎，难于前而易于后。《经》云："天后常为厌斁神，须知六合是私门。二将取名称泆女，夫妻失友异情恩。"夫泆女，阴私邪淫，占男女暗昧不正。且曲直者，先曲而后直，象木之谓，当作成器。此五行正气入十干杂糅之乡，异方三合乃生旺墓之神，事主丛杂不一，主关众人共谋，不然两三处干事，委曲托人与人相合之类。又如推磨者，无休歇之象，惜其乘空作空，吉凶无用。占者遇之此课，三六合全，利乎谋事，又畏其合而不合，则事有成而不成之象。若仲春占事，庶几有成。占求财得利，又妨因财因妻而致灾祸，智者当见机，不可泥于有求也。余月占吉凶两事，皆不足用，徒有谋望不遂，虽有惊忧不成，事多起于虚声。

占出兵行师，得此课者亦然，宜防众欺侮而勿忽也。

木旺则亨。

真一山人云：知机乐道好投闲，多少谋猷也是难。却喜有凶翻作吉，逢人随处且盘桓。

《无惑钤》云：鬼宅身灾，掠取钱财。携金告贵，此用宜哉。

《钤解》曰：辛被午克，亥被未克，身宅俱灾也。三传木局，辛之财反生干上午鬼，不惟财被鬼掠，且财化为鬼矣。夫午乃日贵，辛之真官星，若携财以告贵，则必生官矣。求进用者得此，不亦宜乎？《集议》：彼此全伤，说见己酉日第五课。"传财化鬼财休觅"内有此例，谓财在目前，怎忍舍之？财生鬼旺，取必致祸，如在刃上蜜，焉可舐之？稍识事君子，见祸自财出，必不取之，庶得全身远害。此例虽不利取财，惟宜以财而告贵成事，缘用昼贵，乃以财生贵，必宜侥求关节，事必谐也。未乃支鬼，夜占乘鬼遁丁，殃非浅。夜占帘幕（午旬首）局内天罡临申乘雀，主望印信文书事。"金日逢丁灾祸动"内有此日，因父母长上而凶动。夜将未乘白虎，凶动尤速。午克辛，其丁神又克其支，人且灾而宅必动摇。唯有官人，若占赴任，宜乎夜将，但日师未谙此例。昼贵作鬼临身，占病必神祇为害，不可作祟也。

辛亥日第六课

重审　四绝

白	贵	空	后
丑	午	子	巳
午	亥	巳	辛

蛇	常	朱	玄
丑	午	子	巳
午	亥	巳	辛

官	丙午	贵
父	癸丑	白
兄	戊申	朱

官	丙午	常
父	癸丑	蛇
兄	戊申	空

```
空 白 常 玄
子 丑 寅 卯
青亥      辰阴
勾戌      巳后
酉 申 未 午
六 朱 蛇 贵
```

```
朱 蛇 贵 后
子 丑 寅 卯
六亥      辰阴
勾戌      巳玄
酉 申 未 午
青 空 白 常
```

《玉历钤》云：此课德神临日，官鬼为用，求官吉利，但初传克末传，亦不全美，余占有阻。

上神克日，用克日，初克末。

课名重审。中传见丑为墓，首尾不相应，事无终始，只可结绝旧事，若欲谋新事，不免重谋。初克末，时下用吉。

《义》曰：事多扼塞，动多阻隔。了旧方荣，课名四绝。欲求吉福，守正无辱。君子戒贪，由此寡欲。

《象》曰：谋事平平干事迟，劝君少要使心机。待时自有非常用，富贵荣华定可期。

此重审之卦，一曰天网。夫重审者，重而审之也。利为主，利后动，长有厄，事从内起，起于女人。以下犯上，贱犯贵，卑犯尊，事多不顺。阴小在下者，有悖逆之事。占臣未忠，子失孝，事不可遂意而行，必当审察，循乎义理，庶几以免后患也。《经》曰"天网四张，万物被伤"，为阻滞，为疑难，为灾恼。一下贼上名重审，子逆臣乖弟不恭。事起女人忧稍重，防奴害主起妻纵。万般作事皆难称，灾病相侵恐复重。论讼对之伸理吉，先讼虚张却主凶。上神克日，凡事不利，只利先讼，要有气，余占不吉，常占为人所欺负，病讼畏。课名四绝，发用无力，惟宜结绝旧事，不可图新，所谓事了、人来、信至也。占者遇之此课，占求官，先易后难。占谋望费力。占见贵不喜。占讼失理，官事多愁。占婚姻不宜。占求财难得。病者犯神宜禳。失脱宜寻，勿因财致灾祸。逃亡可获。忧疑患难，宜修德以禳之。

占出兵行师得此，昼占开地千里，夜占稍吉，且有侵袭阻塞之忧，利后进，利为主也。

夏吉。

真一山人云：从今且莫恼心肠，只管开怀醉酒觞。有事来干君自省，惟凭阴德作祯祥。

《无惑钤》云：采葛寻恼，幽隐难考。夜玄克身，两午非好。

《钤解》曰：干上巳，夜乘玄武，支上午，旬遁得丙，并为日鬼，丑虎墓居中，其凶最深，然而巳午相迎，谓之连枝带叶，譬之采葛而寻其根本，以求其生祸之源，其事幽隐，其理难考，盖由丑来入午，而午遂加支上，却与干上巳相迎，结连为鬼，而辛金受害甚矣。《集议》："六爻现卦防其克"内列其法，谓三传现类而自墓克者，此兄弟爻申也，先被午克，而自又入墓，是兄弟无气。夜占帘幕临支。发用丑加午，昼将白虎，主争墓田及道士之事。两贵相协。昼贵作鬼入宅，占病必家堂神像不肃所致，宜修功德安慰免咎。

辛亥日第七课

反吟　玄胎　芜淫

二贵受克难干贵　夫妇芜淫各有私

<pre>
青 后 勾 阴   六 玄 勾 阴
亥 巳 戌 辰   亥 巳 戌 辰
巳 亥 辰 辛   巳 亥 辰 辛

官 乙 巳 后   官 乙 巳 玄
子 辛 亥 青   子 辛 亥 六
官 乙 巳 后   官 乙 巳 玄

青 空 白 常   六 朱 蛇 贵
亥 子 丑 寅   亥 子 丑 寅
勾 戌   卯 玄   勾 戌   卯 后
六 酉   辰 阴   青 酉   辰 阴
申 未 午 巳   申 未 午 巳
朱 蛇 贵 后   空 白 常 玄
</pre>

《玉历钤》云：此课巳为日德，加亥上为绝乡，又被亥水冲克，反吉为凶，凡占所事皆凶。

《毕法》云：此课干被支上神克，支被干上神克，为芜淫卦，主夫妇有私情，互结外好，荒淫败伦之论也。又云：此例不可执为专言夫妇之事，以此为例，如先有人许允，后却不相顾盼，不但无情，尤怀恶意，可以类推矣。

上神生日，辰上生日上，用克日。

课名反吟。旦后暮玄，必有阴昧，虽巳火克干金，为德神所护，只动静反复不常，事涉两头，先阴昧，后得助而有图，反得吉。

《义》曰：方晴忽雨，东而复西。何处教人，以数定期。反复变来，方见事机。惟宜正顺，保无私虑。

《象》曰：重求轻得浪翻空，可叹人情未始终。认得这些仁义处，自然安稳乐无穷。

此无依之卦，一曰玄胎。夫无依者，即反吟也。《经》云："无依是反吟，逃者远追寻。合者应分散，安巢别改林。守官须易位，结友也分襟。所为多反复，占病数般侵。"反吟刑冲，事主迟滞，远近系心，更相仇怨，且反复而呻吟，是无予夺而难息也。况玄胎如婴儿隐伏之状，利上不利下，事主远而多伏，暗昧不通，触则成祸，惟君子守正修德则亨。《经》曰"天网四张，万物被伤"，为阻滞，为疑难，为灾恼。上神生日，所谋百事吉，运用如意，遇灾不凶，逢吉愈吉。若三月节得此，主声名显达，岁命生日者，尤为福吉。此有人上门相助，盖不须己之求人也。占者遇之此课，占求官不利，以其所用之神居于绝地，若有官者得之，宜守正修德，否则有不足之叹。占见贵虽顺，事见更改。占婚姻难成，夫妻失友。占财虽有，亦见反复不利。占胎产，亦主不利。占病宜阴德为善以消禳。其他诸占不足，却主事了、人来、信至。

占出兵行师得此不宜，如不得已而行，昼占无威，夜占盗失。利为主，利后动，动则慎之，庶几保全也。

见寅吉。

真一山人云：病多进退事多更，何是人心不世情。得失由来先已定，好将阴骘答神明。

《无惑钤》云：两贵受克，生值绝灭。浊气所生，失十得一。

《钤解》曰：午昼贵临子，寅夜贵临申，为下所克，自救不暇，焉能为人？干之无益也。巳乃辛金长生，临亥以投绝灭，见生不生，虽赖辰土所生，奈系浊气，实为亥水所脱，非得一失十而何？《集议》：辰为浊气，必得一失十，说见邵先生己酉年五月初四日课。①

---

① 其说见前辛巳日第七课中。何上舍丁丑生三十三岁，于己酉年五月辛巳日申将寅时，占前程。

辛亥日第八课

重审　斩关　寡宿　斫轮　励德

胎财生气妻怀孕　朽木难雕别作为

```
六 阴 朱 玄          青 阴 空 后
酉 辰 申 卯          酉 辰 申 卯
辰 亥 卯 辛          辰 亥 卯 辛


财    卯 玄 ◎        财    卯 后 ◎
兄 戊 申 朱 ⊙        兄 戊 申 空 ⊙
父 癸 丑 白          父 癸 丑 蛇


勾 青 空 白          勾 六 朱 蛇
戊 亥 子 丑          戊 亥 子 丑
六 酉    寅 常       青 酉    寅 贵
朱 申    卯 玄       空 申    卯 后
未 午 巳 辰          未 午 巳 辰
蛇 贵 后 阴          白 常 玄 阴
```

《玉历钤》云：此课空亡加日，为吉凶不成，又兼末传日墓，凡事暗昧，不可为用。

《毕法》云：此课卯木临于辛金之上，谓之斫轮，卯木空亡，则是朽木不可雕也。凡值此例，不宜守旧，必当改弦易辙，别求营运。

《神枢经》云：此课卯为空亡，加于日上，又为用，上乘玄武，重重脱气，全无实用。占者值之，费用百出，无一可成，一动十费，十不偿一，水火盗贼，诓骗脱赚，不能免焉。

日克上神，日上克辰上，日克用，初克末。

课名重审。卯作空亡为用，乃斫轮体，凡谋动不成，望进主再，盖空用则吉凶无用，可倚贵人成事。

《义》曰：人到山林，廻避虎狼。平生幸尔，有好心肠。婢思逃走，妻欲病肠。若得破财，福渐荣昌。

《象》曰：徒劳南北远经营，不遇春来事未成。更得卯年逢卯日，便看好事自光荣。

此重审之卦，一曰寡宿。夫重审者，重而审之也。利为主，利后动，长有厄，事从内起，起于女人。以下犯上，贱犯贵，卑犯尊，事多不顺。阴小在下者，有悖逆之事。占臣未忠，子失孝，事不可遂意而行，必当审察，循乎义理，庶几以免后患也。《赋》云："寡宿孤辰，值此尤妨骨肉。"若占身得此，主见孤独，别离乡井，自立门户，财物虚耗，僧道宜之，俗不宜也。干上见财乘玄武，防妻财惹不足之恼，或有失脱亦同。占者遇之，凡事起于虚声，闻见未实，不可遽信，宜加详察，庶不误事。占求官见贵，更改别图。占婚姻求财，另为处置，否则徒为勉强而无益也。占暴病吉，久病凶。占求事，得此未能。占忧患，得解散。占远行不利，占投谒亦然。

占出兵行师得此，有不果行其事，法忧失众、失物，亦难见敌，要当谨始终，以防惊恐，幸而有解也。

更变不一。

真一山人云：吉凶何必分忧喜，两事无成焉可说？退身一步自然高，待得时亨自欢悦。

《无惑钤》云：来情占失，夜贵无力。斫朽木轮，凡谋阴匿。

《钤解》曰：卯乃旬空，临干发用，且乘玄武，来意必占失遗也。寅乃夜贵，俯仰丘仇，干则无力。卯木既空，斯材已朽，不堪雕斫，宜改科别业。支被墓覆，乘太阴阴私之神，所谋非阴邪私匿不明之事乎？《集议》："朽木难雕别作为"内有此日例，尤的。卯木固空，而申金又到其上，其木朽可知。"前后逼迫难进退"内列此日，谓发用卯木既被辛克，归家又被上神申克。发用卯空乘空，主失脱。上神六害。卯乃辛金胎财，四月为生气，主有孕喜，亦主妻之姊妹有孕，卯空后必损。

辛亥日第九课

知一　曲直　不行传　交车

传财太旺反财亏　虎乘遁鬼殃非浅

```
蛇 玄 贵 常          白 后 常 贵
未 卯 午 寅          未 卯 午 寅
卯 亥 寅 辛          卯 亥 寅 辛


父 丁 未 蛇 ☉        父 丁 未 白 ☉
子 辛 亥 青          子 辛 亥 六
财   卯 玄 ◎        财   卯 后 ◎


六 勾 青 空          青 勾 六 朱
酉 戌 亥 子          酉 戌 亥 子
朱 申      丑 白     空 申      丑 蛇
蛇 未      寅 常     白 未      寅 贵
午 巳 辰 卯          午 巳 辰 卯
贵 后 阴 玄          常 玄 阴 后
```

《玉历钤》云：此课日上与末皆是空亡，发用又加空亡之地，凡事无成，不可用。

《毕法》云：此课干寅支卯二财皆空，若求财，正犹偃苗而助之长也，不徒无益，而反害之。

日克上神，辰上克用，末克初。

课名知一、曲直。末传空亡，凡占虚声，隔三隔四，转托求之，亦不可遂，占忧却散。

《义》曰：枝叶凋落，可以待时。不逢卯字，徒尔寻思。谋望难成，闻事虚声。坐见更变，抚掌笑声。

《象》曰：好事空逢未足欢，忧惊从此便开颜。病人得此宜修德，只怕临时畏此关。

此重审之卦，一曰曲直，亦曰龙战。夫曲直者，先曲而后直也，象木之谓，当作成器。此乃五行正气入十干杂糅之乡，异方三合乃生旺墓之神，事主丛杂不一，主关众人共谋，不然两三处干事，委曲托人与人相合之类。又如推磨，推磨者无休歇之象，一事去一事来，往来不歇，必得吉将用事，须得人引进方可。况龙战，主人心疑惑，进寸退尺，动有乖离之象。卯酉为天之私门，生杀有限，分杜有期，雷动龙奔，示其有战。曲直东方是木形，三传亥卯未相并。人占伐木并栽树，病者因风致有祟。夜占为泆女不正，不宜占婚问宅，恐媒妁不明，而家法不严，所幸有解。俱财，财多反生不足，亦不宜占父母。贵人虽坐狱，辛日为贵人受贿。占求官见贵，必赖贿通。占新病吉，久病凶。占者遇之此课，在春二月、卯年占事，庶几有成，其他时所占百事，皆无可望，须见更改。占吉事不为吉，占凶事不为凶，事事逢之，应知有解。

占出兵行师者，防失众，事多虚声不实，大化小而小化无也。

变更不一。

真一山人云：空门逢此却欢忻，仕宦占之不利人。买卖求财还未准，忧惊可解谢天神。

《无惑钤》云：夜虎丁火，勿恃空课。交关何益，无财有祸。

《钤解》曰：未夜乘虎，遁丁发用，夜占为虎鬼克干。且课乃六合，传乃三合，俱空不可恃以为财，若求财，反费己财，不惟不得，却生起日阴午火以伤干也。寅与亥合，卯与戌合，寅卯俱空，纵是交关，何益之有哉？《集议》："传财太旺反财亏"内有此日例，谓空亡者，求财必费己财，缘见在之财已空，求未来之财，焉能得耶？墓门开，又为外丧入内，宜合寿木以禳之。"金日逢丁财动之"内列此日，因父母长上而凶动。夜将未乘虎，凶动尤速。昼占丁乘螣蛇发用，凡占至凶至危、至怪至动。夜占遁丁鬼乘虎，殃非浅也。昼占帘幕临干。占讼先曲而后直。四课无形，交车合空，初则极其和美，后则总成画饼，靡不有初，鲜克有终。

辛亥日第十课

蒿矢　玄胎　励德　闭口

后 常 阴 白　　　　六 贵 朱 后
巳 寅 辰 丑　　　　巳 寅 辰 丑
寅 亥 丑 辛　　　　寅 亥 丑 辛

官 乙巳 后 ⊙　　　官 乙巳 六 ⊙
兄 戊申 朱　　　　兄 戊申 空
子 辛亥 青　　　　子 辛亥 玄

朱 六 勾 青　　　　空 白 常 玄
申 酉 戌 亥　　　　申 酉 戌 亥
蛇未　　　子空　　青未　　　子阴
贵午　　　丑白　　勾午　　　丑后
巳 辰 卯 寅　　　　巳 辰 卯 寅
后 阴 玄 常　　　　六 朱 蛇 贵

《玉历钤》云：此课日上见墓神为凶，用乃德神则吉，吉凶相半，凡事无成。

《毕法》云：此课日上见丑，上乘白虎，作墓神覆日，凡占必主昏晦，抑郁不得亨泰也。

上神生日，辰上克日上，用克日，末克初。

课名蒿矢、玄胎。天绊地结，墓覆日干，漏底空，宜了绝旧事，忧疑可以立散，如谋望则无力，凶吉多不成也。

《义》曰：蒿矢射人，中而无力。更若乘空，无少补益。惟喜孟春，福禄于人。失却此时，未必为真。

《象》曰：事欲将成又变更，何须由此恼心情。纵教成了还无益，散尽忧疑赖此成。

此蒿矢之卦，一曰玄胎，亦曰天网。《经》云："神遥克日名蒿矢，射我虽端当不畏。贵人逆转子无良，天乙顺行臣不义。家有宾来不可容，亦忧口舌西南至。"然事主动摇，人情倒置，象如以蒿为矢，射虽中而不入，祸福俱轻，求事难成，利主不利客。况玄胎如婴儿隐伏之状，利上不利下，事主远而多伏，暗昧不通，触则成祸，惟君子守正修德则亨。夫天网者，即天网四张也，《经》曰"天网四张，万物被伤"，为阻滞，为疑难，为灾恼。日上见墓神，乃昏蒙滞塞之象。夫墓者，五行潜伏之地，四时衰败气绝之乡，如处云雾之中而无所见，不利。占者遇之此课，占求官待时，在东方年月。占见贵不遇，遇则无心成事。占婚姻不宜。占财不实。占病者，忌老人小儿久病凶，若暴病又为福也。占远行，未能遂意。千里求人者，徒劳跋涉而无益也。占忧疑不成。占宅不旺，虚耗损失。凡占宜守正，必见更改。

占出兵行师得此，忧失众，或有声无实，吉不吉而凶不凶也。

疑而未定。

真一山人云：及时方可去耕春，虽有镃基也待人。独驾小舟随所适，江湖风味自然真。

《无惑钤》云：马上张弓，矢镞申空。幸脱弧矢，墓虎重逢。

《钤解》曰：巳为弓，又为马；申，箭也。蒿矢得马，为马上张弓；申为箭，蒿矢得金为有镞，凶且速矣。幸而巳落空，申夜乘空，弓马既落空乡，矢箭又作天空，弧矢皆脱而无为，不足畏也。但墓虎临干，占病极凶，诸占昏迷凶恶。《集议》："干乘墓虎无占病"内有此日例，谓诸占昏迷凶恶，提防无故冤执而遭捶楚。如冬占稍轻，至冬旺可作库说。两虎夹墓。昼占帘幕临支。"空上逢空"内谓遥克逢空，凡占皆虚也。

辛亥日第十一课

涉害　泆女　不行传
空上乘空事莫追

玄　白　常　空　　　　蛇　后　贵　阴
卯　丑　寅　子　　　　卯　丑　寅　子
丑　亥　子　辛　　　　丑　亥　子　辛

父　癸　丑　白　　　　父　癸　丑　后
财　　卯　玄　◎　　　财　　卯　蛇　◎
官　乙　巳　后　⊙　　官　乙　巳　六　⊙

蛇　朱　六　勾　　　　青　空　白　常
未　申　酉　戌　　　　未　申　酉　戌
贵午　　　　亥青　　　勾午　　　　亥玄
后巳　　　　子空　　　六巳　　　　子阴
辰　卯　寅　丑　　　　辰　卯　寅　丑
阴　玄　常　白　　　　朱　蛇　贵　后

《玉历钤》云：此课墓神发用，传入空乡，吉凶不成。

《毕法》云：此课丑为干墓，巳为长生，初传丑，终传巳，乃自墓传生，先迷后醒之象。又云：中传空亡，折腰之例，事难成就。

上神盗日，辰上克日上，用克日上。

课名涉害。干墓为用，传入空亡，图用不行，望事难通，吉凶皆无成。卯为财合，巳为官，凡占财官，近贵乃往。用墓虎，小阻后通，然亦无终。

《义》曰：先凶后吉，荣辱并及。善以道处，何用强为？男女行媒，名分不齐。兢兢戒谨，勿或容私。

《象》曰：后合私情焉可用？占身得此还须慎。虽然实事难得成，播丑虚声能来听。

此见机之卦，一曰泆女。夫见机者，察其微，见其机，谓两比两不比，当以涉害为用。涉害有浅深，欲用不用，欲言不言，事有两而取一，所作稽留，迟疑艰难，进退不定，忧患难消，怀孕伤胎，难于前而易于后。传见泆

1145

女，《经》云："天后常为厌翳神，须知六合是私门。二将取名称泆女，夫妻失友异情恩。"夫泆女乃不正之象，阴私邪淫，占男女有阴私暗昧之理，占家宅宜谨慎闺门，以防阴小越礼，惟能以礼自防者可化之。日生上神，虚费不足，谋望不遂，盗失损财，人口衰残，休囚尤重，又为子孙脱漏之事。事多不实，主有奸诈之意。占者遇之此课，占求官迟滞，防人脱赚。见贵和合，事虑变更。占谋望不遂。占交易未成。占婚姻，先合而后变。财帛将至而复空。久病凶，新病吉。占宅不吉，必有伏尸故气。远行投谒，美中不足。逃亡目下难获。忧疑消散不成。丑卯巳，号曰出户："出户逢明日，欲求干望时。君子升阳渐，小人尚危疑。"况遇空，吉凶无益。

占出兵行师得此，昼占凶而有救，夜占怯而无成。大抵宜防失众，吉不吉而凶不凶，事有欲成不成之象也。

空木难雕。

真一山人云：历遍山高水险难，从今渐觉路途宽。若逢更改从容待，忧散还看益笑颜。

《无惑钤》云：财德既空，虎墓犹存。病绝药饵，恐丧其身。

《钤解》曰：卯财巳德，俱已空陷，有如无也。独存支上墓虎作初传，况系旬尾，占病必绝药饵饮食，恐难免于死矣。《集议》："脱上逢脱防诈伪"内列此日，以为尤可恶，缘干被上脱，初墓又坐脱方，中末空亡，亦闲话而已。昼虎夜螣，末助初生，旁有暗地相助推荐，以致亨旺，但末传空亡。"墓虎有伏尸"内列此日，谓干墓临支克支，占宅必有伏尸鬼为祸，或有影响，似此克宅者尤的。自墓传生。"空上逢空事莫追"内列此日，谓子为脱空神，凡占皆无中生无，尽是脱空，全无实踪，不足取信。

辛亥日第十二课

元首　连茹　不行传

```
青 空 空 白        后 阴 阴 玄
丑 子 子 亥        丑 子 子 亥
子 亥 亥 辛        子 亥 亥 辛


父 癸 丑 青        父 癸 丑 后
财   寅 勾 ◎      财   寅 贵 ◎
财   卯 六 ◎⊙    财   卯 蛇 ◎⊙


贵 后 阴 玄        勾 青 空 白
午 未 申 酉        午 未 申 酉
蛇巳     戌常      六巳     戌常
朱辰     亥白      朱辰     亥玄
卯 寅 丑 子        卯 寅 丑 子
六 勾 青 空        蛇 贵 后 阴
```

《玉历钤》云：此课初传墓神，中末空亡，吉凶不成，恍惚之象。

《毕法》云：此课干上亥，昼虎夜玄，皆乘脱气，犹赖亥水坐于戌土之上，尚惧戌土，不敢全脱，狐假虎威之象也。

《金匮经》云：凡玄武坐于太阳月将之上，占贼必败，缘盗贼喜夜暗可以隐形，岂宜被太阳之光照耀，以致不能隐匿，不劳捕必然自败也。此课亥将戌时，亥乘玄武，被月将太阳照破，此必家贼，久自败露也，故曰"太阳照武宜擒盗"。

上神盗日，用克日上，末克初。

课名进茹。辰加日，去住不由己，干众，进退不能，成只以迟慢、无成决之，盖十羊而九牧，凶吉皆无见。

《义》曰：物各有时，要此机会。苟非其时，又见废坠。进退两难，空脱相兼。君子守真，庶保吉昌。

《象》曰：春占病者更愁眉，多少阴功尚力疲。幸得凶中还有救，早令悔过莫迟违。

此元首之卦，一曰芜淫，一曰连茹。夫元首者，尊制卑，贵役贱之象。占事多顺，利于先举，事多起于男子。为臣忠，为子孝，正大光明而无邪僻之行，德业已著而乾乾进修，常怀危惧，惕励而无咎也。芜淫之卦，奸生于中。《经》云：阴阳不备是芜淫，不宜占婚姻，男女有不正之象，占家宅得此，宜严肃家法，以礼自防，庶不为欲之所挠。所幸中末无力，虽彼此有私，而终难就也。日生上神，虚费不足，盗失损财，人口衰残，休囚尤重，又为子孙脱漏之事。况连茹，事主欲行不行，欲止不止，节外生枝，根苗不断，旧事从新，一事去一事来。又名偃蹇，终不济事，所用过劳，耗失何免？占者遇之此课，占求官，进中有退，安命待时。占见贵喜合，事且未能。占求财难得，反有所伤。占病者，主凶危，宜修德禳谢。其他诸占，不惟无益，而又损之，惟当守正，谦退不妄为，则祸去而福生也。若夫当忧惊患难之时，得此又为福星，由其能解诸凶也。

占出兵行师得此，为之无用之课，防众心不一，脱赚不实，有始无终，惟在将之权谋也。事多未济。

春吉。

真一山人云：谁谓年来事变更，有情还见似无情。安居守正惟存德，风散云霾月自明。

《无惑钤》云：故意相亏，狐假虎威。己财既失，意利休希。

《钤解》曰：亥支已加于辛干以受生，是辛故意如此以自亏也，但戌乃辛之寄宫，恃此以制亥，亥惧戌而不致全脱，即狐假虎威之喻也。寅卯，己之财也，但系旬空，自己之财既失，意外之财岂可乞乎？宜闭口谨言可也。《集议》："须忧狐假虎威仪"内列此日例，此日不宜动作。干上脱气，夜乘玄，乃脱上逢脱之说。前后逼迫难进退，进逢墓，退遇脱。两贵不协，变成妒忌，夜贵寅加丑，昼贵午加巳，互换作六害。

壬子日

壬子日第一课

伏吟　三奇　不结果　夜励德（四课贵后为微服，凡事阴私利干贵）

```
青 青 空 空        玄 玄 常 常
子 子 亥 亥        子 子 亥 亥
子 子 亥 壬        子 子 亥 壬


兄 辛 亥 空        兄 辛 亥 常
兄 壬 子 青        兄 壬 子 玄
子   卯 朱 ◎⊙      子   卯 贵 ◎⊙


贵 后 阴 玄        朱 六 勾 青
巳 午 未 申        巳 午 未 申
蛇辰     酉常      蛇辰     酉空
朱卯     戌白      贵卯     戌白
寅 丑 子 亥        寅 丑 子 亥
六 勾 青 空        后 阴 玄 常
```

　　此课先生曰："此课财禄甚稳，但身有膀胱气，及阴肿水气之扰。宅上帝旺，财物兴隆。今年进子又进孙，中传及宅皆子也。子边著亥，乃孩字也。末传门户上有不宁，乃是户役事，门户不安。堂上不合安符，主家中无一时安静。而家势得池塘之利，必然大发。尚有四四一十六年，寿终时主阴肿而亡也。"王德卿乃是士人，善能治家，正值长旺，只是被膀胱病。其年三月进子，十二月进孙，又为户役所扰。堂中挂一天师符，自是梦寐不安，怪异影响，即却之，果无事。至辛酉年，王德卿死，寿六十一。自戊申年至辛酉年，一十六年，其家池塘最盛，一年有数万斤鱼利，盖缘壬子日亥子甚盛之乡，亥子为江湖所居，壬禄居亥而旺于子也。亥主四数，身与初传是两个四，所以言四四十六寿也。①

《玉历钤》云：课虽伏吟，中传青龙颇吉，占官不为用也。《赋》云："青龙入海，宜求汗漫之财。"

上神德日。

课名伏吟。诸神不动。壬得亥，为上下得禄，秋冬占大吉，须有事稍迟亦称，久久通利，虽中末子卯相刑，不为凶，但卯为空亡，吉不十全，忧可解。

《义》曰：守之自足，仲冬纳福。有始无终，劳劳碌碌。病凶有解，谋望变更。机关万种，多失少成。

《象》曰：莫厌人生处世难，穷通造化谩相看。成中又见无终始，勉强由来未保全。

此自任之卦。夫自任者，乃天地伏吟，十二神各归本家，天地如一，四伏未发之象。占事静则宜，动则滞，主事藏匿不动，静中求劳，有屈而不伸之象。《经》云："任信伏吟神，行人立至门。失物家内盗，逃者隐乡邻。病合难言语，占胎聋哑人。访人藏不出，行者却回轮。"占遇三奇，百事咸吉，三奇消除万祸，此之谓也。吉事愈吉，凶事即解，冬占为旺禄临身，不可舍禄而他求，恐不如意也。夜占为励德，大吏升迁，小吏迍否。贵临二八，摇动迁移，修整而应。又谓之关格不通，下状多不理。占者遇之此课，占求官虽吉，不可太过用心，恐招不足，若有官守者，惟宜守于本等，加之公勤，则福禄自荣，不必他望也。占见贵者，始终有变。占婚姻勿成。占交易比和。占远行不利而有害，幸有维持。占求财难得，得之不能为用。占病者不妨，但倦言或不进饮食，先凶而后吉也，久病可忧，有德庶几。狱讼者，屈而后伸。行动不宜向西北戌方，避之免忧。逃亡纵得难用，忧惊渐解，甚勿畏之。

占出兵行师得此，昼占防欺诈，夜占稍吉，有始而无终也。

真一山人云：绿杨影里系扁舟，明月芦花满眼秋。看尽世间多少事，一蓑烟雨任遨游。

《无惑钤》云：德禄幸临，贪心再成。欲其兴旺，无礼遭刑。

《钤解》曰：亥乃日干之德禄，既幸临干，最宜坐守，亦自亨快。壬乃贪心不止，又援初传之德禄以成再成。欲就中传子水以冀兴旺，末传卯却刑子，

---

① 《壬占汇选》作：王德卿辛酉生，四十八岁占宅，戊申年十月壬子日卯时卯将。

遂为无礼，则刑狱之祸，不能免也。微服卦，《观月经》曰："君子赐衣冠进秩，小人退位有灾忧。"

壬子日第二课

元首　不备　连茹

魁度天门关隔定

白	空	常	白		白	常	空	白
戌	亥	酉	戌		戌	亥	酉	戌
亥	子	戌	壬		亥	子	戌	壬

官	庚	戌	白		官	庚	戌	白
父	己	酉	常		父	己	酉	空
父	戊	申	玄		父	戊	申	青

蛇 贵 后 阴　　　　蛇 朱 六 勾
辰 巳 午 未　　　　辰 巳 午 未
朱 卯　　申 玄　　贵 卯　　申 青
六 寅　　酉 常　　后 寅　　酉 空
丑 子 亥 戌　　　　丑 子 亥 戌
勾 青 空 白　　　　阴 玄 常 白

《玉历钤》云：此课戌加亥，谓阳关，本是凶课，况又戌加日，兼乘白虎，乃凶中之凶也，凡占俱不可用。

《通神集》云：凡失物，若日上神克支上神，支上又乘天空、玄武，则为贼所窃，若见太阴、六合，则家人藏匿。此课壬上见戌，子上见亥，为外人侵，又支上天空，主贼盗去，不须疑人。

上神克日，日上克辰上，用克日。

课名元首、连茹、斩关。日加辰，去住不由己。天魁克日，凡占颇凶。中末皆生，始凶终吉。

《义》曰：守则有咎，进则生福。强之一步，自然得禄。病讼皆畏，凶中化吉。勿嫌破财，谓之有益。

《象》曰：魁度天门遇斩关，半凶半吉两相参。长教方寸中间好，何怕千山与万山。

此知一之卦，一曰斩关，亦曰天网。夫知一者，知一而不能知两，知者以为自知、自见，不知为寇仇，故言知一也。以此为用，舍远就近，舍疏就亲，恩中生害，事多起于同类，凡事狐疑，事贵和同乃吉。况斩关非安居之象，占者多不自由，事多暗昧不和，离散口舌，欲隐身避难者，却利乎奔逃也。又主人情暗中不顺，多见更改，事多中止，坟墓破坏，占婚姻强成，难于久远。凡事历遍艰辛，然后可遂。且天网四张，万物被伤，为阻滞，为疑难，为灾恼。占病大宜竭诚斋素，悔过迁善，庶几少解，昼夜所占皆然。此亦退连茹，应事多迟，欲进不进，欲止不止，节外生枝；根苗不断，旧事从新，一事未脱，一事相拘。占者遇之此课，乃魁度天门，事多关隔，占者多不自如。占求官不难，一曰催官星，不待正选，言速也。占见贵阻。占婚勿成。财难得。病凶，忌五、六月节，白虎同会为魄化，大可畏也。逃亡日归。占远行不利。投谒人者不吉。

占出兵行师得此，昼失利，大有可畏，夜占亦然，安营下寨，宜廻避。此课不利用兵，如不得已而用之，贵在将之机变也。勿忽！

病有膈宽利。

真一山人云：莫问前程与后程，都来心上辨枯荣。无人见处全由己，谁谓昭昭鉴不平。

《无惑钤》云：先疑后遂，佯输诈退。病讼逢斯，昼夜皆坏。

《钤解》曰：戌土临干作用，鬼至重也。壬干先已受此惊疑，乃惧而投酉申金上以就生，是遂其心也。又临子以就旺，所谓"佯输诈退"也。日上戌为初传，乃日鬼，弃其鬼就投中传酉生，奈酉乘常临戌，上下皆土，况壬水又败于酉，末传申金又入败乡，壬水不敢前进，佯为输败，退为子水之旺以自遂。壬日最怕土虎，若占病讼，昼夜皆主昏晦也。《集议》："虎临干鬼凶速速"内列此日，凡占凶祸，速中又速。禄临支，佯输诈败。邵南《毕法》内列此日，龙虎拱卫子宅也，亥临其上，左子乘龙，右虎乘戌，主其家丰隆。

壬子日第三课

元首　斩关

催官使者赴官期

```
玄 白 阴 常          白 青 常 空
申 戌 未 酉          申 戌 未 酉
戌 子 酉 壬          戌 子 酉 壬


官 庚戌 白          官 庚戌 青
父 戊申 玄          父 戊申 白
财 丙午 后          财 丙午 玄


朱 蛇 贵 后          贵 后 阴 玄
卯 辰 巳 午          卯 辰 巳 午
六寅      未阴       蛇寅      未常
勾丑      申玄       朱丑      申白
 子 亥 戌 酉          子 亥 戌 酉
青 空 白 常          六 勾 青 空
```

《玉历钤》云：此课日辰之鬼，临支辰上发用，凡占俱否，不可用。

《毕法》云：此课末传午火生初传戌土，而助其鬼来克日干，占者必有人排陷，旁有人主谋唆之者，其类必妇女，或无须人，或冯马朱周之姓，是为教唆之人也。

《金匮经》云：此课戌为支辰之鬼，上乘白虎加支，克干克支，值此者必家宅不安，众鬼为孽。嗟夫！妖孽自人而生，今有人为存心阴险行事，且诡谲专欲弄人害人，而排挤中伤，无时而不存，为吾之鬼耳。鬼因其类而起，妖孽随之，非自人兴而何？惟君子光明正大，如皎日当空，阴邪自伏矣。

上神生日，辰上生日上，用克日。

课名元首、斩关。凡占于中防小人夹带伤害。亥加丑，子加寅，谓之日辰互合，近贵进望吉。卯加巳，二贵相会，利动不利静，以日上吉、辰上凶也。

《义》曰：理无全吉，亦无全凶。所招否泰，都在人心。上门相助，不应有害。各怀异心，岂能成太？

《象》曰：催官使者占官速，上下人情贵和睦。用尽机关有命为，误却自己还招辱。

此元首之卦，一曰斩关，又曰天网。夫元首者，尊制卑，贵役贱之象。占事多顺，利于先举，事多起于男子。为臣忠，为子孝，正大光明而无邪僻之行，德业已著而乾乾进修，常怀危惧，惕励而无咎也。况斩关非安居之象，占者多不自由，事多暗昧不和，离散口舌，欲隐身避难者，却利乎奔逃也。又主暗中不顺，多见更改，事多中止，坟墓破坏，占婚亦强成，难于久远。凡事历遍艰辛，然后可遂。夫天网四张，万物被伤，为阻滞，为疑难，为灾恼。占者遇之此课，名悖戾，退间传也，退而有隔，隔而后进，进退不一之象。上神生日，凡事有人相助，所谋百事吉，运用如意，遇灾不凶。在秋占，有声名之显。占求官得此，为催官使者，得官最速。占见贵，主客未和顺。占婚姻不宜。占求财，恐因财得祸。占病者，凶中有救。占失物勿寻，破财为福。占远行阻滞。论讼不宜。占逃亡日归。占宅不宜。

占出兵行师，昼占不利于战阵，夜占吉，大抵为美中不美也。

难而易。

真一山人云：世人不知天理正，枉使机关未遂心。但怀中正为身计，祸患消之福自深。

《无惑钤》云：宅上兼初，昼占难居。争耐末午，助鬼趑趄。

《钤解》曰：戊土乘虎，临宅作初，昼若占宅，则难居也。末午助初传，以为干鬼，至壬干趑趄，不敢进步也。《集议》："末助初兮三等论"内列此日，午乃教唆之人也。午乃日财，尤不宜求财，反为祸也。悖戾："勉强前来勉强之，戊申午上不堪期。徒然欲壮培根本，凶咎从前定不遗。"支鬼乘虎。"苦去甘来"内列此日，为一喜一悲，夜占申乃长生乘虎，戌乃日鬼乘龙。

壬子日第四课

知一　高盖　龙战　三交　不行传　闭口
虎乘遁鬼殃非浅

```
后 常 贵 玄          玄 空 阴 白
午 酉 巳 申          午 酉 巳 申
酉 子 申 壬          酉 子 申 壬


财 丙 午 后          财 丙 午 玄
子     卯 朱 ◎      子     卯 贵 ◎
兄 壬 子 青 ⊙       兄 壬 子 六 ⊙


六 朱 蛇 贵          蛇 贵 后 阴
寅 卯 辰 巳          寅 卯 辰 巳
勾丑     午后       朱丑     午玄
青子     未阴       六子     未常
亥 戌 酉 申          亥 戌 酉 申
空 白 常 玄          勾 青 空 白
```

《通神集》云：凡占失财，看日辰冲克刑破，是为盗失。此课壬上见申，申之阴位上见巳，与日干亥相冲，子上见酉，酉之阴位上见午，与支辰子相冲，酉又为支破。午火为用，乃日之财，上见玄武加之，其财为贼盗窃也。如欲捕之，往东方近舟船处，必获其贼，勾连家中人递为盗窃，盖子加卯上，卯与初传午作六合故也。[①]

《龙首经》云：欲知奴婢利主否，当视日辰阴阳中从魁、天魁，若与吉将并，得旺相气，与日辰相生，用神无克，主奴婢利主，应用笃实，反此则奴婢背主，存心欺诞。此课传送与玄武临壬，从魁与太常临子，内从魁旺相，吉将相生，又在日辰阴阳中，胜光为用临酉，上克下，此占婢为良善，笃实利主。其奴欺诈不可用也。

《玉历钤》云：此课发用丁壬相合本吉，但嫌中传空亡，凡占吉凶皆

①　此句有讹。

不成。

《毕法》云：此课干上申生干，支上酉生支，发用又为财神，乃富贵之象也。但嫌酉虽生支，其实败支，值此必主安乐之中，内藏忧患，宁静之时，已兆躁端。占者切须预防，惟君子静可以待躁去静存，如疾风暴雨之过目，而平和之气常在焉。

上神生日，用克日上，日克用，末克初。

课名知一、三交。暗昧，凡占不免交加，或隔手。所幸壬日用午，丁壬合，中末空亡，凶吉多不成，然末生中，中生初，种种皆吉，凶亦自败。

《义》曰：欲动不动，欲成不成。虽有知者，鸟足长行。吉凶两般，俱莫相干。退而拙守，福自漫漫。

《象》曰：仲春见卯方奇特，不在斯为难喜悦。忧愁患难转欢忻，久病凶凶何所说。

此知一之卦，一曰三交，一曰高盖，又曰龙战，又曰闭口。夫知一者，知一而不能知两，知者以为自知、自见，不知为寇仇，故言知一也。以此为用，舍远就近，舍疏就亲，恩中生害，事当起于同类，凡事狐疑，事贵和同乃吉。夫三交家匿阴私客，不迳自将逃避迍。凡事失节阻碍，谋事被人阻破，不能成合。传见高盖，《经》云："紫微华盖居神后，天驷房星是太冲。马即胜光正月骑，六阳行处顺申同。高盖乘轩又骑马，更得龙常禄位丰。"况龙战，主人心疑惑，进寸退尺，动有乖离之象。闭口者，以应其闭口之象。凡访问，人或有事不可向人言者；或占病，而不进食者之谓也。上神生日，所谋百事吉，运用如意，遇灾不凶，逢吉愈吉。凡百有人上门相助，但传无用之乡，有始无终，又可惜也。占者遇之此课，初传内战，事多不顺，谋望百事，空脱难成。占忧疑、惊恐、患难之事，却喜忧疑患难解之也。

占出兵行师者不宜，以其有失众无威之象，不能成功，还当防范，勿致疏虞也。

真一山人云：莫道凶中无吉处，都缘学者自迷蒙。若人肯向心中检，一善还消数样凶。

《无惑钤》云：申夜虎戌，财亡妻苦。中末皆空，败坏门户。

《钤解》曰：申遁旬戌，夜乘白虎，病讼皆凶。午乃壬水妻财，作初逢玄后夹克，所以财亡妻苦也。中末空陷，子卯相刑，且壬水败于酉，卯酉门户，所以言门户财坏。《集议》：子加卯，夜合，主奸淫事。干上申遁戌鬼，夜虎临干，殃非浅也。

壬子日第五课

涉害　曲直　励德　不行传

众鬼虽彰全不畏　水日逢丁财动之

<pre>
蛇玄朱阴   后白贵常
辰申卯未   辰申卯未
申子未壬   申子未壬

官丁未阴   官丁未常
子　卯朱◎   子　卯贵◎
兄辛亥空⊙   兄辛亥勾⊙

勾六朱蛇   朱蛇贵后
丑寅卯辰   丑寅卯辰
青子　　巳贵   六子　　巳阴
空亥　　午后   勾亥　　午玄
戌酉申未   戌酉申未
白常玄阴   青空白常
</pre>

《玉历钤》云：此课丁壬相合，本吉课也，嫌本局盗气，中末传空亡，凡占不可用。

《毕法》云：未为日干官鬼，临于日上，上乘丁神，最为官鬼财动也，占者必有远方官贵寄物，或附近上司赐赏，或有妻妾之喜。

上神克日，日上生辰上，用克日，初克末。

课名涉害、见机。春占宛转可成，他时事干众，隔三隔四，徒劳心力，重求轻得。然壬日未用，丁壬相合，中末空亡，凡事从空散矣。

《义》曰：不惟欺侮，且被脱赚。事不遂心，钱财耗散。欲脱不脱，终须有脱。加之空空，必见消索。

《象》曰：鸡口焉能牛后多，凶吉中有自灭磨。只宜正顺随宜处，世机到此又如何。

此见机之卦，一曰天网，一曰曲直，又曰励德。夫见机者，察其微，见其机，谓两比两不比，当以涉害为用。涉害有浅深，欲用不用，欲言不言，事有两而取一，所作稽留，迟疑艰难，进退不定，忧患难消，怀孕伤胎，难于前而易于后。夫天网四张，万物被伤，为阻滞，为疑难，为灾恼。传见曲直，先曲而后直，象木之谓，当作成器。此乃五行正气入十干杂糅之乡，异方三合乃生旺墓之神，事主丛杂不一，主关众人共谋，不然两三处干事，委曲托人与人相合之类。又如推磨者，无休歇之象。况励德，主阴小有灾，此名关隔神，常人占此，身宅不安，宜谢土神，贵人则主升迁，要当消息而论也。上神克日，凡事不利，常占为人所欺负，终不畏也。占者遇之此课，乃先凶后吉之象，空脱虚耗，事不遂心。占求官求财，美中不足。占见贵、婚姻、交易、投谒、远行、谋望，欲遂未遂，欲成不成，好事不得称心，恶事终不成害。久病得之，谓之飞魂；暴病得之，乃为福星。占忧疑惊恐自消，尚见欲脱不脱。

占出兵行师得此，虚耗失脱，有损无益，吉不吉而凶不凶也。

有声无实。

真一山人云：万骑貔貅势力雄，韩侯复出未成功。虚声听处还宜察，智者方能保始终。

《无惑钤》云：丁鬼临身，暗戊加辰。财如刃蜜，夜卜为迍。

《钤解》曰：未乃遁丁，为鬼临干。申能长生，旬遁为戊，亦暗伤壬干。水日逢丁为财动，但此财藏于鬼内，取此财必有祸也。如置蜜刃上，焉可舐也？夜占天将皆土，其迍甚也。《集议》："水日逢丁财动之"内列此日，谓官鬼之财动。交互六害。未乘太阴加亥，主小儿婚姻。占讼则先直后曲。"众鬼虽彰"内有此日例，谓夜占天将皆克干，却被三传木局克，不可以传木为脱，以其能救祸故也。申遁戊鬼，夜虎临支，殃非浅也。

壬子日第六课

重审　泆女　递生

胎财生气妻怀孕　虎乘遁鬼殃非浅

六	阴	勾	后		蛇	常	朱	玄
寅	未	丑	午		寅	未	丑	午
未	子	午	壬		未	子	午	壬

财	丙	午	后		财	丙	午	玄
官	癸	丑	勾		官	癸	丑	朱
父	戊	申	玄		父	戊	申	白

青	勾	六	朱		六	朱	蛇	贵
子	丑	寅	卯		子	丑	寅	卯
空亥		辰蛇		勾亥		辰后	
白戌		巳贵		青戌		巳阴	
酉	申	未	午		酉	申	未	午
常	玄	阴	后		空	白	常	玄

此课名涉害，动涉之中，皆有利害，又名四绝，前程偃蹇不通。身与初传，玄武入庙，中传朱雀又入庙，末传申作白虎，又入墓。宅上未作太常六害，主亲戚入宅亦死，只缘掘损丑艮之方，父母葬在丑艮方上，所以无前程也。张判院丞议郎见授粮科运判，来年冬赴任。当年患眼，因闲步，屋倒遭惊，其眼愈昏，所授之任遂不赴。与妻不和，辛亥年妻死，却令姨母来家相伴，姨母于此又死。及仔细询问之，后之来山却是丑艮山，遂于半山葬父，所以自遭坏己身，主癸丑年死。壬日以申为父母，申墓在丑，作白虎，主损坏，所以父母之坟掘坏丑艮山，以致家势衰败，自身不荣故也。①

《玉历钤》云：此课午加亥，正时午，丁壬暗合，却缘天后、玄武夹克，又初传克末，乃吉轻凶重，凡占所求无成，所期不遂。

《毕法》云：此课初生中，中生末，末生日干，值此者，必有上下推重举

---

① 《壬占汇选》作：己酉年六月壬子日未将子时，盖判院辛未生，三十九岁占前程。

荐，幸无空亡，终必成就也。

《灵辖经》云：此课未为太常克干，临于支上，如占病，必因喜事及筵饭，亲家带病而归，或是朝官，必因赐宴得病，甲乙日当安。

日克上神，日上生辰上，日克用，初克末。

课名重审。壬干得午火为绝，宜了绝旧事，阴极阳生，不可图新。此课利物不利人，初克末，吉轻凶重，勾雀在中，有接上引下，末玄有财意。

《义》曰：惟宜了旧，不可图新。将逢内战，动必多迍。课虽未吉，守正为荣。识多乖巧，诚多致成。

《象》曰：机关万种亦闲闲，莫把阴功将就看。一自香山还带后，声名大播在人间。

此重审之卦，一曰泆女。夫重审者，重而审之也。利为主，利后动，长有厄，事从内起，起于女人。以下犯上，贱犯贵，卑犯尊，事多不顺。阴小在下者，有悖逆之事。占臣未忠，子失孝，事不可遂意而行，必当审察，循乎义理，庶几以免后患也。传见泆女，《经》云："天后常为厌翳神，须知六合是私门。二将取名称泆女，夫妻失友异情恩。"夫泆女乃不正之象，阴私邪淫，占男女家宅有阴私暗昧之理。日上见午，妻美财福，利于求财，但此财乃不得自由之财，《经》云"初遭夹克不由己"。占者遇之此课，占求官，有人递相荐举，但有未顺，先见有成，而后退失。诸占皆如此论。占见贵、合婚，不宜。占交易，成未得济。占病凶，宜作福，余占阴暗未利。此四绝之卦，惟宜结绝旧事，不利新谋。夜占乃闭口卦，凡占莫知其机。占逃亡，昼占自归，夜占难获。占远行不利。讼宜和。

占出兵行师得此，昼占无威不宁，夜占失物忧疑。四绝之卦，小事而不宜用，况于兵事乎？

利小用。

真一山人云：巧拙都忘向理求，宣厄莫厌不封侯。子孙世禄由先祖，万代荣名播美休。

《无惑钤》云：夜申戌虎，长生无气。或卜亡财，或因奴婢。

《钤解》曰：申夜占乘虎，遁戌为暗鬼，若倚而为长生，则被初克、中墓，且末自投墓中，是无气矣。初午为壬水妻财，已遭夹克，夜乘玄武，卜值此课，非为亡财，或缘妻婢之事。《集议》："三传递生人荐举"内列此日，申遁戌鬼，夜虎入传，姎非浅也。"六爻现卦防其克"内列此日，谓长生无气。两贵相协。午乃壬水胎财，七月为生气，主有孕喜。墓门开，又为外丧入内，宜合寿木以禳之。

壬子日第七课

反吟　三交　励德　六月占为天烦

二贵受克难干贵

```
白蛇空贵            六玄勾阴
子午亥巳            子午亥巳
午子巳壬            午子巳壬


财 丙午 蛇          财 丙午 玄
兄 壬子 白          兄 壬子 六
财 丙午 蛇          财 丙午 玄


空白常玄            勾六朱蛇
亥子丑寅            亥子丑寅
青戌    卯阴        青戌    卯贵
勾酉    辰后        空酉    辰后
申未午巳            申未午巳
六朱蛇贵            白常玄阴
```

《玉历钤》云：此课天将凶多吉少，课传冲刑，凡占所事无成。

《毕法》云：此课午加子为初传，被水克害，欲归本家，午上又有子水在焉，则午火两无所归，子然如丧家之狗也。论其类神，午为日之财，则财耗；午为心之经，则心疾；午为妇女，则妇女不安；为屋为马，则屋马倾倒。推类言之，皆午受患故也。

日克上神，日克用。

课名反吟。反复无定，事涉两意，或动在远方，或隔在年岁，不宁无定准，日就贵人在财方，必所得利，往返三次方遂。

《义》曰：三交高盖，忧惊无害。仲春占之，官禄宜太。反吟刑冲，有始无终。吉呵未吉，凶呵未凶。

《象》曰：始终相生事有期，其间消息几人知？只因末后无归着，反复教人未可窥。

此无依之卦，一曰三交，又曰高盖。夫无依者，即反吟也。《经》曰：

"无依是反吟，逃者远追寻。合者应分散，安巢别改林。守官须易位，结友也分襟。所为多反复，占病数般侵。"反吟刑冲，事主迟滞，远近系心，更相仇怨，且反复而呻吟，是无予夺而难息也。夫三交家匿阴私客，不迳自将逃避迒。凡事失节阻碍，谋事被人阻破，不能成合。传见励德，阴妄立前阳处后，大吏升迁，小吏迒否。日上见巳，妻财不利。占者遇之此课，凡占惊疑不宁。占求官者，始终不宜。占见贵者，喜怒不常。占婚则夫妇难谐。占求财者，得而虑失。占病反复而未安。远行阻碍而不利。主客比和。交易欠顺。忌六月将占，为天烦，不利。占宅惊惕，人眷不安。占逃亡难获，盗失亦然。讼狱宜和，先难后易。

占出兵行师得此，昼占忧心众畏，夜占盗失忧疑。大抵三交、反吟，皆不宜于用兵，其他所占，亦难称意。若不得已而用之，惟在顺天时，明地利，达时变，凡处忧疑患难之中，先不足而后解散也。

慎终如始。

真一山人云：处世难云事不难，才成又变未成欢。只循道理行将去，行止从他着眼看。

《无惑钤》云：两贵无力，博弈有益。满目钱财，身心疲疫。

《钤解》曰：昼贵巳临壬，夜贵卯临酉，俱被克制，彼自无力，干则不济事也。干支所乘俱财，是以相对，若博弈赌赛，财必大获。但满目钱财，而往来奔驰，营营不止，所以终身疲疫，而不胜其劳矣。《集议》："前后逼迫难进退"内列此日，以初传言，谓克处回归，又被上克，虽虎贲之勇，亦不可当，尤以类推之。"传财化鬼财休觅"内列此日，谓借钱还债，若取他支上午财，必以干上巳财还他。

壬子日第八课

重审　铸印　斩关　不结果

```
青 贵 勾 后          青 阴 空 后
戌 巳 酉 辰          戌 巳 酉 辰
巳 子 辰 壬          巳 子 辰 壬


财 乙 巳 贵          财 乙 巳 阴
官 庚 戌 青          官 庚 戌 青
子   卯 阴 ◎        子   卯 贵 ◎


青 空 白 常          青 勾 六 朱
戌 亥 子 丑          戌 亥 子 丑
勾 酉     寅 玄      空 酉     寅 蛇
六 申     卯 阴      白 申     卯 贵
未 午 巳 辰          未 午 巳 辰
朱 蛇 贵 后          常 玄 阴 后
```

《灵辖经》曰：铸印卦者，谓天魁为印，巳丙炉冶，铸印之象。终于太冲，是为乘轩之象。天魁临太乙火，为铸印，太冲天车，卯为房宿，为天驷，以此占人，铸印乘马驾驷，富贵之象也。此课太乙临子为用，将得天乙；中传天魁临巳，为铸印，将得青龙；末传太冲，为乘轩，将得太阴。以此占人，初利占印绶，中有婚姻之喜，终见太阴，福恩赏赐之事。

《玉历钤》云：此课巳为德合加子，天将俱吉，末传虽空，乃吉重凶轻之象，凡占迟而成事。

《观月经》云：富贵天乙卦，发用最为良。因此名富贵，家门日月昌。四月时加卯，壬子入本乡。富贵兼权印，官私两用长。怀胎主贵子，生下置田庄。福德从天降，万里有声香。约信依时到，家业合宫商。

《毕法》云：此课初传巳加子，乃昼贵，末传卯加戌，乃夜贵，谓之两贵引从天干格，虽拱墓神在内，赖中传之戌冲破，不为墓蔽也。凡占此者，必得上人提携，或两处贵人引荐，必然成遂。若遇辰为月将，尤为妙也。

上神克日，辰上生日上，日克用。

课名重审。事主两事重谋，贵人在初末，而中末又合，是资始贵人以图事，空亡损模，终得合。虽墓自不明，然戌冲不蔽。传空，忧可解。

《义》曰：分明铸印，仕人加俸。不遇卯成，又为勿用。可惜末传，空亡无力。勉强而成，终见有失。

《象》曰：病讼虽凶喜吉神，忧惊且见便欢忻。有此难处还为易，必见更张冬后春。

此重审之卦，一曰铸印。夫重审者，重而审之也。利为主，利后动，长有厄，事从内起，起于女人。以下犯上，贱犯贵，卑犯尊，事多不顺。阴小在下者，有悖逆之事。占臣未忠，子失孝，事不可遂意而行，必当审察，循乎义理，庶几以免后患也。传见铸印，《经》云："天魁是印何为铸？临于巳丙冶之名。中有太冲车又载，铸印乘轩官禄成。"喜见太阴天马，否则为事迟钝。干上见日墓，乃五行潜伏之地，四时衰败气绝之乡。见墓不动，乃昏蒙不振之象，如人处云雾之中。此壬日以辰为夹科贵，若问功名者为福，不为墓。占者遇之此课，乃先暗后明，先难而后易也。占求官，宜见铸印，但不宜末传无力，过旬或改图，宜见卯岁月可也。占见贵虽和，隔角不顺。占交易亦如之。占远行及千里投人，主宾际会两殷勤，暮宴朝欢会无极。占宅不吉。婚姻无始终。求财乃得贵之财。病者先重后轻。惊疑解散。讼宜和。

占出兵行师得此，昼占开地千里，夜占中止，宜防范暗中侵袭，勿忽也！虑有变更。

真一山人云：千里投人号有缘，相逢薄面笑相怜。美中未足君休讶，万里原来未得全。

《无惑钤》云：两贵引从，再复旧俸。久处沉沦，自然擢用。

《钤解》曰：墓覆日干，久处昏滞矣。两贵引从天干，但拱墓神在内，亥乃日禄，上为辰墓所蔽，喜得中传戌来冲破墓，则蒙蔽去而得禄发见。非再复旧俸而沉沦去耶？旧俸复则擢用之喜忽然而至也。《集议》："前后引从升迁吉"内列此日，谓两贵引从天干格，必得贵人提携，或两处贵人引荐成事，为月将尤妙。末助初传财神。墓加日，昼夜贵人拱夹罡，天门有北辰居其所，而众星拱之之象。壬日以辰为夹科贵，以墓为忌。若问功名用之，更遇辰为月将，尤妙。辰乃子日支辰华盖，作干之墓神，说见"华盖覆日"内。

壬子日第九课

重审　曲直　斩关

空空如也事休追

<pre>
六 后 朱 阴   青 蛇 勾 贵
申 辰 未 卯   申 辰 未 卯
辰 子 卯 壬   辰 子 卯 壬

官 丁 未 朱 ⊙   官 丁 未 勾 ⊙
兄 辛 亥 空   兄 辛 亥 常
子　 卯 阴 ◎   子　 卯 贵 ◎

勾 青 空 白   空 白 常 玄
酉 戌 亥 子   酉 戌 亥 子
六申　　丑常   青申　　丑阴
朱未　　寅玄   勾未　　寅后
午 巳 辰 卯   午 巳 辰 卯
蛇 贵 后 阴   六 朱 蛇 贵
</pre>

《玉历钤》云：此课用神临空亡之地，中传乘天空，末传又是空亡，凡占忧喜皆不成。

《毕法》云：此课三传木局，并来脱干，脱而又不脱，反为救神，且夜将太常、勾陈、天乙俱是土将，并来伤干，赖此木局神克制土将，则日干安宁矣。占者值此，脱耗之中而获福，得道者多助故也。

上神盗日，日上克辰上，日上克用，用克日，末克初。

课名重审、曲直。空亡加日，日墓加支。未加卯，门户塞而不通，谋事曲而后直，春占旺相，初末空亡无实，秋夏占费力，凡事指虚为实。

《义》曰：干支耗盗，徒招耻笑。防有相赚，托人无靠。得不偿费，家虚日坠。俭以自持，慎以自为。

《象》曰：空空何以用支持，南北东西更欲迷。进退无功难守旧，须从天理莫相违。

此重审之卦，一曰曲直，又曰天网，又曰龙战。夫重审者，重而审之也。

利为主，利后动，长有厄，事从内起，起于女人。以下犯上，贱犯贵，卑犯尊，事多不顺。阴小在下者，有悖逆之事。占臣未忠，子失孝，事不可遂意而行，必当审察，循乎义理，庶几以免后患也。传见曲直，曲直者，先曲而后直，象木之谓，空亡难作成器。此乃五行正气入十干杂糅之乡，异方三合乃生旺墓之神，事主丛杂不一，主关众人共谋，不然两三处干事，委曲托人与人相合之类。夫天网四张，万物被伤，为阻滞，为疑难，为灾恼。且龙战，主人心疑惑，进寸退尺，动有乖离之象。卯酉为天之私门，生杀有限，分杜有期，雷动龙奔，示其有战。日上神并三传盗窃日干之气，主人宅虚耗，谋望不遂，盗失损财，人口衰残，休囚尤重，又为子孙脱漏之事。内外相脱赚。凡得此课，最不宜于托人干用，及有谋望，反生不足，得不偿费。凡占无益有损，虽能解难，脱事欲脱而不脱也。久病占之最凶，宜作福。诸占不利，以其脱空而无所用也。

占用兵忌之，脱耗不一（寅日即出空也）。

真一山人云：凶事消亡吉未成，好行天理顺人情。兢兢为善终无悔，岁晚还期福自荣。

《无惑钤》云：夜将难受，木局为救。昼卜俱凶，占官虚谬。

《钤解》云：夜将皆土，壬水受克，三传木局为救也。卯未空陷，亥乘天空，昼占无美矣，岂不凶乎？初传官爻落空，虚谬甚矣。《神枢经》云：壬子日，初传见未是丁，因官鬼之财动矣。

壬子日第十课

弹射　三交　闭口

脱上逢脱防虚诈

```
蛇 阴 贵 玄          六 贵 朱 后
午 卯 巳 寅          午 卯 巳 寅
卯 子 寅 壬          卯 子 寅 壬


财 丙 午 蛇 ⊙        财 丙 午 六 ⊙
父 己 酉 勾          父 己 酉 空
兄 壬 子 白          兄 壬 子 玄


六 勾 青 空          青 空 白 常
申 酉 戌 亥          申 酉 戌 亥
朱 未    子 白       勾 未    子 玄
蛇 午    丑 常       六 午    丑 阴
巳 辰 卯 寅          巳 辰 卯 寅
贵 后 阴 玄          朱 蛇 贵 后
```

　　《曾门经》云：日宿临四仲，斗系丑未，名曰天烦；不系丑未，名曰杜传。月宿临四仲，斗系丑未，名曰地烦；不系丑未，名曰杜传。当此之时，四位俱闭，三光不仁，德气在内，刑气在外，利以居家，不可远行。男子行年抵日，女子行年抵月，以举百事，祸更甚，殃及子孙。此课胜光加卯，日遥克神为用，将得螣蛇，主惊恐；中传从魁，将得勾陈，主有斗讼；末传神后，将得白虎，主有死丧。此时日月宿俱在午，下临太冲卯上，斗系丑，为二烦。此时德气在内，刑气在外，以举百事，刑戮大凶也。

　　《玉历钤》云：此课三交凶象，日上、辰上皆有空亡之神，吉凶不成，占无所用。

　　《毕法》云：此课干支俱被寅卯脱气，干支既脱，人宅不荣。值此能顺天地之情，识造化之用，则能转祸为福。

　　上神盗日，日克用，末克初。

　　课名弹射、三交。日上、辰上皆空，本是无力，又第四课为用，必是虚意指射，得之随失，忧可解，吉无终，亦须虚意指射方可。

《义》曰：凶吉两忘，患乎何伤？未防蛇虎，不过惊惶。祸福俱在，未免虚惊。君子固穷，守道亦亨。

《象》曰：有声无实亦徒然，得失荣枯总是天。看得干支无用处，水流花落又流年。

此弹射之卦，一曰龙战，亦曰三交，又曰泆女。夫弹射者，日克神之谓，《经》曰："日往克神名弹射，纵饶得中还无力。贵人逆转子无良，天乙顺行臣不义。家有宾来不可容，亦忧口舌西南至。"然事主动摇，人情倒置，更主蓦然有灾，求事难成，祸福俱轻，忧事立散，祸从内起。利客不利主，利先不利后。占行人不来，访人不见，不利占讼。弹射无力，不可用事，虽凶无畏。况龙战，主人心疑惑，进寸退尺，动有乖离之象。卯酉为天之私门，生杀有限，分杜有期，雷动龙奔，示其有战。且三交家匿阴私客，不迹自将逃避迤。凡事失节阻碍，谋事被人阻破，不能成合。夫泆女乃不正之象，阴私邪淫，占男女有阴私暗昧之理。日生上神，虚费百出，失盗损财，人口衰残，休囚尤重，又为子孙脱漏之事。占者遇之此课，主客无力，彼此不能用心干事，况发用亦然，吉凶之事，不过有声无实而已，假使日下有成，终难悠远，而不得用也。惟新病为福，久病为凶。占忧患，得之解散。

占出兵行师得此，防失众。其他诸占，凶不成凶，而吉不成吉也。

多虚少实。

真一山人云：谓尔从今勿远忧，人生何用苦贪求。且随知己盘桓乐，春日迟迟福自投。

《无惑钤》云：课无涯岸，执弓亡弹。末刃虎玄，凶存吉散。

《钤解》曰：寅卯旬空，巳午落空，课无涯岸矣。发用弹射，徒执弓无仇，是亡弹。午财既空，酉生又败，是吉乃消散。末传子乃旺刃，昼夜虎玄，非凶存吉散而何？《集议》："空上逢空事莫追"内有此法。遥克发用空亡，或坐空乡，及乘天空，凡占皆虚无也。干上脱气，昼占乘玄，亦如"脱上逢脱"之说。"空空如也事休追"内有此例，谓四课无形，事不出名，纵然出名，亦是虚声。凡初传遥克作空，尤无力。"人宅受脱俱招盗"内列此日，又互脱。又云：一箭射双雕。故曰："箭射双鸿喜，须知两用心。有谋虽可就，所望不全成。"又云：日克两神，一凶一吉。卦有两意，广求不如俭用。支干寅卯，是人宅受脱，况系空亡，其壬反于第二课寅上求巳火之财，巳加空乡，焉得为财？

壬子日第十一课

重审　登三天　泆女　六仪　励德　交车合

后玄阴常　　　　蛇后贵阴
辰寅卯丑　　　　辰寅卯丑
寅子丑壬　　　　寅子丑壬

官　甲辰　后　⊙　　　官　甲辰　蛇　⊙
财　丙午　蛇　　　　　财　丙午　六
父　戊申　六　　　　　父　戊申　青

朱　六　勾　青　　　　勾　青　空　白
未　申　酉　戌　　　　未　申　酉　戌
蛇午　　　亥空　　　六午　　　亥常
贵巳　　　子白　　　朱巳　　　子玄
辰　卯　寅　丑　　　辰　卯　寅　丑
后　阴　玄　常　　　蛇　贵　后　阴

　　此登三天课，本是至高至危之象，占病者死，行人不归，讼至台省，必至凶也。此课乃自细微中出，却乃入显焕，又与其他富贵占者不同。何以见其细微？本身自木匠出，身宅俱西北极地，迤逦出东南来，将后不做木匠，必做富人。中传午火为财，末传长生，为有财有寿。申长生入午财位，诸子先死，孙送老矣。长生能害子孙，况寅卯空乎？邵匠占课时，年方四十四岁，有三子，其时至窘，与人工作。自后七年，因与成山寺造藏经殿，从此兴旺。年六十左右，其家典钱渐卖生活。绍兴十六年丙寅，丧一子；二十一年辛末，又丧一子；三十三年癸酉，又丧一子，是时年六十八矣。后得七孙。寿年七十七岁充保正。至孝宗淳熙甲午，九十岁，刘资库见充保正而死。夫壬子皆在西北至幽至阴之地，转出西南旺盛之方。宅上有寅，寅为子息，而落空亡，初传斗罡为鬼，又临于子息空亡之地，中传为财，乃孙爻，末传长生，又临于财爻及子孙爻上，故有寿，得诸孙送老，自后诸孙亦长旺，家资巨万。①

――――――

　　① 《壬占汇选》作：建炎戊申年十月初一，壬子日卯将丑时，邵木匠乙丑年六月六日未时生，四十四岁占终身。

《玉历钤》云：此课初传日鬼，临空亡之地为用，鬼亦不能为祸。凡占所求，费力难成。

《毕法》云：此课辰加寅为初传，申加午为末传，辰为水墓，申为长生，此乃自墓传生，先迷后醒之象。

《心照》云：此课干上丑与支合，支上寅与干合，彼此互为六合。但干丑合支，乃实心相合，是我无欺人之意；支寅合干，乃空诈来合，则人有诳我之心。盖物易感，而人难感也。古之人，若韩昌黎，止鳄鱼之暴，开衡山之云，而不能行其言于时。

上神克日，辰上克日上，用克日。

课名重审。干墓为用，又犯空亡。登三天，此凶课，而得空亡，亦解之，凡百阻而不遂。官在日干合上，前后有贵人拱之，六合在申，长生则吉。

《义》曰：传登三天，病不可占。远行吉利，驿马不前。凶吉未判，事有难干。舍此别图，自然成算。

《象》曰：昼逢内战夜忧惊，何事人心未合情。进退之间多阻隔，事多更变待时行。

此重审之卦，一曰泆女，亦曰天网。夫重审者，重而审之也。利为主，利后动，长有厄，事从内起，起于女人。以下犯上，贱犯贵，卑犯尊，事多不顺。阴小在下者，有悖逆之事。占臣未忠，子失孝，事不可遂意而行，必当审察，循乎义理，庶几以免后患也。传见泆女，《经》云："天后常为厌斁神，须知六合是私门。二将取名称泆女，夫妻失友异情恩。"夫泆女乃不正之象，阴私邪淫，占男女有阴私暗昧之理。夫天网者，即天网四张也，《经》曰"天网四张，万物被伤"，为阻滞，为疑难，为灾恼。上神克日，只利先讼，要有气，余不吉，常占为人所欺负。辰午申，登三天，远行难中有易，久病者凶，新病者宜作福，占大事宜，占小事未能，势若升天之难。占者遇之此课，乃进间传也，进中有间隔之象，隔而有退，退而后进也。丑寅隔角，求官虽易，亦各有时。占见贵未顺。占婚姻未和，先难后易。占失物宜寻。占身宅，脱耗不宁，失多得少。讼干天庭。逃亡盗贼难寻。忧疑可解。闻事多不实。

占出兵行师得此不宜，敌贼亦难获功，惟在将者权宜也。

事成方便。

真一山人云：风雨何尝去问晴，半晴半暗失常情。如今识得此般味，回首归家福自成。

《无惑钤》云：先迷后醒，交合相并。劣猴难靠，赢马难乘。

《钤解》曰：初传辰乃日墓，末传申乃长生，自墓传生，先迷后醒也。子与丑合，寅与亥交相并矣。午马临辰，入于日墓被脱，马羸而力弱，何足乘乎？申猴入午受克，劣猴而无气，焉足以靠其生哉？《集议》："难变易"内列此义。①登三天："辰午申为课，三天不可登。病死遭刑极，讼须省部陈。"登三天，至高至危之象，占病死，行人不归，讼至朝省，至凶之课。此课乃自微细中出身，后却显焕，何也？壬子皆在西北至幽至阴之地，转出东南旺盛之方，必然富而有寿也。子息空亡，孙则财旺，出《邵南引证申集》，为邵木匠占。

壬子日第十二课

知一　不备　进茹　孤辰

进茹空亡宜退步

```
玄 常 常 白          后 阴 阴 玄
寅 丑 丑 子          寅 丑 丑 子
丑 子 子 壬          丑 子 子 壬


子    寅 玄 ◎        子    寅 后 ◎
子    卯 阴 ◎⊙       子    卯 贵 ◎⊙
官 甲 辰 后 ⊙        官 甲 辰 蛇 ⊙


蛇 朱 六 勾          六 勾 青 空
午 未 申 酉          午 未 申 酉
贵 巳    戌 青       朱 巳    戌 白
后 辰    亥 空       蛇 辰    亥 常
  卯 寅 丑 子          卯 寅 丑 子
  阴 玄 常 白          贵 后 阴 玄
```

《玉历钤》云：此课空亡，连茹而进，忧喜不成，凡占宜静退，而不可前进也。

《毕法》云：此课干上子，三传寅卯辰，皆是空亡，次第前列，却不可前进也，只宜退步安身，就子上丑，为六合之神，存养身心，顿息躁妄，庶几壬水不被空神全脱，而可以远害矣。先贤云：神凝于静藏于密，故万物生焉，

---

① 辰寅子，此退间传，卦名涉疑，此课查无。

万事出焉，密者藏神之所，造化不敢窥也，时至则神动于密，故造化佑之。

辰上克日上，初克末。

课名知一、进茹。事干众，弃此就彼，虽有阴诈而终无功，盖三传脱空体，而入空亡也。辰加日，子丑合，凡事自和合。亦有贵人，传既空亡，吉凶皆散。

《义》曰：三传俱空，脱耗须逢。得不偿费，有始无终。虽得必失，课体无力。小人曰凶，君子乃吉。

《象》曰：无中望有有中无，知者于斯未可图。看破眼前难着力，春回方许乐樵苏。

此知一之卦，一曰孤辰。夫知一者，知一而不能知两，知者以为自知、自见，不知为寇仇，故言知一也。以此为用，舍远就近，舍疏就亲，恩中生害，事多起于同类，凡事狐疑，事贵和同乃吉。况孤辰有茕茕孑立之象，占人别离桑梓，凡所占谋，多虚少实，功名难遂，事业虚花。寅卯辰，乃进连茹也，进中有退，退而后进也。事主欲行不行，欲止不止，节外生枝，根苗不断，旧事从新，一事去而一事来也。三传盗泄干支之气，人宅虚耗，干事无益，虚费不足，盗失损财，人口衰残，休囚尤重，又为子孙脱漏之事，或两三人来啜赚盗脱。所占此课，最不宜托人，所托者皆不实，不能尽心成事，因求谋中反有损失，谓之得不偿费。占者遇之此课，宜守旧，不宜动谋。若有官者，防有不足，当加谨慎。占求官者，官未得，而耗财之法已至矣。占久病大畏。占见贵虚合。其他诸占，无益有损。占忧惊疑惑，虽不害事，但欲解脱，有欲脱而未脱也。

占出兵行师，脱空不足，虚耗百出，谋不宜用，惟在主将之机，勿忽！大抵诸占，皆指空话空而已矣。

徒劳心力。

真一山人云：人宅消疏事未成，明明白白夜间行。看他进退方知道，静守原来自识情。

《无惑钤》云：支神作旺，来于干上。倘欲别谋，迭遭欺诳。

《钤解》曰：子乃旺水，临干宜守，不宜妄动也。倘进而别谋，前途三传空陷，而遭败瞒虚诈也，何事之可成哉？《集议》："进茹空亡宜退步"内有此日例，谓占得此课，即宜退步，抽身缩首，却支干子与丑合，反有所得，庶使壬水不被三传全脱，可以全身又远害，尤不利托人。辰加卯，墓门开，又为外丧。"上下皆合两心齐"内有此法，谓支干相会，支干上神又作六合，乃相邻近，凡占皆主变换，彼我共谋求合之事。丑加子，且常，求谋涉水过桥。发用旬空，昼玄，定主失脱。两贵不协，变成妒忌，巳加辰，卯加寅，互换作六害。

癸丑日

癸丑日第一课

伏吟　稼穑　游子

众鬼虽彰全不畏　水日逢丁财动之　任信丁马须言动

```
勾 勾 勾 勾          阴 阴 阴 阴
丑 丑 丑 丑          丑 丑 丑 丑
丑 丑 丑 癸          丑 丑 丑 癸
```

```
官　癸 丑　勾        官　癸 丑　阴
官　庚 戌　白        官　庚 戌　白
官　丁 未　阴        官　丁 未　勾
```

```
贵 后 阴 玄          朱 六 勾 青
巳 午 未 申          巳 午 未 申
蛇辰        酉常     蛇辰        酉空
朱卯        戌白     贵卯        戌白
  寅 丑 子 亥          寅 丑 子 亥
  六 勾 青 空          后 阴 玄 常
```

《玉历钤》云：此课三传皆为日鬼，至凶之象也，若年命上有木神可解，凶变为吉。

上神克日，三传克日。

课名伏吟、自信、稼穑、游子。三传皆土为鬼，虽三刑相制，不甚敢发，亦须窒碍艰难，所幸诸神各安方所，若寅卯生人，及占人命上见木将可解，末财终吉。

《义》曰：支干共处，混同无别。婚姻不明，事难剖决。似失未失，欲得难得。勾留不伸，且待时日。

《象》曰：病讼迟留日月间，凶神遇着犯重关。惟宜正守行仁义，莫向人前把事干。

此自信之卦，一曰稼穑，一曰游子，亦曰天网。夫自信者，乃天地伏吟，十二神各归本家，天地如一，四伏未发之象。占事静则宜，动则滞，主事藏匿不动，静中求劳，有屈而不伸之象。况稼穑乃重土，有艰难之象，常占得此，名曰鲸鲵归洞，凡事逼迫不由己，出若遇雷神，方能变化。《要》曰：稼穑者，五坟也，不宜占病。夫天网者，即天网四张也，《经》曰"天网四张，万物被伤"，为阻滞，为疑难，为灾恼。日上神克日，只利先讼，要有气，余不吉。若此课，虽有气而为不利者，以其土鬼之多，而克之甚也。若占人年命上俱见金，为不足中有济，以土生命金，金生水。若年命上重见火神，尤可深畏也。占者遇之此课，占求官虽宜，亦未免不足。其他诸占，屈而不伸，两意干事，滞碍难行，阴阳不备，混同而无分别，夫妇不同心，男女淆杂，宜谨慎动为，防有越礼。占见贵不顺。占婚姻难成。大不宜占身，恐因财致祸。病者凶。失物勿寻，破财为福。身宅不利。远行不宜。求谋难遂。逃亡自归。

占出兵行师，防伏兵侵掩，敌使强胜，不可交兵，主将善运谋而变化，智取可也。

虽凶勿畏。

真一山人云：求财枉自费精神，若更财多又害人。倘若一官饶驳杂，争如静里乐闲身。

《无惑钤》云：见财动心，取财祸侵。中传虎鬼，仕宦宜临。

《钤解》曰：末未遁丁，暗财也，结连三传，纯土化鬼，若取此财，凶祸不少。中传戌鬼乘虎，常人遇之，病讼深畏，仕宦值此，却为催官使者，最宜见之。《集议》："水日逢丁财动之"内列此日，谓因官鬼之财动，但三传皆鬼，不可取也。"宾主不投刑在上"谓此三传，凡占恃强凌弱。"任信丁马"说见己酉日第一课。

癸丑日第二课

重审　退茹　不备

旺禄临身徒妄作

<table>
<tr><td>空</td><td>青</td><td>空</td><td>青</td><td></td><td>常</td><td>玄</td><td>常</td><td>玄</td></tr>
<tr><td>亥</td><td>子</td><td>亥</td><td>子</td><td></td><td>亥</td><td>子</td><td>亥</td><td>子</td></tr>
<tr><td>子</td><td>丑</td><td>子</td><td>癸</td><td></td><td>子</td><td>丑</td><td>子</td><td>癸</td></tr>
</table>

<table>
<tr><td>兄</td><td>壬</td><td>子</td><td>青</td><td></td><td>兄</td><td>壬</td><td>子</td><td>玄</td></tr>
<tr><td>兄</td><td>辛</td><td>亥</td><td>空</td><td></td><td>兄</td><td>辛</td><td>亥</td><td>常</td></tr>
<tr><td>官</td><td>庚</td><td>戌</td><td>白</td><td></td><td>官</td><td>庚</td><td>戌</td><td>白</td></tr>
</table>

<table>
<tr><td>蛇</td><td>贵</td><td>后</td><td>阴</td><td></td><td>蛇</td><td>朱</td><td>六</td><td>勾</td></tr>
<tr><td>辰</td><td>巳</td><td>午</td><td>未</td><td></td><td>辰</td><td>巳</td><td>午</td><td>未</td></tr>
<tr><td>朱 卯</td><td></td><td>申 玄</td><td></td><td></td><td>贵 卯</td><td></td><td>申 青</td><td></td></tr>
<tr><td>六 寅</td><td></td><td>酉 常</td><td></td><td></td><td>后 寅</td><td></td><td>酉 空</td><td></td></tr>
<tr><td>丑</td><td>子</td><td>亥</td><td>戌</td><td></td><td>丑</td><td>子</td><td>亥</td><td>戌</td></tr>
<tr><td>勾</td><td>青</td><td>空</td><td>白</td><td></td><td>阴</td><td>玄</td><td>常</td><td>白</td></tr>
</table>

《玉历钤》云：此课神将凶多吉少，末传尤凶，又魁度天门，凡事阻隔不可用。

《毕法》云：此课子为日之禄神，又作日之旺神，临于干上、支上，占者宜守旧禄，不可别谋动作。

末克初。

课名重审、退茹。癸禄在子，旦龙暮玄，又子丑相合，须是干众，谋可遂，在冬令胜，在春夏则未也。所喜传皆同类，不脱日辰，退亦无灾。末克初，有终。

《义》曰：事绪牵连，行止不定。初吉中凶，遇解福应。青龙入海，财禄自然。审其取舍，福自绵绵。

《象》曰：冬占守禄自悠悠，何必区区向外求。若向夜占尤未美，也知闭口不相投。

此重审之卦。夫重审者，重而审之也。利为主，利后动，长有厄，事从

内起，起于女人。以下犯上，贱犯贵，卑犯尊，事多不顺。阴小在下者，有悖逆之事。占臣未忠，子失孝，事不可遂意而行，必当审察，循乎义理，庶几以免后患也。一下贼上名重审，子逆臣乖弟不恭。事起女人忧稍重，防奴害主起妻纵。万般作事皆难顺，灾病相侵恐复重。论讼对之伸理吉，先讼之人却主凶。夫子亥戌，乃退连茹也，事主退中有进，欲行不行，欲止不止，节外生枝，根苗不断，旧事从新，一事去而一事来也。凡事牵绾迟滞。一曰旺禄临身，不宜妄动，宜守旧为福也。此课占求官得禄，不宜妄动。占见贵吉。占婚姻不宜，夫妇不贞。占财不吉。病瘥迟，宜善以禳之。失脱难得。占宅则吉，有财禄。远行吉，到地头宜慎。占讼比和。忧疑散迟。占逃亡自归。交易合，讲有成。

占出兵行师得此吉，昼占青龙，得宝货与图书，大胜之兆也，夜占失物忧疑，先易而后难，必欲得良将而用之，庶几有功也。

冬大利。

真一山人云：明理方知事不迷，且随时俗慢悽迟。有些未称终须称，春日园林花满枝。

《无惑钤》云：旺禄可用，多贪病讼。牛女宜婚，戌虎势重。

《钤解》曰：癸禄在子临干，乃旺禄临身，守则可用，不宜妄动也。丑中有牛宿，子中有女宿，牵牛织女之象。子来就丑，为牛女会合，占此最宜婚。癸日戌虎，其势最重，若占病讼，可畏之甚也。戌虎占官，为催官使者。《集议》："旺禄临身徒妄作"内列此日课，有说在钤内。又禄临支被克，必因起盖宅屋，而以俸禄偿债。魁度天门，说见壬子日第二课。

癸丑日第三课

重审　三奇　六阴　时遁

水日逢丁财动之

```
常 空 常 空          空 勾 空 勾
酉 亥 酉 亥          酉 亥 酉 亥
亥 丑 亥 癸          亥 丑 亥 癸

兄 辛 亥 空          兄 辛 亥 勾
父 己 酉 常          父 己 酉 空
官 丁 未 阴          官 丁 未 常

朱 蛇 贵 后          贵 后 阴 玄
卯 辰 巳 午          卯 辰 巳 午
六寅      未阴       蛇寅      未常
勾丑      申玄       朱丑      申白
子 亥 戌 酉          子 亥 戌 酉
青 空 白 常          六 勾 青 空
```

《玉历钤》云：此课癸为阴水，三传皆阴，末传日鬼为冲破，凡占暗昧无成。

《毕法》云：此课未生酉，酉生亥，为日上、辰上自刑，又夜将俱土，美里成忧之象。占者当慎防外患，不可以安乐忽之，惟君子防患愈密，则患愈不可入也。

末克初。

课名重审、三奇、间传。必须再谋，然后可行。末克初传，事可成，中间不说有隔耳。

《义》曰：外边相助，先难后易。君子知机，动必以义。常占不凶，好事渐通。谦谦谨慎，福自成功。

《象》曰：课体无凶不利明，暗私谋干合人情。止将忠孝为身计，饱暖无愆百福生。

此重审之卦。夫重审者，重而审之也。利为主，利后动，长有厄，事从

内起，起于女人。以下犯上，贱犯贵，卑犯尊，事多不顺。阴小在下者，有悖逆之事。占臣未忠，子失孝，事不可遂意而行，必当审察，循乎义理，庶几以免后患也。阴阳不备，乃谓芜淫，夫妇失友，夫妇不贞。一下贼上名重审，子逆臣乖弟不恭。事起女人忧稍重，防奴害主起妻纵。万般作事皆难顺，灾病相侵恐复重。论讼对之伸理吉，先讼之人却主凶。亥酉未，退间传，为时遁，退而有隔，隔而后进，进退不一之象。占者遇之此课，占求官宜待时守正，则官禄可期也。占见贵不利。占婚姻别议，勉强成之，终非吉也。占财轻微，以其同类为妒财也。占谋事，必有人递相荐举以助其美。占病不妨，但有阻隔而不通。占失物难得。占远行未利。占身不利。公讼不凶。忧疑有解。占逃亡自归。

占出兵行师，昼占欺诈，宜加防范，夜占大为不吉。然用兵，贵在将之权谋，得此可谨慎也。

秋冬吉。

真一山人云：达时人物不寻常，临事兢兢自审详。但向理中求善处，也无败坏也无伤。

《无惑钤》云：行人出外，携财而至。未酉相依，难为亥类。

《钤解》曰：初传驿马，主行动。水日以丁火为财，发用驿马，临于身宅，末传丁未，必主出外得财而至也。酉旬遁己，未元遁又是己也，未与己酉并而为土，俱克初传亥水，又癸水败于酉地，非难为水类而何？《集议》："水日逢丁财财动之"内列此日，财因官鬼之财动。时遁："时不利兮遁闭之，亥酉未兮报君知。君子待时方可吉，小人病患且防厄。"昼夜贵加，宜暗求关节。干支全逢自刑。

癸丑日第四课

元首　斩关　不备　稼穑　游子　闭口
催官使者赴官期

```
阴 白 阴 白          常 青 常 青
未 戌 未 戌          未 戌 未 戌
戌 丑 戌 癸          戌 丑 戌 癸

官 庚 戌 白          官 庚 戌 青
官 丁 未 阴          官 丁 未 常
官 甲 辰 蛇          官 甲 辰 后

六 朱 蛇 贵          蛇 贵 后 阴
寅 卯 辰 巳          寅 卯 辰 巳
勾丑     午后       朱丑     午玄
青子     未阴       六子     未常
亥 戌 酉 申          亥 戌 酉 申
空 白 常 玄          勾 青 空 白
```

《玉历钤》云：此课三传皆土，并来克日，又土神发用，白虎为凶，凡占所事无成。

上神克日，三传克日。

课名元首、稼穑。三传、日上皆鬼，惟春戌为天喜稍得，暮占青龙为有救，终不利。

《义》曰：一点之水，众土来侵。欲知免难，年命逢金。三传冲刑，彼自制忧。忧散祸消，阴骘济事。

《象》曰：重云蔽日失阳光，俗庶占来不可当。惟有阴功并积德，任他祸患尽消亡。

此元首之卦，一曰稼穑，亦曰天网，又曰斩关。夫元首者，尊制卑，贵役贱之象。占事多顺，利于先举，事多起于男子。为臣忠，为子孝，正大光明而无邪僻之行，德业已著而乾乾进修，常怀危惧，惕励而无咎也。况稼穑乃重土，有艰难之象，常占得此，名曰鲸鲵归洞，凡事逼迫不由己，出若遇雷神，方能变化。《要》曰：稼穑者，五坟也，不宜占病。夫天网者，即天网四张也，《经》曰"天网四张，万物被伤"，为阻滞，为疑难，为灾恼。且斩关非安居之象，占者多不自由，事多暗昧不和，离散口舌，欲隐身避难者，却利乎奔逃也。又主人情暗中不顺，多见更改，事多中止，坟墓破坏，占婚亦强成，难于久远。凡事历遍艰辛，然后可遂。五月占为魄化卦，不宜问病。

三、九月为游子卦。占者遇之此课，占求官吉，未悦，多辛苦劳力。占见贵不宜。谋望、请求、干事、托人、求财、远行、婚姻、占宅、占身，俱不为美。占病凶，宜作福。凡得此课，宜正静以处，修德以待，若时至而行，则无往不利矣。大抵此课，忧多乐少，所幸三传凶神自相冲刑，不甚难也。

占出兵行师，昼占凶忌，夜占稍吉，亦未全美，谨之！

九月利。

真一山人云：十八滩头险难多，舟行惊却畏汹波。平生若不操阴德，到此无如奈若何？

《无惑钤》云：谋财祸攻，昼将弥凶。宜占官职，喜事重逢。

《钤解》曰：癸以丁未为财，众土类而为鬼，取必有祸。昼占将乃虎蛇，其凶弥甚。常人值此，必有病讼；占官则重重见喜，盖以官爻重叠，戌虎又为催官使者故也。《集议》："催官使者赴官期"内列此法，占官赴任，见日鬼乘白虎临干，或年命之上，乃名催官使者。鬼临三四讼灾随。"水日逢丁财动之"内列此日，谓因官鬼之财动。"虎临干鬼凶速速"内列此日，凡占凶，而且祸速中更速，唯癸日戌临干最的。白虎乘戌，加丑被刑，主官事，吏人追呼。

癸丑日第五课

元首　从革　励德　不备

```
贵 常 贵 常          阴 空 阴 空
巳 酉 巳 酉          巳 酉 巳 酉
酉 丑 酉 癸          酉 丑 酉 癸


财 乙 巳 贵          财 乙 巳 阴
官 癸 丑 勾          官 癸 丑 朱
父 己 酉 常          父 己 酉 空


勾 六 朱 蛇          朱 蛇 贵 后
丑 寅 卯 辰          丑 寅 卯 辰
青子　　巳贵         六子　　巳阴
空亥　　午后         勾亥　　午玄
戌 酉 申 未          戌 酉 申 未
白 常 玄 阴          青 空 白 常
```

《心照》曰：龙德者，占时遇太岁为今日之贵神，在用传中兼发用，月将亦得。以此占人，利见大人，当有迁官进禄之事。此课太乙加酉为用，又是月将，六癸日，天乙旦莅太乙，为日贵神，以此占人，当遇天子恩泽除授官爵之事。

《玉历钤》云：此课日德为用，天将皆吉，嫌初传克末，吉重凶轻，求官求财皆遂，婚姻不成。

《毕法》云：此课三传巳丑酉，干支上见酉为自刑，歌云："三合犯煞少人知，惟防好里定相欺。笑里有刀谁会得，事将成合失便宜。"

上神生日，用克日上，日克用，三传生日，初克末。

课名元首、从革。三传生日，癸以巳为德，凡占皆和合，隔手图谋，先难后易，终有所合，秋夏占尤吉。

《义》曰：莫厌迟疑，迟中有益。凡占百事，斯乃全吉。众人相助，以贵致富。动必和谐，小逆勿顾。

《象》曰：桂树秋香种自奇，云晴雨露月明时。管弦声里人如玉，潇洒无

· 1181 ·

拘乐便宜。

此元首之卦，一曰从革，一曰龙战。夫元首者，尊制卑，贵役贱之象。占事多顺，利于先举，事多起于男子。为忠臣，为子孝，正大光明而无邪僻之行，德业已著而乾乾进修，常怀危惧，惕励而无咎也。传见从革，有气则革而进益，无气则革而退失。一曰兵革，一曰金铁。大抵五行正气入十干杂糅之乡，异方三合乃生旺墓之神，事主丛杂不一，主关众人共谋，不然两三处干事，委曲托人与人相合之类。况龙战，主人心疑惑，进寸退尺，动有乖离之象。卯酉为天之私门，生杀有限，分杜有期，雷动龙奔，示其有战。占者遇之此课，日上神及三传俱来生助，所谋百事吉，运用如意，遇灾不凶，逢吉愈吉。若秋占，主声名显达，岁命生日者，尤为吉昌。求官有成。占见贵得助。占婚姻不宜。占病者有救，乃伤肺劳心。占官讼得理。生子敬。买仆得济。所占百事俱吉。占忧患有解。凡事多先从而后变。

占出兵行师得此，昼占开地千里，夜占中止，有吉而无凶，但有迟疑之象。

秋大利。

真一山人云：月到中秋分外明，相逢知己动欢情。功名富贵都成就，改革从新福禄荣。

《无惑钤》云：将克传生，己酉败人。宅衰人盛，惟利缙绅。

《钤解》曰：昼占天将纯土克身，三传合金生日。癸水败于酉，而酉遁旬己，中丑又当破碎，其人败矣。三传脱支，宅则衰，却来生干，人则盛也。贵勾常为官，缙绅得此最宜。《集议》："眷属丰盈居狭宅"内列此日，谓占得此课，切不可迁居宽广之屋舍，反恐生起灾咎，此乃造物使然，不可逆天理而作为也。三传递生人荐举。"干支皆败势倾颓"内列此日，谓占身血气衰败，占宅屋舍崩颓，日渐狼狈，惟不宜捕捉阴私，告讦他人阴事，倘若到官，必牵连我之旧事同时败露，各获罪也。酉乃癸干、丑支败气，又为丑支之破碎，故总名为破败神。"乐里悲"内列此日，谓三传全生日，天将纯土克干，虽有面前之生，后反有深害，占病死、讼刑，即贪粟之喻。干支全逢自刑。

癸丑日第六课

重审　斫轮　寡宿
朽木难雕别作为

<pre>
朱 玄 朱 玄   贵 白 贵 白
卯 申 卯 申   卯 申 卯 申
申 丑 申 癸   申 丑 申 癸

子　　卯 朱 ◎   子　　卯 贵 ◎
官 庚 戌 白 ☉   官 庚 戌 青 ☉
财 乙 巳 贵   财 乙 巳 阴

青 勾 六 朱   六 朱 蛇 贵
子 丑 寅 卯   子 丑 寅 卯
空 亥　　　辰 蛇   勾 亥　　　辰 后
白 戌　　　巳 贵   青 戌　　　巳 阴
酉 申 未 午   酉 申 未 午
常 玄 阴 后   空 白 常 玄
</pre>

《玉历钤》云：此课旦暮贵神入传，十分吉课，然空亡为用，遂成虚喜，凡占所求，过旬方遂。

《毕法》云：此课乃斫轮之象也。卯为空亡，乃朽木不任斫削，故云"朽木不可雕也"，凡占值此，所谋不成，却宜改图。

上神生日，日上克用。

课名重审、斫轮。卯乃空亡为用，末传带德，大概虚喜，惟利结绝，早消散宿忧，凡占宜再进可遂。盖始终有贵人成之，可以望吉，须待出旬为佳。

《义》曰：指望生助，脱空无禄。理势如斯，自不相顾。虚喜虚声，主见变更。吉凶无据，何患有成。

《象》曰：机锦重闻春满枝，游人玩赏羡当时。谁怜风雨夜来急，不见秋成一果奇。

此重审之卦，一曰寡宿，亦曰斫轮。夫重审者，重而审之也。利为主，利后动，长有厄，事从内起，起于女人。以下犯上，贱犯贵，卑犯尊，事多不顺。阴小在下者，有悖逆之事。占臣未忠，子失孝，事不可遂意而行，必当审察，循乎义理，庶几以免后患也。传见寡宿，《赋》云："寡宿孤辰，值此尤妨骨肉。"若占身得此，主见孤独，别离乡井，自立门户，财物虚耗，僧道宜之，俗不宜也。欲知斫轮，车临斧斤。又曰："庚申共处为斤斧，卯木单称立作车。太冲作用来金上，斫削修轮官爵除。"上神生日，所谋百事吉，运用如意，遇灾不凶，逢吉愈吉。若当秋占，主声名显达，岁命生日者，尤为吉昌。传得四绝，止宜结绝旧事，不可图新也。占者遇之此课，有花无果之象，凡所谋望，如锦上添花，但始终未见其美也。占求官见贵，多失少成。占财问婚姻，难成易败。占暴病逢之作福，久病逢之为凶。忧疑解散，患难无危。公讼不成。

占出兵行师得此，忧失众、失物，昼占虚妄口舌，夜占美中虚美也。占身宅，耗盗而不宁也。

变更之象。

真一山人云：美玺良工斫不成，可怜徒费此虚名。归来且作诗书伴，高枕衡门梦不惊。

《无惑钤》云：溺没财爻，朽木难雕。两贵常怒，守旧逍遥。

《钤解》曰：巳乃日财，传入虎墓，而又坐鬼乡，是财爻没溺而不可取也。卯空木朽，斫轮难成，宜改科别业。巳昼贵入狱，卯夜贵临申被克，干之必怒而不喜矣。申乃长生临干，守则逍遥自适，虽乘玄虎，化为金水一类，稍有惊耗，无足虑矣。《集议》："朽木难雕别作为"内列此日。辰戌加卯酉，为墓门开，又为外丧入内，宜合寿木以禳之。"苦去甘来"内列此日，为一喜一悲，夜占申乃长生乘虎，戌为日鬼乘龙。夜占贵人内战，必贵人作乱。两贵相协。

癸丑日第七课

反吟　稼穑　游子

常 朱 常 朱				朱 常 朱 常			
丑 未 丑 未				丑 未 丑 未			
未 丑 未 癸				未 丑 未 癸			

官	丁 未 朱		官	丁 未 常
官	癸 丑 常		官	癸 丑 朱
官	丁 未 朱		官	丁 未 常

```
    空 白 常 玄              勾 六 朱 蛇
    亥 子 丑 寅              亥 子 丑 寅
  青戌        卯阴        青戌        卯贵
  勾酉        辰后        空酉        辰后
    申 未 午 巳              申 未 午 巳
    六 朱 蛇 贵              白 常 玄 阴
```

"此课旧政上有旧政，不知有几年也？"何丞曰："次第只有五年（当作三年）。"先生曰："以某观之，第六年才得赴任。"何笑以为不然。后何贪湖州归安县离任远，若欲受之，被书铺与典吏差了一考，及后果然，知丞终于此任而已。后第六年得赴任，八月丧归。戊申年占，未为旧政，初末日宅皆见旧政，十二月月建丑，丑加于未上，来往皆是旧政，故云旧政。丑未数八，故旧政连我是八年。扶丧而归者，满盘皆鬼，丑为墓田，墓田上见太常，太常即亡化矣。[①]

《玉连环》占曰：此课据来意，此人因酒食过多，伤损脾胃，并下血痢，又小肠不通，又心腹胀满，药不效，饮食不进，旦夕而死。何知酒食伤于脾胃？盖日下小吉，主羊酒，太常主筵宴，土主脾胃，各乘休气，故言酒食伤于脾胃也。何知下痢、小肠不通？缘癸亥水度痢，故言下痢。三传皆土，故癸亥水不得流行，故知小肠不通。心腹胀者，为亥水不得外行。何知服药

---

① 《壬占汇选》作：戊申年十二月癸丑日丑将未时，何知丞丙寅生，生于二月初三日酉时，四十三岁占赴任。

效、饮食不进？小吉为药，太常为饮食，既为日鬼，故不进也。言旦夕而死者，盖时为日驿马，卦得反吟游子，未为旬中六丁，又日下之天马也。病人得之，岂能出行？当是阴魂乘天马驭六丁，游于天涯地角之外也。其病身一虚壳，当旦夕死之兆也。①

《玉历钤》云：日冲、日鬼加日为用，凡占所求皆凶。

《毕法》云：此课干上、支上俱见未，太常临之，如占病，必因喜宴而得，因往妻家饮酒所致，此病四鬼同临，其势甚凶，若年命上有寅木，是得神护，可以无事矣。

上神克日，用克日。

课名反吟、稼穑、游子、自信。丑未皆土为鬼，不无临扰，凡所占望，重求再进，隔手相推，临峻翻易，未必遂能到手，且有书信往来，暮有面食馈送。

《义》曰：君子尚义，小人逐利。利或未到，祸先而至。君子见机，小人惟欺。未欺他人，己先祸随。

《象》曰：深藏固密尚忧心，何况多贪致祸侵。浑俗和光廛市隐，待时尤听好佳音。

此无依之卦，一曰稼穑，亦曰天网。夫无依者，即反吟也。《经》云："无依是反吟，逃者远追寻。合者应分散，安巢别改林。守官须易位，结友也分襟。所为多反复，占病数般侵。"反吟刑冲，事主迟滞，远近系心，更相仇怨，且反复而呻吟，是无予夺而难息也。况稼穑乃重土，有艰难之象，常占得此，名曰鲸鲵归涧，凡事逼迫不由己，出若遇雷神，方能变化。《要》曰：稼穑者，五坟也，不宜占病。夫天网四张，万物被伤，为阻滞，为疑难，为灾恼。上神克日，只利先讼，要有气，余不吉。常占为人所欺负，种种不利。占者遇之此课，干支三传俱鬼，动用多阻滞，人多不利。若占人年上得申酉金，为化难生恩，方为福也。倘见重土披刑带煞者，百谋难成，尤生不足。占求官纵得，终不为欢。其他如干用、占财、占婚、远行、投谒，一无可取，惟当守礼循义，乐天知命，修德惕励，庶几保全，否则未之知也。占病大凶，宜先作福。余占俱不吉。占身宅，尤见不宁，人口不安。

占出兵行师不利，惟谨守，乘其不意，改图而别取可也。

事多侮慢。

真一山人云：非时不可妄贪求，命里生成亦有由。白酒新诗忘世态，醉来高卧自无忧。

---

① 《一字诀玉连环》作：六月癸丑日巳将亥时，壬辰老人占。

《无惑钤》云：四丁为鬼，刃蜜舔悔。两贵受克，美中未美。

《钤解》曰：四未遁丁，皆是暗财，财上带鬼，若取此财，如舔刃蜜，必伤舌也。巳贵临亥，卯夜贵酉，俱被下克，自为不暇，焉能为人？干则无益，凡占美中不美也。《集议》："水日逢丁财动之"内列此日例，谓干上并初俱未，虽曰皆财，不可取之，缘三传皆鬼故也。昼雀鬼加干，在朝防有章劾，若上书献策，反受责黜。鬼临三四讼灾随。

癸丑日第八课

重审

```
空 蛇 空 蛇          勾 玄 勾 玄
亥 午 亥 午          亥 午 亥 午
午 丑 午 癸          午 丑 午 癸


财 丙 午 蛇          财 丙 午 玄
兄 辛 亥 空          兄 辛 亥 勾
官 甲 辰 后          官 甲 辰 后


青 空 白 常          青 勾 六 朱
戌 亥 子 丑          戌 亥 子 丑
勾酉      寅玄       空酉      寅蛇
六申      卯阴       白申      卯贵
未 午 巳 辰          未 午 巳 辰
朱 蛇 贵 后          常 玄 阴 后
```

此课主宅后屋倒，及水沟不通。一主人患眼，二主人常有肠风痢泻之疾，三主妇人血脉不通，四主人浮肿而死。只缘西北水路不通，所以生许多事，若不通此水沟，主妇人颠狂。未占之前，有一人常患风眼，兼妇人有血疾。盖缘西北乾亥上水沟，为邻人所塞，凡值大雨，东侧及后屋皆为水浸，尽皆损坏。助教自有肠风之疾，兼其妻每有泻肚之患，事果如此也。此课病在日前，只缘辰土壅亥水，亥水克午火，午火却临身宅，身虽能制得他，宅却为他所害，宅被害，所以致克害人也。干属水，支属土，土来克水，中传又是水，末传天罡土壅住，主水不通，血脉不行，故生诸疾。至戊午年，一妇人后遂害血癫，是为腾蛇乘午所挠，不行心血，但脉不通上冲，故主是病矣。[①]

同日同时，[②] 姜伯达占前程，亦得此课。此课平生有三苦：一为屋所苦，二为妻所苦，三为心所苦。中传亥为同类，临于屋上，主讼争屋。末传墓神作天后，主妇人血气闷塞而死。自身随传入墓，必是公婆乾亥之坟内，有水浸椁，走兽入内为穴，所以见前程不通。九年心病，又四年遭水争屋，又五年内死。若不动移，必遭己身丧也。伯达乃士人也，占课时殊不觉，不意屋宅昏暗，又乃摧损，伯达遂拆了再造，造了心气发作，日夜呻吟，财帛耗散，其妻常常心血不安，或止或散，此乃九年午所管也。第十年，中传管四年，被兄弟日夜争吵，或塞东门，或开西户，又争三处屋及店屋，遂讼在此县。四年亥管了，却系末传辰五年所管。妇人血死，第三年自身大病。遂移公婆之坟，及开棺，泥土塞满，遂除泥移葬，自此宁息。大凡克处回归又受克，虽虎贲之勇，亦不可当，况劳弱者耶？且午来受癸克，走回本家午上，又有亥克，侵害来往不已。于所居之屋，所在之妻，何所能立？所视之眼，何以能明？我之心神，何以附体？盖午为心，为屋，为目，水日午为妻，皆不安也。[③]

《玉历钤》云：三传皆自刑，用神加丑为六害，凡占皆否塞不成。

日克上神，日克用。

课名重审。凡谋再进，先难后易，重求轻得，终有晦昧。

《义》曰：得失相仍，幸免忧惊。勾留欺诈，重叠相并。夜占暗昧，男女嫌忌。若同婚姻，急须求退。

《象》曰：妻财最忌有相伤，理数如斯岂泛常？倘使阴功曾积久，灾消祸退福尤长。

此重审之卦。夫重审者，重而审之也。利为主，利后动，长有厄，事从内起，起于女人。以下犯上，贱犯贵，卑犯尊，事多不顺。阴小在下者，有悖逆之事。占臣未忠，子失孝，事不可遂意而行，必当审察，循乎义理，庶几以免后患也。阴阳不备，谓之芜淫，《经》云"芜淫奸生于中"。况值蛇玄，又为惊恐不正之象，宜谨慎闺门，以防阴小越礼犯分。七月占为胎财生气，妻当有孕；正月为胎财死气，当主伤胎。午是初传，为癸水所克，急回本宫，又被亥水克之，使妻与财去住未能，必见妻财有伤，否则屋舍不宁，心目忧患，畜马死伤，夜占尤见身不自由，或受人驱策而不宁矣。占者遇之此课，

---

① 《壬占汇选》作：己酉年二月初四，癸丑日亥将午时，叶助教丙辰生，生于四月初九日寅时，五十四岁占家宅。

② 据宋本，不为同日同时所占。

③ 《壬占汇选》作：己酉年六月初六，癸丑日未将寅时，姜伯达丁卯生，四十三岁占前程。

凡占先难后易，不成中而有可成之象。占求官见贵，皆同此论。占婚姻不宜。占求财，防得中有失。占远行不利。此求吉未见其吉，问凶未必全凶。占得此课，惟利修德循理，其福自至，不可妄为，反招不足。

占出兵行师，昼占皆不宜，动则不利，惟在将之权变以保全也。

惊疑不宁。

真一山人云：知君来意生灾恼，何事机关不称情。顺理慢慢行得去，凶中化吉保安宁。

《无惑钤》云：午系财类，来往受制。妻病财亡，难就难弃。

《钤解》曰：午，财也，妻也，去而既被癸克，来家又受亥克。占妻必病，占财必亡。将欲弃之，财在目前，舍则难舍也；将欲就之，既遭夹克，不为己用，就非易也。《集议》："前后逼迫难进退"内列此日，谓初传既被下克，归于本家，又被上神所克，克处回归又受克，虽虎贲之勇，亦不可当矣。以发用言，午夜乘玄临丑，主走失之咎。干支全逢自刑。午乃癸水胎财，七月为生气，主有孕喜，亦主妻之姊妹有孕。

癸丑日第九课

涉害　从革　芜淫

夫妇芜淫各有私（不作芜淫）

<pre>
勾 贵 勾 贵   空 朱 空 朱
酉 巳 酉 巳   酉 巳 酉 巳
巳 丑 巳 癸   巳 丑 巳 癸

父 己 酉 勾   父 己 酉 空
官 癸 丑 常   官 癸 丑 阴
财 乙 巳 贵   财 乙 巳 朱

勾 青 空 白   空 白 常 玄
酉 戌 亥 子   酉 戌 亥 子
六申   丑常   青申   丑阴
朱未   寅玄   勾未   寅后
  午 巳 辰 卯   午 巳 辰 卯
  蛇 贵 后 阴   六 朱 蛇 贵
</pre>

此课先生曰："人盛宅狭，人兴宅替。不出四年，必主修造酒缸、酒房，不合留厨丁，主一婢子酒中而死。不要买叔婆之产，主有退悔。又主有三所店，先开二所见财，后开一所主败。宅前不合置淘镬，主八年内，前面淘屋内必停丧，其时家分作四分矣。"郑宣义兄弟二人，四十余口，不曾分宅，自后事事皆符所言。先生所谓人兴者，癸日遇巳酉丑，八月金旺也；宅替者，丑日丑反生巳酉丑金也。癸水见酉，乃酒也。巳为厨灶也。三店者，日上、宅上、末传三个巳，巳为店业也。一所败者，癸水绝于巳也。又巳为锅镬，值癸水乃淘镬也。八年者，支干上有两个巳，巳乃四数也。丑为八月死气，加于婢妾之上，丑上又见巳，巳为厨灶，癸水见酉为酒，主婢死于酒房厨下也。①

《玉历钤》云：末传克初传，末传又为日德，是乃吉课也，凡占所事遂意。

《毕法》云：此课三传生其日干，反脱支辰，值此必人口丰盈，而居狭隘之宅也。

日克上神，日上克用，三传生日，末克初。

课名涉害、从革、芜淫。金生日，以巳为德，人宅安宁，上下和合。秋冬更变，重重皆利；夏秋（前言秋冬，此又言夏秋，原文如此，恐有讹误）次之，虽有些口舌，亦无利害。但图谋必须隔手，重进再诉，往返逢之，亦见德合。

《义》曰：生者为凶，福禄临门。君子小人，喜乐纷纭。屈而未伸，勾留迟滞。岁晚宜田，谷收加倍。

《象》曰：从革鼎新易变旧，幸教癸日喜相逢。饶君静坐不出户，自有来助福禄丰。

此见机之卦，一曰从革。夫见机者，察其微，见其机，谓两比两不比，当以涉害为用。涉害有浅深，欲用不用，欲言不言，事有两而取一，所作稽留，迟疑艰难，进退不定，忧患难消，怀孕伤胎，难于前而易于后。传见从革，先从而后革，有气则革而进益，无气则革而退失。一曰兵革，一曰金铁。大抵五行正气入十干杂糅之乡，异方三合乃生旺墓之神，事主丛杂不一，主关众人共谋，不然两三处干事，委曲托人与人相合之类。又如推磨者，转去转来，非一遍也。所喜三传生日，事必有助。妻刚强，财有力。占者遇之此

---

① 《壬占汇选》作：戊申年八月癸丑日巳将丑时，郑宣义己亥生，生于五月六日酉时，七十岁占家宅。

课，占求官有成。占见贵有助。占婚姻不宜，凡占得从革，岁中不利阴人。占财有望。谋事有功。占病者瘥迟，有伤心肺之象，虽危有救。百占皆有人相助，而无损失。占身吉，占宅衰，却有生人之气，不可移徙。其他忧疑患难之事，终不为害。占逃亡，虽目下难见，终得获。

真一山人云：三人作事共一心，入山采矿变真金。也知好事须难得，难里成时福更深。

秋大利。

《无惑钤》云：人盛宅狭，彼恶己益。众口来生，官印显赫。

《钤解》曰：巳酉丑纯金，生干脱支，占宅则人盛宅衰，占彼己则人恶己益。且三传自末迤逦生干，众人称扬。官宦值此，必蒙推荐，而声名显达矣。《集议》："眷属丰盈居狭宅"内列此日，说详本日丑加亥。"三传递生人荐举"内列此日。"干支值绝凡谋决"内有此日，谓干支递互作绝神者，最宜两相兑换屋宅，或代替差遣，交代职任等事。"传墓入墓分爱憎"内列此日，为败气传墓入墓，如占行人来速。

癸丑日第十课

元首　斩关　稼穑　游子　闭口　六仪

水日逢丁财动之　支干乘墓各昏迷

朱后　朱后
未辰　未辰
辰丑　辰癸

官　甲辰　后
官　丁未　朱
官　庚戌　青

六　勾　青　空
申　酉　戌　亥
朱未　　　子白
蛇午　　　丑常
巳辰　卯寅
贵后　阴玄

勾蛇　勾蛇
未辰　未辰
辰丑　辰癸

官　甲辰　蛇
官　丁未　勾
官　庚戌　白

青　空　白　常
申　酉　戌　亥
勾未　　　子玄
六午　　　丑阴
巳辰　卯寅
朱蛇　贵后

《玉历钤》云：此课三传克日，神将俱凶，凡占百事皆凶。

《毕法》云：此课三传皆鬼，并克日干，幸得贵人临寅，杜塞鬼门，众鬼虽窥觊，不敢大作妖孽，占者宜书符叱道，致祭禳消，唯君子见理明白，存心中正，则阳光盛大，阴精邪魅不敢干矣。

上神克日，三传克日，用克日。

课名元首、稼穑、五墓、六仪。墓加干支，凡所图谋，止而不行，虽斩关有动意，其奈何人滞宅破，阴小有灾，何利之有？亥子生人尚可解。满盘官鬼，却宜求名问职。

《义》曰：内战不吉，事多丧失。以凶制凶，损中见益。君子乾乾，福禄自然。小人戚戚，灾害必及。

《象》曰：忧惊到此奈何如？只要平生为善多。干事未成犹谓福，病人占此是沉疴。

此元首之卦，一曰天网，亦曰稼穑。夫元首者，尊制卑，贵役贱之象。占事多顺，利于先举，事多起于男子。为臣忠，为子孝，正大光明而无邪僻之行，德业已著而乾乾进修，常怀危惧，惕励而无咎也。夫天网者，即天网四张也，《经》曰"天网四张，万物被伤"，为阻滞，为疑难，为灾恼。况稼穑乃重土，有艰难之象，常占得此，名曰鲸鲵归涧，凡事逼迫不由己，出若遇雷神，方能变化。《要》曰：稼穑者，五坟也，不宜占病。干上墓神克干，凡占不利。况斩关非安居之象，九月占为游子，身欲动往，途中多滞。课体本凶，幸六仪为解。占者遇之此课，占求官虽宜，亦不如意。举动不宜，况墓乃五行潜伏之地，四时衰败气绝之乡，逢墓不动，见墓即止，幸得末传冲破，以开昏蒙。用破身心，而无所归，凡事勿求，虽求亦无成，破财破产，若忧愁得此，亦能破散而有解。占人年命上见戌字，冲散其凶，若辰字，美中不足。若远行投谒，尤为不宜。

占出兵行师得此，不惟不宜，抑且防损，以其敌之强众，而我之寡弱，谨之勿忽！

顺理则裕。

真一山人云：否极何时见泰临？谦谦正守待知音。一时要作徒为尔，莫为分毫失寸金。

《无惑钤》云：贼鬼纷纭，凶不可闻。纵寅卯命，亦作妖氛。

《钤解》曰：一癸水而敌众土，动则逢凶也。况三重辰墓，其昏塞滞迟焉可当？纵寅卯作占人年命以克之，殊不知彼先盗脱干气，亦作妖氛而已，安得能救乎？《集议》：贵人塞鬼门，鬼贼不凶，或不入传，年命亦可用。干支全逢自刑。鬼临三四讼灾随。干墓并关人宅废。此课在夏令占，辰为关神，加日又加辰，主人衰宅废。

癸丑日第十一课

元首　寡宿　迎阳　六阴

水日逢丁财动之　课传俱贵转无依

```
贵 阴 贵 阴          朱 贵 朱 贵
巳 卯 巳 卯          巳 卯 巳 卯
卯 丑 卯 癸          卯 丑 卯 癸


子    卯 阴 ◎        子    卯 贵 ◎
财 乙 巳 贵 ⊙        财 乙 巳 朱 ⊙
官 丁 未 朱          官 丁 未 勾


朱 六 勾 青          勾 青 空 白
未 申 酉 戌          未 申 酉 戌
蛇午      亥空       六午      亥常
贵巳      子白       朱巳      子玄
辰 卯 寅 丑          辰 卯 寅 丑
后 阴 玄 常          蛇 贵 后 阴
```

《玉历钤》云：此课昼夜贵人在传，中传又是贵人、德神，乃吉课也。但初传空亡发用，课虽吉，却主人情不喜，凡占所事无成。

《毕法》云：此课初传夜贵，中传昼贵，末传又在昼贵之上，干上、支上又是昼夜贵人，谓之遍地贵人。凡占事不归一，反无依倚。惟有官者占之，谓之贵人聚会，最为喜庆。占讼甚凶。

上神盗日，初克末。

课名元首、间传。空亡，凡图多虚少实。贵人入传，赖巳为德，虽得此力，亦无十全。初克末，末虽无畏，而亦受克也，凶吉不成。

《义》曰：脱空何遂？虚声毕集。侥幸而成，不义而失。回思自己，守之勿悔。末后一看，谨之不失。

《象》曰：课体无凶不足忧，满斟美酒醉江楼。功名富贵浑无用，瞬夕韶光春复秋。

此元首之卦，一曰寡宿。夫元首者，尊制卑，贵役贱之象。占事多顺，利于先举，事多起于男子。为臣忠，为子孝，正大光明而无邪僻之行，德业已著而乾乾进修，常怀危惧，惕励而无咎也。传见寡宿孤辰，值此尤妨骨肉。占身得此，主见孤独，别离乡井，自立门户，财物虚耗，僧道宜之，俗不宜也。日生上神，虚费百出，谋望不遂，盗失损财，人口衰残，休囚尤重，又为子孙脱漏之事。更作空亡，事多有影无形，多虚少实，大防为人脱赚也。占者遇之此课，占求官得之，如向空砍斧，徒然费力而不能成功也。若在卯年、卯月庶几，余月求之，未之知也。夜占为帘幕贵人高甲第，但惜其二贵皆空，不过虚喜而已。假使侥幸而成，难于悠远。见贵同此。占谋望、托人、求财、问婚、交易、投谒，号曰指空话空，何有益于我哉？占久病逢之大凶，暴病逢之作福。占忧惊解散，祸患不成。占狱讼无忧。传闻不可凭信。

占出兵行师，有失众，吉不成吉，而凶不成凶也。

凭虚望远。

真一山人云：笑看人事几纷更，枉费精神去务名。不识这些关棙子，徒劳话尽此平生。

《无惑钤》云：拟欲告贵，事致委靡。见在财亡，遁丁何济？

《钤解》曰：昼贵巳加于夜贵卯上，谓昼夜贵加，拟欲告贵，宜告两处贵人成事，但二贵空陷，且遍地贵人，所谓一国三公，十羊九牧，事不归一，反致委靡而不振发也。巳财落空，是见在之财，已不得用。末未遁丁财，果何益济之有哉？《集议》："课传皆贵转无依"内列此日，谓在人多差遣，或权摄所委不一。"昼夜贵加求两贵"内列此日。罡塞鬼户。"帘幕贵人高甲第"内有此日，若占人年命寅，上乘天罡，为二贵拱侍，占试中魁。两贵皆空虚喜期，干贵难允，但事未决，换旬有望。"人宅皆死各衰羸"内列此日。迎阳："过中将昃兮，迎阳急朝之。缓则将无气，卯巳未可知。"卯夜贵脱干，故被贵人脱嫌，或被神祇作祟，以致脱耗，前壬子日，卯加壬同。

癸丑日第十二课

元首　连茹　孤辰

脱上逢脱防虚诈　进茹空亡须退步

```
阴 玄 阴 玄              贵 后 贵 后
卯 寅 卯 寅              卯 寅 卯 寅
寅 丑 寅 癸              寅 丑 寅 癸


子     寅 玄 ◎          子     寅 后 ◎
子     卯 阴 ◎⊙        子     卯 贵 ◎⊙
官 甲 辰 后 ⊙          官 甲 辰 蛇 ⊙


蛇 朱 六 勾              六 勾 青 空
午 未 申 酉              午 未 申 酉
贵巳       戌青          朱巳       戌白
后辰       亥空          蛇辰       亥常
  卯 寅 丑 子              卯 寅 丑 子
  阴 玄 常 白              贵 后 阴 玄
```

《中黄经》占曰：此课病主九分重，惟有救神，所以不死，虽有孝服，亦不重也。何以言之？盖为本命上得戌，为白虎克日，病主死，又幸日上见寅，是救神当时，却克白虎，故不死。又虽有丧车，在行年巳上，加外有孝服死神临门，其辰在卯，则不动也。盖以日上加寅，克诸凶，故云救神有气，虽白虎克日不死。又白虎凶神立于衰败之地，日上寅木救之，病不成忧。日上有气，虽白虎克日，不为凶矣。①

《玉历钤》云：此课三传连茹空亡，凡百无成。

《毕法》云：此课干支上寅卯皆是空亡，又更三传俱空，使癸水生其脱空，虽有千金之积，亦不足周其费矣。占讼费而不直，占病虚而甚弱。

上神盗日，初克末。

课名元首、连茹。初传、中传且并日辰，无非空亡，主进退牵连，阴贼

---

① 《中黄经》作：假令丁酉人，十一月将，癸丑日子时占。

同谋，彼此欺诈，欲休不休，久而自散，更无一点事十全，此吉凶无成之课。

《义》曰：无形无影，何所凭据？虚报虚声，不见实事。散凶忧解，此最为忧。久病大忌，余事勿愁。

《象》曰：空里逢空无可凭，扶摇徒见九天行。归来反顾无些意，兴来悄然向野僧。

此元首之卦。夫元首者，尊制卑，贵役贱之象。占事多顺，利于先举，事多起于男子。为臣忠，为子孝，正大光明而无邪僻之行，德业已著而乾乾进修，常怀危惧，惕励而无咎也。此课乃耗泄不实之课，百事占之无可成，终为无益，谓之形影俱无之象。惟利占忧惊之事，忧中望喜则可，占久病大不利，其他占无所用也。大抵此课，凡百所谋，占吉事不成吉，而凶事又能解散也。

虚堂习听。

真一山人云：到此无言是丈夫，功名富贵更休图。诗成酒醉随无好，天地茫茫不我拘。

《无惑钤》云：干支及传，脱空满前。子息耗盗，弱病淹缠。

《钤解》曰：三传占病，虚损微弱，气息淹延，死日近矣。《集议》："进茹空亡宜退步"内有此日例，谓干上寅，自是空亡，那更寅卯辰为三传，使癸水生之，其脱空，虽千金亦不能周其足。如昼占，玄武乘空临干，尤甚。占讼费而不直，占病脱而极虚。终不能退步。旬空昼乘玄武，定主失脱。"脱上逢脱"内亦有此日。墓门开，又为外丧。两贵不协，变成妒忌，巳加辰，卯加寅，互换作六害。子息不肖，父母罹殃。

甲寅日

甲寅日第一课

伏吟　玄胎　六仪
任信丁马须言动

```
蛇 蛇 蛇 蛇        青 青 青 青
寅 寅 寅 寅        寅 寅 寅 寅
寅 寅 寅 甲        寅 寅 寅 甲


兄 甲 寅 蛇        兄 甲 寅 青
子 丁 巳 勾        子 丁 巳 朱
官 庚 申 白        官 庚 申 后


勾 青 空 白        朱 蛇 贵 后
巳 午 未 申        巳 午 未 申
六辰　　酉常       六辰　　酉阴
朱卯　　戌玄       勾卯　　戌玄
寅 丑 子 亥        寅 丑 子 亥
蛇 贵 后 阴        青 空 白 常
```

《玉历钤》云：此课旦贵不可用，夜贵颇可，小事可，大事不可。

《毕法》云：此课伏吟，乃刚日之自任也。初传为日之德禄，中传丁神，末传驿马，不可谓为伏匿不动，乃是由静而动，德禄俱进之象。常占访人必他出，期约不践，占身必动，而无阻滞。

《心照》云：此课末传乃日干之鬼，上乘白虎，凡占凶祸甚速，占讼被刑，占病危困，若非中传丁神为救，则讼杖流，病必危矣。

课名伏吟、玄胎。四课只有一课，三传互见三刑，诸神安然不动，百事仍旧。更支干临官在寅，为仪，为德禄，春占最吉，昼占不如暮占。中末巳申合，以刑中有口舌，不为害也。

上神德日，末克初。

《义》曰：上下相比，支干培本。官印加迁，声名耿耿。此课占用，尚有未宜。婚病远行，出兵用师。

《象》曰：天地之功尚未全，人间百事也如然。无凶便是为奇特，积善人家福自天。

此自任之卦，一曰玄胎。夫自任者，乃天地伏吟，十二神各归本家，天地如一，四伏未发之象。占事静则宜，动则滞，主事藏匿不动，静中求劳，有屈而不伸之象。况玄胎如婴儿隐伏之状，利上不利下，事主远而多伏，暗昧不通，触则成祸，惟君子守正修德则亨。六仪集聚千祥，凶消祸灭，福祉来归，尚有美中未足之象。况五日四辰，阴阳不备，日辰同位，乃曰芜淫，芜淫奸生于中。得此若占身宅者，宜谨之于始，以礼自防，虑有越礼犯分之事也。传见培本格，支来加干，培益于干，得同类相培，自然壮本基也。常占得自在用事，惟末传马载虎鬼而未美也。占者遇之此课，求官大宜，以其螣蛇生角，勾陈捧印，白虎入庙也。占婚不宜。求财不利。占病凶，宜作福。占见贵未足。远行不利。占望行人，不日回程。逃亡可得。不宜争讼。忧疑患难，先凶后吉。

占出兵行师不宜，惟夜占稍可，昼占乃曰忧心众畏，宜止。如不得已而用之，贵在将之得人可也。

春大吉。

真一山人云：一德能消几祸殃，君家积德达穹苍。更能从此行阴骘，禄足官高后世昌。

《无惑钤》云：德禄临身，夜贵有成。马载虎鬼，动则遭刑。

《钤解》曰：帘幕空。禄临支宅旺禄。寅乃甲之德禄，夜乘青龙，临身发用，可专守而不可妄动也。巳乃脱害居中，马在虎鬼居末，若不静守而妄动，则三传刑害冲击，其凶不可当矣。《集议》：权摄不正禄临支。末遁旬日之庚乘虎，凡占至凶至危、至怪至动，纵空亡不能解救，是殃非浅也。申乘白虎，冲支上寅，为对邻兽头冲其本家，以致家道衰替。"宾主不投刑在上"内谓此三刑入传，未免无恩之义，施恩反怨也。任信丁马，静中求动终是静。如占求，先蒙允许，后必改易。如占访人，虽不藏匿，必有事出干，或在他处相见。

甲寅日第二课

知一　连茹　孤辰　绝嗣

空上乘空事莫追

后 贵 后 贵　　　白 空 白 空
子 丑 子 丑　　　子 丑 子 丑
丑 寅 丑 甲　　　丑 寅 丑 甲

父　　子　后 ◎⊙　　父　　子　白 ◎⊙
父　癸 亥 阴 ⊙　　父　癸 亥 常 ⊙
财　壬 戌 玄　　　财　壬 戌 玄

六 勾 青 空　　　六 朱 蛇 贵
辰 巳 午 未　　　辰 巳 午 未
朱卯　　申白　　勾卯　　申后
蛇寅　　酉常　　青寅　　酉阴
丑 子 亥 戌　　　丑 子 亥 戌
贵 后 阴 玄　　　空 白 常 玄

《玉历钤》云：此课天地上下俱是空亡，四时皆不可用，闻忧不忧，闻喜不喜。

课名知一、逆连茹。主丑见天地上下皆是空亡，不可用事，只可散忧。贵加日，与用神子合，中传亥与日合，末为财喜，退而获吉。

日克上神，日上克用，用生日，末克初。

《义》曰：进退不定，事无机应。若有若无，空空不信。听起虚声，何处之鸣？静以待之，终见无成。

《象》曰：有意相逢未得成，谁怜好处又变更。满枝黄叶看看尽，岁到隆冬有令名。

此知一之卦，一曰绝嗣，亦曰孤辰，又曰洣女。夫知一者，知一而不能知两，知者以为自知、自见，不知为寇仇，故言知一也。以此为用，舍远就近，舍疏就亲，恩中生害，事多起于同类，凡事狐疑，事贵和同乃吉。况孤辰有茕茕孑立之象，占人别离桑梓，凡所占谋，多虚少实，功名难遂，事业虚花。夫泆女乃不正之象，阴私邪淫，占男女有阴私暗昧之理，占家宅宜谨慎闱门，以防阴小越礼，惟能以礼自防者可化之。日上见鬼墓，《经》云："鬼墓加干鬼暗兴。"墓中之鬼，危疑者甚，防暗中有人侵害也，讼病大忌，出兵者亦然，幸是贵人又是空，乃有解也。占者遇之此课，乃退连茹，退而有进，进而欲退，欲行不行，欲止不止，根苗不断，旧事从新。亦云见生不生，不如无生，号曰出闱。生我者落空，占病必死，占父母尤可畏。占求官者，文书难成。见贵不顺。婚姻不宜。占财难得。暴病不妨，久病大凶。失脱勿寻。逃亡得迟。占讼不成。百占皆有声无实，传事亦然。

占出兵行师得此，防有失众之象。大抵此课，诸占凶不成凶，吉不成吉，无益之象也。

冬吉。尤防更变。

真一山人云：莫道空中难就事，向前一步禄相逢。若是退步还无益，散尽忧愁不见凶。

《无惑钤》云：亥子空亡，戌又来伤。凡谋不利，讼病难当。

《钤解》曰：亥子，甲木所赖以生，既皆空陷，见生不生，遂投末传戌土之财，却被辛金暗伤，况昼夜乘玄，反主虚耗，三传俱无所益，凡谋岂得亨利乎？丑乃鬼墓加干，灾祸弥甚，若占病讼，实难当也，若占父母、生计，亦凶。《集议》：丑加寅，夜空，主人家兽头落。"空上逢空事莫追"内列此日，谓凡占指空说空，而无实迹之象，以夜贵言。昼贵临身，乘空虚，甲木克，欲告贵人求文书事，必贵人忌惮，而不用度止。

甲寅日第三课

元首　励德　悖戾　闭口　六阳

玄后 玄后　　　　　玄白 玄白
戌子 戌子　　　　　戌子 戌子
子寅 子甲　　　　　子寅 子甲

财 壬戌 玄 ⊙　　　财 壬戌 玄 ⊙
官 庚申 白　　　　　官 庚申 后
子 戊午 青　　　　　子 戊午 蛇

朱 六 勾 青　　　　　勾 六 朱 蛇
卯 辰 巳 午　　　　　卯 辰 巳 午
蛇寅　　　未空　　　青寅　　　未贵
贵丑　　　申白　　　空丑　　　申后
子 亥 戌 酉　　　　　子 亥 戌 酉
后 阴 玄 常　　　　　白 常 玄 阴

《玉历钤》云：此课谓之折腰炎上，用神加临空亡，天将又是玄武，凡占所求不成。

《毕法》云：此课干支上俱逢败气，占身主血气衰羸，占宅主房舍倾颓，凡占所事，狼狈不振，尤不宜占讼，两被损伤也。

《金匮经》云：此课末传午火助初传戌土，为日干之财，凡占值此，必有仗义之人暗中以财相济，助济一时之急用也。

课名元首、间传。子为空亡，戌午申，退传又间隔，冬春得之，仍旧是好课，主女子财物争斗，恐有奸邪成讼。占病出行，二者不可，空亡自散。

上神生日，日克用。

《义》曰：玄武乘空，盗贼不逢。逃亡虽难，得不成功。元首乃吉，于斯无益。谋事变更，再图勿失。

《象》曰：三传悖戾不相和，事事逢之进退多。好事不成凶事散，守之福禄若春波。

此元首之卦。夫元首者，尊制卑，贵役贱之象。占事多顺，利于先举，事多起于男子。为臣忠，为子孝，正大光明而无邪僻之行，德业已著而乾乾进修，常怀危惧，惕励而无咎也。戌申午，为悖戾，又曰退间传，退中有隔，隔而后进。一曰闭口，凡占不测其机，占病多哑，或咽喉之病，不能言，或禁口懒言，占产生子不能言，失脱访求于人，人多不肯言说，此大概之论。然而发用乘空，既空，虽有声，但恐不的实也。上神生日，所为百事吉，运用如意，遇灾不凶，逢吉愈吉。日是人相助，夜是神相助。若岁命生日者，尤为吉昌，若当季神来生，尤主声名显达，亦必虚喜多而实喜少也。占者遇之此课，占求官不实，文书难成。占见贵虚意。占婚姻无益。占求财难得，虽得不能为用，又因财惹恼。病者有膈气，或饮食之所隔，宜服调中快膈之剂。占讼者难成，无官主张，文书不行。占逃盗难获。

占出兵行师得此，所传所闻之事，虚诈不实，尤防失众。大抵此课，吉不成吉，凶不成凶也。

仲冬吉。

真一山人云：人来生助不寻常，何是逢空失主张。数有天然理已定，徒劳汲汲与忙忙。

《无惑钤》云：两水空润，虎鬼作孽。占婚冰人，言不足信。

《钤解》曰：支干上神，子水俱空，空润而已，无实生也。初财落空乘玄，主失脱，得不偿费，中传马载虎鬼，生祸遭孽，末传午又盗气，课传无一可者，不如守干支上子水之空生，犹之可也。神后旬空，天后临季，神后落空，二后失地，占婚不美，媒妁之言，无足凭矣。《集议》："干支皆败势倾颓"内列此日，为杀人一万，自损三千之意。"末助初分三等论"内列此日，占者必暗中有人以财相助，如占博弈宜此，来意占婚尤的。申遁旬庚乘虎，殃非浅也。未乃干支墓神，临酉为内丧。悖戾："勉强前来勉强之，戌申午上不堪期。徒然欲壮培根本，凶咎前来定不遗。"又占婚，专看二后，此课神后临干，乃旬空，又为干支败气；天后乘申，临戌为季神。歌云："生气二后旺神兼，此女轻盈貌似仙。若临季神又囚死，媒人说好是虚言。"此可澄二后句意。

甲寅日第四课

八专　帷薄　闭口　寡宿

```
白 阴 白 阴          后 常 后 常
申 亥 申 亥          申 亥 申 亥
亥 寅 亥 甲          亥 寅 亥 甲


财    丑 贵 ◎        财    丑 空 ◎
父 癸 亥 阴          父 癸 亥 常
父 癸 亥 阴          父 癸 亥 常


蛇 朱 六 勾          青 勾 六 朱
寅 卯 辰 巳          寅 卯 辰 巳
贵丑      午青       空丑      午蛇
后子      未空       白子      未贵
亥 戌 酉 申          亥 戌 酉 申
阴 玄 常 白          常 玄 阴 后
```

此课亥长生加临支干，而生支干，又是本命来生，身宅极好。不合亥是旬中闭口神，主父母闭口，兼行年亦在本命，又兼今日父母上见公婆，是父母见公婆也。天空作空亡为初，虚墓已动，加辰，辰为锹锄煞，当年十月母死，次年正月父亡。此人须入学馆，历台谏，过侍从，只不守土耳。至戊子年七十四，或七十八死矣。王司法当年十月丁母忧，次年正月丁父忧，三十七上七月从吉，前往参部，得温州法司，三十九上赴任，满得大学录，又迁国子簿，又迁丞权大学司业，迁右正言，又迁左正言，权礼部侍郎，入国子时，方年六十二，只是宫观，不曾守土，卒年七十八岁矣。此逢旬尾加旬首，名曰闭口，父母加之，主父母亡身。闭口仕途未通，后登馆职、台谏、侍从，并如先生所说，宫观十七年，即不能守土，至乾道八年壬辰岁十月初七日终矣。先生所谓七十四，又谓七十八者，何也？亥加寅，亥数四，寅数七，乃七十四也；亥有四个，又添四数，七十八岁，况甲上是亥，寅上亦是亥，所以用两个四数，故七十八。后果应其说。①

《玉历钤》云：八专本凶，缘此课贵人为用，又中传加寅上，为六合，却为吉课。初传空亡，克末传，却反为凶，凡占皆无所成。

《七十二占》曰：问囚狱情实，以今日制其神。问官坐青龙、功曹下，置囚于勾陈、天罡、白虎下，令玄武所居神畏今日及青龙所居神，则其囚吐实，不敢虚言。此课正月将，甲寅日寅时问囚，功曹在巳，胜光为青龙加酉，问官宜居巳地。天罡在未，勾陈在申，白虎在亥，以囚在亥、未、申地皆可。戌为玄武无气，又畏甲木，木又乘旺，此实本囚必吐实，不敢欺也。

《曾门经》云：日辰阴阳，共得二课，二神并杂，以此占人，内失其一，帷薄不修也。此课阴阳并不相克，甲刚日，从甲上神亥顺数三位，得大吉为初传，将得天乙，妻财为贵神，主见贵人，或妻子有喜。中末二传，重在日辰上，见登明父母太阴，主父母隐匿之事，奸淫家乱。

《毕法》云：此课夜占，太常加亥，临于干，与干为六合，来人所占，必有婚姻之喜，或有赐帛赏赍之庆。若占婚姻，必然成合也。课名八专，帷薄不修，内外不分，人宅无别。丑加辰为用，为贵人入狱不治事。暮占丑乘天空，为欺诈，奴仆不良。末传加在日辰上，占事向后可十全，日下恐未顺。丑是空亡，凡事守待为佳。亥乃日之长生，终有益，出旬可用。

上神生日，日克用，初克末。

《义》曰：帷薄不修，欲逞风流。逢空有解，难遂世谋。谋事未称，大求小用。更变一番，福禄自顺。

《象》曰：逢冬好事渐加新，一报阳和喜报春。忧患消磨呈福祉，凶中化吉日忻忻。

此帷薄不修之卦，一曰寡宿。夫帷薄不修者，乃八专也。《经》云：八专支干共位，阴阳两课。五日四辰，表里皆拱于八极。故曰：八专尊卑共室，人宅不分。又帷薄不修，内不隔而外不遏，事多重叠，忧喜两来，干涉妇人，久而反蔽。占身宅婚姻得此，恐男女有越礼之事，宜严谨闺门，慎守动静，能以此自防者，庶几免失。故曰："以道制欲，则能顺命。"传见孤辰寡宿，值此尤妨骨肉。若占身得此，主见孤独，别离乡井，自立门户，财物虚耗，僧道宜之，俗不宜也。上神生日，又为日之长生，所谋百事吉，运用如意，遇灾不凶，逢吉愈吉。日是人相助，夜乃神相助。若在孟冬得此，尤见声名

---

① 《壬占汇选》作：戊申年六月甲寅日未将戌时，王法司乙亥生，生于十二月八日未时，三十四岁占前程。

显达，亦未免半实之象。占者遇之此课，占求官见贵，美中不足，成中有破，合而未合，见贵无力。不利于婚姻。求财虽见贵人之财，亦未实也，纵使空手，而失之也。占病讼，凶中有救。

占出兵行师得此，须防失众，而终有益也。昼占吉，夜占诈，但课体未宜。大抵此课，吉多而凶少，福重而祸轻也。

季冬吉。

真一山人云：虽有镃器且待时，更新事业几人知？莫嫌眼底未如意，冬末春初问事宜。

《无惑钤》云：幸有生谐，贵许空财。迂廻宛转，仍旧归来。

《钤解》曰：干乘亥生，寅亥相谐，足可守也。弃而投初传贵人以求财，不过空许而已。徒为委曲宛转，卒无所益，仍旧归于干上，以守亥水之生谐矣。《集议》：亥乃旬尾，加甲为旬首，闭口益甚。干支全逢自刑。夜常加长生临干，来意必占婚姻之喜，或有锡赐物帛之事，又临支宅，亦有婚礼之喜，宜开彩帛铺，或酒食店肆。

甲寅日第五课

重审　炎上　斩关　狡童　六阳

```
白 六 白 六        后 六 后 六
午 戌 午 戌        午 戌 午 戌
戌 寅 戌 甲        戌 寅 戌 甲


财 壬 戌 六        财 壬 戌 六
子 戌 午 白        子 戌 午 后
兄 甲 寅 后        兄 甲 寅 白


贵 后 阴 玄        空 白 常 玄
丑 寅 卯 辰        丑 寅 卯 辰
蛇子      巳常     青子      巳阴
朱亥      午白     勾亥      午后
戌 酉 申 未        戌 酉 申 未
六 勾 青 空        六 朱 蛇 贵
```

《玉历钤》云：此课三传火局，甲木泄气，又为泆女之卦，火局不正，凡占皆不可用。

《毕法》云：此课初传坐于克方，又被六合夹克，盖初传戌乃日之财也，被天将夹克，凡占值此，必主财不由己费用而不济事也。

《杂占》云：此课三传全脱干气，却生起日干财神，谓之取还魂债。

《灵辖经》云：占遇白虎乘死神，上下迫日辰，名曰魄化。以此占人，必有死亡，白虎在阳忧男，在阴忧女，下克上内丧，上克下外丧，行年在魁罡蛇虎下者，其人受殃。死神者，正月在巳，顺行十二支是也。此课天魁在甲，下克上为用，中传胜光，将得白虎，二月死神在午，白虎乘天上死神，下迫日辰，必有死亡之事。午为阳，忧在男子，下克上，主内丧。

课名重审、炎上、芜淫、斩关、狡童。凡狡童，主在宅有异姓同居。将得六合，为私门，狼狗相聚，不有官灾牢狱，必见哭声，凶事缠绵。天魁主众人，春夏占事可济。末归日辰，无凶。

日克上神，日克用，末克初。

《义》曰：三传脱耗，向谁倚靠？防来赚啜，否则失盗。莫论钱财，出多入少。无吉无凶，忧心悄悄。

《象》曰：阳微阴盛事乖张，谨守闺门莫放狂。此个机关端的准，婚姻男女切宜防。

此重审之卦，一曰炎上，亦曰斩关，又曰泆女。夫重审者，重而审之也。利为主，利后动，长有厄，事从内起，起于女人。以下犯上，贱犯贵，卑犯尊，事多不顺。阴小在下者，有悖逆之事。占臣未忠，子失孝，事不可遂意而行，必当审察，循乎义理，庶几以免后患也。且炎上，为日，象君，事主多虚少实。戌加寅，以火墓临于火之长生，谓火以明为主，虚则生明，实则生暗，是反其体也。况斩关非安居之象，占者多不自由，事多暗昧不和，离散口舌，欲隐身避难者，却利乎奔逃也。夫泆女乃不正之象，阴私邪淫，占男女有阴私暗昧之理，占家宅宜谨慎闺门，以防阴小越礼，惟能以礼自防者可化之。日上见戌，妻美财福，利于求财，但此财乃不得自由之财，夹克故也。占身者多不自由，常被人驱使，或多辛勤。三传盗气，人宅衰败，常有不足气象，谋事不成，耗财盗脱，所幸先见不足，后却成美也。占求官不得。占见贵不吉。所占无益而有损，惟利忧疑患难，尤见欲脱未脱，终不为凶。占病虚损，久病凶，暴病吉。

占出兵行师，虽吉而未免脱耗不足，防有赚脱误事。有所传闻，一而不实，不可忽之也。

耗盗不一。

真一山人云：被人驱逐更辛勤，时事遭逢莫认真。要把此心常坚起，丈夫志节不同人。

《无惑钤》云：三传全盗，无时免耗。夜贵登天，神祇宜告。

《钤解》曰：三传火局，全盗干气，无事亦不免虚费也。未临亥，乃夜贵登天，有病即宜祭祷神灵，以祈救祐也。《集议》："传鬼成财钱险危"内有此日例，谓三传脱干气，反生起干上财神，名取还魂债。财遭夹克，财不由己费用。"六爻现卦防其克"内有此日例，谓传戌乘六合临寅，奸丑不明，奴婢逃走。又云：传子息化财爻，先见戌土为财，化入子孙，识者详之。

甲寅日第六课

元首　不备　四绝

```
玄 勾 玄 勾          玄 朱 玄 朱
辰 酉 辰 酉          辰 酉 辰 酉
酉 寅 酉 甲          酉 寅 酉 甲


官 辛酉 勾          官 辛酉 朱
财 丙辰 玄          财 丙辰 玄
父 癸亥 朱          父 癸亥 勾


蛇 贵 后 阴          青 空 白 常
子 丑 寅 卯          子 丑 寅 卯
朱亥      辰玄       勾亥      辰玄
六戌      巳常       六戌      巳阴
酉 申 未 午          酉 申 未 午
勾 青 空 白          朱 蛇 贵 后
```

《心照》曰：罗网卦者，日前一辰为天罗，所冲辰为地网，若发用在日辰年命，应此也。徐道符曰：占见罗网，主火灾、疾病。此课酉加甲，上克下为用，应此卦。谓甲寅日，前一卯为天罗，所冲酉为地网，主其人有罗网刑狱事。

《玉历钤》云：此课日上官星发用，见贵求官最吉，求财求婚亦遂，出入更改如意。

《毕法》云：此课天盘干支坐于地盘墓上，乃心肯意肯，情愿受其暗昧，凡事皆自招其祸，不可怨天尤人也。至于家宅，亦情愿借赁于人，被其作践，欲兑赁，终不能出脱也。

课名元首、四绝。只宜结绝旧事。酉为用，甲以辛为官，辛禄在酉，问进必遂。三传虽各自刑，然辰酉合，寅亥合，外相刑，其中却合，亥乃长生，辰乃长生之库，支干有归宿，吉。

上神克日，用克日。

《义》曰：勾陈带剑，克日为忧。破财损失，事且未周。静亦未安，动亦难投。徐徐善处，福日攸攸。

《象》曰：两头干事不伸情，迟滞勾留未得宁。得失也知原有命，惟宜为善足平生。

此元首之卦。夫元首者，尊制卑，贵役贱之象。占事多顺，利于先举，事多起于男子。为臣忠，为子孝，正大光明而无邪僻之行，德业已著而乾乾进修，常怀危惧，惕励而无咎也。讼利先举。酉加寅，乃四绝之课，课体既绝，而少生意，不宜干图新事，惟宜了绝旧事可也。申酉时占，天网四张，万物被伤，为阻滞，为疑难，为灾恼。又酉为破碎而克日，事必难就，尤防损财不足之事。事有隔七隔八不顺，谋事多有二心，两头干事，屈而不伸。课传自刑，凡事自高自大，自逞自是，落败而多更改。占者遇之此课，占求官虽有，但未免勾留迟滞而不顺。占见贵不利。占婚姻不宜，勉强成之，亦终取讥于人也。占求财难。占病瘥迟。占讼主两家俱亏，以干支俱伤故也。

占出兵行师得此，昼夜所占，畏忌不宜。若不得已而用之，惟在将之得人以保无虞，甚勿轻举也。

事见勾留。

真一山人云：事到难时喜破财，钱财破去又还来。古言财破方为福，免得家人长幼灾。

《无惑钤》云：破碎伤人，又损宅庭。夏夜防火，病讼俱兴。

《钤解》曰：酉乃破碎，临于支干，伤人损宅。夏若夜占，酉又为火鬼，乘雀克宅，须防火患也。鬼乘朱雀，病讼不能免也。《集议》："众鬼虽彰全不畏"内有此日例，为引鬼为生，初传酉乃日鬼，却生末传亥水育干。酉为胎神，十月占，主婢妾有孕。干支全逢自刑。"人宅坐墓甘招晦"内列此日。夜占雀鬼加干，虎临贵人本宅，占干贵，必招贵人嗔怒，尤忌占讼，彼此全伤，占讼两家皆被罪责，诸占各有所亏，占身被伤，占宅崩损。在干为木爱酉金作官禄，在支则支鬼朱雀可憎，鸡短嘴，一爱一憎，如何不辩。两贵相协。

甲寅日第七课

反吟　六仪　玄胎　六阳　芜淫

```
后青后青          白蛇白蛇
寅申寅申          寅申寅申
申寅申甲          申寅申甲


兄 甲寅 后       兄 甲寅 白
官 庚申 青       官 庚申 蛇
兄 甲寅 后       兄 甲寅 白


朱蛇贵后          勾青空白
亥子丑寅          亥子丑寅
六戌    卯阴      六戌    卯常
勾酉    辰玄      朱酉    辰玄
申未午巳          申未午巳
青空白常          蛇贵后阴
```

　　此课求财，乃反复争夺之财，甚薄，应在戌辰日得之。据课体，本无财，盖缘此人己巳生，乃是寅作德，又蛇制中传金，行年临财，甲戌日得之也。此课又是论化气为财，甲日己年，甲己化土也。①

　　《玉历钤》云：此课反吟，寅加申，为甲木败绝之地，又为金鬼所制，主人离财散之象。

　　《毕法》云：此课干支俱被上神克制，本身又坐克方，值此主人宅两损，不可收拾，凡事被人伤害也。

　　上神克日，日上克用。

　　课名反吟、玄胎、六仪、四闭、四牡、芜淫。反吟惟甲寅日最凶，天地易位，阴阳反复，百事无定。生气、死气返会，大凶，死气带月厌发用，生气克日干，三传俱刑，暮见蛇虎，必主法死，不然跌死而已，立防吃跌。有

---

　　① 《壬占汇选》作：丙辰年八月甲寅日巳将亥时，某己巳生，四十八岁占求财。

德禄，且暮贵人相加，添驿马，终不可得而救解。寅为吏神，行年在申，必有官事，好事先去，恶事彻底。

《义》曰：四课不备，占事废坠。禄马既绝，何问官贵？占病大凶，号曰老终。十危一解，大有阴功。

《象》曰：对神隔将虑灾凶，十事占来九事空。反复船车宜仔细，争如守旧自成功。

此无依之卦，一曰玄胎。夫无依者，即反吟也。《经》云："无依是反吟，逃者远追寻。合者应分散，安巢别改林。守官须易位，结友也分襟。所为多反复，占病数般侵。"反吟刑冲，事主迟滞，远近系心，更相仇怨，且反复而呻吟，是无予夺而难息也。况玄胎如婴儿隐伏之状，利上不利下，事主远而多伏，暗昧不通，触则成祸，惟君子守正修德则亨。玄胎不利久病，亦不利占老人小儿病。反吟占病反复。阴阳不备，乃曰芜淫。《经》云"芜淫芜淫，奸生于中"，此淫杂之卦也。对神隔将，灾祸难容。支干俱伤，两防有损，不可争讼，适问，恐两家不能保其全也。此乃四绝之课，干事不振，惟宜了结旧事，不可图新，幸得六仪，凶中有救。占者遇之此课，占求官无力，宜退身避位，若贪者，恐有不意。占见贵不利。婚姻不宜。占病大凶，得阴功庶解。占交易、投托，皆反复变更。

占出兵行师大忌，宜别图更改。如不得已而用之，亦须待别时换易，尤贵主将善用兵者可也。大抵此课，不足者多，遂意者少也。

事多反复。

真一山人云：人生动处莫强图，顺理修身是丈夫。天道昭昭如目睹，到头善恶影声呼。

《无惑钤》云：人已遭伤，马载鬼官。德禄乘虎，灾祸多端。

《钤解》曰：干支俱被申克，彼己两遭其伤也。申乃官鬼，驿马载之，寅乃德禄，夜虎乘之，且往来受其绝克，而马鬼迅速，灾祸之来，殆非一端，君子俗庶，俱为不利。《集议》："前后逼迫难进退"内列此日，谓初传被下克，即归本家，又被上克，干支既被上下克制，进退俱难矣。夜贵加昼，宜暗求关节。干支受上克，又自坐于受克之方，彼此全伤，说见前课。"干支值绝凡谋决"内谓此乃绝神作鬼，止宜结绝凶事，亦宜解释官讼，占病痊。

甲寅日第八课

知一　无禄　孤辰　天狱

```
蛇 空 蛇 空          青 贵 青 贵
子 未 子 未          子 未 子 未
未 寅 未 甲          未 寅 未 甲


父   子 蛇 ◎        父   子 青 ◎
子 丁 巳 常 ⊙        子 丁 巳 阴 ⊙
财 壬 戌 六          财 壬 戌 六


六 朱 蛇 贵          六 勾 青 空
戌 亥 子 丑          戌 亥 子 丑
勾 酉     寅 后      朱 酉     寅 白
青 申     卯 阴      蛇 申     卯 常
未 午 巳 辰          未 午 巳 辰
空 白 常 玄          贵 后 阴 玄
```

此课本命自来墓身，谓之天罗自裹。又本命上发用就空亡，中传又临空虚，乃子息上又见子息，主退子克子。年命既空，是星运不通利。青龙既空，虽登仕路，亦无寸进。末又见财，妻必是再娶，末年始有萌芽之意。盖宅有井，未为井克人，若不迁移，必主十二年而死。未乃八数，两个八年，共十六年也，先个八年全用，后用一半，只四年，故十二年也。次年郭乃迁居。①

《玉历钤》云：此课夜贵颇吉，求望少遂；昼贵皆凶，不可用也。

《毕法》云：此课干支全被墓神覆蔽，值此人如昏雾中行，不得亨泰明爽，《经》云"墓覆日辰，人宅昏沉"是也。

日克上神，日上克用，末克初。

课名知一。甲以戌为财喜，图事可成，然子为空亡，凡事无头，出旬方可。

《义》曰：四课未全，干运不前。纵然见好，徒尔空怜。课体不备，乃曰

---

① 《壬占汇选》作：己酉年六月甲寅日未将寅时，郭仲起辛未生，三十九岁占宅。

未济。谦光退守，待尔时至。

《象》曰：忧惊坐见方消忘，君子常占也吉昌。诗酒且图今日乐，功名且不要商量。

此知一之卦，一曰绝嗣，又曰铸印，亦曰孤辰。夫知一者，知一而不能知两，知者以为自知、自见，不知为寇仇，故言知一也。以此为用，舍远就近，舍疏就亲，恩中生害，事多起于同类，凡事狐疑，事贵和同乃吉。传见铸印，《经》云："天魁是印何为铸？临于巳丙冶之名。中有太冲车又载，铸印乘轩官禄成。"不见太阴天马，即非真体，常人反生灾咎，且为事迟钝。况孤辰有茕茕孑立之象，占人别离桑梓，凡所占谋，多虚少实，功名难遂，事业虚花，事多起于不实。干支皆墓，乃五行不正之气，四时衰败气绝之乡，覆日主昏蒙不明，如处云雾之中，宅舍亦无光明也，此干支乘墓尽皆迷也。斗罡加日本，春占土死，乃天狱卦。《心镜》云"斗加日本为死奇"，若得太阳照之为福。占者遇之此课，占求官，美中不足。占见贵不顺。占婚姻不宜，成则无益而有损。占暴病为福，久病不吉，宜修德。失物迟得。逃亡可觅。远行不利。谋望难成。占忧患易消。

占出兵行师得此，防失众。此课遇凶不凶，遇吉不吉，有声而无实之象。形影不的。

真一山人云：久病占来未免忧，无心干事逞风流。吉凶从此浑无益，坐对清光醉白头。

《无惑钤》云：干支乘墓，己类无据（一作彼我无据）。嗣息动灾，讼则贵怒。

《钤解》曰：帘幕乘墓，支干俱被未墓所弊，人宅昏滞。二未乘空，二子旬空，四课无所据也。中传巳火，乃甲木嗣息，为初传子所克，又为末传戌所墓，动则必遭克墓之咎。夜占子又害贵，讼虽直，必遭屈断，是官必怒矣。《集议》："干支乘墓各昏迷"内列此日。"害贵讼直遭屈断"内列此日。未乃夜贵加干，纵夜占，仍以墓论。

甲寅日第九课

八专　励德　六阳

```
六 白 六 白          六 后 六 后
戊 午 戊 午          戊 午 戊 午
午 寅 午 甲          午 寅 午 甲


官 庚 申 青          官 庚 申 蛇
子 戊 午 白          子 戊 午 后
子 戊 午 白          子 戊 午 后


勾 六 朱 蛇          朱 六 勾 青
酉 戌 亥 子          酉 戌 亥 子
青申     丑贵        蛇申     丑空
空未     寅后        贵未     寅白
午 巳 辰 卯          午 巳 辰 卯
白 常 玄 阴          后 阴 玄 常
```

此课日辰上皆见午，甲寅二木俱死于午，那堪中末又在午上，初传又是绝神，六月午为月将（宜作月病符），旺火蚀休木，则木无气，本主克父母，今既无父母，亦难为子息及自身。行年幸喜在亥上（一作子上），火不能侵。到三十七岁上，行年在寅，恐难过得。三十九上到辰见申，亦难过矣。须先丧克子了，便乃心病，且作废人，便不死，终作废人也。王知丞见授邵武军县丞，是年连丧男女四人，果然心病不赴任，却作道人，恣意而走。三十七上，痴颠不晓人事，亦不饮食，几两个月后却瘥。三十九上，又复如此，却又不死。至四十一上，太岁到寅，却死矣。且日与辰、中与末，四个午来蚀甲寅，四个病符，四个天鬼，四个天地转煞，作四个白虎，所以丧四子。盖自身是木，立在临官、帝旺之地（行年立于水乡）而午火卒烧不尽，但为他白虎所扰，午为心，虎主狂，故主颠狂。木死于午，故为废人。天鬼多主疾病，故死者非二即三，非四即五矣。天鬼歌曰："天鬼常随四仲神，建寅居酉逆相巡。行年日上如遭值，殃伏兵伤乱杀人。天鬼时行降大凶，犯者家中更不容。三三五五皆遭疾，除非大福免危终。^①"

《玉历钤》云：此课夜贵腾蛇，乘日鬼最凶，旦贵青龙稍吉，亦不可用，盖以日鬼发用破神故也。

上神盗日，日上克用，末克初。

课名八专、帷薄、励德。申为腾蛇大凶，青龙稍轻，亦不为吉。所喜日辰上有两午，虽有申克，得午可解不妨。

《义》曰：盗失损财，干事多乖。徒令见喜，不恼又灾。君子宜占，守旧为美。小人得此，忧惊相煎。

《象》曰：支干共位不相当，阳反阴兮阴反阳。若是夜占宜守理，莫教逞放此风光。

此帷薄不修之卦，一曰天网。夫帷薄不修者，乃八专也。《经》云：八专支干共位，阴阳两课。五日四辰，表里皆拱于八极。故曰：八专尊卑共室，人宅不分。又曰：帷薄不修，内不隔而外不遇。事多重叠，忧喜两来。干涉妇人，久而反蔽。占身宅婚姻得此，恐男女有越礼之事，宜严谨闺门，慎乎动静，惟能以礼自防者，庶几免失。故曰："以道制欲，则能顺命。"夫天网者，即天网四张也，《经》云"天网四张，万物被伤"，为阻滞，为疑难，为灾恼。日生上神，虚费百出，谋望不遂，盗失损财，人口衰残，休囚尤重，又为子孙脱漏之事。占者遇之此课，占求官难得，虽得尤恐有失。占见贵不宜。占财有耗，得不偿费。占病者危急，宜修德以禳之。占失物难得。远行未利。投谒无力。占讼者，凶中隐吉。交易难成。占盗逃，宜访缉。占久病得此，名曰不吉。

占出兵行师得此，昼占得失相半，夜占惊心众畏。八专课，非用兵之所宜，别为异图可也。若不得已而用之，贵在将之随宜处权，见机敏决，庶几保全。大抵此课，诸占而无益也。

事多未备。

真一山人云：用尽机关未称情，阿谁不为利和名？清风明月真堪兴，白酒新诗醉太平。

《无惑钤》曰：昼虎四排，却祸生财。求官成事，难称心怀。

《钤解》曰：课传四午，昼俱乘虎，可谓四排矣。克初传申金之祸，生起戌土之财。若求官，则官爻重重被克，卒难称心。若占事，则脱神个个乘虎，欲称心怀，卒难矣哉？《集议》："人宅皆死各衰赢"内列此日。"人宅受脱"

---

① 《壬占汇选》作：戊申年六月甲寅日未将卯时，王县丞甲戌生，三十五岁占病。

内列此日。未乃干支墓神，临卯为内丧出外，宜迁葬以禳之。干支全逢自刑。

甲寅日第十课

重审　玄胎　闭口　天网

脱上逢脱防虚诈

<pre>
青 常 青 常   蛇 阴 蛇 阴
申 巳 申 巳   申 巳 申 巳
巳 寅 巳 甲   巳 寅 巳 甲

官 庚申 青   官 庚申 蛇
父 癸亥 朱   父 癸亥 勾
兄 甲寅 后   兄 甲寅 白

青 勾 六 朱   蛇 朱 六 勾
申 酉 戌 亥   申 酉 戌 亥
空未   子蛇   贵未   子青
白午   丑贵   后午   丑空
巳 辰 卯 寅   巳 辰 卯 寅
常 玄 阴 后   阴 玄 常 白
</pre>

《玉门经》曰：天网四张，万物被伤，以此占人，身死家亡。谓时下之辰克今日之日干，及用起之辰复克今日之干，谓之天网卦。此课传送临巳，下克上为用，时加申时，是时用俱克日也。注云：《连珠》曰：假令甲乙用金神，时加申酉，主有斗讼毁伤，所为不成。丙丁日用水神，时加亥子，忧子并女，疾病争财。戊己日用木神，时加寅卯，忧争讼财物，毁伤对夹。庚辛日用火神，时加巳午，忧病恐怖，县官时吏。壬癸日用土神，时加辰戌丑未，忧斗讼争财，冢坟之事。

《玉历钤》云：此课用神为鬼，又为破绝，夜贵最凶，旦贵稍吉，凡占皆不可用。

《毕法》云：此课干支上俱乘脱气，人宅不荣之象。凡占值此，家宅倾颓，财物脱耗，妄费百出矣。

上神盗日，日上克用，初克末。

课名重审、玄胎。此课天盘地结，不宜占胎、出行。申为对神，克日作用，中末作合，为德禄，为合，申亦作马，此乃吉课。四角合备，日上见巳为救神，申加巳，鬼受制，不为鬼也。

《义》曰：课名富贵，占官最利。二贵履狱，贵不理事。占病大凶，渐觉利亨。欲识课理，吉凶两倚。

《象》曰：喜中须见耗钱财，富贵功名缓缓来。得失易时还保守，天公公道有安排。

此重审之卦，一曰天网，亦曰玄胎。夫重审者，重而审之也。利为主，利后动，长有厄，事从内起，起于女人。以下犯上，贱犯贵，卑犯尊，事多不顺。阴小在下者，有悖逆之事。占臣未忠，子失孝，事不可遂意而行，必当审察，循乎义理，庶几以免后患也。况玄胎如婴儿隐伏之状，利上不利下，事主远而多伏，暗昧不通，触则成祸，惟君子守正修德则亨。夫天网者，即天网四张也，《经》曰"天网四张，万物被伤"，为阻滞，为疑难，为灾恼。日生上神，虚费百出，谋望不遂，盗失损财，人口衰残，休囚尤重，又为子孙脱漏之事。更被所乘之将脱之，此愈见其脱之甚也。故曰："丁马交并，岂容少停？提防失脱，病赴幽冥。"占者遇之此课，乃人宅受脱俱招盗，必被脱漏财物，彼此皆防受脱。若占宅，或缘起盖屋宅，干谋费用，以致心气脱弱而成疾。久病或老人小儿病，逢之危急。不利占出行，虽利而亦损财。占求官虽吉，但未免耗尽财物，费尽精神之象也。占见贵、占婚、交易、投谒，俱不宜。占求财，防因财惹讼，得不偿费。惊忧有解。

占出兵行师得此，善恶相半，昼占稍吉，夜占空，惟有德者，化祸而为祥也。

美中不足。

真一山人云：戒尔分明少爱财，因财虑惹恼家来。百占惟要持身谨，腊尽生春福禄谐。

《无惑钤》云：丁马交并，岂容少停？提防失脱，病赴幽冥。

《钤解》曰：巳丁申马，遍布四课，动用非细，岂容少停也？干支皆被巳火盗气失脱，须防占有马为驮尸煞，况日鬼乘马，占病必赴幽冥，死无疑矣。《集议》：脱上逢脱防虚诈。"人宅受脱"内列此日。得道者多助。《引证》上有占雨甚妙，未将得辰时。

甲寅日第十一课

重审　登三天　狡童　斩关　六阳

```
青 六 青 六        蛇 六 蛇 六
午 辰 午 辰        午 辰 午 辰
辰 寅 辰 甲        辰 寅 辰 甲


财 丙 辰 六        财 丙 辰 六
子 戊 午 青        子 戊 午 蛇
官 庚 申 白        官 庚 申 后


空 白 常 玄        贵 后 阴 玄
未 申 酉 戌        未 申 酉 戌
青午     亥阴      蛇午     亥常
勾巳     子后      朱巳     子白
辰 卯 寅 丑        辰 卯 寅 丑
六 朱 蛇 贵        六 勾 青 空
```

《玉历钤》云：此课辰午申，谓之登三天，升高临险之象。日上辰，作财发用夹克，凡占不可用。

日克上神，日克用。

课名重审、间传。午加辰，为化马化龙，本为吉，然此名登三天，至凶险，无空亡解。且贵登天，神藏煞没，君子吉，小人凶，求望则可。

《义》曰：密谋私祷，为之福祥。书符合药，此时愈良。利干天庭，大人吉昌。庶人卜得，反惹灾殃。

《象》曰：初遭夹克不由己，屈抑于人从此耻。原来理数在于斯，进退之难而已矣。

此重审之卦，一曰泆女，亦曰斩关。夫重审者，重而审之也。利为主，利后动，长有厄，事从内起，起于女人。以下犯上，贱犯贵，卑犯尊，事多不顺。阴小在下者，有悖逆之事。占臣未忠，子失孝，事不可遂意而行，必当审察，循乎义理，庶几以免后患也。夫泆女乃不正之象，阴私邪淫，占男女有阴私暗昧之理，占家宅宜谨慎闺门，以防阴小越礼，惟能以礼自防者可化之。日上见财，妻美财福，利于求财，但此财乃不得自由之财，夹克故也。斩关非安居之象，占者多不自由，事多暗昧不合，离散口舌，欲隐身避难者，却利乎奔逃也。又主人情暗中不顺，多见更改，事多中止，坟墓破坏，占婚亦强成，难于久远。凡事历遍艰辛，然后可遂。辰午申，进间传，进中有隔，隔而后进。登三天，病死，远行不利，占大人事不合，小人事多艰难之象。占者遇之此课，乃夹克，事不由自己，而受屈抑于人。求大官宜，小官不利，事干天庭愈吉，诸占美中不利，惟在占人修德为福矣。

占出兵行师有阻，密谋暗计，昼夜占半吉。慎之勿忽！

间隔之象。

真一山人云：远行卜此自无愆，余事占来未足怜。若是病人逢此课，登三天也入黄泉。

《无惑钤》云：昼占可怖，虎鬼马负。贵登天门，罡塞鬼户。

《钤解》曰：初财夹克，中午脱干，申在末传，马载虎鬼，昼占深可畏也。昼贵临亥，为贵登天门，神藏煞没，诸凶消散。天罡临寅，为罡塞鬼户，众鬼潜伏，谋为任意。《集议》："罡塞鬼户任谋为"内有此日例。贵登天门，谓甲戊庚三日最的。登三天："辰午申为课，三天不可登。病死远行忌，讼须省部陈。"申遁旬庚。干支全逢自刑。

甲寅日第十二课

重审　进茹

初遭夹克不由己　　费有余而得不足

六朱	六朱
辰卯	辰卯
卯寅	卯甲

六勾	六勾
辰卯	辰卯
卯寅	卯甲

财	丙辰	六
子	丁巳	勾
子	戊午	青

财	丙辰	六
子	丁巳	朱
子	戊午	蛇

	青	空	白	常	
	午	未	申	酉	
勾巳				戌玄
六辰				亥阴
	卯	寅	丑	子	
	朱	蛇	贵	后	

	蛇	贵	后	阴	
	午	未	申	酉	
朱巳				戌玄
六辰				亥常
	卯	寅	丑	子	
	勾	青	空	白	

　　此课身与宅皆值旺神，今六月占，非木之性，而守东方之旺，只宜安分守己，不宜运用。若安分，则眼前之卯，自然享福。才有运用，便见艰辛。辰加卯，六合又锁之。巳加辰，作勾陈，地网上又逢勾陈锁之。迤逦传出子息巳午火，为子息费用过钱物，因此衰败。[①]

　　《玉历钤》云：三传有气，春占百事可成。

　　《毕法》云：此课干上卯，乃日之旺神也，却被此神引入初传辰作六害，又入中末盗气，是皆贪卯之旺而被其引诱也，谚云"贪他一粒粟，失却半年粮"，此之谓也。

　　日上克用。

　　课名重审、进茹、死奇。加仲，主兄弟不吉，因解复结，三传相顺，事主未来，巳午皆子孙爻，有福德，占此无不称意，皆取其有气旺相也。

_____

　　①　《壬占汇选》作：建炎己酉年六月甲寅日未将午时，郭德音壬申生，三十八岁占家宅。

《义》曰：进不能前，退不能止。失财之课，不由自己。守旺为吉，动多耗失。为正守真，好事自足。

《象》曰：六合青龙喜动宜，庆为事事要随时。莫教狂妄招虚耗，过却当时悔后迟。

此重审之卦，一曰龙战。夫重审者，重而审之也。利为主，利后动，长有厄，事从内起，起于女人。以下犯上，贱犯贵，卑犯尊，事多不顺。阴小在下者，有悖逆之事。占臣未忠，子失孝，事不可遂意而行，必当审察，循乎义理，庶几以免后患也。夫辰巳午，乃进连茹也，事主欲行不行，欲止不止，根苗不断，旧事从新，进中有退，退而后进。三位相连作三传，占者须知进退间。进行千里却回还，退中不久又升迁。阴阳不备，占事难全，人宅混杂，以礼防闲。且龙战，主人心疑惑，进寸退尺，动有乖离之象。卯酉为天之私门，生杀有限，分杜有期，雷动龙奔，示其有战。占者遇之此课，先旺而后脱，惟宜守旺，不宜妄动，动则有损而无益，不如不动之为贵也。一名抬土当门，动即有阻，凡远行出入，必有天时和合之阻，事多牵绊，诸占同断。若求官、见贵、谋望、婚姻、求财，皆不宜。惟利患难忧疑，得此为福。占病者亦不吉。

占出兵行师得此，昼夜所占吉，但不宜妄动，以取耗失，宜斟酌之。

春吉。

真一山人云：诸事牵缠自未然，由来万事自前缘。功名富贵皆由命，也要存心上合天。

《无惑钤》云：前脱后亡，守之为强。贪一粒粟，失半年粮。

《钤解》曰：甲欲前进，逢巳午之脱，欲后退，遇子丑之空，不如守卯旺，助以为强。若贪初传夹克之财，遂引而入于脱盗之乡，所谓无益而有损，非"贪一粒粟，失半年粮"而何？《集议》："末助初兮三等论"内列此日，为末助初财。"费有余而得不足"内有此例，甚详。"前后逼迫难进退"内列此日，以干言也。卯乘雀临寅，主口舌文书之事。六合在地盘羊刃煞上，所乘天罡与干支上卯又是六害，主损子孙及兄弟，眷属不合，财损于外。两贵不协，变成妒忌，申加未，子加亥。

乙卯日

乙卯日第一课

伏吟　不结果

```
六 六 勾 勾        青 青 勾 勾
卯 卯 辰 辰        卯 卯 辰 辰
卯 卯 辰 乙        卯 卯 辰 乙

财 丙辰 勾        财 丙辰 勾
兄 乙卯 六        兄 乙卯 青
父    子 贵 ◎⊙    父    子 常 ◎⊙

青 空 白 常        六 朱 蛇 贵
巳 午 未 申        巳 午 未 申
勾辰        酉玄   勾辰        酉后
六卯        戌阴   青卯        戌阴
寅 丑 子 亥        寅 丑 子 亥
朱 蛇 贵 后        空 白 常 玄
```

《玉历钤》云：此课天罡为用，又得勾陈，可以求名求财，士人应试进用，斗博得之必胜，病讼渐解，出入如意。

日克上神，日克用。

课名伏吟。末传子，上下空亡，有凶却解，凡百事俱无结果，反将真实作虚无，宜占捕捉及斗讼事，余占不利。

《义》曰：勾留迟滞，勿强干事。主客未和，岂能遂意？屈而不伸，此法最真。待时而进，顺理循循。

《象》曰：婚姻犹恐忌翁姑，纵是求干莫强谋。两意中间须自识，病人得此见号呼。

此自信之卦，亦曰斩关。夫自信者，乃天地伏吟，十二神各归本家，天地如一，四伏未发之象。占事静则宜，动则滞，主事藏匿不动，静中求劳，有屈而不伸之象。传见斩关，非安居之象，占者多不自由，事多暗昧不和，离散口舌，欲隐身避难者，却利乎奔逃也。又主人情暗中不顺，多见更改，事多不正，坟墓破坏，占婚亦强成，难于久远。凡事历遍艰辛，然后可遂。占者遇之此课，乃权摄不正之象，以干禄寄于支，凡占不自尊大，而受屈抑于人，或占差遣，主权摄不正，及遥受职禄，或替职与子孙。占求官难得。占见贵不顺，然旺禄临支，干禄得体。交易谋干，彼此猜疑。至于占婚，夫妻失和。占病犹未利也，凡有所占，皆勾留迟滞。

占出兵行师，不宜用之，虑战有伤。如不得已而行之，全在主将之权谋，机之微妙，有非人之可测者也。

勾留迟滞。

真一山人云：事贵人情两意和，意和成事不差讹。分明此理无难处，得意归来唱凯歌。

《无惑钤》云：彼此猜忌，渐变无礼。昼贵徒然，干禄得体。

《钤解》曰：禄临支宅旺禄。辰卯六害，干支皆遇，彼己猜忌也。卯子相刑，中末逢之，是为无礼也。先互猜忌，以渐而变为无礼，何和气之有？昼贵空亡，告亦徒然。旺禄临支，但可以干禄也。《集议》：权摄不正禄临支，凡占不自尊大，受屈折于人，或占差遣，主权摄不正，及遥受职禄，不然将本身之职替与子孙。

乙禄就干，学堂文笔星临支，迤逦退归于亥，长生、天门之地，自亥至卯，一带生旺，地支相连，朱雀是六仪，临官作之，必为京职，出《邵先生引证申集》为郑子云占。①

---

① 此宜收入后乙卯日第二课中。

乙卯日第二课

重审　退茹　寡宿

空空如也事休追

```
蛇朱朱六              白空空青
丑寅寅卯              丑寅寅卯
寅卯卯乙              寅卯卯乙


财    丑 蛇◎          财    丑 白◎
父    子 贵◎⊙        父    子 常◎⊙
父  癸亥 后⊙         父  癸亥 玄⊙


勾青空白              勾六朱蛇
辰巳午未              辰巳午未
六卯        申常       青卯        申贵
朱寅        酉玄       空寅        酉后
  丑子亥戌              丑子亥戌
  蛇贵后阴              白常玄阴
```

　　此课来年主发解，亥年及第高甲，迤逦在朝，更不外任，直至八座了，却又贬降，终却不甚得地，无正宅而居。盖乙禄就干，学堂文章星临支，迤逦退归于亥，长生、天门之地，自亥至卯，自卯至亥，一带生旺，地支相连。禄神卯，是太阳作之，朱雀寅是六仪，临官作之，若不入空亡，则为京府之职，因迤逦而入，近天门地户，故八座也。子为紫微宫，亥为玄穹位，亦主八座也。退见空亡，故主晚年降谪矣。[①]

　　《玉历钤》云：此课丑子空亡，蛇虎皆凶，百事不可用。

　　《毕法》云：此课干上卯，为日之禄神，又作日之旺神，临身守之可也。却舍此而就初传之财、中末之生，皆是旬内空亡，既逢于空，不免惚恫，再归干上，就禄就旺，所谓"到处去来，不如在此"也。又皆有三处空亡，如设三阱，前既不进，若又舍此退后，必陷于阱矣。占病占讼大凶，惟士君子

---

① 《壬占汇选》作：戊申年十月乙卯日卯将辰时，郑子云乙亥生，三十四岁占前程。

不能一日无忧，有忧故守有定，而不妄为。

日克用，日上克用，初克末。

课名重审、退茹、不备。丑子亥，三传皆空，蛇虎不能为害。天乙加合近贵，逢空图望干谋，亦不济事。朱雀、天空在门，有印信至，最利散忧。

《义》曰：空传无依，事不可期。宜守旺禄，是曰培基。苟或妄动，岂能得称？虽有忧惊，便看消尽。

《象》曰：退步何如进步高，谁知妄动也徒劳。安心守旧方为福，忧喜从今一笔销。

此重审之卦，一曰寡宿。夫重审者，重而审之也，利为主，利后动，长有厄，事从内起，起于女人。以下犯上，贱犯贵，卑犯尊，事多不顺。阴小在下者，有悖逆之事。占臣未忠，子失孝，事不可遂意而行，必当审察，循乎义理，庶几以免后患也。传见寡宿，《赋》云："寡宿孤辰，值此尤妨骨肉。"若占身得此，主见孤独，别离乡井，自立门户，财物虚耗，僧道宜之，俗不宜也。丑子亥，乃退连茹，退中有进，进而后退，事主欲行不行，欲止不止，节外生枝，根苗不断，旧事从新。占者遇之此课，号曰"三传俱空，万事无踪"，有声无实，有影无形之象也。凡占勿妄动，以其有旺禄而临身之谓，若舍此而他求，反招不足之悔。一曰出关格，缘日上有旺禄不守，却贪亥子来生，奈何皆空，不利用事，占病虚败而死，占讼虚妄，凡占百不遂一，此课大无成也。又曰壮基格，支加干，培益干，得同数相培，自壮本基也。此卦占成不成，惟利忧疑患难，大抵能散凶而消祸，谓之吉不成吉，凶不成凶也。所闻无实，有始无终。

占兵亦如之，防失众也。

守旧则吉。

真一山人云：无形无影是空空，谁谓空中有定踪？聚散浮生亦如梦，病人占此变成凶。

《无惑钤》云：坐守我旺，后退无况。动逢丁巳，岂宜前向？

《钤解》曰：旺禄临身，最宜坐守，不可妄动。三传皆空，喻如背后有三阱，转身必陷，岂可退乎？丁巳在前，动必脱盗，向前而进，又岂宜哉？《集议》："脚踏空亡进用宜"内列此日课，名寻死格，占病最忌，占父母病死尤甚，占子息病无畏，占词理亏，必上人不作主张，缘生者空亡故也，凡占宜催督。

《毕法》与《钤》皆凌师断课心法，今以此钤参考《毕法》，似相矛盾，殊不知前二句即"旺禄临身徒妄作"之谓也，后二句又"脚踏空亡进用宜"

之变例也。丑子亥，三者皆空，固不可退，则宜进用，乃曰"岂宜前向"者。因前逢丁巳之脱，即辛巳日，酉临干乃旺禄，但系空亡。

乙卯日第三课

涉害　九丑　察微　龙战　极阴　寡宿

```
后 蛇 贵 朱          玄 白 常 空
亥 丑 子 寅          亥 丑 子 寅
丑 卯 寅 乙          丑 卯 寅 乙


财    丑 蛇 ◎        财    丑 白 ◎
父 癸 亥 后 ⊙        父 癸 亥 玄 ⊙
官 辛 酉 玄          官 辛 酉 后


六 勾 青 空          青 勾 六 朱
卯 辰 巳 午          卯 辰 巳 午
朱寅        未白     空寅        未蛇
蛇丑        申常     白丑        申贵
子 亥 戌 酉          子 亥 戌 酉
贵 后 阴 玄          常 玄 阴 后
```

《金匮经》曰：天地之道，最狭者九丑是也。谓乙戊己辛壬日，加子午卯酉四辰，时加四仲，大吉临日辰，谓之九丑卦，必有不顺之事。臣反君，子害父，奴贼主，妻背夫。阳日杀男，阴日杀女。日辰与白虎并，必有死亡。日为长老，辰为少小。当此之时，不可举兵、嫁娶、移徙、筑室、起土、远行、埋葬，百事不可为，祸不出三月。此课丑临卯，下克上为用，时加四仲，大吉乘白虎带死气而临旺乡，在小时煞上，必有暴死。乙为柔日，杀女人。阳日日辰俱在天乙前，为重阳，主害父，阴日主伤母。

《玉历钤》云：此课蛇虎临支辰，幸乘空亡，不能为凶，凡占所求不成，所期不遂。

日上克辰上，日克用，日上克用。

课名涉害、九丑、察微。事甚丑恶，凡事宜详察其细微也，幸坐空亡，不为害。

《义》曰：善者既空，恶者反实。由此推之，何为补益？吉事不成，凶事解散。静室存诚，勿劳谋望。

《象》曰：忧惊从此放心宽，赐饮朝皆且解颜。莫向利名求进达，南窗高卧日立竿。

此见机之卦，一曰察微，一曰龙战，又曰寡宿。夫见机者，察其微，见其机，谓两比两不比，当以涉害为用。涉害有浅深，故欲用不用，欲言不言，事有两而取一，所作稽留，迟疑艰难，进退不定，忧患难消，怀孕伤胎，难于前而易于后。又曰察微，用临仲，家中产妇惊。夫龙战，主人心疑惑，进寸退尺，动有乖离之象。卯酉为天之私门，生杀有限，分杜有期，雷动龙奔，示其有战。传见寡宿，《赋》云："寡宿孤辰，值此尤妨骨肉。"若占身得此，主见孤独，别离乡井，自立门户，财物虚耗，僧道宜之，俗不宜也。此课丑加卯上，抬土当门，行人失约，不宜远行，凡事有阻，所喜逢酉冲其卯门而有解也。占者遇之此课，凡占谋望不遂，干事难成，所闻不实，事起自虚声。占求官者，反复难成，秋来可动。占见贵者，有心无力。占婚姻，欲成难成。占财似有而非有。暴病得此为福，久病遇此甚凶。托人多诈。交易难成。狱讼不成。凶殃释散。欲谋成者无益，欲解散者有功。能灭诸凶，能消奇祸。

占出兵行师得此，传闻不实，多不成功，昼夜所占，闻忧不忧，闻喜不喜，惟防失众而已矣。

虎头鼠尾。

真一山人云：久病逢之实为凶，也须作福未成功。事临好处多更变，徒向人前论始终。

《无惑钤》云：财生俱空，辛酉独逢。所恶实在，欲者无踪。

《钤解》曰：丑财亥生，所欲也，皆落空乡。酉鬼遁辛，所恶也，独居实地。可恶者森然而实在，而欲者寂然无踪矣。占者不可求遂所欲，尚当深避其所恶而已。《集议》："踏脚空亡进用宜"内列此日，谓三旬空亡，向后全无实义，尽无所就。丑加卯，乘虎，主妇人腹痛。极阴："极阴之课丑亥酉，百事逢之悉皆丑。占讼省部方端的，病死定为不长久。"墓虎临酉，墓门开，又外丧入内，宜合寿木以禳之。

乙卯日第四课

重审　励德　闭口　寡宿　稼穑

```
玄贵阴蛇          蛇勾朱青
酉子戌丑          酉子戌丑
子卯丑乙          子卯丑乙


财　丑蛇 ◎       财　丑青 ◎
财壬戌阴 ⊙       财壬戌朱 ⊙
财己未白          财己未后


朱六勾青          空白常玄
寅卯辰巳          寅卯辰巳
蛇丑　　午空      青丑　　午阴
贵子　　未白      勾子　　未后
亥戌酉申          亥戌酉申
后阴玄常          六朱蛇贵
```

《玉历钤》云：此课一木克三土，本不可用，又发用空亡，尤不可用也。

《毕法》云：此课干支上子丑作六合，其干支辰卯却作六害，合空而害实，占者值之，与人交，外有相合好之名，中存欺害之实，俗谓之"外好内槎芽"。

《龙首经》曰：此课子将卯时，乃太阳射宅屋光辉，太阳照耀而生其宅，如占宅，必是兴旺之地，下有宝藏，或是子年占之，其年必生贵子。神后虽是旬空，缘太阳乃悬空之象，愈空而愈明也。

日克上神，日上克辰上，日克用，日克三传。

课名重审、九丑、稼穑。空亡加日作用神，三传皆土，不宜力小任重，只利开店肆谋财，及问行人外，余皆不可用。所喜日上辰上，用神皆空，吉凶不成。

《义》曰：忧不成忧，喜不成喜。识得机关，如此而已。小人道长，君子道消。退身一步，事事为高。

《象》曰：人来谋害莫忧心，百计千方不得侵。事见成时须更变，待时自有好佳音。

　　此重审之卦，一曰寡宿，亦曰稼穑。夫重审者，重而审之也。利为主，利后动。长有厄，事从内起，起于女人。以下犯上，贱犯贵，卑犯尊，事多不顺。阴小在下者，有悖逆之事。占臣未忠，子失孝，事不可遂意而行，必当审察，循乎义理，庶几以免后患也。传见寡宿，《赋》云："寡宿孤辰，值此尤妨骨肉。"占身得此，主见孤独，别离乡井，自立门户，财物虚耗，僧道宜之，俗不宜也。况稼穑乃重土，有艰难之象，常占得此，名曰鲸鲵归洞，凡事进退不由己，出若遇雷神，方能变化。《要》曰：稼穑者，五坟也，不宜占病。干乘鬼墓，恐暗中有人侵凌。夫鬼墓加干鬼暗兴，鬼住墓中，危疑者甚，所幸作空，虽有谋害之心，而终不能害也。占者遇之此课，三传俱财，不利父母，况财多不宜求财，反主劳碌而生不足。占求官、见贵、谋望、交易，皆美中之未美也。占婚姻，虽有成合之理，亦有不宜之象。占暴病为福，久病为忧。占公讼不成。忧疑解散，患难消除。占宅不利。

　　占出兵行师得此，忧心失众，昼占不利，夜占乃吉。闻事不实，敌使之言，不可听信，凡占忧喜俱不成也。

　　百事无功。

　　真一山人云：暴病无忧久病伤，有财空自不相当。忧疑患难逢为福，自是君家德泽长。

　　《无惑钤》云：两蛇虚布，鬼墓虎墓。外合无凭，内害可惧。

　　《钤解》曰：丑昼乘蛇，临于干上，又作发用，是两蛇也，乃旬中空亡，是为空布。未乃乙财，乘虎作墓，戌亦财也，入丑，又丑为乙之鬼墓，俱不可取。外面子与丑合，俱系旬空，无凭矣。然而干支卯辰，六害在内，岂不深为可怖？《集议》："上下皆合两心齐"内有此日例，谓之"外好里槎芽"。干上丑与支上子作六合，支干辰卯却作六害，奈合空而害实，凡事乃空喜而实忧。"空空如也事休追"内列此日，谓四课无形，事不出名，纵然出名，也是虚声。夜占帘幕临支。丑乃金墓，金实日鬼，丑临乙，为鬼墓加干。《通神论》云：鬼墓加干，凶祸尤甚。宾主不投刑在上，谓此三刑入传，凡占恃强凌弱，若日上神生旺不空，更乘吉将，乃名能刑于他人。

乙卯日第五课

元首　曲直

```
白 后 常 贵          后 六 贵 勾
未 亥 申 子          未 亥 申 子
亥 卯 子 乙          亥 卯 子 乙


财 己 未 白          财 己 未 后
兄 乙 卯 六          兄 乙 卯 白
父 癸 亥 后          父 癸 亥 六


蛇 朱 六 勾          青 空 白 常
丑 寅 卯 辰          丑 寅 卯 辰
贵子      巳青       勾子      巳玄
后亥      午空       六亥      午阴
戌 酉 申 未          戌 酉 申 未
阴 玄 常 白          朱 蛇 贵 后
```

此课日上见贵人，又来生日，三传又是木局，乙木生于亥，旺于卯，库于未，自库传旺，自旺传生，亥子同途，故主荣显，官至侍从。但先丧妻，害眷属，须先纳兄弟一子为己子，后一少妻，大有财物，后近九十岁之寿矣。乙卯木局皆木，无火子，只是同类作合，是纳兄弟之子也。后妻财旺者，乃卯加未是禄，是以后妻财物旺也。又云：天后是妻，归于乙禄之地。亥子并生乙卯，而木局又助之，故主有寿。末传亥为天门，与乙卯合为木局助身，故主自微至显，官至侍从也。[①]

《中黄经》占曰：此课主本家妻财发旺，虽有官事，于身无害，远行则吉。何以言之？盖以初传白虎，未加亥无刑，本命申上见辰，为勾陈，虽元遁得庚辰为鬼，但是乙日，夫妇相合，主平顺无害。又庚辰到申，遁得甲申，是庚到家有财。初传未，财乘天后，其妇人有财。自无战斗，与勾陈相合。又中传六合乘卯禄，复有妻财。虽卦名天狱，支辰卯字入墓，纵有官司，于

---

① 《壬占汇选》作：建炎戊申年十月乙卯日卯将未时，刘运干丁卯生，四十二岁占前程。

身无害。占病却凶，出入远行即吉矣。①

《玉历钤》云：初传日墓白虎，本凶，却得传至生，天后为父母，乃凶变为吉之象。

《毕法》云：此课发用乃干支之墓，却作财神，凡占值此，必主贩商折本，在路阻程，凡谋塞滞不亨通也。

上神生日，日克用，用克日上，初克末。

课名元首、曲直、泆女。乙日曲直有气，墓为用事无气，凡占主重谋，所喜自身有党，宜干谒图事，只不利占财，春冬利，夏秋减利。

《义》曰：恩将仇报，笑里藏刀。用尽心机，难说躯劳。蜜中有砒，好里生欺。人面兽心，不使人知。

《象》曰：三合带煞几人知？惟防暗里使心机。笑里有刀人未识，莫教错认这些儿。

此元首之卦，一曰泆女，亦曰曲直。夫元首者，尊制卑，贵役贱之象。占事多顺，利于先举，事多起于男子。为臣忠，为子孝，正大光明而无邪僻之行，德业已著而乾乾进修，常怀危惧，惕励而无咎也。夫泆女乃不正之象，阴私邪淫，占男女有阴私暗昧之理，占家宅宜谨慎闺门，以防阴小越礼，惟能以礼自防者可化之。上神生日，所谋百事吉，运用如意，遇灾不凶，逢吉愈吉。但子为旬空，亦不过虚喜而已。传见曲直，先曲而后直，象木之谓，当作成器。此乃五行正气入十干杂糅之乡，异方三合乃生旺墓之神，事主丛杂不一，主关众人共谋，不然两三处干事，委曲托人与人相合之类。又如推磨者，无休歇之象。未卯亥三合，而不意子卯作刑，乃曰"合中带煞蜜中砒"也，然子字空亡，占事欲成不成，欲合不合之象。占者遇之此课，不宜占婚姻，不宜妻病，不利求财，不利占父母，其他所占，当成事中间又有不成之理。占忧疑患难，却有解也。

占出兵行师，闻事多虚，敌使之来，言不可信。且占凶，夜占无威。凡事先难后易，先迷后醒。

春占大吉，冬亦吉。

真一山人云：对面相逢莫认真，闺门须谨要防人。如今世上稀君子，亲者恩深反作嗔。

《无惑钤》云：禄神墓神，俱与虎并。空贵生干，自墓传生。

《钤解》曰：卯禄未墓，皆乘白虎，病凶禄危也。子贵生干，奈是旬空，

---

① 《中黄经》作：假令甲申人，十一月丑将，乙卯日巳时。

虽见生不生也。但自墓传生，先迷后醒，凡占未免先值昏滞，而后通利矣。《集议》："支坟财并旅程稽"内列此日，未乃支卯之墓，为日财发用，主商贩折本，在路阻程，凡谋塞滞不亨通也。占讼先直而后曲，难变易，凡占先暗后明。"合中犯煞蜜中砒"内有此例，未虎发用，占病腰痛。乙卯上见亥子并生，而三传曲直又助，自墓传生，一则有寿，二则自微至显，即先生《引证申集》为刘干运占，《引证》楚衍为李都尉公主占病，未将亥时。

乙卯日第六课

涉害　斩关　不行传　四绝

白	朱	空	蛇
巳	戌	午	亥
戌	卯	亥	乙

玄	朱	阴	六
巳	戌	午	亥
戌	卯	亥	乙

子	戌	午	空
财		丑	后 ◎
官		庚申	勾 ⊙

子	戌	午	阴
财		丑	青 ◎
官		庚申	贵 ⊙

贵	后	阴	玄
子	丑	寅	卯

蛇亥　　　辰常
朱戌　　　巳白
酉　申　未　午
六　勾　青　空

勾	青	空	白
子	丑	寅	卯

六亥　　　辰常
朱戌　　　巳玄
酉　申　未　午
蛇　贵　后　阴

《玉历钤》云：此课自脱气而传入德乡，先凶后吉之象，凡占小用，迟而后成。

《毕法》云：此课申为官鬼，而入于墓，乃为官鬼入墓也。有官人占则不宜，必主暗昧失职，常人占之反吉，盖为鬼入墓，不能为用。

日上克用，初克末。

课名涉害、闭口、斩关。此课结绝旧事则可，传入德乡，凡事如意，然中末皆空，凶吉皆从空散。

《义》曰：脱空相继，于人无益。成事未成，徒劳用力。虚力虚名，尤见变更。理数如此，难遂衷情。

《象》曰：退闲一步福无涯，勉强些须便有差。识得这回容易事，无拘无束漫还家。

此见机之卦。夫见机者，察其微，见其机，谓两比两不比，当以涉害为用。涉害有浅深，欲用不用，欲言不言，事有两而取一。所作稽留，迟疑艰难，进退不定，忧患难消，怀孕伤胎，难于前而易于后。神有两比两不比，上天垂象见人机。涉深发处为之用，作事迟留当有疑。失物不过邻里取，逃亡亲隐是遥知。喜日上神生日，所谋百事吉，运用如意，遇灾不凶，逢吉愈吉。日是人相助，夜是神相助。占者遇之此课，乃四绝之卦，不宜占成期，惟利结绝旧事，亦不宜占病。课体绝空，病乃不利，宜当修德。凡事虽见递生干上亥以生干，惜其落空，归于无力之乡，凡事有始无终，中有不成之象。若占求官、见贵、婚姻、交易、投谒、谋干百事，未能成遂，若勉强成之，亦不为用也。占忧惊患难，却有解也。

占出兵行师得此，所闻多虚，作事不可托人，到底俱归于空，吉不成吉，凶不成凶，谋事宜详审。勿忽！勿忽！

梦幻泡影。

真一山人云：用尽心机事未然，人生万物俱由天。忧惊险难浑无事，认得前三与后三。

《无惑钤》云：昼传皆空，夜贵无踪。占官不利，免祸有功。

《钤解》曰：午昼乘空，丑乃旬空，申又落空，三传俱空也。申夜贵人，官爻入墓，落空无气，无踪矣。仕宦占官则不利，常流脱灾远祸，反有功也。《集议》："苦去甘来乐里悲"内列此日，为恩多怨深。两贵相协。"六爻现卦防其克"内列此日，为官鬼无气。巳乘白虎临戌，主人家镬破。

乙卯日第七课

反吟　龙战　交车合　三交

```
玄六常朱              白蛇常朱
卯酉辰戌              卯酉辰戌
酉卯戌乙              酉卯戌乙


兄 乙卯 玄           兄 乙卯 白
官 辛酉 六           官 辛酉 蛇
兄 乙卯 玄           兄 乙卯 白


蛇贵后阴              六勾青空
亥子丑寅              亥子丑寅
朱戌    卯玄          朱戌    卯白
六酉    辰常          蛇酉    辰常
申未午巳              申未午巳
勾青空白              贵后阴玄
```

《玉历钤》云：此课反吟，支干日辰皆受克制，凡占凶否不可用。

日克上神，日上生辰上，用克日上。

课名反吟、三交。三传往来，近贵和合，阴阳反复，百事无定，始终皆禄，虽被酉制，亦可问禄。

《义》曰：反复重叠，若有阻隔。成败相仍，动往不获。难中见易，凶有隐吉。私意多端，得而复失。

《象》曰：隔神对将未安宁，几欲成时又未成。君子循循惟是德，小人汲汲恐遭倾。

此无依之卦，一曰三交，亦曰龙战。夫无依者，即反吟也。《经》云："无依是反吟，逃者远追寻。合者应分散，安巢别改林。守官须易位，结友也分襟。所为多反复，占病数般侵。"反吟刑冲，事主迟滞，远近系心，更相仇怨，且反复而呻吟，是无予夺而难息也。夫三交者，《经》云："三交家匿阴私客，不迕自将逃避迍。"凡事失节阻碍，谋事被人阻破，不能成合。况龙战，主人心疑惑，进寸退尺，动有乖离之象。卯酉为天之私门，生杀有限，分杜有期，雷动龙奔，示其有战。占者遇之此课，支干上下六害，彼此俱有猜忌之意。夫害者，碍也，阴阳伏而不流，欲达不达之意，递相克贼，争进侵凌，仇仇悖戾，己欲害人而人欲害己，此乃求望不如意也。欲求成事，岂可得乎？占忧惊凶险，虽见反复，终有解散。

占出兵得此为不宜，昼占失物忧疑，夜占大畏，亦始凶终吉，贵在将之机微也。

事多不一。

真一山人云：吉人终见吉神扶，临事还须莫强图。好把此心常坦坦，自然福禄有称呼。

《无惑钤》云：交互反吟，卯虎酉腾。夜占夏令，火烛惊人。

《钤解》曰：酉与辰合，卯与戌合，交互虽合，却辰戌卯酉反吟相冲，支上干上酉戌相害，地盘干支辰卯相害，主和中有变。三传卯虎酉蛇，往来相制，病讼惊忧，不能免也。酉夜乘蛇克宅，夏占为火鬼，当有火烛惊恐，此皆以夜占言也，倘若昼占，淫泆不正。《集议》："金日逢丁灾祸动"内有此法。夏占火鬼是酉，乙卯日夜占，火鬼乘蛇克宅，定主火灾。上下俱作六害，此等戾害犹甚。

乙卯日第八课

重审　六仪　不结果

后 勾 阴 六　　　　　　青 贵 空 蛇
丑 申 寅 酉　　　　　　丑 申 寅 酉
申 卯 酉 乙　　　　　　申 卯 酉 乙

兄 甲 寅 阴　　　　　　兄 甲 寅 空
财 己 未 青　　　　　　财 己 未 后
父 　 子 贵 ◎　　　　父 　 子 勾 ◎

朱 蛇 贵 后　　　　　　朱 六 勾 青
戌 亥 子 丑　　　　　　戌 亥 子 丑
六酉　　寅阴　　　　　蛇酉　　寅空
勾申　　卯玄　　　　　贵申　　卯白
未 午 巳 辰　　　　　　未 午 巳 辰
青 空 白 常　　　　　　后 阴 玄 常

《灵辖经》云：太岁为天子，月建为青龙，若太岁、月建发用，临日辰人年，以此占之，利见大人，福祐相助。用得太岁为天子，传得月建为青龙，主望见天庭，福神相助，当有官禄之象。此课初传功曹临酉，下克上为用，此名发用太岁为天子也，中传见小吉为月建也，将得青龙，此课占人，利见大人，必有冥福相助。

《玉历钤》云：此课中墓末空，皆凶象也，凡占所事无成。

《毕法》云：此课干上酉克寅木为财，迤逦克之，直至于末，是为取财乃大获也，虽有子空，亦不虚过。

上神克日，日上克用。

课名重审。盖酉加辰为合中有伤，所喜末传子空亡。酉作六合，对神隔将，主人离财散；作蛇外战，主官讼病疾。杀神入宅，刑用克干作勾，主官事重重，幸中传见墓为脱体，吉凶从空而散。六仪成吉事，解凶事，克行年则不吉。

《义》曰：用逢夹克，事不由己。欲识何如，相参泰否。下多犯上，进退相疑。惟正可守，心不可欺。

《象》曰：将神内战事危疑，君子逢之早见机。好事到头还未美，忧愁解散亦前知。

此重审之卦，一曰龙战，亦曰六仪。夫重审者，重而审之也。利为主，利后动，长有厄，事从内起，起于女人。以下犯上，贱犯贵，卑犯尊，事多不顺。阴小在下者，有悖逆之事。占臣未忠，子失孝，事不可遂意而行，必当审察，循乎义理，庶几以免后患也。况龙战，主人心疑惑，进寸退尺，动有乖离之象。卯酉为天之私门，生杀有限，分杜有期，雷动龙奔，示其有战。上神克日，只利先动，要有气，余不吉，常占为人所欺负，进用不遂。日是人相损，夜乃鬼为殃。不宜占讼，亦不宜占病。占者遇之此课，三下贼上，乃悖逆不顺之象也。占求官未称。见贵无功。占婚姻，有始无终，亦见难成，假使有成，终归无益。占求财难得，虽得必失，以其不受实惠也。病者不宜，暴病吉，久病凶。占失物难得。占远行不利。投谒未遂。占讼者，先凶后吉，难里生恩。所占吉事，欲成不成，欲遂不遂。若忧疑患难逢之，反为福兆，虽见凶畏，而后见有解也，所谓"苗而不秀，秀而不实"也。

至于用兵，亦先难后易，凡有占谋，皆主无功也。

但看结果。

真一山人云：迤逦克伐不为忧，何事谋为未得周？但把阴功勿损失，到头富贵不须求。

《无惑钤》云：干上至末，迤逦征伐。祸里财至，互相触突。

《钤解》曰：干上酉克初寅，寅克中未，未克末子，迤逦征伐也。酉克乙，本祸也，却递克为财，乃害里财至也。酉既克乙，而又克卯，申既克卯，而又克乙，非互相触突而何？《集议》："三传互克众人欺"内列此日，为求财大获。"避难逃生宜弃旧"内列此日，谓乙被酉克，遂逃而加亥以取财，故应此法。昼占乃帘幕临支。酉乃胎神，非妻占，主婢妾有孕。丑加申，夜龙，主吃药。三传全受夹克。夜贵作鬼，入宅克宅，占病必家堂神像不肃所致，宜修功德安慰免祸。彼此全伤，说见甲子日第六课。

乙卯日第九课

察微　曲直　龙战

```
蛇 青 贵 勾          六 后 勾 贵
亥 未 子 申          亥 未 子 申
未 卯 申 乙          未 卯 申 乙


财 己 未 青          财 己 未 后
父 癸 亥 蛇          父 癸 亥 六
兄 乙 卯 玄          兄 乙 卯 白


六 朱 蛇 贵          蛇 朱 六 勾
酉 戌 亥 子          酉 戌 亥 子
勾 申      丑 后     贵 申      丑 青
青 未      寅 阴     后 未      寅 空
午 巳 辰 卯          午 巳 辰 卯
空 白 常 玄          阴 玄 常 白
```

　　《玉门经》曰：此三阴卦也。天乙逆治，三丘五墓临日辰，是一阴也；用神囚死，三传上下相克，二阴也；正时又克占人行年，是三阴也。三阴者，用在其中，以占病人，虽能起行，其精已入棺矣。以占囚人，其祸难解，所为百事，受凶殃祸害也。此课小吉临卯为用，未是乙之墓神，为一阴；终传太冲，又带死气，为二阴；丑时为土克人行年亥水，为三阴，以此占人，当有死亡之事。

　　《玉历钤》云：此课虽墓神临辰为用，然自墓传生，又德神临日，乃凶变为吉之象，凡占所求皆可成。

　　《毕法》云：此课支上未生起干上申，为日鬼克日，大不利求谒求财，不然即有祸患迭至而不能免也。

　　上神克日，辰上生日上，日克用，用生日上，末克初。

　　课名涉害、察微、曲直。自身有党，凡占宜委曲下人，用墓传生，先难后易，惟冬得天喜最吉，春次之。德神加干，凶化为吉，墓支不利宅舍。

　　《义》曰：木旺于春，逢春畅茂。诸吉骈臻，乃为福兆。夏秋木炙，亦不为晦。夜不宜婚，斯理为最。

《象》曰：曲直原来木旺东，三传亥卯未相并。占人伐木并栽树，病者因风致有困。

此见机之卦，一曰曲直，亦曰龙战，又曰泆女。夫见机者，察其微，见其机，谓两比两不比，当以涉害为用。涉害有浅深，欲用不用，欲言不言，事有两而取一，所作稽留，迟疑艰难，进退不定，忧患难消，怀孕伤胎，难于前而易于后。传见曲直，凡事先曲而后直，象木之谓，当作成器。此乃五行正气入十干杂糅之乡，异方三合乃生旺墓之神，事主丛杂不一，主关众人共谋，不然两三处干事，委曲托人与人相合之类。况龙战，主人心疑惑，进寸退尺，动有乖离之象。卯酉为天之私门，生杀有限，分杜有期，雷动龙奔，示其有战。夜占为泆女，乃不正之象，阴私邪淫，占男女有阴私暗昧之理，占家宅宜谨慎闺门，以防阴小越礼，惟能以礼自防者可化之。日上见申，凡事抑塞不足，谋望不遂，或被人欺负而不得伸也。占者遇之此课，有先屈后伸之象者，春占大旺，事事有成，更遇吉神，若锦上添花也。惟占婚姻、占财，美中未美，其他百事，上吉之象也。余月占，亦有吉无凶。

占兵有大胜之兆，但事迟疑也。

利春。

真一山人云：三阳开泰道方亨，百事谋为尽有成。更是君家阴骘厚，满门朱紫渐光荣。

《无惑钤》云：夜贵克身，昼贵虚陈。职禄恼怀，家晦人迍。

《钤解》云：申为夜贵克干，子乃昼贵，虽生系旬空，虚陈而已。末传卯乃日禄，昼玄夜虎，耗费惊疑，所以恼怀。未乃日墓，覆蔽支宅，所以家晦暗，人迍遭矣。《集议》："末助初兮三等论"内有此法，谓支上未生起干上申作日鬼，大不利求谒及求财，即有祸出，犹申德遁庚。"支坟财并旅程稽"内列此日。邵南《毕法》云：用未为先难后易，墓先施用，亥寻比，则为有始无终，生值墓，灾祸频异，占讼先曲后直。昼贵作鬼临身，占病必神祇为害，不可作鬼祟论。

乙卯日第十课

涉害　三交　龙战　励德　闭口　不行传

```
六 空 朱 青          后 朱 阴 蛇
酉 午 戌 未          酉 午 戌 未
午 卯 未 乙          午 卯 未 乙


官 辛 酉 六          官 辛 酉 后
父   子 贵 ◎        父   子 常 ◎
兄 乙 卯 玄 ⊙       兄 乙 卯 青 ⊙


勾 六 朱 蛇          贵 后 阴 玄
申 酉 戌 亥          申 酉 戌 亥
青未     子贵        蛇未     子常
空午     丑后        朱午     丑白
巳 辰 卯 寅          巳 辰 卯 寅
白 常 玄 阴          六 勾 青 空
```

《中黄经》占曰：此课占奴走，于正东有树木，窑冶处捉得。何以知之？盖初传酉临午为六合，中传子加酉为天乙，末传卯加子为玄武（无月将占时，而以昼占为例）。若走了男子，往正东下去，转正南住，家午上止，其数上六下九，共计五十四里，合于正东，其前有树，坟茔后有窑冶处捉得，为中传子克玄武神午，合主败也。若问走女子，玄武阳神去也，玄武卯临子为阳，合正北亦败，为初传是酉，酉克卯，合败也。算里数，以玄武上下二位相乘之，便是里数。看初传及日上，有克玄武之神，便是捉得月日也。《经》云：玄武三传，上下相乘，地里便是。

《玉历钤》云：此课日鬼为用，墓神覆日，初又克末，乃凶兆也，凡占所事皆凶。

《毕法》云：此课干上未与支上午作六合，干辰支卯却作六害，乃是面是心非之象，凡占主客，似乎情意相合，却乃各怀谋害，甲出乙处，彼是此非，徒为面前虚情交合而已。

《李九万百章歌》曰："酉居午上婢登堂，匪人为正宠偏房。"

日克上神，辰上生日上，用克日，日上生用，初克末。

课名重审、三交。又见初酉克卯支，未墓加乙干，酉为鬼，中末子卯无礼刑，皆不佳，然中末空亡，吉凶随空而散也。

《义》曰：吉中有凶，凶中有吉。欲成不成，欲失未失。事宜缓图，顺理则裕。为善最乐，自然有益。

《象》曰：好事惟怜又变更，天公未尽顺人情。一心守礼存仁义，富贵荣华准有成。

此见机之卦，一曰三交，亦曰天网。夫见机者，察其微，见其机，谓神有两比两不比，当以涉害为用。涉害有浅深，欲用不用，欲言不言，事有两而取一，所作稽留，迟疑艰难，进退不定，忧患难消，怀孕伤胎，难于前而易于后。《经》云："三交家匿阴私客，不迤自将逃避迍。"凡事失节阻碍，谋事被人阻破，不能成合。且天网者，即天网四张也，《经》云"天网四张，万物被伤"，为阻滞，为疑难，为灾恼。干乘墓神，乃昏蒙之象，如人处云雾之中，昏蒙而无所见，喜中空，亦有先晦后明之象。在三月月将占，行年抵酉，为天烦卦，男子占之凶，若此课，凶中有吉也。占者遇之此课，有交加不明之象。占求官不遂，以其酉金官为午火所制，何暇与人为福也？占见贵，欲合而未合。占人宅，犹为昏蒙耗盗。凡事先成后破，先难后易，先凶后吉。占婚、求财、谋望、进用，亦同此论。惟忧疑病患得此，渐渐解散。

占出兵行师，虽有获金宝美利，亦不宜。若不得已而用之，贵在将之权谋，不可轻忽也。慎之！慎之！

真一山人云：课体中空号折腰，忧疑从此渐知消。谋为好事未全就，待得时亨福自饶。

《无惑钤》云：面善心毒，常招耻辱。问吉问凶，皆不从欲。

《钤解》曰：日上神未与辰上神午作六合，地盘日辰卯辰作六害，外面虽善，就里怀毒也。墓神覆日昏滞，所以常招耻辱之事。发用酉乃日鬼，宜有凶也，临午受克，鬼入克方无畏，问凶，凶不从也。中传子乃旦贵生干，宜有吉也，临于破败之地，不能生干，问吉，何吉之可从乎？《集议》："上下皆合两心齐"内有此法，谓天将贵人主尊长灾咎。

乙卯日第十一课

重审　涉三渊　不结果　天网
二贵受克难干贵　人宅受脱俱招盗

```
青 白 勾 空          蛇 六 贵 朱
未 巳 申 午          未 巳 申 午
巳 卯 午 乙          巳 卯 午 乙


官 庚 申 勾          官 庚 申 贵
财 壬 戌 朱          财 壬 戌 阴
父   子 贵 ◎        父   子 常 ◎


青 勾 六 朱          蛇 贵 后 阴
未 申 酉 戌          未 申 酉 戌
空午     亥蛇        朱午     亥玄
白巳     子贵        六巳     子常
辰 卯 寅 丑          辰 卯 寅 丑
常 玄 阴 后          勾 青 空 白
```

《玉历钤》云：此课日德为用，末传空亡，乃吉重凶轻之象，凡占小吉，有始无终也。

《毕法》云：日上重脱防虚诈，此课干上午火脱日干之气，又作天空，谓之脱空，凡占无中生有，尽是脱空，全无实迹，不足取信也。

上神盗日，用克日，日上克用。

课名重审。申加午用，口舌财物欺诈，勾陈官事，两贵不安，贵人不睦，凡事间隔，幸末见空亡，有始无终。

《义》曰：屈而不伸，勾留迟滞。小人道长，君子藏器。勉强而成，终未亨利。守正待时，福禄渐至。

《象》曰：彼此年来不遂心，相逢何事少知音。徒然干就难为久，才见升迁又陆沉。

此重审之卦，一曰天网。夫重审者，重而审之也。利为主，利后动，长有厄，事从内起，起于女人。以下犯上，贱犯贵，卑犯尊，事多不顺。阴小在下者，有悖逆之事。占臣未忠，子失孝，事不可遂意而行，必当审察，循乎义理，庶几以免后患也。传见天网，《经》云"天网四张，万物被伤"，为阻滞，为疑难，为灾恼。申戌子，乃进间传，进中有退，退中有隔，隔而后进，凡事隔手阻隔。夫申戌子，乃涉三渊也。两贵克制，难于干贵；贵人自受制，自怒不安，必不能成就人之事也。凡事多被贵人阻抑，一名遍地贵人，多相靠，不能归一，无可相依，在任者多差使，或权摄不正，委托不一，俗谓"尖担两头脱"，且贵人逆行，犹不顺也。人宅受脱，彼此皆防脱赚。占者遇之此课，占谋望不遂，虚费不足，盗失损财，人口衰残，休囚尤重，又为子孙脱漏之事。吉事难成，凶事消散。占事两头用意，勾留迟滞，不伸之象。所占无益而有损，亦不利于用兵也。勿忽！勿忽！

真一山人云：常占无吉亦无凶，若欲谋求失始终。守旧安心勿妄动，渐看好事自相从。

《无惑钤》云：两贵无力，所求难得。家事惊慌，丁马入宅。

《钤解》曰：昼贵子水临戌，履狱被克，夜贵申金入午，为火所制，俱无力而难干也。巳为丁马入宅，昼占乘虎，惊恐危惧，其变动殆非寻常比也。《集议》："贵人坐狱宜临干"内有此法，子贵临戌，名贵人入狱，干官贵怒，惟宜私谋阴祷，亦名贵人受贿。脱上逢脱。人宅受脱。涉三渊云："欲动不动涉三渊，申戌子兮在目前。进退艰难还万状，对面言之是隔年。""空上逢空事莫追"内以干上午为脱空神。

乙卯日第十二课

重审　进茹　不备　斩关　乱首　龙战

青 勾 空 青
巳 辰 午 巳
辰 卯 巳 乙

六 勾 朱 六
巳 辰 午 巳
辰 卯 巳 乙

财 丙辰 勾
子 丁巳 青
子 戊午 空

财 丙辰 勾
子 丁巳 六
子 戊午 朱

空 白 常 玄
午 未 申 酉
青巳　　戌阴
勾辰　　亥后
　卯 寅 丑 子
　六 朱 蛇 贵

朱 蛇 贵 后
午 未 申 酉
六巳　　戌阴
勾辰　　亥玄
　卯 寅 丑 子
　青 空 白 常

《神翼经》曰：此课主家宅不宁，卑凌尊长，因此塞难，天地闭塞，门户不通，又主雷雨闪电。何以言之？盖天罡为关，下加卯为门户，卯震为雷，而临寅为乘旺，中见青龙，雨之象也，又是巳，巽风之象也，又见勾陈，卦名龙战，必有风雨、关津之阻焉。

《玉历钤》云：日辰相加，自为六害，凡占皆阻隔不成。

《观月经》云：日辰是卯酉，所临作用神。名为龙战卦，进退事逡巡。父子难同处，夫妻亦不亲。分财争内外，偷盗在比邻。立秋乙卯日，辰时发用深。天罡临卯上，六害正含嗔。人年立卯酉，伫见涉迷津。

上神盗日，日上生辰上，日克用。

课名重审、进茹。日就辰被克用事，是我带财与他替我干事，事干众。干加辰害卯，有虚声争财，难阻之事。三传皆子孙生财，福德之爻。春夏占，十分有用，凡事先难后易。龙合在中，和合喜庆。

《义》曰：屈而不伸，大求小得。所求未顺，出门阻隔。反之于心，推之以恕。善以自持，福禄自至。

《象》曰：费尽工夫方始得，而今不比昔年时。看来世事多颠倒，笑杀山翁醉似泥。

此重审之卦，一曰龙战，亦曰斩关，又曰乱首。夫重审者，重而审之也。利为主，利后动，长有厄，事从内起，起于女人。以下犯上，贱犯贵，卑犯尊，事多不顺。阴小在下者，有悖逆之事。占臣未忠，子失孝，不可遂意而行，必当审察，循乎义理，庶几以免后患也。夫龙战，主人心疑惑，进寸退尺，动有乖离之象。卯酉为天之私门，生杀有限，分杜有期，雷动龙奔，示其有战。斩关非安居之象，占者多不自由，事多暗昧不合，离散口舌，欲隐身避难者，却利乎奔逃也。乱首者，臣悖君，子害父，妻背夫，弟克兄，奴婢不堪主使令，将军出战损其兵。此乃下欺上，悖逆紊乱之象。又曰："因名为乱首，老者必低葳。家内应无礼，官中岂有仪？先宗或外姓，上祖别人儿。纵然家和顺，官司必被欺。"宜更改为吉也。占者遇之此课，进中有退，退而后进，事主欲行不行，欲止不止，根苗不断，旧事从新，惜其传归脱气，虚耗不足，欲成不成，得失相半。占忧疑患难，却有解散。占大不宜，勉之慎之，耗脱之象。

真一山人云：用尽心机事未谐，东边成就又西乖。难中有易还须识，始信人情去复来。

《无惑钤》云：巳为丁马空动，动则费用。末助初财，屈尊就俸。

《钤解》曰：巳为丁马，动则被脱，未免费用也。末午助起初传财爻，已足用也。乙又屈尊以求卯禄，所失者少，所得者多也。占禄犹宜。《集议》：此芜淫卦。《观月经》云："辰阳见天罡，太乙作阴神。日上无阳类，二女竞男心。"辰加卯用，作勾陈，主斗打，出痨病人。两贵不协，变成妒忌，申加未，子加亥。

丙辰日

丙辰日第一课

伏吟 玄胎 斩关

任信丁马须言动

```
青 青 空 空          青 青 勾 勾
辰 辰 巳 巳          辰 辰 巳 巳
辰 辰 巳 丙          辰 辰 巳 丙

兄 丁 巳 空          兄 丁 巳 勾
财 庚 申 玄          财 庚 申 蛇
父 甲 寅 六          父 甲 寅 白

空 白 常 玄          勾 六 朱 蛇
巳 午 未 申          巳 午 未 申
青辰     酉阴       青辰     酉贵
勾卯     戌后       空卯     戌后
寅 丑 子 亥          寅 丑 子 亥
六 朱 蛇 贵          白 常 玄 阴
```

《玉历钤》云：此课伏吟，旦暮贵神皆凶，凡占所事无成。

《毕法》云：此课伏吟，虽主伏匿不动之象，然巳为丁神发用，寅为驿马在传，却主动也。凡占在君子为官动，在常人为身动，官动利占官，则必加禄，身动利占身，则必获食。但嫌昼之天将脱空，夜之天将勾连，皆不为全吉之课，故曰"任信丁马须言动"。

上神禄德日，日上生辰上。

课名伏吟、玄胎、斩关。初德禄，中财合，末寅虽害，毕竟生日干，此乃大吉之课，虽蛇虎不能为灾。

《义》曰：禄马财全，福自绵绵。初丁末马，动必忧煎。不宜占病，更妨狱讼。余占吉昌，夜占凶甚。

《象》曰：逃盗难寻莫虑过，其他有事漫张罗。功名富贵终须有，积善人家福自多。

此自任之卦，一曰玄胎。夫自任者，乃天地伏吟，十二神各归本家，天地如一，四伏未发之象。占事静则宜，动则滞，事主藏匿不动，静中求劳，有屈而不伸之象。况玄胎如婴儿隐伏之状，利上不利下，事主远而多伏，暗昧不通，触则成祸，惟君子守正修德则亨。占遇玄胎，多是为财，若不如此，室孕婴孩。伏吟举动未遂，刚日占行人，将到门庭。三传俱孟是玄胎，五行生处主婴孩。所占百事皆新意，或不怀胎结偶来。夫六丙日，太乙作天空，利于进取功名，若常人得之，反生口舌。占者遇之此课，求官有禄有财有马，仕人得之为吉，若春夏占，又谓之福也，常人不宜。占见贵和允，事未克济。占婚姻不宜。占求财有得。占病者凶，多不言，或不进饮食，宜作福则吉。占讼宜和，亦先难而后易。

占出兵行师得此，昼占多虚诈不实，言词诡诞，夜占不宜，慎勿妄动也。

夜占宜求官。

真一山人云：此课原来最吉昌，病人逢此不相当。难中有易还饶福，渐看他时佩宠光。

《无惑钤》云：禄财长生，空虎马丁。静中须动，所作无成。

《钤解》曰：巳禄申财寅生，将值天空玄虎，昼夜纵横交错。伏吟丁马，静中动矣。寅虽长生，既被初中递克，所作岂有成哉？《集议》："宾主不投刑在上"内谓此三刑入传，未免无恩之意，凡占恩反怨也。

丙辰日第二课

元首　不备　斩关　退连茹　不结果

```
六 勾 勾 青          白 空 空 青
寅 卯 卯 辰          寅 卯 卯 辰
卯 辰 辰 丙          卯 辰 辰 丙


父 乙卯 勾          父 乙卯 空
父 甲寅 六          父 甲寅 白
子    丑 朱 ◎       子    丑 常 ◎


青 空 白 常          青 勾 六 朱
辰 巳 午 未          辰 巳 午 未
勾卯        申玄     空卯        申蛇
六寅        酉阴     白寅        酉贵
丑 子 亥 戌          丑 子 亥 戌
朱 蛇 贵 后          常 玄 阴 后
```

《玉历钤》云：此课三传俱退，又入空亡，日辰上神，又为六害，凡占不可用，只宜解散忧事。

《毕法》云：此课干上辰与支上卯作六害，值此我欲欺人，人亦将害我，两家潜谋，各欲遂讦。幸得末传退入空亡，必不能成。在君子则自反愈修其德，而在人之谋害自亡矣。

上神盗日，辰上克日上，用生日，用克日上，初克末。

课名元首、退茹、斩关。虽进退龃龉之象，然卯寅皆生日干丙火，末丑又是空亡，吉凶皆从空散。

《义》曰：有始无终，先实后虚。事见变更，善保为奇。正静勿妄，方得自如。凶中隐吉，君子当知。

《象》曰：花开欲问果何如？漫向枝头自羡奇。只恐东君不作主，临时又怕被风吹。

此元首之卦。夫元首者，尊制卑，贵役贱之象。占事多顺，利于先举，事多起于男子。为臣忠，为子孝，正大光明而无邪僻之行，德业已著而乾乾进修，常怀危惧，惕励而无咎也。《经》云："四课之中一克下，卦名元首是初神。臣忠子孝皆从顺，忧喜因男非女人。上则为尊下卑小，斯为正理悉皆真。论官先者常为吉，后对之人理不伸。"卯寅丑，退连茹，事主欲行不行，欲止不止，节外生枝，根苗不断，旧事从新。退茹空亡宜进步。日生上神，虚费不足，谋望不遂，盗失损财，人口衰残，休囚尤重，又为子孙脱漏之事，得不偿费。占者遇之此课，占求官，始如锦上添花，终是秋风落叶。占见贵不利。主客不和，由彼此有忌之意。谋望交易，百事卒难成也。占病为不吉，宜修德以禳之，幸传空为之解也。占忧疑患难得此，先见不足，而后解脱。至于婚姻勿用，他日有反目之象。

占出兵行师得此，为不宜，若勉强用之，未足为美也。

得失相半。

真一山人云：散尽忧疑喜气添，人间万事总由天。只因彼此无和气，事欲成来又未然。

《无惑钤》云：还嗣息债，长生宁耐。后未解忧，退空无害。

《钤解》曰：丙火，卯木之嗣息也。辰来脱丙，实被卯逼，卯却作初传以生丙，遂足丙气，非还嗣息之债而何？寅为长生，上带白虎，惊危之甚，须宁耐以受生也。末传丑空，可以解忧散虑，退虽逢空，亦无害矣。《集议》："彼此猜忌害相随"内列此日，干支上神六害。父母发动，于日有情，冬春占，主进益之喜。子孙有灾，因在禄乡，不为凶也。

丙辰日第三课

重审　极阴　寡宿　龙战

```
蛇 六 朱 勾          六 青 勾 空
子 寅 丑 卯          子 寅 丑 卯
寅 辰 卯 丙          寅 辰 卯 丙

子    丑 朱 ◎        子    丑 勾 ◎
官 癸 亥 贵 ⊙        官 癸 亥 朱 ⊙
财 辛 酉 阴          财 辛 酉 贵

勾 青 空 白          空 白 常 玄
卯 辰 巳 午          卯 辰 巳 午
六 寅    未 常      青 寅    未 阴
朱 丑    申 玄      勾 丑    申 后
子 亥 戌 酉          子 亥 戌 酉
蛇 贵 后 阴          六 朱 蛇 贵
```

《玉历钤》云：此课空亡为用，又传隔位而退，占忧退散，占喜无成，凡事费力。

《毕法》云：此课丑加卯为初传，乃本旬之空；亥加丑为中传，乃次旬之空；酉加亥为末传，乃又次旬之空。三传次第挨旬而空，是所行步步皆不着实也。占者必当践履务求实地，方始举足，虽有妄诞之灾，则不为患矣。

上神生日，日上克用，初生末。

课名重审、间传，又名杜塞。抬土当门，凡事费力，不利占病讼，所幸初中空亡，吉凶皆从空散，只可守常，动则失利，盖三传隔退，空亡为用，忧则散，喜则无。

《义》曰：既无可托，又无所凭。退守待时，将见利亨。暴病即瘥，久病为凶。欲求成事，未见全成。

《象》曰：一片虚心未可凭，九流艺术利为僧。徒劳百巧还如拙，争似当初守拙荆。

此重审之卦，一曰龙战。夫重审者，重而审之也。利为主，利后动，长有厄，事从内起，起于女人。以下犯上，贱犯贵，卑犯尊，事多不顺。阴小在下者，有悖逆之事。占臣未忠，子失孝，事不可遂意而行，必当审察，循乎义理，庶几以免后患也。况龙战，主人心疑惑，进寸退尺，动有乖离之象。卯酉为天之私门，生杀有限，分杜有期，雷动龙奔，示其有战。丑亥酉为极阴，利暗不利明。又为寡宿，《赋》云："寡宿孤辰，值此尤妨骨肉。"若占身得此，主见孤独，别离乡井，自立门户，财物虚耗，僧道宜之，俗不宜也。上神生日，所谋百事吉，运用如意，遇灾不凶，逢吉愈吉。日是人相助，夜乃神相助，此乃有人上门来相助，不待我之往求也。占者遇之此课，占求官，虚声未实。占见贵，无益于事。占婚姻不宜。占求财不定，虽得必失。占病有阻滞不通，久病者凶，暴病者为福。占忧疑、患难、官讼，却有解散。诸占吉不成吉，凶不成凶也。

占出兵行师，防失众，所闻不实，恐有变更，昼夜占俱不宜，惟在将之权谋也。

有心无力。

真一山人云：徒来生助未能全，患难忧疑变好颜。好待时来方见就，功名富贵有余权。

《无惑钤》云：两相交会，各有戾害。昼夜贵加，亥贵休赖。

《钤解》曰：干支上下，寅卯辰巳交会，然而辰卯、寅巳又为六害，各有戾害也。酉夜贵临亥，是夜贵入昼贵之家，但昼贵亥临丑落空，诚不可赖矣。《集议》："踏脚空亡进用宜"内有此法，为三旬空亡，向后全无实义，尽无所就。三传丑亥酉为极阴，凡占生灾生变，却喜中末空亡，庶不入于亥极阴之地，虽无灾变，须防暗失财物。极阴："极阴之课丑亥酉，百事逢之悉皆丑。占讼省部方的端，病死定为不长久。""昼夜贵加干两贵"内列此日，谓亥贵落空，不可干也。

丙辰日第四课①

蒿矢　闭口　三奇　玄胎

<pre>
后朱贵六   蛇勾朱青
戌丑亥寅   戌丑亥寅
丑辰寅丙   丑辰寅丙

官癸亥贵   官癸亥朱
财庚申玄   财庚申后
兄丁巳空   兄丁巳常

六勾青空   青空白常
寅卯辰巳   寅卯辰巳
朱丑   午白   勾丑   午玄
蛇子   未常   六子   未阴
亥戌酉申   亥戌酉申
贵后阴玄   朱蛇贵后
</pre>

《玉历钤》云：此课虽是蒿矢，用神亥临寅，与地盘相合，又乘贵人，凶中有吉。

上神生日，用克日，日上克辰上。

课名蒿矢。中末刑中合、合中刑，初自刑，百事成了也坏，坏了又成，中见虚诈，亦不为不好，以末传得禄也。

《义》曰：有人相助，福禄并至。见贵未忻，渐生眷意。夜占口舌，容忍可绝。难化为易，盖因硕德。

《象》曰：来意何如意不欢，劝君从此放心宽。莫言难处终无吉，须知难中见喜颜。

此蒿矢之卦，一曰玄胎，亦曰天网。《经》云："神遥克日名蒿矢，射我虽端当不畏。贵人逆转子无良，天乙顺行臣不义。家有宾来不可容，亦忧口舌西南至。"事主动摇，人情倒置。象如以蒿为矢，射虽中而不入，祸福俱

---

① 校者注：原抄本此课收录之案例移至丙辰日第十课中。

轻，求事难成，利主不利客。占行人来，访人见，主蓦然有灾。玄胎如婴儿隐伏之状，利上不利下，事主远而多伏，暗昧不通，触则成祸，惟君子守正修德则亨。《经》云"天网四张，万物被伤"，为阻滞，为疑难，为灾恼。上神生日，所谋百事吉，运用如意，遇灾不凶，逢吉愈吉。此乃旬中长生之助，可见生生不已，即所谓有人上门助我之意。此乃闭口之课。占者遇之此课，神遥克日，事从外来。占求官宜，但大亨小否。占见贵未合。占身吉。占宅门户虚耗，人口不宁。占婚不宜。占病，老人小儿凶，旺者不畏。其他谋望、主客、交易，辰上乘空，有难成之象。占忧疑病患，亦不为凶。占投人者，亦徒劳而已。

占出兵行师，开地千里，夜占不利，为将者宜消息之。

冬吉。

真一山人云：门楣虚未从心头，须待时光听好音。大望小成方有益，高山流水听瑶琴。

《无惑钤》云：破碎临庭，耗散财婚。昼占告贵，不语沉吟。

《钤解》曰：丑为破碎临宅。申乃妻财乘玄，定主耗散。亥乃昼贵闭口，若告贵，必沉吟不语也。《集议》："闭口卦体两般陈"内有此日，谓闭口乘贵人，贵不允。丑加辰，昼雀，家有口舌。

丙辰日第五课

重审　润下　孤辰　励德

众鬼虽彰全不畏

<pre>
玄蛇阴朱　　　　后六贵勾
申子酉丑　　　　申子酉丑
子辰丑丙　　　　子辰丑丙

官　子　蛇◎　　官　子　六◎
财　庚申　玄⊙　财　庚申　后⊙
子　丙辰　青　　子　丙辰　白

朱六勾青　　　　勾青空白
丑寅卯辰　　　　丑寅卯辰
蛇子　　巳空　　六子　　巳常
贵亥　　午白　　朱亥　　午玄
戌酉申未　　　　戌酉申未
后阴玄常　　　　蛇贵后阴
</pre>

《玉历钤》云：此课丙日得子发用，非鬼乃真官也，君子宜，求官如意，常人得之，必有公讼之挠，官空过句再议。

《毕法》云：此课三传皆鬼，并来克日，诚为凶也。然却有干上丑，可以敌其三传之水，制鬼不能为害，况发用之鬼又是空亡，无足畏也。占者值之，先必惊险，后得康宁。

《集灵经》云：此课三传皆水，来伤丙火，却为三六相呼之格，带恶不成嗔也，又兼干上丑土能制其水，凡谋皆有成意，然必惕励微畏，方始获意，稍有怠忽，终取祸也。先生云：滟滪、吕梁之险，舟行其间而无恙，由能慎之，大江长河而倾覆者，怠忽故也。

上神盗日，日上克辰上，日上克用，末克初。

课名重审、润下。秋冬旺相，春夏无力，发用、人宅俱是空亡，吉凶虽散，人宅自不利。丙见子为真官，出句可以求名。

《义》曰：彼既不实，已亦未成。必且如此，事多虚声。惊惕亦消，耻辱关情。成而未利，以防变更。

《象》曰：彼此空空未足论，韬光养晦杜衡门。时来自有徵书至，一旦声名动帝阍。

此重审之卦，一曰狡童，亦曰润下，又曰天网，又曰孤辰。夫重审者，重而审之也。利为主，利后动，长有厄，事从内起，起于女人。以下犯上，贱犯贵，卑犯尊，事多不顺。阴小在下者，有悖逆之事。占臣未忠，子失孝，事不可遂意而行，必当审察，循乎义理，庶几以免后患也。且润下，主沟渠、水利、舟楫、渔网之类，动而不息之象，流而必清，滞则不竭，宜动不宜静，主关众亲朋相识之务。夜占狡童，乃不正之象，阴私邪淫，占男女有阴私暗昧之理，占家宅宜谨慎闺门，以防阴小越礼，惟能以礼自防者可化之。日生上神，虚耗不足，盗失损财，人口衰残，休囚尤重，又为子孙脱漏之事。况天网四张，万物被伤，为阻滞，为疑难，为灾恼。孤辰有茕茕孑立之象，占人别离桑梓，凡所占谋，多虚少实，功名难遂，事业虚花，僧道宜之，俗不宜也。占者遇之此课，三传申子辰合而为鬼克身，喜丑为敌，虽见不足，或三两人作伙相侵，而终不能害也。占求官，须得水旺时可成。诸占有名无成，彼此无心，岂能成事？若勉强成之，未美也。惟利忧疑不足、惊恐患难，得之反为福。

占用兵者不宜，昼防失众惊恐，夜占稍吉，为徒劳而无功也。

未定何如。

真一山人云：暴病无伤久病忧，得无头处且藏头。临欺不必丁宁脱，成脱原来各有由。

《无惑钤》云：课传没溺，凶灾事释。外勾里连，夜占淫泆。

《钤解》曰：四课三传，皆是空陷，可以脱灾释祸。水局克干，盖由支上子水发用，与申辰合而为鬼，是家中之人外勾里连以生祸也。夜占合后，多主淫泆不正之事。《集议》："众鬼虽彰全不畏"内有此法，谓之家鬼取家财。子加辰，将蛇，主妇人哭泣。四课无形。螣蛇内战。"传鬼成财钱险危"内列此日，申金之财，乃名全鬼变为财。三六相呼见喜忻，纵然带煞不成嗔。助桀为虐，递生日鬼。

丙辰日第六课

知一　不行传

白贵常蛇	玄朱阴六
午亥未子	午亥未子
亥辰子丙	亥辰子丙

兄 戊 午 白	兄 戊 午 玄
子　丑 朱 ◎	子　丑 勾 ◎
财 庚 申 玄 ⊙	财 庚 申 后 ⊙

蛇朱六勾　　　　　六勾青空
子丑寅卯　　　　　子丑寅卯
贵亥　　辰青　　　朱亥　　辰白
后戌　　巳空　　　蛇戌　　巳常
酉申未午　　　　　酉申未午
阴玄常白　　　　　贵后阴玄

　　《玉连环》占曰：此课据来意，事主邻右人与无子妇人私通事露，不得到官，至戊午日辰时无事。何知邻右？卦得知一，为北邻也。盖时丑为日干三合，传送为日干六合，上带天后，天后主厌黪，六合为私门，又用起玄武，名泆女卦，岂不是阴人暗昧私通？申为子嗣部，上得天后，三水俱克日干，岂不败露？何知不到官？盖日上为空亡。何知戊午日辰时无事？缘直使门丑为中传，大吉上得勾陈，二土克水，为今日救神，戊午日者，戊亦土也，及勾陈、正时，三土俱为救，至辰时水气墓绝，故见戊午日辰时无事也。①

　　《玉历钤》云：此课初传午为刃，加亥，上乘玄白凶神，子水空亡，临日克日为鬼，凡占所求皆无成。

　　《毕法》云：此课申金为日之财，被初传午火所克，又被中传丑土所墓，其中金全无气象。占者不可求财，不然得一费十，勾惹官讼，且人因不知分限，则必失之矣。失之则必灾，及其身可不畏哉？

---

　　① 《一字诀玉连环》作：四月丙辰日申将丑时，丙寅人占。

上神克日，日上克用，初克末。

课名知一。宜了旧事，宜静不宜动，传归空亡，亦无大吉。

《义》曰：三传无力，事宜止息。忧喜无成，何劳汲汲。君子坦坦，小人戚戚。理势如斯，有损无益。

《象》曰：久病来占不可当，命如衰草值秋霜。其他忧患逢惊恐，遇此由来是吉昌。

此知一之卦。夫知一者，知一而不能知两，知者以为自知、自见，不知为寇仇，故言知一也。以此为用，舍远就近，舍疏就亲，恩中生害，事多起于同类，凡事狐疑，事贵和同乃吉。《经》云："知一卦何如？用神今日比。事因同类起，婚姻失谐为。失物亲邻取，逃亡不远离。论讼和允好，为事尚狐疑。"上神克日，只利先讼，要有气，余不吉，常占为人所欺负，种种不利，却喜所克之神不得其位，亦不过虚声而已，终不为害也。午加亥，乃四绝之课，宜结绝旧事，不宜图新，不能为福也。占者遇之此课，初传为日之刃，沉坐自绝之乡，丑为中传，又作空亡，申陷空乡，由此论之，三传俱无可倚，其余谋望，进用百事，有影无形，逢喜不喜，遇忧不忧，事有传闻，及用兵、飞报军情，多是不的，宜详审密察可也。

真一山人云：忧中见喜早开颜，干事求谋尽是难。待得时来还有遇，福如东海寿南山。

《无惑钤》云：中末俱无，独用乎初。动逢羊刃，昼贵狱庐。

《钤解》曰：中传末传，丑申空陷，不必论也，初传午实，所当考也。丙被子克，若动而又逢羊刃，守动俱不可也。昼贵亥临辰地，为贵人入狱，干之必不喜矣。《集议》："不行传者考初时"内有此例，谓之中末既空，只宜以初传断其吉凶，言其事类。子乃胎神，不是财神，十月主婢妾有孕，在七月为死气，主鬼胎。丑加午，夜勾，主田宅争竞事。午加亥，乘虎，火灾。亥加辰，夜雀，主小儿哭泣。局内辰乘龙，加酉，主人腿上刺龙。"六爻现卦防其克"内列此日，为财爻无气。辰戌加卯酉，为墓门开，又为外丧。"支乘墓虎有伏尸"内列此日，为外鬼呼。亥为日鬼，加辰支上，自居墓中。邵《毕法》以此亦作"狐假虎威"，谓巳中有戊喻虎。两贵相协。昼贵作日鬼入宅，占病必家堂神像不肃所致，宜修功德安慰免咎。

丙辰日第七课

反吟　玄胎　斩关

<table>
<tr><td>白</td><td>蛇</td><td>空</td><td>贵</td><td></td><td>白</td><td>蛇</td><td>常</td><td>朱</td></tr>
<tr><td>辰</td><td>戌</td><td>巳</td><td>亥</td><td></td><td>辰</td><td>戌</td><td>巳</td><td>亥</td></tr>
<tr><td>戌</td><td>辰</td><td>亥</td><td>丙</td><td></td><td>戌</td><td>辰</td><td>亥</td><td>丙</td></tr>
</table>

<table>
<tr><td>兄</td><td>丁</td><td>巳</td><td>空</td><td></td><td>兄</td><td>丁</td><td>巳</td><td>常</td></tr>
<tr><td>官</td><td>癸</td><td>亥</td><td>贵</td><td></td><td>官</td><td>癸</td><td>亥</td><td>朱</td></tr>
<tr><td>兄</td><td>丁</td><td>巳</td><td>空</td><td></td><td>兄</td><td>丁</td><td>巳</td><td>常</td></tr>
</table>

<table>
<tr><td>贵</td><td>后</td><td>阴</td><td>玄</td><td></td><td>朱</td><td>六</td><td>勾</td><td>青</td></tr>
<tr><td>亥</td><td>子</td><td>丑</td><td>寅</td><td></td><td>亥</td><td>子</td><td>丑</td><td>寅</td></tr>
<tr><td>蛇戌</td><td></td><td></td><td>卯常</td><td></td><td>蛇戌</td><td></td><td></td><td>卯空</td></tr>
<tr><td>朱酉</td><td></td><td></td><td>辰白</td><td></td><td>贵酉</td><td></td><td></td><td>辰白</td></tr>
<tr><td>申</td><td>未</td><td>午</td><td>巳</td><td></td><td>申</td><td>未</td><td>午</td><td>巳</td></tr>
<tr><td>六</td><td>勾</td><td>青</td><td>空</td><td></td><td>后</td><td>阴</td><td>玄</td><td>常</td></tr>
</table>

《玉历钤》云：此课反吟，天将吉凶相半，占事反复无成。

《毕法》云：此课反吟，凡占必主病讼。若已见凶灾，反为结绝之神。又作昼贵，犹宜告贵结绝凶事。

上神克日，辰上克日上，日上克用。

课名反吟、玄胎、斩关、无依、四牡、四闭。阴阳俱极，事极则变，始终皆禄，然受制于亥，灶口破，人口迟，家人多灾。死神死气，又主孝服。亥加身巳上，巳又元遁得是癸。巳乘天空下泪。亥加巳，天地真空。又丙日，巳为截路空亡，始终反复不定。

《义》曰：谦退谨守，福自有期。东西不定，南北相违。事防更变，人意参差。勉之和好，久久化之。

《象》曰：婚姻主客不相当，也要人情奈久长。但看秋风时节至，东篱满径菊生香。

此无依之卦，一曰玄胎，一曰斩关。夫无依者，即反吟也。《经》云："无依是反吟，逃者远追寻。合者应分散，安巢别改林。守官须易位，结友也分襟。所为多反复，占病数般侵。"反吟刑冲，动摇不宁，事主迟滞，远近系心，更相仇怨，且反复而呻吟，是无予夺而难息也。况玄胎如婴儿隐伏之状，利上不利下，事主远而多伏，暗昧不通，触则成祸，惟君子守正修德则亨。上神克日，只利先讼，要有气，余不吉，病讼可畏，常占为人所欺负，作事有不遂心者。占者遇之此课，夜占帘幕贵人临日干上，宜占甲第，必高登矣。犹畏夫主客未和，虽然，必见反复，变易官司，然后方就。占见贵求官，亦同此论。占婚姻得此不宜，若勉强成之，他日失和，夫妻既不合，则乖戾生矣，当龟勉同心可也。君臣父子兄弟朋友，亦同此义。占病者可畏，修德禳化。占远行不利。占宅不吉。

占出兵行师，得此不宜用，防客兵侵凌，事多变不常。若不得已而用之，全在主将善用兵而致胜也。戒之！慎之！

反复失和。

真一山人云：相逢自古贵同心，须看他人义让金。行好到头返有好，知音终始遇知音。

《无惑钤》云：满地皆丁，动遇贵成。夜占不动，鬼墓难兴。

《钤解》云：巳为遁旬丁，满地皆是也，乃日之德禄。亥临干，动则遇贵，与官并，仕宦得以成其事也。倘夜占不动，亥水为鬼，戌土为墓，丙火焉得兴旺？士庶占之皆不利。若占人年命在辰，为两贵拱之。《集议》：天罡乘虎加戌，占宅西北上有破罐。夜占朱雀作鬼加干，为官遭章劾。鬼乘天乙乃神祇。制鬼之位乃良医。

丙辰日第八课

重审　不结果

两蛇夹墓凶难免　三传互克众人欺

```
玄朱常蛇              青贵空蛇
寅酉卯戌              寅酉卯戌
酉辰戌丙              酉辰戌丙


父 甲寅 玄            父 甲寅 青
子 己未 勾            子 己未 阴
官  子  后◎          官  子  六◎


蛇贵后阴              蛇朱六勾
戌亥子丑              戌亥子丑
朱酉    寅玄          贵酉    寅青
六申    卯常          后申    卯空
未午巳辰              未午巳辰
勾青空白              阴玄常白
```

《玉历钤》云：此课天魁加日为墓神，却得寅木发用，夜贵又是青龙，变凶为吉，凡占一切成就。

《毕法》云：此课初传寅克中传未，中传未克末传子，末传子克日干丙火，凡值此者，必有人递互相害，以为凶也。虽然末传之子是为日鬼颇凶，劫自此辈而兴，此子却生寅木以生养日干，则害丙之事虽行，而佑丙之念却起，诚"祸兮福所倚"也。徽宗时，中贵误举黄琼，其事类此。

上神盗日，日上生辰上，用克日上。

课名重审、斩关。课传墓覆日干，凡事间隔，财物事勿图，逃盗相凌，所喜为空亡不凶。传归空亡，出旬可问官，不利他占。

《义》曰：主客未和，况多反复。事见再来，人不相睦。切莫侵损，勿生嫉妒。福自喜生，祸从恶逐。

《象》曰：课逢长幼有来由，老者低藐好便休。两姓聚来非偶尔，事还更变解仇尤。

　　此重审之卦，一曰龙战。夫重审者，重而审之也。利为主，利后动，长有厄，事从内起，起于女人。以下犯上，贱犯贵，卑犯尊，事多不顺。阴小在下者，有悖逆之事。占臣未忠，子失孝，事不可遂意而行，必当审察，循乎义理，庶几以免后患也。况龙战，主人心疑惑，进寸退尺，动有乖离之象。卯酉为天之私门，生杀有限，分杜有期，雷动龙奔，示其有战。斩关非安居之象。况三传互克众人欺，此三传迤逦相克，遂致众口相攻，如官员宜自检束，防台史上言相害。且干上相害，彼此猜忌，宾主不相顾接，两有谋害之心，如己欲害人，而人欲害己。此若求望，彼此俱不如意也。人宅受脱，虚耗不宁，自招悔吝。两蛇夹墓，其凶可畏，常占昏迷不快，或缘修置屋宅，以致脱耗而生疾，或有积块于中。此课本凶，幸末子作空，亦可解也，犹防盗失，宜以礼防闲。诸占无益，惟宜守正修德，自警惕励，庶几化恶为善，化灾为福，否则必有不虞。

　　占出兵行师，忧惊盗失，夜占稍吉，宜别为选图可也，为将者慎之！

　　谨始慎终。

　　真一山人云：课凶人善自无忧，积善之家福有由。更向此时能点检，福星光照祸星休。

　　《无惑钤》云：多财虽美，恋之害己。众口一辞，乘马无喜。

　　《钤解》曰：酉遁旬辛，丙之妻财，固美也。丙若恋之，反被酉之地盘辰脱，有害于己也。三传自初递克至干，必被众口攻讦。初寅乃驿马，似为可喜，但昼占乘玄，俯仰丘仇，遭制而不能行也。两蛇夹墓，凶祸难免。《集议》："两蛇夹墓凶难免"内有此日例，占病必有积块在腹，不能救，或本命行年是戌，死而犹速，如年命居亥，上乘天罡，用辰虎冲戌蛇，破墓冲蛇，庶得少延。占讼被禁。凡占事已见凶，被墓卒难脱免，转昏转晦，不能亨快。占病难愈，占产凶。此例邵师喻为"抱石投江"。"末助初兮三等论"内谓末助初生干，欲年命制末，姑可言吉；年命生末，反凶。人宅受脱。长上不睦。初稚罹殃。酉戌相害。

丙辰日第九课

重审　从革　交车合
初遭夹克不由己

后 六 阴 朱	玄 蛇 常 贵
子 申 丑 酉	子 申 丑 酉
申 辰 酉 丙	申 辰 酉 丙

财 辛 酉 朱	财 辛 酉 贵
子　丑 阴 ◎	子　丑 常 ◎
兄 丁 巳 空 ⊙	兄 丁 巳 勾 ⊙

朱 蛇 贵 后	贵 后 阴 玄
酉 戌 亥 子	酉 戌 亥 子
六 申　　丑 阴	蛇 申　　丑 常
勾 未　　寅 玄	朱 未　　寅 白
午 巳 辰 卯	午 巳 辰 卯
青 空 白 常	六 勾 青 空

　　《玉历钤》云：此课阳火得阴金，可以成器，金虽多，不为害也。夜贵又得天乙、太常为吉，凡占所求，一切可成。

　　《毕法》云：此课干上酉及三传皆财，夜将又皆土神，尽生起财神，大宜求财，尤宜成合万事，却不利父母。盖以求财之人，取之虽有二途，行之同为一害。为官者，或巧立名色，或酷行捶楚，剥民之膏血以肥家润屋，此为官之取财也。为商者，或昧己瞒人，或网罗垄断，肆己之奸贪以害众成家，此为商之取财也。且财者，怨之府也，财之所在，怨之所在，岂但父母之灾，虽妻子或恐不能免矣。歌云：三传俱作日之财，占者须防长上灾。

　　日克上神，日克用，末克初。

　　课名重审、从革。凡占宜革故取新，然终无所益，近贵望事皆宜，中空歇灭而后成，然中末既空，吉凶亦从空散。

　　《象》曰：开尽春园万树花，看花人远向天涯。可怜不作东风主，任意飘零几度嗟。①

此重审之卦，一曰从革。夫重审者，重而审之也。利为主，利后动，长有厄，事从内起，起于女人。以下犯上，贱犯贵，卑犯尊，事多不顺。阴小在下者，有悖逆之事。占臣未忠，子失孝，事不可遂意而行，必当审察，循乎义理，庶几以免后患也。传见从革，先从而后革也，凡事阻隔，有气则革而进益，无气则革而退失。一曰兵革，一曰金铁。大抵五行正气入十干杂糅之乡，异方三合乃生旺墓之神，事主丛杂不一，主关众人共谋，不然两三处干事，委曲托人与人相合之类。又如推磨之象，转去转来，非一遍也。夜贵加干，为帝幕贵人高登甲第，惜其传归无力之乡，谓之美中虚喜，而不能永久也。虽见三合，乃合而不合之象，恐蜜中砒、笑里刀也，亦能为害。夜将助财，乃不由自己之财也。凡占无用，由其初受制，而中末传归空脱之乡也。占暴病为福，久病为祸。占忧疑患难得之，凶中有救，祸里生恩，吉事不成，凶事消释也。

占出兵行师及他占，皆有始无终也。

力不周完。

真一山人云：望尽天边好事来，不知君意怎安排。从今早把初心改，免使传来作祸胎。

《无惑钤》云：交关利己，昼贵莫倚。夜将助财，金多生水。

《钤解》曰：申与巳合，酉与辰合，申酉俱作日财，此交关有利于己也。昼贵临未受克，又名执拗煞，不可倚恃。夜将纯土，助起金局财旺，切不可贪恋其财，金多却生支之阴神上子水，化而为鬼矣。《集议》："三传递克众人欺"内有此法，谓求财大获。此课三传皆财，夜将皆土，生起财神，大宜求财，尤宜成合万事，却不利己父母并营生，占病必死，兼此人贪财，不义横发。"互生"内亦列此日，大宜取财，财神传中传丑入墓。

---

① 原抄本此句前缺《义》文。

丙辰日第十课

重审　玄胎　闭口　六仪

三传递生人举荐

```
蛇 勾 贵 六        后 朱 阴 蛇
戌 未 亥 申        戌 未 亥 申
未 辰 申 丙        未 辰 申 丙


财 庚 申 六        财 庚 申 蛇
官 癸 亥 贵        官 癸 亥 阴
父 甲 寅 玄        父 甲 寅 白


六 朱 蛇 贵        蛇 贵 后 阴
申 酉 戌 亥        申 酉 戌 亥
勾 未     子 后    朱 未     子 玄
青 午     丑 阴    六 午     丑 常
  巳 辰 卯 寅        巳 辰 卯 寅
  空 白 常 玄        勾 青 空 白
```

　　此课先生曰："我欲占动静，得此尚有缘在。申生于巳，亥生于申，寅生于亥，宅上又是阴。① 是辛亥年十月须得动身，日后动于东北近二百里，又转西北，终于东北原处之上，年六十九矣。"先生丁未到官堂，果辛亥年十月十七日辞相，十八日辛巳起行，过婺州至乡里，行去一百八十里。壬子年过严州，来至乡中，过东北，又自东北过西北，癸丑年又到婺州，终于州衙客位中矣。盖丙日以申为妻，巳与申合，所以恋轩，卒难脱解。至辛亥年相冲，巳上见申，又与寅相冲，十月又是亥月，三个亥上见寅，冲巳上三个申。何以三个申？初传上一个，太岁一个，命上一个。② 所以三申而用三寅冲也。癸丑年六十九也，五行自投生方，动于东北，乃寅马合亥难脱，转于西北，乃寅与亥合也。③

　　《玉历钤》云：此课日刑为用，阳火得阳金，无用之象，凡占辛苦不能成也。

_____

　　① 《壬占汇选》作勾陈入庙，却是夜占用昼将。此课疑点甚多，恐是门人附会。

　　② 据此句可知此课乃丙辰日第十课，非第四课也。

　　③ 《壬占汇选》作：戊申年十月丙辰日卯将子时，自占动静，本命乙巳年十月十八日亥时生，六十四岁。

《毕法》云：此课初生中，中生末，末生日干，占者值此，必然众口推荐，上下同一辞也。但嫌发用之申，与日相刑，与中传相害，与末传相冲，不为全美，是以推荐之中，而有毁谮之辞。于此时，常人必闻誉而喜，闻毁而怒，举千万同一情也。惟君子不以毁誉动，其不知我而誉我，不知我而毁我，无损益于我也。

日克上神，辰上生日上，初克末。

课名重审、玄胎。天绊地结，宜谋新，始终得合，贵在中，有接上引下之意。虽申巳合，中则亥为日鬼，然合多，终是吉。

《义》曰：三传递生，以助己身。谋为称遂，福自来并。婚姻勿用，恐未全真。财官有气，喜事重重。

《象》曰：久病将来福欲消，也须阴德泰华高。动摇作事未由己，善德遥看荐举朝。

此重审之卦，一曰玄胎。夫重审者，重而审之也。利为主，利后动，长有厄，事从内起，起于女人。以下犯上，贱犯贵，卑犯尊，事多不顺。阴小在下者，有悖逆之事。占臣未忠，子失孝，事不可遂意而行，必当审察，循乎义理，庶几以免后患也。况玄胎如婴儿隐伏之状，利上不利下，事主远而多伏，暗昧不通，触则成祸，惟君子守正修德则亨。玄合互传，事多私暗，占玄者以礼表正闺门，占婚勿成，庶几无后日之悔。日上乘财，妻美财利。占者遇之此课，三传递生人举荐。占求官问名，必有人递相荐举，于朝廷而受清誉，始终成就。占见贵不宜。占产乃天地盘结，须至诚修心以祈祐可也。占病忌老人小儿病，寅马名曰驮尸煞，又为棺椁神，非有夫阴德者不能免也。夫人何不早修德行，行方便？至临患难，欲修德行，又未之能也。如侥幸之富贵，若浮云之聚散，不如有德，甘贫乐道，反为福也。占财有。占失物得。占远行吉，不利夜。占讼和解。走失自归。

占用兵，昼占得金宝美利，夜占惊忧也。

始勤终怠。

真一山人云：财官禄马萃当时，常庶占之未足奇。若是仕人占得此，恩光浩荡下天池。

《无惑钤》云：财贵长生，传内俱逢。迤逦相荐，夜变成凶。

《钤解》曰：申财亥贵寅生，三传全值，吉课也。且自初迤逦生干，当有推荐之喜。若夜占，初末蛇虎，则吉变而成迍矣。《集议》："三传递生人荐举"内列此日。邵先生《引证申集》内，自占得此课（余于寅将卜为功名，乃龙德，主有君恩及升迁之荣。作霖记）。

丙辰日第十一课

重审　涉三渊　励德　蹉跎（四课贵前为蹉跎，凡事跌足）　狡童

```
六 青 朱 勾          蛇 六 贵 朱
申 午 酉 未          申 午 酉 未
午 辰 未 丙          午 辰 未 丙


财 庚 申 六          财 庚 申 蛇
子 壬 戌 蛇          子 壬 戌 后
官   子 后◎         官   子 玄◎


勾 六 朱 蛇          朱 蛇 贵 后
未 申 酉 戌          未 申 酉 戌
青午    亥贵        六午    亥阴
空巳    子后        勾巳    子玄
辰 卯 寅 丑          辰 卯 寅 丑
白 常 玄 阴          青 空 白 常
```

《玉历钤》云：此课发用申与日刑，干上未又为盗气，昼占为狡童，皆不吉之象，凡占不可用。

上神盗日，辰上生日上，日克用。

课名重审。末传神后乘天后，空亡克日，妇人出入非良。今此合后武，且墓在传，干上有未土脱气，复见羊刃入宅，且宜防中侵害。末是空亡，凡占初虽日辰见合，既而首尾不相应，有始无终，终于吉凶无成，事宜急谋。

《义》曰：勿涉三渊，阻隔于前。进退合宜，事非偶然。课义不正，婚姻勿用。男女闺门，君子必敬。

《象》曰：常占无吉亦无凶，若是逢之号一中。事到临机须善处，闺门谨慎莫从容。

此重审之卦，一曰狡童。夫重审者，重而审之也。利为主，利后动，长有厄，事从内起，起于女人。以下犯上，贱犯贵，卑犯尊，事多不顺。阴小在下者，有悖逆之事。占臣未忠，子失孝，事不可遂意而行，必当审察，循乎义理，庶几以免后患也。夫狡童乃不正之象，阴私邪淫，占男女有阴私暗

昧之理，占家宅宜谨慎闺门，以防阴小越礼，惟能以礼自防者可化之。日生上神，虚耗百出，谋望不遂，盗失损财，人口衰残，休囚尤重，又为子孙脱漏之事，所得不偿所费。申戌子，涉三渊，乃进间传也，进中有隔，隔而后进。占者遇之此课，占求官有始无终。见贵相和，事难克济。占求财，不宜缓。占病凶中隐吉。失脱速寻。远行途次难阻。婚姻不宜。病者隔塞不利，多有积块，宜用消积去滞养胃之剂。其他诸占得此，难于前而易于后，利占忧疑、惊恐、讼狱，以其中末有解。凡所干谋，多致耗脱，反招不足，劳而无功之象。

占出兵行师得此，有传报，宜密察，恐为不实误事，不宜夜占，亦吉未吉而凶未凶也。

待时而成。

真一山人云：月过十五渐消光，莫向愚人论短长。若有诚心专奈守，殷勤何必问行藏。

《无惑钤》云：初财末官，仕宦欣欢。戌墓遁鬼，玄子偷瞒。

《钤解》曰：初申财爻，末子官星，仕宦遇之，忻然而悦，常人深畏。戌日墓，遁壬遥克丙干。子鬼乘玄，克日盗财，所以被其偷窃欺瞒也。《集议》：申加午用，主炉火事。涉三渊："欲动不动涉三渊，申戌子兮在目前。进退艰难还万状，对面言之是隔年。"

丙辰日第十二课

别责　三奇　不备

权摄不正禄临支

```
青 空 勾 青        六 勾 朱 六
午 巳 未 午        午 巳 未 午
巳 辰 午 丙        巳 辰 午 丙


官 癸 亥 贵        官 癸 亥 阴
兄 戊 午 青        兄 戊 午 六
兄 戊 午 青        兄 戊 午 六


青 勾 六 朱        六 朱 蛇 贵
午 未 申 酉        午 未 申 酉
空 巳     戊 蛇    勾 巳     戊 后
白 辰     亥 贵    青 辰     亥 阴
  卯 寅 丑 子        卯 寅 丑 子
  常 玄 阴 后        空 白 常 玄
```

《玉历钤》云：此课别责，亥加戌入墓，幸而传出旺乡，然犹不可用，况四课不备，凡事多不足也。

用克日，初克末。

课名别责、三奇。凡事谋用，全不由己，只倚靠人，亦不志诚，只宜别图，幸而因火旺于午，不可专以刃言，若退守为佳。

《义》曰：既曰不备，事全未济。守则有余，动则未利。舍此更求，也须合义。命数有定，何能改易？

《象》曰：从今切莫上人门，一为他人减自分。顺理谋为终见福，自然温饱度朝昏。

此别责之卦，一曰芜淫，乃阴阳不备之谓。《经》曰："芜淫芜淫，奸生于中。"又曰："阴阳不备是芜淫，夫妇奸邪有异心。二女争男阳不备，两男争女为单阴。上之克下缘夫恶，反此诚为妇不仁。阳即不将阴处合，阴来阳反畏刑临。"此别责亦有不正之象，《经》云：别责旧事脱体，终须再求，终不为吉。丢了现行，别寻头续。别责改图终是歉。四课不全，名为别责。男孤女寡，多致困厄。日临辰上，招两姓以同居，权摄不正，不自尊大，受屈折于人。又名历抵虚格，喻我上他门，而将我之所有，尽心力而悉与之，岂不历抵也？凡所占谋，耗盗而无所得。占者遇之此课，百占未遂，所喜者，主客相比和，而亥为旬奇，却能消释凶祸。其于求官、见贵、交易、占婚、求财，未之准也。占病者，宜作福，乃天神为祟，竭诚祷之。占失脱难得。占远行有阻。占逃亡自归。占忧惊者，凶中有救。

占出兵行师得此，昼占吉，夜占难行，余在为将者得人得机可也。

事多未全。

真一山人云：婚姻谋望未相当，顺理原来得吉昌。富贵荣华还有用，凶中化吉致祯祥。

《无惑钤》云：贵及旺龙，昼吉相逢。鬼贼羊刃，夜卜须凶。

《钤解》曰：禄临支宅受脱。亥贵作初，午旺乘龙临干，昼占逢之则为吉，若是夜占，则亥为鬼贼，午为羊刃，逢凶咎矣。《集议》：禄临支被脱，必因起盖屋宅，而以禄偿债，难以权摄不正论。戌乃日墓，加酉门户上，昼占乘蛇，为墓门开，又外丧入内，宜合寿木以禳之。两贵不协，变成妒忌，酉加申，亥加戌。

丁巳日

丁巳日第一课

伏吟　玄胎

虎乘遁鬼殃非浅

```
空 空 常 常          勾 勾 朱 朱
巳 巳 未 未          巳 巳 未 未
巳 巳 未 丁          巳 巳 未 丁


兄 丁巳 空          兄 丁巳 勾
财 庚申 玄          财 庚申 蛇
父 甲寅 六          父 甲寅 白


空 白 常 玄          勾 六 朱 蛇
巳 午 未 申          巳 午 未 申
青辰      酉阴      青辰      酉贵
勾卯      戌后      空卯      戌后
寅 丑 子 亥          寅 丑 子 亥
六 朱 蛇 贵          白 常 玄 阴
```

　　此课先生曰："来年发举。行年到卯，寅同卯扶官，只是当时不得及第。主妻为猿猴所迷，四年移于妻家外屋居，因妻家子死，遂并为一家居，终久合居。至科举充解，却及第，授州刑官（一作推官），的任满丧妻，再授管财赋官，到任七月而没，没于奴婢之手，不见子息在前，一边动哀，一边子息有喜事而至。"童秀才次年果得解，至冬赴省。其人家近山居，妻被猿精所迷惑，终日歌笑不已。邻人思之曰："记得邵先生言，主妻为猿猴所迷，必是此也。"后令人治之不瘥。第四年正月初一日作贺岁，遂移居妻家，果病止。居七年，妻之父母只有一子而亡，遂令他入内同居共食。戊辰年充解及第，授南安州司理。任将满，妻叶氏亡。再得临安府楼店务官，到任七个月而死。二子归乡秋试不在，童秀才死，只有五六奴婢措置后事，及子息至，扶丧归，第二子得第七名解，亦见先生神妙之术。盖丁巳以末传寅为学堂，行年遇卯，寅卯扶为官。日上太常为职，初传临官，天空主声誉，做得充解。中传妻宫有玄武，乘光怪煞，申为猿，玄武为贼，故主猿猴为鬼。而言去妻家居者，其丁日只是一个，巳有两个，是宅与初传也，皆生于寅，宅为妻，故主人妻家居，丁火生于寅，故后与同居也。充解及第者，是末传寅也。死不见子者，传中无子孙也。①

《玉历钤》云：此课旦暮贵神皆凶，凡占不可用。

《毕法》云：此课支干拱定日禄，最宜占食禄事。

上神盗日，辰上生日上。

课名伏吟。三刑互相见制，不为刑，所喜日辰相合，静中有动意，兼马，恐有奸盗，暮生疾病不一，带煞或使亡，幸而寅为截路空亡，凶咎自空而散，不得不防。

《义》曰：昼占哀鸣，夜占迟滞。惟静乃宜，君子藏器。事宜缓图，渐生光彩。屈而方伸，行义则泰。

《象》曰：失而复得晦而明，难里生恩福自成。莫道眼前不容易，迷途见路渐光亨。

此自信之卦，一曰玄胎。夫自信者，乃天地伏吟，十二神各归本家，天地如一，四伏未发之象。占事静则宜，动则滞，主事藏匿不动，静中求劳，有屈而不伸之象。况玄胎如婴儿隐伏之状，利上不利下，事主远而多伏，暗昧不通，触则成祸，惟君子守正修德则亨。《经》云："任信伏吟神，行人立至门。失物家内盗，逃者隐乡邻。病合难言语，占胎聋哑人。访人藏不出，行者却回轮。"天乙居卯酉为励德，阴妄立前，阳处其后，大吏得之升迁，小吏反生迍否，梦寐未安，宜谢土神。贵临二八，摇动不安，居住迁移，关隔不通，状多不理。占者遇之此课，日生上神，虚费百出，谋望不遂，盗失损财，人口衰残，休囚尤重，又为子孙脱漏之事。占求官未准。夜占凡事勾留迟滞，屈而不伸之象。占婚姻不宜。占病不吉。占求财有，但见动摇暗昧之

---

① 《壬占汇选》作：建炎戊申年六月丁巳日未将未时，童七秀才壬申命，九月二十四日巳时生，三十七岁占前程。

义。病者有怠。占失脱宜寻。公讼有解。占逃亡，畏家不敢归，宜寻觅，男子东南方，女子西南方。传闻不实。

占出兵行师得此，昼占多诈，夜不吉，宜别为选择。若临敌，不宜之。夏吉。

真一山人曰：事多摇动未平宁，为有知音善守亨。病者早宜勤作福，多积阴功保和平。

《无惑钤》云：支干拱禄，财丁交逐。夜寅虎壬，双丁动速。

《钤解》曰：干支拱日禄午，干未支巳，拱侍午禄在内，官宜食禄事。初丁中财，交相以逐。末传寅木，寅夜乘虎，元遁得壬，乃虎遁鬼也。支上、发用两巳，旬遁皆丁，所以动摇，速其禄也。《集议》："前后引从升迁吉"内有此法，为支干拱定日禄格，最宜占食禄事。"宾主不投刑在上"内谓三刑在传，未免无恩之意，凡占恩反怨也。

丁巳日第二课

元首　退茹　不结果
脚踏空亡进用宜

勾	青	空	白
卯	辰	巳	午
辰	巳	午	丁

空	青	勾	六
卯	辰	巳	午
辰	巳	午	丁

父	乙卯	勾
父	甲寅	六
子	丑	朱 ◎

父	乙卯	空
父	甲寅	白
子	丑	常 ◎

青	空	白	常
辰	巳	午	未

勾卯　　　申玄
六寅　　　酉阴

丑	子	亥	戌
朱	蛇	贵	后

青	勾	六	朱
辰	巳	午	未

空卯　　　申蛇
白寅　　　酉贵

丑	子	亥	戌
常	玄	阴	后

《玉历钤》云：此课三传退入空亡，有声无形，凡占百事皆虚妄，只宜

散忧。

日上生辰上，初克末。

课名元首、连茹。事干众，初中生日，退入空亡，凶吉皆无成。

《义》曰：旺禄宜守，动改则非。病者凶畏，作福祐之。事防公扰，屈而不伸。百事不顺，终不伤身。

《象》曰：三春喜见木成林，遇此终知若宝金。好事将完还见变，问侬只此是佳音。

此元首之卦。夫元首者，尊制卑，贵役贱之象。占事多顺，利于先举，事多起于男子。为臣忠，为子孝，正大光明而无邪僻之行，德业已著而乾乾进修，常怀危惧，惕励而无咎也。卯寅丑，逆连茹也，事主欲行不行，欲止不止，节外生枝，根苗不断，旧事从新。占宜进不宜退，所谓退入空亡宜进步。凡事迟滞。日上见午，夏为旺禄临身，不宜妄动，否则失其禄而为他人所有。由此论之，此课午破卯，又见动摇不足之象，若求解事，可退入空，则凶忧解散矣。占者遇之此课，占求官者，宜由旧规而进，不然守旧亦可，但不宜强进及谦退，反生不足。占见贵虽和，而未济事。占远行投谒不宜，徒费粮裹，而终无益于己也。占婚姻未美。病者惊危，非有大阴德不能免也。占讼狱，亦不吉。占逃亡，难得而无用。凡占百事，事有两意，俱主勾留迟滞，屈而不伸之象。所谓略无少成，此一课之大义。

占出兵行师得此，昼大不利，夜稍吉，不可轻举。慎之！

占名利宜进，占忧疑宜退。

真一山人云：多少忧惊自见消，莫将巧计枉徒劳。人生自有天之数，动静由来不可逃。

《无惑钤》云：旺禄长生，昼夜虎并。身心费尽，略无少成。

《钤解》曰：午旺禄，寅长生，昼夜俱乘白虎。末值空脱，惊危耗费则有。若望成事，枉费身心而已。

丁巳日第三课

重审　极阴　寡宿　六阴
昼夜贵加求两贵

```
朱 勾 勾 空          勾 空 空 常
丑 卯 卯 巳          丑 卯 卯 巳
卯 巳 巳 丁          卯 巳 巳 丁


子    丑 朱◎        子    丑 勾◎
官 癸 亥 贵⊙        官 癸 亥 朱⊙
财 辛 酉 阴          财 辛 酉 贵


勾 青 空 白          空 白 常 玄
卯 辰 巳 午          卯 辰 巳 午
六寅      未常       青寅      未阴
朱丑      申玄       勾丑      申后
子 亥 戌 酉          子 亥 戌 酉
蛇 贵 后 阴          六 朱 蛇 贵
```

此课六阴相继，更无阳神，兼六月占，又是阴月，丁巳土命，又是阴命，从此衰败不振，兼不测，退人口。丁巳之火，上自旺方逆归死绝湮没之地。宅前有大朽之树，急宜去之，若不去之生事。有一子，患腹气。又不合将后阁为猪栏养猪，猪盛克人，主四年败，六年尽废也。童保义因地方寇发，遂得名目，自后成家延盛。及邵先生占云"四年败退，六年败尽"，彼不甚信。当年十月，一婢因上厕，不知觉死于厕中，是不测，退人口也。宅前果有二百余年大枫树，已朽大半，系族人亲坟。十二月，外乡一人来枫树上自缢。更第二子常患痹气，次年二月亡。其人家屋阔，兄弟分出去了，无人居，遂将后阁养猪。第四年拆四畔闲屋，六年果败尽，见存止有五口，移出店屋歇矣。凡丑亥酉卯此四支，邵先生皆以为极阴课，那又丁巳日，遂退归幽阴之地、死绝之方。宅上卯、末传酉，皆六数，故主六年败尽。加于巳亥上，四数，主四年败。卯来加宅，甲寅旬有乙卯真木，故有大树在门前，天空主朽。

丑为阁，亥加丑上，故阁养猪。酉加亥，为今日死神，故婢死于厕中。[①]

《玉历钤》云：此课发用空亡，幸得中传日德，末传日财，凡占虽有小成，多虚诈不实。

辰上生日上，日生用。

课名重审。旦占太阴不正之象，暮作贵人，口舌疾病之非，入宅不宁。初中空亡，辰往加日，为退课，又不备，凡事皆滞，所喜中德末财，二贵并见。占事宜重谋再进，近贵进望，俱难入头。

《义》曰：有所见闻，未可遽信。仔细审详，便见斜正。当忧不忧，闻喜不喜。谋望何如？亦斯而已。

《象》曰：善恶从今且罢休，免教闲事系心头。所图富贵真如意，好事来时不用求。

此重审之卦，一曰龙战，亦曰寡宿。夫重审者，重而审之也。利为主，利后动，长有厄，事从内起，起于女人。以下犯上，贱犯贵，卑犯尊，事多不顺。阴小在下者，有悖逆之事。占臣未忠，子失孝，事不可遂意而行，必当审察，循乎义理，庶几以免后患也。况龙战，主人心疑惑，进寸退尺，动有乖离之象。卯酉为天之私门，生杀有限，分杜有期，雷动龙奔，示其有战。传见寡宿孤辰，值此尤妨骨肉。若占身得此，主见孤独，别离乡井，自立门户，财物虚耗，僧道宜之，俗不宜也。丑亥酉，退间传也，占事退而有隔，隔而后进，多系隔越，又为极阴之象。不备，宅盛人衰，君子道消，小人道长，然居无力之乡，亦不堪为用，亦无足畏者。占者遇之此课，发用无力，闻事不实，谋望不遂，干事难成，假使用尽心机，不过弄巧成拙，枉费精神，到底终归无益，若图成而卒不能成。占忧惊之事，却有解散。得此课者，当知进止，不可妄动，惟正以德则利。

占出兵行师得此，失众无益之象，夜占犹可畏。谨之！谨之！

待价沽诸。

真一山人云：寄与痴人莫望为，自然理数不须疑。事逢更变非由己，天道昭昭不教亏。

《无惑钤》云：丁马俱现，人宅相恋。亥酉全亏，两贵相见。

《钤解》曰：干上巳丁、中传亥马俱现，动摇不容已也。巳支求就于干，人宅眷恋。亥水酉金，昼夜贵人，并入传内，且夜贵临于昼贵之家，是两贵相见也。酉贵受日克，亥贵落空受克，是全亏矣，干则无力。酉贵却作日财，

---

① 《壬占汇选》作：建炎戊申年六月初七，丁巳日未将酉时，童保仪丁巳生，五十二岁占宅。

远动以求贵财乃可。《集议》：“踏脚空亡进用宜”内有此法，谓之三旬空亡，向后全无实义，尽无所就。极阴：“极阴之课丑亥酉，百事逢之悉皆丑。占讼省部方端的，病死定为不长久。”

丁巳日第四课

蒿矢　玄胎　斩关　三奇　闭口　天网

```
贵 六 朱 青          朱 青 勾 白
亥 寅 丑 辰          亥 寅 丑 辰
寅 巳 辰 丁          寅 巳 辰 丁


官 癸 亥 贵          官 癸 亥 朱
财 庚 申 玄          财 庚 申 后
兄 丁 巳 空          兄 丁 巳 常


六 勾 青 空          青 空 白 常
寅 卯 辰 巳          寅 卯 辰 巳
朱丑      午白     勾丑      午玄
蛇子      未常     六子      未阴
亥 戌 酉 申          亥 戌 酉 申
贵 后 阴 玄          朱 蛇 贵 后
```

《玉历钤》云：此课虽蒿矢，然亥中有壬，乃与日干为丁壬德合，天将贵朱，气象颇和，凡占可成。

上神盗日，辰上克日上，用克日，初克末。

课名蒿矢、玄胎、斩关不断。凡事先损后益，暮不如旦。亥贵塞鬼门，鬼贼不能作凶，万事宽裕。丁壬德合，中末作合，亥又为驿马，凡事多吉。

《义》曰：见贵不喜，公讼失理。先难后易，以消迍否。防他口舌，风波偶起。惟正以德，自然已矣。

《象》曰：一德能消百种愁，忍将闲事挂心头。渐看腊尽春光至，多少阳和播九州。

此蒿矢之卦，一曰天网，亦曰玄胎。《经》云：“神遥克日名蒿矢，射我虽端当不畏。贵人逆转子无良，天乙顺行臣不义。家有宾来不可容，亦忧口舌西南至。”然事主动摇，人情倒置，象如以蒿为矢，射虽中而不入，祸福俱轻，求事难成，利主不利客。占行人来，访人见。虽带金煞，然被巳丁克制，不能伤人。《经》曰"天网四张，万物被伤"，为阻滞，为疑难，为灾恼。玄胎如婴儿隐伏之状，利上不利下，事主远而多伏，暗昧不通，触则成祸，惟君子守正修德则亨。不宜占老人小儿病，久病亦凶。久病人身怕见马，煞名驮尸归地下。日生上神，虚费百出，谋望不遂，盗失损财，人口衰残，休囚尤重，又为子孙脱漏之事。占者遇之此课，占求官，美中不足，未尽善也。占见贵不利。占交易未顺。占婚姻难成，勉强成之，终难和睦。况旬尾加旬首，此真闭口卦，凡事不肯言。若访求于人，人多隐而不发，或所占事有不可向人说者。所占之事，俱未见美，惟宜修德守正，乃获亨利也。

占出兵行师得此，昼占开地千里，夜占口舌，合中带破。谨之！

似易实难。

真一山人云：来意灾迍多致恼，也应小运未亨通。兢兢过此无忧虑，红日东升万里明。

《无惑钤》云：龙虎斩关，逃者不还。马射弧矢，委镞难残。

《钤解》曰：天罡临干，未又属日，为昼斩关也。乘龙奋万里之翼，白虎道路之神，且又初传乘马，若占逃亡，远去而不还矣。申为箭，巳为弓，传金为有镞，有弓有矢，乘马而射。但初亥克巳为弓坏，末巳克申为委镞，弓坏镞委，何被伤残之有？《集议》：亥旬尾，寅旬首，亥加寅为用，闭口犹甚。

丁巳日第五课

蒿矢　曲直　三奇

阴	朱	贵	勾	贵	勾	朱	空
酉	丑	亥	卯	酉	丑	亥	卯
丑	巳	卯	丁	丑	巳	卯	丁

官	癸	亥	贵	官	癸	亥	朱
子	己	未	常	子	己	未	阴
父	乙	卯	勾	父	乙	卯	空

```
朱 六 勾 青          勾 青 空 白
丑 寅 卯 辰          丑 寅 卯 辰
蛇子      巳空      六子      巳常
贵亥      午白      朱亥      午玄
戌 酉 申 未          戌 酉 申 未
后 阴 玄 常          蛇 贵 后 阴
```

《预见经》曰：此课来意，主尊长不利，失脱衣服，既而所失之衣自至。亦主刑狱不利，先屈后伸，只是淹滞。兼坟在西南，被贼劫挖有损，八年内尊长不安，财帛耗散，多生官事。何以言之？盖初传见贵人亥（知乃昼占）加于死地，是尊长不利也。遇两重天贼神，故主失脱衣服，太常为印绶、酒食、衣服，贼神与太常并，故主失脱衣服，在未上，亥卯未三合，故衣服自至。卦名曲直，末传卯上见勾陈，为入狱，卯木至正月、二月方得旺地，故曰刑狱不利，先曲而后直，而勾留迟滞也。未为坟墓，其位西南，其数八，亥为贼，贵人居之，为冲井栏，故云其坟遭劫，八年内尊长不安。末传卯上见勾陈，故主财散，多官事。

《玉历钤》云：此课日德为用，火日得木局，乃为有气，天将又吉，可以谋动百事。

上神生日，日上克辰上，用克日，三传生日。

课名蒿矢、曲直。三传生日，亥为日德，传归日上生日，主向后可十全，春冬得之吉。

《义》曰：传来相生，百事皆成。众人助力，福自来并。此课虽善，不宜占子。自然之福，富贵易矣。

《象》曰：春日荣和万象新，时当斯令利占人。九重又见恩光照，万里飞腾到紫宸。

此蒿矢之卦，一曰曲直，一曰天网，又曰龙战，又曰励德。《经》云："神遥克日名蒿矢，射我虽端当不畏。贵人逆转子无良，天乙顺行臣不义。家有宾来不可容，亦忧口舌西南至。"然事主动摇，人情倒置。象如以蒿为矢，射虽中而不入，祸福俱轻，求事难成，利主不利客。占行人来，访人见。传见曲直，先曲而后直，象木之谓，当作成器。此乃五行正气入十干杂糅之乡，异方三合乃生旺墓之神，事主丛杂不一，主关众人共谋，不然两三处干事，委曲托人与人相合之类。夫天网四张，万物被伤，为阻滞，为疑难，为灾恼。况龙战乃天之私门，生杀有限，分杜有期，雷动龙奔，示其有战。且励德，阴小有灾，名关隔神。常人占此，身宅不安，宜谢土神，大吏则主升迁，小吏反生迍否，要当消息而论也。上神生日，凡事有人相助，况三传又来生日，所谋顺遂，诸事吉昌，遇灾不凶，逢吉愈吉。若春占，尤有声名显达，喜庆之事，然事多牵绻迟滞，亦美中未足者。占者遇之此课，不足中而相美之意，虽难实易，虽凶实吉，惟主客不和，投谒不喜，其他所占，乃吉而有喜之象。

占出兵行师，亦如此，得道者多助。

春大利。

真一山人云：从今美事自天来，富贵荣华不用媒。天上蓬莱真有望，人间万事尽和谐。

《无惑钤》云：将脱传生，蒿矢惊人。末至初位，迤逦克身。

《钤解》曰：昼将全土脱干，三传全木生干，半喜半忧也。有马而射，蒿矢虽曰无力，亦足以惊人也。但自末迤逦克身，防人潜己。《集议》："三传递克众人欺"内有此例。

丁巳日第六课

涉害　长幼　四绝

```
常 蛇 阴 六          阴 六 贵 青
未 子 酉 寅          未 子 酉 寅
子 巳 寅 丁          子 巳 寅 丁


财 辛 酉 阴          财 辛 酉 贵
子 丙 辰 青          子 丙 辰 白
官 癸 亥 贵          官 癸 亥 朱


蛇 朱 六 勾          六 勾 青 空
子 丑 寅 卯          子 丑 寅 卯
贵亥      辰青      朱亥      辰白
后戌      巳空      蛇戌      巳常
酉 申 未 午          酉 申 未 午
阴 玄 常 白          贵 后 阴 玄
```

《玉历钤》云：此课丁火死于酉，酉金绝于寅，又阴火不能制阴金，凡占费力无成。

《毕法》云：此课神后乘螣蛇，加巳克巳，巳者宅也，秋占乃是鬼临宅，凡占必主天降灾。降灾者天也，禳灾者人也，人能修德感天，天必不以非灾加人。

上神生日，辰上生日上，日克用。

课名涉害。又三上克下为长幼，只宜结绝旧事，难以图新事，所幸终始。又支上子水生干上寅木以生干，初贵助末贵以生干上以生干，有自相庆会之吉。

《义》曰：有人相助，福自来临。甚勿干贵，讼失之音。进退未定，安可图新？了绝旧事，又见忻忻。

《象》曰：主客虽和未定和，劝君回首漫张罗。若能守正还饶福，妄动些儿便见讹。

此见机之卦。夫见机者，察其微，见其机，谓两比两不比，当以涉害为用。涉害有浅深，欲用不用，欲言不言，是有两而取一，所作稽留，迟疑艰难，进退不定，忧患难消，怀孕伤胎，难于前而易于后。发用无力，不可图新，惟宜结绝旧事。此结绝之课也，谓四绝了旧莫图新。又见贵人差迭，贵多反不得力。此是遍地贵人，求贵者，美中不遂其意；居官在任者，多差使，权摄不正，事且无成。占防口舌灾讼，惟守正修德，可化门户家宅虚隙不足。不宜谒人，有求未准也。惟喜上神生日，所谋百事吉，运用如意，遇灾不凶，逢吉愈吉。日是人相助，夜乃神相助。事在难中，亦当有救。自刑者，凡事自高自大，自逞自恃，由此而失和，由此而招不足。占者遇之此课，凡事阴谋多私。占求官，迟得乃吉。占婚姻不宜，成则未美。占求财得轻。占病瘥迟，久病可畏。占逃亡可觅。占讼不成。忧有解。凡得此课，难而易，易而难，当顺理守正利亨。

占出兵行师，昼占中止，夜稍利而已。

谦光益德。

真一山人云：自高自大枉徒然，行止由来总系天。无吉无凶为上吉，莫言容易度华年。

《无惑钤》云：夜贵坏寅，亥力极轻。秋占火厄，三传自刑。

《钤解》曰：寅乃丁火长生，酉乃夜贵，临而克之，寅遂投墓中。寅木之坏，夜贵酉坏之也。亥乃日贵入狱，参干则不喜。子乘螣蛇克宅，秋时则为火鬼，主有火惊。三传自刑，过于自高，失和以招不足，宜加谦抑为妙。《集议》："金日逢丁凶祸动"内有此法，为火鬼乘蛇克宅，子乃秋蛇火鬼。中传辰乘青龙临酉，主人腿上刺龙。交互六害。两贵相协。辰戌临卯酉，为墓门开，又为外丧。

丁巳日第七课

反吟　玄胎　六阴

<pre>
空 贵 勾 阴   常 朱 阴 勾
巳 亥 未 丑   巳 亥 未 丑
亥 巳 丑 丁   亥 巳 丑 丁

兄 丁 巳 空   兄 丁 巳 常
官 癸 亥 贵   官 癸 亥 朱
兄 丁 巳 空   兄 丁 巳 常

  贵 后 阴 玄   朱 六 勾 青
  亥 子 丑 寅   亥 子 丑 寅
蛇戌   卯常   蛇戌   卯空
朱酉   辰白   贵酉   辰白
  申 未 午 巳   申 未 午 巳
  六 勾 青 空   后 阴 玄 常
</pre>

《玉历钤》云：此课反吟，旦将天空，不可用，夜将太常，仅可求事，反复后成，亦不大遂也。

上神盗日，日上克辰上，用生日上。

课名反吟。反复无定，德神、日支往返三传，凡所图谋，只宜先了绝一项，然后重谋再整，庶几有图。毕竟进退无定，终有不足，然丁壬、巳丑皆合，静守求之亦可。

《义》曰：反反复复，未见和睦。事非偶然，必招不足。惟德是辅，方见少补。顺理循义，好事见睹。

《象》曰：一般事业两般谋，不见难来不肯休。争似见机还是福，好将此理记心头。

此无依之卦，一曰玄胎。夫无依者，即反吟也。《经》云："无依是反吟，逃者远追寻。合者应分散，安巢别改林。守官须易位，结友也分襟。所为多反复，占病数般侵。"反吟刑冲，事主迟滞，远近系心，更相仇怨，且反复而呻吟，是无予夺而难息也。况玄胎如婴儿隐伏之状，利上不利下，事主远而多伏，暗昧不通，触则成祸，惟君子守正修德则亨。日生上神，虚费百出，谋望不遂，盗失损财，人口衰残，休囚尤重，又为子孙脱漏之事。所占必有两事，重求轻得。支上见驿马，宅居动摇，有迁徙之意。占者遇之此课，占求官见贵，反复不一，经历多司。凡事多见虚声，宜详察，而不可遽信，恐为诬也。占婚姻不宜，不惟难成，抑且夫妇平生失和。占财不利。占病者，反复瘥迟，宜修德可也，否则恐有惊危之兆。其他占主客、交易、投谒，未见全美。诸占逢之，为不遂意，宜守正顺理以待之，则裕矣。

占出兵行师得之大忌，须别图乃吉，慎之勿忽！

致和乃吉。

真一山人云：顺理方知福自然，人生安得有周全。半难半易还为福，识得机微便是仙。

《无惑钤》云：脱空宜弃，丁马迭值。夜动文书，昼动因贵。

《钤解》曰：丑乃空脱，宜弃而不可守也。巳丁亥马，三传更还而致也，其动自不由己。昼占亥为贵人，必因贵而动；夜占亥乘朱雀，盖因官中文书而动用。《集议》：脱上逢脱防虚诈。昼贵作日鬼入宅，占病必家堂神像不肃所致，宜修功德安慰免咎。亥德遁癸。夜占朱雀乘亥，加于宅上克宅，故曰："朱雀临辰克日支，定知宅上火殃时。不然门户讼官司，此法幽玄奇又奇。"

丁巳日第八课

重审　铸印　斩关

两蛇夹墓凶难免

常	蛇	空	后
卯	戌	巳	子
戌	巳	子	丁

空	蛇	常	六
卯	戌	巳	子
戌	巳	子	丁

兄	丁	巳	空 ⊙
子	壬	戌	蛇
父	乙	卯	常

兄	丁	巳	常 ⊙
子	壬	戌	蛇
父	乙	卯	空

```
蛇 贵 后 阴              蛇 朱 六 勾
戌 亥 子 丑              戌 亥 子 丑
朱酉        寅玄        贵酉        寅青
六申        卯常        后申        卯空
未 午 巳 辰              未 午 巳 辰
勾 青 空 白              阴 玄 常 白
```

《玉历钤》云：此课巳加子上，脚踏空地，又日干上子水，亦是空亡，克日为鬼，凡占百事，皆无所成。

上神克日，辰上克日上。

课名重审、铸印。空亡克日，用落空上，为铸印损模，虽有乘轩吉象，但虚诈无成，首尾不应，宜出旬重进。

《义》曰：事有未顺，下多逆上。幸尔空空，自消蔽障。声虚勿听，宜细详之。成亦变更，要识此机。

《象》曰：有人来说是和非，仔细丁宁漫察机。谁解成中还便改，徒劳南北走东西。

此重审之卦，一曰铸印。夫重审者，重而审之也。利为主，利后动，长有厄，事从内起，起于女人。以下犯上，贱犯贵，卑犯尊，事多不顺。阴小在下者，有悖逆之事。占臣未忠，子失孝，事不可遂意而行，必当审察，循乎义理，庶几以免后患也。传见铸印，《经》曰："天魁是印何为铸？临于巳丙冶之名。中有太冲车又载，铸印乘轩官禄成。"不见太阴天马，即非真体，常人反生灾咎，且为事迟钝。上神克日，只利先讼，要有气，余不吉，常占为人所欺负，干事不顺，有人阻抑，幸乘空作空，虽有谋害欺忤者，终不能害之也。占者遇之此课，占求官本吉，以其铸印，惜乎炉冶不成，何由而铸印？则是虚名而已矣。占见贵不和，亦难成事。占婚姻不宜，勉强成之，终见反目。占求财难得，忌此肩用事。占暴病吉，久病凶，非有阴德者，难保其愈也。占狱讼有解。闻事不实。所干难遂。大抵诸占，凶不成凶，吉不成吉，宜正顺而守待之，则亨利矣。

占出兵行师，防欺诡。有所传闻，不可遽信，宜密察详审，亦防失。谨之勿忽！

变更之象。仲冬吉。

真一山人云：吉凶两事尽消磨，钩艇滩头乐亦多。回首清平真可羡，笑他名利又如何？

《无惑钤》云：空鬼加身，实耗临庭。欲动不动，守则虚惊。

《钤解》曰：子乃空鬼，加身而克身，戌乃实墓覆宅，占身则有虚惊，占宅实有昏蔽。初传逢丁，欲动也，中传遇墓，则又止焉，不免坐守，而甘受空鬼之虚惊耳。《集议》：子乃胎神，十月占，婢妾有孕旬空；七月为死气，主鬼胎。丙丁太乙作天空，利于进取名显通。常人口舌上门攻，求利求迁事可容。两蛇夹墓凶难免，占疾有积块而死，如年命在亥，上见辰，冲开戌墓，庶得少延。

丁巳日第九课

重审　从革　不行传

初遭夹克不由己

<pre>
阴 朱 常 贵   常 贵 空 阴
丑 酉 卯 亥   丑 酉 卯 亥
酉 巳 亥 丁   酉 巳 亥 丁

财 辛 酉 朱   财 辛 酉 贵
子 　 丑 阴 ◎   子 　 丑 常 ◎
兄 丁 巳 空 ⊙   兄 丁 巳 勾 ⊙

朱 蛇 贵 后   贵 后 阴 玄
酉 戌 亥 子   酉 戌 亥 子
六申   丑阴   蛇申   丑常
勾未   寅玄   朱未   寅白
午 巳 辰 卯   午 巳 辰 卯
青 空 白 常   六 勾 青 空
</pre>

此课亥作贵人加丁，亥是日干丁火绝神，又来克我，本主行人来，盖缘所干事未遂，更移处所，宅上酉财作文书乘破碎，次第文书未备，尚有更改之意。行年在辰，辰上见申，亥水又生在申，绝神带生，目下未归，在三月子日归也。黄秀才占朋友过浙西干事，行人命系庚午，午加寅上，行人脚上生气，踪迹不定，是又过东北干事。丁日见亥，是绝神临日，克我者又临日上，是一不归也；行年上见申，绝神又求生，是二不归也；又不合传自宅上发出，末传见今日之支神，巳在东北上，作末传生宅上酉金，反生出在彼，是三不归也；日上见亥水，命在于东北方上，绝神又去被绝，其来人在彼，是四不归也。果三月初九日，乃辰月戊子日归也。①

《玉历钤》云：两火克一金，虽有争财之象，却日上见德神，所占成遂，但行人未归。

---

① 《壬占汇选》作：戊申年二月丁巳日亥将未时，黄秀才占庚午命行人。

《毕法》云：此课干上亥、支上酉，拱定天魁一神，若人年命在午，占试必作魁元，缘昼夜贵人俱在干支之上，年命又乘天魁故也。

《灵辖经》云：此课三传金为财，干上亥为鬼，夜占皆土将，克去亥鬼，生起金财，虽然财旺，又能生鬼，占者鬼固不伤身，财亦不可取，苟欲贪得而取其财，财至则鬼至矣。欲其无祸，其能免乎？

上神克日，辰上生日上，日克用，日克三传，末克初。

课名重审、从革。三传皆财，事干众，有口舌，日上见德，凡百如意，中末皆空，亦宜急图，秋得之佳，兼利更改。

《义》曰：破碎为财，去而复来。不能结果，空有花开。干事更改，忧虑消散。久病最忌，婚姻再看。

《象》曰：口舌文书丑未成，求官徒自枉行程。纵然得意还非吉，守旧将来福自生。

此重审之卦，一曰从革。夫重审者，重而审之也。利为主，利后动，长有厄，事从内起，起于女人。以下犯上，贱犯贵，卑犯尊，事多不顺。阴小在下者，有悖逆之事。占臣未忠，子失孝，事不可遂意而行，必当审察，循乎义理，庶几以免后患也。传见从革，主事阻滞，有气则革而进益，无气则革而退失。一曰兵革，一曰金铁。大抵五行正气入十干杂糅之乡，异方三合乃生旺墓之神，事主丛杂不一，主关众人共谋，不然两三处干事，委曲托人与人相合之类。又如推磨之象，转去转来，非一遍也。三传皆财，以生干上之鬼克日，必见众人相助以侵谋克害，凡行阻滞不通，被人欺负，病讼可畏，行兵亦然，幸传入空乡，庶几凶化为吉，难里生恩。占者遇之此课，占求官，秋冬吉，春夏不宜。占见贵虽和，亦难就事。占求财，因财生祸，占财不吉，破财为福。占病者，先凶后吉。其他占谋，始如锦上添花，终似秋风败叶。占事到头终不吉，凶殃到底不成殃。最利解散忧疑。

占出兵行师得此不宜，亦有始而无终也。

事多不实。

真一山人云：机关多种漫安排，虚喜令人笑满腮。识得这些关梆子，教君眼底到蓬莱。

《无惑钤》云：两贵并排，夜将助财。舍财不已，生鬼为灾。

《钤解》曰：昼贵临干，夜贵临支，两贵共排也。夜将纯土，则生起三传金局而助其财。若贪此财而不知止，反生干上亥水之鬼，而灾不浅矣。《集议》："帘幕贵人登甲第"内有此法，若占人年命在午，上乘河魁，干上亥、支上酉为昼夜贵人拱定，试必中魁。"前后引从"内谓两贵拱命，必得两处贵人成就。"传财化鬼财休觅"内列此日，谓三传金生亥水，亥乃丁之贵德，最宜占长上，占病则因伤食以致邪祟侵缠，如得占人年命去其干上之鬼稍轻。支上生干上鬼，干谒求财，不利有祸。"课传俱贵转无依"内有此日例。财神传墓入墓。干支乘昼夜贵人，必得两贵人周全成事。昼贵作鬼临身，占病必神祇为害，不可作鬼祟论。

丁巳日第十课

重审　玄胎　闭口

三传递生人举荐

贵	六	阴	蛇
亥	申	丑	戌
申	巳	戌	丁

阴	蛇	常	后
亥	申	丑	戌
申	巳	戌	丁

财	庚申	六
官	癸亥	贵
父	甲寅	玄

财	庚申	蛇
官	癸亥	阴
父	甲寅	白

```
      六 朱 蛇 贵
      申 酉 戌 亥
  勾 未       子 后
  青 午       丑 阴
      巳 辰 卯 寅
      空 白 常 玄
```

```
      蛇 贵 后 阴
      申 酉 戌 亥
  朱 未       子 玄
  六 午       丑 常
      巳 辰 卯 寅
      勾 青 空 白
```

《玉历钤》云：旦将六合，稍可用，虽是内战不妨，夜贵螣蛇乘申，又加四孟，主有孕喜，余占颇遂。

《毕法》云：此课初生中，中生末，末生日干，凡占必有人推荐，幸无空亡，可成就。又云：昼占天将六合加申，其申金加巳火之上，此乃六合内战，又为发用，凡占用事，将成合而被人搅扰也。

上神盗日，日上生辰上，日克用，初克末。

课名重审、生玄胎。墓加日上，支辰上下见合，宜静不宜动，先晦而后明，有生意。亥与日干，丁壬德合，寅亥又合，虽见蛇虎，不为灾，有贵人接上引下。

《义》曰：名曰官禄，自然绰绰。经官易司，婚姻未合。事当审察，不可妄为。君子修德，有福有危。

《象》曰：干乘日墓事昏蒙，见耗方知福日隆。若是仕人占得此，财官禄位喜重重。

此重审之卦，一曰玄胎。夫重审者，重而审之也。利为主，利后动，长有厄，事从内起，起于女人。以下犯上，贱犯贵，卑犯尊，事多不顺。阴小在下者，有悖逆之事。占臣未忠，子失孝，事不可遂意而行，必当审察，循乎义理，庶几以免后患也。况玄胎如婴儿隐伏之状，利上不利下，事主远而多伏，暗昧不通，触则成祸，惟君子守正修德则亨。日生上神，虚费不足，谋望不遂，盗失损财，人口衰残，休囚尤重，又为子孙脱漏之事。占者遇之此课，墓覆日干，主人昏蒙不明，如处云雾之中。墓神覆日愦难通，四十九日多昏蒙。占求官得此，乃三传递相生干，有人荐举之意，他占亦如此论。占见贵、交易，主客暗中不和。婚姻美中不足。占病忌老人小儿，谓之弃故生新，再投胎也，久病名驮尸煞。天盘地结，不宜占产，不利母子，宜为善。斩关传金，利逃亡也。占财有。占逃亡自归。不利远行。利占名利。狱讼有解。

占出兵行师，先难后易，事有不实，须详审之。昼占吉，夜占忧惊，利后进，利为主也。

顺理则吉。

真一山人云：半明半晦足和平，先困还须后利亨。万事临机当合理，自然福向善中生。

《无惑钤》云：舍去疑虑，宅财可取。迤逦生干，宜文宜武。

《钤解》曰：戌墓覆日，疑虑太甚，宜舍去而不可固守也。申财临宅发用，是可取矣。因此财而迤逦生干，必得众人推荐，文武俱宜值此，盖寅为天吏、申为天城故也。《集议》："三传递生人荐举"内列此日。

丁巳日第十一课

重审　不备　凝阴　励德　不结果

昼夜贵加求两贵　罡塞鬼户任谋为

```
朱 勾 贵 朱          贵 朱 阴 贵
酉 未 亥 酉          酉 未 亥 酉
未 巳 酉 丁          未 巳 酉 丁


财 辛 酉 朱          财 辛 酉 贵
官 癸 亥 贵          官 癸 亥 阴
子　 丑 阴 ◎        子　 丑 常 ◎


勾 六 朱 蛇          朱 蛇 贵 后
未 申 酉 戌          未 申 酉 戌
青午　　 亥贵        六午　　 亥阴
空巳　　 子后        勾巳　　 子玄
辰 卯 寅 丑          辰 卯 寅 丑
白 常 玄 阴          青 空 白 常
```

《玉历钤》云：此课丁火力微，不能制酉，幸加日上，为力则易，故凡占颇可成就。

《毕法》云：此课末传丑土生金，助初传酉金为日干之财，凡占值此，必暗有人以财相助，可以济用。

日克上神，辰上生日上，日克用。

课名重审、芜淫。本凶，有间隔，然旦暮贵人俱入传，须是重谋再进，不免费力。末传归空，凡事宜急图。丁壬暗合贵人，向后可成，恐以末空，不成凶，亦无吉也。

《义》曰：有头无尾，不足称奇。动定谨守，切莫妄为。君子得吉，小人招凶。凡事止息，其道光亨。

《象》曰：破碎钱财多聚散，凝阴之课未为奇。但能守待终为吉，渐渐时亨得自知。

此重审之卦。夫重审者，重而审之也。利为主，利后动，长有厄，事从

内起，起于女人。以下犯上，贱犯贵，卑犯尊，事多不顺。阴小在下者，有悖逆之事。占臣未忠，子失孝，事不可遂意而行，必当审察，循乎义理，庶几以免后患也。酉亥丑，为凝阴，亦积极阴之象。夫极阴无阳，乃阳不得位也。此小人道长，君子道藏。夫物盛则衰，阴极生阳，此自然之理也。若小人得此，当退畏自敛，否则恐履其祸；若君子得此，且宜谨守，阴极尽而阳将生，君子道亨之渐也。占者遇之此课，乃进间传也，进而间隔，隔而后退，退而复进之象。凡占必隔手之事，有始而无终也。占求官，美中不足。占见贵虽和，未克济事。破碎发用，非求财不遂，必见破财，占者未之美也；惟利夫牙行、经纪之人，空手求财可得，其求之亦不难也。占婚姻，勿令勉强成之，不吉。占病有隔塞属里（疑有讹误，以俟高明），先重后轻。占远行不宜。占狱讼忧惊，得此有解。

占出兵不宜，秋占大凶，须得德神、解神方可。大抵吉事难成，凶事有散之象也。

后来防变。

真一山人云：春风未得足人情，阴里生阳刚健成。事有定期非是偶，也宜敬慎保安平。

《无惑钤》云：夜贵多嗔，破败财婚。昼贵闭口，力弱言轻。

《钤解》曰：夜贵发用，名咄目煞，况临丁受克，加之执拗，干之必多嗔也。酉乃丁火妻财，为破碎煞，故曰"破败财婚"。亥乃夜贵，系旬尾，为闭口，居于败地，其力则弱，其言则轻矣，干亦无力。《集议》："课传俱贵转无依"内有此日例，谓遍地贵人，又谓夜贵用为咄目煞，如贵咄目专视，大不宜告贵，占讼尤凶，反坐罪也。凝阴："凝阴酉亥丑大凶，幽暗不通理不直。作祐禳灾始可宁，不然损财人又失。"末助初财，末空无力。

丁巳日第十二课

重审　进连茹　交车合

权摄不正禄临支

```
勾 青 朱 六          朱 六 贵 蛇
未 午 酉 申          未 午 酉 申
午 巳 申 丁          午 巳 申 丁


财 庚 申 六          财 庚 申 蛇
财 辛 酉 朱          财 辛 酉 贵
子 壬 戌 蛇          子 壬 戌 后


青 勾 六 朱          六 朱 蛇 贵
午 未 申 酉          午 未 申 酉
空巳     戌蛇       勾巳     戌后
白辰     亥贵       青辰     亥阴
卯 寅 丑 子          卯 寅 丑 子
常 玄 阴 后          空 白 常 玄
```

《玉历钤》云：此课丁火微弱，而申酉旺盛，幸得支有午火，巳午并助，故旺金得用，凡占所事可成。

《毕法》云：此课三传俱日之财，占病必因伤食而得，以致危笃，盖以丁火逢病死墓故也。如占求财，春夏二季最宜，丁火干旺。

日克上神，辰上克日上，日克用。

课名重审、进茹。火日金为财，夏秋占之，其财大旺，下来克上，重求必遂，其他时不免干众隔手，然所图亦必获利。丁随未加午为合，朱雀在中，因贵人成始成终。

《义》曰：欲进不进，欲止不止。公中干谒，贵人未喜。主客失和，枉自张罗。随财入墓，惊恐尤多。

《象》曰：行止非人力可图，固穷和合是规模。事当难处宜中立，方许男儿是丈夫。

此重审之卦。夫重审者，重而审之也。利为主，利后动，长有厄，事从

内起，起于女人。以下犯上，贱犯贵，卑犯尊，事多不顺。阴小在下者，有悖逆之事。占臣未忠，子失孝，事不可遂意而行，必当审察，循乎义理，庶几以免后患也。申酉戌，乃进连茹也，事主欲行不行，欲止不止，进中有退，退而后进，根苗不断，旧事从新，节外生枝，缠绵进退，疑惑推迁之象。支上见午，乃权摄不正，凡占不自尊大，受屈折于人，或占差遣不正，或将职役解于子孙。自支上旺，入中末死墓，犹蛾之扑灯，百无所济，占讼恐因财争之不已，必致入狱，君子宜见机容忍，以修厥德可也。占者遇之此课，占求官，主权摄不正，交关相合，不成中有可成者，不利解散。然昼占，贵人克日，不宜谒贵。占讼，贵不喜多，不吉。占产忌交合连茹，虑惊厄，宜为善以消攘。占病瘥迟且惊。占逃亡自归。占远行不宜。

占出兵行师，先易后难，惟在将者审其时势，察其缓急，严防动静，以保无虞，此善兵者也。

秋吉。

真一山人云：一善惟诚福自然，也知由己不由天。欲教祸去求多福，莫纵私心结恶缘。

《无惑钤》云：交车和顺，求财急进。病讼因贪，昼贵休近。

《钤解》曰：禄临支宅旺。申巳午未，交车相合，人情和顺。申，财也，若用财，宜急进，少缓必为戌墓而死于酉矣。贪财必致祸讼。昼贵履狱，干谒必怒，慎勿近也。《集议》：权摄不正禄临支。戌，日墓，昼占乘蛇临酉，为墓门开，又为外丧入内，宜合寿木以攘之。全财病体难担荷，占病必因伤食而得，以致不救，缘丁火逢病死墓之乡。秋冬占之，决死无疑，年命有制财之神可救；若逢春夏，却有所得，缘干强之故。两贵不协，变成妒忌，酉加申，亥加戌。

戊午日

戊午日第一课

伏吟　玄胎

苦去甘来乐里悲　三传递克众人欺　任信丁马须言动

```
青 青 勾 勾          蛇 蛇 朱 朱
午 午 巳 巳          午 午 巳 巳
午 午 巳 戊          午 午 巳 戊


父 丁 巳 勾          父 丁 巳 朱
子 庚 申 白          子 庚 申 后
官 甲 寅 蛇          官 甲 寅 青


勾 青 空 白          朱 蛇 贵 后
巳 午 未 申          巳 午 未 申
六辰     酉 常       六辰     酉 阴
朱 卯     戌 玄       勾 卯     戌 玄
寅 丑 子 亥          寅 丑 子 亥
蛇 贵 后 阴          青 空 白 常
```

《玉历钤》云：旦将蛇虎皆凶，不可用事，夜将朱青见官，求官如意，求财求婚不成，占病渐安，公私渐散，占产未生，行人未来，盗逃不获，出入更改平稳。

上神德日。

课名伏吟。守静平安，又丁神主动，上乘雀勾，不免动入闹处，虽末见螣蛇，有变怪，三刑递制不为凶，盖一德扶身，万凶皆散。

《义》曰：人情未知，事须详慎。佛口蛇心，终不成用。课见勾留，事干两头。庶人不吉，仕宦宜求。

《象》曰：课体虽云屈未伸，仕人占此倍欢忻。难中生易君知否？禄马相宜富贵春。

此自任之卦，一曰玄胎。夫自任者，乃天地伏吟，十二神各归本家，天地如一，四伏未发之象。占事静则宜，动则滞，主事藏匿不动，静中求劳，有屈而不伸之象。况玄胎如婴儿隐伏之状，利上不利下，事主远而多伏，暗昧不通，触则成祸，惟君子守正修德则亨。《经》云："任信伏吟神，行人立至门。失物家内盗，逃者隐乡邻。病合难言语，占胎聋哑人。访人藏不出，行者却回轮。"夫三传互克，有众人相欺之象，以致众口相攻。如官员，宜自检束，以防台宪上言相害，翻为两面是非，其意谓始赖巳火而生，不觉迤逦克至日干，所喻"成也萧何，败也萧何"，占事中必有两面刀、是非之人，切宜见机，善而处之可也。占者遇之此课，虽云如此，亦终必有解。占求官者最宜，以其迁官捧印，白虎入庙为威，螣蛇生角，大利求官入任。占见贵和顺，四十五日之左右，当有恩命之荣。婚姻合。占求财难。常占摇动不宁。占宅吉。占病忌老人小儿，久病凶，暴病作福。凡事勾留迟滞。

占出兵不宜，昼占防战士有伤，夜占口舌，谨之勿忽！

仕宦宜。

真一山人云：功名得此必称心，病者逢之祸患侵。惟有善功并积德，凶中化吉是佳音。

《无惑钤》云：末助初生，迤逦相侵。干丁中马，佛口蛇心。

《钤解》曰：末传寅木，生起初传巳火以生戌土；巳又迤逦下克，以致寅木克戌。始而作德禄生干，是佛口也，终则使寅木乘蛇为鬼，非蛇心而何？其用心也险矣哉！初丁马，动用亦不容已。《集议》："三传递生人荐举"内有此法，谓生变克，翻为两面刀，以巳喻萧何，占者必被工匠，或干人，或巳生人作两面刀也。"三传互克众人欺"内列此日。"苦去甘来"谓寅先被递克伤干后，却上生巳火作戌土长生，即苦去甘来，寅即萧何也。长生乘虎，幸中不幸；日鬼乘龙，不幸中幸。"宾主不投刑在上"谓此三刑在传，未免无恩之义，凡占恩反怨也。任信丁马，主静中求动终是静，如占干求，先蒙允许，后必改易。如占访人，虽不藏匿，必有事出干，合在他处相见。

戊午日第二课

元首　不备　退茹　斩关　不结果

避难逃生须弃旧　众鬼虽彰全不畏　脚踏空亡进用宜

<pre>
六 勾 朱 六   六 朱 勾 六
辰 巳 卯 辰   辰 巳 卯 辰
巳 午 辰 戊   巳 午 辰 戊

官 乙卯 朱   官 乙卯 勾
官 甲寅 蛇   官 甲寅 青
兄   丑 贵◎   兄   丑 空◎

六 勾 青 空   六 朱 蛇 贵
辰 巳 午 未   辰 巳 午 未
朱卯   申白   勾卯   申后
蛇寅   酉常   青寅   酉阴
丑 子 亥 戊   丑 子 亥 戊
贵 后 阴 玄   空 白 常 玄
</pre>

《玉历钤》云：卯为日之官星，加临六害，兼传入空亡，求事不成，只宜散忧，见贵求名、求财求婚，一切皆不成，占病则安，公讼即散，占产生女，行人即来，逃盗即获，出入更改有阻。

辰上生日上，用克日上，初克末，用克日上。

课名元首、退茹。墓覆日，寅卯为鬼，无一件吉，所幸末归空亡，凶从空散。以戊日干往下加支午上，宜屈己下人乃吉，终无成。

《义》曰：传卯寅丑，大利春占。文词口舌，虑有相干。占病凶危，所幸末吉。百事得此，变更消释。

《象》曰：事遇昏蒙未爽明，目前问事未能成。但能守正循乎理，竚看将来好事生。

此元首之卦，一曰天网。夫元首者，尊制卑，贵役贱之象。占事多顺，利于先举，事多起于男子。为臣忠，为子孝，正大光明而无邪僻之行，德业已著而乾乾进修，常怀危惧，惕励而无咎也。夫天网者，即天网四张也，

《经》曰"天网四张，万物被伤"，为阻滞，为疑难，为灾恼。日上见墓神，乃昏蒙不明之象。夫墓乃五行潜伏之地，四时衰败气绝之乡，如人处云雾之中而无所见。四十九日身昏蒙，夜里惶惶日里慵。卯寅丑，退连茹也，事主欲行不行，欲止不止，疑二牵滞，根苗不断，旧事从新。寅卯为棺椁煞，丑为墓田，大不宜占病，幸有些解，非大阴德者不能也。占者遇之此课，占求官宜，有文书之象，惜与宅神午相破不和，善处之可，否则唇吻惊疑也。婚未尽善。占求财难。占讼宜和。远行退中有进。此课凡占吉事必宜进，占忧疑惊恐宜退。占产不宜。占行人，有归期。占宅，人旺宅不备。用神值破神，凡事难于始终，此权摄不正禄临支也。

占出兵行师得此，亦不宜，当防范侵侮，夜占尤凶。

只争一着。

真一山人云：寅卯东方木喜春，斯时得此便精神。只因末后些须子，又见将来改更新。

《无惑钤》云：昏晦其身，宅值丁神。鬼居墓上，招呼病人。

《钤解》曰：禄临支宅旺刃。避辰墓难，逃午生。身被墓覆，昏晦甚也。宅值丁神，动变至也。卯乃日鬼，居于墓中，以呼病者，占病必死。三传俱鬼，仕宦最宜，常人可畏也。《集议》："支乘墓虎有伏尸"内列此日，为鬼呼。禄临支。卯乘雀临辰，主口舌文书事。避难逃生，干就支旺。日阴克日在墓上，是在暗处为龃龉，出《九天照胆经》。又卯鬼乘朱雀在日阴，主文书口舌之事在暗中。

戊午日第三课

重审　励德　斩关　寡宿　九五

脚踏空亡进用宜

```
蛇 六 贵 朱          青 六 空 勾
寅 辰 丑 卯          寅 辰 丑 卯
辰 午 卯 戌          辰 午 卯 戌


兄　 丑 贵 ◎        兄　 丑 空 ◎
财 癸 亥 阴 ⊙       财 癸 亥 常 ⊙
子 辛 酉 常          子 辛 酉 阴


朱 六 勾 青          勾 六 朱 蛇
卯 辰 巳 午          卯 辰 巳 午
蛇寅　　 未空       青寅　　 未贵
贵丑　　 申白       空丑　　 申后
子 亥 戌 酉          子 亥 戌 酉
后 阴 玄 常          白 常 玄 阴
```

《玉历钤》云：日上卯木官鬼，又乘朱雀、勾陈，皆不可用。用神又空亡，亦不可用。见贵、求名、求财、求婚皆不成，占病并公私不凶，占产未生，行人未来，盗逃不获，出入更改无成。

上神克日，日上克辰上，日上克用。

课名重审、斩关。凡占初空，难入头，向后虽有财喜，亦无始终，可解忧。

《义》曰：既空且脱，无可捉摸。虽有侵谋，亦自消烁。事多未准，要须详审。耗失频仍，动宜敬慎。

《象》曰：欲望春花结实成，可怜风力太无情。谁知好处生嫌隙，多少人心又变更。

此重审之卦，一曰励德，亦曰龙战，又曰寡宿。夫重审者，重而审之也。利为主，利后动，长有厄，事从内起，起于女人。以下犯上，贱犯贵，卑犯尊，事多不顺。阴小在下者，有悖逆之事。占臣未忠，子失孝，事不可遂意而行，必当审察，循乎义理，庶几以免后患也。且夫励德，阴小有灾，此名关隔神。常人占此，身宅不安，宜谢土神，大吏则主升迁，小吏反主迍否。况龙战，主人心疑惑，进寸退尺，动有乖离之象。卯酉为天之私门，生杀有限，分杜有期，雷动龙奔，示其有战。传见寡宿孤辰，值此尤妨骨肉。若占身主孤独，别离乡井，自立门户，财物虚耗，僧道宜之，俗不宜也。上神克日，凡事阻滞疑难。占者遇之此课，占求官见贵，美中不足，有声无实，徒劳心志。占婚姻难成，勉强成之，终难偕老。占求财费力。暴病宜作福，久病恐成凶，非有大阴德者，不能保也。占狱讼忧惊有解。此课凡占成事难成，惟利散忧解难，却为福也。

占出兵行师，防失众，防侵侮，未得成算，欲行未准，闻事有不的，宜密察之，吉不吉而凶不凶也。

真一山人云：事当行处且休行，好向林泉乐性情。凶吉到头浑解散，伫看他日显功名。

《无惑钤》云：伤身墓宅，用传空陷。末逢脱败，略无少益。

《钤解》曰：戊被卯克，午为辰墓，身受伤而宅被昏滞也。初中贵财空陷，末值脱败，三传如此，何曾有少益耶？《集议》："三传互克众人欺"内有此法，谓雀鬼加干，在朝官防遭章劾，不宜上书献策，必遭责黜。戊上卯，午上辰，日辰上神六害。"踏脚空亡进用宜"内谓此课为三旬空亡，向后全无实义，尽无所就。极阴："极阴之课丑亥酉，百事逢之悉皆丑。占讼省部方端的，病死定为不长久。"

戊午日第四课

元首　闭口　玄胎　六仪

苦去甘来乐里悲

后	朱	阴	蛇		白	勾	常	青
子	卯	亥	寅		子	卯	亥	寅
卯	午	寅	戊		卯	午	寅	戊

官	甲寅	蛇		官	甲寅	青
财	癸亥	阴		财	癸亥	常
子	庚申	白		子	庚申	后

蛇	朱	六	勾		青	勾	六	朱
寅	卯	辰	巳		寅	卯	辰	巳
贵丑			午青		空丑			午蛇
后子			未空		白子			未贵
亥	戊	酉	申		亥	戊	酉	申
阴	玄	常	白		常	玄	阴	后

《玉历铃》云：此课日鬼临干，昼占螣蛇，乃凶课也；夜占青龙，其凶稍轻。见贵求名稍吉，求财求婚皆不成，占病者有鬼不死，占官司有刑，占产即生男，行人来，逃盗获，出入更改，阻隔费力。

上神克日，用克日，末克初。

课名元首、玄胎。天绊地结。寅虽为鬼，亥合申制难凶，凡占初难后易，艰辛费力，亦不可以有成也。

《义》曰：求官为吉，利乎春寅。螣蛇生角，变化惟新。久病忌卜，暴病养神。动勿妄行，百福咸臻。

《象》曰：常占须忌递相欺，台谏文章早见知。若是庶人尤可畏，虚惊饶得是和非。

此元首之卦，一曰天网，亦曰玄胎。夫元首者，尊制卑，贵役贱之象。占事多顺，利于先举，事多起于男子。为臣忠，为子孝，正大光明而无邪僻之行，德业已著而乾乾进修，常怀危惧，惕励而无咎也。《经》曰"天网四张，万物被伤"，为阻滞，为疑难，为灾恼。玄胎如婴儿隐伏之状，利上不利下，事主远而多伏，暗昧不通，触则成祸，惟君子守正修德则亨。上神克日，只利先讼，要有气，余占不吉，病讼俱畏，常占得此，为人所欺负，运用不遂，防有人侵害。出兵安营，切防伏兵，宜申严号令御备，或用奇谋以待之，夜占尤宜关防为要，贵在用兵者之妙也。占者遇之此课，占求官大利，惟末后小滞。占婚姻，多是非。占见贵，不济事。病困重，幸有救。出行逃亡者，避寅方。不利占老人小儿及久病者。常占防官事灾祸之侵，惟有德者可以当之。占狱讼者，先忧后喜。占逃亡者自回。

占出兵行师，昼占忧心惊畏，夜占大胜，得宝货与图书，尤防侵损之扰，不可忽之！

真一山人云：久病人身不可当，占胎犹有病相妨。先难后易还为福，君子逢之道益昌。

《无惑钤》云：见处危险，求申救援。迤逦生寅，因财致谴。

《钤解》曰：寅木临干发用，重重克戊，是见处险危之地矣。遂求末传申金以为救援，赖申以祛祸也。申又上生中亥，亥生寅木，反递克干，致此灾谴。初奈申以救祸，又因申致灾，萧何之喻，不亦宜乎？《集议》：赖末申冲克干上寅木，又为戊土长生。"苦去甘来乐里悲"内有此日例，谓凡占未免先受折磨，而后安逸。萧何之喻，亦列在此内。寅鬼加戊，又作六害，其戊土却加申上受生。

戊午日第五课

重审　炎上　交害　九丑

空上乘空事莫追　　合中犯煞蜜中砒　　初遭夹克不由己

```
六 后 勾 贵          六 白 朱 空
戊 寅 酉 丑          戊 寅 酉 丑
寅 午 丑 戊          寅 午 丑 戊


兄 壬 戌 六          兄 壬 戌 六
父 戊 午 白          父 戊 午 后
官 甲 寅 后          官 甲 寅 白


贵 后 阴 玄          空 白 常 玄
丑 寅 卯 辰          丑 寅 卯 辰
蛇子      巳常       青子      巳阴
朱亥      午白       勾亥      午后
戊 酉 申 未          戊 酉 申 未
六 勾 青 空          六 朱 蛇 贵
```

《玉历钤》云：三传火局，又传入鬼乡，凡事费力无成。见贵、求名、求财、求婚皆不遂，占病不死，公私亦散，占产未生，行人未来，逃盗不获，出入更改，费力无成。

辰上克日上，辰上克用，三传生日，末克初。

课名重审、炎上、九丑。三传火局生日，又自墓传生，凡占有生意，先难后易，火性本虚，而天官又有不实者，所谋皆有虚诈，狼狗相争吉，生日不凶。

《义》曰：三合相生，万事欢忻。诸吉骈集，不宜问婚。成中忌破，好里生嗔。暗有鬼贼，不可因循。

《象》曰：恩中致怨笑中刀，成事谁知又破消。用尽时人多少力，临期难得保坚牢。

此重审之卦，一曰炎上，亦曰狡童。夫重审者，重而审之也。利为主，利后动，长有厄，事从内起，起于女人。以下犯上，贱犯贵，卑犯尊，事多不顺。阴小在下者，有悖逆之事。占臣未忠，子失孝，事不可遂意而行，必当审察，循乎义理，庶几以免后患也。夫炎上，为日，象君，事主多虚少实。戌加寅，以墓临生，谓火以明为主，虚则生明，实则生暗，是反其体也。占明事反为暗昧，亦主枉图不遂。占人性刚急，占天晴明。三合，事带众牵连，主两三处干事，又如推磨之象，亦不凶也。传见狡童，《经》云："天后常为厌翳神，须知六合是私门。二将取名称泆女，夫妻失友异情恩。"夫狡童乃不正之象，阴私邪淫，占男女有阴私暗昧之理，占家宅宜谨慎闺门，以防阴小越礼，惟能以礼自防者可化之。占者遇之此课，大体诳惑党谋，占讼是朋党扇惑，故皆纵狂而起，一熄而为灰，故无副为，所谓有头无尾。占婚姻，两姓翁姑，隔地为亲，皆不宜也。占宅，两姓、三姓同居。此课本吉，但不宜合中带煞，为蜜中砒、笑里刀，谋事必被人暗破也，然凶事亦解破。

占用兵虽吉，亦防有谋计解破也。

夏利益。

真一山人云：忧中见喜喜中忧，此中消息未相投。说与知音早廻避，恩人却变作仇尤。

《无惑钤》云：传火生身，夜占畏寅。修身谨行，美里成嗔。

《钤解》曰：三传火局生身，可谓美矣。夜占寅虎遁鬼，可畏之甚也。传虽会合全生，奈干上丑与中传午却作六害，即"合中犯煞蜜中砒"也。占者不可恃其三合之生，务必修身谨行以自待也。《集议》："合中犯煞蜜中砒"内有此法，歌云："三合犯煞少人知，惟防暗里定相欺。笑里有刀谁会得？事将成就失便宜。"凡占值此，必至恩中变冤，合中有破，虽系属我之事，亦被人在中阻隔，俗谓"笑里刀、蜜中砒"，止此是也。然虽合中犯煞，所幸丑乃空亡，徒为冤憎，下稍不成，阻隔不免，先应其事。"六爻现卦防其克"内列此日，为传父母化兄弟。"空上逢空事莫追"内列此日占。交互六害。寅遁甲鬼，夜虎临宅入传，虎乘遁鬼殃非浅也。

戊午日第六课

重审　孤辰　四绝　九丑

胎财生气妻怀孕　空空如也事休追　贵害讼直遭屈断

青 贵 空 蛇　　　　蛇 空 贵 青
申 丑 未 子　　　　申 丑 未 子
丑 午 子 戌　　　　丑 午 子 戌

财　　子 蛇 ◎　　财　　子 青 ◎
兄 己 未 空 ⊙　　兄 己 未 贵 ⊙
官 甲 寅 后　　　官 甲 寅 白

蛇 贵 后 阴　　　　青 空 白 常
子 丑 寅 卯　　　　子 丑 寅 卯
朱 亥　　　辰 玄　　勾 亥　　　辰 玄
六 戌　　　巳 常　　六 戌　　　巳 阴
酉 申 未 午　　　　酉 申 未 午
勾 青 空 白　　　　朱 蛇 贵 后

《玉历铃》云：夜将青龙最吉，见贵、求名、求财、求婚皆如意；昼占螣蛇，则前事不成，占病难安不死，官司难散。宜夜占，不宜日占。

日克上神，辰上克日上，日克用。

课名重审。空亡为用，只宜结绝旧事，不宜图新。虽虎寅为鬼，毕竟空亡，凶吉皆从空散。

《义》曰：闻忧不忧，闻喜不喜。惊恐消弥，万事莫理。守旧自然，白手寻钱。若或妄动，徒被熬煎。

《象》曰：虚名虚利竟何如？好事从来未足奇。惟有九流僧道吉，空中却反得便宜。

此重审之卦，一曰孤辰。夫重审者，重而审之也。利为主，利后动，长有厄，事从内起，起于女人。以下犯上，贱犯贵，卑犯尊，事多不顺。阴小在下者，有悖逆之事。占臣未忠，子失孝，事不可遂意而行，必当审察，循乎义理，庶几以免后患也。况孤辰有茕茕孑立之象，占人别离桑梓，凡所占谋，多虚少实，功名难遂，事业虚花。日上见财，多虚惊不宁，闻事不的，干事不准，传言难信。况四绝，只宜了旧莫图新，宜结绝旧事也。占者遇之此课，求官得此，事不实而谋难遂，时未至而理未伸，且宜缓图，以待顺时而动，自然声誉昭著也。占见贵虽合，而两无实意，或彼此有事相妨。占求财，乃空手惊疑之财，或得之而不偿费。其他占婚姻、交易、投谒、进用，凡有动谋，不过指空话空，捕风捉影，徒劳精神，而竟无可成，设使侥幸，不过一时而已，又焉足为用也？占久病得之凶，暴病得之吉。占产得之，必难育。惟利夫忧惊、患难、狱讼、被围，诸凶厄之事，却能解之，化难而生恩也。

占出兵行师得此，忧失众，吉不成吉，而凶不成凶也。

难着力。

真一山人云：空上乘空事莫追，徒然南北又东西。哲人知己终无损，动定兢兢福自归。

《无惑钤》云：四课无形，事悉难明。夜鬼俱来，木鬼犹轻。

《钤解》曰：子丑旬空，未申落空，四课无形也，事迹凭何而名？末寅夜虽乘虎，然而俯仰丘仇，力极轻也，何足畏哉？《集议》："空空如也事休追"内列此日，谓四课无形，事不出名，纵然出名，也是虚声。寅加未，夜虎，主恶神庙及事祖之事。壬寅年十月三十日占得此课，王前峰。子乃戊土妻财，正月为生气，主有孕喜，旬空后必有损。寅遁甲鬼，夜虎入传，虎乘遁鬼殃非浅也。克者回归，又受上克。四绝占病凶。两贵相协。九丑极凶。

戊午日第七课

反吟　三交

来去俱空岂动移

```
白 蛇 常 朱            后 青 阴 勾
午 子 巳 亥            午 子 巳 亥
子 午 亥 戌            子 午 亥 戌


父 戊 午 白 ⊙         父 戊 午 后 ⊙
财   子 蛇 ◎          财   子 青 ◎
父 戊 午 白 ⊙         父 戊 午 后 ⊙


朱 蛇 贵 后            勾 青 空 白
亥 子 丑 寅            亥 子 丑 寅
六戌      卯 阴       六戌      卯 常
勾 酉      辰 玄       朱 酉      辰 玄
申 未 午 巳            申 未 午 巳
青 空 白 常            蛇 贵 后 阴
```

《玉历钤》云：土日以水为财，虽课名反吟，然皆日之财也。夜将天后、青龙，见贵、求名、求财，皆先反复而后成，求婚不利，占病进退不死，公私反复，占产未生，行人未来，逃盗不获，出入更改，却主如意。

日克上神，日上克用。

课名反吟。事主反复。午为刃，子为财，既子为空，凶吉皆从空而散。

《义》曰：得而反失，成而复离。仰天长啸，徒生企思。静以待之，时至而行。为善为福，自有前程。

《象》曰：望尽天涯好事来，不知天道又安排。东风不解春花好，几度清光几度摧。

此无依之卦，一曰三交。夫无依者，即反吟也。《经》云："无依是反吟，逃者远追寻。合者应分散，安巢别改林。守官须易位，结友也分襟。所为多反复，占病数般侵。"反吟刑冲，事主迟滞，远近系心，更相仇怨，且反复而呻吟，是无予夺而难息也。传见三交者，前不能进，后不能退，交加其象。

此三交也,《经》云:"三交家匿阴私客,不迩自将逃避迍。"凡事失节阻碍,谋事被人阻破,不能成合,幸传中有解也。占者遇之此课,占求官见贵,如望空斫斧。占交易问婚,似捕风捉影。以至求财、远行、谋望、托人、投谒、干用,凡所占谋,百无一成,设有一成,亦未坚久。由其课体三传无位而空空如也,课既无位,则神将何所依归?假使谋干,全无着力,徒劳碌碌而已。占久病,得此最凶。闻事不的。诸凶忧惊狱讼,解散为福。

占出兵行师得此,忧失众,亦不成凶吉也。

何所凭据?

真一山人云:事势如斯可奈何?得而复失枉奔波。争如静坐山窗下,诗酒琴书乐趣多。

《无惑钤》云:来往皆空,凡事无踪。喜事不喜,凶为不凶。

《钤解》曰:子旬空,午落空,凡事皆无踪迹也,吉凶皆无凭矣。《集议》:"来去皆空岂动移"内列此日,为长生无气。亥乃财神闭口。秋火鬼是子,昼乘蛇克宅,防火灾。夜贵加昼,宜暗求关节。

戊午日第八课

涉害　长幼　斩关

虎乘遁鬼殃非浅

```
玄 朱 阴 六          玄 勾 常 六
辰 亥 卯 戌          辰 亥 卯 戌
亥 午 戌 戌          亥 午 戌 戌


兄 丙辰 玄          兄 丙辰 玄
子 辛酉 勾          子 辛酉 朱
官 甲寅 后          官 甲寅 白


六 朱 蛇 贵          六 勾 青 空
戌 亥 子 丑          戌 亥 子 丑
勾 酉     寅 后      朱 酉     寅 白
青 申     卯 阴      蛇 申     卯 常
未 午 巳 辰          未 午 巳 辰
空 白 常 玄          贵 后 阴 玄
```

《玉历钤》云：三传自刑，又是隔将，兼与日辰上下无情，见贵、求名、求财、求婚皆难而无成，占病不死难安，官司难散，占产未生，行人未来，盗逃难获，出入无成。

日上克辰上，末克初。

课名知一、斩关。日墓为用，末见寅为鬼，支辰上见亥，克支辰，助寅鬼，不可言吉。

《义》曰：课体不凶，亦未全吉。惟在占人，阴德福及。玄武墓日，鬼贼须防。幸逢戌冲，又见昭彰。

《象》曰：大事勿成宜小就，吉凶悔吝在乎人。阴阳微妙难推测，惟有昭昭天道真。

此知一之卦，一曰长幼。夫知一者，知一而不能知两，知者以为自知、自见，不知为寇仇，故言知一也。以此为用，舍远就近，舍疏就亲，恩中生害，事多起于同类，凡事狐疑，事贵和同乃吉。《经》云："知一卦何如？用神今日比。事因同类起，婚姻失谐为。失物亲邻取，逃亡不远离。论讼和允好，为事尚狐疑。"夫斩关非安居之象，占者多不自由，事多暗昧不和，口舌离散，欲隐身避难者，却利乎奔逃也。又为长幼卦，以三上克下，老者必低蓙也。占者遇之此课，乃闭口，莫测其机，以其不欲向人言者。占病必哑，或禁口之疾，而病不能言。占产生哑人。占失脱或寻访，人见之亦不言。占求事，亦闭口而不言其允否。玄武作浴盆，病凶。人宅昏蒙。所干不称。惟宜循理守正以待，则庶几亨利，事宜容忍吉。

占出兵行师，昼夜皆不宜，勿勉强而误事，以招悔吝也。其他诸占不宜，勿忽云耳。

动必以礼。

真一山人云：课凶人吉自无疑，人也凶时祸便随。此个机关人不会，失却便宜得便宜。

《无惑钤》云：传墓脱鬼，可谓不美。端坐家中，饮食倍费。

《钤解》曰：辰墓、酉脱、寅鬼，三传全值，甚不美矣。既不可投，坐守宅上亥水之财，坐以听其耗费者也。《集议》：天罡乘玄加亥，走失必败归本家玄武亥上，本家亥又被天罡罩却。闭口财临支。寅遁甲鬼，夜虎入传殊非浅也。

戊午日第九课

元首 炎上 六仪 斩关 励德
合中犯煞蜜中砒 虎乘遁鬼殃非浅

```
后 六 贵 勾          白 六 空 朱
寅 戌 丑 酉          寅 戌 丑 酉
戌 午 酉 戌          戌 午 酉 戌


官 甲 寅 后          官 甲 寅 白
父 戊 午 白          父 戊 午 后
兄 壬 戌 六          兄 壬 戌 六


勾 六 朱 蛇          朱 六 勾 青
酉 戌 亥 子          酉 戌 亥 子
青 申      丑 贵     蛇 申      丑 空
空 未      寅 后     贵 未      寅 白
午 巳 辰 卯          午 巳 辰 卯
白 常 玄 阴          后 阴 玄 常
```

《玉历钤》云：三传归墓，又兼土日得火局，凡百用事，难而无成，见贵、求名、求财、求婚难，占病必死，公私难散，占产未生，逃盗不获，出入更改无成。

上神盗日，辰上生日上，用克日，初克末。

课名元首、炎上、斩关。三传生日，可以托人干事，自有得，凡事可成，但不十全。

《义》曰：失中有得，散中望成。婚姻勿用，用则不贞。占宅不宜，事主迟疑。若欲速成，反见披离。

《象》曰：合中有破未坚牢，空有英雄志气豪。若是两家心不契，鸡群争得凤凰毛。

此重审之卦，一曰炎上，亦曰泆女。夫重审者，重而审之也。利为主，利后动，长有厄，事从内起，起于女人。以下犯上，贱犯贵，卑犯尊，事多不顺。阴小在下者，有悖逆之事。占臣未忠，子失孝，事不可遂意而行，必当审察，循乎义理，庶几以免后患也。且炎上，为日，象君，事主多虚少实。寅加戌，以生临墓，谓火以明为主，虚则生明，实则生暗，是反其体也。占明事反为暗昧，亦主枉图不遂。占人性刚急，卜天晴明。炎上，事干窑冶。三合，事带众，牵绾迟滞，必两处计议干事。夫泆女乃不正之象，阴私邪淫，占男女有阴私暗昧之理，占家宅宜谨慎闺门，以防阴小越礼，惟能以礼自防者可化之。日生上神，虚费百出，谋望不遂，盗失损财，人口衰残，休囚尤重，又为子孙脱漏之事。虽见此不足，又喜三合生助，如人遇困中，复得两处相助，以长精神，此乃困中得助之象。占者遇之此课，先难后易，先失后得，先损后益。占求官迟。占见贵未顺，否则有人损破。干支上见六害，凡占必有侵争，彼此猜忌，所喜化火生助，不成中而有可成之象，未免事有迟疑，应期过月。大不宜占婚，占宅亦不宜。占散事虽不凶，但迟月日。

占出兵行师，昼占吉，夜占凶。一云：此课有头无尾也。

真一山人云：去了嫌疑好事兴，自家有宝远求人。楼心坐待春光至，必见高人助尔身。

《无惑钤》云：夜虎临寅，可见灾迍。酉不能制，转见伤身。

《钤解》曰：寅鬼发用，夜占乘虎，其灾迍可立而见也。干上酉金，不能为救，以三传火局克酉故也。若是昼占，自支上传为火局生干，当以人盛宅衰论也。《集议》：寅遁甲鬼，夜虎发用，殃非浅也。

戊午日第十课

重审　闭口　三交

```
蛇 勾 朱 青          青 朱 勾 蛇
子 酉 亥 申          子 酉 亥 申
酉 午 申 戌          酉 午 申 戌


子 辛 酉 勾          子 辛 酉 朱
财   子 蛇 ◎        财   子 青 ◎
官 乙 卯 阴 ⊙       官 乙 卯 常 ⊙


青 勾 六 朱          蛇 朱 六 勾
申 酉 戌 亥          申 酉 戌 亥
空未    子蛇         贵未    子青
白午    丑贵         后午    丑空
巳 辰 卯 寅          巳 辰 卯 寅
常 玄 阴 后          阴 玄 常 白
```

《玉历钤》云：凡三传自四课而生，用神须与日辰上下相合，方是吉课，若全无气，还非吉也。此课用神与日辰全不相干涉，若占见贵、求名、求财、求婚皆不成，占病不死，公私难解，占产难生，行人未来，盗逃不获，出入更改无成。

上神盗日，初克末。

课名重审、三交。三传与日辰全无情，所幸中末空亡，虽无吉，亦无凶也。

《义》曰：既脱又空，何以施工？欲知相侣，捕影捉风。事多不顺，勿劳费心。君子知微，可以待时。

《象》曰：年来事事未如心，才得如心失好音。看到这般难着力，不如回首乐山林。

此重审之卦，一曰三交。夫重审者，重而审之也。利为主，利后动，长有厄，事从内起，起于女人。以下犯上，贱犯贵，卑犯尊，事多不顺。阴小在下者，有悖逆之事。占臣未忠，子失孝，事不可遂意而行，必当审察，循乎义理，庶几以免后患也。夫三交者，《经》云："三交家匿阴私客，不迩自将逃避迤。"凡事失节阻碍，谋事被人阻破，不能成合。日生上神，虚耗百出，谋望不遂，盗失损财，人口衰残，休囚尤重，又为子孙脱漏之事。虚喜虚惊，不足论也。占者遇之此课，占求官不利，目下无力，须当顺理以待其时可也。占见贵虽和，终难济美。占婚姻不宜。占求财难得，纵使空手得之，亦随失之，所谓得不偿失也。占久病者凶，恐脱气而有伤身之理，新病反为福。远行、投谒、干用、谋望，皆欲成不成，欲就虽有巧计奇谋，卒难济事。惟利狱讼、忧惊之事，却能转祸为福，化难生恩也。

占出兵行师得此不宜，用之有损无益，昼占凶，夜占口舌，吉不成吉，而凶不成凶之象也。

未如意。

真一山人云：散尽忧疑消尽凶，人间万般尽空空。甫能得了些儿个，不遂西风又遂东。

《无惑钤》云：贵坐魁罡，中末空亡。独有初酉，脱败非常。

《钤解》曰：昼贵坐魁，夜贵坐罡，不可干也。中子旬空，末卯落空，不行传也。独存初传酉金，又戊土败脱之乡，干上申金又脱，课传俱无益矣，其费耗何可当哉？《集议》：不行传者考初时，初乃脱败。

戊午日第十一课

重审　涉三渊　不结果　交车合
罡塞鬼户任谋为

```
玄 白 常 空          玄 后 阴 贵
戌 申 酉 未          戌 申 酉 未
申 午 未 戌          申 午 未 戌


子 庚 申 白          子 庚 申 后
兄 壬 戌 玄          兄 壬 戌 玄
财 　 子 后◎        财 　 子 白◎


空 白 常 玄          贵 后 阴 玄
未 申 酉 戌          未 申 酉 戌
青午     亥阴       蛇午     亥常
勾巳     子后       朱巳     子白
辰 卯 寅 丑          辰 卯 寅 丑
六 朱 蛇 贵          六 勾 青 空
```

《玉历钤》云：日刑为用，传入空亡，凡事有头无尾，见贵、求名、求财、求婚皆不成，占病不死难安，公私亦不凶，占产未生，行人未来，逃盗不获，出入更改不利。

日上生辰上，日生用，日上生用。

课名重审。末空，凡占有始无终，告贵虽不允，而亦无凶也。

《义》曰：疑二不决，未免多惑。成之无益，大求小获。婚不可成，事要见明。末后一着，方见前程。

《象》曰：泆女分明理未真，闺中须得谨闲人。虽然只是虚言论，争似无言不惹嗔。

此重审之卦，一曰泆女。夫重审者，重而审之也。利为主，利后动，长有厄，事从内起，起于女人。以下犯上，贱犯贵，卑犯尊，事多不顺。阴小在下者，有悖逆之事。占臣未忠，子失孝，事不可遂意而行，必当审察，循乎义理，庶几以免后患也。夫泆女乃不正之象，阴私邪淫，占男女有阴私暗昧之理，占家宅宜谨慎闺门，以防阴小越礼，惟能以礼自防者可化之。日上见鬼墓，夫鬼墓加干鬼暗兴，若明见其鬼，尤可制之。墓中之鬼，危疑者甚。凡占人防有暗中侵害，昏暗不明。出兵行师，防袭击侵扰，必须申严号令，以备暗中之贼，尤当密察人情真伪，勿中彼之计也。占者遇之此课，乃进间传也，进中有隔，隔而后退，退而复进。涉三渊，难疑阻隔之象。占求官见贵，未足称心。占婚求财，美中不足。占交易、投谒、远行，亦有阻滞，欲行不行，欲动不动。占病者，胸膈不利，先逆后顺。其他所占，皆有始无终。占狱讼、忧惊之事，却能解散，化难而生恩也。

占出兵行师不宜，昼占无威，余已见前，亦吉不吉而凶不凶也，由其末传之无力也。

牢牢把捉。

真一山人云：苗而不秀事难全，此个机关不偶然。看到这般难着力，散忧解难效如仙。

《无惑钤》云：来往交媾，长生可就。惟忌取财，苗而不秀。

《钤解》曰：巳与申合，午与未合，干支上下往来交媾矣。且发用申金，则可就以资其长生也。虽乘白虎，临支烧身，不能为祸。末财空亡，切不可取，如苗而不秀，何益哉？反有所费。《集议》：申加午用，主炉火，若天后临支，主不成，谓水破火也。涉三渊，欲动，干支互脱，即"天网恢恢"、"束手得来"之喻。"罡塞鬼户"内列此日。

戊午日第十二课

别责　不备　六仪

```
白 空 空 青          后 贵 贵 蛇
申 未 未 午          申 未 未 午
未 午 午 戊          未 午 午 戊

官 甲 寅 蛇 ⊙        官 甲 寅 青 ⊙
父 戊 午 青          父 戊 午 蛇
父 戊 午 青          父 戊 午 蛇

青 空 白 常          蛇 贵 后 阴
午 未 申 酉          午 未 申 酉
勾 巳      戊 玄      朱 巳      戊 玄
六 辰      亥 阴      六 辰      亥 常
  卯 寅 丑 子          卯 寅 丑 子
  朱 蛇 贵 后          勾 青 空 白
```

《玉历钤》云：此课别责，寅乃戊日之鬼，夜占青龙，宜占官求名，俗庶占之，主有公私之扰，其余求财求婚俱不遂，占病有鬼，官词难散，占产即生男，行人来，逃盗获，出入更改不可用。

上神生日，日上生辰上，用克日。

课名别责、三奇、六仪。春占旦贵可以言吉，余不吉，若能改图，向后事十全，初传空亡，鬼不足畏。

《义》曰：彩云易散，琉璃易脱。正好相生，何如空遇。子丑逢冬，福自丰隆。龙蛇成类，惊喜重重。

《象》曰：小事图成尚有疑，倘谋大事失便宜。眼前得意浑无喜，只恐临时又变之。

此芜淫之卦，一曰天网。夫芜淫者，乃阴阳不备之谓。《经》曰："芜淫芜淫，奸生于中。"又曰："阴阳不备是芜淫，夫妇奸邪有异心。二女争男阳不备，两男争女有单阴。上之克下缘夫恶，反此诚为妇不仁。"夫天网者，即"天网四张，万物被伤"，为阻滞，为疑难，为灾恼。上神生日，所谋百事吉，运用如意，遇灾不凶，逢吉愈吉。凡占有人上门助我之意，不等我之求人也。言凡事不待己之力，而尚有相助之者，又况用力乎？然而别责之课，有舍此而别求之象，亦美中终见未足。又云：支就干宫，寄一身而匹偶，乃自在格也，内外有和顺之象。占者遇之此课，阳不备，事未周。占求官、见贵、交易、婚姻、求财、谋望、投谒、远行，凡占未得如意，以其发用地盘空亡而无力也。占新病得之吉，久病亦未吉也。占狱禁、忧惊之事，由利乎初传之空也。

占出兵行师得此，昼占忧心众畏，先难后易，夜占先喜后忧，幸有解也。宜见机。

真一山人云：课体无凶福自然，纵教舍此不为愆。渐看好事频频见，富贵荣华总在天。

《无惑钤》云：彼来生己，守之如意。倘若动谋，鬼刃俱值。

《钤解》曰：支来生干，上门相惠也。守其生旺，则如意矣。倘若狂谋妄动，则逢初传寅鬼、中传刃网，为祸不浅也。《集议》："上下皆合两心齐"内有此法，干上午与支上未作六合，又是支加干，兼支干相邻近也，凡占主有变换彼我、共谋求合之事也。二、六、十月占，午乃火鬼煞。青龙乘寅作日鬼生干上，《引证申集》为江司户占家宅。[①]两贵不协，变成妒忌，丑加子，未加午。

---

① 《壬占汇选》作：建炎戊申年十月初七，戊午日卯将寅时，汪司户辛未生，十二月二十一日午时，三十八岁占官职。邵彦和曰："司户今无正位，必主上司责罚而别有迁改。寅乃今日之鬼，鬼生午火，午乃今日羊刃煞，且是天鬼，在于中末传，与支上未合，亦忧宅眷人口有死者。"后果病死三人，又为米仓事发，遂罢去也。盖寅乃日鬼，生三个午，十月建亥，合寅来生。宅犯丁神，以未中有丁，非旬丁也，丁主动，天空主空，是宅因有事动而空虚矣。汪司户，饶州人，为衢州司户，起得此课，后果宅中患时气，遂死三人。十月间因提举检踏常平仓，事露，遂致贬斥。

己未日

己未日第一课

伏吟　折腰　稼穑　八专　帷薄　六阴
不行传者考初传

白　白　白　白　　　　蛇　蛇　蛇　蛇
未　未　未　未　　　　未　未　未　未
未　未　未　己　　　　未　未　未　己

兄　己　未　白　　　　兄　己　未　蛇
兄　　　丑　蛇　◎⊙　兄　　　丑　白　◎⊙
兄　壬　戌　阴　　　　兄　壬　戌　阴

青　空　白　常　　　　六　朱　蛇　贵
巳　午　未　申　　　　巳　午　未　申
勾辰　　　　酉玄　　　勾辰　　　　酉后
六卯　　　　戌阴　　　青卯　　　　戌阴
寅　丑　子　亥　　　　寅　丑　子　亥
朱　蛇　贵　后　　　　空　白　常　玄

　　《玉历钤》云：伏吟见螣蛇，无有不凶者也。见贵、求名、求财、求婚，一切皆不可用，占病不死难安，公私亦散，占产未生，行人未来，逃盗不获，出入更改不利。

　　课名伏吟、自信、稼穑。三传刑战，安得宁静？伏吟之凶，莫甚于此。所喜中传上下空亡，虽凶亦不甚凶也。

　　《义》曰：支干同类，课此未济。常占平安，谋事则废。事到中途，凶吉

1317

俱无。欲遂未遂，吾已矣夫。

《象》曰：中间无力难负荷，哲人知机高枕卧。笑对南山看白云，白酒黄花香满座。

此自信之卦，一曰稼穑。夫自信者，天地伏吟，十二神各归本家，天地如一，四伏未发之象。占事静则宜，动则滞，主事藏匿不动，静中求劳，有屈而不伸之象。况稼穑乃重土，有艰难之象，常占得此，名曰鲸鲵归涧，凡事逼迫不由己，出若遇雷神，方能变化。《要》曰：稼穑者，五坟也，不宜占病。《经》云："任信伏吟神，行人立至门。失物家内盗，逃者隐乡邻。病合难言语，占胎聋哑人。访人藏不出，行者却回轮。"夫支加干，乃培益于干，得同数相培，自然壮本基也，故曰壮基格。阴阳不备，日辰同位，事主驳杂，同类必有夺。又三传支干皆土，不宜占财，不宜占父母病。凡占得此，培本之象，自在用事，宜向外前，运用遇凶，亦可以成就，则栽培吉也。应事迟缓，须待出旬。稼穑从土，辟地开田而用也。占者遇之此课，号曰折腰空亡，凡占举用百事，始如锦上添花，终似秋风落叶，所喻不异独足，言独足则不能行矣。吉事得之不足喜，凶事得之不足忧，吉凶两事，俱难成用。

占用兵，昼则有败绩之象，夜则惊忧不宁，得空解之，但功业有所未能，亦吉凶不成之义。

真一山人云：婚姻男女不相当，富贵荣华渐渐昌。万事尽从忙里错，此心须向静中藏。

《无惑钤》云：支干相逢，中末俱空。无异独足，昼虎三重。

《钤解》曰：真朱雀，夜占，辰戌丑未年吉，申酉年凶。支干同宫，而支又加干，相逢一处也。中间旬空，末戌来刑。且己未日，酉加己，乃名独足，众皆知也。殊不知此日伏吟，亦可以独足名，虽未丑戌为三传，丑既旬空，岂能刑末传之戌乎？中末既无，惟支与干并初传皆在未上，与独足何异耶？课传三虎，非独谋不能有成，病讼必不能免。独足占病必死。此课凶尤甚矣。《集议》："不行传者考初时"内有此日例，同钤。未虎临干支发用，占病腰痛。"宾主不投刑在上"谓此三刑入传，若日上神生旺不空，更乘吉将，凡恃强凌弱，名能刑于他人。损不足而奉有余，详丁未日。

己未日第二课

八专　帷薄　三交　励德蹉跎（四课贵前为蹉跎，凡事跌足不安）

```
青 空 青 空        六 朱 六 朱
巳 午 巳 午        巳 午 巳 午
午 未 午 己        午 未 午 己


官 乙卯 六        官 乙卯 青
父 戊午 空        父 戊午 朱
父 戊午 空        父 戊午 朱


勾 青 空 白        勾 六 朱 蛇
辰 巳 午 未        辰 巳 午 未
六卯      申常     青卯      申贵
朱寅      酉玄     空寅      酉后
丑 子 亥 戌        丑 子 亥 戌
蛇 贵 后 阴        白 常 玄 阴
```

《玉历钤》云：卯午相破为用，凡事最难，见贵、求名、求财、求婚皆无成，占病不死，公私不凶，占产生女，行人即来，盗逃不获，出入更改不利。

上神生日，用克日。

课名八专、帷薄。干上支上，午未相合，初卯为鬼，中末双禄加日辰上，此先难后易之课也。

《义》曰：课体平平，未足为奇。喜来生耶，吉福相宜。四课不备，难全人事。得失相须，惟德为最。

《象》曰：君子逢之最吉昌，小人得此不相当。人间祸福还由己，天道昭昭影响彰。

此帷薄不修之卦，一曰天网，亦曰三交。夫帷薄不修者，乃八专也。《经》曰：干支共位，阴阳两课。五日四辰，表里皆拱于八极。故曰：八专尊卑共室，人宅不分。又曰：帷薄不修，内不隔而外不遍，事多重叠，忧喜两来，干涉妇人，久而反蔽。占身宅婚姻，不宜得此，恐男女有越礼之事，宜严谨闺门，慎乎动静，能以礼自防者，庶几免失。故曰："以道制欲，则能顺命。"夫天网者，即天网四张也，《经》曰"天网四张，万物被伤"，为阻滞，为疑难，为灾恼。且三交者，前不能进，后不能退，交加其象，家匿阴私，或欲自逃隐避。凡事失节阻碍，谋事被人阻破，不能成合也。所喜先难后易，难里生恩。一云：上神生日，所谋百事吉，运用如意，遇灾不凶，逢吉愈吉。若当季神来生，主声名显达，岁命生日，尤为吉昌。占者遇之此课，诸占有吉无凶，惟不利占婚姻，占婚必暗昧不明，不执妇道，将来恐有丑声，亦不利占夫妇、家宅，余占皆平吉。

占出兵行师，昼夜所占皆不利，余在将者之权谋也。

美中不足。

真一山人云：男女婚姻是本根，本根能立正家门。不修帷薄无根本，享福偏宜食禄均。

《无惑钤》云：从军食禄，方才享福。惟忌昼空，占病必哭。

《钤解》曰：真朱雀生日干。禄临支宅脱合。未乃日刃临申，申者身也，为从军。旺禄并临干支，是食禄方才享其福矣。昼若占病，禄乃乘空，必绝食而死矣。《集议》：旺禄临身徒妄作。干支全逢自刑。禄临支被脱，必因起盖宅屋，而以禄偿债，难以权摄论。夜占真朱雀。凡八专皆有失礼、内外不分之象。干支上自刑，宾主不投。

己未日第三课

八专　帷薄　六阴　寡宿

```
六 青 六 青        青 六 青 六
卯 巳 卯 巳        卯 巳 卯 巳
巳 未 巳 己        巳 未 巳 己


兄   丑 蛇 ◎       兄   丑 白 ◎
父 丁 巳 青        父 丁 巳 六
父 丁 巳 青        父 丁 巳 六


六 勾 青 空        青 勾 六 朱
卯 辰 巳 午        卯 辰 巳 午
朱寅     未白      空寅     未蛇
蛇丑     申常      白丑     申贵
   子 亥 戌 酉        子 亥 戌 酉
   贵 后 阴 玄        常 玄 阴 后
```

《玉历钤》云：八专课，螣蛇为用，无有不凶，幸而空亡，此凶减半耳。大抵八专课，多暗昧虚诈之事，凡用皆然，占病并公私亦无凶，却为空亡也。占产未生，行人未来，盗逃不获，出入更改并无成。

上神生日。

课名八专、帷薄。凡所图谋，必有虚诈，宜退不宜进。蛇虎为用，幸而丑为空亡，毕竟凶吉无成。龙合加日辰，作中末，事主向后十全。

《义》曰：虚惊虚喜，虚名而已。不备芜淫，慎乎失礼。课曰孤辰，男女茕茕。惟利僧道，骨肉无恩。

《象》曰：谋望功名事有声，到头犹恐变将生。千般好事千般怪，理势如斯少见成。

此帷薄不修之卦，一曰寡宿，亦曰龙战。夫帷薄不修者，即八专也。《经》云：八专支干共位，阴阳两课。五日四辰，表里皆拱于八极。故曰：八专尊卑共室，人宅不分。又曰：帷薄不修，内不隔而外不遏，事多重叠，忧喜两来，干涉妇人，久而反蔽。占身宅婚姻得此，恐男女有越礼之事，宜严谨闺门，慎乎动静，能以礼自防者，庶几免失。故曰："以道制欲，则能顺命。"传见寡宿，《赋》云："寡宿孤辰，值此尤妨骨肉。"若占身得此，主见孤独，别离乡井，自立门户，财物虚耗，僧道宜之，俗不宜也。况龙战，主人心疑惑，进寸退尺，动有乖离之象。卯酉为天之私门，生杀有限，分杜有期，雷动龙奔，示其有战。占者遇之此课，事多起于虚声，闻事不的，谋望百事，欲成未成之象，更变改图。所幸上神生日，所谋百事吉，运用如意，遇灾不凶，逢吉愈吉。先不足，然后美利。占新病得此宜作福，久病得此必凶危，驿马一名驮尸煞，当修德以禳之。占讼狱忧难有解。

占出兵行师得此，昼夜占皆不宜，尤防事起不的，有失众之象也。

夜占宜慎。

真一山人云：凶吉本来无着相，是非几个得先知？如今静默勿过想，这等存心便是奇。

《无惑钤》云：破碎作空，费耗贫穷。丁马遍布，一世飘蓬。

《钤解》曰：真朱雀生岁干己。丑乃旬空，为破碎煞发用，耗费无算，必至贫穷而后已也。巳为丁马，遍布课传，动变非细，踪迹不定，一世飘蓬而已。《集议》无。（闻动占得此课。支阴克日，若言真也，阴克则又不可信；日阴克支，言不真也。明明亦阴克支，诚哉不真，两下皆怀变诈，祸将不测，乘马且重，速而又速，是我打人，反被人打之意。乘丁在目前，蛇虎作初，又是破碎，虽空亦难免，马带劫。闻动，九月初五日寅时有声。按：此乃读者杂占，寅时闻声，却非寅时所占，或辰将午时课。）

己未日第四课

八专　帷薄　闭口　泆女　斩关　三奇　励德

（四课贵前为蹉跎，凡事跌足不安）

干支乘墓各昏迷

```
蛇 勾 蛇 勾          青 常 青 常
丑 辰 丑 辰          丑 辰 丑 辰
辰 未 辰 己          辰 未 辰 己


财 癸 亥 后          财 癸 亥 六
兄 丙 辰 勾          兄 丙 辰 常
兄 丙 辰 勾          兄 丙 辰 常


朱 六 勾 青          空 白 常 玄
寅 卯 辰 巳          寅 卯 辰 巳
蛇丑      午空      青丑      午阴
贵子      未白      勾子      未后
亥 戌 酉 申          亥 戌 酉 申
后 阴 玄 常          六 朱 蛇 贵
```

《玉历钤》云：虽名八专，其实斩关，昼夜天将皆不凶，小事可用，如求财之类如意，但见贵、求名、求婚之事，不宜用尔。占病不死，公私亦散，占产未生，行人未至，盗逃不获，出入更改如意。

课名八专、帷薄。墓覆干支，凡事不备，昏暗郁塞，难以自明，谋图切不可轻动，久久可用。

《义》曰：帷薄不修，勿恃风流。动必以礼，何以他求？事惟小就，不宜大谋。关防出入，可以远忧。

《象》曰：阴阳不备未相当，事欲谋成岂可量？君子识时终见用，小人勉强不无妨。

此帷薄不修之卦，一曰斩关。夫帷薄不修者，乃八专也。《经》云：八专支干共位，阴阳两课。五日四辰，表里皆拱于八极。故曰：八专尊卑共室，人宅不分。又曰：帷薄不修，内不隔而外不遏，事多重叠，忧喜两来，干涉妇人，久而反蔽。占身宅、婚姻得此，恐男女有越礼之事，宜严谨闺门，慎乎动静，惟能以礼自防者，庶几免失。故曰："以道制欲，则能顺命。"一曰斩关，非安居之象，有奔亡之意。传中无金，关有难斩者，虑夫责扰，当谦退修德以化之可也。支干皆乘墓神，夫墓者，五行潜伏之地，四时衰败气绝之乡，逢墓即止，传墓不顺，如人处云雾之中，昏蒙而无所见。占病气逆食不通，夜里惶惶日里憿。宅舍亦不光明，彼此皆昏暗也。此名闭口卦，凡占不欲与人说，或事有不可告人者，占病不语，或咽喉闭口之类，寻访于人，人亦不肯言。凡百所占，皆不快利，不堪用事。占婚姻不宜，惟守正顺理则吉，凶则恐有不足之忧。谨之！谨之！所幸奇神为解。

占出兵行师不宜，勿妄动也。慎之！

守正利亨。

真一山人云：男女人伦不可偏，道通天地古今传。知机可享平生福，妄作招凶岂偶然？

《无惑钤》云：财神闭口，不得入手。四墓乘勾，昏迷难受。

《钤解》曰：亥，己土之财也，加旬首发用，闭口之财，况坐于寅木鬼方，不惟难于闭口，亦且不得入手矣。四重辰墓，俱乘勾常之土，其昏昧迟滞，何可当耶？《集议》："宾主不投刑在上"内列此日，乃干支全逢自刑。干支乘墓各昏迷。

己未日第五课

八专　芜淫　曲直　元首　狡童　六阴
众鬼虽彰全不畏

后 六	后 六		六 白	六 白
亥 卯	亥 卯		亥 卯	亥 卯
卯 未	卯 己		卯 未	卯 己

官 乙卯	六		官 乙卯	白
财 癸亥	后		财 癸亥	六
兄 己未	白		兄 己未	后

蛇 朱 六 勾		青 空 白 常
丑 寅 卯 辰		丑 寅 卯 辰
贵子　　　巳青		勾子　　　巳玄
后亥　　　午空		六亥　　　午阴
戌 酉 申 未		戌 酉 申 未
阴 玄 常 白		朱 蛇 贵 后

《玉历钤》云：卯为日鬼，兼木局又克日，凡占不宜得此，用事阻隔难成，见贵、求名、求财、求婚皆不成，占病死，公私难散，占产即生，行人来，逃盗获，出入更改有阻。

上神克日，用克日，三传克日，初克末。

课名元首。凡百所占皆不吉，且防阴小淫乱，暮虑疾病死丧。然土日以木为官，若图勾留，不可求偏官，冬春占为佳。小人占，必有刑责。

《义》曰：木局类官，仕宦宜占。病讼深畏，常人忧烦。支干不备，婚姻尤忌。事欲望成，何多阻滞。

《象》曰：来情灾恼欲前知，细玩斯文向理推。识得就中别滋味，修身慎行莫强为。

此知一之卦（此非知一之卦），一曰曲直，亦曰天网，又曰狡童。夫知一者，知一而不能知两，知者以为自知、自见，不知为寇仇，故言知一也。以此为用，舍远就近，舍疏就亲，恩中生害，事多起于同类，凡事狐疑，事贵和同乃吉。传见曲直者，先曲而后直，象木之谓，当作成器。此乃五行正气入十干杂糅之乡，异方三合乃生旺墓之神，事主丛杂不一，主关众人共谋，不然两三处干事，委曲托人与人相合之类。又如推磨之象。夫天网者，即"天网四张，万物被伤"，为阻滞，为疑难，为灾恼。泆女乃不正之象，阴私邪淫，占男女有阴私暗昧之理，占家宅宜谨慎闺门，以防阴小越礼，惟能以礼自防者可化之。上神克日，凡事不利，只利先讼，要有气，余不吉，病有鬼，常占为人所欺负，防人侵害，里勾外连而相为攻击也。用兵同此意，慎宜防范。又况男女淫杂，男诱女，占婚大忌，不然暗有私情，不可不察也。此课占求官吉，但不能胜任。占干谋，迟滞多阻。占病讼凶。不宜占解散事，亦不利占产，其他事有千辛万苦之难。

占出兵行师，昼虽吉，亦不利。慎之！慎之！

鬼多事阻。

真一山人云：内外交攻志不伸，待时畅志养精神。人来谋事当知止，莫把仇尤认作亲。

《无惑钤》云：虎乙夜占，木局为传。常人仕宦，总受迍邅。

《钤解》曰：廻还格。卯夜乘虎，临干发用，且合为木局克干。常人值此，病讼事扰；官被虎伤，仕宦逢之，必受迍邅矣。此虎鬼不可以催官使者概论。《集议》："人宅皆死各衰羸"内列此日，谓止宜休息万事，不宜谋动，占讼先直后曲。曲直作鬼，主枷杻，此法见"害贵讼直遭屈断"内。"首尾相见始终宜"内列此日，为廻还格。支鬼夜虎，卯又遁乙发用，殊非浅也。"彼此全伤"说见下课。自下传上，未加亥。占讼枷杻。先直后曲，卯加未。

己未日第六课

知一　八专　芜淫　无禄　四绝　狡童

六	阴	六	阴
酉	寅	酉	寅
寅	未	寅	巳

蛇	空	蛇	空
酉	寅	酉	寅
寅	未	寅	巳

子	辛	酉	六
兄	丙	辰	常
财	癸	亥	蛇

子	辛	酉	蛇
兄	丙	辰	常
财	癸	亥	六

```
贵 后 阴 玄              勾 青 空 白
子 丑 寅 卯              子 丑 寅 卯
蛇亥      辰常          六亥      辰常
朱戌      巳白          朱戌      巳玄
酉 申 未 午              酉 申 未 午
六 勾 青 空              蛇 贵 后 阴
```

《玉历钤》云：三传虽是自刑，然日上功曹为鬼，喜从魁制之，见贵、求名、求财、求婚皆有成，占病得此，无禄必死，公讼事绝，占产未生，行人未来，盗逃不获，出入更改如意。

上神克日，用克日上。

课名知一、无禄、四绝。宜结绝旧事，犹恐不用，虚诈侵凌，隐忍而退，方可免凶，稍迟终于不免后患。三传皆自刑，然辰酉合、寅亥合，可以近公进望，但与日辰不相关，为不切耳。

《义》曰：酉金绝寅，是何无力。旧事宜结，新奇止息。勉强而行，未见有益。病不宜逢，阴德须积。

《象》曰：无禄占官大不宜，病家逢此倍嗟咨。夫妇父子疏恩义，修德行仁预可期。

此知一之卦，一曰无禄。夫知一者，知一而不能知两，知者以为自知、自见，不知为寇仇，故言知一也。以此为用，舍远就近，舍疏就亲，恩中生害，事多起于同类，凡事狐疑，事贵和同乃吉。传见无禄，上下之分，贵于忠恕，今四上克下，是上不容其下，为不恕矣。得此卦者，主奴仆失散，子孙他之，孤子空室，上不能保其禄位，下不能保其妻子，不友不交，不弟不义之耻，惟君子能持守中正，谨守义理，修德行仁，而自改变其美也。夫四绝，惟宜结绝旧事，不宜干用新奇之事。占者遇之此课，隔七隔八，六合不合，公私销铄，人宅未宁，彼此不安，求官待时而动，少加妄为，难保始终。占见贵，未能济事。占婚姻，阴阳不备，乃为不宜。占求财，迟得吉。占病者瘥迟，凶中隐吉。占失物急寻。远行不利，忌西北方。占狱讼解。其他所占，凶不致于全凶，吉不致于全吉，乃中平之象。又贵占者能修德畅利，不轻率妄举，庶能得全其所有，自然亨利。

占出兵行师，亦防侵袭，昼占稍吉，夜占忧惊，不可轻忽也。

忌占婚、问病。

真一山人云：占得凶爻是福神，哲人得此便行仁。喻如垂象能修省，反福为祥吉事臻。

《无惑钤》云：鬼宿鬼门，课号离魂。酉金勿恃，生祸之根。

《钤解》曰：寅乃干鬼，临干发用，酉金可恃以为救也。殊不知寅往临己，酉实逼迫进之也，诚乃生祸之源，焉足恃哉？寅鬼门，未鬼宿，两相加临，课号离魂格，占病必死，或有鬼邪魔魅之事。《集议》：未为鬼宿寅鬼门，太阴莫使更相并。此个离魂人不识，邪鬼欺人魔魅行。又寅德遁甲。彼此全伤，占讼两家皆被罪责，诸占各有所亏，占身被伤，占宅崩损。己德在甲，干遇之则为德合，支遇之则为有伤。两贵相协。

己未日第七课

反吟　井栏射　八专　帷薄　不行传

```
青 后 青 后        后 青 后 青
未 丑 未 丑        未 丑 未 丑
丑 未 丑 己        丑 未 丑 己


父 丁 巳 白        父 丁 巳 玄
兄   丑 后 ◎      兄   丑 青 ◎
兄   丑 后 ◎      兄   丑 青 ◎


蛇 贵 后 阴        六 勾 青 空
亥 子 丑 寅        亥 子 丑 寅
朱 戌      卯 玄   朱 戌      卯 白
六 酉      辰 常   蛇 酉      辰 常
申 未 午 巳        申 未 午 巳
勾 青 空 白        贵 后 阴 玄
```

《玉历钤》云：八专本凶，此课传入空亡，凶事不成，然亦不可用。见贵、求名、求财、求婚皆无成，占病公私皆不凶，占产未生，行人未来，盗逃不获，出入更改无成。

课名反吟、八专、帷薄。三传皆凶，课名虽凶，以传入空，日辰四课三传皆空，凶事不成，亦无可用。

《义》曰：大事化小，小事化无。虚多实少，莫听传呼。事多有诈，真中有假。谋则不成，成而变化。

《象》曰：凶吉都无免去谋，得潜休处且潜休。忧惊患难浑消尽，久病占之便可愁。

此无依之卦，一曰帷薄不修。夫无依者，即反吟也。《经》云："无依是反吟，逃者远追寻。合者应分散，安巢别改林。守官须易位，结友也分襟。所为多反复，占病数般侵。"反吟刑冲，事主迟滞，远近系心，更相仇怨，且反复而呻吟，是无予夺而难息也。夫帷薄不修，内不隔而外不遏，事多重叠，忧喜两来，干涉妇人，久而反蔽。占身宅、婚姻得此，恐男女有越礼之事，宜严谨闺门，慎乎动静，惟能以礼自防者，庶几免失。故曰："以道制欲，则能顺命。"此又名井栏课，井上架木为栏之象，只利目下，尚未能成事，久则坏矣。况日上乘空，事多起于虚声。占者遇之此课，占求官未遂。占见贵徒然。占婚姻难成，事多不顺，若勉强成之，终为无益。占财难得，得不偿费。新病不畏，久病见驿马，名驮尸煞。占失物难寻。所占百事，皆有声无实，欲占成事而未成也。占忧疑患难之事，得此反为福庆，昼夜所占虽凶，幸有解也。

占兵家之事，不可听信人言，多不实也，不宜用兵，或见止而不行，动则无益也。

始终不一。

真一山人云：识得当时是丈夫，隐居抱道莫贪图。知机自有安居乐，自古由来德不孤。

《无惑钤》云：初值丁马，动意难舍。守空撞空，渐为贫者。

《钤解》曰：巳乃丁马发用，动不容已。丑空亡临干，既又入传，己土守之既空，投传又撞空也，是为贫穷之渐矣。《集议》：无。

己未日第八课

知一　八专芜淫　铸印乘轩　励德　不备　绝嗣

胎财生气妻怀孕　虎乘遁鬼殃非浅

```
白贵白贵          玄勾玄勾
巳子巳子          巳子巳子
子未子己          子未子己

父丁巳白⊙        父丁巳玄⊙
兄壬戌朱          兄壬戌朱
官乙卯玄          官乙卯白

朱蛇贵后          朱六勾青
戌亥子丑          戌亥子丑
六酉    寅阴      蛇酉    寅空
勾申    卯玄      贵申    卯白
未午巳辰          未午巳辰
青空白常          后阴玄常
```

《玉历铃》云：日上空亡，用神又加空亡，又传入鬼乡，用事无形影，虚诈之象。见贵、求财、求名、求婚皆不成，占病、公私皆不凶，占产未生，行人未至，盗逃不获，出入更改无成。

日克上神，日上克用。

课名知一、铸印乘轩。日辰上空亡，休举事，然三传既吉，重重见合，事终可成，更须出旬为佳。支干凶，三传吉，占事须成。

《义》曰：传得铸印，官得符信。谁料踏空，有名无用。四绝宜废，图新未遂。了旧惟宜，事宜远虑。

《象》曰：目下谋成未有成，营营徒使致虚声。而今说与真消息，少隐尘中且待亨。

此知一之卦，一曰绝嗣，亦曰铸印。夫知一者，知一而不能知两，知者以为自知、自见，不知为寇仇，故言知一也。以此为用，舍远就近，舍疏就亲，恩中生害，事多起于同类，凡事狐疑，事贵和同乃吉。传见铸印，《经》

云："天魁是印何为铸？临于巳丙冶之名。中有太冲车又载，铸印乘轩官禄成。"此巳落空为损模，又非真体，常人反生灾咎，且为事迟钝。占者遇之此课，干上旦贵，立害乡受克，占讼者理虽直必遭屈断，事虽小而必有大凶，皆弄巧成拙，惟宜识时知机，庶免祸也。占见贵不顺。占婚姻不成。占宅不宁，虚忧虚恼。占暴病宜作福，久病不吉。占访谒，人不准凭。凡事欲动不动，欲成不成，多虚少实，所闻不的，不宜躁率，事宜谦谨守正，则终见亨利也。闻忧不忧，闻喜不喜。

占出兵行师，彼此猜忌，有闻不可遽信，宜密察。况昼夜所占不宜，惟在主将之机微也。慎之勿忽！

事多不实。

真一山人云：藏器待时君子道，强为妄作小人行。老天自有安排处，莫为忧愁白鬓生。

《无惑钤》云：财既双空，丁马宜逢。卯鬼宜动，因祸难容。

《钤解》曰：子水为财，临身临宅，但皆空而无用也。巳乃丁马发用，落空而过，虚逢而已。末传卯鬼，宜助初传丁马之动，但虎玄重叠，其凶祸之动，有难容于止息矣。《集议》："传墓入墓分爱憎"内列此日，谓长生传墓入墓，大不利占生计及长上之事。末助初生，有人暗地相助推荐。夜占帘幕临支。卯遁乙鬼，夜虎入传，殃非浅也。子乃己土胎财，正月为生气，主妻有孕喜，一主妻之姊妹有孕，子空，后必有损。昼贵临身，被朱雀乘神所克，欲告贵人求文书事，贵必忌惮。

己未日第九课

重审　曲直　狡童　三奇　八专芜淫

虎乘遁鬼殃非浅

```
玄 蛇 玄 蛇          白 六 白 六
卯 亥 卯 亥          卯 亥 卯 亥
亥 未 亥 己          亥 未 亥 己


财 癸 亥 蛇          财 癸 亥 六
官 乙 卯 玄          官 乙 卯 白
兄 己 未 青          兄 己 未 后


六 朱 蛇 贵          蛇 朱 六 勾
酉 戌 亥 子          酉 戌 亥 子
勾申      丑后       贵申      丑青
青未      寅阴       后未      寅空
午 巳 辰 卯          午 巳 辰 卯
空 白 常 玄          阴 玄 常 白
```

《玉历钤》云：此课末传克初传劫财，却为中传日鬼所制，则鬼为用而财亦得也。见贵、求名、求财、求婚皆如意，占病必死，公私难了，占产生女，行人来，盗逃获，出入更改如意。《经》曰"八专芜淫卦，占婚不正"，此云如意何也？）

日克上神，日克用，末克初。

课名重审、曲直、失友、三奇。三传全克日，亥为财爻，木局乃财化鬼也，凡占宜宛转托人，先损后益，隔而后通之象。若是休囚时，却反为鬼。宜近公图望，盖官鬼为传，合向公中求禄也。

《义》曰：三传克日，事必蹉跎。不灾即恼，忤意缠磨。木喜春占，大利求官。因风致患，受在于肝。

《象》曰：事多惊怖不安宁，春月占来反利亨。好处生嫌难里易，占婚且莫与相成。

此知一之卦（此非知一之卦），一曰曲直，又曰狡童。夫知一者，知一而不能知两，知者以为自知、自见，不知为寇仇，故言知一也。以此为用，舍远就近，舍疏就亲，恩中生害，事多起于同类，凡事狐疑，事贵和同乃吉。曲直者，先曲而后直，象木之谓，此乃五行正气入十干杂糅之乡，异方三合乃生旺墓之神，事主丛杂不一，主关众人共谋，不然两三处干事，委曲托人与人相合之类。事主迟滞，远近系心，更相仇怨。传见狡童，天后常为厌黩神，须知六合是私门。二将取名称泆女，夫妻失友异情恩。夫狡童乃不正之课，夜占男女有阴私暗昧之象，占家宅防阴小有越礼犯分者，媒妁不明，不宜占婚姻，惟能以礼自防者，谨守闺门而自化其事也。占者遇之此课，惊恐不宁，传来克日，万事难成，乃劳神费力之象。占求官难宜，终见奔驰劳碌不足，迟则吉也。占见贵未顺。不宜占求财，恐因财而取祸。常占不足，必有沾亲带故，里勾外连，相为克害，宜善处之。三亥自刑，不宜自高自大、自逞自是，而招怨悔。三合犯刑，乃"笑里刀、蜜中砒"，不可不防。不宜占婚姻。占病因风而肝受症，喜生气、德神，瘥亦迟。不宜擒奸、捕盗并逃亡。凡事宜迟，忧疑散缓。

占出兵行师，敌兵众盛，不可轻举，昼占凶，夜占吉，以法御之，勿忽云耳。

真一山人云：事虽稳当也迟迟，守理循规莫弄奇。自古拙中多见巧，巧中生拙便多亏。

《无惑钤》云：三木并立，合成曲直。取财为灾，不取可惜。

《钤解》曰：亥乃己土之财，临干临支，及又是发用，三财在目前，不取诚可惜矣。但合起三传，会为木局，反作日鬼，取此三财，则必生祸，如刃上蜜，岂可舐乎？《集议》："首尾相见始终宜"内列此日，为廻还格，占凶不成凶，吉不成吉，止宜守旧，凡占皆不能动作。卯遁乙鬼，夜虎入传，殃非浅也。"干支值绝凡谋决"内列此日，宜结绝旧事，不宜占食禄事。占讼先曲后直。卯加亥，曲直作鬼，主枷枑。财神闭口，取财不言，有祸。干支全逢自刑。"传财化鬼财休觅"内有此日，谓亥虽日财，生鬼伤干。自上传下，亥加未也。夜占狡童，不宜男女之事。

己未日第十课

八专　帷薄　励德　斩关　三奇　闭口
人宅坐墓甘招晦

```
后 朱 后 朱              白 阴 白 阴
丑 戌 丑 戌              丑 戌 丑 戌
戌 未 戌 己              戌 未 戌 己


财 癸 亥 蛇              财 癸 亥 玄
兄 壬 戌 朱              兄 壬 戌 阴
兄 壬 戌 朱              兄 壬 戌 阴


勾 六 朱 蛇              贵 后 阴 玄
申 酉 戌 亥              申 酉 戌 亥
青 未      子 贵        蛇 未      子 常
空 午      丑 后        朱 午      丑 白
巳 辰 卯 寅              巳 辰 卯 寅
白 常 玄 阴              六 勾 青 空
```

《玉历钤》云：此课中末两传皆与干支相刑，又初传天将蛇玄皆凶，不可用事。见贵、求名、求财、求婚皆凶，只在求财稍如意，占病困极不死，公私反复，费力难了，占产未生，行人未至，盗逃不获，出入更改如意。

日克用，日上克用。

课名八专、帷薄、三奇、斩关。凡谋望不定，但干支坐墓，事多昏昧，所喜亥为财星，亦可少少如意。

《义》曰：彼此昏迷，不暗则痴。用加于亥，事多披离。惊恐亦消，婚姻莫为。吉凶在人，君子知微。

《象》曰：事多动处先思礼，得意还须戒慎微。此语莫教容易说，兢兢方得保无虞。

此帷薄之卦。夫帷薄不修者，乃八专也。《经》云：八专支干共位，阴阳两课。五日四辰，表里皆拱于八极。故曰：八专尊卑共室，人宅不分。又曰：帷薄不修，内不隔而外不遏，事多重叠，忧喜两来，干涉妇人，久而反蔽。

占身宅、婚姻得此，恐男女有越礼之事，宜严谨闺门，慎乎动静，惟能以礼自防者，庶几免失。故曰："以道制欲，则能顺命。"占者遇之此课，占求官不遂。占见贵不顺。干上见天魁，有斩关之义，亦有奔亡之象，所喜奇神解凶。人宅坐于墓上，凡事自招其晦。占婚姻，遇此大忌。占求财，有争竞之端。占远行不利。占交易、干谒及有人来访，亦当以礼善处，尤当慎加防御。占逃亡盗贼难获，亦不宜捕捉。其他诸占，皆不宜。占者修德善处，谦恭谨守，以待其时，则自然福生而祸患消弭。

占出兵行师亦不宜，昼夜占未吉，为将者明此，当密察而详审，然后行之。

妄动招愆。

真一山人云：事能谨戒自生祥，作善人家福履昌。祸里几番生出福，与君仔细漫评量。

《无惑钤》云：一位财星，四戌来争。争之不已，致讼遭刑。

《钤解》曰：真朱雀生岁干、日干。一位亥水为财，课传四重戌土来争，财少人多，争必不公，必致讼以遭刑也。戌乘朱雀，口舌词讼难免。戌未恃势之刑，其遭刑必矣。《集议》：戌作雀加未，犬吠人。

己未日第十一课

八专　帷薄　独足

脱上逢脱防虚诈　二贵受克难干贵

```
蛇 六 蛇 六          玄 后 玄 后
亥 酉 亥 酉          亥 酉 亥 酉
酉 未 酉 己          酉 未 酉 己


子 辛 酉 六          子 辛 酉 后
子 辛 酉 六          子 辛 酉 后
子 辛 酉 六          子 辛 酉 后


青 勾 六 朱          蛇 贵 后 阴
未 申 酉 戌          未 申 酉 戌
空午      亥蛇      朱午      亥玄
白巳      子贵      六巳      子常
辰 卯 寅 丑          辰 卯 寅 丑
常 玄 阴 后          勾 青 空 白
```

《玉历钤》云：此课宜占更改之事，望信亦来，如见贵、求官、求婚不可用，占病不死难安，公私难散，占产未生，逃盗不获。

上神盗日。

课名八专、帷薄。凡占有变异，终成不足。飞散作三传亦可，其三传飞散，以为酉亥丑。此课昼夜作后合，又有掩翳，终为不足，亦名独脚课。若酉亥丑作三传，则卦名凝阴，昼将乃六螣后，夜将乃后玄白。

《义》曰：六合不合，事多败落。此占婚姻，必见丑恶。病讼皆凶，惟宜静待。守旧尚吉，动则迍邅。

《象》曰：独足逢之不可行，人财耗失丧元精。可怜到此无生意，谨守规模勉致诚。

此帷薄不修之卦，一曰三交。夫帷薄不修者，乃八专也。《经》云：八专支干共位，阴阳两课。五日四辰，表里皆拱于八极。故曰：八专尊卑共室，人宅不分。又曰：帷薄不修，内不隔而外不遏，事多重叠，忧喜两来，干涉妇人，久而反蔽。占身宅、婚姻得此，恐男女有越礼之事，宜严谨闺门，慎乎动静，惟能以礼自防者，庶几免失。故曰："以道制欲，则能顺命。"传见三交，前不能进，后不能退，交加其象，家匿阴私，或欲自逃隐避。凡事失节阻碍，谋事被人阻破，不能成合也。日辰为酉所脱，虚费不足，谋望不遂，盗失损财，人口衰残，休囚尤重，又为子孙脱漏之事。占者遇之此课，占求官不遂。有官者得之，尚当保爱，尤虑有求全之毁。至若其他，百占而无一美。夫课以独足为名者，如人一足，而安能行步？古人以独足名者，示其不能行也。人宅倾颓，财官不称。若专守此一途，又不足为美，亦当待时而动，顺理而行，渐有生意。占病者凶。占难者脱。公事不利。

占出兵不宜，慎防脱诈之事。勿忽！勿忽！

亦不可得也。

真一山人云：课虽不吉在人为，积善能教祸不随。常把此心勿放肆，消灾福降乐怡怡。

《无惑钤》云：此系独足，脱欺叠逐。行利舟车，逃婢归屋。

《钤解》曰：真朱雀生日干、岁干。七百二十课，独足止此一课也。己土生于酉，而酉脱己土之气，重叠相逐，不利甚矣。出外商贩，宜乘车驾舟。有婢妾逃走，必归于家，谓三传三个酉字，皆归于支上故也。《集议》："不行传者考初时"内列此日，谓独足不能行，商贩宜舟行，逃亡者亦然，占病死。脱上逢脱。"我求彼事干传支"内列此日。"干支皆败势倾颓"内列此日，谓占身血气衰败，占宅舍有奸私，渐渐狼狈，全无长进，不宜捕捉奸私，讦告他人阴私，到官必牵连我之旧事，同时发落，各获罪也。其余占用，彼此皆值衰败，谚云"杀人一万，自损三千"之谓也。干支全逢自刑。

《心镜》云："有时数到日辰上，三传飞散莫重临。"

《观月经》云："逆到日辰上，三传别此根。"此亦飞散之说，若使飞散，则无独足卦矣。邵先生曾与人占得此课，乃云"明年行年到来，是行年日辰并聚，却成飞散之法"，谓并聚即散，此乃独足飞散并谓也。①

己未日第十二课

八专　帷薄

```
玄 常 玄 常          后 贵 后 贵
酉 申 酉 申          酉 申 酉 申
申 未 申 己          申 未 申 己

兄 己 未 白          兄 己 未 蛇
子 庚 申 常          子 庚 申 贵
子 庚 申 常          子 庚 申 贵

空 白 常 玄          朱 蛇 贵 后
午 未 申 酉          午 未 申 酉
青巳      戌阴      六巳      戌阴
勾辰      亥后      勾辰      亥玄
  卯 寅 丑 子          卯 寅 丑 子
  六 朱 蛇 贵          青 空 白 常
```

《玉历钤》云：用神是日辰，乘蛇虎，中末两传，虽得太常、天乙，乃盗脱日干。占求名、求财、求婚皆无成，占病难安，公私难散，占产未生，行人有信，逃盗不获。

上神盗日。

课名八专、帷薄。喜有二贵在传，暮占为佳。末传归日上，谋事向后可

---

① 《壬占汇选》作：建炎己酉年九月己未日卯将丑时，陆孔目己巳生，四十一岁占官事。先生曰："己巳生人，见酉为破碎。今日又是己日，未即是己，支干又皆败于酉，酉合己成配字，行年更在背后乘悬针煞，一因奸事，二防官钱，三防酒，必配本州。盖独足不远行也。配后当再配西北牢城方止耳。"陆漫应之。月余太守差沽酒，渠夹带刘宅私酒，又与二夫娘何盼盼凭照，因太守轿出，见陆在面店，即搜寻他事迹，共用官钱五十多贯，及招认与何盼盼有奸，乃发配本州牢城。后在通判厅，累与人作闹，仍与何盼盼往来。通判大怒，禀过太守，断配润州。盖独足课，故在本州，来岁行年到日辰之上，与日辰并聚。凡并聚者，必飞散。既飞散，必再出外方。〔若何解元占子嗣课，行年不加，故不飞散。〕况并众即散，来年行年并聚，遂即飞散。兼有二己字，岂一番可了？不合是己巳生。酉上见亥，不离西北。亥乃江海，必润州矣。不合是己巳生，末传飞开，丑加亥是西北海角，况亥为点水，酉为门，酉上见丑土，似王字，合之成润字也。

成，但事不完，以阴阳不备也。

《义》曰：脱支脱干，恼人心肝。事多不遂，何以为欢？阴阳不备，谋事难济。纵然得成，终见弛废。

《象》曰：帷薄不修多失礼，婚姻得此不相宜。若占身宅当虚耗，先易后难亦可知。

此帷薄不修之卦。夫帷薄不修者，乃八专也。《经》云：八专支干共位，阴阳两课。五日四辰，表里皆拱于八极。故曰：八专尊卑共室，人宅不分。又曰：帷薄不修，内不隔而外不遏，事多重叠，忧喜两来，干涉妇人，久而反蔽。占身宅、婚姻得此，恐男女有越礼之事，宜严谨闺门，慎乎动静，惟能以礼自防者，庶几免失。故曰："以道制欲，则能顺命。"日生上神，虚费百出，谋望不遂，盗失损财，人口衰残，休囚尤重，又为子孙脱漏之事。占遇此课，鬼墓发用，夫墓者，五行潜伏之地，四时衰败气绝之乡，传墓不吉，逢墓则止，事多阻滞，暗中防有侵害，所幸又传脱为解，当忧不忧，闻喜不喜。占者遇之，支干混同，阴阳不备，难于成事。占求官得此，名曰"帷幕贵人高甲第"，但有此不修，终为不美。况传中泄气，虚多实少，所占吉事难成，成则有损无益。占凶事，却喜有解。占病者凶，当有大阴德可也。

占出兵行师不宜，不可妄动，再立处诚，另为所祝方可，惟哲人知机可也。

待缓则亨。

真一山人云：未济还须且待时，暗中尤恐被人欺。知机退守终须吉，阴德生阳造化奇。

《无惑钤》云：申类子孙，却互长生。慈乌反哺，夜贵尤荣。

《钤解》曰：真朱雀生日干、岁干。土生申金，申乃己之子孙也；申生土，申又己土之长生矣。彼此互生，如乌之哺雏，雏之反哺也。夜占申乃贵人，其荣显盛矣。《集议》：昼占帷幕临于干支。人宅受脱。昼常加长生临干，来人必占婚姻之喜，或有锡赐物帛之事。又长生临支宅，有婚姻之喜，宜开彩帛或酒食店肆。夜贵临身，被朱雀乘午所克，说见本日第八卦。己禄在午，羊刃在未，未作螣蛇，主捧状，必非横得罪。此夜贵人也，中末见，皆长生贵人，可以立身。己、未土俱生申金，故我有物与人；夜贵己土又生于申，贵亦照顾我也。中末皆然，故周全始终。两贵不协，变成妒忌，申加未，子加亥。

庚申日

庚申日第一课

伏吟　玄胎

任信丁马须言动

```
白 白 白 白        后 后 后 后
申 申 申 申        申 申 申 申
申 申 申 庚        申 申 申 庚


兄 庚 申 白        兄 庚 申 后
财 甲 寅 蛇        财 甲 寅 青
官 丁 巳 勾        官 丁 巳 朱


勾 青 空 白        朱 蛇 贵 后
巳 午 未 申        巳 午 未 申
六辰    酉常      六辰    酉阴
朱卯    戌玄      勾卯    戌玄
寅 丑 子 亥        寅 丑 子 亥
蛇 贵 后 阴        青 空 白 常
```

《玉历钤》云：此课伏吟，昼将皆凶不可用，夜将多凶少吉，凡占亦不全遂。

上神德日，末克初。

课名伏吟、玄胎。德禄发用，中为财马，末是生方，虽刑又合，日贵不如夜贵，然虎亦带德不相害也，蛇为日制，亦不凶。

《义》曰：禄马财官，仕宦忻欢。小人未吉，君子迁官。讼病可畏，德神为最。昼胜夜占，此理不昧。

《象》曰：擒奸捕盗莫轻为，这个机关说向谁？病险履危惟赖德，屈伸消长在于斯。

此自任之卦，一曰玄胎。夫自任者，乃伏吟之谓。天地伏吟，十二神各归本家，天地如一，四伏未发之象。占事静则宜，动则滞，主事藏匿不动，静中求劳，有屈而不伸之象。况玄胎如婴儿隐伏之状，利上不利下，事主远而多伏，暗昧不通，触则成祸，惟君子守正修德则亨。《经》云："任信伏吟神，行人立至门。失物家内盗，逃者隐乡邻。病合难言语，占胎聋哑人。访人藏不出，行者却回轮。"申加庚，乃旺禄临身，不可妄动。占者遇之此课，占求官大利，以其财官禄马，天吏天城，白虎入庙，腾蛇生角，勾陈捧印，三传俱吉，仕君子得此，乃为得意之时，须得吉神扶合乃为妙也，勉之以德为助。占婚姻不宜。占求财难得，得之恐因财生恼。占病，不利占老人小儿病，亦不利占久病，必死，占初病不妨，乃曰天地盘结，宜祈福以祐之。其他所占，美中不足。占公讼，恐惹刑责。事多动摇不宁。

不利占出兵，用之必凶，以其冲刑而神将不吉之谓，惟当见机可也。

真一山人云：天吏天城禄马奇，迁官捧印在人为。挺然高出非容易，年命休教冲战之。

《无惑钤》云：昼逢四虎，动无少助。丁马入传，行人商旅。

《钤解》曰：群虎布列，丁马纵横，申又道路，虎又行移，课虽伏吟，岂容少停？行人在外，商旅在程。《集议》："任信丁马须言动"内列此日，谓伏吟伏匿而不动，有丁马处静而求动，占访人必出，干人先允许，后必改易，故名无任无信也。庚申日伏吟，天后临申，出患头风之妇。旺禄临身，又禄临支。"宾主不投刑在上"内谓此三刑在传，未免无恩之意，恩反怨也。

庚申日第二课

八专　帷薄

<table>
<tr><td>青</td><td>空</td><td>青</td><td>空</td><td></td><td>蛇</td><td>贵</td><td>蛇</td><td>贵</td></tr>
<tr><td>午</td><td>未</td><td>午</td><td>未</td><td></td><td>午</td><td>未</td><td>午</td><td>未</td></tr>
<tr><td>未</td><td>申</td><td>未</td><td>庚</td><td></td><td>未</td><td>申</td><td>未</td><td>庚</td></tr>
</table>

<table>
<tr><td>兄</td><td>辛</td><td>酉</td><td>常</td><td></td><td>兄</td><td>辛</td><td>酉</td><td>阴</td></tr>
<tr><td>父</td><td>己</td><td>未</td><td>空</td><td></td><td>父</td><td>己</td><td>未</td><td>贵</td></tr>
<tr><td>父</td><td>己</td><td>未</td><td>空</td><td></td><td>父</td><td>己</td><td>未</td><td>贵</td></tr>
</table>

<table>
<tr><td>六</td><td>勾</td><td>青</td><td>空</td><td></td><td>六</td><td>朱</td><td>蛇</td><td>贵</td></tr>
<tr><td>辰</td><td>巳</td><td>午</td><td>未</td><td></td><td>辰</td><td>巳</td><td>午</td><td>未</td></tr>
<tr><td>朱卯</td><td></td><td>申白</td><td></td><td></td><td>勾卯</td><td></td><td>申后</td><td></td></tr>
<tr><td>蛇寅</td><td></td><td>酉常</td><td></td><td></td><td>青寅</td><td></td><td>酉阴</td><td></td></tr>
<tr><td>丑</td><td>子</td><td>亥</td><td>戌</td><td></td><td>丑</td><td>子</td><td>亥</td><td>戌</td></tr>
<tr><td>贵</td><td>后</td><td>阴</td><td>玄</td><td></td><td>空</td><td>白</td><td>常</td><td>玄</td></tr>
</table>

《玉历钤》云：此课大体虽凶，天将稍吉，小事可用，大不可用。

《毕法》云：此课干支全受上神来生，彼此和顺，同在一处，最宜常人，两家合本做营生而有生意也。

上神生日。

课名八专。凡事隔手转托，终不免诈，幸天将稍吉，不为大凶，此以下役上之象也。中末归日辰，事主向后可成。

《义》曰：支干共位，乃曰不备。帷薄不修，勿逞风流。遇吉则吉，逢凶见凶。兢兢顺理，贵乎守中。

《象》曰：课理人心未得中，莫教妄动致灾凶。求成未必能成济，且待时光命运通。

此帷薄不修之卦。夫帷薄不修者，乃八专之谓。《经》云：八专支干共位，阴阳两课。五日四辰，表里皆拱于八极。故曰：八专尊卑共室，人宅不分。又曰：帷薄不修，内不隔而外不遏，事多重叠，忧喜两来，干涉妇人，久而反蔽。占身宅、婚姻得此，恐男女有越礼之事，宜严谨闺门，慎乎动静，惟能以礼自防者，庶几免失。故曰："以道制欲，则能顺命。"上神生日，所为百事吉，运用如意，遇灾不凶，逢吉愈吉。若六月内占者，主声名显达，岁命生日者，尤为吉昌。又以未为财库，又可发财，亦难免小人暗中不足。天空乘未，宅中有井，必为怪，主人不利，而有宿患之缠。庚日羊刃在酉，酉加戌，动为防刀刃伤之。占者遇之此课，占求官，美中不足。占婚姻，若帷薄，定为乖戾非常。凡占百事，遇八专非全美之象，惟在占人顺理守正，谨始虑终，不可轻动妄为以招耻辱，大抵凶事亦有解也。

占出兵行师，虽曰稍吉，还要为将者审其机，达其时可也。

真一山人云：天罗遇处未亨通，作事虽难少时终。惟有吉人天默相，纵教凶处不为凶。

《无惑钤》云：初遭网罗，障隔无那。秋冬事贵，得助极多。

《钤解》曰：酉为天罗羊刃，乘常发用，主难，障蔽甚矣。秋冬夜占，事贵极得相助之力，未乃夜贵，临身入传，庚金属秋故尔。《集议》：用酉乘太常，不宜宴会，出《犀华百章》。昼占帘幕临日。

庚申日第三课

元首　顾祖　励德　八专　芜淫

彼此全伤防两损

六	青	六	青		六	蛇	六	蛇
辰	午	辰	午		辰	午	辰	午
午	申	午	庚		午	申	午	庚

官　戊午　青　　　　官　戊午　蛇
父　丙辰　六　　　　父　丙辰　六
财　甲寅　蛇　　　　财　甲寅　青

朱 六 勾 青　　　　勾 六 朱 蛇
卯 辰 巳 午　　　　卯 辰 巳 午
蛇寅　　　未空　　青寅　　　未贵
贵丑　　　申白　　空丑　　　申后
子 亥 戌 酉　　　　子 亥 戌 酉
后 阴 玄 常　　　　白 常 玄 阴

　　此课先生曰："此不是蓦然生讼，自有源头。其日得巳时，其事再发。况顾祖课，主原有讼根。庚日得巳时为先锋门，上见卯，乃地网也，亦是满盈，到此事已亢极。止缘一吏人大不足，终始被他害。末传寅木，只管生午火，遂来克身。又须自恨你命自灾也，兼为事大过。"何以见之？曰："行年自会起寅午戌，所以招致用火自去烧身。甲寅旬，乃第一名公人害你。午为火针，配一千八百里也。"陆应祥，初与京（他本作徐）都院不足，被他招拾，他不服，遂至后来有短事，再被窘拾，遂被送至院勘问，众人又来首。初间缘陆氏不合强口詈骂众人，因被众谮，所谓会起干上寅午戌火局，乃是他自辏起，又是地网，亦是自网也。缘彼之身与宅先见克，则末传之鬼乘势而生起火，彼却又辏成寅午戌火局，若不是自招，如何得见此事？事了，配下鄂州，却一千八百里也。缘午见午，二九一十八，是其数也。午加申，乃西南之方。羊刃破碎加本命，真针也。青龙加申乘午，谓之退鳞，所以鞭背。行年见戌，又为军也。命内自招，非别人造作，不自识，却乃恨天怨地。不足者，蛇也。

太过者，乃火局全备也。火为火针，金为金针。[①]

《玉历钤》云：此课昼将青龙颇吉，所求可遂，夜将则凶不可用。

上神克日，用克日。

课名元首。且占终不如始，暮占先损后益，凡占只宜守旧，占此多不见吉，以日辰俱被克也。

《义》曰：格名顾祖，凡事见阻。不灾即恼，匪甘匪苦。难终有易，害里生恩。祸及恶家，福及善门。

《象》曰：阻滞难疑事若何？自知自见不为多。只宜仕宦求名贵，士庶逢之转见讹。

此知一之卦（此非知一之卦），一曰天网。夫知一者，知一而不能知两，知者以为自知、自见，不知为寇仇，故言知一也。以此为用，舍远就近，舍疏就亲，恩中生害，事多起于同类，凡事狐疑，事贵和同乃吉。知一卦何如？用神今日比。事因同类起，婚姻失谐为。失物亲邻取，逃亡不远离。论讼和允好，为事尚狐疑。夫天网者，即天网四张也，《经》曰"天网四张，万物被伤"，为阻滞，为疑难，为灾恼。上神克日，只利先讼，要有气，余不吉。病讼可畏，常占为人所欺负，必被屈抑，不宜占财，恐因财致祸。午辰寅，退间传，进退有间隔之象，乃曰顾祖，又名虚一待用。占者遇之此课，占求官，见贵而后方成，必待戌年月日时，虽得官，亦未免辛苦多劳。占婚姻不宜，因妻惹祸而起争端。占病凶危可畏，必待月解、德神方吉。余占皆有阻滞不和悦，但当为善修德，以候时而行，庶不悔吝也。

占出兵行师、安营下寨，大宜防范侵扰，必先申明号令，以警备之，少懈则不利，所幸昼占有吉胜之理，惟夜占忧心而众畏也。

真一山人云：婚姻病讼不相宜，若也求官号作奇。历遍几多辛苦处，自然名誉播当时。

《无惑钤》云：若取寅财，生起祸来。财官印绶，君子宜哉。

《钤解》曰：寅财午官，辰印相生为助，君子占官最吉。庚金若取寅财，则必生起午鬼伤身以致灾祸，此以常人而言也。《集议》："干支皆败势倾颓"内列此日，谓占身血气衰败，占宅屋舍崩颓。若先讼，必连累我之旧事同时败露，各获罪也。其余占用，彼此皆值衰败也，谚云"杀人一万，自损三千"。春火鬼在午，夜占乘蛇，防火灾。干支全逢自刑。"末助初兮三等论"内列此日，谓末助初克日，为教唆之人。顾祖："顾祖迎新复旧庐，求财谋望

---

① 《壬占汇选》作：陆孔目癸亥生，四十七岁，于己酉年九月庚申日卯将巳时占讼。

始堪图。惟有庚日不宜见，鬼来又向鬼乡居。"彼此全伤，说见己未日第六课。

庚申日第四课

元首　玄胎　八专　芜淫　闭口

<table>
<tr><td>蛇</td><td>勾</td><td>蛇</td><td>勾</td><td></td><td>青</td><td>朱</td><td>青</td><td>朱</td></tr>
<tr><td>寅</td><td>巳</td><td>寅</td><td>巳</td><td></td><td>寅</td><td>巳</td><td>寅</td><td>巳</td></tr>
<tr><td>巳</td><td>申</td><td>巳</td><td>庚</td><td></td><td>巳</td><td>申</td><td>巳</td><td>庚</td></tr>
</table>

<table>
<tr><td>官</td><td>丁</td><td>巳</td><td>勾</td><td></td><td>官</td><td>丁</td><td>巳</td><td>朱</td></tr>
<tr><td>财</td><td>甲</td><td>寅</td><td>蛇</td><td></td><td>财</td><td>甲</td><td>寅</td><td>青</td></tr>
<tr><td>子</td><td>癸</td><td>亥</td><td>阴</td><td></td><td>子</td><td>癸</td><td>亥</td><td>常</td></tr>
</table>

<table>
<tr><td>蛇</td><td>朱</td><td>六</td><td>勾</td><td></td><td>青</td><td>勾</td><td>六</td><td>朱</td></tr>
<tr><td>寅</td><td>卯</td><td>辰</td><td>巳</td><td></td><td>寅</td><td>卯</td><td>辰</td><td>巳</td></tr>
<tr><td>贵丑</td><td></td><td>午青</td><td></td><td>空丑</td><td></td><td>午蛇</td><td></td></tr>
<tr><td>后子</td><td></td><td>未空</td><td></td><td>白子</td><td></td><td>未贵</td><td></td></tr>
<tr><td>亥</td><td>戌</td><td>酉</td><td>申</td><td></td><td>亥</td><td>戌</td><td>酉</td><td>申</td></tr>
<tr><td>阴</td><td>玄</td><td>常</td><td>白</td><td></td><td>常</td><td>玄</td><td>阴</td><td>后</td></tr>
</table>

《玉历钤》云：此课夜将颇吉，虽朱雀不妨，凡占小事，亦可成就。

《毕法》云：丁乃动神也，庚日之动也，发用乘勾朱之神，必主官司动摇，勾连口舌，故云"金日逢丁凶祸动"。

《龙首经》云：此课干上巳，虽作庚之长生，却被末传生中传，中传生初传之巳火而克庚干，是欢乐之中而有悲哀之祸。凡占值此，祸福虽由天，而感召则在人也。《书》曰"天道福善祸淫"，祸福似乎天之降也，而为恶之人自投祸网者何哉？天即理也，违天逆理，理所不容，虽天使祸，实人自召之也。

上神克日，用克日，末克初。

课名元首、玄胎。三传俱合，凡占先难后易，先损后益。末克初传，事可有成，但不免口舌挠坏。暮雀克日辰，有妇人挠，有火烛灾，宜防之。

《义》曰：勾留二事，事有两头。动摇不定，灾恼之由。彼己未利，犹见暗昧。有始无终，小心翼翼。

《象》曰：驿马财官利仕途，远行更有福相扶。动为莫讶多坎坷，行过难时可易图。

此见机之卦（此非见机之卦），一曰玄胎，亦曰天网。夫见机者，察其微，见其机，谓两比两不比，当以涉害为用。涉害有浅深，欲用不用，欲言不言，事有两而取一，所作稽留，迟疑艰难，进退不定，忧患难消，怀孕伤胎，难于前而易于后。玄胎如婴儿隐伏之状，利上不利下，事主远而多伏，暗昧不通，触则成祸，惟君子守正修德则亨。夫天网者，即天网四张也，《经》曰"天网四张，万物被伤"，为阻滞，为疑难，为灾恼。上神克日，只利先讼，要有气，余不吉。病讼凶，皆由自取而生悔吝。常占为人所欺负，谋望不遂，凡事屈抑。支干全伤，须防两损，占讼者主客必两有所亏。玄胎忌占久病及老人小儿病症。玄胎占孕，胎中受病。占者遇之此课，占求官吉，始终未准，却有迁官捧印之美，螣蛇生角之祥。占见贵求事不宜，贵神履狱，则贵人不喜。占婚姻不宜。凡占百事，必然两头干用，勾留迟滞，有屈而不伸之象。

占出兵行师得此，两军俱未利，尤宜防备贼兵侵袭，中间恐有能成能败、萧何两面之人，不可不知。昼占凶，夜占次凶也。

真一山人云：课理分明屈未伸，人情对面未知真。防他递互来欺诈，台省之言奏紫宸。

《无惑钤》云：夜克昼生，丁马俱临。末之亥水，能败能成。

《钤解》曰：巳火临身发用，昼乘勾陈类土而为生，夜乘朱雀朋火而克干，昼生夜克也。丁马交并，动不容已。末传亥水，若克初巳，为庚去祸，是能成也；若迤逦生起巳火，助其日鬼，是能败也。取喻萧何，不亦宜乎？《集议》：亥乃旬尾，加寅旬首，为真闭口。夜占雀鬼加干。"金日逢丁灾祸动"谓此因官鬼及长上而凶动，临干而凶，昼将身不凶，反有所生。彼此全伤，说见己未日第六课。助桀为虐，递生日鬼。"乐里悲"内列此日，先生而又互克。

庚申日第五课

重审　润下　斩关　八专　芜淫　孤辰

<pre>
蛇 玄 蛇 玄   青 玄 青 玄
子 辰 子 辰   子 辰 子 辰
辰 申 辰 庚   辰 申 辰 庚

子　　子　蛇 ◎   子　　子　青 ◎
兄 庚 申 青 ⊙   兄 庚 申 蛇 ⊙
父 丙 辰 玄   父 丙 辰 玄

贵 后 阴 玄   空 白 常 玄
丑 寅 卯 辰   丑 寅 卯 辰
蛇子　　　巳常   青子　　　巳阴
朱亥　　　午白   勾亥　　　午后
戌 酉 申 未   戌 酉 申 未
六 勾 青 空   六 朱 蛇 贵
</pre>

《玉历钤》云：此课三传盗气，发用空亡，凡占所事，皆不可用。

上神生日，日上克用，日生用，末克初。

课名重审、润下。三传全水，庚日为子孙爻。初传子为空用，凶吉无成，兼又木将，脱之又脱，却可无凶。末传归日辰上，出旬别图，尚可有望。

《义》曰：脱空叠逢，捕影捉风。忽有忽无，载西载东。虽难称遂，遇凶不凶。功名欲闻，须待运通。

《象》曰：人生百岁等浮云，聚散由来不可闻。万事由来浑不解，东西南北总纷纷。

此知一之卦（此非知一之卦），一曰润下，亦曰孤辰。夫知一者，知一而不能知两，知者以为自知、自见，不知为寇仇，故言知一也。以此为用，舍远就近，舍疏就亲，恩中生害，事多起于同类，凡事狐疑，事贵和同乃吉。且润下，主沟渠、水利、舟楫、渔网之类，动而不息之象，流而必清，滞则不竭，宜动不宜静，主关众亲朋相识之务，应期多过月，不然两三处与人相合相议之事。孤辰有茕茕孑立之象，占人别离桑梓，凡所占谋，多虚少实，功名难遂，事业虚花，僧道宜之，俗不宜也。上神生日，所谋百事吉，运用如意，遇灾不凶，逢吉愈吉。若当季神生日者，主声名显达，岁命生日者，尤为吉昌。此占有人上门相助，惜其传入脱空之乡，又不见其实用也。占者遇之此课，传逢空脱，占事多虚少实，或不要紧之事，凡事有损而无益，占子孙不成家。占官难遽发。占家宅虚耗不足，出者多而入者少。事事有影无形，闻事不的，不可遽信，干事目下不成。暴病吉，久病凶。课中亦见喜而不实，惟利凶忧、狱讼之事，讼不得理亦不妨。

占出兵行师不宜空，空而多不遂，犹见失象，事多不实也，宜加详察焉。

脱空无益。

真一山人云：事到成时有变更，不须疑虑保平宁。从今祸患俱消尽，久病逢之未保生。

《无惑钤》云：盗气传逢，初中幸空。独存辰土，生意无穷。

《钤解》曰：三传水局，俱盗干气，幸而初中空陷，盗党解体。独存末传辰土生气，则生意有无穷之利矣。《集议》：意或两家合本生理尤应，若逢月内之生气尤的。干支全逢自刑，宾主不投。

庚申日第六课

知一　八专　芜淫　绝嗣　龙战　狡童
胎财生气妻怀孕　害贵讼直遭屈断　支干坐墓全招晦

六阴六阴　　　　　六常六常
戌卯戌卯　　　　　戌卯戌卯
卯申卯庚　　　　　卯申卯庚

父　壬戌　六　　　父　壬戌　六
官　丁巳　常　　　官　丁巳　阴
子　子　蛇 ◎　　　子　子　青 ◎

蛇贵后阴　　　　　青空白常
子丑寅卯　　　　　子丑寅卯
朱亥　　　辰玄　　勾亥　　　辰玄
六戌　　　巳常　　六戌　　　巳阴
　酉申未午　　　　　酉申未午
　勾青空白　　　　　朱蛇贵后

《曾门经》云：二八之门，与用俱起，欲行不得行，欲止不得止。人年立之，或分或异。刑德聚集，俱会于门。天地解散，不可复合。二月建卯，出万物之门。日出于卯，月生于酉，此日月所游，万物所从，故曰"卯酉之辰，二八之门"。人年立卯，以卯日占事，人年与用占俱起，以此占人，欲行不行，欲止不止，刑德俱合于门，出者勿南，入者勿北，以此占人，摇动不安。夫妻行年立之，室家离散。弟兄行年立之，争财异居。以应刑德，不应六合。合者将离，居者将移也。此课男年十四岁，立卯，下克上为用，是谓二八门与用俱动，欲行不得行，欲止不得止，家室分散，兄弟异居。将得六合，卯与戌合，事起妇女合会，传见太常，必相喜乐，终于螣蛇，后遇惊恐。如此说，必卯酉日占，才有龙战卦。

《玉历钤》云：此课斫轮之体，日上有卯木，凡事可成，惜乎初传坐克，遂减其力，只宜小事，不可大用。

日克上神，初克末。

课名知一、铸印。末空为模损（此句错讹，卯为模，此课亦非铸印），加日上最宜结绝旧财物，所喜戌卯地盘相合，末又空亡，吉尚可用，凶则无妨。

《义》曰：鬼墓发用，防人暗侵。当门抬土，未得称心。更逢绝嗣，难为子息。有始无终，先重后轻。

《象》曰：作事也知不由己，狐疑徒自用心机。虽然丁巳中间鬼，土将相生可救之。

此知一之卦，一曰绝嗣，一曰龙战（此非龙战课）。夫知一者，知一而不能知两，知者以为自知、自见，不知为寇仇，故言知一也。以此为用，舍远就近，舍疏就亲，恩中生害，事多起于同类，凡事狐疑，事贵和同乃吉。况龙战，主人心疑惑，进寸退尺，动有乖离之象。卯酉为天之私门，生杀有限，分杜有期，雷动龙奔，示其有战。日上见卯为财，初遭夹克，仍暗中不足，有人侵害之意。故曰："丁鬼中遇，子戌丁惧。却祸除灾，卯财任取。"占者遇之此课，乃有始无终之象，况人宅坐于墓上，凡事自招其晦，乃心肯意肯，自取之也，家宅亦情愿借与人，被人作践，而不能出脱也。占者遇之此课，占求官未遂。占见贵不顺。抬土当门，事多关隔。占远行不利。占交易合。占婚姻不宜。占行人在道。占逃者，终见自归。其他所占，昏迷错乱，事不归一。占忧疑、病患、公事有解，欲其成事，而无结果。四月节占妻有孕，十月占妻损胎。

占出兵行师微利，仍宜防范，不可忽也。

真一山人云：莫怨花开子未成，凶中化吉幸安平。善人终获蒙天相，此理分明不顺情。

《无惑钤》云：丁鬼中遇，子戌可拒。却祸除殃，卯财任取。

《钤解》曰：巳乃日鬼，遁丁居中，殃祸非常。虽卯财临庚，不可取也，取必生祸。所可恃者，初戌墓其巳火，末子克其巳火，得以却祸除殃，庚金得以任意取卯财，何所畏哉？《集议》：卯乃庚金胎财，四月为生气，主有孕喜。两贵相协。干支同坐墓上。

庚申日第七课

反吟　玄胎　六阳　八专　芜淫

青 后 青 后		蛇 白 蛇 白	
申 寅 申 寅		申 寅 申 寅	
寅 申 寅 庚		寅 申 寅 庚	

财 甲 寅 后		财 甲 寅 白	
兄 庚 申 青		兄 庚 申 蛇	
财 甲 寅 后		财 甲 寅 白	

朱 蛇 贵 后　　　　勾 青 空 白
亥 子 丑 寅　　　　亥 子 丑 寅
六戊　　　卯阴　　六戊　　　卯常
勾酉　　　辰玄　　朱酉　　　辰玄
　申 未 午 巳　　　　申 未 午 巳
　青 空 白 常　　　　蛇 贵 后 阴

《玉历钤》云：此课阳金见阳木，不能为财。且将天后、青龙，不能成凶，亦不能成事；暮将蛇虎皆凶，凡占不可用。

《毕法》云：此课反复往来，干支上神相传，冲刑相兼，凡占只宜谦退迁就，以避反复之谤。先生曰："谦则人尊之，尊之卑之，来往反复，得宜非由乎己也？"

《心照》云：此课绝神作日之财，止宜结绝财物旧事，不宜占病，若占妻病尤凶。

日克上神，日克用。

课名反吟。利动不利静。反吟多非吉课，但一禄一德用财，皆为吉，可以图望，但不免反复耳。

《义》曰：人情反复，事亦如之。恩中生怨，合里生离。全仁全义，君子见机。惟德可矣，慎之慎之。

《象》曰：刑冲战斗不安宁，虽有恩光未称情。此理分明知者少，婚姻交易莫教成。

此无依之卦，一曰玄胎。夫无依者，即反吟也。《经》云："无依是反吟，逃者远追寻。合者应分散，安巢别改林。守官须易位，结友也分襟。所为多反复，占病数般侵。"反吟刑冲，事主迟滞，远近系心，更相仇怨，且反复而呻吟，是无予夺而难息也。况玄胎如婴儿隐伏之状，利上不利下，事主远而多伏，暗昧不通，触则成祸，惟君子守正修德则亨。玄胎不宜占老人小儿病，谓之去故就新，再投胎也。久病逢此，见马为驮尸煞，必不可救。反吟占产虽速，必见反复之难，须有大阴德方可。又谓之四绝课，惟宜结绝旧事，不可图新也。占者遇之此课，占求官难得，得之未见悠远，难得贞吉。占见贵不顺。占婚姻不宜，勉强成之，终见反目。占财虽得轻微，已被他人占有，难得实用。占病不吉，虑恐绝食伤身，宜修德禳之。占失物难得。占远行不利。占投谒不喜。公讼变易官司，狱讼须得吉神方脱。昼占凡事凶中有解，夜占大不利。

占出兵行师不宜，主无威而反复不宁，夜占败绩而惊失，别为选图可也。若不得已而用之，贵在将之谋略也。慎之！慎之！

惟利占官。

真一山人云：妻财问者必遭亏，吉神年上解灾危。病者逢斯难便瘥，早宜悔过谢神祇。

《无惑钤》云：四财一禄，夜虎赶逐。四马并进，奔驰反复。

《钤解》曰：干支四寅皆财，中传之申，是为一禄。夜占四虎，并进而赶逐其财，其反复奔驰，惊危动变，殆非寻常比也。《集议》：占妻病死。"我求彼事干传支"内列此日。夜贵加昼，宜求关节。

庚申日第八课

八专　帷薄　不行传

空上乘空事莫追　干支乘墓各昏迷

```
白贵白贵          后空后空
午丑午丑          午丑午丑
丑申丑庚          丑申丑庚


财 乙卯 阴          财 乙卯 常
父   丑贵◎         父   丑空◎
父   丑贵◎         父   丑空◎


六 朱 蛇 贵        六 勾 青 空
戌 亥 子 丑        戌 亥 子 丑
勾酉     寅后      朱酉     寅白
青申     卯阴      蛇申     卯常
  未午巳辰           未午巳辰
  空白常玄           贵后阴玄
```

《玉历钤》云：此课初传卯遁乙，与日乙庚暗合，但传入空亡，又初传克末传，凡占百无一成。

《毕法》云：此课干上见旬空，夜占又乘天空，中末又空，一团虚气，何以成用？空空如也。

上神生日，日克用。

课名八专、芜淫。墓覆干支，必有暗阴，幸卯有乙，与庚为合，中末日辰上见贵空亡，只利见贵求文书，先缺而后圆。丑为空亡，吉凶皆无终。

《义》曰：虚实相半，得失相仍。贵不可靠，空却有凭。喜不成喜，忧不成忧。功名富贵，切莫干求。

《象》曰：久病逢之事可哀，虑医何事不重来？君家若有回天力，余有阴功是福胎。

此帷薄不修之卦。夫帷薄不修者，乃八专之谓。《经》云：八专支干共位，阴阳两课。五日四辰，表里皆拱于八极。故曰：八专尊卑共室，人宅不分。又曰：帷薄不修，内不隔而外不遏，事多重叠，忧喜两来，干涉妇人，久而反蔽。占身宅、婚姻得此，恐男女有越礼之事，宜严谨闺门，慎乎动静，惟能以礼自防者，庶几免失。故曰："以道制欲，则能顺命。"干支上皆乘墓神，夫墓者，五行潜伏之地，四时衰败气绝之乡，传墓不吉，逢墓即止。支干乘墓各昏迷，如人处云雾之中，虽宅舍亦无光明，所幸墓神作空，而又稍轻。占者遇之此课，占求官难得。占见贵未顺。占婚姻勿成，成则不吉。占求财，宜速取。病者先凶后吉，久病不宜。此课凡占皆起于虚声，传闻之事皆不的，不可遽信，恐防奸事，所谓"苗而不秀，秀而不实"者，正此之谓也。其他惊忧、患难、狱讼者，幸有解散。欲占成事，又未成也。

占出兵行师，昼占虽吉，亦不能成大功，还宜详审详察，不可遽听人之言，而致误其事机也。

始勤终怠。

真一山人云：浮云富贵未为常，退守耕锄道益光。天道好还终有自，渐看积德报荣昌。

《无惑钤》云：四员昼贵，全然无气。纵有浮财，夜占可畏。

《钤解》曰：干支中末，昼占四员贵人也，俱系旬空，甚无气矣。卯财非课中所有，自无而生，又且内战，浮泛不实，入于鬼墓之乡，不可取也。戌为鬼墓。夜占丑贵，不为贵人，乃变而为墓，则重重昏滞，岂不深可畏哉？《集议》：日阴克日，日上载墓，动为多龃龉，出《九天照胆经》。"空上逢空事莫追"内列此日。夜占干支乘墓各昏迷，丑虽贵人，亦作墓神覆日。地盘墓中，虎鬼为鬼呼。日辰上见墓神加，病者难痊事可嗟。行人失约路遥赊，若当时日便还家。久病必死，新病无妨。

庚申日第九课

元首　润下　励德　八专　芜淫　六阳　不结果
脱上逢脱防虚诈

```
玄 蛇 玄 蛇            玄 青 玄 青
辰 子 辰 子            辰 子 辰 子
子 申 子 庚            子 申 子 庚


父 丙辰 玄 ⊙          父 丙辰 玄 ⊙
兄 庚申 青            兄 庚申 蛇
子    子 蛇 ◎        子    子 青 ◎


勾 六 朱 蛇           朱 六 勾 青
酉 戌 亥 子           酉 戌 亥 子
青申      丑贵       蛇申      丑空
空未      寅后       贵未      寅白
午 巳 辰 卯           午 巳 辰 卯
白 常 玄 阴           后 阴 玄 常
```

《玉历钤》云：此课初传玄武落空，初传克末传，末传空亡，凡占一切无成。

《毕法》云：此课干上子，夜将上乘青龙木神，又更三传皆水，并来盗日，脱耗不实之象。凡占值此，财帛耗散，孳畜损伤，人不安宁，宅不兴旺矣。

上神盗日，用克日上，日生三传，初克末。

课名元首、润下。龙蛇武俱见空亡，虽无凶，传将俱脱，亦未为吉。庚去加辰，辰中有乙，宜为求合。秋冬占有气，吉。凡事出旬可望。

《义》曰：泄气脱空，二者全逢。耗财盗脱，不得其踪。事欲克济，有何德能？忧喜不实，聊无所凭。

《象》曰：理势如斯可叹人，论兵献策卫君民。可怜好事徒为尔，且去偷闲学养真。

此知一之卦（此非知一之卦），一曰润下，又曰寡宿。夫知一者，知一而不能知两，知者以为自知、自见，不知为寇仇，故言知一也。以此为用，舍远就近，舍疏就亲，恩中生害，事多起于同类，凡事狐疑，事贵和同乃吉。且润下，主沟渠、水利、舟楫、渔网之类，动而不息之象，流而必清，滞则不竭，宜动不宜静，事主关众亲朋相识之务。传见寡宿孤辰，值此尤妨骨肉。若占身得此，主见孤独，别离乡井，自立门户，财物虚耗，僧道宜之，俗不宜也。日生上神，虚费百出，谋望不遂，盗失损财，人口衰残，休囚尤重，又为子孙脱漏之事。三传又脱，凡事无益而有损，所得不偿所费。占者遇之此课，玄武加于空上，乃有闭口之象，所占事，不欲向人言者，或访问事，人多不肯说。占求官不遂，居官者还宜谨慎，以防不虞。其他百占，俱不遂意，以其泄气太重而力不能为也，须待土金旺时可谋也。占久病者，虑脱气而伤生。占忧患惊恐凶事，有欲脱不脱之象，太抵不成，甚凶。

占出兵行师，虑失众，盗贼不足之扰，甚勿轻信人言，以致误事，防范可也。

变更无实。

真一山人云：耗盗令人志未伸，也须谦顺保精神。小人自古多轻薄，桃李看他弄早春。

《无惑钤》云：脱空满前，水作三传。且夜神将，耗盗缠绵。

《钤解》曰：课传神将，会为水局，三传四课，俱系空陷，遍地脱空，全被其耗盗缠绵，曷能已耶？《集议》：脱上逢脱防虚诈，内不实之象。"人宅皆死各衰赢"内列此日，谓干支上见死神，止宜休息万事，不利动谋。子加辰，夜青龙，主望远处医僧。"人宅受脱俱招盗"内列此日，占人必被虚脱骗赚，占宅必被盗窃财物，占病定因起盖宅屋费用，以致心气脱弱，而成虚瘵，宜服补元气药饵即愈。

庚申日第十课

八专　帷薄　寡宿　闭口

```
后朱后朱        白勾白勾
寅亥寅亥        寅亥寅亥
亥申亥庚        亥申亥庚


父　丑贵◎       父　丑空◎
子癸亥朱         子癸亥勾
子癸亥朱         子癸亥勾


青勾六朱        蛇朱六勾
申酉戌亥        申酉戌亥
空未    子蛇    贵未    子青
白午    丑贵    后午    丑空
巳辰卯寅        巳辰卯寅
常玄阴后        阴玄常白
```

《玉历钤》云：此课用日辰之墓，幸而空亡，暗昧虚诞之象，凡占无所成。

《毕法》云：此课支干上皆乘脱气，凡占值此，人被脱赚而财物空虚，宅被伤损而房屋倾倒，至于交际之间，尽被欺骗，而十不偿一矣。

上神盗日，用克日上。

课名八专、帷薄。空墓为用，亥为六害，凡占不明不实，只宜守旧也。上下虽合，而亦有刑害，切以谨慎为佳。

《义》曰：既空又脱，无可捉摸。贵人难倚，口舌消烁。望信文词，亦无下落。惟宜散忧，此理的确。

《象》曰：有声无实事难凭，空说鹏搏九万程。百事易消忧久病，动谋恰似浪游僧。

此八专支干共位，阴阳两课。五日四辰，表里皆拱于八极。故曰：八专尊卑共室，人宅不分。又曰：帷薄不修，内不隔而外不遏，事多重叠，忧喜两来，干涉妇人，久而反蔽。占身宅、婚姻得此，恐男女有越礼之事，宜严谨闺门，慎乎动静，惟能以礼自防者，庶几免失。故曰："以道制欲，则能顺命。"日生上神，虚耗百出，谋望不遂，盗失损财，人口衰残，休囚尤重，又为子孙脱漏之事。占者遇之此课，发用无力，传归脱气之乡，乃为无用，凡事虚多实少，闻事不的，宜详审密察，勿轻动也。此课占求官未遂。占见贵不顺。占求财难得。占婚姻不成。占暴病得之为福，久病得之大凶，乃脱气伤生也，贪多致疾。失物难寻。交易、投谒、远行俱未利。大抵凡百所占，皆为无益于事，所见所闻，始如锦上添花，终似秋风落叶，卒难成功也，纵使目下有成，亦难为用。若凶忧、惊恐之事，却能解也。

占出兵行师，多致失众。有所传报不实，不可听也。昼占吉而无用，夜占虚诈不实，大概乃无益之课也。

真一山人云：眼前世事不难堪，力到无成命所关。从此挂冠归去好，竹篱茅舍乐清闲。

《无惑钤》云：凡事缄默，可脱灾厄。贵空履狱，甘受岑寂。

《钤解》曰：亥为闭口，临于干支，遇事则谨言缄默，庶可免灾脱祸。两贵入狱，岑寂而不可干也。《集议》："人宅受脱俱招盗"内列此日，同前。干支全逢自刑。

庚申日第十一课

重审　向三阳　八专　芜淫　泆女　斩关　六阳　孤辰

<pre>
后 玄 后 玄   白 玄 白 玄
子 戌 子 戌   子 戌 子 戌
戌 申 戌 庚   戌 申 戌 庚

子　　子 后 ◎   子　　子 白 ◎
财 甲 寅 蛇 ⊙   财 甲 寅 青 ⊙
父 丙 辰 六   父 丙 辰 六

空 白 常 玄   贵 后 阴 玄
未 申 酉 戌   未 申 酉 戌
青午　　亥阴   蛇午　　亥常
勾巳　　子后   朱巳　　子白
辰 卯 寅 丑   辰 卯 寅 丑
六 朱 蛇 贵   六 勾 青 空
</pre>

　　《玉门经》曰：三光并用，吉在其中，终始有喜，必有庆贺。谓日辰旺相为二光，吉将在其中为三光。此课神后临戌为用，将得天后；中传功曹，将得腾蛇；末传天罡，将得六合。秋占庚申日辰旺相，神后天后，旺相吉将，为三光。以此占人，病者不死，因系得出，市贾有利，所谋必成，福祐自来，殃祸自消矣。

　　《玉历钤》云：此课子加戌，暗昧不明之象，幸是空亡，吉凶皆不成。

　　上神生日，日生用，末克初。

　　课名重审、斩关。凡事间隔，子戌不明，事无准绳。况子又空亡，不可为吉，然凶亦从空而散，末辰土生庚金，稍待出旬，可以再谋。

　　《义》曰：脱空满目，虚喜虚惊。仇仇相解，谋谋难成。不幸子寅，却喜得辰。进退值阻，事多变更。

　　《象》曰：戌为墓鬼暗中侵，幸值初空作好音。凶吉两途何足论？只凭一片好良心。

　　此知一之卦（此非知一之卦），一曰泆女，又曰孤辰。夫知一者，知一而不能知两，知者以为自知、自见，不知为寇仇，故言知一也。以此为用，舍远就近，舍疏就亲，恩中生害，事多起于同类，凡事狐疑，事贵和同乃吉。夫泆女乃不正之象，阴私邪淫，占男女有阴私暗昧之理，占家宅宜谨慎闺门，以防阴小越礼，惟能以礼自防者可化之。孤辰有茕茕孑立之象，占人别离桑梓。凡所占谋，多虚少实，功名难遂，事业虚花。子寅辰，乃进间传也，事于进退之间，有间隔之象。干上见鬼墓，必暗中有人侵害，不可不防。鬼在墓中，危疑者甚。若明鬼可防，暗鬼则难防也。此义喻如"美中生害"、"蜜中有砒"，所幸空解。占者遇之此课，占求官未遂。占见贵喜顺。占求事难成。占身不安，防人谋害。占暴病吉，久病凶。占婚姻不宜。占公讼有救。

占出兵行师、安营下寨得此，宜申严号令，以防暗兵侵扰，不可忽之！所幸有解。传事不实。不宜用兵之课也，不然则难成而亦有失众之象，难于成功也。

真一山人云：三春正好见群芳，何事东风大不良？应笑好花难结果，看花到此热心肠。

《无惑钤》云：戌覆宅身，驿马居寅。动被虎盗，末逢丙辰。

《钤解》曰：鬼墓覆身宅，中传乃驿马，必欲动也。动则既逢子水虎盗，末又逢辰遁丙鬼，其盗克之害，焉能免哉？《集议》：鬼墓加干鬼暗兴。向三阳："三阳渐生暗向明，惟怕空亡又隔停。更若相生无克害，子寅出暗向阳辰。"

庚申日第十二课

八专　帷薄　三奇

玄常玄常　　　　　　玄阴玄阴
戌酉戌酉　　　　　　戌酉戌酉
酉申酉庚　　　　　　酉申酉庚

子癸亥阴　　　　　　子癸亥常
兄辛酉常　　　　　　兄辛酉阴
兄辛酉常　　　　　　兄辛酉阴

青空白常　　　　　　蛇贵后阴
午未申酉　　　　　　午未申酉
勾巳　　戌玄　　　　朱巳　　戌玄
六辰　　亥阴　　　　六辰　　亥常
卯寅丑子　　　　　　卯寅丑子
朱蛇贵后　　　　　　勾青空白

此课占产，庚申日支干不分，人宅不辨，故不可晓。且子为庚，母为申，见酉为羊刃，乃面前羊刃也，太阴兼之尤甚。母乃是申，以酉为破碎，乃面前进步破碎也。夫行年兼之，是见其妻子皆受破碎也。女行年亥上见子乘虎，又憎鸡觜自刑，须是作大福保之也。[①]

《玉历钤》云：酉乘太阴加日，暗昧不明之象，暗求私祷，可以成就，余占无所用。

《毕法》云：此课干支同乘旺神，凡占静守可安逸，若谋动用，则变罗网、羊刃，而凶祸至矣。动凶静吉，在天耶？在人耶？

课名八专。凡事宜暗求私祷可成，却宜更改。酉虽为刃，毕竟同类，酉中有乙（元遁也），与庚合，略可无凶，然亦未可谓之吉也。

---

① 《壬占汇选》作：己酉年九月庚申日卯将寅时，白生占生产，夫丁卯生四十三岁，妾戊子生二十二岁。白妾果于庚戌年生子，其子倒生，用刀破身方出，母几不保。幸秋占申旺，偶得性命。后连生子皆不育。白生复问于先生，先生曰："公生子不育，皆倒生之子作祟耳。恐终久必来害母。今虽得儿，若不戒欲，必为他害。盖干支见酉，皆羊刃、破碎、自刑，故先害身，终来害母耳。"于是白生与妾分居，乃得免。

《义》曰：事贵得中，乃谓福吉。太旺匪宜，必招祸及。防有血光，人损财失。坐谋自然，动更屈抑。

《象》曰：金旺为伤不可当，吉人天相自无妨。莫教错了些儿个，只恐临时有损伤。

此帷薄不修之卦。夫帷薄不修者，乃八专也。《经》云：八专支干共位，阴阳两课。五日四辰，表里皆拱于八极。故曰：八专尊卑共室，人宅不分。又曰：帷薄不修，内不隔而外不遏，事多重叠，忧喜两来，干涉妇人，久而反蔽。占身宅、婚姻得此，恐男女有越礼之事，宜严谨闺门，慎乎动静，惟能以礼自防者，庶几免失。故曰："以道制欲，则能顺命。"占者遇之此课，若在秋七月占，为之太旺，常占破财、虚耗、妻灾，公私不利，幸旬奇解之稍缓，占病尤有可畏，非有大阴德者不能免也。占求官不遂，多见破碎也，破碎又为羊刃，动则岂无伤也？干支俱旺，只宜坐谋，自然亨泰，不宜动谋；动则变为罗网，况羊刃必有血光之祸，得吉神解之方可。占身宅，不特资财耗散，还见骨肉无情，不离别，必失恩义，而生怨怼。占产不利。占财不宜。占病贵要阴德。不利远行，不宜向西南行，正北亦忌。其他所占，皆未尽善美，惟宜修德守正则吉，凶中而化福也。

占出兵行师不宜，苟或妄动，不中道而止，则刃血交流。戒之！戒之！

真一山人云：金刚太盛为自刑，更逢羊刃又非轻。太常吉将尤为美，善守须知福自亨。

《无惑钤》云：守旺则昌，动则脱伤。两刃为伍，灾害非常。

《钤解》曰：干支俱旺，坐守自昌，若弃而妄动，则逢亥脱，未必无损，中末两重刃网，其灾害之罹，殆非寻常比也。《集议》：刃乘太常，高人不可轻赴宴会，法出《犀华百章》。歌云："太常持刃念佳期，高人饮宴必难归。休道百章无妙诀，将军战者也分尸。"干支上逢自刑，又皆旺神，妄动必伤，如或坐待，人固通泰，宅亦兴旺，无心中得人照顾兴发。两贵不协，变成妒忌，丑加子，未加午。自刑自害。干支上神俱酉，为两重自刑羊刃，又是金神破碎入传。亥加戌用，戌为天刑，亥为自刑，又害申，中末再来酉上，共有四酉，其凶可畏，用谋无成，常占可畏。

辛酉日

辛酉日第一课

伏吟　斩关　龙战

权摄不正禄临支

```
玄 玄 常 常        白 白 常 常
酉 酉 戌 戌        酉 酉 戌 戌
酉 酉 戌 辛        酉 酉 戌 辛


兄 辛 酉 玄        兄 辛 酉 白
父 壬 戌 常        父 壬 戌 常
父 己 未 后        父 己 未 青


蛇 贵 后 阴        六 勾 青 空
巳 午 未 申        巳 午 未 申
朱 辰     酉 玄    朱 辰     酉 白
六 卯     戌 常    蛇 卯     戌 常
  寅 丑 子 亥        寅 丑 子 亥
  勾 青 空 白        贵 后 阴 玄
```

《玉历钤》云：此卦最凶，又无解，凡占不可用。

《玉成歌》云：伏吟举动心无遂，占望行人未动身。盖以伏吟之课，凡占求望谋为，皆未遂心，若占行人，未动身，不至也。又云：从魁同白虎加辰上，主宅中有著孝人至，或有干扰也。

上神生日，日上生辰上。

课名伏吟、自信、斩关、龙战。静中有动，中末戌未相刑，凡百凶阻，所喜酉为日禄，戌未皆生日干，外虽刑害，而内实为禄为生，始凶终吉。

《义》曰：墓鬼克干，自家相烦。更逢酉戌，又为害穿。发用闭口，逢人懒言。伏吟忌病，占者多难。

《象》曰（原抄本此处失脱十八字）：将来日，富贵功名尽可求。

此自信之卦，一曰龙战。夫自信者，天地伏吟，十二神各归本家，天地如一，四伏未发之象。占事静则宜，动则滞，主事藏匿不动，静中求劳，有屈而不伸之象。《经》云："任信伏吟神，行人立至门。失物家内盗，逃者隐乡邻。病合难言语，占胎聋哑人。访人藏不出，行者却回轮。"况龙战，主人心疑惑，进寸退尺，动有乖离之象。卯酉为天之私门，生杀有限，分杜有期，雷动龙奔，示其有战。斩关非安居之象，占者多不自由，事主暗昧不和，离散口舌，欲隐身避难者，却利乎奔逃也。又主人情暗中不顺，多见更改，事多中止，坟墓破坏，占婚亦强成，难于久远。凡事历遍艰辛，然后可遂。况暗鬼侵害，必有人暗来克害，鬼魅不宁。占出兵行师、安营下寨者，必要防范敌兵暗来侵扰，须申严号令，预探其消息，设要路以谨防备。占者遇之此课，亦美中不足之象，须得四时吉神扶持方美，八月占欠吉，凡占宾主不投，彼此猜忌，且缓得之，不可速取。

用兵者，切慎戒之。

真一山人云：自古贤人多屈抑，原来物出各有时。养成羽翼翀霄汉，远近飞扬成遂志。

《无惑钤》云：旺禄临支，玄虎相随。前途生意，争无止时。

《钤解》曰：酉乃辛之旺禄，临支发用，上乘玄虎，其耗费惊疑，不可守也。弃而前进，幸逢中传戌土之生，不意末传未来刑戌，其争斗无时止矣。《集议》："权摄不正禄临支"内列此日，谓凡占不自尊大，受屈折于人，如占差遣，主权摄不正。

辛酉日第二课

别责　寡宿　励德　芜淫

旺禄临身徒妄作

```
后 阴 阴 玄        青 空 空 白
未 申 申 酉        未 申 申 酉
申 酉 酉 辛        申 酉 酉 辛


父　丑 青 ◎       父　丑 后 ◎
兄 辛 酉 玄       兄 辛 酉 白
兄 辛 酉 玄       兄 辛 酉 白


朱 蛇 贵 后        朱 六 勾 青
辰 巳 午 未        辰 巳 午 未
六卯　　申 阴     蛇卯　　申 空
勾寅　　酉 玄     贵寅　　酉 白
丑 子 亥 戌        丑 子 亥 戌
青 空 白 常        后 阴 玄 常
```

《玉历钤》云：此课空亡为用，又是别责，凡占不可用。

《通神集》云：凡转官，武职视太常，以日干所去一位为一年，又以支去太常一辰为一月，又以常所生处为日，克太常为时。此课戌为太常，在日干前一位为次年；酉为支，去太常二辰为二月；戌土生在申，申上见未，上见乙，当在乙未日；木克土，当在寅卯时转官也。

课名别责、励德、孤辰。支去就干，事不由己，舍此他图，待他而进。丑空为用，凡事先难，又可解忧。中末传归日上为禄，事主向后可成，但难入头。

《义》曰：用起虚空，何以既功？事多变诈，有始无终。忧也莫忧，喜也莫喜。问我何如？斯焉已矣。

《象》曰：艺术空门福自奇，仕人逢此失便宜。莫言贸易夸经纪，富贵功名且待时。

此芜淫之卦，一曰别责，亦曰寡宿。夫芜淫者，乃支干不备也。《经》

云："芫淫芫淫，奸生于中。"别责有不正之象，此课阴不备，两男共女，初传下克上，其妇不仁。所谓别责改图终是歉，丢了现行，别寻头绪。别责，事在他人。四课不全名别责，男鳏女寡多困厄，此之谓也。传见寡宿，《赋》云："寡宿孤辰，值此尤妨骨肉。"若占身得此，主见孤独，别离乡井，自立门户，财物虚耗，僧道宜之，俗不宜也。事多有始无终，或有影无形，或多起于虚声。有所传闻报探，不可遽信，恐不实而误事，要须密察详审，然后行之，又恐为人之诳惑，此不可不知。占者遇之此课，虎头鼠尾之象，所喜支来加干，得同类相培，自壮本基也，故曰壮基格，又曰培本格，谓我本身自有，又去经营，常占皆自在，用事宜向前可以成就，则是栽培之吉也。但此课发用空亡，课体不全，所占百事，未之准也。由此论之，吉事欲成而未成，凶事欲忧而未忧，忧患即散，好事迟成，终须改图。占病者，凶中有救，忧中有得。

占出兵不宜，别为选图可也。若不得已而用之，忧有失众，亦不成功，或不成事也。

真一山人云：同类相培似有情，如何世事几多更？人来报到忧勿虑，悦喜原来也未成。

《无惑钤》云：禄旺难恃，虎玄交值。重叠恼怀，皆因奴婢。

《钤解》曰：旺禄临干，昼占乘玄耗费，夜占乘虎惊危，卒难恃也。弃禄而进，逢初传丑墓，再进仍逢前禄，且酉婢也，戌奴也，酉戌相加六害，值玄虎，主奴婢作乱，其重叠恼怀，是由此矣。《集议》："旺禄临身徒妄作"内列此日。与辛卯日课例大同小异，用墓事了，凶止不发，出《通神集》。

1368

辛酉日第三课

元首　顾祖

蛇后贵阴　　　　　六青勾空
巳未午申　　　　　巳未午申
未酉申辛　　　　　未酉申辛

官戊午贵　　　　　官戊午勾
父丙辰朱　　　　　父丙辰朱
财甲寅勾　　　　　财甲寅贵

六朱蛇贵　　　　　蛇朱六勾
卯辰巳午　　　　　卯辰巳午
勾寅　　未后　　　贵寅　　未青
青丑　　申阴　　　后丑　　申空
子亥戌酉　　　　　子亥戌酉
空白常玄　　　　　阴玄常白

《玉连环》占曰：此课来意，为藏不正妇人，事败到官，旬日案成，断徒五年，杖一百，丁丑日断讫，赴邻州拘。见太阴，主伏匿不正妇人，太阴既在我本命上，又在日上，故主藏匿妇人也。何知事败？盖先锋门上为发用，即是胜光，上见天乙为今日之鬼，故言事败到官。何知旬日案成？时上为用，主事紧速，故知旬日案成。何知徒罪五年？盖初传胜光，为贵神克日；中传天罡，斗讼之神，上得朱雀火神，又为今日之鬼；末传勾陈，又为凶将，皆伤日干，始末俱凶。又辰午为两重自刑，《古经》云"三刑弃市，二刑流递"，今曰断徒刑五年是也。何知丁丑日断讫，及往邻州拘作？缘午为今日之鬼，又为自刑，故知丁丑断讫（盖丁为日下之鬼，丑又为日刑也），带枷枙，行路艰难。往邻州拘作，盖为日上见马也。①

《玉历钤》云：此课旦暮贵人入传，天将又吉，凡求可成。

辰上生日上，用克日上，用克日。

---

① 《一字诀玉连环》作：六月辛酉日午将申时，壬戌命人占来意。

课名元首。鬼爻发用，所喜贵勾终始引援，又与辰上神作合神为生，中传又与酉作合，可以谋望有成。

《义》曰：格名顾祖，末寅初午。进退不一，事多见阻。夜占勾留，不遂所谋。产病不利，作善解忧。

《象》曰：虚一待用须要戌，求官于此方有益。病人见此反为凶，斟酌用之勿使失。

此元首之卦，一曰天网。夫元首者，尊制卑，贵役贱之象。占事多顺，利于先举，事多起于男子。为臣忠，为子孝，正大光明而无邪僻之行，德业已著而乾乾进修，常怀危惧，惕励而无咎也。夫天网者，即天网四张也，《经》曰"天网四张，万物被伤"，为阻滞，为疑难，为灾恼。午辰寅，乃退间传也，退而有隔，隔而后进。凡占举造百事，皆有阻隔，或隔手托人干事之义。课名顾祖，以火生于寅。又曰虚一待用，凡事必待戌字月日时填实，冲去辰而三合，当斯时，又为美中不足。占者遇之此课，占求官，见阻方成。占见贵，顺中未喜。占婚姻宜。占财不宜，恐因财而致祸也。占讼中有教唆之人，乃儒人、吏员、道仕之类，唆使成讼，不可与此类人交财，要当先见而远之，不然因财而致祸。遍地贵人，求贵凡事不得归一而无依倚，或权摄不正，虽人大贵亦同。远行、逃遁、走失，大抵向辰戌之方。病忌戌字月日。交易合。千里投人，乃曰"宾主际会两殷勤，暮宴朝欢会无极"。忧疑有解。

占出兵行师，昼占吉，开地千里，夜占凶而不利，宜谨慎密察之也。

事多间隔。

真一山人云：莫要求财苦用心，求财却被恼来侵。事当难处坚持守，后面出头有好音。

《无惑钤》云：切勿取财，取即灾来。赍钱告贵，卜此宜哉。

《钤解》曰：末传寅木，辛之财也。若取此财，生起初传午火，午乃寅之子孙，必来救护，以伤辛干，灾祸不能免矣。午，官爻也，贵人也，若以财告贵买官，则关节可通，秩级可增矣，此卜不亦宜哉？《集议》："前后逼迫难进退"内有此法。顾祖卦，宜守旧，进退不能。顾祖，同庚寅日第三课，末助初克干。丑乃日墓，临卯为墓门开，但不乘蛇虎，又为外丧。

辛酉日第四课

元首　高盖　龙战　励德　三交　闭口　不结果

六贵朱后　　　　　后常阴白
卯午辰未　　　　　卯午辰未
午酉未辛　　　　　午酉未辛

官 戊午 贵　　　　官 戊午 常
财 乙卯 六　　　　财 乙卯 后
子 子 空 ◎　　　子 子 朱 ◎

勾 六 朱 蛇　　　　贵 后 阴 玄
寅 卯 辰 巳　　　　寅 卯 辰 巳
青丑　　　午贵　　蛇丑　　　午常
空子　　　未后　　朱子　　　未白
亥 戌 酉 申　　　　亥 戌 酉 申
白 常 玄 阴　　　　六 勾 青 空

此课只是天网，人在下，天网在上，人反为宅所网。若讨子，便是个冤家入门来，自后生出无限事。支上午与干上未合，合起天网。妻是卯，加在午上，午是日干鬼乡，必无亲子。末传子息，加在妻宫卯上而作天空，天空戊即是今日之辛，辛课在戊也。我与妻皆是空亡，又作天空，何得子之有？子本空亡，本家见酉，作玄武，主妾生子，又非己生自身种类，因妾与外人奸染，遂有孕，支带玄武，主邪淫也。季子见先生说不许讨子，遂买一女子为妾，两年相处，亦无子。因郑元益到家，乃季子之妹夫也，因私通其妾，遂有孕。季颇知，但记得先生之言不较。至乙丑年将得一儿，甲子年有孕，以课言之，酉加子，以子年为玄武，是他人合而有之也。先生又曰："将来妾生子又是取债人也，家计必为此子所败。"末传子是空亡，上又见天空，何缘会活？酉加子，临空亡上，至老又愁，必无子嗣，若非奸私邪淫，如何有也？玄武主邪淫也。[1]

又一课，辰将未时，占来意如何。《玉连环》占曰：此课来意，人欲往运司理会，为故房钱，其动必速。其中一姓马人作鬼贼，却得一姓陈人力，至

① 《壬占汇选》作：己酉年九月十六辛酉日卯将午时，季官人己卯生，三十一岁占过房子息。

亥子（一作丁亥）日，事务定见归计。何知往运司理会，为故房钱？盖为胜光上见天乙，为三品衙门。中传卯木主门户，下临午，为四正方，相配作房字。卯上得六合，俱为日下财，故为房钱。三品衙门理会房钱，故知运司也。何知其动必速？盖时为日刑，又发用午为道路，又天乙加酉，临门为励德，故知其动必速。何知姓马人为鬼贼？盖初传胜光为马字，为今日下之鬼也。何知却得一姓陈人力？盖末传神后水为曲阜，下临卯为东字，与阜字相配为陈字。因神后克胜光日鬼，故得姓陈人力。至亥子日归计，盖以神后空亡，上得天空，为天空之象，岂不是亥子日无事，归计门也？

《玉历钤》云：此课辛日，喜午火官爻为用，嫌末传空亡，凡占小事遂意，大事不利。

《毕法》云：此课干上未与支上午作六合，其下地盘干支却作六害，面善心毒，小人害君子之象。在常人相抗则互相倾陷，君子则不然，意以世固有强暴侵侮，若不能自贵而与之抗者，是亦强暴之徒也。夫两共斗，势不俱生，理之必然也，使吾理果直，名果正，亦不羡用抗为。

上神生日，辰上生日上，用克日，末克初。

课名元首、三交。午为鬼用，且贵暮常皆吉，可以求官。凡谋先难后易，可成。暮不及旦，时下小用，吉。末子空亡，凶吉亦从空散，所谓无下稍也。

《义》曰：先难后易，得而复失。事防变更，未见补益。只宜小图，缓之为福。贵人不和，何必张罗？

《象》曰：来情不恼也为灾，且放开怀笑眼开。何事到头无力处，也须奈守等时来。

此元首之卦，一曰三交，亦曰天网，又曰高盖，又曰龙战。夫元首者，尊制卑，贵役贱之象。占事多顺，利于先举，事多起于男子。为臣忠，为子孝，正大光明而无邪僻之行，德业已著而乾乾进修，常怀危惧，惕励而无咎也。夫三交，《经》曰："三交家匿阴私客，不迓自将逃避迍。"凡事失节阻碍，谋事被人阻破，不能成合。天网者，即天网四张也，《经》曰"天网四张，万物被伤"，为阻滞，为疑难，为灾恼。传见高盖，《经》云："紫微华盖居神后，天驷房星是太冲。马即胜光正月骑，六阳行处顺申同。高盖乘轩又骑马，更得龙常禄位丰。"况龙战乃天之私门，生杀有限，分杜有期，雷动龙奔，示其有战，身心疑惑，进寸退尺，动有乖离之象。在六月将占，为天烦卦，男子有刑责之扰；若月宿临午，女人有血光之灾。占者遇之此课，上神生日，所谋百事吉，运用如意，遇灾不凶，逢吉愈吉，凡事有人相助。占求官，为高盖乘轩，但惜乎末传空亡，其力轻也。占交易合。占见贵和。投人喜。占病有神，宜禳谢。占狱讼忧惊有解。病者先重后轻。其他诸占，多有始无终。

占出兵行师，昼占大利，夜占吉。

末后防变。

真一山人云：病讼虽凶未足凶，如人处暗渐生明。事当进退多疑虑，使尽机谋事未通。

《无惑钤》云：未土乘虎，互刑逢午。赖水成功，略无少补。

《钤解》曰：未土生辛，夜占乘虎，不得恃其生也。午鬼临宅发用，重重相逢，欲资末传子水为救，奈系旬空，曾何少补，以成其功哉？此专论夜占。昼占官中进用，稍可。《集议》："上下皆合两心齐"内有此法，谓外好里槎芽，干上未与支上午作六合，支酉与日干辛戌又作六害。夜占帘幕临支。午贵加酉，尊长不祥。未乘后加戌，主妇人有病。昼贵作鬼入宅，占病必家堂神像不肃所致，宜修功德安慰免咎。助桀为虐，递生日鬼，冤将恩报。干支戌酉自作六害，日上见未，受日之刑，支上见午，入于死门，本为凶兆，谚云"恩将冤报，卒无既期；冤将恩报，如汤泼雪"，盖酉戌六害，日辰不和，宾主不投，人伦失坠，礼义既废，却喜干支上神作合。

辛酉日第五课

知一　从革　不行传　芜淫

```
青 蛇 勾 贵          蛇 玄 贵 常
丑 巳 寅 午          丑 巳 寅 午
巳 酉 午 辛          巳 酉 午 辛


官 丁 巳 蛇          官 丁 巳 玄
父    丑 青 ◎       父    丑 蛇 ◎
兄 辛 酉 玄 ⊙       兄 辛 酉 青 ⊙


青 勾 六 朱          蛇 贵 后 阴
丑 寅 卯 辰          丑 寅 卯 辰
空子      巳 蛇     朱子      巳 玄
白亥      午 贵     六亥      午 常
戌 酉 申 未          戌 酉 申 未
常 玄 阴 后          勾 青 空 白
```

此课官星午火临身，初传巳火应之，谓之催官符，主庚戌年及第，才高中之后，便主丁父母忧，两服将满，赴任见禄而终，年五十三矣。主弟兄相害，因争分产，大生不足，又不得子孙之力。其旬丁作蛇，不作怪者，盖辛以巳为德神。子不得力者，是空亡也。辛见午为官，巳火又助之，名曰催官使者。螣蛇在父宫，贵人在母宫，庚戌年及第，壬子年丁母服，乙卯年丁父服，庚申年赴和州推官，五十三岁死了。戊午年兄弟分争，四次入官，估劄（疑作杖笞）以死。其死时，子方十三岁，次子九岁，小子七岁，皆是再娶少妻而生。辛酉八月十四日丧了，乃绍兴年矣。巳为生方，又是旬中丁神，又见蛇，是丙丁也。金日得金局，是弟兄自争也。三传无子息之爻，故子不得力。五十三者，乃干上午、末传酉，午为九数，酉为六数，故六九之数明矣。①

《中黄经》占曰：此课初传巳为玄武临酉，主其盗贼东南得财，藏西北，避贵人，必败。何以言之？盖初传巳临酉，为玄武，其贼往东南巳方偷得财。正西出，先行十三里，便待往西南还家去。谓西南（一作正南）次逢见贵人避之，却待回西北绝地，往何方走矣，看放得财处，先行其方，出门正西行六里，却往西北行五里，放定财，为己不敢绝处行，候贵人迁回，却将财西南上还家去了。于西南藏五日，其贼再行。若捉捕人克藏处，只于藏处捉败；若不克藏处，不得，贼至家败矣。此盖十一月丑将巳时占之如此。②

《玉历钤》云：此课巳为日德，乘蛇玄，反成忧疑，凡占不可用。

《毕法》云：此课火鬼加日，丁鬼加辰，人宅不宁，火灾惊恐之象。又干上、支上俱被克伤，占身、占宅俱有凶害，惟君子不能一日而无忧，故能恐惧修省，凶害自然不及于身家。

上神克日，用克日，初克末。

课名知一、从革。墓神在中传，凡谋望，虽初为德可喜，中末空亡，终是不足，不免更革转托，竟成后患，然既有空亡，凶吉亦从空散。

《义》曰：人来侵害，小事言大。仔细推求，一场虚怪。从革更改，否而复泰。久病惊惶，凶忧无碍。

《象》曰：吉事难成凶事消，成中有变几周遭。如今退隐甘清淡，竚看将来福自饶。

---

① 《壬占汇选》作：戊申年十月辛酉日卯将未时，何上舍己巳年八月二十日午时生，四十岁占前程。

② 《中黄经》作：假令三月将，辛酉日丑时占。而《直指引中黄经》却作：十一月辛酉日丑将巳时，占捕盗。各版本文字均有讹误不明之处，读者宜详辨之。

此知一之卦，一曰从革，一曰龙战，又曰天网。夫知一者，知一而不能知两，知者以为自知、自见，不知为寇仇，故言知一也。以此为用，舍远就近，舍疏就亲，恩中生害，事多起于同类，凡事狐疑，事贵和同乃吉。传见从革，先从而后革也，凡事阻滞，有气则革而进益，无气则革而退失。一曰兵革，一曰金铁。大抵五行正气入于十干杂糅之乡，异方三合乃生旺墓之神，事主丛杂不一，主关众人共谋，不然两三处干事，委曲托人与人相合之类。况龙战，主人心疑惑，进寸退尺，动有乖离之象。卯酉为天之私门，生杀有限，分杜有期，雷动龙奔，示其有战。夫天网者，即天网四张也，《经》云"天网四张，万物被伤"，为阻滞，为疑难，为灾恼。占者遇之此课，占求官虽吉，破碎为扰。上神克日，凡事阻抑，必有侵害欺负之人，不可不防备，幸身旺，力能当之。人宅不宁，两有所损。占婚姻勿用。占财勿取。凡占不足中见喜，病伤筋骨肺劳心。所占凶事化为吉祥，所占吉事有始无终，吉不吉而凶不凶也。有迟滞之事。

占出兵行师同此论，但不可不备其侵袭之扰也。

真一山人云：赢得声名出世奇，徒将心志苦劳思。争如回首林前乐，白眼看他倚势儿。

《无惑钤》云：彼此遭伤，交互有殃。鬼丁破碎，宅怪难当。

《钤解》曰：辛被午克，酉被巳克，彼己俱遭伤矣。巳又克辛，午又克酉，交互相克，尤受其殃也。丁鬼克宅，宅必有怪，又宅有影响，必有怪现，诚为难当。又为破碎，其家业凋零，又焉可当哉？《集议》："彼此全伤防两损"内列此日，谓占讼必两家皆被罪责，诸占各有所亏，占身损伤，占宅崩颓。夜占帘幕临干，旬首最的。此占巳作丁神加宅上，主官动摇。干上鬼，支上丁，人且灾而宅必动摇。亥乘虎冲支上巳，为对邻兽头冲其本家，以致家道衰替。昼贵作鬼临身，占病乃神祇为害，不可作鬼祟。芜淫，凡占先相允许，后不相顾接，各怀恶意。

辛酉日第六课

重审　三奇　斩关　不结果

```
青 阴 空 后          六 阴 朱 玄
亥 辰 子 巳          亥 辰 子 巳
辰 酉 巳 辛          辰 酉 巳 辛


子 癸 亥 青          子 癸 亥 六
官 戌 午 贵          官 戌 午 常
父   丑 白 ◎        父   丑 蛇 ◎


空 白 常 玄          朱 蛇 贵 后
子 丑 寅 卯          子 丑 寅 卯
青亥       辰阴      六亥       辰阴
勾戌       巳后      勾戌       巳玄
酉 申 未 午          酉 申 未 午
六 朱 蛇 贵          青 空 白 常
```

《玉历钤》云：此课用神克巳，谓之伤德，凡百谋用无成。

《毕法》云：巳上有丁神，主动，辛日得之，乃官动也。临于干上，凡占必主官动，有官者差遣不宁，无官者官司勾扰。

上神克日，日上生辰上，用克日上，末克初。

课名重审、三奇。德神加日上而合日辰，吉。三传不吉，所幸末见空亡，吉凶从空而散。

《义》曰：事多扼抑，半直半曲。自作自受，凶中隐吉。公私通泰，有始无终。否中生泰，困里致亨。

《象》曰：墓上传来事必迟，不明不暗几人知。如今为尔丁宁说，月出浮云自有时。

此重审之卦。夫重审者，重而审之也。利为主，利后动，长有厄，事从内起，起于女人。以下犯上，贱犯贵，卑犯尊，事多不顺。阴小在下者，有悖逆之事。占臣未忠，子失孝，事不可遂意而行，必当审察，循乎义理，庶几以免后患也。上神克日，凡事阻塞不利，失节阻碍，常占被人欺负。只利先讼，要有气，余不吉，病讼畏。占者遇之此课，占求官，美中不足，欲成未成。占见贵者吉，以其相生而有和也。占婚姻相合，始终未然。占求财难得。占病者，虽危不妨。占失物难得。占远行，欲至而未能。千里投人，虽见和美，未免徒费粮裹。占久病得此，为驮尸煞。占身宅，必因阴人、盗贼致祸生恼。占小儿，有水惊。其他诸占，皆未尽善，难于始终，所幸旬奇为解。大抵此课，所占吉事未成，凶事解散，最利忧疑、患难、狱讼。人宅未宁。逃盗难获。

占出兵行师，暗中贼兵侵袭，宜先备之。昼夜占，半凶半吉也。

始勤终怠。

真一山人云：神剑埋光未遇人，且将太平伴闲身。一朝揩采辉文斗，献与皇家佐紫宸。

《无惑钤》云：丁马天罡，动意非常。鬼败空墓，官庶皆殃。

《钤解》曰：巳丁临干，亥马发用，天罡入宅，三者并逢，必有非常变动也。中传鬼败之乡，末乃空墓。官为败气，仕宦不利。虎墓凶恶，庶人难当，此乃官庶皆受其殃矣。《集议》：丑加午，将白虎，主争墓田，及道士事。两贵相协。巳作丁神，主官动摇。

辛酉日第七课

反吟　龙战　斩关　三交
二贵受克难干贵　彼此猜忌害相随

```
六 玄 勾 阴          青 后 勾 阴
酉 卯 戌 辰          酉 卯 戌 辰
卯 酉 辰 辛          卯 酉 辰 辛


财 乙卯 玄          财 乙卯 后
兄 辛酉 六          兄 辛酉 青
财 乙卯 玄          财 乙卯 后


青空  白常          六朱  蛇贵
亥子  丑寅          亥子  丑寅
勾戌      卯玄      勾戌      卯后
六酉      辰阴      青酉      辰阴
申未  午巳          申未  午巳
朱蛇  贵后          空白  常玄
```

《玉历钤》云：此课反吟，昼占凶，夜占略可，亦不能大用。

《毕法》云：此课干支上神互作六害，凡占主客相猜忌，互相谋害之意。

上神生日，辰上克日上，日克用。

课名反吟。凡谋皆有欺诈，所幸日辰交合，传禄传财，有吉无凶，暮胜于旦。

《义》曰：子卯相刑，号曰无礼。防守户庭，谨慎男女。病讼反复，事多不一。两门出入，要见端时。

《象》曰：既无和气事难成，假使才成又变更。若是求财还有用，于中到底失人情。

此无依之卦，一曰三交，亦曰龙战。夫无依者，即反吟也。《经》曰："无依是反吟，逃者远追寻。合者应分散，安巢别改林。守官须易位，结友也分襟。所为多反复，占病数般侵。"反吟刑冲，事主迟滞，远近系心，更相仇怨，且反复而呻吟，是无予夺而难息也。《经》云："三交家匿阴私客，不迩自将逃避迤。"凡事失节阻碍，谋事被人阻破，不能成合。况龙战，主人心疑惑，进寸退尺，动有乖离之象。卯酉为天之私门，生杀有限，分杜有期，雷动龙奔，示其有战。玄武六合，奸私暗昧之神，临于私门，女子有奔亡之象。玄合互传，多有私意。占者遇之此课，日辰上逢六害，必有侵损，彼此猜忌，难于用事，未免转托，然后方可也。诸占皆同此论。忌出行，有船车之惊。若占婚姻，必娶妇不明，私暗不正，防有逃走盗窃，宜谨慎门户。事纵有成，多费力。

占出兵行师最不宜，必不得已。利后动，利为主也。

防失脱。

真一山人云：婚姻欲问不堪为，若是求官未许奇。出入船车防损失，也须阴德赖扶持。

《无惑钤》云：上下六害，交互无碍。门户奸私，玄合作怪。

《钤解》曰：卯辰酉戌，上下六害；卯戌辰酉，支干六合。始虽见害，而终无窒碍也。卯酉门户，玄合不正，定主门户前后奸私之事也。《集议》："前后逼迫难进退"内列此日，谓克处回归，又受上克，虽虎贲之勇，亦不可当。两贵受克难干贵。上神六害，下亦六害，此等戾害尤甚。

辛酉日第八课

涉害　度厄　励德　不行传　解离

胎财生气妻怀孕　三传递克众人欺

蛇常朱玄　　　　　白贵空后
未寅申卯　　　　　未寅申卯
寅酉卯辛　　　　　寅酉卯辛

父 己未 蛇　　　　父 己未 白
子 子 空 ◎　　　子 子 朱 ◎
官 丁巳 后 ⊙　　官 丁巳 玄 ⊙

勾青空白　　　　　勾六朱蛇
戌亥子丑　　　　　戌亥子丑
六酉　　寅常　　　青酉　　寅贵
朱申　　卯玄　　　空申　　卯后
未午巳辰　　　　　未午巳辰
蛇贵后阴　　　　　白常玄阴

《中黄经》曰：此课主小儿惊忧，阴人起官事，夏秋有官事相扰，不见刑责，终而放免。何以知之？盖初传未加寅，未中丁鬼，却是解神，虽初传有克，后却有解。若论丁本是鬼为凶，今为解神，却化吉也。解神在初，先用为吉，其未土来生辛金又吉，是以解神在初传生日，虽有罪，却不见责也。其官司自六月起，至来年正月内方息。夏秋合有官司事扰者，谓未中有丁，将是螣蛇，为初传，主小儿惊忧。又本命上戌加巳，为勾陈，带关神，又末传巳加子，为天后，克辛，故云"因阴人小口起官司"。终自不解，却不见刑责，谓初传是今日解神，又带生，是今日解神为贵生日，加在日上，便是徒罪，亦不配矣。若解神不在日上，在传亦为有用。《经》云"解神偏解凶灾事"，切也！（励曰："中末皆空则无事矣，只论未字为解神，何也？"《中黄经》作：假令乙巳人，十一月辛酉日丑将申时，占讼）

《玉历钤》云：此课辛日，未加寅用，中末传空亡，凡占阻隔，不可用。

《毕法》云：此课末传巳加子，助初传之未土去生日干，凡占为有旁人暗地相推荐而享荣旺，但嫌巳临空地，一直费力，未可必成就也。

日克上神，日上克用。

课名涉害、度厄、励德。三下克上，有卑凌尊之象，中末空亡未见。

《义》曰：昼占则惊，夜防则宁。先凶后吉，暗而后明。艰难履历，过此方亨。可惜谋望，来而变更。

《象》曰：欲望求财有惧惊，可怜事事见有更。柳荫啼鸟遗声巧，飞去无踪远近鸣。

此见机之卦。夫见机者，察其微，见其机，谓两比两不比，当以涉害为用。涉害有浅深，欲用不用，欲言不言，事有两而取一。所作稽留，迟疑艰难，进退不定，忧患难消，怀孕伤胎，难于前而易于后。《经》曰：涉害须久历艰辛。又曰："神有两比两不比，上天垂象见人机。涉深发处为初用，作事迟留当有疑。忧患难消经几日？占胎伤孕忌当时。盗失不过邻里取，逃亡亲隐是遥知。"贵神临宅加门户，必有迁修之意。三传递克众人欺，谓自初克至末而克日干，得此必主迤逦相克，有人害己之象，遂教众口相攻，如官兵宜自行检束，以防台史上言相害。所幸中末力弱，终不为畏，或有心众议，不协而止，或有解散。占者遇之此课，占求官、见贵、婚姻、求财、交易、托人、远行、投谒、谋望，所占百事，始虽见形，终还无影，正谓"苗而不秀，秀而不实"，徒费精神机巧，而无益于事也。占忧惊狱讼，却有解散。

占出兵行师不宜，防结众侵克，昼夜所占皆不利，不宜用事，亦徒劳而无益于成事。

终难着力。

真一山人云：暴病忻忻久病忧，任他谋害乐悠悠。许多惊险俱消尽，好事何如不到头。

《无惑钤》云：财虽满前，取为祸端。身不安逸，众语攻攒。

《钤解》曰：寅临支、卯临干，财满目前。取之则为生祸之端，盖以辛既克卯，卯即克未，未克子，子克巳，巳迤逦克至干，遂致众口攻攒而身不得安矣。或曰：中末空亡，不能传至克身，取其财无害，且其财自来，不待强取而可得也。《集议》：解离，夫妇行年值此尤的。日辰三传内战，或自窝犯。"三传递克众人欺"内列此日，有三法：一曰占遇递克，常人平日凶横，被人攻讦状诉，官兵宜自检束，恐合台论劾；又曰取财大获，此法极妙，其他术者未尝识之，乃现此钤事；三曰不可取财，取财则生祸，以致众口攻攒。①

辛酉日第九课

重审　炎上　六仪　九丑

众鬼虽彰全不畏　三传递生人举荐　合中犯煞蜜中砒　支乘墓虎有伏尸

<pre>
后 白 贵 常   玄 蛇 常 贵
巳 丑 午 寅   巳 丑 午 寅
丑 酉 寅 辛   丑 酉 寅 辛

财 甲 寅 常   财 甲 寅 贵
官 戊 午 贵   官 戊 午 常
父 壬 戌 勾   父 壬 戌 勾

六 勾 青 空   青 勾 六 朱
酉 戌 亥 子   酉 戌 亥 子
朱申   丑白   空申   丑蛇
蛇未   寅常   白未   寅贵
午 巳 辰 卯   午 巳 辰 卯
贵 后 阴 玄   常 玄 阴 后
</pre>

《玉历钤》云：此课旦暮贵人皆在传，乃吉课也，却传入墓，凡百求望枉图成。

《毕法》云：此课三传火局，并来伤日，诚为凶也。却幸昼夜天将俱乘土神，盗其火气而生日干，不但免祸，亦可获福。

日克上神，日上克辰上，三传克日，日克用，初克末。

课名重审、炎上、六仪、九丑。三传克日，春夏不遂，只宜见贵图名，其他谋望，终为鬼多不济事。寅午戌年月占，十分大发，名有德卦。

《义》曰：太常东位，美中未利。传见炎上，只宜仕宦。士庶常占，反为灾障。虚多实少，始终两样。

《象》曰：仕宦欢忻病讼难，合中带煞不周全。笑里有刀蜜中砒，只恐施

---

① 《毕法钤断》乃凌子互相发明之书，自相矛盾，何以示人？予遂精研极恶，似得其意。所谓取财致祸，仕宦言也，若贪财，必生物议，以致众口攻攒，即合台史上言之意。

恩反报冤。

此重审之卦，一曰炎上。夫重审者，重而审之也。利为主，利后动，长有厄，事从内起，起于女人。以下犯上，贱犯贵，卑犯尊，事多不顺。阴小在下者，有悖逆之事。占臣未忠，子失孝，事不可遂意而行，必当审察，循乎义理，庶几以免后患也。且炎上，为日，象君，事主多虚少实。占人性刚急，占天晴明。有头无尾。寅午戌，事皆朋党扇惑，纵狂而起，然火初以炎炎，反一熄而灰矣。切后制焉，是以多虚而少实也。占者遇之此课，占求官大利，以其有相生之义。占见贵，暗中虽合，而有未顺之理。占婚姻不宜。占财不利。占病者瘥迟。占宅不宁，有伏尸。常占防人作党欺负，恩中生冤，蜜中砒、笑里刀，有暗中坏事之人。遍地贵人，求贵反不得力。其他诸占谋望，口舌不宁，况多阻滞迟疑，先凶而后吉。欲求散解者，目下须待时方可。

占出兵行师不宜，游都寅，不宜西北乾方抵向，然凶中有解也，仪神之功也。

合而未合。

真一山人云：如何彼此两相伤，主客之间意未昌。百事成中犹未准，众人阻滞不相当。

《无惑钤》云：传官将生，仕宦兴隆。常人释虑，阴告贵成。

《钤解》曰：帘幕旬首，临干作用。三传生天将却生干。况成火局，作日官爻，仕官占此，荣显之兆也；常人占之，官鬼太盛，必为官司事扰。喜昼夜天将皆土，以脱盗三传火气，反有以释忧散虑。夜贵临干，阴谋私嘱，告贵可以成事也。《集议》："三传递生人荐举"内有此日。昼占帘幕临干。"课传俱贵转无依"内列此日。全鬼变为财。"支乘墓虎有伏尸"内有此法，丑乃辛墓，酉门也，丑加酉，为真墓门开，乘虎最凶，主死两三口。"众鬼虽彰"内列此日，谓三传克干，昼夜天将皆土，窃其火气，生其日干，亦可免凶。昼夜贵加求两贵。真九丑，若逢月建（小时是也）及大时，加日辰或入传，有杀父、杀母之事，百事大凶。大时，正月起卯，逆行四仲。

辛酉日第十课

弹射　九丑　励德　闭口　三交

干乘墓虎无占病　空空如也事休追

```
玄 空 阴 白          蛇 阴 朱 后
卯 子 辰 丑          卯 子 辰 丑
子 酉 丑 辛          子 酉 丑 辛


财 乙 卯 玄 ⊙        财 乙 卯 蛇 ⊙
官 戊 午 贵          官 戊 午 勾
兄 辛 酉 六          兄 辛 酉 白


朱 六 勾 青          空 白 常 玄
申 酉 戌 亥          申 酉 戌 亥
蛇 未     子 空      青 未     子 阴
贵 午     丑 白      勾 午     丑 后
巳 辰 卯 寅          巳 辰 卯 寅
后 阴 玄 常          六 朱 蛇 贵
```

《玉历钤》云：此课弹射，卯加子，上下临空地，只宜解忧，不宜谋事。

《毕法》云：此课丑为金墓加辛，为墓覆日干，又乘白虎，昏暗凶否之象。值此宜恐惧修省，以待更变。

上神生日，日上克辰上，用克日上，日克用，末克初。

课名弹射、三交、九丑。墓覆日干，空亡无力，宜散忧，不宜求事。

《义》曰：空墓勿畏，空难致患。闭口倦言，虚惊自弃。事起虚声，成又变更。有喜不实，忧患亦轻。

《象》曰：暴病无伤久病忧，目前好事亦难求。渐看富贵荣华日，有恶来时且莫愁。

此弹射之卦，一曰三交。夫弹射者，乃日克神之谓。《经》曰："日往克神名弹射，纵饶得中还无力。贵人逆转子无良，天乙顺行臣不义。家有宾来不可容，亦忧口舌西南至。"然事主动摇，人情倒置，更主蓦然有灾，求事难成，祸福俱轻，忧事立散，祸从内起。利客不利主，利先不利后。占人不来，访人不见，不利占讼。弹射无力，不可用事，虽凶无畏。传见三交者，前不能进，后不能退，交加其象。此三交也，《经》曰："三交家匿阴私客，不迩自将逃避迍。"凡事失节阻碍，谋事被人阻破，不能成合。丑墓加干，乃昏昧之象，幸作空而无畏也。墓空且不宜占病。占求官难得。占见贵难成，或主客皆无实心，而或有他事不可相见。一曰闭口，凡占事，而人不欲言，访事于人，而人亦不相告，幸踏空亡上也。玄合互传，事多阴暗不明，不宜占婚姻。占宅不安，当以礼守，不致犯分，又见阴小欲有奔逃之象。所占事，事多起于虚声，好事欲求而未求，忧事虽凶而有解救。

占出兵行师，彼此难于交战，未得求功，吉不吉而凶不凶也。

动摇未定。

真一山人云：彩云易散琉璃脆，虽曰日前来福惠。见机知己待时成，莫把时光作容易。

《无惑钤》云：四课及初，表里皆虚。妻财尽失，见有如无。

《钤解》曰：干支阴阳，及初传卯木，俱系空陷，可谓表里皆虚也。卯乃辛金妻财，不惟遥克，且乘玄落空，午先脱之，酉又克之，妻财竭尽，遗贤才虽见前则如无也。中传贵作官鬼，仕官稍宜，常人必因同类争财，以起官事也。《集议》："上下皆合两心齐"内列此日，谓外好里槎芽，上神子丑合空，独留下酉戌害实。遥克坐空，凡占皆虚无也。"空空如也事休追"内有此日，谓四课无形，事不出名，纵然出名，也是虚声。又云：或初传遥克，坐空落空，尤无实迹。"干乘墓虎无占病"内谓辛酉日空墓，尤可畏也。九丑同前说。

辛酉日第十一课

元首　出户　泆女　寡宿

白	青	常	空		后	玄	贵	阴
丑	亥	寅	子		丑	亥	寅	子
亥	酉	子	辛		亥	酉	子	辛

父		丑	白 ◎		父		丑	后 ◎
财	乙	卯	玄 ⊙		财	乙	卯	蛇 ⊙
官	丁	巳	后		官	丁	巳	六

蛇	朱	六	勾		青	空	白	常
未	申	酉	戌		未	申	酉	戌
贵午			亥青		勾午			亥玄
后巳			子空		六巳			子阴
辰	卯	寅	丑		辰	卯	寅	丑
阴	玄	常	白		朱	蛇	贵	后

《玉历钤》云：此课墓神发用，与日上俱是空亡，凡事不可用。

《毕法》云：此课干上见旬空，又乘天空，发用又空，凡占指空话空，全无实象。又干支俱乘脱气，人宅俱衰败，不可复振矣。

上神盗日。

课名泆女、寡宿。丑为墓，又空亡为用，凡谋无成，须待出旬，却利散忧。中财末德，旬后再图可遂。

《义》曰：脱空一临，失却好音。事多虚诳，才好又沉。况人阻隔，涉水登岑。臣忠子孝，孤寡哀矜。

《象》曰：莫将琴剑上皇州，且向溪边理钓钩。退步谁知中隐吉，浮云散尽月明眸。

此元首之卦，一曰泆女，一曰寡宿。夫元首者，尊制卑，贵役贱之象。占事多顺，利于先举，事多起于男子。为臣忠，为子孝，正大光明而无邪僻之行，德业已著而乾乾进修，常怀危惧，惕励而无咎也。传见泆女，《经》云：“天后常为厌黩神，须知六合是私门。二将取名称泆女，夫妇失友异情恩。"此乃暗昧不明之象，男女不正之意，占婚姻媒妁不明，占男女不正而多私意，占家宅宜谨慎闺门，以防阴小越礼，惟能以礼自防者可化之。《赋》云："寡宿孤辰，值此尤妨骨肉。"占身得此，主见孤独，别离乡井，自立门户，财物虚耗，僧道宜之，俗不宜也。此十干不到之地，五行空脱之乡，能灭凶神，能消奇祸，能消惊而解仇怨也。官位逢之，须当改任，事多起于虚声，人宅耗盗，有损无益，出者多而入者少，得不偿费也。占者遇之此课，有影无形，多虚少实。占求官、见贵、婚姻、交易、谋望，百事难于成就，须别图以待时，好事不成，凶事消化。占久病得之大凶，新病可救。

占出兵行师得此不宜，防失众心，不能成功，徒劳而已矣。

脱空未得。

真一山人云：绿荫随处乐清闲，试把诗书月下看。富贵荣华诚有命，也须回首看巴山。

《无惑钤》云：自墓传生，末鬼旬丁。昼财须失，凶动难停。

《钤解》曰：丑墓乘虎，必主病讼。卯财乘玄，必主耗失。末巳日鬼，旬内丁神，其凶动甚速，殆不消停矣。但自墓传生，病讼有解。《集议》："金日逢丁凶祸动"内列此日，为因官鬼、父长凶动。出户诗："出户逢白日，欲求干旺时。君子升阳渐，小人当危疑。"空上逢空，昼占。互脱，说见前庚申日第九课内。"空上逢空事莫追"内列此日，以子为脱空神，凡占无中生有，尽是脱空，全无实迹，不足信也。末助初生，有人暗中相助推荐。人宅受互脱，喻"天网恢恢"，又喻"东手得来，西手而去"。

辛酉日第十二课

重审　斩关　进茹　不备　三奇　不行传

白	常	空	白		玄	常	阴	玄
亥	戌	子	亥		亥	戌	子	亥
戌	酉	亥	辛		戌	酉	亥	辛

子	癸	亥	白		子	癸	亥	玄
子		子	空 ◎		子		子	阴 ◎
父		丑	青 ◎⦿		父		丑	后 ◎⦿

贵	后	阴	玄		勾	青	空	白
午	未	申	酉		午	未	申	酉
蛇巳			戌常		六巳			戌常
朱辰			亥白		朱辰			亥玄
卯	寅	丑	子		卯	寅	丑	子
六	勾	青	空		蛇	贵	后	阴

《玉历钤》云：此课玄白为用，中末空亡，吉凶皆不成。

上神盗日，辰上克日上，末克初。

课名元首、失友、芜淫。中末皆空，只可散忧，不可望吉，凡事有名无实。

《义》曰：连茹空脱，事无着落。虚利虚名，成中变诈。静亦耗盗，动谋惹笑。善守循理，终得怡乐。

《象》曰：一笠渔蓑一叶舟，任他江海司优悠。他时竚看峥嵘日，渭水当年起白头。

此重审之卦。夫重审者，重而审之也。利为主，利后动，长有厄，事从内起，起于女人。以下犯上，贱犯贵，卑犯尊，事多不顺。阴小在下者，有悖逆之事。占臣未忠，子失孝，事不可遂意而行，必当审察，循乎义理，庶几以免后患也。亥子丑，进连茹也，进中有退，退中有进，事主欲行不行，欲止不止，先进而后退，节外生枝，旧事从新，根苗不断，吉凶相逐，一事未脱，一事相拘。日生上神，虚费百出，谋望不遂，盗失损财，人口衰残，休囚尤重，又为子孙脱漏之事。占者遇之此课，脱空满目，有影无形，动为耗盗，有始无终。占求官艰难。占见贵未济。常占盗失，人宅不安。婚姻虽美而不利。占谋望，虽好而难成。占暴病得此为福，久病逢之为凶。其他诸占，号曰无用无益，徒劳心力，不如闲人集福。惟利夫公讼、忧惊、患难之事，以能解凶作吉也。

占出兵行师不宜，亦始终不成其事，防欺诈，敌使之不实，传报不得也。

动不如静。

真一山人云：几多更变不同前，却讶青娥误少年。洞里桃源徒浪说，伊谁不欲作神仙。

《无惑钤》云：重脱墓空，凶吉无踪。尊就卑幼，旺禄才逢。

《钤解》曰：亥子重脱干气，中子末墓俱空，吉凶总不成也。干往加支，屈尊以就卑幼，方能得以逢其旺禄矣。《集议》："避难逃生须弃旧"内列此日，辛被亥水脱，三传又不可投，遂投支上以就酉禄，是为避难逃生。"须忧狐假虎威仪"内列辛酉日，亥加辛，昼虎夜玄，皆乘脱气，所幸亥水临于戌土之上，尚惧戌土，不致全脱，尤不宜动作，只宜守旧。余五辛日，皆如上说。干上脱气，夜乘玄武，亦如"脱上逢脱"之说，宜防虚诈不实也。

壬戌日

壬戌日第一课

伏吟　三奇

<pre>
白 白 空 空   白 白 常 常
戌 戌 亥 亥   戌 戌 亥 亥
戌 戌 亥 壬   戌 戌 亥 壬

兄 癸 亥 空   兄 癸 亥 常
官 壬 戌 白   官 壬 戌 白
官 己 未 阴   官 己 未 勾

贵 后 阴 玄   朱 六 勾 青
巳 午 未 申   巳 午 未 申
蛇辰   酉常   蛇辰   酉空
朱卯   戌白   贵卯   戌白
寅 丑 子 亥   寅 丑 子 亥
六 勾 青 空   后 阴 玄 常
</pre>

《玉历钤》云：此课天空戌也，中传亦戌也，二戌土克一亥水，末传未又来助之，壬亥受克，凶否之象，凡占不可用。

《毕法》云：此课戌为尸墓之神，上乘白虎，凡占宅，必有伏尸之鬼为殃，或见形影，或发声响，西北方挖掘，必有骸骨，移于东郊，以须掩埋，其害自息。

上神德日，辰上克日上，末克初。

课名伏吟、自任。此课德神临日为外，魁罡临辰为内，以德为用，利外不利内，中末二传皆鬼，先难后易之课也。君子宜退避，远之则不妨，若轻举妄动，其中必有不定之象。

《义》曰：旺禄宜守，动则生咎。天魁作虎，占病难祐。若还求官，反为福美。若问婚姻，闻喜不喜。

《象》曰：宾主不利难济事，又虑家人遭官系。于中化得吉神扶，渐渐知君家利益。

此自任之卦。夫自任者，乃伏吟之谓，十二神各归本家，天地如一，四伏未发之象。占事静则宜，动则滞，主事藏匿不动，静中求劳，有屈而不伸之象。《经》云："任信伏吟神，行人立至门。失物家内盗，逃者隐乡邻。病合难言语，占胎聋哑人。访人藏不出，行者却回轮。"伏吟举动未遂，刚日占行人即到。壬戌伏吟，孕妇多凶，家出双生之子，又主丧祸重重。日鬼加于辰两课，门中官病两相侵。在六月节内占，为魄化卦，死神为白虎，乘天鬼克日，占病必死。又为伏吟，幸传旬奇、日德稍喜，凶中化吉。凡占为闭口之象，病多不言，或咽喉不利而不能言，或禁口痢之象。占者遇之此课，占求官利。占见贵不和。占婚姻不宜，若勉强而成，则终见刑克。占求财未得，得不偿失。占宅凶，或有伏尸，故气为孽，以致人口不宁，灾乖叠见，不然宅有丧孝，移之方免。远行忌正西与东南方。不宜投谒，谓之千里徒劳费粮裹，言不得喜也。

占出兵行师不宜，伏吟利主不利客，利静不利动，不宜偷营劫寨，恐彼之兵强也。

守之则吉。

真一山人云：人多受克宅多凶，意欲投人冈用功。最好只缘阴德重，善人从此便亨通。

《无惑钤》云：干及初传，闭口难言。两戌一未，勾虎为愆。

《钤解》曰：德入天门，亥乃旬尾，临干发用，凡事闭口，难于启齿。支及中传，戌乘虎，末未旬己，乘勾相刑，结连为鬼，其为冤憎真矣，壬水何以当哉？《集议》：墓中鬼蹲，为内鬼呼。

壬戌日第二课

元首　退茹　不备　乱首　斩关

```
玄 常 常 白        青 空 空 白
申 酉 酉 戌        申 酉 酉 戌
酉 戌 戌 壬        酉 戌 戌 壬


官 壬 戌 白        官 壬 戌 白
父 辛 酉 常        父 辛 酉 空
父 庚 申 玄        父 庚 申 青


蛇 贵 后 阴        蛇 朱 六 勾
辰 巳 午 未        辰 巳 午 未
朱卯      申玄     贵卯      申青
六寅      酉常     后寅      酉空
丑 子 亥 戌        丑 子 亥 戌
勾 青 空 白        阴 玄 常 白
```

《玉历钤》云：此课戌加亥为用，谓之阴关，凡事阻隔，不能成就。

《通神集》云：此课支神临干克干，名上门乱首，以下犯上，事体尤重，或下人病疾，或奴仆坏事累主，或子弟犯父兄，或黎民犯官长，皆以下犯上，乱首之象也。将又昼夜白虎，其祸真凶，惟年命有解神则可消散。

《毕法》云：戌为天魁，亥为天门，戌加亥为用，谓之魁度天门，凡事谋用，皆被阻隔。此课又昼夜二乘神皆是白虎，尤凶，占病多是膈气食积，占盗必是被人遮护难获，凡占不免关隔二字而已。

《心镜》歌云：白虎西方本属金，惟防刑杀忌加临。若逢死气真为祸，年命须当有救神。遇此课名魄化卦，人虽无病也昏沉。未时午将壬戌日，白虎临魁又加壬。六月死神来至戌，更逢年命祸尤深。克上为内下为外，阳为男子女为阴。魁罡立处身当祸，魄散魄飞何处寻？

上神克日，日上生辰上。

课名元首、进茹。辰加日，作虎克日，酉戌、申亥皆六害，有聚众伤己之意，所喜酉申生日，凶中有吉，先难后易之课，先凶后吉也。

《义》曰：催官使者，最好求官。魁度天门，阻隔为关。勾留迟滞，屈而未伸。上门乱首，失义难任。

《象》曰：事多阻滞更疑难，君子知机且放欢。万事虽难终须易，也宜奈守示盘桓。

此元首之卦，一曰上门乱首，一曰天网，又曰斩关。夫元首者，尊制卑，贵役贱之象。凡事多顺，利于先举，事多起于男子。为臣忠，为子孝，正大光明而无邪僻之行，德业已著而乾乾进修，常怀危惧，惕励而无咎也。传见乱首，《经》云："日往加辰辰克日，发用当为乱首名。"夫上门乱首者，必主挠乱不率，作事颠倒，上下紊乱，父子、夫妻、兄弟、朋友有失其恩义，凌犯之象也。况天网者，即"天网四张，万物被伤"，为阻滞，为疑难，为灾恼。况斩关有奔亡之象，《经》云：斩关不利于安居，而利于逃亡也。然此亦非真体。戌加壬，有阻隔之意。占者遇之此课，逆连茹也，事主欲行不行，欲止不止，根苗不断，旧事从新，吉凶相续，一事未了，一事又逐。占求官，昼占迟疑，夜占迅速，以白虎为催官使者致其速也。占财未顺，得年命之上巳午方可。占婚姻，犯六害，不宜。亦不利交易、投谒、见贵，彼此有猜忌之象，以其逢害而不和也。占行人来。病讼惊忧迟滞。逃亡自归。

占出兵行师得此不宜，昼夜皆凶畏不定，不可轻动，大宜密察防范，勿为他人所欺也。慎之！慎之！

难中生易。

真一山人云：用兵得此且休兵，强动之时未足论。病讼逢之尤不利，定知此理甚分明。

《无惑钤》云：支戌为卑，上下相欺。惟宜猛弃，长生后随。

《钤解》曰：戌支，卑也，来克壬干，是下人欺侮也。最宜猛弃，恋则有祸，当就中末申酉之长生可也。水日土虎，占祸极凶，土若囚死，为魄化卦。《集议》："虎临干鬼凶速速"内列此日。"魁度天门关隔定"内列此日，谓昼夜皆乘白虎，占病必气食所隔，或祟为隔，服药下之佳，占盗贼难捉，访人不见，诸占未免关隔二字而已。

壬戌日第三课

元首　顾祖　泆女

后 玄 阴 常	玄 白 常 空
午 申 未 酉	午 申 未 酉
申 戌 酉 壬	申 戌 酉 壬

财 戊 午 后	财 戊 午 玄
官 丙 辰 蛇	官 丙 辰 后
子 甲 寅 六	子 甲 寅 蛇

朱 蛇 贵 后	贵 后 阴 玄
卯 辰 巳 午	卯 辰 巳 午
六 寅　　未 阴	蛇 寅　　未 常
勾 丑　　申 玄	朱 丑　　申 白
子 亥 戌 酉	子 亥 戌 酉
青 空 白 常	六 勾 青 空

《玉历钤》云：此课壬日得午，丁壬暗合，却乃夹克用神，事不全美，凡占阻隔，难后求成。

上神生日，用克日上，日克用。

课名元首。中传是墓，此首尾皆吉，中有小阻，可举可成，丁壬合、寅亥合也。

《义》曰：上门相助，子孙来顾。子孝臣忠，自然致富。虚一待用，占财有幸。只嫌阻隔，进遇不定。

《象》曰：泆女私情预可起，婚姻子女莫强为。若逢当季来生日，富贵声名准可期。

此元首之卦，一曰泆女。夫元首者，尊制卑，贵役贱之象。占事多顺，利于先举，事多起于男子。为臣忠，为子孝，正大光明而无邪僻之行，德业已著而乾乾进修，常怀危惧，惕励而无咎也。传见泆女，《经》云："天后常为厌翳神，须知六合是私门。二将取名称泆女，夫妻失友异情恩。"夫泆女乃不正之课，占男女有阴私暗昧之理，占家宅宜防阴小有越礼犯分者，占婚姻媒妁不明，不宜婚姻，惟能以礼自防者，谨于闺门而自化其事也。上神生日，所谋百事吉，运用如意，逢凶不凶，逢吉愈吉。若当季神生日者，主声名显达，岁命生日者，尤为吉昌。午辰寅，顾祖迎亲复旧庐，求财谋望始堪图。惟有庚日不宜见，鬼来又向鬼乡居。退间传，退而有隔，隔而后进。占者遇之此课，占求官利。见贵平和。占婚姻不宜，以其男女多私，而媒妁不明也。七月占，为胎财，妻有孕；正月占，妻损胎。利于求财，有人相助。占讼事了又发。凡事欠和，虚以待用。病有阻隔不利。

占出兵行师得此，昼占无威而不宁，夜占失物而忧疑，动有阻隔不利，为将者慎而勿忽。

事多阴私。

真一山人云：七月胎财妻子孕，孟春必见损其胎。课中此理真无假，好积阴功莫司骇。

《无惑钤》云：末助初财，玄虎未谐。助其妻类，婚媾宜哉。

《钤解》曰：午属妇女，且乘天后，乃壬之妻类也。六合为媒，临寅以生午天后，乃妻类得助，若占婚姻大利，虽初末玄虎（末不为虎，夜虎居宅）无妨也（勋曰：卦名泆女，主男女暗昧阴私，占婚多是不正之兆也）。《集议》："末助初兮三等论"内列此日，为末助初财，暗中有人以财相助，如占博弈最宜，主内外一心。顾祖诗同。

壬戌日第四课

元首　玄胎　闭口

三传递生人荐举

```
蛇 阴 贵 玄        后 常 阴 白
辰 未 巳 申        辰 未 巳 申
未 戌 申 壬        未 戌 申 壬


财 丁 巳 贵        财 丁 巳 阴
子 甲 寅 六        子 甲 寅 蛇
兄 癸 亥 空        兄 癸 亥 勾


六 朱 蛇 贵        蛇 贵 后 阴
寅 卯 辰 巳        寅 卯 辰 巳
勾 丑     午 后   朱 丑     午 玄
青 子     未 阴   六 子     未 常
亥 戌 酉 申        亥 戌 酉 申
空 白 常 玄        勾 青 空 白
```

《玉历钤》云：此课巳中有丁，丁壬相合，却嫌末克初传，吉凶相半矣。

《毕法》云：此课干上申，支上未土生申金而生日干，必是年命有神能治未鬼，然后作福。

《心照》云：此课未为太常克干，居于宅上，如占病，必因喜事燕饮而得，以致危困。凡占亦是喜中致害，乐里生悲之象。

上神生日，辰上生日上，用克日上，日克用，末克初。

课名元首、玄胎。三传与干支皆合，初财，中末得合，此吉课也，可以用事。

《义》曰：财官禄马，仕宦利益。庶人纷更，公中财及。有人相助，不可辜负。久病驮尸，须得吉助。

《象》曰：巳加申上病玄胎，不是占儿便问财。老小若还因病得，提防人口动悲哀。

此元首之卦，一曰玄胎。夫元首者，尊制卑，贵役贱之象。占事多顺，利于先举，事多起于男子。为臣忠，为子孝，正大光明而无邪僻之行，德业已著而乾乾进修，常怀危惧，惕励而无咎也。玄胎如婴儿隐伏之状，利上不利下，事主远而多伏，暗昧不通，触则成祸，惟君子守正修德则亨。上神生日，所谋百事吉，运用如意，遇灾不凶，逢吉愈吉。有人上门生助之义，不待我之费力而人同相助也。若秋占，主声名显达，岁命生日，尤为吉昌。占者遇之此课，占求官迁转。占见贵未和。占婚姻和合，隔角少恩。占财乃贵人之财、公平之财。占病，新病不畏，久病可忧。占失脱，宜寻觅。占孕为病玄胎，忧胎孕不安。不宜占老人小儿病，老人为去故就新，小儿为再投胎，宜祈禳为善以化之，多费财可也。占公讼，亦多费财为福。逃亡得归。人宅不安。

占出兵行师，玄白在日不宁，幸昼占天乙有开地千里之功，夜占中止，还宜防范。大抵兵法贵在将者之机变，亦不可轻举也，惟不动待时吉，此先难后易也。

真一山人云：求官见贵福星临，暴病逢之是好音。老子小儿如得此，投胎去故定身沉。

《无惑钤》云：夜常临宅，喜中不测。省亲致病，惹鬼为厄。

《钤解》曰：未临宅上，夜占乘常克干，如占病，必因喜事及宴饮，或往亲家，带未鬼来克壬，此喜中不测，省亲致病之谓也。戌，宅也，未临其上，而戌刑之，主致病而归，非惹鬼为贼而何？《集议》："受虎克神为病证"内列此日，有未为太常之说。亥禄为闭口，亥旬尾加寅旬首，闭口尤甚。"三传递生人荐举"内列此日，三传生支上未土，未生干上申金育身，但勿谓未为鬼，然后为福。鬼临三四讼灾随。巳乃丁神，则因妻而财动。

壬戌日第五课

涉害　曲直

上下皆合两心齐　众鬼虽彰全不畏

```
六 后 朱 阴          蛇 玄 贵 常
寅 午 卯 未          寅 午 卯 未
午 戌 未 壬          午 戌 未 壬


官 己 未 阴          官 己 未 常
子 乙 卯 朱          子 乙 卯 贵
兄 癸 亥 空          兄 癸 亥 勾


勾 六 朱 蛇          朱 蛇 贵 后
丑 寅 卯 辰          丑 寅 卯 辰
青子      巳贵      六子      巳阴
空亥      午后      勾亥      午玄
戌 酉 申 未          戌 酉 申 未
白 常 玄 阴          青 空 白 常
```

《玉历钤》云：此课壬日，小吉为用，丁壬相合，太阴、太常皆吉，凡百求望，虽有曲折，亦可成就，大用未必全美。

《毕法》云：此课干上支上同为六合，凡占必有心合意合之人相助成事。

上神克日，辰上生日上，用克日，初克末。

课名涉害、曲直。三传化子孙爻，冬春旺相有气，夏秋失时不济事。得此课者，宜托人委曲可遂，凡百求望，小事成，大事阻。

《义》曰：脱耗精神，克宅为迍。虽然作解，亦不利人。占病虚极，因风受肝。朋合赚脱，仔细防备。

《象》曰：历遍崎岖方坦途，也知迟滞事稽留。事当几遍才成就，久病之人又可愁。

此见机之卦，一曰曲直，一曰天网。夫见机者，察其微，见其机，谓两比两不比，当以涉害为用。涉害有浅深，欲用不用，欲言不言，事有两而取一，所作稽留，迟疑艰难，进退不定，忧患难消，怀孕伤胎，难于前而易于后。曲直者，先曲而后直也，象木之谓。此乃五行之正气入十干杂糅之乡，异方三合乃生旺墓之神，事主丛杂不一，主关众人共谋，不然两三处干事，委曲托人与人相合之类。又如推磨者，无休歇之象，一事去，一事来，往来不歇。必得吉将用事，须得人引进方可。且天网者，即天网四张也，《经》曰"天网四张，万物被伤"，为阻滞，为疑难，为灾恼。上神克日，先阻抑而后顺利也。但三传脱耗，未免费心劳力，谋望不遂，盗失损财，人口衰残，家宅不宁，得不偿费，又为子孙脱漏之事，或两三人朋合赚脱，以致事难成，而反失其财也。故曰："夜失钱财，土将为冤。休言传盗，救祸之源。"占者遇之此课，占求官谋事，目下难成，须待金水生旺之时。若占忧疑、患难、公讼之类，却喜有解。占久病者凶。占胎堕不安。占产易生。

占出兵行师，粮草不及，防人赚脱，无益之象。

事多失脱。

真一山人云：时当辛苦更劳心，终是将来有好音。小就便宜方可用，预防赚脱值千金。

《无惑钤》云：脱耗钱财，三传迭成。木神有救，土鬼为灾。

《钤解》曰：午财临支，夜占乘玄，定主失脱。天将皆土，并成克干，冤憎似难解矣，幸赖三传木而救祸，焉可以脱盗而概论哉？《集议》："万事喜忻三六合"末后列此日，干支六合，传作三合。未乘太阴临亥，主小儿婚姻。占讼先直后曲。"众鬼虽彰"内列此日，如钤说。三传脱干，生起支上午财，名取还魂债。

壬戌日第六课

重审　不行传　四绝

胎财生气妻怀孕　三传递生人举荐

```
青 贵 勾 后          六 阴 朱 玄
子 巳 丑 午          子 巳 丑 午
巳 戌 午 壬          巳 戌 午 壬


财 戌 午 后          财 戌 午 玄
官    丑 勾 ◎       官    丑 朱 ◎
父 庚 申 玄 ⊙       父 庚 申 白 ⊙


青 勾 六 朱          六 朱 蛇 贵
子 丑 寅 卯          子 丑 寅 卯
空亥      辰蛇       勾亥      辰后
白戌      巳贵       青戌      巳阴
酉 申 未 午          酉 申 未 午
常 玄 阴 后          空 白 常 玄
```

《玉历钤》云：此课虽丁壬为合，但玄后夹克，又初传克末传，凶多吉少之象，又不行传，凡占所事不成。

《毕法》云：此课三传初生中，中生末，末生日干，次第来生之象，凡占必有人隔三隔四于上位推荐，但嫌天将不吉，又中末二传空亡，竟成画饼，未成全遂也。

日克上神，日克用，初克末。

课名泆女、四绝。中末传空，此初传为干合，可结绝旧事，百事有始无终，所以不可谋新也。兼初克末，事亦少成。

《义》曰：夹财难得，必然费力。得之难蓄，散之有益。其中吉凶，有始无终。知机君子，乐畅于中。

《象》曰：拨灰见火光明少，世事也知不用巧。从兹莫讶事难来，此个机关当鉴早。

此重审之卦，一曰泆女。夫重审者，重而审之也。利为主，利后动，长有厄，事从内起，起于女人。以下犯上，贱犯贵，卑犯尊，事多不顺。阴小在下者，有悖逆之事。占臣未忠，子失孝，事不可遂意而行，必当审察，循乎义理，庶几以免后患也。传见泆女，《经》云："天后当为厌翳神，须知六合是私门。二将取名称泆女，夫妻失友异情恩。"夫泆女乃不正之课，占男女有阴私暗昧之象，占家宅防阴小有越礼犯分者，占婚姻媒妁不明，惟能以礼自防，谨守闺门而自化其事也。求财乃夹克之财，不由自己之财也。事多隔七隔八。占者遇之此课，乃三传递生，必有多人荐举，必有人隔三隔四于朝廷推举，以成就其事，惜其课中末皆空，虽有荐举之心，实有难就之理。由此占求官、见贵、谋望及其他百事，欲成而未必成也，假使有成，终不得用。若占忧惊患难，却有解而不成凶。

占出兵行师，亦有始而无终，此乃"苗而不秀，秀而不实"之象也。

影响莫测。

真一山人云：有酒逢人且莫推，醉中理趣自家知。自然不饮空回去，明月清风说向谁？

《无惑钤》云：妻奴作怪，子息讨债。迤逦生身，财因此坏。

《钤解》曰：巳遁旬丁，壬之妻也，丁神临宅，主乖动。巳带丁神，往生戌土以克壬干，是妻奴相生而作怪矣。午乃壬之财也，临干发用，财已入手矣。但丁壬合而化木，为壬之子孙，盗脱壬气，是得之于彼而又失之于此，非子息讨债而何？午火生丑土、生申金、生壬水，迤逦生身，固云美矣。午财既得，递生所脱，又遭夹克，不由己用，非财因此坏而何？《集议》："水日逢丁财动之"内列此日，为因妻之财动。午财遁戊，必因财致祸，因食丧身，因妻成讼。长生无气。"三传递生人荐举"内列此日。丑加午得勾朱，主田宅争竞。午乃壬水胎财，七月为生气，有孕喜。两贵相协。辰戌加卯酉，墓门开，又为外丧入内，宜合寿木以禳之。

壬戌日第七课

反吟　玄胎

```
青 后 空 贵          青 后 勾 阴
戌 辰 亥 巳          戌 辰 亥 巳
辰 戌 巳 壬          辰 戌 巳 壬


财 丁 巳 贵          财 丁 巳 阴
兄 癸 亥 空          兄 癸 亥 勾
财 丁 巳 贵          财 丁 巳 阴


空 白 常 玄          勾 六 朱 蛇
亥 子 丑 寅          亥 子 丑 寅
青戌      卯 阴      青戌      卯 贵
勾酉      辰 后      空酉      辰 后
申 未 午 巳          申 未 午 巳
六 朱 蛇 贵          白 常 玄 阴
```

此课德丧神销，人亡家破。何以言之？盖壬德在亥，亥乃闭口，无德可言，是为德丧。壬生于申，绝在巳，又丁巳生人，禄在午火，火被水灭，是为神销。六月巳为生气受克，亥为死气为主，可谓人亡。辰来破宅，又为干支之墓，可谓家破。一乃宅水不通，二为灶厕不便。我去彼绝，彼来此绝。墓神克日，是为凶课。童家遂迁店屋而居，其屋遂空，后之祸福，可以免解。①

《玉历钤》云：反吟本凶，天将稍吉，一切求望，反复而后小成。

《毕法》云：此课太阴内战，凡占必主阴私幽隐之事牵缠，有人暗中谋害。

《玉成歌》云："日鬼加临辰两课，门中官吏乃相萦。"盖以日鬼加辰之两课，主门户官司之勾连也。

日克上神，日上生辰上，日克用。

---

① 《壬占汇选》作：己酉年六月壬戌日未将丑时，童得松丁巳生，五十三岁占宅。

课名反吟、无依、玄胎。一为禄德，二作财神，虽曰反吟，却皆有用。宅上见墓，此利外不利内，利动不利静之课也，凡占谋用吉。

《义》曰：事有两头，重求轻得。地陷东南，天倾西北。此理不足，谁为甄别？是名真法，无法可说。

《象》曰：反吟之课多反复，交好恩情失和睦。勉之以义德相扶，勿使美中生不足。

此无依之卦，一曰玄胎。夫无依者，即反吟也。《经》云："无依是反吟，逃者远追寻。合者应分散，安巢别改林。守官须易位，结友也分襟。所为多反复，占病数般侵。"反吟刑冲，事主迟滞，远近系心，更相仇怨，且反复而呻吟，是无予夺而难息也。玄胎如婴儿隐伏之状，利上不利下，事主远而多伏，暗昧不通，触则成祸，惟君子守正修德则亨。玄胎不利占老人小儿病，以其去故生新，再投胎之谓。水日逢丁，因财而动。墓神临支，占宅不宁，谓之宅旺人衰，惟利占信、望行人，却有可至之理。占者遇之此课，占求官，反复艰辛。占见贵人不利。夜占为帘幕贵人，试登高甲。占婚姻不宜，若勉强成之，终见反目，否则睽离之叹。占病以临绝地为不吉也，惟有大阴德者可免。夫四绝课，惟宜结绝旧事，不可图新。占出行，东南西北俱不利。其他诸占，皆反复不一，重求轻得，所占必有二意，或两样事之象。

占出兵行师得此，反复不宜，防亲信者有离背不和之意，当勉之恩结之义，幸贵人举兵有开地千里之说。若不得已而用之，全在将之能也。夜占中止。谨之！谨之！

白浪翻空。

真一山人云：帘幕贵人宜仕宦，登科甲第声誉冠。图新余事全未亨，居者相离成叹羡。

《无惑钤》云：财内藏丁，取之损身。家声丑恶，病讼频临。

《钤解》曰：巳乃壬财，暗藏丁神，往来不定，动变非常，投而取财，多损身心也。天罡乘后临戌，家人定有丑恶之事。辰戌猛烈，临于支之两课，以作干鬼，此所以病讼频频而至矣。《集议》："鬼临三四讼灾随"内列此日，谓日鬼全临三课、四课者，官司病患接踵而至，惟宜作福修德，反归正道，庶得少轻，犹未免病讼二事。"将逢内战所谋危"内列此日，为太阴内战。天罡乘后临戌，主男女私通事。两贵受克难干贵。

壬戌日第八课

涉害　斩关　天网

彼此全伤防两损　华盖覆日人昏晦　彼此猜忌害相随

<table>
<tr><td>六</td><td>阴</td><td>勾</td><td>后</td><td></td><td>白</td><td>贵</td><td>空</td><td>后</td></tr>
<tr><td>申</td><td>卯</td><td>酉</td><td>辰</td><td></td><td>申</td><td>卯</td><td>酉</td><td>辰</td></tr>
<tr><td>卯</td><td>戌</td><td>辰</td><td>壬</td><td></td><td>卯</td><td>戌</td><td>辰</td><td>壬</td></tr>
</table>

<table>
<tr><td>官</td><td>丙辰</td><td>后</td><td></td><td>官</td><td>丙辰</td><td>后</td></tr>
<tr><td>父</td><td>辛酉</td><td>勾</td><td></td><td>父</td><td>辛酉</td><td>空</td></tr>
<tr><td>子</td><td>甲寅</td><td>玄</td><td></td><td>子</td><td>甲寅</td><td>蛇</td></tr>
</table>

<table>
<tr><td>青</td><td>空</td><td>白</td><td>常</td><td></td><td>青</td><td>勾</td><td>六</td><td>朱</td></tr>
<tr><td>戌</td><td>亥</td><td>子</td><td>丑</td><td></td><td>戌</td><td>亥</td><td>子</td><td>丑</td></tr>
<tr><td>勾酉</td><td></td><td>寅玄</td><td></td><td>空酉</td><td></td><td>寅蛇</td></tr>
<tr><td>六申</td><td></td><td>卯阴</td><td></td><td>白申</td><td></td><td>卯贵</td></tr>
<tr><td>未</td><td>午</td><td>巳</td><td>辰</td><td></td><td>未</td><td>午</td><td>巳</td><td>辰</td></tr>
<tr><td>朱</td><td>蛇</td><td>贵</td><td>后</td><td></td><td>常</td><td>玄</td><td>阴</td><td>后</td></tr>
</table>

《玉历钤》云：此课日墓覆日，乘天后为用，又受末传克之，凡占一切无成。

《毕法》云：此课支之华盖作干之墓神，临于干上，乃为发用，谓之华盖覆日，凡占晦昧不明，身宅俱不得通畅也。又云：干上伤干，支上伤支，彼此皆伤，俗所谓"家鬼害家人"也。

上神墓克日，辰上克日上，用克日，末克初。

课名涉害、长幼。墓神覆日，日辰俱受上神克，墓神为用，官鬼克人，子孙克宅，大不济事。所幸初凶中合，末寅与日干相合，末克初凶，终不如意。

《义》曰：日墓昏蒙，动多阻抑。天后内战，事未顺遂。不恼生灾，否去泰来。事多更改，彼此疑猜。

《象》曰：莫谓人生不自由，心田淡泊自优游。事能顺理行将去，从此心中没点愁。

此见机之卦，一曰天网，一曰斩关，又曰泆女。夫见机者，察其微，见其机，谓两比两不比，当以涉害为用。涉害有浅深，欲用不用，欲言不言，事有两而取一，所作稽留，迟疑艰难，进退不定，忧患难消，怀孕伤胎，难于前而易于后。夫天网者，即天网四张也，《经》曰"天网四张，万物被伤"，为阻滞，为疑难，为灾恼。传见斩关，非安居之象，占者多不自由，事多暗昧不和，离散口舌，欲隐身避难者，却利乎奔逃也。又主人情暗中不顺，多见更改，事多中止，坟墓破坏，占婚姻亦强成，难于久远。凡事历遍艰辛，然后可遂。泆女乃不正之课，占男女有阴私暗昧之象，占家宅防阴小有越礼犯分者，占婚不宜，必媒妁不明，惟能以礼自防者，谨守闺门而自化其事也。三上克下为长幼，事忧老小稽留。引从地支，迁修宅舍。支干全伤，彼此猜忌，俱不利也。占者遇之此课，占求官迟。占见贵不利，以致昏昧。交易、谋干皆昏蒙，举动多暗，逃盗难捕。占讼两有损伤，惟宜相和，所占不利。占病者凶。

占出兵行师，勿忽，防人侵欺。谨之！

难中生易。

真一山人云：说尽许多玄妙处，尤防暗里被人侵。行兵得此勿轻忽，须要机关海样深。

《无惑钤》云：刑害相遇，墓传败脱。宅象引从，宅舍广阔。

《钤解》曰：辰土克壬，卯木克戌，彼己受制矣。及三传初墓、中败、末脱，俱为无益，但初末引从戌支，最宜迁修家宅，而家宅广阔矣。《集议》："前后引从升迁吉"内谓凡遇引从地支，宜迁修家宅。"华盖覆日人昏晦"内列此日，谓辰之华盖作干之墓神，临干发用，凡占身位，多昏晦，卒难明白，或遭冤枉，难以分诉。占行人，尽在不如意也。彼此全伤，说见己未日第六课。上神六害。"治鬼之位乃良医"内列此日。

壬戌日第九课

重审　曲直　交车合

众鬼虽彰全不畏

```
蛇 玄 朱 阴          六 后 勾 贵
午 寅 未 卯          午 寅 未 卯
寅 戌 卯 壬          寅 戌 卯 壬

官 己 未 朱          官 己 未 勾
兄 癸 亥 空          兄 癸 亥 常
子 乙 卯 阴          子 乙 卯 贵

勾 青 空 白          空 白 常 玄
酉 戌 亥 子          酉 戌 亥 子
六 申     丑 常      青 申     丑 阴
朱 未     寅 玄      勾 未     寅 后
午 巳 辰 卯          午 巳 辰 卯
蛇 贵 后 阴          六 朱 蛇 贵
```

《玉历钤》云：此课用神三传皆合，日辰互合，人情喜悦，凡占易成。

上神盗日，日上克用，用克日，末克初。

课名重审、曲直。三传皆子孙爻，冬春旺相，合众隔手可成事，秋冬必先曲而后直，终自合。此课无凶，先难后易之课也。

《义》曰：盗气伤宅，乖异不安。先迷后醒，口舌交争。勾留迟滞，未获快利。病者因风，以脱其气。

《象》曰：事当难处在人为，顺理从容福自奇。若也不循规矩宁，恐遭蹉跌受他亏。

此重审之卦，一曰曲直，一曰龙战，又曰天网。夫重审者，重而审之也。利为主，利后动，长有厄，事从内起，起于女人。此下犯上，贱犯贵，卑犯尊，事多不顺。阴小在下者，有悖逆之事。占臣未忠，子失孝，事不可遂意而行，必当审察，循乎义理，庶几以免后患也。曲直者，先曲而后直也，象木之谓。此乃五行正气入十干杂糅之乡，异方三合乃生旺墓之神，事主丛杂不一，主关众人共谋，不然两三处干事，委曲托人与人相合之类。又如推磨者，无休歇之象，一事去，一事来，往来不歇。必得吉将用事，须得人引进方可。龙战乃天之私门，生杀有限，分杜有期，雷动龙奔，示其有战，身心疑惑，进寸退尺，动有乖离之象。传见天网者，即天网四张也，《经》云"天网四张，万物被伤"，为阻滞，为疑难，为灾恼。占者遇之此课，耗费不足，谋望不遂，人口不宁，伤官失事，有损无益之课。占求官见贵，徒费精神。占财问婚姻，有名无实，其他诸占同此。久病凶危，暴病虚弱。讼者失理。忧惊祸难，不至凶，而有解，未免耗财而荡产。

占出兵行师得此大忌，防人欺诳败事，以致虑而有失机务也。

人宅未宁。

真一山人云：课理分明说与人，动谋即使合天真。古今为善天嘉善，天恶由来致祸迍。

《无惑钤》云：递互可亲，夜将克身。三传脱气，却为救神。

《钤解》曰：卯与戌合，寅与亥合，是可亲也。夜将纯土，克日为鬼，鬼虽强盛，却赖三传木以制之，木虽脱气，为救神矣，岂可以脱气论哉？《集议》："众鬼虽彰全不畏"内列此日，谓三传木而夜占救神，岂可以脱气言哉？占讼先曲后直。卯夜贵脱干，必被贵人脱赚，占病或神祇作祟，以致脱耗。卯加癸，亦准此。

壬戌日第十课

蒿矢　稼穑　闭口　芜淫

脱上逢脱防虚诈

```
后 常 贵 玄        蛇 阴 朱 后
辰 丑 巳 寅        辰 丑 巳 寅
丑 戌 寅 壬        丑 戌 寅 壬


官 丙辰 后 ⊙      官 丙辰 蛇 ⊙
官 己未 朱        官 己未 勾
官 壬戌 青        官 壬戌 白


六 勾 青 空        青 空 白 常
申 酉 戌 亥        申 酉 戌 亥
朱未     子白      勾未     子玄
蛇午     丑常      六午     丑阴
巳 辰 卯 寅        巳 辰 卯 寅
贵 后 阴 玄        朱 蛇 贵 后
```

此课不可问试，防今年有风疾，似乎瘫痪之类。兼破碎作太常，乘鬼入宅，不然必主有服，破碎临空亡，恐是外服。初传墓加破碎上，虽然空亡，亦主妇人有血气疾。甲寅旬，寅加亥，真闭口。三传并宅，四土又塞之，气血不行，荣卫不通，倘能早速通决，不致壅滞，免得生前瘫痪。当年三月，因食菱成风，四肢不遂，状如瘫痪，口眼皆闭，言语謇涩，不可疗。后虽无事，只是行履不得。六月妻母又丧，九月所生之母又丧。盖甲寅旬，寅加亥，真闭口，玄武又在亥，又添一重闭口。寅主风，玄武又主风，寅与亥合，故主瘫痪。又加辰戌丑未，四季土重重壅塞，又兼闭口，便是血气不调，荣卫不通，所以主此疾。要好，决坤申方上水道，塞艮寅方风露，便可免此灾，不然甚难治愈。其人当年果不得入试也。①

《玉历钤》云：此课三传皆土，并来克日，日上先有寅木为救，变凶为吉

---

① 《壬占汇选》作：己酉年二月壬戌日亥将申时，徐秀才丙子生，三十四岁占秋试，古本作十一月十六日寅时生。

之象。凡占所事，先费力而后成也。

《毕法》云：此课三传皆鬼，并来克日，诚为凶矣。若用昼贵，则贵人临寅，正当鬼路，则鬼门杜塞，鬼贼隐伏，不能为凶也。

上神盗日，日上克辰上，日上克用，三传克日。

课名蒿矢、稼穑。三传俱鬼，若夏月旺相，亦免口舌，此课只利冬占，问求官立身吉。

《义》曰：莫嫌耗盗，可以御敌。彼众我寡，勿使乘隙。三传相冲，彼不自安。所幸如此，能解愁烦。

《象》曰：稼穑艰难未足奇，若逢天马达行期。事当阻滞为灾处，终始无伤自有时。

此蒿矢之卦，一曰稼穑，又曰天网。《经》云："神遥克日名蒿矢，射我虽端当不畏。贵人逆转子无良，天乙顺行臣不义。家有宾来不可容，亦忧口舌西南至。"然事主动摇，人情倒置，远近系心，更相仇怨。象如以蒿为矢，射虽中而不入，祸福俱轻，求事难成，利主不利客。占行人来，访人见。若带金煞，亦能伤人，主蓦然有灾。况稼穑乃重土，有艰难之象，常占得此，名曰鲸鲵归涧，凡事逼迫不由己，出若遇雷神，方能变化。《要》曰：稼穑者，五坟也，不宜占病。夫天网者，即天网四张也，《经》云"天网四张，万物被伤"，为阻滞，为疑难，为灾恼。日生上神，虚耗不足，谋望不遂，盗失损财，人口衰残，休囚尤重，又为子孙脱漏之事，又幸以为三传之敌。占者遇之此课，占求官难。占见贵不宜。婚姻勿用。占求财未得。病者凶中有救。占宅主门户虚耗。此课动为不利，谋望多滞，土多事主迟疑，不宜争讼，恐罹刑罪，必动摇，事事不安，忧散亦迟。

占出兵行师得此，敌众不可轻动，须得水木旺相月日，可以出其不意而攻之。微乎！惟在将军之妙也。

真一山人云：病者昏沉状若痴，逃亡难觅无归期。常占阴德方为美，莫与人争是与非。

《无惑钤》云：蒿矢虚惊，交相欺凌。身倚寅木，众鬼难侵。

《钤解》曰：辰作蒿矢，加丑落空，不过虚惊，无足畏也。寅克支戌，丑克干壬，交相欺凌，全无和气也。三传全鬼，虽若可畏，幸而干上寅木可以救之，所谓众鬼难侵也。《集议》："众鬼虽彰"内有此日，谓寅木切不可作脱气言之，实为救神。"罡塞鬼户任谋为"内列此日，乃名贵人临鬼门，鬼贼杜塞不凶，万事宽已，谓贵人塞鬼门。"空上逢空"内谓遥克坐空，凡占皆虚无也。干上脱气，昼占玄神，亦如脱上逢脱之说。芜淫，凡占先相允许，不相顾接，彼此各怀恶意，不宜占婚，男女不正。

壬戌日第十一课

重审　向三阳　孤辰　励德

罡塞鬼户任谋为

玄	白	阴	常		后	玄	贵	阴
寅	子	卯	丑		寅	子	卯	丑
子	戌	丑	壬		子	戌	丑	壬

兄		子	白 ◎		兄		子	玄 ◎
子	甲	寅	玄 ⊙		子	甲	寅	后 ⊙
官	丙	辰	后		官	丙	辰	蛇

朱	六	勾	青		勾	青	空	白
未	申	酉	戌		未	申	酉	戌
蛇午			亥空		六午			亥常
贵巳			子白		朱巳			子玄
辰	卯	寅	丑		辰	卯	寅	丑
后	阴	玄	常		蛇	贵	后	阴

此课虽名向三阳，初中空亡，依旧不见阳。四课间隔，支内干外，支刑克日，主有孝服。子为虎刃，虽是空亡，不死人，亦主事多。是旧椁，曾再举，未葬亡者，葬后亡者不安。子息在空亡，此是进课在空亡，才生下一子息便死，须是换去此空亡之椁，不害现在子息也。现在子息临宅，加于犬地而见虎，若见鼠咬衣服，必有大灾及于小儿。宅内不合蓄水，更无水路，若不开导，监仓自损身，亦难保寿。[①]

《玉历钤》云：此课空亡发用，末又克初，凡百一无所成。

上神克日，日上克辰上，日上克用，末克初。

课名重审、孤辰。此课发用空亡，末鬼克日，凡占无始终，只可散忧，不可望吉。

———————

① 《壬占汇选》作：韩监仓修职癸酉生，三十七岁占平生，己酉年六月十五壬戌日未将巳时。

《义》曰：你来侵我，何以见之？徒劳心志，事多废弛。凶者不凶，吉者未吉。变更不同，斯理默识。

《象》曰：东谋西虑未成功，何必留心去捕风。好恶一场闲笑话，惟嫌辰土暗为凶。

此重审之卦，一曰孤辰。夫重审者，重而审之也。利为主，利后动，长有厄，事从内起，起于女人。以下犯上，贱犯贵，卑犯尊，事多不顺。阴小在下者，有悖逆之事。占臣未忠，子失孝，事不可遂意而行，必当审察，循乎义理，庶几以免后患也。况孤辰有茕茕孑立之象，占人别离桑梓，自立门户，财物虚耗，僧道宜之，俗不宜也。凡所占谋，多虚少实，功名难遂，事业虚花。事多起于不实，闻事虚声，或传闻不的，或彼以欺诈而来诳惑，目下闻言，虽极有悚动人者，及惊骇众人而不安，宜静正以待之，不久则其言自化也。课议所行，必有欺负、受制，亦不足畏也。子寅辰，向三阳也，进间隔之象，进而复退，进退不一。占者遇之此课，占求官未遂。占见贵难逢，事不能成，虽见何益？占婚姻得此，非二姓之真缘。占财得之，徒一场之着力。占暴病不畏，久病堪叹。其他谋望，有影无形，狱讼忧愁，自今宽解，乃闻忧不忧，闻喜而不喜也。

占出兵行师，惊报不可遽信，不可遽行，恐不的而误事，却有失众之理，不然吉凶俱不成也。

真一山人云：子寅辰乃向三阳，何事初中没主张？吉者未成凶亦散，到头又恐惹惊惶。

《无惑钤》云：四课初中，总是旬空。独存辰土，鬼尸横充。

《钤解》曰：子丑旬空，寅卯落空，四课已空，初子、中寅又空，凡占皆无实迹也。独存辰土，为干墓鬼，常人病讼深畏，但罡塞鬼户，任意谋为，而无阻矣。《集议》："罡塞鬼户任谋为"谓辰为天罡，寅为鬼门，凡辰加寅，不论在传不在传，皆名罡塞鬼户。用空夜玄，主失脱。临宅被克，必因起盖宅屋而失其禄也，难以权摄论（此当以禄临支论之为是）。四课无形。

壬戌日第十二课

重审　进茹　三奇　乱首

空上乘空事莫追

```
白 空 常 白          玄 常 阴 玄
子 亥 丑 子          子 亥 丑 子
亥 戌 子 壬          亥 戌 子 壬


兄 癸 亥 空          兄 癸 亥 常
兄   子 白 ◎        兄   子 玄 ◎
官   丑 常 ◎⊙      官   丑 阴 ◎⊙


蛇 朱 六 勾          六 勾 青 空
午 未 申 酉          午 未 申 酉
贵巳       戌青      朱巳       戌白
后辰       亥空      蛇辰       亥常
卯 寅 丑 子          卯 寅 丑 子
阴 玄 常 白          贵 后 阴 玄
```

《玉门经》曰：日往临辰，被克为用，名曰乱首。以此占人，少将害老，下欲犯上，子背父，臣反君，奴害主，妻背夫，皆为悖逆之道，不可举事。此课登明临戌为用，事因下起，将得太常，法主衣服；中见玄武，忧亡遗失；终于太阴，蔽匿背违之事。

《玉历铃》云：此课四课不备，三传空亡，凡占不可用。

末克初。

课名重审、进茹、三奇、阳不备。干加支被克，名为自取乱首，本非吉课，所喜亥为德禄，子丑皆空，凡事皆从空散，凶吉无成之课。干求谋望，且待出旬。

《义》曰：既得其禄，乱则不足。薄利虚名，事多变忽。空上又空，万事无踪。风里扬花，更逐飞蜂。

《象》曰：闻道东园花满枝，看花何事到来迟？昨宵一夜狂风起，零落纷飞有所思。

　　此重审之卦，一曰乱首。夫重审者，重而审之也。利为主，利后动，长有厄，事从内起，起于女人。以下犯上，贱犯贵，卑犯尊，事多不顺。阴小在下者，有悖逆之事。占臣未忠，子失孝，事不可遂意而行，必当审察，循乎义理，庶几以免后患也。传见乱首，《经》云："臣逆君兮子害父，妻背夫兮弟克兄。奴婢不堪主使令，将军出战损其兵。"此乃下欺其上，悖逆紊乱之象。因名为乱首，老者必低藐。家内应无礼，官中岂有仪？先宗或外姓，上祖别人儿。纵然家和顺，官司必被欺。宜见更改姓名为吉也。亥子丑，进连茹也，事主欲行不行，欲止不止，旧事从新，根苗不断，吉凶相续，一事未脱，一事相拘。占者遇之此课，占求官见贵，事竟难成。占财问婚，有名无实。凡百占求，勿足为用，事起虚声，不可遽信，乃空空无可执恃，吉凶俱无准凭。惟占久病大凶。占产不畏。子难育。

　　占出兵行师得此，传闻不的，宜密加详审，勿为彼误，或始终不成而退散也。

　　变更之象。

　　真一山人云：空中干事意如何？实事徒教用力多。凶变吉爻吉未准，始终好事亦消磨。

　　《无惑钤》云：不尊其位，就卑受制。昼将天空，三传俱弃。

　　《钤解》曰：禄临支宅克。干临支，被支所克，名自取乱首，由其不自尊大，屈己以就卑小，宜为卑下所犯，比之上门乱首，事体稍轻。亥乘天空，子丑旬空，三传无迹，可弃而不可守也。干虽乘旺，亦何益哉？《集议》："空空如也事休追"内有此法，凡占所事，若值此例，皆指空话空，全无实迹，惟宜解散忧疑，欲成事而不可成也。禄被支克，必因起盖宅屋而失其禄也。禄乃闭口，最忌占病。墓门开，又为外丧。两贵不协，变为妒忌，巳加辰，卯加寅。

癸亥日

癸亥日第一课

伏吟 稼穑 励德 微服 寡宿

干支拱禄格（占食禄吉）

```
空 空 勾 勾          常 常 阴 阴
亥 亥 丑 丑          亥 亥 丑 丑
亥 亥 丑 癸          亥 亥 丑 癸


官    丑 勾 ◎⊙      官    丑 阴 ◎⊙
官 壬 戌 白          官 壬 戌 白
官 己 未 阴          官 己 未 勾


贵 后 阴 玄          朱 六 勾 青
巳 午 未 申          巳 午 未 申
蛇辰       酉常      蛇辰       酉空
朱卯       戌白      贵卯       戌白
寅 丑 子 亥          寅 丑 子 亥
六 勾 青 空          后 阴 玄 常
```

《玉历钤》云：此课三传皆鬼，天将多凶，凡占不可用。

上神克日，日上克辰上，三传克日。

课名伏吟、稼穑。三传俱鬼，将又凶，本是凶课，所喜丑为空亡，又来克日，得此者宜谨守度日，不可妄有求谋，宜寅卯生人，稍得。

《义》曰：课体刑冲，况又值空。勾虎为惧，喜不成凶。静而自吉，动则不伸。久病深畏，暴病善从。

《象》曰：来情灾恼自家知，事起虚声且莫疑。渐看难中生出易，也须作善保无虞。

此自信之卦，一曰稼穑，亦曰天网。夫自信者，天地伏吟，十二神各归本家，天地如一，四伏未发之象。占事静则宜，动则滞，主事藏匿不动，静中求劳，有屈而不伸之象。况稼穑乃重土，有艰难之象，常占得此，名鲸鲵归涧，凡事逼迫不由己，出若遇雷神，方能变化。《要》曰：稼穑者，五坟也，不宜占病。且天网者，即天网四张也，《经》曰"天网四张，万物被伤"，为阻滞，为疑难，为灾恼。上神克日，凡事阻塞，凡占为人所欺负，干事未遂。又发用无力，不过虚声而未成也。所占百事，先难而后易，事起虚声不足听，事纵实，亦难成事。占者遇之此课，有屈而不伸之象，不然事有两头之意。占求官见贵，欲成未成。占婚姻不宜，成则难于偕老。占求财不宜。暴病作福保安，久病医药难效。失物勿寻。逃亡自归。其他占望，俱难准凭，别为改图。惟利忧疑、患难、公讼，却有解释。

占出兵行师，传报不实，须详审密察，用兵失众，不能全美，不宜用也。事多不宜。

真一山人云：事成休喜败休笑，成败之中皆有妙。吉凶相半在于人，斯理分明先已兆。

《无惑钤》云：累得便宜，如若再为。人神共怒，刑病双随。

《钤解》曰：丑鬼神勾，临干克干发用，事难免害，幸值空亡，累累脱祸，是得便宜矣，当静守可也。倘若妄动再为，人神共怒，决不轻贷，而刑病并至，仍欲似前脱祸，焉能得哉？丑乃真贵人，昼为人克干，夜为神克干，故曰人神共怒。三传俱刑，故曰刑病双随。《集议》："前后引从升迁吉"内列此日，谓干丑支亥，拱定子禄，最宜占食禄事。恃强凌弱，说见己未日第一课。

癸亥日第二课

元首　连茹　斩关　天网

魁度天门关隔定　旺禄临身休妄动

常	白	空	青
酉	戌	亥	子
戌	亥	子	癸

空	白	常	玄
酉	戌	亥	子
戌	亥	子	癸

官	壬戌	白
父	辛酉	常
父	庚申	玄

官	壬戌	白
父	辛酉	空
父	庚申	青

蛇	贵	后	阴
辰	巳	午	未

蛇	朱	六	勾
辰	巳	午	未

朱卯　　　　申玄
六寅　　　　酉常

贵卯　　　　申青
后寅　　　　酉空

丑	子	亥	戌
勾	青	空	白

丑	子	亥	戌
阴	玄	常	白

此课欲进六畜，而猪牛栏皆不得其所。戌加亥作虎，亥作天空，大猪入栏，反成小猪，只如犬羊，兼多病乖而死。牛临虎地，自非吉兆，大吉牛见虎，自是畏乡，岂能长大？要好，须移栏到西南之上，乃长生之地，牛羊猪皆可养之。其宅基皆不利畜，至于牛羊猪鸡皆无位，及养犬偏要咬人，及要咬猪鸡，养猫又不能捕鼠。盖缘地下有伏尸，所以不容也。五年之内，伏尸必来伤人也。吴宅自造屋了十三、四年间，猪畜皆养不得。问先生求占，先生言其下有伏尸。当先宅基前一半是田，后开平山一半，其山中有枯棺骨数处，多年不知姓名，遂尽撤之，用新泥涂塞其坟。及入宅，蚕并六畜更不存留，大猪变成小猪，肥牛变瘦，猫不捕鼠，犬只咬猪咬人，皆伏尸之气所使也。至甲寅年三月，宅内火光影怪累见。吴公曰："记得邵先生言其五年后必伤人，果然怪异并作，人口并亡。"后遂迁居别住。大凡占宅，有天目入宅，必主伏尸克人，戌五，故主五年克人也。[①]

《金华宝镜》占云：此课本命午加未，行年巳加午，本日支辰亥上天魁发用，与地下癸俱有喜气，虽有凶事，不敢来伤。更行年本命巳午火为今日之财，中末二传更来生日，可谓吉课矣。《经》曰：贼莫与日相冲，生克莫犯四煞。又曰：吉来从我则吉，不从反凶。由是论之，天上地下二癸并吉，奈巳午与子亥冲战不从，子亥癸畏戌，戌得巳午，转有势力，戌喜午，午喜戌，又寅午戌三合火旺，传中虽有申酉生日，却畏巳午旺火，不敢去生，亦来从戌而为害也。又贵人卯加辰，为入狱，是贵人不得地，贵人所畏，丑库中有金克伐贵人，是贵人不亲。癸丑而去合戌，戌又乘白虎，恃势克日，大凶之课也。故曰："战斗吉凶，论谁得地。得地者胜，失地者凶。"此课戌鬼旺，则为祸也。

《毕法》云：此课干上虽乘子为旺禄，却是旬空；未免弃禄而就初传，乃值日鬼乘白虎；又不免向前投中传，又值败气，又坐鬼乡；迤逦至于末传，始逢日之长生。凡值此课，未免舍空禄而就艰难，于艰难中更进一步，始得如意。尝考古之人处不可处之地，能致不可致之才。彼当不可处之地，必抑心降志，唯伏困守，虑益深，见益远，习久养之，才必过人也。此艰难进一步矣，他日见用，沛然时雨，造化曷可御哉？又云：戌加亥，又为魁度天门，凡事阻隔。

《龙首经》云：此课发用，昼夜皆乘白虎，并来克日，是为鬼墓伤人之象。凡占必主宅有怪，鬼为殃，或伏尸作祸。

---

① 《壬占汇选》作：建炎己酉年九月癸亥日卯将辰时，吴四公丙午生，六十四岁占进畜。

辰上克日上，用克日。

课名元首、退茹。戌为虎，克干支为用，所喜旺禄加干，作空亡。元首，宜动不宜静，到冬自有益也，目今未能得济。

《义》曰：空禄难倚，弃之为美。动有阻滞，退步福祉。占病曰凶，占官曰利。后须见助，难中生易。

《象》曰：天网占之灾恼生，牵缠事絮不安宁。疑难进退宜先断，更变由来自有情。

此元首之卦，一曰天网，亦曰斩关。夫元首者，尊制卑，贵役贱之象。占事多顺，利于先举，事多起于男子。为臣忠，为子孝，正大光明而无邪僻之行，德业已著而乾乾进修，常怀危惧，惕励而无咎也。夫天网者，即天网四张也，为阻滞，为疑难，为灾恼。《赋》曰：斩关不利安居，而利于逃亡也。戌酉申，退连茹也，迟缓之义，事多欲行不行，欲止不止，根苗不断，旧事从新，退中却有生助，不宜进用。占者遇之此课，求官为催官使者，有不次之迁，缓中有速，速中有缓，退而生助。求谒贵人，未准凭也。占婚别议，否则失利。凡占谋事不快，牵连疑二，主关人众也。求财见阻，或不善之财，得之不足为喜也。占病必有积块，脾胃肾脏受之，春夏凶，秋冬吉。失物宜寻访西南方。出行缠绵不快。举作百事，先难后易。占诉讼，利主不利客，利后动以待也，和止又为上吉。占患难，忧中有喜，危中有救。走失逃亡自归。病者犯白虎，占有失，石兽镇之吉，无则不利。

占出兵行师，利主，利后动，先举为客兵者，宜加谨慎。此课不宜出兵对阵，宜静以待之，初虽失利，而后得助，尤在将之权变也。

秋冬吉。

真一山人云：魁度天门关隔多，能知退步意如何？重重申酉来相助，福禄还来似涌波。

《无惑钤》云：幸乘旺禄，弃逢虎患。若投金玄，得百失万。

《钤解》曰：弃旺禄进步，困中方亨，以末申也。子乃旺禄，旬空不可守也，遂弃而往寻初传，以入戌鬼乘虎之危，又历中传之败，方得末传之生，况乘玄虚耗，所得不偿所费，非得百失万而何？《集议》："旺禄临身徒妄作"内即以此日课立法，乃曰：子虽旺禄，系是旬空，未免弃禄而就初传，乃值日鬼乘虎，又不免向前以投中传，又值败气，况坐鬼乡，迤逦于末传，幸逢日之长生。凡值此课，未免舍空而就艰难，于艰难中更进一步，始得亨快如意，此法奇妙，不可与"徒妄作"概论也。"魁度天门"内列此日，说见壬戌日第二课。戌乃支鬼，昼夜皆乘白虎。

癸亥日第三课

蒿矢　不备　廻明　六阴　天网
水日逢丁财动之　昼夜贵加求两贵

阴 常 常 空　　　常 空 空 勾
未 酉 酉 亥　　　未 酉 酉 亥
酉 亥 亥 癸　　　酉 亥 亥 癸

官 己 未 阴　　　官 己 未 常
财 丁 巳 贵　　　财 丁 巳 阴
子 乙 卯 朱　　　子 乙 卯 贵

朱 蛇 贵 后　　　贵 后 阴 玄
卯 辰 巳 午　　　卯 辰 巳 午
六 寅　　未 阴　　蛇 寅　　未 常
勾 丑　　申 玄　　朱 丑　　申 白
子 亥 戌 酉　　　子 亥 戌 酉
青 空 白 常　　　六 勾 青 空

　　此课癸亥是六甲极日，阴长阳消，而此课又乃六阴相继，宅势到此极矣。然物极则变，今宅中见酉，六分并居，而甲寅生人多是从门侧边出入。来年有阴人死，各自东西南北，往后必升进，颇胜于前。时娶得贵家阴人为妻，乃守缺贵人，能支持，必做成家计。其子又好，其人晚年享福寿，又得贵家阴人同力做起家业甚饶。徐八公，叔伯兄弟六分同居，果是窄迫，每便路出入，到店多自后面东厕边过。次年其婆即太儒人了遂，其死后，八公即出外处去住。况癸亥自是极阴，亥来加癸又极，却复转自北至西，自西投东南见卯，自夜半亥至黄昏酉，自酉至晡时未，自未至斋时（隅中）巳，自巳至接卯，先生谓之迎阳课。中末传有两贵人，中传旦贵人作太阴。徐八翁娶妻乃先徐待制之妾，身边随带二千贯财物再嫁于他。盖癸亥以巳为财，太阴作贵人之侧室，故有宠人嫁他。其子又乘贵人临旦贵人财上，徐待制委其官干，自此发奋。八公终身享福，丁丑年八十四上亡矣。言六分者，酉为破碎入宅，而败癸亥之水，乃酉数六也。然势极而变，其癸亥日亥又来加癸是也，反退回向卯，所以兴家起业也。名迎阳课者，乃卯为日出之门，自酉见卯时也。①

《预见经》亥将丑时占云：此课来意主酒食与妇人争讼入官，其忧不成，又主家中出害眼妇人。何以言之？盖以初传小吉，歌云"小吉妇人酒食言"，又见上乘太常，亦主酒食；中传巳上见太阴，主妇人；卯上见贵人，加昼贵巳，与井栏冲，所以与妇人争讼。巳为贵人之象，故其忧不成。未中井宿，主眼目，加之正月建寅木克之，上见太阴，故云害眼妇人也。

《玉历钤》云：此课本是吉课，但蒿矢力轻，日辰无情，凡事不可用。

《毕法》云：此课中传为财，太常临酉，加于支辰之上，占者宅中必有婚礼之喜，或宜开彩帛铺，或开酒食店，大获利息也。

辰上生日上，用克日，末克初。

课名蒿矢、芜淫、间传。辰加日，公私有隔难成，凡谋无定，所喜巳卯二贵，巳为日德。辰加日，人来就己。亥卯未合，先难后易。末克初鬼，事有可成。

《义》曰：破碎临宅，幸喜作生。蒿矢不伤，未免虚惊。发用克日，灾恼相及。墓传于生，凶化为吉。

《象》曰：间传间隔事疑难，反复人情仔细看。遍地贵人无可靠，独携琴鹤过江干。

此蒿矢之课。象如以蒿为矢，射虽中而不入。祸福俱轻，不能成事，利主不利客。占行人来，访人见。《经》云："神遥克日名蒿矢，射我虽端当不畏。贵人逆转子无良，天乙顺行臣不义。家有宾来不可容，亦忧口舌西南至。"事主动摇，人情倒置。又曰"天网四张，万物被伤"，为阻滞，为疑难，为灾恼。未巳卯，退间传，为廻明，退中有进。支乘破碎，资财退失，不利生财，恩中生怨。君子得之，常守仁义而以理处之，庶几化乖戾而成和乐也。一曰壮基格，支来加干培益，得同类壮本基也。又曰：支寄干宫，寄一身而配偶。占者遇之此课，三传遍地贵人，不宜干贵，用事多贵人，反无所靠。占宅，人旺而宅衰也。占病，得暗昧疾。不宜求财，恐因财惹怨尤，能助鬼致病，宜散财求福吉，忌二月、三月占。占婚主客虽和，夫妇虽好，但将来未美者，由其不备也。占远行谒人，恐到彼，和中有不得意处。占盗失，得获。逃者亦然。占官事，见和解，虽阻不妨。占举动百事，吉中未见全美，幸无害也。

占出兵行师，防中途而止，或见和好，而多费钱粮，不能全功，惟在将

① 《壬占汇选》作：戊申年六月初十癸亥日未将酉时，徐八公甲寅生，五十五岁占家宅。

者料敌致胜耳。不知阴阳者，难以语此微乎。

真一山人云：课体不足事难备，壮基培益称福惠。于中还喜德神扶，无意之中生有意。

《无惑钤》云：破败临宅，初鬼遥克。两贵堪求，求财可获。

《钤解》曰：酉乃破碎，临亥入宅，耗失无穷。初乃日鬼，遥克力弱。夜贵临于昼贵之家，可以干两处贵人，而中传之财可获也。《集议》："干支皆败势倾颓"内列此日，谓酉乃干支败气，又作支之破碎，故总名破败神，酉乃婢类，盖缘酒色而败家。廻明："廻明早是未得明，且待明时方可兴。迟进成名有所得，早求反被事来萦。"巳乃丁马交加，财动尤速，娶妻尤的。昼夜贵加，宜暗求关节。助桀为虐，递生日鬼。

癸亥日第四课

知一　斩关　玄胎　官爵　闭口

催官使者赴官期

```
贵 玄 阴 白          阴 白 常 青
巳 申 未 戌          巳 申 未 戌
申 亥 戌 癸          申 亥 戌 癸


财 丁 巳 贵          财 丁 巳 阴
子 甲 寅 六          子 甲 寅 蛇
兄 癸 亥 空          兄 癸 亥 勾


  六 朱 蛇 贵          蛇 贵 后 阴
  寅 卯 辰 巳          寅 卯 辰 巳
勾 丑     午 后      朱 丑     午 玄
青 子     未 阴      六 子     未 常
  亥 戌 酉 申          亥 戌 酉 申
  空 白 常 玄          勾 青 空 白
```

《玉历钤》云：此课日德为用，天将皆吉，凡占所求皆成。

《毕法》云：此课干上戌乘青龙，喜也，支上申乘白虎，悲也，一喜一悲之象。值此，己身之喜未周，宅上之忧遽至，惟能忧惧，则忧虽至而可变为喜也。君子无不忧也，无不惧也，故能无忧无惧。

上神克日，日上生辰上，日克用，末克初。

课名知一、玄胎。鬼临日克日，幸而癸日巳用为德神，中寅为救，中末又合，此谓干凶三传吉，喜可成，忧可解。

《义》曰：传得玄胎，胎财有病。丁马财动，占官亦慎。两贵相合，公中事美。传见春夏，福禄称遂。

《象》曰：老人小儿病未宜，也须作福告神祇。更凭阴德来相济，方保无危望吉期。

此知一之卦，一曰玄胎。夫知一者，知一而不能知两，知者以为自知、自见，不知为寇仇，故言知一也。以此为用，舍远就近，舍疏就亲，恩中生害，事多起于同类，凡事狐疑，事贵和同乃吉。玄胎如婴儿隐伏之状，利上不利下，事主远而多伏，暗昧不通，触则成祸，惟君子守正修德则亨。上神克日，主扼塞不通，多被阻滞，常占为人所欺负，病讼深畏。人来访者，宜防备，恐奸诈未善，宜以礼自化之。不宜占老人小儿病，谓之去故就新，再投胎也。占者遇之此课，求官迁职，以其驿马当头，若巳年月尤美也。见贵虽吉，还宜敬慎，未见全吉，惟和以处之。交易先难后易。谋望亦同。远行投谒人者，徒费粮裹。逃亡自回。公讼有和解之象，须得吉神方可。占婚姻吉。占财，动中之财，吉。失物宜寻。占病利壮年者，老小久病俱不吉。占生产，为天盘地结，不利母子，宜作福为善。

占出兵行师、安营下寨，宜防客兵侵袭，可以伏兵提备，勿令怠忽。所幸昼有开地千里，得胜之象，若夜占，有中途而止之理，为将者宜知彼我虚实也。

真一山人云：杜预安中不致危，也须防范识其机。人来未可开诚说，密觇中间是与非。

《无惑钤》云：乘虎终怒，中寅制去。昼贵升迁，丁马之故。

《钤解》曰：夜占戌鬼为龙，申生乘虎，怒中有喜，喜中有怒也。昼占戌乃官爻，乘虎催官，自末递生官旺，初贵作丁马，非升擢之吉兆乎？《集议》："催官使者赴官期"内谓日鬼乘虎临干，及年命之上，乃名催官使者，纵使远关，必催速赴任。句尾加句首，闭口尤甚。"虎临干鬼凶速速"内列此日，凡占凶祸，速中又速。"苦去甜来乐里悲"内列此日，谓夜占干上戌鬼乘青龙，支上申生乘白虎，为一喜一悲，又为不幸中之幸。申加亥，夜将白虎，主家有病人。因天神地祇临绝乡，主一喜一悲。巳乃丁马交加，财动尤速，娶妻、离妻尤的。

癸亥日第五课

涉害　长幼　励德　曲直　六阴

```
朱 阴 贵 常        贵 常 阴 空
卯 未 巳 酉        卯 未 巳 酉
未 亥 酉 癸        未 亥 酉 癸


官 己 未 阴        官 己 未 常
子 乙 卯 朱        子 乙 卯 贵
兄 癸 亥 空        兄 癸 亥 勾


勾 六 朱 蛇        朱 蛇 贵 后
丑 寅 卯 辰        丑 寅 卯 辰
青子      巳贵    六子      巳阴
空亥      午后    勾亥      午玄
戌 酉 申 未        戌 酉 申 未
白 常 玄 阴        青 空 白 常
```

此课知县若能调摄，可以赴任，不然必见泉乡。又曰："知县何苦既贪女色，又贪男色？若不能节，亦必见泉乡。近日必有饮酒不得，渐欲呕吐。"知县曰："果是如此。"先生曰："此乃醉饱后，硬去行房，肾气耗散，又伤五脏，所以呕逆。幸得子息，有两太阳，主子清贵，数倍过于知县。"知县云："顽子是比我较佳。"知县又问："我寿如何？"先生曰："只今年八月。""何以见之？""知县避妻并母，暗于厨下灶后与女子行淫渎秽，灶神申奏，遂折君寿。"知县大惊曰："何以禳否？"先生曰："须是露天谢罪，如此七日夜，方可少延年岁。"日上酉，作天空，支干皆败于酉，阴阳事俱败，故主贪男色，又贪女色，酉为色也。癸日见酉为酒，天空主呕逆，故渐不纳酒。此课六阴俱备，至于亥卯未巳酉丑既全，虽无丑字，课在即是。癸亥日乃六十甲子终日，癸亥败于酉，死于卯，更水日又得亥卯未木局，阴中逢脱，自然暗消，内既空虚，外徒形体而已。巳为丁神，而临行年酉上，酉为败，又却临酉作太阴，巳为灶，遂阴于灶间行淫，以致酉来败损我身，又为破碎，破碎者，色与酒病俱发也。自此知县恐八月死，遂朝与夜进香拜天，更不入宅堂寝。

八月初一日，夜梦神人曰："汝之虔诚谢罪上穹稍可，次第与汝增一纪寿。"知县遂修道不仕，后至庚申年八月十六日死。其三子者，长者先丧，次子戊辰及第，第三子甲戌年及第。先生云二子皆太阳者，中传系旬太阳，又加日太阳上，水日木局，故主子息，月将为福德，故主子位显荣。三子中，长子虽丧，二子及第。①

《玉历钤》云：此课木局脱气，用神日鬼，日上败气，凡占所事无成。

《毕法》云：此课未加亥为用，三传木局，并来脱干支，虽然夜占三传天将皆土，并来克干支，却赖木局制其土将，是木局乃为救神，非脱气也。凡占必有平日不可倚托之人，反成就好事。

上神生日，辰上生日上，用克日，日生三传，初克末。

课名涉害、曲直、长幼。未为日鬼发用，变子孙爻，凡事可图，防有脱误，凡事阻滞，委曲下人免灾。

《义》曰：破而复成，失而复得。得不偿费，干支耗泄。有人干求，防他脱赚。见机察微，勿忽勿慢。

《象》曰：病者因风气力疲，合中带煞蜜中砒。其中又恐恩成怨，此个机关要预知。

此见机之卦，一曰曲直，一曰励德，又曰天网。夫见机者，察其微，见其机，谓两比两不比，当以涉害为用。涉害有浅深，欲用不用，欲言不言，事有两而取一，所作稽留，迟疑艰难，进退不定，忧患难消，怀孕伤胎，难于前而易于后。传见曲直，曲直者，先曲而后直，象木之谓。此乃五行正气入十干杂糅之乡，异方三合乃生旺墓之神，事主丛杂不一，主关众人共谋，不然两三处干事，委曲托人与人相合之类。又如推磨者，无休歇之象，一事去，一事来，往来不歇。必得吉将用事，须得人引进方可。况励德，主阴小有灾，一名关隔神，常人占此，身宅不安，宜谢土神，贵吏则主升迁，小吏迕否。且天网四张，万物被伤，为阻滞，为疑难，为灾恼，先难而后易也。占者遇之此课，凡占有人上门相助，所谋百事吉，运用如意，秋占大有声名显达。惜其三传盗脱，又见人者随出，得不偿费。凡于求事，美中不足。托人干事，虽欲成而未成，纵成亦不足，喜得失相半，吉不吉而凶不凶也。占婚占财不宜。病者虚弱瘥迟，宜用宣经及补益之剂。盗失难得。占官待时。讼有和解。投谒人者吉。

用兵者粮储不足，虚耗少力，昼占中道而止，夜占稍吉，诸占防有赚脱，

---

① 《壬占汇选》作：己酉年六月十六癸亥日未将亥时，伊知县丙寅生，四十四岁占前程及赴任。

不可忽也。

真一山人云：得失由来总在天，谁知大巧亦徒然。谦谦敬慎终为吉，但看前三与后三。

《无惑钤》云：破败临身，己未克辰。占逢夜将，官鬼怡忻。[①]

《钤解》曰：酉乃支之破碎，癸之败神，临身何益？未遁己土，又克支辰，昼占耗盗，课已不吉也。昼占三传脱气，夜占天将皆土，仕宦值此，则怡悦而欢忻矣，常人则可畏。《集议》："众鬼虽彰全不畏"内，末后俱此日占法。"干支皆败势倾颓"内列此日，谓酉为婢类，乃缘酒色而败家，酉为破败神故也。占讼先直而后曲。

癸亥日第六课

知一　斫轮　四绝

彼此猜忌害相随

勾	后	朱	玄
丑	午	卯	申
午	亥	申	癸

朱	玄	贵	白
丑	午	卯	申
午	亥	申	癸

子	乙卯	朱
官	壬戌	白
财	丁巳	贵

子	乙卯	贵
官	壬戌	青
财	丁巳	阴

青	勾	六	朱
子	丑	寅	卯
空亥			辰蛇
白戌			巳贵
酉	申	未	午
常	玄	阴	后

六	朱	蛇	贵
子	丑	寅	卯
勾亥			辰后
青戌			巳阴
酉	申	未	午
空	白	常	玄

《玉历钤》云：此课首尾皆贵人，传入德乡，凡占吉庆。

《毕法》云：此课干上申与支作六害，支上午与干作六害，两家结怨，互

---

① 一作官惧俗忻，此似更恰，却与《钤解》释义相左。读者自辨之。

为相伤之象。凡占值此，我欲谋计率众害人，人亦设策聚众攻我，怨愤相寻，无有了结也。

上神生日，辰上克日上，日上克用。

课名知一、励德、四绝，又名斫轮。宜结绝旧事，须犯重谋，托人方遂，先难后易，宜耐心进望，无不吉，以四绝论。

《义》曰：上门相助，和而不妒。铸印乘轩，最宜仕路。文书词信，幸喜临门。若逢秋占，名位皆尊。

《象》曰：两贵受制难干贵，恩中生害君须记。时能乐善自无虞，富贵荣华随所至。

此知一之卦，一曰斫轮。夫知一者，知一而不能知两，知者以为自知、自见，不知为寇仇，故言知一也。以此为用，舍远就近，舍疏就亲，恩中生害，事多起于同类，凡事狐疑，事贵和同乃吉。传见斫轮，车临斧斤。又曰："庚申共处为斤斧，卯木单称立作车。太冲发用来金上，斫削修轮官爵除。传得太阴并印绶，六合青龙福庆余。"上神生日，所谋百事吉，运用如意，遇灾不凶，逢吉愈吉。若当季神生日，主声名显达，岁命生日者，尤为吉昌。两贵受克，若干求贵人，多见难阻，还得暗中阴私，或威武强势之人相助。占者遇之此课，求官大利。见贵未得全美。占婚姻不合。谋事见阻。求财迟得，乃动中远方之财。凶事有解。逃亡自归。占宅，主女人心目之灾，不利居人。新病不畏，久病不宜。讼宜和，破财为福。失财，失而后得。宜投谒远行。忌船车之惊，宜谨之。

占出兵行师，昼占口舌多词，夜占开地千里。虽利主，主亦受制而不振；不利客，客有力而受生。还宜审时而论之。

真一山人云：功名唾手上皇都，有志随他向正途。只是贵人虽著力，于中还要吉相扶。

《无惑钤》云：玄虎临生，两贵无心。丁马全弱，昼戌难云。[①]

《钤解》曰：申为长生，上乘玄虎，虚耗惊危，虽生何益？昼贵人狱入墓，夜贵受克，两贵无心，何暇为人？诚不可干。巳虽丁马主动，既是入墓，力全弱矣。水日最怕土鬼，况戌土乘虎，癸水何可哉？《集议》："课传皆贵转无依"内列此日，为三传皆贵人，亦同前论。又谓夜贵发用，为咄目煞，为贵人咄目专视，反坐罪也，大不利告贵，占讼尤凶。巳乃丁马交加，财动尤速，娶妻、离妻尤的。交互六害。两贵相协。"苦去甜来"内列此日，一喜一

---

① 原抄本脱漏，今补之。

悲，夜占干上长生乘虎，中传戌鬼乘龙。墓门开，又为外丧入内，宜合寿木以襄之。卯夜贵人内战，必因贵人而作乱。

癸亥日第七课

反吟　玄胎　六阴

空	贵	常	朱
亥	巳	丑	未
巳	亥	未	癸

勾	阴	朱	常
亥	巳	丑	未
巳	亥	未	癸

财	丁	巳	贵
兄	癸	亥	空
财	丁	巳	贵

财	丁	巳	阴
兄	癸	亥	勾
财	丁	巳	阴

```
空 白 常 玄
亥 子 丑 寅
青戌      卯阴
勾酉      辰后
申 未 午 巳
六 朱 蛇 贵
```

```
勾 六 朱 蛇
亥 子 丑 寅
青戌      卯贵
空酉      辰后
申 未 午 巳
白 常 玄 阴
```

此课先生曰："出行半路而归。""何以见之？""自宅发传出去，间又复来，是末传复归支上，因一骨肉有丧，遂急遣人速归。"应曰："不去如何？"先生曰："初传自出见中传，及又归见初传，如何少得一去？"应虑家有服，遂不敢去。先生曰："非家中服也。"应遂行。自十一月初一日起程，本欲到袁州，至抚州界，却有一亲戚乃渠妻姐，在信州玉山赴任，病重，急遣人赶应回，妻姐果死，应遂不得去袁州也。应秀才有岳丈，在袁州作金判，欲过彼处，先生云"到半路必转，主眷属有服"，应遂忧父母及妻子，遂不敢去。先生勉其行，造物有分定，又不见宅中服，初不疑其妻之姐也。宅上见巳，初末是巳，巳虽然绝在亥，盖三绝神有三重马，自合主动，但末传归来，所以中路回也。未加癸，作太常，故主外亲之服，日为外，外服也。太阴乃阴人之丧，太阴又为阴人之长，所以是妻之姐也。癸水日干，巳亥巳，虽往了又去，去了即往，兼互相冲克，不得不动也。既动而彼此俱绝，乃即动而止也。马为巳火，为妻外家也。

太阴妇人，太常为孝服，巳为旬丁，乃眷属也。①

《玉历钤》云：此课日财为德神，神将皆吉，凡占有成，但反吟课体，必须反复。

上神克日，辰上生日上，日克用。

课名反吟。癸以巳为德，且用贵人带德，往来虽更改摇动，却自先难后易，吉神特少，有不足耳。

《义》曰：反吟反复，事不归一。恩变为仇，情义不睦。勉之以德，行之以谦。久则自化，以消祸愆。

《象》曰：双鱼双女主双生，占孕原来定有惊。久病老人并小子，提防行孝动人情。

此无依之卦，一曰玄胎。夫无依者，即反吟也。《经》曰："无依是反吟，逃者远追寻。合者应分散，安巢别改林。守官须易位，结友也分襟。所为多反复，占病数般侵。"反吟刑冲，事主迟滞，远近系心，更相仇怨，且反复而呻吟，是无予夺而难息也。况玄胎如婴儿隐伏之状，利上不利下，事主远而多伏，暗昧不通，触则成祸，惟君子守正修德则亨。上神克日，只利先讼，要有气，余不吉。常占为人所欺负，病讼可畏。绝神玄胎，占生产宜，宜结绝旧事，不可图新也。占者遇之此课，重求轻得之象，凡占皆然，事必有二意，或两所干事，以其巳为双女，亥为双鱼也。占求官者，多奔走劳碌，反复而后有成。见贵不顺。婚姻不宜，虽成终不吉也。占求财，乃动中贵人之财。占病反复，不宜老人小儿久病，惟利新病，壮人尤忌，凶神叠见也。逃亡虽远，昼占终见自归。捕盗难获，宜访于亲识得信。占宅，利人动改之象。公讼变易官司，文书阻滞。

反吟不宜行军，昼占主得胜，夜占中止，主客利和，终见和好之理。

真一山人云：暗里神明善恶知，阴功善满福来奇。莫教使尽平生巧，谁谓苍苍不鉴私？

《无惑钤》云：三马三丁，动止频频。贵情未定，宅徙人迤。

《钤解》曰：德入天门，巳为丁马，三处并现，动止频频也。昼贵往来被克，其情不足。土临身克身宅，人困迤而宅亦随而徙也。《集议》："水日逢丁财动之"内列此日，谓因妻之财动，又丁马交加，财动尤速，亦因财而非细之动，离妻、娶妻尤的。"三传递克众人欺"内有此法，谓雀鬼加干，见在朝官，防被章劾，上书献策，反遭责黜。两贵受克难干贵。

---

① 《壬占汇选》作：己酉年九月癸亥日卯将酉时，应秀才丙子生，三十四岁占出行。

癸亥日第八课

重审　斩关

```
勾 后 空 蛇          空 后 勾 玄
酉 辰 亥 午          酉 辰 亥 午
辰 亥 午 癸          辰 亥 午 癸


财 戊 午 蛇 ☉        财 戊 午 玄 ☉
兄 癸 亥 空          兄 癸 亥 勾
官 丙 辰 后          官 丙 辰 后


青 空 白 常          青 勾 六 朱
戌 亥 子 丑          戌 亥 子 丑
勾 酉      寅 玄      空 酉      寅 蛇
六 申      卯 阴      白 申      卯 贵
未 午 巳 辰          未 午 巳 辰
朱 蛇 贵 后          常 玄 阴 后
```

《玉历钤》云：此课蛇加午皆火，癸日见之，有水制，虽不见为灾，亦不为福，凡占无成。

《毕法》云：此课午为发用，两处受克，往干上且不得，归本家又不可，孑然一身，两无归著。《易》曰："旅焚其次，丧其童仆，贞厉。"午之受患，见前篇，可以类推。

日克上神，辰上克日，日克用。

课名重审、斩关。课传皆是自刑无气，凡占有阻，所喜午火为癸水所制，不妨。

《义》曰：欲空不空，欲阻不阻。惊疑之财，得之勿悔。昼占未宁，夜占闭口。暗昧之私，盗走须有。

《象》曰：美妻结得好姻缘，只恐轻盈误少年。支干相生终始吉，也须修德免灾愆。

此重审之卦。夫重审者，重而审之也。利为主，利后动，长有厄，事从内起，起于女人。以下犯上，贱犯贵，卑犯尊，事多不顺。阴小在下者，有悖逆之事。占臣未忠，子失孝，事当再审，病当再发。事不可遂意而行，必当审察，循乎义理，庶几以免后患也。日上见财，妻美有灾，为善以禳之。夫墓神临支，家宅未宁，只堪望信与行人，病不死也昏沉，宅暗人衰，神识不清。在七月节内占，乃胎财生气，妻当有孕；在正月节内占，主妻损胎，亦主惊恐。天后加魁罡，家必有恶病阴人，宜修德以禳之。此课占求官见贵，宜去其自高自大、自逞自是之心，诸占皆同。夫人生两家，以和为贵，若自矜自高，未免有旁若无人之气象，如此求事，岂能成之？假使有成，宜善保其终也。若通变君子，又不拘此论。《传》曰："致中和，天地位焉，万物育焉。"幸主客相和，尤宜谦谨，则事可就也。占病，心肾水火惊悸，作福修德可也。占婚姻不宜。占求财有，亦惊恐不宁。占失物宜寻。占逃亡盗贼难获，须捕捉人有力方可，庚辛酉金旺时日得。占远行投谒人，徒费无益，只宜送馈于下人。官讼宜和，否则有惊惹刑。占宅不利。其他不动亦利。

占出兵，忧惊众畏，失物之象。

真一山人云：易卦惟谦最得中，也无殊吉也无凶。平心顺理心无愧，自有苍苍锡福隆。

《无惑钤》云：四课之内，辰午酉亥。两贵为邻，家宅昏昧。

《钤解》曰：四课全值自刑，为人妄自尊大，不有其人也，凡事未免旁若无人之意，占讼本家自争，各怀妒忌。卯巳两贵拱宅，亥是宅，与贵为邻也。但亥宅为辰神墓所覆，所以家宅昏昧而不明爽。《集议》："前后逼迫难进退"内有此日例，说甚详，以发用吉。"宾主不投刑在上"内列此日，前说甚详已尽。午乘玄武加丑，主走失之事。禄空坐克乘虎，占病绝食饿死。午乃癸水胎财，七月为生气，主妻有孕喜，亦主妻之姊妹有孕也。

癸亥日第九课

涉害　从革　度厄　六阴　不行传

```
朱 阴 勾 贵          勾 贵 空 朱
未 卯 酉 巳          未 卯 酉 巳
卯 亥 巳 癸          卯 亥 巳 癸


父 辛酉 勾          父 辛酉 空
官　丑 常 ◎        官　丑 阴 ◎
财 丁巳 贵 ⊙        财 丁巳 朱 ⊙


  勾 青 空 白          空 白 常 玄
  酉 戌 亥 子          酉 戌 亥 子
六申　　丑常        青申　　丑阴
朱未　　寅玄        勾未　　寅后
  午 巳 辰 卯          午 巳 辰 卯
  蛇 贵 后 阴          六 朱 蛇 贵
```

《玉历钤》云：此课巳为日德加干，为戊癸相合，贵人临之，凡占谋望颇遂，但嫌三传受巳克制，末虽递生日干，但初传酉乃败神，无气之谓，有上稍，无下稍。

《毕法》云：此课昼夜贵人在于干支之上，若年命在子，必得两贵推荐，仕宦升迁，常人纳福。日上巳，又为丁马，其应甚速。若是秀才，占赴举应试，定中魁元无疑。或行年本命不在子，而在于辰，亦好，但减分数，未必全美也。

日克上神，用生日，末克初。

课名见机、从革、涉害。三传生日，却见空亡，乃空也，其谋中阻，可举可成。末传归日干，而后成全美之卦，最宜革故鼎新也。

《义》曰：辐辏末助，虚喜之故。从而复革，合而复妒。曲而未伸，否中望泰。只待中秋，豁然自在。

《象》曰：人宅逢生益笑颜，巍巍高甲未能攀。西方建旺轮年月，到此方知事不难。

　　此见机之卦，一曰涉害，又曰从革。夫涉害有浅深，欲用不用，欲言不言，事有两而取一，所作稽留，迟疑艰难，进退不定，故言涉害，见机者而作也。求事后成，忧患难消，怀孕伤胎，难于前而易于后。传见从革，先从而后革也。凡事阻隔，有气则革而进益，无气则革而退失。一曰兵革，又曰金铁。大抵五行正气入十干杂糅之乡，异方三合乃生旺墓之神，事主丛杂不一，主关众人共谋，不然两三处干事，委曲托人与人相合之类。又如推磨之象，转去转来，非止一遍。占者遇之此课，求官见贵难顺。婚姻难合。谋望成事，防成中有不实。托人干事经营虽美，然三传生我助我之福神无位而空，不能为我成事，防成中有不实，或见变改，有声而无形也。惟秋占及酉丑年，庶几为美，余未然也。占暴病，宜作福，久病凶。其他诸占，多虚少实，未可准凭。若忧疑、患难、惊恐之事，却转为福，凶中有吉之谓也，又有屈而不伸之象。

　　占出兵行师，宜止息，如势不得已，不利于始，当得人心为本，否则失利，后渐化难为易，化凶作吉，亦终不成凶吉也。

　　真一山人云：可惜皇恩不遇时，遇而不遇亦当知。若逢秋令金生旺，富贵荣华百事宜。

　　《无惑钤》云：丁马临日，两贵辅弼。因财速动，将凶传吉。

　　《钤解》曰：二贵在于干支，拱年命在子，子上天罡，占试必中魁元，是两贵辅弼也。巳乃丁马，作财临日，必因财而速动也。干支上得昼夜贵人，蒙辅弼之力。三传俱金生水，传甚吉也；昼占天将皆土克干，将凶焉，秋占甚利。《集议》："前后引从升迁吉"内列此日，巳加癸，卯加亥，占人行年本命在子，乃两贵拱侍，宜告贵用事，必得两贵成就尔。此为年命上乘天罡，又得两贵拱夹，占试必登高甲，或中魁首，出"帝幕贵人高甲第"内。"三传递生人举荐"内列此日，谓天将生三传，三传生日干。败神传墓入墓。

癸亥日第十课

元首　稼穑　闭口

众鬼虽彰全不畏

贵	玄	朱	后		朱	后	勾	蛇
巳	寅	未	辰		巳	寅	未	辰
寅	亥	辰	癸		寅	亥	辰	癸

官　丙辰　后　⊙　　　官　丙辰　蛇　⊙
官　己未　朱　　　　　官　己未　勾
官　壬戌　青　　　　　官　壬戌　白

六　勾　青　空　　　　青　空　白　常
申　酉　戌　亥　　　　申　酉　戌　亥
朱未　　　　子白　　　勾未　　　　子玄
蛇午　　　　丑常　　　六午　　　　丑阴
巳　辰　卯　寅　　　　巳　辰　卯　寅
贵　后　阴　玄　　　　朱　蛇　贵　后

《玉历钤》云：此课三传皆鬼，谓之众鬼攻日，凡占皆凶，不可用。

《毕法》云：此课辰土加癸为用，三传皆土鬼，并来伤日，兼昼夜天将皆是凶神，诚为凶也。幸得支上寅木，可以敌三传、日上之鬼，寅木在支上为宅，必是宅中极亲人也，谚云"打虎全凭亲父子"是也。又云：昼贵临寅，谓之贵人塞鬼门，众鬼虽凶举，皆摄伏不敢为祸也。贵人临寅，虽不在传，但在年命俱是。

《心照》云：此课辰加丑，乃墓神覆日，诚为昏暗，夜将又乘螣蛇，尤凶。却幸末传戌乘白虎，冲破辰墓，以凶制凶，以毒攻毒，方得无事也。

上神克日，辰上克日上，用克日，三传克日。

课名元首、斩关。墓覆日干，三传稼穑多鬼贼，除寅卯生人稍可免凶，及君子可以问官，此外皆不利。

《义》曰：众鬼虽彰，作党为侮。更逢内战，事多见阻。惟利善人，苍苍眷顾。迁善改过，福及庭户。

《象》曰：敌多我寡事非宜，良将于斯要见机。若是夜占他自战，昼占还要慎详推。

此元首之卦，一曰稼穑，又曰斩关，亦曰天网。夫元首者，尊制卑，贵役贱之象。占事多顺，利于先举，事多起于男子。为臣忠，为子孝，正大光明而无邪僻之行，德业已著而乾乾进修，常怀危惧，惕励而无咎也。况稼穑乃重土，有艰难之象，常占得此，名曰鲸鲵归涧，凡事逼迫不由己，出若遇雷神，方能变化。《要》曰：稼穑者，乃五坟也，不宜占病。且斩关非安居之象，占者多不自由，事多暗昧不和，离散口舌，欲隐身避难者，却利乎奔逃也。又主人情暗中不顺，多见更改，事多中止，坟墓破坏，占婚亦强成，难于久远。凡事历遍艰辛，然后可遂。夫天网者，即天网四张也，《经》曰"天网四张，万物被伤"，为阻滞，为疑难，为灾恼。天后临辰，占孕防损。土重克水，土壅遏水，不能流通。人宅俱未清爽，事且不明。此课求官、见贵、谋望，未易成也。课中虽见凶多，所幸自相刑冲，动摇不安，所喜支上寅木为救，子来御侮，此又凶中化吉。占得此卦，惟宜守正，以待其时，年命上更得木金尤美也。目下百事宜止，占病宜为善以禳之。

占出兵行师，昼占无威而不宁，夜占忧心众畏，不可轻举交战，惟严加防守，虑侵扰也。

真一山人云：事遇疑难且放宽，徒教巧意作机关。待他时候还成事，漫展眉颦取此权。

《无惑钤》云：墓克其身，三传共嗔。颠危可解，全赖家人。

《钤解》曰：墓神克身克宅发用，昏滞太甚，且结连三传，纯土为鬼，其身颠困，亦甚危矣。幸而宅上寅木救制，则昏滞散而颠危解释，非赖家人之力，曷可臻此？《集议》："众鬼虽彰全不畏"内有此日例，谓必得家中人解祸。"罡塞鬼户任谋为"内列此日，谓三传皆鬼，昼贵临寅，谓贵人塞鬼门，杜鬼贼不凶，万事宽，亦任谋为。癸日寅加亥，将玄武，主人家屋角有葫芦挂之。

癸亥日第十一课

涉害　不备　出户　寡宿　六阴

<pre>
阴 常 贵 阴   贵 阴 朱 贵
卯 丑 巳 卯   卯 丑 巳 卯
丑 亥 卯 癸   丑 亥 卯 癸

官　 丑　常 ◎   官　 丑　阴 ◎
子　乙卯　阴 ⊙   子　乙卯　贵 ⊙
财　丁巳　贵   财　丁巳　朱

朱 六 勾 青   勾 青 空 白
未 申 酉 戌   未 申 酉 戌
蛇午　　　亥空   六午　　　亥常
贵巳　　　子白   朱巳　　　子玄
辰 卯 寅 丑   辰 卯 寅 丑
后 阴 玄 常   蛇 贵 后 阴
</pre>

　　此课先生曰："占主因势传出，出则见贵，奈何日归于辰，又自辰上发传，出却见末传归于日贵，今且行年见引出长生，巳与申合，日上夜贵人又作太阴，可谓阴晦不明，此课名出户，出外则吉。"伊曰："占试。"先生曰："试要帝幕贵人，今日上太阴乘卯，真帝幕贵人也。后出却显得，见日贵人加在明处，身居于此，准拟今年可得，明年五甲无疑也。"伊三官人乃伊知县之弟，读书蕴奥，屡试不中。今年先生占，许其必得，渠甚不信，以为面奉。是年果得第十名，既得了，必准次年及第，果如先生说，第五甲二十四名，再读于是高中。况癸亥乃六甲极日，日去就辰，巳自是根本，主终身如斯而已。喜德自内发辉而出，中见帝幕贵人，末见出户贵人，自出而入，而为明贵人，即我身也。何以见五甲？一则巳主双女，是两次贵人，明贵加暗贵之上，是先晦而后显，是其再而方显也。得行年在前引，支干长生而为文星学堂科名，巳与申合，合起官心，此所以及第也。①

----

　　① 《壬占汇选》作：戊申年六月癸亥日未将巳时，伊秀才戊辰生，四十一岁占科试。

《玉历钤》云：日辰德神相会，是为吉课。

《毕法》云：帘幕贵人登第兆。

《玉成歌》云：日往加辰亲戚来，反遭刑克受凶灾。盖灾矣，谓日加辰上，有吉神相生者，主内外亲人来家；此课太常乘丑加亥上，是日往加辰，主亲戚人来，有口舌生灾，缘太常为丑鬼故也。

上神盗日，日上克辰上，日上克用。

课名见机、励德。空亡为用，日往加辰克辰虽忧，但是空亡可喜，然中末两贵，若能委曲干贵，以进图事，或有可济，先虚后实之课也。

《义》曰：宅上空耗，不虚则盗。门户萧条，渐见无靠。东干西谋，徒令一笑。末后有财，贵人焦躁。

《象》曰：人言好事到跟前，且守谦光道理坚。待得时来方用事，莫教躁进惹尤怨。

此见机之卦，一曰寡宿。夫见机者，察其微，见其机，谓两比两不比，当以涉害为用。涉害有浅深，欲用不用，欲言不言，事有两而取一，所作稽留，迟疑艰难，进退不定，忧患难消，怀孕伤胎，难于前而易于后。传见寡宿孤辰，值此尤妨骨肉。若占身得此，主见孤独，别离乡井，自立门户，财物虚耗，僧道宜之，俗不宜也。日生上神，虚费百出，谋望不遂，盗失损财，人口衰残，休囚尤重，又为子孙脱漏之事。丑卯巳，进间传，进中有隔，隔而后退，退而后进，凡事隔手干事占谋，谓之出户。此课人宅俱虚，耗泄百出。占者遇之此课，求官见贵，且免心力。占婚问财，难保终始。余如谋望、交易、投谒，卒未稽遂，已见改图，待时方可。凡闻事，多不得，或事起虚声，欲成不成之象，未准凭也。占暴病吉，宜作福，久病凶，忧老人，小儿亦不宜。忧疑患难，却有解神救之。诉讼不成，虽成无事。禁系、狱囚、围扰，俱有解救不伤。

占出兵行师，亦多虚耗不足，有失众。敌使之来，或有所言，不可遽信，以防欺诈不实。欲其成功，未见如何，此吉不吉而凶不凶也。

真一山人云：人言善恶总休论，干事难成枉自勤。几见变更又更变，这番说话是胡云。

《无惑钤》云：昼夜贵聚，丁马共处。助起空亡，循环灾苦。

《钤解》曰：昼贵临于夜贵，是为贵聚，宜干两处贵人成事。巳乃旬丁，又为驿马，共于一处，助起初传丑鬼，况格号循环，灾祸尤不能脱。《集议》："首尾相见始终宜"内有此法，谓四课居三传之上，三传在四课之中，乃名循环格，所占吉凶无成，止宜守旧，凡占皆不能动作。"末助初兮三等论"内列此日，巳虽助丑克，却系旬空无力，本无心干，巳徒为冤憎，喻抱鸡不斗。"昼夜贵加求两贵"内有此例，云六癸日，巳加卯，昼夜占皆同。禄空坐克乘虎，病必绝食饿死。

癸亥日第十二课

元首　退茹　寡宿　交车合
脚踏空亡进用宜　脱上逢脱防虚诈

```
常白阴玄          阴玄贵后
丑子卯寅          丑子卯寅
子亥寅癸          子亥寅癸


官　丑常◎⊙       官　丑阴◎⊙
子甲寅玄 ⊙        子甲寅后 ⊙
子乙卯阴          子乙卯贵


蛇朱六勾          六勾青空
午未申酉          午未申酉
贵巳　　戌青      朱巳　　戌白
后辰　　亥空      蛇辰　　亥常
　卯寅丑子        　卯寅丑子
　阴玄常白        　贵后阴玄
```

《玉历钤》云：此课发用空亡，中传临空地，末又脱气，凡占虚空，皆无所成。

上神盗日，辰上生日上，用克日，末克初。

课名元首、退茹、寡宿。事干众，子丑合，若可用，但子丑皆空，指空话空，事虽有牵连，忧可解散，出旬别图可成。

《义》曰：空脱逢鬼，不辨西东。左右难著，前后无功。得而防失，富而防穷。说与妙法，谨始慎终。

《象》曰：一诚消得万般伪，理埋谁云德不修。正大光明君子事，平生祸祉自然周。

此元首之卦，一曰寡宿，又曰天网。夫元首者，尊制卑，贵役贱之象。

占事多顺，利于先举，事多起于男子。为臣忠，为子孝，正大光明而无邪僻之行，德业已著而乾乾进修，常怀危惧，惕励而无咎也。传见寡宿，《经》云："寡宿孤辰，值此尤妨骨肉。"占身得此，主见孤独，别离乡井，财物虚耗，自立门户，僧道宜之，俗不宜也。夫天网者，即天网四张也，幸空脱，不足畏也。占者遇之此课，进连茹课也，事主欲行不行，欲止不止，根苗不断，旧事从新，牵连疑二，一事去，一事来，无可成就。纵使侥幸而成，亦凶，侥幸而失。大抵课体空脱不实，有影无形，徒费精神，事未克济，诸占未宜。惟利夫暴病、忧惊、被围、狱讼、凶殃之事，却有解。若久病，又谓之凶也。

占出兵行师，粮储不足、人心懈惰，还有失众之理，闻事多未实，传报亦不的，或诳诈虚声，事多欺瞒，不可凭信。大要为将者，见机明决，审察防范，勿中彼之阴谋诡计也。谨之！

真一山人云：吉凶两事未分明，课体逢空总不成。守旧待时无不利，嚣嚣自得乐平生。

《无惑钤》云：交互和谐，惟宜脱灾。昼常牛女，婚遇良媒。

《钤解》曰：丑与子合，寅与亥合，可以相交谋事。发用鬼空，可以脱灾解祸。子丑牛女之宿，丑往加子，牛女相会，昼乘太常，媒妁之神，若占婚姻，得遇此课，必见良媒，以讲成亲。《集议》："权摄不正禄临支"内有此例，谓干禄临支上，凡占不自尊大，甘受屈折于人，如占差遣，主权摄不正，或遥受职禄，或辰戌加卯酉上，宜食宅上之禄，或将本身职禄替与子男，斯占尤的。墓门开，又为外丧。干上脱气，昼占乘玄，亦如"脱上逢脱"之说。两贵不协，变成妒忌，巳加辰，卯加寅。

周易书斋精品书目

书 名	作 者	定 价	版别
影印涵芬楼本正统道藏 [典藏宣纸版;全 512 函 1120 册]	[明]张宇初编	480000.00	九州
影印涵芬楼本正统道藏 [再造善本;全 512 函 1120 册]	[明]张宇初编	280000.00	九州
重刊术藏[全 6 箱,精装 100 册]	谢路军郑同主编	68000.00	九州
续修术藏[全 6 箱,精装 100 册]	谢路军郑同主编	68000.00	九州
易藏[全 6 箱,精装 60 册]	谢路军郑同主编	48000.00	九州
道藏[全 6 箱,精装 60 册]	谢路军郑同主编	48000.00	九州
焦循文集[全精装 18 册]	[清]焦循撰	9800.00	九州
邵子全书[全精装 15 册]	[宋]邵雍撰	9600.00	九州
子部珍本备要(以下为分函购买价格)		178000.00	九州
001 峋嵝神书	宣纸线装 1 函 1 册	280.00	九州
002 地理唛蔗録	宣纸线装 1 函 4 册	880.00	九州
003 地理玄珠精选	宣纸线装 1 函 4 册	880.00	九州
004 地理琢玉斧峦头歌括	宣纸线装 1 函 4 册	880.00	九州
005 金氏地学粹编	宣纸线装 3 函 8 册	1840.00	九州
006 风水一书	宣纸线装 1 函 4 册	880.00	九州
007 风水二书	宣纸线装 1 函 4 册	880.00	九州
008 增注周易神应六亲百章海底眼	宣纸线装 1 函 1 册	280.00	九州
009 卜易指南	宣纸线装 1 函 1 册	280.00	九州
010 大六壬占验	宣纸线装 1 函 1 册	280.00	九州
011 真本六壬神课金口诀	宣纸线装 1 函 3 册	680.00	九州
012 太乙指津	宣纸线装 1 函 2 册	480.00	九州
013 太乙金钥匙 太乙金钥匙续集	宣纸线装 1 函 1 册	280.00	九州
014 奇门遁甲占验天时	宣纸线装 1 函 2 册	480.00	九州
015 南阳掌珍遁甲	宣纸线装 1 函 1 册	280.00	九州
016 达摩易筋经 易筋经外经图说 八段锦	宣纸线装 1 函 1 册	280.00	九州
017 钦天监彩绘真本推背图	宣纸线装 1 函 2 册	680.00	九州
018 清抄全本玉函通秘	宣纸线装 1 函 3 册	680.00	九州
019 灵棋经	宣纸线装 1 函 1 册	280.00	九州
020 道藏灵符秘法	宣纸线装 4 函 9 册	2100.00	九州
021 地理青囊玉尺度金针集	宣纸线装 1 函 6 册	1280.00	九州
022 奇门秘传九宫纂要	宣纸线装 1 函 1 册	280.00	九州

书　　名	作　者	定　价	版别
023 影印清抄耕寸集－真本子平真诠	宣纸线装 1 函 2 册	480.00	九州
024 新刊合并官板音义评注渊海子平	宣纸线装 1 函 2 册	480.00	九州
025 影抄宋本五行精纪	宣纸线装 1 函 6 册	1080.00	九州
026 影印明刻阴阳五要奇书 1－郭氏阴阳元经	宣纸线装 1 函 2 册	480.00	九州
027 影印明刻阴阳五要奇书 2－克择璇玑括要	宣纸线装 1 函 1 册	280.00	九州
028 影印明刻阴阳五要奇书 3－阳明按索图	宣纸线装 1 函 2 册	480.00	九州
029 影印明刻阴阳五要奇书 4－佐玄直指	宣纸线装 1 函 2 册	480.00	九州
030 影印明刻阴阳五要奇书 5－三白宝海钩玄	宣纸线装 1 函 1 册	280.00	九州
031 相命图诀许负相法十六篇合刊	宣纸线装 1 函 1 册	280.00	九州
032 玉掌神相神相铁关刀合刊	宣纸线装 1 函 1 册	280.00	九州
033 古本太乙淘金歌	宣纸线装 1 函 1 册	280.00	九州
034 重刊地理葬埋黑通书	宣纸线装 1 函 2 册	480.00	九州
035 壬归	宣纸线装 1 函 2 册	480.00	九州
036 大六壬苗公鬼撮脚二种合刊	宣纸线装 1 函 1 册	280.00	九州
037 大六壬鬼撮脚射覆	宣纸线装 1 函 2 册	480.00	九州
038 大六壬金柜经	宣纸线装 1 函 1 册	280.00	九州
039 纪氏奇门秘书仕学备余	宣纸线装 1 函 1 册	280.00	九州
040 八门九星阴阳二遁全本奇门断	宣纸线装 2 函 18 册	3680.00	九州
041 李卫公奇门心法	宣纸线装 1 函 1 册	280.00	九州
042 武侯行兵遁甲金函玉镜海底眼	宣纸线装 1 函 1 册	280.00	九州
043 诸葛武侯奇门千金诀	宣纸线装 1 函 1 册	280.00	九州
044 隔夜神算	宣纸线装 1 函 1 册	280.00	九州
045 地理五种秘笈合刊	宣纸线装 1 函 1 册	280.00	九州
046 地理雪心赋句解	宣纸线装 1 函 2 册	480.00	九州
047 九天玄女青囊经	宣纸线装 1 函 1 册	280.00	九州
048 考定撼龙经	宣纸线装 1 函 1 册	280.00	九州
049 刘江东家藏善本葬书	宣纸线装 1 函 1 册	280.00	九州
050 杨公六段玄机赋杨筠松安门楼玉辇经合刊	宣纸线装 1 函 1 册	280.00	九州
051 风水金鉴	宣纸线装 1 函 1 册	280.00	九州
052 新镌碎玉剖秘地理不求人	宣纸线装 1 函 2 册	480.00	九州
053 阳宅八门金光斗临经	宣纸线装 1 函 1 册	280.00	九州
054 新镌徐氏家藏罗经顶门针	宣纸线装 1 函 2 册	480.00	九州
055 影印乾隆丙午刻本地理五诀	宣纸线装 1 函 4 册	880.00	九州
056 地理诀要雪心赋	宣纸线装 1 函 2 册	480.00	九州
057 蒋氏平阶家藏善本插泥剑	宣纸线装 1 函 1 册	280.00	九州

书　　名	作　者	定　价	版别
058 蒋大鸿家传地理归厚录	宣纸线装 1 函 1 册	280.00	九州
059 蒋大鸿家传三元地理秘书	宣纸线装 1 函 1 册	280.00	九州
060 蒋大鸿家传天星选择秘旨	宣纸线装 1 函 1 册	280.00	九州
061 撼龙经批注校补	宣纸线装 1 函 4 册	880.00	九州
062 疑龙经批注校补一全	宣纸线装 1 函 1 册	280.00	九州
063 种筠书屋较订山法诸书	宣纸线装 1 函 2 册	480.00	九州
064 堪舆倒杖诀 拨砂经遗篇 合刊	宣纸线装 1 函 1 册	280.00	九州
065 认龙天宝经	宣纸线装 1 函 1 册	280.00	九州
066 天机望龙经刘氏心法 杨公骑龙穴诗合刊	宣纸线装 1 函 1 册	280.00	九州
067 风水一夜仙秘传三种合刊	宣纸线装 1 函 1 册	280.00	九州
068 新镌地理八窍	宣纸线装 1 函 2 册	480.00	九州
069 地理解醒	宣纸线装 1 函 1 册	280.00	九州
070 峦头指迷	宣纸线装 1 函 3 册	680.00	九州
071 茅山上清灵符	宣纸线装 1 函 2 册	480.00	九州
072 茅山上清镇禳摄制秘法	宣纸线装 1 函 1 册	280.00	九州
073 天医祝由科秘抄	宣纸线装 1 函 2 册	480.00	九州
074 千镇百镇桃花镇	宣纸线装 1 函 2 册	480.00	九州
075 轩辕碑记医学祝由十三科治病奇书合刊	宣纸线装 1 函 1 册	280.00	九州
076 清抄真本祝由科秘诀全书	宣纸线装 1 函 3 册	680.00	九州
077 增补秘传万法归宗	宣纸线装 1 函 2 册	480.00	九州
078 祝由科诸符秘卷祝由科诸符秘旨合刊	宣纸线装 1 函 1 册	280.00	九州
079 辰州符咒大全	宣纸线装 1 函 4 册	880.00	九州
080 万历初刻三命通会	宣纸线装 2 函 12 册	2480.00	九州
081 新编三车一览子平渊源注解	宣纸线装 1 函 3 册	680.00	九州
082 命理用神精华	宣纸线装 1 函 3 册	680.00	九州
083 命学探骊集	宣纸线装 1 函 1 册	280.00	九州
084 相诀摘要	宣纸线装 1 函 2 册	480.00	九州
085 相法秘传	宣纸线装 1 函 1 册	280.00	九州
086 新编相法五总龟	宣纸线装 1 函 1 册	280.00	九州
087 相学统宗心易秘传	宣纸线装 1 函 2 册	480.00	九州
088 秘本大清相法	宣纸线装 1 函 2 册	480.00	九州
089 相法易知	宣纸线装 1 函 1 册	280.00	九州
090 星命风水秘传	宣纸线装 1 函 1 册	280.00	九州
091 大六壬隔山照	宣纸线装 1 函 2 册	480.00	九州
092 大六壬考正	宣纸线装 1 函 1 册	280.00	九州

书 名	作 者	定 价	版别
093 大六壬类阐	宣纸线装1函2册	480.00	九州
094 六壬心镜集注	宣纸线装1函1册	280.00	九州
095 遁甲吾学编	宣纸线装1函2册	480.00	九州
096 刘明江家藏善本奇门衍象	宣纸线装1函1册	280.00	九州
097 遁甲天书秘文	宣纸线装1函2册	480.00	九州
098 金枢符应秘文	宣纸线装1函2册	480.00	九州
099 秘传金函奇门隐遁丁甲法书	宣纸线装1函2册	480.00	九州
100 六壬行军指南	宣纸线装2函10册	2080.00	九州
101 家藏阴阳二宅秘诀线法	宣纸线装1函2册	480.00	九州
102 阳宅一书阴宅一书合刊	宣纸线装1函1册	280.00	九州
103 地理法门全书	宣纸线装1函1册	280.00	九州
104 四真全书玉钥匙	宣纸线装1函1册	280.00	九州
105 重刊官板玉髓真经	宣纸线装1函4册	880.00	九州
106 明刊阳宅真诀	宣纸线装1函2册	480.00	九州
107 阳宅指南	宣纸线装1函1册	280.00	九州
108 阳宅秘传三书	宣纸线装1函1册	280.00	九州
109 阳宅都天滚盘珠	宣纸线装1函1册	280.00	九州
110 纪氏地理水法要诀	宣纸线装1函1册	280.00	九州
111 李默斋先生地理辟径集	宣纸线装1函2册	480.00	九州
112 李默斋先生辟径集续篇 地理秘缺	宣纸线装1函2册	480.00	九州
113 地理辨正自解	宣纸线装1函1册	280.00	九州
114 形家五要全编	宣纸线装1函4册	880.00	九州
115 地理辨正抉要	宣纸线装1函1册	280.00	九州
116 地理辨正揭隐	宣纸线装1函1册	280.00	九州
117 地学铁骨秘	宣纸线装1函1册	280.00	九州
118 地理辨正发秘初稿	宣纸线装1函1册	280.00	九州
119 三元宅墓图	宣纸线装1函1册	280.00	九州
120 参赞玄机地理仙婆集	宣纸线装2函8册	1680.00	九州
121 幕讲禅师玄空秘旨浅注外七种	宣纸线装1函1册	280.00	九州
122 玄空挨星图诀	宣纸线装1函1册	280.00	九州
123 影印稿本玄空地理筌蹄	宣纸线装1函1册	280.00	九州
124 玄空古义四种通释	宣纸线装1函2册	480.00	九州
125 地理疑义答问	宣纸线装1函1册	280.00	九州
126 王元极地理辨正冒禁录	宣纸线装1函1册	280.00	九州
127 王元极校补天元选择辨正	宣纸线装1函3册	680.00	九州

书 名	作 者	定 价	版别
128 王元极选择辨真全书	宣纸线装1函1册	280.00	九州
129 王元极增批地理冰海原本地理冰海合刊	宣纸线装1函1册	280.00	九州
130 王元极三元阳宅萃篇	宣纸线装1函2册	480.00	九州
131 尹一勺先生地理精语	宣纸线装1函1册	280.00	九州
132 古本地理元真	宣纸线装1函2册	480.00	九州
133 杨公秘本搜地灵	宣纸线装1函1册	280.00	九州
134 秘藏千里眼	宣纸线装1函1册	280.00	九州
135 道光刊本地理或问	宣纸线装1函1册	280.00	九州
136 影印稿本地理秘诀	宣纸线装1函2册	480.00	九州
137 地理秘诀隔山照 地理括要 合刊	宣纸线装1函1册	280.00	九州
138 地理前后五十段	宣纸线装1函2册	480.00	九州
139 心耕书屋藏本地经图说	宣纸线装1函1册	280.00	九州
140 地理古本道法双谭	宣纸线装1函1册	280.00	九州
141 奇门遁甲元灵经	宣纸线装1函1册	280.00	九州
142 黄帝遁甲归藏大意 白猿真经 合刊	宣纸线装1函1册	280.00	九州
143 遁甲符应经	宣纸线装1函2册	480.00	九州
144 遁甲通明钤	宣纸线装1函1册	280.00	九州
145 景祐奇门秘纂	宣纸线装1函2册	480.00	九州
146 奇门先天要论	宣纸线装1函2册	480.00	九州
147 御定奇门古本	宣纸线装1函2册	480.00	九州
148 奇门吉凶格解	宣纸线装1函1册	280.00	九州
149 御定奇门宝鉴	宣纸线装1函3册	680.00	九州
150 奇门阐易	宣纸线装1函2册	480.00	九州
151 六壬总论	宣纸线装1函1册	280.00	九州
152 稿抄本大六壬翠羽歌	宣纸线装1函1册	280.00	九州
153 都天六壬神课	宣纸线装1函1册	280.00	九州
154 大六壬易简	宣纸线装1函2册	480.00	九州
155 太上六壬明鉴符阴经	宣纸线装1函1册	280.00	九州
156 增补关煞袖里金百中经	宣纸线装1函1册	280.00	九州
157 演禽三世相法	宣纸线装1函2册	480.00	九州
158 合婚便览 和合婚姻咒 合刊	宣纸线装1函1册	280.00	九州
159 神数十种	宣纸线装1函1册	280.00	九州
160 神机灵数一掌经金钱课合刊	宣纸线装1函1册	280.00	九州
161 阴阳二宅易知录	宣纸线装1函2册	480.00	九州
162 阴宅镜	宣纸线装1函2册	480.00	九州
163 阳宅镜	宣纸线装1函1册	280.00	九州

书　　名	作　者	定　价	版别
164 清精抄本六圃地学	宣纸线装1函1册	280.00	九州
165 形峦神断书	宣纸线装1函1册	280.00	九州
166 堪舆三昧	宣纸线装1函1册	280.00	九州
167 遁甲奇门捷要	宣纸线装1函1册	280.00	九州
168 奇门遁甲备览	宣纸线装1函1册	280.00	九州
169 原传真本石室藏本圆光真传秘诀合刊	宣纸线装1函1册	280.00	九州
170 明抄全本壬归	宣纸线装1函4册	880.00	九州
171 董德彰水法秘诀水法断诀合刊	宣纸线装1函1册	280.00	九州
172 董德彰先生水法图说	宣纸线装1函1册	280.00	九州
173 董德彰先生泄天机纂要	宣纸线装1函2册	480.00	九州
174 李默斋先生地理秘传	宣纸线装1函2册	480.00	九州
175 新锓希夷陈先生紫微斗数全书	宣纸线装1函3册	680.00	九州
176 海源阁藏明刊麻衣相法全编	宣纸线装1函2册	480.00	九州
177 袁忠彻先生相法秘传	宣纸线装1函3册	680.00	九州
178 火珠林要旨 筮枬	宣纸线装1函2册	480.00	九州
179 火珠林占法秘传 续筮枬	宣纸线装1函1册	280.00	九州
180 六壬类聚	宣纸线装1函4册	880.00	九州
181 新刻麻衣相神异赋	宣纸线装1函1册	280.00	九州
182 诸葛武侯奇门遁甲全书	宣纸线装1函2册	480.00	九州
183 张九仪传地理偶摘	宣纸线装1函1册	280.00	九州
184 张九仪传地理偶注	宣纸线装1函1册	280.00	九州
185 阳宅玄珠	宣纸线装1函1册	280.00	九州
186 阴宅总论	宣纸线装1函1册	280.00	九州
187 新刻杨救贫秘传阴阳二宅便用统宗	宣纸线装1函1册	280.00	九州
188 增补理气图说	宣纸线装1函2册	480.00	九州
189 增补罗经图说	宣纸线装1函1册	280.00	九州
190 重镌官板阳宅大全	宣纸线装1函4册	880.00	九州
191 景祐太乙福应经	宣纸线装1函1册	280.00	九州
192 景祐遁甲符应经	宣纸线装1函1册	280.00	九州
193 景祐六壬神定经	宣纸线装1函1册	280.00	九州
194 御制禽遁符应经	宣纸线装1函2册	480.00	九州
195 秘传匠家鲁班经符法	宣纸线装1函3册	680.00	九州
196 哈佛藏本太史黄际飞注天玉经	宣纸线装1函1册	280.00	九州
197 李三素先生红囊经解	宣纸线装1函1册	280.00	九州
198 杨曾青囊天玉通义	宣纸线装1函1册	280.00	九州
199 重编大清钦天监焦秉贞彩绘历代推背图解	宣纸线装1函2册	680.00	九州

书　名	作　者	定　价	版别
200 道光初刻相理衡真	宣纸线装1函4册	880.00	九州
201 新刻袁柳庄先生秘传相法	宣纸线装1函3册	680.00	九州
202 袁忠彻相法古今识鉴	宣纸线装1函2册	480.00	九州
203 袁天纲五星三命指南	宣纸线装1函2册	480.00	九州
204 新刻五星玉镜	宣纸线装1函3册	680.00	九州
205 游艺录:筮遁壬行年斗数相宅	宣纸线装1函1册	280.00	九州
206 新订王氏罗经透解	宣纸线装1函2册	480.00	九州
207 堪舆真诠	宣纸线装1函3册	680.00	九州
208 青囊天机奥旨二种	宣纸线装1函1册	280.00	九州
209 张九仪传地理偶录	宣纸线装1函1册	280.00	九州
210 地学形势集	宣纸线装1函8册	1680.00	九州
重刻故宫藏百二汉镜斋秘书四种(一):火珠林	宣纸线装1函1册	300.00	华龄
重刻故宫藏百二汉镜斋秘书四种(二):灵棋经	宣纸线装1函1册	300.00	华龄
重刻故宫藏百二汉镜斋秘书四种(三):滴天髓	宣纸线装1函1册	3000.00	华龄
重刻故宫藏百二汉镜斋秘书四种(四):测字秘牒	宣纸线装1函1册	300.00	华龄
中外戏法图说:鹅幻汇编鹅幻余编合刊	宣纸线装1函3册	780.00	华龄
连山[宣纸线装一函一册]	[清]马国翰辑	280.00	华龄
归藏[宣纸线装一函一册]	[清]马国翰辑	280.00	华龄
周易虞氏义笺订[宣纸线装一函六册]	[清]李翙灼订	1180.00	华龄
周易参同契通真义	宣纸线装1函2册	480.00	华龄
御制周易[宣纸线装一函三册]	武英殿影宋本	680.00	华龄
宋刻周易本义[宣纸线装一函四册]	[宋]朱熹撰	980.00	华龄
易学启蒙[宣纸线装一函二册]	[宋]朱熹撰	480.00	华龄
易余[宣纸线装一函二册]	[明]方以智撰	480.00	九州
奇门鸣法[宣纸线装一函二册]	[清]龙伏山人撰	680.00	华龄
奇门衍象[宣纸线装一函二册]	[清]龙伏山人撰	480.00	华龄
奇门枢要[宣纸线装一函二册]	[清]龙伏山人撰	480.00	华龄
奇门仙机[宣纸线装一函三册]	王力军校订	298.00	华龄
奇门心法秘纂[宣纸线装一函三册]	王力军校订	298.00	华龄
御定奇门秘诀[宣纸线装一函三册]	[清]湖海居士辑	680.00	华龄
宫藏奇门大全[线装五函二十五册]	[清]湖海居士辑	6800.00	影印
遁甲奇门秘传要旨大全[线装二函十册]	[清]范阳耐寒子辑	6200.00	影印
增广神相全编[线装一函四册]	[明]袁珙订正	980.00	影印
龙伏山人存世文稿[宣纸线装五函十册]	[清]矫子阳撰	2800.00	九州
奇门遁甲鸣法[宣纸线装一函二册]	[清]矫子阳撰	680.00	九州
奇门遁甲衍象[宣纸线装一函二册]	[清]矫子阳撰	480.00	九州

书　　名	作　者	定　价	版别
奇门遁甲枢要[宣纸线装一函二册]	[清]矫子阳撰	480.00	九州
遁甲括囊集[宣纸线装一函三册]	[清]矫子阳撰	980.00	九州
增注蒋公古镜歌[宣纸线装一函一册]	[清]矫子阳撰	180.00	九州
明抄真本梅花易数[宣纸线装一函三册]	[宋]邵雍撰	480.00	九州
古本皇极经世书[宣纸线装一函三册]	[宋]邵雍撰	980.00	九州
订正六壬金口诀[宣纸线装一函六册]	[清]巫国匡辑	1280.00	华龄
六壬神课金口诀[宣纸线装一函三册]	[明]适适子撰	298.00	华龄
改良三命通会[宣纸线装一函四册,第二版]	[明]万民英撰	980.00	华龄
增补选择通书玉匣记[宣纸线装一函二册]	[晋]许逊撰	480.00	华龄
阳宅三要	宣纸线装1函3册	298.00	华龄
绘图全本鲁班经匠家镜	宣纸线装1函4册	680.00	华龄
青囊海角经	宣纸线装1函4册	680.00	华龄
菊逸山房天函:地理点穴撼龙经	宣纸线装1函3册	680.00	华龄
菊逸山房地函:秘藏疑龙经大全	宣纸线装1函1册	280.00	华龄
菊逸山房人函:杨公秘本山法备收	宣纸线装1函1册	280.00	华龄
珍本1:校正全本地学答问	宣纸线装1函3册	680.00	华龄
珍本2:赖仙原本催官经	宣纸线装1函1册	280.00	华龄
珍本3:赖仙催官篇注	宣纸线装1函1册	280.00	华龄
珍本4:尹注赖仙催官篇	宣纸线装1函1册	280.00	华龄
珍本5:赖仙心印	宣纸线装1函1册	280.00	华龄
珍本6:新刻赖太素天星催官解	宣纸线装1函2册	480.00	华龄
珍本7:天机秘传青囊内传	宣纸线装1函1册	280.00	华龄
珍本8:阳宅斗首连篇秘授	宣纸线装1函1册	280.00	华龄
珍本9:精刻编集阳宅真传秘诀	宣纸线装1函2册	480.00	华龄
珍本10:秘传全本六壬玉连环	宣纸线装1函2册	480.00	华龄
珍本11:秘传仙授奇门	宣纸线装1函2册	480.00	华龄
珍本12:祝由科诸符秘卷祝由科诸符秘旨合刊	宣纸线装1函2册	480.00	华龄
珍本13:校正古本入地眼图说	宣纸线装1函2册	480.00	华龄
珍本14:校正全本钻地眼图说	宣纸线装1函2册	480.00	华龄
珍本15:赖公七十二葬法	宣纸线装1函2册	480.00	华龄
珍本16:新刻杨筠松秘传开门放水阴阳捷径	宣纸线装1函2册	480.00	华龄
珍本17:校正古本地理五诀	宣纸线装1函2册	480.00	华龄
珍本18:重校古本地理雪心赋	宣纸线装1函2册	480.00	华龄
珍本19:宋国师吴景鸾先天后天理气心印补注	宣纸线装1函1册	280.00	华龄
珍本20:新刊宋国师吴景鸾秘传夹竹梅花院纂	宣纸线装1函2册	480.00	华龄
珍本21:影印原本任铁樵注滴天髓阐微	宣纸线装1函4册	980.00	华龄

书　　名	作　者	定　价	版别
增补四库青乌辑要[宣纸线装全18函59册]	郑同校	11680.00	九州
第 1 种：宅经[宣纸线装1册]	［署］黄帝撰	180.00	九州
第 2 种：葬书[宣纸线装1册]	［晋］郭璞撰	220.00	九州
第 3 种：青囊序青囊奥语天玉经[宣纸线装1册]	［唐］杨筠松撰	220.00	九州
第 4 种：黄囊经[宣纸线装1册]	［唐］杨筠松撰	220.00	九州
第 5 种：黑囊经[宣纸线装2册]	［唐］杨筠松撰	380.00	九州
第 6 种：锦囊经[宣纸线装1册]	［晋］郭璞撰	200.00	九州
第 7 种：天机贯旨红囊经[宣纸线装2册]	［清］李三素撰	380.00	九州
第 8 种：玉函天机素书/至宝经[宣纸线装1册]	［明］董德彰撰	200.00	九州
第 9 种：天机一贯[宣纸线装2册]	［清］李三素撰辑	380.00	九州
第 10 种：撼龙经[宣纸线装1册]	［唐］杨筠松撰	200.00	九州
第 11 种：疑龙经葬法倒杖[宣纸线装1册]	［唐］杨筠松撰	220.00	九州
第 12 种：疑龙经辨正[宣纸线装1册]	［唐］杨筠松撰	200.00	九州
第 13 种：寻龙记太华经[宣纸线装1册]	［唐］曾文辿撰	220.00	九州
第 14 种：宅谱要典[宣纸线装2册]	［清］铣溪野人校	380.00	九州
第 15 种：阳宅必用[宣纸线装2册]	心灯大师校订	380.00	九州
第 16 种：阳宅撮要[宣纸线装2册]	［清］吴鼐撰	380.00	九州
第 17 种：阳宅正宗[宣纸线装1册]	［清］姚承舆撰	200.00	九州
第 18 种：阳宅指掌[宣纸线装2册]	［清］黄海山人撰	380.00	九州
第 19 种：相宅新编[宣纸线装1册]	［清］焦循校刊	240.00	九州
第 20 种：阳宅井明[宣纸线装2册]	［清］邓颖出撰	380.00	九州
第 21 种：阴宅井明[宣纸线装1册]	［清］邓颖出撰	220.00	九州
第 22 种：灵城精义[宣纸线装2册]	［南唐］何溥撰	380.00	九州
第 23 种：龙穴砂水说[宣纸线装1册]	清抄秘本	180.00	九州
第 24 种：三元水法秘诀[宣纸线装2册]	清抄秘本	380.00	九州
第 25 种：罗经秘传[宣纸线装2册]	［清］傅禹辑	380.00	九州
第 26 种：穿山透地真传[宣纸线装2册]	［清］张九仪撰	380.00	九州
第 27 种：催官篇发微论[宣纸线装2册]	［宋］赖文俊撰	380.00	九州
第 28 种：入地眼神断要诀[宣纸线装2册]	清抄秘本	380.00	九州
第 29 种：玄空大卦秘断[宣纸线装1册]	清抄秘本	200.00	九州
第 30 种：玄空大五行真传口诀[宣纸线装1册]	［明］蒋大鸿等撰	220.00	九州
第 31 种：杨曾九宫颠倒打劫图说[宣纸线装1册]	［唐］杨筠松撰	200.00	九州
第 32 种：乌兔经奇验经[宣纸线装1册]	［唐］杨筠松撰	180.00	九州
第 33 种：挨星考注[宣纸线装1册]	［清］汪董缘订定	260.00	九州
第 34 种：地理挨星说汇要[宣纸线装1册]	［明］蒋大鸿撰辑	220.00	九州
第 35 种：地理捷诀[宣纸线装1册]	［清］傅禹辑	200.00	九州

书　　名	作　者	定　价	版别
第 36 种:地理三仙秘旨[宣纸线装 1 册]	清抄秘本	200.00	九州
第 37 种:地理三字经[宣纸线装 3 册]	[清]程思乐撰	580.00	九州
第 38 种:地理雪心赋注解[宣纸线装 2 册]	[唐]卜则巍撰	380.00	九州
第 39 种:蒋公天元余义[宣纸线装 1 册]	[明]蒋大鸿等撰	220.00	九州
第 40 种:地理真传秘旨[宣纸线装 3 册]	[唐]杨筠松撰	580.00	九州
增补四库未收方术汇刊第一辑(全 28 函)	线装影印本	11800.00	九州
第一辑 01 函:火珠林·卜筮正宗	[宋]麻衣道者著	340.00	九州
第一辑 02 函:全本增删卜易·增删卜易真诠	[清]野鹤老人撰	720.00	九州
第一辑 03 函:渊海子平音义评注·子平真诠·命理易知	[明]杨淙增校	360.00	九州
第一辑 04 函:滴天髓:附滴天秘诀·穷通宝鉴:附月谈赋	[宋]京图撰	360.00	九州
第一辑 05 函:参星秘要诹吉便览·玉函斗首三台通书·精校三元总录	[清]俞荣宽撰	460.00	九州
第一辑 06 函:陈子性藏书	[清]陈应选撰	580.00	九州
第一辑 07 函:崇正辟谬永吉通书·选择求真	[清]李奉来辑	500.00	九州
第一辑 08 函:增补选择通书玉匣记·永宁通书	[晋]许逊撰	400.00	九州
第一辑 09 函:新增阳宅爱众篇	[清]张觉正撰	480.00	九州
第一辑 10 函:地理四弹子·地理铅弹子砂水要诀	[清]张九仪注	320.00	九州
第一辑 11 函:地理五诀	[清]赵九峰著	200.00	九州
第一辑 12 函:地理直指原真	[清]释如玉撰	280.00	九州
第一辑 13 函:宫藏真本入地眼全书	[宋]释静道著	680.00	九州
第一辑 14 函:罗经顶门针·罗经解定·罗经透解	[明]徐之镆撰	360.00	九州
第一辑 15 函:校正详图青囊经·平砂玉尺经·地理辨正疏	[清]王宗臣著	300.00	九州
第一辑 16 函:一贯堪舆	[明]唐世友辑	240.00	九州
第一辑 17 函:阳宅大全·阳宅十书	[明]一壑居士集	600.00	九州
第一辑 18 函:阳宅大成五种	[清]魏青江撰	600.00	九州
第一辑 19 函:奇门五总龟·奇门遁甲统宗大全·奇门遁甲元灵经	[明]池纪撰	500.00	九州
第一辑 20 函:奇门遁甲秘笈全书	[明]刘伯温辑	280.00	九州
第一辑 21 函:奇门庐中阐秘	[汉]诸葛武侯撰	600.00	九州
第一辑 22 函:奇门遁甲元机·太乙秘书·六壬大占	[宋]岳珂纂辑	360.00	九州
第一辑 23 函:性命圭旨	[明]尹真人撰	480.00	九州
第一辑 24 函:紫微斗数全书	[宋]陈抟撰	200.00	九州
第一辑 25 函:千镇百镇桃花镇	[清]云石道人校	220.00	九州
第一辑 26 函:清抄真本祝由科秘诀全书·轩辕碑记医学祝由十三科	[上古]黄帝传	800.00	九州
第一辑 27 函:增补秘传万法归宗	[唐]李淳风撰	160.00	九州

书 名	作 者	定 价	版别
第一辑 28 函:神机灵数一掌经金钱课·牙牌神数七种·珍本演禽三世相法	[清]诚文信校	440.00	九州
增补四库未收方术汇刊第二辑(全 36 函)	线装影印本	13800.00	九州
第二辑第 1 函:六爻断易一撮金·卜易秘诀海底眼	[宋]邵雍撰	200.00	九州
第二辑第 2 函:秘传子平渊源	燕山郑同校辑	280.00	九州
第二辑第 3 函:命理探原	[清]袁树珊撰	280.00	九州
第二辑第 4 函:命理正宗	[明]张楠撰集	180.00	九州
第二辑第 5 函:造化玄钥	庄圆校补	220.00	九州
第二辑第 6 函:命理寻源·子平管见	[清]徐乐吾撰	280.00	九州
第二辑第 7 函:京本风鉴相法	[明]回阳子校辑	380.00	九州
第二辑第 8—9 函:钦定协纪辨方书 8 册	[清]允禄编	780.00	九州
第二辑第 10—11 函:鳌头通书 10 册	[明]熊宗立撰辑	880.00	九州
第二辑第 12—13 函:象吉通书	[清]魏明远撰辑	1080.00	九州
第二辑第 14 函:选择宗镜·选择纪要	[朝鲜]南秉吉撰	360.00	九州
第二辑第 15 函:选择正宗	[清]顾宗秀撰辑	480.00	九州
第二辑第 16 函:仪度六壬选日要诀	[清]张九仪撰	680.00	九州
第二辑第 17 函:葬事择日法	郑同校辑	280.00	九州
第二辑第 18 函:地理不求人	[清]吴明初撰辑	240.00	九州
第二辑第 19 函:地理大成一:山法全书	[清]叶九升撰	680.00	九州
第二辑第 20 函:地理大成二:平阳全书	[清]叶九升撰	360.00	九州
第二辑第 21 函:地理大成三:地理六经注·地理大成四:罗经指南拔雾集·地理大成五:理气四诀	[清]叶九升撰	300.00	九州
第二辑第 22 函:地理录要	[明]蒋大鸿撰	480.00	九州
第二辑第 23 函:地理人子须知	[明]徐善继撰	480.00	九州
第二辑第 24 函:地理四秘全书	[清]尹一勺撰	380.00	九州
第二辑第 25—26 函:地理天机会元	[明]顾陵冈辑	1080.00	九州
第二辑第 27 函:地理正宗	[清]蒋宗城校订	280.00	九州
第二辑第 28 函:全图鲁班经	[明]午荣编	280.00	九州
第二辑第 29 函:秘传水龙经	[明]蒋大鸿撰	480.00	九州
第二辑第 30 函:阳宅集成	[清]姚廷銮纂	480.00	九州
第二辑第 31 函:阴宅集要	[清]姚廷銮纂	240.00	九州
第二辑第 32 函:辰州符咒大全	[清]觉玄子辑	480.00	九州
第二辑第 33 函:三元镇宅灵符秘箓·太上洞玄祛病灵符全书	[明]张宇初编	240.00	九州
第二辑第 34 函:太上混元祈福解灾三部神符	[明]张宇初编	360.00	九州
第二辑第 35 函:测字秘牒·先天易数·冲天易数/马前课	[清]程省撰	360.00	九州
第二辑第 36 函:秘传紫微	古朝鲜抄本	240.00	九州

书　名	作　者	定　价	版别
子平遗书第1辑(甲子至戊辰,全三册)	精装古本影印	980.00	华龄
子平遗书第2辑(庚午至甲戌,全三册)	精装古本影印	980.00	华龄
子平遗书第3辑(乙亥至戊子,全三册)	精装古本影印	980.00	华龄
子平遗书第4辑(庚寅至庚子,全三册)	精装古本影印	980.00	华龄
子平遗书第5辑(辛丑至癸丑,全三册)	精装古本影印	980.00	华龄
子平遗书第6辑(甲寅至辛酉,全三册)	精装古本影印	980.00	华龄
子部善本1:新刊地理玄珠	精装古本影印	380.00	华龄
子部善本2:参赞玄机地理仙婆集	精装古本影印	380.00	华龄
子部善本3:章仲山地理九种(上下)	精装古本影印	760.00	华龄
子部善本4:八门九星阴阳二遁全本奇门断	精装古本影印	760.00	华龄
子部善本5:六壬统宗大全	精装古本影印	380.00	华龄
子部善本6:太乙统宗宝鉴	精装古本影印	380.00	华龄
子部善本7:重刊星海词林(全五册)	精装古本影印	1900.00	华龄
子部善本8:万历初刻三命通会(上下)	精装古本影印	760.00	华龄
子部善本9:增广沈氏玄空学(上下)	精装古本影印	760.00	华龄
子部善本10:江公择日秘稿	精装古本影印	380.00	华龄
子部善本11:刘氏家藏阐微通书(上下)	精装古本影印	760.00	华龄
子部善本12:影印增补高岛易断(上下)	精装古本影印	760.00	华龄
子部善本13:清刻足本铁板神数	精装古本影印	380.00	华龄
子部善本14:增订天官五星集腋(上下)	精装古本影印	760.00	华龄
子部善本15:太乙奇门六壬兵备统宗(上中下)	精装古本影印	1140.00	华龄
子部善本16:御定景祐奇门大全(上下)	精装古本影印	760.00	华龄
子部善本17:地理四秘全书十二种	精装古本影印	380.00	华龄
子部善本18:全本地理统一全书	精装古本影印	380.00	华龄
风水择吉第一书:辨方(精装)	李明清著	168.00	华龄
珞琭子三命消息赋古注通疏(精装上下)	一明注疏	188.00	华龄
增补高岛易断(简体横排精装上下)	(清)王治本编译	198.00	华龄
飞盘奇门:鸣法体系校释(精装上下)	刘金亮撰	198.00	九州
白话高岛易断(上下)	孙正治孙奥麟译	128.00	九州
润德堂丛书全编1:述卜筮星相学	袁树珊著	38.00	华龄
润德堂丛书全编2:命理探原	袁树珊著	38.00	华龄
润德堂丛书全编3:命谱	袁树珊著	68.00	华龄
润德堂丛书全编4:大六壬探原 养生三要	袁树珊著	38.00	华龄
润德堂丛书全编5:中西相人探原	袁树珊著	38.00	华龄
润德堂丛书全编6:选吉探原 八字万年历	袁树珊著	38.00	华龄
润德堂丛书全编7:中国历代卜人传(上中下)	袁树珊著	168.00	华龄

书　　　名	作　者	定　价	版别
三式汇刊1:大六壬口诀纂	[明]林昌长辑	68.00	华龄
三式汇刊2:大六壬集应钤	[明]黄宾廷撰	198.00	华龄
三式汇刊3:奇门大全秘纂	[清]湖海居士撰	68.00	华龄
三式汇刊4:大六壬总归	[宋]郭子晟撰	58.00	华龄
青囊汇刊1:青囊秘要	[晋]郭璞等撰	48.00	华龄
青囊汇刊2:青囊海角经	[晋]郭璞等撰	48.00	华龄
青囊汇刊3:阳宅十书	[明]王君荣撰	48.00	华龄
青囊汇刊4:秘传水龙经	[明]蒋大鸿撰	68.00	华龄
青囊汇刊5:管氏地理指蒙	[三国]管辂撰	48.00	华龄
青囊汇刊6:地理山洋指迷	[明]周景一撰	32.00	华龄
青囊汇刊7:地学答问	[清]魏清江撰	58.00	华龄
青囊汇刊8:地理铅弹子砂水要诀	[清]张九仪撰	68.00	华龄
子平汇刊1:渊海子平大全	[宋]徐子平撰	48.00	华龄
子平汇刊2:秘本子平真诠	[清]沈孝瞻撰	38.00	华龄
子平汇刊3:命理金鉴	[清]志于道撰	38.00	华龄
子平汇刊4:秘授滴天髓阐微	[清]任铁樵注	48.00	华龄
子平汇刊5:穷通宝鉴评注	[清]徐乐吾注	48.00	华龄
子平汇刊6:神峰通考命理正宗	[明]张楠撰	38.00	华龄
子平汇刊7:新校命理探原	[清]袁树珊撰	48.00	华龄
子平汇刊8:重校绘图袁氏命谱	[清]袁树珊撰	68.00	华龄
子平汇刊9:增广汇校三命通会(全三册)	[明]万民英撰	168.00	华龄
纳甲汇刊1:校正全本增删卜易	郑同点校	68.00	华龄
纳甲汇刊2:校正全本卜筮正宗	郑同点校	48.00	华龄
纳甲汇刊3:校正全本易隐	郑同点校	48.00	华龄
纳甲汇刊4:校正全本易冒	郑同点校	48.00	华龄
纳甲汇刊5:校正全本易林补遗	郑同点校	38.00	华龄
纳甲汇刊6:校正全本卜筮全书	郑同点校	68.00	华龄
古今图书集成术数丛刊:卜筮(全二册)	[清]陈梦雷辑	80.00	华龄
古今图书集成术数丛刊:堪舆(全二册)	[清]陈梦雷辑	120.00	华龄
古今图书集成术数丛刊:相术(全一册)	[清]陈梦雷辑	60.00	华龄
古今图书集成术数丛刊:选择(全一册)	[清]陈梦雷辑	50.00	华龄
古今图书集成术数丛刊:星命(全三册)	[清]陈梦雷辑	180.00	华龄
古今图书集成术数丛刊:术数(全三册)	[清]陈梦雷辑	200.00	华龄
四库全书术数初集(全四册)	郑同点校	200.00	华龄
四库全书术数二集(全三册)	郑同点校	150.00	华龄
四库全书术数三集:钦定协纪辨方书(全二册)	郑同点校	98.00	华龄

书 名	作 者	定 价	版别
增补鳌头通书大全(全三册)	〔明〕熊宗立撰辑	180.00	华龄
增补象吉备要通书大全(全三册)	〔清〕魏明远撰辑	180.00	华龄
增广沈氏玄空学	郑同点校	68.00	华龄
地理点穴撼龙经	郑同点校	32.00	华龄
绘图地理人子须知(上下)	郑同点校	78.00	华龄
玉函通秘	郑同点校	48.00	华龄
绘图入地眼全书	郑同点校	28.00	华龄
绘图地理五诀	郑同点校	48.00	华龄
一本书弄懂风水	郑同著	48.00	华龄
风水罗盘全解	傅洪光著	58.00	华龄
堪舆精论	胡一鸣著	29.80	华龄
堪舆的秘密	宝通著	36.00	华龄
中国风水学初探	曾涌哲	58.00	华龄
全息太乙(修订版)	李德润著	68.00	华龄
时空太乙(修订版)	李德润著	68.00	华龄
故宫珍本六壬三书(上下)	张越点校	128.00	华龄
大六壬通解(全三册)	叶飘然著	168.00	华龄
壬占汇选(精抄历代六壬占验汇选)	肖岱宗点校	48.00	华龄
大六壬指南	郑同点校	28.00	华龄
六壬金口诀指玄	郑同点校	28.00	华龄
大六壬寻源编〔全三册〕	〔清〕周螭辑录	180.00	华龄
六壬辨疑　毕法案录	郑同点校	32.00	华龄
时空太乙(修订版)	李德润著	68.00	华龄
全息太乙(修订版)	李德润著	68.00	华龄
大六壬断案疏证	刘科乐著	58.00	华龄
六壬时空	刘科乐著	68.00	华龄
御定奇门宝鉴	郑同点校	58.00	华龄
御定奇门阳遁九局	郑同点校	78.00	华龄
御定奇门阴遁九局	郑同点校	78.00	华龄
奇门秘占合编:奇门庐中阐秘·四季开门	〔汉〕诸葛亮撰	68.00	华龄
奇门探索录	郑同编订	38.00	华龄
奇门遁甲秘笈大全	郑同点校	48.00	华龄
奇门旨归	郑同点校	48.00	华龄
奇门法窍	〔清〕锡孟樨撰	48.00	华龄
奇门精粹——奇门遁甲典籍大全	郑同点校	68.00	华龄
御定子平	郑同点校	48.00	华龄

书　　名	作　　者	定　价	版别
增补星平会海全书	郑同点校	68.00	华龄
五行精纪：命理通考五行渊微	郑同点校	38.00	华龄
绘图三元总录	郑同编校	48.00	华龄
绘图全本玉匣记	郑同编校	32.00	华龄
周易初步：易学基础知识36讲	张绍金著	32.00	华龄
周易与中医养生：医易心法	成铁智著	32.00	华龄
梅花心易阐微	[清]杨体仁撰	48.00	华龄
梅花易数讲义	郑同著	58.00	华龄
白话梅花易数	郑同编著	30.00	华龄
梅花周易数全集	郑同点校	58.00	华龄
一本书读懂易经	郑同著	38.00	华龄
白话易经	郑同编著	38.00	华龄
知易术数学：开启术数之门	赵知易著	48.00	华龄
术数入门——奇门遁甲与京氏易学	王居恭著	48.00	华龄
周易虞氏义笺订（上下）	[清]李翊灼校订	78.00	九州
阴阳五要奇书	[晋]郭璞撰	88.00	九州
壬奇要略（全5册：大六壬集应钤3册，大六壬口诀纂1册，御定奇门秘纂1册）	肖岱宗郑同点校	300.00	九州
周易明义	邸勇强著	73.00	九州
论语明义	邸勇强著	37.00	九州
中国风水史	傅洪光撰	32.00	九州
古本催官篇集注	李佳明校注	48.00	九州
鲁班经讲义	傅洪光著	48.00	九州
天星姓名学	侯景波著	38.00	燕山
解梦书	郑同、傅洪光著	58.00	燕山

　　周易书斋是国内最大的易学术数类图书邮购服务的专业书店，成立于2001年，现有易学及术数类图书现货6000余种，在海内外易学研究者中有着巨大的影响力。通讯地址：北京市102488信箱58分箱　邮编：102488　王兰梅收。

　　1、学易斋官方旗舰店网址：xyz888.jd.com　微信号：xyz15652026606

　　2、联系人：王兰梅　电话：13716780854，15652026606，(010)89360046

　　3、邮购费用固定，不论册数多少，每次收费7元。

　　4、银行汇款：户名：**王兰梅**。

　　　　邮政：601006359200109796　农行：6228480010308994218

　　　　工行：0200299001020728724　建行：1100579980130074603

　　　　交行：6222600910053875983　支付宝：13716780854

　　5、QQ：(周易书斋2)2839202242；QQ群：(周易书斋书友会)140125362。

北京周易书斋敬启